U0709973
978-7-5013-6454-1

豐報

下

豐縣檔案館　編

國家圖書館出版社

下 册

中華民國廿五年五月二十七日　豐報　（星期三）　第五版

哀悼中常會主席胡漢民先生特刊

哀悼胡漢民先生

雲章

今天是本縣各界公祭中常會主席胡漢民先生的一天。我們大家都背纏了黑紗，面帶了哀容，在胡先生的遺像前邊，表示哀悼，表示追仰，大家這時的心中都不約而同的，感覺着不幸！這不幸可說是國家的不幸！也可說是民族的不幸！也可說是，我們各個人的不幸！因為胡先生的逝世，在國家是失了主持大計的人，在民族是失了解救危難的先鋒，在全國官吏，是失了監察的長者。在全國民衆，是失了革命的導師！這是如何令人悲痛和傷心啊！

現在胡先生畢竟是死了：他的革命的光榮的悲壯的史跡，我們要一件一件的去追溯，我們要一件一件去仿效去實行：他指導我們的革命的正確的理論，我們要記在心裏，幷要在革命的行為裏表現出來。他所遺留下的未竟的主張，和未完全實現的志向，我們要勇敢的，趕快的去實現。去完成。這才能使胡先生在地下含笑！

尤其是現在國際風雲，緊張複雜，戰雲瀰漫的當兒，外侮加緊的迫來！國家民族的命運已竟危殆萬狀，我們如若，徒自因為胡先生逝世而悲哀，而失望！那是不會生存在這個鬥爭的世界之中，所以我們要自強，要振作，要努力，要團結，要邁進！要實現總理和胡先生的未竟的遺志。才能挽救目前的危亡，才能建設强健的將來！才是我們哀悼胡先生的眞正意義！

豐縣各界公祭胡主席祭文

維中華民國二十五年五月廿七日豐縣各界謹以清酒時鮮致祭于中常會主席胡漢民先生之靈曰：

「嗚呼先生，謀國忠勇。志堅如鐵。氣長如虹。努力革命，入死出生，貫澈主義。有始有終。藎籌碩劃。吾黨所宗。鞠躬盡瘁，乃符初衷，壯志未申，遽殞厥躬。桂石既頹，大廈將傾，胡天不弔，竟奪吾公。哀傷何極，同聲一痛！」嗚呼哀哉，伏維尚饗。

縣黨部祭文

維中華民國二十五年五月二十七日，中國國民黨江蘇省豐縣縣黨部全體同人，謹以清酌庶羞，鮮花一束，致祭於於我同志先生展堂主席之靈曰：

『嗚呼！天胡不慭，傷我元功，締創中華，國士雄風，驅滅袁吳，浩氣長虹。統一垂乂，兆民和同，詎自鄰國，操心莫測。漁陽鼙鼓，金甌破缺，黑水白山，青燐碧血。傀儡舞場，黃河嗚咽，萬方多艱，搴瞻睿哲。何期一病，遽成永訣？國讎未報，肝腸斷裂。悵望南天，涕泗滂溢。　尚饗

縣政府祭文

維中華民國二十五年五月廿七日豐縣縣政府暨所屬各機關同仁謹以青酒菓帛致祭於中常會主席胡展堂先生之靈曰：

『嗚呼先生，勳業赫赫，追隨總理，奔走南北，推翻專制，共創民國，運籌帷幄，鴻謀碩策，不淫不移，立功立德，文章性行，為民所則，方期入京，鑾橋鑾陌，昊天不吊，奪我國魄，馨香玉帛，來嘗來格，嗚夫哀哉　尚饗

商會祭文

維中華民國二十五年五月二十七日豐縣商會常務委員主席趙寅純等謹以清酒香花致祭於展堂先生之靈曰：

「先生降誕，天菁地英，盡瘁黨國，元老可稱，吾人所期　實現大同，忽焉山頹，全國震驚，內憂外患，誰可蕩平，惟有默祝，在天之靈，呵護同志，革命成功，設位招魂　公祭先生。

尚饗。

胡漢民先生史略

胡漢民先生，字展堂，原籍浙江山陰，生於廣東番禺，早歲留學日本東京法政大學，識總理，光緒三十一年入同盟會，主持民報，鼓吹革命，未幾停刊，遂與廖仲愷朱執信諸同志赴新加坡更創新聞報，向華僑宣傳革命，三十二年隨總理返國與黃克強等起兵攻鎮南關，因衆寡不敵，退入安南，宣統三年黃花岡之役，即由先生與黃克強主其事，武昌起義，廣東獨立，被推為廣東都督，民元南京臨時政府成立，總理被舉為大總統，先生任總統府秘書長，及總理辭職，仍回粵任都督，民二袁世凱以先生隸籍國民黨，撤其職，調任西藏宣撫使，二次革命失敗，先生亡命日本，及袁死，返國，六年，黎元洪解散國會，先生在粵護法組軍政府，總理被推任為大帥，先生任交通總長，兼元帥府秘書長，十年總理被選為非常大總統，任先生為廣東省長，十三年任本黨第一屆中央執行委員，是年冬，總理北上，先生兼代大元帥職權，十四年國民政府成立，先生任國府委員兼外交部長，旋即赴俄考察，十五年，當選為本黨二屆中央執行委員，十六年，國政遷都南京，任國府委員，兼中政會議主席，十七年，遊歐美各國，考察政治經濟，返國後任中央常務委員，起草國府組織法，旋任國府委員，兼立法院長，民十八年，當選本黨三屆中央執行委員，二十年，當選國府委員，及中政會常委，十月由京赴滬轉粵，十一月當選本黨四屆中央執行委員，並被選為國府委員，及中政會常委，以病留港調治，二十四年六月赴歐考察，旋由法國南部休養，十二月，由法啓程回國，二十五年一月下旬抵港轉粵，中央派居委員正葉委員楚傖陳委員策南下迎迓，[illegible]投緊，未及北上，即留粵養疴，五月十二日下午七時四十分，竟因腦充血症，溘爾逝世，享年五十二歲，夫人隨子淑女士，女木蘭女士。

○　○　○

哀悼胡主席歌

謀國之忠，
負責之勇，
藎籌碩劃，
亮節清風。
服膺總理，
貫澈始終。
光復成其志，
憂勞殞厥躬。
浩然之氣磨蒼穹，
公去吾黨失所宗。
萬姓同聲一痛！
同聲一痛！

宣傳標語

一，胡漢民先生精神不死！
二，胡漢民先生是贊助總理創造民國的元勳！
三，效法胡先生的偉大人格！
四，繼承胡先生的革命精神！
五，追悼胡先生要肅清殘匪安定社會！
六，追悼胡先生要抗禦外侮收復失地！
七，胡先生逝世是總理逝世後最深的哀痛！
八，胡先生逝世是總理逝世後党國最大的損失！
九，完成胡先生未竟的遺志
十，三民主義萬歲！

公祭胡主席輓聯一覽

晉八其萎　豐縣農工銀行

風雨飄搖賴支危局
海天悵望痛失元勛
豐縣教育會輓

功名敝屣倡義革命卅年心血留青史
民族復興指揮望影夕風雷戰古人
財政部蕭豐碭酒稅豐縣征收所輓

一生革命鞠躬盡瘁
萬衆傷心碎踵長哀
豐縣婦女會輓

四十年締造艱難頓成往蹟
數千里雲山縹渺何處招魂
豐縣總工會輓

大雅之亡梁木坏
哲人其萎泰山頹
豐縣電燈公司輓

壯懷激越河山未復騎鯨逝去
民氣發皇歲時有靈化鶴歸來
公園敬輓

黨國失元勛憶當年那堪回首
中流摧砥柱看今日誰不傷心
豐縣縣農會輓

歐遊歸來方期主持大計共濟和衷偈國是
粵海盤桓詎意泰山崩頹同舟風雨失導師
豐報社輓

追隨總理三十年幃幄運籌沙場驅虜吾黨革命推雄傑
恢復江山百萬里國民團結敵愾同仇普天慘淡弔英靈
縣黨部全體敬輓

大星隕粵東風鶴頻驚危局莫支失柱石
戰雲釀冀北潮流愈急狂瀾未挽喪英雄
豐縣禁烟委員會敬輓

淚水彈來江水溢
哀聲聽能嶺雲愁
染業同業公會輓

雨滴榴花如血淚
鳴呼春樹盡哀音
廣貨業同業公會輓

浩氣不隨光影盡
孤踪盡共海雲深
菸業同業公會輓

外患方殷直痛恨強鄰耽覦
內憂未靖不忍看祖國沉淪
南貨業同業公會輓

應與中山同不朽
豈因南海變初衷
酒業同業公會輓

論功不在孫黃後
憂國能爲汪蔣先
油業同業公會輓

革故鼎新久播英聲標柱史
青天白日徒留浩氣壯山河
醬業同業公會輓

黨國中堅又弱一個
中央同志能有幾人
京貨業同業公會輓

君竟拋塵氛世界
誰能整破碎山河
鐵業同業公會輓

黨國賴中堅何期摧折先生未完維新素志
精神眞不死但願協同總理默佑革命成功
豐縣商會敬輓

痛噩耗來自珠江急病兩三天善言典型宛在人間
惟先生追隨總理革命數十載道德學問永垂後世
縣長王述先率縣政府全體工作人員敬輓

功在党國精神不死
盡力革命浩氣常存
實驗鄉鄉學敬輓

具鐵血精神方期舶海歸來融和中外
痒英雄肝胆竟爾乘風他去父老悲傷
公安股全體敬輓

雪壓春峯悵望音容空涕淚
鯨背騎去追念型範在旌常
中華回教公會豐縣支會敬輓

國仇未報黑水白山勞入夢
憲政方始青天碧海悵招魂
豐縣公款公產管理處敬輓

國難時正殷海南急傳君逝試問此舵誰掌
我輩失導師當此瞻前顧後不無意識信迷離
豐縣戒烟所敬輓

浩氣長存
黎明幼稚園敬輓

精神不死
書院小學敬輓

朝野共傾心國事方殷長資柱石
西南傳噩信天胡不弔竟殞台星
保安第三十九大隊全體敬輓

華北寓隱憂滿目瘡痍悲餓死
嶺南傳噩耗一天風雨哭先生
豐縣縣立文廟小學輓

國喪元良
黨失導師
豐縣縣立女子小學輓

國難方殷正賴我公支危局
大星忽殞頓教民衆失瞻依
豐縣農民銀行全體同人敬輓

旱天不弔喪我元勳
北辰慘澹薄海同傷
豐縣農業推廣所全體同上敬輓

革命尚未成功胡天不憖遺一老
同志繼續努力此翁差自慰重泉
豐縣教育局全體敬輓

革命尚未成功胡天不憖遺一老
同志繼續努力此翁差自慰重泉
豐縣第一區區公所全體敬輓

河山未復四百兆民同放哭
革命邁進千秋事業繼先生
豐縣救濟院全體敬輓

河山破碎嘆四百兆生民空望北斗
風雨飄搖念先總理遺志誰繼鴻猷
豐縣縣立中學全體敬輓

爲西南撐半壁河山方期時事多艱長資柱石
小住竟殞台星是國家第一流人物不料故鄉
豐縣農民榨油業改進會恭輓

公祭順序

一，各界全體公祭

二，縣黨部，直屬第一二三四區分部，總工會，八工會，縣農會，教育會，童子軍理事會，婦女會，豐報社，回教支會

三，縣政府，大隊部，款產處，農業推廣所，救濟院，第一區公所，公安股，實驗鄉公所，監獄署，禁烟委員會，太澤鑛，縣倉庫，保長訓練所。

四，教育局，縣立中學，文廟小學，書院小學，女子小學，黎明幼稚園，東關外小學，西關小學，北關外小學，實驗鄉鄉學，公園。

五，商會，農民銀行，農工銀行，電燈公司，烟酒稅局，各同業公會。

花圈

縣黨部　一個
縣政府　一個
公安股　一個
女子小學　一個
教育局　一個
文廟小學　一個
公園　一個
救濟院　一個
烟酒稅局　一個
縣立中學　一個
實驗鄉　一個
農業推廣所　一個
西關外小學　一個

編輯消息

一，在小朋友的編輯消息上，曾經說預備刊發哀悼胡主席特刊，現在竟然誕生了。但是小朋友們的作品，一篇也沒有，這固然是編者的領導無方，可也是因爲時間太匆促了。所以小朋友們沒有來得及做文章，這不能不請閱者原諒！

二，輓聯的排列，是按收到先後，并不是按機關來排列的。

三，胡主席的史略，是根據的中央社南京十二日的電報，所以簡略了一點。

五，二七。

警策語

我們所謂革命，就是要自己勤勞刻苦，來爲社會國家服務 以消極的解除人民的痛苦困難，積極的增進全體人民的福利。

縣黨部無綫電收音室開放節目

五月二十八日　星期四

八，一〇　國樂
八，三〇　新聞
一一，三〇　平劇　警策語　報時　氣象　商情
一八，〇〇　大鼓　董蓮枝唱：摔琴
一九，〇〇　平劇　譚富英　馬連良　合唱南陽關
程艷秋唱荒山淚
一九，三〇　兒童教育
二〇，〇〇　報時　氣象　簡明新聞
二〇，一〇　時事述評　關於國內時事
二〇，二〇　國樂
二〇，三五　話劇
二一，三五　預報明日節目
二一，四〇　新聞
二〇，三五　平劇及國樂

鳳鳴塔

第二一三期

一、本刊內容分科學常識、詩歌小說戲劇散文書信函介紹及批評等項
二、本刊歡迎投稿來稿文言白話均可
三、來稿本社有修改權不願者應先聲明
四、未經登載之稿除預先聲明者外概不退還
五、本刊編輯部設豐報社內

漫談

我所尊敬的老朽

立正

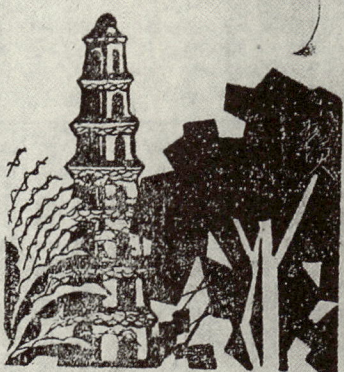

「我所尊敬的老朽」是誰呢？就是幾千年前的孔子。大凡尊敬人的意義，有被他蠱惑而尊敬的，有為私情而尊敬的，有因一事而尊敬的，有因一時而尊敬的；總計之，皆尊敬中的一事。我的尊敬孔子，非是被他蠱惑，非是為的私情，非是為的一事，非是為的一時，實是為的他的學問，道德，和人格啊！

稽古尊孔之說，叢見帙出，而其中都言孔子的道大德大，仁精義微，俱有欲言能言之勢。不過現出種愛忱的心腸，贊歎的言辭，而孔所以值得我們尊敬的地方，竟有不敢筆斷之意。如此，於實際何補呢？反使人認為孔子是生知的，非學所能及的。於是徒有羨慕的心，而無進取的意了！豈不是尊孔而滅孔嗎！然而孔子之道，是至邇至易的；至於精微的地步，那是自卑至高自邇至遠，如只就高遠而言，是迷人於醉鄉了，今就眼皮上的數條，可使我尊敬一生的啊！一、孔子的勤學，從十五志就在於學了，好古敏求學無嫌煩的心，以學不講為憂愁，食不暇飽，居不暇安，有時發憤忘食，求着加年學易，這樣精誠，到老不衰，是人人該學的。二，孔子進取：他雖說述而不作，其實是自己迴護的法，刪詩書，定禮樂，凡經他傳述的，都換了精神，名為傳述，實是創作，再看他為之不厭，發憤忘食，樂以忘憂，不知老之將至，是何等進取呢？這更是我們該學的。三，孔子的實行：他一生最重的就是實行，凡事都「先行其言，而後從之」常「訥言而敏行」，還說「躬行君子」他不能，以實行自己勉勵，以實行教人，又說：「沒有恆的人，不能實行」，以激勵世人。虛嬌誇詐的人，如何能實行呢？這不是我們該自勵的嗎？四，孔子遷善改過：人不能事事都好，也不能處處無錯，是在吸取人的好處，改自己的過錯，纔能成個完全的人；孔子博學多能，謹言慎行，本沒有什麼過錯．他還以聞「義不能徙，不善不能改」為他的憂愁。對於「三人行路，必有他師，」挑一人的好處，思想着與他並齊，借一人的壞處，以反驗自己，陳司敗指責他的過錯，他言「丘也幸，苟有過人必知之。」這話中露出了多大的歡喜，他遷善改過的心這樣真切，真可為我們的法則。

▲待續▲

創作

還鄉瑣記（續）

聞人

次日，天沒有亮，我就展轉難寢，沒多會勤務兵說：五點鐘了，該起來整理整理，吃點點心，那天也就不早了，說着他就買豆汁，白糖，油條，我們吃過，他拿起行李送我過了江到火車上，他纔回去，我坐在車中，依窗外眺望，見那陽光從遠山頂慢慢升起，放出她鮮豔的色彩，又淡而帶白色的薄雲，也斷斷續續的一片一片在她面前映過，她的善意而無私的神采，照在大地上，忽聽見那村犬農雞，吠鳴不已，才叫破了沉寂，遠遠的飛鳥，像天空中的黑點似的，飛上飛下，又聞着郊外的野花，也時時放不同的清香，隨着一陣陣的醉人的春風，飛過人們的面前，沒多會車就開了。

車開始蠕動了，像蜿蜒長蛇似的向前飛進，那山林村莊向後飛跑，遠景近景，都微微轉動，這時我在車中暈迷不振，也無神去賞觀這自然的美景，因昨天喝酒過多，夜晚又加失眠，所以頭暈目眩，難過得很，也就時時的打盹，糊而糊塗的睡覺，這樣已不知若干次了，剎那之間，黃昏時候到了，夜之神又張開面孔，籠罩大地，在這時侯車中的人，都說到了曹村，三鋪，誰知車到我三年前求學的故地——徐州——下車以後，就住蘇河旅社，心中如油烹火燒似的不知怎樣的難過起來了。可喜的茶房，從外面走進來。問道：

先生　洗臉嗎？吃點東西吧！

我懶懶洋洋的答着一個「好」。

「吃什麼？」

來四兩白干，一盤涼拌雞，隨後來碗雞絲麵，好

沒多會，酒菜都送來了，這時獨對孤燈，喝起悶酒來，忽想起家景及我飄泊的生涯，可惡的眼淚她也來探望我了，我極力的謝絕，她纔回去，當這時叫茶房拿筆硯，草詩數語，寄我歸來哀痛。如下：

載着一顆沉痛的心，
騎着疲乏之身體歸來！
踏遍了異域他鄉，也尋着半點的「從前」。
離了軍伍，見了阡陌的田畝，
荒蕪地，茫茫地，都成一片沒有烟，
種田的人兒們，都向城市中流散。
記得當空着肚皮離開家鄉的時侯，
妻子也送過橋頭，叮囑，叮囑。
「別忘了家裏的人，
窮苦受難的……
只要你一個有飯吃的工作。——
在外飄流的半年，
吃苦，賣命……
如今啊！兩袖清風，
故園還不如先前。
我，想不到——
仍然清苦，貧寒，尤甚於從前，
歸來矣，唉！……可憐。

剛寫到這裏，茶房送麵來了，也就打斷了草詩，吃過以後，酒又喝多，於是朦朧的跑入夢鄉。

次日早上洗臉漱口以罷，隨便吃點東西　就乘汽車，真巧有一輛汽車在大金台門前，我就很歡喜的趕上前去。喂！到豐縣去的嗎？不，沛縣。

我聽了這話，發呆了，不知怎樣的是好。

幸兒那汽車東的小老板，走過來說：先生，到豐縣嗎？我說：是的。他說若到豐縣的人多，我們可以送到，不然……

過了一會，八點多了，乘車的人有幾十幾位　我便問道，有幾位到豐縣的　說，七位，這時小老板說　好，可以送到，我聽了，憂愁的心，忽又轉變為喜，沒多會，車就開了。

這時，我在車中和他們幾位談談故鄉的近況，據說：近來修築東，北，兩大街，現已恐怕完竣了，

我說：好，這也我們豐縣工作人員的努力表現。

他們又說：先前對禁烟非常緊張　很是嚴厲　現在又略微好點，於是我告訴他

杭育

唐虛

杭育！呵，勞工者的恩人。
奴隸的身子——生活的傀儡；
無時不在榨取着血，淚，汗，
心的深處，戰抖出——
杭育！杭育！
喊去不少的疲困。

○　○　○

罪惡的鐵臉，張着無情的黑洞，
醜視着勞動。
片時的休息終是幻夢！
心中的疑問——勞工神聖？

○　○　○

這幸福圈外的人，
心花早已頹枯了——在汚泥中。
生命掉在無光，熱，聲的深淵，
只有一杭育！杭育！」不住的戰微，
衝蕩，在死寂的生活中央。

們。鴉片的害處很大，像濟時林則徐先生，禁煙的條陳中有兩句：「烟不禁，則民日貧，國日弱。」由是可見林先生對禁烟的決心，雖然沒有成功，總算爲禁烟的先進者，而現在蔣委員長也有見於斯，所以也雷動風行禁煙，也是想富民强國啊！

這時車不斷的飛跑，我隔窗一看，桃紅柳綠，田間的麥苗，波紋似的蕩漾，燕兒在空中呢喃的叫着，當這時候，我神思爲之一爽，口占一律云：

發日東風錫柳嬌，
無意春色更魂消。
千紅萬紫窮妍麗，
鶯聲燕語啄新條。

車不停的往前奔跑，觀不了的自然美景，在這喜不勝喜的當兒，樂不可言的時候，車忽然駛進豐城，當下車以後，果見東，北兩大街已竟修鋪完竣，比那從前好的多了，正走着遇見Soo先生，噫，老Yao今天來的嗎？是的剛纔來到。即於問他近於可好嗎？我說：下午再談，於是來到我窮苦的故園。

剛一進門，我的弟弟妹妹見了我，跑到母親面前，說俺哥哥來啦！這時走進堂屋，母親問道：纔來到，這幾個月受的怎樣？

我答道：也沒有什麼？

當這時候，石也抱着平兒進來，說：平妳認得他嗎？接着有鄰舍的張媽，劉媽，進來，問我何處來的？有她們的兒沒有？我說：見啦，都很好，不必掛念。

沒有多會，到了黃昏，太陽下山去了，石，煑好飯，送過來，燃上燈，預備吃晚飯，這時張劉兩媽都走了，吃過晚飯，因爲身子疲乏，也就睡了。

夜雨感懷

孤蹤

蕭蕭風雨滿山城，夜半頻驚夢裡人；
多少不平心上事，多從兒女恨中生。
流水年華念四春，那堪風雨夜深沈！
孤燈照壁蕭條甚，愁煞此時萬里心，
故國凋零北望哀，山河萬里只餘灰；
冠深未許沉沉臥，風雨兼天恨滿懷。
握屋風聲雜雨聲，不堪重憶故園情，
新紅嫩綠夕陽外，桃柳空沾雨露恩！

夜雨不寐寄彥士名時文彬三友

風雨愁深夜未眠，悲歎往事憶年年；
情懷別具傷心淚，我輩天涯倍可憐！

夜雨寄張彥士

連天風雨仍瀟瀟，四壁淒清夜寂寥；
高臥莫因愁病苦，祝君一夢到明宵！

夜雨寄楊名時

春風春雨倍撩人，况是天涯潦倒身！
一枕難量家國恨，數年書劍枉風塵。

小學教師生活的一片斷

春林

朱老師台鑒：

好久沒有見面了，不，久已沒有接到玉音。早想遺札問候，但筆在手裡握過幾次，終於放下了。是因事忙嗎？不，什麼大事能擾我濁念的心情，還早冒出紅舌的思火呢！而是情緒千頭萬緒，薄薄的幾張紙沒法寫起，還也或許是的，然而在我還沒凝固的腦海中只浮着沒處投遞的愁絲。

福音！福音！事巧極了，前幾天因別人家有憂事，無意中遇到王春青先生，談話中得到先生的消息，看是夢中沒有想到的事。

自從離了先生，整日心在跳動着無着落的，有時如飛雲奔馬、風海波濤；有時像春閨少婦，無母羔羊，在五花八門的社會中擁擠，紡着愁苦失望的兩樓人生之絲，隨密密織進心中的愁網裏。

我承認，同寢同食的師生的相親愛，是人生性靈上的表現，是純潔的，無尚珍貴的。但那舒適的生活，却是害人的安睡藥，而寢室同學的嬉戲，是施放着毒瓦斯，野外的逛遊，是春黨的自縛，是吸鴉片人的自滅任煙斗裏。然老師苦心的領導和藹的勸語，當時只認作强敵，避如洪水猛獸。在這世事的網眼裏，現今的確是懺悔了，但有什麼法子呢？人生跟着光陰的鞭子在背後奪，是不容再去整理過去的是非，只有讓它堆在灰塵的心板上，留着永遠懺悔紀念的痕迹。

現在我是走進了鄉村小學，換句漂亮的話說，就是走入了教育界。這枯燥孤單的生活，的確使我無聊失意。如果不是那些天眞活潑的兒童在我眼前跳躍，早已變成了呆子，或者一塊頑石。每放學後，一個人在那矮小的茅屋中坐着，——不，辦公室坐着，望見那淨躺着的空大的校院，院中滿被時輪齒痕龍鐘老態的鐵鐘，綴散着餘音，更顯寂靜。只有牆外孩子走過的脚步聲，零碎的笑聲，散亂的一下下落在我心板上。

村後的那帶水坑是否還結着堅冰，牆外的楊柳是否發了青？我沒注意過，除上課改卷紙外，就是伴着窗外的陽光與檐下的雀子靜默的坐着。還有時替鄉公所——設在學校裏——做點事，尤其是這春天，正是農人買賣田地丈量的時候，鄉公所沒人能去丈量，只好這責任馱在我背上，所以兩隻破鞋拖着個疲倦的身軀，跑往各村去。更有那些舊禮教的事情，在求學時，以這些是將要死去的東西，極其漠視，不但毫不涉及，而且盡其力以排除，詛咒其快快死去。不料現在竟有鄉人紛紛來找替辦理，眞窘極了，臨渴掘井的方法，也是來不及的不會的只有給他們個不會。但信仰的失掉與其渺視，也同時降臨了。

在這農村破產下的鄉村小學，的確將要關門了，更加鄉人古老的腦殼中對於「洋學堂」，根本就有很大的懷疑，所以除城裏與大市鎮的學校外，大部蕭條 學生寥落晨星，眞是暮氣沉沉，如將死之老人。現在學生的家長，送一學生來校，便是與學校增光，更是與校長校董幫忙架勢，時時賣弄情面，竟不知子女受教育是父母應盡的責任，是學生對國家民族應盡的義務。這也許是教育失敗的最大點吧？不能普及的最大原因吧？

我記得上學期開學的時候——也是我剛走入教育界的時候——校裡在學籍的舊生還不滿二十個，而教育局的限定最少是二十五人，「還差的多呢」，「要怎麼辦」。這兩個目前的大問題，時時在剛走入社會而且復雜的教育界的我的腦中盤旋着，眞弄得我沒頭沒腦，喉中如梗硬骨，如吞熱鐵，焦思苦慮，想盡種種方法。

（未完）

通信欄

守賢君：

來信收到，贈豐報一份，已通知事務部了。想馬上你就可以看到豐報的。

離開故鄉以後，固然使你多愁，可是偉大的創作，多不是從平凡的時候，產生的。這正是你努力的機會！守賢君！你的故鄉，現在雖然有多人陷在饑餓裏，可是麥快熟了，生機出現了。請你放心吧！把心都努力在創作上吧。

雲章　二七

編輯室的廣播電台

雲章

一，克林，冰片近况如何了？我現在正盼望你倆的創作呢！

二，六月三日本報出禁烟特刊，愛寫作的朋友們，如有作品送來，我們是極歡迎的。

三，立正君！請你把通訊處告知

五，二八。

縣黨部無綫電收音室開放節目

五月二十九日　星期五

八，一〇	西樂
八，三〇	新聞
一一，三〇	平劇警策語報時氣象商情
一八，〇〇	樂隊奏樂
一九，〇〇	平劇　金少山馬富祿林樹森露蘭春合唱打嚴嵩　言朋菊王芸芳譚小培余叔岩　合唱桑園寄子
一九，三〇	兒童教育
二〇，〇〇	報時氣象簡明新聞
二〇，二〇	音樂
二一，三五	預報明日節目
二一，四〇	新聞
二〇，三五	平劇及國樂

豐中週刊

第三一期

本刊每星期六出版

言論　雜感

仔細想想，我們最不懂的是我們說得最熟的話。我們這世界也太奇怪，一句平常的話也常常新奇的解釋。

就拿解放黑奴的「解放」來說吧。解放的方法當然很複雜，但內容總應該是：（一）不叫黑奴當奴隸，或變相的奴隸；（二）叫黑奴有飯吃，而且有更好的飯吃。然而，這「解放」，一到「古羅馬的騎士」嘴裏，就變成「吞併」了，而且綠氣炮成了「解放一的工具」！例子舉不盡，祇要你留心，把響亮的言語和事實對照一下，你對于人類的嘴巴的本領，實在不能不驚奇！

凶惡的心裡最會發「光輝的」思想。這思想，最容易叫讀書人上當。讀書祇會唸文章，對于他，凡是文理通順的言論，內中都有至理。愚人沒有思想，但能「感覺」得到事實，因而騙他頗有些棘手。我沒有到東非，但我想信，黑奴對於新得的「解放」，是不會感恩的。

化平凡而為神奇，是我們這世界不能不有的手段。但我們要做平凡的人，假使并不眞有光輝，也無須華美的服飾。

讓世界更簡單點吧，然而這是辦不到的。

研究　熱水瓶之保溫及藏水

熱水瓶，冬日放入熱水，可以保溫二十四小時至四十八小時之久，夏日藏冰，冰可不融實旅行家之必備物而普通住戶亦不可少者也。

熱水瓶之構造，係一雙層之玻璃瓶，中間空氣，抽之殆盡，夾層內部，更鍍以光亮之銀，下以彈簧抵住之，口以輭木塞之，裝置於鐵瓶之內。

考傳熱之因，不外乎傳導，對流，輻射，三種，玻璃輭木皆非優良之導熱體，則無傳導作用，夾層之內既無空氣，則無對流作用，層內既鍍光亮之銀，則無輻射作用、故瓶內裝入熱水，其熱不易傳出，瓶內藏冰，外界之熱亦不易侵入也。

寫作　論戰

常敬周

古人有句話說：「逸豫亡身，多難興邦」。這句話表面看來，似乎是句不經之談，但是翻一翻歷史，便會發現它不僅是萬世不移的至理名言，且為歷代興亡隆替，逃不脫的梏桎，必須循依的準繩。因為「甯為太平犬，不爲亂世人」的[illegible]理埋藏在中國人腦海的太深刻了，好逸及享福是他們朝朝唯一禱頌的思想 天下昇平，富謚尤爲他們所樂道。因厭惡戰爭．咒咀凶器。他們曾經想盡了千方百計，出盡了許多氣力，極力地去消彌戰鬥的氣氛，去抵住了戰神的來臨。所以一般完全反戰論者的腐儒便迎合了中國人的心理，而操縱歷來整個國家政治的遞嬗。把一個好勇喜鬥的中華民族染上了墮性極深地懦怯地卑劣的根性。於是乎消彌戰爭 提倡道義的呼聲，便成爲 成不變地中華民族的協調的格調。大家整日坐着談些忠君孝親的綱常，兄友弟恭的道義，絕口不道戰爭，更絕對不看干戈等凶器。習性既久，大家便會將戰爭一囘事忘却，便會不曉得干戈這件東西。這種昇平氣象那能夠久常呢？突然的一種外侮來到，這些懦夫怯婦組成的和平集團 怎能不會見戰却走，退避三舍呢？

固然說：和平是一種仁道的現象，戰爭是殺伐的暴力的惡魔，但是和平終有和平的限度，戰爭終有戰爭的必要，恰如三國演義說：「天下大勢分久必合，合久必分」一樣，沒有永久昇平的社會，更沒有永久混戰的社會，社會需要和平的撫慰，也需要戰神的教懲。雖然表面二者有相悖不可混的意義，但實際上是國家和社會共同的調節，恰如花卉需要晴天和陰雨一樣。

中國人由[illegible]成的和平觀念、已經是走不通了，世界上是沒有永恆的和平的！現在和平已達到它不可延長的限度，該用戰爭來冲洗一切罪惡的巨辱了。但是傳統深刻的愚懦的中國人，還想再稍事延長它的生命．雅不欲見那不仁道的殺伐，在歷史的觀點上講，在世界潮流上講，已是走不通了更不可能了。

有宋的亡國，不在外侮之太甚，亦不在潮流的驅使，主要的致命傷却是人民的和平觀念太深，嫉戰爭的心情太濃 以致「安於佚樂，甲兵頓弊」（蘇軾語）卒致「偏安江左，江山掃地以盡」當時有點歷史眼光的人，便對國家建議：蘇軾的諫得尤爲激烈：

「今國家所以奉西北二虜者歲以百萬計；奉之者有限 而求之者無厭，此其必至於戰。戰者，必然之勢也。不先於我則先於彼……………有遲速遠近而要以不能免也」

我們真想不到千餘年前的士人，會推想得恰合乎現代的時勢「奉之者有限．求之者無厭」一句話，給我們一個當頭棒喝，一個民族復興的警惕！大家要該想想，現在的國家生命已如北宋的生命一樣飄浮在一個茫茫的暴風雨的海面上了。假若中國不及時醒悟，不用爭自由的殺伐去冲洗社會的罪，那麼將來會一樣的和北宋同趨一途的。這是必然的現象，[illegible]延長國家的生命 掙扎民族的自由，湔洗往者的巨辱，非要團結起來 同舟共濟，作一次徹底的抗爭不可 北宋主戰的不徹底是可以作我們的前鑒的。

爲要爭取整個民族的解放而戰鬥，延長祖國生命而戰鬥，個人的和平崇拜是絕對不能通的了，個人的享福[illegible]種傳統觀念一股腦兒拋掉去作 個扶持正義的戰士 我們不要再迷惑在那般腐儒的鼓裏了．該伸張我們的羽翼冲天飛去了！

和平的極限已經達到！絕對不容再挽留的了

讓我們享享戰爭冲洗以後的和平吧！

○　○　○

一件往事

劉正戎

大概是民國十六七年的事，那時我不過六七歲 然而我對於這件事却記得很清楚。

那時革命軍正在北伐奉軍節節退敗，已經退到我們豐縣了，街上亂得很，北軍（卽奉軍）的隊伍，肩着五色的旗子，一隊一隊的潰敗下來，到處住扎，不知他們是怎的，還是沒有餉呢？還是想拿兩個錢花花呢？竟在城隍廟大賣起米來，那時正值荒年，再加兵亂，十有八家沒飯吃，那又白又香的大米誰不想吃呢？有幾個錢的就弄一包來，沒錢的也充着抗一包來。

「瞎牙，他抗來幾包！」右鄰張大娘，氣憤着抱不平的說。

紅牙根聽到便趕緊的說：「那是人家有本事，你爲啥不去抗去。」

我們前院住滿了兵，他們帶着一副猙獰的面孔 我很怕他們。

一羣從鄉下抓來的夫子，拉着官車，他們不敢向兵們談話，更不敢向他們討飯吃，只蹲在屋角的一旁，稍有一點錯誤，便拍的一個耳光，跟着又是一脚，打着他們動都不敢動。

然而對於我却不然，我雖怕他猙獰的面孔 但他們却很喜歡我，母親令我買東西去，我不敢去了．便偷偷預備從牆跟下溜出去 但却被他們看見了，他們用雙手抓着問道：「小把戲吃飯了沒有？」我不敢囘答．他們便拿些半生不熟的發麵捲給我吃，我拿住了 不敢卽時就吃，他們用雙手舉起我來．玩弄了一會子，我急得要哭了，才放我走。

軋軋軋，一陣一陣的飛機聲．天空中盤旋着幾架革命軍的飛機，繞着城打圈子，轟的一聲，一個炸彈下來了，但僥倖的很，落在我們門前大坑內了，但不多時又是一個，落在右鄰了，但也沒炸，據說入地很深，但我沒去看。

數日後北軍走了，但革命軍又接着來了，我們都去看。認爲很希奇，他們抗着青天白日的旗子（在當時我只說是花旗），脚上穿着草鞋，說話的聲音似鳥鳴，我們聽不懂，我們好像看玩猴子一般，上前去看，但被他們一威嚇，我們都跑開了，據說他們吃的是大米，有時吃麵的時候還沒熟便倒到涼水內去滌。

在革命軍來後沒幾日，北軍又回來了，兩下便開起仗來，那時我也不甚駭怕，但母親令我躲藏起來，我沒法。

轟的一聲，大炮響了，接着便是陣步槍，機關槍聲，槍聲剛鬆了，又是一聲大炮接着又是槍聲，我在這種嚴重的威逼之下，我却沒感到駭怕，只感到不能和小孩去玩，炮火振動得我們的屋往下掉土，我們一家人坐着，都默默無言，緊張的空氣，充滿了我們的屋內。

不多時槍聲炮聲都沒有了，母親才放我出去，只看見滿地彈痕，嗅到一些火藥的氣味。

午飯，我們二哥回來了，得了一些報告：「東門外死人堆如山，滿地鮮血。」

飯後，只見坑東的鄰居從家中抬出幾個死屍，用蘆蓆蓋着，被太陽蒸晒得發臭。

春假中

王錫九

風兒鳥鳥地吹着，燕子呢喃地叫着，柳條已綠了，桃花也啓起他胭脂般地唇兒笑迷的在招人，田野間金黃色的菜花更散出粉芳的香味，蝶兒，蜜也不肯遠離；啊！這萬物的生氣蓬勃，發榮滋長！都是充足的表現着春之偉力

我校便在這「春光明媚」，「萬紫千紅」，「花香鳥語」，「惠風和暢」的當兒放了春假。因有曙琳松三君之約，黎明乘脚踏車漫遊——一方面可以藉此欣賞天然美景，熟悉地理，他方面爲探望久別的知己，這次遠足可說是有莫大意義的！因大道總免不了爆雜的車聲，人話，爲了觀察景物和富有清趣起見 我們沿着羊腸小路前進，迎面吹來一陣微風，菜花味雜有新土氣，陶醉了每個人的心。

脚慢慢的蹬着，心中仍以爲不能仔細觀賞便下來走着，大家興高采烈的不約而同的唱起了「一馬離了西涼界……………青的山綠的水花花世界。」不知不覺，鞋子被露珠兒浸溼了；曙兄埋怨我們不該走這狹的小路。大家同聲說道：「你忘了陶潛先生的田園詩麼？」——道狹草木長，夕露沾我衣，沾衣不足惜……——現在祇要能滿足願望，溼了鞋了，有什麼關係？他忽然蹺足仰首的喊道：「看那村旁的杏樹穿着婚衣正在向天微笑啊！」這句話打斷了我們的爭辯；都忙着跨上車爭先恐後的風掣電流般地前進。眨眼工夫已至自的杏桃園了。青草上撒了一層落花 恰爲我們造成了花氈，使我們心裡有說不出的痛快！立時把胸中久積的苦煩，倏時已清洗的乾乾淨淨 大家便在那裏無拘無束的說笑起來。

不覺日已轉西，肚中倒不十分餓，孔子說：「樂以忘憂」我們也可說是「遊以忘餓」了。

我們正扯東拉西的談論時，在村前匆忙的來了 人，口中喊着「家來吧！ww」。待他走到我們臉前時，方認清是紀弟使我們夢想不到的！見面後他什麼也沒說，祇滿臉露着笑容，半天方說：「您爲什麼不到我家去？想死我了！」他拉着我們到家後，他又忙着買這弄那，客氣的不了。飯罷，談及他的困難——家有三個兄弟，一切全賴他操持，不幸父親逝世，留有年邁祖母，賴他扶侍，所好尚能免强支持，而最使他悲傷的是一般惡頓！今日燒他，明日偷他，後日不知又生什麼花頭。我們的結論是叫他往城中來住，只要能夠用的，如果窮本家有過不去的地方，借給他一點，也不算什麼。這問題給我一個很痛哭不止。但他總是痛哭不止。這問題給我一個很深切的印象，待春假歸來，還隱在心中！

雜組

二十五年度國家普通總概算

本月九日呈送國府轉送中央政治會議審核；中央財政委員會並規定自十六日起，每日下午繼續開會審查。現在距二十五年度開始尚有一個半月，照目前情形看來，正式預算表大有在年度開始以前編成的希望。據本月十七日申報所載，概算所列歲入歲出各款總數如下：

歲入：

關稅	三一七、九七三、五一四元
鹽稅	一八九、一八七、二二五元
菸酒稅	一六、九八七、三九五元
印花稅	一一、三〇〇、〇〇〇元
統稅	一三二、三七六、一〇七元
鑛稅	三、六三一、八六二元
交易所稅及交易稅	一、三五〇、〇〇〇元
所得稅(按現尚未開徵)	五、〇〇〇、〇〇〇元
銀行稅	一、六〇〇、〇〇〇元
國有財產收入	五、九七一、七六七元
國有事業收入	一二、二〇一、五三一元
國家行政收入	六〇、九〇一、三二〇元
國有營業純益	一一、三九七、五八三元
協款收入	三、一九八、〇〇〇元
債款收入	一八〇、〇〇〇、〇〇〇元
其他收入	一〇三、三四二、二二四元
經臨合計	一、〇一五、六五八、四五〇元

歲出：

黨務費	八、〇六六、六四八元
國務費	一三、四一二、四一七元
軍務費	三二六、七二七、六五五元
內務費	一三、二八八、六二八元
外交費	九、七九八、九三四元
財務費	六四、五一五、五六六元
教育文化費	五〇、一六二、一八三元
司法費	三、三四七、五三一元
實業費	五、〇七八、二五〇元
交通費	四、八三九、一四〇元
蒙藏費	二、〇七七、五八四元
建設費	五二、七一四、七二〇元
補助費	一〇五、一九四、六六〇元
撫卹費	五、六六四、七〇四元
債務費	二三八、六四一、九〇八元
國有營業資本支出	九六、三三七、七二〇元
第二預備費	一五、七九〇、一四七元
經臨合計	一、〇一五、六五八、四五〇元

二十五年度概算所列與往年有顯然不同之點，即(一)收支膨脹，(二)債欵收入增加，(三)教育文化費、建設費以及國有營業資本支出都亦相當有些增加，其它歲入歲出各部門不過略有變動。所以就大體上看，與過去幾年的預算表沒有什麼本質上的差異。據政府方面傳出來消息，認爲本年度概算已能收支適合，足以貫徹政府完成法幣政策，平衡國庫收支的主張，不過我們鑑於最近沿海走私的猖獗，已予關稅收入以不良的影響，所以對於收支平衡一端，尚未敢抱過分的樂觀。

記載

學校消息

一，本月二十三日，本校籃球隊赴碭山遠征 共比賽三場 對職業中學，二對復興球隊，三對養正中學，皆敗北 二十六日返校

二，本月三十一日假戊續室舉行勞作圖書展覽會。

三，國民勞動服勞（挖城河）本校一段今日可完工。

四，本校後門木橋，移於校西，以通校園故址，改建石橋約需百餘元，不日即完工。

五，本校週圍濠溝，刻下正在修浚。

縣黨部無綫電收音室開放節目

五月三十一日　星期日

一一，〇〇　歌曲
一一，一五　科學新聞
一二，〇五　平劇
一二，三五　樂隊奏樂
一九，〇〇　平劇 梅蘭芳馬連良尙小雲　合唱
二〇，〇〇　三娘教子
　　　　　報時氣象水位閩粵樂曲
二〇，三五　廣州語一週大事述評
二一，〇五　國樂
二一，二五　預報明日節目
二一，三〇　新聞

六月一日　星期一

八，一〇　西樂
八，三〇　新聞
一一，三〇　平劇譬策語報時氣象商情
一八，〇〇　樂隊奏樂
一九，〇〇　平劇 李多奎唱：行路哭靈
一九，三〇　兒童教育
二〇，〇〇　話劇
二〇，一〇　時事述評 關於國內時事
二一，三五　預報明日節目
二一，四〇　新聞
二〇，三五　平劇及國樂

鳳鳴塔

第二一四期

一、本刊內容分科學常識論著詩歌小說戲劇散文書信會報介紹及批評等項

二、本刊歡迎投稿來稿文言白話均可

三、來稿本社有修改權不願者應先聲明

四、未經登載之稿除預先聲明者外概不退還

五、本刊編輯部設覺報社內

漫談

我所尊敬的老朽（續）

立正

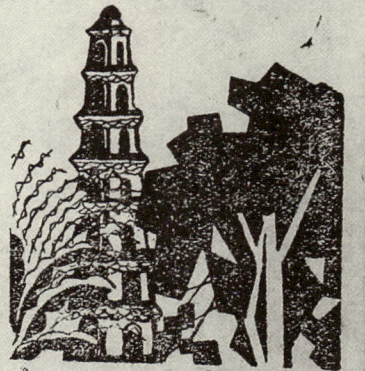

五、孔子的安貧樂道不貪權利：自古來的英雄豪傑，志士偉人，雖多借愛國的好名詞，竟脫不了權利主義；一有爭權利的心，就釀成世界大禍！孔子當時曾止貪夫的野心說：「富要是可求的，就是拿鞭子當僕役的事，我也去幹的，要不可求，何必費那樣勞碌，那樣熱中，反不如以身殉道，衡門棲遲，從我那所好呢！即是吃粗飯，喝白水，屈肘當枕，我那快樂也是綽綽有裕的，至於不義的富貴，我看他像浮雲一樣。」他這等超出世外榮利的心，更足以治末世人的病根了！

六、孔子的熱心救世，不避患難：孔子想要行道救世，各處周流，不憚勞苦，無奈各國沒一用者，反遇到了一些避世的人，如楚狂，接輿，晨門，杖人，長沮，桀溺，微生畝，被這幾人的打擊，譏諷，辱磨，然而他總不恢心的說：「鳥獸是不可羣的，當這列國爭雄，人民倒懸，我豈不知挽救的難嗎！如要因難而不救，不惟有違天地生才，辜負社會，而且失民所望了！要是天下平治，人民安樂，還能用着我丘同治嗎！」他這救世的心腸，眞使我佩服無地了。

七、孔子的誠心敎人：他對於人的愚迷，沒有不想開導的，敎誨人不會懈怠，至於他的敎條「文，行，忠，信，志道，據德，依仁，游藝，本末兼備，是極完全的。敎法「不憤不啓，不悱不發。」乘機開導，注重人的自動力，這都是爲敎師應該效法的。

八、孔子平等待人：互鄉風俗不好，是人所厭惡的。童子年幼，又是人所輕看的，孔子還接見他。闕黨的童子，還使他傳達命令，可見他平等待人，委曲成全的心，誠足爲後人的模範。

這樣幾條，多麽容易呢！是人人所固有，人人所能行的，我們如能心體而行，亦不愧爲孔子學說的繼承者啊！能再本此而擴充，雖不能如孔子：然亦與孔子無異了。焉知不能名播後世，永垂不朽呢。孔子啊！實在是值得我們尊敬而應效法的。（完）

翻譯

打賭

俄國柴霍夫原著　菽原譯

一個漆黑的秋天晚上，老銀行家在他的書室內不停地來回走着，回想着十五年前他所開的宴會。會中有許多的特別人士和極有興味的談話，他們無意之中談到了死刑，在這些賓客當中大都不贊成死刑，因爲死刑在他們的心目中，是不道德的陳腐的刑罰，不適合於基督敎的國家，裏面有幾位覺着死刑應代以無期徒刑。

「我不贊同你們的意見，」道東說道「我自己也沒受過死刑與無期徒刑，然而一個人如站在客觀的立場來判斷，我總以爲死刑較無期徒刑更爲人道些近人情些，因爲死刑立刻把人殺死，無期徒刑慢慢把人殺死，一個在幾秒內把你殺死，一個不斷地在幾年內抽去你的生命，誰是比較 仁慈的 劊子手？」

「他們倆個同樣的不道德，」一個客人說道，「因爲他們的目的相同，都是想把人的生命去掉 要知道國家並不是上帝，她殺個人從想叫他復活，那是不可能的。」

座中有一個律師，是一個將近二十五歲的青年。人家詢他的意見，他說道：

「死刑和無期徒刑是同樣的不道德，但是如果讓我選擇。我 定選那第二個，活着總比死了強。」

於是接着起了一個其烈的辯論，那時銀行家年少氣壯，忽然動了脾氣，用拳在桌上一敲，轉身向那個年輕的律師說道：

「那是瞎說 我和你賭二百萬元，你在監裡住不了五年。」

『如果你的話不是兒戲，』那個律師說道，『我敢打賭我不僅可以住五年，就連十五年也不算什麼！』

「十五年，中就這樣辦！』銀行家高聲喊道。『諸位，我賭二百萬。』

『贊成，你賭二百萬，我賭我的自由，』律師說道。

於是這個野蠻的可笑的賭博便發生了，銀行家在那時，錢多得計算不淸，嬌生慣養，心性不定 喜歡得發狂，晚飯當中，他嘲笑似地向律師說道：

「淸醒點吧，年輕人，現在還不晚呢，二百萬元於我算不得甚麼，可是你卻要失去三四年最好的光陰啊，我說三四年 因爲我知道你不能再住得長些，不要忘記自動的坐監比被動的要重得多，不幸的人呀，你有權利在任何時候放你自由的一個觀念，將要在監獄內害你一生了。我可憐你。」

現在銀行家在他書房內來回地渡着方步，把這整個的全幕都想了起來，不禁向他自己問道：

『我爲什麼要打這個賭，有什麼好處？律師失去了十五年的生命，我虛擲了二百萬的金錢，牠會說服人們死刑比無期徒刑好點或壞點嗎？不能！完全不能！簡直是廢物與垃圾（意即無意識的胡鬧。）在我固然是衣食溫飽人的幻想，但是在律師却完全是貪圖金錢！』

他更回憶夜宴以後所發生的事情，決定律師在銀行家的花園裏的一間耳房內，担受他的禁錮，雙方規定在這期間以內，不准律師跨出門檻，和人接見，與人談話和收接信件報章等，允許他可以有樂器，讀書 寫信，飲酒和吸煙，由於這個合同，他可以從一個特別爲此製成的小窗，和外界交通 這個契約供給一個瑣碎細物，使這個禁錮異常孤獨，逼迫律師整整停留十五個年頭，從一八七〇年十一月十四日十二點鐘起，至一八八五年十一月十四日十二小時止。在他的方面 如果有一點違犯條約的企圖，即僅僅在規定時間的二秒前逃出，便解除了銀行家給他二百萬元的義務。

在他頭一年的監禁當中，由他送出來的紙條上，便可以斷定他被寂寞與孤獨困得可怕，從他的側房整天整夜送出鋼琴的聲音，他拒絕酒烟，一酒一他寫信說：「可以興奮慾念，慾念是囚人的仇敵；除此以外，獨酌獨飲，也是非常孤棲的。」烟氣汚穢他房內的空氣，在頭年當中 律師只叫送些實最淺顯的書籍 如多角的愛情小說啦，罪人的幻想的故事啦，與戲劇等等。

第二年便聽不見鋼琴的聲音了，律師所要的書籍皆是文學名著，第五年鋼琴又聽見了，並且律師也叫酒了，看守的人說他在這年裡只是吃喝和躺在牀上睡覺，時常打着呵欠，奮怒地自言自語；書他是一句不讀了，有時候半夜裏起來寫作寫了很長時間，第二天早晨仍舊把牠撕掉，而且不時還聽到他的哭泣聲。

第六年的後半期，律師開始熱烈地習語言學哲學和歷史，他對於這些課目這樣如飢似渴地研究，所以銀行家幾乎沒有時間與他買書，在四年之間，他讀了六百部書，當這種感情繼續着的時候 銀行家由他的囚徒接到下列的一封信：

▲▲▲未完▼▼▼

創作

小學教師生活的一片斷（續）

春林

在這人地生疏的異鄉，只有與校董商量，而且校董又是鄉長，又可借重政治的力量，正好實行政敎合一的政策。於是便從戶籍冊上，抄來入學而達入學年齡的兒童的姓名，又召集其保甲長來學校開會，令他們用政治的力量勸導入學 並且在未開會前，恐怕保甲長不聽我們的指揮，所以請縣敎育局轉區公所，在開會時來訓話令保甲長協助學校，負勸導與邀學生的責任 這辦法雖有效仍很微，不得不與校董同去下鄉，親身勸導，打起百折不撓的精神，用敎士傳敎的方法。而後來竟有人諷刺說：一這是學校與社會打成一片了！」

大概是一個下半月的晚上吧！蔚藍的天空，閃灼着

滿空的星斗，極目天際，沒有一點雲花，也沒有月亮，星格外的明，格外的密。空氣靜寂得很，只有 片虫鳴，寥廓的田野裏，和着脚步聲。這是我與校董勸學生從鄉村回來時，心裏都滿含着氣笑不得的事。當我倆剛走進鄉村的時候，太陽將沒入地平線，晚霞在燦爛着，餘輝仍照着人世，但村人都從田裏回來了，人聲，牲畜聲混洽着一切的雜聲，是一天最喧囂的時候。門前場邊站着人，尤其是井邊站滿着，都在匆忙的汲水。

「鄉長來啦！」

「噯！在家啦？」

一個瘦長臉而露出兩個大門牙的高個子，大約有三十多歲，笑着向鄉長這樣招呼，更顯兩個大牙向外伸出。旁邊又走來三四個，還有幾個小孩，身上的土不盡失着的身子，手裡正拿着滿把土，仰臉向我倆驚異的望着。鄉長把我向他們介紹了。奇異的眼光盡在我身上巡禮。

「這個小孩能當先生嗎？」

有幾個人在旁邊用俾視的口吻微聲的說，我只有暗笑這無知的鄉人可憐，裝個不知道。接着又來了幾個人，保長也在其內，彼此寒宣了幾句，便把我們領到了牛屋裏，滿地塵土更加牛鋪裏的糞尿味，眞無處插鼻，而聰明的保長用彿帶卽速拂了一拂，然空氣更稠了。人漸漸蹭滿了一屋，喝茶，吸烟，說話，空氣儘在沸騰着。

「你先生府上還有該上學的學生啦。」

我與那個剛才在門外第一個招呼我們的高個兒對面坐着，向他開始說話了。立刻斂去他臉上的笑容，不自然的。

「沒有！我家的小孩小着呢，才六歲，整日光着定。」

「是的，才六歲，上邊規定六歲可上學，並且這次的名字也是上邊開下來的。」

「先生！我門很窮，實在上不起。」

「唳！這有什麼上不起，不收一點學費，而且趁這時上學，能做活時就該畢業啦，這是多好呢！」

「有什麼上不起，先生說了，不要您拿一個，白上學。」

鄉長響亮的喉嚨，也忍不住的發聲了，赤紅色的胖臉上，在黑影下彷彿放着紅光。

「不拿一個也不能上，小孩連褲子都沒有呢！」

「這是上邊開下來的，俺倆不當家，不上連俺倆都有過呢！」

鄉長更加大聲了。

「鄉長！試問上邊管吃不管吃？」

「我們怎樣好怎樣辦，並沒有什麼不好處。而且上學是我們自己的事，上好了也是自己的，沒有這是再好的了。上邊也是想教我們好，不然他爲什麼？」

話都說完下去了我不得不說婉轉的話來勸。

保甲長都替我們說了許多的勸導的話，結果得不忙時才能把學生送到學校。還有幾個也都得晚天到校。

我與鄉長都託着隻沈重的心，在星光的冷刺下走着塵土沒徑的大道。

這不過是一件最平常的事，比這更難的還多着呢！學生都是應勸來的，並沒有一個是出於自心的，所以四十多個學生，結果整日缺課，只得下鄉親自邀約。

柳絮飛時

閒素

立夏後，小院依舊春深。
涼風拂，丁香的芬芳可人。
　　綠肥紅瘦
東林，柳絮巧托襯。
　　○　　○　　○
絲絲團團，如雪如棉。
蜜蜂　粉蝶，翩翩舞花前；
　　楊花開時，
牠們却不採不戀。
愛柳絮潔白，
低吟：「春城無處不飛花！」
又恨柳絮輕狂，
高罵：「討厭楊花」！
　　我只憐憫牠，
爲的牠，到處飄流，無室無家！

春思

閒人

（一）
院後楊柳綠絲絲，正是羈伍斷腸時。
驀到相思魂不在，傷心何日卜歸期。
（二）
良辰徒歎奈何天，萬里情長一線牽。
安得化身成夾蝶，隨風飛向玉人邊。
（三）
夢聞風雨冷淒淒，春鳥無端徹夜啼。
料得深閨情不禁，香巢何處覓雙棲。
（四）
奔波何日傳家庭，難脫千秋薄倖名。
窗外子規啼不住，聲聲總是歎多情。

還有件好笑的事情，就是這學期我又兼了廚子的大職。而門房等一切職務，當然也是我個人兼着，握有全權大權，好似墨索里尼的獨裁。

紙已完，墨已盡，但話還多着呢。只有外邊的風更大了，雨也大了；破窗放着屁，屋檐撒着尿，一盞油燈照着冷靜的四壁，印出我瘦長的影，倍增淒涼、想思！而眼前又晃起先生的玉影！

敬祝

玉體康健

學生李洪叩上
四月七日燈下

通信欄

菽原先生：

譯稿兩件收到。讀過覺譯筆極流暢。可說與子方君相伯仲。我們于欣幸之餘，還希望先生以後常有譯稿送來！信上所說，「上禮拜寄去的兩首小詩」。編輯室現正在查找，不知是洪橋老頭兒作怪？還是在編輯室遺失？有結果後，再告知！

贈報一份，已通知事務部了。

敬祝

努力

雲章　六月一日

空室中的鼠

孤蹤

輕輕的走到床前，
悄悄的吮着瓜子殼。
稍爲驚動一下，
牠就向黑暗裏縮。
但轉瞬間又露出牠的頭，
依然用齒吮着瓜子殼。
啊！牠去而復來，牠不計喪身的危禍？
怎麼？怎麼？牠也是感到飢餓？

編輯室的廣播電台

雲章

一，明天就是六月三日了，本報禁烟特刊一定會誕生的，爲什麼作者老是把這種呼喊當作耳旁風呢？

二，菽原君是新登台的人物，他的譯稿，非常名貴。

三，六月份稿紙已印就，不日卽可發出，特此預告。

六・二。

縣黨部無綫電收音室開放節目

六月三日　星期三

八，一〇　西樂
八，三〇　新聞
一一，三〇　平劇　國語　報時　氣象　商情
一八，〇〇　國樂
一九，〇〇　粵曲
一九，三〇　兒童教育
二〇，〇〇　報時　氣象　簡明新聞
二〇，二〇，　音樂
二一，三五　預報明日節目
二一，四〇　新聞
二〇，三五　轉播本京戲院平劇

聲明作廢

鄙人豐縣耀豐電燈公司股票一張（五十六號）因被遺失除照章在耀豐電燈公司董事會聲明掛失外特再登報聲明作廢

韓月寶啓

鳳鳴塔

第二一五期

一，本刊內容分科學常識論着詩歌小說戲劇散文書信書報介紹及批評等項

二，本刊歡迎投稿來稿文言白話均可

三，來稿本社有修改權不願者應先聲明

四，未經登載之稿除預先聲明者外概不退還

五，本刊編輯部設豐報社內

在任何一個男子，都想娶個賢妻，還想叫做男子的良母，底確，「妻」是男子不可少的伴侶 有了「妻」生活上也有了意義，不然 觸物感懷 觸景生情，一個有勇氣的男子，因爲沒人安慰 弄的神經瘋狂，甚至最後自殺，在現時社會裏，乃常演的慘劇啊！因此，我在夜深人靜的時候，爲失眠緣故，忽憶起「妻」種種，很拉雜的寫出，以作我們的小參考，祈讀者指教吧！

漫談

妻

閒人

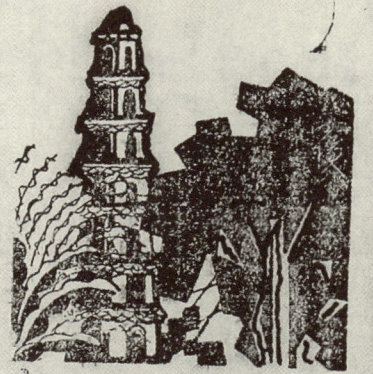

在我理想中，一個沒老婆的青年漢子，他總是對於「妻」的這種神祕却又感覺到極有趣味的觀念，理想中意味到「妻」簡直如口香糖一樣。因爲糖的成分，不但吃在嘴裏，發生甜蜜滋味，牠還能增加體溫，幫助消化，助長精神，也是算生活中的要素，「妻」對於丈夫的功績，底確，有這樣的可能啊！

但張敞給妻畫眉，閨房的韻事 已經夠使我們的心怦然而動了。東方朔割肉急遺細君，還是多麼眷戀。鄒忌喜聽他的妻讚其映麗，軟語溫言出自妻口，眞是喝香加啡，貧如陶淵明，他的妻自己燃薪煑飯，妻待夫眞是慰貼萬分 白居易贈妻稱讚的比什麼都好，我們可想而知他的夫人待他的恩戀了。還有梁鴻孟光饋食舉案齊眉，妻眞是無價的活寶了。

「妻」對於丈夫的好處，是難以細述的，但像我們窮光蛋的漢子，那衣服破了或齷齪，也沒有人過問，任你自便！只有向街頭巷尾給縫破的人去補，有妻的不言而諭了，噫！「妻」這個東西，是從那裏來的？不用說諸君都明瞭的，尤其是在現在社會情況之下，一目瞭然的事，不過「妻」也是「金錢」的補助品，無所爲夫婦，愛情……………那不是這樣的，假若有了妻，終日少吃沒喝，也看不出一縷炊烟，那時妻的態度，恐怕又變强硬了吧！不是另外偷漢子 就是漢子偷，她種種的變戲法，如電影般的放映着，爲什麼？賺錢，吃飯，沒錢，眞難，可憐。

在朱門公子，富家老翁，嬌妻美妾的，過着那桃色的生活，安榮享樂的，那他的妻也能做出佳殽美味，來給他吃的臉胖而紅潤的，但「妻」還能慰藉丈夫精神上的煩惱，「妻」也可以和丈夫來芭蕉葉上戲蓊字，海棠亭畔鷓鴣詞芙蓉帳裡鸞鳳事，假若家庭中寂寞了，那時「妻」又用她的變戲法，並不是先前的法術——偷漢子，牠還能生出一個天眞爛漫的小活寶貝，來調和家庭生活的質料。

有些浪費的丈夫，不惜金錢的在烟花柳巷裏，不是尋花，就是問柳，他們總以爲「家花不及野花香」，底確，是這樣，但是反過來想想，可就不是了。我想「野花不如家花」常一假若你的財產交給妓女，是否能保全嗎？恐怕不能吧！那麼妻便是你財產的信託保護者，「妻」不惟保護還能使其發展而寬，把整個的家庭就繁榮起來了，無論，廢紙，木屑，竹頭，沒用之物，都能化爲有用的，這是多麼節儉省用的「賢內助」啊！總之，「妻」也是丈夫的命運。

翻譯

打賭

俄國柴霍夫原著　菽原譯

『我的親愛的監督者我把這封信寫成六種文字，請你把他們送給各門的專門家看，如果他們找不出一點錯誤，我要求你在花園內放一炮；由他的聲音，我可以知道我的努力沒有虛費，各世紀各國的天才者，雖然他們說着不同的語言，然而在他們的心中却是閃着同一的火燄，啊，但願你能知道我了解他們的愉快』囚徒的慾望實現了，由于銀行家的命令，在花園內放了兩粒子彈。

十年以後，律師文文不動地坐他的桌前，讀着新約全書 銀行家便覺得非常奇怪，一個人在四年之中讀了六百部書，怎麼讀 本不難不厚的書，幾乎會費一年的工夫呢？後來宗教和神學的歷史代替了新約全書。

在禁錮的末二年，囚徒又讀了許多書，數目之大，使人聽了害怕，然而非常沒有系統，今天專心致志於自然科學，明天便讀拜倫沙士比亞的文集 又常常送出紙條 叫立刻送去 本化學，醫藥讀本 小說或某種哲學或神學上的論文 他讀書的情形好像在大海裏的破船片中游泳一樣，爲着要救他的性命，他極力地一片一片往懷內抓。

（二）

銀行家想到這裏，又繼續想道：

『明天十二點鐘，他就要恢復他的自由了。根據契約，我就得給他二百萬元，假設我與他，那我便完全完了，我就永遠被害了……。

十五年前他有計不清楚的金錢 但是現在可大不相同了，他怕人家問他你金錢有得多呢還是債務有得多呢。賭博性質的股份交易 危險的投機，和獨老不能改掉的性情的疏忽，已經漸漸地把他的商業帶到破產的地步了；無畏的自信的傲大的商人，已經變成一個平庸的銀行者了，對着市場上的物價的漲落戰慄着。

○　○　○

創作

禁煙運動與民族復興

初級組第二名文廟小學　程森

主席，諸位小判先生，諸位聽衆，今天我演講的題目是一禁煙運動與民族復興一。復興民族，是我們舉國上下惟一的目標，要想達到這種目標，固然我們對於政治，軍事 經濟，教育等方面要積極努力，我們尤要首先剷除民族復興的障礙斷絕危害民族的禍根，然後復興民族的工作，才能夠順利的進行，然而這種禍根是什麼呢？我說就是煙禍！就是烟禍 鴉片的禍害足以傷身害家，滅國亡種 若不加以嚴厲的禁絕，國民的生命，倒發生大的問題，還能談到民族的生存麼？更談不到民族復興了。所以禁煙運動是當前的急務 因爲禁烟是消滅烟禍的好方法，消滅烟禍才能增進民族的健康，才能復興民族的地位；才能維護民族的生存！現在我把這三點分開來談談：

第一：消滅烟禍，才能增進民族的健康：民族就是同種族的國民 集合而成的，國民健康，擴而廣之，就形成民族健康。鴉片的毒汁，能使國民神經麻痺 體魄損傷，面黃肌瘦，精神萎靡 強壯的人變爲病夫 有青的人，變爲老夫，有志的人，變爲消沉，一人如此，百人如此，成千累萬的，皆如此，國家還能成爲國家麼？民族還能成爲民族麼？吸煙的人，不僅是自己戕身體，吃了大虧 就是他的兒女，也都受其遺毒 代傳一代的下去，未來的國民，還有什麼希望 民族的前途，還有什麼救藥呢？現在雖經政府嚴加禁止，但是還有一般無知的民衆，祕密販賣，祕密吸食，這不是自尋死路麼！我希望全國民衆 趕快覺悟起來，與政府通力合作，厲行禁煙，以增加民族的健康才好！

第二：消滅煙禍，才能恢復民族的地位：我們民族地位的低落 固然由於我們的政治 經濟等各方面的落後 跟不上人家 但是民德墮落，精神頹廢 外人看不起我們，也不能說不是一大原因 看 看 所有煙民，那一個不是無禮義 少廉恥，齷齪 凌亂的呢？外人看到這種情形，自然要瞧不起我們，國際地位 一天一天的降下去，這是必然的結果 所以我們不談恢復民族地位則已，我們如果要恢復民族地位，我們必定要提高民德，提高民德就得要努力禁煙。

第三：消滅烟禍 才能維護民族生存：我國幅員廣大，人口衆多，照理各種生產數量，應該非常之多 但事實上吃的米和麥，常常要向外國去辦，穿的衣服，用

的物件，又往往都是從外國運來的。我們知道生產數量的增加，有時要靠着生產方法的改善，但是烟毒彌漫於勞動階級，試問農人吸食鴉片還能耕田麼？工人吃食鴉片還能做工麼？有田不耕，有工不做，還能增加生產麼？生產數量不增加，吃的用的都仰給外人，金錢自然外溢了。一旦到了山窮水盡的時候，民族靠什麼生存呢？國難已經嚴重到這樣，我們應該舉國上下一致的努力戒除惡劣的嗜好，消滅烟禍，維護我們民族的生存。

總起來說，禁烟運動是自强的根本，是民族復興的先決條件。諸位！我們要增進民族健康麼？我們要首先消滅烟禍；我們要恢復民族地位麼？我們要首先消滅烟禍；我們要維護民族生存麼？我們要首先消滅烟禍，我們努力，光明的路，在我們面前！我們努力吧！

個國家的生產，便一天一天的減少，消耗就一日一日的加多，終於弄得民窮財盡，社會的基礎根本動搖，這便是亡國滅種的根源。這完全是鴉片造成的，你看可怕不可怕！

由以上兩點來看，可以知道鴉片的害處，是厲害的，是毒辣的，是無形的，他能把一個人摧殘得無能無用，他能把國家，民族，送入危境，甚甚而有亡國滅種的可能。試看我國吸鴉片的人，簡直觸目皆是，這種現象，實在是我們的國家多難衰危的最大原因。所以現在政府對於禁煙工作，抱着最大的決心，以期根本的消除；尤其在國難期中，禁烟正是救國根本的工作。不過不能專靠政府的力量，必須一般民衆，一致起來，協助政府，共同努力，才能把煙毒肅清。最後我希望吸食鴉片的人們 趕快覺悟，趕快回頭吧！

○　○　○

鴉片的害處

（演說詞）

初級組第三名書院小學　趙儒卿

諸位先生，諸位同胞，今天我演講的題目，就是「鴉片的害處」。鴉片這種東西，是大家常聽說常見到的，並不以為稀奇，似乎也值不得多麼的注意，大家如果抱着這種的態度，真是大錯而特錯了。為什麼這樣說呢？因為鴉片是一種慢性的毒品，是殺人不見血的利器，牠能在不知不覺之中，叫你亡國滅種，牠的禍害，尤勝於洪水猛獸，赤匪盜賊 現在我可以分兩方面來說：

第一，個人方面：一個人如果吸上了雅片，便身體衰弱了，精神萎靡了，志向沮喪了，勇氣消沉了，面黃肌瘦，死氣沉沉，還能做什麼事呢？又足以墮落你的人格，我常見有一種人，其初也正直的，是有作為的，及至吸上了雅片，窮極無聊的時候，什麼他都不顧，求幫告借也可以，變賣產業也賣掉也可以，甚至於為匪作盜，他全不在乎，只求滿足他吸食鴉片的欲望就夠了。更能消耗金錢，大家都知道鴉片的價值很貴，天天去吸，當然是極大的消耗，把有用的金錢 拋棄在無用的地方後來弄的傾家蕩產衣食無着，奔走流離，淪為乞丐，又是多麼悲慘的收場呢！這樣對於國家社會不能服務效勞，是謂之不忠；對父母不能盡孝奉養，是謂之不孝；對兒女棄之不顧，是謂之不仁，對妻子朋友更不能相扶相助，是謂之不義。一個不忠，不孝，不仁不義的人還能算個人麼？一個有為的人，竟為鴉片摧殘了，更是多可惜多可怕的事呀！

第二，社會方面：一個人有了鴉片癮，一切事情，都不能去做，變成一個無業的遊民 只能分利不能生利，只知消耗，不去生產，這

禁煙治罪暫行條例

第九條　幫助他人犯前條之罪者，不論主犯為初犯或累犯，處三年以下有期徒刑。

第十條　栽贓誣陷，或捏造證據，誣告他人犯本條例各條之罪者處以各條之刑。

證人，鑑定人，意圖陷害本條例各條犯罪嫌疑之被告，而為虛僞之陳述或報告者，亦同。

犯前二項之罪，於該案件裁判確定前自白，得減輕或免除其刑。

第十一條　公務員犯本條例第三條至第六條之罪者，處死刑。犯第八條至第十條之罪者，依各該條最高刑處斷。

第十二條　公務員利用權力强迫他人入犯本條例第三條之罪者，處死刑。

第十三條　公務員包庇，或要求期約收受賄賂，而縱容他人犯本條例第三條至第六條之罪者，處死刑。

公務員盜換隱沒查獲之鴉片，或吞蝕禁烟罰金，或故縱本條例各條之罪犯脫逃者亦同。

公務員包庇 或要求期約收受賄賂，而縱容他人犯本條例第七條至第九條之罪者，處五年以上有期徒刑。

犯本條第一項第三項之罪者，所收受之賄賂沒收之 如全部或一部不能沒收時，追徵其價額。

第十四條　本條例第三條第六條，第十條第十二條及第十三條之未遂犯，罪之。

第十五條　犯本條例各條之罪，受六月以上有期徒刑之宣告者，褫奪公權一年以上十年以下。

第十六條　犯本條例第三條第五條及第六之罪者，沒收其財產全部或一部。

第十七條　本條例施行前軍事委員會委員長行營，及各省市所頒之禁烟罰法規定有罰則者其刑罰部份，於本條例施行之日失效。

裁判時之法律有變更者、適用爲行時之法律。

第十八條　死刑之執行，得槍斃。

第十九條　本條例於邊遠省份，因分年禁種，尚未達到禁絕期限，及各地方，販運，售，吸，事項，係分年禁絕 經另有規定辦法者，從其規定。

第二十條　本條例所未規定者，依其他法令之規定。

第二一條　犯本條例各條之罪者，由軍事委員會委員 總監 指定有軍法職權之機關審判之 或委任各級地方政府代爲審判。

依前項規定所爲之裁判，除依行營委任各省最高長官代爲審核軍法案件辦法辦理外，非經呈事委員長兼總監核准不得執行。

第二二條　本條例自公布日施行。

洋煙之笑話

榮培

鴉片俗名洋烟 余初來徐州，寓旅舍，傍晚忽有小販進來高喊：『賣烟烟婁』。余驚駭 私恃從前軍閥時代徐土甚有名，但現在已非曩日情形，爲何尚有販賣，且竟敢公然高喊 豈天高皇帝遠之遺意乎，急出視 則所謂洋烟者，實普通紙烟捲耳，疑頓破，然紙烟己多國產 何尚呼洋烟之專名耶？

縣黨部無綫電收音室開放節目

六月七日　星期日

一一，〇〇　歌曲
一一，一五　科學新聞
一二，〇五　平劇
一二，三五　樂隊奏樂
一九，〇〇　平劇　高慶奎唱：哭秦庭
二〇，〇〇　報時氣象水位閩粵樂曲
二〇，三五　廣州語一週大事述評
二一，〇五　國樂
二一，二五　預報明日節目
二一，三〇　新聞

六月八日　星期一

八，一〇　西樂
八，三〇　新聞
一一，三〇　平劇警策語報時氣象商情
一八，〇〇　樂隊奏樂
一九，〇〇　平劇　馬連良言菊朋　合唱戰北原　程硯秋王少樓倘小雲黃蓮芳　合唱桑園會
一九，三〇　兒童教育
二〇，〇〇　報時氣象簡明新聞
二一，三五　預報明日節目
二一，四〇　新聞
二〇，三五　平劇及國樂

鳳鳴塔

第二一六期

一，本刊內容分爲學術論著詩歌小說戲劇散文書信譯介紹及批評等項
二，本刊歡迎投稿來稿文言白話均可
三，來稿本社有修改權不願者應先聲明
四，未經登載之稿除預先聲明者外概不退還
五，本刊編輯部設豐報社內

漫談

組織

雲章

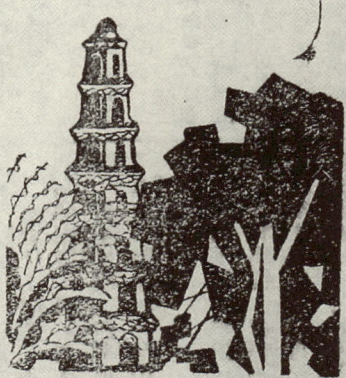

現在的社會，是分工合作的社會。分工愈複雜，則社會愈繁榮。但是必須要有嚴密的組織，才能使複雜的分工，而趨于合作。否則在分工的當兒，就會發生離心力，而散漫了。所以說社會的繁榮與否？要看社會的分工複雜不複雜；至于分工能不能收到合作的效果？要看有沒有嚴密的組織。人旣是社會的構成員，所以說人就是處在分工合作的社會中的有組織的動物。

人爲繁榮社會，才分工，才有組織，才能合作。人爲滿足自己的生活條件，才分工，才有組機，才能合作。這是必然的法則。再推而至于國家，民族，也和個人，和社會一樣的須要分工，有組織和合作等條件。否則國家和民族，也不會走上富 且强的道路的。

現在我們的中華民族，和我們的國家，已經在强鄰加緊侵略的非常時期了。這個龐大的組織，是否嚴密呢？分工情形，能不能達到繁榮的希望呢？合作的情形，能不能禦外呢？這幾個問題，確是必須要解決的。因此我們感覺到第一現在華北人心的不定，沒有知識的人，失掉的自信力。一部分媚外做了漢奸，一部分則對外畏若虎狼。確是很可慮的事。在事實上表現出來的如最近的走私的問題，就是最鮮明的表現。

第二統一問題的解決，更爲切迫，日方造謠對西南問題，雖屬無稽之談，可是看乱聽聞，混亂人心，確有很大的關係。

由這兩點的感覺，知道這個龐大的組織的本身嚴密，强健，和充實三種須要更是迫切了。如若我們的組織不嚴密，不强健，不充實，那是決不會挽回危運，而圖生存在這個鬥爭的世界之中，走上繁榮的道路的。

翻譯

打賭（續）

俄國柴霍夫原著　菽原譯

『可咀咒的打賭，』這個老人抱着頭，失望的訥訥說道……『這人怎麼不死——呢？他才四十歲啊，他將要把我最後剩下的一個小錢也要拿走，去結婚，去享樂，去交易場上活動了，我將來只能站在旁邊望着，和一個貪婪的乞丐一樣，每天聽着他那同一的話語：『我爲着我的生命的快樂而感激你，讓我幫助你吧。』不能！這太令人難受了！逃脫破產與搏臉的唯一方法，便是這個人應該死掉。』

銀行者聽見鐘兒打了三下，房內每人都已經入夢了，一個人在這更深夜半的時候，祇能聽見窗外冰凍的樹木的哀鳴。他輕輕地從保險箱內取出那十五年不曾過開的門的鑰匙，披上大氅，走了出來。雨是淅瀝的下着，全園裡呼號着翱翔着尖削潮溼的冷風，使那樹木得不到一瞬間的休息，雖然他把眼睛睜得很大，然而他仍然看不見地面，白的雕像，耳房和樹木。當他走近耳房的時候，他叫了兩聲看守人，沒有一點回聲，雖然因爲天氣不好，他們已經躲到廚房或者暖室裏睡了。

『假設我有勇氣實行我的理想，』老人想道，『嫌疑首先落在看守人的身上。』

在黑暗裏他摸着了石階，門，進到了耳房的走廊，然後經過一個窄狹的通道，擦着一根火柴。那裡也沒有一個人，只有張一沒被的床和牆角裏的一個沒火的火爐。囚人屋門上的封貼，還是好好的沒被撕掉。

火柴滅了以後，這個老人因爲興奮的緣故，身體打打地戰慄，從窗戶向那小屋內窺視着。

囚人的房內，燃着一支半明半暗的蠟燭，囚徒獨自坐在桌前，只有他的脊背頭髮和兩手可以看看清楚，桌上，椅上，和書桌附近的地板上，都散創着 張開的書籍。（未完）

創作

鄉村漫描——暮

樹杭

我家門前 有 塊草坪；四面都是深溝，通到那裏去的是一條 曲曲折折 的狹徑。

這塊土坪上面長着茸茸的小草，綠油油的好像鋪着一條鵝絨毯子。

這天我出來散步很遲，知道再到嶺巔與夕陽作別，已來不及了。

不如就在這個地方與他餞行吧。

於是我提了一片破蓆，鋪在溝的極邊；坐在上面，讀着我的陶淵明全集。

這時晚風拂拂，怪涼快的！

剛讀到「景翳翳以將入，撫孤松而盤桓。」的一節，溝下清脆的農夫澆園的鈴聲，便傳入了我的耳朵。

整個的天空，瀰漫了一望無際的藍色 幾片輕綃的白雲 浮在天上，被燦爛的陽光，鍍上了淡淡的紅色，一邊飄蕩着，一邊正在消散……。

翠綠的秋苗，佔據了整個溝谷；一陣風起了，發出嘶嘶的響聲。

山坡上慢慢走了一頭黃牛，後面悠悠的跟着一個赤背的農夫。

西天斜陽裏，飛着一羣白鴿，閃閃爍爍地反射着夕照的餘輝。

偶然一抬頭，看見淡淡的北山，似有若無地起伏着藍色不平的輪廓。

環繞着碧灘的黃河，又美麗，又嚴莊，蜿蜿蜒蜒好像一條錦帶，從下面流下了幾隻白帆 猶如鑲上了幾塊寶玉！

剎那間西山吞下了紅日，黑暗抱住了大地；晚霞淡了，晴空灰了；嶺前 排 排歸者荷着鋤兒的農夫 口裏歌着沒調的歌兒；農婦們也做中了晚飯，串在門口透一口氣兒，坐在一起 用衣襟抹着臉上的汗珠，不住地互相道：

『噯呀！這老天爺眞要命！』

小孩們，有的還在追逐着，有的已經躺在母親懷裏，哼哼唧唧要想睡覺了。

幾匹黃馬和白馬 也被御了籠頭，自由自在底在地上吃着青草，享受他最有幸福的一刻。

幾隻狗靜靜地臥在赤光的麥場上 抬着頭，豎起耳朵，對着樹林的黑影，好像要窺破他的祕密。

完了！大地完全被夜幕

病榻上的歌聲

虹影

我雙手戰慄的捧起一杯藥湯，
我膽怯的送到我的脣旁；
我皺着眉頭，點點的喝下，
這是人生的苦酒喲！我盡量的試嘗。

病，原是人生之網，
藥，原是人生的徵象；
從病中我體味人情冷暖
愁恨煩惱喲，一齊侵入了病房。

我的臉龐，變成了憔悴的容顏，
在額下，深深凹下我的雙眼，
脣邊，乾燥的起了裂皮。
身上，只覺得時暖時寒。

囈語喃喃，「被惡魔糾纏。」
在夢中時常見到可怕的人臉，
强拿精神，披衣拖鞋走出室外，
目前泛起了金花，一陣暈眩天地在轉。

我難以下嚥的捧起苦漿一杯，
愁得我喲 掩起鼻端，皺起雙眉，
欲待放下喲 聽到 聲：「恨病吃藥」。
無奈又捧在手中，默默流淚。

飲下吧！這淺淺的一杯，
案上羅列着冰糖開水，
我不辨滋味的一氣飲乾，
唉！誰使我這樣的吃苦受罪。

心幕

小生

—是在一個初夏的夜裏—嘩嘩的雨聲，隆隆的雷鳴，彼此應和着，似在悲悼着社會的慘酷，和人生的傾邪。

潔白的心田，恁般的寂寞。—現在我的心靈，也不是寂靜，祇是忐忑着，戰動着。

唉！現在的我，是怎樣的一個人了呢？終日悠悠忽忽，懶懶散散，若在一個兇惡的夢神窟，受了牠魔法的指使，好像麻木了似的；其實，又怎是我所懷的慾望，和達的目的呢？祇因遭了環境的支配，惡魔的鞭策，便不得不趨於危險的道上。

到底，我怎樣與環境掙扎，和惡魔奮鬥呢？祇因他們的魔力過於龐大了，又怎是我纖弱的精力可能抵住呢？也只好屈於他們的肘下，聽他們的支配，做他們的奴隸。

唉！我現在雖然不是悲觀，確已步於消極的境地了。但每當靜思的時候，回想起過去的甜蜜，現在的悲淒，將來的危險，總會灑出幾滴酸辛的眼淚。

尤其是今天的晚上，孤對着欲殘的煤油燈，聽聽雷雨的交響的聲音，看看四壁的寂靜情況，突然地望見了窗外的天海，到處遍佈着黑漆，空氣是如此的緊張着，「唉！現在的社會，又何嘗不像這夜般的黑暗緊張呢？一些的人兒，都衝着黑暗，尋找一線光明的道路，偶一不慎，便會被惡魔摧毀甚至於吞噬的。然而；現在的我呢？不是快要畢業了嗎？但到畢業之後，又怎麼辦呢？祇因經濟的窘迫和學識的淺陋，到底能升什麼樣的學校呢？想到這裡，則更使我難過了，我的前途不更是黑暗，而且危險嗎？唉！怎樣樣……」我仍然沉思着，嘆息着。

嘩嘩的雨聲，隆隆的雷鳴，更加急烈了，似助我悲苦的嘆息。

籠住了！

我的母親在門口喊道：——『杭兒回來吧，黑暗來——了。」

烟民的懺悔

無名

一片碎磚礫瓦，荊棘蔓延的廣場上，立着一所黑暗枯稿的破茅屋。屋內臭汚骯髒的床上，點着豆粒般輝煌的小燈，燈旁擺滿烟槍，烟撬……等東西。臥着一個面黃肌瘦頭髮蓬蓬的人。兩手捧着小腹，娘唉！娘唉的呻吟着；顯出非常悲傷與悽慘。

臥着的人，突然站起來，用手抓着烟燈烟槍的烟具，惡狠狠用力的往地上一摔，乒乒乓乓的煙具都碎了！燈息了！屋內寂靜悲涼的可怕。

接着惡狠狠的說道：「可惡的鴉片呀！殺人不見血的鴉片呀！我被你殺了，我從前的生活多麼美滿，多嗎舒適呀！良田沃土千餘畝，樓台高閣百餘間，高頭大馬充外廄，美奴黠婢列堂前，一呼百應，無憂無慮，生活多快樂優美呀！」他愈說愈起勁，聲音也愈慷慨激昂了。

「自從與你相識之後，結了朋友，我甚麼事都不去做，都不去問了。終日貪戀着你，倍伴着你，我爲你賣盡了良田沃土，拆完樓台亭閣，散完了金珠珍寶，青衣散去，子女給人，妻妾乞食他方。」他的聲音低而悲了。

「我上有雙親，而不事養；下有妻子，而不畜育，有美滿的家庭，而不能去度；現在只落得孤獨一身，衣不遮體，飯不果腹，而黃肌瘦入了鬼籍，到處受人家的恥笑，受人家的諷譏。」他泊泊的落下淚來，他哭了！他悲哀的哭了！

他用手揩了眼淚，接着說道：「我悲傷，我慚愧　我羞恥，我煩惱，我對不起父母，對不起妻子！我對不起社會國家！甚至連我自己都對不起了！我無做人的資格了！無顏再做人了！」他哭了！他放悲聲的哭了！他成了淚人了！屋內各種東西都悽慘了，都同情的哭了！屋內充滿了悽慘與悲哀。

他忽然不哭了，他大聲疾呼的說道：「可惡的鴉片呀！可恨的鴉片呀！我痛恨你，我咒咀你，我與你斷絕關係，斷絕往還。我要洗面革心，改過自新的建造自己，樹立自己。」他說完往外走了，奔他的前程了。

對煙民說的幾句話

劉王樓小學校四年級王乾章

吸鴉片的朋友們！現在我們中國已經到滅亡的時候了，爲甚麼還是吸大烟呢　你們想　想，吸大烟對於你們的身體，能有益處麼？咦！一定要衰弱。你們要是正在吸大烟的時候，忽然來了幾個警察，便把你們抓到城裡去押起來，你看還是吸好不吸好呢？你們應當把大烟戒了，省的錢買東西吃，吃的大胖，做個好人罷！

夢醒悔已遲

老王

邑人吳君瑞眞，夫婦小病，竟染上惡癖，十年之間。田產蕩盡，迫因家計艱難，重以禁令森嚴，迫不得已，入謝知開醫院求戒，忽忽　月　居然絕緣　親友多爲賀，然而吳君猶曰：『數十年沉淪苦海，迄於今而夢醒黃粱，晚矣，遲矣。』因成三律示友，玆錄如左：

其一

癖嗜阿芙蓉毒烟，回頭應在十年前。歲週耳順成何事，詩到途窮不值錢。小有田園悉付典，大違心志豈尤天。一望歷盡風塵苦，身迫西山未息肩。

其二

謝公脈脈最關情　纔見鄙人交若新。醫資未論多與少，烟景生識淺和深。君如手肱經三折，我愧身名誤一生。從此脫離沉痼病，好將清白貽兒孫。

其三

記得去年弟姪輩，也曾聯翩入院來。蒼天留我刺人眼，清福如仙愧櫟才　自顧著鞭終落後，空教薄產盡成灰。此身直與浮蝣似，老景漸非緩緩歸。

通信欄

編輯先生：

現在我把這稿交給你，我是非常害羞，因爲我寫的非常不好；先生如果替我改改，那我是再歡迎也沒有了！然而我總覺着真正的文學，是自然流露出來的；被人壓榨和逼迫出來的作品，總有點驕作的味道，先生也同意於我的話嗎？

這篇暮是去年我在家鄉的日記中的一段。

這篇湖畔的鄉愁是在今年春假中寫的。

總之，先生覺有什麼地方不對，便可以改改。

敬祝

編安

孫澍啓

六月十六日

編輯室的廣播電台

雲章

一，禁烟特刊未完稿件，均在本刊發表。

二，縣立中學已放麥假、故上週及本週「豐中週刊」均改出本刊。

三，六月份稿子發出。

四，克林巳返豐。

六，九。

縣黨部無綫電收音室開放節目

六月十日　星期三

八，一〇　西樂

八，三〇　新聞

一一，三〇　平劇警策語報時氣象商情

一七，〇〇　滬市商情商業新聞四川琴書

白玉瓊唐廣體合唱女探母

劉志清白玉瓊合唱霸王逼姬

一八，〇〇　國樂

一九，〇〇　粵曲

一九，三〇　兒童教育

二〇，〇〇　報時氣象簡明新聞

二一，三五　預報明日節目

二一，四〇　新聞

二〇，三五　轉播本京戲院平劇

鳳鳴塔

第二一七期

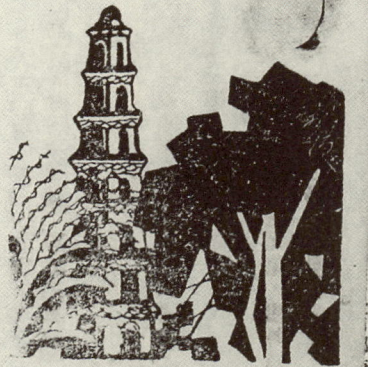

一,本刊內容分科學常識論著詩歌小說戲劇散文書信書報介紹及批評等項
二,本刊歡迎投稿來稿文言白話均可
三,來稿本社有修改權不願者應先聲明
四,未經登載之稿除預先聲明者外概不退還
五,本刊編輯部設覺報社內

漫談

組織（續）

雲章

但是怎樣才能使這個龐大的組織本身嚴密,强健和充實呢?現在可分開來說:

第一,組織的嚴密問題　在國民方面,必須要保甲的編制强健。使每保每甲每戶都不能允許壞的份子存在。才可成爲一個鐵的集團。至于迷信,封建等不法組織,更可用連保連坐方法,去强迫他們退出,否則就與以政治的懲罰,如若局面尚可緩以時日,那麼就可以用感化的方法,使他們自動的拒絕種種不法組織的誘惑,這樣全國的民衆,和民衆的心,才不致有一點壞的成分存在。在政治的統　方面　必須要擁護唯一的領袖。使統治的權,集會在一點。庶不致分道揚鑣　使力量分散。然後再設法恢復全國民衆的民族意識,和國家意識。明了個人與民族,與國家,共生共存的關係,自然就不致發生離心力.而組織也可隨之嚴密了。

第二,組織的强健問題　必須組織的份子强健以後,組織本身才能强健,而組織的份子强健的方法,當然就是用訓練的方法。被國家業已指定工作的人,應普遍的受軍事訓練　使身體和知能,平均的發展,在平時,能使之成爲一個良好的公務員,在戰時,能成爲一任勇敢的戰士。庶不致懦弱無能,貽誤公務,沒有被國家指定工作的一般民衆,也應當普遍的受公民訓練,使之都成爲良好的公民。而勇于盡服兵役的公民義務。這樣嚴勵,認眞的做下去,組織份子沒有不强健的,那麼組織的本身,自然也就强健了。

第三,組織的充實問題　先要注意組織份子的職業,如若多數人民沒有正當職業,社會上必定增加犯罪的人反的,犯罪的多了,社會就不會平安了。所以人民的職業的確定,極爲重要,全國的民衆,如都有了正當職業,生產的多,消耗的少。民衆就不會再受貧困了。然後再用國家的力量,來開發實業,容納大量的失業的人,既可開發國家富源,充實國庫,又可減少失業的人數,更是充實組織內部的不可少的要舉了。

以上三點,現在中央已在努力着。解救國家的危難和復興中華民族,就在比一舉。望全國民衆努力吧!

（完）

翻譯

打賭（續）

俄國柴霍夫原著　菽原譯

五分鐘過了,囚徒一動也不動,十五年的監禁已經教會他靜坐不動了,銀行家用手敲敲窗檻,囚人仍不回答,後來銀行家小心地把門上的封貼撕掉,把鑰匙抽追鎖內。生銹的鐵鎖發出細雜的叫喚聲,門閘軋軋着,銀行家預料立刻要聽着驚慌的呼喊聲,和腳步的簌簌聲　然而三分鐘過去了　門內還是和以前一樣的平靜　他決定進去了。

桌前坐着一個異乎尋常的人,那簡直是一個骨架,緊縮的皮膚,和女人一樣的頭髮、細毳的鬍子,和他的如土色一般的面色,面頰削陷　脊柱細長,他的多髮的頭胸靠着的兩手是這樣的瘦削　看去令人可憐,他的頭髮已經鍍上了蒼白的顏色　沒有一個人看見了這個羸瘦的面貌　會相信他只是四十歲的人,他的頭前的桌上,放着一張白紙,上面寫着纖細的字體。

『可憐的小鬼,』銀行家想道,『他已經睡着了,大約正在夢中看着整萬的銀元吧　我只消把這個半死的傢伙往床上一擲　用枕頭悶他一會,恐怕就是最細密的檢驗也查不出一點兒暴死的痕蹟,但是,讓我先看看他寫的是甚麼。』

於是銀行家從桌上取下白紙,讀道:

『明天上午十二點鐘,我就要取得我的自由和與人們混合的權利了,但是在沒有離開這間房屋和見太陽以前,我以爲與你說幾句話是必要的,在我的清明的良心上,和監視着我的上帝面前,我告訴你我輕視自由,我輕視生命和健康,我看不起你的書內所說的一切世間的幸福。

（未完）

創作

誰殺害的他們

雯舫

吹動了青年人,老年人的春風;又煦暖的溫揉的降臨到人間　牠把世界改成繁華,把大地上的一切都改造成生氣蓬勃;啊!可愛的春呀!牠更把性的苦悶的青年人,給打　針强心劑;這般性的苦悶青年,被這勾引情思的春風誘惑,更感覺得「鎖日價情思睡昏昏」了,在滿腕熱情無處發洩的這個春天裏。

蓮,是個富於情感而頗癡呆受過新教育的青年。雖是他已有位被家庭用專制手段替他娶的毫無智能的夫人。然而他對於她是沒有情感的;只爲他的夫人被舊禮教薰陶的太深,所以她的舉動好似十九世紀遺留下來的三家村裏冬烘先生那般固執,她的責任是:洗衣,做飯,她的權利是:吃飯,睡覺。她對於她的丈夫蓮,只知道服從,她只以爲能服從,就把她當妻的責任盡了;她更以爲這是她的美德。要是有人說:一當妻的應當怎樣安慰丈夫,怎樣能是逞丈夫快樂」,的這樣話　她就惱了!他就要罵說這話的,不知羞　想吧!這對不相融洽、新舊禮教領導下人,怎能夠雙方相安無事呢?慘劇的演變,慢慢的一幕一幕映到社會上去了。

蓮,既在家庭中找不着安慰,尤其不能得到性的安慰,是多麼苦惱;他的豪氣及一切向上的壯志,都被「苦惱」消磨完了,他爲怕家庭中遺棄,不,是怕父母煩惱　他不敢與他的不相融洽不懂愛情不知夫妻宜締的夫人離婚。所以只好讓一苦惱一佔據了他的一切。他更不肯向妓娼般不講愛情的婦女去求愛,自認是一生虛度了吧。

蓮是弱者吧?讀過上文的人們,大約都要批評他是個自甘墮落的懦弱者,孰料蓮近來變了!素常愁悶的臉上　不斷的現着笑容;萎靡不振的精神,居然也興高彩烈了。久矣不願讀的那些「國際新聞」「社會科學」等報紙書籍,近來也可以常常

湖畔的鄉愁

樹杭

（一）

一個面色憔悴的青年,
站在春水湖畔,
對着微微泛赤的水紋,
悄悄的長嘆!
他的蓬亂的頭髮,
猶如水中的雜草;
他的緊鎖的眉頭,
感愁了牆上水鳥;
呷哩……啁啾,
猶似他胸中的苦波,
怒濤!

（二）

『春水,
你爲甚麼悠悠,
皺着眉頭?
青蛙的咯咯,
煩了你的心嗎?
湖畔的柔柳
勾動你的鄉愁?
抑是灘頭的碧草——萋萋,
奪了你的澄綠?
抑是天上的晴空——淨明,
佔了你的潔素?
朋友,
只要你心平氣靜,
晚霞　朝靄
也會拜倒你的溫柔!』

（三）

『春水呀,
你心中的幕空,
你胸間的紅霞?
怎麼那樣碧遙?
如何這樣妖嬈?
——淡淡一條,
是否我故鄉溪上的小橋?……』。

的看到他坐在屋內讀這些久矣不讀的書報。他更是津津有味研究着。這為什麼能這樣的呢？難道說他的個性轉移了麼！不，「山難改，性難移」，他絕對不能轉變的這般容易。大凡在「性的苦悶」中生活着的青年絕不會無有能使他得到滿足的安慰而能把個性轉變到另一個與離上去的。他是在最近尋覺到他的理想中配偶了！他爲要滿足他的性的安慰，更爲要與他這認識不久的「理想中配偶」，結爲終身伴侶 他不得不預備尋找他和她將來的生活途徑，更要預備他們的做人應盡的義務所需要的智能。所以他恢復了在他未結婚以前的求知慾。

這天是仲春雨後初晴的時候，碧藍的蒼穹，飄着些似絮般白雲；太陽給與人們們些溫煦的暖光 那公園中花卉正爭鮮鬥豔的開放，引誘人們來賞鑒牠們的美麗。

在夕陽將要含羞入躲西山背後的時候，如有人經過公園中綠柳圍繞的茅亭，那麼，就必定見到蓮與他的情人並肩坐在亭中的石凳上，面前擺着報紙和書。要是你們肯停留些時候，更可聽到他的談話。聽到他們喁喁的談情說愛，互相安慰的詞句。

不久，蓮和他的愛人的消息，傳遍了社會。街頭巷尾不斷的可以聽到關於他和她的批評。——「她是有錢有勢的豪紳的姨太太，怎麼愛上這個窮小子呢？」一位中年人嫉妒的說：「他們還想正式結婚呢！這女人就能不怕她的老爺嗎？」老年人忿怒的說：「等着瞧吧！×老爺知道了，勢必要給些苦頭他們吃的。」一位樂意看，一弱者被強權壓制的痛苦」的人說：「一個有婚之夫，姦佔有夫之婦，就該抓着打死，免得傷風敗俗。」一個假道學的人說：（未完）

江南閑居（從車之前寫于首都）

仿果

流光擲梭快，浪遊易動情，山高雲漫漫，江流霧朦朧 莫灑長煩淚，投筆勢從戎，但得河陽戍，不負千里行。

前題

風雨何瀟瀟，遊人正寂寥，鄉隔千里遠 寄寓一燈搖，客裏心何似，杜宇夜來號，默默窗前站，總是太無聊。

前題

杜鵑送雨到江南，遙望家鄉暮雲邊，旁人那知心底事，淚眼笑看紫金山。

營中贈族兄弟

雨霽青山渺 情天歲月忙！江南三兄弟，雲外議家鄉。天上乾旗照，此處是遼陽！明朝更別去，莫負好時光。

感懷

孤蹤

一身萬里感飄蓬，湖海連年小寄蹤，誰識客中無限恨，鄉關渺渺路重重。欲寄時艱愧薄才，葵心空自向陽開，邊城蒿目揮紅淚，萬里山河一片灰。客舟遠泊等閒身，三載風塵未了貧，家國於今空有恨，深愁牢繫可憐人。征途梗塞感蹉跎，歲載光陰愧負多，自恨補天無妙術，坐看到處覆山河。

駱駝

前人

行盡黃沙路萬重，風霜艱苦恨無窮。可憐鞭策仍難免，載得千鈞不有功。

鴉片

傳莊初小　鄔英俠

鴉片烟，
[illegible]
勸同胞，
不要吸，
你們看，
大煙鬼，
損金錢，
害身體。
沒廉恥，
少禮義，
精神又萎靡，
把責任，
全拋棄。
吸得久，
人格低，
親友們，
看不起。
到後來，
鬻磚牆，
賣土地，
老和小，
沒飯吃，
住無所，
身無衣。
自己做些無恥事。
作土匪。
害國家，
亂社會，
可殺更可惜。
鴉片猛似南山虎，
暴如洪水淹田地。
如再執迷不戒絕，
轉瞬國亡做奴隸。
同胞們！
要牢記：
鴉片烟，
害身體，
你們看，
國際地位日漸低。
快把烟槍拋，
快將精神提，
赴前線，
殺強敵，
救國家，
拯救起。
中華民族炎黃裔，
到處皆是黃金積。
只要大家把烟忌，
同心協力雪奇恥，
民族復興全在斯。
沈溺黑籍同胞們，
噴雲吐霧無滋味，
一榻橫陳仔細想，
迷夢應該醒也未？

通信欄

澍啓先生：

你的兩篇「寡」和「湖畔的鄉愁」，是在收發處，壓在報紙下了。以致耽擱現在才發表。并又勞你來信詢問，這是極爲抱歉的，請先生原諒！

你說：「眞正的文學，是自然流露出來的，被人壓榨和逼迫出來的作品，總有點矯作的味道。」不錯！我們看看過去的文學家有名的作品，大多是接于目動於中形於外，遂振筆直書的。所以他們的作品都是渾如天構，確能把對象的生命，活潑潑的表現出來。

以後我們要常在通信欄內來討論文學的理論，不知你願意參加嗎？

敬祝

努力

豐縣縣黨部圖書館新書介紹

△歡△　△迎△　△借△　△閱△

民衆常識的寶庫——國民說部

本處新購國民說部一百種，均係章回小說筆調生動，文字淺顯，凡具小學程度者，均可看懂，全書共分十集，每集十種開列於後：

第一集　國民歷史集

上古演義　秦漢演義　魏晉六朝演義　隋唐演義
晚唐演義　五代兩宋演義　元史演義　明史演義
清史演義　清季演義

編輯室的廣播電台

雲章

一，第二一六期本刊通信欄內最後署名是「張澍啓」，不是「孫澍啓」。

二，克林：你回家以後 還得努力，不要偷懶！

三，作者諸君：如有尚未收到稿紙時，請速告知以便補寄！

六，一一。

縣黨部無綫電收音室開放節目

六月十二日　星期五

八，一〇　西樂
八，三〇　新聞
一一，三〇　平劇警策語報時氣象商情
一七，〇〇　滬市商情商業新聞大鼓
一八，〇〇　樂隊奏樂
一九，〇〇　平劇　馬連良余叔岩姜妙香蕭長華合唱狀元譜　鑫培金少山生長林合唱黃金台
一九，三〇　兒童教育
二〇，〇〇　報時氣象簡明新聞
二一，三五　預報明日節目
二一，四〇　新聞
二二，[illegible]〇　平劇及音樂

第一一一號
社址豐縣大同街
中宣會登記證中字第一九二二號　內政部登記證警字第二三〇二號
中華郵政特准掛號認為新聞紙類
今日一張半　售洋一分四厘

本報價目

報每月……每三……角……外埠每月大洋四角郵費在內……費須先……惠空函不覆

▲廣告刊例

本報廣告以方寸計算每方寸以市尺長寬各一寸計算

（新聞欄）每日三方寸三天起碼每日每方寸一角二分

（封　面）每日三方寸二天起碼每日每方寸一角

（普　通）每日三方寸二天起碼每日每方寸八分

登三日以上九折六日以上八折八日以上七折十日以上六折常期面議

「兩利儲蓄，」是專為平民創設的一種儲蓄；因為既享定期之利息，而仍不失活用之便利；

豐縣農民銀行儲蓄處

敬告六年級同學

六年級畢業友諸君！你們快要畢業了，將來投考中學，由中學而大學，前途有無窮希望，不過目前有一個問題先要解決，就是投考時要繳四寸半身像片，像片好壞，很有關係，好像片能一唯妙唯肖，使你的精神飽滿，英气畢露，因之得主試者的歡心而增加錄取的成分，否則反埋沒了你原有的偉態丰姿。本社為竭誠服務起見，特自滬上購來大批優等材料，對于冲晒修像，格外加工，務使盡善盡美，至于價目特訂優待辦法，將來持此像片，投考學校，則考無不取，試無不中。良機勿失，凡我六年級畢業同學，盍興乎來！

然眞攝影社謹啓　社址：西大街洋井隔壁

介紹中醫王自謙先生啓事

王先生自謙世居豐縣城南王廟集幼讀詩書并習醫學甚有根柢問世以來頗負盛名民元遷居徐州開封上海南京等處懸壺濟世救生不少念餘年來聲譽日隆現已返里在本城中山街中興藥園北櫃開設藥鋪名曰益壽堂凡已患病前往求診者皆知名不虛傳也用特登報介紹此啓

介紹人　蔣季垣　徐亦鵬　王凜淵　趙守輿　魏錫箴　謝季紓　王祖信　董玉琚　孫逢遷　王純九　孫鵬飛　張紹紱　謹啓

中外要聞

衡州安謐如常
傳粵桂軍已停止前進
各地紛電兩廣請勿單獨對外

▲中央社長沙十日電　衡州安謐如常、長衡汽車照常行駛、粵漢路株衡段尚在試車期間　工程照常進行。

▲又電、軍息、桂軍有兩團於九日到達祁陽、粵軍一部九日到祁湘、衡陽經過沿途各縣、首將雷報接收、並檢查來往電報　現傳粵桂軍已停止前進、靜候命令。

▲中央社南京十一日電　粵籍中委李文範　馬超俊　周啓剛　張發奎、陳慶云、陳策、傅秉常、劉維熾、梁寒操　蕭吉珊、今日繼孫院長之後、致電陳濟棠、並請轉李宗仁白崇禧、立卽停止軍事行動。

▲中央社南京十一日電　僑務委員會接我國駐檳榔嶼領事黃延凱電稱、該埠華僑愛國心殷　特電促西南當局擁護中央、切實合作、共救危亡、原電如下、國難日急　國亡無日、不精誠團結　無法圖救、祈切實擁護中央　實圖統一、共謀善後　以慰國內外民望　檳城閱書報社、廣東及汀州會館、潮州會館、瓊州會館　明新社、麗澤社等叩。

▲又北平十一日電　蔣夢麟等頃電西南當局云　連日報紙所傳南中消息　讀之十分焦慮　公等所標舉之抗日救國國人應無不贊同　惟對外必須有一致計劃與步驟、若自亂其步驟、單獨對外、於敵人無損分毫　而國家先自分裂、誠足親者所痛、仇者所快　同人深知此時一綫生路　在一致對外、此外卽民族自殺之途、迫切進言　伏維鑒察、蔣夢麟、梅貽琦、陸志韋、張熙若、周炳琳、查良釗　胡適、陶希聖叩、眞。

▲中央社上海十一日電　滬各大學校長翁之龍等十四人、十一日致電陳濟棠、李宗仁等、勸其抗敵救國不應在國家整個計劃之外單獨行動、致啓國家分裂之禍、以貽笑他國、尙希懸崖勒馬　保存民族一綫生路

▲又北平十一日電　師大教授黎謹熙等廿六人　對粵軍出兵入湘、單獨對外行動、認為不妥　特於十一日聯名電西南各當局、勸勿亂步伐、致敵以隙。

▲又漢口十一日電、漢市黨部十一日電中央文云　國難嚴重至此已極、凡我國民、如何團結一致、挽救國家民族危亡　粵桂當局　竟假借抗日名義　遣兵湘南　此種舉動實有破壞國家統一　而陷國家民族於不可收拾　敬請鈞會迅予制止、以申法紀　而安黨國。

▲又京市各團體　以西南假抗日之名、而舉兵犯湘　昨日特具呈中央　請速取有效辦法、并通電全國　促醒粵桂當局。

▲又南京特別市黨部昨日致電陳濟棠　李宗仁　白崇禧、勸望　勿逞意氣　速令各軍退回原防。

▲又全國婦女國民大會代表競選會籌備會，昨日下午在婦女協會開第二次會議　並通電反對西南出兵、發告西南將士書。

▲中央社廣州十一日電　粵幣市價今晨復暴跌、計粵幣一八六五元折合港幣千元。

毛匪被迫西竄
短期內卽可完全殲滅

▲中央社西安十日電　毛徐股匪　近似分三路西竄、有向

平涼邊緣[illegible]、我軍除沿寧夏黃河自預旺至西蘭公路、配有重兵防堵外、另移若干部隊由東方逐段壓迫、在最短期間、決將該匪完全殲滅。

▲中央社西安十一日電　陝南竄擾之王三春、陳光瑞二匪、經我軍各部分途進剿、連日斃匪數百、殘匪各股均狼狽竄散、我羅旅正追剿中。

平漢路查獲私貨已運漢處理

▲中央社鄭州十日電　平漢路沿綫緝獲白糖共裝十二車、九日由許昌運漢、交緝私稽查總處罰辦、豫魯邊境之攷城縣、亦查獲走私捲紙數箱、已由縣府扣留。

▲中央社倫敦十日電　英下院十日開會時、工黨議員摩根恩與保守黨議員摩廉二人、就中國北部走私問題、向英政府提出質問、謂自英國政府向日本提出交涉之後、日本政府有否答復、並曾否提保證、使中國海關人員今後執行職權不生阻礙、當由艾登外相答稱、日本政府於五月廿日提出答復．但迄未提出保證．摩廉又問日本駐天津軍隊現增至一萬名．所增士兵、是何企圖、艾登答稱關於此層、並未接獲何項消息、

教部令各教育廳局轉各農校教員

盡量參加講習會

▲中央社南京十一日電　教育部為增進各省市農工業職業學校教員專科知識及技能起見、特於本年舉行農工業職業學校教員暑期講習會業已由該部分別令各教育廳局知照、請通知各校教員盡量參加。

中央國民經濟計劃委員會 開第一次專門委員研究會議

▲中央社南京十二日電　中央國民經濟計劃委員會、於昨日下午六時在勵志社召第一次專門委員研究全體會、至九時許散會。

攷試院公佈

縣司法處審判官攷試暫行條例

▲中央社南京十一日電　攷試院製定縣司法處審判官攷試暫行條例八條、已於日昨公佈施行。

國民大會代表選舉事務籌委會

定今日開第四次會議

討論選舉法施行細則

▲中央社南京十一日電　國民大會代表選舉事務籌備委員會、定明日在內政部開第四次籌備委員會議、聞將討論選舉法施行細則、如各委員無新意見提出、決可通過、送請行政院於下週院會討論　並請國府公佈、

京市府金大合辦之毛織訓練班 第二屆學生舉行畢業典禮

▲中央社南京十一日電　南京市政府與金陵大學合辦之毛織訓練所第二屆學員十四人、自去年十二月十一日入所受訓以來、業已訓練期滿、於昨日在金大農專科大禮堂舉行畢業典禮。

鄭肇經 由鄂返京

▲中央社南京十一日電　全國經濟委員會水利處長鄭肇經、日前赴漢勘查漢口堤潰口堵修工程、及決定江漢復堤歲修防汛計劃、現已竣事返京．據談現在潰口兩端已經裹頭、可免再行擴大、關於襄堤善後工程進行辦法、及江漢復堤歲修防汛計劃、均已在鄂開會商定。

冀監察使署

昨舉行成立第一週年紀念

▲中央社北平十一日電　十一日為冀監察使署成立週年紀念、該署全體職員於上午十時紀行紀念會　周利生致詞、語多警惕。

王寵惠又因感冒

中止赴京

▲中央社上海十一日電　王寵惠本定前晚乘車晉京、嗣臨時中止　據其秘書蕭金芳談、王日前又患感冒、前昨兩日未能起床　今日雖已痊可、惟仍未便外出　故晉京一行、勢必稍緩　王對時局意見、主張互求團結、一致對外。

同蒲路鐵橋

位置勘定

▲中央社西安十一日電　隴海與同蒲路之銜接、鐵道部擬在潼關風陵渡建築鐵橋、經鐵部派員兩次勘定地點、以潼東七里店最宜、需款約三百萬元。

顏大使昨晨抵滬

俟疾稍痊赴京

▲中央社上海十一日電　顏大使偕秘書焦湘宗、隨員顏榮生　駐莫斯科總領龔安慶、十一日晨七時乘輪抵滬、顏氏面容憔悴　遠不如出國時強健．近患腸胃病甚重、夜不能眠、暫留滬靜養、聞俟稍痊然後再赴京述職。

宋哲元今日檢閱南苑駐軍

▲中央社北平十一日電　冀察政會明日開第十次例會、宋哲元定十二晨六時赴南苑檢閱駐軍、並對士兵訓話、十時返城　主持例會事宜。

韓復渠派廿師孫學發旅官兵 培修黃河堤岸

▲中央社濟南十一日電　韓復渠因黃河中游南岸第二分段、北岸第三四分段大堤、均甚低窄、特派二十師孫學發旅全部、前往培修．該項工程　南岸自洛口至濟東縣境官莊、北岸亦自洛口至青城濱縣李工、計長百餘里、現該旅已先後到濟、日內赴工、定七月十日前完成。

蘇省府舉行委員會議

▲江蘇社　蘇省府於九日上午八時、舉行第八三六次委員會議、出席委員陳果夫、余井塘　趙棣華、周佛海　沈百先、葉秀峯、邵良鑑　列席者羅時實、朱樹聲　項致莊、主席陳果夫、紀錄萬君默　開會如儀、宣讀上次會議紀錄、報告事項、（略）決議事項　（一）補助江蘇省童子軍教練員暑期訓練營經費四百元　在省總預備費項下支撥、（二）受軍事委員會委員長委託代核軍法機關處理盜匪案件四件、（三）通過睢甯、蕭縣、啓東、鎮江、海門、贛榆等縣二十五年度地方總分預算。（十日）

蘇財廳擬於下年度設實驗農倉庫一所

擬訂章則及制度之試驗

▲江蘇社　蘇省府為救濟本省農村經濟起見、於本年內增設省農倉庫十所、業經財廳分別指定地點建築九所、等情已誌前報　惟另一所迄今尚未指派建築　記者向財廳省農倉管理處探悉、該處現已擬定計劃　於下年度內在附近省垣地方設一實驗倉庫　舉凡擬行之章則制度、於實驗農倉先作一度之試驗與研究　俾得有結果後、再推行於其他一般農倉遵行、故增設之十所省倉　僅設九所外、另一所暫不予設立云。（十日）

蘇農行代收田賦 財廳仍擬推及全省

▲江蘇社　蘇財廳為改良田賦徵收．革除積弊起見、前由溧陽等縣農行代收田賦、此項辦法與農民頗便、自財廳竭力推進以來、尚稱順利、茲悉該廳去歲實行是項辦法、始指定鎮江、溧陽、宜興、江陰、嘉定、崑山、寶山等七縣試辦、嗣因成效頗著　復又指定無錫、青浦、奉賢　金山、上海、松江、如皋　東台、金壇．武進、蘇州、吳江等十二縣試行、現經積極推進後　已將有四十縣實行、惟該廳仍擬最近期間推及全省云。（十日）

（十日）

蘇各區財政整理委員

本月底將撤銷

▲江蘇社　蘇財廳為謀整理本省財政．爰於去歲設置財政整理委員十三人、分駐各區專司財政整理事宜．茲悉該廳以各縣籌劃財政工作規定於本月底完成、對於各區財政整理委員無設置之必要、關於本月底亦同時撤銷，惟工作成績較優者．該廳將另有任用、以後仍須由各縣縣長按照廳定辦法、辦理財政事宜云。（十日）

蘇教廳生計教育影片

育蠶全部攝竣

棉花農作尚未開始

▲江蘇社　蘇教廳攝製之生計教育影片　頃已將育蠶部分拍製完竣　關於棉花及農作實際情形　因時間關係尚未開始攝拍、聞此次影片全部完竣須至本年九月間云、

視察各縣已返鎮

丁監察使

▲江蘇社　中央委員兼江蘇區監察使丁超五、本月一日率同秘書科長等繼續出發、赴句容溧水高淳等縣視察、已誌前報　茲悉丁氏已於昨日返鎮、據云、此次視察印象尚佳云。（十日）

江北各區民廳委員往試

第二期受訓現役警官甄錄

合格後再行令知入校

本屆訓期仍爲六個月

△江蘇社　蘇民廳爲深造各縣現役警官智識、暨增進學術科起見、分期令調來省、考入補習班肄業　以資學驗第一期、已屆期滿、第二期受訓警官已遵於八日前抵省、九日起分別考試等情　迭誌前報、頃該廳鑒於交通關係、所有第二期圈定應行受訓現役警官除江南區各縣趕赴省垣警校報試外、至江北各區由廳委員前往就近甄試以免遠足跋涉、蘇民廳已派教官顧猗等分赴南通等區召集所屬各縣現役警官先行甄試俟合格後再行令知入校　聞本屆受訓期仍爲六個月云。（十日）

蘇連雲水產學校學生來省學習測候事業

△江蘇社　連雲水產學校對測候事業頗爲注意　原設有三等測候所、近擬加以擴展自本年九月起改爲二等測候所、特派該校學生董毓錦、孫愼九來省赴省會測候實習進一步之測候之學識與技能、學習期滿後卽回校主持其事、刻董孫二人八日已由連雲抵鎮、赴測候所開始學習云。（十日）

蘇財廳解釋結餘節餘兩款性質

通令各縣長會計主任知照

△江蘇社　蘇財廳八日訓令各縣縣長會計主任云、查各縣對於結餘款節餘款之分別、間有不甚明瞭之處、亟應釋明、一、凡係專款指定用途未經動用存留在庫之款或專款戶內、除按照預算簽發外、餘剩在庫之款稱結餘款、二、凡地方機關按照預算領取經費除開支外、餘剩之款稱節餘款、合亟令仰該縣長會計主任遵飭所屬一體知照云。（十日）

蘇建廳派曾濟寬等隨滬銀團視察

鹽墾區及新運河

△江蘇社　蘇省府爲繁榮江北起見、特擬具計劃、隨疏江北新運河、需工程費共一千一百萬元、除六百萬元已有著落外、餘向上海銀行團接洽借款、上海銀行團定期赴江北鹽墾區、暨新運河勘定路線視察、南通葛專員並擬具計劃、改良鹽業、建廳已派建設會副委員長曾濟寬與丹陽合作實驗區李吉辰、與上海銀行團同往視察、現曾李二氏已於八日赴滬、定於昨晚乘大達輪赴通、抵通後將由葛專員、大生廠吳續成、陪同乘坐大生廠「威風一」專輪　赴如皋臨阜灌雲一帶、實施視察。（九日）

蘇省政府預防沿江水汛

擬具分區防汛辦法

令飭各縣切實遵辦

△江蘇社　江蘇省政府　以近年來　揚子江流域迭遭水災農產之損失、賑濟之耗費、以及善後工程等之所需、爲數不可勝計　影響國民經濟、良非淺鮮、茲者大汛在卽、關於防範事宜、亟應預爲籌劃　頃准揚子江水利委員會函囑　迅將蘇省沿江堤堰加以整理、務於大汛期前一律完成、妥籌防汛、工料以備不虞、現省府除擬具本省分區防汛辦法令飭各縣切實遵辦外、特將本省沿江堤圩指定各該管縣政府負責防汛人員開具職名、以便呈報、並轉訓令沿江之江甯自治實驗縣及鎮江、句容江都、六合、儀徵、江浦等七縣遵照辦理、茲將本省沿江應防汛之各堤圩誌後、計朱家洲大新圩等堤（南岸）　和尚圩張家圩等堤　靖安廠及沙洲新蘆等堤　新子洲埝傍霞圩堤、七圩鐵河壩等堤　徐家圩萬三十六圩等堤、大新圩烈山圩等堤　蒲圩及傅家外圩等堤　北岸公子洲堤十三圩等九洲圩堤九里埂興隆鄉等堤大洲圩及大圩等堤、龍袍圩、東大圩等堤沙漫洲及十二圩等堤、瓜東佛感圩等堤（九日）

江蘇銀行舉辦工商業小額放款

省府令各縣轉飭商會協助

△江蘇社　江蘇銀行總行、前呈蘇省府云　竊本行根據行務會議議決舉辦工商業小額放款案　業奉鈞府指令照准、并函請江蘇高等法院暨令行各縣縣政府轉知各縣市鎮商會協助在案、惟查本行所設行處、除上海南京兩特別市外、其餘在本省各縣所設行處共達二十二處　此項小額放款爲管理便利起見、擬卽囑各分行支行處試辦　餘俟辦有成績逐漸推廣　現値各地小工商業紛紛呼籲放款之時、本行亟待實行、以應需要、特依辦法訂定　本行爲愼重放款計、擬函請商會組織審查介紹工商業小額放款委員會等語、擬具簡則隨文呈送、敬請鑒核俯賜令行本行設有行處各縣縣政府　轉知商會查照辦理協助進行云云　當經省府據呈後、除指令准予備案外、已令各縣長遵照并轉飭商會協助進行矣。（九日）

蘇省五屆小教檢定及格師資名單（續）

丁樂鈺　王維周

第五區

李驥　郭大志

蔣玉珍

第六區

顧克邦　貢▯

蔡美瑜　戴長安

郭長輿　陳佩中

薛敦元　朱家碧　吳十端

盧衡　顧朋新　馬繩先

叢霞遠　石古五　江英

吳鏡響　劉嘉隆　陳維倌

郁道繩　保閩造　張愼彬

張建華　李其選　楊勛

徐祖蔭　李倫昌　顧浩然

季光瑞　黃翔　聶家祥

施德修　龔其敬　陳錫侯

嚴秉章　董曙昇　沈寶琦

顧學成　郭鵬祥　朱選文

張達　黃虛　劉士蕤

劉士信　黃乃寅　陳丕江

陳寧餘　秦秀貞　楊廷元

張之人　施有成　陸炎鼎

仇冠羲　陶儀和　于仁濤

陳守綱　周邦傑　周仁卿

曹文亭　胡鵬昇　陳炳

張曉譽　張維藩　何松雲

葉永壽　吳金聲　蔣廷樑

譚瑞德　郭師泰　薛步瀛

徐春柳　朱南生　范大爵

蔣鴻賓　王懷玉　龔廷臣

王永祥　毛繼滄　楊念禎

唐繼楨　沈沛霖　沈辦琴

張永昌　陳廷三　陳維松

陳家發　陸紹楨　管漢民

沈忠孝　秦在能　陳雅時

黃占奎　陸定奎　徐德裕

楊玉蘭　李廷選　黃慕山

施元宰

（完）

李滋羅斯與日藏相會談

△中央社上海十一日電　東京電、李滋羅斯十日會見馬場藏相、茲錄其談話如次、馬場問、最近中國財政經濟如何　李滋羅斯答　中國經濟狀態由去年十一月改革幣制以來漸臻充實、卽從前以銀價高貴、產業貿易不興　然改革幣制結果　產業貿易已有發展、待農產收穫後　卽必轉[illegible]好　至中國政治亦極安定　余信對財政狀態必有良好影響

英俄海軍談判順利

△中央社倫敦十一日電　蘇聯大使邁斯基、本日午後赴外部訪謁該部主幹人員、當就英俄兩國海軍問題有所商談、據聞英俄兩國海軍談判進行順利、此間蘇聯方面人士　頃宣稱英俄兩國所當締結海軍條約、將與英德前去年六月間簽定者形勢相同。

國勞會繼開會議

△中央社日內瓦十一日電　國勞會繼十一日晨續開、由瀛際勞工局局長特羅宣讀報告書　並發出文云、目前國際危險、足使現在文明感受危險、中國代表李平衡、當表示同意　略謂歐州與遠東方面均黑雲密佈、最短期內卽延至國際、屆時世界如果發生大戰、則吾人前此爲國聯及國際勞工之努力、當恐無法進行、李氏並主張各會員國出席代表必須包括政府勞工僱主三方面在內　俾國際勞工局與事會可重新分配、各會員國分擔經費、並酌減遠道各國會費、以昭公允、最後表示希望云、世界上遭危急、行見歷史上空前事變、深望國際勞工組織　能以最大力量　共同加以挽救云。

匈牙利否認將退出國聯

△中央社匈牙利京城十日電　外間報紙載　國聯行政院與大會將來開會時　義大利若因不滿於會議決議案　而宣告退出國聯時　則匈牙利亦必隨之退盟、匈國曾訊加以否認　並謂此種謠言處心叵測、徒足使國際局勢惡劣　不足置信。

中英銀公司在倫敦開年會

△中央社倫敦十日電　中英銀公司、頃在此間舉行年會、當由主席裴彿德發表演說、略謂中國粵漢鐵路現已完成、自上海經杭州南昌萍鄉而達廣州鐵路　亦不久可通　此實由本公司與中國各實業家之合作所成功　此項合作事業、係屬友誼常事、實由我方信賴中國諾言、一般購買債券人士、亦致信賴政府。

本縣新聞

縣政府奉頒保護電話桿綫佈告

已飭屬張貼各重要鄉鎮 並嚴防破壞電話奸徒

銅山區專員公署、以所屬各縣電話桿綫、時被奸徒毀竊、以致交通斷阻、影響甚鉅、曾訓令各縣切實保護電話桿綫、以利交通、並擬具佈告、分發張貼、俾衆週知、本縣縣政府奉令後、已轉飭所屬遵照、並將奉頒之佈告多張、分貼各重要鄉鎮矣、茲探錄佈告原文如下、

查電話關係交通、法有明文保護、本區各縣間長途電話、設置有年、平日多賴發佈政情、傳達軍令、乃近日銅山附郊電綫電桿、迭被奸人毀盜、通話橫受阻礙、甚至隨修隨竊、肆無忌憚、似此大胆破壞交通、顯係別有陰謀、若不嚴予緝辦、將何以肅法紀而懲奸徒、除通飭所屬一體緝拿破壞交通奸犯、務獲歸案以軍法從重處刑外、仰爾各界人等一體知照、如有發現此類奸徒或贓物時、准予密報扭送本署部、以憑重辦、倘敢隱匿奸徒、或代藏贓物、查出一併同科、切切。此佈

夏令衛生運動委員會召開第一次會議

推定常務委員及各部主任 通過夏令衛生運動工作辦法

本縣新生活運動促進委員會夏令衛生運動委員會、于本月九日上午十時在縣政府會議室、召開第一次會議、出席魏寅繩、張紹緒、崔有聲（胡仲璇代）、李貢乾、李厚嚴、孫李衛代）、彭世亭、蕭玉珏、董鐸山、黃體潤、裴朝永、主席黃體潤、紀錄張念瀛、報告事項、（略）、

▷▷▷▷討論事項◁◁◁◁ 一、請推選常務委員案、決議、推李貢乾、蕭玉珏、黃體潤三人為常務委員、并推黃體潤為主席委員、二、請推定各部主任案、決議、（一）推裴朝永為推行部主任、（二）推彭世亭為宣傳部主任、（三）推崔有聲為衛生部主任、（四）推黃體潤為總務部主任、三、請審核夏令衛生運動工作辦法案、決議、修正通過、四、本會所需經費、應如何籌措案、決議、按照各機關慶祝新年攤款比例分攤、閉會、

夏令衛生運動工作辦法

一、舉行夏令衛生運動週（六月十二日至十九日）、二、散發粘貼標語傳單、三、舉行大掃除（六月十日）（各機關總動員）、四、舉行防疫注射、（救濟院負責）、五、舉行兒童建康比賽（六月二十一日舉行）（救濟院負責）、六、巡視慈幼機關、（六月十七日舉行）、七、舉行公廁消毒（公安股負責）、八、舉行挨戶滅蚊滅蠅指導（公安股第一區公所共同負責）、九、推廣飲用自來水（款產處負責）、十、取締隨地吐痰隨地便溺（公安股負責）、十一、舉行浴室飯館、娛樂場所、理髮店、菜場、攤販、肉店、及旅棧等衛生指導、十二、舉行衛生講演（六月二十八日舉行全體小學推舉代表參加）（由崔股長趙主席王主席李大隊長負責辦理、并由崔股長召集。

縣政府奉省府令 凡新成立及已辦重行登記之合作社 均須依法再辦登記手續

江蘇省政府近以各縣重行登記之合作社、與內政部所頒法令、諸多不符、特分令各縣、凡新成立及已辦重行登記之合作社、須再辦登記手續、並須遵照辦合作社登記須知一份、以資遵循、本縣縣政府奉令後、已遵照辦理矣、茲探錄其須知原文如下、甲、注意事項、一、江蘇省合作社、均應依照合作社法施行細則第七條之規定、並參照實業部登記須知、辦理重新登記、二、合作社重辦登記、對於全省合作事業之革新關係至鉅、各縣主辦登記人員、須認真辦理、毋稍苟徇、三、各縣縣政府辦理合作社登記時、應先舉辦合作社成績（二十四年度上期成績）、根據審績表 評定分數等級、以為審核各該合作社、有無重新登記資格之標準、四、合作社經成績及格者、始可准予登記、亦並指示其弱點、令其改善、再予複查、五、新社發起人、往往不諳文字、形式上尤難責其未備、如非重大錯誤、儘可先予登記、一面將錯誤各點、詳加指示、令其更正具報、六、實質優良之合作社、應予以處處便利、不良者、則應嚴格糾正、不使幸存、七、縣政府於登記完畢後、發現登記有錯誤或遺漏時、應即通知該合作社於指定期限內、速為補正、八、合作社所領江蘇省成立合作社登記證、如有遺失、應即由合作社呈請縣政府、轉呈建設廳核補、九、合作社之責任、為習慣便利起見、應列在社名與業務名稱之間（參看合作社劃一名稱舉例）、十、合作社之名稱、應依江蘇省建設廳頒發之合作社劃一名稱舉例辦理、十一、合作社利害關係人得向縣政府請求閱覽或抄錄合作社登記事項、但縣政府認為其請求理由不當時、得拒絕之、十二、縣政府辦理合作社登記事宜、不得向合作社收取任何費用、乙、登記手續、一、縣政府核准合作社成立登記時、即應填具合作社成立登記報告表、連同合作社成績分等表、及合作社職員名單、呈報江蘇省建設廳核辦、（以前合作社設立備案表作廢）、二、合作社登記證、經由建設廳核准填發、三、縣政府核准合作社變更解散合併清算之登記時、即應為准予登記批示、并即填具合作社變更、解散、合併、清算報告表、呈報建設廳核准備案（變更、解散、合作、清算登記報告表式樣另發）、四、經重新登記之合作社、應將前項成立許可證及成立登記證、送請各該縣縣政府呈建設廳核銷、以杜流弊、附注、一、合作社成立登記報告表、合作社成績分等表、由各縣政府用國產紙依式照印、合作社變更、解散、合併、清算登記等表、及職員名單、用國產毛邊紙式翻印、二、登記報告表中、創立會日期、及核准登記日期、係填寫此次辦理重新登記創立會日期、及核准登記日期、三、新設立合作社應參加此項須知辦理。

司法欄

◎縣政府司法批示◎

△刑事具訴人程德竣、一件、為公務員行使偽票、驕情瀆職、訴請提案究辦由、狀悉、仰候傳案訊奪、此批、

△民事具原告人蔣顯疇、一件、為公親議定、歷久反悔、懇請通傳集訊、究追履行由、狀悉、仰候通知答辯、傳案訊奪、此批、

△刑事具狀人孫基安、一件、為遵處罷訟、懇予撤訴銷案由、狀悉、准予撤回告訴、此批、

△刑事具保人丁逢清等、一件、為懇請賞保許兪清在外、不誤傳喚由、狀悉、所請保釋、應毋庸議、此批、

△刑事具訴人王貴益、一件、為圖霸產業、謀害無蹤、叩請速提依法訊辦由、狀悉、仰候傳案訊奪、此批、

△民事具訴人秦廷俊、一件、為借住房屋、硬不遷讓、請求傳案勸令退還、以重產權由、狀悉、仰候通知答辯、傳案訊奪、此批、

△民事具狀人王居廷、一件、為界外明佔、霸不退讓、請求通傳人證、訊明公斷由、狀悉、仰候通知答辯、傳案訊奪、此批、

△庭期審理案件▽

六月十二日審理彭瑞邦與彭錫林產權案、

△本城糧價▽

名稱	每市斗價目	
小麥	最高二千九百文	最低二千七百五十文
大麥	最高一千六百文	最低一千五百文
黃豆	最高三千五百文	最低三千四百文
黑豆	最高三千三百文	最低三千二百五十文
菉豆	最高三千七百五十文	最低三千五百五十文
江豆	最高三千六百文	最低三千五百五十文
高粮	最高二千七百文	最低二千六百文
穀子	最高二千零五十文	最低二千文
稷子	最高二千六十文	最低二千五十文
芝蔴	最高六千文	最低五千八百五十文
青豆	最高三千五百文	最低三千四百文
花生（每斤）	最高二百六十文	最低二百五十文
瓜子（每斤）	最高七百八十文	最低七百七十文
生米	最高四百六十文	最低四百五十文

△△氣象▽▽

天氣	風向	最高溫度	最低溫度
晴	東北風	九九度	八五度

鳳鳴塔

第二一九期

一，本刊內容分科學常識論著詩歌小說戲劇散文藝術雜評介紹及批評等項

二，本刊歡迎投稿來稿文言白話均可

三，來稿本社有修改權不願者應先聲明

四，未經登載之稿除預先聲明者外概不退還

五，本刊編輯部設豐報社內

漫談

門爭

雲章

門爭是不得已才有的行爲，但是有一點餘步，也不會走上門爭的道路。因爲門爭以後，只能消失力量，不能增加力量，只能破壞社會不能繁榮社會，到處都有很顯明的事實，作來證明。

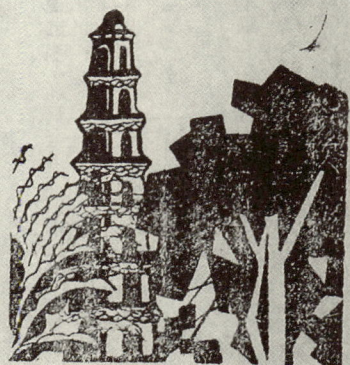

如甲的力量爲三，乙的力量爲四，那麼甲乙門爭的結果，甲的三消滅，乙的四僅剩一，有時還會同歸于盡，這樣能使門勝者滿足他的慾望嗎？個人的鬭爭如此，團體的門爭也不能例外。所以說門爭是不得已的行爲，是最悲慘最痛苦的事。非至萬不得已，絕不輕于門爭的。

門爭既然這樣的關係重要，所以門爭必須有相當的準備然後才可以收得勝利的效果。至于準備的方法：

第一先要消滅內部的一切門爭，集中力量，作最有效的對外鬭爭。

第二要充實內部的物質，無論是鬭爭的器具，及消費的條件，都要充實起來，然後才能作持久的門爭。

第三要明了敵人的力量。來充分的準備，以戰勝敵人爲標準的所謂「知彼知己，才能百戰百勝。」就是這個道理。

（未完）

創作

看了『借靴子』後

閒人

記不清的一天傍晚，在電燈將要發出悽慘暗淡的光輝，屋內屋外，眼看着充滿了整個的黑。心中不知怎樣的難過，苦悶，剛想到屋裡拿本文學史來看。眞巧，A君來了，喊着閒人我的名子，邀我去到同樂舞臺看戲，當然，我是慨然應諾棄書奉陪，於是整衣出發，直達目的地——回樂舞台。

當我二人未到之先，遠遠的聽兒，該園門首要錢的人，高聲喊着，買票，買簽。說話不及，論到我二人的面前了，當然，不能逃出例外，A君想買票兩張，閒人我堅意不爲，不言而諭的一個「閒」字，安在我身上，況且我又是個家道中落，袖手負閒的，我豈敢擺這樣的一個大架子，不然的話，恐怕就是驢嘴也能笑歪，說着花了一百念文，走到裏邊，掛了一付對，甚得，沒東沒縛的看看。

戲是開演了多時，巧極了，正當錯齣，台上鑼鼓喧天，未幾，一老翁和家人小二，亭立於上，自名李昌，人稱我看財奴，家有良田千頃，瓦舍百間，可謂一富翁矣。想當年桃園之義，結拜兄弟三人，長兄趙虎，次爲是昌，三弟張三。但李昌自逃能，我這裏剪頭去尾，話不多說，這日張三到李昌家來。而李昌見張三，面帶齜苦容來招待，想三弟吃過了飯到我這裏來吧！有什麼事！他不耐煩的聲調問着。張三說：因爲大哥壽旦之日，特來邀約二哥去拜壽，還要送禮呢？這時李昌聽了，大爲不悅，怒髮衝冠，花錢嗎？我便不幹，他壽他的，你拜你的，與我沒有什麼，擺說花錢，就是拔一毛利於天下而不爲，我現在想起來眞該死，怎樣與你這窮光蛋，不知將面的拜仁兄弟　唉！該死…………。

說長道短，拿了二百錢，還叫他弃同去，唉！二哥過日子，眞行，看會算計，張三說。過日子不會算計，怎樣過法，李昌說，正在說話中間，張三說：二哥我還有件事，就是借二哥的靴子穿，穿　那李昌聽了，氣得咆嘯如雷，大聲疾呼，像瘋了似的，裝腔弄勢，但是張三素知李昌的情形，他不以爲奇，弄了一會子，李昌沒法，說出三個條件，要張三答覆，方能借給，一，借靴子先行二四拜禮　如祭主一樣，二，如弄上水滴髒「等事，照價賠償　外帶罰金五百元，三，若有破爛等事，得以愴伏論，而李昌提出這三條件，誰知張三慨然接受，弄得李昌沒法，只得借與張三了。

喂！諸位看了這齣「借靴子」後，對於主角李昌作何感想，以我看來，李昌的過日子，正合於現代，就是張公藝也不如此，底確，是對的吧！在現代社會情況之下，不足爲奇　恐怕比李昌還吝嗇的人多了吧！李昌還是認識時代的．個人，他總以爲「錢」是好的，什麼親戚。朋友，人情…………還不是「錢」的主使嗎，你看那不管是爲匪作盜　賣淫爲娼，當了王八，只要有了「錢」，比什麼都尊貴　假若沒有「錢」任你是仁人君子，也遭着世人的白眼，人面獸心的…………唉！豬不吃狗不聞的「錢」，牠成了利用，類的戰鬥品　魚肉的人類　任牠宰割　嘻！「錢」啊！

翻譯

詠胡蝶

英國華資華斯著　菽原譯

作者生平　華資華斯(William Worbsworth)是英國十八世紀至十九世紀的詩人，是浪漫主義的作家，性情閒逸，有「湖畔詩人」的稱號。

航近我些——不要逃跑！
只一小會，在我的眼界！
我由你想出了許多談話，
我的幼年的歷史記者！

○　○　○

飛近我些，不要走開，
死的年華又由你醒來：
你帶給，如你一樣快樂的人兒，
一個嚴莊的回憶，
——父親的家，
到我的心台！

○　○　○

啊！快樂呀快樂是那個時候，
在我幼時的遊戲中，
和我妹妹愛瑪利，
一塊兒把胡蝶追逐，
我連跑帶跳，
追着這個誘物，
從蕨草跟灌藪；
然而她，上帝愛惜！
怕從胡蝶的翼上，
拂去塵土。

故鄉

菽原

（一）

忽然，
一片落葉似的，
故鄉的影兒，
展現我的面前：
三面環着小山，
一闕對着平原；
山巒青翠如半個綠玉環，
平原嫩黃似一片鵝絨氈；
錦帶似的黃河，
湫湫，閃閃，
蛇蜿，蜒蜒，
團繞着河灘；
暮靄似的南山，
濛濛，朧朧，
若有，若無，
籠罩着河岸；
看，河中流下的點點白帆！
瞧，巔巔橫飛的「人」形野雁！

（二）

夏天的傍晚，
太陽收住金箭，
墮下了西山，
碧澄澄的天空中，
飄蕩，飄蕩，
淡抹着晚霞幾片，
在西嶺尖，
芳草芊芊，
我常常把我最愛了詩集，
帶了一卷，
臥着向天，
我細細地讀，
我輕輕地念。
出於自然，
我將一個眞理發現，
『白雲不要用眼看，
要用心玩。』

（三）

黃昏時，
麥場上，
流滿了銀樣的月光；
天空那麼藍，那麼高，
星兒那樣稀，那樣小；
南北斜着，
藹藹的銀河一條；
月兒，
盡着臉兒笑，
赤裸裸地，
好像妖嬈的美人活描；

織女，
偷下了布機，
竚立於水岸，
與他的牛郎對瞧，
盈盈一水間，
沒舟，缺橋，
相望，心焦！……
靜悄悄，
靜悄悄，
驚破岑寂的，
是誰這支洞簫，
梟梟，梟梟？

（四）

似烟的故鄉，
你在我的腦海一旋；
延頸望子的母親，
你此刻是否平安？
故鄉啊？
母親啊；
難以會面！
唉！
我只有淚泉浪浪，
　淚河氾濫，
　冲破淚岬，
飄你們在我的心田。

女——人

老潭

阿Q睡不着，他在睜睜眼又合合眼的胡乱的想：他想女人，女人，女人纔是可憐的，人總得有一個女人。怨不得小尼姑今天罵他「斷子絕孫的阿Q」，實在的，沒有女人，不斷子絕孫嗎？斷子絕孫　還有誰來胤嗣自己的後世呢？自己千秋百歲後，又有誰來替自己焚一頁箔化一張紙呢？就是，連這一張露花而沉重的被子，又有誰來惰受呢？他他想女人，女人，總得有一個女人才克。

院子裏的盞明澈的光，也漸近消失了，他才朦朦朧朧的睡去。

第二天的早上起來，他揉着眼睛　歪歪斜斜的上街上去，街上女人氣也沒有　先時五十多歲的滿臉麻子的鄒二嫂正在門前買東西　因爲看見阿Q　走過來了　也放開腿的跑回了家去。阿Q還時有點氣，像是惱羞成怒的氣　女人眞不是好東西，淨一派的假猩猩，尤其，他想起昨晚的事的吳媽，才是第一個號的壞女人；已經跪在他的臉前了，都不能憐憫一下，吳媽眞是第一個號的壞女人。

他噘着嘴，跚跚的向着咸亨酒店走去了；到酒店裏睹氣一氣喝了三兩半多清乾酒，喝得醉薰薰的才走回了土穀祠。他一面走，還一面不住的咕咕奴奴的咒罵，眞女人不是好東西，都不是好東西，連五十多歲的滿臉麻子的鄒二嫂也羞羞答答的躲藏起男人來了；這眞是假猩猩，眞是假猩猩　他氣得瞪眼着，連　句小孤孀上墳，也沒有唱。

前天夜裏　他在思慕女人　分夜沒有睡着，昨夜忐忑那趙府的挨打，胡思想了三更天　才睡去的；今夜又喝　幾兩白酒　醉薰薰而興奮奮的怎樣也睡不夢裡去了，他迷迷糊糊的又在想女人　女人眞不是個好東西；能使人傾家，能使亡國，還能害妻他的男人，他想女人眞可恨。

三代不都是被女人鬧亡的嗎？桀確絕是毀在妹喜身上，紂確絕是死在妲己手裏，而褒姒害了周幽土。吳王夫差死在西施身上，息國不是嬀姬准不致亡國吧！就是諸兒私通其妹，文姜也沒能沒罪啊。漢元帝因爲明妃害了一場很重的病，假使不把王嬙去和番，不一定漢不就此而滅亡的。漢成帝被趙飛燕得算玩弄的不輕，而董卓和呂布得算是死在貂蟬手裏。陳後主亡國，張貴妃孔貴嬪無論如何也脫不得淸淨。楊廣落了千秋烝母的罵名，文帝及陳姬，也不能辭其咎。唐玄宗明皇帝　不辭千里跋涉的幸蜀　追根推由，也可以說全是楊太眞一人而造的。女人眞沒有好東西，班捷予得算例外，因爲他這樣的女子實是太少。無鹽的性情和面貌都近乎男人，不然的話，也保不定不亡齊國。漢呂后，周，武則天，淸，慈禧太后，一統統都沒有一個好東西。

女人還得要男人怕，女人還能替自己的男人扎綠頭巾，而且姦夫害本夫的事，那還能再多啊！……阿Q想到這裡，他有點顫慄了，女人眞不是好東西，他眞心情願鰥居到頭髮變白，也不敢再算計女人了；女人，女人是一點也不能惹弄的惡魔。

酒也快解完了，嘴裏有點乾，他深更闌夜裡也無法去弄茶來喝。和尚廚房裡，有缸冷水，他又嫌還得落落索索的爬起來；他用舌頭舐了舐嘴唇，舐了舐全個嘴的內框子，朦朦朧朧的睡去了；沒一會兒，便聽見他呼呼隆隆的打了鼾。

忙

春林

太陽在展翅
扇起無色的火焰，
燃在人們的皮膚上。

○　○　○

麥後的田野上，
平輔着幼小的高粱苗，
黃金的麥根，
襯着遠近幾個工作的農人，
更顯得寥廓。

○　○　○

狗伸着長舌臥在樹下急喘，
靜聽場上不同聲調的牛詞，
流出農夫倦睡的嘴唇。

○　○　○

石碌尖銳的悲鳴
逐着瘦小的牛驢，
轉着疲乏之陳重的心，
在平滑的麥桿上，
畫着週期的圓痕，
與牛歌呼應着。

○　○　○

場邊樹下幾個人，
正在無神的合着眼皮，
做着收穫的異夢。

○　○　○

幾個天眞無知的孩子，
匝着剛吸過乳水的紅唇，
在行人道的樹蔭下，
做着種種弄土的遊戲，
變成了個土孩子。

○　○　○

龍鐘的尖脚老太婆，
陽光燒白了頭髮，
地上蠕動她年老的黑影，
罵着子孫在偷懶。

○　○　○

灶前的少婦溼透的褂子，
吸住毛孔裏向外探望的汗珠，
鍋內水在沸騰，
火燃出灶門來，
來下鍋的饃，
望着她髮罩着的臉出神，
焦急之火燃燒她的雙眉。

○　○　○

一羣雀子在樹上啁秋，
楊槐樹下幾隻雞弄土，
馴服的小羊在蘆葦邊齒草。

○　○　○

整個的農村在忙，
人人疲倦的身軀裏着無限希望，
放在場上。

通信欄

廣居君：

來信及稿件收到　稿已發表，請勿以爲念！

我們爲研究學術，而寫作，而發表。均以眞誠態度出之，不必客氣　亦不需要客氣！

此後仍望常有作品送來。以充實本刊內容，并盼常來編輯室敍談，藉謀改進本刊。

敬祝

努力

雲章

編輯室的廣播電台

雲章

一　本社社長現已返豐，聞對今後本報副刊，擬加以改進，讀者及作者，想大家都願意知道這個消悉吧！

二，希林數月來沒有，篇作品送來，也眞能與本刊絕交嗎？

三，蔣鐵爐君是一位富有文學天才和文字修養的人，舊詩新詩和小說都寫得很好，尤以情詩見長　他遲遲的不肯爽快的把作品送來，或許有特別的原因吧！

四，克林請你在最近來一次！

六，一八。

縣黨部無綫電收音室開放節目

六月十九日　星期五

八，一〇	西樂
八，三〇	新聞
一一，三〇	平劇醫藥衛語報時氣象商情
	金少山譚小培譚富英余叔岩　合唱
	捉放曹
一七，〇〇	滬市商情商業新聞鼓大
一八，〇〇	樂器奏樂
一九，〇〇	平劇　楊小樓七少樓侯喜瑞　合唱
	長板坡
一九，三〇	教育節目
二〇，〇〇	報時氣象簡明新聞
二一，三五	預報明日節目
二一，四〇	新聞
二二，二〇	平劇及國樂

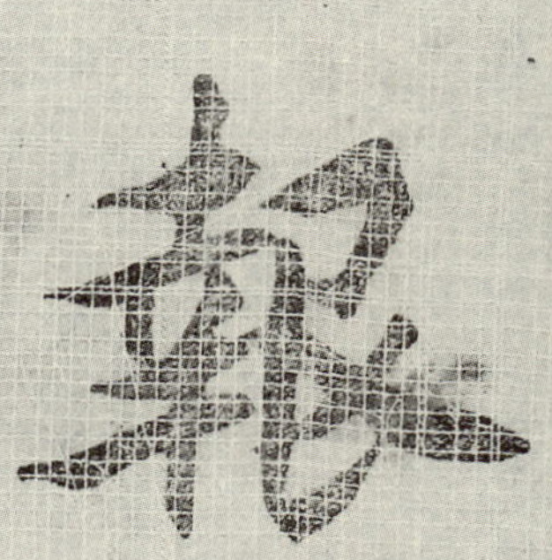

《第一一八號》
〈社址豐縣八間街〉
中宣部登記證京滬字第一九二號 內政部登記證京警字第三二〇號
中華郵政特准掛號認為新聞紙類
《每日一張　零售每份四百圓》

「兩利儲蓄」，是專為平民創設的一種儲蓄；因為既享定期之利息，而仍不失活用之便利：

豐縣農民銀行儲蓄處

開[illegible]

豐縣政府佈告　建字第七號

為[illegible]二十五年六月九日建字第[illegible]九號訓令內開：[illegible]實業部咨開：「查依照[illegible]採取石則之規定，關於建築物所用土石，如石灰石等凡係採取者，均須呈報所在地縣政府核准[illegible]整飭礦業行政起見，亟應由各省令飭各縣[illegible]採取土石者遵照[illegible]民週知，並隨時督促採取土石者依照[illegible]不得任其自由採用或出售，致觸法令，除分[illegible]相應咨請查照轉飭所屬主管機關遵照為荷。」等[illegible]此，合行令仰該縣長查照佈告週知，並督促該管境[illegible]取土石者商，依照土石採取規則各規定，並請核[illegible]府會同該准轉[illegible]備案等因，奉此合行佈告週知，此佈。

中華民國二十五年六月　日

△廣告刊例

本報廣告以方寸計算
（新聞前）每日每方寸三元連登三天每日每方寸一角二分
（新聞後）每日每方寸二元連登三天每日每方寸一角
（普通）每日每方寸一元起碼每日每方寸八分
登三日以上九折六日以上八折八日以上七折十日以上六折常期面議

第四[illegible]中華[illegible]

豐縣夏令兒童健康比賽會籌備委員會[illegible]

一、本[illegible]衛生運動委員會為提倡兒童衛生，注重嬰兒健康，改良兒童健康比賽會[illegible]辦法，特定於六月二十一日上午十時在縣政府中山堂舉行。其[illegible]如下：

一、凡[illegible]兒童健康者，[illegible]、凡嬰兒在六[illegible]者須向救濟院先期報名領取比賽證（但[illegible]有病者無[illegible]資格）四、報名日期自即日起至六月二十日止。比賽日期定於六月廿一日上午十時[illegible]縣政府大禮堂。六、本會比賽須知：（一）凡欲參加比賽者得由其家長或保護人親自報名，代報名者無效。（二）報名時須將生月年歲不得虛瞞。（三）與賽時只准育[illegible]入與負責者[illegible]會。（四）比賽時按照號數點名，檢驗不得擅自闖入，[illegible]點名不到者取銷其比賽資格。七、評判標準（一）體[illegible]長佔百分之二十（二）姿勢（精神容貌）五官佔百分之十五（三）營養發育佔百分二十五（四）清潔佔百分之[illegible]（五）牙齒生疳佔百分之十五。八、本會評判員由衛生委員會聘[illegible]十八個足月至二週歲半（丙）三十個足月至四週歲[illegible]九、與賽兒童分為三組（甲）六個足月至一週歲半（乙）[illegible]評判結果每組取1 2 3三名再比賽各組取總第一[illegible]第二[illegible]第三三名均由本會分別給予獎品以資鼓勵。

豐縣各界緝私委員會通告

查本會業於昨日（六月十九日）假縣政府會議室正式開始辦公，并擬將各項緝私章程辦法，逐日在本報上公佈，俾閭邑商民，有所遵循，勿違為要！

豐縣教育局啓事

茲上海商務印書局、[illegible]書局[illegible]敎聯特許、印行小學敎師及導師第二十冊，係小學教師半月刊之選集。如縣本局彙購，滿五部以上，照定價六折，以一元二角計算，郵費在內。各學校凡欲購買者，務於六月底以前，來局登記，以便彙齊合購，此啓。

中外要聞

粵桂軍增兵北進

贛安遠積穀被取用

馮欽再飛京謁中樞

▲中央社香港十九日電　[illegible]七師陳錫生[illegible]部由[illegible]入贛[illegible]，已開抵寧。

▲中央社香港十九日電　桂[illegible]兵五師，除[illegible]外，尚[illegible]提[illegible]年[illegible]擔任。

▲中央社南昌十九日電　贛省府十九日據安遠縣張縣長報告[illegible]司令[illegible]借縣倉積穀以維軍食，[illegible]交涉間，[illegible]已派員自行領取積穀，省[illegible]除[illegible]中央。

▲中央社上海十九日電　馮欽十九日晨[illegible]再度飛京，晉謁中樞當局。

▲中央社香港十九日電　梧電、桂省[illegible]自蒼梧[illegible]兵反抗增兵、特令各縣限一月內清查戶口[illegible]、各鄉長不得離職，以防再有同樣事件發生。

▲中央社香港十九日電　省訊，由海軍中將梅田[illegible]十九日乘輪抵港，定二十日赴粵，訪晤陳李，或將轉赴[illegible]白。

陝北殘匪多攜械投誠

▲中央社西安十九日電　徐[illegible]主力[illegible]心城鎮、十六日一師向[illegible]方面逃竄，毛匪大部仍[illegible]千餘、一團、及陝北方面我軍[illegible]北進以來，[illegible]日[illegible]投誠者甚多。

津濟走私日熾
安斯邇將晉京向財部報告

▲中央社濟南十九日電　濟市走私貨物逐日增加、十九日晨三零五次平浦車二三等車上滿載私貨、卸於站台、形如小山、搬運一小時始畢　緝私副處長李桐華、晚八時乘平浦車赴津、謁處長安斯邇報告、即偕同晉京向財部報告走私情形、

▲中央社天津十九日電　財部緝查處長安斯邇十九日由津赴平、有所接洽、日內仍來津、聞平漢綫石家莊新鄉漢口等地稽查分處、現已分別成立、總計平漢津浦沿線各有五分處、又此間自所謂天津貿易協會成立後、走私日熾。

▲中央社天津十九日電　十九日下午四時半、北甯津浦貨物聯運七十七次車由津南下、其中滿載走私貨物一百五十餘噸、天津區統稅因走私影響、每月減收稅款十萬元。

▲中央社太原十九日電　正太路井陘站緝查所、頃查獲私糖二百三十八包、十九日又查獲私糖二百六十二包。

蔣委員長不願為總統候選人
昨答志林報記者問

▲中央社上海十九日電　十九日志林報載、記者謁見蔣委員長、談及十一月間國民大會選舉總統問題、蔣委員長切實聲明　彼絕不願為總統候選人、並謂國民大會召集之目的、在使全國國民參加政治、一致負起救國之責任、共同解除國難　中國國民党認為非全國一致、不足救國．故決定召集國民大會，頒佈憲法、交還政權與國民、由國民選出政府，以代替訓政時期之黨治，此乃本黨至意，黨內任何人腦中均未想到總統等問題、蓋今日只有大家負責、遵守紀律、而且要首先犧牲個人一切權位利祿、抑除自私自利　方足以救國，記者詢以不願為總統候選人之理由，承蔣委員長詳細說明如下、國家當此歷史上未有之時期、余意每一國民均當竭盡其個性之所長、為國家謀利益　余認為總統之職位　將使余不能施行報國志願、因余對於國家最大之貢獻，即在能周歷各地　無論遠近之各地、實地觀察當地民情與政績　隨時解決關於改進軍隊改良教育經濟建設農村救濟及交通開發等各種於民族復興有根本關係之問題　使一切事業不至停滯延誤　余自信欲發揚余報國所長、必使余不為固定職務所限，此實為異常必要、在此二三年內　凡余所到之處，尤以余個人親自與各省當局各與地方人民之接觸，此等地方較之以前、均有更大之進步　此余之經驗與事實所昭示也，此種實地接觸、足以消除種種困難與誤會、並得明示國家整個政策，於全國同胞以建立百年大計之基礎，可使各地同胞認識國家之統一性與整個性　促其舉國一致矢忠於中央，以共同救國　如余被推任為總統責任，即不能繼此廣遠任務之繼續　總統職務上必須常住首都　而不能輕易遠離、余確知余個人對新中國建立最善之努力、在現自查真正需要而實行之　余不願此種特殊之貢獻為職務剝奪　故不願列為候選人之一。

國民大會代表選舉事務籌委會
昨開第七次會議

▲中央社南京十九日電　國民大會代表選舉事務籌備委員會　今晨八時在內政部舉行第七次會議、由蔣作賓主席、開會後依次提出選舉法施行細則、公民宣誓登記條例、選舉總事務所辦事通則三種法規、作文字上之整理、至十二時散會。

京市地方自治推進委員會
昨開成立大會

▲中央社南京十九日電　京市地方自治推進委員會、經中央派定委員十二人　並指定馬超俊等為該會常務委員、茲已籌備就緒　特於今日下午三時在市府會議室舉行成立大會、並舉行第一次會議、當推定劉百閔等分別起草各項細則、至五時半攝影散會。

財部任高秉坊梁敬錞
為籌辦所得稅正副主任

▲中央社南京十九日　孔財長今日手諭財部賦稅司長高秉坊、整理地方捐稅委員會委員梁敬錞、分任籌辦所得稅正副主任。

▲又孔氏為調整稅務署所屬各機關組織已派員擬調整方案　日內可公佈施行。

中央電台今晚轉播
駐德程大使廣播演說

▲中央社南京十九日電　德國廣播電台、請我駐德大使程天放於明日下午七時半（中國時間）用中英文演說、向中國廣播　屆時由交通部上海國際電台之無線電收報台收取、再用長途電話線接至本台、以六六零千週波轉播全國。

京市工務局
組防水工程委員會

▲中央社南京十九日電　京[illegible]　近日長江上游、沿江地勢[illegible]　[illegible]風及秋汛江水高漲、[illegible]、日來江水漸漲、水位已多至五．八一公尺、京市工務局為先事綢繆起見、特派該局高級技術人員、組織防水工程委員會、以專責成、並定於明日上午八時該會舉行第一次會議、討論辦法開始籌劃進行。

居院長定今日
由滬返京

▲中央社南京十九日電　司法院居院長、前因私事赴滬、句留數日、聞已事畢、將於明日返京。

出席世運選手隊
德語翻譯
梅海倫昨到京

▲中央社南京十九日電　中國出席世界運動會選手隊聘任之德語翻譯梅海倫女士、今日由平抵京、日內即赴滬、會同中國選手隊於本月二十六日乘輪首途赴歐。

中國教育學會
定期開全體理事大會

▲中央社南京十九日電　中國教育學會、為國內教育界之研究學術團體　平素對於學術上研究心得深得政府及社會人士贊許、茲聞該會於後日上午九時在中央大學開全體理事大會、對於學術及會務上均有重要提案討論。

定日內返國
李滋羅斯赴滬

▲中央社南京十九日電　英政府經濟顧問李滋羅斯爵士來華後、今晨七時由瀛抵京、下午七時蔣院長在勵志社設宴招待　聞[illegible]氏即晚乘車赴滬　廿三日返國。

建修皇帝陵廟
下月可興工

▲中央社南京十九日電　國府林主席、戴傳賢　于右任、張繼等　發起之培修皇陵、由已組皇陵培修委員會　由中央古物保管委員會西北辦事處黃文弼前往勘察、擬具工程計劃　日前返京　呈林主席核准、轉請中央撥款、下月可興工培修、計劃分為三部　預算培修皇陵工程約十餘萬元、培修皇廟十餘萬元　建修軒轅館及靈山風景約八萬元、全部約三十餘萬元。

中委王陸一
昨接見高玉桂等

▲中央社南京十九日電　中央委員王陸一、今日在挹正學院接見西南夷族沿邊土司代表高玉桂女士、民衆請願代表喻杰才君　及西南夷族文化促進會執委凌光電、對西南夷族垂詢頗詳　並勗該代表等努力增進全民族精誠團體、共赴國難。

賴璉由漢返湘

▲中央社長沙十九日電　湘省黨部特派員賴璉、由京抵漢後、因事勾留四日　於十七日乘輪返湘、對黨部進行新計劃　須俟就職後視察各情再行計議。

國府建委會
將設電業人員訓練所

▲中央社南京十九日電　國民政府建設委員會、為全國電氣事業主管機關　因鑒於我國電氣事業需要人材、乃決定設立電業人員訓練所、以訓練電氣需要中級幹部人員、備作電氣發展之用。

汴垣昨晨大雨

▲中央社開封十九日電　汴垣十八日大風揚沙、入夜微雨、十九晨大雨傾盆　足夠播種　本年秋收有望、農民咸慶。

川定期舉行吸戶總檢舉

▲中央社成都十九日電　川吸戶總檢舉定於七月一日開始舉行、各區設檢舉主任一人、禁煙特派處正會同省府選派幹員充任。

宋哲元日內
巡視沿津浦綫各縣

▲中央社天津十九日電　宋哲元日內赴津浦沿線各縣巡視、專車已備妥待發。

蘇省黨部舉行特派員會議

△江蘇社　江蘇省黨部於十七日上午九時在會議室舉行第十四次特派員會議、出席特派員周紹成　曹明煥、鈕長耀、凌紹祖　周厚鈞、卞宗孟、顧子揚、黃强、主席顧子揚、紀錄彭超　胡乃文、開會如儀、宣讀第十三次特派員會議紀錄、報告事項、（略）決議要案如次、（一）修正通過江蘇省党部職員公出費用規則、（二）修正通過江蘇省各縣黨部組織化裝宣傳隊法、（三）決議碭山縣監察委員王鐸、因案撤職、以候補朱竣山遞補、（四）崇明縣黨部呈、爲准同級監察委員會決定處分黨員施宜青、予以開除黨籍三年、祈核示執行案、決議轉呈中央。（十八日）

蘇教廳召開之農教館長會議
昨繼續舉行決議各項要案

△鎮江十九日電　蘇教廳召集之各縣農民教育館主管人員會議、於今日上午八時繼續開會、商論各項議案、出席人員照舊、仍由胡科長主席、至十二時始完畢、會議結束後來鎮出席之各代表、及各農教館長、均已分別離鎮、兩日來議決之要案有四　（一）實驗農教館館員資格及待遇條例、由教廳訂定後、於二十五年度實行　（二）組織農事教育參觀團、由各館自行擬定計劃、呈請教育廳核准後施行、（三）實驗農教館組織方法、設總務　農事、教導三部、每部各設主任一人、幹事若干人、（四）各品種試驗後認爲優良者、卽應增加優良品種　提倡種植、旣可增加生產、又可作爲改進之用、教廳卽將訂定各項分別通令各縣、以便推廣農事。

蘇省婦女會開第五次理事會
決定舉行夏令婦女衛生宣傳週

△鎮江十九日電　江蘇省會婦女會於今日下午四時舉行第五次理事會、出席者徐若萍　任繼範等、主席任繼範、決議事項（一）夏令已屆前經議決舉行之夏令婦女衛生運動宣傳週　現先組織夏令住屋衛生宣傳、徵求夏令藥品、指定七月五日出發宣傳、並散發藥品、（二）常務理事送交之蘇文秀等三十五人入會志願書、審查通過。

蘇建廳令各縣舉辦農業展覽比賽會

△鎮江十九日電　蘇建廳於本年一月間分令各縣長、各農場所長、舉辦農事講習會、以倡導農業、使農民有改進農事之觀念、或舉辦農業展覽[illegible]以提起農民競進之心、並以此項辦理情形具報在案、[illegible]尚未具報、建廳除令飭各縣場所長趕辦此項展覽比賽會[illegible]講習會、並將經過情形詳細具報。

蘇省衛生教委會令各縣教局編報工作狀況

△江蘇社　蘇省衛生教育委員會、以衛生教育爲民族健康根本設施　應切實提倡進行、以收宏效、曾經議決各縣衛生教育事項　須於每年度終了時繕[illegible]本年度工作狀況臚具報告　并分別規定遵行　茲該會以二十四年度結束期近、特通令各縣教育局、遵照前令於本年度終了時、卽依照規定工作事項一、行政、二　設施　三　統計　四、其他、詳列報會、以憑彙編云、（十八日）

蘇省黨部特派員張公任氏考察鹽墾區
與滬通鎮銀行實業家同往

△江蘇社　上海南通鎮江各地之銀行家實業家、此次特聯合考察南通東台鹽城阜甯等地鹽墾區域、省黨部張特派員公任、在事先本約定偕行、後因省黨部職務紛忙未能會同出發、後連接考察團電催、特於前日清晨由鎮啓程前往　當晚到泰縣昨日抵東台、今日到大豐鹽墾觀著名各鹽墾公司　與考察團會合後、再赴預定之各處考察、聞行程約在本月二十日方可事畢返省云。（十八日）

運河防汛談話會
蘇建廳召開　商定事項三件

△江蘇社　蘇建廳昨召集之運河防汛談話會、於上午九時在該廳會議室舉行、計出席須愷、許心武、徐鼎康（孫壽培代）馮旦、齊壽安、沈百先、蕭開瀛等由沈廳長主席、商定事項（一）規定互報水勢、通訊辦法　計韓莊　窰灣、宿遷　清江大閘　寶應龍躍[illegible]、高郵御碼頭邵伯二湍閘　蚌埠、八處、由運工局觀測、劉老澗　楊莊邵伯六、閘[illegible]場、正陽關五處由導淮委員會觀測、以上各地每日水位由觀測機關以最捷方法（無綫電、電話、電報）互報導淮委員會、江蘇省政府、江北運河工程局　導淮入海工程處　如附測流量亦須附報、並規定自七月一日起互報水位、均自廢黃河零點計算、（二）分別查勘各河淺水幹渠、如查有阻水土壩葦草等卽設法清理、（三）必要時由導淮委員會船閘及活動壩工程局人員及導淮入海工程處人員協助防汛工作以充人力、至下午三時散會云。（十八日）

蘇省廣播電台將另建新址
在省句路圈買民地廿畝

△江蘇社　蘇省廣播電台、爲擴充其事業起見　以現在之辦公處所、不敷應用　頃悉該台現在省句路省土地局西圈買民地約二十畝、以籌建築電台暨新辦公處之用云、（十八日）

蘇[illegible]導淮入海工程處令各段趕辦結束
已挖未挖土方報處查核　俾對未完工程設法補救

△江蘇社　江蘇省導淮入海工程處、近因各工段工程、除貸金僱[illegible]大縣段照常工作外、其餘徵工各段、大部份工夫、因農忙[illegible]時期、返家割麥、工程暫告結束、茲悉工程處處長許心武[illegible]、昨特通令各段在此結束期　無論已完未完之工、廳卽趕[illegible]辦結束過去已挖土方若干　尚餘若干、報處核奪、所有各[illegible]工程師監工員出納事務等員一律協助辦理在未竣工以前、[illegible]不得請假返里、聞各段土方總結束後、工程處卽定期召集[illegible]各段長開會討論繼續開挖善後工程補救辦法、以期完成改[illegible]府重大之使命云。

蘇第一期湖田清理將竣　財廳籌劃二期辦法

△江蘇社　太湖湖田清理事宜、前經財廳設立專處着手進行以來、辦理尚稱順利　吳縣吳江兩縣、分區登記均已舉辦、預計本年度內已經估墾成熟湖田、可期清理竣事、俾完成第一期清理太湖湖田計劃、至第二期清理辦法、聞該廳正在從事籌劃、以便繼續進行、至清理松屬淀泖工作、前由該廳責成第三沙田局辦理　先從登記清丈暨確定公私界限入手、亦期於本年度內辦竣云。（十八日）

蘇財廳代電句容等縣清理有主民荒補糧升科
截至六月底實行結束

△江蘇社　蘇財廳以各縣清理有主民荒補糧升科原定於二十四年年底結束、嗣據各縣紛紛呈請展延、由廳提請省政府委員會議決、展限至本年六月底止、分令遵辦現在期限瞬屆　屆滿之後、卽須實行結束　此後如有查出或被舉發卽應按照辦法第八條辦理、所有該縣境內未報有主民荒昨特代電句容等縣縣長務速督率所屬儘此六月以內、嚴加擴升列表具報、一面再行佈告週知、勿再仍前因循、自誤產權云（十八日）

法步英後塵　接受對義制裁取銷

△中央社巴黎十九日電　法政府十九日步英國後塵　接受對義制裁取銷。

△中央社羅馬十九日電　英政府決定撤銷制裁後　此間各報未表滿意。

艾登在下院發表演說　各國均加好評

△中央社柏林十九日電　各報對於英外相艾登昨在該國下議院所發表之演說、均加好評、並以爲英國政府旣已決定令該國艦隊一部常川停船地中海、不使之調回本國　用以充實北海防務、可見英政府對德所抱和平志願、已深信不擬。

英美法海軍條約限制潛水艇戰爭草案
克萊琪已交日代辦

△中央社倫敦十八日電　英美法三國海軍條約、前於三月間簽字之後　當有限制潛水艇戰爭一項問題　次由華盛頓海軍各簽字國卽英、美、法、日、義五國簽訂議定書加以規定、關於此事外部海軍專家克萊琪　午後與日代辦彭非舉行談話、經歷四十分始畢、當由克萊琪將英所擬草案面交彭非、聞其內容足使日法兩國所提要求得到滿意此項草案已由彭非電達本國政府請訓矣。

本縣新聞

省頒緝私告密辦法 各地設告密箱准商民密報

經告密查獲之私貨 決提款五成獎給告密人 縣政府奉令佈告週知

縣政府發出佈告云：案奉江蘇省政府秘字第二三六號代電、「各縣縣長 江蘇省水上公安隊、各區區長、省會公安局局長 連雲市市政籌備處處長覽、案准財政部二十五年六月江代電開、『查海關緝私、向多根據眼綫報告、因而緝獲 茲爲促進緝私、鼓勵告密起見、並增訂告密辦法如下、「(一)在海關及分關分卡所在地 設告密匭、准一般商民對於私運、私銷 私藏事項、投文告密、(二)告密文件、除申敘私運私銷私藏具體事實、暨犯私人、或商店工廠之姓名住址外、告密人並須開具姓名住址、(三)海關分關分卡、對於告密人之姓名、絕對嚴守秘密 (四)告秘人除投文告密外、幷得依照向例、親到海關分關分卡、或當地軍警 口頭告密、(五)告密人 如因附近無告密匭、得用電報或郵件向關卡告密、(六)告秘文件、由海關或分卡主管負責人員、親自開拆、必要時、並得隨時密邀告密人詢問 或同往所指存私地點、查緝私貨、(七)因告密而獲得私貨者、經關卡處理後 照新定眼綫給獎辦法、獎賞告密人、」除分行外、用特電請轉行佈告週知』、又准財政部二十五年六月江關代電開、『查各機關及軍警緝獲私貨、移送海關處理者、其給獎成數、前據總稅務司擬定 照眼綫給獎辦法、一律給獎四成、經由本部呈奉行政院令准通行在案、茲以私運猖獗、爲鼓勵查緝起見、特將該項給獎成數、再行從優規定、以昭激勸、謹開列辦法於後、『(一)海關根據眼綫報告、因以緝獲私貨者、由關處分後 以處分所得之款、給與眼綫獎款五成、(二)各機關及軍警(包括路警在內)緝獲私貨 移送海關處理者、由關處分後、以處分所得款、給予獎款五成、(三)商夥敝夥舉發其本商號、或本工廠私運私銷情事 海關因以緝獲私貨者 由關處分後 以處分所得之款、給該舉發人獎五成 (四)海關查獲私貨、如係邀同軍警、(包括路警在內)到場幫助執行者、給予該幫助軍警、獎款一成、)以上辦法、除呈請行政院備案並分行外用特電請查照、轉飭佈告週知、」各等由、除分令各區行政督察專員及民財兩廳知照外、合行電仰遵照、佈告週知爲要、江蘇省政府主席陳果夫尤秘印、」等因、奉此、合行佈告、闔邑[illegible]人等、一體週知、努力緝[illegible]告密、以維稅政、切切！此佈。

公務員軍事訓練中隊部 昨召開部務會議

本縣公務員軍事訓練中隊部于昨日（十九）下午五時、在縣政府會議室、召開部務會議 出席[illegible]隊附李貞乾、分隊長張永齡 崔有慶 孫季鑣 班長張[illegible]權、王慶麟、陳功釗、牛樂天、董玉珏 薛廷燧、主席李貞乾 紀錄陳功釗、（一）主席報告開會意義、（二）討論事項、一 學科術科訓練進度及方法、應如何確定執行[illegible]案」決議、術科進度表仍照原案執行 學科進度表請教官[illegible]擬執行 術科時間仍舊 學科改由每星期三五兩日下午三時半至四時半在縣黨部禮堂上課、二 本隊組織應如何[illegible]嚴密 如帶隊、點名 處罰、請假 特別班等案 決議、1,帶隊 由分隊長輪流担任、2點名 由中隊長每天切實執行、3,處罰、一次無故不到者 罰洋 角、學術科同[illegible]4,請假 非經各該機關主管人員核准者、以不到論、5,特別班 由中隊長教官指定編組之、閉會。

各社教機關 原有設備場所及財產 均應充辦中心民校或鄉鎮民校

不准擅自移撥他用 △……教育局奉教育廳令

教育局近奉教育廳訓令云 查本省實[illegible]公民訓練、經將各縣民教館 體育場等社教機關 定期[illegible]束、其原有設備、場所及經費等項、均應充辦公民訓[illegible]、不准移作他用、業經省政府以民字第四八六號 保字[illegible]三二九號 教字第四二號訓令飭知在案 乃近查各縣每[illegible]將民教館館舍、任意撥作其他用途 殊屬不合 合再重[illegible]前令 凡民教館、體育場等結束之社教機關 所有設備[illegible]場所、及其他各項財產 均應充辦中心民校或鄉鎮民校[illegible]用、如原有民教館館址、確因地點不宜 不適辦理中心[illegible]校或鄉鎮民校時、應將新校舍情形、原有館舍情形 遷移理由、舊館舍處理方法、專案呈核 經核准後 方得將[illegible]館舍另作他用、惟所有設備及其他各項財產、仍應移[illegible]區內中心民校保管或使用、如有不經核准、將各館場原[illegible]各項財產、擅自移撥他用者、定予嚴究 除令各縣外 合行令仰該局長遵照、此令。

發揚文化 促進文藝 徵集中學生作文成績

延請教育專家評選 分別給贈獎金獎品 教育局奉令轉飭縣中應徵

教育局近訓令縣立中學云、案奉教育廳函開、案據上海勤奮書局稱、「竊本局爲促進新文化之建設、與中學生之文藝進展起見、從事徵集全國中學生作文成績 延聘教育專家評選、分別給贈獎金獎品 藉謀學生興趣 前除分函各該公私立中學徵求外、茲爲鄭重與迅速起見、茲再附同原函及徵文條例、具呈鈞廳 請求鈞長分別轉令所屬公私立高初中學校、一體應徵、以重提倡 對應徵稿件 務希於六月十五日以前寄交敝局、以利編纂 等情、據此 除批示並分函外、合行函達 即希查照 轉飭所屬公私立中學、一體應徵、徵文條例、據已分送、不再轉發、等因、合亟令仰該校遵照應徵爲要

第五區公所緝獲煙犯兩人 已送縣法辦

五區大同鄉劉元集、於本月十六日、發現兩行路之人、服裝奇異、行跡可疑 在該村街上飲酒、事被該管區公所聞悉 董區長當派區丁數人、前往盤查 結果、在其身上搜出烟土五兩、烟泡三十餘個、並悉該犯 一名郭林燦 一名張福榮、均係單縣人、路過豐境 區丁以在兩人身上搜有違禁物品、即將其帶至區公所 聞該所已解縣法辦矣。

司法欄

◎縣政府司法批示◎

▲民事具狀人沙明崐、一件、爲年限未滿 强贖宅房 請求電察飭斷、駁回原訴由、狀悉 仰候庭期訊奪 此批

▲刑事具保人陳端貴等 一件、爲懇請賞保晏錫礫、回家安業由、狀悉 准保 此批

▲刑事具訴人方王氏、一件 爲案已訊明收押、懇依法判決、並附帶追還錢贓由、狀悉、仰候核奪、此批、

△庭期審理案件▽

六月二十二日審理汪玉珍與汪基孔宅基一案、

二十二日審理李安璽訴李念周傷害一案、

二十二日審理朱體成訴朱體軒竊匪一案、

二十二日審理李雲贊訴吳明德略誘一案、

△本城糧價▽

名稱	每市斗價目
小麥	最高二千九百五十文 最低二千八百文
大麥	最高二千文 最低一千九百文
黃豆	最高三千七百五十文 最低三千六百五十文
黑豆	最高三千六百文 最低三千五百文
菉豆	最高四千一百文 最低四千文
江豆	最高四千文 最低三千八百五十文
高粱	最高二千八百五十文 最低二千八百文
穀子	最高二千二百文 最低二千一百文
稷子	最高二千六百文 最低二千五百文
芝麻	最高六千文 最低五千九百文
青豆	最高三千七百文 最低三千六百文
花生	每斤 最高二百六十文 最低二百五十文
瓜子	每斤 最高七百八十文 最低七百七十文
生米	最高四百六十文 最低四百五十文

△△氣象▽▽

天氣	晴
風向	東南風
最高溫度	九〇度
最低溫度	七〇度

鳳鳴塔

第一二一期

一、本刊內容分為學術論述詩歌小說戲劇散文等及個性的介紹及批評等項
二、本刊歡迎投稿來稿文言白話均可
三、來稿本社有修改權不願者請先聲明
四、未經登載之稿除預先聲明者外概不退還
五、本刊編輯部設豐報館內

門爭漫談（續）

雲章

其次我們該來作充分的戰鬥力量的準備了。在這一點裏可分三項來說：

第一是戰士的集體訓練。在募兵制的我國裡，兵士們大都是沒有職業的不事生產的人來幹。他們沒有國家意識和民族意識，沒有知識和技能。生產的事，不能幹，也不願幹。所以只有入這個半開階級的兵伍裏來生活。動機是為生活，不是為服務，心裡只有私，沒有公。這樣的兵，養在平時尙可，用在緊急的當兒，往往會發生意外。所以一般人的意見，都認為「好人不當兵」。這是大錯而特錯的。要知道，國家設兵，是用以禦外侮，和維持國內治安的，這是公民應盡的義務。在法律上公民的義務，明明規定了「當兵」這一條，所以大家的觀念錯誤的原因，一方是兵的本身不健全，一方是制度的不善。試看，現在實行徵兵制的國家，他們的人民對服兵役，是如何的踴躍！所以一旦打起仗來，常備兵固然勇子赴死，而退伍的，也馬上可以招集來，作預備軍的大本營。人家來應付戰爭，才有把握。現在，我們既作適應鬥爭世界的準備，當然得由國民的集體軍訓做起來。使全國的壯丁，都能受到軍訓。而我國這個龐大組織的構成員，每個都強健起來。自然就就能在這個鬥爭的世界上角逐，和存在了。（未完）

創作

往事

程有聲

這還是兩年前的事情。正在上着國文課的時候，忽然來了一位十五六歲的少年，呆呆的站在教室門前。

『有聲！有聲！』有聲兩個字的音波嚇到我的耳鼓，我一幅消瘦的臉，不由自主的向門外望了一望，原來是我要好的同學陳君化明。唉！他怎麼呆的不來上課呢？八成又出了什麼事了吧？我便慢慢的走進先生的跟前向他低低的請了假，我便跑出教室，『你怎麼不上課呢？又出什麼鬼？』我說了這句話，他的臉上便現出了無限悲哀，我眞鬧不淸他為的啥。

「有聲……有聲，現在到了咱弟兄分別的日期了」，話沒說完，他那無情的淚早已流到了唇邊。此時的我也不自由不自主的滿下了幾滴同情的酸淚。

『有聲你……你也不要難過，離別雖然是一件最痛苦的一件事情，但是青山不改，總有見面的日子，俗語說「有聚就有離」，由此可證明人生的離別，也不是什麼希罕的了。又有人說：「人生常別離」更可知道別離是件平常的事了，所以我希望你不要……』他說到此處，就噎住了，緊緊把頭又低下去，此時我本來就有無數的話要向他說，可是在這千頭萬緒的心頭，總找不出一個相當的頭緒。結果還是一句話沒有，只是癡的望着天空的愁雲。

有聲弟現在我受了金錢的限制，經濟的魔力把我的生活壓下去失學了。有聲你曾記得嗎？過去我們說你我的前途，是同樣的光明，可是現在呢？卻大大的不……不同了！你向前邁進吧！我的思想，我的勇氣，是被萬惡的世界吞沒了。』

『我絕望了，有聲弟，我只有期待着你的佳音吧！聲……聲……弟，我只有不……死……咱們後會有期！』剛說完話他就要回去。唉！現在我的心更加難過，他在前面慢慢的走，我就在後而無精打彩的跟着走，直到校門前，我的一顆破碎的心，更十二分的難過，連一句要說的話也不能想起來。

『有聲弟我……我走了，再……再會吧！』說罷他便東倒西歪的走了。這時我的眼中充滿了眼淚，及至我的精神復原時，他的影子已消沒在街道的深處了我才回校。這時同學們有的唱歌，有的跳舞，總不能夠安慰我！我親愛的朋友啊！唉，最恐的世界！怎樣使我不難過呢？這一幕慘劇，直到現在還不時的在我的晶瑩的眼前出現。

國之淚（一）

菽廬

（一）

朋友！
你的巍巍峨峨，
青翠明秀的山丘，
浩浩蕩蕩，
蜿蜿蜒蜒的河流！
將被倭奴佔走，
你還醉生夢死，
寡斷優柔！

（二）

朋友！
你在你的祖國生長，
你在你的祖國教養；
你將來的生存，
還在你的故鄉，
一旦，
國破家亡、你將何往？

（三）

朋友！
在你的祖國，
有你的父母，親友，
有你的愛人，祖墓，
一旦
巢傾窠沒，
橫遭淩蔑，
你可能不痛哭，
唏噓？………

（未完）

燭剪西窗

虹影

窗紙兒在一抖一抖的顫動
燭燄，明滅不定，
風搖綠葉，奏着哀感的樂曲，
音韻自然，尾尾（是女字旁的）而動聽
○　○　○
「社會是不平的淵坑，
在塵世難以追尋到美滿的人生，
你天眞的率直的情感的流露，
輿論會譏誚你人事不更。」
○　○　○
「宇宙會埋沒了幸福的人生，
只許染於汚濁狗苟蠅營，
我們光榮的香甜的過去，
就是社會抨擊你的談鋒。」
○　○　○
「我們是同病相憐，邂逅相逢
同是展轉在舊禮教下的可憐虫，
我們互相安慰着聊以卒歲，
管什麼精神損失；名譽犧牲。」
○　○　○
窗紙，在風的威力下顫動，
燭影，在照着四壁淒冷，
草榻上高臥着一雙玩世少年，
在這樣各自吐出心頭的苦衷。

光明

閒人

此刻還在黎明前，神秘的夜統治着一切，祇有那遠處遠近近的犬聲如沸，星星呢？漸漸的吞沒於灰色的蒼天，祇有一兩顆在作最後的眩耀和爭扎。

此刻還在黎明前，然而光明也就不遠了，聽哪，一聲兩聲的鷄啼，正在高奏着歡迎曲——歡迎那光明的降臨。可是，可是我的心啊！為什麼這樣的幽黯？我啊！也奏着心歌，伸長着我的兩臂來歡迎我的光明。可是，可是每次歡迎過後，都是令人失望，失望的心弦斷了，失望的兩臂落了，祇是，祇見我那幽怨的心靈上又增加了幾個黑影。

光明啊！快來吧！我的心快給黑夜吞噬了！

此刻還在黎明前，祇有一兩顆星，在作最後的眩耀。

光明啊！請勿吝惜你的賜予吧！我須要你來解救。

喫席

清楚

舊歷七月初的天氣，猶然和盛夏時候差不多。炎烈的陽光，射在沒有穿單衫的背上，總還可以皺起一層一層的黑紅色的油皮。

全整個的村子，都陷在了一種無聲息的沉靜中，連屋頂，樹梢和空地，也都只發着一息勉強的喘氣，在陪着這空氣的寂岑的無聊。孩子們爬在樹下，益是頭也不敢探一探，向強烈的陽光下。

屋跟前的陰涼裡，也躺滿了許許多多息着氣的假死屍，又何況濃密的柳蔭之下呢？

一條長的向北去的大道；誰也驚奇，他們這幾位鬍鬚先生，竟敢在這正午時候的陽光下，鬆懶的走着。每人都一手高舉起一把新的或破得沒有邊緣的蒲扇，遮着腦袋上的一部分，嘴裏喘着氣走着。一把一把的大汗，不斷的在他們的額上，用左手或右手抓了下來。

「錯過是請我們吃席，不然，什麼事也不能去啊；這樣的天氣。」還有幾位鬍鬚先生當中的一個帶點滑稽味道的毛保長，又滑稽了。

「……」姬鎮長是時時的要表現着他的老成持重和他的九品大鎮長的身分，他不和他的下士鬧玩笑，所以只從兩撮白毛的鬍梢上，透出了一些微細的不知道是贊美呢，還是輕蔑啊的笑聲。

「哈哈……老毛就是會說這沒有出息的話……」于保長纔有四十多歲，所以聲音很宏亮，嘲笑了毛保長一句。同時又望了望姬鎮長的臉膛，是不是在表現着同意他所說的這句話的神情。

底下也再沒有人接着插下去，大家沉默着向前鬆懶的走着。

路上的塵土，腳踐過以後，馬上就很不經力的飛了起來。微細的沙粒，先迷漫了這位先生的下腿部，接着就漸漸的擴大到他們的全身，於是他們全身的周圍，都籠罩了微細的沙土。連他們的四分錢尺的洋綢褲褂，也薰染成了一種沙土黃的顏色了。

他們一齊都感到了旱的不舒服。誠然，身上的汗出多了，嘴裡要渴起來的。尤其姬鎮長，因為年紀最老，當然這一種不舒服感得更利害。太陽光是這麼的毒，路上的塵土又是這麼的深，他心裏真有點不知所以的埋怨。

他伸一伸舌頭，溼一溼將要裂張的嘴唇，嘴唇是立刻免掉了一些乾燥的痛苦，而姬鎮長嘴裏，也立刻發出一陣「吱吱……」的牙咬沙土的響聲。「倒霉」他又立刻感覺到。

「仆……仆……」

他接連着吐了兩三口唾沫，想把舐嘴唇舐得的沙沫吐出去。可是吐過以後，他立刻又有點後悔，在這樣的旱熱的天，又在這乾燥的征途上，白白的吐掉了這兩三口唾沫是真可惜的。「咳……咳……老天爺怎麼還不下雨呢？……」他真是無限的嘆息，而又有點不快。嘆息是惋惜這兩口帶着沙沫的唾沫。不快的就是老天爺為什麼還不下雨呢？為什麼不因為他們今天去吃席，預先下一小雨，把路上的塵土壓下去。

（未完）

農村

小生

和暖的南風，是這般的狂吹；
嫵媚的垂柳，是這般的飄蕩。
睢呀！鷄綠色的麥田，已變為蒼老鵝黃，
數聲布穀的遠唱，喚醒了農村的人忙。
掩閉了短矮的扉門，杜給了巧燕雙翔。
黃昏了——紅醉的夕陽，鑽入了雲幃。
紆曲的麥田裏，搖恍着幾隻人影，
悠悠然村童呀！信口歌唱。

流浪的歌聲

閩人

何處是我的家鄉啊！
淪亡的故鄉？慘敗的家園？
白日躑躅在街頭，
夜晚吨倒在巷口，
暈沉，沉暈，苦過着殘生。

○　○　○　○

跑跛了雙脚，
勞壞了兩臂，
剩下的，只是一付皮包骨，
任她還飽不了個——餓肚皮，
可憐啊！流浪的個——我。

○　○　○　○

房屋，田地，任人有，
家敗，人亡，受災殃，
唉！妻子爺娘我無望，
惡魔磨盤無厭的還是往下榨，
勞苦的血汗仍是不停的向外流。

○　○　○　○

我，天生是個苦命人，
我的想命也任人為，
不是天公配定罷！
誰該富貴？誰該窮？
奈何　我總是個飢餓受苦的人。

賣唱的女郎

唐虛

樹梢　搖着夏日的驕陽，
人頭　擺成了環狀。

○　○　○

視綫　集中在賣唱的女郎，
視綫，刺到她的深心。
深心處　滲出酸辛，悲傷！
一對秋波是　篇看了流淚的詩章！

○　○　○

嗚咽嘶喉
戰微出悽其的音調；
悽其的音調，
拍賣[illegible]的生命之泉。

○　○　○

琴聲哀婉，
鼓聲哀微；
是唱着喪曲——
悼她青春之花——已憔悴了。

○　○　○　○

生活的長鞭揚着，
鼓聲，琴聲，追着，
嗚咽的嘶喉不敢待慢，
逼迫中喪送了芳顏！

○　○　○　○

人笑着臉皮散了，
把她丟給了——寂寞，苦愁，……
兩個黑洞裏滲出了酸水，
流到嘴裏，
流到心裡、
潤一潤青春之花——已枯的青春之花。

寫於揚小六、二二。

豐縣縣黨部圖書館新書介紹

歡迎借閱

臨證祕典，西醫實用醫藥辭典，折骨的療救法，神經解剖學，近世眼科學　病理各論，醫理學，外科總論、近世婦人科學　本草綱目，性醫學，炎法醫學研究，免疫學原理　生理學原理，白喉，眼病，皮膚　患痔須知，花柳病的預防及治療。

編輯室的廣播電台

雲章

一，本刊稿件，現在已經缺乏了。愛護本刊的朋友們，請你們趕快的把作品送來罷！

二，豐中的同學們，在你們的校刊停止後，你們的作品，可以送到本刊來發表。

三，本刊的稿費問題，現已解决，從七月份起，可以實行，至于辦法，俟核准後再行批露。

六，二九。

縣黨部無綫電收音室開放節目

七月一日　星期三

八，一〇　西樂
八，三〇　新聞
一一，三〇　平劇防衛知識報時氣象商情
一七，〇〇　滬市商情商業新聞雜曲
一八，〇〇　國樂
一九，〇〇　崐曲
一九，三〇　兒童教育
二〇，〇〇　報時氣象水位雨量簡明新聞
二〇，一〇　時事述評　關於國際問題
二一，三五　預報明日節目
二一，四〇　新聞
二二，二〇　轉播本京戲院平劇

鼓聲哀徽；

寫於揚小六、二二。

二二、二〇　轉播本京戲院平劇

鳳鳴塔

第二二三期

一，本刊內容分科學常識論著詩歌小說戲劇散文書信書報介紹及批評等項

二，本刊歡迎投稿來稿文言白話均可

三，來稿本社有修改權不願者應先聲明

四，未經登載之稿除預先聲明者外概不退還

五，本刊編輯部設豐報社內

漫談

鬥爭（續）

雲章

第二是戰鬥器具的準備。在物質文明進化的現在，一切戰鬥器具，都由粗笨而精巧，由用火藥，而變為毒氣。由在平面播射而變為由天空轟炸。這樣鬥爭的器具，愈進化，而人的生命愈危險。這是如何令人可怕的事啊！但是！我國是一個物質文明落後的國家。戰鬥器具，有許多固然已是現代化，然而還有許多，在用着被淘汰的武器。并且水上，陸上，和天空的交通器具，又都落後，那麼這樣的戰鬥器具，怎樣來應付現在鬥爭世界上的立體戰爭呢？回顧意阿戰爭，阿比西尼亞的失敗，就因為意大利在天空中拋擲毒瓦斯炸彈所致。所以我國現在惟有忍痛苦心來準備，無論是水上，陸上，和空中的交通器具，火藥和瓦斯的戰鬥器具，都趕快準備起來，全國民衆，也應當出全力來作政府的後盾，或者才能與各帝國主義者相見于疆場。不然阿比西尼亞就是一個前車之鑑。

（未完）

創作

喫席

清楚

「是啊，老天爺怎麼還不下雨呢？……唉唉……老天爺」朱保長和楊保長不約而同的附和了一句，因為他倆是打慣了姬鎮長的順風鑼的，所以雖沒有人替他喊「一二」，鑼聲，也不會敲不一致的。

他們照舊提着勁的向前走着，照舊不住的用舌頭吮着嘴唇上的沙沫，嘴唇上的沙沫，他們明知並不是怎樣的好吃，但偏偏又好去吮他，這為什麼呢？真能壓一壓渴麼？

前邊的柳樹下，擺着一大擔多汁的西瓜，這不能不說是有意來救濟他們一下。

毛保長拍着滑稽手笑了。叫：「我們可弄一塊西瓜吃一吃吧！」

但姬鎮長，却第一個反對了他的提議，他說「西瓜，可以不吃，雖然渴一點，總可忍耐了。你想：學校裏請客，能不准備些許多許多好吃的西瓜嗎？我想渴一會總可忍得下。」姬鎮長曾致力本鎮將近五十年，比總理先生致力中國，還要多上八九年的經驗哩。確切見識是比我們士庶人高明一籌的。這幾位小保長又胡敢有一點違拗。

（未完）

盜與道（莊子盜跖篇）

常敬周

孔二先生近來時時聽到盜跖殺人越貨，强刼行商擄掠焚燒等不法的行為　擾得天下人們民都不能安居樂業，只有叫苦呼援，這些可憐的驚人的消息，激動他老先生的一片慈心鼓起從來沒有爆發過的狂怒，坐在他書院的大廳裏，吹着他唇上稀少的鬍髭，連春秋也沒心下筆了，他在想像人民的痛苦，和籌劃着解救他們的方法，怒氣促使他不住地將那塊硯台狠力地往案上摔　墨汁濺了他一身，汚了那許多春秋成稿。

但是他並沒注意到這些，依舊在閉眼睛想。

學生們都被驚着了，不由自主地從兩廂房伸出頭來怔望着先生千載難逢的爆怒，他們想不到這位溫和老練的長者，竟然會變成如此的狂士！

子貢真忍不住了，他仗着平日先生的優越看待，大胆地步入大廳，躬身侍立在旁邊，夫子並不看他，像不知他進來一樣。

「拍」的一聲，一塊硯台被夫子擲在石欄上破成碎片了。

子貢慌忙着拾起來，甸了兩甸，對着每一破片，現出十份可惜的神色。

「這還了得！先王仁義之宏德，不幸被這廝敗壞淨盡，嗚呼，嗟夫，丘引為羞矣！夫子霍的站起，指劃着像講道一般的說着，吐沫噴出多高，子貢呆着了。

模不着頭腦，只得靜靜地呆着，感到夫子之道　真有些瞻之在前，忽焉在後的奧妙了。

夫子發了陣皮氣，忽地靜了下來，轉頭來對子　說：

「賜！盍往柳宅，呼柳下惠來，丘得有以教之！」

子貢仍舊不懂他老人家玩的什麼把戲，匆匆忙忙地跑到柳下惠處，將這位坐懷不亂的正人君子請了來。

「夫子有何話說？」柳下惠莫明其妙的問。

「丕！」夫子瞪着眼，怒氣冲天，「丘竊聞為父者必能詔其子，為兄者必能教其弟，今先生鼎鼎天下之君子才士，而不可教汝弟，使其縱橫掠擄侵暴諸侯，為天下大害，丘竊為先生羞之。」

「先生！」柳下惠誠惶誠恐地說：「先生的話惠已聞聽，但是假若子不受父詔，弟不理兄教，為父兄的，雖有你老先生的意志，和雄辯，恐怕也要撓首呢？現任的禮義綱常……………談何容易？』

夫子本預備再想給他一個獅吼，聽他恁般一說，也呆住了『是的！禮義綱常，

吊光曦

唐虛

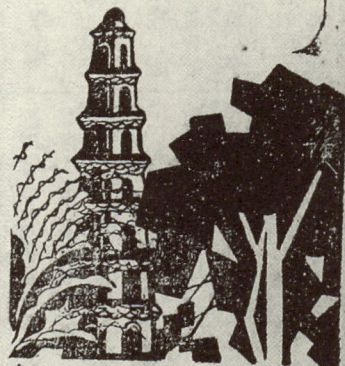

前日杜君來函，傳來光曦去世之噩耗，余不禁魂魄俱散，恍如夢然。回溯昔之相處，不覺始而悲繼而恐終而淚涕之無從也　情感所至，作此以吊知友云耳。

（一）

人間路呀！迢迢，
世上人呀！茫茫；
光曦啊！何處是你的跡蹤？
何處是你的瘦影？
啊！從今後這汚濁的人間尋不到你的蹤影，
只有死的途中多了個無依的英靈。

（二）

日暮天沉沉，
白楊聲蕭蕭，
光曦啊！誰都在為你皺着苦臉，
誰都在為你哭着哀歌。
從今後我的耳邊聽不到你的忠言，
瘦影旁也失去了同伴。

（三）

同舟共遊的往事，
月夜中庭的暢歡，……
這一切啊！
皆讓他消除如雲烟！
縱提起徒惹心酸！

國之淚（續）（二）

原哉

（四）

朋友！
你往上瞧瞧，
看榮華多少！
五千年燦爛歷史——綿綿遙遙，
横霸了亞洲東部——文武功高！
現在，
怎堪那倭奴欺辱，
怎甘那島夷逞驕！

（五）

朋友！
用不着淚涕漣漣，
　悲嘆國難，
用不着夢想和平，
　乞求國聯，
把你的弩弓扯圓，
　按上利箭，
把你的鐵甲勒緊，
　拭亮寶劍，
只抖擻擻，威凜凜，
　　奮怒向前
以我們的熱血，
把國恥洗盥！
把島夷淹漫！

談何容易，他這明明地知道，他那仁義信禮的哲學，周遊列國受到一番教訓以後，他已深深地感到世界上已經無處能容納綱常了。

「吁嗟呼！天喪予！天喪予！」長吁了一口氣，淚不住的吊下來：「昊天不吊，我生不辰！——

「昊天不吊，我生不辰！」柳下惠聽了也覺心酸，梨了梨脚。

「丘將往說之」猛地拭了拭淚眼，一把抓住柳下惠。

「不可！不可！」柳下惠極力地勸着：「先生不知道跖的性子，非常剛烈，非常猛勇悍無敵，并且雄辯飾非，假若 句話不順其意，便有不測的禍害，……請夫子三思！……」

夫子這可又激起了怒氣「庶子！若朽木不可雕糞土之牆不可汚矣！」

即命顏回駕馬，子貢驂乘，拋下了柳下惠，一直趨往泰山。

柳下惠看了看車子後影，深深地吁了一口氣。

孔子到了盜跖的大營看見許多匪徒正在烹煮着人肝吃着，他道學的面上 不禁被這些猩宣染上了悲慘趕快用袖子蓋上了臉 把鬍鬚包圍着的嘴兒放在袖子裏，盡管噴氣，恨不得找 面防毒面罩藏上 他的老爭究，終于達到了非仁非義非禮的地獄。

子貢被遺往閣衹處通報——這是老夫最信任的口才之千里矣。

（完）

故鄉

唐虛

幾座茅舍苦着臉守着幾行衰柳，
還荒村——久別的故鄉！
像古廟裏呻吟的老丐。
現在啊，我投在他的懷裏，
她只有哭泣，
淚珠滴在我的心裏！

○　○　○

故鄉在枯黃的草色中支離着瘦削的魄體，
村南北都成了荒地！
老農夫只是望着嘆息！

○　○　○

燕子在乾樹稍頭哀啼！
舊時的屋樑，那去了？
蛛網掛滿了門窗
院子做了荒草的家，
一切皆在蕭條下。
故鄉啊！
幾時叫荒涼當的家？

無線電研究

收音機保護方法（三）

9，一收音機之能收幾家電台，主要者完全決定于收音機內電容器與線圈之配合；在無線電工程家及製造工廠均有嚴密之計算與精愼之製造，而副要者，距離與環境是也往往甲地在此收音機某度能收得某家電台，而乙家也在此收音機某度却不能收得某家電台之播音即此故也，欲試驗新購之收音機，究能收到幾家電台之播音，祇須展轉調節電容器，視其調節扭上刻度盤所指之度數，何度爲某家電台，在何處聲調最佳，逐一記下，以後欲收何家電台，祇須按照記錄度數尋獲即得矣。

10無論何種機械，使用者能按序循規，保護有方 則自然盡發揮機械之效能，得最大之實惠，若反乎此；則不但機械之效能減弱 工作阻礙，且亦將損其質而減短其使用壽命也 收音機亦然，吾人視收音機乃一細小之機件，而其內部之錯綜複雜 結構精細，不知歷多少科學家之思索及工程家之心血而得焉，收音機使用者，果能按照規定努力

豐縣縣政府無綫電技術室孫逸林編

刊誤更正

上期所刊收音機保護方法（二）第七項內第一行原文爲：

四燈機之由一級高放二級低放所組成者……句應爲：

四燈機之由一級高放一級檢波二級低放所組成者，後句「收因」應爲「收音」，又七項內第四行第二○字「○」應爲「一家」第五行第十二字「○」應爲「器」字，同行第十七字「○」應爲「台」字，同行末三字「而又叫」應爲「而又不叫」第六行末句「以與不能收音」應爲「以致不能收音」。

又八項內第二行「將燈絲 插……」插收下應加一「脚」字，第三行「此時即將聽願另一脚」句「聽願」應爲「聽筒」第四行括弧內首字「完」字應爲「即」。

又更正：第一行上期所疾收音機保護方法（一）項（完）內 句應爲「上期所刊收音機保護方法（一）1.項內」第二行，「枝特將」應爲「茲特將」末句「重單如下」應爲「重刊如下」又更正文內末句「切不要盡可底」應爲「切不要盡到底」。

附啓：

各區區公所所購之四燈乾電收音機，近經本室詳加檢察試驗，已編成一此式收音機之說明書，將其線路，各項零件之配合，內部之製造接綫，及此機缺點，改良方法，修理方法，等詳細剖晰敍述，將仍於豐報每星期二，四刊載，以爲各區區公所用機之準繩，愛好研究無綫電同志之參考耳。

通信欄

老渾　春林　唐虛　素閔　閒人　虹影　吼風　守理　廣居　小農　小生　雪舫　忠信　正東　征雲　老王　希林

敬周諸君鑒：

本刊編輯室決定在七月十二日下午二時在公園同樂堂開作者談話會。討論今後本刊改進問題，並舉行聚餐。以作暢敍。請諸君准時蒞臨參加爲盼

敬請

豐縣縣黨部圖書館新書介紹

歡迎借閱

文壇登龍術　偏見集　水滸傳與中國社會　中國小說的起源及其演變　唐代詩學　譚友夏合集　鄰環文集　隨園全集　一九三四年中國文藝年鑑　白蘇齋類集　唱經堂才子書彙稿　清代駢文註讀本　石樵眞稿　宋六十名詞　柳亭詩話

編輯室的廣播電台

雲章

一，本刊稿件，現在已經缺乏了。愛護本刊的朋友們，請你們趕快的把作品送來把！

二，小生，雪舫，小農，廣居，敬周五君：請將通訊地址，和眞實姓名告知，以便贈送本報和稿紙。

三 七月份稿紙已付印。

四，老王南歸已返，見聞又滿載而歸。想最近一定可以把見聞公之同好的。

七，二日。

縣黨部無綫電收音室開放節目

七月三日　星期五

八，一○　西樂
八，三○　新聞
一一，三○　平劇防衛知識報時氣象商情
一七，○○　泥市商情商業新聞大鼓
一八，○○　樂隊奏樂
一九，○○　平劇　董俊峯裘桂仙張月樓　合唱　牧虎關
　　言朋菊程豔秋合唱○殿
一九，三○　兒童教育
二○，○○　報時氣象水位雨量簡明新聞
二一，三五　預報明日節目
二一，四○　新聞

鳳鳴塔

第二二四期

一，本刊內容分科學常識雜著詩歌小說戲劇散文書信書報介紹及批評等項
二，本刊歡迎投稿來稿文言白話均可
三，來稿本社有修改權不願者請先聲明
四，未經登載之稿除預先聲明者外概不退還
五，本刊編輯部設豐報社內

漫談

門爭（續）

雲章

第三是生產的準備　在歐洲大戰的時候，德國的所以最後的失敗就是因海洋的被封鎖，食量缺乏。雖然樹皮草根，都當了食物，可是仍然不能渡過難關。至于現在的我國，不僅食粮要充分的準備。而煤油和鋼鐵，也要預爲籌劃，雖然地下和山中蘊藏的數量，甲于全世界，可是多半沒有開採，即令開採者，亦係把礦石運往外國提鍊。這樣一旦發生戰爭，食粮雖可應付，而開汽車和飛機的油，製造槍炮的鋼鐵，都發生了困難。怎能應付現在門爭世界上的立體戰爭，和化學戰爭呢？所以生產的準備，更要于其他了。至於生產的怎樣準備？惟有一方面，注意農產物的產量增加與否？并設法改良其種植方法，和注意施肥除害等事。然後再施行食粮的統治。另一方面要速速開採地下的油和鐵，煉鋼廠的設置，也要刻不容的舉辦起來　這樣才能作持久的戰爭。（未完）

創作

喫席

淸楚

學校裏請客，本來是計劃在下午五時的，因爲天氣到了下午五時，總可以涼爽一些。太陽已經挪到了西天的斜角，光綫照例得減却一些威嚴。並且薄暮時候，院子裏的老槐樹下，又可飄來些輕微的晚風是能把這怕人的熱氣，吹散了不少。大家在這薄暮時候的晚風的輕拂下的老槐樹的下面，喝起酒來，總可以多喝一些。

這幾位鬍鬚先生，只恐怕萬一走到晚了，至少少夾好多筷子的什麼雞絲，肉片。實在他們也不知道，天到底什麼時候才是五時。所以老早老早就走去了。在他們走到了的時候，方敲下一點的鐘。

他們像呆鷄似的，在學校裏的接待室裏呆坐着。學校裡的職教員們，因爲尙有課，不能陪着他們閒談天，但他們也殊不因此見怪。只要有司太兒飛的洋烟，雨前的茶，充分的待着他們就好的。眞如果有人陪着他們，他們實在還不好意思，把吸剩的洋烟，打到腰裡去呢？

牆上的鐘，雖然乒乓！乒的不喘氣的向前走着，下一點，下兩點，但能走到下五點。得到什麼時候呢？最低還得將近二百個分頭吧。雨前茶他們每人實在都喝了不少，無奈裏面太缺乏充餓質。早飯偏留着肚子，少吃了許多，以致現在餓的幾乎發慌。他們這時都有點悔不該……。

看着太陽，移得大西南了，學校所請的客，也先後來到。兩桌四個大件的席，擺在東間屋裡，東間屋裏的拉桌子，整板凳，擺放杯筷的聲音，於是不斷的送進了靜寂的接待室裏。這幾位鬍鬚先生，聽到了這一種聲音，簡直比「菱歌」還悅耳。心裡暗暗的謝天謝地：「可該吃席了吧。」

廚房裡更傳來一陣陣的，煎魚炒肉的香氣，這一種香氣，實在能教肚裡餓的「吱吱……」的人，嘴裏發饞。這時，連老成持重的姬鎮長的白毛鬍上，都掛下了滴滴點點的涎水，您想：又何況那幾位比鎮長還小一級的保長呢？

請客坐了，他們都慌得幾乎跌了一交。姬鎮長照理頭前走，四位保長緊緊的跟隨在鎮長的背後。很匆促的從接待室裏，走向設席的東間屋裏去。臨走進屋裏的時候，姬鎮長又低低的聲音而鄭重的囑咐了他們幾句說：「你們都要少喝點酒呀！天氣熱，喝多了難受，還是小事，最是躭擱了少吃菜的：……。」

「是！是！是！」他們一齊趕快彎好了腰，答應了幾個「是是……」惟有毛保長却有點特別的胡裏胡塗的喘了一句「謹受教！」也不知道他在什麼時候聽誰說過的，今天突然不知所以的用上了。他覺着就打用錯了也不過是惹人家一個滑稽笑，而已。（未完）

放歌

唐虛

日子騙去了寶貴童年，
黃金時代在寂寞裏暗暗逃竄；
已往的生活像青蛙泅在古潭
無聲地過去，
回憶起徒惹心酸！
○　○　○
悠長的人生途上生滿了荆棘
叢叢！
處處熏染着失敗的腥！
振一振這跌不死的希望，
再努力開　那荒蕪的前程。
○　○　○
古潭的青蛙也許有遨遊在海
洋的一天，
荆棘叢中的託荒者，誰敢說
永無凱旋的因緣？
這是我過奢的慾望，
也不妨先把它放在努力的前
邊。

盜與道（續）（子莊盜跖篇）

常敬周

闕着看了看子貢，瞪了瞪夫子，暗暗詫異一個華服麗裝的小哥子，會侍奉這般個破襤不堪的腐儒，更可驚異地，魯國孔丘不是說過「道不同不相爲謀」嗎？爲什麼又來造訪大王呢？

疑慮和驚詫促使他報告了盜跖。跖正在大廳上和許多大頭目開懷暢飲，用一柄牛耳短刀切着一塊人的心，鮮血淋漓地往嘴裡塞，用血染成了的嘴，像盆一般的張開把心吞了進去，拍了拍胸腹，向天哈哈大笑了三聲，一聽說魯國孔丘求見　立時把笑容斂了，充天的怒氣，佔據了整個的毛茸茸的臉　那兩片血紅的唇，已變化成青紫色，怒神會要將他推倒…………

啊！怒神要將他推倒，整個的宇宙在撼動了！

「啊！唁！」目先像電燈樣刺着世界！「不是那個矮揉造作，僞詐多巧的孔丘嗎！這廝是普天下的罪人。僞造些假仁假義的妄，崇些什麼先王文武周公，迷惑了全天下可憐的仕子，使他們老掉了他們的本性被他叢在謬作孝悌以求封侯討爵的鼓勵使他們有了天賦的翅膀

國之淚（續）（一一）

哉原

（六）

朋友！
你聽！
空中響着警鐘：
『團結精誠！
團結精誠！
爲國捐生！
爲國捐生！』
朋友，
走吧！
衝吧！
腦中深印着中華！
——親愛的中華！

（二）

（一）

朋友！
你睜開你的橢圓的眼睛，
往東北瞧瞧！
那高架的，是不是大炮？
那燿目的，是不是刺刀？
他們立刻就要對着我們橫衝，
他們立刻就要向着我們直挑，
怎麼還都醉生夢死，
朦朦朧朧，
朧朧朦朧，
過着夢境般逍遙！

（二）

國亡了！家破了！
…………………
當你想起古負盛名的中華，
你的心血能不來潮？
當你憶起黃金時代的光榮，
你的心中能不悽悄？
講什麼和平！
講什麼和平！
當眞要等中華的顏色，
由地上抹掉，
與圖換稿，
然後才去悲悼！
…………………
奴顏婢膝！
奴顏婢膝！
不肯挺身執戈，
把國衞保！
祈禱！
祈禱！
豺狼羣裏，
那有人道！！

（未完）

不能破空飛去！使他們永久的沉緬在名利的虛僞的地窟！幸虧老天有眼，這般假斯文得被天下人揭開。他們去求功名，去求富貴，都碰了許多釘子，回來周遊天下以後，已經給了他一個大大的告誡，豈耐這廝不能反省，倒要來囉索我這般一不耕，二不識，專靠妖言惑衆的人才，眞是吸天下人之血，吃天下人之肉的大罪人，哈！給他說，我不喜歡聽他那套胡言，趕快逃走 不然，他便是我的下酒物了。」

夫子來意既堅，見意更濃，當然不肯空空回去，再三要求進見，終久得到盜跖的允許按着禮法的走上去。

猛-進門，一個紅紅的傢伙撲上面來，拍的一聲，鮮血四冒，噴了他一臉，用舌吮了吮，不禁叫一聲：「孽障！」一鹹拉胡的又猩又澀，睜眼看了看那件物件，哎喲！一顆人心……」

哎喲！一顆人心！——他脆弱的心被轟破了。

盜跖看了看那般斯文樣，不禁笑了出來——但笑並不能將怒驅逐，兩顆明珠般的怒目，仍然死釘着他。

「說！瘟賊」盜跖怒氣凌霄的用刀指着孔子大罵！「討得對老子勁便罷，若有一句逆我的意思，逗得老子性起，小心你那顆頭兒，一股勁塞入我嘴中去。」

「好能！大王」孔子說：「丘聞天下有三德，生而長大，美好無雙，人皆見而悅之者，上德也，知維天地，可辨等物，是謂中德，領兵率將，果取有爲，是謂下德，大王兼此三德，而欲作此天下疾恨之盜，丘竊爲大王羞！丘願往說諸國，闢地數百里，空將軍爲諸侯與天下更始，無乃較擄掠天下爲佳乎？

「走！………」怒氣幾乎漲破了盜跖的肚子，「長大美好，是吾父母之遺德，難道我不自知，要你這廝〇哩〇〇？現在人的性情就是如此，大凡好當面誇奬人家的，背轉身去，却又向別人說許多讒言壞話，尤其你們這班假斯文你想你老子聽這一套嗎？媽的！至于說，闢地數白里與我，尊我爲諸侯，後又想將名利富貴束縛你老子嗎？哈哈！你這些話除非拿去再騙那些鄉里小兒，老子是決不會恁般愚庸，受你這些鬼話蒙被的！再者說——你總會記得，堯舜有城固不止數百里，而今他的子孫有立錐之地嗎？禹湯貴爲天子，但後世子孫滅絕！這都不是些因名利而致的可憐蟲嗎？進一步說，我在追想着古代的耕而食，織而衣，人與物之間，互無傷害，後有剝奪民食的貪官，更後有清坐享人的假斷文，這種至德生活，老實說，我很希望他實現，我的所以趨此一途，也就是這顆義心促使的，我本不想如此殺戮強奪，但是………但是，我恨：………我恨的人太多了，睜開眼一看，滿目盡是像你這般的可惡的人，都是阻止我理想生活實現的障礙物，我應當斬盡殺絕，將整個的世界，再歸還到大自然的懷中去。換句話說，我是一個新的造物主，將世界改頭換面一下，把你們這般墮落到不可救藥的東西劃除，仍舊將這個好好的世界還于那古代完美的人們。再說一句話，你主張什麼尊崇文武堯舜，哈！這一個騙術早經如西洋鏡一般，被老子看穿了！你還想將老子送入死地？哈！你縱記得你用了那派狡言把子路送入死城的故事吧！你哄他棄掉他的本能的冠與劍，去學你那般假斯文。終久他被你害了，失掉了他的本能，而死在人家的刀下，這是你的道德麼？話又說回來了，你的假仁假義已經昭然若揭，你的所謂「道」也不過是世界上騙術中的高等騙術能了。我眞替你羞愧欲死了。你要仔細地去想一想，你到底害多少有爲的大自然的孩子，天下人眞正似大盜後有辦出，倒辦出我來了，我一刀害一人而已，你一張嘴，一動筆，便殺死無數的無辜的生命！請你仔細的想一下子吧！「盜」是眞盜呢，還是「道」是眞盜？

」

登時將個斯文彬彬的老夫子的老面孔上，塗了許多如血的顏色，羞愧和懼怕，驅逐着他很快的逃出了禍地。命子貢打起了車子飛快的奔回魯國。

柳下惠適巧從對面慢慢的渡了過來，看見夫子坐在車上急燥慌忙的樣子，知道他已吃了大虧回來了。故意問道。

「夫子征塵僕僕，數日未見，莫非見過了盜跖嗎？」

「唉！」夫子垂頭喪氣地說：「丘羞矣！悔不聽君言，悔不聽君言！」

「呀！」柳下惠怔着了！「莫非夫子有何不妥當的嗎？」

「嗟呼！天喪予！」夫子嘆着：「人心不古，昊天不吊，三代之下無完人焉！先王之道不得行矣！」

孽悖和悲哀便佔據了整個的書屋，戰神在勝利地笑着。

戰神在勝利的笑着，世界已沒有和平！和平！……

（完）

別

素閒

仰視，天空月明星稀，
俯看，大地夜深人寂；
這時啊！
憶起了，明朝遠別的知己，
今夕相聚，只有片時；
痛哭流涕，奏着哀感的樂曲！
朋友！
這是我，眞情的流露；
還是我，臨別的贈禮。

〇　〇　〇

往常，我倆是同病相憐，
今後，你已擺脫牢籠；
我呢？
依然，被困在辛苦的淵坑。

〇　〇　〇

光明之神，已指示你平坦大道，
不久的將來，自由國中便可任你逍遙；
但望你，
站在幸福樂園，揚手向我引招。

〇　〇　〇

爲前途，勞燕分飛，
從今後，相想又依依；
朋友！
你去了，我沒有珍的東西贈給，
只有，這樣的幾句獻聽：
「虛僞，欺詐，莫藏在你心裏，
昔日友誼要牢記，
眞正知己，有危應互濟。」

編輯室的廣播電台

雲章

一，兆豐君，來信收到，本月十二日的作者談話，請你准時參加，稿紙也是那時給你。

二，公頁君來稿及信件都收到，關於防空的，從下期起，當分第登出，本月十二日的作者談話會，也請你參加！

三，七月份稿紙，除外埠已由郵局寄發外，本埠均在十二日的作者談話會上發給。

七，七。

豐縣縣黨部圖書館新書介紹

歡迎借閱

三洋三月記　歐遊隨筆　忘不了匪區的淒涼　失戀復戀　悲慘世界　波蘭的故事　不幸的一羣　罪于罰　三個眞正的製梳的工人　迷途　有島武郎集　志賀直哉集　芥川龍之介集　熱戀　女郎愛里沙　自由　狂人與死女　萬戴米勒爾

縣黨部無線電收音室開放節目

七月八日　星期三

八，一〇　西樂
八，三〇　新聞
一一，三〇　平劇防衛知識報時氣象商情
一七，〇〇　滬市商情商業新聞四川琴書
一八，〇〇　國樂
一九，〇〇　粵曲
一九，三〇　兒童教育
二〇，〇〇　報時氣象水位雨量簡明新聞
二〇，一〇　時事述評　關於國際問題
二一，三五　預報明日節目
二一，四〇　新聞
二二，二〇　轉播本京戲院平劇

〈第二一五期〉

一、本刊內容分爲學術論述，詩歌小說戲劇散文，書簡書報介紹及批評等項

二、本刊歡迎投稿來稿文言白話均可

三、來稿本社有修改權不願者請先聲明

四、來稿登載之稿除預先聲明者外概不退還

五、本刊編輯部設豐報社內

漫談

門爭（續）

雲章

最後該來談外交上的準備了。在我國古代的門爭時期——戰國時代——卽有了外交上的合從，連橫等外交策略。和遠交近攻的外交計劃。所以才能增加門爭的力量。而得到稱霸和統一全國的結果　但是，我國近百年來，外交既無策略，又無步驟，并且屢次對外戰爭，都是失敗，所以近百年來簡直無外交可言。外交既陷孤立。國際地位，自然也就低落，而任人宰割了。現在國際間風雲，既然緊張，複雜到萬分，并且日本又加緊向我國侵來。我們在這時，來適應非常時期的危險局面，不能老守着「弱國無外交」的一句話，不去振作。要在沒辦法中生辦法，死路中找生路，困難中求出路利用帝國主義者的相互衝突之點，和經濟利害關係，來找外交上的出路。另闢新的外交場合，使帝國主義者的集體，發生分化作用，互相牽制，不能以全力侵我，我們再生聚敎訓，臥薪嘗膽的準備起來。那麼國家民族的危運　或可期望轉圜于萬一吧。

創作

喫席（續）

清楚

有人說：「年高有德」的坐在上席。論年高，當然要推姬鎮長了。至於「有德」這一層，得要有一個斟酌。致力本鎮將近五十年了，買了好幾十畝地，吃了好幾十桌替人家和事的大席……這算是有德吧？姬鎮長自己也覺着這上席，自己不坐這些人，也沒有人敢坐。他們都連一個在外面跑腿的兒子都沒有。

「來，請酒……」東道主很有點吒異；讓他們喝酒，爲什麼儘拿着筷子夾菜呢？這是這地方的特別嗎？他那裏知道這幾位鬍髭先生，事前已經約好了，約好了少喝酒，爽快的說，不喝酒多夾菜的約。

姬鎮長頂也敗了，鬍子也白了，惟有他的三十三個牙齒，一個也沒有脫落，這是我們不能不爲他祝福的。

毛保長這時也忙不得滑稽了，他忖透了「滑雞」是一定不如今天席上的大肉和鮮菜得吃的。他的兩眼，祇望准了案上的大碗和碟子，兩隻筷子像穿梭一般的來來去去。假使不是年紀老了骨頭硬，一定多會手腕要疼痛的。

楊保長，朱保長，于保長的順風鑼，也一鳴不響了，原因就是姬鎮長這好大陣子，祇顧了夾菜也沒有哼了一哼。

東屋裏沒有什麼聲音，連窗隙的風，也不敢鑽進去了，好在天花板上蹦跳的耗子，也停止了他們的行動，瞪着眼在看下面的熱鬧。下面也很安靜，只有夾菜箸子聲，舌頭和牙，合作的嚼菜聲，另外夾着手抓額上的汗的聲音，佔據了這整個的屋裡的空間。其他眞是萬籟也俱寂了。

東道主讓客也忘了，只坐在一旁發楞。「這幾位鬍髭先生，怎麼能勇呢？」

侍候席的校役，倚着門掩着嘴的想笑而不敢笑出來。不知道他，倒底心裏充滿了什麼獻慇，或什麼可發一笑的事情　多會姬鎮長就白瞪了他兩眼。

（未完）

國之淚（續）

菽厲

（一）

啊，
中華啊，
失去靈魂的中華啊！
我想痛哭，
我想聲嘶力竭底痛哭；
『啊！
披荆斬棘的軒轅啊！
奔走革命的孫文啊！
憂心鬱鬱的屈原啊！
忠心耿耿的蘇武啊！
豪放的李白啊！
壯懷的杜甫啊！
我的浩浩蕩蕩的黃河啊！
長江啊！
我的蜿蜿蜒蜒的長城啊！
運河啊！
我的巍巍峨峨的喜馬拉雅山啊，
我的壯麗的北京啊！
我的蒼老的長安啊！』
唉！我眼淚浪浪！
唉！我血淚滂沱！
我痛恨！
我痛哭！
我要用我的淚江把淚岬沖開，
把整個地球淹沒！
…………

（二）

昔日之中華、
今日成了戰場——洶洶湧湧，
往日之繁華，
今日啊今日啊——殘敗凋零，
處處乱石成堆，
雜草叢生，
處處烏烟瘴氣，
惡霧瀰漫！
啊　提昔的王都、
已變成了廢墟

（三）

啊！
我悲憤！
我悲憤！
我要以我自己的心身，
來替我的中華喚魂：
『啊！歸來啊！
中華的靈魂！
啊！歸來啊！
中華的靈魂！
…………』（完）

『徐州防空展覽會』（地點：徐州北關省民敎館）

公頁

以空軍作基礎，將爆發的科學大戰，在非常時期的中國，也被動的而加注意了。而國人對於空軍威力的懼怕之濃厚，各方空防之了解，也逐的增加膨脹起來；所以這次徐州防空展覽會上參觀的人特別多，雖然天氣很熱，會場小，材料少。

一進會場門，便看見那觸目心驚兩噸重的大炸彈模型直立面前，用藍漆塗着，有白色漆色說明，要是用中國度量衡計算的話，那末他的高約有十五市尺，腰的直徑四市尺，其重量大概在三千六百二十八市斤左右。

常我走入正式的會場參觀，想用筆將各項展品略記一二時，幾個憲兵便干涉我。「請你諒氣些，不要記吧，這是關於國家危運的東西……」

我非常失望而傷心，現着只能把腦子中的印象與記憶略述於下：

A 積極防空組：

1, 各國軍用飛機的比較

飛機都是用木頭，鐵片做成的小模型，用各色的漆漆着各國飛機的顏色標記，縱排在一個大木板上，一架表示一百架，比較大概如下：

甲，法國……四千六百架。

乙，俄國……四千三百架。

偶感

醒泗

鎮日埋頭案牘勞，不知窗外月輪高；
枕書假睡叢林下，習習清風[illegible]。
兩度陽春寄古豐，一肩仍舊剩清風，
東鄰招飲西鄰醉，忘却身猶在客中。
笑作紅娘學紉縫，傍花執道是初衷，
他年昂首飛翔去，雁舞鵑啁碧落中。
鳳雲北極未曾收，祇寒南天浪急流，
若使河山無自愧，應教共濟念同舟。

丙，美國……三千三百架。
丁，英國……三千架
戊，意大利……二千八百架。
己，日本……二千一百架。
庚，德國……一千八百架。
辛，波蘭……一千二百架。

這個比較並不準確，只不過大概的估計一下子，至於真正的數目各國都保守祕密，無從知道，再而各國每年飛機的增加率及其實力大小，也是不得而知的。

2、炸彈模型——

這是用鐵板木頭製成的各種炸彈模型，外面用有色漆漆的，其解剖，構造等都有說明，可分四種：

甲，轟炸彈。
乙，毒氣彈。
丙，燒夷彈。
丁，信號彈。

3，炸傷人體——

一個睡在木桌上的死屍，右半個臉與右腿的顏面骨被炸彈炸的血肉糢糊，臉上表示極痛苦的樣子，慘得叫人寒心，害怕，但是這不是真的，是用蠟及他種藥品做的模型，表示在戰場上或後方的被轟炸區，是有這種慘事，甚至比這還利害幾倍。

4，飛機場模型——

這是理想中一個標準……我們首都的縮影，是值得守祕密的。

5，飛機的發動機——

飛機發動機是飛機頭上最重要的，旋針是鋁的合金，質堅而輕。

6，輕氣球及氣球阻塞——

輕氣球是用在交通，偵察上的。阻塞氣球是用在都市中防空的，即利用他上升的理將鋼條編製的網帶到空中，使敵機觸網而降落。

7，保險傘——

這就是所謂飛行傘，可以從五六千公尺高的飛機上跳下來不生危險，這傘是用上等白色絲綢做成，共十四塊，骨架用竹條鋼條作成，直徑約6.6市尺，邊緣的四週共二十四根絲繩，總繩的下面，是一個布做的繫人兜子。

8，照空燈及聽音機——

照空燈是夜間探照敵機的，光綫很强。

聽音機是很多的收音喇叭筒，可以聽見敵機的方向與距離。

9. 防空配置模型——

這個模型很復雜是用電力開動的。

10 航空母艦——

航空母艦是載了很多的飛機軍火到離敵人不遠的地方停下，再把飛機駕起去攻敵。

11 僞裝網——

這是用綠色的繩子，亂麻織成的大網，大炮或者人物躲在下面，使敵機上的人看錯，以爲這是片草地，或者是一帶樹木。

12 高射機關炮與高射機關槍——

這是駐徐的第二師用的，其射力都在二千公尺左右。

13 各種飛機的模形——

這些飛機都是用木料，鐵片做用，用漆漆着，各國的式樣都有，而且很象，大概有四種：

甲，偵察機，
乙，轟炸機，
丙，戰鬥機，
丁，驅逐機。

B 監視情報組：

這都是在敵機未到我們防線上或者已入防綫上時用的，包括通信，監視，警報，情報四種模形，是用電力發動的。

C 消極防空組：

這裏面包含防空建築，消防器具，地下室，夜間都市防空，防毒器料，化學兵器，救護室 防毒室等模形是用電發動的，或陳列的，或配置說明的，情形非常複雜，這些表示，是我們的頭上已飛來敵機，或者被敵飛轟炸後的各種救護法。

無題

王萬選

天旱得這樣利害，
地乾找底不着一塊溼土。
一切的莊稼
有的捲筒 有的低頭。
萎靡 乾枯
已到了奄奄斷氣的時氣，
正待着一場大雨來救：
○ ○ ○
又是一個好晴天，
太陽放出火箭
南風扇起火扇
空氣裡散佈着火棘。
狗貓牆邊喘
人們頭上滿滾着是汗。
○ ○ ○ ○
在這晌午頂上
我們走到地裏，
一切的莊稼，
底確沒有一點生意。
我們在痛恨——上帝，
咀咒——天使，
怎麼儘不下雨？
○ ○ ○
抬頭看看白雲，
東一塊，西一塊，
南一點，北一微，
也和我們中國一樣的；
抱着不合作的主義，
擺着不團結的老架子。
風雖然想把牠刮到一個地方，
牠們都不肯去。
○ ○ ○ ○
雲不團結，不能有雨，
都能把旱死的莊稼救起？
國不團結，不能禦侮，
全國人民，焉能享到幸福？

通信欄

輯者先生：

這裏還有八小冊關於空防上的一點簡單的常識，在不久的過去中曾在徐州宣傳過的，如果先生以爲沒介紹過，並且有需要介紹的價值，就請你介紹一下子。再若這裡面的材料有不適合的，或者圖不好畫的就請你删去也可，無論能否介紹，請將原物歸還。

公頁

是中國人

不運私貨！
不售私貨！
不用私貨！

編輯室的廣播電台

雲章

一，本月十二日下午二時，在公園同樂堂，舉行鳳鳴塔作者談話會，并聚餐，請投稿諸君都准時到會爲禱！

二，宜生，你回來了沒有，望你到編輯室來談一談，本月十二日的談話會，望你也參加。

三，菽原君昨寄來譯稿「風波」一篇。譯筆極流利，不日即可刊出，特此預告。

豐縣縣黨部圖書館新書介紹

歡迎借閱

從軍日記　歸客與窩　沒有果醬的麵包　期待
拍案驚奇　歷代滑稽故事選集　西湖二集　傳奇
小說　演說學　演說學概要　辯論學　寫心集
寫心二集　公文呈式　小學教師應用文　三兒苦
學記　新生活故事集　兒童音樂故事　古今楹聯
大全

縣黨部無綫電收音室開放節目

七月十日　星期五

八，一〇　西樂
八，三〇　新聞
一一，三〇　平劇防衛知識報時氣象商情　梅蘭芳徐碧雲馬連良　合唱寶蓮燈
一七，〇〇　滬市商情商業新聞大鼓
一八，〇〇　樂隊奏樂
一九，〇〇　平劇　林樹森唱戰長沙　王少樓蘇少卿譚小培　合唱南天門
一九，三〇　兒童教育
二〇，〇〇　報時氣象水位雨量簡明新聞
二〇，二〇　音樂
二一，三五　預報明日節目
二一，四〇　新聞
二二，二〇　平劇及國樂

鳳鳴塔

《第二二八期》

一，本刊內容分科學常識論著詩歌小說戲劇散文書信書報介紹及批評等項

二，本刊歡迎投稿來稿文言白話均可

三，來稿本社有修改權不願者應先聲明

四，未經登載之稿除預先聲明者外概不退還

五，本刊編輯部設豐報社內

漫談

蘇曼殊—賈寶玉的比較觀

麥忙的時期是過去了，昨天又跑回城裏來。

一天下午沒有事，看了一會蘇曼殊全集，不由的心有所感，於是又想到紅樓夢的賈寶玉，他倆的性情和環境，是大不相同的，在我沒有事可做的當兒，閒來敍述一下：

在研究文學的人，沒有一個不知道這倆個和尚的，一個是浪漫文學家蘇曼殊，一個是紅樓夢的主人翁賈寶玉，不用說都曉得他倆是出家的和尚，雖然他倆個是出家了，但倆的身世却一點也不相同。

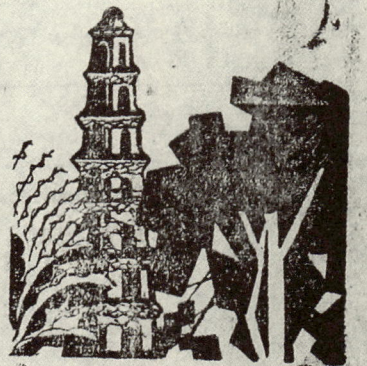

當蘇曼殊生了沒有幾個月的時候，他的父親就死了，但他的母親是個日本女人，況且與他相隔千里，眞是舉目無親，孤苦伶仃，實有難言之恫耳。而賈寶玉生長詩禮官門之家，溫柔富貴之鄉，花柳繁華之地，不言而諭的，安榮享樂。蘇曼殊當踰嶺涉江，遍歷湘之長沙，蘇之秣稜，浙之武林，皖之安慶。又感玄奘故事，萬里乞食，隻身走東瀛，周遊歐羅巴洲和美利堅諸境。賈寶玉逛遊大觀園，怡紅院，瀟湘館，甯國府榮國府。與曼殊可就大不相同了，

（未完）

翻譯

風波（續）

英國沙氏比亞原著　菽原譯

『不然，我的親愛的。』樸魯斯比魯說道：『你還是救我的一個「安琪兒」呢。你的天眞爛漫的微笑，使我忍受了這個不幸的命運。我們的食物支持到我們上這個荒島；從此我的唯一的快樂，便在教訓你了。親愛的米利達呀，你由我的教誨，實在也得了不少的利益。』

『上帝謝謝你，我的親愛的爸爸。』米利達說道。『先生，現在請你告訴我你起這個風波的緣故吧！』

『以後你就可以曉得了。』他的父親說道，『借着這個風波，我的仇人——拿破里國王和我的慘酷的兄弟——就被吹到這個岸上來了。』

這樣說了以後 他用他的魔杖，輕輕地往他女兒的身上一點，她就酣然入夢了；他所以如此的緣故，是這個小妖哀利兒在這個時候剛在他的面前出現，來敍述風波的情況，和他處置船上人們的手段，雖然米利達看不見這個小妖，然而樸魯斯比魯也不快意使她聽到他和空氣會話。

『好，我的勇敢的小妖，』樸魯斯比魯向哀利兒說道，『你的工作你是怎樣做的？』

哀利兒說了一個栩栩欲活的描述，水手們的恐怖，那個太子法蒂蘭時如何墮到了海裡，和他的父親看見他的兒子被海波吞沒時的驚狀。『但是他可沒有受傷啊，』哀利兒說道，『現在他正坐在海島的一角，雙手合着，憂心忡忡地悲嘆着他所失去的父親，他以爲他的父親，被淹死了，他連一根頭髮也沒有損失，只是他的華美的衣服被海浪打溼了，然而看去，比以前更爲美麗了。』

『這才算是我的精緻的小妖哀利兒呢。』樸魯斯比魯讚美道；『把他帶來吧，我的女兒想要看看這個年輕貌美的太子呢。國王和我的兄弟在什麼地方？』

『當我離開他們的時候，他們正在撈着法蒂蘭特，他們也知道沒有希望找着他，因爲他們親眼見他消失的。至于船手，一個也沒有失掉，然而他們每個人都以爲只有自己是得救了。那個壯美的大船，雖然不在他們的眼底，然而是安安全全地泊在港裡。』

『哀利兒，』樸魯斯比魯說道，『你的責任已經很忠誠地御下了；但是還有更多的工作呢。』

『還有更多的工作嗎？』哀利兒說道。『主人，讓我提醒你吧，你已經允許我的自由了，請你記着吧，我已經替你做了許多有價值的工作了；沒有說過慌話，也沒有作過錯事，總是沒害怕恐懼侍奉你。』

『怎麼啦！』樸魯斯比魯說道。『你不想想我從多大的痛苦中把你救了出來，你已經把那個女巫西考拉可斯忘了吧？她年老毒惡，腰子彎成了兩個，說，告訴我，她生在什麼地方？』

『先生，在阿爾奇亞士，』哀利兒道訖。

『嗷，她是生在那裏嗎？』樸魯斯比魯說道。『我一定要把你的來歷重述一遍，因爲我發現你已經把牠忘了，這個可惡的女妖，西考拉克斯 因爲她的魔術太可怕了，以致人們不能聽聞，從亞爾奇亞士充軍出來 被水手丟在這裏，因爲你是一個良好的小妖，不能服從她的奸詐的命令，於是她便把你囚在一顆樹中。後來，我聽見你在那裏喊叫，記着，我就救你出這災難了。』

『原諒我吧，親愛的主人呀。』哀利兒說道，對於他的忘恩負義的話，覺得非常恥愧；『我一定服從你的命令了。』

『這樣幹吧，』樸魯斯比魯說道：『我一定釋放你的自由。』然後他就下了他要哀利兒去做的命令，哀利兒立刻跑開了，首先走到他離開法蒂蘭特的地方，發現他仍是拿着那樣的姿勢 心碎腸斷的在草地上坐着。

『喲，我的小先生呀，』哀利兒說過了，當他看見他的時候，『我立刻就要把你移走了，因爲米利達姑娘想瞧瞧你這個漂亮的人兒，來吧，先生，跟着我，』然後他開始唱起來了。（未完）

創作

五月的火花

兆豐

血腥，瀰漫了太空，
矗立在前途的心岑——！
是那麼地冥囚。
吞嚙了前進的先驅，
遮回了怒吼的雄聲。

○　○　○

看啊！朋友！
血泊裏——
迸出了火暴，
飛滿了陰溼的蒼穹，
衝破了黑暗的恐怖，
染紅了革命的紅龍。

○　○　○

前衝啊！前衝！
趁着光耀，
擊碎還惡魔的鐵城；
要知道——
他們始終是少數，
取得自由，
是我們最後的成功。

○　○　○

我們舉起血的戰袍，
凱旋高歌，
拜伏在火花之前，
慶我們跋涉酬勞，

偶感

介泉

——步醒泗君「偶感」原韻聊附驥尾——

鎮日執鞭敢憚勞？當頭烈日炎威高；
兒童學業如飛進，清夜捫心意自豪。
服務豈爲衣食豐？簞瓢樂趣古賢風；
輕裘肥馬自雄者，都在達人一笑中。
衣破履穿自紉縫，何人知我本初衷？
最榮生產恥消費，此念有渝愧五中。
身多在名不易收？隨風逐浪趨潮流；
漫言世事難睜眼！自古党朋即共舟！

一件小事

靜仿之

——露營之夜——

息燈號吹過了，五六個人擠在一個帳幕內睡着，外面的風是呼呼的吹着。

睡在帳幕內似乎覺得比睡在寢室內有一種特別風味，外面好似陰森森的，雖然有些涼，但是因爲擠一塊也沒什麼。

站崗的棍，打着地叮叮的響，站崗的同學在外面慢慢的渡來渡去的脚步聲，很有節奏。

跑了一天路，傍晚又是爬山，精神應該是很疲倦了，但是睡倒後許久沒睡着。同伴的鼾聲振耳了，我還沒有睡熟，我感覺着露營的確不錯，但可惜沒能自己做飯吃。

不知何時我才入夢。

不長的時間就被隊長喊醒：「正點！起！站崗去！」我被隊長這樣的聲音，喊醒後，便趕緊爬起來，揉揉朦朧的睡眼，同伴都起來了，帳幕的一角，點着枝蠟燭，被外面的風吹來，幾乎要被吹滅了。披上了大衣，腿還覺着冷，不得已，走出了帳幕，那小隊也起來了，於是各人認定了崗位，拿着棍子，開始站崗了。

此時的風比晚上還要大，天上的星星向我們閃眼，楊樹上的翠鳥，被我們的手電和說話聲驚起，向四方飛去，但不多久又飛，來。

「崗位報數」！隊長喊口令。

「一！二！三！……」隊員在報數。

四週如漆一般的黑，在黑得很的地方，好像藏着惡魔，漸漸向我們逼來，我很駭怕，但壯壯膽，用手電向黑的地方照去，但是一無所有，只不過是些樹木和屋，惡魔也不知跑到什麼地方去了，燈光一息後，惡魔又攏了來。

兩個小隊長如梭一般過來過去巡視着。

腿是很冷，但沒法了，隊長過去了，不由己的便把身子往下蹲，一會兒又站起來　取　小會的暖便又要冷起來。

兩隊人共十一個，但報數的時候有時要一直報到二十二，這是因爲假若敵人知道我們有許多人守衛，他便不敢來襲擊我們了。

一點半鐘好似很長久，站得很不耐煩，身子很冷，並且很駭怕。好容易一點半點鐘過去了，但接崗的又起不來，忙的兩位小隊長，跑到帳幕內亂喊，好久接崗的才起來。

站崗的事終於完了，跑到帳內，嘁嘁嗤嗤的嚮，拉起被來蓋在身上，依然又擠起來了。

外面的風依然在忽忽的吹，大地依然黑，「一，二！三！四！五！……」報數的聲音依然又響。

流浪兒

兆豐

靈夢裏失去天真，
心靈上，
感到了人生的空虛。
像青烟，
渺茫的散逝。

○　○　○

什麼壓迫着你，像馬牛？
世界上流浪的孩子，
一齊怒吼！

○　○　○

揮一揮雙手，
驅逐了惡魔，
爭取了自由。
孩子們——
向光明的創造的路上走。

留轉

春林

——暫別楊樓諸友——

鳴蟬狂嘶，奏着別離人，胸中的哀曲。
樹梢搖動着空氣，
心靈上早失去了快意。
此地一草　木都譜無字的惜別詩，
但在這人生道路上，
暴風雨的前夜，
不容人生道上的陌生者久聚。
這或是長別抑是暫離？
不必悲傷喪氣，
還有比離別更難過的事，
早在人生的命運上播下種子。
酸辣的滋味深蘊在心裏，
只有用我們慧星似的眼，
認清世事網眼中應走的路。
等着再會時仔細體味。
我恨我不是自然的藝術家，
不能揮着禿筆，
在這塊自然的土地上
做道彩色的標記，
等我再來時，
易認舊居。
我這背良心的別去，
生活的鐵鞭響在背脊，
乞食的陰影時時徜在腦子裏，
我們要會的地點，日期，
更不可知
獨有努力是我們共勉的會期。
「我們不要還着青年高熱的情焰，
支配堅決的志向，勇氣，向前幹！
現在的真理都蒙上欺騙，
捲縮在玩弄手段的掌心裏。
如不留心。
往往像蒼蠅在玻璃室中的撞壁。
我們要用冷靜的頭惱辨別事實，
用分光鏡的眼，
認清應走的道路，
雖犧牲抑是成功的原因，
我們努力，向前，向前幹去。」
這幾句贈語，
也是我人生道上的導師。
時間已到，
門前雖沒遠行車，
亦沒有古渡泊着將啓程的航帆，
已不得再遲疑　留戀——
等着，等着將來的會面。

二五年六月三十日

無題

醪泗

輕寒六月着衣單　酒醉他鄉怕倚欄
蜂蝶自勞還自累　何須久擾在花間
著鞭我愧祖生先　此日籬邊亦可憐
羡煞簷前雙喜雀　飛來飛去自悠然
十扣柴扉九不開　倩誰肯送暗香來
新愁舊恨無長訴　且借粥郎飲幾杯
雨過庭階分外清　奇寥吐月半床明
壯懷未遂平生願　起舞前追萬里程

編輯室的廣播電台

雲章

一，公貞君，稿紙已通知事務部去印了。在最近可以給你。贈報的問題，得下月初開始。

二，雪舫君，你的「犧牲」，我這裏沒有，你如還有底稿時，請你再抄份來！稿紙印出即送上。祝你努力！

三，克林　你不要再偷懶了。

四，虹影，你的作品快點送來。

五，小生君：你的「阿三的命運」一文，第六張不幸被手民遺失　請你再補寫，張吧。

七，二十三。

豐縣縣黨部圖書館新書介紹

歡迎借閱

五彩活用廣告畫　王先生新集　張子祥課圖徒稿
寫劇原理　戲劇技法講話　音樂概論　中國音樂
史　化學故事　飛機中國史論叢　宇宙壯觀

縣黨部無綫電收音室開放節目

七月二十四日　星期五

八，一〇　西樂
八，三〇　新聞
一一，三〇　平劇防衛知識報時氣象商情
一七，〇〇　滬市商情商業新聞大鼓
一八，〇〇　弦樂
一九，〇〇　平劇　荀慧生王芸芳一斗丑　合唱
鴻鸞喜
一九，三〇　兒童教育
二〇，〇〇　報時氣象水位雨量簡明新聞
二一，〇五　英語演講及西樂
二一，三五　預報明日節目
二一，四〇　新聞
二二，二〇　平劇及國樂

◁第一一五二號▷

◁社址豐縣大同街▷

中宣會登記證[illegible] 內政部登記證警字[illegible]

中華郵政特准掛號認為新聞紙類

◁[illegible]每張　[illegible]洋一分四厘▷

△廣告刊例

本報廣告以方寸計算 每方寸以市尺長寬各一寸計算

（新聞欄）每日三方寸三天起碼每日每方寸一角二分

（封面）每日三方寸二天起碼每日每方寸一角

（普通）每日三方寸二天起碼每日每方寸八分

登三日以上九折六日以上八折八日以上七折十日以上六折常期面議

本社營業部啓事

本部前蒙會計主任辦事處指定代印之各項應用表冊簿籍已完全印齊 各機關如需用時請來本部購買可也此啓

豐縣私立黎明初級應用化學科職業學校招生廣告

一、名額　一年級新生一百名

二、報名　七月十二日起至三十一日止 地點在黎明幼稚園

三、考試　八月一二兩日（上午八時至下午五時）地點在書院小學

四、開學　九月一日

五、校址　豐縣西關棋杆街

（詳章備索）

王述先離豐啓事

啓者：述先來豐二載、愧無建樹、茲忽奉令調阜、又勞各界歡送、益增慚感、祇以臨別怱怱、未遑走辭、悵惘之餘、惟祈見諒爲感、此啓。

中外要聞

廣西局面益形嚴重 白崇禧親往全州視察防地 對湘點堅固防禦 調重軍圖侵廣東

▲中央社上海廿九日電 廣州電、廣西局面益形嚴重、全省軍隊悉數調往湘桂邊境、後方概由民團負責防守、白崇禧廿八日晨親赴全州防地視察、指揮所部佈置防禦工事、並召集軍官訓話、實行集中白銀、梧州廣西銀行、已將收得白銀共四百四十餘萬元解往[illegible]梧交通雖仍照常往來、但梧州已實行戒嚴、近有大部份人民、聯合警告李白、勿藉口勾結外寇、引狼入室、以圖一逞、促李白剋日下野、以免禍害地方、余漢謀獨立第二旅陳章、第一團何聯芳、第二團梁榮球、馳往肇慶都城、及粵桂邊境一帶、執行監視桂軍異動。

▲中央社上海廿九日電 港電、桂對湘黔南方面完成堅固防禦工事主守勢、調重兵集梧、圖以力侵粵。

▲中央社上海廿九日電 滬市教育會、廿九日電李宗仁白崇禧、促從速離桂、解甲待罪以[illegible]人。

財部派宋子良等為 發行準備管委會分會委員

▲中央社廣州廿九日電 財部派宋子良等八人爲發行準備管理委員[illegible]分會委員、宋兼主席、各員奉委後、定八月一日就職。

港崇正總會等社團 電黃慕松賀就粵主席

▲中央社香港廿九日電 黃慕松主粵明令發表後、港崇正總會等社團、廿九日分電黃道賀。

林雲陔電蔣 報告交代後即進京

▲中央社廣州廿九日電 林雲陔廿九日分電蔣院長、及粵新任主席黃慕松、報告交代後即進京、並請黃速來粵接替。

余漢謀 決即撤銷 公務員國防所得捐

▲中央社廣州廿九日電 余漢謀定八月一日起 撤銷公務員國防所得捐。

陳維周 密赴海防 林翼中區芳圃同行

▲中央社上海廿八日電 港電、陳維周廿八日午秘密赴海防、同行者有林翼中區芳圃。

孔祥熙曾養甫 昨先後抵牯嶺

▲中央社九江廿九日電 牯嶺電話、財政部長孔祥熙、廿八日晚抵潯、廿九日晨十時抵牯、曾養甫廿九日由湘過潯到牯、晉謁蔣委員長報告視察湘粵路經過。

漢緝私協會 改名商會檢私委員會

▲中央社漢口廿九日電 漢商界緝私協會、即改稱漢商會檢私委員會、三十一日開會商討改組辦法後、即積極進行。

凌冰 昨訪張外長 報告赴暹考查經過

▲中央社南京廿九日電 我國赴暹考查團凌冰林康侯等一行在暹考查完竣、已於前日乘輪抵滬、該團團長凌冰於昨晚由滬乘車返京、今晨到達、即到外交部晉謁張外長、報告赴暹考查經過、據凌氏語記者稱、本團人員抵暹後、即分別考查該國一切情形、並曾與彼方當局數度交換意見、結果甚佳

載暹羅排華事並非事實、至暹政府教育當局強迫我國僑民子弟讀暹文事、確係事實、惟此種條例對旅暹其他國僑民亦均一律、並無歧視我國僑民事、現該國當局對強迫讀暹文事執行、並不如何嚴格云。

行政院昨召開談話會商談
大學畢業生就業訓導班辦法

△中央社南京廿九日電　行政院爲籌備大學畢業生就業訓導班開班應辦事宜、今日下午二時在教育部召開談話會、對訓導班班數訓導班課程範圍、就業生保送之辦法、及經費四十萬之詳細分配標準、均有縝密討論、至五時始散。

實部組織
中央農業實驗所基金保管會

△中央社南京廿九日電　實業部近組織中央農業實驗所基金保管委員會、派該部總務司長嚴慎予、農業司長徐廷瑚、會計主任王復炎、中央農業實驗所正副所長謝家聲錢天鶴等爲委員、並以中央農業實驗所長謝家聲爲主任委員、該會不久即可成立。

湘贛冀等省國選事務所
先後成立開始辦公

△中央社南昌廿九日電　贛國民大會代表選舉事務所、原定下月初成立、茲以時間迫切、爰於廿九日成立辦公、除電總所及省府備案外、並嘱各區遵照規定積極進行。

△中央社太原廿九日電　冀省國民大會代表選舉事務所、廿九日晨成立、即積極進行各區選舉。

△中央社長沙廿九日電　民政廳長兼國民大會代表選舉總監凌璋、規定湘國民代表選舉進行程序公民宣誓八月十日辦竣、候選人八月底推選完竣。

△又湘婦女界成立國民大會代表競選會、定於八月十日召開全省代表大會、力爭女權。

△中央社上海廿九日電　國選滬事務所定八月一日成立。

京市府
定期舉行
公民宣誓典禮

△中央社南京廿九日電　京市府自治事務處、定八月六日起至八日止、舉行全市公民宣誓典禮、所有公民法均已於今晨遍貼各街巷、各該街巷公民今晨均紛觀公民榜、爭先觀看、狀極擁擠、足證全市公民對公民榜之注意、各區公所今晨並將公民草表分送各戶。

閩衛生事務所日內成立

△中央社福州廿九日電　閩省衛生事務所定八月一日成立、原有各衛生機關均併入該所。

劉膺古視察衡山團隊

△中央社長沙廿九日電　湘保安處長劉膺古赴衡山視察團隊、處務派羅樹甲代行。

閩建廳趕修
古田至建公甌路

△中央社福州廿九日電　閩南北各縣公路　建築大部已告完竣、建設廳以省沿綫關係全省交通、決以古田起點、以達建甌與閩北各路銜接線、先行興工修築、趕於下月初開工、限三月內竣工。

泗水僑商黃龍
關心閩省經濟建設

△中央社福州廿九日電　國民經濟建設會委員泗水僑商黃龍、由滬抵廈、據談目前祖國經濟受內外不良影響、非常落後、本人赴泗後、將約同僑胞對閩經濟建設有所貢獻。

閩建廳
定期舉行
第二次特產品競賽

△中央社福州廿九日電　閩建設廳定十月舉行第二次特產品競賽、各縣已分別趕製精品準備參加。

皖植物油廠股款匯滬

△中央社蕪湖廿九日電　皖對植物油廠入股三十萬元、廿九日地方銀行匯滬、並請在皖設分廠、利用當地原料、製造植油類。

滬參加農本局銀行昨開會
推錢新之等爲理事

△上海廿九日電　參加農本局三十銀行、廿九日午後[illegible]行會議、通過各行認定本年資金、並推定錢新之等爲理事。

石井昨接見新聞界

△中社天津廿九日電　駐屯軍司令部高級參謀石井、廿九日接見新聞界時談稱、關於駐屯軍內部人員調動事、今日可接到命令、惟門司氣候不佳、未發出、將來如何更調尚未可知、余來華任期已滿、或將遣回國、土肥原現任寺師團長職、外傳將來天津說、當屬不確。

南天門坍塌平熱交通斷絕

△中社北平廿九日電　古北口南天門、爲北平熱河間交通孔道、其門樓與城垣一部曾毀於長城之役、迄未修葺、日來附山洪暴發、門樓日前突然坍塌、城洞堵塞　交通完全斷絕。

石萬里昨抵京
即晚乘車返平

△中央社南京廿九日電　全國長途自行車旅行者石萬里、於廿三年六月由平出發、迄今已逾兩載、計歷冀、閩、蘇、浙、皖、贛、鄂、湘、桂、粵等十省、昨日由鎮涖京、定今晚乘平滬車返平。

京市與蘇省
爭執京市官產權
京市府據政院議案爭執會同清理
蘇省認有契串已執業者不在此例
特派主管科任科長赴京交涉

△江蘇社　京市官產向由蘇省執業、近忽因京市府之爭而引起糾紛、蘇財廳方面　迭派主管科任科長赴京辦理交涉、迄今無結果、京市府所持者爲前行政院曾有決議案、京市官產應與京市府會同處理、即是凡京市內所有之官產均應由市政府處理　但蘇省府方面則認爲該項決案　則就指無主官荒、其已由蘇省領有契串而執業者、不能併爲一談、致引起爭執、昨記者向有關方面探悉、京市官產與第一沙田局積極清理、租收方面逐漸增加、現每月已能達六百元左右、若再整頓或可收千元之譜、至少前積欠亦追繳不少、此項收入、蘇省已列入省預算、若照京市府之牽強附會、不獨蘇省在京所有之一切官產、均予拋棄、而已經政院審定之省預算、亦將推翻矣、蘇省方面甚盼京市府多方諒解、則此項爭執可得早日解決。（廿六日）

蘇省禁煙委員會
舉行委員會議
禁煙征文俟再審核後發表
褒揚宴成中學學生周明揚

△江蘇社　江蘇省禁烟委員會、於七月二十五日上午十時在省政府會議室、舉行第十八次委員會議、出席委員狄膺、卞宗孟　顧子揚（卞代）、程滄波　周厚鈞、列席秘書戴世英、主席周厚鈞、紀錄黃汝鑑　行禮如儀、宣讀上次決議案、甲、

報告事項

一　奉禁烟總會組織規程及各省市禁烟委員會組織通則仰知照并飭屬知照、並准省政府函同前由請查照等由　業已通飭知照、二　准省政府函轉軍事委員會訓令解釋新頒禁毒治罪條例第五條下段意旨、並另令更正禁烟禁毒兩條條文誤字、業已通飭知照、三　准江蘇省政府函送禁烟禁毒兩條例法律施行條例及法律到達日期表　業已通飭知照、四、准禁烟督察處江蘇省辦事處函爲奉令轉奉兼總監令、以據江蘇省政府轉請劃一該省土價衡具及規定耗量一案、令仰會同妥擬實施辦法呈准等因、轉查照、經派李綿綱、周紀康前往興議、五、准省政府函以奉行政院令轉奉國民政府令發禁煙禁毒兩治罪暫行條例請查照、已轉飭知照、茲並製就此項禁煙禁毒治罪暫行條例、與軍事委員會前頒之禁烟禁毒治罪暫行條例罪刑比照表、報請查核、六、准省政府函復關於客籍烟犯保釋辦法請查照、七、准周委員厚鈞報告視察溧水高淳金壇丹陽各縣禁政情形、請鑒核決定送省政府、八、據吳縣禁委會呈爲函請縣政府對於各烟民具保候傳情形請鑒核、

討論事項

（一）、常委提議鎮江等縣先後呈請捐款購辦監所煙犯夏令衛生藥物

費用、究應如何辦理案、決議、所請均屬合理、應請省量撥發、（二）吳縣禁烟委員會呈以該縣𡨴成中學學生周明揚、於六三禁烟紀念日因公出外宣傳禁烟、罹車禍命、請予褒揚案、決議、應予褒揚、辦法由常委決定、（三）無錫縣禁委會爲該縣烟毒案件自七月一日起省會由二區保安司令部審理、各項應向該會報告如何辦理案、決議、行政督察專員兼區司令所在地之縣禁烟委員會、關於禁烟事宜得與行政督察專員兼保安司令部直接接洽（四）擬定限制各縣申請設立土膏行店原則提請討論案、決議、修正通過建議省政府、（五）擬具烟民繳銷烟具辦法案、決議、照原辦法第一二三六各項意議函請省辦理、（六）無錫縣禁委會呈請本省禁烟經費收支情況、公告縣民以昭公信案、決議、轉請省政府公佈、（七）常委提議本會禁烟徵文業經初步審查完竣、應如何決定各名次請決議案、決議、請狄委員君武審核後、決定名次發表。（廿六日）

蘇建廳派員視察江北造林成績

△江蘇社　江蘇省建設廳、茲爲明瞭江北各縣春季造林成績、特派徐人介等分赴視察、現徐等已視察完畢返省覆命、據云、各縣以山區植樹成績轉佳、馬路所植樹木、則活者甚鮮、已令縣府會同公安局編後負責保護云。（廿六日）

省農行派員調查

蘇北農行

並視察分支行業務

△江蘇社　江蘇省農民銀行爲調整本省農村救濟之唯一機關、年來經該行努力經營、頗具成效、該行爲明瞭蘇北農村經濟情形起見、特派林長鳳、周忠恕前往江北各縣攷察、記者昨晤該行某負責人、據云、此次本行派員考察、其任務爲考察蘇北各縣農村經濟及副產、業擬作有系統之統計、藉作改善之借鏡、亦視察蘇北各縣分支行業務狀況云（廿六日）

蘇江南水利處派員

赴揚勘堤工

△江蘇社　江南水利工程處、爲查詢江都堤工情形、並督促加緊培修起見、特派該處工程師王作端赴揚察勘、藉以指示防汛、聞王君銜命已於昨赴揚、此行預計在揚勾留約十日後始可返省云。（廿六日）

蘇省府通令各縣嚴防飢民過境滋擾

△江蘇社　蘇省府以豫陝等省連遭災歉、各地飢民每有成羣隊經過本省各縣、及入境乞食等情、其間有無奸宄溷匿、良莠不齊、涇渭難分、頃蘇省府爲免影響社會治安暨妥爲防範起見、特通令各縣、嗣後遇有過境飢民或大批民衆出外謀生、須持有原縣護照、始准通行、否則不准入境云、（廿六日）

蘇小學生鑄劍儲金已存一千一百元

該欵齊卽製辦呈蔣委員長

△江蘇社蘇省各小學學生爲蔣委員長壽辰、自願儲蓄糖菓之資以作鑄劍獻祝蔣壽等情、已誌前報、茲悉教廳最近統計各小學學生所儲之金額一千一百餘元、俟各校儲款匯齊、卽手製辦金劍、屆時派員赴京呈獻云。（廿六日）

公務員化名承辦土膏行店

應予以行政上之處分

△江蘇社　蘇省府前據第十區保安司令梅思平、電稱前定公務員與商人合辦土膏店、以瀆職論罪、是否仍屬有效、及應適用何種刑法、請予核示、省府咋指示云、查公務員化名與人合股承辦土膏店、以遂其藉公肥己之私、應以瀆職論罪、雖經前省禁烟會通令有案、惟仍應以觸犯瀆職罪責各條構成犯罪三要件、至公務員化名合股承辦土膏店或

舖設所、不特易生弊竇、且尤召致物議、縱不負刑事責任、亦應嚴行查禁、予以行政上之處分、以肅官箴云。（廿六日）

蘇農行副經理侯厚培返鎭

赴滬出席會議公畢

△江蘇社　江蘇省小本貸款處理事會、日前在滬舉行、各情已誌前報、赴滬出席該會之副經理侯厚培、昨已返省、據聞此次會議對於業務進行方針、均有詳盡之決定、至設立小本貸款分處、亦有所討論、王主任因事尚留滬接洽、日內亦可返省云、（廿六日）

蘇建廳訓令各縣請設小本借貸處

△江蘇社　江蘇省建設廳訓令各縣云、案奉實業部訓令內開、查年來各地百業凋敝經濟枯竭、其有由地方主管機關設立小本借貸處者、於工商金融人民生計不無裨益、惟全國經濟狀況既大致相同、此項小本借貸處自有普遍設立之必要、仰該廳遵照、如境內並未設有該項借貸處、應卽飭縣從速籌設等因、奉此、查小本借貸處爲調劑工商救濟平民之金融機關、各縣亟應普遍設立、合飭該縣遵照、從速籌設具報、此令云。（廿六日）

各縣暑期小教

小教討論結果成績優良

中央特予明令分別嘉獎

蘇省黨部轉令各縣知照

△江蘇社　蘇省黨部於去歲奉中央組織委員會令、曾轉飭縣組織暑期小學教師黨義教育討論、討論規定之各項問題所有討論結果、並經省黨部彙報中央、最近中央組織審查、以本省各縣市成績較爲優良、特依照討論辦法第項規定、明令分別嘉獎、聞省黨部奉到上項嘉獎、業已轉知各縣黨部云。（廿六日）

鎭公所經費應遵照預算按期發放

此後不得再有積欠

△江蘇社　蘇省府令各縣縣長云、查本省各縣自保甲編組完成、鄉鎭長事務日繁、職責甚重、雖以財力所限未能按計薪、而額定之辦公費爲數無幾、自應準時發放、以資鼓勵、乃據報各縣縣長、時以經費困難、任意抵欠、致使鄉鎭長苦於賠累、事務亦以停頓、其影響於保甲前途者至深且鉅、到年度更始、各該縣二十四年度鄉鎭公所經費、如有積欠情事、須遵照本財政廳令先行列表報查、於二十五年度收入內補發、此後不再有類似情事、以重功令切切此令云。（廿六日）

蘇農行上半年結算

盈餘十五萬餘元

△江蘇社　江蘇省農民銀行、自開辦以來、業務進展頗形發達、惟該行設立之主旨、係爲救濟農村、業務方面則多向農村推進、故偏僻地帶支行辦事處代理處等甚多、加之小本借貸農村倉庫等事業、較之其他各銀行尤形完善、聞該行上半年年總結算盈餘達十五萬餘元云。（廿六日）

西班牙北部叛車連遭失敗

英不干涉廠商供給西軍火

▲中央社法國南部亞得輪德里京城電　西班牙北部經賽白斯城廿六日戰訊、官軍已佔上風、叛軍曾在奧也森及方太斯爾村連遭失敗、現已向皮達蘇雅河退却。

▲中央社倫敦廿八日電　英上院廿八日午後開會時、公共工程部大臣史丹賀浦宣稱、英國商家以燃料供給西班牙、乃係純粹商業問題、政府無權加以干涉。

▲中央社倫敦廿九日　英對西班牙內戰事、將維特其嚴格中立之態度、及不干涉他國內爭主旨、故並不反對私人廠家運軍火至西。

▲中央社華盛頓電　阿根廷政府頃照會國務院、凡該國人民僑居西班牙願出境避難、請准乘美國軍艦。

義將派代表參加五國會議

▲中央社巴黎廿九日　義外長齊亞諾昨晉面告法大使尚伯蘭、謂義國對未來英法比德義五國會議、當派代表出席。

德遠東協會歡宴戴院長等

▲中央社柏林廿八日電　德國遠東協會、於廿八日晚設宴歡迎戴季陶、王正廷、鄒魯三人、程天放與前中國政府顧問賽克特、均被邀作陪。

戴季陶訪德宣傳部長

▲中央社柏林廿九日　戴季陶廿九日拜訪宣傳部長戈培爾、晤談甚久。

阿剌伯人與英軍警發生衝突

▲中央社耶路撒冷電　阿剌伯人在那白路斯山上、與英軍警發生衝突、歷十五小時之久。

本縣新聞

六區區公所 召開第四十二次區務會議

籌辦壯丁訓練 計劃修築區路

第六區區公所、於本月二十八日上午十二時、在該區會議室、召開第四十二次區務會議、出席渠坑鄉鄉長李念先等十餘人、主席董仲安、紀錄劉鳳棠、

報告事項 一、奉令發江蘇省壯丁訓練暫行實施細則、二、教育局已將壯丁訓練用具、籌辦齊全、三、壯丁訓練工作人員、於本月二十七日在城舉行短期講習、四、調查壯丁應以滿二十歲至二十五歲者爲限、五、奉令招募夫目、本區保送二名、錄取一名、六、奉令發兵役法、及宣傳大綱實施辦法、希廣爲宣傳、七、奉令發師管區、團管區及分配表、八、奉令人民忘忽保甲任務時、應先警告、然後處罰、九、奉令發整頓保甲辦法、希注意、十、奉令發壯丁隊守望所簡則、希注意、十一、奉令濟丈費劃爲事業費、如有不敷、得行募捐、十二、奉令發續徵公務員飛機捐辦法、飭於七月一日起、實行征收一年、十三、奉令成立緝私分會、嚴行緝查私貨、十四、區長請區鄉鎮保甲長對於壯丁訓練應有之認識與努力、十五、奉令調查漏稅私契、限即日查報 迫令投稅、並出具無遺漏切結呈報、

農倉主任李靄亭報告 一、區農會成立農倉之意義、二、辦理糧食儲押之辦法、

討論事項 一、本縣壯丁訓練爲增加效率計、改爲集中訓練、應如何辦理案、決議（一）按各鄉壯丁人數、抽調壯丁訓練、第一期暫以二十歲至二十五歲之壯丁爲限、（二）先籌兩個月之火食費一千八百元、軍裝費及臨時費三百六十元、共二千一百六十元、按各鄉行糧徵冊分派、（五）搶支各鄉按應抽壯丁人數、自備半數、（四）抽調壯丁名冊、限本月底報區、（五）開始訓練日期、臨時通知、六、各校籌備及事務主任宋樓校推張紹良、李敬先、王樓校推劉潤德、韓錦明、李寨校推李壽齡、李超孩負責辦理、二、本月拒毒會簡章、已奉令核准、應定期成立、以利進行案、決議、定九月一日成立、由區公所負責籌備、三、區公所至王樓區道、應早日修築、以利交通案、決議、通過區公所至王樓修築[illegible]條、與七堡至葛芭草集修支路、由[illegible]隨寨王樓邀帝四鄉鎮修築、限秋後動工、宣讀決議案、至四時閉會。

調驗無毒無癮嫌疑犯 應即日釋放 不得擅押

縣禁煙會奉省會

本縣禁烟委員會、頃奉省禁烟委員會令云、案准、江蘇省政府本年五月十九日民字第一九三一號函內開、『案准貴會本年五月七日第三一九號公函、第十四次委員會議、決議調驗無癮無毒者、即日釋放、不得任意羈押一案、囑轉飭遵照等由、准此、除分令各縣將嗣後對於調驗無癮無毒嫌疑人犯、應隨時取具保結、以開釋外、相應函復查照、』等因、准此除分令外、合行仰遵照、此令、等因、奉令後、已函縣府查照矣、

丈夫當兵不歸 未婚妻自行改嫁

事隔六年 還打官司

本城西關外居民汪子聖、年四十四歲、以布行爲業、前以中饋無人、由丁莊人丁步成作媒、出四十元、娶趙姓女爲室、結婚之後、于茲六年、生有一[illegible]、年已五歲、而趙女前曾許字于碭山陳莊人龐修 作童婚、男女雖達結婚年齡、並未正式同居、龐即出外當兵、一連數載、毫無信息、趙女以良人如石沉海、隻影單形、[illegible]感寂寞、又以翁姑時加虐待、不堪其苦、乃乘隙潛歸、[illegible]頓生改嫁之意、由其兄趙某、圖洋四十元、改嫁汪某爲妻、詎趙氏之前夫龐修、近忽由外歸來、其父母備言妻出走之事、並指明改嫁地點、龐於昨日逕投縣政府公安局警察報告、謂吾妻曾被西關外汪某搶架爲妻、請求協助拿人歸云云、胡督察員據報後、即派巡長黃進德、前往關外查緝、旋將汪子聖夫婦兩人、先後帶府質訊、據汪供前述、而汪趙氏則謂改嫁之事、係乃翁作主、彼意欲爾、故將我嫁賣云云、胡督察員以此事歷時太久、需求兩全起見、擬令汪某出錢了事、而汪某則謂余係一布販、每日所得、尚不敷用、當割愛將妻交還、實無力出錢、詢之龐某、則依違兩可、毫無主意、胡督察員擬將兩人交由鎮長暫時保出、聽候處理。

一點小事兒 鬧出大亂子 打得頭破血出

……那還了得……

本縣城北王莊人孔照勝（即孔三）、在其宅旁、栽植小柏樹多株、昨日有鄰婦王卜氏之小兒、在田間採來高粱楷數顆、以口咀嚼 吸其甜質 嘗以高粱楷外皮堅硬、不易吸食、即持楷向孔之小柏樹上摔擊、以期碎而易食、當被孔某瞥見、大呼何處怪童、毀損我樹、即力予禁止、事爲小兒之母王卜氏得悉、以孔某恫嚇小孩、實屬非是、遂抗聲大駡 並拾取高粱楷、與孔某拚鬥、孔亦不甘示弱 即奪同高粱楷向王氏痛毆 正中額部、皮破血流、淋漓滿面、王氏負屈之餘、即投奔公安警察鳴冤、胡督察員以孔某毆人致傷、可惡已極、立派幹警將孔拘縣暫押 藉警兇頑。

縣禁煙委員會奉頒 禁毒治罪暫行條例

第二十四條 犯本條例各條之罪者、由軍事委員會委員長兼禁烟總監 指定有軍法職權之機關審判之、或任各級地方政府代爲審判、依前項規定所爲之裁判 除依各省最高軍事機關代核軍法案件暫行辦法辦理外、非經呈奉委員長兼總監核准、不得執行、

第二十五條 本條例自公佈日施行

司法欄

◎縣政府司法批示◎

▲刑事具保人王秉良等、一件、爲懇請償保陳玉崙 在外診治由、狀悉 仰候令飭縣立醫院 妥爲診治可也、此批

▲刑事具保人滿寶仁等、一件、爲懇請償保孫慶寶、回家安業由、狀悉、准保、此批、

▲刑事具保人李延忠等、一件、爲懇請償保王鳳儀在外、不誤傳喚由、狀悉、准保 仍仰隨傳隨到、此批、

▲刑事原訴人趙素蘭等、一件、爲久病莫愈、院醫證明、哀懇限期出外調養、屆時還案由、狀悉、仰候令飭縣立醫院妥爲診治可也、此批、

▲刑事具店保瑞蚨號、一件、爲懇請償保胡念祖、回家安業由、狀悉、准保、此批、

▲刑事撤訴人孫侯氏、一件、爲遵處罷訟、請求銷案由、狀悉、准予撤回告訴、此批、

▲刑事原訴人蔣永德、一件、爲刑期已滿、哀懇賞保暫釋 靜候解決、不誤傳喚由 狀悉 仰候訊明核奪、此批

本城糧價

名稱	每市斗價目
小麥	最高三千七百文 最低三千五百文
大麥	最高一千九百文 最低一千八百五十文
黃豆	最高三千六百文 最低三千五百文
黑豆	最高三千四百文 最低三千三百文
菉豆	最高三千四百文 最低三千三百文
江豆	最高四千文 最低三千九百文
高粮	最高二千八百文 最低二千七百文
穀子	最高二千三百文 最低二千二百五十文
稷子	最高二千三百文 最低二千二百文
芝蔴	最高六千一百文 最低五千九百文
青豆	最高三千六百文 最低三千五百文
花生	每斤 最高二百八十文 最低二百七十文
瓜子	每斤 最高五百文 最低四百八十文
生米	最高四百六十文 最低四百五十文

氣象

天氣	晴
風向	東南風
最高溫度	九九度
最低溫度	八〇度

豐縣合作事業服務人員暑期講習會專刊

第四期

目次

言論

惟有厲行合作運動才能挽救中國的危亡（續）

雲章

現在的社會，是分工合作的社會，分工愈複雜，則社會愈繁榮，但是其中要以合作為條件，如若僅是分工，而不能合作，一樣也是不能得到最有效力的效果。

所以無論是士農工商的各種職業的分工，和各種工業的分工，都歸結到滿足人類生活的材料上去走，這是人生的大道。其中的關係，是共生，共存，和共進的，簡言之就是合作的，所以說合作就是人生共生共存共進的大道。人類在這個大道上，互信和互助着，努力的邁進。那麼人類的人活材料，自然就一天進化一天，一天豐美一天。而社會自然也就因之繁榮了。這是人類進化的必然法則。

至于現在我國的種種不良現像，都是他們走錯了人生的道路，不明了大家的共生共存共進的關係。因而走上自私，取巧的不合理的道路上，遂表現出漢奸和走私的種種不良行動來。如若我們厲行合作運動，使大家認清了人生的大道在合作的條件之下，努力自己的工作，自然就能使大家團結，而一致努力救亡圖存的工作了。（未完）

對於辦理合作社和農業倉庫者一點貢獻

文

現在中國，農村破產，經濟恐慌，差不多成了一個普遍的現象，而我們豐縣也當然不能例外；幸而黨政當局，積極提倡合作事業，擴充農業倉庫，以作補救的唯一途徑。

近年以來，本縣合作社已添到百處，農業倉庫已辦到十一處，數量日多，却仍不景氣，這大概是由于合作社多不健全，農業倉庫不能兼辦運銷的緣故吧！

合作社，原是使社員得到低利的貸款，加大生產力，抵抗資本家之侵略的；如若合作社不健全，理監事自私自利，操縱一切，社員借得款後，不用之於生產，而用之於消費，這樣的合作社，有何益於農村經濟呢！

農業倉庫，原是平糶糧價、使農產資產化，免除囤積居奇之剝削的；但所儲押的糧食，若仍賣給本地的人們，而不能賺得外人的金錢，反得繳納銀行的利息，以一人計，或許少有利益，以全縣計，定會有相當的損失。

不過，要使合作社健全，農業倉庫兼辦運銷，的確是很不容易的事；因為健全合作社，須先淘汰不良的社員，吸收優秀份子，解退自私自利的理監事，另選公正的職員，然後才能自助互助，團結一體，若稍有畏難徇情之處，絕對無有健全的可能。辦理運銷，須先統一種子，使農產品純淨不雜，然後才能混合，便易裝運，賣價較高，獲利較厚，是非有政治力量的協助，二三年的努力，不能做得到的。

以上所說，未敢自是，拉襍寫出，貢作辦理合作社和農報倉庫者的參考罷了。

學員作品

合作運動與保甲運動

尹建籌

在表面看起來，合作與保甲，是沒有多大的關係。而實際問題，却同出一源，於救國方面，也同一的重要。

保甲是現在社會上的一種組織。這種組織，可以使匪徒絕跡於社會，同時利用這種組織，能禦外來匪衆之侵擾。這種事實，大家都很明瞭。

合作運動呢？是繁榮農村，抵抗資本主義的榨取，集合大家的金錢，調濟農村經濟，使生產增加，消售便利。這種自給自需的組織，也可以抵制外人的經濟壓迫。中國以農立國，農村能夠繁榮富足起來，人民自能穩固。「民為邦本，本固邦寧。」也是使社會安寧的好方法。

安定社會 抵禦外侮，合作與保甲，有同等的效力，同樣的重要 保甲已見諸實行，合作正建基礎，望大家努力吧！

怎樣增進農村合作的健全

閻爾磐

語云：「工欲善其事，必先利其器。」這句話的意義，就是說：想教某一種事物的健全，必先把所用的工具弄好，才能使這事物完善。而農村合作也是如此。所以健全合作社，須先健全社員，健全社員，必須切實施訓。但是訓練的目的，是要使每個社員，能認識合作教育的真諦，並使之對於合作發生信仰，由信仰產出一種力量來 以為合作教育的原動力。至於這種原力之如何使用，則全靠指導得法，才能收到好效果 合作訓練，應分為左列兩項。

（一）思想的訓練 除了合作的最高領袖，是先知先覺，其餘的社員，大都是後知後覺，而後知後覺的責任是宣傳，所以社員 必須受了確實的訓練後才能去指導民衆 使其知道，農村合作的真義，及利益，那末，才能收到相當的效果 孟子曰：「民性由水，決諸東方，則東流；決諸西方 則西流。」民衆思想的若何，全在為領袖的指導，即為社員宣傳時也要特別注意這一點才能收到良好的效果。

（二）合作的訓練 民衆既明瞭了合作的意義，為社員者就可把合作的方法宣告予民衆 民衆能知道合作的方法及其好處。自然很勇躍的加入農村合作事業。如此長久下去，農村合作事業，自可增進而推廣。那末 農村合作的目的，也就可期而達了。

以上所說一點 乃是合作訓練的最切要者，亦是目前所須實行者，為社員者，能切實負責去做，則農村合作事業，自可增進，并且現在國難日亟，農村經濟破產，更是刻不容緩，復興農村，復興民族，全在於斯，合作社員們！趕快負起責任來。努力去做吧！

寄給合作同志的一封信

韓正明

親愛的合作同志們！

頻年以來，我國的局勢，無日不在風雨飄搖之中，天災人禍，紛至沓來；農村經濟日趨崩潰，農民生活，日益艱苦，挽救之道，端賴於合作。是以政府當局 為謀農村經濟之流通 及都市金融之繁榮，遂不遺餘力之提倡，雷厲風行，流傳各處，影響所及，普遍全國，惟考查各社之質量，則尚難使人感到滿意，因為合作社的社員，只知合借，而不知合作，業務空虛，精神煥散，事實總是會弄得一團糟，往往一個合作社的組織 不到一年的時候 非是理事主席吞沒公款，就是司庫吃官司，弄得後來合作社停止活動，奉令解散，完全是社職員的錯誤，不了解合作社的真意義所致。

社會合作化，是在一天天的演進，這是有着事實，不能掩蔽的，然而這也沒有什麼神奇的推動 而是合作同志共同努力之辛勞收穫，與社會的創造維護，在中國建立三民主義新國家的現代，合作主義就是民生主義的一個政策，因適應中國的迫切需要 所以合作事業，才能突飛猛進，這是我們引以莫大欣慰的，但是我們合作同志們，應當明白合作社的真意義 是許多相同志願的人，結合起來，以平等原則，在自助互助組織之基礎上，謀社員本身利益之增進

中華民國二十五年七月三十日　　豐報　　（星期四）　第六版

，是農民來組織，設立於鄉村，共求自身經濟上之解放的，各種合作社，如消費，信用，生產，運銷，保險等合作社，全部像雨後春筍般的萌芽，各地正在提倡不遺餘力，士農工商聯合起來，相親相愛，如兄如弟，消費合作社，專供農家日用必須品，免受商人之欺騙搾取，自己可享受貨眞價實的利益。信用合作社，是鄉村的平民銀行，能放款於社員，以供生產及他種正當事業之用，並辦理儲金業務之各項事業，生產合作社，專門種植飼養，或加工製造，社員所有之農產品，這樣凡百生產事業，就興旺起來了。運銷合作社，業務在運銷社員之農產品，可免除肩客行商的盤剝。保險合作社，凡是對於生命財產的保險行爲。

上段說明各種合作社的定義及目的。大意就是我們三民主義的合作運動，抱着建設國民經濟，復興中華民族的決心，不願中國在列強帝國主義之下，苟延殘喘；我們精誠團結，自求解放，粉碎一切束縛的枷鎖我們必須合作社，我們的路綫是合作運動，合作主義的推行，是爲民族運動的最大後盾，合作社是有政治的結構。尤爲訓練民衆，使用四權的好機會，合作社盈餘的分配，還有教育金的儲除，專爲興辦學校，教育社員子弟；切不要當拿着一兩塊錢的股本，就算完了義務，那是根本不對的，我們要實事求是，努力推進，負着喚起大衆，組織大衆，訓練大衆的任務，苦幹硬幹實幹；並且要聯合其他的合作社組織區聯合社，縣聯合社，省聯合社，以至於全國。再進一步加入國際合作聯盟，使全世界的社員，都得到合作的好處。

總之，合作的勝利，是要能使人類的足跟，站到「人人爲我，我爲人人」的和平互助平等的方面。私冀服務合作同志們！手此短見，先思後行，才能收到最大的效果。

○　○　○

爲什辦理合作社

李子淵

一個國家或民族的強弱，要看他的合作精神如何。如若能得精神上合作的，國家當然要有好的結果。若不然國家的危亡，可立而待。譬如我國人民，雖有五萬萬人之衆，但只等於一片散沙，毫無半點合作思想。更不知國家民族爲何物。只知自私其家，自利其身，殊不知國如貧弱自身亦難保。我中國人大多數懷着這樣心理，所以雖有五萬萬之多，總是缺少合作的精神及維護公共利益的感想，因此便弄成一個弱而又貧的國家。在從前閉關時代，還不見得怎樣，至今海關大開，交通便利，碧眼黃髮人的舟車已航行全國。經濟的壓迫，和其他手段的束縛，如似一個抽血管，就把我們人民的血汗金錢，于無形中每年抽去幾億萬萬之多，月積一月，年加一年，我國人民又不能團結起來共同奮起發展，所以現在的局面，非常危險！

因此政府見到我國這個病源，以爲非提倡合作事業，不足以解救現在的危局。所以近年來提倡合作事業，不遺餘力。使我們要有人人爲我，我爲人人的心理，互相團結，增加生產。不惟能脫離經濟壓迫，並可解除農民的痛苦。還可啓發人民對國家的觀念。至于其他種種問題，也可拿合作二字的力量來推行發展，將來的功效很不可設想，這便是辦理合作社的眞正目標。

小組討論會問題解答

一，李寨棉花合作社蔡樹芝問：本社辦理棉花生產運銷業務紛繁各理事如不能到社服務應如何辦理？

答：由縣政府督促辦理。

二，季河園信用合作社馬承緒問：合作社設理監事各若干人另外有社員充任司庫及會計是否合法？

答：合法

三，馬承緒問：本社借學校爲社址社中只有幾種簡略的表冊，而賬目冊均在司庫家中關于經濟情形社員多不明瞭究應如何辦理爲最妥善？

答：賬冊可由會計負責保存，欵項由司庫保管，對賬目一節應隨時公佈使社員明瞭以清手續而免懷疑。

四，全體學員問：本縣農工銀行利率過高可否由本會名義咨請減輕？

答：由農會名義函請農工銀行監理委員會酌量辦理。

五，轆灣鄉合作社吳正獻問：在事業年度終了後各社員是否可以添股或退股？

答：可以添股，不得無故退股。

六，五區周莊合作社周醫馨問：區聯社成立後，是否能向銀行貸款儲押？

答：如辦得完善，當然可以。但在現時應由縣聯社統籌辦理較爲適宜。

七，邱樓口合作社邱克杰問：合作社放款不放于地痞流氓，而流氓等因而對合作社極力破壞似此情形應如何處理？

答：流氓等既非社員如對合作社無理取鬧可依法呈請保護

八，張五樓合作社洪文華問：合作社爲推進業務之進行如需要款項可否隨時向各銀行交涉貸款？

答：一，要指導機關許可介紹。二，要銀行界之同意。

九，二區陳三座樓花生合作社陳正燦問：產銷合作社各社員之生產品，和運銷之數量如不相等各社員對于營業用具之購置和損失是否應負同等責任？

答：要以生產數量，社員生產之畝數，及提供運銷物品之數量分担。

十，油坊莊合作社史先誠問：本社社員十五人只有十三人加入儲蓄會。其未加入者應如何辦理？

答：先解釋儲蓄之意義然後勸勉，如再不加入，即認爲該社員無互助合作之精神，可令其出社。

十一，轆灣鄉合作社吳正獻問：信用合作社除存放款儲蓄外，最低限度還要辦何種業務？

答：須經營數次供給銷售業務及簡要的設備公用業務。

十二，張集合作社焦易懷問：合作社在未正式成立前可否加入區聯社？

答：俟正式成立後　有二社以上之介紹方得辦理入社手續

十三　問：非社員以土豪勢力強向本社貸款應如何處理？

答：呈請政府以法制裁。

十四，問：加入甲社者可否加入乙社？

答：加入甲無限責任合作社　不得再加入其他無限責任合作社，如加入其他保證或有限責任不在所限。

雜　俎

本講習會要聞

一，專任講師張鴻典先生担任之合作經營和農業倉庫，今日結束並測驗。

二，本講習會今日下午欵宴張先生鴻典，暨農行辦事處主任林大哉。

三，各區合作社正在推選代表組織區聯社。

四，本講習會正擬調查成績優良之各社，及優良點。

五，本講習會定于下星期一（八月二日）舉行畢業典禮。

縣黨部無綫電收音室開放節目

七月三十一日　星期五

八，一〇	西樂
八，三〇	新聞
一一，三〇	平劇防衛知識報時氣象商情 楊小樓王少樓傅小山侯喜瑞　合唱 長板坡
一七，〇〇	滬市商情商業新聞大鼓
一八，〇〇	軍樂
一九，〇〇	平劇 馬連良郝壽臣合唱清官冊
一九，三〇	兒童教育
二〇，〇〇	報時氣象水位雨量簡明新聞
二一，〇五	英語演講及西樂
二一，三五	預報明日節目
二一，四〇	新聞
二二，二〇	平劇及國樂

第二三〇期

，本刊內容分評論雜論書詩歌小說戲劇散文書信報告介紹及批評等項

一，本刊歡迎投稿來稿文言白話均可

二，來稿本社有修改權不願者請先聲明

四，未經登載之稿除預先聲明者外概不退還

五，本刊編輯部設豐報社內

漫談

中國畜牧問題

高德培

今日農村破產，國家之經濟窮乏，愛國志士，羣起而謀復興農村　提倡生產教育，以求國[illegible]鞏固．農爲國本，是則上下一心義對農業問題大加注意。

查牲畜爲農民之一種副業，近百年來爲一般人民所漠視，致使畜牧事業末落至此。是以一般人民均認畜牧無歷史地位，對于農村，社會，國家經濟上毫不生任何影響，實大錯誤，查畜牧能在農業經濟國際地位佔領極要地位，現將中國畜牧之重要問題分述如下：

畜牧事業之歷史：人類在未有耕種栽培事業之前，早有豢養家畜之事，元始人類生活爲漁獵，所謂茹毛飲血，裸體衣皮，故原始時代之人類和野獸之關係如是，迨後文化漸開，乃有馴養獸類，所謂游牧生活，更因食料之不夠，乃知利用植物使家畜而行耕種。是則我國之畜牧事業至少已有五千年歷史；如伏羲所教民養育牲畜　春秋戰國時代，有甯戚及孫陽此二氏，乃家畜鑑別之始祖，更有陶朱公（范蠡）以養家畜而成富翁，歷朝官吏而烏保氏因善于畜牧而得寵秦皇．蘇武以牧羊守節，卜式因養羊致富，馬援以畜牧爲殖民屯兵，以至於王安石之新法中亦有監牧　項，其提倡之法，即由政府撥馬匹與人民，飼料管理，并由政府派員監督；在元代蒙古人之征服亞洲與歐洲，馬之功勳，不可謂不小；迨至明朝洪武年間．政府派員至粵收牛，永樂年間遣人至朝鮮買牛，其用心民食注意牧畜，均有歷史可以考證，古代之畜牧事業固其發達，回顧如今則何如乎？是則古代之關心畜牧提倡畜牧已有悠久之歷史可無疑慮。

畜牧在農業上之地位　查農業之有賴於牲畜者：爲力役之驅使，肥料之供給，故于耕種墾殖，灌溉田地，于農業上之效勞，極關重要，在牲畜區域內又爲農民全部財產所寄託，牧業之繁榮衰落，關乎牧民之整個經濟，而另一價值之存在，則在農業區域中爲農業之副產品，與農業相與繁榮，亦爲農業經濟之一部。

畜牧在教育上之此位　以教育論，則各地教育經費之來源，太半惟肉稅或附稅是賴，肉稅附稅之全年收入，雖無詳細統計，其數亦足驚人，故畜牧事業關乎教育文化之發展殊巨，畜牧在工商上之地位：牲畜本身之產品幾無廢棄，工業上，所用原料，如：皂燭、乳酪、皮革、毛織、牙骨、豬宗，皆仰給之牲畜，其關係工業上之重要如此，我人豈可忽視耶？

畜牧在交通軍事上之地位　諸于交通者：在內地水路不通之地運輸貨物，便利行旅，若以軍事論則更爲作戰運輸之無上利器，其賴于畜牧者爲何耶如？　（未完）

翻譯

風波（續）

英國沙氏比亞原著　萩原譯

米利達拉住他的父親說道：「你爲什麼如此不仁慈呢？可憐他吧！先生，我當他的担保，這還是我看到的第二個人啊，以爲看來，他是一個很忠實的人呢。」

「不要說話，」他的父親說道：「再多說一句，就叫我責備你這個小妮！怎麼啦！當一個騙子的辯護者！你只見過和克利邦，你就以爲沒有人再比他漂亮了，傻閨女，我告訴你吧，許多的人比他漂亮，就好像他比克利邦漂亮一樣！」他說這番話的目的，同用來證明他的女兒的恆心的，她回答道：

「我的愛情非常卑下，我也不希望更漂亮的人物。」

「跟我來，少年，」樸魯斯比魯向太子說道；「我知道你不能反抗我。」

「我實在沒有力量反抗你，」法蒂蘭特說道；他並不知道他的一切力量，是由于魔術而被剝奪了，他非常驚異地跟在樸魯斯比魯的後邊，回過頭來，目不轉睛地看着米利達，能夠多長就多長。

後來他又說道：「雖然我的靈魂被束縛了，然而，只要我每天從監獄裡能夠一覩這個令人魂消的佳娃，我便心滿意足了，那個人的恫嚇和我個人所受的痛苦又能算得甚麼！」

樸魯斯比魯並不把法蒂蘭特禁得很久；不久，便把他的罪人帶出來了，派他去做一個非常艱苦的工作，他故意叫他的女兒知道這椿事情，然後也就假裝回到書房，其實他又回來，暗暗地正監督着他們的行動。

樸魯斯比魯命令法蒂蘭特去堆起幾條重的木料，大概是由于皇帝的兒子不常工作的綠故吧，不久，米利達便發現她的愛人快被勞死了。

「啊呀！」她說道，「不要這麼吃勁，親愛的；我的父親回他的書房了，大約三點鐘內不會出來，請你歇歇吧！」

「啊，我的親愛的姑娘，」法蒂奈特回答，「我不敢，在我休息以前，我一定把我的工作做完。」

「如果你願意坐下，」米利達說道．「我來替你搬木頭，」法蒂蘭特無論如何也不贊成，所以米利達不惟沒有幫助他，反而成爲他的障礙了，因爲他們說了這篇長話，搬工料的工作也懈慢了。

樸魯斯比魯派法蒂蘭李特這個工作，完全爲着判斷他的愛情，實在沒有在書房讀書，如他的女兒所想像的一樣，只是隱身地站在那裏，聽他們到底說些甚麼。

法蒂奈特問她的名子，他告訴了他；並且她，說她這樣做是違犯她父親的命令的。

樸魯斯比魯對于她的女兒的叛逆，只微微地笑了一笑，因爲都是他的魔術的法力，使他的女兒這樣迅速地愛上了他，所以他不惟不惱怒他的女兒爲了表示愛情而忽略了他的教訓，而且還非常愉快地聽了法蒂蘭特，一篇是的言詞，他說他愛米利達，勝過他愛一切他曾見過的女人。

在回報他說她比世界上一切的女人都美麗的稱贊中，她說道．

「我不認識任何的女人，並且除了我的親愛的朋友你和我的爸爸以外，我也沒有見過更多的男人了。外邊的人的面貌怎樣，我是不知道的。但是相信我，先生，除你以外，在世界上我不愛任何的同伴了，加以除你以外，我的想像也不能再造出第二個人的形態了，先生。我恐怕我對你說得太隨便了，以致我的父親的明訓，也被我忘掉了。

（未完）

創作

麥後

王萬遷

「我是眞沒有啦大叔！說那個不好聽的話啦，罵那個鵝孫還有一粒粮食！……」

「這一斗麥，好値兩塊錢。剩的那早晚還？」錢仁也覺得他是眞沒有了。「不怕要帳的紅，就怕該帳的窮。」一沒有了再要也是無益，所以他這也不再逼了，便問其餘的何時還。

「那……」老李沒說出來。

「再晚三天吧，今天廿七，到三十我來拿。」錢仁用毒刺樣的眼睛刺看老李的臉，叫他答應。

「哦！：」老李不敢不應。

「給你茶，大老爺！」小孩子不知道什麼，只管給他倒茶。

錢仁接過茶來「咕得，咕得，……」喝了兩三盃。

「再晚三天，你留心！」錢仁扛起麥臨走的時候，還這樣的說着。

老李也沒有與他更改，再晚三天也不知他是會造錢，也不知他是會當盜賊偷人家，或者老李自有辦法。

老李眼睜睜地看着自己的一斗最成實最乾淨的麥子，一步遠一步的離開了自己的家！家裡沒有半點東西了。驀地想起晚幾天底粮錢催迫，討債者的威嚇……他的心似刀攪，淚如雨滴！

（完了）

哭父

叔原

（一）

父親，
你現在脫離世界而長逝了，
人間是卑濁的，虛偽的，
極樂國土是清淨的，眞誠的，
無怪你未走前：
是那樣手舞足蹈，
高聲狂吟；
既去後：
亦然還遺容莞爾
儀態溫存。

（二）

當父親的病耗傳來時，
青虹寶劍也難斬斷
我的亂絲般的心緒；
父親的慈顏，
父親的音容，
和父親痛臥病榻的呻吟聲，
都在我的明淨的靈台上，
拌成了一團悽梗；
一陣漆黑的烏雲，
掩上了我的心中；
我驚悸，
我悲痛；
我祈禱着，
願這是一個悲悽的夢境朦朧。

（三）

在我抵家時，
你已日薄西山，
奄奄一息；
當我『爸爸！爸爸！』地叫你，
你還微微一笑，
慰藉你的愛兒；
伸長瘦如柴般的膀臂，
緊執我手，
死也不放，
好像永訣的樣子；
兩唇翕張，
似有千言萬語，
只是舌結喉梗，
一字也格格不出；
默默地，
由你的乾涸沒神的眼睛，
傳遞你的想思；
緩緩地，
和那白衣的死神，
手手相印；
驀然地
被他的寬衣，
包了你的全體；
當這時：
慘慘淡淡地一支淚燭，
灰灰閃閃地照着斗室；
悽悽惻惻的月兒光暗，
冷冷清清的朔風悲悽，
晶晶瑩瑩的星淚流！
鳴鳴咽咽的蟲聲愁！
你那孤孤伶伶的小兒——我，
泣泣切切地含淚站在你床首；
冀望父親的精靈，
猶能溫伸柔手，
再撫一撫兒們的頭。
…………
…………

（四）

現在給你造成了水晶宮，
請你在這裏平安度永日。
（未完）

阿三的命運

小生

「多謝老總費心……」阿三低聲地說。「太陽的光，眞是炎熱啊！炙人的肉。」兩個丘八各持一支香烟，低顫拉腔的談着，口中不斷的冒出一縷牛縷的輕烟，沿着汽車公路走了。

太陽的身移到西南角了，光線更加的炎熱，她不息地，欲燒焦大地的一切生物，樹上的蟬更叫得響亮，似在悲鳴着人生的不平，一隻黃花狗躺在蔭影下，一動不動。

「唉：債主的借款，政府的糧錢，出於何處？收的麥已快吃完了，……；老總！你們不是吸的香煙呀，是吸的我的腥血。我的生命線，唉！糧錢，租償！怎麼辦呢？到底……。」阿三在個己的院子裏溜來溜去，眼淚與身上的汗交流着，滴到褲子上，再滴到土上，土呢？慢慢地將他流下的血淚吸收去了。過了一刻，他又呼着自己的名字，「阿三的命運，唉　就應該如此麼？是上帝賞予的！唉！唉！」他仍然哭泣着，含有無限的悲痛。

吁

唐虛

終日忙於田野，晚宿牛欄下，當夜闌人靜，每聞反芻聲，不禁有感，作此以誌。

（一）「吁！吁！」長而哀婉，
啊！牛，何必向我低訴？
我非地主，
怎敢寬恕？
我雖執着鞭竿，
地主却拿看我的飯碗。
我們都是地主的牛，
牛啊！快些奮鬥，走入光明之途！
空自長嘆，徒增愁！

（二）社會還是不合理，
强權與公理混在一起，
誰能分開，說是兩個東西？
我們就是個慣例。
桅木下喘吁了一天，
乾麥楷做頓飽餐，
這樣一年　年………
到老了，
「力盡刀頭死」是他們的報還。
春耕，夏種　秋收，
是我們一年工作的過程，
是嘴有寄託的日子，
工作完了，
無情的嚴冬降臨，
一年的成績皆進了地主的倉廩，
我們卻被逐出大門。

（三）奮場裏長嘆吁吁！
破廟裏躊躇呻吟；
這是我們最後的歸宿。

通信欄

小倩兄：

敬閱鳳鳴塔「二二九期」通信欄內，有勉祝吾人之言，奉讀之下，不勝愧感。但余一識半解，又無文學之天才，至於所寫之文字，恐諸不達意，實如幼蠶初行之期，毫無善狀　幸賴雲章先生指教及　兄等之見教，余不勝欽感之至。至於　兄云：對鳳鳴塔灌溉之責，勿要擺脫，誠其所言，不敢違命，但余如盛筵將撤時之小菜　亦不過有孱華筵之美味，遠不如　兄耳於斯祈雲章先生及吾至親至愛之　倩先暨吾鳳鳴塔畔之全諸同人，多多賜教，是爲所盼。尤祈共同努力，共負其責！努力吧！朋友！

頌恭
文安

閒人啓

宜生兄：

榮歸多日，未曾晤面，甚爲悵然，祈兄於暇時，頻駕來城一敘　有乞教言，是爲所幸，不勝期望之至。

閒人啓

編輯室的廣播電台

一，宜生君，請到編輯室裡來談一談。

二，小生君的『阿三的命運』已送來。

三，投稿諸君：稿費已通知數日，請快向本報會計處領取可矣。

四，書平君：你在縣中住着，一點事沒有，就不能寫稿子嗎？如若我們還沒有斷絕關係的話，請你注意我的話吧。

雲章　八，六。

縣黨部無綫電收音室開放節目

八月七日　星期五

八，一〇　西樂
八，三〇　新聞
一一，三〇　平劇防衞知識報時氣象商情
一七，〇〇　滬市商情商業新聞大鼓
一八，〇〇　樂隊奏樂
一九，〇〇　轉播世界運動會消息
一九，三〇　兒童教育
二〇，〇〇　報時氣象水位雨量簡明新聞
二一　〇五　英語演講及西樂
二一，三五　預報明日節目
二一，四〇　新聞
二二，二〇　平劇及國樂

中華民國二十五年八月七日 （星期五） 第一版

第一一五九號
中華郵政特准掛號認為新聞紙類

中國國民黨江蘇省豐縣執行委員會通告 第 號

案奉省黨部第一〇一五號訓令內開：「查各縣党員黨籍，近年來已逐漸紊乱，新加入之黨員，亦往往不向所在地報到。殊有影響本黨工作，亟應予以清理，經本部擬訂江蘇省各縣黨部清理黨員黨籍辦法一種，提出第十七次特派員會議，決議：『修正通過』紀錄在卷，除分行外合亟印發原辦法及黨員名冊紙，令仰該黨部遵照辦理具報為要！此令。」等因，附發各縣党部清理黨員黨籍辦法一份，黨員名冊二十張；奉此，茲經本會第五十二次執行委員會議決議：「本縣党員黨籍限八月廿五日以前清理完竣。」紀錄在卷。除分令各區分部遵照外；合再登報通告，凡在本縣境內未參加區分部工作之黨員及預備黨員，統限於八月十五日以前向本會報到，其已離縣境而未辦移轉手續之黨員限八月二十日以前辦理完竣，如不遵辦即行分別呈報處理特此通告週知。

中華民國二十五年七月三十一日 常務委員 李貞乾

本社營業部啓事

本部前蒙會計主任辦事處指定代印之各項應用表冊簿籍已完全印齊 各機關如需用時 請來本部購買可也此啓

豐縣教育局啓事

各校教職員均鑒 查城市县教館所量之制服尺寸，不甚正確，茲定於本月五日至十日在本縣南關中市街興華服店再量 希各民校教職員如期前往裁量為要！

豐縣教育局啓事

查二十四年度六月份義務學級省款補助業由教廳領到，定于七日開始發放，希各校准時來局具領毋延為要此啓

中外要聞

李白召開軍事會議改編民團 各將領反對稱兵民怨沸騰

▲中央社香港六日電 梧訊 李白三日在邕召開軍事會議、李[illegible]將領多反對稱兵、軍民怨沸騰 如執迷不悟[illegible]心[illegible]議自促滅亡。

▲中央社香港六日電 李白[illegible]民團編成省防軍 師長[illegible]明林賜希、張鑑[illegible]樹芬為二十四師師長、[illegible]為四十三師師長、[illegible]為廿五師師長、劉士[illegible]兼副軍長。

▲中央社[illegible]廣州五日電 桂軍[illegible]化山籍、連日有工兵[illegible]江演[illegible]、構築防禦工事、

高州附近發現桂便衣隊

▲中央社開封六日電 南寧[illegible]裝設大炮高射炮探射燈等、又粵高州附近桂邊各地發現桂便衣隊、五日報載李白將下野出洋、請中央支助旅費給予名義、並派李品仙到粘請將委員長、請示桂省善後辦法云云 據粵保方面聲明 此間尚未接此消息、其真確性尚待事實證明 但中央對李白之覺悟、則希望甚切。

▲中央社廣州五日電 桂金融恐慌亞極物價指高數倍、商民交易以白銀行使、當局中捉制桂幣挽訂辦法。

黃慕松昨日蒞粵抵廣州 發表將來施政意見

▲中央社廣州六日電 粵主席黃慕松偕市長曾養甫、乘機飛粵、六日下午一時二十分抵省、余漢謀宋子良及重要軍政人物、均到場歡迎、黃氏下機後與記者談稱 關於今後粵省政治、服從中央政府命令、依照法規、切實解除人民痛苦、施政之急務、當先從禁絕烟賭及廢除苛雜着手、又新任市長曾養甫語記者 本人離粵甚久 一切情形不甚明瞭、俟就職後對市政遵行當秉承中央意旨 及在黃主席領導之下 與市民謀幸福、聞曾以市府範圍太大 擬縮小、以求節省經費及增高行政效率。

電勸李白接受新命、內云李白兩兄[illegible]諒德府命令 欣幸兩兄榮任新命 以助中樞依畀之殷 遠道迪聽、曷勝忭慰、竊維吾國今日處境、實居風雨飄搖之中、兩兄去捨之途、實吾國安危所繫、務早日命駕北上 分赴京浙就職 庶蜚語流言不待置辯 圖存運籌 有待共受等語、

▲中央社廣州六日電 粵聯會電呈中央、請迅定應付方策、俾桂同胞免陷水深火熱之中、並伸國法。

▲中央社廣州五日電 桂旅粵同鄉會電李宗仁白崇禧釋兵息爭 共謀國是、

▲中央社廣州六日電 廣西會館以黃紹雄奉派回桂、擔任桂綏靖工作 除電歡迎及促駕早日回桂外、並召集會議籌備盛大歡迎、

粵嚴除苛雜審委會 昨開第一次會議

▲中央社廣州六日電 財政廳六日下午二時開廢除苛雜審查委員會第一次會議 宋子良任主席 決議案俟呈部核准即施行。

梁敬錞訪劉維熾 商粵糖運銷問題

▲中央社南京六日電　財政部中央直接稅籌備處副處長、兼食糧運輸管理委員會委員長梁敬錞、此次在滬係訪晤新任粵省建設廳長劉維熾、商討粵產土糖運銷問題、香港方面有少數商人　呈請變更原有粵糖產銷統制辦法、惟政府當局以粵省糖產已具極當規模仍將繼續加維護、而不令中斷、至滬報載本人對所得稅談話、實係他人所談之誤。

粵鹽稅減低

▲中央社廣州五日電　鹽務經整頓、鹽百斤收稅五角、並免前附徵各種苛捐。

粵四路軍總部限期修中山路

▲中央社廣州五日電　四路軍總部限期修理中山路、以利黃埔廣州間交通。

中央黨部昨舉行第十八次常會

▲中央社南京六日電　中央黨部今日上午八時舉行第十八次常務會議、出席委員葉楚傖、丁惟汾陳立夫、張厲生、陳果夫、周啓剛、周佛海、張厲生、等十餘人、由常委丁惟汾主席、決議要案如下　一、通過改組廣東省廣州市兩黨部、採用特派員制　並推陳委立夫視察該省市黨部、並指導一切事宜、二、中央紀念週推葉委員楚傖主席並報告。

公民宣誓女性簽名 應照法院判決案辦理

▲中央社南京六日電　湖南選舉總監督林璋、以公民資格無分男女　而女性稱姓、稱名、誓詞簽名及公民註冊內應如何塡造　特電國選總事務所請示辦法　總所據電後、依法院判決案件、無以兩個以上冒同姓名女子、于其姓氏之下　加以註釋以某某氏　即某某人之妻、此次辦理登記　即可採用該項辦法、凡已嫁女子、以其夫在者註以某某人之妻、決夫在者註某某人之母、其未嫁之女子則註以某某人之女等語、指令知照。

農本局銀行界理事 尚未完全決定

▲中央社南京六日電　實業部籌設之農本局銀行界應選出理事經推定鄒本文、徐行之十二人後、由實部呈請簡派之理事、除九人爲當然理事外、尚餘二人、尤待決定

國民政府 昨日命令

▲中央社南京六日電　國民政府今日命令（一）中央航空學校校長陳慶雲另有任用、陳慶雲應免本職、此令、（二）任命黃光銳爲中央航空學校校長　此令、（三）全國經濟委員會呈請任委張維爲全國經濟委員會衞生實驗處技正應照准、此令。

中央國府工作人員 昨行公民宣誓禮

▲中央社南京六日電　中央黨部全體工作人員、於今日上午九時三十分、在該部大禮堂舉行公民宣誓　中央各處部會全體工作同志八百餘人、及所有在京內之中央委員丁惟汾、葉楚傖、陳立夫、周佛海　張繼　周啓剛、張厲生、方治等均參加、由常務委員丁惟汾主席、中監委張繼監誓首由主席領導行禮如儀後、全體均齊舉右手朗讀誓詞畢、監誓人張繼及主席丁惟汾均致詞、即禮成、又國民政府文官參軍處三處人員、上午九時在府內大禮堂舉行公民宣誓典禮　儀式裝嚴隆重、由國府委員鄒魯丞彥主席、領導行禮、文官長魏懷、參軍長呂超、主計長陳其才監誓。

閩國選事務所 積極工作

▲中央社福州六日電　省國選事務所積極進行、並通令各區限九月十日前完成各項工作。

吳醒亞逝世後 中常會匯治喪費五千元

▲中央社南京六日電　中委吳醒亞逝世後　其臨時治喪部迅[illegible]中央黨部報告、業由中央秘書處提出今日中央常會報告、當即由常務委員會命令中央秘書處急撥五千元匯廬山　爲其故委員[illegible]治喪之用　並將其[illegible]移送中央撫卹委員會備案、至對其[illegible]員優恤辦法、一併送撫恤委員會妥擬決定。

漢口江水增漲 工程局準備防範

▲中央社漢口六日電　連日川江大漲、漢江中水位增高、[illegible]水位距水面不及一尺、工程局據報　準備材料[illegible]建立[illegible]

▲中央社南京六日電　目前長江水暴漲、各方均極注意、[illegible]游委員會于令飭排派鎭納督工人員電稱、此[illegible]已過去、剩千日門工程　及下游縣事、均無影[illegible]

居正明日可返抵京

▲中央社南京七日電　司法院院長居正前因公赴廬、業已[illegible]明日即可到京云

粵漢路大元鐵橋沖毀 錢宗澤親往督工趕修

▲中央社廣州五日電　粵漢路定章平石之間大元鐵橋、四日爲山洪沖毀　錢宗澤親往督工趕修、

宋哲元昨在保 檢閱冀保安團隊

▲中央社保定六日電　宋哲元六日晨六時在東關大操場檢閱[illegible]保安第一團　省府衞隊公安局警察、濟苑保安隊等三十餘團[illegible]、精神煥發、均極整齊、宋訓話大意（一）守紀律、（二）認清敵人共產黨、（三）鍊體力求學識、以進[illegible]之[illegible]、九時餘完畢、

[illegible]公局在馬廠 查獲大規模製毒機關

▲中央社[illegible]六日電　津公安局警探、五日會同日警在馬[illegible]大規模製毒機關、搜出海洛英及各項原料約值廿萬[illegible]日人渡邊進藤等　當解日警署、華人一名王月[illegible]

理、六日由公安局會訊、聞此事將由中日警署分別審判、

李桐華抵平 將赴平漢路視察

▲中央社北平六日電　防止路運走私總檢查處副處長李桐華、在津事畢、六日午來平　將訪此間當局　交換緝私意見、並與冀東運私事、有所協商、稍留赴平漢路視察、

戴傳賢昨訪德青年運動領袖

▲中央社六日電　中國考試院院長戴傳賢、六日訪德國青年運動領袖希拉克　轉達蔣委員長之敬意、

駐華瑞典代辦培克菲 請假回國

▲中央社南京六日電　駐華瑞典代辦培克菲利斯、因公請假、于前日離滬、在假期中駐華瑞典使館公務、及駐滬總領事館館務、閱由副領事克朗瓦魯代理、

伊蘭將派員來華 設遠東貿易局

▲中央社上海六日電　據伊蘭駐滬領事館消息、該國經濟部將派員來華、設立遠東貿易局、以發展中伊兩國貿易、

蘇國選事務所成立後 全國開始公民登記 各縣不擬成立縣事務所

（江蘇社）江蘇省國民代表選舉事務所自上週成立開始辦公後、一切工作已積極進行、記者日昨趨訪總幹事高宗禹氏、詢以蘇分會事務所成立後第一步工作、暨各縣成立縣事務所否、據告各縣不擬成立縣事務所、現在第一步工作係辦理公民登記、全省已經開始、儘於九月中辦理完竣云、茲將余總監陸續調委之事務所重要職員、探誌於後、計幹事兼第一組長王錫珍、幹事兼第二組長許健　幹事兼第三組長張德鍾云、

蘇省新運會訂期召開 新運視察會議 本月六日上午九時

（江蘇社）蘇省新運促進會、爲考查各縣新運幹部人員工作

忠續、由省黨政教育合組視察專員分別出發考查、其視察人員現已由各機關派定、該會訂本月六日上午九時在教廳召開各視察人員會議、討論關於考查工作事宜、茲將此次出發視察人員、及出發地點誌後、省政府秘書處派視察員張國瑛、考查松江、上海、南匯、青浦、奉賢、金山、川沙、寶山等八縣、省黨部特派員黃雛、考查銅山、豐縣、沛縣、蕭縣、碭山、邳縣、宿遷、睢甯等八縣、民政廳派視察許健、考查嘉定、崇明、啓東、南通、如皋、東台、興化、海門等八縣、保安處視察一人未定、考查東海、灌雲、沭陽、贛榆、阜甯、泗陽、漣水、鹽城等八縣、東南職中校長法度、考查高郵、寶應、淮安、淮陰、吳縣、吳江、崑山、太倉、常熟等九縣、省立鎮江師範校長曹芻、考查儀徵、六合、江浦、句容、泰縣、泰興、武進、無錫等八縣、省立鎮江民教館館長趙鴻謙、考查丹陽、宜興、金壇、溧陽、揚中、高淳、溧水、江陰、靖江等九縣、并聞江甯自治實驗縣暫不考查、鎮江江都兩縣另派員就近考查云、（四日）

國民經濟分會 開各股長聯席會議

△江蘇社　國民經濟建設運動委員會蘇分會、四日下午四時開各股股長聯席會議、由祝祕書主席、討論至五時許散會、聞五日爲該會第二次股長聯席會議、討論內容仍係關於該會會務工作等重要問題云、（四日）

煙犯病斃無人收埋 可由羈押所予以棺殮

所費款項在禁煙費項下撥用
蘇省府令各區保安司令部遵照

△江蘇社　蘇省府以各區保安司令部羈押所煙犯病斃棺殮經費、應予規定以資辦理、特通令各區保安司令部云、嗣後區部羈押所遇有煙犯病斃、如無家屬認領、或無人施給棺木、可由押所予以棺殮、所費款項得在禁煙費項下撥用呈省核銷云。（四日）

蘇民廳令各縣擬本年度煙禁中心工作計劃

△江蘇社　蘇民廳以二十四年度各縣辦理煙禁工作已具有相當效果、惟仍不免有戒而復吸及私自吸食與販運等事、茲爲正本清源計、特通令各縣政府、擬具本年度對於辦理煙禁事宜之中心工作計劃、[illegible]之施行云、（四日）

蘇民廳派員視察各縣警務

△江蘇社　江蘇省民政廳以二十五年度業已開始、爲視察各縣以往之警務成績暨督促將來之改進警政、特派警務督察陳焜等分赴各縣視察、現陳等已分別由省出發云。（四日）

蘇建廳令葉蘭繼任蘇錫路工程主任

△江蘇社　蘇錫路工程主任吳廷佐近因受鐵道部之聘、特於日前來省[illegible]方面遞辭呈、茲悉建廳已准如所請、並指派蘇錫路車工段段長葉蘭繼任云（四日）

警官補習班畢業生 蘇民廳派往各縣服務

（江蘇社）蘇民廳以鎮縣省警官學校警官補習班、學生仲吉甫等六十三名、並在省會正式實習業已終了、該校前次招考之警官按照校章條業期滿、除一部份外、尚有仲吉甫薛聲堯等請發任用、[illegible]畢業、茲悉民廳經呈後、查單列各員既在本省畢業、自應予以任用、昨特通令各縣就任警官缺出者、或資歷欠缺、工作不力者、即以此次受訓警官除分令指派各縣長飭局儘先錄用暨將遴辦情形具報外、並令知警官學校轉飭奉派各該生等遵照指定縣份剋日前往報到聽候委用云、

消費合作研究出版

上海市合作會專家陳維藩著

（江蘇社）消費合作之研究一書、係上海市合作事業委員會專家委員陳維藩氏所著、都十餘萬言、內容一面闡明消費合作組織之意義及其效用、一面詳述消費合作經營之政策、取材豐富、條理清晰、文字淺顯、綜述詳實、其徵引中國實例、尤費匠心、書末之附錄、亦頗切實用、實爲肆力消費合作者之嚮導、該書由上海三馬路教育日報館發行、由四馬路生活書店、作者書社、黎明書局等及其他各大書局代售、實價五角、郵費酌加云

蘇省府轉令各督察專員調查度量衡舊器

△江蘇社　全國度量衡局、以全國各地度量衡舊器極爲複雜、紊亂不堪、必須調查翔實、妥爲折合新制、以期施行新制時新舊器量折合之標準、俾物價得以平允、並爲廢除舊器後、作歷史上之資料、是項調查工作、前曾由前工商部分請各省市政府調查表、惟前次調查、因時間倉卒、而各地尚未設置檢定人員、自欠翔實、該局現爲編訂全國各地度量衡舊器折合新制表起見特製定調查表格一種、函請各省府轉飭各縣市辦理度政人員、統計人員、土地清丈人員、詳細調查、據實填明、轉送該局、並請此外有任何關於折合之參考、及印刷品亦予檢寄聞蘇省府准函後已轉令各區行政督察專員遵辦、茲將度量衡舊器調查表內容誌之於下、1.舊器名稱及式樣、2.單位、3.合標準制數、4.合市用制數、5.使用範圍、6.備註、（說明）一、本表分舊度器舊量器舊衡器舊地積四類、可分四表填之、每一類中有各種不同舊名稱及式樣、亦請一一詳細填列、二「單位」度器以「一尺」爲單位、量器以「一升」爲單位、衡器以「一斤」或「一兩」爲單位、地積以「一畝」爲單位、但各地有特別實用單位、如舊量器有以斤兩爲單位者則即以此實用單位填入、三、「合標準制數」「一尺」合公分數至小數二位、「一升」合公升數至小數四位「一斤」或「一兩」合公分數至小數二位、「一畝」合公畝數至小數二位、四、「合市用制數」「一尺」合市尺數「一升」合市升數「一斤」或「一兩」合市斤（或市兩）數至小數四位「一畝」合市畝數至小數三位、填市用制時可免填標準制、五、「使用範圍」指該項舊器所使用之區域範圍及各範圍云。（四日）

蘇建廳物品陳列所本月十一日開放

△江蘇社　江蘇省建設廳物品陳列所新址（在博愛路）已於上月鈔竣工、原定八月一日開放、任人參觀、茲悉該館以佈置不及、特展期決於本月十一日陳列完畢開放云（四日）

世運消息一束

△柏林六日電、美國黑人怪傑歐文思、業已獲得錫盾獎章三枚、並創大會新紀錄兩項、而成與林匹克表演空前紀錄、此種成績當另保持與林匹克著名奔跑運動家納爾米獲得金章四枚、但美四百公尺接力賽、如能得勝則歐文思尚有平等納爾米紀錄之望、則歐文思亦爲接力賽隊員之一、其所獲得者亦應歸歐氏矣。

△柏林五日電、世運大會五日下午舉行男子二百公尺決賽、結果第一名歐文斯（美）、第二爲賓生（美）、第三名烏斯達蒂（荷）、第四名海里尼（瑞士）、第五名奧爾（加拿大）、第六名必白倫（荷）、成績二十秒七、創大會紀錄、又日美棒球賽、日以六對一獲勝、

△柏林五日電　五十公里競走、五日舉行、結果如下、一、懷得洛克（英）四小時三十分四十一秒、二賈華波（瑞士）、三、布本克（拉脫維亞）、四斯脫克（捷克）、第五波倫（波）、波立維思（德）

△柏林六日電　重量組舉重之決賽、結果德選手曼提爾榮獲冠軍、成績爲初舉一三二公斤半、推舉一二二公斤半、撃擧一五五公斤、共計四一零公斤、

△柏林五日電、五日下午五十公里競走決賽、英維爾多克以四點三十分四十一秒獲勝、創大會新紀錄、

△柏林五日電、撐竿跳決賽、結果第一名米來士思（美）、四公尺三五、破大會紀錄、

本縣新聞

第二區公所召開區務會議

確定訓練壯丁地點　整理各鄉地畝清册

第二區公所、于前日上午十一時、在該區會議室、召開第三十二次區務會議、出席鄧莊鄉鄉長魏懿釗等十餘人、主席卜憲章、紀錄劉鴻猷、

一、本日會議之中心問題爲訓練壯丁、因

報告事項　本縣壯丁訓練委員會第一次會議議決、定於六月十五日開始壯丁訓練、二、奉令査禁農夫在微湖西堤頂架棚住宿　仰災區沿堤各鄉轉飭農民知照、三、准堤工辦事處函於微西大堤暫留之路口　均需預備土料、以防不虞　望各遵辦、四　奉縣府令聯合區農會區分部等機關、成立緝私分會、現已遵照成立、開始偵査、五、奉縣府令、澈査在堤身種植莊稼之農民、拘集訊辦、以維堤防、六、奉縣府令、各鄉鎮清丈率資捐、不敷事業費時、得提交鄉務會議議決後、籌募並呈報備案、七奉縣府令、人民怠忽保甲任務時　縣先行警告、然後處罰、以示體恤、八、奉縣府令、烟民自首投戒、應依刑事訴訟法第二百三十二條規定、予以不起訴處分、九、奉縣府令、未換四期執照、及未投戒烟民、需於十日內悉數送交戒烟所施戒、十、保長辦公費預算未經報准、十一、各鄉鎮門牌尚未整齊、希嚴飭各保督催整理、十二、缺少甲長辦公之鄉份、須從速統計報所　以便辦理、十三、豐沛魚三縣保安隊、於三十日在蕭堰會哨、望該鄉鎮保長準備茶水妥爲招待、十四　本區所攤土方津貼　除扣留修築城市馬路費辦公費、及已領洋洞單　業經存卷外、現又退回二百一十七元六角二分　除繳保長訓練所軍裝費洋六十九元一角九分外、淨存洋一百四十八元四角三分

討論事項　一、應確定訓練壯丁地點案　決議、全區集中縣口訓練、房屋在本街租借、二、各鄉鎮壯丁應如何抽訓案　決議、甲、按各鄉鎮地畝多寡分配、乙　所抽之壯丁、分四期訓練、（一各鄉鎮所攤之總數　及每期應攤數目　詳列另表　丙、壯丁火食、服裝　槍枝由各鄉鎮自備　三、災區五鄉所攤款項、可否緩繳案、決議、在訓練第三期壯丁時繳清、四、壯丁服裝費、應如何分配案　決議、按地畝分配、陳莊鄉洋三十一元二角二分、鄧集[illegible]十六元三角八分、陳集鄉二十二元六角二分九、汪屯鄉[illegible]二十三元四角、侁集鄉三十一元六角八分、小營鎮三十[illegible]四角七分二、店子營二十一元六角、賀固鄉十七元一[illegible]縣口鎮二十四元三角六分、蕭莊鄉三十六元九角、[illegible]鄉十四元一角二分、蕭塔鄉十三元六角八分、徐樓鄉[illegible]七元九角　沙莊鄉三十一元一角四分、五、各鄉鎮所攤之壯丁伙食軍服費、應定期繳納案、決議、分三期繳[illegible]八月八日前繳三分之一、八月二十日繳三分之一、八月底繳清、六、各鄉鎮抄地畝清册、應如何發提案、決議、交各鄉鎮對正、交下次區務會議審核、附第二區各鄉[illegible]期受訓壯丁一覽表、陳莊鄉六十四人、第一期十六人、第[illegible]期十六人、第三期十六人、第四期十六人、郭集鄉、三[illegible]四人　第一期九人、第二期九人、第三期八人、第四[illegible]人、師寨鄉、四十七人、第一期十二人、第二期十[illegible]人、第三期十二人、第四期十一人　汪屯鄉、四十七人[illegible]二人、第二期十一人、第三期十二人、第四期[illegible]、[illegible]集鄉六十五人、第一期十六人、第二期十六人[illegible]人、第四期十七人、小營鎮、六十二人、第一期[illegible]人、第二期十五人、第三期十六人　第四期十六人、[illegible]鄉　四十四人、第一期十一人、第二期十一人、第三[illegible]人、第四期十一人、賀固鄉、三十五人　第一期九[illegible]第二期九人　第三期九人、第四期八人、縣口鎮五十[illegible]第一期十四人、第二期十二人、第三期十三人、第四[illegible]三人　蕭莊鄉七十五人、第一期十八人、第二期十九[illegible]第四期十九人　鄧莊鄉四十九人　第[illegible]十二人　第二期十二人、第三期十二人、第四期十三人[illegible]蕭塔鄉二十八人、第一期七人、第二期七人、第三期七[illegible]第四期七人、徐樓鄉　五十七人　第一期十四人　第[illegible]期十四人　第三期十四人、第四期十五人、沙莊鄉六十[illegible]三人　第一期十七人、第二期十七人、第三期十五人、第四期十四人　合計受訓七百二十二人、第一期訓練一百[illegible]人、第二期訓練一百八十人、第三期訓練一百八十八人　第四期訓練　百八十人。

蔣溝小學重行開[illegible]

教育局委劉[illegible]爲校長

本縣第六區蔣溝莊　原有小學[illegible]民國紀元前　由己故勸學所長蔣伯勛先生創立[illegible]從未中斷、在本縣小學中、頗具悠久之歷史[illegible]實驗區設在楊樓後、對民衆學校、蓋無崗充該[illegible]人數頗受影響、因之無形停頓、迄已數載　該區今春已奉令結束　致學齡兒童、多無處向學、該樓蔣溝楊樓三莊保甲長謝延芷、曾慶雲、吳華堂、張宗蔭等、有鑒于此　認爲蔣溝小學、有恢復重開之必要、當公推李厚基、蔣沃賜　爲該校董事長負責主持一切　現已籌備就緒、已呈報教育局備案、並請委派校長、茲悉教育局董局長　偕朱局員本洛　前往該處視察、認爲設備尚合、准許成立、惟該小學校長、已由教局派定劉傳同担任矣。

保長辦公費應暫從緩議

縣政府奉專署令

第九區專員公署召集之各縣區長談話會、會議決呈請省府、統籌保長辦公費、專署當錄案呈省核示、嗣奉省令、保長辦公費可暫從緩議、專署即分令所屬各縣知照、現本縣已接到該令、略以省府指令、謂各縣二十五年度預算、已列有保長獎勵金　對特別出力之保長、可酌予獎勵　所請統籌辦公費節、應暫從緩議等語、（縣府奉令後）已轉飭各區知照矣。

王爲江盜竊橋磚

經縣政府查獲　將嚴予懲辦

縣政府修築北門涵洞之磚料、近來損失頗多、雖多方査緝、終以無綫可尋、人贓仍未弋獲、忽據密報、謂該磚係被北關外居民王爲江盜竊、現在伊之堂屋後衙衙內藏匿、縣府據報後、即派警兵前往搜査、果在該處搜出橋磚數百塊、及拆下之舊橋板五頁、現已將竊犯王爲江帶縣收押、聞將與以嚴厲之懲處云。

縣政府奉頒

城市及鄉村小學衛生設施標準

（二）教學設備　各校應有下列關於衛生教學的設備：

關於公民方面的	出版者
一　衛生習慣掛圖	衛生署
二、生理衛生模型	同前
三　健康與經濟掛圖	同前
四、家庭學校各處佈置設計圖	自製
五、個人整潔比較表	同前
六、團體整潔比較表	同前
七、視力測驗表	衛生署
八、實足年齡計算表	衛生署

本城糧價

名稱	每市斗價目	
小麥	最高三千四百五十文	最低三千二百文
大麥	最高一千八百五十文	最低一千七百五十文
黃豆	最高三千八百文	最低三千七百文
黑豆	最高三千四百文	最低三千三百文
菉豆	最高三千五百文	最低三千四百文
江豆	最高四千文	最低三千九百文
高粱	最高二千八百文	最低二千七百文
穀子	最高一千一百文	最低一千[illegible]五十文
稷子	最高二千三百文	最低二千二百文
芝蔴	最高五千六百文	最低五千五百文
青豆	最高三千六百文	最低三千五百文
花生（每斤）	最高二百六十文	最低二百五十文
瓜子（每斤）	最高四百五十文	最低四百四十文
生米	最高四百三十文	最低四百二十文

氣象

天氣	風向	最高溫度	最低溫度
晴	東南風	九九度	八二度

鳳鳴塔

第二三一期

，本刊內容分科學常識論著詩歌小說戲劇散文雜俎書報介紹及批評等項

一，本刊歡迎投稿來稿文言白話均可

二，來稿本社有修改權不願者應先聲明

四，未經登載之稿除預先聲明者外概不退還

五，本刊編輯部設豐報社內

漫談

中國畜牧問題（續）

高德培

畜牧在民生問題上之地位　牲畜之能供給佐食者，爲豬、牛、雞、鴨、鵝、蛋，吾人除每日所食之植物蔬菜以外，供仰給于肉類，肉類之營養價值是富于礦物質成份，其中燐酸鹽和鈣鹽尤爲吾人組成神經及骨骼所不可缺少之物質，除農村上的人民，因經濟之關係，少與肉食相接觸外，如照鎮市商埠論，則食肉之關係于人民無日不可缺少，都市上一旦發生屠宰停止，勢必影響于全埠人民之恐慌，如以國外論則全世界之大屠宰場爲美國芝加哥，其每日所宰牲畜供給歐美各國，去年因發生火警致將屠宰停止引起全世界之食肉恐慌，竟致影響于經濟問題，其關係于民生問題爲何如耶？

畜牧之關於國際問題　我國之農產品如米、麥、棉、茶，近年來對於國際貿易日見衰微，惟副產品之貿易價值頗可見觀，根據二十一年之調查，則國際貿易之出口畜產論，其價值竟在七千三百五十萬關平兩，合計國幣一萬萬另三百萬元，價值之鉅頗足驚人，其正副產品居出口貨第三位，即以如今推廣種羊中之中國窳劣土羊一項論，每年輸出羊皮可達一百六十二萬九千一百四十四兩，綿羊毛亦達五十三萬之譜，故羊毛佔牲畜出口貨之第二位，羊皮佔第三位（第一位爲豬宗一百萬），至於中國最近主要大小畜類之數量合計有四萬七千三百另二萬隻，估計其價值計合國幣一十八億三千一百九十餘萬元，是則畜牧之關係於農村國際爲何如耶？然則我國對外之畜產貿易，并非蒸蒸日上之勢，反具岌岌可危之狀，何則？即此種畜產品大都輸出其原料而輸入其製造品　根據國際貿易局發表近年來關於毛織品進口數在一萬萬元，以中國二十一種之副產品祇能換取進口貨一種，換言之，即中國羊毛出口價值五十三萬元，比一萬萬元之進口毛織品　是則列强用中國之原料變成製造品復賣給中國，此種經濟上之侵略，使都市何能再有復興機會？農村經濟破產，商業市場凋零，何能再度挽救希望，漏巵外溢可不痛心！可知畜牧事業不僅關乎民生，更能影響國際經濟，苟政府能集合農商學之各方力量，通力合作，并以學術研究試驗，政府應獎勵提倡畜牧　更利用中國之遼廣土地及農產製造副產品之利用如稻麥糠酒糟之類喂飼牲畜，是以若欲致力生產教育，復興農村，亦應力謀畜牧事業之繁榮，夫如是豈特皮毛紡織，衣着，器具，得可救濟，即農村經濟亦可繁榮，工人之失業亦能解決一部即國際問題之經濟侵略，變原料品爲製造品，補救中國每年輸入之數千萬元之漏巵，亦爲意中事。是則都市可由衰落而繁榮，國家前途庶有望矣。（完）

翻譯

風波（續）

英國沙氏比亞原著　菽原譯

在這一點樸魯斯比魯又笑了一笑，點點他的頭腦，像是說：『這恰好付了我的願望；我的女兒將要成爲拿破里的皇后了。』

後來法蒂蘭特在另一個爽快的長的談話當中，一年輕的太子說話都是非常堂皇的　告訴天眞爛漫的米利達說道　他就是拿破里斯王國的承繼者，她就是他的未來的皇后

『啊呀，先生！』她說道，『我實在是一個傻子，在我的快樂的事務上我常常落下眼淚。以我的最坦白的天眞，我告訴你吧，如果你要我的時候，我便是你的妻子。』

樸魯斯比魯在他們的面前出現了，阻住了法蒂奈特的答謝。

『我的孩子們不要害怕，』他說道，『我已經聽到了，並且我非常贊成你們的一切，法蒂蘭時，如果我以前虐待了你，那我將要給你一個豐富的報酬，就是把我的女兒送給你了，你的一切過去的煩擾　只是你的愛情的審判，你已經很高地忍受過了，至於我的禮物，那是你的眞誠的愛情買到的，請你不必猶疑了，你就把我的女兒娶了吧，但是我說她是超過讚美的，你也不要微笑我的誇耀。』

然後她告訴他們，說他有事，需要他到跟前，希望他們坐在一塊兒談話，一直到他回來，這個命令，米利達似乎一點也不反對。

當樸魯斯比魯離開他們以後，便喚他的小妖哀利兒；他就立刻在他的面前出現，並且很誠懇地敘述着他對於樸氏的兄弟和拿破里國王所做的一切，他說他們差不多被他嚇死了，正當他們正餓之交加的時候，忽然在他們的面前擺下一席很豐美的宴席，正當他們　下箸去吃的當兒，他便在他們的面前變成一個假的「厄噴」（一種吃人帶翼的妖精　同時，筵席也飛散了，他們正在驚慌失措　這個假變的「厄噴」便向他們說話了，說他們如何不公平地把樸魯斯比魯從他的國中驅出　如何慘忍地把他們父女二人置海中，說這些驚恐就是爲着這個原因，用來苦難他們的。

（未完）

創作

遺產

張雪舫

（一）預謀的煩惱

『喜的爹你看老頭子就要死了；再不想法子，咱們怕要跟着老頭子的死離開這章姓的家庭，那數萬的財產，眼看着被族人侵奪完了。』

「嚇」喜的爹得意似的一笑說：『我還用你提醒呢？我不是早已預防了麼，銀行的存款，糧莊存的二百石芝蔴，這兩項算來，就是三萬多塊錢；在前天老頭子發昏醒過以後，我乘機哄弄着老媽媽向老頭子把這兩項的存據騙過來　昨天我給你的兩個摺子那就是銀行糧莊的存款存芝蔴的憑據　是我由這兩個地方用舊據改過戶頭換的新摺據　老頭子的財產除此以外，雖是尚有三四萬，可恨都是些田地和房子　一時倒不得手脚；家裏的現款，雖是有些　然也就得要花的，老頭子的喪事，我們必需要辦的風光些，免得族人說閒話，老媽媽寒心。雖是老頭子一生齋慳　爲我們的臉面　那是不得省儉的，再說老媽媽面前　你務須做出孝順的樣子，凡事勤俐些，要知道老頭子一死，他的姪兒，他的親生的女兒，還有那倆住在鄉下的，替他生養這個女兒的小老婆，還有……這些人　都要分點財產。我們要沒有老媽媽當護符，怕不像你說這章姓的家不容咱住下去了！』

（未完）

哭父（續）

菽原

（五）

父親！

你還記得五年前的一天下午，

你攜我從冶戍小校回來，

我母親正坐在門口算命，

云你要享七十高壽？

今年方才知命有三

怎麼就捨我們而長去？

怎麼就捨我們而長去？

（六）

父親呀！

兒子慚愧；

兒子沒有鐘鼓饌玉來祭父親，

唯拿黃花一束，

插在新攏的墓巔；

淸淚一掬

酒在初立的碑前；

當做兒子的奠獻。

唉！

我號呼，

叫聲聲，

父靈不應；

唉！

哭哀哀，

血淚漸枯。

啊！

爸爸！

爸爸．

我的親愛的爸爸呢？

我的親愛的爸爸呢？

（未完）

無線電研究

四燈乾電式收音機使用及說明

——各區區公所所購者——

豐縣縣政府無線電技術室編

1，引言

時至今日收音機之種類夥矣，總計各無線電公司出品之收音機綫路勾心鬥角，日新月異，不下四五百種，此固無綫電科學之猛進及歐洲各大無綫電機公司聘科學家與工程師協力組織研究部，每日在試驗室中不斷實驗之結果，而亦即無綫電與人類關係之密切，日益重要，舉凡國防，交通，教育，各種安全保障，莫不與無綫電有關，利用廣播傳達消息至邊疆內地，灌施民衆教育，智識及高尙娛樂等，端賴收音機之能普及是焉，而收音機之在我國作爲傾銷市場者爲美、日、英、德，次爲荷蘭，而我國今日固亦已有國人自創之大規模無綫電公司，製造廠家，所可痛心者，仇貨充斥於市，一般不知而貪其廉相往購置，幾形成某國之惟一傾銷市場，而其出品之粗劣，眞有使人有東洋貨之感，一收音機之優劣，非祇其外表而已，須由其所用之線路，內部接線之恰當與否，所用零件質之優劣，配合設計之精確與否，眞空管是否精確而定，今就此機而觀之、

2，綫路

（一）組織——由一級高放，一級檢波，二級低放而成。

（二）綫路性質——適宜於廣播電台衆多之處，如京滬等地，不適宜於遠地收音，蓋因其不能將弱訊號放大也。

（三）線路說明——下面就是此機的全部綫路：

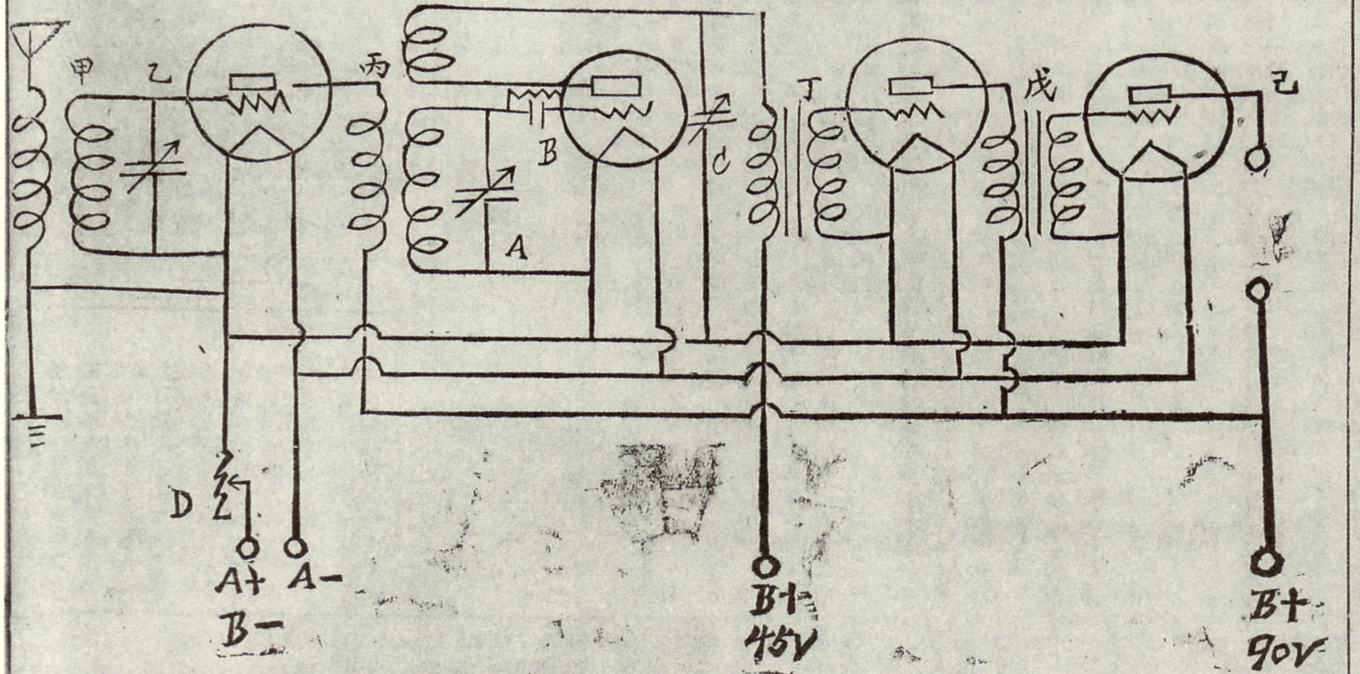

甲——天綫綫圈與第一級高放柵極輸入綫圈（二二蜘網板同一支架）
乙——第一級高放調節電容器。
丙——第一級高放屏極輸出綫圈與第二級回授式檢波柵極輸入綫圈及屏極回授線圈（三蜘網板同一支架上）
丁、戊——第三級與第四級二低週率放大變壓器（3比1）
己——末級屏極輸入喇叭插口。
A——第一級檢波柵極調節電容器。
B——檢波柵漏（即一高值耗阻約二萬歐姆（耗阻單位曰Ohm）與一固定電容器容量爲.00025麥卡羅法拉特（Micrfarad）
C——檢波級屏極回授電容器。
D——燈絲耗阻　作開關用，同時又可變更燈絲電壓，以爲音量控制。

1，工作原理——觀此綫路，即可知此機之各部工作，均由四同號之30號眞空管任之，外來之無綫電波，經過此一級高放，即將其原來之無綫電波放大，再一級檢波，即使其瞬息變化千萬週（交流性不規則之高週率——週率者即在電機一上一下之轉動，爲謂一週，此一週中半爲正，一半爲負，每秒鐘有多少週，即乃週率，無線電波由電台中發射出，向空中傳導，每秒中可看數千萬週，故謂高週率），使其變成有規則的單向的較低的週率，至此無線電波已成爲吾人可聽之音波，經過變壓器使電壓倍數至第三級三十號眞空管將低週率音波放大，末級再將其放大，最後即在喇叭中放出聲音，合室可聞矣。上面不過將此綫路的工作情形，簡單地說明一下，至數字的證明與理論非爲本題所及故從略。

二、製造：今再就此機之製造觀之，無論何種機械，當初由許多雜小之零件螺絲配合而成，凡機械其各部份小零件製造精密，均合於物理原理，則所製造之機械必甚精良，效率也因之增高，收音之各部零件亦然，舉凡地位之排列，零件之質料與絕緣是否優良，合乎物理，綫圈繞製之是否精確即決定一收音機之優劣，其尤重要者製造收音機時須注意物理因子有影響之關係，如此機之排列底板之上前面近機殼處爲三電容器，中爲二低週率變壓器，及天綫圈與第一級高放柵極輸入綫圈放置相互成60度再後一排則爲四眞空管，喇叭放於機殼面板之上部，底座之內惟一檢波級之柵漏及第一級高放屏極輸出綫圈　第一級檢波柵極輸入綫圈及其屏極回授綫圈三綫圈而已，其機體之地位與排列尙無不合以此機綫路本甚簡單也（未完）

編輯室的廣播電台

雲章

一，菽原君又寄來譯稿　束，他是河南孟縣的朋友，要不是宜生君介紹，我們決不會有這一位健將來作園丁的！

二，老王近來極懶，一點作品也沒有，那麽你要注意！我們馬上會向你大興問罪之師的！

三、克林，你的心緒還是乱如麻嗎？望你的腦子冷靜點吧！不然你會變成多愁多病身的。

縣黨部無綫電收音室開放節目

八月十二日　星期三

八，一〇　西樂
八，三〇　新聞
一一，三〇　平劇防衛知識報時氣象商情
一七，〇〇　滬市商情商業新聞歌曲
一八，〇〇　國樂
一九，〇〇　轉播世界運動會消息
一九，三〇　兒童教育
二〇，〇〇　報時氣象水位雨量簡明新聞
二〇，一〇　時事述評　關於國際問題
二一　〇五　英語演講及西樂
二一，三五　預報明日節目
二一，四〇　新聞
二二，二〇　平劇

豐縣文藝研究會啓事

本會前因故停頓，現已決定從事整理，凡本會會員，和有志研究文藝者，請速來縣黨部師方建處，或縣立公園李乃正處辦理登記手緒，爲荷，

鳳鳴塔

第二三二期

一，本刊內容分科學常識論著詩歌小說戲劇雜文書價書報介紹及批評等項
二，本刊歡迎投稿來稿文言白話均可
三，來稿本刊有修改權不願者請先聲明
四，來稿登載之稿[illegible]
五，本刊編輯部設[illegible]

漫談

現社會所需要的文學

羅兆豐

過去把文學看得那麼樣的崇高，而現在一般人却把文學看得不值一文錢；這兩個問題很值得我們去研究的。

中國人對文學，從來是認爲是一種做官發財的工具，或是公子小姐們的消遣品，這樣一來便產生了所謂「奉仕文學」和「消遣文學」。從前帝王時代，只要文章做得好，就可做官，又所謂「天子重英豪，文章教爾曹」，於是便抬高了文學的地位　能哼兩句詩文的人，把文學看得特別闊高　自以爲是社會上最高等的人物，故一般人在過去把文學看得那麼的崇高而典雅。

然而，現在的文學，爲什麼有人來輕視？看成不值一文錢的東西呢？那真根本上已與社會失了密切的關係。時代一天天的前進着，如再用那種「奉仕文學」和「消遣文學」；自然要受淘汰的。現在有一般作家，專寫一些愛呀！花呀！月呀　類的東西　固然也可以寫的，不過處在這激蕩彭湃推進得最緊的時代裏，要這些東西經什麼用，現在比不上了從前，因爲環境與環境不同，時代與時代有異，從前古人吟風弄月的調子　現在已腐臭了。

現在我們所需要是帶有社會色彩的文學，從社會上的形形色色反映下來的文學　要一些以忠實的人生觀察的作者把經神文明的中國民族的劣根性　全部展開在讀者的眼前，我們不要那些理想的作家也就是說坐在亭子間的作家，我們不一定要些 ProLetariat 的東西，我們的慾求，只期望看潛在現實諸現象之內部的人生之生動，與社會上的罪惡的根源來給我們觀看好了。

沙士比亞和歌德的作品，我們還是愛讀的，誰也不能承認他是 ProLetariat 的文學，到現在我們爲什麼還在愛讀呢？老實說他們已捉住最深的人間性了，他們的東西永遠不會因一個小時代的挫折而至於滅亡！

翻譯

風波（續）

英國沙氏比亞原著

菽原譯

拿破里的國王和那個不忠誠的安東尼，便悔恨他們對于樸魯斯比魯所作的不公道了，並且哀利兒又告訴他的主人說道，他相信他們的悔恨是發自丹田的；就是他是一個小妖，也不能不可憐他們。

「那麼你就把他們帶來吧，哀利兒。」樸魯斯比魯說道；「設若你像這個小妖還要可憐他們　難道我和他們一樣的一個人類，對于他們就沒有一點同情嗎？趕快，把他們帶來吧　我的親愛的哀利兒啊。」

哀利兒立刻就把國王安東尼與老的康查立魚貫地一串帶來。他們跟着他，非常驚異彿在空氣中引着他們的音樂。

這個老的康查拉　便爲當安東尼把他的哥哥放逐海上時，他在樸魯斯比魯的小船上偷偷置着的那個康查拉。

悲悔與恐怖已經昏迷了他們的知覺，所以他們都不認識樸魯斯比魯了。他首先向那個老態龍鍾的康查拉自首，稱他爲「他的生命的保護者」；然後國王和他的兄弟方才曉得他便是那個被害了的樸魯斯比魯。

安東尼淚流滿面，用着憂愁傷心的語辭　真心的悔恨　請求他的長兄的原諒；拿破里的國王也悔恨他不該幫助安東尼的篡位；樸魯斯比魯都原諒了他們。

爲着他們要依復他的王位，他便向拿破里的國王說道：「我也替你留着一個薄禮呢，」說着他推開一扇屋門，指出了那個正與米利達下着棋的法蒂奈特。

在這個意外的逢會中，沒有什麼東西再可超過他們父子的快樂了，因爲他們互相以爲他們已經葬身海底了。

「呀，奇怪！」米利達說道：「他們是多麼高貴的動物呀！有這種人類的境域，一定是一個神仙的世界！」

（未完）

創作

遺產（續）

張雪舫

「別說！好人！天也不早了，你睡罷，我到上房去守。[illegible]死的老頭子去　順便探聽老媽媽的口氣，看他對於咱是什麼的處置。」

「好！去吧！千萬別話說的和緩些　休要使她多咱的心。」

「嚇！嚇！就是你有心計，偏我不如你！」

夜的黑沉，吞沒了大地上的一切，喜的娘走到院裏，被風一吹　不由的打個寒噤，心想她和喜的爹，喜兒嫡親三口，將來的命運，喜的爹爲什麼不爭氣由老媽媽肚子裏生出來，爲他是老頭子螟蛉子，使他時時恐怖偌大的遺產有被老頭子的女兒獨佔可能，尤其，章德使她更恐怖　章德是章老頭子的親姪兒　章老頭子的原配夫人死的時候　他繼過孝子；以前曾於習慣說，他是有分產的充足理由。這些，都充滿了喜的娘的心，使她貪財不足的心的不安　雖然她和她丈夫竟藏匿了二萬多的財產　仍不肯讓任何人分她自以爲應該獨有的其餘的不動產。她的心近來被這項財產揉碾的碎了，更因要引動老媽媽的歡心　顯得她孝順，她侍候在老頭子病榻前，寸步不肯離開，更强抖精神，整整兩夜沒有睡覺。她的精

（接第六版）

哭父（續）

菽原

（七）

啊！
饕餮的大地呀，
你吞噬了我的爸爸！
你吞噬了我的爸爸！
唉！
你索性把我也吞下去吧！
你索性把我也吞下去吧！

（八）

父親呀！
你的左邊
有明湫湫錦帶似的黃河；
右邊，
有青冥冥游龍似的太行；
面前的嵌空埰堞，
和在明山秀水內的
香花滿佈的園圃，
都足供你遨遊。
蒼松漣溪的知音，
明月清風的老友，
都能共消你的憂愁，
朝霧與暮靄，
孤鶴與遊鴻，
無時不在你的面前歌舞。
想來，
父親並不孤獨。
決沒，
前不可思
後不可想
茫茫前道
荊棘滿路的小兒我艱苦！
現在你去了，
在世，只把我棄留。
我腸縱斷，
我淚縱枯，
無論如何，
失怙的孩子不能重有生父！

（九）

唉！
兒子不哭了，
兒子要走了，
爸爸呀！
跟我回來吧！
跟我回來吧？
…………
…………

（完）

神渙散，使她的目光迷離，貪慾使她的神經錯乱；當她以假話哄騙老媽媽跑到臥房與丈夫談過緊要問題回走到院中的時候；忖想起這種種與她獨呑財產上的不利：

「她憧憬着這項巨大家產，被老頭子的女兒繼承了！老頭子遺囑上明明的說：他的女兒是他的繼承人，他的女兒以法律的手續，佔有了全部遺產，因爲發覺銀行的存款，糧莊存的芝蔴 被她的丈夫侵呑；她的丈夫被關在牢獄裏，所侵佔的財產，仍舊獻給老頭子的女兒。

她的丈夫因爲與章德爭當孝子，被章體打破了頭，血流滿面臥在地上呻吟，別人看着她的丈夫在冷笑，還有人罵她是偷公公的狠心狗肺惡毒的娼婦，都是她從中挑撥，弄起家庭中的不和及紛爭；不要臉！淫惡婦！」

她做夢般腦神經引起恐怖的波浪，使她戰抖，她實是怕她們被章姓家族驅逐，沒法生活；更可怕，且沒有福享受這項遺產，是多麼悲哀；淚水受到她貪婪和疑懼的使令流到她的粉臉上。（未完）

無線電研究

四燈乾電式收音機使用及說明（續）

豐縣縣政府無線電技術室編

3.製造方法：各零件的容量有大有小，綫圈的圈數亦有多有少，要使之配合成一適當之收音機，能將空中任何廣播無線電波盡能接收，吾人可知有關之因子有廣播電台之週率（波長），線圈，電容器，其中收音機中綫圈與電容器如何配合，即決定能收得何項波長其關係爲 $F=2\Pi\sqrt{LC}$ F爲（FreQuncy）週率（波長）L爲線圈繞成之感應量（以線圈爲金屬斗線，視其能通過電流之多寡，即其所具感應量之多少，此又視線圈圈數之多少矣 c爲電容器之容量，電容器乃盛電之器猶之，盛水之器須恰合等量方不致有傾覆之處，其單位爲法拉特（FAYAD）電容器乃由導電性最佳之鉛片所製成有活動式（可旋轉可變更容量者與固定式）二種，綫圈之感應量繞製後已固定而變動活動容器之容量即∠C之變動，因之旋轉機壳前面之電容器即皆收得各家不同之電台播音，不同之波長（F）焉

綫圈與電容器關係既如上述則以原理與工程上之經驗探討此機之配合其繞綫圈之金屬綫多乃以銅絲之外漆包其綫之橫斷面積分粗細均以號碼表示之，有美國標準式與英國標準式二種，一般收音機繞綫圈用多以二十六號至三十四號漆包線，號碼愈大者線愈細，此機製作法如下：

天綫綫圈繞十 圈

第一級高放輸入綫圈繞七十四圈

第一級高放輸綫圈繞四十二圈

第二級回授式檢波輸入綫圈繞七十圈

第二級回授式檢波輸出綫圈繞四十圈。

均用十五齒蜘網板五個，天線與第一級高放輸入線圈一支架連在一起 第一級高放輸出與第二級回授式檢波輸入 輸出綫圈二支架連在一起，即在機板之下者，其所可收之波長，大概一般之廣播週率可以收得 電容器容量，如圖所註，檢視全機工程上之製造 其零件均乃雜牌，製造非常粗濫，最主要之接綫也混乱異常，且用平常繞綫圈之線 此人但收音效率爲之減退，且眞空管易發熱，耗電，蓋上已述之，導線愈細，耗阻愈大，即當一電路中電流之流動，甚爲阻滯，殊不經濟。

3,眞空管之選用

對於此綫路既已有極詳細之剖晰與認識之後 關於眞空管者，略爲褸述 其全部所用盡乃三十號（三極管）三十號管之作用，能作爲檢波，震蕩，放大也可調幅，爲眞空管初創時期之至寶，至今四極，七極，八極眞空管乃至金屬眞空管之出現 此三十號三極管可謂渺小矣現今新式之收音機極少用之，平常也不過作爲放大及震蕩用而已，且因其內部沒屏柵電容量甚大，作高放甲不適宜 而製造不良之眞空管，不但燈絲耗電，容易發熱破裂 收得廣播聲音，模糊不清，失眞變調，不悅耳之音調聞之足生厭倦 此機其原有眞空管也爲不良之 焉。

4.改造方法

綜如上述 可知此機乃無線電小商店所製造，並未經過設計，測驗惟設此種綫路其內部均用精良之零件，合理之接線與製造，適當之配合，成積決不亞 收音定可得一良好之結果，而亡羊補牢現惟爲謀改造方法，以資改進收音。

1.調換美國式或法國式之三十眞空管。

2.全部接線重行改換。

3.調換檢波柵漏與電容器。

4.調換整電容器。

5.其他

關於此機之保護方法可參閱收音機保護方法各篇平常收音最容易發生之弊病與修理方法如下。

損壞現象	病 原	修 理 方 法
無音	眞空管損壞	換新
	低週率放大變壓器損壞	換新
	燈絲耗阻（開關）損壞	將接頭鏇緊即可
	喇叭接綫脫落或斷綫	接上修理或換新
音輕	天地線裝置欠佳	設法改裝
	燈絲開關開至過小	開大
	電池用久電壓不足	換新
	回授電容器轉至過大	轉小
叫聲	揚聲器二插頭靠近左邊高放管	將揚聲器二插頭引綫放於右邊
	調節不佳	仔細調節
雜聲	電池或機內接線鬆脫	查驗接好
	電池用久	換新
	天電	自然現象不能修理
	人造干擾 如俯近發電機等	將天綫搬動

此機之電池接綫有五根爲紅、黑、綠、花綠 白紅黑，二根乃接燈絲電壓A（圓乾電）者祇須將兩井圓乾電之一正一負聯接（即一乾電之中心接綫處用銅綫連至另一乾電之側旁之接綫頭）餘二接線處即以紅者接于其中心一頭，黑者繫于其側旁一頭。綠 花綠，白，三接綫爲B電（方乾電池）接綫，其B電電源爲九十伏（Yolt）如A電將一正一負相接（即其一之有十45符號者與另一之有一（負）符號者相接 花綠綫接于餘二接綫頭有十45符號者，白線接于一有一（負）符號，綠線爲四十五伏脫 即接於此九十伏脫之一半）接於二B電池正負聯接處有十45符號之處。

電池接綫極爲重要，絕忽接錯。

附言：此機乃各區區公所於徐州所購，經本室代爲裝置者不少，而裝置後多發生收音困難及損壞，即由本室代爲之修理 不下四五只，經詳密之檢察與試驗後，當即將其試驗結果及製造，編成如上之詳細說明，此篇上半篇於七月脫稿，因天氣炎熱，全稿迄今始編成，尚乞鑒諒。（完）

編輯室的廣播電台

雲章

一，春林昨晚來城，相見後，始知其暑中極努力，除有多量的詩稿，供給本刊外，又附有長篇創作。誠不愧爲本刊的健將。

二，菽原君現在又回開封了

三，宜生君：請你到編輯室來談一談。

四，聞人，小倩 關於贈報問題，定向本社負責人交涉。

五，老王你現在都是忙的什麼？天氣固然熱，可是你在吃過西瓜以後 也或者能停汗寫一點東西！不要儘叫我在這裏替你吹空。

八，一三。

縣黨部無綫電收音室開放節目

八月十四日 星期五

八，一〇 西樂

八，三〇 新聞

一一，三〇 平劇防衛知識報時氣象商情 馬連良言朋菊合唱．戰北原

一七，〇〇 滬市商情商業新聞大鼓

一八，〇〇 樂隊奏樂

一九，〇〇 轉播世界運動會消息

一九，三〇 兒童教育

二〇，〇〇 報時氣象水位雨量簡明新聞

二一 〇五 英語演講及西樂

二一，三五 預報明日節目

二一，四〇．新聞

二二，二〇 平劇及國樂

豐縣文藝研究會啓事

本會前因故停頓，現已決定從事整理，凡本會會員，和有志研究文藝者，請速來縣黨部師方建處，或縣立公園李乃正處辦理登記手緒，爲荷，

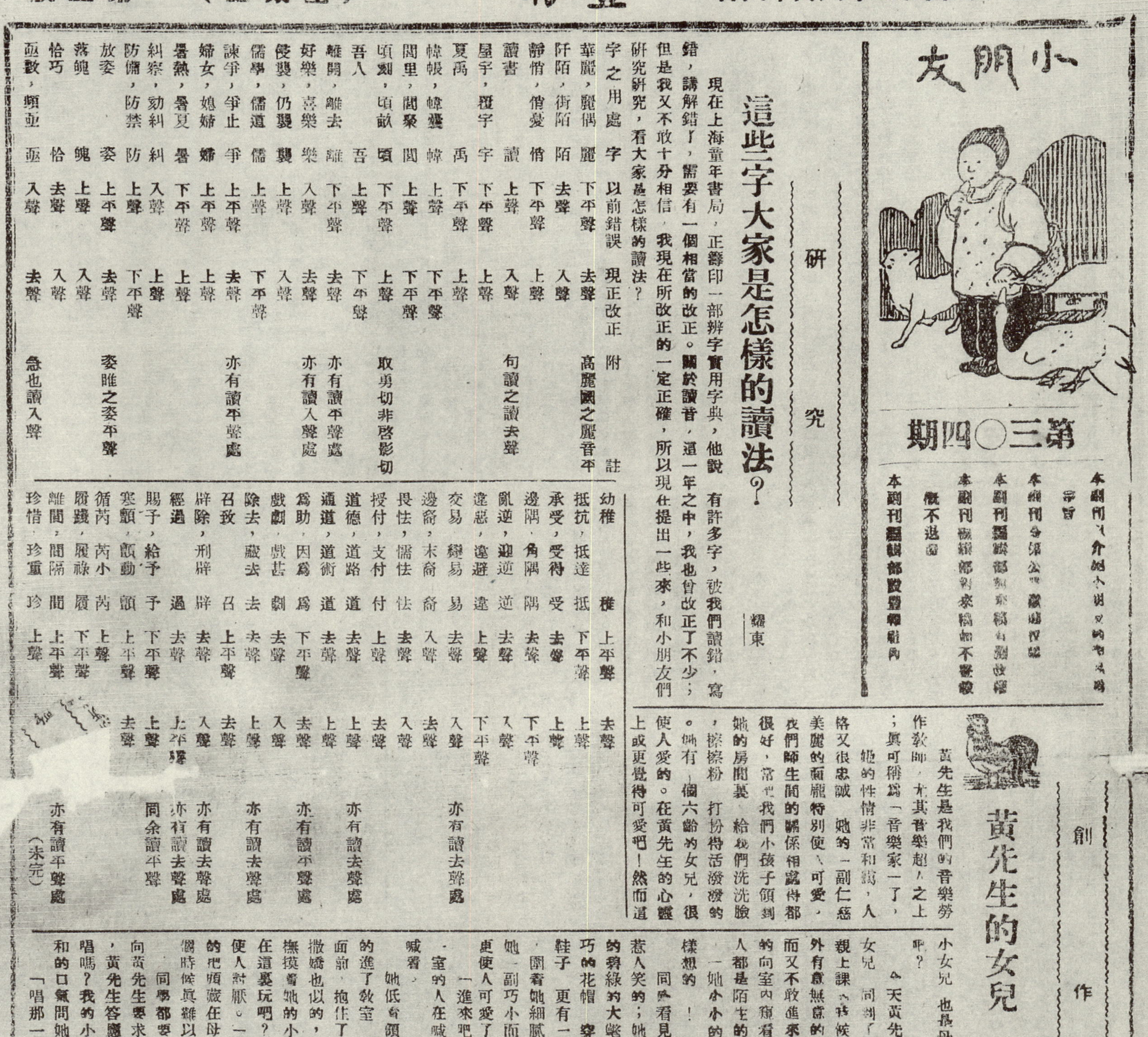

中華民國廿五年八月十四日　童報　（星期五）　第五號

小朋友

第三〇四期

本副刊以介紹小說及兒童文學爲宗旨
本副刊內容公開歡迎投稿
本副刊編輯部對來稿有刪改權
本副刊編輯部對來稿如不登載概不退還
本副刊編輯部設豐報社內

研究

這些字大家是怎樣的讀法？

耀東

現在上海童年書局，正籌印一部辨字實用字典，他說有許多字，被我們讀錯，寫錯，講解錯了，需要有一個相當的改正。關於讀音，這一年之中，我也曾改正了不少；但是我又不敢十分相信，我現在所改正的一定正確，所以現在提出一些來，和小朋友們研究研究，看大家是怎樣的讀法？

字之用處	字	以前錯誤	現正改正	附註
華麗，麗偶	麗	下平聲	去聲	高麗國之麗音平
阡陌，街陌	陌	去聲	入聲	
靜悄，悄憂	悄	下平聲	上聲	
讀書	讀	上聲	入聲	句讀之讀去聲
屋宇，寰宇	宇	下平聲	上聲	
夏禹	禹	下平聲	上聲	
幃帳，幃囊	幃	上聲	下平聲	
閭里，閭聚	閭	上聲	下平聲	
頃刻，頃畝	頃	下平聲	上聲	取勇切非啓影切
吾人	吾	上聲	下平聲	
離開，離去	離	下平聲	去聲	亦有讀平聲處
好樂，喜樂	樂	入聲	去聲	亦有讀入聲處
侵襲，仍襲	襲	上聲	入聲	
儒學，儒道	儒	上聲	下平聲	
諫爭，爭止	爭	上平聲	去聲	亦有讀平聲處
婦女，媳婦	婦	上平聲	上聲	
暑熱，暑夏	暑	下平聲	上聲	
糾察，勁糾	糾	入聲	上聲	
防備，防禁	防	上聲	下平聲	
放姿	姿	上平聲	去聲	姿睢之姿平聲
落魄	魄	上聲	入聲	
恰巧	恰	去聲	入聲	
亟數，頻亟	亟	入聲	去聲	急也讀入聲
幼稚	稚	上平聲	去聲	
抵抗，抵達	抵	下平聲	上聲	
承受，受得	受	去聲	上聲	
邊隅，角隅	隅	去聲	下平聲	
亂逆，迎逆	逆	去聲	入聲	
違惡，違避	違	上聲	下平聲	
交易，變易	易	去聲	入聲	亦有讀去聲處
邊裔，末裔	裔	入聲	去聲	
畏怯，懦怯	怯	去聲	入聲	
授付，支付	付	上聲	去聲	
道德，道路	道	去聲	上聲	亦有讀去聲處
通道，道術	道	去聲	上聲	
爲助，因爲	爲	下平聲	去聲	亦有讀平聲處
戲劇，戲甚	劇	去聲	入聲	
除去，藏去	去	去聲	上聲	亦有讀去聲處
召致	召	上平聲	去聲	
辟除，刑辟	辟	去聲	入聲	亦有讀去聲處
經過	過	去聲	上平聲	亦有讀去聲處
賜予，給予	予	下平聲	上聲	同余讀平聲
寒顫，顫動	顫	上平聲	去聲	
循芮，芮小	芮	上聲		
屨踐，屨祿	屨	下平聲		
離間，間隔	間	上平聲		亦有讀平聲處
珍惜，珍重	珍	上聲		

（未完）

創作

黃先生的女兒

羅兆瑛

黃先生是我們的音樂勞作教師，尤其音樂超人之上；眞可稱爲「音樂家」了。她的性情非常和藹，人格又很忠誠，她的一副仁慈美麗的面龐特別使人可愛，我們師生間的關係相處得都很好，常常我們小孩子領到她的房間裏，給我們洗洗臉，擦擦粉，打扮得活潑潑的。她有一個六齡的女兒，很使人愛的。在黃先生的心靈上或更覺得可愛吧！然而這小女兒也是母親的安慰者吧？

今天黃先生帶着她愛的女兒，同到了學校，當她母親上課的時候，她總是在門外有意無意的跳跳，想進來而又不敢進來的樣子，不時的向室內窺看着。一室內的人都是陌生的，怎麼好進去一她小小的心靈也許是這樣想的！

同學們看見她的情形，怪惹人笑的；她穿着一條短小的翡綠的大氅，戴着一頂小巧的花帽，穿着一雙小黑皮鞋子，更有一條黛綠的圍巾，圍着她細膩的頸子，襯出她一副巧小而美麗的面龐，更使人可愛了。

「進來吧！進來吧！」一室的人在喊她，母親也在喊着。

她低着頭兒，一步一跳的進了教室，慌着跳到母親面前，抱住了母親的身子，撒嬌也似的，母親隨意用手撫摸着她的小臉說道：「你在這裏玩吧？要好好，不要使人討厭。」她於是撒嬌似的把頭藏在母親的懷抱，這個時候眞難以形容了。

同學都要聽她的歌曲，向黃先生要求，使她叫她唱，黃先生答應了。「你願意唱嗎？我的小寶寶。」很溫和的口氣問她。

「唱那一個？」帶着天眞的微笑向母親問。

「唱那個蝴蝶之舞吧！一……二……三……唱。」

她立時已作蝴蝶蹁躚的姿勢。「飛、飛、飛飛到花園裏。

這裏的景緻眞美麗，有紅花鋪的床供我們睡眠，有綠草織的毯供我們遊戲。

飛呀！飛呀！我們飛得高，飛得低。…………

…………」

她須發出的，妙美的悅人的，人心之花的，宇宙之魂的歌聲，傳入每個人的耳鼓。大家的嘴都笑眯眯的，更覺得這小孩子天眞爛漫得可愛了。

我們小朋友都非常願意和她玩，尤其我愛她愛得很，我偷偷的到了她跟前，輕輕地喊了聲，「妹妹，妹妹，我愛你。」她伸出小手摸着我的頭髮，向我天眞的一笑，我快樂極了，我尋到了一位可愛的妹妹了。同時黃先生也是愛我的，「我倆做個親愛的朋友吧？」我這樣想着。

耘禾的農夫

劉文周

夏天降臨了以後，使人們一天加甚似一天的感覺到他可恨；也確盤他是不如溫和的春，涼爽的秋。

這時候也正是農夫們最辛苦的時候，他們爲田裏的禾苗，眞滴了不少的汗血。

傍晚的時候，在昨天；我和我的小叔到地裡去閑散，走到野外：青青綠綠葱葱鬱鬱滿地裡長的是高粱和豆子的苗，高粱豆子的地中便有許多的農夫在那裏鋤地，他們都熱着滿頭汗，汗像豆子大滴滴連續着向下滴；這虧得是傍晚，上午的時候，才眞能要人的命；但他們還是拿着鋤彎着腰拼命的鋤。

他們到底是多麼的辛苦啊！然而，收了粱食還得完糧納稅，得用掉個大半；甚而有的都得不到一個溫飽，每年到冬春時候。

耘禾的農夫，你們受了苦，得不到完滿的報酬，享不到幸福，我都替你們不平，但你們是忠厚，老誠的，純潔的，誰也都尊崇你們，這可使你們略覺安慰，這也算是你所得到的報酬啊！

耘禾的農夫，你的身體苦，精神不苦，心也不苦，我祝禱你們是神聖的。

中華民國二十五年八月十四日

（星期五）第六版

誣女的造就

逸俠

文元的母親，是本村的誣女，終日在異鄉給人家求福祈讖，但也是誣女們的首領。周圍村莊的人們，給與了一個綽號——「活神仙。每逢節令，却有多數的愚民，同到他家上貢還願，單說陰歷的六月初　那一天吧！是極其熱鬧的看吧！前首是一對龍鳳旗幟，緊跟着奏樂的人們，當中有一個小花轎子，盡是用五色彩紙紮成的，橋裏面便是繪畫的××神像，最後又有成羣結隊的老太太們，手裏各拿着有色彩的三角旗，上面有的寫着，「有求必應」啦！「誠能感天」啦！「赫皇神靈」啦………還有什麼？很威武的進了文元的門，祇聽得鑼鼓宣天，炮鞭齊響，將一個狹小的庭院，擁擠得水洩不通，充滿着熱鬧的空氣。

誰知道呢？幸運不久，惡魔便降生到文元家裏來了，起初文元感覺有點頭痛，後來漸漸沈重，瘦得小臉如黃蠟一般，全身祇有皮包骨骼，但是，文元的母親，雖然求過神仙的保佑，又有何用？不久便一命要亡，而他的母親呢？愁雲時刻浮在面上，淚珠時刻含在眼眶，再也不提起神仙的感靈！

現在文元已死了幾十天了，四週的村民，沒有一個再請他母親求福祈禱的了，在衆口的輿論，「如果他真的有神靈，爲什麼不能將自己的兒子——文元——的病看好，不使死去呢？」終于水落石出，才知道文元的母親，是一個騙人的誣女！

兒時的回憶

便小三年級　馬行道

我從小時，就不歡喜上學的，只喜歡在街上，跑着，跳着，那覺得非常快活。

有一天我住在舅父家裏，正在吃着早飯，舅父對我說：「孩子：吃過飯，要和您小舅一同去上學呀！」我聽了，心裏立刻難過業了，飯也不吃了，饃饃向案上一拋，向門外跑開。

後來我終被大舅父抱着，强送進了學校，於是我就和小舅跟着一些同學，也上起學來，可是上學，名目叫上學，而實際是不讀書的。

你看光陰過的有多麼的快呢？不知不覺，上學三四年了，唉！光陰眞如流水一般的快啊！而我的學問，是辜負了這寶貴的光陰而絲毫也沒增加呀！這無知無識的兒時的回憶，眞要使我頭涔涔而淚潸潸了。

詩

寂寞的長街

李宗文

洞黑的長街，
像死蛇般的僵臥着。
兩旁的電燈，
昏昏沉沉的
只現出一團暗紅的光明。
幾條惡狗，
橫躺在街心，
只有幾個孤苦的蟋蟀，
[illegible]悲鳴。

○　○　○

兩旁的[illegible]，
不見了光明，
洞黑的長街，
愈顯得寂靜，
幾條惡狗，
看不見了蹤影，
只有孤苦的蟋蟀，
還在黑暗中唧唧的泣鳴。

（完）

介紹

木偶奇遇記（續）

意大利卡羅勞倫西尼著
朱宜生譯

木偶聽了這個意外的判決，非常驚奇，立刻就想抗議；可是那兩個憲兵不願意多耽擱時間，按住他的嘴，就把他送到拘留所裏去了。

在這監獄裡他住了四個月——長長的四個月；——幸虧後來有一個幸運的機會，將他放出來了。不然他恐怕還要在這裏多住些天呢。我告訴你們，我的小讀者，因爲這個捉愚城的少年皇帝打了一個勝仗，把他的敵人打了個落花流水，他非常高興，於是就舉行了一個盛大的慶祝會，有彩燈，有煙火，有賽馬，有賽腳踏車。因爲慶祝這次的凱旋，於是就下了一大個赦的命令。一切的犯人因此都得了自由。

『如果其他因犯都出去了，我一定也可出去的。』品諾巧向守獄的人說。

『你？你不能，因爲你不是犯罪的人。』守獄的說。

『原諒我吧，我也是一個囚犯啊！』品諾巧回答。

『那麼，你也出去吧。』守獄的說，脫下他的帽子，恭恭敬敬向他行了一禮，開了獄門，就讓他逃跑了。

第二十章

你們可以想想，當品諾巧得了自由時，他是多麼快活啊。他一刻也不停留，便離開這座城，而向着美麗仙子的住宅跑去了。

因爲天剛剛下過雨，路上泥濘沒膝，可是木偶並不因此氣餒。他急欲看看他爸爸和他的藍頭髮的小姐姐，這點痛苦他也不以爲意。他跑着，跳着，好像一隻獵犬，從頭頂至腳根，都濺得滿滿的泥水。他一邊跑一邊自言自語的說道：『我曾遭到多少[illegible]啊！這最我應得的！因爲我是一個倔强的，暴燥的木偶……我常常任性行動，不肯聽從愛我的比我聰明萬倍的人們的話。可是從此以後，我就要變了，我要變成一個聽話的，孝順的好孩子……因爲我曾經看到有許多不孝順的孩子，都是沒有好結果的。我的爸爸還等着我了吧？我能在美麗仙子家裏看到他嗎？可憐的人啊！我離開他是這麼久了。我見了他，要拚命的摟抱着他，他的週身，我都要親吻過來！我對美麗仙子的無禮行爲，她不知還記得？想起來她眞好啊，她對我是這樣的和善，這樣的仁慈，我的生命還是她救活的啊！……世界上能找出一個像我這樣忘恩負義的孩子嗎！……』

他這樣說着，走着，突然把腳步停住了，他倒退了幾步，幾乎把他嚇死了。

他看見了什麼東西呢？

（未完）

我想

逸俠

我想做一個流浪的花子，
深嘗過人生的滋味，
將我滿腔的鬱憤
完全的洗滌。

○　○　○

走到人們的門前，
哀歎的向人呼喊：「奶奶：
老爺，」
求一點剩的餅飯，
觀察這人生的真面，
試一試人們的惡善。

○　○　○

待至——
心內的鬱憤洩盡，
人生的滋味嘗遍，
我再回至家園，
將所感觸的一切，
淨淨的申述一遍，
就令死了也是心願。

○　○

編輯消息

一，劉耀東君的「這些字大家怎樣讀法」，今天刊出了。一次登不完，以後要繼續的。

二，暑假快要過去了，夏日生活專號的稿子，才收到很少　請小朋友們快點送來吧！

三，羅兆瑛君的「黃先生的女兒」，寫得極生動，大家都認爲是一篇很成熟的作品。

紅燈

縣黨部無綫電收音室開放節目

八月十五日　星期六

八，一〇	國樂
八，三〇	新聞
一一，三〇	平劇防衛知識報時氣象商情
一七，〇〇	滬市商情商業新聞雜曲
一八，〇〇	西樂
一九，〇〇	轉播世界運動會消息
一九，三〇	兒童教育
二〇，〇〇	報時氣象水位雨量簡明新聞
二一　〇五	英語述評及西樂
二一，三五	預報明日節目
二一，四〇	廣[illegible]
二二，二〇	平劇及國樂 尚小雲裘桂仙王少樓董俊峯夏山樓主 合唱二進宮

豐縣文藝研究會啓事

本會前因故停頓，現已決定從新整理，凡本會會員，和有志研究文藝者，請速來縣黨部師方建處，或縣立公園李乃正處辦理登記手續，爲荷，

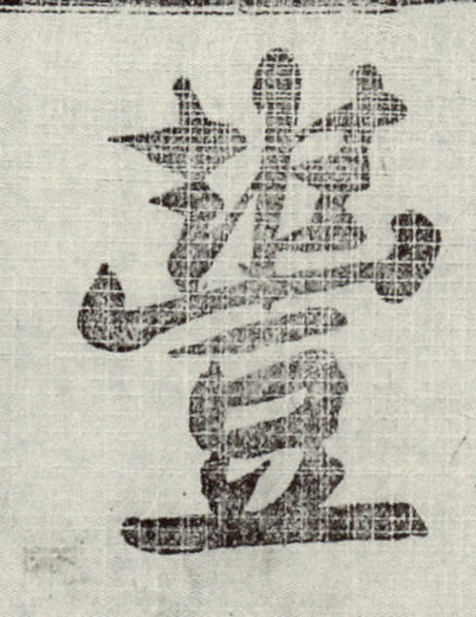

第一一六六號
社址豐縣大同街
中宣會登記證中字一二九號　內政部登記證警字第二〇二二號
中華郵政特准掛號認為新聞紙類
零售每份大洋四分
本報價目
本縣每月大洋三角　外埠每月大洋四角（郵費在內）　費須先惠　空函不復

司慎思解散德華堂（即會元堂）宣言

慎思幼年識淺，判斷力弱，致被人引誘，誤參加德華堂（即會元堂）之組織，於茲念載有餘，日惟奔走宣傳，在豐縣魚台等地，設佛堂凡五十餘所，徒衆二百餘人，嗣因以入道者可以超出苦，成者升天，不成者治世，重行改朝稱帝，居高官得顯位等口號號召民衆，致干法紀，在押二月以來，經長期回想，及諸先生之解釋，深知誤受奸人毒計，痛悉過去錯誤，幸我政府以寬宥為懷，不究既往，特許自新之路，慎思既悟前非，復蒙大恩，於悔慽激之餘，除竭誠辦理自首手續，自動解散德華堂（即會元堂）之組織，暨促令各道徒自動遵限來縣自首外，特再鄭重聲明！

豐縣教育局啓事

周駿峯、孫裕淮、陳啓昭、張振武、韓正明、唐繼威、劉執總、劉忠凱、劉守憲、張明彥均鑒：諸君畢業證書已由縣府轉發到局，希各自攜條領取為要，此啓。

中外要聞

蔣對桂事仍寬大容忍
桂空軍第三隊率機抵粵

△中央社廣州十四日電　蔣委員長抵粵後、對桂事仍本寬大精神、苦心容忍期能和平解決、聞程潛等于必要時將赴桂一行。

△中央社香港十四日電、桂空軍第三隊長鄭梓湘、副隊長李一飛、分隊長梁蔚如、飛行員羅樹銘等、以李白迄無覺悟、特駕機離桂、十四日午率戰鬬機三架飛粵、下午七時抵天鵝塲、下機後即謁余漢謀陳誠等、報告離桂經過。

△中央社香港十四日電　粵訊、李白擬再派劉維章十五日由邕來粵、謁蔣委員長。

△中央社香港十四日電　梧訊、白崇禧十三日由邕抵梧。

△中央社香港十四日電　梧訊、梧碼頭堆船滿裝軍用品煤油十二日晚突爆炸、火勢强烈、無法施救死傷十餘人、損失廿餘萬元。

蔣召見粵高級軍事長官

△中央社西安十四日電　平涼電、甘第二期平涼等縣同敎公會鑒於崇禧請其迅拜新命、以全名節。

△中央社廣州十四日電　蔣委員長十四日上午九時召見第四路軍總部粵綏靖公署少將以上職長、及留省各師長、旅長、海軍司令張之英、空軍指揮陳慶雲、虎門要塞司令陳策、第一區司令官李振球、黃任寰、張達、繆培南、六十餘人、由余漢謀率領謁蔣、委員長蔣略有訓示。

廣州市黨部昨接收竣事

△中央社廣州十四日電　廣州市黨部、十四日接收竣事、陳耀垣、陳肇英等遴選組織整理委員會、整理期定三個月、各特派員十七日就職。

孔財長暫不赴粵
派徐堪等先往

△中央社九江十四日電　中央社記者十四日晚訪徐堪於旅邸、據談、孔部長暫不赴粵、故決派宋鶴齡及本人先往、同行者尚有陳行、陳光甫諸人、定十五日晨離牯赴潯、由潯乘機飛粵、當日下午二時左右可抵廣州。

劉振寰張士昭分別赴粵謁蔣

△中央社南京十四日電　劉振寰張士昭、昨來京觀光、劉於今晨八時赴陵園獻花、並遊譚墓等名勝後即訪友、定明晨九時由京飛滬、乘輪赴粵、張氏今晨九時乘機飛滬轉粵、謁蔣請示一切。

鄧青陽昨接收粵法學院

△中央社廣州十四日電　鄧青陽十四日接收粵法學院。

黃紹雄改今日赴廣州

△中央社香港十四日電　黃紹雄改十五日入省。

粵改用中央印花

△中央社廣州十四日電　粵印花稅局、改用中央頒發印花。

吳滄桑身後蕭條
余漢謀前往致祭

△中央社廣州十四日電　前第六師參謀長吳滄桑、被陳濟棠槍斃、身後蕭條、余漢謀李漢魂十四日上午十一時特往吳宅致祭。

朱德在大巫病死

△中央社重慶十四日電　軍息、據道孚散匪供稱、甘孜之匪、均經罽山松崗白杷方面竄去、並謂朱德前往甘道間大巫已病死。

△中央社成都十四日電　朱毛殘匪謀竄甘、傳朱先頭到甘肅之岷縣洮州貝母山前方逋舵境。

西北剿匪迭獲勝利

△中央社西安十四日電　西北剿匪各軍、迭獲勝利、殘匪解西安之俘虜甚多、其中被挾從者甚多、西北剿匪總部為昭示寬大、特將大部開釋、資遣回原籍。

土膏行店只准減少不准增設
禁煙總會通電各省市遵照

▲中央社南京十四日電　禁烟總會今日通電各省市府云、查各省市辦理烟民登記　次第告竣、在烟民限期戒烟期內、照章應向特許設立之土膏行店憑照購吸、以利稽核、其設立過多者、應設法歸併、務使領照烟民購買便利、一方面杜絕私銷、一方面限制購量、自此通盤核定後、土膏行店只准減少、不准增設、俾得分別減少、如期禁絕。

小麥供過於求農商受困
行政院令實部設法救濟

▲中央社南京十四日電　行政院據上海雜糧油餅業公會呈稱、今年小麥產量供過於求、農商受困、請設法救濟一案、已發交實業部辦理　實部以小麥供過於求、極須救濟、現正設法中。

中英庚款會補助甘寧青綏教費
先行派員調查

▲中央社南京十四日電　中英庚款會前經董事會議決定、在廿五年度教育文化事業補助費內撥廿萬元、辦理寧夏青海甘肅綏遠四省中小學教育費、並指定甘八萬元、餘三省各四萬元、其詳細辦法、由該會派專家切實調查後、再行議定、現悉該會爲執行上項決議案、業已派定董事及職員各一人、並已商由教育部派專員郭有守、一同即往甘寧青綏四省調查、聞郭等已由京出發。

吳忠信下週可到京

▲中央社南京十四日電　蒙藏委員會現接新任委員長吳忠信來電、定日內即來京視事、預料下星期一二當可到京。

華茶暢銷挪威

▲中央社南京十四日電　實業部息、挪威去年內共購用外國茶葉統計中國一三〇二六克、挪威人口只三百萬、而我國茶葉能銷如此數量、可見挪人之用華茶、果能再去改良、推銷數目必可增加。

林雲陔昨到部視事
並向全體職員訓話

▲中央社南京十四日電　新任審計部長林雲陔、今晨八時到部視事、當即舉行宣誓、一切簡便儀式、首由該部政次陳之碩向全體職員介紹、繼請林氏訓話、林謂審計爲國家要政之一、關係國家財政至鉅、本部辦理事前審計、事後審計、及稽查收支、應使國家稅收歸公、各級支出不至妄費一文、盼人人以此爲共同努力目標、並謂審計事屬專門、對內部人士決不輕易更動、囑各員照常安心供職、監察院于院長在林視事後、到部巡視、聞林擬于下星期一在國府宣誓就職、已呈監察院核示。

于院長歡宴林部長

▲中央社南京十四日電　監察院于院長、今晨在邸歡宴林雲陔及該部主任秘書楊宗炯、邀中委張繼李宗黃等作陪。

英對我入口茶收稅過重
漢茶葉出口業公會呈實部嚴重交涉

▲中央社南京十四日電　漢口市茶葉出口業公會、因英政府新稅收我茶入口過重、特呈請實部懇求嚴重交涉、務請英國取銷新稅、仍准照舊日繳納出口茶稅　實部據呈、已在考核辦理中。

祁門茶葉改良廠
本年度由皖省府負責辦理

▲中央社南京十四日電　實業部對改組祁門茶葉改良廠、前派農業試驗所副所長錢天鶴等與皖省府接洽、今已定自廿五年度起、該廠由皖省府負責辦理。

陝西南得慶甘霖

▲中央社西安十四日電　陝省西南苦熱亢旱、秋禾望雨正切、十三日晨一時餘起大雨　至午仍陣雨放行、天氣轉涼、秋禾復生。

川樾抵青日內赴津

▲中央社天津十四日電　日使川樾日內抵青後　少事躭擱、卽乘輪來津、十七日前後可抵達。

沈鴻烈昨就青市國選監督

▲中央社青島十四日電、沈鴻烈十四日下午一時、就任青市選舉監督、中央派蔣伯誠監督　蔣十四日下午三時許、乘中國航空公司飛機飛青。

宋哲元在任邱檢閱駐軍

▲中央社保定十四日電　宋哲元抵任邱後、十三日晨檢閱百二[illegible]師軍隊　並訓話、大意勉衛國衛民。

邵元沖夫婦昨由廬抵京

▲中央社南京十四日電　中委邵元沖及其夫人張默君女士、前月偕赴廬　刻已事竣、昨晨由潯乘輪東返　今日下午三時抵京。

豫西各縣亢旱成災土匪猖獗

▲中央社洛陽十四日電　豫西各縣亢旱成災　糧價飛漲、玉川宜[illegible]陽等縣　土匪猖獗。

豫各區國選事務所開始辦公

▲中央社洛陽十日電　豫各區國選事務所籌備就緒、並開始辦公。

蘇省府舉行例會

▲鎮江十四日電　十三日省府例會、決議：(一)受軍事委員會委託、代核軍事機關審理盜匪案件五件、(二)通過江蘇嬰兒看護服務及考核規則。

蘇省黨政主管人員
舉行公民宣誓

▲江蘇社　蘇省黨政各機關主管人員　暨蘇省選舉事務分所全體職員、昨假省政府大禮堂舉行公民宣誓、計到省黨部全體委員及省政府委員、省府各廳處科長秘書、與省事務分所全體職員約計四十餘人、由一區選舉監督張清源主席領導舉手宣誓後、由陳主席担任監督員致詞、略謂自公民宣誓　凡屬公民應棄舊更新、爲國家盡忠、最要目的使國家基礎鞏固、人民得安居樂業　宣誓後　務思想行動都要更新　蘇省府公民資格者　統計約二千萬　都這樣能做到今後三民主義的信徒增加二千萬方　不負今天宣誓義意云（十二日）

蘇省府轉令江甯等縣
辦理檢定水稻品種

▲江蘇社　實業部令全國稻麥改進所、以稻米自給其道固多、改良品種實居首要、該所成立之初、卽從事育種工作、並選已有之改良品種、就其適應區域、作初步之推廣、以期積極改良品質、增加產量、惟我國幅員廣大、稻作區域遼闊、各地風土差異懸殊、原有改良品種尚不能適應各區域之普遍需要、且各區中亦不乏優良品種可資選擇　多因農家知識淺陋、不知擇優種植、益致淘汰各地劣種　指導農家選種良種　提高稻米產量品質起見、特就湘、蘇、皖、贛四省產稻重要區域、先行試辦檢定當地水稻品種、以期樹立優良稻種之中心、次第推廣其他區域、指導農民選種良種提高生產、現蘇省擇定江甯句容高淳江浦高郵松江吳縣吳江無錫崐山等十縣已由實業部檢同全國稻麥改進所二十五年度試辦湘蘇皖贛水稻檢定品種實施計劃大綱及各縣水稻品種檢定委員會試辦簡章咨請江蘇省政府轉飭江甯句容高淳江浦高郵松江吳縣吳江無錫崐山等十縣縣長及省立稻作試驗場場長切實遵照辦理、茲將各縣水稻檢定品種委員會試辦簡章原文探誌於下

第一條本簡章根據全國稻麥改進所二十五年度試辦湘蘇皖水稻種實施計劃大綱訂定、於大綱中規定本年度試辦區域各縣適用之　第二條各縣水稻檢定委員會由縣長、縣政府建設科長、縣農會代表、建設廳代表及全國稻麥改進所代表組織之　以縣長爲主任委員　第三條水稻檢定委員會設幹事一人、由縣長就縣政府農業技術人員中遴選派充之秉承主任委員之命、辦理本會一切事務、第四條水稻檢定委員會之事業如左　一、調查品種　二、決選檢定品種、三、推廣檢定品種　第五條事業進行之方式如左　一、根據品種調查員報告決選檢定品種、並邀請當地鄉村及富有經驗之農民　參加決選會議、檢定品種改換時亦同二、檢定品種經決選後卽通知各農戶、本年應播種檢定品種、非經許可不得栽種其他品種、三、檢驗各農戶所收穫檢定品種之種子　該項種子、一經檢定合格、得令其交換或售給其他農戶並得由會酌定價格及令無檢定品種栽種之農戶購買檢定合格之種子、四、派員赴各地視察如農戶有不依照栽種檢定品種者由會

的情形述請核政府辦理其事務經費許可者不在此例、第六條縣檢定委員會每年舉行半會 本報告工作情形審查檢驗結果 討論決選檢定品種並得於必要時召開臨時會 第七條、縣檢定委員會所需辦公費用由縣政府担任之 遇必要時得另行籌措之、第八條本簡章由全國稻麥改進所呈請實業部核准公佈施行。（十二日）

國民大會代表選舉
蘇一區監督宣誓就職

▲江蘇社 國民大會江蘇省第一區代表選舉事務所 已於前日組織成立昨晨第一區監督張清源氏、特在鎮江縣政府舉行宣誓就職典禮、由江蘇省總監督余井塘親臨監誓並參加鎮縣府升旗禮 上午六時半先舉行升旗禮 到縣府及所屬各機關人員百餘人、升旗後、即在縣府大禮堂舉行宣誓就職典禮、

宣誓禮秩序……一、宣誓典禮開始、二、主席就位、三、全體肅立、四、唱黨歌、五、向國旗黨旗及總理遺像行最敬禮、六、主席恭讀總理遺囑、七、靜默、八、宣誓員舉行宣誓、九、監督員用印、十、宣誓員用印、十一、監督員訓詞、十二、宣誓員答詞、至七時始禮成影響而散、茲將余總監督訓詞及監督答詞誌後、

總監督訓詞……略謂、今天是國民大會代表選舉江蘇省第一區監督宣誓的日期、江蘇選舉是分區舉行、第一區是在各區中最注意的一區、所以對他的希望更多、現在有幾點貢獻、也就是有幾點希望、第一、我們辦選舉的事務一定要照誓詞所說的一切去做、第二、選舉是免不了糾紛是重要的是要有公正的精神、然後才能用正大光明的方法來解決一切、第三、希望所選的代表能做到公民宣誓所說的、（一）為國民盡忠竭力、（二）擁護中華民國、（三）實行三民主義、（四）採用五權憲法、能夠這樣這個選舉的結果、就一定很好、所以我就以這幾點期望於張監督云云

張監督答詞……略謂、今天本人宣誓就職、蒙余廳長兼總監督給以很緊要簡短的訓詞、本人極願意服從、極願意接收、現在略有兩句話答謝余廳長、並希望於大家、就是選舉在中國很幼稚、一般人向很忽視、不過此次不同、因為訓政到現在六七年已有相當程度、不像從前那樣幼稚忽視、所以我們這一次辦理選舉、必須要遵照廳長所說的話、以公正的精神辦理、切務要使一般公民都能登記、而被選出的人更都要能夠服從主義擁護國家、採用五權憲法、擁護領袖、為國民盡忠竭力、同時大家抱有犧牲精神努力辦公、雖然熱天也不停止、以第一區接近省廳之便遇事可以請示、那麼這一回事一定可以辦得好、望大家一致勉勵云、（十二日）

蘇省醫政學院通告
續招衛生行政科新生

▲江蘇社 江蘇省立醫政學院、前為培植衛生行政人才、設立衛生行政科一班、俾本省各地辦理衛生行政之用、業於上年度畢業、分派各機關服務等情 迭誌前報、頃該院為繼續造就上項人才起見、特通告繼招該科新生、聞其報考資格、以曾在醫學專科以上學校畢業、年在四十歲以下者、刻已開始報名 至本月二十五日至二十六日 體格檢驗及口試、二十七八兩日筆試云。（十二）

蘇財廳電飭有關各縣
領取整理鹽田卷宗
俾便着手調查工作

▲江蘇社 蘇財廳對鹽田之整理初步謄寫、工作大部分已辦就緒現已趕製分圖、所有謄寫完竣之卷宗、現已電令有

關各縣派員來省具領、俾資作第二步之調查工作、聞該廳決定擬於本年份內將上項兩種工作辦竣、然後視各縣調查後所報告情形若何、再行依續結之辦法云。（十二日）

蘇財廳令兼理司法各縣
繕狀費作正收入
一日期自本年七月份起

▲江蘇社 蘇財廳以兼理司法各縣 繕狀費收入及繕狀內薪水 自二十五年度起業經分別列入本省司法收入概算書內 統收統支 該廳為使兼理司法各縣政府注意起見 昨特通令自七月份起 所有該縣等繕狀費收入 應與司法印狀紙費一例辦理 并於會計科目內（司法收入）目添列繕狀費收入一節 俾資記賬云。（十二日）

蘇建廳派員
驗收峴蘇水利工程

▲江蘇社 蘇建廳以蘇州璜涇渡村河工程業經該縣開挖完竣、特呈請派員驗收、建廳據呈後、即派指導工程師周可寶前往逐段驗收、已於日昨由省啟程、據談、此行赴蘇州、並驗收峴山水利工程云（十二日）

私立成烈體師童訓班未備案
蘇童軍界總會停辦

▲江蘇社 蘇州私立成烈體育師範、所重辦之童子軍教練員訓練班、中國童子軍總會、迄未准予備案、該班乃竟不顧功令、擅自招生、殊屬不合、聞江蘇省童子軍登記員某人、為防止貽誤青年計、已呈請總會勸令該班停辦云。（十日）

世運消息一束

▲中央社柏林電 奧林匹克運動會各種球賽、十三日繼續進行、結果如後、足球挪威以二對二 戰勝波蘭 此戰結果、挪威列第三、波蘭退居第四、奧義兩國定明日舉行比賽、以決冠亞軍誰屬、棍球義勝丹四對一、匈勝比一對〇、籃球墨勝西哥廿五對十、菲律濱勝義大利、三十對十四、加拿大勝波蘭、四十二對十五、水球賽瑞典勝英、四對一

▲中央社柏林電 世運划船比賽、十三日舉行次賽（甲）二公里四人划、一人掌舵、分三組舉行、第一組結果如後、一、丹麥、八分九秒一、二、日十八分十四秒四、（乙）第二與第三兩組、匈牙利與法國各勝一、二公里二人划一人掌舵分兩組舉行 第一組丹麥居首 第二組義得第一（丙）二公里八人划 分三組舉行、英德義各得一組冠軍。

▲中央社柏林十三日電 女子四百公尺仰泳 冠軍亞軍均為荷選手所得、一名孫夫、一分十八秒九、二、麥斯勃勃勞克荷選手、成績一分十九秒一、勃里琪（美）一分十九秒四。

▲中央社柏林十五日電 十四日午籃球決賽、美對加拿大、十九比八、美得錦標 加得亞軍 墨西哥對波蘭廿六對廿二、墨得第三、波得第四、菲律濱對烏拉圭、三十三比廿二、菲得第五、烏得第六。

▲中央社柏林十四日電 十四日午在哥勞舉行划船決賽、兩項結果、德國再獲金章二枚、第一次四人有舵決賽、冠軍德、成績一分十六、一秒、亞軍瑞士七分廿四、三秒、第三法、七分三十三、三秒、第二項雙人無舵賽 冠軍德國八分十六、一秒、亞軍丹麥、八分十九、二秒、第三阿根廷八分、廿三秒。

▲中央社柏林十四日 男子百公尺仰泳決賽、冠軍蓋艾福（美）得金章、亞軍焚爲咸（美）、得銀章、第三清川正二（日）得銅章。

▲中央社福興克夫十三日電 中國足球於十三日與德國西南足球代表隊、舉行表演賽、結果中國以三比八敗北。

西班牙叛軍連敗官軍
續向馬拉加進發

▲中央社拉巴特十四日電 西班牙叛軍總司令佛朗哥所部南路軍隊 現在馬拉加南馬貝拉地方 擊敗官軍、得獲大砲多尊、故大批軍火當即繼續向馬拉加進發。

▲中央社直布羅陀電 據海軍方面消息稱 叛軍飛機曾投擲彈 擊中停泊馬拉加港之西政府戰艦之前部損失甚重、但艦並未沉沒 馬拉加港某驅逐艦之海員、曾目擊該艦傷兵數名、有一汽艇載送登岸。

▲中央社巴黎十三日電 據南爾哥思傳來消息 距翁倫三公里之臨邊思村、被西班牙叛軍佔據、該比爾皮之曾贊助政府者處境甚為危。

▲中央社倫敦電 關於締結不干涉西班牙內亂協定之交涉、日前德義葡三國均提有保留條件 英左派人士 對現形局勢甚為焦慮、右派則顯然担護 西叛軍、並阻礙政府行動、故政府所決採妥協為是 而無從採取其他措置云。

本縣新聞

黃科長董局長會同視察一區中心民校 並集合壯丁訓話

今晨七時縣政府第一科長黃體潤偕教育局長董玉珏、第一區區長韓韶九、赴體育場視察第一區中心民校及十里鄉鄉鎮民校訓練壯丁情形、實到官長五員、壯丁一百一十四名、精神異常飽滿、視察後 由黃科長訓話、大意如下、一、世界備戰情形及中國之危機、二、本縣奉令訓練壯丁之目的、想將全縣五萬六千餘壯丁、四千餘自衛槍枝、完全組織起來、直接保衛桑梓、間接保衛國家、三 訓練期間甚短、機會難得、諸位學員、要服從命令、嚴守紀律、竭誠接受各種訓練、四、國難嚴重、要想救亡圖存、祇有靠青年有爲之壯丁、諸位責任重大、對於此次訓練、萬勿等閒忽視云云。

教育用品消費合作社召開社務會議

本縣教育用品消費有限合作社、於本月十三日上午十一時、假教育會辦公室、召開第十三次社務會議、出席渠耀坤、董雪山、李秉銓 王汝舟、趙道遠、林靖夷、王遜之、劉席李漢閣、主席渠耀坤、紀錄王遜之、主席報告、一、最近赴徐購貨、曾在農工銀行息借八百元、因時間迫促、未克召集理事會共商 當於本社經理斟酌辦理、三、本年度結算、除開支外、營餘八百三十六元二角四分九厘、究如何處理、希共同商討、三、中華書局、以本縣書價尚低於六折、實與他局、及總局售價、均有不符、曾來信不准本社減價出售、四、本社修理門窗 添置貨架等、業經十二次理事會通過、開支數約爲三十元左右、五 新購書價、如在八月內清還、可得二二回佣、否則只能得二五回佣討論事項、一 本年度贏餘之款、應如何分配案、決議、遵照新章處理、二、本年度書價應如何折扣出售案、決議、按照中華書局訂定價目出售、三、本社開辦費、及上年度修補添置所用之款、應從何款項下動支案、決議、於社中公共事業費中動支、四、前未入社及新開辦之學校 是否辦其入社案、決議、函請教局通令一律入社、并先扣股金二元、五、本學期教科書、應否按照各校人數分發案、決議、按照各校人數分發、並辦教[illegible]部分、以促各[illegible]注意、六、各校應用簿籍、業照教[illegible]定格式、印採齊備、應如何通知各校購置案、決議、呈請教局通告採用、七、本社營業規則、已經經理擬定 請審議案、決議、規則要點通過 條文交董雪山先生負責修正 八、舊社員社股均繳半數、所餘半數 應如何催繳案 決議 於各社員本年度應得股息、及贏餘金中扣除、如有不足之數、函請教局、在各該校經常費項下代扣、九、本社職員三人 所有酬勞金、應如何分配案 決議、規定經理提用半數、所餘半數 由經理酌量分配 十 本社職員陳秉良 待遇似嫌菲薄、應酌予增加案 決議、自八月份起 月薪增至六元 下午二時閉會。

省新運促進會將派員來豐視察

本縣新生活運動促進分會、近奉省新運促進會令、以不日即派員來豐視察 希知照等語、該會奉令後、已準備一切、敬候視察矣。

狡黠之小偷 一夜連偷二家 兩度驚逃 卒得衣物

本城北關外沙姓家、于昨日夜間 忽有小偷行竊、尚未得手 即被驚而逸、該小偷以如此良機、豈可虛過、旋潛入沙之鄰人黃某家、將其包裹偷去、甫出門、又被驚逃、最後卒在北關外宋廣義家、偷得被單兩床 鄰右咸謂該小偷可謂狡黠之至 而宋某亦可謂倒霉矣。

豐縣公款公產管理處公佈廿五年度七月份縣款收付月報

科目		收入	支付
二十四年度餘存款		八九九八・四三	
	縣庫結餘款	四三二〇・三三	
	縣教結餘款	七三六・二八	
	縣建結餘款	一三六六・四五	
	縣庫保管款	一六六七・五五	
	縣教保管款	七七五・〇八	
	縣建保管款	一三二・七三	
本月收入		一八五七六・八九	
	縣庫款	一〇五四一・〇〇	
	縣教款	六五四四・一八	
	縣建款	一四九一・七一	
本月支付			
保衛公安費	保安隊廿五年度七月份上旬維持費		七三〇・〇〇
	保安隊廿五年度七月份中下旬維持費		一二五八・〇〇
	公安股廿五年度七月份經費		八二七・八三
	款產處廿五年度七月份經費		一七四・〇〇
建設費	建設主任室廿五年度七月份經費		三二〇・〇〇
本月結存			二四二六五・四九
	縣庫款		七五五一・一七
	縣教款		六五四四・一八
	縣建款		一一七・七一
	縣庫結餘款		四三二〇・三三
	縣教結餘款		七三六・二九
	縣建結餘款		一三六六・四五
	縣庫保管款		一六六七・五五
	縣教保管款		七七五・〇八
	縣建保管款		一三二・七三
合計		收二七五七五・三二	支二七五七五・三二

縣政府經徵		
縣庫款	田賦	九三五四・三三
	徵收費	一〇九八・〇二
	契牙徵收費	六〇・五二
縣教款	田賦	六四七八・一六
	滯納	〇・四〇
	契附	六五・六二
縣建款	田賦	一四五二・三三
	契附	三九・三八

征收處經徵縣庫款廿四年度節餘及剔除款二八・一三

縣政府奉頒城市及鄉間小學衛生設施標準（續）

三、預防傳染病

1、預防接種 體格檢查時、應一律同時施種牛痘、按當地情形、每年或隔年施行傷寒及霍亂預防注射一次、在可能範圍內、得施行白喉預防注射。

2、傳染病管理 級任教員如發現兒童有疑似傳染病的症狀時 應立刻送往醫師或護士檢查 經診斷確實爲傳染病時、應立刻將病者隔離、並將接觸者施以相當檢疫、同時報告當地健康教育機關施行必要消毒手續。

司法欄

◎縣政府司法批示◎

△民事原告人張在海、一件 爲舉證再陳、請求通傳到案、質訊判令被告放贖，以維產權由、狀悉、仰候核辦、此批、

△本城糧價▽

名稱	每市斗價目 最高	最低
小麥	三千六百文	三千四百文
大麥	二千文	一千九百五十文
黃豆	三千三百文	三千二百文
黑豆	三千八百文	三千七百文
菉豆	三千三百文	三千二百五十文
江豆	三千五百文	三千四百文
高粱	二千二百五十文	二千二百文
穀子	二千三百文	二千二百文
稷子	二千文	一千九百文
芝蔴	五千文	四千八百文
青豆	三千六百文	三千五百文
花生（每斤）	二百五十文	二百四十文
瓜子（每斤）	五百文	四百七十文
生米	四百二十文	四百一十文

△△氣象▽▽

天氣	風向	最高溫度	最低溫度
晴	西北風	八九度	七五度

教育週刊

第七九期目錄

編輯處徵稿啟事

本刊以溝通教育消息，交換教育心得，討論教育實際問題爲任務。定於每週星期一出版，務望全縣教育同志，將各種教育論述，實施報告及其他有關教育之材料，隨時錄寄，無任歡迎，惟因篇幅狹小，事實務求新鮮而具體，文字務求簡要而靈活，統希鑒察是幸！

論述

實施義教下的小學教師的責任（續）

春林

（二）小先生辦民衆學校

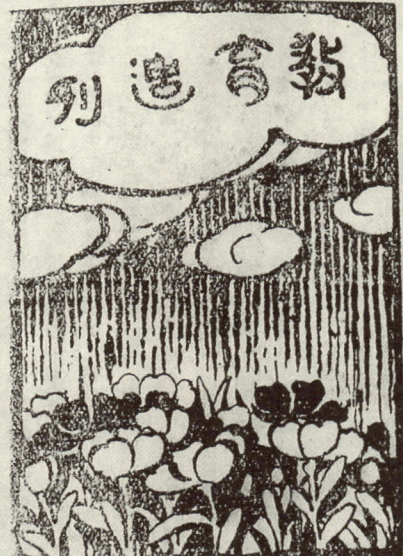

現在鄉村中的人家，使其子弟入學的還是寥落晨星，小先生在家施教，當然還是局部的，未能普及到整個的鄉村。爲迅速普及教育起見，先生施教的處所是不夠用的，我們應使小先生除在家庭施教外單設一個施教的地方，在目下鄉村中惟有民衆學校最適宜。辦民衆學校，我們學校的力量是不行的，要與當地行政機關或有衆望的人士商量，敎他們指定地點（校舍借民房或廟祠，劃出區域，並負招集學生和督促學生的責任，然後我們再着手辦理教學上的一切事情。教學應由全校中年級（或高年級）學生担任，每校可分校長教導主任及教員等職。時間應在每天下午課後，由他們自行輪流教學，由其充分發展能力，又可作爲自由活動，毫不妨礙學校教學。至於教材方面，可以由學校定出綱要，指導學生自由搜集，一方面爲免去課本的呆板，他方面能適合地方地形，而且又能養成兒童自學的能力，研究的精神。怎樣教法及教學進度，應由他們自己去定，教師加以指導，學校不應包辦。在這裡恐怕有人問：一切經費出在那裏？這也不成問題，只要校長與當地人士商量好，就地籌之就行了。成績也應時時攷查，以作比較，並可作各個學生平時的成績，優者應由學校嘉獎，劣者懲罰，使他們更加努力，以求成效宏大，而當地辦學人熱心辦理者，學校可呈當地教育行政機關傳令嘉獎，以資鼓勵。這樣辦去，我可斷定有益無弊，不至狂費心血，成他人笑柄！希望各校同人，努力試辦！

我在上邊，對於目下實施義教利用小先生的意見，略微談到一點，而小先生對於敎學上也有幾個特點：

一、利用休息的時間，

二、對方不拘束

三、沒有師生的隔閡。

四、容易引起對方興趣

五、容易使對方記憶。

六、能自求進步。

七、養成自學的能力。

八、養成辦事的能力。

上邊說了這一大套囉嗦話，竟不知人嫌費時間，耽誤人家寶貴的光陰，眞不知趣！但只好請大家原諒吧！我還厚着臉皮，要請全縣教育同人指正這些誤謬出的錯見！

（完）

投稿簡章

一，來稿以合於小學教育及社會教育之實際需要爲標準，約分論述，報告，設施計劃，教師常識，教材教具，介紹，教育學術講話等項。

二，來稿不分文體，但須繕寫清楚，除特屬性質者外，均須直行右起。

三，來稿非經聲明，編者有删改權。

四，來稿不論登載與否，概不退還。

五，來稿須註明眞姓名，及通信處，但發表時，刋署聽便。

六，來稿寄豐縣教育局，稿封上須註明「教育週刊文稿」。

研究

兩封信

程曉生

一日，入吾友波遠齋中，見桌上有信兩封，其一是從徐州寄來的，還有一封是寫好待發的。恰巧，其時吾友正忙着製「常識科自製教具。」無暇與我談天，吾便閒坐桌旁。無意中便將爲幹君寄來的信拿來讀了一遍，又將波遠的未發的覆信，讀了一遍。讀後，吾便心生一計，假言替他寄去，並要求將何君的信也一同帶着。當時，他正忙得不開交，便也樂于答應了。

我帶來後，便照抄了一份，投給教育週刊，將他倆的私信公開了。不知他倆在怎樣的抱怨我呢！

程曉生謹此道歉

（一）何君的來信

波遠弟鑒：

自那年別後，久未見面了思念得很。最近聽說，你也在教育界服務啦。哈，同行中又多了一員。我在教育界幹了六年啦，論資格，可說是「二江湖」了。你呢？才下手幹，當然囉，可以說是「小窩班」啦。哦哦，不對勁，這般說來，我豈非賣老了嗎？波遠弟見諒。其實，我的眞意是說：你的腦筋還新穎些兒，比我這個腐敗傢伙要有希望的多多。要不這樣說法，又有些太客氣了，唉！隨他去，反正怨我的修辭學不佳，不是嗎？

今天寫這封信，有點兒事體，跟你商量下子。

那事情便是：

我教了六年小學，始終有個疑問，就是：小孩子們該不該讀「物語式」的文章。

其實，這個問題，從前也有些人，熱烈的討論了一番，有的說可以讀，也有的說，不可以讀。當時，我也不便盲從，就也想了一想，想的結果，是「不讀的好。」

你想想看，在目下科學倡明的時節，仍對孩子們說：「狗會說話哪，貓會講故事哪，太陽是慈靄的老頭兒哪，虹是仙女的帶子哪……」這不是在課堂上宣傳邪說嗎？這不是科學思想的極大障礙嗎？唉！簡直有意使兒童的觀念弗正確。哼，簡直罪過。

波遠弟，這些，這些，我眞不敢贊成。這是我的意，你怎樣呢？

祝

敎安

小兄爲幹于銅山南套樓小學

（二）波遠的覆信

爲幹兄鑒：

來訊敬悉。至于老哥的卓見，我殊不便苟從。

你底那封訊，正面極力反對「物語式」的文章。不消說，反面是贊成孩子們苦讀道貌岸然，含有偉大敎訓的文章了。

這個，咱得來討論下子：

我覺得，關于兒童讀物的先決條件，第一便是「順應兒童的個性」。

說到這兒，我覺得中國的兒童，向來都不幸的很，沒有得到世人的正當理解。世人不是將他們當作（一）縮小的成人，便是（二）說小孩子們不懂什麼，一筆抹殺，不理他。把兒童的獨立個性湮沒了。數千年來，孩子們都過着這冤枉的日子，精神和思想都受了極大的打擊。這不能不說是兒童們的極大不幸，可惜，亦復可憐！

在這提高兒童地位的聲浪中，咱得設法救救他們。使他們不致壓扁在成人的淫威之下。

你的信單是對兒童所讀的文章發議論的。那末，我也就單對這面討論下子吧。

我說：「兒童和原始人一樣。」假使你對這點，沒有懷疑的話、那就容易說得消了。

咱知道，文學（文章能包在這兩個字內罷。）的起源。本是由于原始人對自然景象的畏懼和好奇，遐着想象力。造成功的一種感情思想，借着語言行動表現出來。形之於聲的便是歌，形之於行的乃是舞。歌，舞混和起來，便成了戲曲。當然囉，處其時，因思想不開化。內容便常含有荒唐野蠻的思想。

回頭來說：「兒童和原始人一樣。」推論起來，那便成爲：「兒童的文學和原始的文學也一樣」了。不是嗎？幹兒。如此說來，兒童的文章含有荒唐乖謬的思想，便有若干「當然的」成分了。

你怕這邪說怪語影響兒童將來的思想，我可說絲毫也影響不着。啥原因呢？那便是：

（一）兒童的生活，思想是獨立的，不可强的——現在我先說一個例子：

您夫妻倆不是有了個小孩子了嗎？不是還不滿八個月嗎？在他底生活能力的程度上，當然，還不能自行走動。在你呢，想着他，要能自行走動時，便省了大人的心。因此，你便將他擱在那兒。叫他自己走動。還豈非笑話嗎？爲幹兒，你大概不致如此？

再說，兒童的思想，在他們沒有不是拜物教的。他們相信貓狗會說話，相信小泥孩子便是自己的娃娃，甚者，他們也會相信，用自己的尿沾成功的泥蛋子，便是甘美的元宵。這正是應有的現象。我們若要糾正他，說貓狗不會說話，是家畜，更給他說，這是食肉類的動物，這都是不但無益，反倒有害的事體。因爲這樣便不自然的阻遏了兒童的想象力了。

這不是和叫八個月的小孩子獨個兒行走，是一樣的可以笑破肚皮嗎？

（二）兒童的生活，思想是轉變不止的——同樣的，我先說個例？

假定那八個月的小孩子，現在已經長到能夠自行走動的時候，你便當叫他獨自去行動，否則 你仍將他抱在懷中，不肯叫他獨自行動，常了。那便將他腿的筋肉變爲衰弱了。

同理，兒童相信貓狗會說話的時候，我們便將貓狗會說話的故事，講給他們聽。這不但使他們喜悅，也因爲這是不可跳過的過程，但是又自自然然的推移過去，相當的對付了。等到兒童年齡漸長，智識漸開，要知道貓狗是啥東西的時候，再把生物學的智識供給他們。這便很自然的將「物語式」的階段過去了。

但是，若始終只講貓狗會說話的故事，不顧兒童生活的轉變，那時這些荒唐乖謬的故事，才眞的會有害呢。

爲幹兒：我們雖不必像盧梭那樣，特別的注重兒童，輕輕地抛卻了社會。但是，我們也不能光顧慮社會的需要 而抹殺了兒童的一切。是嗎？別不贅談

順祝

努力研究

弟波遠覆於六月十二日

父母須知（續）

專載

七九關於下意識的無教育意義的影片 如神怪武俠等）和戲劇，別帶了子女去看。

八〇、對於一切迷信事項，應盡量設法不讓子女參加；還得根據科學常識，解釋事物現象 使他們明瞭破除迷信的必要。

八一、對於子女有益的各種集會，應叫他們多多參加。

八二、對於一切貧窮殘廢的兒童，不論有何關係，應指導子女，設法予以精神上或物質上的救濟，並養成其同情心。

八三、應督促子女，利用餘閒，教導親友鄰舍家庭中的失學兒童；自己家庭中如有不識字的人，也得儘量叫子女去教他們識字。

八四應盡量使子女認識國家民族的危機，常常激發他們救國的熱情。

八五 在可能範圍內，應在各項用費中設法撙節，爲子女儲蓄，以作將來的教育費。

八六、對於子女，應從小就培養他們節省儲蓄的習慣。

八七、對於子女，應隨時訓練他們愛惜公物的習慣。

八八、對於鄰居的舉動，應隨時注意 別讓子女學壞樣。鄰居如果不良可能的話 應當爲子女遷移到良好的地方去住。

八九、應參考教育部小學公民訓練標準，注意養成子女的一切良好習慣。

丁、家長的態度

九〇、家長的一舉一動，都得給子女以良好的模範。

九一、應隨時利用子女的好問心，作教育兒童的良好動機。

九二、對於子女，別過分溺愛而放任，或過分嚴厲而加以種種束縛。

九三、對於子女應多用積極的暗示，少用消極的命令；多用積極的鼓勵，減少消極的打罵恐嚇哄騙等。

九四、子女有了過失，應平心靜氣把改過的法子指導他們，使他心裏明白，心裡舒服，不得妄用權威，濫施責罰。

九五、要子女服從命令，應誠誠懇懇詳細說明理由。

九六、以一視同仁的態度，對待各個子女。

九七 如果有兩個以上的子女，應考查他們的性格，予以不同的訓練。

九八、對於用人不應壓迫，對於動物不應苛待，以免影響子女的觀感，養成他們驕傲殘忍的習慣。

九九、子女不論有何種意見發表，只消是正當的，家長便得盡量接受。否則應用和婉的態度 詳爲開導，不應作無理由的不理或駁斥。

一〇〇、當着別人做好的事情或壞的事情的時候，做家長的應當以辭色來表示贊否的意思，給自己的子女瞧、看。

父母應用的圖書目錄

本目錄是由兒童問題諮詢處就本會向各書坊徵得的圖書，加以審查而後編成的。可供父母們做購備圖書的一種參攷，但是我們應當聲明：

一、原件中有許多父母應用的雜誌，如家庭雜誌、方舟月刊、婦女旬刊、婦人畫報、大衆醫刊、家庭醫藥日刊，都被我們删去了。因爲這些雜誌，內容究竟如何，原件中並未加以說明。

二、原件中的兒童的樂園和兒童故事 也給我們删去了。因爲這兩部書雖好，但內容似乎略有一點兒宗教的氣味，我們絕對不主張把宗教攙入兒童教育中 所以只得割愛。

三，這是就各書坊送到的圖書編述的，當然還有未送到的許多好書，不免遺珠，等將來有機會的時候補錄吧。

我們沒有將原書覆看幾遍，或者各書內容仍有不妥當的地方。深望留心父母教育的人，看了這些書後，給我們以指教。

全國兒童年實施委員會識誌。

一，關於父母教育的

1, 胎教　宋嘉釗著　中華書局出版　定價三角

內容提要：本書計分二十四章，第一章至第四章，概訴姙婦之重要，第五章至第八章說明何謂胎教及其功效與重要，第九章述胎兒之發育，第十章至十二章述心理作用與姙婦及胎兒之影響，第十三章言姙婦應注意之胎教，第十四章至二十一章分論姙婦與身體，家庭，社會之關係，第二十二章，述產婦之看護，第二十三章述嬰兒之撫育，第二十四章更言乳母之選擇等。

審查意見；本書大多採自日人下田次郎之著作，闡明精神生活與姙婦之關係，旁及產後之護理及胎兒之保育與乳母之注意，雖語焉不詳，可供參攷。

縣黨部無綫電收音室開放節目

八月十八日　星期二

八，一〇　國樂
八，三〇　新聞
一一，三〇　平劇防衛知識報時氣象商情
張如廷　裘桂仙　言朋菊　郝壽臣　合唱　上天台
一七，〇〇　滬市商情商業新聞彈詞
一八，〇〇　大鼓
一九，〇〇　音樂會
一九，三〇　兒童教育
二〇，〇〇　報時氣象水位雨量簡明新聞
二〇，一〇　時事述評　關於國內時事
二一，〇五　英語述評及西樂
二一，三五　預報明日節目
二一，四〇　新聞
二二，二〇　平劇及國樂

鳳鳴塔

第二三三期

本刊內容分科學常識、詩歌、小說、戲劇、散文、傳記、書報介紹及批評等項

一、本刊歡迎投稿，來稿文體以白話為可

二、來稿本社有修改權，不願者請先聲明

四、未經登載之稿，除預先聲明者外，概不退還

五、本刊編輯部設豐報社內

漫談

論「趣味文學」

羅光豐

文學是什麼？使命在什麼地方？代價如何？我要先討論一下這幾個問題，再來論所謂「趣味文學」。

詳細地說文學的本身是會有感情，想像，思想……再用美的文字把她像繪畫樣的組織起來，然後成為文學。簡單的說，她就是社會生活的反映。

至於文學的使命又在什麼地方？我相信她是人生的一種食料，人類前途開路的急先鋒，因為她的使命就是要把她社會上罪惡的淵源，以及大衆不平的呼聲，黑暗的人生噫嘆……反映下來，使腐爛的社會，公諸世人之耳目，並指出人生的正軌，漸漸地趨於真善美的理想社會。

她的使命既然這末重大，而她的價值當然可想而知了。

然而社會上竟有流傳着的一種「趣味文學」；這又是什麼？其使命如何？有無價值？

在名詞上看她是以趣味為中心的，這里可知道了。是專以興趣為前提！譬如禮拜六派張恨水之流，就是趣味文學的代表作家。作品的內容大都是物質滿足，肉體酸麻的享樂主義，或大團圓的戀愛小說。滿紙呈現着妹妹我愛你的『毛毛雨』而至於乳房，陶醉；生殖器，正如魯迅先生在而已集小雜感篇上所講的，這樣一來戀愛也必然的獸化的程度，獨給一般有閒階級的公子哥兒做了消愁散悶的資料。給好奇者當作茶餘酒後的趣談；根本忽略了文學的使命是站在文化生活上最高位的人間活動。這樣的趣味能改造社會嗎？能領導人生嗎？能來安慰痛苦的下層社會勞苦大衆嗎？即或可，也不過等於醉人的嗎啡針，要醫治病態社會之根，終於是辦不到的事情。因為她的本身並沒有什麼社會的成分，根本與人生發生不着關係。只能使人類墮落吧了。

其次我再說『趣味文學』的技巧。在技巧上講：一點也沒有，（此並非誇大的詞句。）全是在一個典型下套着公式蛻化而生。前邊兩個字是『話說』，結尾都是一個美滿的大團圓。技巧的問題，他的就不能理解個中心意識。只知利用一般公子哥兒的心理，去投機，藉以換取大洋，討巧的得到便宜。發洋財，住洋樓，擁嬌妾，吃葷食，用盡文氓之技倆。然大多數讀者，却沉於苦海。正義與真理，隨之而逝命了。

翻譯

風波（續）

英國沙氏比亞原著　菽原譯

奈破里關王和他的兒子一樣首先被年輕的米利達的豔逸的瑰姿壓倒了。「這位姑娘是誰？」他問道：「她只怕就是使我離合的女神吧。」

「不是，先生，」法蒂奈特答道，微笑着他的父親也墮入了他的同樣的錯誤，當他第一次看見米利達的時候。「她是個凡人，但是由于蒼蒼上天的厚意，她已經變為我的了；當我們倆訂婚的時候，我不能請求你們的同意，因為我沒有想到你還是活着。她就是這個樸魯斯比魯的女兒，他是從前米蘭著名的公爵；關于他的聲望，我已經聽了許多，然而直到現在方才見到他：我從他又得到一個新的生命；他使他自己成為我的岳父，他已經把他的愛女許配我了。」

「那麼，我也極願意當她的父親，」國王說道；「但是啊！說來多麼奇怪，那我一定要先求我的兒媳的原諒了。」

「舊話不用再提了，」樸魯斯比魯說道：「讓我們把我們的艱難的過去忘掉吧，因為我們已經收到快樂的結果了。」

然後樸魯斯比魯抱着他的弟弟，從新敘述他的原諒；並且說他的由國中逐出是上帝的規定。因為他們在這個荒島上相會，太子方才愛上了米利達，從此他的兒女便可以承襲拿破里的皇冠了。

樸魯斯比魯的語辭本在安慰他的弟弟，恰巧增了安東尼的羞悔，所以他淚流漣漣，一句話也不能出口了，那個和善的康查拉當他看見這個和平的講和的時候，也禁不住樂淚橫流。不住地向那一年年輕的夫婦祝福。

樸氏又告訴他們說，他們的船是安安穩穩地泊在海港裏，水手們都在上邊，並且說翌日早晨他便和他的女兒，與他們一塊兒揚帆歸里。

「在這個時候，」他說道，「你們嘗一嘗我這可憐的山洞，所供給的點心吧；並且為着你們夜間的娛樂，我還要敘一敘我到這裡生活的歷史，以博大家一歡。」

（未完）

創作

遺產（續）

張雪舫

「嫂嫂！你站在這裏做什麼？爸爸要喝茶，娘叫你去煮些米粥給爸爸吃。」

她瞪了瞪身前站的天真爛漫的小女孩——與她的爭產的勁敵的小姑子。急忙的走入病人臥房，臉上的淚痕，仍是潮潤的。

「媽！嫂嫂站在院裏哭呢！」天真無邪不知人世罪惡的蓮說：

「哭怎麼？好好的；」蓮的嫡母，就是喜的娘所稱謂老媽媽的章老頭子繼室范氏很親熱的問。

喜的娘掏出一方用成灰色的白布拭去淚痕，——其實她的衣袋中尚有潔白絲帕，不過在省儉成家的婆婆面前不敢現出來。——一面用手撫着她最恨的小姑子蓮的頭，臉上現着苦笑，向着范氏說：「蓮姑就是說謊，婆婆別信她；只是公公的病：…………」她的聲音現出顫抖，好似萬分悲哀，關心着她的公公的病，范氏是上了年歲的老人，究竟眼光遲鈍，心地忠厚，看不出她所謂勝似親兒媳的喜的娘的狡詐。

喜的娘謹慎的斟杯參湯，用肩倚着臂膊擁着病危的章老頭子，用藥匙喂湯給他吃，久病的章老頭子身上發出惡臭的氣味，喜的娘幾乎要嘔吐，只是她有用意的強忍着喉中的酸水嚥下肚去。

章老頭子無力的搖搖頭，表示不喝了。喜的娘放下手中湯杯，本想將章老頭子放倒，免得再被惡臭的氣味熏染，只為討他們的好印象，把香唇貼在病人的耳邊，似強忍着聲音不高的說：「公公你倚着我養神吧！儘臥着也是不舒服。」章老頭子

傷懷

兆豐

暮烟罩着冷清的農村，
一切都彷彿溶在蒼茫的青烟裏。
樹上鳥兒奏着醉人的戀歌，
比人們的神聖戀愛還要露骨的，
各自選擇着配偶；
親嘴調情，
啊！快樂的鳥兒
你可知道你失戀的朋友，
已走入了虛無之鄉！

月下

菽原

一輪月，
幾顆星，
一片藍天，
○　○　○
一座茅屋，
幾株槐樹，
一抹遠山。
○　○　○
幾縷蟲聲，
幾聲犬聲，
幾句鳥鳴。

似有知覺的點點頭。還可把喜的娘給難着了！心裏罵：「還不趁早死了呢！」無奈把臉轉到燈影暗處吐出剛才嚥下去又犯上來的酸水。

章老頭子坐了許久，覺得有些疲倦，想臥倒休息一下，只是不肯離開這安適香柔的擁抱，不由得把身體轉動。喜的娘乘機把他放倒在枕上，用歌唱的音調說：「坐得久了也是累，睡一會吧！公公」她吐出一口沉着氣，走到范氏面前。章老頭子眼光也隨着她到屋中的另一角落。

「累了吧！來，坐下歇歇吧。」范氏憐恤的拍着身傍机凳說：

「不累！」喜的娘一面用灰色的布擦着眼眶，一面坐在范氏的身傍，淚珠兒似泉湧般流到顋上，流到衣襟上。

靜寂，一切都靜寂似死了一般；美浮燈似沒有油光談昏沉沉要滅，滿屋裏都是昏暗的。達已在床上睡熟，尋求快樂的夢境。范氏也在打磕睡；章老頭子迴光反照般後悔不該省儉太甚了，沒有叫把燈油添多些，使這時滿屋皆昏暗，看不清楚他的賢惠兒媳臉面。總算是他的生命雖是快要死亡他的性靈仍沒毀滅；他枯澀的喉嚨，掙出要吃茶的呼聲，雖是很低微，已驚醒了打磕睡的老妻范氏。喜的娘本想裝聽不見，免得給那該死的老頭子糾纏。此刻見范氏要自去侍應他，不得不在范氏面前獻殷勤，爲財產的情分上。不奈煩的說：

「歇着吧，婆婆！我去。」

范究是老人貪懶，遂就坐下，任從媳婦去侍應公公。

喜的娘走到病榻前，問道：「喝茶麽？」

「不！」章老頭子囁()着說：「妳坐在我面前，我有話給你說：這是五十畝田的契據，你收留着。」

喜的娘由那皮包骨的手裏接過一張契紙，看在這張契紙情分上，不得不給這討厭而該死的老頭子一些安慰，遂俯下身去，吻着他的額角，說：公公，安靜的養神，明天請外國醫生來給你診治，不久你就會好了！」她雖是亟力的安慰，然只能說這幾句話，更不肯留在病榻前稍久的時間，因爲病人的氣息，太使她惡心了！她走過去用茶漱了漱口，看着窗欞上顯露着魚白色發楞。章老頭子用了五十畝田的契紙，得到的報酬是瞬息的一吻。

喜的娘雖是看着窗欞發楞，可是她的心跳並沒停止。她怨恨他的丈夫不是章姓血脈，便這臨死的老頭子仍安排着歹意。若不是貪圖這項財產，誰肯受這儕氣呢？只是氣是受了 財產的佔有，仍屬空欄，怎麽好呢？將用什麽方法對付那般爭產者呢？她惆悵，她煩惱，她的淚珠兒又出現在嫩嬌的臉上。

（本節完）
（全篇未完）

別

唐盧

別了，朋友！
勿唱那哀婉的驪歌，
莫流那惜別的酸泉，
要高呼：
『風蕭蕭兮，易水寒；
壯士一去兮！不復還！』
只因爲——
哀婉的驪歌，
惜別的酸泉，
怕激起征夫悲傷的心弦！

〇　〇　〇

體味過去的甜蜜，
遐思別後的痛苦……，
這一些用不着提起，
只有現在——把握着的現在——
是征夫的利器，
開闢前程的勁敵。
朋友！
讓我走吧！
各自努力！

運命

菽原

（一）

『上帝啊，
我請求你：
你能不能把我的幼年，
穿成串串，
掛在頸閒，
讓我留戀！』
恐怕是曇花與慧星，
轉眼消失，
永不回嚉……

（二）

鐺—釘玲，鐺—釘玲，
來了一個算命，
『先生，
你有先見之明，
你有印往之能；
請你告訴我，
那個方向，
是我運命的止境？
什麽地方
掉了我的童影？』
鐺釘，鐺釘，
鐺釘，鐺釘，
啊，
先生沒聽，
——原來是聾——

（三）

『啊，
先生—
何處是我的止境？
何處有我的童影？』
『啊，
你問你的童影，
回過頭來，
看那青山上的草木葱蘢；
你問你的運命？
抬眼望望，
瞧那海洋裏的翻波瀾漾：
啊，
你想前行？
拿着竹桿，
提着敲鑼，
如我一般地，
答答——答答——
鐺——釘鑿，
鐺——釘鑿！

通信欄

雲章先生：

今天我也想與你通信生，在我們沒有說話以前，我覺得應該把我的身世來說一說，料想先生也願意聽說吧！

我是了長在鄉間的一個貧家子弟，因受經濟的壓迫，早巳失學，論學識當然是再淺也沒有了，但是我卻很想求一點，然而如是非常不易，一無先生，二無書讀，買吧，更爲經濟所不許，所以起早我巳成了個廢人。

現在沒法，很想找個閒空來向先生領教，也不知你厭煩嗎？我覺並不只來領教文藝，就是其他的一切問題，只要先生不煩，都應該領教的。

至於我奉上的拙作，務須請先生修改指正！不多說了吧，以後再談。

此頌

撰安

王萬選啓

老渾

署假留贈劉君耀東

此別前明未可知，片言贈爾作箴規，懸髮刺股先賢事，經史未曾讀盡時。

署假留贈馬君星文

子建天才今古奇，星文前路亦難期，聰明最怕聰明誤，萬里鵬程好自爲。

暑假留贈劉君文周

莫爲笨拙心意灰，愚公曾把重山開，須城苦讀八十二，來日成就賴培栽。

暑假留贈馬君行道

鵬圖讓爾冲雲霄，缺欠濬修難飛跳，埋頭十載綠窗苦，不用鑽求自扶搖。

編輯室的廣播電台

雲章

一，菽原君又寄來稿件六篇、其中有三篇是翻譯的。

二，雜兆豐君近來非常努力，他的詩稿，竟送來二十餘篇，而且都是非常新穎的！

三，雪舫君：「遺產」的續稿 請你快點送來！

四，子方君：請你無論怎樣忙，在你離豐前總要到編輯室來談一談！

五，唐噓君現在去考學去了！

縣黨部無綫電收音室開放節目

八月十九日　星期三

八，一〇　西樂
八，三〇　新聞
一一，三〇　平劇防衛知識報時氣象商情
一七，〇〇　滬市商情商業新聞雜曲
一八，〇〇　國樂
一九，〇〇　粵曲
一九，三〇　兒童教育
二〇，〇〇　報時氣象水位雨量簡明新聞
二〇，一〇　時事述評　關於國際問題
二一，〇五　英語講演及西樂
二一，三五　預報明日節目
二一，四〇　新聞
二二，二〇　平劇及國樂

豐報

第一一七〇號

社址豐縣大同街

中宣會登記證中字第二二〇二三號
內政部登記證警字第一九一二號

中華郵政特准掛號認爲新聞紙類

今日一張　每份大洋一分四厘

豐縣縣政府第一科啓事

劉守正、孫建倫、龍正卿、顏景渭、韓正明、谷建民、胡宗文、李宗耀、劉文耀、劉守愚、蔣君璽，請於五日內來府具領畢業證件爲要。

特載

中國國民黨江蘇省豐縣縣黨部爲先烈廖仲愷先生殉國第十一週年紀念告同胞書

各界同胞們：

先烈廖仲愷先生逝世已十一週年了，我們今天來開會紀念，覺得有無限的沉痛，同時又有無限的感觸。

先生廣東惠陽人，名叫恩煦，號是仲愷，民國紀元前七年，加入同盟會卽努力於革命事業，辛亥以後，追逐　總理，討袁護法，無役不從，先生長於理財，所以　總理屢次教他管理財政，嗣後贊助北伐，改組本黨，提倡農工運動，改善農工生活，嗣爲

反革命假革命的份子所仇視，於民國十四年的今天，被暴徒刺于中央黨部門首，卒年四十九歲。

先生人格高尚，學問淵博，非但功業彪炳宇內，卽其一言一行，亦可爲天下後世法，我們紀念廖先生，應效法他的修養工夫、陶冶我們革命的意志、同時要領導農工，消滅赤匪，來安定社會，復興農村，解除農工的痛苦，增加農工的利益，以完成先生未竟的遺志。

現在國際風雲，日趨緊張，內憂外患，交相煎逼，吾人當此危急存亡之秋，應當精誠團結，共禦外侮，乃兩廣不肖軍人，野心不死，蓄意造反，我中央抱寬大爲懷之旨，促彼等覺悟，幸粵中將士，深明大義，相率歸順，而李宗仁白崇禧等，猶至死不悟，仍復負嵎廣西，作困獸之鬥，我們應效法廖先生除惡務盡之精神，肅清反側，促成統一，庶不負今天紀念之意義。

中外要聞

李宗仁在邕召開緊急會議

召集非常會以李濟琛爲主席

成立軍政府推李宗仁爲主席

蔣委員長決取制裁辦法提出最後警告

▲中央社香港十九日電　李宗仁白崇禧十七日在邕召開緊急軍事會議、結果決定、一、召集非常會、李宗仁、白崇禧、李濟琛、劉蘆隱、陳銘樞、黃旭初、李任仁等爲委員、李濟琛爲主席　兼組織部部長、陳銘樞兼調察特派員、及僑務部長　二、設立軍政府、李宗仁爲主席、蔡廷楷白崇禧李品仙夏威覃聯芬楊振千等爲委員、三、□□總軍部、李宗仁爲總司令、蔡廷楷白崇禧任一二兩路前敵總指揮。

▲中央社香港十九日電　蔣委員長對桂決取制裁辦法、已提出最後警告。

▲中央社廣州十九日電　近日桂方態度、日漸頑強　李白近在梧州方面集合重兵、企圖侵犯粵境、桂自香翰屏鄧世增赴桂返粵後、李共各要員、一週來對和平解決桂事、異常努力、蔣委員長尤力主寬大、可見前對維章來粵　全係緩和一時之作用。

▲中央社廣州十九日電　駐粵英領費利波、前赴梧州視察、十五日由梧率英僑四十餘人　乘艦返粵、十九日抵省、據外僑稱、梧已增軍十萬餘人　彼曾與該處軍官談　謂李白決由梧分兩路入粵。

▲中央社廣州十九日電　桂抽調民團改編軍隊　由蔡廷楷指揮、現各中上級軍官、因懼蹈人民政府之轍　紛謀反對、以免牽桂於萬劫不復之地。

▲中央社廣州十九日電　黃琪翔偕第三國際軍事顧問、南下轉程入桂。

▲中央社廣州十八日電　桂空軍司令兼航空校長林偉成等、十八日分函忠告李白、及桂軍民、致李白函略云、中國今日非統一無以救亡、非合力無由禦侮　此義明顯婦儒所知　白公等聯結外寇、實行稱兵　羽檄交傳、勸箴踵至、順逆之辨、久已[illegible]然　中央苦心寬容、至再至三、而迷途不返、舉世痛心、邇來桂軍袍澤　均能深明大義、去就之際、決然不疑、此皆由于國勢之日漸凌夷、因以促成普遍之覺悟、公等如不卽時澈悟、仍欲奴隸同胞、以爲洩憤成私、此不啻自趨絕路云。

德王擴充蒙保安隊

獨石口發現匪軍

劉汝明電該地駐軍嚴密防範

▲中央社天津十九日電 張垣電、德王態度傳說不一、擴充蒙保安隊確係事實、黃旗總領孟克德格爾避居張垣杜門謝客、匪軍王道一犯綏東失敗後 損失甚重、僅餘百人留據張北之公會分、李守信復集三千人、在商都與王英合謀犯綏東、但其內部渙散、將不得逞、察東發現匪徒假借名義、在延慶招募新兵 獨石口亦發現股匪兩千人、槍馬齊全、劉汝明電令該駐軍第八旅夏予明部、嚴緊防範。

川樾昨接見新聞記者

暢談中日問題

▲中央社北平十九日電 川樾十九日下午六時接見記者談、余定廿日下午赴津召開領事會議、卽赴濟晤韓主席、約月底可返滬、余十九日晨訪宋委員長、關于開發華北經濟問題、未談出具體辦法、余認爲此事固不容緩 但不是吾日人問題、仍待中國當局之努力耳、報載日將於九月間開始向華談判各項懸案 尙未接到是項訓令、惟余離東京來華時、確有准備與華調整國交之訓令、至於日對華外交政策早有決定、近無變更之意云。

橋本接見日軍部參謀開談話會

商討華北近勢

▲中央社天津十九日電 橋本今晨接見日軍部各參謀、開談話會、聽取報告、並對華北近勢、有所商討、田代午宴新舊參謀長聯歡、永見分訪中外要人辭行、交代今日可辦竣。

遇有國選訴訟事件應電國選總所解釋

司法部令各高等法院

▲中央社南京十九日電 司法部准國選總事務所函、此後各地高等法院辦理關於國民大會代表選舉訴訟事件、對是項選舉法、如有疑義時、應用最迅速方法致電該所解釋、已令飭各省高等法院遵照。

國選總事務所解釋選舉條例

▲中央社南京十九日電 河南省選舉總監督李培基前以甲區人民在乙選舉區內舉行宣誓登記後、是否卽認爲該選舉區之人民而得有選舉及被選舉權 抑以認爲其原籍並不變更、日前電請總所解釋、總所頃允予解答云 凡合于公民宣誓登記原則第二條之規定 無論本籍或外籍均應有選舉權其餘有選舉法第十二條之資格者、卽應有被選舉權。

▲中央社南京十九日電 國選總所解釋 官營業機關交通機關稅收機關各級長官 在所在地區內參加職業選舉或區域選舉競選、不包括各縣市地方行政長官 依法可取得被選舉權。

僑民代表選舉事務所

舉行第三次幹事會議

▲中央社南京十九日電 僑民代表選舉事務所、十八日午舉行第三次幹事會議、陳樹人報告該所工作進行近況、一、僑民代表選舉區地點表、已由總事務所核准備案、二、總事務所已派定范潔明爲廈門僑民代表選舉監督、阮漢祥爲大汐地僑民代表選舉監督、三、總所已擬定各地僑民選舉監督關防式樣、送交本所、轉知各地、依式製用。

閩股匪張鼎丞部

經國軍猛擊

張匪僅以身免

▲中央社福州十九日電 張鼎丞股殘匪經國軍連日分五路猛勦、斃匪甚多、十六日又加痛擊、張匪僅以身免、現正繼續追擊中。

▲中央社蘭州十八日電 川康股匪竄擾隴南、經魯師擊退後 匪未得逞 人心較安。

國民政府

昨日命令

任曹經沅等爲貴州省府委員

▲中央社南京十九日電 國民政府今日命令、一、貴州省政府委員曹經沅王澂瑩葉元龍胡佳詔韓德勤牟琳李吉壽朱綏祜准免本職、此令、二、兼貴州省政府民政廳廳長曹經沅 兼貴州省政府財政廳廳長王澂瑩 兼貴州省政府教育廳廳長葉元龍 兼貴州省政府建設廳廳長胡佳詔、均免兼職、此令、三、任命曹經沅王澂瑩張志韓胡佳詔周恭壽韓德勤何輯五爲貴州省政府委員、此令、四、任命曹經沅兼貴州省政府民政廳廳長 王澂瑩兼貴州省政府財政廳廳長、張志韓兼貴州省政府教育廳廳長、胡佳詔兼貴州省政府建設廳廳長、此令。

中央設法救濟東北失業公務員

令銓敘部遵辦

▲中央社南京十九日電 公務員甄別審查條例 公務員登記條例之施行、業先後截止、而東北各省公務員 因遭遇事變、流亡入關、證明文件、率多散失、而東北各省公務員多未獲銓定資格、中央以其中不乏學優識裕經驗宏富之士、無有登進、殊爲可惜、亟應設法救濟、俾主管機關予東北流亡公務員銓敘資格辦法、東北公務員資格審查委員會簡章、與已經中央政治委員會第十七次會議通過、並由國民政府限令考試院轉飭銓敘部遵辦。

中央黨部今日舉行

廖仲愷先生殉國紀念會

▲中央社南京十九日電 明日爲先烈廖仲愷先生殉國第十一週年紀念、中央黨部定明晨八時在大禮堂舉行紀念會、刻已由中央秘書處通知全體在京中委、及中央各處部會工作同志、一律准時參加。

中央各機關在牯工作人員

昨補行公民宣誓典禮

▲中央社九江十九日電 牯嶺電話、中央各機關在牯工作人員、十九日上午十時在廬山圖書館補行公民宣誓典禮、由孔副院長主席、林主席監誓、參加者有馮玉祥、李烈鈞、王世杰、劉瑞恆 曹浩森等百餘人、由林主席孔副院長領導行禮如儀、舉行宣誓儀式 孔領讀誓詞、宣誓者舉右手、自行唱名、循聲朗讀、讀畢、林主席與孔副長即席訓詞。

財次徐堪昨由粵飛牯

謁孔部長報告視察粵省財政經過

▲中央社九江十五日電 牯嶺電話、財政部次長徐堪、十九日晨八時由粵乘飛機抵潯、四時抵牯、當卽晉謁孔部長、報告視察粵省財政金融情形。

▲中央社南京十九日電 改革粵省幣制案迭經中央選派金融專家赴粵實地調查、俟徐堪此次由粵北返後 當可決定具體辦法。

西安蘭州連日風雨

氣候奇寒可着棉衣

▲中央社西安十八日電 西安連日陰雨、十八日晨狂風大作、似由蒙古方面吹來之大風 風勢甚強飛砂走石、屋瓦翻擲、氣候奇寒、可着棉衣。

▲中央社蘭州十八日電 蘭州十七日晨起秋雨滂薄、一晝夜未停、氣候降至華氏六十度、涼似深秋、黃河水勢已退、雨後復漲。

蔣委員長昨召見黃慕松等

訓示整理省政方針

▲中央社廣州十九日電 蔣委員長十九日上午九時、召見黃慕松及各廳長、訓示整理省政方針 定廿日廿一日、廿二日廿三日分別召見各師旅長。

翁文灝昨離牯返京

▲中央社九江十九日電 牯嶺電話 翁文灝十九日晨離牯過潯、乘輪到京。

黃紹雄在粵成立桂綏署辦事處

▲中央社廣州十九日電 黃紹雄決定暫在粵成立桂綏署駐粵辦事處 辦理要公。

粵各區綏署將改爲專員公署

▲中央社廣州十九日電 各區綏署將改組爲行政專員公署、李漢魂等迭謁陳誠 洽商進行。

四路軍官團定九月一日成立

▲中央社廣州十九日電 第四路軍軍官團定九月一日成立、參加軍官限廿五日前報到。

閩國民經濟建設運動分會 定期開成立會

▲中央社福州十九日電　陳體誠等積極籌備閩省國民經濟建設運動分會　專員委員等已分別聘定、即發函通知　定期開成立會。

湘教廳令各校招收苗民子弟

▲中央社長沙十八日電　湘教育廳、令省立各校從本期起招收苗民子弟入學、俾受同等教育。

第一批庚款留學生已首途回國 五屆留英攷試明春舉行

▲中央社南京十九日電　管理庚款董事會、辦理留英公費生、已歷四屆、先後派遣公費生七十九人、赴英留學、規定期限三年　其第一批學生、係民國廿二年秋間出國　迄至今夏、已屆期滿、其中除一二人因特殊原因仍在國外繼續研究外、餘均已首途返國、又聞該會第五屆留英考試、大約明春仍予舉辦、其留學名額、及學校分配、本年年度當可決定。

稻麥改進所派趙連芬飛川視察 與當局商川米改進計劃

▲中央社南京十九日電　川省為吾國著名產稻區域、產額佔全國七分之一、僅次于廣東、而列為第二位、全國稻麥改進所、為改進川米起見、業派該所稻作組主任趙連芬飛往四川視察　趙氏視察完竣後、並將與川建設廳及四川大學當局、商定川米改進計劃、及合作辦法、約本月底即可返京。

京市商會改組委員會 昨開八十九次會議

▲中央社南京十九日電　南京市商會改組委員會、今日上午十時在該會舉行第八十九次委員會議、討論議案、（一）開辦商業學校、（二）開辦簿記傳習所、（三）提倡國貨、（四）慰勞蔣委員長。

粵漢路廣衡段今日直接通車

▲中央社廣州十九日電　粵漢路廣衡段、定廿日晚直接通車。

老河口至白河段公路已修竣

▲中央社漢口十九日電　老河口至白河一段公路、長約二百三十公里、為陝鄂路交通幹綫、因去年大水、全線各項工程、悉被沖毀、現已修復、定於十三日全綫通車。

我國世運選手下月初返國

▲中央社南京十九日電　世界運動會閉幕後　我駐德大使程天放、頃由柏林致電教育部王部長報告經過　各選手准下月初離德返國。

蘇財廳令縣發售契紙 應注意廳編字號 確切登記以免錯誤

▲江蘇社　蘇財廳對於發售契紙　應注意廳編千字文字號、確切登記　以免錯誤　令各縣縣政府云　案查本廳前以由房官契紙為收稅憑證　關係甚重　所以對於頒發契紙號數之上、縣名之下冠以千字文字號　每發一次　更換一字、號數亦隨之改編　凡請發某字號賣契若干張　或典契紙若干張　即應收回某字號驗若干　縣府轉發鄉鎮公所推銷、亦須注意此點、例如某鄉鎮領去某字號賣契或典契若干、即應投稅若干、事前記載如不精確、事後勾稽即感困難、曾於本年一月以稅字七一五號訓令遵辦在案、現恐日久玩生　合再重申前令　仰即督飭稅契處將發售契紙、依法詳細登記、並令鄉鎮公所依法填報　庶使契紙無錯誤遺漏之虞　而契稅有日增月盛之望　幸勿忽視為要、仍將遵辦情形　隨時具報云、（十六日）

整理房捐進行程度 蘇省令列表造冊呈送察核

▲江蘇社　蘇省府頃令無錫等縣云　查該縣房捐、係列地方預算、有關公安經費、迭經令飭　照章整理　迄未依令造冊呈報　究竟是否整理完竣　及已否按額徵收　無憑核悉、似此任意玩忽　殊屬不成事體　合行令仰該縣長遵照　迅將該縣整理房捐進行程度、先行列表三份　呈送分存備核　一面依照頒發冊式、趕緊造冊一份、由縣核算準確、註明總數、加蓋縣印、呈送察核、毋得再延　致干懲處云、（十六日）

專科以上學校畢業學生 就業訓導班章則 蘇教廳令各縣擷要公布

▲江蘇社　江蘇省教育廳訓令各縣教育局文云　案奉教育部第一一〇一六號訓令開　奉行政院需發用專科以上學校畢業生　以輔助行政及經濟建設起見除咨由考試院於本年九月舉行臨時高等考試外、特頒布專辦專科以上學校畢業生就業訓導班　招收最近二年度國外專科以上學校畢業生一千名　施以短期訓練實習考驗合格後　按照成績分配工作、關於就業訓導班之籌備事宜、業經組織籌備委員會　訂有就業訓練簡章　並詳定招收學員辦法　公佈施行　按照簡章及辦法規定、最近二年度（即廿二年廿三年度廿四年度）國內外專科以上學校尚未就職之畢業生　均得請求入班、國內各校畢業者、由原肄業學校保送　國外學校畢業者　由本部保送　所有國內各校及國外各畢業生　應取具之各項證件、均送由全國學術工作諮詢處收集整理彙呈本部核轉　其屬綏遠察哈爾寧夏甘肅青海新疆四川西康貴州雲南廣西等省籍學生　現時居留原籍者　得由各該省教育廳舉行體格檢查、其檢查要項　容再飭知、除分令外、合行頒發專科以上學校畢業生就業訓導班簡章、招收學員辦法、請求入班之畢業生名冊格式、暨保證書格式、令仰該廳遵照　並發報週知　此令等因　查全國二十一年度專科以上學生人數統計江蘇省七千一百二十三人居全國第一位　據此以推在最近之年間畢業後未就業者不在少數　茲奉部令頒發是項章則　應予擷要公布、俾有志請求受訓者　可以遵照規定保送受訓　除分行外、合行檢發布告及章則擷要各二份、令仰知照、並登報週知此令。（十六日）

西變亂愈趨嚴重 中心點已移至北部

莫洛哥已發現擁護政府之運動

▲中央社南京十九日電　西班牙變乱愈趨嚴重　各國僑民紛紛遷避　我國旅西僑民、最近尚無他移之報告、聞必要時將隨同我駐西使館人員遷離危險地帶。

▲中央社馬德里十九日電　目前西班牙南部暫告平靜、內乱之注意中心點、已移至北部。

▲中央社馬德里十九日電　此間頃接西屬莫洛哥消息：該地現已發生擁護現政府之運動、規模頗為廣大、聞亦蔓延至西非、西班牙其他屬地一部分軍隊、且已反正、向叛軍進攻云。（十六日）

比內閣決定一切軍火出口 須有特別執照始准起運

▲中央社比京十八日電　關於西班牙內乱問題、今晚比內閣長時間討論之後、業已決定再發命令、以補較近所頒關於運軍火至西班牙前文之不足　新命令將援英法兩國之先例、一切軍火出口、必須取得特別執照、始准起運云。

法對西中立建議德已有答復

奧無條件參加不干涉西亂協定

▲中央社巴黎十九日電　據此間報載　國際空氣因德國對法國中立建議　已有答復、據法國官場息以為德國復文雖附有若干保留條件　但甚感滿意。

▲中央社維也納十九日電　奧政府頃決定無條件參加英法不干涉西班牙協定草案

意否認對西內亂採取各項軍事措置

▲中央社羅馬十九日電　謠傳政府對於西班牙內乱、業已採取各項軍事措置　準備出而干涉　政界頃切實加以否認並稱義國現求樹立絕對中立制度云。

德派艦隊駛西領海保僑

▲中央社巴黎十九日電　德國政府鑒於西班牙國局益臻嚴重　決定派遣強大艦隊、駛往西國領海、保護僑民。

英皇抵杜白洛夫米可港

▲中央社倫敦十八日電　十七日英皇愛德華所乘之遊艇、駛抵杜白洛夫米可港皇曾登陸　大受民衆歡迎。

18 22

本縣新聞

本縣辦理強迫識字教育之結果

共畢業學生二萬〇五五六人

第四區區長夏愼言受嘉獎

本縣自去年十二月開始舉辦強迫識字教育、至本年六月各識字班一律辦理畢業、中間各種經過情形、曾迭誌本報、茲悉全縣共有男女畢業學生二萬〇五五六人、計第一區四三二六人、第二區二六五一人、第三區一七〇三人、第四區三一四五人、第五區三〇六九人、第六區三六三二人、第七區一七三一人、實驗鄉二六三人、因故未能畢業者有五一五四人、計第一區八七八人、第二區一〇四九人、第三區四五七人、第四區六一五人、第五區六一一人、第六區七二八人、第七區二二九人、實驗鄉五八七人、全縣識字班在籍學生數爲二萬五千七百一十人、畢業人數約當在籍人數五分之四、聞縣政府以第四區區長夏愼言辦理強迫識字教育、成績頗著、擬予嘉獎、以資鼓勵云。

縣婦女會舉行第十一次會議

定期召開會員大會

積極辦理徵收會員

本縣婦女會于前日在該會辦公室召開第十一次會議、出席陳啓芳、張淑英、梁惠榮、列席武襄承、主席梁惠榮、紀錄張淑英、

報告事項

一、本會附設婦女識字高級班教學情形、

二、季丁氏向本會申請援助控夫遺產案情形。

討論事項

一、本會附設婦女識字高級班學生楊蘭英等、延不到校、應如何辦理案、決議、（一）商請大澤鎮長勸導復學、（二）依照本會附設婦女識字班處罰輟學辦法辦理之、二、季丁氏向本會申請援助控夫遺產一案、應如何辦理案、決議、派陳理事正芬調查後核辦、三、本會應如何辦理徵收會員案、決議、全體會員、分頭勸導婦女優秀份子加入　四、請確定本會第三次會員大會日期案、決議、（一）定於九月六日上午十二時在縣黨部大禮堂舉行、（二）會員在開會時、本會供給膳食、閉會。

畜牧推廣區調查土種綿羊

本縣畜牧推廣區　以改良土種綿羊、先積極詳細實地調查、以爲來日改良之參考、斯解重要之點、不可不加以斟酌、若僅憑道途之傳說、不經之擬議、以圖改進、行而有礙、覺而始悔　再思改絃更張　亦已晚矣故該區現先從區鄉保調查　至畜牧種羊之推廣所在地、爲第六區祠堂鄉蔣橋、已將該鄉附近各莊之綿羊情形　調查完竣、以次再及其他各鄉、茲抄錄綿羊調查表之內容如下　畜羊姓名、住居　種類、牡牝、有胎者合計頭數　最大最小之年齡、最近分娩期、平常交配期　每胎頭數　每頭最輕最重之分量、肉量如何、每羊售價、出售原因　治疾經費、每羊剪毛平均斤數　剪毛時期、毛之最低價值　飼養方法　自己牧放、或託付牧羊人管理、疾病情形等等　據畜牧指導員高德培談、此次政府當局、成立推廣區、以推廣美利奴羊改良土種羊爲目的、純爲農民着想、現在改良之先　必詳細調查、以作他日之借鏡、一般養羊之戶、每以來場交配、須用費資、多觀望不前、實則本區意在推廣羊種、分文不取　而羊戶之揣想　殊屬可笑云。

二十四年度已成立合作社社務業務概況

本縣合作社于二十四年年底止　計已成立百餘所　經視導及第一次重行登記後　尚餘八十一所、社員人數三四〇〇人、已繳社股總金額七五〇〇元、共貸款約十萬元左右、定期存款三二〇〇元、現合作指導員張念鄉、對各該社力謀整頓、俾臻健全。

二區舉行公民宣誓後各鄉鎮公民之統計

第二區舉行公民宣誓後、已將各鄉鎮公民統計完竣、茲探錄如下、陳莊鄉三四五五人、薰莊鄉三三七八人、鄧莊鄉三三〇三人、縣口鎮二九〇一人、仇集鄉二八〇五人、小營鎮二七三八人、師寨鄉二四九九人、徐樓鄉二四八五人、沙莊鄉二四八二人、店子鄉二〇四二人、汪屯鄉一九八二人、賀固鄉一八二七人、郭集鄉一四八六人、蕭埝鄉一四八二八人、

成辦兵役人員訓練班今日開學

縣政府奉令辦理之成辦兵役人員訓練班、已于今日開學、學員爲各區區長、及鄉鎮長、共到百餘人、聞訓練時間爲兩日云。

縣政府奉頒城市及鄉間小學衛生設施標準（續）

五　診療

一、診治疾病　醫師或護士、負責在各校衞生室或分區學校診療所診治兒童普通疾病。

二　轉診　遇有危難或應住院的疾病　應設法轉送醫院診治、

三　急救　由護士教員或衞生隊隊長負責在各校衞生室施行

司法欄

◎縣政府司法批示◎

▲刑事具狀人谷榮廷、一件　爲被刼報明、請求派警嚴緝賊匪究辦由、狀悉、仰候派警嚴緝可也　此批、

▲刑事具保人吳廣順等、一件、爲懇請賞保曾廣賢在外、不誤傳喚由　狀悉　發保人曾廣賢係發回本縣執行、所請交保、應毋庸議、此批、

▲民事具訴人師鴻業　一件　爲霸佔房屋　懇請傳訊、判令退讓、以維產權、並諭令負担訟費由、狀悉、仰候通知答辯、傳案訊奪、此批、

▲民事告訴人師鴻業　一件、爲迭欠房租、屢討不給、懇請傳案押追並諭令負担訟費由、狀悉、仰候通知答辯、傳案訊奪、此批、

▲刑事具狀人張獨氏、一件　爲妄被寃纍、請求嚴察昭雪由　狀悉　仰候偵查明確、再行核奪、此批、

▲刑事具訴人許倫雨、一件、爲正兇已獲、幫兇在逃、再請飭拘幫兇到案併辦、以伸命寃由　狀悉、仰候訊明秦景玉再奪、此批、

▲刑事具狀人李振永、一件、爲家遭喪事、又染疾病、願納罰金、懇求格外原情、恩准賞釋、以維孝道由、狀悉、仰候令飭監獄署派醫妥爲診治可也、所請保釋、應勿庸議、此批、

▲刑事具訴人姚來聚、一件、爲挾嫌放火、訴請拘案依法究辦由、狀悉　仰候傳案訊奪、此批、

▲刑事具狀人史忠賢等、一件、爲朦保眞匪、懇請依法究辦、並勒令將匪交案、以儆效尤、而免後患由、狀悉、仰候傳案訊奪、此批、

△庭期審理案件▽

八月廿一日審理王劉氏訴王克禮等傷害案、廿一日審理李大台訴李短子和誘案、二十一日審理王鳳儀竊盜案、二十一日審理李廣海傷害案

△本城糧價▽

名稱	每市斗價目	
小麥	最高三千七百文	最低二千五百文
大麥	最高一千九百文	最低一千八百文
黃豆	最高三千三百文	最低三千二百文
黑豆	最高三千八百文	最低三千七百文
菉豆	最高三千二百文	最低三千文
江豆	最高三千五百文	最低三千四百文
高粮	最高一千八百五十文	最低一千六百文
穀子	最高二千二百文	最低二千文
稷子	最高一千八百五十文	最低一千八百文
芝蔴	最高五千二百文	最低五千文
青豆	最高三千六百文	最低三千五百文
花生每斤	最高二百五十文	最低二百四十文
瓜子每斤	最高四百五十文	最低四百四十文
生米	最高四百三十文	最低四百二十文

△△氣象▽▽

天氣	風向	最高溫度	最低溫度
晴	西北風	八五度	七〇度

中華民國廿五年八月二十日

（星期四）　第五號

鳳鳴塔

本刊三四期

一、本刊內容分科學常識論著詩歌小說戲劇散文書報介紹及批評等項

二、本刊歡迎投稿來稿文言白話均可

三、來稿本社有修改權不願者請先聲明

四、來稿登載之稿除留登載閱者外概不退還

五、本刊編輯部設豐報社內

漫談

自私和公理

聞人

我敢大膽的說，責備別人自私的人，決不會責備自己的。尤如老烏鴉站在豬身上一樣，只是看到別人的黑，却不會看見自己是黑的。也就如一面的鏡子，只是照到別人，而不會照到自己。這樣一來，我敢斷定的說一句：「凡是人們的一舉一動，沒有不包孕着自私的嫌疑，也只不過在量的方面不同，而使她的表現，只不過有所隱顯吧了！」什麼是朋友，朋友的解釋，就是對於利己方面，得以最大的幫助，假若我不利用別人，同時別人也不利用我，那末由此看來，無所謂朋友了。但談到朋友二字，那就已經暴露出，類自私的一部份，譬如說是商議一件事，若能得適好的辦法，那就是說在這個好的辦法裏，對於利己的成分多，而利人的成分少。如果把這辦法移到對方的觀點上，決不會成為好的辦法吧！這樣一來，豈不是自私的表現嗎？拆穿了西洋鏡，誰也跳不出這個自私的圈兒，但是自私也絕不見得是多壞，也不過要你運用的得當與否。無論什麼事；只平着個公，那就也能了！同時也得使人們收獲點同樣的利益吧！道德也是法律的任務，也不過是層級上自私的保障，根本就談不到公理，天良。所謂公理，天良者，也不過是寓諸人心吧！決不是形諸於表面的。

翻譯

風波（續）

英國沙氏比亞原著

菽原譯

然後他便克利邦去准備食物，並且把洞內加以整理；這羣人一見這個可怕的妖怪，都被嚇得目瞪神呆了。他（據樸魯斯比魯說）。就是他的唯一的僕人。

在樸魯斯比魯沒有離開這個海島以前，便謝卻了哀利兒的工作，這對于那個快樂的小妖簡直是莫大的快樂；他從前雖然是他的主人的忠實的僕，然而總是深切的懷望着能夠享受他的自由，在那碧油油的青天下，翠綠欲滴的樹林中，和那嬌嬈欲笑的好花裏，無拘無束地遨遊着，和一隻快樂的小鳥一樣。

『我的親愛的哀利兒，』樸魯斯比魯悽然地對那個小妖說道，當他釋放他自由的時候，『我將來還要想念你哩；但是你將要得到你的自由了。』『謝謝你，我親愛的主人，』哀利兒說道，『但是請你允許我，在你未向你的忠誠的小妖告別以前，讓我用順風把你們送回吧；然後，主人呀，當我自由的時候，我將要多麼的快活呀！』於是哀利兒便高興地唱過美麗時光來：

『蜂兒在那兒集，我也在那裡飲；一個蓮花洞中我去睡：在那兒睡的時候梟鳥吟。炎炎的夏日過去後，快樂地飛上蝙蝠背。快樂呀快樂，我將要過活，低低那垂在枝頭的大花朵。』

樸魯斯比魯把他的魔書魔杖都深深地埋在地下，因為決定再不用他們了。他已得戰勝了他的敵人，和了他的兄弟，沒有東西再來和他的安樂的競爭了，只有重返故國，繼當王位，和看他的女兒同太子的快樂的結婚了。

國王說這個婚禮，在他們回國以後，立刻便要隆重的舉行了。在小妖哀利兒的護送之下，經過一個愉快航海以後，不久便回到了破里斯王國了。

註：尋——測海水的長度，一尋等於六呎。

（完）

創作

遺產（續）

張雪舫

（一）蜈蚣子和親生女

章老頭子拋下一生辛苦以血汗(?)換來的數萬家財及他的愛妾；走入另個社會去了！人間世再看不見這個怪老頭子了。

前後院都搭蓋成白色的布棚。上房的門前，設了孝堂。吊孝的人，走進走出，熙熙攘攘。每個人的口中，都在說道死者生前的事蹟，在每段談論的末了，同樣的都帶出一聲嘆惜！『一生掙了偌大的財產，死後卻被外姓人佔有了！』這句話普遍的散漫到章宅的周圍。

章頓——喜的爹穿戴着白色的孝衣孝帽，提着哀死棍，伺候在靈床前，不住的爹呀，爹呀！的號着。靈床前後，全完被一種有聲無淚的號哭佔據了。這些假哭中，有個痛心而天真的哭，一顆顆充滿親愛的淚珠兒由遠的臉上，滴到死者的身上。蓮姐是未成年的女孩子，究竟她是死者的親生子；因骨血關係，死的恫嚇，她微弱的心靈上，起了莫大的哀痛。她握着死父的手，癡呆的睜着黑亮的眼，看着死者的臉上。她心裏疑惑想她的父親在睡着了吧！為什麼都說他是死了呢？我為什麼要哭呢？要是驚醒了他，他不生氣麼？我別哭，我哭會驚醒爹爹的好夢的；只是別人仍是哭呢！她轉動眼球，看看周圍那些哭的人們，他們只是拚命的提高聲音號叫，都沒有一滴淚水。她那名義上的哥嫂，這時被人叫作孝子、孝子娘子，她倆口子號的聲音比較別人更高，只是他倆的臉上，由悽慘的悲哀的面容裏，不時還現露出些得意的歡容。她的叔伯哥哥章德，蹲在離靈床很遠的屋角邊，聽不行他號的聲音，可是他的臉上，早被淚水佔滿了。她看遍周圍在同環境中而各人表現不同的情況，他她更加懷疑；她知道她父親是很不歡喜德哥的，往常看見——就罵，罵得德哥不敢來；這時他為什麼不象別人那樣的假哭呢？領哥和他媳婦平日不是很痛愛爹爹的麼！為什麼他們只是號叫，而不吊淚呢？想必是爹爹不是死，要真是死了！從今不能再痛愛我們了！他們能不吊淚麼？不是死，不是死，爹爹絕對不是死。只是他們和這些人，為什麼都穿着這白衣服而苦號呢？他們是瘋了麼？不，哥哥和嫂嫂，不是很安詳的嗎！這究竟是怎麼回事呢？她迷惑了！她萬分的迷惑。兩隻黑亮的眼珠，不住的轉動看周圍那些似做戲的人們，在扮演她所不知道的戲文。她猛然的意識中覺得她所握着的似冰般的涼手，使她被迷惑的意識醒轉來，她知道了爹爹確是死了。因她聽人說過：「人死了就涼的像冰凍——一句話。爹爹的

月夜

菽原

（一）

一開門，
滿院的清光，
溢了進來；
地板上，
被褥上，
書籍上，
洒滿了輕雲淡月的影彩；
連我自己，
也被她們淹埋！

（二）

織女啊！
何時織就這走輕盈的黑紗？

（三）

那個玩皮的孩子，
把乾枯的梅影，
拋在水裏？

（四）

在地上描滿相思，
用那些枯枝，
又是那個畫師？

（五）

月光流了一天，
把星兒都淹死了；
縱然還有疏疏幾點，
然而也是寥寥。

夜思

菽原

昨宵夜半欄獨依，
素月橫流暈光稀，
微風送來荷清香，
綠波碧動波漣漪。
萬籟息止悄無聲，
枝頭棲鴉見月鳴；
水濱鴛鴦交頸眠。
回首顧己影空空！

手，不甚比冰還涼嗎？那他確是死了！她覺得死是可怕，尤其是她爹爹死了，她格外害怕，更顧慮將來不能再受爹爹的痛愛了！她哭，她真心實意的哭，淚珠兒似湧泉般氾流。只是她哭的聲音，沒有章領和其他的人那麼高大。

太陽已偏西了！一般內眷，停止了戲的扮演，止看號聲，紛紛的各自補充他們的肚子。靈床的周圍 只有被俗禮束縛着的章領和她的妻，還有范氏和小蓮 屋中角落邊，還有由鄉下來的死者的嫡親好兒吃德。屋裏雖是有幾些生人，只是寂靜的都似睡在靈床上的死者一樣；范氏因極端的傷感，和萬分的疲倦慵懶的臥在另個床上，蓮此刻被別人勸的不哭了，坐在靈床傍邊想她的生身的母親為什麼還不來呢。滿屋中只有章領和他的媳婦在對扮鬼臉，不時有一點低微的笑聲，冲道靜寂的空氣。

他倆的微笑，十足的表示他們勝利；要不是怕別人聽見，他們是要伸項仰面捧腹大笑的。實在的，在這時間裡，他們是勝利了。他們沒見有人來掙產業，更沒有人來剝非；他們可能安穩的承繼全部遺產了。這樣的順利，是他倆預先安排好的樣章德已接受他倆暗地給的二百塊錢，還許他事後給他十畝田；章德滿足了慾望，已不再掙──實在，以他生在鄉下的人，不知他伯父有多少遺產，這二百塊錢，十畝田；已越過他的預想了。蓮的生母──死者妾──陳氏，本住鄉下照料耕種的；只為害半身不遂的病 舉動不便；此刻仍住在鄉下，沒有進城來。雖是她的丈夫死了。實在平日就沒有人把她當個人看待，因她是個再醮婦，又是死者小婆。一切的一切，章領倆口子前幾天所怕爭端，皆已平靜的消滅，毫沒發生，怎得不令他們欣慰呢。

（未完）

夏日隨筆

春林

一，夏陽

夏天的太陽像個圓口火爐，在中天放着高熱的白光。空氣被太陽高熱的光箭射着了，不信，遠處的四週，蠕動着無色的火焰，人間的一切都受着極度的灼炙。苦工們汗在背上匯成洪流，不是茶水時時潤着腸胃，恐怕身上的皮膚會冒起火頭。

狗舌伸得像象的鼻子，喘氣像生火的風箱，這不是平常的形狀；雞也與平常兩樣，展翅伸脚睡在屋蔭下的糞堆旁，微閉的眼睛，不時的睜開望着午陽的奧妙；樹下躺着的老黃牛更是靜，只有頭與尾巴忙着與蠅子戰；村後草場上的幾隻白羊，不知早晚沒有的，剩下一片陽光平鋪在草葉上，冒着無色的火焰，顫動向上；柳蔭懷抱的池塘，一羣麻鴨睡在岸旁，平靜的水面上，中間耀着片圓的陽光，不見青蛙歌唱，也沒有波紋盪漾，更可惜噴不出荷花香。

土被曬得如剛燒過的灶下的熱灰，路上不見行人，陣陣噴着熏人的暑土氣氛，慢慢騰起，還是那幾個天真的孩子，又赤着脚在門前的路上跳躍着走過，小手不住的在天空搖晃，也許是遮太陽。

小鳥也許睡死在野外的樹上，聽不見他們的歌聲，簷下雀子也少跳動，樑上燕子停止飛翔，庭前晨時交戰的螞蟻，此時也靜了戰場，只有蟬在替熱嘶聲吶喊。

人間的一切都走向靜，只有苦工背上的汗，夏陽的熱，在極力的動。（待續）

晚眺

素閒

夕陽已晚，殘紅半天。
尋芳徑，獨步林邊；
彩霞豔麗，變化萬千，
天然幻景，任人賞玩。

○　○　○

登柳堤，舉目觀：
黑而灰的烟，一縷縷一團團，
籠罩着，近的村遠的山。
帶兒似的溪，緊靠堤畔；
荷花紅白相間，透出水面；
溪水流聲潺潺，音韻自然，
蕩漾裏，反映凡一半碧青天。

○　○　○

牧童歸，
橫牛背，橫牛背，
短笛無腔 信口吹。
倦鵲回，
一雙雙，一對對，
前呼後應，緊相隨。

○　○　○

天然的妙，自然的美，
美妙景緻，惹人醉。
這時啊！
真使我樂而忘歸。

四燈乾電式收音機使用及說明刊誤更正（續）

豐縣縣政府無線電技術室

上週所刊之『四燈乾電式收音機使用及說明』統篇為手民誤排之字甚多，特此更正如下：

（一）2，線路 （三）線路說明之1，工作原理十四行，『每秒中可看數千萬週』句為『每秒中，有數千萬週』之誤。

（二）線路圖內B柵漏與右面一頭乃接至柵極者應加一直線至柵極。又綫路圖內說明中括符內（二蜘網板同一支架）與內括內（三蜘網板同一支架）『網』字均為『網』字之誤，又B檢波柵漏括內英文為(Microfarad)

（三）續編3，製造方法十一行公式F＝2兀LC應為2兀開方LC（以開方符號無鉛字，故為誤）公式下括內英文字為（FreqneNcy）（FArAD）、又二十三三行（可旋轉可變更容量與固定者二種）句，應乃（可旋轉可變更容量者）與固定式二種。

（四）真空管之選用，第六行第二字『蕩』第十二行第九字『蕩』均乃『盪』之誤

（五）改造方法內第九行1，之三十下應加一『號』字。又4，『調換整電容器』應乃『調換調整電容器』又上篇2，綫路二、製造內第三行首字『初』無，第八行首字『音』下應加一『機』字。

通信欄

萬選君：

來信閱後，知你是位努力向上的學者。我非常的欽佩你！至于環境的壓迫，我們要努力去打破他！因為將來偉大的收穫，正期待你呢！

關于文藝和其他問題的研究，我非常的歡迎！因為我也是常想讀書不能的！那麼，我們就相偕着在這條道路上努力吧！

雲章

雲章先生：

稿子一束，已經收到，謝謝，現在用的，正是先生寄來的稿紙。

現在寄來的一束，中有譯文：原野 會話，死去的愛人，鄉村的鐵匠，與我的醜詩 瘋狂了的時代的巨獅，運命等六篇，對嗎？前兩篇的作者是塔格涅夫，第三篇是華賚華斯，第四是朗法勞，都是世界的文豪，太約人人皆知，用不着介紹，不過我的譯筆澀滯 反而成了他們的罪人，望先生多加指正，絲毫不要客氣！如果先生覺着那篇不好，就將那篇寄回。

前次寄上的「哭父」等篇都收到否？

下次再談，敬祝

編安

薮原謹啓

編輯室的廣播電台

雲章

一，魔倒君：你的一篇漫談，經本社負責人決定，暫不發表，請你原諒！

二，予方君，請你到編輯室來談一談！

三，素閒君，因為我們見面之時候太匆迫了，所以把你的姓名寫錯 現在已通知事務部改正了，請你原諒！

八，二〇。

縣黨部無綫電收音室開放節目

八月二十一日　星期五

八，一〇　西樂
八，三〇　新聞
一一，三〇　平劇防衛知識報時氣象商情
一七，〇〇　滬市商情商業新聞大鼓
一八，〇〇　樂隊奏樂
一九，〇〇　平劇　林樹森唱：戰長沙
　　梅蘭芳陳德霖合唱：彩樓配
一九，三〇　兒童教育
二〇，〇〇　報時氣象水位雨量簡明新聞
二一，〇五　英語講演及西樂
二一，三五　預報明日節目
二一，四〇　新聞
二二，二〇　平劇及國樂

豐縣教育局啓事

查二十五年度七月份教費，業由縣府領出，定於八月二十三日開始發放，限一週內結束清楚，祈各教育機關屆時來局具領可也。此啓。

豐報

◁第一一七三號▷

◁社址豐縣大同街▷

中宣會登記中字第一二九二號　內政部登記警字第二二號

中華郵政特准掛號認爲新聞紙類

◁今日一張半　售洋　分四厘▷

◁本報價目▷

本報每份每月大洋三角、外埠每月大洋四角郵費在內、費須先惠、空函不覆

▲廣告刊例

本報廣告以方寸計算

每方寸以市尺長寬各一寸計算

（新聞欄）每日三方寸三天起碼每日每方寸一角二分

（封面）每日三方寸二天起碼每日每方寸一角

（普通）每日三方寸二天起碼每日每方寸八分

壹二日以上九折六日以上八折八日以上七折十日以上六折常期面議

中外要聞

華北日領會議昨閉幕

開發華北經濟以總領館爲主要機關　其他各項問題由三省首腦會議討論

▲中央社天津廿三日電　川樾召開之華北日領事會議、廿三日午後續開、至四時閉幕、川樾廿三日七時歡宴出席領事、據息、此次華北日領會議、對于開發華北經濟問題、決以駐華總領館爲主要機關、軍部協同辦理、其他各項、蔣在廿四日所召集之三省華北首腦會議時研究討論。

綏東防務鞏固不至發生意外

▲中央社上海廿二日電　[illegible]

▲同盟社[illegible]電　華北總領事會議、廿[illegible]日在總領官邸舉行、出[illegible]者川樾大使及其他領事外、[illegible]有事務官太田等、川樾由[illegible]領事聽取所在地之情形、更由太田事務官總取本省[illegible]之意何、次關於華北時局對[illegible]、即以此爲基礎而進行[illegible]樾大使及蔣院長具體交涉[illegible]針亦經商討、本日上下午[illegible]廿三日繼續舉行會議。

▲中央社北平廿三日電　我方在綏[illegible]防務鞏固、平地泉駐綏軍[illegible]步砲各部達萬人、偽蒙匪[illegible]前被擊潰後迄今未敢侵略。

▲中央社北平廿三日電　劉汝明談、余自主察後、對省內苛雜積極整理、以抒民困、並考核各縣長及公務人員成績、以期刷新庶政、余來平係謁宋哲元報告察政、週內即行返張、綏東情形無變化、傅作義調兩師兵力、嚴密防守、絕不至發生意外事件。

▲中央社天津廿三日電　前任日駐屯軍參謀長永見俊德廿三日午十二時由津搭北甯車赴瀋轉道回國、張自忠、陳覺生、與日駐屯軍司令田代等均到站歡送。

梧當局以木筏堵塞河口

翁照垣賈連芳兩師由北流侵信宜

▲中央社香港廿三日電　梧州當局運到大批木筏堵塞河口、開封[illegible]開建又發生衝突、翁照垣賈連芳兩師一部分由北流侵信宜。

孔祥榕赴黃河下游視察

陝省連日大雨黃河猛漲

▲中央社青島廿三日電　孔祥榕以黃工情轉緊、昨晚十一時返[illegible]濟南、轉赴黃河下游視察、並指揮防險工作。

▲中央社西安廿三日電　連日陝省大雨、黃河猛漲。

▲中央社青島廿三日電　孔祥榕臨行談、本人定九月一日在[illegible]宣誓就職、中央派商震監誓、尋堪黃河、可保無[illegible]

龍雲薛岳今日就滇黔綏靖正副主任

▲中央社昆明廿二日電　龍雲薛岳定廿四日就滇黔兩省綏靖正副主任職、至就職典禮、俟中央監誓員到後再舉行、廿一日已電呈國府及蔣委員長並通電全國。

▲中央社昆明廿一日電　龍雲薛岳就職通電、定于八月廿四日就任滇黔綏靖正副主任職。

中華農學會在鎮舉行第十九屆年會

討論農業問題　並電勸李白懸崖勒馬

▲中央社鎮江廿三日電　中華農學會第十九屆年會、即廿週年紀念會、昨在鎮伯先公園舉行、到會員一百五十餘人、由梁希主席報告畢、旋即開第一次大會、由唐啓宇主席、宣讀論文百零八篇、迄午始畢、下午二時分組討論農業問題、及農作物改良農村經濟蠶絲森林等四組、下午四時續開第二次大會、由鄒樹文主席、討論下屆年會地點、暫定川贛豫三省、由理事會決定、並通過由大會電桂李白懸崖勒馬。

宋哲元決親往主祭

冀察綏署定期舉行追悼歷次陣亡將士大會

▲中央社北平廿三日電　冀察綏署主辦追悼歷次陣亡將士孟蘭大會、定三十一日在北海天王殿舉行、是日晨九時決由宋哲元前往主祭、次各機關各學校團體主祭。

黃光銳偕粵空軍司令部人員由港抵滬

▲中央社上海廿三日電　黃光銳偕同丁紀徐及粵空軍司令部人員、行十餘人、昨日下午二時四十分乘輪由港抵滬。

中央銀行副總裁陳行由港抵滬

▲中央社上海廿三日電　中央銀行副總裁陳行、交通銀行總經理唐壽民、奉命赴粵籌設中央銀行廣州分行、及調查粵省改用大洋制等事宜、兹務業已告竣、昨日下午三時由港乘輪抵滬。

駐美大使施肇基辭職照准

▲中央社南京廿二日電　我國駐美大使施肇基、因久未返國、近懇請回國、藉獲長時之期停留、借以考察近年來國內各項事業之情形、探悉、當局已予以照准、聞已選定

首任國民政府外交部長多年即將由海外歸來之外交界名宿繼其後任、已向美國政府徵詢意見、聞刻已經美國政府同意、日內即可與新任駐蘇聯大使同時由政府正式發表。

各地合作社名稱應行化一
實部通令各省市轉飭遵照

▲中央社南京廿二日電　實業部令以各地合作社名稱亟不一致　于監督指導統計分類更感困難、前擬定化一合作社名稱說明書一種、分發各省市主管合作登記人員參攷、茲查各社社名尙多年未照上項說明書辦理、該部特於日昨通令各省市建設廳社會局廳即飭令改正、以昭化一。

司法行政部擬澈底整理粵省司法
對現任人員決不隨意調動

▲中央社南京廿二日電　司法行政部以粵省司法急須澈底整理、在整理期中各法院現任人員若率于更動、徒使各員不能安心于職務、並對於法院事務之進行不無阻滯、特於日昨令粵高等法院通飭現任人員、各安現職、不得隨意調動。

實部劃定湘安化縣
鐵礦爲國家保留區

▲中央社南京廿二日電　實業部以湖南省安化縣境內鐵礦歷經派員調查、認爲有保留之必要、依照礦業第十條之規定、該部已劃定該縣常安等處鐵礦爲國家保留區　計礦區面積四十六公頃四十二公畝六十一公里、並巳呈請行政院鑒核備案。

國選來往電報只收材料費
政院令交部遵辦

▲中央社南京廿二日電　國民大會選舉總事務所、以選舉往來電報、擬請行政院一律免費、經行政院會議决定各省市及海外關於選政與選舉事務所往來之電報、概以變通辦理、只收材料費、並巳令交通部遵辦。

選舉法規定之選舉訴訟
各條不適用於海外
僑民代表選舉事務所推人研究補救辦法

▲中央社南京廿二日電　在外僑民代表選舉事務所、以選舉法第七章所規定選舉訴訟各條均不能適用於海外、如將來僑民選舉發生訴訟事件、當如何辦理、茲悉該所于第四次談話會中、曾提出討論研究補救辦法。

粵國選事務所今日組織成立

▲中央社廣州廿二日電　國民大會廣東省代表選舉監選事務所、趁于廿四日組織成立。

滬漁會呈請規定該會應出代表名額
總所已批示礙難照准

▲中央社南京廿三日電　上海漁會出席代表前呈請國選總事務所明白規定漁會應出代表名額　總所已與批示、略稱、查國民大會代表選舉法及其施行細則、均經國府明令公佈　所有代表名額、已經明白規定、該會所呈明白規定漁會應出代表名額一節、關係變更法令、非本所職權所及、礙難照准。

上一辦法、特於今日上午在院召集有關部會、及南京市政府代表開會、至十時散會、聞大會辦法已商定　俟提出行政院會議通過後即可施行。

徐埠黨政
高級機關人員
舉行公民宣誓

▲中央社徐州廿三日電　徐埠黨政各高級機關人員　昨晨集合專署、舉行集團公民宣誓。

東北旅洛同鄉
舉行公民宣誓

▲中央社洛陽廿三日電　東北旅洛同鄉、昨日舉行公民宣誓　參加六百餘人。

首都各機關
公用物品
消費合作社辦法
……俟行政院會議通過後施行

▲中央社南京廿二日電　行政院爲商討關於政府舉辦大規模之公用物品消費合作社

湘建廳
通令各縣
組農事推廣委員會

▲中央社長沙廿三日電　建設廳以本年歲慶豐稔、通令各縣組織農事推廣委員會、俾改進農村建設。

粵省市
兩新運會
廿二日舉行成立會
……陳立夫代蔣會長致訓詞

▲中央社廣州廿二日電　粵省市兩新運促進會　廿二日舉行成立大會　及首次幹事聯席會議　到陳立夫、余漢謀、黃慕松等三十人、饒大鈞主席、報告總會已派定余漢謀、黃慕松、曾養甫、爲粵新運會指導員、推定粵新運會主任幹事黃慕松、市新運會主任幹事曾養甫、後由陳立夫代表蔣會長致訓詞。

長江一帶氣候涼爽
係湘贛間低氣壓受日本之高氣壓阻擋所致

▲中央社南京廿二日電　京市日來氣候涼爽、今日尤甚、據中央氣象台息、其涼爽原因係因湘贛間日來發生一低氣壓、同時在東北之日本亦有一高氣壓發生、此低氣壓因受高氣壓之阻擋其進行異常緩慢、結果使長江流域一帶多發生陰雨、故本京氣候成爲涼爽。

翁文灝抵滬

▲中央社上海廿三日電　翁文灝、彭學沛廿三日晨乘車由京抵滬。

粵海關監督令
九龍關嚴緝私貨

▲中央社香港廿三日電　粵海關監督戴恩賽、廿三日令九龍關嚴緝私貨、以維稅收。

津廣源紗廠
在滬購定大批紗錠

▲中央社天津廿三日電　華商廣源紗廠爲欲擴充起見、特派員赴滬向外商購定一二〇〇〇紗錠　運津裝製。

俞飛鵬視察西南民航公司

▲中央社廣州廿三日電　俞飛鵬昨日偕溫毓慶赴石牌視察西南民航公司。

張繼由京抵滬

▲中央社洛陽廿三日電　張繼昨日下午由京抵洛。

吳鼎昌抵南昌視察合作事業

▲中央社南昌廿二日電　吳鼎昌爲視察合作事業、廿二日午由潯來省　合作司長張廷等偕行。

爪哇華僑回國現光團赴蘇州遊覽

▲中央社上海廿二日電　爪哇萬隆華僑回國現光團一行廿一人、廿二日下午一時赴蘇州　將再往無錫首都等地遊覽

法駐滬總領事赴日遊歷

▲中央社上海廿三日電　法駐滬總領事洛得思廿三日晨乘輪赴日遊歷、預定下月內返滬。

我世運足球隊抵巴黎

▲中央社巴黎廿二日電　參加世運中國足球隊、現已抵此、定廿二日午後在近郊聖王爐足球場、與巴黎青年足球隊舉行比賽。

太平洋學會蘇俄代表談
對外蒙無領土野心

▲中央社上海廿三日電　玉思美電、太平洋學會廿二日續開、蘇俄代表頃伸蘇俄對外蒙古並無領土野心、蘇俄對於中國在外蒙古主權仍予承認云。

蘇省黨部
舉行特派員會議

▲江蘇社　江蘇省党部於十九日上午九時、舉行第二十三

次特派員會議、出席特派員、凌紹祖、周厚鈞、曹[illegible]煥、張公任、黃强、周紹成、卞宗孟、顧子揚、主席顧子揚、紀錄彭超、陶守如、宣讀第二十二次特派員會議紀錄、報告事項(一略)、決議[illegible]案頗多云。(二十日)

煙民濫購官土判罰得易役 由縣委託就地執行

土膏店所填表不明瞭處 或由縣府或禁委會指示

△江蘇社 蘇民廳以各縣烟民濫購官土、經依法判處罰金、而無力繳納者、得依刑法第四十二條之規定易服勞役、並得由縣政府委託執行處罰之各區公所、以公安分局就地執行、毋庸解縣辦理、又各土膏店售吸所對於應行填報之旬月報表、有不明瞭之處、可由縣政府或縣禁委會派員分赴各店所指示、以免困難云。(二十日)

導淮入海工程 竣工期尚難預定

農忙期民夫不克參加工作

△江蘇社 導淮入海工程自經建設廳督促進行以來、工程進度異常迅速、惟前受天時影響、致全部工程未能如期趕竣、記者為明瞭最近導淮入海工程狀況起見、日昨赴建廳探詢一切、據該廳龍主任秘書談稱、「導淮入海工程現因農忙、所有工夫均返原籍、一俟秋收完竣、即可完全到工、故此次既無民夫工作、僅有少數包工工夫在工次趕築土方工程、致全部工程完成、放水期尚難預定、」記者并詢以沿江鎮江等防汛事宜、據云、「已派員前往各該縣視察、并予以督促指導、約日內即可視察完畢返省復命」云云、(二十日)

督察專員公署 對省廳局行文一律用呈

蘇省府令飭各區專署遵照

△江蘇社 江蘇省政府前以各區行政督察專員公署、對各廳及省地政局行文應用何種程式、但組織暫行條例未有明文規定、爰電請核示、茲奉行政院指令、略以查該省專員公署對各廳局如須單獨行文時、可暫照該省向例一律用呈、除令內政部知照外、仰即遵照云云、現悉省府奉令後、昨除已令各廳局知照外、并令飭各區行政督察專員遵照云。(二十日)

無業可稽 自由職業團體 應向就近法院查明

蘇省府代電各縣長遵照

△江蘇社 蘇省府代電各縣長云、案准國民大會自由職業團體代表選舉事務所東代電開、「儉電計達、查所屬各自由職業團體主管行政機關、依照儉電審核宣佈各該團體簿冊時、如遇有各該機關無案可稽者、如律師公會之類、應逕向當地地方法院等就近查明辦理、以期敏捷、請轉電各省當行政機關遵照」等由、查前准儉電、當經分別飭遵在案、茲准前由、除分電外、合亟電仰遵照辦理為要、(二十日)

蘇民政廳 戒煙所長 繼續甄審

△江蘇社 蘇民廳近對各縣戒烟所長考核異常嚴厲、所有各縣中所長更調者、兩月來已有十餘人之多、現戒烟所長甄審委員會繼續甄審合格人員、連日前往應甄者、異常踴躍云。(二十日)

丁監察使 視察江北

決下星期內

△江蘇社 江蘇監察使丁超五氏、前因公由滬轉杭、茲以事畢、於十六日返省、丁氏對於江北煙政、異常關心、久欲前往視察、終以未果、現悉丁氏在署將積壓文件、略事清理後、決於下星期一二、由省出發、崗赴江北各縣視察云、(二十日)

蘇省府令各縣 調查全省報章雜誌

製定表格限期填報

△江蘇社 江蘇省政府為明瞭全省報紙雜誌及通訊社現有狀況起見、特製訂報告表一紙、分飭各縣縣長限文到十日內依式填報一份、嗣後凡有變更或新成立報社、應依此表格式隨時填報、以憑註冊、茲悉鎮縣府奉令後、已分函各報社查照、并頒發登記報告表一紙、依式填報云云。(二十日)

蘇教廳擬製 生計教育 各種影片

育蠶全部完竣

△江蘇社 蘇教廳為推進生計教育起見、曾飭由該廳電影股攝製生計教育影片、以廣宣傳、茲悉各影片、現已將育蠶部分攝就、并沖洗完竣、已可上映、關於植棉及農村工作概況、除植棉已攝就小部分外、農村工作現尚未着手攝影、聞此項影片完成後、對推進生計教育功效甚大云。(二十日)

蘇省禁煙會 第三次普遍視察

製就視察綱要 派員分區視察

△江蘇社 蘇省禁烟委員會按照二十五年度工作計劃第三次普遍視察、業經由課製就視察綱要、派員分區視察、茲將該綱要探誌於下

◎……蘇禁烟會第三次視察綱要……◎

(一)考查各縣辦理烟毒犯總檢舉情形、一、區鄉鎮保甲長所具肅清烟毒犯切結是否齊全、二、各縣區鄉鎮保甲烟毒犯是否肅清、三、各縣區鄉鎮保甲長總檢舉辦理完畢後是否能繼續檢舉烟毒犯、四、總檢舉後有無發現烟毒犯、發現時是否實行連坐處罰法、五、每縣至少考查二區、每區至少考查兩鄉鎮以上、(二)普遍視察事項、(一)關於縣政府者、一、第四期換照是否依限辦理完竣、二、投戒傳戒勸戒情形、三、懲案審理是否迅速、四、戒絕烟民之查驗是否認真、(二)關於戒烟所方面者、一、改組或合併縣立醫院後對於戒烟工作是否重視、二、烟民之調驗施戒收費是否合於規定、三、烟民之管理訓練是否完善、(三)關於縣會方面者、一、能否定期集會、二、能否按時辦公、三、會務進行有無應改進處、(四)關於行店所方面者、一、各[illegible]或分配是否適當、二、吸戶能否切實統制(特別事項)、一、各縣禁烟行政人員有無違法失職者、二、各土膏行店售吸所有無違章營業者、三、如發見一二兩項情事時隨專案呈報。(二十日)

西叛軍反攻馬拉加港

勞工民團軍被革命軍殲滅

▲中央社直布羅陀廿二日電 一、在南路方面叛軍曾向馬拉加港猛烈反攻、並有飛機多架爭向城內投彈、計游泳池一所、當被炸毀、二、在北路方面勞工民團司令乘議員所納所屬部隊、昨在奧溫度附近為革命軍殲滅、並有軍革命軍第八師刻正馳往增援、官軍無法威脅該城。

德商船兩艘被西扣留

▲中央社柏林廿二日電 據柏林今日得悉、德商船兩艘近在西班牙港被扣、又西政府近仍拒絕交還被近扣留之飛機一架。

西通知英國如船隻在西領海以外行駛絕不檢查

▲江蘇社倫敦廿二日電 西班牙政府頃通知英國、如果船隻在西國領海以外行駛者、西國軍艦絕不檢查云。

德興登堡號飛船 由美飛德造成新紀錄

▲中央社柏林廿二日電 德飛船興登堡號上星期由美飛抵弗郎克夫、較前次四十五小時三十九分由美至德之速度減少兩四時多、造成新紀錄。

蘇俄廣播電台所播反德節目 德已提出抗議

▲中央社莫斯科廿二日電 德國方面所傳該國駐俄大使報告此間因廣播電台每日所播反德節目情形、曾向蘇俄政府提出抗議。

本屆世運期內 郵政電話統計均創以前紀錄

▲中央社柏林廿二日電 本屆世運期內、德國郵政電話統計數字、均創以前紀錄、計半月間柏林寄出信函約一萬五千六百萬件、顧用郵政人員約六千名、另設與林匹克郵票局約六百處、僱司數百人、電話統計、長途通話約一百萬次、柏林本市通話近一千二百萬次云。

本縣新聞

縣府黃科長出發視察壯丁隊

本縣壯丁隊自開始訓練後，迄已兩週，黃兼總隊長為欲明瞭各區訓練情形起見，原擬親往各地視察，嗣因甫接縣篆，正忙于內部之整頓，無暇前往，當派第一科長黃體潤、偕教育局代表王如勳，及公安股督察員胡仲敏，于今午分赴各區視察矣。

碭山團管區司令部辦事員吳侯向第一區中心民校壯丁訓話

對壯丁精神獎慰有加

碭山團管區司令部辦事員吳侯，因担任本縣承辦兵役人員訓練班訓練員，已來縣數日，前日乘該班結束之餘，由第一區韓區長陪往公園體育場，向第一區中心民校壯丁訓話，略謂，前幾天在公園散步，看見諸位操法，以為是正式軍隊，後經調查，始知為受訓只五六天之壯丁，實出本人意料之外，關於此項壯丁訓練之目的，第一為完成軍國民之武德武藝，第二為復興民族，鍛鍊體魄，以圖自衛自強，希望各位認清目標，本此精神，努力前進云云。

第一區舉行公民宣誓後各鄉鎮公民之統計

第一區舉行公民宣誓後，已將各鄉鎮公民統計完竣，計中山鎮二八四七人、大同鎮二九五〇人、大澤鎮二三六七人、中陽鎮一九〇五人、十里鄉三二二〇人、劉樓鄉二六六〇人、丁蘭鄉三〇五七人、亭台鄉三三五七人、李莊鄉二八四三人、傅莊鄉三三二七人、龍霧鄉三四五一人、路莊鄉一八七七人、路口鄉一七九五人、李河鄉三六六三人、高樓鄉三五二二人、孫樓鄉二二三八人、總計全區男女公民四六〇七九人。

教育局董局長奉調赴省

商議本年度地方教育改進要點

本縣教育局于本月二十二日奉江蘇省教育廳代電、調董局長即日到廳、商議本年度[illegible]長於奉電之翌日、即派王督學如壎代[illegible]行離縣矣。

軍政部規定常備部隊士兵退伍實施事項

縣政府奉令飭屬遵照

縣政府訓令各區區長云、案奉碭山團管區司令部本年八月十二日管辦字第九 號訓令內開、「[illegible]奉、徐海師管區司令部辦字第〇三二號訓令開、「案奉軍政部務役字第八六二號訓令開、查陸軍士兵退伍及歸休規則、業經制定公佈在案、所有分配管區各常備部隊、應即遵照實施、惟查各部隊士兵入伍期間、參差不齊、在營年月、亦久暫不一、在第一次實施、凡甄退標準、及各部隊本年應退伍人數、以及士兵退伍善後事項、本部為期妥慎周密起見、曾分別徵詢各部隊長官、及各師管區司令意見、除少數外、已先後呈復到部、茲經綜合各條、詳加研討、按照多數意見、規定二十五年各配定管區常備部隊士兵退伍實施事項如左、一、退伍標準（一）身體孱弱多疾病者、（二）常備兵役逾齡者（年滿四十歲、不在營年期較久者、二、退伍數額、以該區隊原有兵額三分之一為標準、右列兩項、各步隊辦理退伍、除依規則規定外、應遵照切實施行、至無業士兵退伍之處置辦法、本部正參酌各方意見、切實統籌、另令飭知、除分令外、合行令仰知照、等因奉此、除分令外、合行令仰轉飭遵照、此令」、等因、奉此、除分令外、合行令仰知照、並轉飭知照、此令、等因、奉此、除分行外、合行令仰該區長遵照、令飭屬知、此令。

追擊炮隊強拉民車

高粮卸置田野　農民怨恨不置

近由邳縣駐本縣之追擊炮隊、係在黃口車站下車、當有眷屬于來豐之際、道經六區之宋樓、時有農民驅大車一輛、滿載高粱穗、當被該隊士兵抓住、即將高粱穗卸除、以備運載行李、某農以高粱穗、需要裝運、如在田間拆卸、頗費氣力、當向該士兵商、謂宋樓寨裏、不乏車輛、可于組長接洽、定能應貴軍急需、決不躭誤、[illegible]穗、否則將余之高粮運場卸下、再運貴軍行裝、時猶未[illegible]、等語、詎該隊士兵等、迫不及待、未允所請、某農無[illegible]、只得俯首聽命、立將高粮穗卸置田野、裝運行李來豐、附近農民得悉後、咸怨恨不置云。

五區連日發生綁架[illegible]

架去兩小孩

五區王老家王光斗家、于前日夜間、突來匪徒七八人、各帶快槍、撞門入室、將王十一歲之小兒綁去、鳴槍數響、即行逃竄。又該區王集居民王廣華之小兒、年甫[illegible]歲、于昨晚九時、忽有帶短槍之土匪十餘人、綁之而去、[illegible]後、以該區駐有保安隊多人、匪徒竟敢[illegible]綁架、殊屬膽大已極、即率領區丁及壯丁隊前往[illegible]、以期破獲懲辦云。

縣政府奉頒城市及鄉間小學衛生設施標準（續）

己、設備標準

校中應有一個衛生室、衛生室的設備標準如下（略）。

甲、目標

一、以教育方法、培養兒童的衛生觀念、

二、利用簡單的衛生設施、以保障兒童的健康、

三、以兒童健康生活為中心推動民衆的健康、

司法欄

◎縣政府司法批示◎

▲刑事撤訴人蔣傳瑞、一件、為遵處撤訴、請求銷案由、狀悉、准予撤回告訴、此批、

▲刑事告訴人孫基科、一件、為盜賣耕牛、業已尋獲、懇請查傳證人質訊究辦由、狀悉、仰候廷期訊奪、此批、

▲刑事具訴人史孝金、一件、為髮妻被毆、傷蒙驗明、現傷靈命危、乞懇垂憐、迅拘兇犯、並乞恩准添傳人證、質訊明確、依法究懲由、狀悉、仰候通傳訊明核奪、此批、

▲民事原告人段志成、一件、為恃強欺儒、蠻霸嗣產、請訴傳鑑公判由、狀悉、仰候通知答辯、傳案訊奪、此批

▲刑事具訴人于李氏、一件、為圖姦嫌疑、捏情尋毆、泣懇立拘訊辦、以正風化由、狀悉、仰即指驗可也、此批、

▲刑事具訴人蔣廷倫、一件、為竊盜羊隻、率衆尋毆、請求立拘究追法辦由、狀悉、仰候傳案訊奪、此批、

▲刑事具狀人李張氏、一件、為兇犯逃匿、擅自講和、急叩承審員憐憫冤情、迅予飭警立拘、依法究辦、以伸慘殺命冤由、狀悉、仰候派警拘提可也、此批、

[illegible]人[illegible]山、一件、為[illegible]情陳明、[illegible]理由、狀悉、仰候[illegible]訊奪、此批

▲本城糧價▼

名稱	每市斗價目
小麥	最高四千七百五十文　最低三千五百文
大麥	最高二千文　最低一千八百五十文
黃豆	最高三千三百文　最低三千二百文
黑豆	最高三千八百文　最低三千七百文
菉豆	最高三千五百文　最低三千四百文
江豆	最高三千五百文　最低三千四百文
高粮	最高一千九百文　最低一千六百五十文
穀子	最高二千二百文　最低二千文
稷子	最高一千九百五十文　最低一千九百文
芝蔴	最高五千文　最低四千八百文
青豆	最高三千六百文　最低三千五百文
花生	每斤　最高二百六十文　最低二百五十文
瓜子	每斤　最高六百五十文　最低六百文
生米	最高四百四十文　最低四百一十文

△△氣象▽▽

天氣	風向	最高溫度	最低溫度
晴	東南風	八七度	七〇度

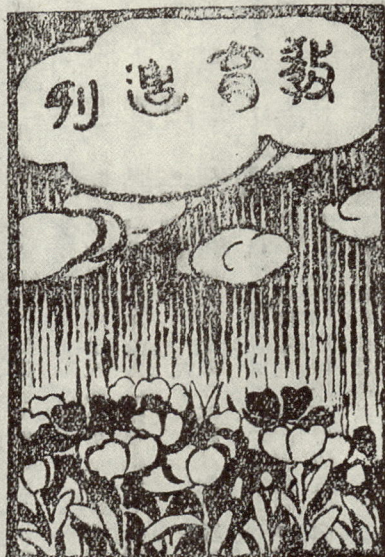

教育週刊

第八〇期目錄

編輯處徵稿啓事

本刊以溝通教育消息，交換教育心得，討論教育實際問題爲任務。定於每週星期一出版，務望全縣教育同志，將各種教育論述，實施報告及其他有關教育之材料，隨時錄寄，無任歡迎，惟因篇幅狹小，事實務求新鮮而具體，文字務求簡要而靈活，統希鑒察是幸！

論述

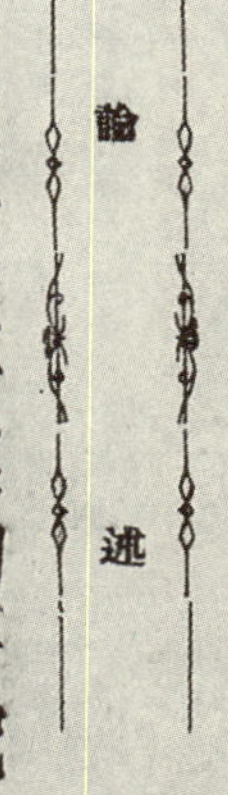

鄉村小學推廣事業的研究

允貞

鄉村小學推廣事業的重要，無疑的，是誰也不能否認；但試看鄉村各校，辦理推廣事業，都呈現着兩種最大的困難；不能解決；一，經費不足；二，教師精力勞苦太甚；在這種情況之下；尤其是以一人辦一級之單級小學，能將兒童訓練入於正軌，教學能達到合度的目標；已經是不可多得的教師；再談到推廣事業，更不是容易的事，即令免强努力去做，也要顧此失彼，得不償失；這一點雖不是經驗之談，但也是稍加嘗試過的；這樣看來，做吧！很困難；不做吧！尤不可：所以這個問題，是很當得加一番研究的、怎樣才能打破經濟不足的難關？怎樣才能彌補教師精力不起的缺陷；這兩個問題，解決了；其他的問題，自可迎刃而解了；現在加以研究，分述如下：

1.教師精神方面：

一、要以推廣事業，爲的娛樂及消遣的事業。

二、要認爲推廣事業，是穩定學校基礎的重要力量。

三，要以推廣事業，作爲普及教育的先鋒。

四、要對工作時間，加以嚴密的規定，免致有鬆懈或緊張之弊。

2.工作方面；

一，分別緩急—要根據時令及地方情形 那些事情要緩辦，那些事情要早辦，未辦之先，應詳加斟酌；否則勞而無功。

二、注意效果.—做事的目的，不過是想的效果；但是事業的效果，又大小各不同；有的做起來動作很大；但效果甚微；有的做起來很省力、效果却很大；切不要以一時的興趣 或困難；而不加審愼，失掉做事的效果。

三、節省經費—窮苦的鄉村小學，經費拮据 幾達於不能維持的狀態；那有許多經費，去做推廣事業呢！所以做這種事情，最好靠教師精力去解決，不要專靠經費來解決。

四 聯合舉辦—前面已經說過 鄉村小學教師不是勞苦太甚麼，況且推廣事業，又是瑣屑而麻繁的事情；像什麼衛生識字：：等大的運動；更非一二人所能舉辦；所以必需聯合校中較高年級之學生；及附近之小學，或自治機關；通力合作；定可勞力少，而收效多。

五、製造環境—人類的生活多隨環境而改變；所謂一近朱者赤 近墨者黑一；在教育心理學上已經研究的很透澈；所以製造教育環境，都極爲重視；不過所需經費多一點；但不常用教師的勞力；所以能把鄉村造成一個極有教育意味的鄉村；庶可收事半功倍之效。

六、注意指導—推廣事業；一方面要教師去做，一方面還要民衆自己去做；但在目下，民衆知能不健全的時候；關於培養民衆自治的能力，也很重要；有些人做推廣事業，很熱心；一味的迎合民衆的心理 以致越「俎代庖 養成民衆依賴的習慣；失掉自治能力；這樣的推廣事業，有什麼效果呢，所以只有站在指導的地位；非於萬不已時；不要替民衆去做。

七、注意感化—感化的力量，比强迫的力量大的多；況且鄉村小學，又比不得行政機關，有什麼强迫力量呢？所以我們只有用「潛移默化」的功夫；譬如要想民衆整齊清潔，我們先要整齊清潔，譬如協助政府推行政令，只要在平時談話之中；加以宣傳；也不必大張旗鼓，反使民衆發生懷疑；以應採用無形的感化，收效於無形。

上面不過是略加研究，至於目下需要那些推廣事業，只要根據民衆的需要；國際的情形；妥擬計劃；相機舉辦；沒有不收相當的效果的。

投稿簡章

一，來稿以合於小學教育及社會教育之實際需要爲標準，約分論述，報告，設施計劃，教師常識，教材教具，介紹，教育學術講話等項。

二 來稿不分文體，但須繕寫清楚，除特屬性質者外，均須直行右起。

三，來稿非經聲明，編者有刪改權。

四，來稿不論登載與否，概不退還。

五，來稿須註明眞姓名，及通信處，但發表時，別署聽便。

六，來稿寄豐縣教育局，稿封上須註明「教育週刊文稿」。

規程

各級學校設置免費學額及公費學額規程

第一條 各級學校爲獎助家境清貧，體格健全，資稟穎異，成績優良之學生起見，應遵照本規程之規定，設置免費學額及公費學額。

第二條 免費學額免除學費之繳納。前項所謂學費，兼包括各校所收體育費，圖書費，實驗費及其他類似費用。

第三條 全國各級公立學校暨全國各級私立學校，均應依左列規定設置免費學額：

一，小學 小學以不收學費爲原則，其因特殊情形，徵收學費之小學，應設置全校兒童數百分之四十以上之免費學額。民國二十五年度，至少應設置百分之二十，以後應逐年增設，限至民國二十八年度一律達到百分之四十之標準。

二 中等學校 初高級中學及初高級職業學校應設置全校學生數百分之十五以上以免費學額 民國二十五年度至少應設置百分之八，以後應逐年增設，限至民國二十八年度一律達到百分之十五之標準。

三，專科以上學校 應設置全校學生數百分之十以上之免費學額 民國二十五年度至少應設置百分之五，以後應逐年增加 限二十八年度，一律達到百分之十之標準。

第四條 公費學額，除依第二條免收學費外，並應依十六條之規定，給予最低限度之膳宿，製服 書籍等費。

第五條 全國各級公立學校除設置免費學額，並應一律依左列規定 設置公費學額.

一，小學 公立普通小學及短期小學，民國二十五年度至少應設置全校學童數百分之四之公費學額，以後並應逐年酌量增設。

二，中等學校 初高級中學及初高級職業學校，民國二十五年度至少應設置全校學生數百分之三之公費學額，以後幷應逐年酌量增設。中等師範學校之公費待遇，依師範學校規程之規定辦理。

三，專科以上學校 公立專科以上學校民國二十五年

度至少應設置全校學生數百分之二公費學額，以後并應逐年酌量增設。各級私立學校之經費比較充足，或受有政府補助者，亦應酌量設置公費學額。

第六條　全國各級公立學校設置公費學額之經費應以在學校經費內樽節開支爲原則。

第七條　各級學校應于每年暑假開始前，就各該學生概數與本規程規定之比額，訂定下年度應設之免費學額與公費學額，并呈報主管教育行政機關。主管教育行政機關，對于前項呈報之不符規定者，應責令改訂。

第八條　各級學校于每學年末，應將本年度內所已設置之免費學額，公費學額以及免費生，公費生名冊，呈報主管教育行政機關（名冊式樣見附表）

第九條　各級學校應設置之免費學額及公費學額，應酌量分配于該校各年級學生其分配于次年新招學生之學額，並應于招考時載入招考簡章，以資公告。

第十條　凡學生家境清貧，其家庭無力担負子弟就學費用者，得覓具二人以上之切實保證書，向原籍縣市（包括普通市及直轄于行政院之市）或居住在三年以上之縣市主管教育行政機關，申請證明（申請書式樣見附表二）

第十一條，各縣市主管教育行政機關，應各組織免費及公費學額審查委員會，對于前條申請，執行審核，其合格者提請縣市長給予家境清貧證明書。（證明書式樣見附表一）

前項委員會由各該縣市長聘請地方公正人士三人組織之。並以縣市主管教育行政機關人員爲當然委員，委員會辦事細則，由各縣市主管教育行政機關訂定，呈報該管教育行政機關備案。

在審查委員會尚未成立前，前項審查與證明，得督由縣市主管教育行政機關秉承縣市長辦理。

第十二條　凡聲請免費或公費之待遇者，應依左列規定爲之：

一、投攷學生　投攷學生應于報名時呈繳家境清貧證明書，其因特殊情形不及報名時呈繳者，得于錄取後一星期補繳。

二、在校學生　在校學生應于每學年開始前呈繳家境清貧證明書。

第十三條　各級學校依照本規程規定，兼設有免費學額及公費學額，其公費學額應給予家境清貧，而入學考試成績或在校成績較優之學生。各校錄取新生及在校學生，其申請免費或公費待遇者，如超過各該校應設置之免費或公費學額　各該校應以其免費或公費學額　給予入學考試成績較優或在校成績較優之學生

第十四條　凡受有免費或公費待遇之學生，如其操行與學績平均，不及乙者　各校得停止其免費或公費待遇　其詳由各校斟酌定之。

第十五條　各級學校對于免費公費學額，應由校長遴聘教職員若干人組織委員會（稱免費學額委員會　或稱免費暨公費學額委員會）共同審定，以示公開，而杜瞻徇。

第十六條　各級學校依本規程設置之公費學額　其給予學生之費用由各校依照當地生活情形，就左列範圍，酌量定之：普通小學每人每年十五元至三十元；初中及初級職業學校每人每年四十元至八十元；高中及高級職業學校每人每年六十元至　百元；專科以上學校每人每年一百五十元至二百五十元；短期小學公費學額之待遇　由各校斟酌各地情形定之。

第十七條。各級學校免費及公費學生，如有冒充清貧，或僞造家境清貧證明書　等情事，經查明屬實者，得由各校向各該生或其保證人追繳各費並得停止發給成績證明書或畢業證書。其參加審查資格之人員倘有徇情朦混情事，並應受懲誡處分。

第十八條　各省市教育廳局及公立私立專科以上學校，於每學年開始後兩個月內，應將辦理免費及公費學額經過情形分別呈報教育部備案。

第十九條　各校所設之各種獎學學額，其經費係出自公私機關，團體或私人，並非由本校經常預算內開支者，仍應概予維持，並不得以之抵充本規程所規定之免費學額或公費學額。

第二十條　本規程自公布之日施行。

專載

父母須知（續）

兒童的教養

余季美著　女青年會發行　定價六角

內容提要：本書不分章節，綜計三十九篇，分析其內容，有下列諸端：一、嬰兒生理的認識；二、嬰兒及兒童營養；三、嬰兒及兒童生活習慣；四、嬰兒及兒童疾病之防護；五、兒童的心理問題，六、兒童讀書生活；七、兒童音樂教育；八、懲罰問題；九、性教育問題。

審查意見：本書供獻父母教養兒童之方法，根據科學原理，提示兒童心理健康以及生活上應注意之點，文字淺顯易讀　可爲愛兒童者之參考

怎樣做父母

邁爾士著　章衣萍　秦仲實譯　商務印書館發行　定價四角五分

內容提要：本書共分十九章，所討論的問題是：怎樣對兒童有禮貌；怎樣指導兒童學習社交禮節；父母應取同一步調　不可自相矛盾；怎樣免除幼稚病；怎樣指導兒童不說謊，不偷盜，怎樣防止兒童的恐懼心，妒忌心，及忿怒的發展，怎樣避免機械化；怎樣培養兒童的責任心；怎樣免作兒童的奴隸，怎樣培養兒童的反應；怎樣利用懲罰和怎樣自求進步。

審查意見：本書在消極方面　詳述如何革除兒童之陋習，以及如何防止兒童心理之失常，在積極方面，縷述培養兒童責任心及想想力等之方法，凡留心家庭教育者，皆當一讀。

家庭教育

陳鶴琴著　商務印書館發行　定價八角

內容提要，本書共分十三章，先略述兒童之心理與學習之性質及原則，以及施行家庭教育之基礎　次述普通教導法以作選擇家庭教育原則之綱要、繼述關於衛生教育，情緒教育、羣育及智育各方面之原則凡九十條、本書前後所有原則，共計一百〇一條。

審查意見：本書是陳君數年來的研究和經驗所集成的一個豐富的收穫，凡關於家庭教育的一切重要問題，皆有切實的和具體的討論，關心家庭教育者，皆應人手一編也。

父母學

亞麗得博士著　設官廉譯　中華慈幼協會發行　定價六角

內容提要：本書計分十五章，凡關于兒童的一切重要問題，無不詳細論述　如兒童的服從、懲罰與獎賞　好習慣和壞習慣　睡眠，休息，排洩，吃飯的習慣，發脾氣與爭吵，兒童的怕懼　統制情緒的訓練，兒童之想像，兒童怎樣思想　關於兒童的玩具，遊戲及用錢的指導，年長兒童的問題及訓練等。

審查意見：本書爲美國聖星奈德大學兒童心理學教授亞麗德博士所著　早已蜚聲歐美，共推爲闡明父母教育之寶籍，在此全國提倡父母教育聲中，固當人手一編也。

父老教育掛圖

陳徵帆造意　胡篤音繪圖　中華慈幼協會發行　定價五角

全套共分十種

二、關於兒童研究的

兒童心理學

華特爾著　葛承訓譯　中華書局發行　定價一元五角

內容提要：本書共分十二章，第一章兒童的科學研究之歷史背景；第二章兒童的科學研究法；第三章生物學觀；第四章遺傳；第五章不須學習的人類動作；第六章兒童的遊戲；第七章兒童的語言發達；第八章兒童的道德性圖畫；第九章兒童的犯罪；第十章青年的犯罪；第十一至十二章普通的心理發達。

（未完）

縣黨部無綫電收音室開放節目

八月二十五日　星期二

八，一〇　國樂
八，三〇　新聞
一一，三〇　平劇歌曲防衛知識報時氣象商情
一七，〇〇　滬市商情商業新聞彈詞
一八，〇〇　大鼓
一九，〇〇　音樂會
一九，三〇　兒童教育
二〇，〇〇　報時氣象水位雨量簡明新聞
二〇，一〇　時事述評　關於國內時事
二一　〇五　英語述評及西樂
二一，三五　預報明日節目
二一，四〇　新聞
二二，二〇　平劇及國樂

第一一七四號
社址豐縣大同街
中華郵政登記第二二…號 內政部登記證…字第一九…號
中華郵政特准掛號認為新聞紙類
零售每份…大洋四分

▲總理遺囑▼
余致力國民革命凡四十年、其目的在求中國之自由平等、積四十年之經驗、深知欲達到此目的、必須喚起民衆、及聯合世界上以平等待我之民族、共同奮鬥。現在革命尚未成功、凡我同志、務須依照余所著建國方略、建國大綱、三民主義及第一次全國代表大會宣言、繼續努力、以求貫徹。最近主張開國民會議及廢除不平等條約、尤須於最短期間促其實現。是所至囑。

萬春祥　萬源公　啓事

啓者、萬春祥之脚踏車、放在萬源公院內、於兩月前不知被誰借去、竊意借車者既能直至院內推去、非親即友、當非遠人、用後自可送還、是以並未追尋、距料時逾兩月、迄未送回、不無可疑、然或者借後忘懷、或者未暇送來、猶未便視為竊去、特此登報聲明、希借車君子見報賜還、不然、嗣後發覺、即不免竊取之嫌矣　此啓。

中外要聞

桂局依然混沌

李白迄今尚無接受新命表示
中央撤退桂邊粵軍以消疑慮

▲李濟琛陳銘樞通緝令已撤銷
▲馮副委員長對桂事發表談話

▲中央社廣州廿四日電　桂局依然混沌、李白迄今尚無接受新命之確實表示、中央為消除彼方疑慮起見、已令接近桂邊之粵軍向後撤退、各部隊今日開始起撤、又參謀總長程潛等、曾約李白在相當地點晤談、總期以和平之方式達統一之目的。

▲中央社南京廿四日電　近聞行政院[illegible]國民政府曾通緝陳銘樞李濟琛[illegible]業經國府明令撤銷、已訓令行政院軍委會轉飭所屬一體遵照。

▲中央社香港廿四日電　李宗仁白崇禧態度業已軟化、派劉維章赴粵　蔣委員長廿三日在黃埔行營召開會議決定、只須李白聽命調動、中央決寬大為懷　頒劉維章廿四日先飛桂復命、並擬派鄧世增作崇圖亦入桂商洽。

▲中央社九江廿四日電　牯嶺軍訊　記者廿四日晨九時晉謁馮副委員長、承接見後、記者即以桂事、詢談、馮副委員長對桂事決和平主張予以解決、[illegible]同赴粵、當面會談、大家都能見面、一切攜不難發生誤會、否則失意份子乃鼓弄從中搬弄、則永無冰釋之期、李白廿三日有復電表示歸教誠、余當日又復電再行敦促、已將往來兩電轉呈蔣委員長　記者以馮氏寓傍放有線裝書籍、乃叩以山居樂趣、馮談余來山後有數西友邀余聚談、至則僅備兩湯一菜、肉類居其一、主人殷勤款待、謂如再要請即自取、多麼親切、反觀我國人宴會、動輒山珍海味、八大十小、歷時三四小時、菜食剩餘估有大半、一食之費、常足共農民半年之糧、國安得不窮、民安得不窮、社會不除此虛偽侈奢習氣、實為可嘆　又國人來山避暑、住洋房與物質享受盡仿外人、而飲食簡單、挺胸步行、則不願模仿、身力相差如是、則國之强弱可辨　馮主張國家要埋頭苦幹、要求全國一致擁護中央、以[illegible]為首要之基礎　並否認將返泰山小住、並謂留廬當相當時日云。

日對華政策已獲若干成功

預料中日談判開始時
日以川樾為中心人物

▲中央社東京廿四日電　關日本對華政策　經川樾大使及駐海外三省特派員籌釋後、長春高級會謀及各級武官會議已成立與東京相同之決議、川樾將採取通常之外交程序、進一步為解決華北經濟問題及其他懸案、襄者經濟開拓原則上係採取中日共同方式、而得南京許可後、日本對華政

策之一元化、迄今似已獲得若干成功、預料中日談判開始時、日方將以川樾大使爲中心人物、同時其他日本代表將從事于側面工作、日本所持建議之具體內容、雖尚未悉但範圍之廣大則可想而知也。

▲中央社天津廿四日電　川樾定昨晚搭平滬通車離津赴濟、晤韓復榘後、即轉青島搭輪返滬。

綏東形勢近無變化 察北匪軍雲集地方糧食行盡

▲中央社北平廿四日電　綏東形勢近無變化、王英匪部鑒我方防務極嚴、亦未輕率前進、故目前已成對峙態度、察北匪軍雲集　地方糧食行盡。

中樞兩紀週念 馬超俊報告考察市政經過

覃振講研究　總理主義應注意整個性

▲中央社南京廿四日電　中央党部今晨八時在大禮堂舉行紀念週　出席者有葉楚傖、邵元冲、何應欽等及全體職員五百餘人、主席丁惟汾、領導行禮如儀後、馬超俊報告此次赴青島考察市政經過、國府亦於九時舉行紀念週、到覃振　呂超　魏懷及國府各院部會職員共計四百餘人、由司法院覃副院長主席　領導行禮並即席報告、研究　總理主義應注意其整個性、至九時半詞畢、禮成散會。

粵黨政軍各機關 舉行聯合紀念週

蔣院長致訓詞並列舉各機關弊端

▲中央社廣州廿四日電　黨政軍各機關廿四日上午九時假中山紀念堂舉行聯合紀念週、到蔣委員長、余漢謀、黃慕松等及機關團體代表千餘人、蔣主席並致訓詞、略謂、必先社會改造、方可使粵成模範省區、希望各黨政機關領袖以身作則、領導部屬將舊生活及舊空氣改革、並列舉各機關弊端　一、遲緩　二、不實在、三、不負責、均須澈底改正云。

國民政府昨日命令

▲中央社南京廿四日電　國民政府今日命令、一、監察院長于右任呈　據審計部呈請任命邵傳薪爲審計部協審、季樹農陳盛蘭爲審計部稽查、應照准、此令、二、司法院院長居正呈、據司法行政部部長王用賓稱、爲署理山東高等法院推事宋景蒸另有任用、請免本職、應照准、此令。

何鍵熊式輝赴黃埔謁蔣

▲中央社廣州廿四日電　何鍵、熊式輝、昨日下午三時赴黃埔晉謁蔣委員長。

太平洋學會今日討論 我國復興問題

▲中央社南京廿四日電　玉息美廿四日電　太平洋學會、將於今日討論中國復興問題、並將決定中國最完善之政治制度、中國代表將於今日答覆各項問題、說明中國復興計劃、如建造鐵路公路復興農村禁烟防災及土地改革等。

電話教育人員訓練班積極籌備 講師及實習指導員已分別聘任

▲中央社南京廿四日電　教育部爲實施電話教育所舉之電話教育人員訓練班、經訂定章程及選送學員辦法、通令各省市教育廳局遴辦後、該部以開班日期轉瞬即屆、對於一切籌備事宜、刻正加緊進行、現悉該班講師及實習指導員已經呈准王部長分別聘任。

華北農事合作委員會 昨舉行工作討論會

▲中央社北平廿四日電　華北農作事業合作委員會主任委員劉治洲就職後、對農業合作事業、積極進行、並召集外勤人員、於廿四日晨九時起舉行工作討論會、洽商今後工作方針。

京漢間長途電話 九月一日可正式營業

▲中央社南京廿四日電　交通部所設京漢間長途電話、前已工程完竣、沿線所經蕪湖懷甯安慶等地、早經開放與京漢等處通話、九江牯嶺南昌等處並已開放營業接通南京、由南京與漢口武昌漢陽等地直接通話、十分清晰、約于九月一日可正式營業。

實部籌設之 農本局

……候吳部長返京後方行成立

▲中央社南京廿四日電　實業部籌設之農本局　自總經理決定由陳振先後、原傳月內陳氏即來京積極組織成立　茲據確息　本月內因時間業屆月底、設置已屬不及、大約尚俟吳鼎昌部長返京後方行成立　聞吳氏返京期、約在九月初　故該局至遲須在九月中旬始可成立。

京市府祕書長無被選資格 總所令京市選舉監督知照

▲中央社南京廿四日電　國民大會代表選舉總事務所、南京市選舉監督馬超俊呈請解釋市府祕書長是否有被選資格一案、經總所解釋如下、一、市府祕書長應視爲施行細則第五十八條各級長官受該約之限制、業經決議有案　二、民廳秘書主任及主要職員既非長官、似應不受細則第五十八條之限制、但若被派爲選舉總幹事等職、則依該事務所組織規程第八條自仍不得當選爲各該省市國民大會代表、三、縣長已由細則第五十八明白規定、自應遵照辦理、仰即轉飭知照。

祭孔典禮

京市府籌開

▲中央社南京廿四日電　京市政府以本月廿七爲孔子誕辰紀念日、爲表示崇揚及紀念起見、擬於是日舉行祭孔典禮、關於籌備工作、京市府已於今日令飭社會局負責辦理　並已函請京市黨部及各民衆團體及學校參加典禮、以示隆重。

浙國選事務所 令各職業團業

……限本月底將候選人推定

▲中央社杭州廿四日電　浙國民大會代表選舉事務所、廿四日已令各職業團體國民大會代表候選人限本月底一律推定報所。

戴傳賢偕程天放前往歐戰 陣亡將士墓獻花圈

▲中央社柏林廿四日電　中國考試院長戴傳賢、此次以與林匹克運動會中國政府代表名義前來德國　已逾月餘　次偕同中國大使程天放前往歐戰陣亡將士墓献花圈、當由國防軍步兵一連奏樂致敬。

新任黔省委 顧祝同等昨宣誓就職

▲中央社貴陽廿四日電　今晨九時省府擴大紀念週、新省委顧祝同　曹經源、王徵瑩同時舉行宣誓就職典禮。

黔代綏靖主任劉興抵粵謁蔣

▲中央社廣州廿四日電　黔代綏靖主任劉興　廿三日由筑抵粵　謁蔣委員長、報告黔省軍政近況。

浙贛經濟合作問題

先組織考查團互相考查後再定具體辦法

▲中央社杭州廿四日電　浙贛經濟合作問題、頃據建設廳負責人語記者、伍廷颺廳長此次在廬山時曾晤熊式輝、據伍氏主張先由浙贛省府及金融各界分別組織考查團、互相考察兩省經濟實況、然後由考查團各依考查結果　提供意見　決定兩省經濟合作具體辦法云。

青市各機關長官歡宴方覺慧

▲中央社青島廿四日電　青市各機關長官　昨午歡宴方覺慧　約顏惠慶熊希齡作陪、

召黑熱病防治隊訓話

陳主席重視醫藥衛生

總隊部正在鎮積極籌備　農訓班畢業生任服務員

▲江蘇社　蘇省陳主席素重視醫藥衛生、而於流行蘇北之黑熱病調懷尤切、自去歲組織黑熱病調查團派赴淮陰等縣調查後　旋於省立醫政學院創設一附設農村醫藥初級服務員訓練班一、月前因該班已舉行畢業、特組織淮陰區黑熱病防治總隊並分設各分隊及各防治站、由民政廳令委陳宗棠爲總隊正主任、奚薙中爲副主任、農訓班各畢業生、均

以初級服務員任用、專事蘇北黑熱病之預防與治療，茲悉該防治總隊、已在本埠中正路首成立籌備處，正副主任均正式就職，各分隊長亦多報到、籌備工作異常緊張、陳主席為鼓勵該隊工作人員服務精神暨指示此後進行方針起見、特於昨日召集正副主任及各隊長訓話，其

訓詞大意 略謂江蘇雖為富庶省區、但江北實屬例外，有匪、水、黑熱病三大害，黑熱病患者現已有十萬人、如不速為救治，傳播愈廣，危害有不堪言、故救治黑熱病，為保護江北人民主要工作之一，不使受天災人禍及微生物（黑熱病）之害，然後生活才可以安定，經濟才可以復興民族生命才可以保持、如果蘇北地方，地盡其利，人盡其力、中國整個的國家經濟，也可解決一部份，現在蘇北之匪患及水患，經過了保安及導淮之設施，雖不敢謂奏全功，但已可謂有相當成效，第三步工作，即為黑熱病之防治，此後該隊工作應注意之點有四、一、診病須認真確實、深入民衆以多救人為原則、二、各地事業均須顧及本地預算，江南財力難以移用於江北黑熱病治療，故政府只能就預算設施，各員須節省從事，三、各工作人員，須服膺耐勞刻苦，以身作則、注重衛生，四、江北民衆教育甚差，診餘須指導民衆實行合理的生活，如運動與娛樂，和知并須指導服務員在平時任調查及統計職務以為醫事改進之參考，此次赴淮陰担任救治乃為高尚慈善之事業，短期訓練之初級服務員、均須力求上進、由中級而高級、在經驗中求進步云云 歷時約一時餘、各員均倍感興奮 聞該總隊不日即可籌備完竣將由正副主任率領各分隊長前往從事防治、洵江北黑熱病患者之福音云、（廿一日）

蘇省令各縣協助推廣改良釀造工作

應用新方法釀造較舊法經濟許多

△江蘇社 查實業部中央工業試驗所、年來對於手工業之研究改良、工廠工業之指導、促進不遺餘力、手工方面釀造及造紙兩項、已在推廣、所得結果差堪滿意、釀造業中以醬油為主，改良目的在使各地醬業減少製品成本、並縮短成熟時間、以最經濟之方法製最上等之成品、根據其試驗之結果、知應用新法釀造較諸舊法經濟許多對於下列各點尤為顯著、（一）原料－舊法用黃豆及麥粉、新法用豆餅及高粱或小粉、其價值相差甚遠、（二）時間－舊法每年祇能成熟一次、新法每年最少可製造六次、資金週轉速產量亦多、（三）品質、舊法用天然口酵方法不合衛生 新法則用麴及酵母之保溫方法、口酵經過消毒步驟、絕無雜菌生於其間，且鮮[illegible]舊法釀造者為勝，故就成本言、舊法製醬每擔成本約需五元、而用改良方法則每擔成本僅需四元左右、就經濟言、舊法每年僅製能造一次、如用新法則每年可製六次、江蘇各縣往昔每醬園之乾醬產額自二四千担至二萬担不等 平均每醬園每年產醬以五千擔計 若每担售國幣七元、則僅能盈餘一萬元 若用改良方法、則年產五千擔乾醬之醬園 可增加產量至三萬担 若售價不變 醬園以四百處計 則每年將獲盈餘一千六百萬 即使因需要情關係 僅產半數、則每年全省醬業當有一千八百萬元之盈餘 此於社會經濟 豈僅小補 上年該所與蘇浙皖贛鄂五省醬業同業公會接洽、由該所舉辦釀造訓練班、俾各地商會及業同業公會選送學員前來 先後兩會開辦兩組 學員總數達一百八左右 蘇省學員亦有數十人之多、均經訓練完畢返里作改良推廣工作、最近揚州方面學員報告、以生活學校為中心 已著手作推廣工作、武進方面學員報告、亦已得當地同業公會之協助 成立試驗室 開始作培養酵母製造種麴之工作、該所並派員前往指導 所獲成績尚屬滿意 鹽城方面學員報告、業已在當地開釀造研究班、將學員所得、公諸於衆 並已著手用新法試造、惟是在試轉之初 技術上人事上 經濟上固不免尚有意料中困難 茲值中央政府指[illegible]濟建設運動之會[illegible]業列為目前切要之[illegible]釀造工業、實為手工業[illegible]重要之一種 該所既決改良國內釀造工業 對於技術上各種問題、自當負責予以協助 惟人事上及經濟上之問題 則端賴當地政府及有關各機關隨時予以便利 始可收水到渠成之效 特函請蘇省府令各縣協助推廣 蘇省府准函後、已令各專員各縣長遵照云、（二十一日）

蘇民廳飭各縣優待自行戒絕煙民

△江蘇社 蘇省兩月以來各縣自行戒絕煙民、已達兩萬有奇、民廳方面除令各縣積極勸導外、並飭各縣戒煙所凡遇投院勒戒煙民 應加優待、以資鼓勵 俾煙民可如期肅清、並令各縣所屬公私醫院亦同樣優待云（廿一日）

中運工程完竣 承啓棠驗收

不牢河等工程十月間開工

△江蘇社 蘇建廳以中運河宿遷窰灣等處堤工程、已全部竣工、日前特派該廳技正承啓棠前往驗收善後工程、並附帶驗收二十六軍兵工所做導淮土方工程、已誌前報、茲據建廳悉現已將兩項工程驗收完畢 不日即可返省、關於邳縣不牢河暨邳河隔堤等處工程 原訂本月中旬開工 現因籌備不及、將展期至十月間始可興工云、（廿一日）

蘇省禁委會視察員 儘一月內視察完竣

共派定十二人已紛紛出發

△江蘇社 蘇省禁煙委員會 為明瞭最近各縣禁煙實況起見、特分別派員赴各縣視察、其視察綱要 已見前報、茲將各視察員區域姓名、探誌於後 計李百祥視察南通如皋海門啓東崇明靖江 黃仁吉視察鎮江江都泰縣 顧石軒視察阜甯鹽城東台興化 徐慎存視察淮安淮陰漣水泗陽高郵寶應 蔣爾純視察東海贛榆沭陽灌雲、吳燮視察青浦嘉定松江常熟上海 石民傭視察武進無錫吳江吳縣崐山太倉江陰、王書雲視察豐縣沛縣蕭縣碭山、周星北視察寶山川沙南通南匯金山、馬文藻視察邳縣宿遷睢甯銅山、現各員業經出發 約一月後可分別返省報告視察經過云、（二十一日）

西叛軍飛機轟炸馬德里 擲下爆力極大之炸彈四百餘枚

△中央社巴拉克廿四日電 頃據西班牙南部地方之叛軍無線電台廣播消息、謂今日該軍飛機廿一架、轟炸馬德里飛機場、據云以上各機共擲下爆力極大之炸彈四百餘枚云。

西叛軍駐葡代表預料 馬德里不久即將陷落

△中央社葡京廿四日電 西班牙叛軍政府駐葡代表昆塔那頃今日預料、馬德里不久即將陷落、據稱革命軍將於三四日內進攻馬德里近郊可斯港、並將進展都城、戰事或能更早結束 亦未可知。

德今日宣布 禁止軍械戰品等運西

△中央社柏林廿四日電 德政府今日宣布、立即禁止軍械彈藥及其他戰用品等出品、運往西班牙、此次禁令已由外交途徑照會法政府云。

英船在米里拉被攔 已派軍艦兩艘前往調查

△中央社直布羅陀廿四日電 西政府向英國保證決議不在公海搜查英國船隻 未出廿四小時 竟有英船在距西屬莫洛哥米里拉十海哩之地為西政府軍艦被攔 英海軍當局接得此息後、立即派遣英巡洋戰鬥艦及驅逐艦兩艘 向米里拉駛去、前往調查。

被攔阻之德迦姆輪號 尚未到達瑪那亞

△中央社瑪那亞廿四日電 上星期在第思海濱外為西班牙政府軍艦攔阻之德迦姆輪號 昨日本可駛抵此間 但迄今未到、衆為之詫異。

德各報評擊蘇俄不遺餘力 法大為不安

△中央社巴黎廿四日電 德國各報猛評擊蘇俄不遺餘力、衆信此舉 乃由蘇聯對付西班牙事件所抱之態度而引起、法人對於德報行為大為不安。

埃及代表團抵倫敦

△中央社倫敦廿四日電 埃及代表團一行已於昨晚到達倫敦，此來目的、係簽印最近訂立之英埃條議

本縣新聞

黨政各界 昨聯合舉行總理紀念週

翟秘書李委員分別報告

黨政各機關、暨各人民團體、于昨日上午十時、在縣政府中山堂、聯合舉行總理紀念週、到黨員公務員及各人民團體代表百餘人 由戚縣長主席 領導行禮如儀後、卽由縣府秘書翟大勳報告、略謂 戚縣長自到任後、時甫三週、大部精神、卽忙於內部之整頓、並無重要政治工作可述 茲將本府上週舉辦事項、分別向大家報告如下、一、辦理公民宣誓登記、其意義非常重大、須知構成國家之要素有三 卽土地、人民 主權、三者缺一、卽不成爲國家 吾國人民、號稱四萬萬 其實該項數字 並非精確之統計、以老大國家、對于人民尙莫知其究有多少 實不勝慚愧、故中央于舉行國民代表大會之前 預先舉辦公民登記 以建確數 且人民對國家應盡之義務 與應享之權利 每認識不淸、自應攷登記之後、凡取得公民資格者 卽可享受公民之權利、無公民資格者卽不能享受公民之權利、本縣人民 爲三十六萬九千餘人 共登記公民二十一萬六千五百八十人、約佔全縣人數二分之一、二、本府奉令辦理之承辦兵役人員訓練班、受訓人員爲各區區長及鄉鎭長、由碭山團管區派員主持一切、並担任教授、實到區長七人、鄉鎭長八十九人、已於上週訓練完畢、其次則爲壯丁訓練、自開始迄今、業已兩週、各區訓練情形尙佳 吾人須知公民爲人民中之有力份子、而壯丁爲人民中之更有力量者、希望大家對此次壯丁訓練、切勿輕視、三、第九區保安司令部王瀚謀于上週來豐、當往一區中心民校視察、並召集壯丁訓話、對該校一切設施、認爲滿意、四、國民經濟建設、爲中國目前之唯一要圖、誠以旣貧且愚之國家、非努力拯救、實不足以圖生存 故將委員長首倡新生活運動以救愚 繼倡國民經濟建設運動以救貧、設總會于南京、各省設立分會、各縣設立支會、本縣支會、已奉令組織成立、希望負責同志、對本縣鄉村之如何救濟、消費之如何調節、生產之如何增加、務須注意、現本縣合作社已成立八十餘處、社員三萬餘人、股金九千餘元、質量方面 已有顯著之成效、倘能盡量推行、臻於健全、未始非國民經濟建設之一助、五 各區先後呈報旱災、本府不日卽派員分赴各區勘查、六、關於禁烟者、鴉片流毒、甚於洪水猛獸、吸食者非但本人受害、且足貽禍子孫、蘇省預定五年完成禁政、本府曾有二年肅淸煙毒之計劃、至本定九月五日、卽爲計劃完成之期、現本縣烟民尙有 百六十八人、已派人催其入所戒絕、倘再不悟、卽依法嚴懲、七 公安股長崔有慶辭職照准、本府另委王開華繼任 繼有縣党部常務委員李貞乾講述公民宣誓之意義 略謂、訓政結束之日 卽憲政開始之時 建國大綱規定、在憲政時期其人民曾受四權使用之訓練 誓行革命主義者、得選舉議員 以議一縣之法律 選舉縣長 以執行一縣之[illegible]所謂公民宣誓 卽自[illegible]之後 必須實行革命主義 革命之主義維何、卽總理手定之三民主義是、吾人不宣誓則已、一經宣誓、對于主義要絕對信仰 不容懷疑 要努力實行 不容苟且、否則卽失掉宣誓之意義 卽不能成爲公民 故吾人宣誓不徒舉行儀式已矣、關於民族主義方面 要不作漢奸、不爲共匪 來危害國家、來摧殘民族、關於民權主義方面 要選賢與能、不得徇情受授賄賂 關於民生方面 要謀大家之利益、不可僅顧一己之利害、實則三民主義精深博大 無所不包、以上所述不過與主義有關之一片段 因鑒于舉行公民宣誓 特約略言之云云、旋卽禮成。◎◎ ◎◎

各機關公務員 昨在縣府中山堂 舉行公民宣誓典禮

韓區長主席 戚縣長監誓

本縣各機關公務員、各人民團體職員及[illegible]、于昨日參加總理紀念週後、繼卽舉行公民宣誓典禮、共到二百餘人、由第一區區長韓韶九主席、領導行禮、並宣讀誓詞、宣誓人均舉右手循聲宣讀、韓卽席致詞 對[illegible]二字 略加解釋、希望大家宣誓之後、要去舊更新 [illegible]公民、繼由監誓人戚縣長應舉致訓詞、語多勖勉、至十一時禮成。

縣黨部監察委員王子蘭 呈省辭職

縣黨部監察委員王子蘭、前應松江區專員[illegible]公瑱之邀、請其在松襄辦公民訓練師資養成所 王氏與[illegible]專員 爲多年好友、對故人此次請求、未便措辭、[illegible]請省黨部給假、前往松江襄辦一切、各情已誌本報、[illegible]該區所辦之養成所 業已結束、王氏本擬銷假回縣任事 惟王專員又擧[illegible]備訓練該區軍警 仍堅留繼續服務 並請其担任黨義講習、期以黨之主義 灌輸于軍警 王氏卽一再堅辭不獲 當以離縣已久 貽誤滋多、已呈請省党部辭職矣。

碭山團管司令部 吳李兩辦事員離豐赴沛

碭山團管區司令部辦事員、吳侯李匯高兩氏 前來豐指導承辦兵役人員訓練班 並担任教授、現該班業已結束、吳李兩氏已于昨日離豐赴沛矣。

縣政府奉頒 城市及鄉間小學衛生設施標準（續）

乙、組織 各校應以一個曾受衛生訓練的教員、在縣健康委員會指導之下負責主持學校衛生事宜、關於衛生的技術工作、應由當地衛生機關、加以輔導。

丙、經費 各校應將學校衛生經費列入預算 必要時得酌向學生收取衛生費、但至多每學生每學期不得超過一角、凡在學生四十名以下的學校、應有開辦費五元、全年經常費十二元、四十名以上、百名以下的加倍。

司法欄

◎縣政府司法批示◎

▲民事具訴人李二年、一件、爲退婚無理、避不到庭、再懇傳案公判由 狀悉、仰候續傳訊明核奪、此批、

▲刑事告訴人韓德禮一件、爲案未訊明 提出新證、請分別傳拘質證、依法判處傷害罪、以懲兇惡由 狀悉、仰俟續傳訊明核奪 此批、

▲刑事具狀人趙正芳、一件、爲案已訊明判決、請函檢技由、狀悉、案經江蘇高等法院第四分院提審、以未受允准、而持有軍用槍械、判處具狀人有期徒刑 年 緩刑 年在案、所請發還槍彈、暫毋庸議、仰候請示高四分院核辦可也；此批、

▲民事辯訴人羅天賜（卽羅書）、一件、爲遵傳辯訴、懇請察公判、駁斥原訴由、狀悉、仰候庭期訊奪 此批、

▲刑事撤訴人姚來聚、一件、爲遵章撤訴、請求銷案由、狀悉、此批、

▲民事具訴人王從禮、一件、爲屆期仍不還賬 再懇傳案押追由、狀悉、仰候傳案再訊可也 此批、

▲刑事具狀人李秀山、一件、爲執刀行兇、犯已拘押 請求迅予派警往提 或令區公所送案訊辦由 狀悉 仰候令飭該區公所轉飭解送到府、再行核奪、此批、

▲本城糧價▼

名稱	每市斗價目	
小麥	最高三千七百文	最低三千四百文
大麥	最高二千文	最低一千九百文
黃豆	最高三千三百文	最低三千二百文
黑豆	最高三千八百文	最低三千七百文
菉豆	最高三千五百文	最低三千四百文
江豆	最高三千五百文	最低三千四百文
高粱	最高一千九百文	最低一千七百文
穀子	最高一千八百五十文	最低一千七百五十文
穇子	最高一千九百文	最低一千八百文
芝麻	最高五千文	最低四千八百文
青豆	最高三千六百文	最低三千五百文
花生（每斤）	最高二百六十文	最低二百五十文
瓜子（每斤）	最高六百六十文	最低六百五十文
生米	最高四百四十文	最低四百一十文

△△氣象▽▽

天氣	風向	最高溫度	最低溫度
陰	東南風	八三度	七七度

鳳鳴塔

第二三五期

一，本刊內容分科學常識論著詩歌小說戲劇散文書信書報介紹及批評等項
二，本刊歡迎投稿來稿文言白話均可
三，來稿本社有修改權不願者應先聲明
四，未經登載之稿除預先聲明者外概不退還
五，本刊編輯部設臺報社內

漫談

從養子防老說到重男輕女

老淵

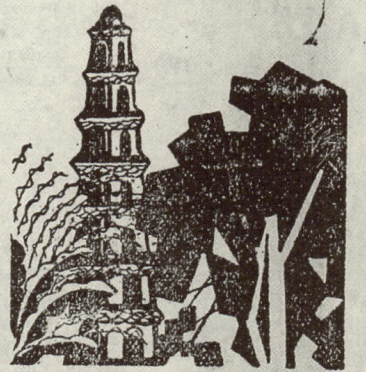

中國社會向來就有「養子防老」的這句話，意思就是說：只有養男孩子，才能扶養為父親的暮年，女子是賠錢貨，是無力扶養父母的。這句話的含意，就是深深地在鄙薄女子的無能，誇耀養子的得當。這種重男輕女的惡觀念，無疑的，是封建社會的遺毒，然而，時至二十世紀的今日、這種惡觀念却還根深蒂固地潛伏在一般為父母者的腦海中，未免令人痛心啊！

從這句話中，我們可以見到中國社會輕視女子的程度是怎樣的深沉。可是，養女真的就不能扶養父母嗎？難道只有養子才能扶養雙親嗎？這對於女子的人格和能力是看得太卑微了。然而，女子為什麼就這樣為人們所不齒呢？我相信，聰明的婦女們是不難明白的，這是中國社會數千年來遺傳的封建餘毒，把女子一切做人的權利剝奪淨盡的緣故。

「惟女子與小人為難養」，連所謂聖人的孔夫子還如此瞧不起女子，何況其他，又如我鄉的「潑出去的水，嫁出去的女。」等等剩毒的名詞；不是都在毀謗女子的人格嗎？照一般父母頑固的觀念，以為女子一輩子唯一責任只為出嫁，這種觀念是根本錯誤的。其實，女子真的沒有扶養父母的能力嗎？由於數千年不良的社會制度剝奪了女子的一切活動的權利，於是女子只好裹着一雙小脚困守在繡房的中，她們無從去謀一己的經濟獨立，那能談到扶養父母。應父母的假若能夠明瞭這一層，是不應該把這種罪戾推到女子的身上的；而且更應該消滅這種重男輕女的成見啊！

再說「養子防老」這句話，根本也是錯誤了養子的本意。撫養子女只是簡單的為扶養自己的暮年嗎？假使我們站在現代的立場上說，父母的養子育女，是一種當然的責任，換句話說，就是：父母的養兒育女是替國家造就一些有力的中堅人才，將來好替國家社會服務，扶養父母還在其次。何況兒女們的一生幸福和生存，也是應由他們一己去圖謀的！若依近代合理的社會制度來說，父母養兒育女只是一種單純的責任，他們暮年的責任，是應該社會服務，為自己的暮年儲下一筆養老金，兒女的扶養與否，不過是一種感情能了！

目前（連最前進的女子都算在內）的婦女們，大多數做起母親來，就都把男孩子看如掌珠，把女孩子則另眼看待，這種現象的確不是我們婦女應有的現象，醒覺的婦女們！我們假使要洗清這種輕薄女子的觀念，是應該自身的振作。我們一方面固然要使社會人們重視女子的獨立人格，可是最重要的還是應由我們自身作起。我們應該把我們的姊妹或女兒的人格提高，與一切的人一樣的看待；這樣，我們才能消滅這種重男輕女的惡觀念的。

翻譯

原野

俄國屠格涅夫原著
澂原譯

七月裏最末的一天；周圍一千俄里的方圓裏，是我們的故國俄羅斯。

連綿不斷的碧綠，浮在整個的天空，一抹淡淡的浮雲，一半飄蕩，一半正在消散。天氣和暖，風兒平靜：……空氣好像新鮮的牛乳一樣！

百靈高囀，野鴿低唱，無聲無臭地燕子們來回的翱翔。馬兒一面咀嚼着，一面嘶叫着；狗也不吠了，祇站在那裏平心靜氣地搖着他們的尾巴。

一股煙和稻草的氣味，還有一點樹膠與獸皮的味道，滿綴花朵的大麻，發出郁濃快人的芬芳。

一個深而且斜的山谷，沿着山谷的兩傍，揚柳成行，枝葉鬱鬱，樹幹龜裂，一道小溪由山谷中流了出來：底中的小石，在那清澈的漣漪裏戰慄着，遠方，在那天地的分界處，有一條淡綠燦爛的大河。

沿着山谷的一邊，有許多小的倉廒和門戶緊閉的貯藏室，他邊，有五六座松板蓋成的小房子，屋頂上都豎着一條鴿窠的高桿；進口處都有一匹短宗的鐵馬。窗上殘缺的玻璃，反射出雨虹的顏色，百葉窗上描畫着花瓶。每家門前都放着一個乾淨的小凳，貓兒在土堆上曬着太陽，他們透明的耳朵，非常機警的豎着，階上便是外房清爽的陰影。

於山谷的極邊，我臥在一幅展開的馬毯上，四週都是新割下來的稻草，發出襲人的清香。聰明的農夫們把他們攤在門前，在烘燃的太陽光下，使她多得一點乾燥，然後再將他們貯藏在廩倉裏，睡在那裏，許是第一等的快活吧。

在每一個稻草堆中，都有卷髮的小孩們的頭在攢着；高冠的雄雞，在草堆中找着蒼蠅和甲虫；一雙白唇的小狗，正在亂蓬蓬的草堆中翻着筋斗。

頭髮如麻絲般的青年，穿着潔白的襯衣，低低地繫着腰帶，登着笨重的皮鞋，靠在沒有駕使的馬車上，互相鋒利地戲謔着，張着大嘴，露出他們的潔白的牙齒。

一個臉兒團圓的年輕的姑娘，從窗內往外看着，笑着他們的謔語，或者草堆中小孩子們的喧鬧。

另外一個少婦，用着有力的膀臂，從井裏拉出一個溼淋淋的水桶：……水桶戰動着搖晃着，紡出長的閃亮的水滴。

創作

我的面前，站着一位穿着新柳條裙子和新皮鞋的老婦女，肥的泡珠在她黑細的頸上繞了三圈；她的蒼白的頭上，繫着黃色紅斑的手巾；托拉下來，蓋着她的衰弱的眼睛。（未完）

遺產（續）

張雪舫

一班人都吃飽了坐在一堆談天：

「天到這晚了！怎麼還不成殮呢？」

「他家的族長是誰？怎麼到這時候不來呢！」

「是誰？H城有名的律師章泰，是死者堂叔。」

「族長沒來誰敢作主！」

「咳！可見是螟蛉子，要是親生兒子，族長不來，也就不怕的。」

「來了！來了！那不是大律師章泰麼！」

一位中年紳士派的人，趾高氣揚的走入章宅，他滿

深夜

朝楓

沉思着——
在這黑暗充滿了的幽寂裏，
外面的樹枝在搖動，
秋蟲們奏着淒楚的音樂，
烙印出我的心嗎？

○　○　○

格外引出了些抑鬱的愁苦。
這怕人的黑夜，
它緊緊的圍着我的靈魂。
悲慘的情調啊！

○　○　○

病中的呻吟，
打破了深夜的寂靜；
沉思着的——
兩眼包滿了淚珠。
一顆過情的心，
正在絲絲地戰動，
尋夢者也在昏迷了。
我這失眠病的醫治，
除非母親歌唱着的催眠曲！

面悻悻不樂；令人看着都覺得孝子有了怎麼不是被這大律師的族長抓着。只是走到客廳裡，除向那些親友點頭，似乎打招呼的微笑了一笑；臉色仍是鐵青般，令人看見害怕。

「領呢！」這聲高亮的喝叫，使在座的親友都悚懼着吵鬧的不安；和爭端的暴發。一些與章領親近的人們，都在担心章領的惡運將要來臨。

章領坐這靈堂裏。心裏的欣歡，不時表顯在面部上。恐被別人瞧見不雅，他將頭埋在胸前偷笑。「領呢」！這聲呼叫，驚破他快樂的想像，使他渾身生起寒慄。臥在床上的范氏，也被這聲呼叫驚動　知是族長來了，只不知他爲怎麼在生氣，族長的高聲呼喊是他的暴怒的表示這是范氏素常閱歷而知道的。

「領你爺爺來了！你見不？他爲什麼在生氣？」范氏說。

「我不知道什麼時候來的，昨天我去請他去，他說候爹爹絕了氣再去告訴他，只是今天……我………」

領明白他自己做錯了事，使他的族長生氣，只爲今天早晨與章德辦交涉，把請族長的這件要事忘了！

「你今天沒去請他麼？」

「是的爹爹死了我心痛的了不得，就把他昨天吩咐的話忘了」！

「唉！可憐的孩子，死了爹，還被人拿捏的這個樣子。」范氏痛惜的滴下傷心淚，說不得了，『死子爹娘膝蓋當脚走路』你去給他磕頭吧！」

蓮看見她哥哥聽見爺爺來了就害怕，她平靜不久的心浪又翻起浪花，爺爺不是很和氣的麼！他痛愛我們，似爹爹痛愛我們一樣；往常不怕他，今天爹爹死了，怎麼要怕他呢？難道爹爹死了！他就變了樣麼？他實是變了！我往常沒聽見過他這樣高聲呼過人。蓮的忖想，由此加深了她的恐懼和悲哀。她想：假爺爺這樣痛愛我們的人，却因爹爹死了，不再痛愛我們了；那些素不痛愛我們的，豈不更要欺服我們了嗎！她恐懼，她悲哀，淚珠兒又掛在她的桃顋上了！嫩弱的心靈，又加一次强烈的創痕。

（本節完）

（全篇未完）

晨興

晨光曦微中，
眼望着東方發白
旭日初昇，
吾之心永遠是黎明的。
——清新暢爽一塵不染，
磅薄開明生趣盎然，
于黎明中，
在廣場上，
大地清靜。
四顧茫然，
那時我才發覺我是獨自晨興，
但我絕不覺得孤寂，
反覺一人爲主，
萬象皆賓。
舉世昏昏，
惟我獨醒。
却無念天地之悠悠，惟感愴然而涕下之情，
一時精神興奮不可一世，
我願于晨興中，創造我的一切。

吳侯於二五、八、二二。寫于豐縣文廟兵役訓班

紫羅蘭

清楚

紫羅蘭，又開開了，雋秀，美麗。香，是一種清微的香，葉子也很好看濃青。牠嘗做過我的慰安者；然而，却也引起我有過多少次？記不清次數的悲傷。

前四年的這個夏天了，空氣漸覺得一刻熱加了一刻，蟬聲在樹上聒耳，院子裏也漸沒有了風息；這是暑假，展在了面前。

我不願意離開學校，我的成成，也不願意我們走上別離的途上去；可是我們是屈服的弱者，無能，戰不過強有力的環境，最後終被俘虜了。

在鳴放暑假的哨子的時候，孩子們，天眞瀾漫的那一個不喜歡得跳舞；他們快活馬上要脫開這無味的囚牢了，馬上就可開始了長時間偎依着母親的懷抱了；而，只有成成，癡情的成成，留在校院裏惆悵着。成成不願意走啊，他想長遠的跟着他的先生，萬不能，也要送先生上了不願上的歸途。

放了暑假的第三天，學校裏的賬目　和其他，一切的雜事情，都算結束完了；校董的餞行酒也喝過了，於是，我被一種看不見的力量，擁出了學校的大門。

我走出了學校的莊子，成成一逕送了我三里遠的路，依依的情緒，是越依依越加濃厚的，我忍着心說了我不願說的：

「成成啊，回去吧，母親在掛念哩。」

「好吧，可是什麼時候，還會見先生呢？先生。」

「那不定，時光很久遠，我們見面的時候，總多」

我們終至要分別了，「五里徘徊仍遠別」。現在我已記不清楚那時別離的味道，還只記得成成送給我那一東鮮的紫羅蘭花的時候，還拭着滿眼的淚痕；多情的孩子是怎樣的想得周到，連我一絲東西，也沒有送給成成留作紀念啊。

「成成：要努力讀書，要順從母親。」我只這樣教訓般的留給他一句贈言。

「…………」

「…………」我們沈默了好大會子　話像是很多，多得過多了，又無從說起，我們相偎依在路旁的一株大樹的陰涼下，爲呆望着成成，成成低着頭，有時抬起頭來望望我，遂又低了下去，成成像是有無限的哀怨，而不能伸訴。

我們終是這樣的別離了：現在想起，我還不禁自笑，自笑我太女兒，我嘗時曾滴了許多的眼淚。

我的淚，滴在了成成的額上、成成的顋頰上．淚滴上；淚和淚化合在一起，是永久不會分開的吧。

當年的暑假，我像有了什麼病，書也不想看，又沒有事做，整日心裏感着無大的空虛和寂寞，睡也不安，坐也不安，也懶得和別人去說話；我時常的站在柳蔭下，從空隙裏看那星星默默的陽光；有時兀自數天上的白雲，天上的白雲，是忽飄忽沒的，忽而分散了，一會又合在一起，我到底也沒有數清楚，是多少塊？是多少片。

△△△未完▽▽▽

徬徨的心曲

兆豐

猶豫着像沙漠中的旅人，
四週的景物渺茫，淒涼，
我撫摸着內心的創傷；
徬徨在冷清的道上。

○　○

怨之靈在坟坑裏悲泣，
落葉在林內小語。
啊！這虛僞的人生！
晃動着媚笑的假面具。
我躑躅着像隻迷途的羊羔！
咳！何處是光明？
虛僞　欺哄，
充滿了腥濁的太空。

編輯室的廣播電台

雲章

一，吳侯君：本刊蒙惠寄稿件，不勝歡迎，此後能繼續寄來　則更所歡蹴也。「晨興」略有修改，請原諒！

二，子方君已赴卞丁。

三，兆豐君現在也因爲升學的關係離豐了。

四，克林現在正努力草短小精旱的論文，總名爲「顯微鏡」，以務每期都有一段登出。

八，二五。

縣黨部無綫電收音室開放節目

八月二十六日　星期三

八，一〇	西樂
八，三〇	新聞
一一，三〇	平劇歌曲防衛知識報時氣象商情
一七，〇〇	滬市商情商業新聞雜曲
一八，〇〇	國樂
一九，〇〇	粵曲
一九，三〇	兒童教育
二〇，〇〇	報時氣象水位雨量簡明新聞
二〇，一〇	時事述評　關於國際問題
二一．〇五	英講演評及西樂
二一，三五	預報明日節目
二一，四〇	新聞
二二，二〇	平劇及國樂　譚富英譚小培尙小雲王芸芳王幼卿合唱紅宗烈馬

鳳鳴塔

第二三六期

．本刊內容分科學常識論著詩歌小說戲劇雜文書信翻譯介紹及批評等項

一，本刊徵求投稿來稿文言白話均可

三，來稿本社有修改權不願者請先聲明

四．來稿登載之稿除預先聲明者外概不退還

五，本刊編輯部設豐報館內

漫談

獸疫防治問題之商榷

高德

提倡中國畜牧事業，改進中國畜牧問題，上文業已詳述。故畜牧能救濟農村，畜牧能增裕國庫，畜牧能發展中國教育，畜牧能挽回中國外溢利權，畜牧能解決吾人之衣食行，故發展畜牧便是振興農業提倡畜牧生產，便能挽救中國的危亡是則中國不可一日無畜牧，中國不可一日少畜牧，畜牧事業之重要如是，然則單單祇求提倡畜牧，改進畜牧而漠視牲畜之防疫問題，則一旦獸疫流行，蔓延各地，星星之火，勢可燎原。農民之損失，國家經濟之被害爲數甚鉅，是則牲畜之防治問題，可不急求解決乎？

然則此尙空口談談，如要考查牲畜之實際損失，則疫之防治，更覺不可一日或緩，茲據民國二十二年中央農業實驗所農情報告全國之牲畜罹病及死亡數證之如下：

疾病頭數，水牛，五八七•四〇九，黃牛，一•四六六•四四一，馬，七八〇•〇五四，騾，一〇九•一八八，驢，一九八•三七〇，豬，八•四三七•八二，羊，二•八七三•〇六二，雞，七三•五八四•二〇七，鴨，四•一四九•〇五五。

死亡頭數 水牛，一〇〇•五一六，黃牛，二一九•六一九，馬，二•六八四，騾，四•七九六，驢 六•四四四，豬，五•六四一•二四五，羊，一•一一六•六七六，雞，四二•〇三〇•五三三，鴨，二•一〇四•六八一，合計，四九•二二七•一九四。

死亡價值，水牛，四•七二四•二五二，黃牛，七•四六七•〇四六，馬，一三四•二〇〇，騾，三五九•七〇〇，驢，一六七•五四四，豬，五〇•九七七•四三〇，羊，一•三五〇•〇二八，鷄，一六•八一二•二一三，鴨，八四一•八七二，合計，八二•八三四•二八五。

平均每頭價值，水牛，四七元，黃牛，三四元，馬，五十元，騾，七五元，驢，二六元，豬一四元，羊，三元，鷄，四角，鴨，四角。

綜上統計，可知民國二十三年之全國牲畜其死亡率計，水牛十萬〇五四十六頭，黃牛二十一萬九千六百十九頭，馬二千六百八十四頭，騾四千七百九十六頭，驢六千四百四十四頭，豬三百六十四萬一千二百四十五頭，羊一百十一萬六千六百七十六頭，鷄四千二百另三十萬五百三十隻，鴨二百十萬四千六百八十一隻，合計死亡數達四千九百二十二萬七千一百九十四頭，其價值總合國幣八千二百八十三萬四千二百八十五元之譜，損失之鉅，頗足驚人，即以江蘇一省論，損失之數已有四百十一萬八千二百二十四頭，其中以鷄之死亡率最大，其次爲豬。

（未完）

翻譯

原野

俄國屠格涅夫原著　赦原譯

然而在她的老花的眼裏，閃耀着歡迎的微笑．在她的皺紋縱橫的臉上，蕩浮着笑容 這個老婦人，我敢說，已經到了七十歲了。……………然而現在還可以看出，她在當年曾經是一個美人。

曲着她的太陽燒枯了的手指，在她的右手中她端着一罎牛乳 上面滿飄的牛酪．太的是剛由地窖中取出；器邊掛着滴滴點點的牛乳，猶如串串的寶珠 在她的左掌中，這個老婦人給我拿了一大塊熱燕燕的麵包，好像是說：『吃吧，歡迎啊，過路的先生！』

突然 隻雄雞叫着，急促地拍着牠的兩翼，一個檻中小牛的叫聲 兩個的聲音緩緩相應

『啊，這是多麼好的燕麥呀！』我聽我的御夫說道：……啊！俄羅斯原野的滿足呀！安靜呀！豐饒呀！啊！深深的和平與幸福呀！

（完）

創作

遺產（續）

張雪舫

（三）風波

大律師兼章姓族長的章泰坐在客廳裏大發脾氣。章領跪在地上緊是磕頭求恕、許多的來賓，都在替章領情講，請章泰饒恕他無心之過。

『諸位親友！請你們替我評評理：這個野孩子，太目中無人了！他爹死了，他自覺爲王了！什麼事都自爲，毫沒把我看在眼裏；他想獨吞全部的遺產，什麼禮節都不講了。他穿起孝服，應當孝子．難道我這孫女不是他爹的孩子？』章泰說到這點，用手推着小蓮給別人看。『你們看這孩子身上穿的什麼？怎不該穿孝服的呢？在這男女平權 女子有繼承的時代，她比他的身份高的多了。他不給她穿孝，是不是他想獨佔家產？』

『說不到這點！』章領有天胆，也不敢．他妹妹沒穿孝，想必是沒做齊，請你別生氣，饒恕他吧。』親友們解勸說：

喜的娘站在門外 聽得章泰所說的話 似針般刺的心痛 她看着丈夫似狗般跪在地上，她覺得莫大的恥辱；只是不敢上前去袒護 她不忍叫她丈夫常久的跪着，她更怕章泰說出更使她害怕的話，她把范氏叫出來了。

范氏聽喜的娘的報告，她固然不敢反抗族長，她爲痛愛這素常溺愛慣的螟蛉子她只得上前去解勸；或是替他分担些不是，免得領兒受委屈。她走入了客廳，斷聲悲調的向章泰叫聲叔叔！又向親友們打了招呼。站在章泰近傍，見心愛的兒子跪在地上，她不由的流淚。看章泰氣忿忿一臉都是不高與，她又在害怕不知說怎樣的話，方可消滅他的氣燄

章領已跪得兩膝蓋發痛了！由肉體的疼痛，引起他內心的責備；他想『若不是貪圖這項遺產，禁願受此種罪呢？』一幾次想爬起反抗章泰的壓迫，只抬起頭來，看見章泰鐵青色的臉，又自氣餒的俯下去。喜的娘實在不能靜默下去了，她看着丈夫常跪在別人面前，在衆親友們中看着，這是莫大的恥辱。她靠范氏的身傍 滴着淚，忍着氣，慢慢的說：

「爺爺！請你饒了他吧！公公死了，我們的心都乱了，並不是有心瞧不起你老人家、諒我們有天胆，也不敢得罪你老人家。至於蓮姑的孝衣 實在怨我沒能做齊，我已覺叫喜的外奶奶去趕着做，目下也就快好了。再說公公一生省儉，撇下這點產業，還有婆婆執掌，也到不了我們的手中；就是婆婆百年以後，我們也獨吞不了

那時再請你老人家出來費神替我們分家也不晚，其實也沒有什麼分，左右不過是滿些田地和房子，是人人知道 此刻天已很晚，你老人家照料着棺殮吧！」這套棉裡針的話，喜的娘是很痛快的說出了在別人聽來，理由很充足，詞句很和平，只是章泰已把握着她們的心意；更被這番話的譏嘲，那久蘊在心的怒氣，好似炮彈燃着

我要哭

兆豐

我要哭，向誰哭？
我怕怨恨隱在暗處聽到了。
又要惹起酸辛，
忽兒渺茫的像青烟般的，
向嚴寒的碧空輕輕飛去。

○　○　○

我要泣 不由自主；
我怕靈魂將要悠悠的逝去！
我怕泣出了愛人的怨悒，
我怕泣溼了伊的孔雀花衣。

○　○　○

我要訴，向誰訴？
我怕愛情之金針
重刺入創傷的靈魂。
白熱的愛呀
將要燃成灰燼。

導火線，崩炸了！

「哼！你說的很對，只是你婆婆的心被油蒙着了，已分不出好歹，要是她明白，也容不了你們這樣鬼詐的。既然你說出家產，就叫你把家產詳細數目說出來我看對不對，再說別的。」

「我是年青的女人，平常又不管這些，我能知道詳細嗎！」

「將才你不是說只有房子田地嗎！你公公生前由我經手代他存這銀行裡的兩萬塊錢，你就不知道麼？」章泰實不知道章老頭子在銀行有存款 只是由他素日的經驗虛詐的引逗她們的心理。喜的娘究竟是婦人家，擔不着虛詐 漸漸露出馬脚。

「以前公公沒害病的時候，也聽他說過，在什麼銀行裡存有錢，後來又聽，他已提出來了 做怎麼用的，倒沒聽說過，這是他老人家的事，當兒媳婦的也問不着。」

章泰已得到線索，臉色已和平了許多。究竟他爲什麼這樣追究遺產呢，他想分潤嗎？不，他是很正直的。那麼！他爲什麼緊給章領爲難呢？他是受了章老頭子的妾，蓮的生母在病床邊的哀求和囑託，他由平日默察已很明的知道章領兩口子的惡貪，他倆想把全部的遺產獨吞，而不顧瞻養蓮和她的生母。這由他倆慳吝而厭惡她們，可推想而知。蓮的生母病在鄉裏，他倆並沒有替他請過醫生，實在他倆也沒去瞧看過，他倆的心中，實不顧有這個人。蓮的生母聽知丈夫病重 幾次要奔進城來，只是病魔的身體，不得自主 後來蓮被領叫進城了，她預知丈夫不久於人世；她害怕丈夫死後，將被范氏和章領遺棄、她把章泰請到面前，哀求他主持公道 替她母女倆分點產業，維持生活。更把章領與范虐待她的情形及一切，詳細說給章泰。章泰爲保持族長的威嚴，義不容辭的滿口答應她，准可替她謀得生活的安全一今天來到這裏，見蓮仍穿着平常的衣服，他相信章領是有心遺棄她，他不由的牛氣 只是沒法發作。他虛張聲勢的威喝，章領似狗般訓服，毫不吐語；他已是感到困難，他想乘此時機，若不能尋着他們的錯處 怎好說要替她們分家呢！恰好由喜的娘的口中，說出有種存款沒有下落的題目。（未完）

悲秋吟

小倩

恨蒼天這樣的黯淡，
無端掀起風雲迷漫，
徬徨歧路的人們，
向東向西，向南向北，方向莫辨。
向前啊！大河在橫；
退後啊！萬丈深淵；
向右，荆棘叢叢塞途路；
向左，高低崎嶇蜀道難；
停止不前，暮煙四起近黃昏，
日落西山，
豺狼怒吼萬丈凶燄，
又恐魑魅魍魎糾纏。

○　○　○

抬頭望蒼天，
人間，只是漆黑一片，
穹蒼星兒怖滿，
模糊了眼帘，
看不見四週的兇險萬端、
彷徨踟躕在十字歧路，
汗在直流，氣在急喘，
極力掙扎擺脫，
累及渾身是汗，
何所適從啊！東西北南，
這坎坷的道途却佈滿了人間。

○　○　○

怨，生命這樣的促短，
古稀年僅七十度斗移星換，
屈指計算，一事無成，
只在風霜下呻吟展轉。
哀號乞援，人們的面孔，
是異樣的冷淡，
低首下心，逐波逐流，
朋友會咀咒你忍不住寒酸
現在已是虛度了光陰二十二年，
半百年華，
幾何曾會故意遲延，
期望你名成事就衣錦還，
興我民族，強我祖國 樂我家園，

○　○　○

恨蒼天無情，眼前佈滿了白眼。
茫茫四週，
四週荆棘佈滿。
無援 低首又不甘。
心頭苦 向誰言？
這衰殘軀體，
怎禁得這惡魔糾纏！
失意，悲愁，包圍了週遭，
儘夠嘗酸甜苦鹹，
難堪滋味總一般，
這花花世界就是煩惱網，是非淵，
恨蒼天無情啊？四方漆黑，
使我何去何從，道路莫辨。

紫羅蘭（續）

清楚

這樣癡癡呆呆的過了一個整暑假，母親看見我可笑的呆樣，又憐憫我，幾次問：「是不是有了甚麼病？」但是，我說不出；這悲哀，是永遠永遠的隱在了我心裏了。

過了暑假，我又轉到別一個學校裏去了，一向魂夢中所想望的；重再回到故校去，再見到我的成成，還是泡影，也是上帝，不准許能輕巧的就如了我的心願；我沒有在上帝前禱告過一次，可是，我仍舊想念這天真的孩子。

黃昏時候，心裡的空虛，覺得更劇烈；我只有拿着這束神聖的，在我認爲比神聖還要神聖的紫羅蘭花，寂寞的徘徊着；我曾吊過淚，記不清次數的；曾恨怨得頓過脚，也曾出了聲的恨怨過不知什麼東西 有時院裡的芙蓉樹，我也罵過他．常到學校去玩擠着鬍悄的假斯文小老頭，我也暗地裏罵過他，我罵過……不知徹底……

我這樣天天這樣，一束鮮的花，被我的撫弄，被我的淚的淹洗，一天殘賤而零落似一天了。

最後，我才把他夾在了一本洋裝裡書裏，好長沒有再把他拿出，我想永遠的保藏着牠。

可是，我眞痛惜，第二年暑假，就再沒找到他；以後 我曾經找了幾百千萬次，每次從學校裏回家，總要把些我所有的一些零乱的書籍找上一遍。

牠終是被我遺失了，我的神聖的紫羅蘭花。

牠終是被我遺失了，我眞對不起成成。

每年紫羅蘭花 又開的時候，觸情傷情，前塵今影，我總難過好多天。

匆匆的已經四年了，四年中，我沒有見過成成一次，我已老得鬍子很長了，成成現在大概也長了很高，如果還繼續的讀着書呢，恐怕已進了中學校了，可是，這四年中，我沒有見過成成一次。

只有紫羅蘭花仍是一年一度的開着。（完）

轉載

平津日僑突增

△七月份共一九•〇五五口

△較之六月份增加四六八人

天津電 津平及北甯沿綫日僑續增，七月來總領館調查津一〇•〇四四口，增四〇人，塘沽三二三口增四三人，唐山九九七口，增一四三人，灤縣三八三口，增二九八，昌黎二七〇口，增九人，秦島六七六口，增 四人，榆關一•五七九口，增四七人，北平四•四六一口，增八人，古北口二一七口 增二人，共一九•〇五五口，較六月突增四六八人。

編輯室的廣播電台

雲章

一、克林君：你的「顯微鏡」該送來了。

二，兆豐君所入的學校是河南南河中學。

三，閒人君：近日鈉大作 恐怕已積壓的不少了」！那就請你送來吧！

四，老王：你是什麼意思呢？難道眞與本刊絕交了嗎？

縣黨部無綫電收音室開放節目

八月二十八日　星期五

八，一〇　西樂絃樂
一八，三〇　新聞
一一，三〇　平劇唱曲防衛知識報時氣商情
一九，〇〇　平劇
一九，三〇　兒童教育
二〇，〇〇　報時氣象水位商量簡明新聞
二〇，一〇　新生活運動促進總會宣傳節目
二〇，二〇　國樂
二一，三五　預報明日節目
二一，四〇　新聞
二二，二〇　平劇及國樂

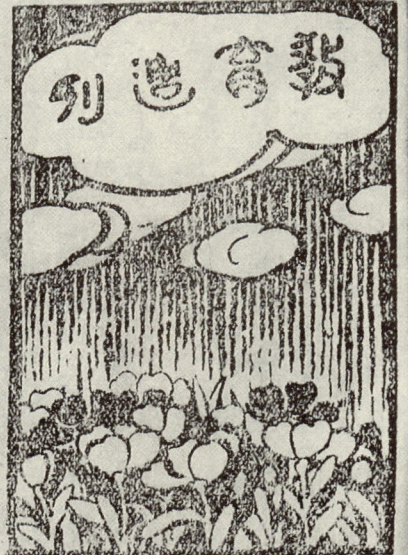

教育週刊

第八期目錄

編輯處徵稿啓事

本刊以溝通教育消息，交換教育心得，討論教育實際問題為任務。定於每週星期一出版，務望全縣教育同志，將各種教育論述，實施報告及其他有關教育之材料隨時錄寄，無任歡迎，惟因篇幅狹小，事實務求新鮮而具體，文字務求簡要而靈活，統希鑒察是幸！

投稿簡章

一，來稿以合於小學教育及社會教育之實際需要為標準，約分論述，報告，設施計劃，教師常識，教材教具，介紹，教育學術講話等項。

二，來稿不分文體，但須繕寫清楚，除特關性質者外，均須自行句讀。

三，來稿非經聲明，編者有刪改權。

四，來稿不論登載與否，概不退還。

五，來稿須註明真姓名，及通信處，但發表時，別署聽便。

六，來稿寄豐縣教育局，稿封上須註明「教育週刊文稿」。

報告

二十四年度第二學期視導意見

一，縣立蔣單樓小學校

優點：

1、課卷練習次數合度，並能按時訂正。

2. 教學用具尚完備。

3. 各科教學進度適合。

改進意見：

1，注意指導學生練習禁烟演說

2、學校概況表之統計數字務求正確，如兒童圖書僅百餘冊，竟寫二百餘冊。

3，衛生設施太簡單應酌量添置。

4. 低級兒童課業用品須備齊。

二，縣立季廟初小校

優點：

1. 四年級兒童作文成績尚佳。

2、能按期舉行學月測驗。

改進意見：

1. 日課表訂定有不妥處，亟應改正。

2. 兒童作文練習次數缺少二次　應即補足。

3. 上課時應利用小黑板，以期經濟時間

4. 缺席兒童過多　嗣平時訓練其勤學習慣。

5. 大黑板脫油，宜重加油漆。

6. 中級兒童，應練習記日記。

三，縣立陳莊初小校

優點：

1. 能按時習作小學教師半月刊，閱讀筆記。

2. 課卷無積壓。

改進意見

1. 兒童作文每學期可改為一次　留出時間練習做日記。

2. 缺席兒童過多應注意。

3. 公民訓練應在日課表上定明，並宜採用中心訓練週制，例舉條目切實施行。

4. 教室佈置，再求整飭。

四，縣立曲廟初小校

優點：

1. 師生尚能注意全校整潔。

2. 兒童缺席者極少。

改進意見：

1. 課卷訂正欠精細，嗣後須力求審慎。

2. 作文次數不足，嗣後須每週練習一次。

3. 日記簿封面須書寫兒童姓名。

4、習字多未按時訂正，嗣後不得任意積壓。

五，縣立首羨集初小校

優點：

1. 兒童出席踴躍。

改進意見：

1. 以後應依照規定時間上課。

2. 每月應舉行月攷一次。

3. 小學教師半月刊應按期閱讀。

4. 各科筆記，須按時訂正。

六，縣立渠三里樓初小校

優點：

無

改進意見：

1. 各項設備，過於簡單，應於經費可能範圍盡力添置

2. 小學教師半月刊應按期閱讀並摘錄筆記。

七，縣立夏莊初小校

優點：

1. 學校環境尚佳。

改進意見：

1. 運動器具缺乏，應於經費可能模圍，酌量添置，以資應用。

2. 校內欠整潔，應率同兒童按時打掃。

3. 練書兒　應令其從速購買

4. 作文練習次數不足　應設法補齊。

八，縣立鹿灣初小校

優點：

1. 圖書室佈置尚妥善.

2. 校內佈置尚整齊

3. 各科教學進度適合。

4. 缺席兒童極少。

改進意見

1. 兒童自治宜按保甲編制

2. 對於兒童整潔訓練應切實注意。

3. 應用簿籍　多欠更換，並須按時填記。

4、教室地面不平宜利用勞作時間　指導兒童平治。

5. 預習宜在課外指導活動　不宜侵佔教學時間；

6，兒童作文練習次數不足　應從速補齊。

九，縣立楊廟初小校

優點：

無

改進意見：

1. 小學教師半月刊應按時閱讀並習作問題。

2. 應添設兒童成績分數冊　以備攷查。

3、應就學校空地，開闢校園及農場。

4. 應切實注意校內整潔。

5 教室內應張貼兒童輪流服務表及日課表。

6 教學時應訓練兒童有先舉手後發言之習慣。

十，縣立西岳莊初小校

優點：

1、能注意採集標本。

改進意見：

1. 注意指導兒童練習衛生演說。

2. 積極矯正兒童無故缺席之不良習慣。

3、學月測驗應按時舉行，不可間斷，並將各科成績隨時註入成績分數冊。

4. 應按期閱讀小學教師半月刊並記筆記。

計　劃

豐縣中山自治實驗鄉推進合作事業計劃

李子正

一，導言

年來農村經濟破產，幾達於不可收拾之地步，農民生活的艱苦，經濟衰落的危機；只要你往田野裡，跑去一看

，隨時隨地都要激刺你的心頭。

當今國難日殷，時局日艱　所以救亡圖存，刻不容緩；我們中國所以一蹶不振的原因，當然不止一點；然而國民經濟的枯窘，生產減少　實爲最大原因，農民由大農變爲中農，由中農變爲小農，昔時飽暖之家，今則流離失所，生活不能維持；所以欲挽中國於將亡，必須先挽救農村經濟的衰落；欲挽救農村經濟的衰落；必須先努力合作事業的推進。

合作運動，是一種合理的經濟改善運動；年來政府因病施藥，積極提倡。努力於鄉教的同志，更高呼吶喊，身入農村，切實的致力於合作事業的工作；我們豐縣合作事業，尚在萌芽時期，將來的偉大效果，固不敢預期，但無疑的，是定有相當的效驗；本鄉目的在實驗地方自治，養

規程

各級學校設置免費學額及公費學額規程教育部提案

請令飭全國公私立各級學校設置免費及公費學額，以獎進品學俱優無力就學之學生。

查現代諸國教育政策，受民生主義與社會思想之影響，莫不力求教育機會之均等，期使全社會份子均得就學，使社會之優秀份子，均有受人才教育之機會，因以鞏固社會國家之基礎，以是義務教育之普及貧苦高材生獎學製度之設置，同爲各國所重視，例如英國一九三一年中等學校免費學生佔全數百分之四十七，在中等學生四十三萬九千一百五十二人中，免費學生達二十一萬五千零四十二人。

我國現時狀況，除實施義務教育之短期小學，依法不收學費，且由校供給教本外，其餘各級學校，仍大都收取學費，學費之外，膳宿，服裝，書籍等費，尤往往爲一般家庭所不能擔任，蓋現時教育已非如科舉時代之教育，需費較鉅。最近農村破產，社會經濟衰落，各地承水旱匪災之後，中產人家亦日見沒落，因爲貧寒子弟即屬優秀者亦多不能入學，入學之後，欠繳各費或中途輟學之事，亦極繁多，苟不及早救濟，社會貧富之間，將益形對立，無力求進之青年，將愈感痛苦煩悶，社會不安之象，亦將日進不已。

查我國約法，對于設置的大學金額，本有專條規定，現在全國各地，如蘇浙閩皖冀豫湘陝察甯高級省市，雖亦已經有免費學額，或其他獎金辦法，惟數量不多，救濟之範圍有限，實則責令各校一律設置若干免費暨公費學額，於各校財政　並不至發生重大困難，以所設之學額，分年累進，尤爲易舉，茲擬自二十五年度，規定各級學校　應設學額如次：

一，免費學額（免收學費）

全國公立私立學校均須依照下列規定，設置免費學校

1.小學　小學本以不收學費爲原則，現仍應嚴加考察，督促該原則之實施，即仍有收費者，亦當督令逐年多設免費學額。

2,中等及專科以上學校　中等及專科以上學校二十五年度至少應各設置學生全數百分之五以上之免費學額，以後並應按定比率逐年增設。

二，公費學額（免收學費外，供給學生以最低限度之制服膳書籍等費）　公立各級學校，自二十五年度　應於免費學額之外　一律設置公費學額，二十五年度定爲全校學生數百分之二至百分之四，以後並應按照部定比率，逐年增加。

右列原則，擬請鈞院核定後　即行通令各省市，自二十五年度起一律切實遵照，至詳細辦法當由本部妥訂頒行，再此項設置免費暨公費學額方案，暫不增列國庫支出，所需經費，在原則上應由各校就行政費用項下，自行撙節充之，如有必要，當可斟酌情形，撥各校學費收入充用，是否有當提請公決。

專載

父母須知（續）

審查意見：本書的原著者是美國著名的心理學家；此書是他研究試驗的結晶，內容豐富，材料新穎，誠爲兒童心理學上一部良好的書。葛君復用流暢之筆譯成中文，介紹於國人，堪爲中國父母教師研究兒童心理之良好參考書。

兒童心理之研究　畢鶴琴著　商務印書館發行　定價二元四角

內容提要：本書計分二十四章，前六章概論幼稚期之意義，與兒童發展的程序，以下分論模倣、遊戲、玩具、好奇心、怕懼、知識、學習、言語、美感、思想、道德問題及男女性的分別等。

審查意見：著者對於各問題之論述無不曉暢明達，編末對於研究兒童的歷史及研究方法尤有透切之說明，在我國兒童心理出版物中，此書要算是很完備的了。

兒童心理學新論　考夫卡著　高覺敷譯　商務印書館發行　定價一元九角

內容提要：本書共分六大章，第一章，問題與方法；第二章，一般的事實與觀點；第三章，發展的起點；一新生兒與行爲的初型一；第四章和第五章心之生長的特點；第六章　兒童的宇宙。

審查意見：本書著者是德國『葛斯塔』心理學派健將　本書係以葛斯塔學說的原則解釋兒童心理學問題，說明新穎，頗多獨到之處，復經譯者在卷首作一長敍，介紹此派學說之內容，對於讀者尤爲便利。

實驗兒童心理　蕭孝嶸著　中華書局發行　定價七角

內容提要　本書共分八章：第一章近代關於心理發展問題的各種學說之分析；第二章研究兒童心理之方法與原則；第三章動作能力之發展，第四章空間知覺與顏色知覺之發達；第五章智力之發展；第六章語言之發達；第七章情緒之演進；第八章社會性之發展。

審查意見：本書一方面介紹了不少重要的理論與事實；一方面又指示了許多實驗的原則與方法，取材精審，敍述明達，是研究兒童心理者不可不讀的一本好書。

兒童學原理　俞寄凡編譯　中華書局發行　定價八角

內容提要：本書共分六大篇：第一篇序論；第二篇身體發育現象；第三篇精神發育現象；第四篇發育原理；第五篇教育異常；第六篇兒童之基本問題。

審查意見：本書對於兒童身心發育之原理申述甚詳，舉凡兒童之神經系統、筋肉系統、本能、習慣、遊戲、情緒、興趣、語言、思想、以至個人之人格，皆有精細之研究，其他如異常兒童之身心狀態及兒童之基本問題，尤有詳盡之論述。

兒童研究　武品瀾著　商務印書館發行　定價二元

內容提要，本書共分十講，第一講兒童的意義，第二講兒童的身體，第三講模仿和被暗示性；第四講遊戲和玩具；第五講好奇心和好問心；第六講兒童的言語；第七講兒童的想像；第八講兒童的思想；第九講兒童的感情，第十講兒童的記憶注意和意志。

審查意見：本書對于兒童一切重要問題、無不詳加論述，末後對於兒童研究法及研究史　尤有簡要　之說明。

三，關於兒童營養的

乳兒保育法及看護法　顏守民編著　大東書局發行　定價四角

內容提要、本書對於乳兒保育法及看守法，共分六大項，各項所討論之細目，共有五十七條，第一項，關於初生兒者　第二項關於乳兒身體精神者　第三項關於母乳營養者　第四項關于人工營養者，第五項關於乳兒疾病者；第六項關於乳兒看護者。

審查意見：乳兒保育法及看護法，是父母必備的知識；本書取材豐富，敍述精當，當能讀者予以很多的益處。

（未完）

縣黨部無綫電收音室開放節目

九月一日　星期二

八，一〇	國樂
八，三〇	新聞
一一，三〇	平劇唱曲防衞知識報時氣氣商情
一七，〇〇	滬市商情商業新聞雜曲
一八，〇〇	大鼓
一九，〇〇	音樂會
一九，三〇	兒童教育
二〇，〇〇	報時氣象水位雨量簡明新聞
二〇，一〇	時事述評　關於國內時事
二一，〇五	英語述評及西樂
二一，三五	預報明日節目
二一，四〇	新聞
二二，二〇	平劇及國樂

第一八一〇號
社址豐縣大同街
中宣部登記證中字第一九二號 內政部登記證警字第一三一號
中華郵政特准掛號認為新聞紙類

△廣告刊例
本報廣告以方寸計算
每方寸以市尺長寬各一寸計算
（新聞欄）每日每方寸三元起碼每日每方寸一角二分
[illegible]
上七折十日以上六折常期面議

△總理遺囑
余致力國民革命凡四十年，其目的在求中國之自由平等。積四十年之經驗，深知欲達到此目的，必須喚起民眾及聯合世界上以平等待我之民族，共同奮鬥。現在革命尚未成功，凡我同志，務須依照余所著建國方略、建國大綱、三民主義及第一次全國代表大會宣言，繼續努力，以求貫徹。最近主張開國民會議及廢除不平等條約，尤須於最短期間促其實現。是所至囑。

豐縣私立黎明初級應用化學科職業學校通告
本校定於九月一日開學自八月廿九日起開始報到註冊業經分別通知蠡恐通知不週特此登報通告即希錄取各生准期蒞校爲要

豐縣縣政府招考政法警察

一、名額 正取十四名、備取十名。
二、投考資格 年在二十歲以上 三十五歲以下、身體健全、品行端正、曾任初級中學畢業、或有同等之學力者。
三、考試科目 （一）黨義、（二）國文 （三）常識測驗、（四）身體檢查、（五）口試。
四、報名手續 報名時須呈繳證明文件及二寸半身像片 張。
五、報名日期 自九月一日起 至考試前一日止。
六、報名地點 縣政府傳達室。
七、考試日期 九月七日上午七時半。
八、考試地點 縣政府
九、訓練 考試合格之人員 須受一星期之嚴格訓練、、在訓練期間 如有過失、即行斥退。、另以備取遞充
十、待遇 訓練期滿、派任用後 每名每月薪金十二元。
十一、保證 任用各員須取具殷實鋪保保證以後、奉公守法 如有需索敲詐舞弊等不法行爲、保證人須負聯帶責任。

中外要聞

居王等四人偕飛南甯 懇求李白對和平解決意見 蔣委員長仍本寬大之主旨

▲中央社香港三十一日電 居正、王寵惠、朱培德、程潛、定今日偕飛南甯、一般人士咸盼此行有良好結果、居等赴桂後 除懇求李白對和平解決意見外、並將分與蔡廷楷、劉蘆隱 個別晤談、頗能獲得結果 又中央已令粵桂邊境軍隊撤退、並決由居王朱程前往當面勸告、此外對蔣委員長誠懇乞求和平意旨 均將有所提示。

▲中央社香港三十一日電 李白雖又抱堅決公然反抗態度、但蔣委員長仍望和平解決、新現派王寵惠、程潛、代表蔣氏宣達和平寬大之主旨。

松村發表對蓉案之觀感

▲中央社[illegible]三十一日電 記者昨訪松村書記官、首叩以對蓉案之觀感如何、據稱、渠離京時、曾奉命留之命 任調查期內、不能作何表示 記者繼詢、事變時惡勢台[illegible]盡力保護一般日僑 事後又已作種種有效處置、想貴國政府及松村先生必能諒解、記者又詢渠個人對蓉案解決途徑如何 松村答稱、個人仍希望蓉案迅速解決 俾中日親善不致受其影響。

豐台日軍舉行秋季大演習

▲中央社北平三十一日電 駐豐台日軍、十日起、分五部舉行秋季大演習兩日。

察北匪首王英派黨羽赴平活動

▲中央社北平三十一日電 察北匪首王英、派大批黨羽來平活動 此間當局已飭軍警嚴防活動。

津日領館設立華北農業研究所

▲中央社天津三十一日電 津日領館奉外務省令、在津設立華北農業研究所、現已覓定六里台平日中學附近爲所址 即開始建築、短期內當可成立。

中樞兩紀念週 蔣作賓孫科分任主席並報告

▲中央社南京三十一日電 中央黨部於今日上午八時舉行第一十九次總理紀念週、出席中央委員蔣作賓、丁惟汾、朱家驊、方治、梁寒操、張厲生及全體工作人員等共約七百餘人、由蔣委員

作賓主席、領導行禮如儀後、即由蔡氏報告、至八時四十分詞畢散會。

▲又國民政府今晨九時舉行紀念週、孫科　鄧家彥及國府各院部會職員共約四百餘人、由立法院孫院長主席、領導行禮後　並即席報告國內時局之觀感、至九時半詞畢、禮成散會。

國民政府　昨日命令

▲中央社南京三十一日電　國民政府今日命令、一、茲製定民國廿五年四川省建設及償還公債條例公佈之、此令、二、國民政府主計長陳其采呈請任命陳光曙爲國民政府主計處稅計局科員、應照准　此令。

國選總所　工作緊張

▲中央社南京三十一日電　國民大會代表選舉總事務所、日來工作異常緊張、內部共八組已開始辦公、第七組組長甘乃光於今日該所紀念週中出席報告該組即于今日正式開始工作。

今年農事豐收　財部暫不禁止　小麥出口

▲中央社南京三十一日電　滬麵粉業同業公會、前呈財政部請禁止小麥出口、以防國內麥價高漲　財政部以目前國內麥價並無高漲之虞、且今年農事豐收　各省呈請救濟　爲免麥賤傷農　已批示該會暫難禁止小麥出口必要。

粵漢路直達通車昨由廣州開行

▲中央社漢口三十一日電　粵漢路直達通車、今日起由廣州開行、四日起由武昌東站開行、其車次定爲下行第四十一次、上行第四十二次、於每星期二四兩日、南北兩端對開、時間爲下午十一時五十分由武昌東站開　在途需過約四十四小時、於第三日下午五時三十分到達廣州南站廣州下午十一時開、於第三日下午七點十五分達武昌東站、至武昌東站至衡州第五十六次特快車、仍於每晚原定時間照開。

▲又凌鴻勛昨午開召路務會議、商決進行、北上職員首批三十一日晚赴衡州、二批一日晚赴武昌。

內部派劉復　飛峇調查暴動眞象

▲中央社南京三十日電　成都市民暴動、波及外僑、致有死傷案、京蜀距離較遠、報告亟遲　內政部蔣部長以安內有責、急欲明瞭眞象、以便着手整理、已於日昨派主任祕書劉復飛峇調查。

川公路計劃首先完成　七大幹線

▲中央社重慶三十一日電　川公路交通計劃、決首先完成川黔、川陝　川康、川湘、川滇　川甘、川鄂、七大幹線、現川陝川黔業已通車、川鄂川康正在加緊建築中　川滇川甘亦在勘察、川湘工程現已完成十分之八九、約一二月內即可通車。

中航會川分會今日成立

▲中央社成都三十一日電　中國航空學會川分會、定今早在小城公園該會大禮堂開成立大會、並舉行各理事宣誓就職典禮。

京漢長途電話今日通話

▲中央社南京三十一日電　交通部所辦京漢長途電話、自南京經蕪湖懷甯、贛之湖口九江、至漢口蜿蜒　千餘里、實爲九省長途電話計劃中最重要者、其全部工程業已告竣、定明日起開放　直達通話。

農本局短期內即可成立

▲中央社南京三十一日電　實業部農本局總經理陳振先曾與部長吳鼎昌返京後、短期內即將在京召集農本局成立會、京曾已多日、但該局成立期至今尚未決定、現一切仍靜候吳部長鼎昌返京後、短期內即將在京召集農本局成立會、

所得稅定十月一日起分期開徵　外部照會各國駐使轉飭遵照

▲中央社□三十一日電　我國政府舉辦所得稅、已於本年七月廿□公佈　所得稅暫行條例其施行細則、已經本月十八日□七五次行政院會議通過　並決定自本年十月一日起分期開徵、外僑方面、已由外交部分別照會各國駐使轉飭遵照、及首次理事□。

中懲會發表懲戒案兩起

▲中央社南京三十一日電　中央公務員懲戒委員會、今日發表懲戒案兩起　一、江蘇泰縣縣長王闓卿　因枉法裁判案、不予懲戒、二、福州第　區行政督察專員公署祕書彭源翰擅用刑訊　違法濫罰案免職　並停止任用一年。

京市黨部昨電賀龍雲薛岳　就滇黔正副主任

▲中央社南京三十一日電　京市党部今日電賀龍雲薛岳就滇黔正副主任、並電勉廣西空軍林司令。

粵省各機關舉行紀念週

▲中央社廣州三十一日電　省政府四路總部昨晨舉行聯合紀念週、到黃慕松、余漢謀　王應楡及各機關人員五百餘人、黃主席、領導行禮後　黃慕松報告禁烟賭及推行新運情形。

▲又廣州市政府昨亦舉行擴大紀念週、到八百餘人、曾養甫主席領導行禮如儀、並報告建設新廣東　先要實行新生活。

粵國選監督王應楡昨就職

▲中央社廣州三十一日電　粵國選監督王應楡　今日宣誓就職、黃慕松代中央監督。

羅梓材任四路軍教導旅旅長

▲中央社廣州三十一日電　四路軍總編教導隊羅梓材任總編教導旅旅長定一日宣誓就職。

孔祥榕今日補行宣誓典禮

▲中央社南京三十一日電　黃河水利委員會委員長孔祥榕、前在開封該會舉行成立三週紀念日、並補行宣誓就職、經中央派定河南省政府商主席監誓。

蘇省府舉行談話會

▲江蘇社　蘇省府舉行第二十六次談話會　出席委員余井塘、趙棣華　周佛海、沈百先　列席者羅時實、主席余井塘　紀錄萬君默、開會如儀　宣讀上次會議紀錄　報告事項（略）決議事項如下　（一）補助省會強迫識字教育委員會民衆日報社經費一千五百元　款在教廳管路類特稅歷年息金項下撥支、（二）暑期已過　自九月□日起本府辦公鐘點改爲早七點半至十二點　下午二點至九點　體育運動鐘點下午五點　刻至六點一刻　（三十日）

國民經濟蘇分會　舉行宣傳大會

發行特刊及月刊函請專家徵稿　專員名單亦已全部聘定

▲江蘇社　國民經濟建設運動委員會蘇分會自成立後　擬定初步工作計劃、積極推進、各縣支會大部成立、定於下月十五日舉行成立儀式、宣傳大會將同時開幕　日前蘇分會開幹事會議　推定許主任聘綱爲業務委員、祝祕書中爲總編輯、除向省會蘇報江蘇省報新江蘇三報接洽在舉行成立典禮日發行特刊、並決定每月發行月刊一種　已專函全國各經濟建設專家徵稿云

（又訊）蘇分會專員業經完全聘定、其名單特誌如下、萬君默、（省府秘書）相菊潭、（民廳主任秘書）徐慕杜、（財廳主任秘書）陳天鷗、（教廳主任秘書）劉復之、（保安處秘書）洪季川、（地政局秘書）藏世英、（省禁烟會秘書）臧啓芳、（二區專員）王公璵、（三區專員）葛覃、（四區專員）施奎齡、（六區專員）王德溥、（七區專員）邵鴻璽、（八區專員）邵漢元、（九區專員）梅思平、（十區專員）陳際唐、（省府第三科長）賈應昌、（省府統計主任）靳鶴聲、（省府視察室主任）向紹軒、（教廳第　科長）易君左、（教廳編審）許止禪、（建廳技正）關富權、（建廳水利總工程師）吳時霖、（建廳技正）莊效震、（建廳公路工程師）徐恆壽、（建廳技正）許康祖、（農委員會秘書）陳植、（建廳技正）陳仲明、（建設廳合作課長）沙學浚、（地政局技正）鄭辟彊、（滸墅關省女子蠶業學校校長）鄭邦逖、（省蘇州工業學校校長）高陽、（蘇州教育學院）吳誠、（吳縣農具製造所）沈圻、（公路管理處處長）朱乃華、（蘇州瓷工校長）唐志才、（蘇州農校校長）安事農、（淮陰農校校長）汪琛、（宜興陶瓷校長）王剛、（連雲水產校長）張明

萁（宜興農林校長）章繼南、（宿遷玻璃校長）薛天遊、（松江化學科職校長）王義珏、（鹽城化學科職校長）彭先澤、（松江稻作試驗場場長）尹聘三、（徐州蠶桑作試驗場場長）夏振鐸、（無錫省蠶絲試驗場長）張毓驥、（吳淞江蘇省立水產校長）陳和甫、（導淮入海工程處副處長）余漱芳、（江南水利工程處主任工程師）李賴哉、（鎮江自來水公司經理）楊兆熊、（鎮江農民銀行副經理）殷公武、（審計處）石順淵、（省黨部科長）周化鵬、（省黨部科長）陳濤、（省黨部科長）陳康和、（蘇報）潘國俊、（鎮江國貨工廠聯合會）—（三十日）

陝北各縣雹災慘重

秋禾全部失收民生困苦　省府已令賑會設法救濟

（西安通信）陝北宜川各縣、上月慘遭雹災、秋禾盡被摧毀、補種又過時期、前經各該縣縣長請到省、懇爲發款救濟前來、省府當已令飭賑務會、妥爲籌劃賑濟、並覆令詳勘被災區域、聽待賑戶口、以便統籌辦法、茲宜川縣先後又有呈報災況文件到省、藉悉該縣雹災情況、區域較廣、其地面北至甘泉、南至洛川、東至家屈鎮及史家岔、西至柳園、該縣轄境、已有三分之一以上被災、其冰雹之大有如雞卵、秋禾已完全絕望矣、且災區各地、多係外省客民佃戶、向不種麥、全恃秋收、一旦絕望、生計勢已無法維持、經該縣李縣長親往災區視察、遍見老少災民、涕泣呼籲、聞之令人酸鼻、若不急行救濟、則弱者逃生無術、強者將走入歧途、民敗田荒、後患何堪設想等情、省府據情、災區狀況、甚爲慘重、待賑之殷、實不容緩、省府據情後、即飭省賑務會併案辦理、賑會現正積極籌款、日內即可決定救濟辦法云（廿八日）

郵局值班員工

應書明牌上懸掛窗口

蘇郵管理局令各地郵局遵辦

▲江蘇社 本邑郵局頃奉蘇郵政管理局令云、略以各地郵局員工姓名及辦公鐘點、均應分別書明牌上、懸掛窗口、并隨時更換、業由前蘇皖浙管理局通令飭遵在案、惟近查各局多將是項木牌懸掛於不顯明處、似此辦法、殊違懸掛木牌之本意、爲便利公衆閱覽起見、嗣後務須恪遵前令、將該項木牌懸於當值班員工坐位前面窗口、以便衆覽、茲經鎮江郵局奉令後、除遵照辦理外、并轉飭省府路新西門柴炭巷等局遵辦云。（三十日）

蘇建廳攷核

特約農田麥作成績

▲江蘇社 江蘇省建設廳鑒於各地特約農田辦法早經訂定施行、並經規定特約農田成績報告表、令發各縣飭填具報在案、現在麥作早經登場、所有辦理成績各縣自應專案呈報、以憑攷核、茲爲力求完善起見、爰將達頒表式略加修正、檢發各縣、飭實填報、昨已令飭各縣遵照。（三十日）

兩種考試

十一月考縣長　十月普通考試　川省將舉行

（成都通信）川省本年舉行縣長考試、由省務會議議決、責成民教兩廳會同籌備、民廳派蕭天柱、教廳派張紹然、負責籌劃、決定辦法四項、一、縣長考試期間、擬定十二月十五日考試、地點設成都、二、由省府咨部、請檢發縣長考試有關文件、以備參攷、三、九月十五日成立試務處、處長照章由省主席兼任、十一月十五日成立典試委員會、關中央特任委員長、並願派委員來川主持、四、試務處分設三科、一、秘書科設文書會計庶務收發、四、第二科掌編號分場、第三科掌編纂專試題、試卷保管四股、上項辦法省府已咨考選委員會備查、又川省本年舉行普通考試、亦經省務會議議決、考試教育行政人員、警察行政人員、縣司法處審判官、財務行政人員、會計審計人員、統計人員等九種、考試地點仍在成都、考試日期定於十月十五日、報名日期截至九月十四日止、并由有關機關省府秘書處、民財教三廳及高等法院各派負責代表合組普通考試應考資格審查委員會、並議定審查標準、開始審查、此兩項攷試、在川省均屬創舉、頗爲踴躍（十八日）

豫長途汽車

擴充營業

添置載重車多輛

（開封通訊）河南省建設廳長途汽車營業部、頃爲發展貨運、便利商民運輸起見、特於開（封禹縣）綫及許（昌）南（陽）綫等、備設載重貨車多輛、對來往客商、負責運輸、故今後凡由汴垣至禹縣、或許昌至南陽一帶、運輸貨物者、即可逕向該縣沿途各站接洽、無論整批零担、皆可隨時運送、（廿八日）

許承基在瑞士爲

義選手斯蒂芬尼所敗

▲中央社瑞士盧賽納電 中國網球選手許承基、在盧賽納國際男子網球單打決賽中、爲義選手斯蒂芬尼所敗、共戰五次、勝負、比數爲六對二、二對六、六對二、二對六、六對四、義許斯二氏、昨曾擊敗並選手波特洛及休斯、博得盧賽納國際男子網球雙打錦標。

西革命軍飛機

向馬德里投彈損失重大

官軍在康爾巴蘭等地被擊退

德意等四國駐西代表舉行會議

▲中央社西班牙拉高勞業城電 拉高勞業城無線電台發出廣播消息、革命軍所屬三引擎機一架、頃飛往馬德里、城內房屋及附近齊波洛廣場均受重大損失。

▲中央社衛爾哥思三十一日電 據叛軍總司令部宣佈、首軍縱隊攻擊蒂普衛陣、已攻下巴爾奧東比洛二地者、頃已被革命軍擊退、並稱海軍練習艦隊巡洋艦同斯當等艦投誠革命軍云。

▲中央社巴黎電 阿根廷、烏拉圭、德意志、義大利、西國駐西班牙外交部代表、昨在聖普安特魯思港舉行會議、擬定辦法、使西班牙內戰合於人道主義、外傳西班牙政府曾派代表四員、列席會議、該國駐巴黎大使館、對此說加以否認。

美驅逐艦在西海濱被擊三次

已向西政府及叛軍提出抗議

▲中央社華盛頓三十一日電 美國國務院據官報稱、美驅逐艦刊普號、在西班牙海濱外、爲西飛機一架攻擊三次、共投炸彈六枚、該艦以高射砲回擊九次未中、西飛機爲三引擎式、未辨明屬何方面、幸彈六彈、無一命中、該艦縣有美旗且甲板有美國國徽、飛機自空殊易察辦、國務卿賀爾爲此事已向西政府及叛軍領袖弗郎哥提出抗議。

西官軍敗叛軍於瓜達拉馬

▲中央社馬德里三十一日電 政府軍反攻瓜達拉馬前綫、決戰、已於昨日下午暴發、叛軍曾奮力抵抗、但仍向後退却。

西忠告

駐西葡大使館遷移

▲中央社亨代三十一日電 據葡爾哥斯無綫電報告、西班牙政府業已忠告葡萄牙駐馬德里大使館、遷往亞利本脫、因使館職員之安全、無法保障。

保加利亞及阿爾巴尼亞

禁止軍火運西

▲中央社倫敦電 關於禁止軍火運往西班牙各項辦法、政府頃接保加利亞及阿爾巴尼亞政府來牒聲明、決將此項辦法付諸實施。

挪威拒絕俄提出之驅逐托洛斯基出境之要求

▲中央社挪京三十日電 挪威外相權特氏今日演說、宣佈挪政府已拒絕蘇俄政府所提之驅逐托洛斯基出境之要求。

本縣新聞

黨政各界昨聯合舉行總理紀念週

彭委員報告黨務工作　王科長報告政治工作

黨政各機關暨各人民團體、于昨日上午十時在縣黨部大禮堂、聯合舉行總理紀念週、到黨員公務員、及各人民團體代表百餘人、由縣党部彭委員世亭主席、領導行禮後、並報告

▶▶▶▶黨務工作◀◀◀◀　略謂、縣党部方面的工作、約有三項、一、本縣直屬各區分部委員、任期已滿、前由本會分別派員與以改選、現已改選完竣、二、本部奉令清理黨員黨籍後、即積極辦理、現已辦理完竣、前日又奉省令清理黨籍、展至九月底截止、本會不日即登報通告、俾本縣境內之黨員、一律辦理總報到手續、三、前奉省令組織宣傳隊、本會即積極籌備、現章程業已擬定、隊員亦正在征求中、雙十節時、或可開演、四、第九區選舉事務所、令各人民團體造會員名冊、現各人民團體會員名冊、均已造齊呈報、五、第四區進德會、成立年餘、職員任期已滿、已於上週舉行改選、新任職員名冊、已呈送本會備案、繼有縣政府第三科長王賢英報告

▶▶▶▶政治工作◀◀◀◀　略謂、本府上週工作、有值得報告者、共有四件、茲分述如下、一、關于國民代表大會選舉情形、本府自奉令舉辦公民宣誓登記後、即將選民名冊造報第九區選舉事務所、嗣奉令選舉日期為九月一日、本縣按最大多數之比額、應出候選人五名、第九區共選代表十五人、此次選舉、各選民應以選賢與能為己任、絕不容偏私或受賄、而參加競選者不妨以合理的競爭方式、公開活動、但不准有利誘情事、二、關於禁烟方面、本縣曾定有二年肅清全縣烟毒之計劃、至九月底限期屆滿、所有領照燼民、已分飭各區傳戒、並由本府派員赴區逐[illegible]　務使燼毒澈底肅清、不再蔓延、但該縣之燼民、業經復戢、希望軍警努力查緝、全縣各界破情檢舉、本府自當依法懲處、期絕根株、三、關于公安方面、王縣長自接事後、對於警政、力謀整頓、當以新購槍枝、鑑識如何、效力如何、殊難判斷、特于前日在本城西北關試放、又以試放徒耗子彈、似非所宜、乃利用此時、令警士打靶、藉資練習射擊、庶一舉兩利、子彈亦不至空耗、四、關於訓練壯丁者、各區已開始辦理、縣政府為明瞭訓練情形意見、特派黃科長分赴各區[illegible]察、現已回縣、據談各區訓練情形、大體尚佳、[illegible]時體做。

畜牧推廣區調查土羊工作完竣

高指導員談綿羊保護及育療法

本縣畜牧推廣區　自開始實地調查以來、對於土種羊之生活　飼養等情形、已知大概、茲據高指導員談　此次進行調查　頗為順利　雖在一二不明者、經多方解釋、及保長之開導、對本畜牧區、關於土羊之意義、大都明瞭、此次調查中　各地鄉保長、多能悉力協助、與見本勞、而農民對於美國種羊之推廣、以及改良本地土羊之有利、深具同情、現將調查之結果、歸納為以下數點、一、羊群受託羊主管理、放牧成績較佳者固多而放牧飼養之不足、管理欠佳、以致瘦弱罹病者亦復不少、至于羊舍之污穢不潔　又為窩養、極應改進、故於調查之餘、並督促其注意清潔、流通空氣、以免發生病患、二、給食應有定時、使家畜之消化器、免受不良影響、若不得已、必須變更飼料、亦應漸漸減少、蓋反芻動物、飽食後、有二小時反芻機會、故給食宜固定時間、三、調查土羊中之疾病情形、診察結果　為呼吸器病中喉頭炎病為最多、致其疾原、(一)受寒所致、在春季為最多、秋季次之、(二)呼吸不潔空氣、或羊舍內之污穢氣味、而刺激其[illegible]部、(三)喉部受傷、(四)咽頭管(集管)上端之軟骨等部發炎　急性者生存[illegible]性之喉頭[illegible]發[illegible]須嗽之[illegible]部、以起喉炎症、至於病[illegible]、咳嗽為主要病[illegible]喉部[illegible]、[illegible]下困難　飲水[illegible]苦、[illegible]之物、[illegible]鼻[illegible]、鼻孔[illegible]性粘性或膿性液體[illegible]出、[illegible]膜紅腫、故呼吸困難、[illegible]路高、其治療之法　先將病畜[illegible]清潔之[illegible]處、以[illegible]和暖、用麻醉藥為嗎啡、鴉片酒　或可樂部[illegible]、式的[illegible]油、松節油)、一勺八七[illegible]、[illegible]水、一勺八[illegible]、亞麻仁油[illegible]二五混合、用熱布[illegible]子喉部、[illegible]鐘換一次、約二三日、[illegible]輕、如[illegible]鼻[illegible]稀[illegible]而多、可用百分之一[illegible]百分之二[illegible]　百分之二[illegible]木焦油、[illegible]分之[illegible]松節油等洗滌、若[illegible]病、應用柔酸明礬、[illegible]印等藥、[illegible]入喉部、[illegible]入百分之一至百分之五[illegible]酸銀、如病為傳染性者　[illegible]隔離、其次患病、以[illegible]病中之下痢此乃管[illegible]、多吃沾露帶雨之草、排出糞　迴異常態、[illegible]體　如下痢過久則有[illegible]、[illegible]路[illegible]治、如口渴、給與[illegible]炭[illegible]酸鐵八錢二九[illegible]及水二升五合、并給硫[illegible]劑　白亞十末(兩二九)[illegible]鴉片汁合古五(　)、生薑汁(各一八七五)薄荷水合五○○○、以觀和胃腸新兜之○性　每次給以三匙　草減半　至于羊之下利乃由于所飲乳汁凝固胃中而成下利、其排泄物變白色死亡極速　可用碳酸鎂土八兩三○○○、重炭○酸鈉四兩一○○○、生薑汁○兩二三六、特薄荷油○合七五○、混合　每給與　并給以緩和劑　如大黃浸錢炭○曹達等等、本區畜事實之可能及按照工作大綱上之規定、頗為醫治、并在此次調查中、隨時指導農民、并給以各種藥品　獸醫之藥、無不表示歡迎云。

一區中心民校壯丁隊今日演習構築工事

一區中心民校、以第一期壯丁訓練、行將期滿、為實地練習防禦工作起見、特於今日由該校校長聯同教練等、率全體壯丁、在護城濠上　構築工事　俾該區壯丁明瞭戰時應行注意各點、以免臨陣慌張。

◎公安股公佈拘留規則◎

第十二條　被拘留人入所時、應檢查其所有財物、詳細登記、呈由法警長官加蓋印章、除依法應沒收或轉送其他官署者外、應妥予保管、俟本人出所時、取結發還之。

第十三條　被拘留人應行遵守事項、應詳細開列、粘貼各室、並由看守警隨時曉諭之。

第十四條　被拘留人請求攜帶子女未滿四歲者、得許可之。

司法

◎縣政府司法批示◎

▲刑事呈訴人李樂山一件、為藉案毆傷、勢欺[illegible]詐[illegible]、懇請准予提釋、以伸冤抑由、狀悉、仰候令飭該區公所調具狀人解縣核辦、此批、

▲民事聲請人李秉常一件、為產權被吞、無力告訴訟、懇恩准予訴訟救助、伏乞查明迅傳究追由、狀悉、仰將請求標的價額敘明、以便派員查明核奪　此批、

▲刑事具訴人李世法一件、為[illegible]狀已批示、知照投辯、請令審訊明處置、以免冤累由、狀悉、仰候傳案訊奪、此批

△本城糧價▽

名稱	每市斗價目
小麥	最高三千六百五十文　最低三千五百文
大麥	最高一千九百文　最低一千八百文
黃豆	最高三千四百文　最低三千三百文
黑豆	最高三千八百文　最低三千七百文
菉豆	最高二千七百文　最低二千五百五十文
江豆	最高三千六百文　最低三千[illegible]百文
高粱	最高一千六百文　最低一千五百文
穀子	最高一千五百文　最低一千三百五十文
糜子	最高一千六百文　最低一千五百文
芝麻	最高五千文　最低四千八百文
青豆	最高三千六百文　最低三千五百文
花生	每斤　最高二百七十文　最低二百六十文
瓜子	每斤　最高五百五十文　最低五百三十文
生米	最高四百三十文　最低四百一十文

△△氣象▽▽

天氣	風向	最高溫度	最低溫度
晴	東南風	九五度	七二度

鳳鳴塔

（第二三七期）

一、本刊內容分科學常識論著詩歌小說戲劇散文書信書報介紹及批評等項
二、本刊歡迎投稿來稿文言白話均可
三、來稿本社有刪改權不願者請先聲明
四、未經登載之稿除預先聲明者外概不退還
五、本刊編輯部設豐報社內

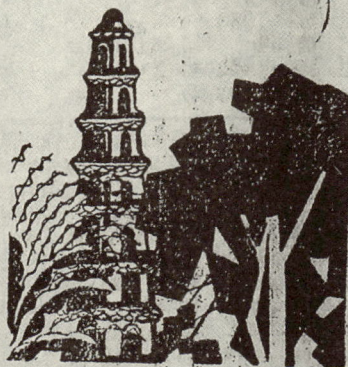

漫談

獸疫防治問題之商榷

高德

獸疫之厲害，所致之損失可概見焉。故牲畜之唯一障害爲獸疫，若獸疫流行，直接則侵害牲畜之繁榮，農村經濟之損失及農村事業之發展，間接關係國家經濟之貧富，故欲談復興農村工作，提倡和改良畜牧問題，因應先撲滅獸疫爲當務之急。

以小而論，豐縣全境大都均爲農業區域，兼有牧畜區域，尤以第六七兩區之沿沙河一帶之牧羊爲最多，至于牛騾更爲每戶農家必所備，及至于雞之繁盛，更爲一般民所公認，無如年年有獸疫發生，農民束手，呼籲無門，因防疫事業毫無設置，無異以鉅萬金錢，置之陋室，而希其倖免于盜刼，烏乎其可能？

茲將獸疫之種類，及其最烈害之幾種傳染病簡述於下：

（一）牛瘟(Rin lorpost)即俗稱爛腸病，爲一種極微細且能穿過陶土濾過器之一種細菌，雖在最高倍之顯微鏡下仍不能觀察其形態，亦不能與以培養，病原物之潛伏期普通爲三四天至八九天即現病狀，飲食減少反芻停止，眼鼻有粘性液體流出，逐變濃性灰棕色，眼膜發赤，初先糞乾黑發疝痛，漸糞稀薄奇臭而成粘液并帶血液流出，如爛腸樣，其原因爲腸粘膜潰爛而生假膜，隨糞出。其最顯著者口腔生黏膜潰爛，上下嘴唇有大塊潰爛，由數小塊達合而成，陰門肛門張開，體溫上升至三十九度或四十度，其死亡率百分之四十至九十，傳染範圍不僅牛而已，羊駱駝亦能傳入。

（二）牛傳染性胸膜肺炎(Infection Pleuro Pneumonia)爲星形球菌(Astericocous Mycoides)所致，大都爲球狀形態在一千五百倍以上之顯微鏡下始能觀察，亦能穿過較粗之陶土濾過器，然培養無適當方法，此菌在肺內可生存二三月之久。

此病之傳入多在呼吸氣管，潛伏期可一二月，病初，咳嗽帶澤聲，鼻孔粘液流出，叩診所得肺部多濁音，聽診所得呼吸中帶水聲，流產，泌乳停止，胸腔內有黃液體，解剖驗其肺部肝化，充滿石灰狀物質，肺之肝化部與胸膜粘着，有時潰爛，傳染性極重，此病係外洋傳入，且近年來，滬杭各地均有猖厥之狀。

（三）牛炭疽病(Anthrax of cattle)又名脾脫疽病，此細菌生有芽胞，故抵抗力極大，不易撲滅，在地上可生活多年，其致疫之炭疽桿菌(Bacillus anthracis)爲害猛烈，非但各種牲畜及人類均能傳染，即大至猛虎獅豹亦能傳染，去春上海演動物園得炭疽傳染而死者有猛虎并波及獅豹袋鼠等大動物。

（未完）

翻譯

會話

俄國屠格涅夫原著　菽原譯

「處女峯與黑鷲峯尚未曾遭過人足的踐踏！」

亞爾普斯山脈的極峯……連綿不絕斷的一鏈崎嶇的削壁……羣山會集的中心。

山上是一片蔚藍清淨，啞穆的天空；山巔佈滿了，冷酷 慘淡 堅硬閃爍的雪層；突破白雪而聳峙的，是陰森的雪覆風掃的羣峯。

兩個龐人的形體，在地平線界上的兩個巨人，處女峯和黑鷲峯，

處女峯 向黑鷲峯說道：「你能告訴我些什麼新聞？你比我見的廣些。下界有些什麼東西。」

幾千年過去了：一瞬間。

黑鷲峯咆哮着回答：「地球上雲烟瀰漫…………等會！」

幾千年過去了：一瞬間。

「嗳 現在呢？」處女峯問道。

「現在，我見下面還是一樣，碧綠的海洋，暗黑的樹林，灰色疊積的石堆，他們中間 仍舊有昆蟲來回地擾動着，二足的動物， 你曉得嗎？ 他們還沒有踏過你或我哩。」

「人們？」

「是的，人們。」

幾千年過去了：一瞬間。

「喂，現在呢？」處女峯問道。

「看去昆虫似乎少了，」黑鷲峯雷吼道，「下面清淨許多了；海洋退了，樹林也疏了。」

幾千年又過去了：一瞬間。

「你看看什麼？」處女峯說道。

「我們的周圍似乎更加純潔了，」黑鷲峯回答「然而在遠方的山谷裡亦然還有黑點，是某種東西正在蠕動着。」

「現在呢？」處女峯問道，在幾千年以後了：一瞬間。

「現在好了，」黑鷲峯回答，「各處都是清淨的，純白的，不論你往甚麼地方看…………遍地都是我們的白雪，一望無際的嚼冰，各種東西都凜凍了，現在好了，安靜了。」

「好，」處女峯說道「我們已經談夠了，老伙計，讓我們來一個微睡吧，」

「的確是睡的時候了。」

龐大的山們睡着了；碧綠明淨的天空，睡在永遠靜穆的疆域上。

創作

遺產（續）

張雪舫

「妳不用躲閃 您家裏的事，還有妳不知道的嗎，這筆存款，就是提出來了，一時也花費不了，別說你妳公公是省儉慣的 捨不得花用 就是讓他去用，時間他做什麼用這許多的錢？我倒銀行去，查過筆賬，看是什麼時候提出的，再和你們說話。」章泰說着話起來向門外走。

范氏看已鬧到產業上了使他縣忖不安；她明知銀行存款和祖莊存的芝蔴的兩個摺子，前幾天讓交給館兒的 章泰替查出來 豈不要分給那死不了的小老婆嗎！要是分給她 讓她去享福，那是多麼可惜的 她鼓足勇氣，拉着章泰的衣襟說：

「叔叔！那忙得怎麼，都是喜的娘不會說話 惹你老人家生氣 你可憐死人吧！趕緊棺殮 天這樣的熱，擱不着了。」

「章老先生 請你把令姪殮了，再說別的吧！實在天氣熱，擱久了，死屍怕保不着。」衆親友說：

章泰也就答應了， 吩咐棺殮。

鼓樂匠奏着樂器，散佈着悲哀的聲調；些內眷們又從新的號哭了 違隨着章泰看着她的爹爹被幾個人抬放入棺材裏，她知道從此不能再見他了，她悲痛的幾乎發狂，她不流淚，她不哭，只相隨着爹爹睡的棺材裏。

章領和喜的娘哭的噎聲咽氣，淚似檐溜般沾溼了衣裳。他倆懼怕已握到手的財產將被奪去，怎能不心痛

相思

松濤

朋友，
你臨別時的秋波一轉哟，
使我心醉神迷，
永久鑄在心際；
天哪！
爲甚麼既有歡聚又有別離。

○　○　○

一日不見，
如三秋兮；
這有名的詩句
這有名的詩句啊！
我現覺着
描寫得太不入微。

○　○　○

我的魂兒
已經失去，
你的倩影
無時無刻不呈現在我的腦子
裏。

○　○　○

朋友，
我的魂兒
已經失去，
只有在你的身旁
才能找到他的蹤跡。

呢，只是說不出口，借着哭死人，發洩他們內心的隱哀。

章德將聽說他伯父有兩萬塊錢，那已息的貪念，又熾旺起來了。他想：兩萬塊錢至少得分給我幾千，還二百塊不能算數，我求求族長爺爺，必能多分些。停刻就向他說，領倆口子早上和我說的話。他只在胡思乱想，眼前的紛乱，他沒有看見，待他想見他伯父的遺容時，棺蓋已釘牢了。

章老頭子，從此已完全脫離掉現世界，連影兒也不能再見了。所鼓蕩於現社會的，只有他刻薄慳吝得來的財產，在此爭彼奪的情況中進行。（完）

舊痕

望天

中叔，因爲和東鄰居——斗星的，牛閒氣，頭被擊傷了；這事起初，我不知道。到第三天的一個早晨上，家裡去人，才告訴我的；還要我到城裏去看一看。那時中叔在城裏醫院裏住着，並且，說已起了訴。

我的心，一向是很平靜的，聽了這麼一回事，立刻起了一種震蕩。這些人，就是這樣的粗野，無知識；動不動就打人，打傷了人。

我於是，決計吃過早飯，到城裏去看看中叔；本來，學校裡，正當暑假考，我擔任的功課還沒有改了不到一半，但爲做人子者之道，不能不向學校，請一天假。

吃過了早飯，天仍舊是陰暗着，並且陰得很均勻，萬里都是鉛一樣的顏色，沒有濃也沒有淡；風絲也沒有，只有內悶燥熱。我知道一定還要下雨，但也沒有因爲怕下雨，終放開腳步，向樣上城的路，走了去。

我低着頭走，身上時時的出着汗，一種潮熱的味道，使人說不出，是怎想的不好受。路旁盛夏的景，我也沒有欣賞。

向來我就不大怕熱，「心靜以無暑」。但今天，不和往常一樣；我心裏暴躁，恐怕要下雨，下了雨是要淋在半路裡的；前不村，後不店，那眞要淋一個透體的足。然而，也沒有法。假若眞的要下，就下，眞的要淋就淋淋溼了，走到目的地時，那只有再想法子。

於是，我的心又放得平靜了，然而平靜中，又微微的動蕩着了，中叔頭擊傷的一樁事的波紋；中叔的性情，不錯，是抗直，但他，從來沒有去惹弄過別人。說說東星，那眞得算是東星，他時時的歪着頭，他腰擂得彎着的，歪頭，直擂着腰，他是有意表彰着他這副眞惡的人樣。可是他近二年覺得好得多，頭沒有以前歪得那樣歪了，腰也沒有擂得以前那樣的彎；以前，他拿着切來的刀，曾切死過他本族一個不遠的爺爺，用指粗的麻繩，勒過他行年將六十而五十八九歲的老爹，勒的他老爹，一直過了蒸熟四鍋大饅頭能大的時刻，才還過氣來；那幸虧牛碰歪了槽在擂門，東星拋了爹去抓牛老頭兒才得又活的。可是，現在他好得多。雖然他兩個寶寶，也和他老子同一模樣，而二小星還斜着眼睛；但，他兩個寶寶畢竟不是他；他現在好得多了。

一向，全村上的人們都把他虎狼似的爺幾個，以無賴目之的。

可是中叔，不知怎麼？這一次竟和這無賴，計較起了清白；想勒死爹的人，他勝甚麼，中叔過一次，也未免太嚣眞。這一次。

頭頂上的一片雲，在我低低頭走的時候，竟偷偷的增加了濃厚，風還是沒有一絲，然而，却滴滴的落了雨，雨落在田地上，打着豆子和高粱的葉子；又落在大路上，因爲我在大路上走，也落了我滿身，落了滿身的小雨滴；幸虧下的很鬆，一直我走了好幾里，身上還沒有溼遍，還是星星滴滴的數不清楚的幾十百個雨花，不過，雨花又落在雨花上，較爲大些，較爲花些了。

一直我走進了城門，雨還是鬆鬆的下着，雲彩，當然未有退；看不見太陽，也不知道天到了什麼時候，我偷偷的望了望城門站崗警察的手上的表，大概已是快要十二點了；因爲是偷偷的看的，只能說是大概，但大概，和偷偷的已經使我很小氣，倘若走到中山街，一定不會做這樣小氣的事情。

街上是石路，當然沒有泥；潮溼在這幾天連陰之後，是免不掉的，我踏着石路，走着西街，不遠向北一扭身，便是仲叔所住的醫院了；醫院並不是怎樣威嚴，我一直走了進去。、然而，我臨走進去的時候，適巧一位在城裏某小學當校長——或是教員——的老同學，也從那裏走過來，他最初向我望「望，繼之才點了點頭，又跨大步的，踏着街上高而硬的石頭，向東去了，可是城裏糢糊的雨也停了。仲叔住在後院的東廂房室裏。室子很小，這是因爲在城裡，我掀開簾子進去，看見室子坐滿了人，父親坐在靠北牆的張桌子的西頭，和大表伯對看臉？靠南牆也放着了張小床，堂叔和大哥在那裏坐着。北村的焦鄰居，歪在床上，像睡着；沒有睡着他也是在看仲叔的，和他們都不言語，都在默默的像沉思着什麼？同時每人的臉上也都掛一幅悽涼的態容；他們所以，是面中叔的傷仍是不見起，並且青天大老爺也儘着不替升寃。

我走進屋裡時，大表伯先看我：

「啊，你是吃過早飯來的！」

「是的……」我的心，也像是加上了一層的沉憂：仲叔躺在靠後牆的小床上，用藥布包紮着頭，只露了一隻眼睛，在昏昏的睡着；他看見了我，是他又看見了一個親人，他用手按了按床沿，意思教我假着他坐下。

（未完）

鋤草

王萬選

滿長着植物的一塊膏田，
茂盛碧綠。
散佈着幾個鋤地的農夫，
工作不息。

○　○　○　○

我從那裏經過，
見許多的禾苗，
亭亭靜立，
顯出得意。
見繁雜的小草，
倒臥在地，
枯萎而死。

○　○　○　○

「鋤草留禾」—
本是一件最平凡的事，
然而這次却引了我的注意。
「爲甚麼不把禾苗鋤掉，
而留着草呢？」
一個不成話的疑問，
忽現于腦際。

○　○　○　○

是誰都能答出吧？
這個問題。
留禾——
因食粮是人們所必需。
食粮又爲禾苗之結實。
鋤草——
因草不能生出好的東西，
供給人們作食，
牠却能吸收田中的養料，
妨害禾苗的發育；
有時長在禾苗的根旁，
牠會把禾苗弄死。
有害無益，必須除去。

○　○　○　○

人生在世，皆依此例。
若不能做出有益大家的事，
而再阻害他人的發展，
破壞國家的組織。
在社會人羣中，
也是不能存在的。

編輯消息

一、九月份稿紙已印好，內即可發出。

二、八月份稿費正在統計，通知書不日即可發出。

三、克林的顯微鏡已送來 篇 以後還望源源送來！

四、聞入君前日因有病，寫作較疏，現已痊癒，昨日已有兩篇送來。

縣黨部無線電收音室播放節目

九月二日　星期三

八，一〇　西樂
八，三〇　新聞
一一，三〇　平劇唱曲防衞知識報時氣氣商情
一七，〇〇　滬市商情商業新聞雜曲
一八，〇〇　國樂
一九，〇〇　粵曲
一九，三〇　兒童教育
二〇，〇〇　報時氣象水位雨量簡明新聞
二〇，一〇　時事述評　關於國際問體
二一，〇五　英語演講及西樂
二一，三五　預報明日節目
二一，四〇　新聞
二二，二〇　平劇及國樂

本刊內容分對[illegible]常編爲書詩歌小說戲劇雜文書信書報介紹及批評等類
二、本刊歡迎投稿，字體文言白話均可
三、來稿本社有修改權不願者請先聲明
四、未經登載之稿除預先聲明者外概不退還
五、本刊[illegible]設[illegible]社內

漫談

獸疫防治問題之商榷（續）

高德

此病菌由飲食呼吸皮膚裂縫而傳入，并在喉部血管中停留繁殖，其潛伏期可維持十日其血液及肌肉均呈黑色，最急性者能於工作時倒斃，次急性者體溫增高，食慾減少反芻停止，乳分泌停止，腸中口鼻或尿中均有血液流出二三日即死，慢性者維持至七八日而死。

（四）牛口蹄症(Foot ondMouth dissease)此病傳染迅速，去春江浙一帶津浦各地，如徐州，蚌埠，蕪湖南京等地，傳染頗烈，其現狀即口蹄發現潰爛，死亡率百分之七十至百分之八十。

他如牛結核病（Tuboculosis）（即癆病）及傳染性流產病（ContagiousAbortions）及牛之黑腿病（Blackbg）紅尿病（piohlacmoses）或稱（Rel Water）以及馬之鼻疽（皮疽Glander and farcy）猪之虎拉（猪瘟）Hog cholera 及丹毒病（swine Erysipelas）羊之羊痘（shelpPosc）及出血性敗血病（Hemourhagic septocemca）鷄之霍乱（Fowl cholera）及白痢（White Diarrhoea）等其死亡率均甚厲害。

獸疫之種類，當然不僅上述幾種，此不過較爲重要者，其餘不遑列舉，容後另文再詳。

諸如此類之傳染病，應先與以血清反毒及菌苗之注射預防，即發現後亦應厲行隔離消毒，已斃者更應施行屍體毀滅，，總之隔離和消毒亦爲防疫之重要工作無如內地之鄉村農民以牧畜爲副業者，對於科學之管理與獸疫之防治亦多懵然，在今中國通商大埠接觸科學機會甚多，已見實行，而內地之畜牧區域，農家以畜牧爲命脈者，甚至以畜牧爲農民之全部生命財產所寄託者，反不加以注意。諒因民衆教育程度尚淺，人民之經濟力量有限，如云注射血清動輒每百西西四元不可，對農民經濟之力不能容許，然在未病之先，亦不知預防，既病之後，則多乞靈於江湖郎中，或用迷心方法以紅紙紅線貼縛于牲畜身上，以爲此災必能逃過，如果死亡，則惟有臨死屠宰，出售市場，以博經濟損失之補償，設若此項獸疫爲害頗烈，則非但其血其皮其糞其排洩物均能蔓延傳染，即肉之轉賣亦能傳染於人類，危害之狀，更不令人驚懼，無如內地各縣之肉品檢驗尚付缺如，一旦傳染人類，病毒發現其勢更厲，故吾人更因注意防疫，防疫者何，即設立防治機關。

（未完）

翻譯

鄉村的鐵匠

朗法勞原著　澂厚譯

一顆茂盛的栗樹底下，
有　個小的鄉村鐵店；
鐵匠是一個有力的傢伙，
他的雙手粗大而且強悍；
他的有力的兩臂的筋肉，
堅強猶如鐵鍊。

○　○　○

他的頭髮長黑發卷，
他的臉是黑色；
他的眉毛被浸溼誠實的血汗，
他只賺他所能賺；
他面對而地將人間注看，
因爲他不將任何人虧欠。

○　○　○

星期去了星期來了從早晨直到夜間，
你能聽到他的風箱的吹拍；
你能聽到他揮舞他的沉重的鐵錘，
用着緩慢的權衡有着一定的間隔；
好像寺守敲動鄉村的暮鐘，
在那夕陽西陷。

○　○　○

小孩們由學校放學回來，
站在開着的門口向裡窺探；
他們愛看那火光熊熊的火爐，
他們愛聽那風箱的吶喊，
他們愛捉那翱翔的熾燃着的火花，
好像礎糠由打場中乘散。

○　○　○

他禮拜日走上教堂，
坐在他的兒們的中間；
他聽那牧師祈禱與講功，
他聽着他的女兒的歌拍；
在那鄉村的音樂隊中高唱，
這個快樂了他的心田。

○　○　○

這於他好像他的媽媽的聲音，
在天堂中歌唱！
他不由地又將他的妻子回想，
她如何在她的墓中臥躺；
他用他的強硬粗造的手背，
拭去他的目中的眼淚。

○　○　○

勞苦——安樂——受罪，
他在生命道上向前邁進；
看見某種工作開始在每日早晨，
看見某種工作成功在每日黃昏；
某事嘗試了，某事成功了，
他賺到一夜的安睡。

○　○　○

謝謝，謝謝你他的高貴的朋友，
爲着你所已給的訓教！
這樣在烈焰閃閃的人生爐中，
將我們的運命鑄造；
這樣在響聲叮鐺的人生砧上，
形成每個熱烈的事業與思潮。

創作

張教師

公頁

上課鐘響了幾下，張教師的臉上現出一層微笑，我●馬上放下改簿本的筆，拿了教本，帶上房門，上課去。當他走進安靜的教室裏時，便有一聲 整齊 而熱烈的歡呼。

「早安！」

「早安！謝謝你們。」張教師很高興，回答得很亮響。開始講課，他的聲音很清亮而柔和，每一句都牢牢地打入學生們耳官裏去。學生們都凝神的望着他，用心的聽。上他的課從來沒人打磕睡，講話，玩弄文具，或者直凝視屋角，課本發呆，瞎想。再者張教師也從未拿着課本在堂上讀，或是咬文嚼字的死講哪！

一下課，同學們便把教師團團圍住，他慌着與學生們握手，於是談話便開始了。

「大家都很好，努力的幹，愛讀書，歡喜運動，來潑潑地眞叫人歡喜　希望大家將來都有事做，都幸福，都能爲社會出力，爲人類盡瘁，爲國家的棟樑，大家努力！各有各的長處。這樣我很滿意，雖然天天改卷子，上課，排算術，日記，大小字，還有校務，教務等，忙得人要死，雖然一月只有一二十塊錢的薪金，但是我還有勁，高興，滿意，……再會，啊！時事忘記報告啦！他沉吟一下，似乎有些對學生不起的樣子，但是又接着說下去：「今天似乎不很重要，請你們看看報吧，我很忙，小朋友，再會吧！」

張教師走出教室門時還回頭用誠實灼灼有光的大眼撫慰學生們一下。

「張先生幸福，敬愛的。」一片熱情的回呼歡送，顯出師生中充滿了熱烈的情感。

一切都向前快樂地進行着。

飯後在草場上散步，有同學和張教師遇着了，於是便有一個低聲而柔和的閒談。

「先生，祝你好。」

「謝謝你，我的小弟弟！」

「最近關於我的言行上，有話教我麼？先生。」

（未完）

麥季

王萬選

人民盼望的救星——麥季，快來到了，牠的顏色也隨看受餓的人臉，漸漸地變成黑色了。這時人民雖然挨餓，但是一看見田裏已黃了的麥，心裏又發出了一種快樂的希望。

「蠶老一時，麥熟一晌。」當這炎熱的太陽光耀着，熏人的西南風吹着，天把的光景，麥已能割了。

布穀鳥整天整夜的嘶叫，好像在催着農夫工作，每天天不明，大家都上地了，有的割麥，有的看麥，有的拾麥，有的剷麥楂，……家裏做着種種不同的工作。除了未解事的小孩外，誰不在地裏？這足足底證明了「麥忙鄉村四月閒人少」。「麥忙無秀女」。就是未出過大門限的女子，也在忙麥了。

猛烈的太陽，掛在太空，人民的脊樑，就像背上了火盆，皮膚上曬得紅一塊，黑一塊的，額上的汗，身上的汗，浸透了衣服，擦不急。這不但不能阻止他們的工作，而且他們還異常的努力，都爭先恐後的不肯歇一歇。足足地露出了我們中國人吃苦耐勞的特點和勇敢尚武的精神。

太陽跑到西邊，還回頭瞧着大地，一塊一塊的麥，因受了鐮刀殺割，都變成了一捆一捆的麥個了，死挺挺的躺在地上。

不斷行人的大道上，載麥的專車，成羣不斷地「咕嚕咕嚕……」的來往奔跑，簡直比津浦道的火車還熱鬧得多。

天晚了，大地變成灰色，月亮害羞白天不敢露頭，在這夜裡她也想出來看看人忙的光景。門口的光場上，麥簇，麥堆，……一個靠一個，一堆連一堆，滿啦，彷彿成了蜀山。

一些農夫，白天割麥，不能閒歇，夜裏看麥，也難以安眠，只能在地的一端場的一邊，微微底合合眼。

一睜眼，又是一天，地裡割麥，場裡曬麥，場心還打麥，兩個牲口拉着一個石滾轉圈子，「吱吱哇哇」的碌滾叫，「哈哈了了」的捻牛聲，又襯着幾個婦女摔麥楷筒子的「乒乓」聲，交奏成一種無名的音樂，安慰着勞苦的農夫。

「忙」纏着農夫，一天，兩天……沒多些天，地裡割完了，場裏打淨了，「忙」也跑遠了。各家的門口，只有幾個麥楷梁——高的，矮的，圓的，方的——矗立在場邊上，挺着肚皮。

舊痕（續）

望天

我坐在床沿上，望着中叔悲哀的臉。

「仲叔……」我被悲哀蝕着了，只喊了聲音很低的一聲仲叔，然而，淚珠也在眼眶裏藏着，幾乎要滴出了，何以這樣？我也說不出。

「仲叔：傷輕些了吧？……」我又停了好大會子，咽着了這無名的悲哀，才吐了這一句幾個字。

「輕 輕些……」仲叔無力 嘆着氣望着我，一會又無聊的坐看灰色的屋頂

屋裡的人，我都忘了和他們招呼，我坐在床沿上不禁出起了神，：一這是，這淳忠厚 柔弱的報酬，也是我的爺們不長進的天性，柔弱，柔弱……在大荒大乱的時候 柔弱不准在社會上立脚，而太平 太平得太平了，柔弱也不不能在社會上立脚的，倒不如粗而野，粗而野，目無王法，倒可以先便易或先歡一頓。

我這樣默默了好大會子

「起訴的呈子，批了沒有呢？……」我像清醒了似的忽而這樣向父親問。

「沒有批，還沒有批，已經上了三次呈子」父親說：

「已經上了三次呈子，」我的毫毛，不覺一根一根要豎了起來，我每次要生氣的時候，甚至要顫慄的，「已上了三次呈子，還沒有批出來，是什麼意思？是想等着銀元來使勁嗎？」父親微微的笑了，他覺得我的性子，就是這樣好上火，然而教我上火，我許我還要罵上幾句呢？

大哥也只笑了笑，焦鄰居大概是睡着了，大家都沒應一聲，堂叔望着倚着門欄闌望着又要落雨的天；仲叔只在床上歎着氣。

停了一會，大表伯說：

『他們一定定要來和解的，司法所以儘着不批，也是望着自己來和解。』

『和解的人，本來昨天已來了，說：一唱大戲，磕頭，陪禮，』但我沒有答應他們，』父親接着說。

『一定不能答應他們，那裏能輕巧……』我像是又加上一分勁的說。

中叔的親人，大都主張官司到底的，不能因爲其他的力量而中斷。中叔沒有什麼意思．他只躺在昏昏沉沉的床上；而看他的可憐的神情，知道他的心，是在希望着，他的哥哥，他的弟弟，和他的兩個姪兒；以及他的親戚朋友，無論如何 也要和他升寃的。

我偎着中叔，坐了有半個鐘頭，只半個鐘頭我心已充滿了些無非氣忿 悲哀；氣忿，悲哀之後，也只有吁幾口氣。我覺得這樣很無聊，站起身，想到街上去。

在我站起身的時候，中叔看着我說：一你今天，還要回去？……」從這幾個字的的中間，可以想似，中叔像是不願意教我離開他，是想對我再陪着 他住一天中叔所以這樣，是有期望於我的；然而懦弱的姪子，又有什麼能力呢？我枉長了這樣二十歲 枉上了這多年的學；並且 各機關裡，我又熟識誰呢？即有幾個熟識的人，都不大使勁。

（未完）

死

春林

人生是個虛幻，
沒聲的走來，
又模糊的走去，
身影消失在不可知之中。

他空着 張肚皮，
生命的路程倒安然走過了，
誰料麥餅塞進了嘴，
死神的巨手伸到他靈魂裏！
說什麼三天的病，
窮人笑命縮在錢串上，
醫生沒法拉長的。
老母兩眼冒出火焰，
口內喊着「心肝」！
已在瘋狂了。

創作

春林

創作是在靈魂上跳躍，
熱情在內心燃燒，
順着筆管爬到紙上。

○　○　○

不管是什麼色調的字跡，
是內心溢出的鮮血，
帶些腥臭的滋味，
創作永久生在內裡。

○　○　○

熱情在內心紙上開了花，
結果與否？
儘管由它，
創作活在筆下。

編輯室的廣播電台

雲章

一，稿紙已印齊，明日即可發出。

二，稿費統計完了，請投稿諸君，赴會計處領取可也。

三，九月份贈報，統計如下：朱子方，釋守理 閒人，菽原，張雪舫，小小倩，羅兆豐．小生，高德培，素聞，春林，唐噓 王萬選。

縣黨部無綫電收音室開放節目

九月四日　星期五

八，一〇　西樂
八，三〇　新聞
一一，三〇　平劇歌曲防衛知識報時氣象商情
　　李多奎包小蝶合唱探寒窰
一七，〇〇　滬市商情商業新聞大鼓
一八，〇〇　樂隊奏樂
一九，〇〇　平劇　言朋菊馬富祿焦寶奎馬連良合唱青風亭
一九，三〇　兒童教育
二〇，〇〇　報時氣象水位雨量簡明新聞
二一　〇五　英語演講及西樂
二一，三五　預報明日節目
二一，四〇　新聞
二二，二〇　平劇及國樂

輯編室啟事

高德培，菽原，張雪舫，羅兆豐，老淵，小生，小倩 閒人，吳侯，素聞，春林，唐噓，王萬選，諸君鑒：八月份稿費已統計完了，請攜帶收據，于九月十五日以前，向本社會計處領取可也。

鳳鳴塔

〈第二三九期〉

一、本刊內容分科學常識論著詩歌小說戲劇散文書信書報介紹及批評等項
二、本刊歡迎投稿來稿文言白話均可
三、來稿本社有增刪權不願者請先聲明
四、來稿登載之稿除預先聲明者外概不退還
五、本刊編輯部設豐報社內

漫談

獸疫防治問題之商榷（續）

高德

查畜種改良爲消極之治本事業，而獸疫之防治實乃積極之治標工作也，兩者相輔而行于整個畜牧事業方克有救，且防治獸疫深具時間性，不可稍存懈怠，獸疫之猖獗如火如荼，燎原之勢蔓延極速，防治工作應取迅雷不及掩耳之勢，始克有救 現因政治已上軌道，各地建設諸見實現，如論畜牧改良機關，則有實業部之中央種畜場 軍政部之句容種馬牧場 西北畜種改良場，如云獸疫防治機關此則有中央農業實驗所和上海商品檢驗局合辦之獸疫防治所，青島之血清製造所及廣東農林局之血清製造所，至于地方機關合作者則有上海獸疫防治所與泰興縣政府合辦之泰興豬瘟防治實驗區，及浙江建設廳和上海獸疫防治所合辦之東陽獸疫防治實驗區。諸如此類無非謀農民少受破產，政府少傷元氣而已，他如四十萬籌備之西北防疫處，十萬元籌備之江西農學院，廣西陝西之血清製造機關等等。查諸大機關之設立，無非爲保障牲畜之安全耳。

查上海爲通商大埠既非農業區域更非牧畜境域，尚且成立獸疫防治機關，則深入內地環繞以農村畜牧爲命脈之各縣，更應設立獸疫防治機關不可 惟此種防治機關之設立，亦應以地方情形之需要及地方經濟之充足與否而設防疫機關之太小，譬如某地之現有類似畜牧機關，能與擴充組織與衛生機關或他地之獸疫防治機關合作辦理 進行防治，一面借重原有之畜牧獸醫人才，一面又可利用合作之獸疫防治機關，通用血清，即可完成防治之標本辦法，而財力人工之事半功倍收效亦速。

綜上所述，則提倡生產建設，應從農業起，農業之改農，應從畜牧起，畜牧之改進，應聯合着想獸疫防治問題，是則以農民全部生命財產所寄託之牲畜防治事業可不急求解決乎？果然獸疫防治之設施能顧到則畜牧之提倡，畜牧之改良推廣始能完成 德培末學後進，附驥有年，現以初遊豐縣爲時尚短，觸感所及，不揣譾陋供諸執致當局以備採擇，自知率而操觚，不無謬誤，倘希多世識者有以指正！而豐縣不乏獸醫先進專家，倘希時頒宏論，則爲幸多矣！

（完）

創作

張教師

朗法

『小朋友，你的行動很合規矩，我滿意，尤使人得意的就是你的理化自然社會等科的功課很有長進，超出小學程度，好好，將來在社會上，一定可以盡一番力。你要記得一個人最好是展發他個人的特長，努力的求進吧，課本的材料是少得可憐，記着麼？努力，別的功課只要能及格。』

『謝謝你，先生。』

『我的先生，你也有話向我說麼？』另一個同學問他。

『好弟弟，你的功課也很好 祝你努力，但是行動有點浪漫銷沉，在我們這種國度中是不應該的，希望你要改掉，好朋友，你不要傷心。』

『先生，多希，我希望能照你的話行，再會。』

在這國難日緊一日中，天天有很多的壞消息發生，張教師在上課時常常說以下的一段話，而且還流着熱淚。

『小朋友，小弟弟們，我們雖然是年紀很輕，但是要切實的認清時代，明白自己的國度 了解我們教育上的病，更進一步就是知道自己，不要糊糊塗塗的過、了草的敷衍。畢業後不要學徘徊街頭的無業者，須尋應做的學去做。』在這裏他也許要停一停再講下去。

『還有，就是不要忘記我們的敵人啊！時時刻刻想着中國人民受的辱與痛 總有一天，我們殺敵 報仇。強壯的健兒，大呼着「還我山河！」，將熱血洒向戰場，弟弟們，準備着洒吧……

……。』

（完）

翻譯

死去的愛人

英國華資華斯原著　荻原譯

她住在那未經踐踏過的國土，
於那多扶的泉水之畔；
一個無人讚美的姑娘，
也很少有人去愛戀：

隱隱約約，
好像一顆紫羅蘭花，
長在苔衣斑駁的石邊，
瑰姿豔逸，
猶如 顆留獨的星兒，
在暮時的天空灼灼閃閃。

她無聲無臭地活在世上，
沒人知道綠西在何時死去，
然而她已經躺在墓中了，
唉，對于我的莫大的詫異！

含在她她她她紅潤的脣裏

春林

我知道！悲哀的音調，
是杜鵑的啼聲．
響在耳畔。

○　○　○

聲聲擊碎了我多情的心，
而與碎聲起着共鳴！

○　○　○

滴滴的鮮血迸出杜鵑的眼睛，
流進我的嘴裡，
不知味的苦甜，
狂吞！猛咽！要脹壞這張肚皮。

○　○　○

啼聲的蔭影裏，
飄來了夢裏人，
檢起片片的碎心，
含在她紅潤的脣裡！
不，一切都葬進青春的火焰裡！

舊痕（續）

望天

於是，我終走出了醫院，拋下了可憐的中叔。

上午，在街上吃過飯，天就漸漸亮起來了，起了輕微的北風；也沒有那樣燥 風吹着濃雲，漸漸退回去，淺灰色的天空，也一層 層的漸漸於消散了；中叔的事，我無爲力處，薄暮時候，又走回了學校。

在學校裏，又改了三天功課，功課算是考完了，我又到城裏去了一次。去的時候，中叔的傷，輕了些，但還沒有痊癒。起訴的呈子，還是沒有批。父親，大哥，堂叔，大表伯，還是，照舊掛着一副愁臉。

中國還是沒力的嘆着氣，不過，沒有前幾天那樣嘆氣嘆得急迫了：只不見了焦鄰居。

又過了四天，是中叔頭被毆傷的第十天了，學校的賬目，和雜事情，也都有了結束，我收拾了行裝，預備再到城裏，去看中叔一次。

我剛走出，學校的莊子，適巧遇見才從城裏來的大表伯，他向我：

「做什麼去？」

我說：「上城裡」！

「上城裏做什麼？」

「去看看中叔」。

「去看中叔，你中○巳出了醫院；官司，也完了。」

「啊！官司也完了，」我很歡喜：「怎樣完的呢？」我覺得東星一定要押了起

來，至少也要押六個月，半年的徒刑。」

「怎樣完的？你中〇的傷已好了，見見面就完了。……」

「見見面就完了！」我心裏覺得，這樣很驚愕：「什麼也沒有？……」

「什麼也沒有。」大表伯搖了搖頭，現出了無限的歎息：「也沒法，沒有辦法；現在的官司不能打，一直、上了五六次呈子，總儘着不往下批，沒有法？…………」

我默住了，低下了頭；心的失望　是會馬上變得消極的；然而我自己忽而覺得，又很得意，這一回總沒出了我的先前預料，我曾想過：官事一定沒有好的結果，祖父年紀大，只主張和好，老鄉里；因為大哥一再的不願意，終慫恿了父親，才起的訴；但是，起訴是這樣的起法嗎？不花錢，不大批的拿銅元，能會打好了官司？怎樣？怎樣？花了九張呈子錢，硬想升冤！

下午我到了家，中叔正站在前院裡二門前，前院裏沒有一個別人，只有消瘦而頹喪的中叔在階前呆站着；他看見了我，只沈冷的聲音，問我說：

「你放假了……」眼裡似乎隨着聲音含着了淚，這隨着聲音的淚也就像是說：「你的叔，終沒有升了冤。」

這時，我也不覺，心中立刻起了一陣無名的傷感。

這是去年的事了，去年到現在，整整的又是一年，一年之中，中叔的冤，仍舊沒有升，並且比以前，又像增加了幾分神經病，而他的兒也依舊是那樣的沒出息。

只有東星：前幾天回家，看見他照舊企着頭，腰擶着；二小星也依舊斜着眼睛，並站在他的大門前，吹着他臉前的空氣，似乎比往年更得意一些；大小星我倒沒有見到。（完）

母和子

閒人

一天的早晨，太陽還沒有爬起來，我不知怎樣的起了個早。在門前散步，有時作呼吸運動。忽然見對門╳媽家，來了鄉下年約四十多歲的女人，抱着六七個月的孩子，看這孩子的情形，是患着慢性的驚風，四肢時常發着痙　，哭聲是微弱而沙啞的。這女人對於這病孩子，卻不十分關心，她把這孩子放在地上的席上，身下又墊着微薄的破被，自己卻安宜的又睡了，這時我妻出來買東西，看着這種情形有些不忍，於是走過去對那女人說：

「孩子是病了，為什麼不抱抱他呢？他哭的這麼利害！」

「這孩子足病了十多天，我也累夠了。」那女人回答道。

「那麼，為什麼不請醫生來給他看看呢？」我妻說。

「是的，這次進城，就想與他看看，因為這孩子的母親在這城裏做乳娘來。」那女人回答着。

「啊！這孩子不是你的？」我妻很詫異的說。

「不是的，是我姪媳婦的。」那女人答道。

接着又告訴我妻關於這孩子母親的許多話。她說：

「這孩子的父親，因為家中貧寒，沒法為生，也就當兵去了，在去年的冬天回來了一次，說軍，中不能請長假，於是也沒住到一星期又去了。在這又出去的以後，不知怎樣的染上傷寒病，並且皮膚上的疥瘡又在潰爛，他不願在軍隊中醫院裏去醫治。因為軍隊中的醫院對於這些生病的或受傷的士兵，看護的都不週到；於是他就回來了。或者走路過度，或者又受了些風寒。到家不久也沒及請醫生來診治，他竟瞑目長逝了。在他死了以後，那時這孩子還在娘腹中。

從這以後，這孩子的娘在千苦萬難生活中　挨到這孩子出了世，於是把這孩子請那女人來扶養，因那時這女人正在有好乳，而這孩子的娘就到城裏做乳娘去了。」

這次那女人把這孩子帶到城裏來，他的娘也是知道的，可是並沒有出來看看自己的孩子，為的是東家不許她隨便走出來。

在下午的時候，這孩子還躺在地上的席上，哭着：……直到傍晚才請了醫生來，但這孩子的娘還是沒有出來，來的都是她的女東家。

當她女東家走到對門╳媽家，看了看這孩子，就對那女人說：以後這孩子的好歹別對他娘說。若要對她說了，她就心荒着了急，那麼我的孩子就沒有乳吃哩。說完走了出去。

這孩子的娘，到了傍晚才來，剛進了門，看到自己孩子的情形，也就嗚咽的哭泣了，她一手抱起孩子，放在懷裏，呼着，嬌兒，寶寶……又在孩子臉上狂吻着，過後她含着眼淚痛恨的說着：窮人真難啊！孩子都不如狗，受着錢的壓迫，做富人的奴隸，自己的孩子都不能要，為着幾個臭錢，就把孩子斷送了，來做這乳娘。總之做娘的錯，假若家中有錢，或者你父親不死，那也決不願丟掉孩子去做乳娘，更不會使孩子病到這種程度。

她這樣喃喃的說着，吻着，心裡的怨恨和悲哀，她只是咀咒着社會的不良，貧富的……

大概半小時的光景，忽的像想起東家的孩子要乳吃，於是把孩子從懷抱出來，仍舊放在那地上的小席上，她半句話也沒說，悄悄的走了出去……

孩子還是沙啞的哭着……

……

我如見了這種情形，真有說不出難過和感慨！在今日社會情況之下，恐怕比這慘酷的事還多了吧！因為貧窮受着金錢的壓迫，真是「慈母不能保其子，」在這情況之下，真難呵！唉！……：還是有錢好。有了錢那什麼能……，安樂享樂，過着人間天堂的生活。噫！窮的人在這人間地獄，吃苦賣命，受了些……，過了一天，那女人抱着那孩子回到鄉下去了，唉！也不知那病兒子怎樣了，更不知他的娘是怎樣了，。

愁

愁從何處跑來的，
在什麼時候？
只記得是個灰色的天空，
父親緊鎖着雙眉，
額上掘出條條宏溝，
（經濤洪流冲刷的大河）
頭髮在我眼裏更白了，
啊！不光父親，
發現居家都如此。

就這樣悄悄無聲的，
從眼裏
種在心的深處。
說不出是什麼滋味，
當愁在內心出現時，
只覺喘氣窒息，
有塊大石塞住肚皮，
氣在漲！漲！漲起全身的奮怒，
宣瀉在命運的嘆聲裡，
話再也不願提起

六月二十六月

別的痛苦

—文

當他臨出大門轉轉臉的時候，
我的　顆心已經碎了！
早知有這樣的別離，
恨不該當初的那樣親密。

◎　◎

我也曾聽說過：
沒有不卻之月，
沒有不散之席：
無奈我的心是沸着的！

◎　◎

唉！
人生的痛苦，
莫如別離，
如今我也嘗到了這種滋味。

編輯室的廣播電台

—雲章

一，春林：請你告訴我唐嘘現在那裏？

二，孤蹤現在有了消息了，他是安徽鳳陽縣人，從前在稅警團服務，現在他恐怕是在家裡了。昨天編輯室已與他去一封信。俟接到回信時，就可知道了。想這位『牛肉的慘劇的作者，以後或不至再和本刊斷絕關係吧。

三，小生君：請將真姓名示知。

九，一八。

鳳鳴塔

第二四〇期

一，本刊內容分科學常識論著詩歌小說戲劇散文書評介紹及批評等項

二，本刊歡迎投稿來稿文言白話均可

三，來稿本社有修改權不願者請先聲明

四，未經登載之稿除預先聲明者外概不退還

五，本刊編輯部設豐報社內

漫談

反映時代的文藝

老淵

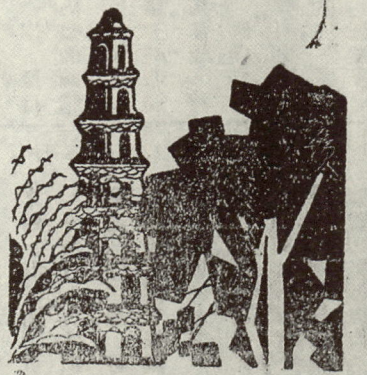

談到文藝，要知道文藝家的使命 要在能夠創造出偉大的文藝作品，反映出時代的精神，能夠使讀者感覺到時代的缺陷。而對於這缺陷，不平，抑鬱，憤懣 悲傷，深至受到作者浸毒深刻筆力的感化，這樣一來，文藝家的使命方能完成，或不至於作些無味的風花雪月，千篇一律不關重要的文字。——但我以爲風花雪月的文字，是那些有閒階級茶散酒後的玩賞品，若說是文藝 也是那些有閒階級的文藝， 不是我們所需要的文藝。

但是我們所需要的，是要反映時代的文藝。譬如說是：時代在康樂的時候，自然有些優遊暇豫閒逸曠淡的聲調，所以「日出而作，日入而息！」的歌音，產生於唐虞的時候，（這唐虞時代是另一問題，但是「日出而作」的歌聲，恐就是太平時候的人民所謳歌的，這是無論何人都不能否認的。）而「土國城曹，我獨南行」的怨語，反生在叔季時的——春秋紛乱時期了。由這看來，文藝與時代是不能分離的，文藝正是表現時代的結晶，不容我們所忽視的。

過去時代的人物——曾國藩，他的話，也可供我們參考，他說：「時乎安樂，雖眞者不能作無事之嚬蹙；時乎困苦，雖達者不能作違衆之驩欣。」由此看來 我們文藝的主張，也是這樣，但人類從有歷史以來，大概是盛世少，而衰世多，所以形成的文藝，大多是愁苦不平哀怨的聲音了。

倘若留心文藝史的考察，就知道表現時代缺陷的文藝，幾乎佔歷史的全部，中國尤彰明較著。讀三百篇的詩，則覺其乱離哀苦的聲音滿紙了，而春秋以前的時代可想而知了。讀楚辭的離騷，則見其悲憤抑鬱，幽悱纏綿之苦，但楚任用屑小，卒以亡國之政治可想而知了。至於史記憤懣，而漢武窮兵黷武的苛民，眞是刻劃無遺，至杜工部詩 完全幅唐天寶乱時的畫圖，那時政治的敗壞，宮史的侵削，兵匪的擾乱，人民的慘痛，沒有不可在這詩尋出來。像我們讀了他的「窮愁但有骨，羣盜尙如毛。」還有那「朱門酒肉臭，路有餓死骨。」那樣沉痛的語句，我們也覺得身臨天寶之乱吧！而涕泗滂沱了吧！又至元白——元稹白樂天——更有意做社會詩人，來表現時代的精神，所以我們讀了元白的作品，都足以想見那一個時代缺陷，使我們得到了前一時代不少的社會現象。再其後表現時代的作家，我們舉例不遑，於玆也不多舉了。

現在的時代是嚴重了，民生已經憔悴得入水深火熱中，全國的民衆幾乎都在痛苦中過活，所謂狡者走險路，老弱轉溝壑，流離號寒之苦，壓迫剝削之痛苦 觸目皆是，而我們文藝家的使命 應該負起他表現時代的責任，用他浸毒的墨汁來描寫社會的慘況。抓住人生的焦點來描畫出一個時代的肖像。這——是我們文藝家的使命啊！是我們文藝家維一的任務啊！可是，想到像這忠實的表現時代的文藝家 我們眞替中國文壇捏一把冷汗啊！也或許是革命時代沒有文藝吧？燃眉之急的問題，都不能去做 那還有工夫去做那表現時代的文藝呢？假若這樣，情有可原，恐非如此，我們還要責望我們從事文學的文藝家了吧！

（未完）

創作

她她

小生

機械般的生活，實在使她嘗夠了，在她一顆破碎了的心絃時時奏出一種不可名狀的哀曲，幸運的靈魂，已垂死在不復的境地了，死之神時時向她招手，向她跳躍，廉價的眼淚，不時斷的傾流。唉！她究竟是一個被舊禮教束縛的女人呢？但每到深夜的時候，宇宙的一切，都沈靜地睡死，她便孤獨的在一個沉寂的院落，如患了神經病似的，遲緩的脚步，踏着自己的影子，揭拮地徘徊，直到神志昏迷 氣力疲憊的時候，她才無意的爬到自己的臥室裏，暈然地睡去。

這種愁悶的生活，已經過了一年多了，她咀咒父母，媒婆，人們，宇宙的一切，人間的不平。因爲她是一個不得志的女人呢？嫁給了一個五十多歲的老人，配做了塡房。

當她沒嫁娶的時候，是多麼快活的處女呢？終日和她的妹妹——貞——說說笑笑，做點活計，生活是多麼的舒適，身心是多麼的快慰無窮的幸福，諒她自己的人才，定能配得一個青年有爲的男人。

誰知她的一切想像，盡歸於幻滅了，如流烟一般的消逝，況且她的妹妹又要配的在××中學的學生 但每一設想，總是湧滿着無限的愁憤。也曾在自己的屋裏歎息，直到悲憤洶湧的時候，她便哭泣一場。終日緊鎖着雙眉，實在，她自認爲是一個最弱小的女人了，再也不能在人間佔一角快樂的境地。總覺得將來的命運，是有，始知道宇宙間的一切是空虛幻滅，以至於淪亡，然而那些使人追求的榮耀，富貴，快樂：一切的一切，都是人間的一種美夢吧了！

時光的輪子是沒有停頓的需要，一瞥眼她又挨過了一年的愁悶生活。

這是一個深夜。——四周像死一般的寂靜無聲，祇有被薄雲遮着的月亮 露出半圓的面龐 洒出一些光輝，慘淡的小星，稀疏地掛在天壁，不斷的往雲表爭扎，不時放出殘淡無力的光芒，使人格外感到一種淒涼的憧憬，彷彿要鬧一齣最慘痛的悲劇。

慘淡的月光，射在她的面上，更顯她的愁悽 孤獨地坐在椅上，手捧柔腮 正在歎氣，她的丈夫忽然從屋內走出，仰起了瘦瘠的面孔、提起粗腔、來安慰她的愁悽，並且皺紋的臉上飛滿着笑意。

「天不早了，還不睡去？憂愁什麼？……」

「……………」她抬起頭，沒說什麼，祇歎了一口氣，仍垂下頭去 終於沉默。

她的丈夫暫停了一刻，便走到屋裡，坦然地睡熟了。而在她丈夫的心裡 並沒有意外的想像，覺得她坐了一時，便自然到屋裏睡眠，祇有她呢，心燄更加的熱烈，眼淚更加傾流，雖有丈夫的安慰，又怎略減她悲傷的心火呢？

「唉！毒恨的父母，命運的舛乖，社會的黑暗……

夏夜

春林

圓睜在墨色的空氣裏，
沒有貓兒瞳孔般的眼，
失去光的作用
看不見睡神翅膀的蔭影。
也許被夜鳴的青蛙偷去了吧？
當他狂歌勝利時。

多麼親近！
伴我渡着黑夜的熱，
把銳吻靠近毛孔，
無聲的訴說青蛙的罪惡。

難過這無底悲哀的黑夜，
熱更助强我的興奮，
伴着走向池塘，
偵探青蛙的秘密。

無意間不知熱早晚溜去了，
逐着涼風奔跑，
停在遠處樹梢上，
嘲笑我太誠實。
然而青蛙卻更加厲聲的喊叫了。

七月二十四日

…我配了一個半百的老人、給他做了塡房，實在太慘忍了，簡直做他的女兒，都當得起，唉！是金錢的驅使，啊，可惡的金錢！……」她低着頭哭泣了半天，悲傷的心火已達到十二分的高潮，傾流的淚滴，映着月光，如斷串的珍珠，亮晶晶的落到地上。

她哭得嗚咽了，捉摸不定的心，便從悲觀趨於絕望了，正趁着丈夫沒醒，挪到屋裡，燃着暉熄的煤油燈，找到一條絲帶，恨恨地自縊了，「唉！可怕的……」

她祇說到此處，靈魂已經步於幽路了，一時的空氣，猙獰得可怕，那間樓房裏，永遠地，永遠地留下一片慘痕。

閒步

——社會寫真之一——

素閒

是傍晚時候了，天氣較正午總要涼爽一點。在室內悶坐，總不如到野外散步，精神來得舒暢。

走出家門，步上羊腸的小徑，穿過迂迴曲折的土牆，廣大的農田，在我眼前展現。四望禾苗碧綠，仰視西天，雲霞豔麗，瞬息千變，萬態具出，無奇不有，正在興高彩烈，忽而陣清風，送來童子歌聲，但其聲甚遠，不辨何種歌詞。爲好奇心所使，不由得隨聲追去，越過農田數畝，只見前邊凹處，有三五童子，滿載雜草，正奔歸途；他們且行且唱，步伐齊整，音韻一律，個個面上都現出十分快樂的神情。我們是相向而行，正遇一處，這時，他們都不約而同、的啞然不語，覺其有趣，特請他們重唱一遍，原來是一段煙鬼事跡，其歌詞如下：

呼守花，在街前，開客棧，帶飯館，金生意，好利錢。嗤嚕嚕，吸大烟，吸大烟，整三年，宅田地土，都賣完，牆也坍，屋也陷。妻女無飄，不掙錢。南的賒，北的欠，東跑西奔，是罔然。犯烟癮，把腰彎，眼流淚，大腿酸，打哈哈，又吐痰，親友笑，親戚煩，人人說，不要臉。自己愧，懊悔晚；一生氣，去化緣，背包袱，扛大衫，出了門，向東南；朝也走，暮也盼；到處乞食，無人憐，肚內飢，身上寒，飢寒交迫，整五天；這才知，出了門，更爲難。沒奈何，賣道袍，把家還。思想起，好心酸，蒙頭大睡，好幾天，起來還想吸大烟，一摸腰，沒有錢，急忙忙，床頭看，一掀席，二百錢，買個烟泡吸的歡，噴雲吐霧賽神仙。心裏喜，口不言，想一想，那病來的二百錢，不管他，得安然且安然，樂一天是一天。又巧啦，區公所，抓大烟，拉拉扯扯到街前。呼守菴，是重犯，縣長怒，當庭判，擲拘留，一年半，罰大洋，一百元，還得遊行到街前，口中呼，吸大烟，又害人，又化錢，勸同胞，莫學俺。

瘋狂了的時代的巨獅

莪原

（一）

啊！
紅的黃的，
金色的巨獅呀！
你帶着亞勃羅(Appolo)的金箭，
列着牙，
舞着爪，
怒奮地向着西方奔跑！
奔呀！奔呀！奔呀！
努力的追呀！
追呀！
亞勃羅的毒矢，
是由西方發出來的啊！

（二）

啊！
赤金的大獅呀！
你狂了！
你狂了！
你狂了！
你帶着亞勃羅的火箭，
向前怒跑！
向前怒跑！
向前怒跑！
啊，
我害怕你的燃着怒火的眼睛呀！
我害怕你的張着的血淋淋的大口呀！
啊！
撲來了！
撲來了！
撲來了！

（三）

時代的怒吼啊！
隆隆！隆隆！隆隆！
你對着你的敵人狂叫！
你對着你的醉生夢死的子孫狂嘯，
啊，
時代的怒吼呀，
狂嘯呀，
勇進者呀，
不生弄錯你的方向啊！
毒箭的發出點，
是西方啊！
是西方啊！
是西方啊！

（四）

你這金色輝煌的巨物呀——
在碧藍的暮空中，
怒吼，怒吼，怒吼！
狂嘯！狂嘯，狂嘯！
飛跑！飛跑！飛跑！
你的鬍也紅了！
你的髮也赤了！
你身上的黃金色的層雲，
——就是組成你的成分，
一層層，
一疊疊，
一疊疊，
一層層，
都在反射着亞勃羅的金箭的光明，
使全世界吃驚，
使全宇宙吃驚，
使一切的星球吃驚！
照輝着古今未有的人類的光榮——

（五）

不要同電相排，
相排，相排，相排，
剎那間整個的巨獅解體！
狂風一來，
狂風一來，
狂風　來，
冰消得不剩一絲的雲彩！

漢光武思想何詎新

老渾

漢光武帝的姊姊湖陽公主，她的丈夫猝然死去了，她非常的悲哀；漢光武帝也很可憐他的姊姊的孤燈獨幃的苦楚，一天他和她共論朝臣，想試探試探他的姊姊的意思，是否還想再另嫁。

結果湖陽公主的回答，也很出人意料：「宋公——大司空宋弘——威容德器，羣臣莫及。」這不是顯然在說她是過怕了這孤寡的苦痛，不是顯然在說她想另嫁人，不是顯然在說她看中了宋弘而願意嫁給宋弘嗎？

於是，漢光武帝就召見宋弘，有意試問他，說：「富易交，貴易妻，人情乎？」他想教宋弘回答他一個：「這當然是人情嗎！」好趁機，把湖陽公主送給了他，也了卻了自己的椿心事。

詎料的憨直的宋弘，能麽不知趣味呢？他倒很從容而不迫的回答說：「貧賤之交不可忘，糟糠之妻不下堂——」，於是一個漢光武帝的卸姐丈，輕鬆的被他丟掉了。

湖陽公主也沒有嫁成了宋弘，也不知道她終於嫁了誰；然而，漢光武帝，是曾有教他姊姊再嫁的思想呀！可是，漢光武帝的思想，何詎新呢？竟然新得和他二千年以後的，受了西洋新思想的新青年一樣的新了啊；況且他的姊姊，巳經三十多歲了。

友人和女人

法郎士說：「在生命的旅途上，友人是你的唯一的安慰者」，又說：「女人只能使你的靈魂潤溼，而不能使你的靈魂充實；友人在後者的要求中，給予你最大的襄助，一不錯，友情是可寶貴的，當你在煩悶，失望的時候，他能夠安慰你，鼓勵你，他能夠使你排除一切困難，使人向上進取。不過法郎士所說的「友人」應該是眞正的知己，而他所說的「女人」只是一些卑鄙的蕩婦罷了。

編輯室的廣播電台

雲章

一，雲章今天眼疾頗重，畏明難睜的眼，强睜開編的今天的本刊，中間恐怕有失于檢點的地方，請讀者指正、

二，老淵君，請將眞實姓名及通信處示知。

九，十。

小朋友

第一三六期

本副刊以介紹小朋友的作品爲宗旨

本副刊全[illegible]歡迎投稿

本副刊編輯部對來稿有刪改權

本副刊編輯部對來稿如不登載概不退還

本副刊編輯部設豐報社內

讀書與救國

研究

小宋 黃斌

自「九一八」事變後，救國的呼聲，已傳遍了中國，文豪作家的救國論，充滿了紙張，救國的標語，貼遍了重牆，但迄今已將近五年，呼聲依然如故，並沒有嚇退强暴的日軍，救國言論不息的發表，仍舊喚不醒醉生夢死的同胞，標語仍舊充滿街頭巷尾，東四省仍亡在敵人之手。

以上種種救國的方法，都是白費氣力，得不到任何效果。我以爲唯一的方法，就是對日經濟絕交，正式宣戰。不要像從前你去抗日　我便袖手旁觀，看看同胞死于槍林彈雨之中。像那種違悖道德的行爲，以後要放在腦後。全國同胞，無論男女，都要走上戰線，和敵人拚個死活。

此外與辦教育，也是救國的要務。試看！中國內地的人民，還不知東四省被誰佔去，和東四省的位置，甚至連自己在那一省，都不知道。「救國」更談不到了。他們以爲國家與他們沒有關係，對于國家當然沒有什麽觀念。說來實在可憐。我們要想挽救中國，必須把這些無知識之人，送入教育之爐鍛鍊一下才可。

但是有了高深的學問，品性，道德，如不給他們以相當的修養，也很可憐。試想，全國人所唾罵的賣國賊，痛恨的官僚政客，專門助軍閥作惡，魯肉良民的人，是有知識的呢？還是沒有知識的呢？大家都知道，此種人當在十多年做學生的時代，意氣豪放，天眞爛漫，誰也想不到他們竟會墮落到這步田地呀！所以辦教育者一方面要灌輸國人知識，一方面還要培養國人的人格，若是人格不好，那麽知識愈多愈壞了。

現在救國的方法，一，對日要經濟絕交，二，正式宣戰，三，振興教育，這三點如能做到，一定能得到圓滿的效果。

秋痕

創作

逸俠

咕嚕的車聲，震破了靜寂的早晨，陣陣的冷意，漫浸着廣漠的宇宙，早起的菜販，已經走到了那條冷僻的街上，孤寂地蹲在菜筐邊，呼呼的吸着早烟，幾隻瘦瘠的黃犬，用眼瞧着他的身軀，好似很熟悉地。羣烏鴉，掠過樹林，盤旋在村莊裏，從劉媽的飯鋪前飛繞了幾次，「呀呀」的叫着，這時劉媽剛從屋裏走出門外，昏迷地出神，聽了烏鴉的啼叫，怪不耐煩的說：「大清早，烏鴉叫不吉利。」他回轉了身子，走到了屋裡，拿出一籃青菜，砌得吱吱地叫着。

太陽出來了，站在柳樹的梢頭，笑眯的臉，放出萬道光鋩，不惜地偵望着那道長街。

街上的人擁得很滿，吵雜得聽不清楚，瘦而狹長的小臉的矮子，坐在長方的木凳上，斜着頭，手裡拿着一根油條，咯咯地在嘴裡嚼着，「劉大媽」一，他說不清楚地，轉過頭，向着灶旁的劉媽一字一字的劃，「怎麼的？油條這樣黏牙呢？怪不變地。」仍是咀嚼得蜜樣地甜，往人羣中望着，似乎滿街的人，都給他數清。

灶口的火燄，向鍋內探首，好像火龍的舌，一縷縷的輕烟，往空中飛騰，鍋內的油吱吱地叫，劉老媽拿着一塊麵漿，正想往鍋裡拋，滿街的人，忽然緊張起來，弄得一時的空氣，混着七八分的愁質。「怎麼的？」劉老媽也變了臉，板起愁容，怪難看的望着激動的人們，一顆衰老的心，也在坪坪的亂跳，身子顫抖得幾乎欲倒。嘴邊的涎沫滴了數滴，流到破爛的衣上，留下幾點殘跡。

一陣恐怖的空氣，從人羣中掠過，在每個人的兩眼中都在不斷地亂望。一隊兵士從擁塞的人羣中擠出，走到劉媽的飯鋪裏，向凳上坐定了以後，戴着眼鏡的隊長，向褲袋裏摸了一盒香烟，抽出一顆，擦的一聲，用火柴燃着，下意識地送到唇間，從鼻孔裏冒出了兩縷烟痕，裊裊地往四周飛散。腰中挾槍的衛士，驕然的說了兩聲，「掌櫃的，送盆溫水。」隨坐在長凳上，右手託着腮頰，往東低着頭，好似沉思什麽似的，不動了。

街上的人們，鬨然將飯鋪整個的包圍起來，擁擁擠擠得風鑽不進地，每個人的兩目，向着兵士們自頭至脚的巡望着，若果那些兵士嘴臉皮薄些的話，總會被他們看羞的。

「洗……洗」劉媽的姪兒，他是一個無知的農夫，況且年齡又小，很少會見過軍人，若見了穿灰色衣服的，便若鼠見貓似的；嚇得戰抖起來，兩隻黧黑的手臂，做做均拖着水盆，盆內的水往外濺流，他的身子愈顫抖得厲害，多虧得兩隻脚大，不然，總會跌倒的，兩雙眼訂着兵士們，呆癡地，吱咕了幾聲，終沒敢說出話來。

嗚嗚地數聲軍號，隨着秋風送來，傳到兵士們的耳鼓，他們都驚惶失措的，各個人的心中，似乎都中了一枝火箭，怪不舒適的相覷了許久，臉兒變了顏色。

「走！走……」隊長呼着其餘的兵士們，急忙將腰中的匣槍，執在手裡，牽着兵士們往東走去，嘩的一聲，街上的人也隨四散了。像激浪般的滾跑。這時劉媽正往鍋裡拋麵漿，嚇得打了一個寒噤，一大塊麵漿落到鍋裏，滾熱的油濺出了一股，落到劉媽的腿間，疼得驀然一跳，「奶奶，眞倒霉！」又模然的坐下了，仍是將麵漿往鍋裏拋，狹面的小矮子從旁邊又溜來了，蹲在劉媽的灶旁，側目向鍋內瞧着，鼻子亂嗅，低聲的向着劉媽說：「劉大媽，兵士們來幹什麼的？」劉媽始終沒能答出一句話來，一塊一塊的麵漿往鍋裏丟，他們更加上一種沉默的恐怖。

拍！拍！……

隊長在前面跑，跟隨着數十個兵士，往那個高大的人追去，忽然那人中了一彈，噗的一聲，躺在地上，臂間的鮮血，淋淋地往下滴流。他們都放下了膽，微笑着將牠綁好，怡然地回到劉媽的飯鋪裏。

「你媽的，不跑了，試候滋味吧！」一個冒失鬼的兵士，很滑稽的點着頭，向着受綁的人發恨。

蜂一般地又跑來了許多的人，圍着那個綁着的人，都莫明其妙的默視着。

「這綁着的人，是個最萬惡的匪人，在川邊不惟搶刼貨財，並淫人婦女，他已混了十多年，……」個偵探員向着衆人說着，嗚嗚的幾聲軍號，他們走了。

「感謝爲民與害的軍人，……」一個麻臉的年老人，馱着背，很老誠的說，依在飯鋪旁邊的柳樹下，吸着旱烟，一片烟霧在他身旁繚繞着。

「啊！老鴉啼，不吉利。」眞的闖了滔天大禍，該匪人遭殃……」劉媽望着兵士們的影跡，道時說得很響亮的，忽然鍋裏的油沸起來了，他很快的回轉頭來，往鍋裏丟着麵漿。

滿街的人們，才舒放了胆子，笑嘻嘻地向着兵士們祝福。

○　○　○

記會

小宋 李振斗

「到會上去吧？」劉君這樣的問。

「好！好！」我這樣的回答。

於是我倆便到會上去了，剛進會頭，只聽得人聲喊叫，牛聲，馬聲，羊聲……吵雜得非常聒耳。又見上千上萬的人們，擠擠擁擁，眞個「人山人海」，我們溜了一圈，正想回來時，忽聽得會場東北角，有許多人喊着：「綁上！綁上！」許多人都向那裡跑，於是我倆也跑了過去。原來是一個年約十八九的男子，偷人家的羊，被人捉住了，被人家綁上了，那人面上帶着萬分恐懼，我倆的心中頓時起了一種憤恨的感覺，便慢慢的回來了。

怎樣做個好兒童

宋小五年級 劉體正

諸位小朋友！請看中國現在是危急到什麼地步了！內憂外患紛至沓來，國人大多袖手旁觀，不去挽救。就說小學生都是年紀很小，在校中求學不能救國。現在我們雖不能和帝國主義者奮鬥，我認爲努力讀書，就是救國，亦可稱爲好兒童了。所以我們要想做個好兒童，須要做到下列幾條：

一、要努力求學。二、常運動使身體强健。三、要明禮義知廉恥。四、服從領袖的指導。五、節省金錢，捐助國家購買戰鬥器具。不但如此，還要做有益於國家的宣傳，如中國人吹鴉片的很多，長此以往，可以弱國種。政府時常下令禁烟，總不能完全禁絕，所以我們還要協助政府，宣傳吸鴉片的害處，使他們禁絕鴉片，鍛鍊身體。凡能實行以上幾條，才算是一個好兒童。

雨

尹小樓初小校 尹建峯

好多天沒有下雨，田裏的豆顆，長得矮矮的，乾枯的黃渠，片一片的落下，農人愁的幾乎連飯都吃不下去，老是眼巴巴的扒着下雨，前天父親還很憎憂的說：「老是不下雨 今年又很難望豐收了。」

老天眞無做巧，正在這人民盼雨心切的時候，忽然大風呼呼，刮的雲兒滿佈天空，不多時，便有滴答滴答的雨點下降，晴一會，下一會，這樣時小時大，若斷若續的下到第三堂課的時候，才放晴。

我想在這新雨之後，而又放出一個晴天來，地也透了，雨點把植物的葉子洗得笑的滴出眼淚來。農人總可如願以賞，而爸爸的愁悶也可蕩滌了吧！

害人最是鴉片煙

史小樓小學校 魏爲峯

害人最是鴉片烟，傾人家產耗人錢，精神萎頓全由此，身體瘦削實報憐！

害人最是鴉片烟，一榻橫陳只好眠，但求吞雲吐霧，不愛華屋與良田！

害人最是鴉片烟，本來不少吃與穿，一朝成癮悔無及，乞討沿街實可憐！

害人最是鴉片煙，吸烟自促其天年，家有烟鬼家必破，國多烟鬼祚難延！

鴉片鴉片誠禍水，烟禍不去國之恥，政府禁絕下決心，分別戒除與登記。

一語奉告癮君子，鴉片不戒苦難言，戒烟醫院遍處設，戒烟不費半分錢。

詩歌

二壩景色

李寨中小 藏畏之

高高聳聳的河岸，
滿站着活潑的遊童。
汝邊叢生些碧綠的蘆草，
底下流動着脈脈的水。

○ ○ ○

田田的荷葉，
瀰漫的點綴在碧流，
輕盈的荷花，
娉婷婷的站在綠葉中間。

○ ○ ○

還有幾顆菡萏，
正在羞澀的打着朵兒，
好似美女的秋波，
引誘得我迷戀！

○ ○ ○

一羣白鴨
在水面吱噎吱噎的亂竄；
翻幾個筋斗 還不盡興，
振開雙翅拍拍的弄得水花四濺。

○ ○ ○

一些遊子們坐着葉也似的扁舟，
飄颺在渺茫的碧水，
驚飛了雙雙的水鳥，
愈顯得景緻活潑鮮豔！

介紹

木偶奇遇記（續）

意大利卡維勞倫西尼著 朱宜生譯

他們很快的吃完飯，便連忙出發趕路。第二天早晨，他們就到了海邊。

鴿子將品諾巧放在地上，不願聽他說感謝的話，便立飛得不見了。

海邊上圍着許多人他們都向海裡望着，叫看，做着手勢。

『這裏發生了什麼事情？』品諾巧問 位老婦人。

『有一個老頭，他的兒子不見了，今天冒險到海外找他。可是今天風浪極大，他的小船時時有沉沒的危險。』

『船在那裡哩？』

『在那兒，你順着我的手指望過去』。老婦人說着，用手指着一隻小船，從這裡望過去，那隻小船，好像一粒胡桃核，裏邊站着一個小人。

品諾巧注視着這隻小船，哭喊道：

『這是我的爸爸！這是我的爸爸！』

這時候，那隻小船在巨浪之中顚簸着，忽兒埋沒於浪凹之中，忽兒漂浮於浪尖上面。品諾巧站在一塊高石上，喊着他爸爸的名字，用他的兩手，手巾，和帽子，做出許多信號，以招喊他的爸爸。

老伯機託雖然遠離海濱，可是他也認出了他的兒子。他也揚帽子，做着手勢，以使他兒子明白，他想歸到海岸上來。可是風浪太大了，槳也失了效用，終於得不到上岸。

忽然，來了一陣兇猛的波浪，將小船打了下去。岸上的人們，都在那裏等着，望希它再翻上來，可是從此連影子也看不見了。

『可憐的人啊』！集聚在海岸上的漁夫們說。他們默默的祈禱了一會兒，便各自回家去了。

正當這些漁夫們要回家去的當兒，他們聽到一種尖銳的喊聲，轉頭一看，見一個小孩子，站在一塊高石上，跳着向海裏叫喊：

『我得救我的爸爸！』

品諾巧因爲是木頭的所以能浮在水面，好像一條游泳的魚一樣。漁夫們在岸上看着他 一會兒沉沒水底，隨波流去；一會兒又露出一隻臂膀，或一腿 以與海浪扎掙 他離岸越遠越遠，後來，漁夫們終於看不見他了。

『可憐的孩子喲！』集聚在海岸的漁夫們說。他們默默的祈禱了一會兒，便各自回家去了。

◁本章完▷

一陣熱風

李宗文

最纖弱的楊柳，
也 動不動，
這眞是一點風絲兒也沒有了

◎ ◎

蹲在空中的驕陽，
却無忌的，
踩蹦着將要枯了的禾苗。

◎ ◎

柳絲兒不動，
更顯得陽光酷燒，
有時塵土飛揚，
起一陣，
一陣熱風。

荷

李宗文

好啊！
還樣的一個城河，
已看不見了青水，
只看見綠的葉，
雪也似的白花，
開滿了整個的城河。

★ ★

美麗的荷花啊！
你眞叫人莫明其妙，
記得春季凌河的時候，
已把你的根兒掘掉
你怎麼又能會把這空洞的城河，
莊嚴得這樣美茂。

夕陽

肇痕

夕陽被高山吞噬，
可是却有誰惋惜。
胭脂色的晚霞是他的血淚，
成羣的烏鴉是夕陽命他向人們訴苦；
希望有個同情人兒
並且急切的盼望着有個挽救的人兒
漸漸的，
漸漸的血淚消失，烏鴉不鳴，光芒絕跡。
不！不！我不願這樣，
我欲變個壯士，
執勇力拉回他重臨大地。

傷心

李宗文

唉！
傷心，
我眞傷心，
我眞傷心得掉淚。

◎ ◎

朋友，
甚麼朋友，
好「是朋友，
不好了馬上就會與你難看，
馬上就會叫你下不來。

◎ ◎

我是知道朋友厲害了，
你再誠心；
你再至意；
只要你有一點差錯，
他就會永遠不理你。

◎ ◎

人非草木，
亦非金石，
我受了這次內必的傷感，
也就是與我一大警惕。

◁第一一九二號▷

◁社址豐縣大同街▷

中宣會登記冊中字第一二九二號　內政部登記證警字第二二三〇號

中華郵政特准掛號認為新聞紙類

◁今日一張　售洋一分四厘▷

◁本報價目▷

本報每份每月大洋三角　外埠每月大洋四角郵費在內　費須先惠空函不覆

△廣告刊例

本報廣告以方寸計算每方寸以市尺長寬各一寸計算

（新聞欄）每日三方寸三天起碼每日每方寸一角二分

（封面）每日三方寸二天起碼每日每方寸一角

（普通）每日三方寸二天起碼每日每方寸八分

登三日以上九折六日以上八折八日以上七折十日以上六折常期面議

中國國民黨江蘇省豐縣執行委員會通告 第　號

案奉

省黨部訓令第一三二二號內開：「查各縣清理黨籍及黨員總報到工作，原限八月三十一日以前一律辦理完竣。茲據報告恐難如期結束特決定延期一月至九月三十日為止，除分行外　合亟令仰該黨部知照為要！此令」等因；奉此查本縣清理黨員黨籍及党員總報到工作，已於八月底辦理完竣，惟本縣境內黨員未參加區分部工作及未辦理總報到手續者，尚不乏其人，奉令前因，合亟登報通告，凡未辦理上項手續者，統限於九月廿五日以前辦理完竣為要！特此通告。

中華民國二十五年九月五日

常務委員李貞乾

豐縣縣政府佈告 第八號

案奉

江蘇教育經費管理處第六五八號訓令內開：「案查該縣屠宰稅主任吳隆忠承辦屠稅認期業已屆滿以前按月稅款尚能清解當經令准續辦在案茲據呈送保結到處除令該主任自二十五年八月一日起續辦屠宰稅年外仰該縣長迅即佈告週知並飭警切實協助此令」又奉

江蘇教育經費管理處第三二三三號訓令內開：「案據該縣屠宰稅主任吳隆忠呈稱案查本縣屠宰稅前因四鄉屠戶藉名自食影響稅收一經曾經主任據情呈報旋奉

鈞處第九二九號指令准候令縣從嚴制止等因奉令之下無任感戴惟迄今數月未見縣府佈告制止而不肖屠戶仍多借名自食希圖影射擾亂稅務莫此為甚爰合再具文呈請仰祈鑒核迅賜令縣即日佈告從嚴制止以維稅收而遏刁風再本年度稅務已蒙　鈞處准予續辦懇乞賜給續辦委任以昭鄭重合併聲明等情除指令外合亟令仰該縣長迅即佈告制止以維稅收仍具復切切此令」

各等因；奉此除佈告并分令各區隨時協助外，合行佈告，仰闔邑屠戶人等一體遵照，務各照章納稅，毋得借名自食希圖影射致干咎戾切切！此佈。

中華民國二十五年八月二十六日

縣長成應舉

德履祥號遷移新址啓事

本號開設東大街歷有年所向係經售南洋烟草公司各種上等香烟亞細亞火油公司僧帽洋油以及南貨前因營業擴張原址不敷應用故在西大街縣党部對面路南購妥地址規模亦頗宏大所有貨物均已遷移新店照常營業△貨價目格外克己以答盛意凡我顧主敬希鑒察並望源源賜顧無任感激此啓

中外要聞

程潛黃紹雄昨訪李宗仁等 午總部歡宴敍談甚洽

▲中央社南寧十四日電　程潛黃紹雄十四日分訪李宗仁、李白崇禧、李濟琛、李品仙、午在總部歡宴、敍談甚洽、李軍及高級長官連日籌備復員。

▲中央社南寧十四日電　中央社記者十四日晉謁黃旭初、對主席接收新命首致賀忱、並謝招待盛意、並叩以今後省政方針、黃答稱仍本年來治桂辦法、秉承中央意旨繼續努力。

滇省黨政各界通電各地 發起開慶祝和平統一大會

▲中央社昆明十四日電　滇省黨政軍民各界、自得李白誠懇接受中央命令定十六日就桂綏靖主任職電後、全國和平統一、已告實現、國家民族之基礎已奠、官民全體歡躍不止、並對蔣委員長寬大赤誠之精神、萬分欽佩、特發起籌備舉行全國和平統一慶祝紀念大會、並通電全國各地、一致舉行、擴大慶祝。

▲中央社昆明十四日電　龍雲等十四日特電賀蔣委員長、原文云　廣州蔣委員長鈞鑒　國民革命出師北伐　十載于茲　處此內外夾攻　時局阽危之際、鈞座竟能抱定大仁大勇之精神　努力奮鬥、調平內爭　以期救亡圖存、安定國家、最近復以精誠感召　化桑梓干戈為玉帛完成全國統一之功、使民國萬世基礎以此鞏固、建設事業日漸勃興　國際觀聽因之轉變、此誠中華民國無疆之庥　四萬萬民族復興之悳也　特專電慶賀　並祝政躬健康、

豐縣縣政府佈告 建字第　號

案查本城四關馬路兩邊人行道寬度，前經本縣建設委員會第八次會議議決一律規定　公尺在卷。嗣後再有鄰各該街道建築者，不問其為房屋牆垣新建或改造　均須先行報請本府派員前往施工地點，按照議定尺寸，插標立界，方准興工，倘不預先報告私自建築，一經查出　除將其建築物勒令拆除外，並按照江蘇省各縣取締建築規則從重處罰，勿謂言之不預也。此佈。

中華民國二十五年九月　日

縣長成應舉

豐縣教育局通告

本月十八日上午十時

縣政府假第一區中心民衆學校召集全縣公民訓練工作人員舉行談話會、希諸仝人屆時出席為荷！

朱培德昨午抵滬 吳鐵城楊虎同往歡迎

▲中央社上海十四日電　朱培德十四日午乘輪抵滬、吳鐵城楊虎、同往歡迎、據談桂局完全解決、劉正着手內部善後、白崇禧原擬出國考察、經蔣委員長懇切挽留、業已打消、定日內赴粵晉謁蔣委員長、並決入京供職　至於是否到粵後即隨蔣委員長北來　則尚未定、居院長謂定一週後北返、本人在滬作一二日勾留即返京。

川樾到京訪張外長 商成都北海及其他中日問題

▲中央社南京十五日電　駐華日本大使川樾茂、十三日晚由滬到京、已定於今日下午四時到我外交部拜謁張外長、開始商談成都北海兩事、及其他中日問題。

中央國府兩紀念週並誌

▲中央社南京十四日電　中央黨部於今晨八時舉行第四十

一次總理紀念週、出席中央委員葉楚傖、林森、孫科、何應欽及全體工作人員共約七百餘人、由葉委員楚傖主席、領導行禮如儀後並報告、八時半詞畢散會。△又國民政府今晨舉行總理紀念週、到林主席、孫科、鄧家彥、及國府各院部會職員共五百餘人、由林主席領導行禮後、並即席講行使選舉權爲國民參政之第一步、至九時禮成散會。

張公權視察路務完畢
定今日赴港

▲中央社香港十四日電 張公權赴粵視察路務完畢、定十五日來港、十八日乘輪北返。

賀耀組謁林報告使土情形

▲中央社南京十四日電 駐土耳其公使賀耀組、今晨赴國府晉謁林主席、報告使土國情形後、即參加國府紀念週。▲又應參謀本部之請出席該部紀念週報告。

任可澄等昨晉謁林主席

▲中央社南京十四日電 滇黔監察使任可澄、國選總所副主任褚民誼 內政部次長陶履謙、赴暹羅考察團團長淩冰、今日在國府紀念週後、晉謁林主席、分別聽各該員報告後、並有所垂詢。

財部召集訓話
中央直接稅錄取籌備稅務人員昨揭曉

▲中央社南京十四日電、財政部中央直接稅籌備處、此次招考稅務人員、業將最後榜示揭曉、今晨十時該部召集正備錄取各人員、在部訓話、孔財長因事在滬、特派高秉坊代表致詞、高氏首述中央舉辦直接稅之目的、係在改革稅制、培養稅源 及充實國庫、次謂中央舉辦直接稅係爲新創、孔財長爲設立新稅基礎 故決用新人材、新方法、以辦新稅、並謂同人此後服務財政界應發揚科學精神、保持青年朝氣、以符部長之至意、至十一時始散、該部現假教導總隊爲稅務人員訓練地點、凡錄取各員男生、定明日、女生定廿七日分別入班、開始受訓、講師聘國內專家担任、至訓練兩月後、即分發工作。

實部令工廠檢查處
確定推行廣東工廠檢查

▲中央社南京十四日電 實業部前據中華國貨介紹所呈請、指導廣東省工廠設備、以保工人安全一事、該部令中央工廠檢查處確實推行該省工廠檢查外、並催粵建設廳從速確定工廠檢查經費、以便依法委派合格人員、前往確實辦理。

近三年半奢侈品入口統計
共一萬零七百萬元

▲中央社南京十七日電 實業部統計長羅登偉氏、以國民經濟運動展開之今日 奢侈品入口極堪注意、特將最近三年半進口之奢侈品製成統計 計三年半來奢侈品入口達一萬〇七百餘萬元。

實部昨公佈
度量衡營業條例施行細則

▲中央社南京十四日電 實業部修正度量衡營業條例施行細則 共十九條、于今日公佈施行。

京滇路滇黔段
昨日通車

▲中央社昆明十四日電 京滇公路十四日滇黔段通車、此後中央與西南邊省聯繫亦爲密切。

湘造紙廠籌委會
呈實業部
請撥款救濟以維生產

▲中央社南京十四日電 湘省造紙廠籌備委員樊德然等、以該紙廠經費籌劃困難、特呈實部懇撥款救濟、以維生產而示提倡、實業部據呈以事關提倡實業、現正審核中。

粵禁煙會議決
全省公務員
限十月底自動戒絕

▲中央社廣州十四日電 粵禁烟會議決、全省公務員限十月底一律自動戒絕、十一月一日起開始總檢舉。

黃河董口
新工出險
孔祥榕馳往指導防禦

▲中央社濟南十四日電 孔祥榕因董莊新工出險、十四日晨由青返濟、即乘汽輪沿黃河大堤上駛、馳赴董莊指導防禦。

冀省會昨舉行
禁絕煙毒會

▲中央社保定十四日電 冀省會奉冀察綏署令、定今晨九時舉行冀省會禁絕烟毒大會市民自由參加、並製標語甚多、使共知宋哲元氏決心清毒、自廿六年元旦吸者槍決、免以身試法。

津日駐屯軍開高級幕僚會議
研討華北一切問題

▲中央社天津十四日電 日駐屯軍昨日舉行高級幕僚會議、對華北一切問題及經濟事宜、有所研討、迄四時半始散。

察北情勢無變化
包悅卿仍在通遼

▲中央社張家口十四日電 日來察北形勢無變化、桑原十二日起赴佳卜寺會晤德王、包悅卿仍在通遼 任召募責、對察北行人施以檢查、非有正式職業及證明文件、不准出口。

王英匪部仍盤據商都
並派人四出祕密活動

▲中央社北平十四日電 關係方面息、集結冀北一帶之王英等匪部 刻仍盤據商都張北等處、服裝雜亂漫無紀律、王英本人亦在商都、最近派人四出赴慶及察綏邊境祕密活動。

永定河水勢續落
可告無慮

▲中央社南京十四日電 前日永定河水勢大漲、經濟委員會曾於昨日電華北水利委員會、查知詳情 頃聞華北水利會已於今日電復、略謂永定河六日午及晚均漲至六三公尺、爲七年來所未有、幸所辦中上游增固工程極爲得力、河身及沿河各縣奮力防範、未至決口、現水勢續落、可以無慮。

蘇省選舉總事務所決定
辦理選舉程序
自由職業團體開票 余總監督將親監視

△江蘇社 蘇省國民大會選舉總事務所、日來辦理本省選舉事宜、極形緊張 記者以本月十日爲本省各自由職業團體初選開票、特往晤該所高總幹事、據談此次自由職業團體初選開票、自規定十二日舉行後、現各縣初選票、已陸續送省、本所接到後 即投入票匣、大約至明日可全數送齊、關於是日開票職員、現各職業團體初選在即、均加緊於各區送呈職業團體名冊之審核、故現尚未決定、是日或將由余總監督親自監視、并云本所此次辦理選舉、爲遵從中央規定時期起見、對於辦理之程序、現特爲規定、

各區推選候選人應於九月三日以前舉行、此

區域選舉

係已過事實、各區選民冊於九月十日以前造齊呈報、並公告各區、應於九月十五日以前指定投票場所、各區應於九月二十日以前頒發選舉通知并說明投票所及開票所地址 投票方法及日期、各該區代表名額、至十月一日以前本所分發選舉票及票匣、十月十日以前選舉完畢、十月十五日以前公布當選人姓名並呈報、再關於

職業選舉

各區於八月三十一日以前呈送各種職業團體名冊 此亦已過事實、各種職業團體推選候選人、應於九月十二日以前舉行、各區於九月十五日以前指定投票場所、各區於九月二日以前頒發選舉通知、并說明投票所及開票所地址、投票方法及日期、各該團體代表名額、十月一日以前本所分發選舉票及票匣、十月十日以前選舉完畢、至十月十五日以前公布當選人姓名並呈報。（十一日）

蘇各縣土膏行
零銷稅貨改裝程序
已於本月九日起施行

△江蘇社 禁煙督察處江蘇辦事處、監視各縣土膏行零

銷稅貨改裝程序及監視稅貨辦法、業經籌備就緒、并自本月九日起施行、各情已誌昨報 茲錄其原條文於次、

一、禁烟督察處江蘇省辦事處（以下簡稱辦事處）暨松江分公棧、南通徐州海州各事務所、爲統制所轄銷區內各土膏行稅貨零售起見、會同江蘇省民政廳（以下簡稱民政廳）派員集中監視各土膏行稅貨、改裝零包加蓋禁烟督察處、頒徵驗訖戳記、其手續悉依本程序之規定辦理、前項驗訖戳、由辦事處暨松通徐海各棧所負領用保管之責、二、江蘇全省零銷稅貨之改裝、凡在鎮江分公棧購貨之各縣土膏行所購稅貨、一律在鎮江分公棧集中改裝零包、由辦事處派員與民政廳派駐鎮江分公棧監查員會同查驗監視蓋戳、其在松江分公棧南通徐州海州各事務所購貨之各購土膏行、均各就各該棧所在地集中、改裝零包、由各棧所派員會同民政廳派駐各該棧監查員辦理查驗監視蓋戳、三、各土膏行向分公棧或事務所購提之稅貨爲便利銷售起見、須在提貨棧所時、報請監視改裝另包、加蓋驗訖戳記、運回銷售其有提整稅貨運回銷售者、聽商自便、但不得私自剪零、以杜流弊、違者從重處罰 四、各土膏行報請改裝零包稅貨、應先將貨別件數重量及欲改裝之零包種類包數、分別填具報單、逕由各棧所、至辦監視改裝零包人員、查驗登記後、方准開填改裝報單式樣由辦事處及各所棧另定之 五、零包之重量 計二錢三錢一兩二兩五兩十兩七兩、各種各須若干包、由各土膏行自行酌定不加限制、前項零包重量一律以市秤爲準、六、稅貨改裝零包後復秤如有蝕耗歸行自理、七、各土膏行稅貨改裝零包、所有包皮紙張式樣、均須劃一在鎮江分公棧改裝者、由辦事處審定、交各該行自行印製、鐵呈辦事處查驗相符 加蓋暗記後、轉發包用、其徐海通松各所棧改裝者、由該所棧審定查驗加蓋暗記轉發包用、八、各土膏行報請改裝稅貨、應由各行自派員工按照單所填數量剪零裝、所有雇用剪零分包工作員工、每家不得超過五人、並應先將姓名報請登記、發給出入證、以資識別、每日工作出入時、應服從檢查以杜夾帶、九、各土膏行報請改裝零包稅貨、應由主辦監視改裝人員、會同民政廳所派監查員按照各土膏行報單、所填分箇包數、逐一登記、並按原重磅碼、折合市秤兩數眼同鋪花後、即行監視開剪改製、如有搀掉土料及其他疑義情事、應隨時扣貨 呈請核辦、否則以串同舞弊論、十、各土膏行稅貨改裝零包後 經主辦監視改裝人員、會同民政廳監查員點明各種包數質量 與原報單相符、再行復秤登記、即於零包封口上加蓋奉頒驗訖戳記、十一、奉頒驗訖戳由主辦監視改裝人員會同江蘇省民政廳監查員監視指派員工親自蓋用、不得假手商人、前項驗訖、每日蓋用完畢後、雙方會同加封 由辦事處及各所棧主管人員負責保管次日使用、仍須雙方會驗啓封、十二 主辦監視改裝人員、應將各行報請改裝零包稅貨之貨、別件數原磅重量 及改裝零包細數 折合市秤之重量 逐日填具稅貨改裝零包表呈核、每屆旬月並應造繕旬月報告表、呈由各處所分送江蘇省民政廳暨轉呈禁烟督察處備查、前項表式由禁烟督察處頒發遵用、十三 對於各土膏行報銷改裝零包不得收取任何規費 違者嚴懲、十四、改裝工作以便利商人爲原則、每 工作時間由本辦事處及各所棧酌定之 十五、凡未經本程序規定之事項隨時由主辦監視人員報請各處所核示處理之、十六、本程序經呈奉禁烟督察處核准後施行。（十一日）

小協約國常設政治會議開會

決定共同態度並與各國合作

▲中央社捷克捷約思捷法城電 小協約三國常設政治會議、於十三日午後在此間開會 捷克出席代表爲外長克拉夫太、羅馬尼出席代表爲外長莫思哥、南斯拉夫之出席代表爲總理兼外長思底瓦底諾威區、討論關於小協約三國之問題並決定小協約三國之共同態度、另方面決即日與各國合作

▲中央社南斯拉夫京城十四日電 此間佛利報載稱、小協約國會議 決定維持小協國對俄政策、此意即小協國每一國家須繼續一律遵守已往對莫斯科之態度、該報續稱、該會議決以賀特釆計劃及關於多瑙河流域各國之共同經濟問題、提交下月於羅國京城召集之小協約經濟會議討論。

愛爾蘭二千人將赴西班牙

與共產主義對抗

▲中央社柏林十四日電 愛爾蘭藍衫領袖西得西今日宣稱、愛爾蘭人二千各不日將赴西班牙與共產主義對抗、其出發日期現暫不宣佈。

巴力斯坦英軍總司令

過海法抵亞羅塞倫

▲中央社亞羅塞倫十二日電 新任巴力斯坦英軍總司令底爾陸軍中將、今晨乘艦逐邏抵海法港後、即乘機抵此。

土外長將乘便赴羅馬

與義要人有所商談

▲中央社土耳其一思坦波爾電 傳說土外長許洛鈉乘赴日內瓦出席國聯大會之便、將在羅馬稍事停留、並與義國要人有所商譚。

本縣新聞

黨政各機關

昨聯合舉行總理紀念週

李委員黃科長分別報告

黨政各機關暨各人民團體、于昨日上午十時、在縣黨部大禮堂聯合舉行總理紀念週、到党員公務員及各人民團體代表百餘人、由縣黨部常務委員李貞乾主席、領導行禮如儀後、并報告

▶▶▶▶ 黨務工作 ◀◀◀◀

略謂、縣党部方面的工作、可以報告的有兩件、一、各區分部委員聯合宣誓就職及聯席談話會的情形、本縣直屬各區分部委員、已于上月改選完竣 新任各委員、行將開始工作、本會爲鄭重從事起見、特召集各新任委員、於本月十二日在本部聯合舉行宣誓就職典禮、禮成後、即續開談話會、各區分部應注意之工作、及其動向、均與以詳細之指導、各區分部之困難 經大家共同討論、亦已得到相當之解決、二、輔導人民團體 甲、各區農業倉庫、經縣農會積極整頓後、進行頗爲順利、此次麥季儲押 各區多則押至二萬元、少則亦押至五千元、業務日漸發達、農民獲益不少、乙、本縣合作社己成立者、約有百處 各區聯合社、亦相繼成立、縣聯合社亦籌備就緒、本月十一日舉行縣聯合社成立大會、理事監事均己選出、本縣合作社、在組織方面、雖已完成、惟對于業務、尚須切實指導、報告的事件完了。還有幾句話向大家說說 在此訓政行將結束、憲政即將開治的時候、我們回想過去的工作、在物質建設方面、如警衛辦理妥善 四境道路修築成功 在精神方面 各人民四權之使用與訓練 而能暫行革命主義 完成國民義務等 是否達到建國大綱上之規定、如果是沒有達到、希望大家在此短短的時期、加倍的努力 以完成我們的工作。繼有縣政府第一科長黃韻潤報告

▶▶▶▶ 政治工作 ◀◀◀◀

略謂、本府上週工作、有值得向大家報告的、共有六件、茲分述如下、一、關於訓練壯丁者、本縣壯丁訓練、自八月十日開始 至本月十日截止、恰滿一月、現第一期訓練、業已完畢、當由本府分令各區壯丁隊、齊集縣城檢閱、藉觀成效、並舉行畢業典禮、成縣長偕豐沛徵兵事務所朱主任同往檢閱、並向壯丁訓話、對此次訓練成績、頗爲滿意、二 招收政法警察 成縣長鑒于政法警察、暮氣沉沉、而程度亦太差池 故決然將舊警士一律遣散、重招新人遞補、自招收簡章發出後、報名者三百餘人、已于上週考試完竣 共錄取新警十四名、三、辦理國大代表選舉情形、本縣國大代表選舉人、已于前週選出、各職業團體、亦于上週選舉完竣、四、豐沛徵兵事務所主任朱題鈞、將常川駐豐、辦理徵兵事宜、本府已將各種表冊印齊、定於本月十六日開始調查、五 建築省農倉計劃及預算 業蒙財廳批准 不日招標興工、六 黃莊黃水暴漲、專署令縣嚴防 本府已轉飭二三兩區遵照 至十一時禮成。

黎明初級職業學校

開學典禮誌盛

本縣私立黎明初級職業學校、於昨日（十四日）補行開學典禮、原擬在該校校院內舉行、當以是日天雨、遂臨時假中心民校大禮堂舉行、到各機關代表數十人、及學生家長多人 於上午十二時開會、由該校校長王智濤主席、行禮後、首由

主席報告

略謂：今日本校開學典禮、只以天雨遷移地點 致使諸位來賓等候多時 殊覺抱歉、在此陰雨淅

漓中、竟得各位先生親臨參加、尤覺榮幸、至職校之成立、既多係校董會諸位先生之辛苦經營、尤多賴各界人士之贊助至希各界一本初旨、以促職校在量的方面以求發展擴充、在質的方面日漸充實云、次由校董程爲箴氏

報告學校籌備經過

第一點爲創設職校之動向、第二點爲創辦籌備之經過情形、第三點爲今後學校發展之計劃與具有之希望、最後復將職校概況作簡略之報告、再次縣政府

翟秘書訓詞

首述個人參加此盛典之兩點欣慰：創設職校事業之偉大、二、職校於二個月短促時間內完成、足見各界共同努力之精神、次以「要立志做大事不要做大官」相勖、謂做大官不能謂之大事做大事不在做大官、希望諸生畢業後、須矢志於本身之職業、絕不應存做官之念頭　欲培養此種志趣、須從五方面去努力：一、充實學識、二、健鍊技能、三、修養品德　四、鍛鍊身體：五、堅定意志、最後復以縣府此次招考政務警察事提示印證、繼由教育局

董局長訓詞

首述中國教育失敗之原因、一係整個教育制度之不適合、一係各方困難問題之叢出、次及私立學校辦理之難處、惟校董諸先生之打破難關慘淡經營、及在校諸位先生抱着犧牲的精神、任教斯校、均至堪欽佩、復謂職校雖己成立開學、距完成之期尚遠、今後繼續努力之責任、決不在少數人肩上、在設立人、在校董、在教職員、均當始終不懈的向前推進、在本人負教育行政責任者、於行政上諸事之協助、亦決不敢後人、最後申述對職校之態度、謂本人雖非設立人、願做一實際的設立人、雖非校董、願做一實際的校董、一切事情之協助　均願以事實印證云　繼有縣黨部

李常務委員演說

以學生在校、應注意到羣育的培養相勖勉、最後由主席致答詞　即行散會、散會後於細雨濛濛中返校參觀、并攝影以作紀念、各來賓家長即相繼離去云。

文廟小學協進團舉行本年度第一次團務會議

規定轉學手續　聯合舉行遠足

文廟小學協進團、於前日（十三日）假北關外小學、舉行第一次團務會議、出席張敬民趙道遠等二十七人、教育局派王督學列席指導、決議要案五件、（一）擬請教育局頒示每次團務會議時應行研究之中心問題案、決議通過、（二）擬請教育局頒示各科成績計分法案、決議　通過（三）擬將兒童轉學手續從嚴規定案　決議、一年級以上轉學學生、必須呈繳相當證件、方得准予入校、證件格式　請教育局擬定頒發（四）擬定期舉行本團各小學聯合秋季遠足案、決議：1.日期、九月二十六日、2.分組　城市各校爲一組、鄉村小學爲一組、3.集合時間與地點、城市組於二十六日上午八時半、鄉村組於同日上午十時　均在縣立公園集合、4.領隊人員　城市組總領隊推請顯慶孫立堃兩先生担任、鄉村組總領隊推劉執德先生担任　又城市組低級兒童領隊員　特推劉劍秋張貞民兩先生担任、5.庶務組織、由各校事務主任聯合組織庶務處　採辦茶水及其他遠足時需要之物品、6.經費　每學級暫出二角、餘還少補　7、目的地　A城市組—丁蘭祠　B.鄉村組—本縣縣立公園、（五）請推定下次值月學校案　決請推定西關外小學。

縣黨部召開區分部委員談話會

縣黨部于前日各區分部委員舉行宣誓就職典禮後　即於是日下午二時　召開談話會、討論今後黨務進行事宜、計出席各區分部委員張念義　方慶平、葛 哲、張厚坤、李宗舜等二十餘人、由縣黨部常委李貞乾主席、報告各區分部今後應行注意事項、旋即開始討論、議決要案多件。

四區學屋鄉信用合作社注意蓄儲

每人每月至少儲蓄二角　不儲蓄者開除社籍

第四區學屋鄉信用無限合作社、自成立後　經理事高守成王效思等熱心領導　社務頗爲發達　本年暑期　又派社員張德朗入本縣合作事業服務人員暑期講習會講習、畢業後、對於社務進行、尤爲積極、現經該社第二次社員大會決議　社員按月均須儲蓄、每人每月至少儲蓄二角、不願儲蓄、及儲蓄不及規定數額者、即行開除社籍云。

新運促進會奉頒清潔及規矩辦法

本縣新運促進會、近奉省新運會通告、並頒發清潔及規矩運動實施辦法各一件　俾作推進新運之準繩　茲覓錄通告原文如下　案於本年八月十八日奉新生活運動促進總會生字第二六號通告開、「查本會爲繼續「清潔」「規矩」二項運動　均定爲本年度經常工作、業經通知在案、茲爲便利施行起見、特訂「清潔運動實施辦法」一「規矩運動推行辦法」一、印發各新運會參照施行、除分別通知外、希即查照辦理、並轉各縣一體照辦、仍將推行情形、隨時具報爲要」、等因、附發辦法二份、奉此　除分行外、特印發奉頒辦法、通告該會遵照辦理　並將推行情形、隨時轉由本會彙報爲要。

國民大會代表選舉法

第十條　各省國民大會代表　分區選舉之　其選舉區之劃分及每區應出代表之名額依附表二所定、

各選舉區由該區內各縣之鄉長鎮長、聯合推選候選人、其名額爲該區應出國民大會代表名額之十倍、

第十一條　選舉區內如沒有市者、由坊長參加推選、在無鄉長鎮長坊長之縣市、或設治局、由其與鄉長鎮長坊長相當之人員參加推選。

司法欄

◎縣政府司法批示◎

▲民事具訴人王居廷、一件、爲局謀侵佔、恃衆壓迫、請求傳案質訊、以歸祖產由、狀悉　仰候通知答辯、傳案訊奪　此批、

▲刑事具保人李善齡等、一件、爲懇請賞保堯張氏出外、交伊婆家由　狀悉、准保、此批、

▲刑事具保人朱敦賓等、一件　爲懇請賞保孟慶保孟繁順在外、不誤交案由、狀悉、該被保人雖經調驗無癮、然有現行犯嫌疑　所請交保　暫毋庸議、此批

▲刑事具保人朱敦賓、一件、爲懇請賞保孟慶德、同家安業由、狀悉、准保、此批、

▲民事具領狀人張鴻周、一件、爲案已當庭和解、請頒將賞還款項具領由、狀悉、查該被告尚未將和解之款呈繳前來、仰即繳納執行費　以便派員執行可也、此批、

▲刑事聲請人杜慶恩、一件　爲具狀聲請、請求審察由、狀悉、仰候解送第九區保安司令部訊辦可也、此批、

▲刑事撤訴人程德俊、一件、爲撤回告訴、請求銷案由、狀悉、此批、

▲民事辯訴人邵世法、一件、爲受唆背信、違反條約、請求續傳人證、訊明公判由、狀悉、仰候續傳訊奪、此批、

▲民事原告人趙忠祥、一件、爲違抗庭諭、串辯訛租、再懇傳案訊追由、狀悉　仰候傳訊可也、此批、

▲民事具訴人蔣顯英、一件、爲據情再陳、懇請續傳訊判、以歸業產由　狀悉、仰候續傳訊奪、此批、

△本城粮價▽

名稱	每市斗價目
小麥	最高三千七百五十文　最低三千六百文
大麥	最高二千零五十文　最低一千九百文
黃豆	最高三千文　最低二千八百文
黑豆	最高　最低
菉豆	最高二千八百五十文　最低二千八百文
江豆	最高二千七百文　最低二千六百文
高粮	最高一千九百文　最低一千八百五十文
穀子	最高一千六百文　最低一千五百文
稷子	最高二千文　最低一千八百文
芝蔴	最高四千五百文　最低四千三百文
青豆	最高　最低
花生	每斤　最高一百九十文　最低一百八十文
瓜子	每斤　最
生米	最

△△氣象▽▽

天氣	陰
風向	東北風
最高溫度	七三度
最低溫度	七〇度

鳳鳴塔

第二四一期

一，本刊內容分爲學術論著詩歌小說戲劇散文書信書報介紹及批評等項

二，本刊歡迎投稿來稿文體白話均可

三，來稿本社有修改權不願者須先聲明

四，未經登載之稿除預先聲明者外概不退還

五，本刊編輯部設豐報社內

漫談

反映時代的文藝（續）

老淵

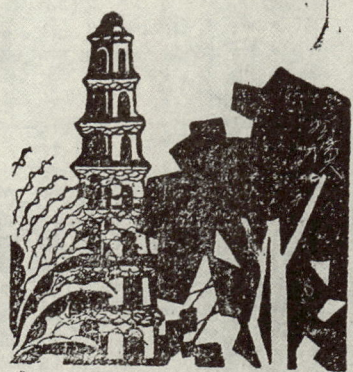

我們從事文學的文藝家，現在就這樣的不掙氣嗎？「嘲風雪，弄花草」的玩物喪志，現在依然有人在做。一個是愛，兩個還是愛，三角戀愛，四角戀愛，現在居然的大時其髦，並且銷路充斥，風行一時。你說文藝不振吧？這分明是寃枉的。假若這樣下去，有碩果產麼？結果，還不是促其文藝之死亡，什麼却不能談了。但我們于此 還有一線希望；據說中國早就「成立了左翼文壇，據說理論也早已確定了。不過，他們的立場似乎要有一定的，不能使我們滿意，但是，在主張表現時代，同時足以反映時代的文藝這一點上，我們也確有同意的地方。所以現在中國文藝一線的希望，就是在左翼文壇。我們矯正了左翼文壇的偏見，來從事我們反映時代的文藝，這是光明大路，我們要努力的，假使由此前進，我們認清了時代，認清了時代的缺陷，認清了時代的痛苦，我們能表現出時代的缺陷，我們能反映出時代的痛苦，這才是我們主張文藝的正式的宗旨了。

那末，反映時代的文藝是什麼？就是農民的痛苦，我們表現農民的痛苦；工人痛苦，我們表現工人的痛苦；商人痛苦，我們表現商人的痛苦，小資產階級的痛苦，全國民衆的痛苦，我們這些痛苦的可憐蟲，那文藝家應用精巧技術，來寫照一幅精良圖景，將全國民衆的痛苦，寫出一幅縮影來，使每個人都感到自己的不足 而興憤，而悲泣，而高歌 而慷慨，引起無限的同情。如能這樣，我們文藝家的任務才算盡到，才不愧爲反當時代的文藝。現在時候到了，出欲雨，風滿樓，全體民衆都憔悴呻吟在民生問題鐵蹄之下，欲救不能。我們只有表現時代的文藝，來作寫照救星，朋友！努力吧！

二五，八，十五。改於豐城

翻譯

洩漏祕密的心

美國愛倫坡著
老淵譯

眞的——神經過敏——我本是極其，極其可怕他神經過敏的。而且現在還是；但你是爲什麼要說我是瘋狂呢？這種病使我好多感覺敏銳了起來——沒有損傷——沒有麻木它們。尤其是聽覺敏銳極了，我聽見蒼立間和人環間的一切。我聽見許多在陰獄裡的東西。那末，怎可說我是瘋狂呢？傾耳靜聽吧！請細看我能夠樣樣健全地——怎樣鎮靜地講那個故事給你聽。

這個念頭起首是如何走進我的腦際來的，那現在是不能說的了；但一經懂了，它就日夜來纏擾我。並無目的。也沒熱情，我愛其那個老頭子來了。他從沒有差待過我。他沒有侮辱過我。對於他的黃金，我沒有過忘想，我想，那一定是他的眼睛了！是的，是這個！他兩隻眼睛中，有一隻與鷙鳥底眼睛相似！——一種淡藍色的眼睛，上面蒙着一層薄膜。只叫它一瞥盼我，我的血就變冷了；因此，就漸漸的——十分緩緩的——我決心要取那個老頭兒的性命了，因爲這樣 我可永遠擺脫掉那隻眼睛的纏擾。

現在這個是焦點了，你以爲我是瘋狂。瘋狂的人是什麼也不懂的。但你瞧一瞧我啊！你該瞧一瞧我是多麼聰明地進行，我是用着怎樣的小心謹慎，怎樣的先見遠慮，怎樣的僞託掩飾，進行工作啊！我對那個老頭子，從沒有比我殺他的前一個時期更加和氣的了。而且每當夜半的時候，我就旋轉他門上的鎖，將門開開啊！這樣輕輕的！當我把門推開，使適夠容得下我的頭時，然後；我就放進一個全體掩蓋住的，掩蓋得不會有光射出來的燈籠進去，然後，再伸入我的頭。啊！我多麼乖巧地伸入我的頭喲！你看見了或許也要笑起來，我慢慢的移入我的頭——極慢，極慢的，因爲這樣，我可不致打擾那老頭子的睡眠。我把我整個的頭放在門的開處，夠我看得見他躺在床上的情形時，總須費去一點鐘的時光。哈！一個瘋狂的人能有這樣聰明嗎？當我的頭已好好放房裏了，然後，我的手小心地打開那個燈籠，啊！那樣小心地，小心地因爲燈籠上的樞紐軋軋的作響呢。我打開它恰恰那麼多，適巧有一綫淡淡的燈光射上那隻鷙鳥眼。我這樣做了七個長夜，——每夜適當夜半——但我看到那隻那隻眼睛老是閉着；因此，那工作就不能下手了；因爲使我煩擾不安的，並不是那老頭子，只是他那隻「惡眼」。每當天一亮，我就大膽的走進他的臥室裏去，並且很勇敢地同他談話，親蜜的用名字叫他，而且問他夜裡好不好。所以你可以明白，做使他會疑心我每晚夜半當他熟睡的時候，爲在探頭窺東他，那他眞的定是一個非常奧妙難測的老人了。

（未完）

創作

殘夜

小生

灰色的薄雲，在長空飄渺，殘光閃爍的小星，從雲縫裡擠出，向人間眨壁。唧唧的秋虫，撕破喉嚨的哀號，空氣是漆黑的，愈顯得夜的狰獰可怕。颯颯的冷風在響，沙沙的樹葉在叫，推恐脫離了母枝，去過那悽慘的飄泊的生涯。

一盞昏黃不亮的燈光，在一個茅舍裏閃灼，似乎抵不住冷風的吹襲 明滅滅明的欲熄。四壁是靜謐着的，祇有悲愁的空氣，惡魔的死神盤據着。

「嗯！這樣的生活，叫我如何再忍受下去呢？……」她放下了手裏的針線，望着殘破的四壁，沒精打采的在出神，悽潔地呻吟着，酸辛的眼淚，一滴一滴的從腮邊流到衣襟，黙闇的空氣，擁塞了她脆弱的心房。

在過去，她的丈夫自痕，每天替地主做完了工作，到夜晚回家的時候，她總抱着五歲的明兒，倚在蒂籬的門外，吻着明兒的腮頰，笑眯地說：「明兒 喊爸爸！」明兒便搖着小頭，喃喃的從微動的唇間應了一聲，「爸爸！」她的丈夫便很得意

（接第六版）

悲秋

素閔

秋意吹到人們的心頭，
引起了，異鄉客居者的悲愁。
殘荷，枯柳，
表示，時候已近深秋！

○　○　○

在一座寂寞的深園裡，
只有，秋虫向着月兒訴說哀曲；
但，月兒板板臉只是不理！

○　○　○

一個失意的少年，
踏着如銀的月光，步向寂寞的深園；
枯且下，乱石中，
虫聲已停。
少年道：「秋蟲呀！
我們是同病相憐！
你們的苦哀，爲何不向同情者吐談！」

○　○　○

落花，紛紛墮入池；
嚴雲，靜靜凝結增寒意。
失意的少年，
對孤影而悲啼；
往事不堪回憶！
且把心兒重收起。

○　○　○

太空 陣悲鳴，
原來是天際的一聲旅鴻。
可愛的雁兒啊！
你可飛到我的故鄉去嗎？
請你傳個信兒，
在我一切的愛人前，
說：「在這麼一個秋夜，
有一個少年踏着落葉，
在對明月而徘徊；
望故鄉而癡想。

地將他的小寶貝接在懷裏。而雖受了一天的勞苦，却很快活往茅舍裡安宿。

暴戾的病魔，壓迫着貧苦的人們，步入了死亡之道。因她的丈夫自痕，作工過勞，兼受了寒冷，結果患了傷寒症，受了經濟的鞭策，請不起醫師，祇得聽其殘喘，不久便一命喪亡，却留下了薄命的她，和可憐的明兒。

（未完）

○○○

上帝賜給的麵包

歌平

討厭，開頭想起老升，他，有什麼稀奇呢？不是常人最看不起的脚色嗎？被看不起的人，應該不存在世界上才對。然而，奇怪，權當我倒霉吧！筆剛拿在手裏，他那副影子就竄到眼前：五十歲光景的老頭子，不，不能算作老 髮還沒有一根白呢。只有以前拖着橫肉的臉膛，現在像蹩縮的瓜皮一樣罷了。紋彩縈繞上面，不笑時也帶著笑容。恩！就因為這個臉膛才為人討厭哩。不過，還好，他那倔强的性格，上不拍，下不欺，以此一般人當面還當人待。加之那長個兒，血管在皮膚上爬着，愈顯得粗壯。不時好聲好氣騰人叫他白做點活也是不妨的。婦人們便暫時地歡迎着他了。還有一點要表明，他以前是個營混子，當兵是他全家被共匪殺光後不得已的一途 那時才有三十一歲 家中既無掛念，血氣又如日中天，於是連幹了十八年，興味如初。可惜，上事被人當作軍閥斬了。他空着肚子到這碼頭上做搬運夫。讀者們，若能耐心的話，這有趣的傢伙的言行，總取給予這永光榮的歷史。其實時間並不長，叫他吹起來，也只有一年零三天。後來和一個外國水手吵架，被中國軍警驅逐了，生活之道，隨又發了岔。

可厭的脚色，作者敘述得該結束了吧！他就逃在侯貴爺家裏（自然以工人資格），迄今已有四年半了。

才提到本文主人貴爺哩，糟糕，但，還沒有幾句話，要介紹他呢！因為讀者諸君會從他的名字上猜出他的性情，狀貌，年齡，與階級。只有一點：他是好沈默，亂想的老家伙。尤其夢最足使他陷在此二重網中。全家人一見他靜坐時，就恐怕，不安；怕他在二重網中掙扎不脫時，又要拿酒當茶喝，醉了，像個妖怪，無事不生。

也好，老升對合他的意，什麼懷疑總要問他：「為什麼？」雖然，有時惱了，也罵他幾句。

正是秋天一個明澄的下午。貴爺剛午睡醒來，看樣子，又像伸了魘：

「套轅車！」

老升習慣地將車套好，這車是一個人遊玩特備的，輕伏，靈巧，一匹不肥不瘦的紅馬駕着，顯然 是個安樂窩。貴爺剛坐好，車子已得得地叫起來。雖然沒指示，老升知道往天心公園。

「恩，老升！你猜我又做了個什麼夢？」

「什麼夢啊？是……」

貴爺摸了摸腦袋，望了望青天，道：

「又夢見成隊的東洋小鬼進城……但是，不是兵，和你說你在碼頭上見的一樣，那鬍子，鼻頭，上衣，木履……無一不符，恩……」

老升的嘴拉成舟形，苦笑在臉紋裏流着：「唔！幸虧不是兵啊！」

靜默了。車子，馬蹄及街旁的妙鬧聲打成一片，只覺得翁營刺耳，貴爺這時又沉思乱想起來：

「……小鬼子表面看是人，也許是眞妖哩，看！眼球吹着蛇鬚子，牙不就是炸彈嗎？耳朵更像些飛機，鼻孔是天生的砲眼，還有：……恩！」他想着打了個哈欠。「天心公園」已橫在目前了。

那馬四蹄流汗，眼皮也塌下去了。

貴爺草率地逛了一角，就坐在石凳上。承勵電影就在他面前映出來：小姐，公子，流氓，地痞，軍官，兵士，商賈，賣唱者……：甚至連曾經偷過他的空皮包的那個小販子也加雜裡邊 園景雖天天漸凋，但 人還與奮，不過貴爺疲倦了。

匆匆地被馬車拖回家，正當半個夕陽在山腰燃燒、

貴爺是最不喜睡覺的一個人，睡魔常常貼着他 意味裡是他死。俗云：「心中無別事，不怕鬼敲門。」鬼終日跟着他，無須敲門「，他以為如此。每到夜幕拉開，他的頭髮稍就枝萌的，汗毛眼裏 急火橫冲。除打罵人或喝酒外，就沒本事了。牙一咬：「今夜怎麼辦？一

的確，譬如有一天夜裏，一羣小鬼就趕他，有的索眼，有的報仇，有的挑撥，有的……：脚幾乎被牠們咬着，自己手使油錘 也打死不少。可是，越來越多，連死的也活了。轉眼間周圍都滿啦！錘，那能來得及打，何況兩膀酸麻，雙眼泛毛，欲棄甲敗逃，亦難矣！只覺得腿，肚子，頸，舌，鼻，耳朵 沒一處沒有小鬼在撕咬，抓……，他急了，掙扎，翻身，號叫，打滾；腿也不當家，大叫一聲：「救命，老天！」醒來，媽正給拭臉上的汗，家人也圍着。

「看啥！我要死啦！也……也不幫幫忙……：快，快滾出去。」他糊塗地喊着：「我死了，讓您活……：」

此後他改在白天睡，旁邊有人守看他，尤其老升不能離開，當睡不着時，好叫他講血戰的滑稽故事，還是他最得手的。

「還有嗎？」

「長着裏！」老升激昂地：「當十八年兵，事情能說十八年……。」

「夜裏在續講。」

貴爺坐在二層樓上，由黃變紅的太陽，快要落了。機警地聽着聖教堂的鐘響了三下 他猜這三下各有不同的意義 第一下最鐐亮，象徵着人不要再慘殺了。第二下最和靄，象徵着人要體貼上帝的一顆心啊！第三下是幽長，象徵着人再不回頭，前程將苦海無邊了 燈光充滿室中，他叫老升再講下去。

「……時候，雪下得起勁 炮子秋秋地在頭上飛，看看天色已晚，風也格外利害。空肚子，不住的抽搐，冷氣嘴裡進，肛門出，身子像個木樁，詭計的雪花也向壕裏躲，身上就積了薄薄一層，槍口旁沒有雪 子彈被迫着飛去……。

「想來眞夠味，田野異常陰森，亂山伏起，像條白蛇，畏縮地潛逃 人越死多了，野間雪坟也漸漸多起來，但，那時時，並不覺怕憐惜，退縮。槍描准「模糊的黑影」急發着，同樣我們也接到不少對方的苦果……。感情與理智錯雜時，本能也失常態了。

一直打到春天，天暖雪化 清明節後，東洋鬼子親這樣嚷着：『其實是他聽說的』，支那二軍閥 相爭經年，××以二萬頭顱獲勝：……」

「後來……」老升吸了口氣正要說下去，突然外面：「轟……轟……轟……」地大炮響。貴爺呆看着他，半天才說：「你，快出去看：看！」隨後他坐在沙發上，愁眉不展，又落在新的苦難中了。

他自信地想：「看！夢不就是實事嗎？小鬼又發威了，萎弱的人，對這上帝賜給的麵包──彈──不能不顫力了，不能不敬畏地接受了。臭蟲，老鼠……早爬在洞裏穴裏。人，萬物之靈，天之嬌子，蠢蠢地玩味吧！上帝賜給我們的麵包，吃後才可講哩。……恩 萬物之蠢，天之罪魁……：恩，殺萬刀的傢伙……矮鬼子 活是作孽……。

一會，又睡熟了，腦子裏又作起戰來……。

老升跑回家，喘息着說：「鬼子大使進京 狂熱地放禮炮哩！」

夜正暗沉沈，夢（血口鐐牙的鬼）的巨炮正描准了他的胸口射來。

工女

兆豐

黃昏，
帶來了不少的寂寞。
一個人倒拖黑影；
在閃動，默默的。

○○○○

是誰逼她？
踏進了鐵的門檻？
啊！是生活的逼迫？
是命運的註定？

○○○○

她的臉上憔悴烙了印；
希望變成幽暗的死灰。
飛轉的鐵輪，
拉走了她美麗的青春！

○○○○

機器的嘶聲裡，
默滴着暗泣的
傷心的淚水。

九三六，九，八，寫於汴

編輯室的廣播電台

雲章

一，雲章害眼已漸輕 但仍未痊癒 故今日鳳鳴塔校對仍請社內同人代勞。

二，現在有許多作者想在每週內刊發期一詩的專號一，或「詩刊」。這一點因為有許多要考慮的地方，所以現在還不能確定。

三，老潮君，小牛君，請將眞姓名示知。

九，十五。

鳳鳴塔

第二四二期

一、本刊內容分科學常識論著詩歌小說戲劇散文書信書報介紹及批評等項

二、本刊歡迎投稿來稿文言白話均可

三、來稿本社有修改權不願者請先聲明

四、來稿登載之稿除預先聲明者外概不退還

五、本刊編輯部設豐報社內

漫談

敬告青年朋友

名逸

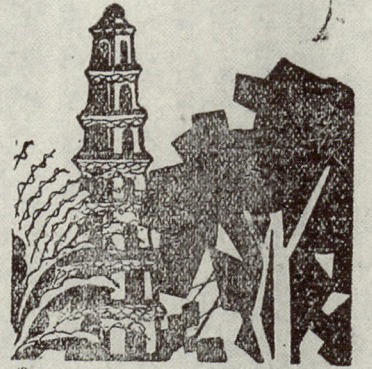

社會是在搖蕩中，時代是在苦悶中，處在這交替社會之間，而又銳感到時代意識的青年，必然的是要交織着苦悶與動蕩了。在每個青年意識裏面所焦慮，所念念於不忘的，無不是升學，尋業，求愛，……或社會的黑暗，國家的危亡，種種問題的錯綜，以致把一個龍跳虎躍，生氣蓬勃的青年，弄得一天到晚，心緒惡劣，愁眉苦臉，連書都不想讀，事都不想幹，在這苦悶失敗裏面過日子，實則是令人最寒心，而又最堪憐憫的一樁事啊！

從前我也有一度的時間這樣，腦子裡充滿了窮苦，憤恨，疑慮，對於生活存着錯誤的觀念，天天天的在那裡恐怖，灰心，怨尤，到如今才感到深深的懺悔，察覺了以前的罪過。

那麼，既然察覺了以前的錯誤，就應當及早改過啊！但所謂蒼蒼的天呀！茫茫的地呀！何者是我們應走的途徑而安適的歸宿呢？這又未免使我們昏昏然茫茫然，不知何去何從了。

朋友！好了！上述的種種苦痛，疑慮，……現在有了正當的方法來代替了，並且實驗確收宏效的，姑寫下面，供大家作參考吧！

一、打破苦樂的成見——苦樂原沒有標準，因環境心理而異。譬如一個騎驢的人，磨的屁股生疼，和坐轎的當然比不來 但比步行呢？要好得多了。這是比較得來的，所以我們要知足，就不覺得苦了。就令命運注定了我們受苦，任憑風風雨雨的吹打，儘量的享受人間應得的辛酸，也未嘗不是生命之花的美麗，何況命運絕對不會注定我們一生受苦，容有發展的餘地呢？

二、創造快樂的心理——例如有一輪明月當空，在詩人美術家看來，便能引起自然美的欣賞，發生一種詩興畫意，情趣盎然。可是思親想夫的人看了呢，不覺便引起了無限別離的悲哀，所以這種心理上的改造，比環境還厲害。我們的環境，儘管有豐嗇難易之不同，而我們的心理却要常常充滿了一種快樂的精神。

三、體味事業上的興趣——我們無論做甚麼事情，研究甚麼東西，都要用藝術的眼光來看，不要認爲他苦，他煩難，要看看這事究竟能得到啥樣的結家，出啥樣的花領，並且有了興趣，可以增加事業上的效率，得到更多的利益。

（未完）

翻譯

洩漏祕密的心

美國愛倫坡著　老淵譯

當在第八個晚上，我比平常更其小心地開那個門。表上的分針比我移動還要快些呢。在那夜以前，我從不曾感覺着我自己能力的大小和我機敏的程度過。我幾乎抑止不住我勝利的情緒之拍動。只要想一想，我立在那邊 緩緩的開着門，而他呢，對於我陰險的行爲和思想 連夢也不會做到道。我一想到這裏，我便直喜的笑出來了。或者他聽到我了；因爲他在床上突然動了一動，彷彿受驚似的，那麼，你或許以爲我縮回了——但是不。他的房子裏非常黑暗。（因怕盜賊，所有的窗扇都緊緊關着），所以我知道他不會看出門的開縫的，我斷續推推着那個門 穩穩地，穩穩地。我伸進我的頭，正想將燈籠開關的時候，我的姆指滑到了那個錫片的燈縛上，那老頭子就在床上跳了起來，叫着——「是誰？」

我完全保持着鎮靜，不作聲，整整的一點鐘，我一處肌肉也沒有動，同時我也不聽到他睡下去，他還坐在床上，靜聽着：正如我所曾驗過的，夜復一夜，傾耳靜聽那些牆上的報死小甲虫。

隨卽我就聽到了一聲微微的呻吟，我知道這是那種顯示異常恐怖來的呻吟聲，這不是一種苦益或憂愁的呻吟聲——啊，不！——這還那種低沉而窒息的聲，是當人們受驚時 從靈魂的裡 發出來的。我熟知這種聲，有好些夜裏，時正夜半，全世界都入睡了 這種聲音從我自己底心的深處湧發出來，由於他的可怕的回聲，更加深那些分擾我心曲的恐懼。我說我熟知它，我知道那老頭子受了什麼感觸，並且可憐他，雖道我心裏在冷笑 我知道 自從那起首的微聲，他在床上轉動了以後 他就醒睡着 他的各種恐懼逐漸的在他的身上滋長。他強設想它們是並無其事的，但是不能。他這樣對自己說：「這不是烟窗間的風 並沒有什麼，這只是一個老鼠跑過地板」或這只不過是一隻微吟一聲孤音的蟋蟀」是的，他確是想用這些猜想來安慰自己。但他覺得一切都無效。一切都無效；因爲「死」，在向他走來，已帶着他的黑影，隱隱的在他面前鶴步着，而且已籠罩住這個受害者了。並且正是這種不能覺察的黑影底悲慘的壓力 使他覺得 雖然他並沒有看見，也沒有聽見，覺得我的頭是正在他的房子裡。

（未完）

創作

殘夜（續）

小生

「媽媽……」明兒仰身睡在破榻上，兩手摸着小腿，用天真的眼，瞧着他的媽媽，嬌聲低語地喊着。

「明兒睡吧！好好的睡吧——」她帶着十二分的悽惶，臉兒變了青色，哽咽的哭着，向着明兒望了一眼，又複地說了兩遍。

「媽媽！鄰兒都有爸爸疼愛，給買糖果吃，給買玉馬玩 媽媽……我的爸爸哪！我的爸爸哪！……」明兒忽然轉了身，想起了死去年餘的爸爸，向他媽媽追問。

「你的爸爸再不回來了。永久地，……」

她一顆破碎了的心猛烈地深刻了一道傷痕，滴滴的淚珠，簷般的直流，哽咽的哭不成聲，夜的空氣更加緊張，呼呼的冷風，在屋外哀號！

「媽媽，你說哭不是好孩子，娘厭煩，爲什麼自己也哭呢？……」明兒很難過的坐了起來，心裡有點發燥，溼淋的汗，在他的橢圓的小臉上放亮。

她越想，心裏更加作痛，眼淚更加傾流，想起丈夫沒死的時候，地主的面容是多麼的和藹，鄰人的往來是多麼的要好 現在呢？却成了反比例，冷淡中更加上一種嚴格的恐怖，唉！眞是世味刀頭蜜，人情瓦上霜，究竟是一個慘酷的世界。

明兒看看他的媽媽，總是不斷的哭泣，也從他靈部的眸子裏流出了幾點淚水，很難爲情地躺在榻上，迷濛中睡熟了。

昏黃的燈光，明滅滅明的閃動，照着她慘悽的面容，哭聲漸漸的消沈，仍拿起針綫，縫着青色還沒做好的鞋，預備着天明趕個早市，掙點雜糧充飢。

○○○

「拍！拍！……」

陣敲門的聲響，她正在一針一針的縫着，心想，這又是東隣的孫媽吧！恩！鉤命鬼。

「是誰？」

「是我。」

孫媽推開了破舊的門扇，撇開了狡滑的調子，斜着嘴，逼近了愁容滿面的她，瞪着眼，兀的坐在牀邊。

「明兒呢？」

「他睡了，剛剛睡熟」

「孫伯母，夜已深了，還來有點啥事！」她睜開被淚水久蒙住的眼，稍轉了轉頭，躲測燈的暗影，恐怕被孫媽望見，言語是帶着幾分煩惱。

「王嫂子，你還不知道嗎？」孫媽向前傾了傾頭，轉了一個念頭，「恩！還守着死鬼做啥？眞有趣，……：像東村的李三爺，樓房一片，穿有餘衣，吃有存粮，再說他的二兒，在A埠當着營官，一年掙幾百塊大洋，家庭愈加興旺……恩！」孫媽帶着欣慕的模樣，說到這裏，嘴裡咕濃了半天，顫抖着身子，斜着眼，微微地一笑，好似叫她默會這話頭的用意。

「唉！窮命人，咱別談那吧！」她說的話帶着酸溜溜地味道。

孫媽聽了她一種冷淡的言語，一張嘴，吐下了一口黏痰，咳嗽了幾聲 愈加和緩的說：一咦！別擺架子吧！正好李三爺看你長的好，做個姨太太，眞是從地獄步入了天堂，享一輩清福，多麼好！多麼好！」

「孫伯母你莫再提起這傷心的話吧！……唉……：」她更酸楚了，天曉得她的心情。

「這不算得什麼？嫂子 風流事，世上多着呢？何况你這喪夫的人，而且又很貧苦，……：」孫媽望着她愁悽的臉，嗤的笑了一聲，好似對她解釋似的。

「孫：孫伯母，天不早了安歇去吧！」她的臉羞得醉紅，最不願再提起做姨太太的事情，疼腫的雙眸 又洒下了一片慘淚．

「唉！唉！不知好歹的愚婦，俺好心的給你找個……：你，……：你偏當作驢肝肺。李三爺向我說『你若不願意，趕快地將租糧交清，……』恩！不知好歹的……」孫媽的惡氣形諸話內，板起皺紋刻滿的臉，牙關咬了幾咬，向着那個柔弱地婦人作威。

「孫伯母，別生氣，天明了將繞做好的鞋子賣掉，再將明兒的爸爸的長袍賣去，再還李三娘的租糧好麼？至多不過二天……」她望着手中的針線，顫了幾下，仰首望着欲滅的昏黃的燈光。

她是最愛她的丈夫自痕，除了他似乎世上沒有另一個可愛的人了，自痕雖說死掉，她仍是時刻思念着，決意不再興別個戀愛，情願過着貧苦的生活 始終沒允許孫媽的要求，沒投入孫媽的羅網

愚老婆，到明天差一個錢角也不算完事！孫媽的眼泛了幾泛 用手向她指了幾指，一轉身站了起來 喘了一口長氣

一唉……」她拭 拭頰上的淚痕，低下了頭。

孫媽又轉了一個圈子 躊躇了一刻 心想，她過會或許吧！轉個心眼，願意與李三爺做個姨太的。

（未完）

凄風苦雨留運河

霖

又該回到故鄉去了，天空陰沉沈的，雨連綿的下着，心中泛起無限的煩感。

說是流浪在運河二年了，其實用「流浪」二字，未免太有點故意的帶些文人通有的感傷病，直接說是求學吧！反不如說是平淡的生活着。

現在因為要回到故鄉去了，心頭上好像起了點波瀾，仔細想一想，居住了十七年的故鄉終究給我些什麼？又不禁有些茫然。

一生活就永遠的這樣嗎？」我淒清的反覆的唸着。

窗外的雨聲，漸漸的大起來 我溷着窗台，遙望着烟霧中的家山 蒼茫的運河上，兀立着許多的桅桿；對岸的樹林 葱綠一團。這烟雨中的一切，都呈現着渾厚的雄偉的，嚴肅的氣象。

對樓的角上 立着幾顆小黑點，一忽兒浮在雲霧深處，一忽兒又掠過運水的波面，過些時，又落在這樓角上，或者電線上，我起初對她們生出了無限的神秘之感，後來我直覺出這些小黑點，——小小的燕子，在這雄渾的大自然中，不是太渺小了嗎？然而她却遨遊着宇宙，似乎忘却了一切 雨點會不會吞蝕了她，然而她却俯仰自如，似乎依據着風雨的聲調而飄舞。我又不禁的為她舉奮起來。

樓下傳來了淒涼的送別歌聲，是英君的纏綿的腔調，在「……：知交……：半……零落……：」的悲涼的一句？，我惆悵的離開了窗台，像吃了滿滿的一懷苦酒、

第二課攷試的鈴聲，沉着的飄來 我慢慢的走下樓來。我們的功課於昨天已完全考完，只有三年級還有兩課沒有攷，這時全體同學也只得完全留在校內 等候他們，而近幾天偏偏淒風苦雨，令人一顆懷鄉的心，越加沈重 然而我呢？是懷鄉嗎？是怕孀嗎？是遙念着遠地的知交？是回憶着青梅竹的童年？是……幾縷不可名狀的悲絲 密裹我的心。

在雨中，我無目的的渡向校門，……在教導處走廊下，我立着脚。

幾個熟悉的面孔，使我驚疑了，我立刻明瞭他們是來投考的。

一啊！善助！一我高聲的喊了，走過去和他們幾個握手，在善助後面的一位小同學，更使我驚異了，這樣熟的面孔 然而我當時竟想不起是誰。我招呼他們到寢室內去休息 給他們去報名時，我知道這小同學是李光前，三年前的同學。

運清 德然，我們幾個忙個不了的招待這幾位老鄉，我們覺得心中實在暢快極了，不 親愛極了，年來沒見 個故鄉的同學了，沒有聽到故鄉的消息了，現在對着這幾位同學，怎能不熱烈的歡迎招待啊？後來談到故鄉的許多消息，我們都殷殷的詢問，靜靜的聽道，聽到故鄉蒸蒸上進的地方，便拍掌而笑，聽到故鄉退步的或者不安的消息，便俛首默然，我曾自問過，我愛我的故鄉麼？有時我會厭煩他，然而現在我又這樣的愛聽故鄉的消息

「該回到故鄉去了……：故鄉……：」這是次一天——七月二號，我的腦海中旋轉着故鄉的一切。

午飯後，我們便整理行裝，天雖是陰沉沉的，却有放晴的希望。

在車站上找很戀的分別了幾位考學的老鄉，在他們的臉上，我也看出了許多不忍離別的神情、

「別了，我的學校，我的同學！」在火車上我對着運河鎮的一切作了一個親密的告別。

凄涼的哀曲

老鴻

片片的白雲，
微風吹散了；
美滿的家庭，
團聚着的人兒散了。
人生的快樂啊！
是如此的悲涼啊！短促。
杯葡萄的美酒，
對着一顆皎皎的月兒，
枯槁的人生啊！
我不忍使甜蜜的美酒，
空對着皎潔的明月，
我才知道啊！
美酒是消融苦悶的良劑。
聲聲哀婉的胡笳，
激起了我的舊愁，
引起了我愁緒的心情，
從那哀婉的笳聲中，
想到我家庭慘情。
遠遠的幾聲悠然的鐘鳴，
激起了人們哀婉的泣聲，
這曠野的，
沈寂的荒郊裡，
只有我一顆啊！
一顆破碎了的心靈，
在低低微微底，
撥動心中的弦兒，
發出聲聲悲痛的歌聲。
唉！何處是清靜？
枯寂的人生啊！
可咀咒的人生啊！
我與你訣別了，
訣別了，
我清澈的心泉啊！
乾枯了，
我生命的源泉啊！
已流到了盡頭，
枯寂的人生啊！
別了，別了。

長城上

春林

這是部滿鐫年月的
民族戰爭史，
長蜿蜒的臥在高山平原上，
遮住朔風帶來的漠沙
擋住南侵的胡騎，
作了華族數千年禦侮的武器。
上面的一塊磚一個梁，
是祖先血汗的結晶
換來子孫歷代的安靜，
有誰還念及秦始皇的偉功？
他悲哀的晚年，
是華族厄運的狂瀾，
交通的怪獸早將他殘體洞穿，
日夜吼着「打破閉關，封建一！
殘陽鮮紅了風雨未殘盡的同胞血跡，
在那砲彈掘起的深窟裏，
更照白骨遍地，
誰還知他們為誰死？
日暮淒冷的古城上，
呈露民族歷代的興亡，
更象徵華族不振的氣象。

二五 九，四完稿於豐縣楊小。

編輯室的廣播電台

雲章

一，莪原君昨又寄來譯稿一束。

二，唐嘘君現在不在豐縣了，他現在是東海師範的學生，將來一定有很美滿的造就的。

三，春林君：你不要燥．因為你那篇「炎夏」有許多要修改的地方，所以才遲遲不登的。

九，十六。

鳳鳴塔

〈第二四三期〉

一、本刊內容分科學常識論著詩歌小說戲劇散文書信書報介紹及批評等項
二、本刊歡迎投稿來稿文言白話均可
三、來稿本社有修改權不願者請先聲明
四、未經登載之稿除預先聲明者外概不退還
五、本刊編輯部設豐報社內

漫談

敬告青年朋友

名逸

四、要有運動的旨趣——在運動場上，一切煩惱都會烟消雲散的，在累得滿身出汗時，尤感覺無上的快樂　況運動與身體又有偌大裨益，在風ㄇ緊　時日急，華美的山河，垂着頭喪着氣的中國現狀下，正需要一般發揚蹈厲的健兒來挽救，這一舉兩得的事情，我們何樂而不爲呢？

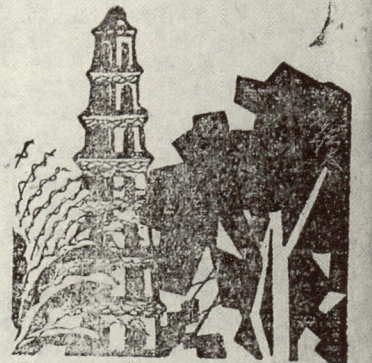

以外如要慧眼觀察事物啦，要達觀啦，……均足以消愁。總之我們既然察覺了以前的不對處，就應當轉轉方向，放寬胸襟，看得人生的美麗　愉快，安慰　用十二萬分的力量，下一番修養的工夫，求得學識的含蓄，事業的突進，絕不要因環境的阻力，而稍減其勇氣；世人的誹笑，而驟然心灰意轉；物質的引誘，而致心醉神乱。否則，你一味的背着太陽，向黑洞裏橫衝直撞　那眞所謂：「再過幾日還是你　再過幾月還是你。」再過幾年甚至一世，還仍然是一個你，結果你只有落伍，只有死亡，要想達到你所焦慮，所念念於不忘的，那眞無異於戴着有色眼鏡，向着長安道上邁進而欲達到東京似的。這樣雖有健康，美麗，安適，成功的高峯在上，而你的分裡沒有他的影子，也是不能引你上進——終歸枉然的。

事實上曾告訴我們，因是果的源泉，耕耘是收穫的下種，有實踐，必有反映。要說將來開的燦爛的花，結得豐實的菓，不是『將來』前一段努力的結晶，那簡直是同鐵樹不能開花一樣肯定的錯了吧？所以此時在這裏希望和我同樣命運的青年諸友　無論他或她，都要在抓着『將來』的前一段——現實——打足精神，下定決心，努力的　勇敢的，走向前程，培植前程，不灰心，不喪氣，不怨不尤，更不隨波逐流，有一分力量盡一分力量，活一天向前苦幹一天。這樣不但個身冥冥中有了生機，而社會國家亦可借此邁進了。

（完）

翻譯

洩漏秘密的心

美國愛倫坡著　老．淵譯

我很耐心的等了許多時候，沒有聽到他睡下去，我——就決意在燈籠上開一個小的——，極其，極其小的罅隙。我就開了！你不能設想這是怎麼偷偷地，偷偷地直到，最後，一線蛛絲樣的陰森的孤光從那罅隙射出而且落上那隻鷲鳥眼。

它是開着！開得很大，當我注射到它時，我就憤怒起來，我看它得十分清楚！全個是陰碧色，上面蒙着一層可怕而討厭的薄膜　冷澈我的髓骨，但是我不能看到那老頭子臉上或身上的別的什麼：因爲我好像受本能指揮似的，把那道燈光正恰地投在那該死的一點上。

我不是告訴過你嗎？你所誤認爲瘋狂性的，只不過是各種感覺的過度敏銳罷了！現在我說；我耳朵裡來了一種低微，鈍重　而急遽的聲音　這是那老頭子的心裏顫聲，它激增了我的憤怒正如一個戰鼓的擂擊激勵軍士的勇氣似的。

但我仍忍耐着　而且保持着鎮靜。我幾乎停止住呼吸。我提那盞燈不動，我設法怎樣我才能隱定地保持那射光在那隻眼鏡上。同時，那鬼祟的心的顫聲聲增加了。它每瞬間更加急速，更加高亮　老頭子的恐懼必定已達到極點了！我說它愈來愈響了，愈來愈響了。你懂得我的意思嗎？我曾經告訴過你，我是神經過敏的；他確是的。而現在，當這深夜的死寂的時光，又落在那所老屋的可怕的靜穆中，像這樣的一種特別的聲音，正激動我入於抑束不住的恐怖。然而　在幾分鐘之內，我猶忍耐住而且靜靜的站着　但是那顫擊聲愈作愈高了，愈高了！我想那顆心必定必要爆裂哩。到這時候，一種新的憂慮攫住了我！那個聲音或許會被鄰人聽見呢！高呼了一聲，我就把燈籠拉開，跳入房裏。他尖叫了一聲，只一聲。瞬息間，我即將他拋落在地板上，並移過那張笨重的床來將他壓住。於是我快意的微笑　看事情已做到如此了　但是那顆心還用着一種蒙塞住的聲音顫拍了好幾分鐘。然而這並不使我焦急；它已不會被隔壁聽見了，它終於停止了　那個東西是死啦！我移開那張床，并視察屍體　是的，他是石塊樣　石塊樣的死了　我將我的手按上他的心膛　而且在那裡按了好幾分鐘　心已不跳動了，他是石塊樣的死了，他的那隻眼睛再也不會來苦擾我了。

創作

殘夜（續）

小生

孫媽等燥了，心裏老是起火，氣憤地拉開了破門扇一股涼風鑽進牠，喉嚨一呵噓！呵噓！一連打了幾聲，走出門　向黑暗中摸索，嘴裏咕濃着，白跑了一遭，二十塊大洋沒得掙到手裏。

天地在混轉　李三爺正做着娶姨太太的夢　燈光昏沉得欲滅　屋外的風，對着人間鳴不平，惡魔更加嚴厲的逐追着她。她低着頭，流着淚，一顆破碎的心弦　奏着斷情的哀曲，盼望着未來的天明。

（完了）

猪

新民

在一個汚泥中間，
蠕動着一羣猪〇，
牠們談不到徘徊，
只是無目的乱竄，
那裡有豐富的食料，
只要俯下頭，
全不用一點力氣。

〇　〇　〇　〇

他們的生活是這樣的安適，——
沒有鳥雀那樣的自己覓食，
沒有孤兔那樣的防人狩捕，
更沒有貓犬負看守的天職，
牛馬那樣的吃苦用力，
他們的腦中沒有憂愁禍患，
他們的世界沒有飢餓顛連，

〇　〇　〇　〇

節氣逼近了中秋，
主人給他的食物更加優厚，
不但食料不令缺之，
一日逐加兩次豆渣。
中秋前的三天，
把牠們趕入另外　個庭園，
這裏面有許多的同伴，
在這個新的境界中倍覺騰歡，

〇　〇　〇　〇

當一個夕陽將落的下午，
忽泛起　個絕大的驚擾，
原來他們的同伴，
已被主人縛牢。
這時才覺末日臨到，
紛紛的迴避，
沒命的驚號，
但不作　點抵抗，
就是他們的腦中也全無抵抗的思想。

〇　〇　〇　〇

時間才過一句鐘，
牠們却全躺在地平，
咽喉吞下了寶刀，
哀號却響徹雲霄，
但是啊！
却喚不來屠夫的情。

寫於海師

別離

向高

在民國十六年暮秋的一個晚上，父親坐在院子裡的凳上，望着對面我的年老的奶奶的臉，商量着要我們三口——我的母親，和妹妹——跟着他一同到豐縣來，一，是我已到了求學的年紀了，應該識幾個字。二，是我父親到這裡來做買賣，我的奶奶雖然有些戀戀不捨，但爲我的求學，父親的生意，和居家的嘴，不得不允許了。

在起程的前幾天，全家人就忙着收拾行李準備着一切了。在這將要離別的時候，我的小兄弟和鄰人的孩子，卻和從前大大的不同了；他們，我們常常的邀了成羣的狗屁不知的小孩子來打架，分成了南軍和北軍兩個派別，而且有不完善的組織。有總領帥統領着這羣無知的孩子們，每每在路上，巷口裡見了面，便恨恨瞪瞪眼，有意的咳嗽幾聲，仇敵似的碰着膀子哼的過去……有時候我們也將手中的小竹豎平的槍，放在眼前，嘴裏輕輕的喊：「吧……」。這時他們邀着我的弟弟（振雲）和我一同到村東邊的梨園裏，打鞋底，壘瓜園……，非常親近。

兩天的時間，在這歡樂的遊戲中消失掉。這天我起得很早，天還沒有大亮，我的嬸子卻早已起來了，點着烏黑的，廠光光的豆油燈，粟胡般的小燈頭，不時的炸着小的火花，逼着燈底的油吱吱的叫，翻騰的泛着，白沫似的小泡，炸開了一圈圈的小渾圈，向四週展開去。

昏暗的燈光下，晃動着幾個人頭，她們在均勻的動作着，那是我的嬸子們在做飯。吃過了飯，許多親戚，鄰居都擁在院中等着送別。我的奶奶囑咐我的父親說：「在路上當心小孩子的寒暖，現在已是降霜的時候，不要着了寒，到時就來封信，奶奶臉上堆滿着難過的神色，眼淚潤溼了她的眼角，不時的用衣襟擦着她的的眼淚，眼圈紅紅的。

大領把車套好了，把行李件件的搬上去，我的奶奶，外祖母，叔，嬸子，以及那幼小的弟妹和左右鄉隣任送我們，父親要他們回去。我的奶奶任人空中喊着我的名字（振起），她的聲音，嘶啞的幾乎聽不出來，不禁，我的心抨抨的跳，任什麼話我也找不出一句來安慰她，已爲離愁所襲擊的心！只是答應了一聲，這時我的心酸的落下淚來。

他們站在莊門口，看着我們的車，漸漸的和他們離開去，遠了，只看見一些淺淡的灰黑色的影子，立着，動着他們的手，看着我們揮別去

投考

松濤

許多青年學生們，得意洋洋，笑語喧騰，成羣結隊的坐着人力車，坐着馬車坐着汽車，在公路上接續不斷着駛過，趕他們的考期去了。

從這公路上距離素波的家，只有一箭之遠，數十株楊柳把他的院子罩籠着，遠遠看去，只是一片碧葉森森的大樹林；要是沒有雞犬聲從中傳出，誰都猜想不到有人家在樹林裡居住着。

素波是一個受經濟壓迫已經失學三年的青年；在這失學的三年中，他受着生活之鞭的驅使，踏進黑暗的社會中謀生，受了許多欺侮受了許多的玩弄，吃了許多的白眼；他感覺有知識欠缺不夠用，有閒暇的時候便想讀書，同事們都懷着滿腔的嫉妒心，無理的人們嘲笑他有幾次他想與萬惡的人們講理，辯論，可是事實不允許他這樣做，如果這樣做了，飯碗便要搖動起來。他只好忍氣吞聲，埋首苦幹下去。

學校放暑假了，一隻沉重的担子和受氣的布袋，也隨着放假從他的肩上暫時卸下了，卽時他覺着非常輕鬆，非常爽快。

他回到故鄉來了，院子外的樹蔭下，就是他的唯一好友。他常常攜着一隻短凳，在樹蔭下坐着看書，有時看書疲倦了，便把書放下，在林中度來度去繞圈子，腦海裡胡思亂想着。想得煩惱的時候，便想脫離萬惡的世界到人跡罕到的地方去，或者自殺，想得快樂的時候，楊柳，花，草，蟬，鳥雀，彷彿都對他微笑，都對他唱着讚美曲，他樂得手舞足蹈了，他笑得眼臉台不上了，他忘了世界了，忘了自己了，忘了一切苦惱了。

有一次，他正在想得出神，汽笛一聲，把他的思想打斷；他無力的眼光慢慢的移到公路上去了，一部滿載着投考學生的汽登，飛也似的駛過；他多思多愁的腦海裏，又掀起了一陣狂濤；他看見這些投考的學生，非常羨慕，漸漸的由羨慕變成極端的嫉妒，憤恨，

同是一樣的人，他們都有機會求學，都能很快樂的求學，爲甚麼我不能得到求學的機會，快樂的毫無憂慮的去求學去呢？爲甚麼我尚在少年時代，就必須放棄求學踏進黑暗的萬惡的社會中去謀生呢？是我比他們年紀大嗎？是我比他們愚笨嗎？要是我的年紀比他們大，爲甚麼我服務的學校裏，有許多學生比我的年紀大呢？——別的學校裏的學生，年紀大小我不知道，——爲甚麼投考的學生們，看樣子有十分之八九不比我小呢？要是我愚笨，三年前在學校裏讀書的時候，爲甚麼我的成績常常名列前茅呢？爲甚麼常常聽到人家誇獎我說：「素波小小的年紀，這樣的聰明，很有希望」呢？……啊……啊啊……天哪！你竟這樣的不平嗎？……

他愉想愉憤恨，愉想愉心酸，髮指背裂了，淚珠兒止不住奪眶汨汨流出了，他恐怕被父親看見，問出情由來心酸，恐怕被別人看見罵他害神精病，忙從口袋裏，把手帕扯出來擦淚，手帕只能擦去臉上的淚痕，那能擦去眼球上哭成的時紅色呢。一幕一幕的往事，在他腦海中演映了，他九歲時，被父親送到私塾裏去讀書，先生每日只教些子就詩云，不給講解，他每日也惟有隨着同學們讀着子曰詩云，究竟子曰詩云是些什麼東西，他卻茫然不知，他終日被關在私塾裏了。一個活潑潑的孩子，變成一保書獃子了。

年紀大的同學們，早經作文了，每逢三八日（初三日初八日）都停止讀書，埋頭苦思，東翻西找，嚴重的去作文，如臨大敵的樣子。他有些奇怪，爲甚麼大家都作文，先生不教他作文呢？可是他不敢問先生。後來，他總邊向同學許多次的探討，對於作文有些明白了；同學們作文的時候，他避着先生，偷偷的學作，有一次，被先生發見了，他嚇得抖抖戰慄，先生把他的作文看了一遍，用手撫摸着他的頭，微笑着說道：「好聰明的孩子，你的作文，滿清順，以後作文的時候，就隨着作吧！」（未完）

沒和尚的廟

春林

古老灰色的廟宇，蹲在
千戶人家的村西，
盞青燈燒了夜，
案上書堆倦了個斎年的眼皮，
四壁的神像望着天空嘆氣！
往日天天鐘聲吸着夕陽，
早晚都響着一片佛聲，
更深也可見幾個合掌和尚，
盤坐在神前的蒲墩上，
寬袖的袈裟，滿袖嬝娜的檀香。
現在天天是羣活潑的兒童出進，
咿唔聲驚落了樑上檀香的灰塵；
蒲墩上不見了唸「婆羅揭諦」的和尚，
新潮流將要沖倒長眼的神像！
廟門前掛着塊教育招牌，
鐵鐘也改作白日。
嘶啞他的破喉嚨，
院中的老松上
懸滿「我們養成科學頭腦；
破除迷信」的字樣。
昔日幽靜虛幻的西方天國，
沒入文明潮流嘈雜的急浪裡！

二十五年九月一日

註：我鄉有座大廟，廟內有幾個和尚，很多產業，今年因「教育局擴充學校，便改作校舍，趕走和尚，尚留幾個神像沒有推倒享受風光。

編輯室的廣播電台

雲章

一，雲章因事公出，本週鳳鳴塔請克林代爲校對。

二，「微言」是唐嘘君新寄來的稿子，極深刻透澈。

三，孤蹤君，你的贈報已開始了。請你快把最近的創作送來吧！

四，老淵君請將眞姓名示知。

九，二十二。

鳳鳴塔

第二四四期

一，本刊內容分科學常[illegible]看詩歌小說戲劇散文書信書報介紹及批評等項
二，本刊歡迎投稿來稿文言白話均可
三，來稿本社有修改權不願者應先聲明
四，未經登載之稿除預先聲明者外概不退還
五，本刊編輯部設豐報社內

漫談

怎樣紀念「九一八」？

兆江

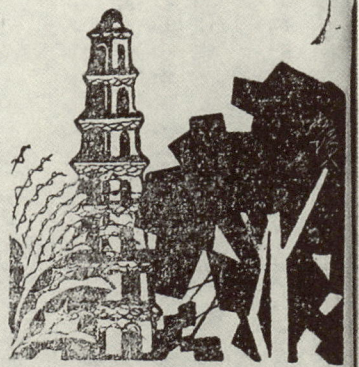

自從民國二十年日本強佔了東北四省，於是便生下了這個日子「九一八」，自此以後一年一個的「九一八」繼續着來了，在這個日子裏我想我們凡是一個中國人 他總不念忘了五年前的今日，日兵曾殺了我們的同胞，佔了我們的土地……那麼今天應當怎樣的來紀念這個日子呢？

這里我有一點小小的意見，向大家來談談想不妨學的，今日我們來紀念「九一八」，應該睜開眼睛環顧世界一下，世界各國現在進化到了個什麼程度，我們的工作進行到了個什麼程度，是不是比他們落後？是不是比他們進步？假如我們的國家要比他們落後，我們全中國人都應靜默一下，想一想這是為什麼？要知道了為什麼就是我們有救國的法子了。

救國絕不是一個人的事，我們的國民政府主席和我們每個的小學生，擔負着同樣的救國責任，所以今天要從上問一問我們的主席，一及全國的農人，工人，商人，軍人，和每一個小學生，是不是自己的工作，自己的能力，能否勝過外國人？假如每個人能這樣反省一下，再能覺悟的找出正路去走，我想國家不是不容易救的，那才不負今天來紀念呢？如果還馬馬虎虎的下去，那麼血淋淋的九一八，還是個血淋淋的九一八，還是繼續着要來的，那就永沒復興的日子了。

翻譯

洩漏祕密的心（續）

美國愛倫坡著　老淵譯

倘使你還以為我是瘋狂，那末，讓我敘述出那些我所取以隱藏那屍體的聰明的方法來你就再不會這樣猜想我了。夜色消逝去，我急速而靜謐的工作着。劈首，我先把屍體裂開 我斷下了頭和手，臂和腿。

然後我從那間房子的地板裏挖起三塊地板來，將一切都放進地板孔裏去，然後我再把那幾塊地板那樣聰明的，那樣巧妙的放好，再沒有人的眼睛——就是「他」的眼睛也不會能發覺得出半點不是來。沒有東西須先洗去，什麼汚跡都沒有，連一絲絲的血點也沒有，對於這個，我真顧慮周到極了，一桶水已把一切洗得乾乾淨淨，哈！哈！

當我把這些工作做完的時候，已四點鐘了！但還如黑漆得像夜半。當鐘聲響時。大門上來了一個敲門聲。我跑下去毫無一點心事地把門打開，因為我現在還怕什麼呢？進來了三個人，他們[illegible]員。一位鄰居在這裡聽到了一種尖銳的叫聲，引起了曖昧的兇劇的猜疑；警察已得了報告，他們，那八個官員）是被委派來檢查這所住宅的。

我微笑了，因為我還怕什麼？我歡迎那幾個紳士進來 我說，那聲的銳叫 是我自己夢中發的。我並且說明，那老頭子到鄉下去了。我引我的來客們走遍全個屋子 我請他們檢查 仔細的檢查。最後 我領他們到他的屋裏去。我指示他的各種東西給他們看，完全沒有點動過的。出於我自信心的興奮，我拿進幾張凳子到屋裏來，請他們就在那裡休息休息；我自己呢？出於我得到完全勝利的狂野大膽 將我自己的坐位放在恰那個地方，在那下面，正放着那個遭害者的老東西的屍體。

警察們很滿意，我的態度已使他們信服，我是特別的從容 他們坐着，而且他們看得很高興地回答他們的話，我覺得自己漸漸的臉色蒼白起來 我乞望他們出去。我的頭痛了起來 而且似乎覺得我的耳朵裡有一種翁翁聲：可是他們儘坐着 儘談着，那種翁翁聲變得更分明了：它繼續着而且更加分明：但是他繼續着而且逐漸確定了——到最後，我發覺了，這一種聲音並非是在我的耳朵裡面。

無疑的，那時我臉色一定變得極其蒼白了；但是我加勁地流暢地談話，而且提[illegible]大起來了，我怎麼是好呢？這是一種低微 鈍重 而急遽的聲音 正像 個時表裹在棉花裏所發來的聲音。我呼吸喘促了，而那幾個警官還沒有聽到那個聲音 我更加速地談話，更熱烈地；但是那個聲音還不絕的增加。我立起身來，爭辯 些瑣碎小事，高聲地，而且作着一些粗狂的姿態，但是那個聲音還是不絕的增加。他們為什麼儘管不走呢？我用着沉重的踏步來往度着，好像被那幾個人的談話激怒了似的 但那個聲音還是不絕的增加，啊！上帝呀！這怎麼是好呢？我暴怒了！我發狂了！我賭誓了！我轉動起那張我正坐着的凳子來，將它在那塊地板上磨擦，但那個聲音高出一切而且繼續增加。它愈更大 更高大，更高大了！而那幾個人還仍興高彩烈地胡乱談着，微笑着 莫非他們會不聽到嗎？萬能的上帝呀！不 不！他們聽到了，他們起疑心了！他們知道了！他們是對我的恐懼玩笑哟！那時我這樣想。現在我還是這樣想。但是這種苦痛比什麼都難受！這種諷弄比什麼都難堪！我再不能忍受他們那些心地虛偽的嘲笑了！我覺得非大聲號叫不可，不然，我不如死去吧！啊！又起來了！靜聽呀！更響亮了！更響亮了！

『你們這幾個壞蛋』我高聲叫了，『再不要假惺惺了！我承認這件事的！挖起這幾塊地板來吧！這裏！這

創作

投考（續）

松濤

他愈想愈憤恨 愈想愈心酸；髮指背裂了 淚珠兒止不住奪框汨汨流出了。他恐怕被父親看見，問出情由來心酸，恐怕被別人看見，罵他害神經病。忙從口袋裏，把手帕扯出來擦淚，手帕只能擦去面上的淚痕，那能擦去眼球上哭成的赤紅色呢。一幕一幕的往事，在他腦海中演映了。

他九歲時，被父親送到私塾裏去讀書，先生每日只教些子曰詩云，不給講解，他每日也惟有隨着同學們讀着子曰詩云，究竟子曰詩云，是些甚麼東西，他卻茫然不知他終日被關在塾私裏了

別了故鄉

唐虛

別了！故鄉！
模糊的眼淚中隱滅了你支離的瘦影，
悠悠的征途上飄怒着我流浪的幽魂。
故鄉啊！
不要咀咒我無情的離去，
只恨生活的鐵鞭揚在後面，
——時不緩，
幸福圈外的人們，
怎能嘗受故鄉的溫存和甘甜？
可恨呀！
我生在這凋零的農村，
可憐呀！
這凋零的農村偏生了不振的我！
唉！故鄉！
唉！不振的我！

〇　〇　〇

故鄉呀！
誰願遠離家鄉？
誰願流浪四方？
這都是前生註定，
你不必悲傷，
也不必心痛！
高呼吧！
厄運的人兒！
掙扎，奮進……！

。一個活潑潑的孩子，變成一個書獃子了。

年紀大的同學們，早經作文了每逢三八日——初三日，初八日——都停止讀書，埋頭苦思，東翻西找，重嚴重的去作文，如臨大敵的樣子。他有些奇怪，爲甚麼大家都作文，先生不叫他作文，叫他讀書呢？可是他不敢問先生。後來，他經過向同學許多次的探討，對於作文，有些明白了；同學們作文的時候，他避着先先，偷偷的學作，有一次，被先生發見了，他嚇得抖抖戰慄，先生把他的作文看了一遍，用手撫摸着他的頭，微笑着說道：「好聰明的孩子，你的作文，滿淸順，以後作文的時候，就隨着作吧！」

每日讀着不明白的書，三八日作着之乎者也的文，先生也給他之乎者也的改着，夫且然嗚呼的增添着，把一個幼小的孩子，弄得發昏章第十一。

在他十一歲的那年秋天，他脫離了塾私，到縣立第四小學裏去讀書。他的書獃子氣，漸漸的死去，天眞爛漫伶俐活潑的神情，跟着漸漸的復活了。因爲以前所讀的不明白的子曰詩云，沒有用；初入校時，較同學們的程度相差甚遠。後來功課漸漸進步，慢慢的由劣等而可等，由可等而中等 由中等而優等了，先生們．同學們，莫不嘖嘖稱讚他的聰明。

光陰似瀑布的傾瀉，江水的奔流，轉瞬間，索波小學畢業後，又在C城中學讀書一年了。

（未完）

流浪者的夜歌

唐虛

星星夾着初醒的眼皮；
螢蟲閃着進前的燈籠。
沉重的步伐，
托着隻瘦長的殘軀，
蠕動着——在黑夜裏。
○　○　○　○
衰草萋萋，
荒塚纍纍，
殘碑斷碣，
燐火飛空。
死寂的夜色裏——
擅微着流浪者的幽靈，
捲伏着疲憊的僵軀。
○　○　○　○
星呀！你照出我前進的路程，
何處平坦光明？
螢呀！你指示我那條路上進行，
可走出毒蛇巢營？
○　○　○　○
流星一閃，
竄入碧空，
螢火蟲也投入荊棘叢中，
只有秋風吹着衰草，
颯颯作響。
○　○　○　○
天上呵！
無月無星，
黑沉沉，
陰雲森森，
地上呀！
無燈無螢，
暗昏昏，
鷄狗無聲。
這人間！
只有——流浪者唏噓着前程的渺茫。

[illegible]

鄉村生活

小生

的確的鄉村裡的生活，是比較城裏好得多啦！當在城裡的時候，終日困因悶熱的霧圍裡，孱弱的心靈，如碎了似的，時刻盼望着能回到親愛的故鄉，去過鄉村的生活。

眞的，在我的極度的盼望中，開始過着農村的生活了。

是一個碧海靑天的早晨，如輪的旭日，掛在東天的一隅，開始吐那還沒猛烈的光輝，乳白色的晨霧，洒落了村的輪廓，淺淺的崙巒，躍出一片彩霞。風兒淺爽地衝開了曉宿的濃霧時，晶瑩地露珠，掛在荷荷葉上，夾着炫耀的光芒，自己便一早起來了，撫在園的架欄上，看那夜間過來的花草，看那微戰的綠樹，看那太陽和露珠。

幾層排列的茅舍，隱約地籠在溼烟裏，四野沒有一點惱人的聲息，靜悄悄地更顯出那鄉村特有的風味，誠然，脫離了城裡的惡濁的塵埃與煩悶，來領受這整個鄉村的純潔而新鮮的空氣，使得胸襟寬暢，心靈清澈。我這渺小的身軀，被籠罩在這廣漠的太空，總覺得比那煩囂的城內別有天地。

我更敬佩農民的高尚神聖，他們工作，都是披星戴月的出入，到田間受着烈日的蒸炙，汗流遍了全身，猶不以爲辛苦，倒反感覺快慰。而以此種情勢，實在覺得我自身的渺小，而與他們有無上的敬佩。然而；他們雖然勞苦，仍得不到飽腹的生活，到底他們費了許多的辛苦，流了無數的血汗，究竟得了些什麼代價？唉！我實在慚愧到無可匿身的地步，究竟是一個文弱書生，終日除了坐在樹陰下，揮着扇子，看那幾本一的了嗎呢」的書籍以外，還能做些什麼？雖幾曾想跑到田間去幫助那些勞苦的大衆。那暈花的眼又昏沈了，只可惜沒有氣力，也索性不去了。

鄉村的生活，雖然有趣，但每看到一般黑面黃皮骨瘦柴的農夫，不免發出許多牢騷，而且感到悲哀，孱弱的心靈，驟張起悲哀的漣漪！

最熱鬧的是他們做完了一天工作，在月朗星稀的晚上，清爽的風浴着他們的身體。聚集在一塊，有的揮着蒲扇，有的抱着小娃，乘涼談笑。我很羨慕，欲借此良好的機會，探些關於農間的情形，的確，我終於參加了他們談話的團體。

「現在田裏的情形怎樣了。」我問

「咳！田裡嗎？實在有點乾燥了，如果再不落雨，田裏就要着火啦！現在高粱的葉子都捲成筒了，豆苗也枯黃了，唉！這……。」

那個抱小娃的正在哀憐的說着，忽然從我身後來了一個鹵笨的傢伙，恨恨地咀咒着：「他媽的，老天爺眞要命，在去年的此時，老是下雨，弄得到處是水，連我的高宅基都幾乎淤沒，最可憐的就是蘇北境的地方，提起來眞使人不寒而慄，淹得莊稼皆成了水草，房屋村莊盡爲了澤國。直到現在，那裏的人民，仍是漂流在外，過着討飯的生涯，不料今年反不落雨了，旱得莊稼，枯萎到這個樣子。」

坐在旁邊的老太婆忍不住了，提高了喉嚨嚷着說：「憨孩子，恁懂得啥？等着吧！太平的日子在後頭呢？唉！像我！像我這諸大的年紀……已經七十餘歲……唉……」他像恨着自已年紀太大，不能再等了，便驟然不說了。

實在他們的心理，還是存着封建思想，還沒有被着新潮流的濺染，每談起話來，總離不了老天爺，什麼天子，眞龍登基，這種迷信的聲勢，還是這樣的流行，我敢武斷的說，是因爲我國的文化還沒發展，教育還沒普及的緣故。

鄉村的生活，雖給予了許多的快慰，興奮，並且也給予了不少的哀痛，憤鬱，即如此，我也願意永遠地，永遠地住在鄉村，擁在自然母親的懷裏。

收成

春林

一秋涼氣爽，
豆子收成有望。」
現在是個什麼天氣？
如若忘記時令的人，
會誤認爲仍是夏日。
因太陽蒸蒸得皮膚哭出汗滴。
當今夏高粱出穗時少見這樣晴天，
現在恐已減收不堪；
此時田上乾到犁底，
豆莢還扁着肚子，
那能受住這連的炎熱天氣，
更加上這場熱風，
豆子已有搖葉枯竭生機。
今年農人有三個失望：
春上看着麥根很旺，
收後糧少糠强；
早秋顆長强是往常，
糧食則減少過半。
現在的天氣又是這樣，
將來晚秋的收成，又一定是個十足失望。
天災給農人種下苦痛，
終日工作換來了三春腸空。
嘆氣聲裏帶着哀愁，
工作裏再聽不見歌聲嘔嘔。

編輯室的廣播電台

一，雲章公出未回，本期鳳鳴塔仍請克林代爲校對。

二，松濤君：請將通信地址和眞實姓名示知！

三，松濤君的：「投考」送來極早，因爲稿件擁擠，所以到今天才發表，這是請松濤君原諒的。

九，二四。

第一〇二一號
社址豐縣大同街
中宣會登記證中字第一二二九號　內政部登記證警字第二二三號
中華郵政特准掛號認為新聞紙類
今日一張　零售每張一分四厘

△廣告刊例

本報廣告以方寸計算　每方寸以市尺長寬各一寸計算

（新聞欄）每日三方寸三天起碼每日每方寸一角二分

（封面）每日三方寸二天起碼每日每方寸一角

（普通）每日三方寸二天起碼每日每方寸八分

登三日以上九折六日以上八折八日以上七折十日以上六折常期面議

德履祥號遷移新址啓事

本號開設東大街歷有年所向係經售南洋烟草公司各種上等香烟亞細亞火油公司僧帽洋油以及南貨兩因營業擴張原址不敷應用故在西大街縣党部對面路南購妥地址規模亦頗宏大所有貨物均已遷移新店照常營業各貨價目格外克己以答盛意凡我顧主敬希鑒察並祭源源賜顧無任感激此啓

豐縣教育局啓事

本局本學期規定小學必要簿籍八種，交由教育用品合作社印刷出售。茲據各區教育委員報告，現仍有少數學校簿籍不齊，對於攷核成績　諸多不便。查所定各項簿籍，均屬重要，各小學如不能自行印刷，希卽逕向合作社購買應用爲要！

豐縣縣政府佈告　建字第　號

案查本年本府與江蘇省立麥作試驗場合作推廣美棉，業經訂立推廣棉產合作辦法以資遵守在案。按照該辦法規定，關於技術方面者，由該場負責，關於政治方面者，由本府負責　現查各棉區棉苗　早經生長成株　自應切實保護　以維棉業　而利推廣　茲擬具保護美棉辦法六條，除分行外合行佈告各棉區民衆一體遵照切遵，此佈。

保護美棉辦法

一、竊取他人田間棉花者，以竊盜論罪。

二、結夥五人以上公然刼奪他人田間棉花者，以强盜論罪，其主犯應從嚴懲辦。

三、各區棉田除地主外　一概禁止出入，倘有假借割草或捕鳥等名義擅行侵入者，卽以盜竊未遂論罪。

四、犯以上各罪除地主得隨時告發外，所有該管各鄉鎭保甲長，亦均有檢舉之責。

五、倘犯罪輕微尚未構成刑事範圍者　得由各該管區公所以違警法處理之，一面報請縣政府備查。

六、本辦法自公佈日施行。

中外要聞

上海事件傳入東京後
日海軍省澈夜會議
决定卽時發動自衛權
保護日本在華權益
公務局致函日領示表遺憾
閘北佈防日軍已陸續撤去

▲中央社東京廿四日電　上海事件之消息、傳至東京後、有如火上加油　目前之發展似已臻最嚴重之階段、海軍省經澈夜會議後　令長對駐華第三艦隊司令及川發出重要訓令　責令現駐華海軍陸戰隊負保護日僑在華之生命財產之責　同時亦做種種準備　如一旦局勢惡化　卽將派遣官軍、海相永野已取消參加陸軍大操之預計　陸軍當局認爲行使最後計劃現已濔近。

▲中央社上海廿四日電　東京電　日海軍省廿三日深夜開海軍省與軍令部之聯合會議、結果卽將發動自衛權以護日本在華權益、與日僑生命財產　請軍令部長福見公得揮、已得永野海相批准　决定增强海軍警備兵力、採取海軍獨自行動

▲中央社上海廿四日電　東京電、海軍當局關於此次事件、事態較爲惡化　不卽令長江方面漢口以北之日僑撤回、日本卽發動自衛權、一時外交交涉將濵入停頓狀態　對國民政府亦認無口頭抗議之必要。

▲中央社上海廿四日電　廿三日晚虹口日水兵田崗被暴徒槍擊殞命事件發生後、公共租界公務局方面除訓令警務人員加以防範事態惡化外　已由負責治安者致函日領　表示遺憾　原函略云　昨日公共租界內發生暴擊　致貴國水兵一名死傷　公務局對此甚爲抱歉、茲特致函閣下表示遺憾

▲中央社上海廿四日電　在閘北佈防之日戰隊、昨日晚已陸續撤去、僅六三花園一部未撤　北四川路止境路之交口原有日陸戰隊崗位人數業漸減少

▲中央社上海廿四日電　日使館海軍武官左滕廿四日晨乘機飛京謁川樾大使、報告吳淞路事件經過　行前曾與第三艦隊司令及川海軍陸戰隊司令沂滕等晤談甚久。

中常會昨開談話會
中政會亦開會議
張外長出席報告與川樾談話經過

▲中央社南京廿四日電　中央常務委員會今晨開談話會、由馮委員玉祥主席、推孔委員祥熙担任下星期一中央紀念週主席並報告　聞本日中央政治委員會亦開會、居委員正代理主席、外交部部長張羣曾出席詳細報告與日大使川樾談話之經過。

本年高攷第二試
定今日起舉行

▲中央社南京廿四日電　本年臨時高攷第二試、定於明日起在考試院試場舉行、上午八時至十一時、普通行政人員、司法官、教育行政人員、及財務行政人員四類、至廿八日各類二試均可完全考畢。

內政部擬民族掃墓辦法及致祭儀式

俟呈准修正即公佈施行

▲中央社南京廿四日電　中央前為紀念中國歷代民族英雄起見、曾飭內政部列具民族掃墓辦法、規定致祭儀式等項、現內部此辦法業修改草竣、即呈行政院審核、俟修正通過後、即轉呈國府公佈施行。

電化教育人員訓練班 昨補行開學典禮

▲中央社南京廿四日電　教育部舉辦之電化教育人員訓練班　今日上午十時假金陵大學禮堂補行開學典禮、由陳主任報告籌備經過、繼由段次長訓話、並由來賓魏學仁范本中等相繼演說、均對全體學員加以勉勵、正午散會。

革命先進尤列昨晨抵京 中樞各要人均到站歡迎

▲中央社南京廿四日電　革命先進尤列、自上月廿八日由香港抵滬後　以年事太高、不勝海行勞頓之苦、即在滬修養、現已精神復原、於于晨由滬乘車抵京、中樞要人到站歡迎者甚衆、尤氏下車後、即去旅邸休息、擬於日內展謁總理陵墓、及訪京中故舊

孔財長昨舉行茶會 招待英大使及在京各國外交官

▲中央社南京廿四日電　孔副院長今日下午四時半在私邸舉行茶會、到新任駐華英大使許介森、駐華英大使館參議賀武　及德　義　美、蘇、法、荷、比、日、各國在京外交官　與各院部會長官等、共四十餘人、由財部高級職員招待　歷時甚久始散。

行政院修正 行商組織補充辦法

▲中央社南京廿四日電　行政院前將行商組織補充辦法第三條條文修正如下　輪船或民船業同業公會區域、除依工商法規者外、經最高監督機關核准　分別在各該公司行號所在地設立公司、如該地同業不滿七家、及未設立公司行號外、可加入航線所經任　市之各該同業公會。

王世杰吳鼎昌昨飛粵 視察教育實業

▲中央社南京廿四日電　教育部部長王世杰、實業部部長吳鼎昌、為視察最近廣東教育及實業、於今日上午九時由京搭乘道哥拉號巨型機飛往廣州、計程今日下午一時左右即可到達。

國民政府昨日命令

▲中央社南京廿四日電　國民政府今日命令、一、派賴班斧為出席國際勞工局第廿二屆海市會議中國勞工方面代表、此令、二、派姚定誠為出席國際勞工局第廿二屆海市會議中國勞工方面代表顧問、此令、三、國大代表選舉總事務所第八組組長劉健羣另有任用、劉健羣應免本職　此令、四、派曾擴情為國大代表選舉總事務所第八組組長、此令。

林雲陔吳忠信等 定下週補行宣誓就職禮

▲中央社南京廿四日電　審計部長林雲陔、蒙藏委員會委員長吳忠信　滇黔監察使任可澄、及監察委員王新令等　定下星期一國府紀念週後在國府補行宣誓就職典禮、又前經國府任命之立法委員焦夏聲等、均與林等同時在國府補行宣誓。

英使許介森

定今日赴平

下月初再來京

▲中央社南京廿四日電　駐華英大使許介森、於今日上午十時偕使館參事賀武等赴中山門外陵園、恭謁　總理陵墓曾獻花圈禮畢、進城回使館　定明日由京乘車赴平、下月五日再由平南下來京。

京市農工商

各職業團體

籌備舉行慶祝

蔣委員長壽辰大會

▲中央社南京廿四日電　本京農工商職業團體　以蔣委員長年來努力國家　造福民衆、本年適值委員長五十壽辰、為表示民衆擁護領袖崇功報德之意　特發起籌備慶祝蔣委員長壽辰大會　今日上午各職業團體代表　假市商會召開籌備委員會議。

呂超電賀

李白黃就新職

▲中央社南京廿四日電　國府參軍長呂超、前曾電賀李白黃三氏榮膺新命、頃已得其復電、略云、弟等為一凡府、奉國府命令分受重託、恆懼無勝　禦侮同仇、匹夫素志　云云。

劉汝明昨來平

將赴津謁宋

報告察省情況

▲中央社北平廿四日電　劉汝明廿四日晨七時半由張垣來平、聞在平稍留或將赴津謁宋哲元報告察省情況、並請示一切。

豫祝壽捐款達十五萬元

即將匯首都獻機祝壽會

▲中央社開封廿四日電　豫各界祝壽捐款已逾十五萬元、豫航空學會分會擬九月底前匯首都獻機祝壽委員會。

綏密公路昨行通車禮

▲中央社榆林廿四日電　綏密公路廿四日舉行通車禮、唐軍長乘首次車抵米脂　旋乘車北上來榆視察　計程廿五日午可到。

馬步芳赴陵夏視察防務 並巡視化隆等縣

▲中央社西甯廿四日電　青海代主席馬步芳、前日離省赴陵夏視察防務　順道經化隆綏化等縣巡視、馬氏廿三日抵化隆　廿四日可抵綏化　春暉

日駐俄大使重光將來津

▲中央社天津廿四日電　日駐蘇聯大使重光　定廿七日乘輪來津、訪晤各方懇談、並將赴平一行　然後再行赴任。

美官場注意中日最近時局

▲中央社上海廿四日電　華盛頓電、美官場昨日對於中日最近時局甚為關切　現正注意其發展。

蘇省國代選舉事務所 電催造送選民冊

不合格公民不得列入冊內

▲江蘇社　蘇省國代選舉事務所　以各縣選民冊尚有未據送來者、由該所因亟待審核轉報、甚難再行延緩、昨特電令各該縣於電到之日即將選民冊造齊、並查明總數不得與前報分配候選人時公民總數稍有參差　亦不得將不合格公民列入冊內　并須附以選民總數簡表逐級呈省云。（二十二日）

蘇建廳召集建設人員談話

第二批業已開始

計奉賢上海等縣

▲江蘇社　江蘇省建設廳分批召集各縣建設主管人員來省談話、第二批業於昨日開始、定廿六日截止　茲探錄其被召集之各縣建設人員姓名如下、奉賢朱任科員朱福元、南匯科長章時清　長沙科長江冠伯　上海科員威克中、青浦科員崔紹成　南通局長彭禹謨、崇明科員徐春榮　江都局長舒國華、高郵科長賈致春、鹽城科長周立德、阜甯科長嚴振華、興化科長朱□輔、東台科長杜金　灌雲科員蔡之榮、泗陽科員江國棟、寶應科員夏守正、漣水科員張延祥、灌雲科員張學道。（二十二日）

丁監察使 定日內出巡江北

▲江蘇社　監察院江蘇區監察使丁超五出巡江北各縣、因事一再展期等情已誌前報、茲悉丁使已決定於一二日內偕同隨員由省出發巡視云。（廿二日）

蘇省商聯會會員大會舉行開幕典禮

下午二時計分四組審查提案

臨時動議通過電慰蔣委員長

△江蘇社　江蘇全省商會聯合會第五次會員大會、二十日上午十時在鎮江商會大禮堂開幕、省黨部推張委員公任出席指導、建廳代表爲伍崇德、會員代表計到九十一人　開會如儀、主席于小川、致開會詞、

致開會詞

本會成立四載於茲、迴溯從前商場金融不安景象、以視今之屬行法幣制度後爲何如乎前所謂不安者今已好轉矣、往年蘇北農村迭見災祲、以視今之導淮大工完成後爲何如乎、其農產品收穫量今已激增矣、金融方面既運用新制度、生產方面數量又增加　吾蘇商業固已復興可期、本年六月間又奉行政院長通令實施國民經濟建設運動、我省府陳主席爰依據章則成立國民經濟建設運動委員會江蘇省分會、又於同時成立各縣支會、吾人深知此項運動、由在上者擬照實施綱要、領導全省官民一致奮起、共謀推進、其赴事迅速、其收效也必宏、凡我商界同人均應竭量發揮其才力或勞動力、對於政府所定經濟建設計劃、爲極大之貢獻與推行、時至今日各地金融機關業已普遍設立、若再努力此項運動、則此後各地金融好轉之象、將無替歸矣、導淮建設工程又已逐步完成、若再努力此項運動、則此後逐年農業上收穫將愈臻發達矣、是則本會所企望於到會諸公者一、華北走私之風日益猖獗、由平津而蔓延至於長江流域、侵奪我市場、脅迫我工商業、全蘇商民固無日不在驚駭震撼之中、幸得各地同人一致防禦　力障狂瀾　但來日方長、隱憂仍亟　是則本會尤企望於諸公負領導之責、繼續努力者二、至於本會此後宜如何順應世態動向、確定工作計劃、與如何方能推行此項計劃之達於實現階段、幸到會諸公俱有卓知灼見、定能各抒偉論製成具體方案、爲全省商民共謀福利、謹代表本會祝諸公健康、并祝商運前途萬歲

黨委訓話

省黨部指導員張公任致訓詞、略謂　公任代表省党部參加貴會會員大會、與諸位代表敘聚一堂、不勝榮幸、藉此機會隨便提出談談、若言訓詞則不敢當、我們覺得商會的發展政治的前進、端賴興利除弊開源節流八字、興可興之利除可除之弊、開應開之源節應節之流、則政治經濟社會日臻進化　諸位代表均爲各地商界領袖、對此八字負有大部責任、再如金融之調整　供求之平均、生產之改進　商業之振興　亦屬責無旁貸、至最近發起之國民經濟建設勞動服務及防止走私等種種運動　求人民與政府打成一片　尤賴各地商界領袖之努力、我想諸位一定可以本諸主席開會詞中所希望各點　一致研討整個方案、力促實現、謹祝大會收穫圓滿、諸位健康　再本席附帶報告關於貴會改選問題　現正靜候中央民訓部核示辦理

建廳代表

建設廳代表伍崇德致訓　略謂今天代表建設廳參加省聯會會員大會、非常榮幸、本人在建設廳方面供職　關於工商業上略具一點經驗　現在有兩點供獻於到會諸位　第一點就是商會組織及意義、商會要有合法手續　於是才有團結的力量　組織之後以及依次改選　必須依法呈報建設廳　查各縣商會呈報建設廳者固多、而未曾呈報者亦有若干　今天藉此機會各代表談談、關於商會本身上改選　以後必須要依合法手續呈報才是、第二點是商會應負發展工商業責任、查商會法上對於商會職務、在第三條有改良及發展事業、以及國際貿易之介紹及指導事項等等規定、這皆是商會應做的職務　在去年的時候建設廳曾召集全省絲綢紗布各業公會在省集議、無非是皆全省商人謀事業之發展與生產的一個統籌方法、今天到會各代表俱是各商會領袖　同樣的有負指導各業公會本身業務上發展與生產的責任　希望諸君此後共同負起責任來領導各業謀生產與發展、不要辜負了官廳與大會以及全省商人之使命與希望

代表答詞

主席團蔣幹卿致答詞　略謂　今天承省黨部建設廳代表到會指導　非常的感謝、適才省黨部及建設廳代表指示各點、我們到會的各代表應當要注意的、必須要根據指示各點的綱要負責去做　才能復興全省的商業　謹代表本會同人十二萬分誠意接受　並致謝於党政代表、

臨時動議

鎮江代表徐國森臨時動議、此次粵桂異動有礙統一、經蔣委員長先後以政治方式力避衝突而定全局　功在吾民　沒世不泯　應由大會電慰、并賀全國統一、以張盛德案、決議通過、開幕禮成後、即至伯先公園攝影、在大華午餐　下午二時起分四組開提案審查會、共收各會提案三十餘件

提案審查

捐稅組　審查委員　蔡敬堂、卓涵輝、王遜良、朱先覺、殷兆鏞、張召伯、吳祖森、郭蘭石、凌慧奄、尹季樵、趙樾亭　蕭寶生、宣松濤、錢笑吾　高煥常、陸博三、顧訇才、朱仲荊　金伯琴、王鴻賓、潘賚川　潘甫祥、宋杏卿　徐麗生　下午二時開會請凌慧庵先生召集、

金融救濟組　審查委員季仲臣、張壽鵬、吳益予、戴海清　尹仲仁、于東海、韋竟成、沈幼樵、丁趾祥　徐子爲、滕益齋、倪思文、趙關生　姜可生、秦鴻飛　盛恆田　王鴻藻、任萃舫　王子周、楊幼南、顧葆清、邱佩香、張景齡、周君玉、下午二時開會請王鴻藻先生召集、

總務組　審查委員、徐誠之、潘子平、沈宏寬　凌季蒼　麗琴生、張桂聯、江水森、陸養浩　衛序初　戴柏秋、沈瑞文、吳鎮深、方東昇、張召凡　吳申吾　張孝友　郁馴鹿、吳涵輝、馮君棵　下午二時開會請郁馴鹿先生召集

法規組　審查委員徐堯、汪頌農、錢春沂、黃松樵　孟子章、馮湘岩、丁安吉、郭頌如、徐國森、鄧清軒、下午二時開會請徐國森先生召集、昨晚由省商聯會招待各代表聚餐　廿一日上下午舉行大會討論提案云。（廿一日）

國聯審查代表會建議國聯大會

准亞代表團出席

義國表示憤懣

即將退出國聯

△中央社日內瓦廿三日電　國聯審查代表國書委員會、廿三日決定向國聯大會建議、亞比西尼亞代表團准於出席國聯會議、前有主張將該項問題移送海牙國際法庭裁決、業已撤銷。

△中央社羅馬廿四日電　義大利全國聞國聯允許亞代表繼續出席大會之議　大爲憤懣、義人對國聯此次決議甚爲驚異、此不啻意國之重回國聯已無期延緩、或謂義相莫索里尼將正式退出國聯　而義國之參加英法比德義五列強洛加諾公約會議、因此更形可疑　義如決定國聯須俟十月十日舉行內閣會議討論問題後、始可宣佈。

△中央社上海廿四日電　羅馬電、據息義大利將於廿五日上午宣佈退出國聯。

西叛軍公報宣稱獲得顯著進步

△中央社羅馬廿四日電　聞義軍現正向亞京西南之亞比西尼亞獨立政府所在地哥爾[illegible]進。

△中央社莫洛利拉法特廿四日電　據叛軍公報宣稱、伯拉爲拉陣線馮克達與他拉妹西處、今日其獲之官軍遺屍四千具　其命軍已在各方獲有顯著進步　自攻下艾爾的克山後　已開出亞威拉靈要之道路云。

△又訊　西班牙政府宣稱、官軍飛機仍在西國西北部、炸毀叛軍巡洋艦一隻。

△中央社馬德里廿四日電　廿四一西班牙政府軍將阿爾水閘開放多處、放出之水量逾一千萬米突以阻北叛軍沿特去期流域前進。

國聯大會討論理事員額問題

我代表顧維鈞發表演說

△中央社日內瓦廿四日電　國聯大會法律規章委員會廿四日晨會議　討論行政院理事員額增加問題　中國代表顧維鈞當即以該國要求理事席問題　發表演說。

討論參加洛加諾會議問題

德駐英代辦返國會元首希特勒

△中央社上海廿二日電　倫敦電、德國駐英代辦思曼　將於星期三回國、與希特勒元首及德國駐英大使李賓特羅夫討論德國參加洛加諾會議問題、歐州今後和平運動之命運、即係此會議之結果。

英遠征軍在海法登陸

△中央社海法廿三日電　由英出發至巴力斯坦之遠征軍、其第一批軍於廿三日在此登陸、碼頭一帶頓成戰時氣象、據今日阿爾特次特開到者共一千四百人。

本縣新聞

省縣公路 擬設公里石及路名牌 牛車汽車分途行駛

指示往還處所距離 喚起注意減免危險

銅山區各縣省縣公路、均已粗具規模、惟各鄉村民衆、率多知識簡單、惟圖一已便利、以致牛車與汽車、仍未能分途行駛、路面破壞不堪、不惟有礙路政、抑且影響交通安全、專員公署鑒察及此、擬於省公路上、一律埋設公里石、每公里一方、埋置於汽車路及牛車路之界綫上、並擬於十字道上、設置路名牌、用以指示往還處所之距離、並喚起行人注意、減免危險、此項計劃、業已繪具圖樣、呈請建設廳核准、一俟各縣擬具預算、彙報省廳核准後、即可測量設置、其里程聯絡及起訖標記辦法如下、一關於里程聯絡、屬於縣道者、以銅山爲中心、鄰縣里程、應與銅山縣邊境里程相接、屬於省道者、暫以由北向南、由北向南爲準、將來與隣省連接時、再行劃記聯貫里程、二、銅山縣以外之各縣縣道、以由東向西、或由南向北爲準則、本縣縣政府奉到此項訓令後、業已依照圖樣、擬具預算、呈候核轉矣。

小學校注意 兒童健康檢查

實施衛生教育之初步 趙莊集協進團決議舉行

趙莊集小學協進團、於九月二十日上午十時、在學屋初小、舉行本年度第一次會議、以兒童健康檢查爲中心研究問題、出席者王效忠、王隆恩、王昌恩（學屋初小）、渠伯奎、顏世勛（趙莊集小學）、張昌九（北趙廟小學）、袁心廣（彭莊初小）、渠還展（南崔莊初小）、吳正憲、大吳莊初小、李心從（丁廟初小）、王傳德（渠老家初小）、王澤鑄（史集初小）、李心傳（轆轤初小）、劉立德（夏莊初小）、祠廣政（單莊初小）、主席王效恩、紀錄渠伯奎 報告事項 一、第一次值月學校 由首席學校指定、二本團所轄學校、新添史集初小、三、各校未入學學生、應設法督促 四、本團議決案 應切實執行、討論事項、一如何督促兒童入學案、決議 以本團名義、呈請教育局函商區公所、設法督促應入學兒童入學、一應入學兒名冊、教局已有底冊 無須另查、二、本團如何舉行兒童健康檢查案 決議、推定渠伯奎、王隆恩、渠還展、吳正憲、李心從、劉心德、爲檢查委員、由檢查委員制定檢查表、定期檢查 三 如何舉行秋季遠足案、決議 各校單獨舉行、四、本團辦公費如何籌措案 決議 按學級分配、每學級先繳洋五角、不敷續繳 五、推定下次值月學校案、決議、推定轆轤初級小學校。

縣立醫院院長 民政廳委謝超充任

縣府奉令轉飭遵照

本縣縣立醫院、自奉令成立後 縣府以該院無人主持、當委前救濟院施醫所醫生胡長溪代理院長、胡氏就職後、對于院務、極力整頓、各項設施 已具端倪、當于本月中旬赴省甄審、尚未同縣、近縣府忽奉民政廳令、以本縣縣立醫院院長、已委派甄審合格之謝超充任、並飭縣轉飭該院、將印信 卷宗、器具、藥品等項 妥爲交代 縣府奉令後、業已轉飭該院遵照、 聞新任院長、不日卽來縣就事云。

建設主任馮守信將赴省 參加建廳召集之談話會

請領建橋補助費

江蘇建設廳、爲考查各縣已往建設成績、並指示今後設施方針起見、特令各縣縣政府、轉飭建設主任人員 分期晉省談話、藉以諮詢、而便指示、查此次旅省 准由建設工程徵領下撥部開支、本縣建設人員談話期間、規定本月二十八日至下月二日 縣府奉令後、當飭建設主任馮守信前往、馮氏現正準備一切 不日卽可就道、聞本縣前歲曾有附核准補助建橋費一萬三千元、迄未奉到支付令、以致預定建築之橋梁 不能着手籌備、馮主任此次赴省、除報告政績、陳述計劃外、以請領此項補助費爲主要任務云。

合作社登記證 免貼印花稅

實業部通令知照

本縣縣政府頃奉江蘇省建設廳訓令云 案奉實業部本年八月二十九日合字第三二四號訓令內開、「案查關於合作社登記請貼用印花一案、前據湖南省建設廳呈、請轉咨財政部准予免貼等情、到部、當經咨請財政部查照核辦見復去後 茲准財政部二十五年八月十三日稅字第二〇九號咨開、『查合作社登記證、既准查明係專爲主管機關查驗及取締而發、依稅率表第三十二目免貼欄之規定 自可免貼印花、除分行督查湖南印花稅委員知照外、咨復查照、』等由 准此 除分令外、合行令仰知照」等因 奉此、除分行外、合行令仰該縣長卽便知照 此令、聞縣政府奉到此項訓令後、業已轉飭各合作社知照矣

大程莊 小學協進團 定期舉行參觀

參觀實驗鄉自治學校及保學 教員研究精神可欽佩

大程莊小學協進團 爲研究小學實際問題、以資改進起見、擬分組參觀本縣優良小學、閱第一次參觀、已定於十月五日舉行 預定參觀之小學、爲實驗鄉自治學校 及郭樓、孫樓、楊莊、季河園、史黑樓各保學、各教員現正預擬參觀應行注意事項 及提出諮詢問題、此種研究精神 殊可欽佩云。

（國）（民）（大）（會）（代）（表）（選）（舉）（法）

第四十一條 軍隊國民大會代表候選人應具有左列資格：

一、有選舉人之資格、

二、年滿二十五歲、

三、曾任國民革命軍服務三年以上、著有勳績或曾在軍事教育機關畢業 學行俱優者

第五章 選舉總事務所及選舉監督

第四十二條 中央設國民大會代表選舉總事務所 直隸於國民政府置主任副主任各一人、特派指揮監督辦理全國選舉事宜

選舉事務所之組織以命令定之。

司法欄

◎縣政府司法批示◎

▲刑事具訴人單衍高、一件、爲傷勢沈重、請求迅拘兇犯、以免逃避由、狀悉、仰候傳案訊奪、此批、

▲刑事撤訴人史忠曾等、一件、爲遵處罷訟 雙方甘願不究 懇恩註銷原案由、狀悉、准予銷案、此批

▲刑事具訴人柴齊氏、一件、爲事未寢息、盜遞撤訴、再叩迅予賞票傳集質訊究懲勒令賠賞損失由 狀悉 究竟是何實情、仰候查傳訊奪、此批

△本城糧價▽

名稱	每市斗價目	
小麥	最高四千零五十文	最低三千八百七十文
大麥	最高二千文	最低一千九百文
黃豆	最高二千七百文	最低二千六百文
黑豆	最高二千六百文	最低二千五百文
綠豆	最高二千七百文	最低二千六百文
江豆	最高二千七百五十文	最低二千五百文
高粱	最高二千文	最低一千九百文
穀子	最高一千七百文	最低一千六百文
稷子	最高一千九百文	最低一千八百文
芝麻	最高四千六百文	最低四千四百文
青豆	最高二千六百文	最低二千五百五十文
花生（每斤）	最高一百五十文	最低一百四十文
瓜子（每斤）	最高六百五十文	最低六百四十文
生米最		

△△氣象▽▽

天氣	風向	最高溫度	最低溫度
陰	北風	七五度	六一度

小朋友

第三二二期

本副刊以介紹少年兒童的作品爲宗旨
本副刊[illegible]
本副刊編輯部對來稿有刪改權
本副刊編輯部對來稿如不採錄概不退還
本副刊編輯部設豐報社內

研究

吶喊不能救國

李宗文

我們中國人的喉嚨最好，呼口號可居世界第一國，若眞是吶喊可以救國的話，中國非强盛不可。

我想呼口號的一口氣決不會變成毒瓦斯，也決不能把侵進來的外國鬼子嚇跑，失去的地盤也決不會收復，奇恥大辱也決不能洗雪，就是連喉嚨喊啞，恐怕也是沒有一點用處吧！

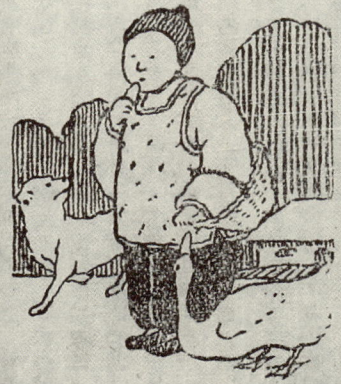

最好我們是不要空口吶喊，被外國人恥笑，要把吶喊的勁貫注到兩膀上去，聯絡未死的有心的人，扛起我們的大炮！振作我們的精神，攻進敵人的戰壕，殺入他們的老巢，不惜七尺的長軀，抱着犧牲就是快樂的奮鬥，這樣一來，失地或可收復，恥辱或可洗雪，若是在作不痛不癢的吶喊，不實地的去做，可憐的中國，眞會滅亡了。

創作

星期日的一片斷

李宗文

被風剖得像白石板似的體育場上，只有我倆人緩緩的前行。在這平闊的地板上，我兩人眞顯得渺小，走了很長的時間，才踏上了南面的堤頂。

蜿蜒的長堤，也是很平整的，我倆又徐徐的西行了，夕陽的光芒有時從樹枝搖動的空隙中射入了我們的眼簾，我們就把頭往下一低，但還是向着日光進行。

對面拍拍的皮鞋聲，振蕩起了我們的好奇心，抬頭一看，從石碑的那邊來了一行人，中間一人的身體最長，靠南面的穿着長袍，北邊的穿着淡黃色的制服，戴着眼鏡，都不認識，走至臨近的時候，他却認得戴眼鏡的了，我並未與他見過面，我在一個照像館內見過他的照片，聽說是本縣的縣長，今天我看這人與像片上的一點也不差，所以我就假充有把握的向他說，過去穿淡黃衣服戴眼鏡的是縣長，他也偶然的說，我也見過他的像片，也是戴着眼鏡，這個準是縣長了。我倆說着話有時回過頭來看的又往西行了，沒走多遠嬉笑悠揚的聲音又傳入了我們的耳鼓，啊！却是一羣穿着紅旗袍，花旗袍，綠旗袍，……旗袍的太太們，手中都拿着一束花朵，滿面春光的走過來了。

他說：「猜八成是……」我接着說：「恐怕是的吧！」我們又慢慢的西行了，耳鼓中又聽到了一種聲音，就是鼕鼕的鼓聲，加上慌慌的鑼聲，他說「這一定是城裏玩大把戲的，我們趕快去看看吧！」說着就沿着響的地方去了，剛一進了城門，却又不響了，也弄得不知走那條路是的了，走了幾步還是沒有聲音，最後我說：咱還是回家吧！他也答應了一聲好，于是我們就各回各的家了。

秋夜讀書記

逸俠

廣泛無垠的晴空，罩着寂靜的宇宙，玉盤般的明月！——灑出慈祥的光芒，坦然地吻着神秘的夜。

燭燈獨對的他，伏在桌案的盡頭，一行行，一頁頁地讀着。闇然地，自若逸趣。

遠聞得秋風颯颯，似在恨怨地作響，策着貧苦的人們，走到飢寒的道上。

望望窗前，慘白的月光，拖在微微地閃動；好似層層銀波，蕩在海天的大浪。

一陣涼風，透過窗帘，弄得輝煌的燈光，搖晃不穩，似欲毀滅牠光明的靈魂。

捧書沉思的他，正在咿唔的誦讀倏然地，激起了一陣愁浪，拋棄了書本，呻吟地，反復的悲傷。

——上帝的威權，若深山的猛虎，恨恨地嚇着弱者，走上絕望之途。

——人情的冷落，世味的辛酸，愈使得萬分的可憐，唉！任你有鐵般地志向，也難撞過這緊閉的關鍵。

陣涼風，一陣哀嘆，緊緊地塞滿了斗舍的空間，輝煌的油燈，逐漸昏淡，望窗外，月光不見，惟有那黑漆一片。「這已經是夜深了吧！」在他疑志的腦海中這樣的盤旋。竟不知何時睡熟！

秋晚野趣

小程　李傳鈺

一天傍晚，我和幾位同學，到野外去散步。

出校門迤邐西北行，到了郊外。只見身傍疏稀不成林的樹木，都已現出蒼黃衰老的顏色，秋風吹來颯颯作響：夜已漸漸濃了，夕陽從西方慢慢落下，銀白色的月亮緩緩的升了上來。只見三五成羣的農夫，荷着他們求生的工具——鋤頭，鐮刀！慢慢的從田地裏歸來，口裏不住唱着山歌——咿咿呀呀的談話聲，表現出今年收成的滿足。一會兒，他們漸漸去遠，至於望不見。這時活潑的小鳥，好聽的秋蟲，都已停住了歌聲。

復前行，到了一條小溪邊，清清的水波，翻作銀白色；水裏的小魚，游來游去，倍覺好看。微風吹來，沁人肺腑，舒暢異常。

這時天色已晚，我們也有點疲倦，於是便很高興的辭別了這美麗可愛的秋晚，回校來了。

漢高的狡智

常敬唐

漢高祖有好多令人佩服的狡智，最有名的故事便是，所謂一賞季布之罪，斬丁公之功。」

當楚漢相爭時，楚將季布給劉邦許多爲難，幾乎被他殺了，即位以後，便懸賞千金緝布。季布便剃髮束頸賣給俠客朱家爲奴，朱家知道他是季布，便對夏侯嬰說：「季布是沒有罪的，不過是各保其主，各盡其忠罷了，並且以私仇得罪這樣有能爲的人，是不得什麼利益的，伍子胥滅楚的例子與這很相像。」漢高祖大恐，便封季布做了郎中。

又有一個丁公也是項羽的臣子，有一次追趕漢高祖要殺他，漢高祖回頭問他道：「你我都是正人君子，能互相慘殺嗎？」丁公聽了不錯，便放了他回去了，登極後丁公來投降，這時他聯想到此事便叫人把丁公殺了，說道：「丁公爲人不忠，所以殺他也警戒後來做臣子的！」

大家看這個以儒巾作尿壺的無賴皇帝是多麼狡滑？

吻遍的玫瑰（續）

逸俠

「啊！我的伶哥，祝你莫要生厭吧！」香秋呼着雨年的名字，柔膩的說「當你唱歌的當兒，我就知道是你的口吻，因爲怕我尊嚴的父母，他倆正在談話呀！直到他倆到寢室安宿了，我才敢開了門……伶哥，恕我，我的心內，是感到如何的難過啊！我的親愛的伶哥！請恕我吧！」

當香秋說這話的時候，香美的身體，已擁到伶哥的懷裏了，因熱情的激動，連接了數次的吻，各人的心中，感覺到一種難能的快慰。

「我的可愛的香秋呀！我愛你呢？祇因生活的問題，便不得不分離，我一顆熱情燃燒着的心，時而沸動，時而作痛，這三月的長別……」他說着向香秋望了一刻，止不住的淚珠，撲嗖嗖地流出眼眶，流到她的腮上，衣上，欲殘的玫瑰花上，亮晶晶地映着月光。

（未完）

我的慈母

華山小學　尹慶鈞

我的母親，是一個慈祥和藹的人，對他的子女很是愛護，我們的吃喝衣用，他沒有想不到的呢。

我的慈母，對於我們的摯愛，是一言難盡的。幼時的恩愛，是天高地厚，難以述盡的，即是現在的恩情，也會我難以報答萬一啊！現在我在華山小學求學，是一個通學生，在我每次回家的時候，我的母親，就在門前等着我，回到家中，母親很盡心的於我整理飯菜，預備茶湯，時常向我說：「我的希望，是將來扶你一個健全的公民，得到豐足的學識，預備立足于社會。」唉！我到現在，仍依然是故我，不知能否達到母親的希望呢！

在夜中，天氣很涼，母親知道我夜間是不醒的，往往起來於我蓋上被子，有時忘記了，清晨起來，要再三的詢問：「曾否受到寒冷的侵襲。」

我有時有點疾病，母親總帶着愁容，請醫診視，煎藥治療，病漸痊愈，才露出笑容。

我的母親，對我的摯愛，是我一枝筆難述說盡的，我將怎樣的刻苦努力，能力於我品性的修養，學術的造就，體力的鍛鍊，才不致辜負母親的希望啊！

我的慈母

華山小學　王子仁

今天下午，放了晚學，我獨自坐在教室中，心中覺得很是煩悶，便到校院中去散步，這時天色已暗了，一輪明月，從東方慢騰騰的升了上來，照在大地上，如白晝一般的月亮。我正在月下散步，忽然有一陣很淒涼的蟲聲，鑽進我的耳鼓，擲起了遊子的心腸，使我想到二十里外的慈母。

記得在星期日，我回家的時候，我聽說母親正在病中。我一路奔跑如飛，覺得不多會兒，就看見我家的房屋了。這時我心中稍微的快樂一些，等到我踏進「家門時，便三腳南步地跑進房中去看我病中的母親，這時母親正睡在床上呻吟着，我一見她枯瘦的面色，我很是驚駭，這時我靜靜的在我的母親床上坐着，說些溫柔的話，安慰着我的慈母。我每看到母親憔悴的容顏，眼淚不覺奪眶而出，但是我隨即轉過來揩了揩淚，恐怕被慈母看見，又要悲傷。我的母親這時提着精神，絮絮滔滔的問我校中的情形，他便很詳細的告訴她，母親聽完了，面上露出一點微笑來。

現在母親的病是否減輕了？母親的這場病，真使我心焦不安啊！星期日，你快快的到臨吧！我將要投入慈母的懷抱，來安慰我病中的慈母啊！

我的暑期生活

五年級　劉王樓　李蘭貞

自從七月十日，學校中放了暑假，我回到家中；每天在家讀書寫字，記日記，都是按時去做。

我頂歡喜做手工，於是約了幾位同學，在家裡做手工，用紙摺成帆船和蜻蜓等許多東西放在桌上很是好看。

有一天，夕陽西下時候，我便約了同伴，到村外去散步，我們手着手兒，走到田中，只見很多野花正在開放着。

又見許多農夫，在田裡工作，被那炎熱的陽光，曬的汗流滿身。我想：他們的生活，是多麼辛苦呢！我們安坐而食的學生，應該努力讀書，一時一刻都不能空閑過去，才能對得起辛勤的農夫。一會兒，我們便攜手回家了。

秋陽下的農夫

五年級　劉王樓　李蘭貞

光陰如飛馬般的馳去，不知不覺，已經到了秋天了。

有一天，我約了三四位同學，到野外去遊玩；走到野外，只見樹葉已經有些枯黃，又向前走了幾步；只見許多農夫都在田裏作工，有的犂耙田地，有的收穫，到處聽得，嚓，嚓，嚓，鐮刀割穀的聲音，夾着歌聲，笑聲，非常熱鬧。

有一個農夫，穿的衣服千補萬納，皮膚黑得出油，他的赤裸裸的脚上，蒙滿了沙土，發出金黃的顏色來。手中拿了鋤頭，在田裏鋤草，熱的滿頭大汗，但是他還不肯休息。你看秋陽下的農夫，多麼辛苦呀！

介紹

木偶奇遇記（續）

意大利卡羅勞倫西尼著　朱宜生譯

第二十六章

第二天，品諾巧就到公立學校裡去讀書了。

你們想想，那些小學生們看見一個木偶到他們學校裡來讀書，他們多麼快樂呵！他們高聲得大笑起來。他們就都和他開玩笑，一個拿去他的帽子，另一個在後面拉拉他的衣角；一個想他的鼻子下用墨水給他畫一些鬍鬚；還有一個用繩子拌住他的臂和腿，使他跳舞。

起先品諾巧得忍耐就忍耐，對他們並不在意，可是後來再也忍不住了，他轉向挪揄他的玩弄他的那些人，很生氣的怎子，說道：

『當心些，朋友們！我並不是來做你們的丑角的。我敬重別人，我希望別人也敬重我。』

『哦！好一個誇口者！你說的話倒規規矩矩！』那些小流氓叫喊着說，接着瘋了般的大笑起來；其中有個比別人更不規矩，他伸出手來，想去抓住品諾巧的鼻子。

然而他却沒來得及，因為品諾巧在桌子下面向他的脛骨上，用力踢了一脚。

『呵！多麼厲害的脚呵！』這個小孩喊，他撫摩着傷處。

『好硬的拳頭呵！比脚恐怕還要厲害哩！……』另一個說。因為他也玩弄品諾巧，所以胸部上，吃了一拳。

然而拳打脚踢以後，品諾巧立刻就取得了全校的孩子們的好感和敬重了。他們都和他做了朋友，而且都非常歡喜他。

先生也很稱贊他，因為他能注意聽講，用心讀書，而且非常聰明；每天都是他先到學校，而放學的時候，都是他最後出來。

他的唯一的缺點，就是交的朋友太多了，其中有幾個是小流氓，向來不喜歡讀書而善于惡作劇。

先生每天都警戒他，美麗仙子也時時教訓他，

『留神呵！品諾巧，你的那些朋友遲早總要使你不肯讀書的，甚致他們還要使你得到許多災禍啊！』

『那是沒有危險的。』木偶回答，聳聳他的肩膀，用大姆指點點他的前額，好像是說：『這裏有許多智慧』

（本章未完）

詩歌

「九一八」的血夢

兆瑛

陰雲滲澹，
秋雨濛濛，
啊！可憐昨夜血夢尤腥，
那是——
東北傳來的，
驚魂落魄的大炮一聲，
於是我的靈魂
像是包圍在硝烟炮火之中，

○　◎

我看見，
城垣上人馬奔跑，
許多戰士的明煌大刀。
我也聽到戰馬的長嘶，
機關槍大炮的咆哮。
更還有——
還有無數萬黃帝子孫的哭叫！
黑水白山之鮮血滾滾如濤，

◎　◎

國魂飄飄何處去招？
何處去招！
五千年來未有的刼運，
產生在風凄雨苦的今宵。

口向着天的迫機炮

李宗文

口向着天的迫機炮，
蹲在廣闊的平原上，
真是壯麗啊！

○　○　○

他真是一件好東西，
他能把四鄉的股匪嚇得東逃西竄，
他能把土匪的身體炸得死骨不見。
他的法兒真妙，
他把彈丸吹到了空間，
看見敵人的窩穴就掉下來，
可惡的土匪遭了不明之寃。

秋之神來到人間了

李宗文

熱烈的魔鬼頭也不回的跑了過去，
涼爽的秋神卻又姍姍的來到人間了；
傲漫的驕陽也不像從前那樣的兇猛，
空氣也不像從前那樣的污濁酷燥，
再也聽不到人間的咀咒，
媲娜的秋神啊！
願你扇起你的涼爽的秋風，
永遠的拂摩着大地的一切。

鳳鳴塔

〈第二四五期〉

一、本刊內容分科學常識論著詩歌小說戲劇散文書信書報介紹及批評等項
二、本刊歡迎投稿來稿文言白話均可
三、來稿本社有修改權不願者請先聲明
四、未經登載之稿除預先聲明者外概不退還
五、本刊編輯部設豐報社內

漫談

談國防文學

唐臚

「國防文學」是很漂亮，很時髦，很使人注意的一個名詞，——在目前的中國有些人嘴裏喊着「提倡國防文學」！」但究其心地，却還是刻着緋紅色的夢呢！這樣的人，我們根本不想在他身上浪費寶貴的光陰，但這樣人是太多了，所以不得不說幾句話，究其所以如此者，乃是他對於「國防文學」的意義，來源，任務及在中國目前之需要，完全是模糊不清，好像隔着羅底看東西似的，不明其眞相。如此他們作出的文章又怎能是「國防文學」呢！這樣說來，我是個內行了，不！不！不！不是，我也實在是個最外行，但我所要說的，是我見到的一點點。說出來當然要討霉氣不少，這是預料到的，請宏達指正。

現在就以「國防文學」的來源，意義，任務，在目前中國之需要，及取材等爲序，略述之如次。

在歐洲大戰時，蘇俄國內大起革命，後來革命成功，推翻君主，組織蘇維埃聯邦共和國，共產黨執政，一切內政外交皆操之黨人手中，於是提倡民族自決，弱小民族反抗帝國主義。國內則增加生產，有新經濟政策之提倡，於是蘇俄而成各帝國主義之公敵，故在衆敵之下，更加反抗了。在一九三〇年他們的「赤衛海陸軍文學同盟」提出這「國防文學」來對付帝國主義者，這也是蘇俄對敵人的一種防衛工作。現在回看我國，國際地位比那時的蘇俄怎樣？這樣能不令我們更將提倡「國防文學」嗎？並且以求收到「國防文學」的效力嗎？又怎能嚷喊了事呢？（未完

翻譯

和雞蛋一樣大的一粒穀子

俄國托爾斯泰原著　薇原譯

一天，幾個小孩子在山谷裏找到一件東西，形如一粒穀子，正中有一條溝紋，然而和鷄子一樣的大。一個遊子由這裏經過，瞧見了這個東西，用一辨士向這些小孩子們買了，帶到京城，以一件古董賣給國王。國王召集他的聰明之士，令他們發現此爲何物，一般聰明之士，思了又思，想了又想，對牠還是漫無頭緒；直至一天，當此物放在窗台上的時候，一隻母鷄飛了進來，將他啄了一個窟窿，然後每人才曉得這是一粒穀子，一般聰明之士，上朝說道：『這是一粒穀子。』

國王對此非常驚訝，又令這般聰明之人去查明何時何處曾經產過這樣的穀子，這般學士又復重加思考，在書中尋找，然而一點也找不到，所以回朝復奏道：

『我們不能回答你，關於這物我們的書裏沒有一點，你必須訪問農夫，或者他們有的曾聽他們的父親說過何時何處長過這種的穀子。』

於是國王發出一道命令，叫尋個老的農夫，帶到他的跟前他的僕人找了一個這樣的人，帶到國王的前面，老邁背駝，面色蒼白，口中無齒，扶了兩根枴杖，蹣蹣跚跚地走到了國王那裏。

國王將穀子指示給他，但是這個老人幾乎不能看見，無論如何，地拿着牠用手感着了。

國王問他道：

『老夫，你能告訴朕，何處長着這樣的穀子嗎？你曾經糴過，或者在你的田裏種過這樣的穀子嗎？』

老人的耳朵又是如此的聾，國王所說的話他很難聽見，費了很大的困難，他方才明白。

『沒有！』最後他回答道，『在我的田裡，我向來沒有種過或收過這樣的穀子，並且從來也沒有糴過，當我們糴穀子的時候，穀子便和現在的一樣小了，但是你可問問我的父親。他或者聽說過何處產生這樣的穀子。』

於是國王命人去請老人的父親，他被尋着引到國王的面前了，他進來扶着一根枴杖。國王將穀子指示給他，那個老的農夫，還能夠看見，仔細看了看牠，國王問道：

『你能告訴朕，老人，何處慣常生產這樣的穀子嗎？你曾經糴過，或者在你的田裏種過這樣的穀子嗎？』

雖然這個老人聽覺不靈，但是他比他的兒子強得多了。

『沒有，』他說道，『在我的田裏我從來沒有種過也沒有收過這種穀子，至于糴穀，我向來沒有糴幹過，因爲在我的當年，錢幣尚未有流行，每人都種着他的穀子，當某人需要時，我們供同享受，我不曉得何處生產這樣的穀子，我們那時的穀子，比現在的大，出面粉也多，然而如這樣的穀子我向來還沒有見過。無論如何，我曾聽我的父親說他們年青時候的穀子，比我們的還大，出面粉還多，最好你問他吧。』

（未完）

創作

湖上

兆豐

——介紹角巽鄉的秋日風光——

一條鉛色的水門汀路，隔開了瀦湖和陽湖。綠色的水波在微笑着。湖濱靜靜的，還沒有多少行人；這或許爲連朝的秋風秋雨惹得這境地冷落了吧？

雨後的湖濱，風還在無情的吹着呢，幾株不知名的花樹；不時將葉兒吹向湖中，飄向一個不知名的地方去了。遠遠的龍亭都還罩着一層經紗的烟霧，彷彿垂掛着珠紗帳子一樣，隱約約的。這便最能使人體味出點兒秋寒的氣息。

我一個人行在湖濱細細的領略着這一派古代的風光，心中不由自主起了陣陣漂渺的悲哀。於是我又轉往西去，聽說西邊是帝王的皇宮可是我並沒有尋到；只西角一塊頹圯的破牆了，『這也許所謂帝王，西宮吧。』我這樣輕輕地問着自己。牆下躺着個十二三歲的孩子身下鋪着一件襤褸的衣衫，一株殘了的薔薇做了他的被子。這時他是睡熟了，也或許在做着他流浪的美夢吧？唉！這地方，他們也曾狂歡了的地方，爲何只這般的枯淒寂寞啊！偶爾隻水鳥，被遊人的腳步聲驚醒時，也會唱出幾聲哀怨的調子呢！

下午五點半從校內出發到湖濱已是七點一刻了，呆呆的在湖濱度着，竟化去了兩個鐘頭的時光。

白雲匆匆的在空中飄動，雖然太陽這時露出面目了。可是光彩是淡淡的，而且漸漸的又沉向西山去了，然而這裏的遊人較白天反而多了起來，我也不知這是什麼原故，但只覺我那用粗壯的綫條，把漫無着落的思索，將描成的一個輪廓，很突然的被人驚破了。一對時裝的青年男女，臂挽着臂兒，在我身邊過去他們還低聲的說笑着，還有些怕被人窺透了祕密似的。我不知他們是

孤愁

朝楓

爲了難以解開的生活，
丟開了家鄉的溫柔。
走向那生之長途，
任憑戈壁的旋風；
把我吹向世外去吧！

○　○　○

單調的脚步，
伴着一顆憂鬱的心，
體貼身邊的：
是三片兩片的紅葉，
搔動乱髮的秋風；
我細心地捉摸着昨宵的殘夢，
沒來由的悲哀爬上了心胸。

○　○　○

夕陽的餘輝已逝！
顫顫的寒星點滴天空。
靜聽着大野的夜風，
送來何處古剎的鐘聲？
天啊！何處是飄泊人的歸程？

笑的什麼？他們是快樂的衝動而發出的笑聲吧？還是笑我這孤伶人的，凝思的神情呢？也許是他們內心的發出的，一種自然的笑，也許：……我沒法替他解答這問題，他們對於他自己，自有比我正確的解答。

月兒皎皎的划上了林梢，湖裡的水也特別顯得媚人了，這時蕩在湖心的三五隻游船，另是一種風韻，看看看看，他們划進了蘆葦叢中，湖面上只剩些渺渺茫茫的波紋，這時月兒的臉又藏進雲影了，大地始又歸於靜寂。

忽的一陣寒意的風，送來縷縷醉人的歌聲。

『年青的郎……日落剛出山……

年青的女……荷花剛展瓣……

莫等花殘日落山！……

……

哎喲喲！……日落山……』

唉！這一羣都市幸福的男女　陶醉在這秋夜的湖上吧！

投考（續）

松濤

因爲C城中學學費貴，C城生活程度高，家裏經濟困難，第二年，他又轉到鄰縣的S縣縣立中學裏讀書去了。

他的功課，進步的異常迅速，在他的一級裏，各門功課的成績，總在三四名前，他又是一個年紀幼天眞活潑的孩子，全校的同學，大多數都由愛慕心的驅使，願意認識他，願意和他談話，願意和他要好。本級裏也有少數的不肯用功的同學，自己的功課不好，對於成績優良的素波　心裡起了一種無名嫉妒，看看他年紀小容易欺侮　起初避着他無趣的辱罵，漸漸的在他面前指桑罵槐，打雞罵狗　弱小的心靈，那裡能受得着狂風暴雨的襲擊呢！又不敢報告給先生，就是報告給先生也沒有用，先生還常常受他們的侮辱，還常常被他們趕跑呢！他不願用功讀書了，老實說：他不敢用功讀書了，終日的時間，只消磨在閱讀無意識的舊小說中。

暑假後，校長更換了。這位新校長，做事非常認眞；在他未到校以前，對於校裡的情形，調查的清清楚楚；他想整頓校風，到校後，就把不肯用功的壞學生，開除了幾個，學生的學業方面，更認眞的腳踏實地的去指導去考查。

賸下未被除名的幾個不肯用功讀書的壞學生——害羣之馬——不敢像從前那樣放肆了，學校裏應有的各種活動，各門功課，都能按步就班風平浪靜的進行了。

大約開學後有兩個月的時候吧　那幾個壞學生，借口校長太注重體育和吃錢，醞釀成風潮了；可憐一位熱心教育，認眞做事的校長，被他們無故不容分說的趕走了，教員們也都紛紛走散去了。

第二學期，照該放暑假，風潮平息了，教育局又委了一位新校長，S縣縣立中學才正式復了課。八個多月的時間，毫無價值的　白白的放過去了。在這年的暑假，素波隨着他那級裏的全體同學　馬馬虎虎的畢業了。

從此後　素波失學了　他的家庭裏　沒有力量供給他求學了　他只好踏進黑暗的社會中去謀生、

他的三年社會生活，在在都是痛苦的，快樂的成分好像是鳳毛麟角。

社會在繼續不斷的進化着，如果不隨着社會的進化而進步　時時刻刻都有被淘汰的可能，尤其是智識不豐富的人。三年的經驗，素波把社會深刻的認識了；他有點害怕，想入校再求些智識，以免被社會淘汰。

升學二字在他的腦子裏掀起許多次狂潮了，他家裡雖有七十畝地，每年除十二三口人費用外，完粮，攤工，納雜公款，至少還得六七十元　已經空了三百餘元的債了　將要破產了，向父親要求升學，如何能說呢？他只好暗自煩惱，又恐怕被父親知道了難過。

（完）

懺悔

小生

鐺鐺……警鐘宏亮的響着，我在黑夜裡摸索，啊！這是什做夢吧！不然；怎覺得空氣的窒息，火火的燄熱？早知道我做着驚惶的惡夢，恨不得先前不睡！

燃起了輝煌的燈火，趕退了黑暗的惡魔　沉痛地垂伏几案，熱情的淚珠流到唇間　悲傷的用舌　舐　一種酸辛的滋味　麻醉了我脆弱的心田。唉！可怕的悲愁的夢，悽楚的愁苦的我

欲斷的心絃，在陣陣的悲彈；幕幕的往事，在我腦裏盤旋　唉！湧出了一件傷心的慘事！

炎炎酷暑的時際，伴着最親愛的瓊弟　走上斜陂的堤岸，踏着楊柳的陰影　聽着知知的蟬鳴，望着雙雙的雀躍，再望着清鑑的流水，激蕩着微波，心田是如何的快慰，身體是何等的舒暢。

並坐在軟綿的青草上，追溯着已往的事跡，他那種和藹的容顏　溫柔的言語，多麼的令人敬佩　現在呢？他已瞑目逝去了，祇剩我孤獨的身軀，一種創傷的慘事，衝碎了緊閉的心扉。唉！唉！一士黃泉　如隔天際，永久地　永久地幽明異路，無相見期！

唉！我不是在做夢吧！一股股底傷悲　在我脆弱的心房裡作悸　我不欲再往下想去呀，毫無頭緒的愁絲，你在我的腦海裏擾亂吧！

唉！我總是這樣的呆癡呢？任憑思壞了你的心臟　乾了你的淚　究有何用？倒不如睡去，而覺得快慰呢　深夜的寂寥　燈影的搖晃，我心絃的悲彈，給予了莫大的懺悔！

秋風秋雨愁煞人

唐虛

風絲絲，
吹起了愁絲；
雨絲絲，
打亂了愁絲。
風絲　雨絲　愁絲……
在靈海裡，
反復漪漣。

○　○　○

風絲絲——
秋神的唏噓！
看，片片的黃葉脫了母體，
捲伏在秋風裏，
零落到——
汚泥裡　溪水邊……
任牛羊踐踏，
聽寒霜浸蝕；
沒有一點反抗——
除了索索的哀鳴——
那永恆的離別的哀調！

○　○　○

雨絲絲——
秋神的淚珠，
灑遍了天涯，
溼了——
詩人的心　的魂——
宇宙的一切。
浸在這苦酸的淚珠中的宇宙的一切啊！
都默默無語。
似聽着愁神——
主宰着他們的將來？
是暗泣着將臨的末日？

○　○　○

風絲絲，
吹起了愁絲；
雨絲絲，
打亂了愁絲，
風絲　雨絲　愁絲……
在靈海裏，
反復漪漣。

微言

唐虛

一，詩是時代情眞的軀殼，一時代的詩要俱有一時代的靈魂，絕不能這時代的軀殼，裝着別個時代的詩的靈魂。

二，偉大的詩的作品，是歌頌大衆的不平，和不平中的吶喊　奮鬥，最後的勝利　其實也只有如此才能被稱爲偉大的詩。

三，白鄂凝說，一每個人有靈魂的兩邊，一邊是對付世界的，一邊是當他鍾情于一個女子時　用以向他細示的。一你的詩著只在愛情的軀殼裏，纏綿縈繞。靈魂上總算有個缺坑吧！

四，偉大的詩人要不以形式爲限制，也不必自已的詩造成一個固定的形式，來裝他人的詩的靈魂。

五，現在的時代，作愛情詩已覺可恥，若十足的輸露了酸汁，那可就更可恥了。

六，詩固然要美，但要自然的美，而不要人工的美，像妓女式的那樣，是切忌的。

編輯室的廣播電台

雲章

一，雲章已回，現正在整理一篇遊記，準備在最近和讀者見面。

二，孤蹤昨寄來「落花」一篇。

三，唐爐君的「談國防文學」，我認爲很有價值，假如有願意參加共同研究這個問題的話，我很歡迎　并願意單闢個地位，來研究國防文學。

四，九月份的贈報，有遺漏的地方，現已通知事務部從事整理。想孤蹤素園君，最近都能看到報的。

九，二九。

第二四六期

一、本刊內容分科學常識的書詩歌小說戲劇散文書信書報介紹及批評等項
二、本刊歡迎投稿來稿文言白話均可
三、來稿本社有修改刪不願者應先聲明
四、未經登載之稿除預先聲明者外概不退還
五、本刊編輯部設豐報社內

漫談

談談國防文學（續）

唐慮

所謂「國防文學」就是以藝術之筆生動的盡情的深刻的披露出帝國主義者給中國的一種，侵略，對於我民族的一種虐待，慘酷的文學。（意義）更進一步而以此種激刺加之於我全國民衆，使他們澈底的明了，而起一種愛國心的反應。這樣要算是盡了「國防文學」的任務了。

本來文學是有國家性，民族性的，並且在岌岌不可終日的我國提出來，並非過分，不但不是過分而是必需的。有人說文學不當以一個國家爲對象一個民族爲目標 而對付他一個國家和民族，這當然不能說不對。但是我們要明白文學的範圍可大可小，他是謳歌一個不平的階級，勞動者，被壓迫者的救星。他的範圍大的能大於人類 小的能小於一個昆蟲。所以在重重不平包圍下的中國，大有急急提出的必要，刻不容緩之概了。

談到取材方面．廣大極了，例如破產農村下的苦農．資本主義者工廠裏的工人，東北同胞的苦狀，工商業的不景氣及帝國主義下和各種殘酷的蹂躪 慘殺……等等，觸目皆是。我平心的說一句最誠懇的話，現在的中國的一切情況，皆足以爲「國防文學」的材料。然而有些人却放着值得寫的材料而不寫，自己偏偏播造了許多無意義的東西來，這又何苦呢？

我們要知到，現在的時期，是不容我們再在象牙之塔，藝術之宮中謳歌了，因牠們已被炮火焚燬了。

最後我們要大聲疾呼的，「提倡國防文學！」更須實踐的「實行國防文學」！不要空喊口號的「得到國防文學的效能」！這樣在今日之中國才不愧做一個寫文章的人。（完）

寫于東海師範

翻譯

和雞蛋一樣大的一粒穀子（續）

俄國托爾斯泰原著　菽原譯

於是國王遣人去請這位老人的父親，他也被找着，——帶他到了國王的面前，他進來走得非得輕便，不扶拐杖，眼明，耳聰，說話了亮，國王將穀子指給他看，這個老祖父視着牠，在手中將他翻來覆去。

『自從看見這樣的好穀以來已是好久了．』他說着，他咬下一片嘗嘗牠。

『正是這樣，』他點點頭。

『告訴我 老人家，』國王說道『何時何地生產這樣的穀子？你糴過，或者在你的田裏種過嗎？』

老人回答道：

『像這樣的穀子 在我年輕的時侯，種的到處都是，我靠這樣的穀子生活，別人拿牠來吃食，我們種的收的打的就是這樣的穀子。』

國王問道：

『老人家，告訴我，你那穀子是你在別處糴的，還是你自己種的？』

老人微微一笑。

『在我的時候，』他回答道，『沒有人曾想到這樣的罪惡 連面包也去買賣；我們不知錢爲何物 每人都有夠自己用的穀子。』

『然後告訴我，老人家，』國王說道，『你的田在什麼地方，你在那裡種看這樣的穀子？』

老人回答道：

『我的田，便是上帝的地，我在何處耕耘，那裏便是我的田地．土地是自由的，不是私有的，人民所私有的只有勞力。』

『再回答我兩個問道，』國王說道，『第一，那時爲何土地生產這樣的穀子，現在便不生產了呢？第二，爲何你的孫子走路扶着兩根拐杖，你的兒子扶着一根，你却一根不扶呢？你的眼睛明朗 你的牙齒健全，你的聲音了亮悅耳，這些事情又是如何的生的？』

老人回答道：

『那些事情是如此的，因爲人們已經停止以他們自己的勞力去生活 而開人依賴別人的勞力了，在上古的時候，人各聽天由命。他們要他自己所有的，而不貪別人所生產的。』（完）

創作

回憶已故的姊姊淑蘭 哥哥子粹

趙素英

我親愛的姐姐淑蘭！你竟忍心的拋棄人世 忍心的擺脫你的骨肉 永遠的永遠的別了，爲你死後朝夕痛傷的是我們。姐姐！你去世以後咱那白髮蒼蒼的老母，曾幾度的痛哭流涕，更不幸我那英勇的三哥，在你死後四月內，亦隨你而去了！唉！這是多麼不幸呀！那時我真如沉入苦海的底層 感覺人生空虛無味，却想隔絕人環超脫凡塵，然一念及咱那年邁的媽媽，我又不忍再添增她的痛傷。因此心灰意冷的消磨寶貴的歲月，同時撫育着你的存兒恩兒，節哀忍痛的愛護恩存。不料，我又於你死後第一年離別了他們而來到滬濱。現在我若想起他倆，那麼我的寸心又如刀刺一般的難受 他倆却是我傷心的泉源，我不敢追思已往的一切，我的腦海裏不由自主充滿着無限的傷心事跡，姐姐你的死，却出我意料之外，記得你病，在危急的時候，你還勉强坐在床上，我替你洗面 那時你所向我說的一言 語，句句刺人我的心裏。你是何等關心我，愛護我！無論你病勢怎樣沉重，總覺得你不會死掉，那曉得無理的天公 竟割斷了我們骨肉同胞，半途永訣了。唉！我的姐姐啊！你賜我的一切的一切 你沒得到我半點酬謝，你竟棄開了我長別人間，每逢想到你我的內心裏充滿了慚愧！我因現時力量不足，對恩存身上始終沒有表示半點好意，我並非忘恩負義的人，姐姐你要原諒我，日後力量充足時絕不會如此的，姐姊你放心吧，恩兒存兒的生活，也很安適，不過失掉了母子的真愛而已，實際上沒有嘗嘗生活痛苦，想你在九泉下也可安心了，至于咱那白髮的老母，如故度着暮境，家政如常一

秋夜

素閒

炎夏，
——將無限的榮華帶去，
秋意，
——攜不少的寂寞來臨；
「司秋之神呵！
——將美滿的人間，
變成了苦悶的囚牢！

○　○　○

晚月，
——初露在海面，
暮烟，
——輕籠着秋郊；
明月啊！
——靜悄悄地升起，
揭破了黑夜的神密。
烟兒啊！
——一絲絲地散去，
失去了晚景的奇麗。

○　○　○

舉首，
——回顧村野景；
靜聽
——到處秋蟲鳴；
蟋蟀 紡織娘 金鐘兒……
唱着那，
——如怨如慕如泣如訴之歌，
打破了這夜的沈寂。

○　○　○

枯草，
——平鋪滿地；
涼風，
陣陣吹起；
一個少年，
——迎風踏葉，
向蒼天而垂淚，
對落花而嘆惜！

切都無須你掛心，姊姊你放心吧，最後望你的靈魂常來慰護你的三妹。

我親愛的哥哥子粹，你的犧牲雖然偉大，是成仁取義，但是何等的可憐啊！你在外奔波多年爲國效勞不少，怎料你竟葬身塞北成了爲國流血的犧牲者，記得你離家北上時那種惜別依依的形態，可說從來沒有的現象，難道就是不幸的預兆嗎？早知演成永訣，那時我一定牽住了你的衣角不讓你走開一步，記得某一天下午，正同一羣小孩遊戲，忽聽到你的惡耗，當時眞如晴天裡起了一個振耳霹靂，但是仍節制着痛心，將半信半疑着，總覺你身受重傷，或是局外人登蜿添足而造出的兇言，在那緊急的月餘中我沒有一刻一分鐘不在緊念着同情我的粹哥，並祈禱上帝保佑你早脫危險安然重返故里，使我們遠別的兄妹盡享天倫之樂，那料這種熱望竟成了泡影。唉！親愛的哥哥！我做夢也想不到你會離間媽媽離開兄嫂，離開家園拋棄你可憐的三妹素英呀！每逢遇到身服武裝的軍官不由得就轉念到我的哥哥，想起你當年的英勇，那種百折不回的精神，及健美的體態，能不叫我觸目傷心，然而往事不堪回首了，在我腦海裏有永遠存留着我三哥的印象。我的心坎裡，祇有永遠的爲我三哥傷感，唉！哥哥！你去了！你去了！我呢？

無題

兆豐

夜是悠長而陰鬱的，
小巷的空氣
是淒淸的。
夜網的星河；
罩住了整個的宇宙。

○　○　○　○

憑着一隻有經驗的竹杖，
慢慢地探索着他茫茫的前程。
前路是崎嶇，
是叢生着荊棘如刀；
但他一點兒也不知道！

○　○　○　○

臉上摻着生活鞭策的血痕，
驚望迅速的發下賑銀；
還走不盡的人生之長途啊！

○　○　○　○

一口破啞三弦的嘆息，
吹上了秋夜的西風。
一九三六、九、十一脫稿于汴垣

搶圈子

螢

這幾天來，空間裡都是泛着乳白色的沙塵；誰都知道，這是拾麥子的人們揚起的。

臨晚，天色異常的曚昧了，空氣裏充滿了乾燥的悶熱的氣息，一羣人圍住了一塊新割的麥田，是一搶圈子」的時候了。

我走過去，他們的怨言正無情的粗聲的傳播着，他們內心裏再也抑制不住的火焰燃燒了，這當兒，他們彷彿什麼都不怕起來 任性的，不住的惡罵 譏諷，咀咒，我竟看見 個最粗壯最大胆的青年 捏住自己的鐽子，邊若無人似的有力的乱嚷，像是在向什麼人洩橫：

「爲什麼？那東西 吃飽的猪種！想出這樣好法子，叫咱們拾什麼 只有屁了。過去，把他的緊在車上的抓子梁碎，也把那幾個放進去舐地皮的騷貨撕爛！」

「表子兒子，不要大聲叫，再叫，我就打歪你的嘴。」

突然的，從平地上，撐起了一個像是被溼土浸蝕好久的綫根骨頭紮在一起的十分難看的小架，上面披着不知幾件布貨的東西，是許多髒汚的雜色的布塊聯起來的。這是一個女人，一個幾乎朽壞了的老媽子。我不知道她怎樣的站起來，我深信她會被驟來的小旋風吹倒；但，她只是直立着，掘强的，斥責着那個青年；未必十分錯吧：他是她的兒子。

全體的人都瞪着他了，他們的眼睛裏都有憤怒的同情的光在閃，他們都不說什麼，靜默着，呆呆的，像石頭般的沈沒在各人自己的思量裏了

越思想越是熾燒了，這不是火燃起的這是血管裏的血液的奔流所發生的熱力。你說最冰冷的水能潑滅它嗎？你說凍固的冰塊能使它消失嗎？這是不能夠的！最苦痛的時候到了，一個恨毒的，自然的，苦痛的感覺，統治着下面的一羣。

「沒法子，那個裝滿奸點子的大肚子！—一

一個矮 小老頭頹唐的說 那副飽經世故的老松皮似的臉又垂了下去。

「沒法子，那個說的！哼！就……」

這又是 個性情暴燥的小伙子。

麥田裏蠕動着的幾個女人，下神似的仔細的拾着麥穗。那個肥頭肥腦的主人，戰抖着大肚子 跟在麥車的後邊，一面數就近他的人卸下不能再抓的豐厚的笆子，一面恥辱的罵着那在圈邊上偷拾的孩子。

不知怎的，在刹那間，沙塵飛揚起來了 人們都瘋狂了只有小孩子乱叫「搶圈子！搶圈子！」

上山

白水

才走上山巔，
我已遍體流汗。

○　○　○　○

山上遍長着利刺如劍的荊棘，
把去路阻止；
山上滿生着坎坷不平的怪石，
雖蹣跚着前進，
稍不留意
就要滑倒跌死。

○　○　○　○

好難走啊！
好危險啊！
這山路
我走的這山路啊！

○　○　○　○

雙手被荊棘刺破許多處，
鮮紅的血液——
涔涔的流着，
遇荊棘便欲退縮；
兩條腿——
也酸痛難忍了，
懶懶的不願向前邁步。

○　○　○　○

四週都是荊棘，
四週都是怪石，
啊啊，
離山頂尙有萬尺。

○　○　○　○

努力！
努力！
不要氣餒，
不要畏縮，
血液會變成美酒，
酸痛會變成甜蜜，
世上一切的快樂都是辛苦換來的！

○　○　○　○

荊棘的獰笑變成了哭泣
難走的道路逝去，
幽美的山頂，
把我擁抱着：
訴說她的美麗，溫柔，和氣。

○　○　○　○

青草兒舞蹈着對着我笑，
野花兒對我啞然一笑，
樹上的菓子們對着我微微的笑，
泉水奏着潺潺的歡迎曲——
也對着我笑，
我在笑中狂笑，
我在笑中狂叫，
「達到目的地了！達到目的地了！」

火車

歌平

牠長吁口氣，
車站有了生機。

○　○

生就個鐵皮身子，
沉重的足跡，
被軌道連起，

◎　◎

敢回頭，
尖笛又把耳朵挑起，
乘客正心急，
料想離別的淚，
已流成川溪。

編輯室的廣播電台

雲章

一，松濤君，請將眞實姓名及通訊地點示知！

二，吼鳳昨日送來「雨中漫話」一篇。

三，趙素英君的「回憶已故的姊姊淑蘭，哥哥子粹」，極具沈痛纏綿，她雖是初次投稿，文字卻非常有力。希望她以後要常有稿件送來。

十，一。

豐中週刊

第二三期
本刊每星期六出版

言論

我對於豐中週刊的期望

——林

本校是八月二十五日開學，這個刊物本來該隨着開學而復活，但因爲別的事情的急待辦理，所以直停到現在。

這是本刊本學期的第一期，在這一個時間對於本刊的期望，先寫出來，作爲我們大家發展本刊的參攷。

本刊是我們學校裏邊唯一的刊物，我們想運用他來表現學校的一切活動。想着能達到這個目的我以爲須注意以下幾點：

一，須確定本刊的風格 任何一種刊物，都應當有他的獨立的風格，所謂風格 彷彿像個人的性情一樣；一個人必須有了可以令人敬重的性情，那麼才能得到人的敬重，報何嘗不是如此呢？我希望豐中週刊，能十足的代表豐中學生——成爲全體學生及導師精神的象徵。

我們大家對於日常生活，永久保持着親愛精誠的精神，負責任，守紀律 不以說話風涼爲聰明，不以態度傲慢爲高尚，都是恪遵童子軍誓辭規律的青年。——這樣生活的精神，要形成爲本刊的風格。

二，須普遍本刊的興味 任何一種事業，非得到多數人的擁護，不能發展，本刊當然不能例外 所以必須每個學生與每位導師，都對於本刊有了較高的興味，那麼本刊才能有發展的希望。

這個，惟有我們大家，在課餘之暇，能都慢慢養成拿本刊作發舒思想的工具，漸漸形成非此不樂，那麼本刊自可日趨於發展了。

三，須改善本刊的內容 一個刊物能得到多數讀者對他發生好感，那必須他的內容充實，分配適宜；這彷彿像吃東西一樣，好吃的東西必須加適當的烹調，那才是悅口的珍品。

對於這點，希望編者對於材料的收取與選擇，要費點斟酌，務必達到各種材料的分配，像近一餐美饌，既不偏於鹹，又不偏於淡，既不過於葷，又不過於素，是正當恰好的藝術品呀。

以上三點，費望我們大家注意。

五育

——林

智，體，德，羣，美五育並重，應該 體發展，是一般人所承認的。我以爲我們要注意以下的兩點意思：

一，五育的含義 人類之所以高出萬物者，「有智慧」是他的最大條件；這種「智」慧的力量，實把人類從野蠻引導到文明，她憑着過去的經驗，完成了人類各方面的適於「生存」的條件。我們絕不承認，人的靈魂可以離開肉「體」，肉體的不健全等於一切的不健全．同時我們相信 「德」是自然而然地適合於「人生」的一個人習慣」，這種習慣是要在行爲中養成的。現在團體的生活，在人羣社會中是日趨嚴密了，不能離開社會便不能離開「羣」育，「愛」美」是人類的天性 審美是人類的本能 他也是促成社會進化的一個因素。總之，凡是主張唯生論者 都應該承認智體德羣美是與生俱來的五種本質，欲一「隨其生」必須像萌芽似地培植其發展。

二，五育的關係 五育必須並重．因爲缺少了任何一個，會影響到其他四個的，像智育吧，沒有了體德羣美四育爲其範圍 會流落成孤寡無情．墮落流浪的人物 有體育吧，沒有了智德羣美爲範圍，會表示爲粗暴殘忍 倔强蠻橫的人物。同時有德羣美各育而無其他育爲範圍，也會成功容易被人宰割的羔羊。所以這五種與生俱來的本質．不容只對某 種歧形發展，必須並重乃可，因爲他們是互爲條件的呀。

以上兩點意思，希望大家注意．尤其是在學校裏的導師及學生更要注意。

記載

第四次 總理紀念週摘要

記錄生 蔣顯惠 孫岫雲

教導主任報告：

上週校務會議議決事項有須要大家知道的茲報告如下：

一，關於課程方面，我們曾經屢次說過 要達到課程標準並且要超出課程標準 但是我們究竟如何 是否已達標準或是超出標準，在過去未能得到正確的認識．現在爲求一正確的認識起見，所以規定了嚴格考查成績的方法，第一是特別注重平時的考查，從前平時成績的攷查 有形的：一．要看練習簿，二，課堂上的問答，三．黑板上的練習，四，平時課堂的試驗 無形的有時的談話和考察，現在我們除上述的方法外，更要常常舉行短時間的小測驗，或者每次上課都舉行一次，或者每二三課舉行一次，務必注重大家平時的成績，使得大家多數能知道平時的用功沒有臨時抱佛腳的習慣 第二要把考試的方法切實注意：一，臨時試驗 是不定時的第一次兩週攷一次，下次說不定在第三週或第四週考一次總是不定的，二，攷試要嚴限時間．如定二十分鐘或三十分鐘，不許有例外延長者，如有逾時不繳卷的，得看當時情形予以扣分或將成績作廢，三，嚴防作弊，要想得到正確的查攷，對於考試作弊 是不允許的，因爲要瞞哄先生 就是瞞哄自己 因爲先生攷查成績的用意，也就是看看你的缺點或優點，以便予以矯正或獎勉而免以後再有缺點。所以作弊者，應嚴防制止，即作弊者，定要扣其分數或成績作廢．助人作弊者 亦須受操行上之扣分並削去其受獎權利 凡此種種方法——平時成績考查和臨時試驗學期考試等等之各種辦法——無非是想藉此以督促大家於平時努力務獲得充實的學識；並藉此以觀察大家學識之真正優劣，以謀指導改進之道而已，希望全體學生共勉了。

二，關於大家閱書的事情：一要及時 二要有計劃，因爲我們正在十數歲的時代 以心理的研究 知道閱讀最適宜 要算我們現在這個時候，因爲比我們現在小一點的兒童 閱讀能力弱，比我們大一點的，腦筋的記憶力也就弱了，不易記憶，惟有現在我們讀書能力强，記憶力也好，所以我們要及時多讀，但是圖書太多，其勢不能盡讀 那末我們就要選擇了，閱讀分精讀略讀兩種 如在 週內有幾篇精讀的文字，在作文時 便能感時應用不覺費力，本學期我們規定每人至少須精讀；篇文字，略讀的書籍，可由大家自己選閱 或由先生指定．我們每教室內設一閱讀登記簿 每人所讀的是什麼書都要記載下來以作各人閱讀的攷查 並可作同學間閱讀類別之互相參考 閱讀並須作筆記 凡對書內有什麼意思，什麼感想或書內有何種精彩字句，均可隨筆錄之，做筆記 篇 就如看十遍，將來先生也要抽看這筆記，比較誰的好，列入成績調查之一。

三，習字要注重練習，因爲練習字的時候太少了，除了作文外 現在規定每週至少要有四百的工寫小字每週和週記一齊繳給先生批閱，大字不一定繳，不過自己也要

學校消息

1. 十月 日下午舉行童子軍服裝檢閱。
2. 各學級愛好文藝學生，發起組織文藝研究會，現正由各級學藝股負責組織中．
3. 本學期課外閱讀，多數學生都知注意，學校並予以選材及方法之指導 將來當能獲益不小。
4. 第二屆膳食委員業已選出開始辦公
5. 學校風紀檢查，自上週起改用輪流值日紀載制，但不值日教員亦得將隨時隨地觀察實況錄於記載簿上，以備統計。
6. 學業成績考查本學期增添小測驗次數，以求得到更精確之攷查，並免除臨時抱佛腳之弊 故一月以來，功課方面，感覺較前緊張。

課外練習，以上的報告是關於成績的考試和學生自修的事，以下是關於其他的事：

一，寢教室的整潔，要切實的注重，自本週起，先生要輪流檢查寢室，床上要把自己的名字貼上，以便檢查時明瞭是誰的床位。

豐中週刊，現在還沒有恢復起來，因如只有幾篇文章，沒有別的稿件，所以暫時未續刊，爲什麼要恢復起來？這對於我們的學校很有關係，對外方面，使得他們對於我們學校內容，借此可以有了一種認識，對內方面說，更爲重要，因爲這是大家一種練習發表能力的好機會。現在學校規定各人自由投稿，獲登二次或二次以上，看稿件的優劣和多少情形獎以價值三角至三元的文具書籍，以示鼓勵。

三，關於本學期的成績展覽，最先舉行的1.週記展覽2.作文展覽3.小字及讀書筆記4.勞作成績5.圖畫。希望大家注意。

四，服裝問題，按照規定初中學生，都要穿着童子軍服，不過我們處的地方不同，冬日太冷，特地變通辦理，現在要着童子軍制服，冬日則着制服，大家切須注意，因爲如此能表示精神，並可獲得刻苦鍛鍊的效果。

五，總務委員會還要組織起來，仍照舊辦法，分風紀，學藝，體育，衞生四股，各股股長一人，幹事六人，從今日起，各股負起各股的責任來。

六、第二屆膳食委員會，應該選舉，本日各級就爛推選起人來，至於選的方法，同上次一樣。

★　★

幾包私糖

寫作　征

樹影子越長越長，太陽平西了；天上有幾塊浮雲。「知了」仍在叫着，天氣不很熱因爲刮着溜溜地小風。大堤上沒有人，堤下的西瓜攤子旁邊，坐着聚隆的東家。賣瓜的老二蹲着，手裏拿着一根蠅拍子左右乱擺着。

「該來到了！」東家站起來了。那是個上窄下寬的雞蛋形的胖臉，稀疏的像用小鑷子拔去一些，橫在小小的圓眼睛上邊的眉毛個個直挺着，嘴巴子下面堆着折疊的橫肉，剛剃了的圓頭像一個葫蘆，油光光的頭皮似乎抹上了油，倆眼睜得不能再大啦，像要迸出來眼珠。他呆呆地望着被金黃色的太陽的最後的光蒙蓋着的，通到遠方的大路。

「倆錢塊！紅……」老二吆呼着，用蠅拍子指着落滿蒼蠅的西瓜。蠅子翁翁地飛起，祇要老二一住手西瓜上馬上就得落滿那汚髒的蠅子。

聚隆的東家不自覺地沿着大路走去，鬆懈地小脚步，一走一晃地，看來像十分拿勁，但他還是往前走他的額蓋上冒出了一粒粒的小汗珠，被太陽光照射着，像一顆金黃色的豆粒。

他一面走着，一面對着將要落的太陽嘆氣。太陽很快地不見了，大地漸漸地灰暗起來。他苦喪着臉，眼睛內像有淚要落下似的。他肚狐疑：「該來到了！會元搗蛋？丟掉了？被人查出了？……」

「他回到堤上，一來一往地從東到西，眼睛向灰色的看不清的遠方瞧。他呆呆地站着，像個用木頭刻的人一樣。

天上佈滿着密密麻麻的繁星，他抬頭望天，天上的星與他眨眼。他沿着大路瞭着遠方，他還時可以看見的，祇有城裡最高樓的樓上的電燈照耀着。

他像失了錢財似的，朵脚，嘆氣……他慢慢地挪着小脚步，一顛一歪地走進了他的店門。他坐下，小伙子很地送上洗臉水，輕輕地放在東家面前。

一店的小伙子沒有一個敢作聲，東家坐着吸烟，一手擊着火紙，手把着烟袋，裝上烟；便把火紙向嘴前一送，舌頭尖往外一伸，再一縮，就把火紙嗽着了。店房內死沉沉的，小伙子互相瞪着眼睛，你看看我，我看看你。

「人就有錯！」東家把着烟袋說。「命運注定，我的時運……唉！」他放下煙袋，走到裏邊，往床上一倒，便睡在床上了。

小伙子們仍是不敢作聲，店房內更顯得死沉沉的了。

突然，外邊一拍拍答答的像停車一般，馬上就似乎可以聽到有人說：

「喊他的伙計！」

六個小伙子慌得什麼似的跳過櫃台，從車子上解下來糖包，勇猛地往貨房裡扛，最先扛到的那一個小伙子，光滑的頭圓溜溜的，圓臉，大眼，胳膊很粗壯，他首先跑到東家的臥室裏，輕輕地說：「糖來到了！」

「來到了？」他翻身起來，「哈？」

「糖！」小伙子低聲的說。

「奧！奧！糖！」東家的臉上露出微微的笑的顏色來。

◎向晚的農場◎

一年級馬蘊章

我們的學校，就在農場的東面，只隔着一條大道，所以農場便是我們常到的地方。

那裏有高大的房舍，處——農業推廣所——便是農場的中心地，從那裏向北，是一條平坦的小道，兩邊皆種着冬青，冬青的兩旁還有種種不知名的花卉，它那馥郁的清香，不時的送入人的鼻腔，彷彿玫瑰醋酒，將人們醉得踉蹌。

農場的四週，全種着一些洋槐，葉兒是生得密密的不透天日，彷彿圈天然的碧離，後面盡是田畝，田中的凹畦，也分外清明，彷彿滄海中的波濤，一捲一捲的在澎湃着。

下午；一片幽暉，映照地面，冬青的葉上和花上草上，以及高大的房子上，都映得金碧輝煌，忽然一陣輕風吹動了路邊的白楊，簌簌作響，霎時增進了不少的詩意。

這是鳴蟲的季節，你聽那茂林叢草中間，那些么小的秋蟲，高低斷續，此唱彼和，各做出自己得意的歌曲，來蘇醒人間的疲憊。

我正在凝想着宇宙賜給、們的厚意，忽然，一陣馥香送入我的鼻孔，抬頭看去，只見幾千幾萬的花兒們，伸長了頸項，對着我微笑，我醉了，我要醉在這花的清香裏，我要醉在這向晚夕陽中的花香裡啊！

抬頭看見夕陽已鑽入西山，校中的晚課鈴聲，鐺鐺的鳴起，我便辭別了這美麗的樂園，匆匆的回校來了。

我的進修計劃

一年級閻濟亭

六年的小學生活，已於一剎那間過去了，我現在已走到中學校裏來過生活了。

現在是本學期的開始，也是這一學年的開始，又是我過中學生活的開始。在這學期學年和中學生活共同開始的時候，我要擬定一個進修的計劃，不要再像在小學裡那樣的馬虎了。

回憶我在小學的時候，終日只是遊戲，不用功，先生的責斥，都只當作過耳春風，一點也不聽從，以致學業落後，現在我決意不像在小學時候那樣的不用功了，我的計劃如下：

（一）學業方面，對於學業要竭力往前進取，不懈怠，有疑問或困難時，要問先生和別的同學，先生指定的功課，要鄭重其事的按時做完，不推脫，更不敷衍了草。使學業蒸蒸日上，不落他人之後。

（二）品行方面，對於同學先生要有禮貌，態度要和藹，不和同學打罵，要服從領袖的命令。

（三）體育方面，在課外的時候要多運動，因爲運動可以强健身體，又可以恢復疲勞，增加精神上的快樂，所以，體育也很重要。

如能這樣做去，便能使我的智、德、體三育並進了。

週記的一頁——就寢後

馬益三

夜已經來臨了，半圓形的月被一片薄的灰白雲遮掩着，旁邊有幾顆星在霎眼。一會兒那白雲被微微的晚風吹散了，天空中顯露出那皎潔明亮的半圓月，慢慢的從樹梢推向中天來了。

校舍的四週，空氣中充滿着同學的談笑聲，和娛樂聲，有的正在預備睡覺。

這時我睡在牀上，回想起來校時的情況！近幾年來，家庭的經濟，可算困難極了。一方面收成不豐足，一方面開支又大，照實際情形，讀書却是很困難，但父母愛子之心，非常誠摯，不忍使他的兒子眼睜睜的失學，父親便東奔西走，吃人家不少的惡嘴臉，在萬分艱苦的狀況中，掙扎出三十餘元，給我進學校。唉！我將何以爲人子啊………。

鐺叮鐺叮……的熄燈鈴聲，打斷了我的思路，燈於是熄了，寢室中突然變成了黑暗的世界，同學都各自睡覺了，全宿舍很是寂靜，只有同學的鼻鼾聲在「呼呼」！和秋虫的悲鳴聲相和相應。

教育週刊

第八六期目錄

編輯處徵稿啓事

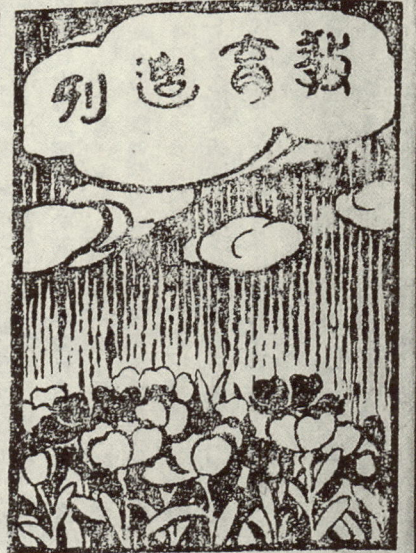

本刊以溝通教育消息，交換教育心得，討論教育實際問題為任務。定於每週星期一出版，務望全縣教育同志，將各種教育論述，實施報告及其他有關教育之材料隨時錄寄，無任歡迎，惟因篇幅狹小，事實務求新鮮而具體，文字務求簡要而靈活，統希鑒察是幸！

報告

二十四年度第二學期視導意見（續）

六十三、縣立杜莊初小校

優點：

1.訂正課卷尚精細。
2.教學方法頗優良。

改進意見：

1.應按期閱讀小學教師半月刊。
2.校內各部過不整潔應領導兒童勤加整理。
3.應從速恢復黃災以前原狀。

六十四、縣立尹雙樓初小校

優點：

1,各科教學進度適合。
2,各科課卷無積壓。
3.校內佈置尚整飭。

改進意見：

1.每學期至少要舉行三次月考並將各生成績隨時登入分數冊。
2.中級兒童應練習記日記。
3.學生作文練習次數不足應即補齊。
4.應訂定公民訓練條文及考查辦法
6.各項簿籍應按時填記

六十五、縣立尹長莊初小校

優點：

1.應用課卷完整。
2.學生能不輕易缺席。
3.簿籍尚能按時填記。

改進意見：

1.應訂定公民訓練條目及考查辦法。
2.兒童自治組織可採保甲編制。
3.中級兒童應練習做日記。
4.作文鍊習次數不足者應合補齊。

六十六　縣立大史樓初小校

優點：

1.兒童作文成績頗佳
2.圖書整理得法
3各科教學進度適合。

改進意見：

1.教師發言應力求懇切。
2.大黑板，應設法油漆。
3.兒童月考成績應隨時登入分數冊。
4.編訂學校行事曆。

六十七、縣立粟胡集初小校

優點：

1、學生人數，尚能足額。
2、教學進度適合。
3、校院頗整齊。

改進意見：

1、學校概況表應增加「圖書」一欄。
2,學生作文、字體應力求工整，教師訂正亦須再求精細。
3.應訂定公民訓練條目，並時加考查兒童實踐情形。

六十八、縣立楊樓初小校

優點：

1,學校地址適中。
2,兒童程度頗佳。
3,校長頗得社會信仰。

改進意見：

1,應按期閱讀小學教師半月刊。
2、兒童演說姿態不妥處應隨時矯正。
3,學校概況表應增加「圖書」一欄。
4、應特別注意廁所清潔。

六十九、縣立郭集初小校

優點：

1兒童無輕易缺課習慣。

改進意見：

1,教室及辦公室牆壁應加粉飾。
1,教室應裝置門戶改換前窗。
3、訂正作文字體不宜過草對於兒童錯字尤宜注意。
4,應置備小黑板一塊以資應用。

七十、縣立劉莊初小校

優點：

1,教室適用。

改進意見：

1、課卷訂正，再求精細。
2 二年級兒童應練習記日記。
3,設備過簡略，應在經費可能範圍設法添置。
4,應舉行每月測驗。
5,應按期閱讀小學教師半月刊。

七十一、縣立丁大莊初小校

優點：

1、圖書室佈置妥善，保管亦頗得法。
2 校內佈置尚整潔。

改進意見：

1,各科課卷，均須按時訂正。
2,各項簿籍須按時填記。
3,應按期閱讀小學教師半月刊。
4、應按時揭示兒童各科優良成績。

七十二、縣立葦子坑初小校

優點：

1,中級兒童作文成績頗佳。
2,各科教學進度適合。
3、有適宜之農場。
4、訓練兒童頗有禮節。

改進意見：

1,小學教師半月刊應按期閱讀。
2、應按時揭示兒童優良成績。
3、校院須按時掃除，保持日常清潔。
4,切實指導兒童演說。

七十三、縣立傅莊初小校

優點：

1,兒童作文練習次數充足。
2、學校園整理頗佳。

改進意見：

1,訂正兒童作文，字跡不宜過草。
2,各項簿籍須按時填記。
3,教室屋頂有損壞處應即修補。
4、應按時揭示兒童優良成績。

七十四、縣立十支廟初小校

投稿簡章

一，來稿以合於小學教育及社會教育之實際需要為標準，約分論述，報告，設施計劃，教師常識，教材教具，介紹，教育學術講話等項。
二，來稿不分文體，但須繕寫清楚，除特別性質者外，均須直行右起。
三，來稿非經聲明，編者有刪改權。
四，來稿不論登載與否，概不退還。
五，來稿須註明真姓名，及通信處，但發表時，別署聽便。
六，來稿寄豐縣教育局，稿封上須註明「教育週刊文稿」。

優點：

1.徐校長教學方法尚優良。

2.訂正課卷尚精細。

3.學校環境清幽。

4、學生人數足額。

改進意見：

1.圖書保管方法不妥應注意。

2.須從速購置時鐘一只。

3,注意兒童整潔訓練。

4.低級兒童有缺少石板者應即購置。

研究

一封信

主編(因不知姓名)先生：

在你接看這信後，總有點厭我突如其來吧！但，且慢，請細心一點看看我這一個乞食他方的豐縣人，是否該有以下的一些談話。

我因經濟上的困難，在初中畢業後，不能再繼續我那貴族式的學校生活了。他適無從，只好仍靠自己的一點所學來就這無人情作用的最吃苦的清夫工作。至此工作的詳況如何 容後細談。現在先來談一談我看過七月十七日豐報上的教育週刊底一點意見吧！

所謂意見，只不過是自己要想說的幾句話，而不能像那受過專門教育的先生們能根據他們所學的知識來一次高談闊論。此點請不要誤會之後，下面才可說出我要說的幾句話咯：

教育，是以社會的結構爲依歸，換句話說，就是教育的目的是跟着社會制度的改變而改變的，如封建時代有經院式的教育來替統治階層實施愚民政策，敎人甯可餓死，也不能有不法的行爲出來，談統治者感覺不舒 如資本主義時代更有它應時代而興的教育政策，來替他少數人來謀利益，而不惜千方百計的用盡腦力强拉出科學來做根據，以實行它那麻醉大衆的勾當 總之教育的目的，不管它的現象上是有若干狀態。而總脫不出下面的二種意義的一。是替少數人謀利益的。二，是替大多數人謀利益的。中國教育，在近年來表面上看看，好像似實施(二)種的，而事實上呢？恰與相反，大多數教育界者是在(一)種上努力。就因爲這樣，中國才一年一年的積弱下來，弄到現在不可收拾的地步了。那麽想挽此危險之局，只得在大衆的利益上着眼 方有可能，所以近來有人提出「國難教育」的計劃，就是應時而興的。它的主要目的是在訓練大衆，組織大衆，而團結一個絕大多數的團體來抗敵除奸(漢奸)來實施它這替多數人謀利益的教育。因爲不這樣 目前的危局是挽救不起來的，究竟少數人沒有多數人的力量大唉。所以我希望是吾豐教育界也要以「國難教育」做教育的中心，在各人實踐中所得的新經驗能在教育週刊上貢獻大家參考，更有一番積極的作用的，像這樣吾想吾豐教育界不會以我爲狂談吧？這是我對吾豐教育界所最希望的幾句話，現在就止於此。下面還有我對第七九期各欄的幾句話分別略述一下：

一，論述欄：春林先生的實施義教下的小學教師的責任(續)

論教育是以目的爲重，而形式次之。果薪水充足的教師能以適合時需的教育主旨來領導學生實施愛國運動的說話也不至於有今日了吧？所謂義務教育乃是爲補充正式教育所不及的 但它又爲後者所決定的。因爲實施義務教育者是從正式教育中出來的。所以教育不管它形式上是薪水的或是義務的 只要目的是適合現實的就有創辦的必要，否則又何必多此一舉的使人受不少的麻煩呢？這樣說了不少的話 叫人仍看不出我對春林先生的意見是贊成是反對。是的 真連我自己也不好馬上加一句斷語的，事實上義教下的小學教師的責任是從大目標「實施」中產生出來的。它是有着絕大的限制的 而不能夠自由施教。像這樣教育出來的人 能得到真正的知識麽？果能 那麽那些進步的有正確認識的大中學生何以被學校當局開除出來呢？這樣我並不是真的來反對春林先生的意見，正相反的我是頂贊成他那小學教師利用休息的時間來教育大衆的主張 只不過我要補上兩句，就是教育大衆要以救亡圖存爲目的，以組織堅固大團體爲手段。這樣一來實施教育的方法就不光限於學校的形式(如民衆學校等)了 因爲主要的是在積極的組織大衆要抗敵救亡而不是消極的光給他們些口頭上的支票(即書本上的知識)了，因此在實施教育的時候，不管它是戲園也好，田頭也好，甚至廁所都行，只要教育的目的不變，仍不會失其積極作用的意義的，如此春林先生不會生我的氣吧？

專載

全國小學廢止體罰苛罰解除一切束縛的研究報告（續）

(2)教員不明瞭教育原理，或工作繁重，不能或無暇想出其他較好的訓導方法來替代。

(3)教員缺之保姆性的涵養，或性情粗暴躁急，容易生氣或遷怒，所以妄用體罰。

(4)教員受傳統積習的影響 或迎合少數家屬的傳統心理，所以不惜施行體罰。

(5)教員受著學習心理上效果律 Law of Effect)的指示，以爲希望兒童某種錯誤行爲終止，應加以相當的痛苦，利用體罰來很爽快地解決越軌問題，或强迫兒童用功。

(6)教員對於某一兒童，發生厭惡 藉體罰以洩恨報仇。

3.學校方面

(1)學校設備不完全或環境惡劣，認爲其他有效的方法，不易施行。

(2)教員擅自施行體罰，學校同人礙於情面，無人制止或勸阻。

以上所述施用體罰的原因，有屬於兒童方面的 有屬於學校方面的 但屬於教員方面的爲最多 所以廢除體罰的關鍵，仍在教員，教員如果性情和藹 明瞭訓導方面 教學得宜，熟悉兒童個性，對於特殊頑劣的兒童，能多方誘掖 都是可以用不著體罰，體罰的作用，只能逼迫兒童一時的服從權威，在教育上的效益很少，對於兒童的不良影響卻很大。

第三題：體罰苛罰對於兒童有什麼影響

研究結果：

一，體罰對於兒童的影響 利少害多，使用適當 有時似乎可以收效，但流弊滋多。

甲 利的方面

(1)兒童受制裁的時候 身體上直接感受痛苦，能使立刻有戒心而不敢爲。

(2)有懲一警百的效力，可使其他兒童不敢再蹈覆轍。

乙 害的方面

(1)兒童以養成廉恥爲上，若是加以鞭扑 足以減少他的羞惡心和自尊心自信心。

(2)兒童神經，受强烈的刺激，容易成恐怖心理，疲勞狀態，每每發生精神麻木或神經錯乱的病症。

(3)在憤怒之下時實施體罰，往往往失檢，容易釀成意外事件，或致使兒童罹終身的痼疾。

(4)如果常用體罰，兒童四肢神經，因刺激過甚，反應低弱，最後體罰也失效力。

(5)與體罰有同樣的害處

綜上所述 體罰和苛罰所給予兒童的不良影響很大 所以與其等兒童有可懲罰的事實發生，才加懲罰，不如事前盡量在可能範圍內防止兒童有可懲罰的事實發生。用防止鼓勵誘導的方法來訓練兒童，體罰苛罰，也就不難廢止了。

第四題：體罰苛罰廢止後 用什麼積極的獎勵方法訓練兒童？

研究結果：要廢止體罰和苛罰 應用優良的訓導方法 來防止兒童發生可被懲罰的事實。發生以後，尤須有積極的獎勵方法，鼓勵兒童向善 辦法列舉如左：

(1)關於教學方面的

1.教員須積極改善教學方法和教材，以適合兒童的學習心理和學習能力。

2.上課時教師對於劣等生應多加注意 使與優等生共坐 可得優等生的補助。

3.對於劣等生的作業，每天要檢查一次，發現有錯誤的地方，令即時復習，不使他因積壓過久，感覺無法挽救。

（未完）

中華民國廿五年十月六日

（星期二）　第五版

鳳鳴塔

第二四七期

一、本刊內容分科學常識論著詩歌小說戲劇散文書信書報介紹及批評等項

二、本刊歡迎投稿來稿文言白話均可

三、來稿本社有修改權不願者請先聲明

四、未經登載之稿除預先聲明者外概不退還

五、本刊編輯部設豐報社內

漫談

關於防止走私要說的話

秋雲

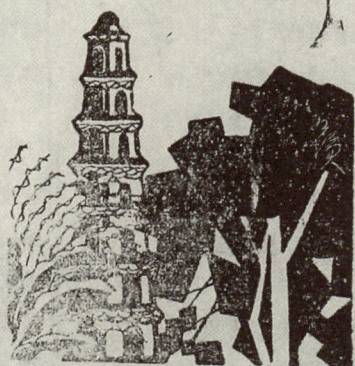

炮台，和邊境上的防禦綫，是軍事上的國防，用來防禦敵人軍事的侵略的。關稅的壁壘，却是經濟上的國防，用來防止敵人的經濟侵略來保障這種產業落後經濟拮据的經濟局面的。然而民國二十年九一八事變以後，軍事上的國防，已被敵人衝破，使東北數省淪陷。近來變本加厲的走私猖獗。關稅壁壘，也竟因之破壞無餘。這不僅可以使強敵升堂入室，而國家命脈的民族經濟，亦必因之枯竭，使國運危殆至不可收拾之地步。這是如何危險的事啊！所以防止走私，和加強關稅壁壘，是刻不容緩的事了。

現在在防止走私聲中，冀察稽查處竟于九月七日宣佈設立。在冀察當局，固然婉轉曲折地說明：「擬將已經偷漏關稅運入陸地之私貨，加以清查，酌收驗費，藉以調劑市面物價，保障正當商人。此不過一時權宜之計，俟政府有解決辦法時，當即停止。」一求國人諒解。但依整個民族經濟的立場言，則這種設施，不但將破壞關稅的完整，抑且為私貨開一方便之門。使走私的機關，取得私貨的保障，此後將更要明目張膽的販賣私貨，這種走私之風，必將較前更要猖獗，勢必演至私貨充斥全國，使關稅失掉能力。國家民族的命運，將必陷至萬劫不復之地步。這是令人如何的痛心啊！

所以在這種危急情形之下，全國民衆要認清走私的禍害，可以使關稅破壞。經濟枯竭，其侵略的力量，勝似數十萬現代化的軍隊。我們如不下定決心，防止走私，雖生聚教訓亦難發生效力。故欲挽回國運，補救危難，必先從防止走私入手。雖艱難困苦萬狀，亦須奮鬥到底。切勿使走私公開，以小失大也。

論著

從國民經濟建設運動談到畜牧改進之應取步驟

高德培

記得在本年六月，行政院蔣院長曾通電全國，發啓組織『國民經濟建設運動』，並制定組織總章七條，在該章之第三項第四條中載明『研究發展全國農工副業及地方特殊產品』，在蔣院長之通電內有一段極警惕之話：『近年以來，災禍迭乘，國民經濟了危機，日增嚴重，苟不努力從事建設，實無以救亡圖存；而欲完成此項工作，非舉國人士急起直追，羣策羣力，實行推動，亦斷難迅速奏效，故實行國民經濟建設運動，實為全國國民致力於國民經濟建設之基本途徑。』在今國際風雲日緊，弱肉強食之際，中國惟有積極以武力準備抵抗，消極從事于全國經濟建設，以充實本國之經濟力量，此乃中國今日刻不容緩之救亡圖存之最良辦法，亦即充實國防及民衆經濟力量之無上政策，故發起國民經濟建設運動，中之發展農工副業為經濟建設中之基本工作，查中國畜產價值，上文業已述及，總值達國幣三十二億一千一百餘萬之鉅，其中畜產品之每年平均出口之價值已達國幣一萬萬另三百萬之譜，是則牲畜雖為農村副業中之一種，其關于國民經濟之重要如是，非但如此，即畜牧之實際力量供給于農民效勞已見可觀，上文曾略談及，現再聲述其詳，譬如土地之利用，凡山嶺荒野及雨水少或過于低濕之地，因耕種費力而一般人放棄不知利用，如將此種雜草叢之山嶺荒野，儘量畜牧，可謂格外週到，又謂移民於鄙僻荒野人跡不到之處，如現在高唱入雲之開發西北論，其目的為移民墾殖，然西北之土質堅硬，作物難長，若以牧畜為先鋒，則其草可喂飼，其土地因得牧畜之排泄物而成肥厚，有云耕種之中有輪作或輪栽制度，其目的在防止土地之竭盡，如若輪種三四年中栽培苜蓿Alfalfa或其他牧草Clauer等一次，牧畜得牧草之供給作為食料，生長既速，又將消化後排泄之糞使歸諸於地，結果田已肥，盡供人利用，以生產費較低，管理極省之牧草，而換得比棉麥稻豆更貴之畜產品，其價值何如？又查牧畜事業多在地廣人稀之處經營，蓋取其田價便宜，牧畜適宜也。在食衣之原料，昔以棉麻絲為主，現因社會進步，人類衣服多以簡便溫暖為宜，故多捨棉麻，而採經久耐用且溫暖之毛織及皮製品以代之，食之原料，固以植物為生，然植物質食品體積大而所含滋養料少，其營養價值亦低，現今人事進步，事業複雜，平時於體力腦力之消耗甚多，植物質食料因不能供給吾人體力之消耗，則必藉含蛋白質脂肪炭水化合物及維他命均豐富之乳肉食品以維身體之健康。

（未完）

創作

雨中漫話

吼風

寒食節的那天，起來，天就陰沈沈的，沒有太陽，也沒有落雨。漂亮的F君，在西南角下的小路上，一高一低的走來了。

「喂！F君，起何早？」

「有啥事。」

「何事？」

「還是那件事呢。」

「還是那件事呢？」

「還是請你去替我代課！因為我的事還沒有了！學校已停課半月了！」

「哦！事還沒了麼！怎造蛋！他媽的！」

「唉！直到現在還……：沒有結果呢！」

「好好！那我就去替你代課；不過，我還吃着藥呢！因為還幾天，心內又覺着熱了呢！」

「熱點怕什麼？還病不算病，一離開家就好了。哈哈！哈哈！」

「哈哈！哈哈！」

「好！這件事請託於你了，那我回去啦？因為今天還得進城呢。」

「那那！慌的啥？」

「不！你留步吧，今天一定得到城裏呢。」

「嗷！那你走，少送，少送！」

「留步吧！留步！」F君說着，說着，漸漸的走遠了，小了，看不見了。

「唉！怎麼辦呢？有着病，怎麼去呢？不去吧！已經允許他了，唉！真倒霉！」我我自己回到屋裏，瞎樣的胡想着，一轉念，「熱點怕什麼，還病不算病，一離開家就好了。」好！離開家總要[illegible]套上大褂，拿了月琴和胡琴，頭也不回的，一挺一挺的，走出家門。

出門向西折北再折西，便是一條明亮的大道了，微風吹着，襲入衣襟，頗覺春寒抖峭，風雖不大，但因天旱的緣故，地上的積沙隨風飛揚，迷人耳目，因低頭前進，不管路上的情景。

「喂！喂！上俺那莊上玩玩去吧？俺那莊上正唱着洋琴哩！還有一個女的，不能再熱鬧啦！」我正走着想着，猛然聽得有人這樣的說：不由的抬起頭來，向那發音處望去！哦！原來是一個農夫，站在那半乾的麥田裏，撐着鋤，正在出神的望我，我看了看，四下沒人，很是疑惑，他和誰說話呢？上那裏去玩呢？或和我說話吧？不吧？我不會唱洋琴呀？他有神經病吧？也或許？：……：……：……及至看見自己手裏所拿的兩樣樂器，不由的，啞然自笑，恍然大悟，哦哦！他原來把我當着一個說書的人了。哈哈！但，管他，還是走路要緊。

足輪車不住的輪流着抬，你抬，我抬，抬抬……

嬰之夢

兆豐

潔的心，
織上了朦朧。
他的夢曾爬進樂園
他的夢曾陷入冰谷，
他的夢像　絲閃光
不給人一些兒模樣。

○　○　○

快樂之神
落脚在他潔白的心房。
他幼小的靈魂
永留在母親的乳上，
時時張着小口
彷彿呼喚着他的明光！

没有抬完，而西式的校門上，寫着××初級小學校，就呈現在面前了。

剛進校門，一片淒涼的景色，就映到眼中，使人不敢前進。磚硝瓦礫，雜柴亂草，遍地皆是，籠罩着一層黃沙，更加荒涼。滿院一人無有，只有我崗次，植的幾顆竹子，和芭蕉，依然站在窗前。但，都已憔悴不堪了。他在微風之下，搖着頭，好似歡迎我，重把他們的生命挽回。

走到辦公室裡，定睛一看：一切的一切，除蓋上一層黃沙外，沒有一處不和從前一樣。牆壁上，不唯找不到一張標語和圖表，就連一個薄籍的小釘，也找不着。床上還是兩個薄薄的棉被，一個脫油木箱，桌案上，擺着幾本學生的作文簿，和幾本算術演草。一個破舊的筆筒，插着幾枝禿筆。伴着一個長方形的硯台，和一個無罩的煤油燈外，還擺着一本少年維特之煩惱，和兩本千家詩。

（未完）

霧

白水

霧把宇宙擁抱着了。

萬物都像罩上了一層薄幕，模模糊糊的。霧愈遠愈濃，愈遠愈白，各種東西愈遠愈模糊，愈遠愈看不清楚。

有人詛咒他太無情，害得人們看不見天日，未免太沒有藝術的眼光吧！

晝間，各種東西的輪廓清清楚楚的，善惡美醜表現得太分明了，夜裡，如沒有月光的時候，到處都黑漆漆的，好像各種東西都消失了，不燃點燈燭，觸目皆黑暗甚麼東西都看不清楚。

這樣看來，惟有霧是最和諧的了：萬物在他的懷抱裏，既不美醜善惡太分明，又不漆黑如無物，都表現出一種模糊的美。他是多麼令人愛悅呢！他是多麼令人陶醉呢！

霧喲！你是和平的使者，你把世界擁抱着吧！你把世界永久的擁抱着吧！我不願意看見善惡美醜太分明，我不願意看見世界太黑暗，我異常願意在你的懷抱中求久的欣賞着各種東西的模糊美啊！

尋母

歌平

一晚我呆立街頭，
燃亮眼睛
尾追着顆：
劃過天心的流星，
她終有日停止長征，
宇宙忍心更無情？
攬住她吧，
即令距我萬里途中。
○　○　○
一晚我呆立街頭，
洗淨心坎，
傾聽：
劃過街心的三弦，
字字和着淚吐出，
戰動的手下，
悲哀流轉，
○　○　○
一晚我呆立街頭
從人臉上尋我的母親，
母親的臉是：
歡悅，和藹　溫存，
那悲哀，愁慘的模樣，
一定不是我母親，
○　○　○
一晚我呆立街頭，
拳頭緊一緊，
懷疑自已的眼睛，
難道人臉盡是：
冷落，愁慘，淒清。
母親總還在世上，
○　○　○
現在使我心寒了
被棄的孩子，
臉上也滿織，
悲愁的綫條，

……完……

秋收

（一）

兆粵創作

西風悄悄的施了魔力，不聲不響的把時光偷偷兒改換了，啊！現在，已是秋深，村前楓樹披「紅色的衣衫，在淡黃的陽光裡低泣，黃色的葉兒，正為稚弱的心情嘆息。大地上一切都彷彿籠罩上迷朦的青烟；在回憶自己生命之過往！

村前沒有雞　沒有狗，孩子們沒再有精神打鬧　太陽也憂鬱得沒有光。

劉三爺的心　也在憂鬱，又好像有螞蟻什爬　他彷彿失掉魂魄，從屋裏跑到門外，怔怔，又回到屋子裏。餓也不想吃　嘴裏時常一唧……唧……一在響。一會兒咳聲嘆氣，脚在地上乱梁　心裡只想王家村還沒把粮食送過來。又在院子轉幾個圈子。

晚上沒一刻兒入睡，家裏人，很担心，常聽他睡時講些夢話。

東方才魚肚白，太陽還沒爬上地平線來，劉三爺就起身了。還沒穿好衣服，趕快走進兒子的房裏。

「慧兒　還沒起床嗎？快起！我說，快！……」

他臉皮一皺，顯出很憂鬱的樣子；同時哼出一口粗氣　嘴唇又張了幾張，像在等待什麼急事。

慧兒從夢中被父親叫醒，懵懂着坐了起來。

「慧兒！快起來！我有話說：」停一下，「這件事本來我是不……不過，我想，你到王家村討秋租　我已經說給他們了，限昨天送來。現在，還……連粒也沒有送到，不知他們搗什麼鬼兒　今天，你去！務必叫他們把糧食送來，不那個，老子是不答應的。」

「翁！……」兒子坐正了臉色有些異樣

「這件事　我想，……快去吧！」他聽不見兒子說什麼　忙又搶回話頭來。

慧兒眼還迷糊着，帶勸帶氣的說．

「爸爸！別要罷！我們家裏的粮食多着哩！兩三年也夠　何苦討那點呢？爸爸，你知道，今年秋旱　禾苗過乾死了大半　他們都不夠吃，咱討來放在家裏也無用。」

「媽特！大清早跟我吵嘴，要你什麼用？給我滾出去，他媽媽的，……拿錢叫你上學　錢是那裡來的。今天你又毀壞了六百多塊，你學的什麼？媽特皮！」三爺氣得紫醬的臉在罵。

「爸爸！請別生氣，我並不是說一定不討，你這……還又何苦呢？我只覺他們太可憐了，他們辛辛苦苦一年　馬上給我們完全拿來，他們餓死了，於心何忍呢？人家不罵咱守財奴嗎？」兒子氣稍平些。

「狗日的羔子，你可憐他們，我不可憐他們。反正幾不是你爭的，你不知道[illegible]！你，喝！你呀！……你要講什麼革命嗎？來！先把老父的命革了，算你媽的眞革命！」三爺氣急了，話罵着拐了彎。

老頭子槃着脚出去了氣忿忿的。剛到門外便喊：「阿大，阿二，阿三，老劉，老張，……」一會兒都跑過來。

「我們一齊到王家村收租，那一個反抗，奏死他狗娘養的，快走！快走！」

（未完）

通信欄

雲章先生：

在三年前我就被學校遺棄了．從那時起再沒有和學校談戀愛的資格了　受命錢的壓迫，只好踏進萬惡的社會中去謀生，個幼年的孩子　踏進五花八門的社會　好像是一個迷途的羔羊　在深山峻嶺，道路崎嶇，虎狼成羣的地方瞎撞。

我深刻的認識社會了，我深刻的認識人生了，世人的熱罵，冷刺眼　嫉妒，我都嘗嘗了。

一個帶傷的小鳥　很容易發出一種悽慘的鳴聲；我胸中的苦悶　也時常想吐露出來，彷彿不吐露出來不痛快。只好借諸筆端了。

文藝，我壓根兒就不懂得，更不會作文章　惱子裏有意思只知道寫出來便算完！

你是文藝老手，這匹篇不成樣的東西，請你無事時給我改正吧，看牠不可收拾棄在字紙簍裏也好。送報人來了，再談吧！

恭祝

撰安

白水啓

編輯室的廣播電台

雲章

一，九月份稿費已結算清楚，請投稿諸君赴會計處領取可也。

二，十月份稿紙已印出，今日即可發出。

三，十月份的贈報，係依照九月份投稿者的稿件登載與否而定，現已統計完了。開始發報。

四，松濤君：請將通信地址示知！以便贈送稿紙及本報。

鳳鳴塔

「第二四七期」

一，本刊內容分科學常識論著詩歌小說戲劇散文書信讀報介紹及批評等項
二，本刊歡迎投稿來稿文言白話均可
三，來稿本社有修改權不願者應先聲明
四，來稿登載之稿除預先聲明者外概不退還
五，本刊編輯部設豐縣縣黨部內

漫談

中日國交調整中突發事件的漫談

白吞

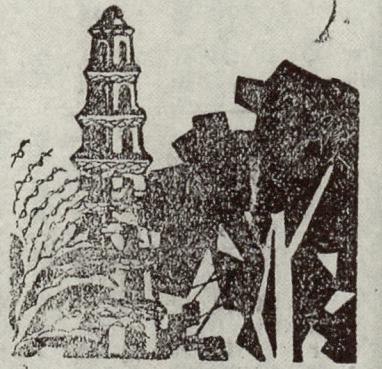

近日惹人討厭的事情，繼續不斷的披露在報端：像成都事件，北海事件，漢口槍殺日警事件，上海槍擊日水軍事件等等……。眞使我們愛好和平的大中華民族，十二萬分的抱歉。

「和平待人」這句話，是我們的祖先給我們的處世格言，我們始終沒有忘記；就是茶的飯的夢的無時不在牢記着。所以凶險惡賴狡猾暴虐的強鄰來侵略我們，我們只以和平的口吻來勸誡她們，以公理來指責他們，沒有理性的牠們是不接受的；但是我們在和平沒有絕望時，仍然以和平的手腕來熱到和平解決的光明之路。

富有民族意識的國人，在這種無理壓迫之下，沒有一個不在煩悶苦惱的忿怒中。但有時也被愛好和平的心靈，所擊破；于剎那間，也會消失了。但是不知禮的強敵，他們禁止我們的反日運動，拒貨宣傳，國內和平統一，以及國防設備，而牠這種措舉，勸令我們政府執行，於是敦睦令下了，一切反日舉動撤了。這時，他却野心未泯，而倡言取消人民的反日達想；要知道人民的反日思想，是隨着失地而來的，是隨着侵略的加重而增高的，實非槍炮的武力，所能抑止；更非政府的政令，所能禁結，只有你們放棄我們的失地，放棄侵略，才能抑止中國人民的反日思想。要明白愛好和平的中國人，不是萬不得已的時候，絕不願仇視他人的。

「壓力愈大，反抗力愈大。」這是英國大科學家牛頓氏的定律，古今是不會失效的。日本的侵略，是得寸進尺，一步加緊似一步，所以愛好和平的中華人民，反日的思想，也是一天厚似一天，反日的空氣，也是一天濃似一天，因爲前幾天這些不幸的事件，是意中之事，也是中國人民萬不得已中的軟弱表示。日本的政府當局，視成都與北海事件等，也不要大驚小怪吧。

愛好和平的中華民族，和平沒到完全絕望時，絕不輕意放棄和平；也請以東亞兄弟種我的鄰國，以和平的方式來解決中日的懸案吧！

論著

從國民經濟建設運動談到畜牧改進之應取步驟（續）

高德培

嘗放中國荒山曠地至爲繁夥，即素稱農業發達之江浙兩省論，則江蘇省之現有田畝合計八九千萬畝，浙江省之現有田畝四千七百餘萬畝之譜，即以豐縣一縣論：則田地亦有一萬七千一百八十二頃，其中天然之舊黃河支道流域（大沙河），則河流橫貫六七兩區，中部長約四五十里，寬可三五里，面積千餘頃，土地廣闊，綠草茂盛，惟因沙性太大，不宜耕種，故地理與環境俱適于牧羊之域，查本地綿羊之體格雖大，抵抗雖強，惟毛質粗劣，產量低微，價值頗賤，故改進本縣之土種綿羊實爲不成問題之事實，而另一方面，農家恐喂羊有礙農作物，故亦有橫加殘殺，禁止他人牧羊之事，是以近年來本縣牧羊已趨衰落之途，若長此以往，不努力於改良及不取締此種不法行爲，則將來前途將更難堪，而農民因農村的破產，畜牧副產品之淪亡，其生活之窘迫艱苦，更不堪設想也，故政府方而有厲行令飭改良畜種并曉諭民衆愛護牲畜及獎厲畜牧規則之頒布，根據民國二十三年國民政府軍事委員會委員長南昌行營之訓令，內云：「查改良畜種，爲振興農業副產切要之圖，端賴政府有以倡導獎掖之，俾民衆咸知畜從而後續效乃可表現，其倡導獎掖之方法，幷宜力求簡當，切戒塗飾，總期事既易舉，款不虛糜爲善，着由各省府飭下主管機關，妥爲籌劃辦理，同時並應曉諭民衆，對于服力之牲畜，關係生產運輸，宜勤加愛護，不得虐待及強令有病之牲畜工作，或旋以拷打等情事，如敢故違，一經查覺，即予罰辦，以資儆惕。除分令外，合行令仰該省政府即便遵照，并轉飭……。」又江蘇省政府于省府委員會會議內亦通過蘇省獎勵畜牧之規則（規則錄末頁）幷令飭各區行政督察專員及六十一縣，切實提倡改良，并勸導民衆愛護牲畜之行文，又關于養羊之提倡在全省農業技術討論會議決案內亦指定江蘇省之豐，沛，蕭，碭，銅山等五縣爲模範推廣綿羊地域，故政府從事推行新政，努力生產建設之下，對於畜牧之切實提倡，積極改良，并曉諭民衆愛護牲畜，并規定獎勵畜牧之法則，則將來畜牧事業當更有光明可期，而農民之增加福利，實深利賴。方此工作將興之際，個人因身歷其境，熱望更甚他人。於此略述遠種採取之方法，血統演進之程序及畜種改良之點，亦即推進吾省羊種應行之步驟，以示鄙見。疏鄙之處，在所不免，尚祈閱者有以教我是幸！

（未完）

創作

雨中漫話（續）

吼風

放下了月琴和胡琴，打了打床上的土，坐下休息。沒有多時，覺有些涼意，關窗一望：原來下了雨了。

陰沈沈的天，黑得如烏鴉的翅膀一般，越不是樹木支持着，眼看就要和地接吻了。絲絲的小雨，像細絲，像花針，像牛毛，密密的交織着，好似掛着窗外時竹簾一樣的掩映着，忽然一陣微風，送來數縷的雨絲，打在面上，頓然發抖。因而把窗戶關了，開始大掃除。蓋了被子，拿了掃帚，從屋的這邊，掃到那邊，從牆角，掃到這角，掃到[illegible]上，門窗上，桌案上，等等的地方，都掃了個乾乾淨淨，一片光明。但飛沙却擴滿了室內，不敢睜眼，因不得不冒雨到教室內去避避。

不到教室猶罷，一到教室，看，看那幅荒涼，瘡孔，不由得心驚魄動，毛骨悚然，如入無人烟之境，而置身荒山古寺了。教室一共是三間，一門兩窗，都已破爛不堪，牆壁上，黑一塊，白一塊；仍顯出被炊烟薰染的痕跡，雖有幾張標語，但都殘缺不全了。了了的幾張課桌，本來就不很正，再襯着高低不平的地面，更顯得歪三倒四，七零八落了。一張小小的黑板，沒有一點黑意，用幾塊磚頭架着；越顯得不大雅觀。一唉！這樣的學校，還能存在！要如此，該早已去消了，但若在我豈的話。—

回到辦公室的時候，空氣已平靜了；現出一幅新鮮的面容，這時心內微熱，頗

贊春林

歌平

春林，你已罰下誓願，
將一顆心溫暖人間；
春林，你已罰下誓願，
將一顆心把民族救轉。

○　○　○　○

鼓足勇氣雲端長嘯，
筆尖在太空揮旋；
墨水滴下聲雷動，
大衆千年的心聲。

○　○　○　○

時代的火在你手中高揚，
冷嗒有個截止地方，
一團熱望開足馬力，
萬條長臂攔着黎。
鐐牙在你身週開遍血花，
黃種人的悲哀，
刺着你的心情，
停筆扶案，
眼珠火星兒飛迸。

○　○　○

春林，你已罰下誓願，
將一顆心溫暖人間；
春林，你已罰下誓願，
將一顆心把民族救轉！

有餓意，恰巧校董遣人送了飯來。

一人獨處在屋子裏，乏味得很。不自主的，由屋的這邊度到那邊，再由那邊度到這邊；度來度去，總是無味。無意的拿起了胡琴玩玩，聲音不唯沒有往日的悅耳，反而倒覺討厭 遂丟了胡琴，仍是度來度去。一會兒，看看書，一會兒睡睡。心內總是不安，一種無名的憂鬱，時時充滿了心田。抬頭看看外面的雨，較先前緊了些，風也大了些 天也黑了些。

一盞昏昏沉沉的油燈，獨伴我於孤窗之下，出神的看看少年維特之煩惱；忽聽窗外坪然一聲！如有物墜，開窗視之：天黑如墨，不見一物，不禁毛骨皆悚，急閉窗歸臥，心尤坪坪作跳。

忽然一陣的雷聲，把我從夢中驚醒，也不知天到什麼時候，只有雷聲隆隆，電光閃閃，加雜着大風呼呼，雨聲澎澎；如有千軍萬馬的勝勢，拔山倒海而來 用被緊緊的裹了頭，用力的合着眼，很想入夢，但總是睡不着。一層層的往事，如潮水似的奔湧上來，用盡了許多的方法，連一點也沒去掉。

「先生！先生！你敢在那屋裡睡麼？」一個很天真的小學生這樣笑嘻嘻的向我說：

「那怕啥？」我也笑着說：

「那怕啥？你知道有多厲害不？吊死一個小媳婦，王先生見過！李先生見過一個狗，馮先生見過一個羊！還有誰誰 都見過！那不能再吓人啦！」他很莊重的說。

「那我都不怕！什麼我都不怕！那都是迷信！」我很自豪的說：在上次，來替F君代課時，學生向我說的話，忽又在腦海中重演起來。這些話，我雖然不信，然而總免不了害怕！猛又想起晚上之事，由不的心志手抖，精神不定，自己還免强的安慰自己說：「這是迷信！那有影的事呢！別自己吓自己了！但終不能對症。

越有兩個鐘頭，雷聲遠了！風也息了，唯聞窗外，芭蕉刷刷，竹葉蕭蕭；知雨還在下着。翻了翻身子，却朦朦朧朧睡去。恍忽，我又變成一個玩童，覺得同了幾個小孩子，失着身子，正在土場上捉迷藏玩：忽然雷雨交加，自西南而來，白茫茫，像烟，像霧，先吞沒了附近的村莊，又吞沒了村前的樹林，一會兒，我們盡罩於水天之下了。我身上雖然像水鷄似的，然而心裏却充滿了說不出的快樂，不住的手舞足蹈，一不小心，撲通！滑倒地上。猛然醒來，却是一夢 不由的嘆了一口氣，唉！光陰如箭，年華似水流！而今年齡已念，白髮半頭，哦！茫茫蒼海，未卜此生將如之何呢！不禁淒然淚下！

天明起來，雨仍是絲絲的下着 地面上，滿都是泥水：因此學生沒有來上學。我悶在屋子裏，雖免了粉筆沫的苦處 精神上却受絕大的損失，只有睡覺而已。

雨已下四天了，也有時小有時大，一會兒晴天，却沒見過，直到今兒，紛紛的小雨，還沒有停止的意味，更不知下到何日才了呢？

（完）

秋收（續）

兆豐創作

（二）

王家村好像着了什麼病，人心都戰慄慄的。

劉三爺的厲害，一談到，大家就要變色。

誰都知道劉三爺不好惹，有錢 有勢 手下又有幾十個狗性子，個操勁兒，三句話說不順口，就發脾氣，喝上幾斤老酒，都更糟了。眼兒一翻，誰見了不迴避！

三爺自已何嘗不知道！因爲他有把握，早在肚子裏打定了辦法，不過沒告訴人罷了。王家村的人，那 個他不認識，那一個性子剛的，那 個皮氣柔的 他知道清清楚楚 別說種地戶們，媽媽的 十里八里，三爺買那個的賬，只要嘴巴 動，喊上幾十個來 就打他媽的個落花流水。

王家村的人可眞恐慌，啥法子，能躲過這一刼呢？

末了，大家去找保長王玉春。因爲這年把，他間事，有這個官銜，劉三爺總要客氣點，不好叫他碰釘子。

雖是這樣 大家心裡，仍然揣着鬼，劉三爺打正西來了，幾十個人。 進莊，開口便罵：

「媽特 昨天爲什麼不把粮食送去！」

大家臉都蒼白，沒一個敢開口。

「三爺！可用飯啦！」保長王玉春終於硬硬頭皮招呼了，態度很謙和。

「唔！什麼？你……：」劉三爺早就明白了他的意思，臉皮皺 心裏有些痛恨。

「三爺！請你慈悲慈悲，這年頭，眞難，他們收點兒粮食，吃都不夠。請你……」

「王玉春……你……」劉三爺打斷了保長的話。「我老實告訴你，這件事，你……你不問的好。」話音冷冷地像藏着刺。

「三爺！是，是，我那敢多問。只是，他們天天在我家裡吵，逼我跟三爺商量，求求情，可憐……」

「叫你不要問，你偏多事 老子就是這樣，看你王八蛋有什麼花樣翻！」劉三爺眞發怒了，臉紅得像猪肝。

「三爺！不……」

「拍」一個耳光，打在保長王玉春臉上 接着：「你媽特！放什麼鷄屁！」

王家村的人，好像觸了電；又彷彿各人自己都挨了耳光。無聲的倒退了兩步，臉色有點發青，眼珠子呆住了。

「阿牛！這主意，早就知道是你的花頭 」劉三爺在人叢中看到了阿牛 三步兩步趕上去，很勁給他兩個耳光 頓時，阿牛的臉皮也紅起來

人頭像浮上水面的西瓜，在攢着。只沒一個敢和劉三爺辯駁，身子像瘧疾病的發抖。

「媽特皮，那個王八蛋、來嚕蘇，老子就算那個有福氣。」一回頭對王玉春說；「叫你別問 你偏插嘴，哼！……老子今天便宜了你，滾你媽特 」

劉三爺心裏得意，外面還是氣忿忿的，轉面忙喊叫送：

「快到各家抬粮食 那個『不』，給我打就是。」一『轟』的幾十個人，如得聖旨般的跑去。一會兒粮食堆了滿場，裝上幾輛大車，一粒沒剩的拉走了。村上人滴着淚，瞧着車上載去的他們的血汗。（未完）

怎樣過中秋節

王萬選

悲慘沈痛，一股血腥的九一八剛剛過去 美妙歡欣，十分熱烈的中秋節又儘跟着逼來。

在九一八那天，是稍有知識的人，都感覺到無限的悲哀 無限的憎恨，甚至于流着無數的淚珠，因爲在五年前的九一八 我們的錦秀山河 被敵人割去；我們的巨額財產，被敵人刼掠 我們的大好城池 被敵人炸壞；我們的親愛同胞 被敵人鐵蹄蹂躪 一直到現在，失地仍舊未復 財產仍舊爲敵人所有，城池仍舊爲敵人佔據 同胞仍舊居在敵人的鐵蹄之下 受着非人間的痛苦，我們回憶起來，那裏能不悲哀呢，那裏能不憤恨呢？那裏能不流着無量數的淚珠呢？

現在中秋節又來到了，看吧！大家都已慌的買菜 殺雞，喝酒 講拳……：與高彩烈的在賞月，這也是因爲中秋節給人們的印象太美了 詩情畫意太多了，「月到中秋分外明，尤其這時的月亮，更使人愉快，贊揚，大家以爲這時如不能飛觴醉月，實在是 件憾事。

但是在這種九一八剛過去的時候 是否應當這樣熱烈地過中秋節的 因爲我們過到悲哀的九一八 我們悲哀，現在又過到快樂的中秋節 我們又快樂，這好像哭能就笑，實在是有些矛盾。

如果有一個人，正嗚嗚痛哭，反來又哈哈大笑 我們一定要說他是瘋子。我們中國人，如果要不想落這個矛盾的瘋子的壞名，那麼就請大家振作起來心，團結一致 服從中央，竭力的走向救國的道路上，忽然一日成功，收復失地 趕退敵人，救出同胞，洗去血染的九一八。到那時沒有悲哀的九一八了，我們再來過這個熱烈的中秋節，才是眞正的快樂，才是眞正的美滿，纔是眞正的有味道！

編輯室的廣播電台

雲章

一，九月份稿費通知書已發出，請投稿諸君赴會計處領取可也

二，本月十日出國慶紀念特刊。歡迎大家投稿。

三，霖，老潤，文，三君鑒：請將通信地址示知！以便送發稿費通知書，及稿紙。

中華民國廿五年十月十日　豐報　（星期六）　第五號

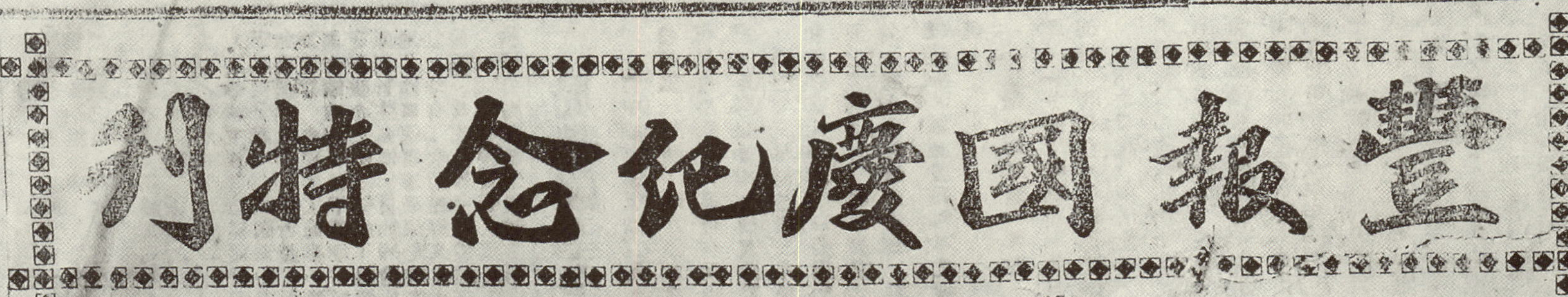

豐報國慶紀念特刊

國慶紀念特刊的開場白

雲章

今天是中華民國二十五年十月十日，就是中華民國誕生的第二十五週年紀念日，也是中國富有數千年歷史的封建制度崩潰的紀念日。我們要知道在二十五年前，中國的政權是在異族手中，他們利用封建制度，做許多殘殺的事和不平的文字之獄，使漢族人敢怒而不敢言，但是他們是腐敗的、愚笨的、懦弱的、低能的，竟在掌握中國政權的二百六十多年中間和世界各帝國主義者，打了幾仗就敗了幾仗，割了許多地，賠了許多款，又訂立了許多不平等的條約。使中國陷入次殖民地的地位，以直到現在，中國還在不平等條約之下，被踐踏着，這是令人多麼可恨的事啊！

所以本黨總理孫中山先生，奮不顧身的，領導革命，不惜犧牲個人畢生精神，和許多同志的頭顱，竟先後起義來打倒滿清，中間雖不幸失敗十餘次，但最後的勝利，終于在辛亥年的今天成功了。這種偉大的功績，完全是總理，和許多革命先烈的賜與，所以我們在今天慶祝聲中，要撫今追昔，來紀念總理和許多革命先烈的偉大的革命精神。

至于民國誕生以後，以直到現在的經過，却不幸又發生了許多次的波折，如袁逆的稱帝，張勳的復辟，北洋軍閥的割據鬥爭，和背黨叛國的革命軍人的發亂，使國家力量在內戰中對消。因之外侮更加緊的迫來，民國二十年九一八事變固然爲是日二十一條和渾春條約，可是遠根却種在滿清所訂的不平等條約，所以日本的大陸政策的實現，便佔據了東北四省，接續又割據了冀北、察東。最近綏遠也很緊張萬分，使吾國北方國防，破壞無餘，現在又用走私方法破壞中國關稅壁壘，使中國財政陷入沒辦法的境地？至于他的海洋政策的侵略，便煽惑不肖軍人蠢動，使中國發生內戰，來乘勢侵略華南，幸而兩廣問題，和平解決，全國統一，日本便恐慌起來，因而不惜犧牲幾個浪人，才發生了成都事件，漢口事件，上海事件，汕頭事件和北海事件，好藉口派軍兵來華，對中國加以威脅！所以激發日本，中日問題，已趨最緊張的地步，這是中國生死存亡的關頭，要看我們來怎樣的努力！

所以今天我們來慶祝國慶紀念，沒有往日興高彩烈，心中只有危懼，只有痛苦！我們要臥薪嘗膽！我們要精誠團結，我們要擁護唯一的領袖來和強敵決最後的勝負！這才是今天我們紀念國慶的真正意義！

自强

老馮

『小不敵大，寡不敵衆。』是不錯的，弱國與強國，弱國必定被強國戰敗，甚至於滅亡，『優勝劣敗』這是天演的定律，誰也不能否認。

要想國家和平，必須鍊好強有力的，海、陸空軍衆固國防才可以。如果你武備不修，戰，守都不能，讓你外交手段再好，非爲強暴所滅不可，我們翻開古今中外歷史便知道了。例如：當縱橫家，在六國挑釁的時候，蘇秦合六國抵秦，秦攻一邦，有五國援救，所以強秦十有餘年沒有敢出函谷關東侵，後縱約爲張儀所破，秦乃興師東出，六國形勢影變，六國先後卒爲強秦所吞幷，斯不戰而又不能和之故也？又例如：歐洲大戰的時候，同盟國不過有，德，奥，土，保五六國而已，而協約國有：英，美，俄，日，法……等十數國，而協約國不能滅同盟國的原因何在呢？斯以能戰而後能和之故吧？能戰又能和，豈是空口說白話的嗎？

現在的世界是一個戰爭日趨嚴重的世界，中國處在這個世界裏，眞是一髮千鈞極端危險了，而還是醉生夢死，武備不修，戰爭不能，若與外國戰爭，戰而必敗，敗了便割地賠款以求和，訂立辱國條約，長此下去，實不堪設想了。

發奮圖強，養精蓄銳，精練海，陸，空軍以充實國家武力，進可以戰，退可以守，亦可以和，難道不能自由獨立於世界嗎？

國慶紀念

秋雯

這是中華民國的誕生紀念，
這是民權伸張的起點。
封建的惡魔，雖被打倒；
可是這多難的二十五年，
已折磨得，肢體破碎，
河山不完，
少年中國，
中國少年，
都成了衰弱的不堪，
氣息奄奄。
要挽救危運，
要恢復河山，
責任就在中國少年！
大家精誠團結，
大家努力苦幹，
美滿的來日，光榮的勝利，
就在眼前！
少年中國，
中國少年，
大家努力，
努力苦幹！
努力苦幹！

二五，十，十。

怎樣恢復中華民國的健康

倚

今天是國慶紀念日，大家也許都有悲歡雜合的一種複雜情緒，我的這種情緒，使我要說下邊一段話：

中國爲什麼不健康？很顯然的有了兩種病，一是內傷，起於封建勢力之作祟，一是外感，起於帝國主義者之侵略。封建勢力，像割據稱雄大小地痞流氓，與勾結土劣的新舊貪官污吏，更足以助長國家的疾病！帝國主義者，像明火執仗，來奪我國的土地，固足以亡我國家，而關稅走私，的軍閥，他斷喪國家原氣固是很利害，像土豪劣紳，他破壞地方自治也很不輕，而依附於軍閥種造運售烟毒的……而依附於帝國主義者的買辦奸商，僞官漢奸，也爲國家的致命傷害。

看病要對症下藥，地痞流氓依附於軍閥，軍閥是怎樣產生的呢？我以爲是因爲募兵制度！募兵的來源，多爲吸收些無業遊民，他們平時多是以當兵爲職業，以升官發產爲志願，十足的是個人爭奪地盤及權勢的好工具。及至他們請了長假——退伍以後，或爲潰散以後。就只就他在軍隊時地位的大小，去做大小的地痞流氓，去爲非作歹，這並不是說個個退伍的軍人是如此，却很有些是這樣的，所以，想要消滅軍閥，只有取消募兵制度，代以徵兵制度，征兵，兵來自各職業界，受三年現役的訓練，即當爲正役，平時在家執業，必要時才集合，兵民一體，所以兵不會成爲地痞流氓，官不能運用他作他個人爭奪之工具。

貪官污吏勾結着土豪劣紳，所形成的黑暗局面，是怎樣形成的呢？我以爲是因爲「官治一政治」！「官治一」的政治，人民絕沒有權來問政治，遇到清廉的官吏，固然可以很忠誠地做人民的公僕，遇到不清廉的官吏，他就要拿着權勢，擅作威福，爲便於貪贓賣法，只有勾結土豪劣紳，而土豪劣紳，爲便於魚肉鄉里，剝削貧民，及經手賄賂從中取巧，也樂於勾結貪官污吏。所以想着消滅這種黑暗局面，只有取消「官治」代以「民治」。民治是完成地方自治以後的政治組織，人民有選舉官員之權，有能免官員之權，有創制法律之權，有複決法律之權。在這樣局面之下，貪官汚吏，土豪劣紳，自治不會形成了。

帝國主義者怎樣能侵害我國呢？我以爲是因爲中國的經濟沒有獨立的力量！因爲這樣，中國的工商都不能與帝國主義者競爭，都遂步的走向破產之路！變成了他們原料的生產地，貨物的銷售地。他們使這種關係愈加密切，才有了政治經濟文化的侵略，爲使目的迅速於達到，所以才豢養買辦漢奸，扶植奸商製造僞組織，所以

我們想着打破這個難關，只有發展國民經濟，提倡各種合作事業，使國民的經濟力量由合作之途徑，而日趨於雄厚，漸脫離了隸屬性，而可獨立活動，那才是出路。

總而言之，要恢復我國家之健康，我們的鬥爭路徑在消極方面，只有反對封建勢力，反對帝國主義。在積極方面，我們要努力於徵兵制度之推行，努力於地方自治之完成，努力於國民經濟建設運動之發展，換句話說，我們要從「自衛，自治，自給」三原則之下，做我們復興中華民族的運動。

局勢嚴重全國人自救

克林

自中國整個版圖失去特殊區域以後，近日諸多事件又層層發生，某方增兵肆橫，形勢幾乎飛向極度焦點，然吾當局始終抱親友邦愛和平之寬大心懷，以公理仁愛之衷腸應付一觸即發之危局，實非中華國民懦弱，臨境退縮，誠爲愛好和平之驅使。

今歐洲的局面，若秉「和平」，兩方暗礁即可迎刃而解，否則仍以侵略之野心，狡猾之手腕，敷衍皮毛，骨髓進攻。吾人自信中華民族雖弱而精神未死，遠因外力之欺凌，促進舉國上下之團結，國際風雲之緊張，使中國人民覺悟到欲求民族之生存，必須積極自衞。現階段進行之多方交涉，若達圓滿結果，則不獨雙方民族之幸，亦東亞和平之福，更之環境錯綜困難複雜，然極複雜之問題，若虛心加以考慮，除掉企圖侵略之野心，則無絲毫繁瑣之事件。然事實竟又助紂爲惡，來增長中國的內乱，以目前及過去之事實，皆可證明。

中國禮讓，自古聞於世，此乃中國人道世界觀之表現。而今列強竟蔑視中國，不顧公理節節進迫。使中國深感善鄰非生存之策，和平非自救之方法。強鄰的藉口防共，增加駐軍，視爲穩穩非侵略又當何說？共匪竄西，則滅在即，然冀察匪跡渺無。共又何從防起？中國之內亂，毋須他國越俎代庖，而共匪之產生，乃中國社會經濟不景氣之促成。只有中國當局努力改造社會，清剿匪患，安定內乱，剷除癥結，其於他國有何關係？若竟以無根據之事藉口防共，增加駐軍，則國人雖懦弱亦不甘屈服，若聲稱不危害中國之內政，實於事相矛盾，亦欺人之自詡。

近來南北走私，極形猖獗，某方浪人藉勢肆橫，此不惟危害中國之經濟，更進一步破壞中國社會之安甯。其居心之毒辣，手段之殘忍，實不堪言。然而物極必返，事久則遷，強者不一定果強，弱者不一定果弱，只不過雌雄尚有一決，自信吾中華民族尚有忍無可忍，讓無再讓之最後奮鬥，而驕傲稱強者仍然執迷，驪山火起實由自尋於盡也。

事實如此之嚴重，局面如此之惡烈，輒居醉生夢死鄉之中華民族，外稱「東亞病夫」之同胞，應醒自衛，要知自力不達無以生存，民族不振無以保國，望我同胞努力自衛，爲我民族開幸福之先河，挽東亞民族於和平之道上，此爲救亡圖存之天職，愛好和平之責任。

國慶紀念標語

1. 國慶紀念是本黨辛亥革命推翻滿清創建民國的紀念日！
2. 十月十日是中華民族復興的光榮紀念日！
3. 紀念國慶勿忘總理暨諸先烈創造民國的艱難！
4. 紀念國慶要加緊生產建設充實國力！
5. 紀念國慶要肅清殘匪安輯流亡！
6. 擁護國民大會樹立憲政規模！
7. 擁護中央統一政令軍令！
8. 精誠團結確保和平統一！
9. 中國國民党萬歲！
10. 中華民國萬歲！

雙十節隨筆

歌平

老闆向他伙家做了個鬼臉，心中歡騰地：

「章八，今天是個快活日子，提燈會你拌的那個腳色？」一說着眼笑成一條縫兒，揮揮拳，向拍拔門的燈光盯了下。

「我嗎？那裏顯得着，到時候大呼幾聲，助助威好了……」

紀念日在中國，原有特種意義，家下老常呼作個截子，一個紀念日喉頭就像多了個截子，若不是肚子裡成天咕嚕着，截子也不肯向那飢火裏鑽啊！章八把腰一緊，截子又落在肚裏幾個，助威是他唯一的本領，大呼更是最拿手的一套！

「都都都　到藏古歐！歐！到滿洲！」老闆又想起去年今天叫的一串，也希望章八這樣叫。

太陽已落下好久，禮拜堂的鐘聲，幾笑的吼了起來，老闆頭一歪：「殺幾個小鬼子，啊！章八，小鬼子不知到了滿洲還是蒙古？」

「恩，你想還像伙，個說恢意的話，……」他還沒說完忽然：

「雙十節，眞快活，丟了碗，賣了鍋，漢子一條走江河，北京捉個小矮鬼，小刀亮笑哈哈！剛說：……」是個孩子手裏，個單調的梆子和着喉嚨，他也知道逢年過節，這小曲子，是昨夜睡醒了都的。他想今天是應時極了。

「來，來，伙計，來，」老開上前就要拉那瞎子，章八急忙扯住他：

「你想吃棍子，那古怪瞎子，想停就停，不想停你叫他停，那是大大的乱子！恩，你不知道自由嗎？」這一片道理嚇住他，瞎子唱着走遠了。

國慶日感言

張棃初　張文彩

今天是雙十節，無論機關學校及一切團體，都要停止工作，天大家來共同慶祝這盛大的雙十節。懸旗幟，貼標語，紮燈結彩，集會遊行，年年抱着十二分的熱忱來慶祝。但我們知道慶祝雙十節的意義嗎？甚麼是雙十節呢？換句話說：就是國慶日。溯國慶日，又是怎樣產生的呢？就是國父孫中山先生，看到滿清政府的政治惡劣，對入民極力壓迫和剝削，對外處處退讓，以致割領上，喪海權，並訂了許多不平等條約！於是總理便南北奔走，起而運動革命事業，推翻清政府，解除人民痛苦爲目的。孫先生運動革命的歷史，我們眞不忍目睹！所受的失敗，所受的挫折，以及種種危險，眞令我們「不寒而慄」！但他總是不屈不撓的毅然決然的幹去，結果把滿清政府推翻了，人民的痛苦也解除了，從此就誕生了中華民國，也就是今天我們大家所慶祝雙十節。

國民政府成立後，大家以爲國家從此可以富強，人民可以得到自由平等，但一般野心政客，萬惡軍閥，藉國家之名故，而任意招兵買馬，增強個人的威權，破壞國家之和平，爭權奪地，這樣的其豆相煎，我蔣委員長，便集合革命份子，誓師北伐，不多幾年，而一般野心軍閥，皆被剷除淨盡，一波未平，一波又起，於是有共匪搗乱，日人之侵擾。

民國二十年，野心日本帝國主義者，趁我天災人禍，便來佔我東北四省，九一八就是日本帝國主義者演其大陸政策第一幕的開始的一天。於是我東北市場，受其焚燒，同胞受其慘殺，婦女遭其姦淫，其慘酷之狀，眞使我們痛心流淚，實非我的這禿筆，可能形容出來的。誠爲我國空前未有之奇恥大辱，簡直有直搗平津，不滅中國不已之勢，這種破壞世界和平，而毫無仁道的野獸般的倭奴，不僅是中國生死存亡的對頭，而且爲世界弱小民族的公敵。然而倭奴未得遂其大陸迷夢之慾望，終於停兵不進，是我英勇抗日的義勇軍，寶貴的頭顱，和鮮紅的血液，如是皎潔堆山的白骨，阻礙了他們前進的路程！然而中國說不定也要成爲朝鮮第二了！

國慶日是我們近世史最光榮的一頁，最值得我們紀念的一天，本應當熱熱烈烈地，高高興興的慶賀，但我們回顧「九一八」「一二八」「空前未有之奇恥大辱，我們是多麼痛心呢！我們要步着越王勾踐的後塵，一樣的臥薪嘗胆，來洗雪國恥，這樣才能對得起總理，才能對得起爲革命犧牲的諸先烈，才不失紀念國慶日的眞意！

編餘

一、特刊收到各界投稿極少，故今日編輯較遲。

二、克林的「局勢嚴重全國人自救」和老爵的「自強」是專向國人打興奮劑的作品，所以也在特刊上發表。

三、倩君久不動筆，今天動起筆來，竟又如此雄壯，眞不愧是個寫作的老手。

二五、十、十。

教育週刊

第八七期目錄

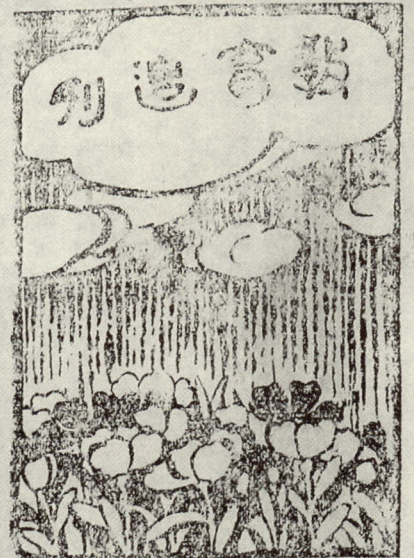

編輯處徵稿啟事

本刊以溝通教育消息，交換教育心得，討論教育實際問題為任務。定於每週星期一出版，務望全縣教育同志，將各種教育論述，實施報告及其他有關教育之材料 隨時錄寄，無任歡迎，惟因篇幅狹小， 事實務求新鮮而具體， 文字務求簡要而靈活，統希鑒察是幸！

為復選代表告教育同人書

德讓

豐縣全體教育同人公鑒：

訓政即屆結束，憲政行將開始，全國上下，紛紛擾擾，莫不以國選為事，稍有知識者，未有不知此次選舉之重要，且代表之臧否 關係國家之安危 凡屬公民，對此選舉，均應特別審慎，絕不容自行放棄也。

現吾豐初選已過，復選在即，所謂國家存亡，在此一舉，吾人既受國家之培植，及地方之企望，自應竭盡才力以圖報効於萬一，庶不負國家設立教育之旨 因念諸同人側身教界，為國民之導師，固當領導民衆共趨於光明之途，況諸同人熱心服務 關心縣事，素所欽仰，對於此次國選，想必關心尤切，讓人微言輕，何敢妄發議論，茲因為係吾豐三十萬民衆之幸福，及各個人之生命財產，不得不以區區之誠，痛陳於吾全體同人之前。

我國數千年來受專制之流毒，人民被其壓迫，國家瀕於危亡，自革新以還，各項事業，突飛猛進，對於民權之提倡，尤為急切之要圖，但證諸往事，實有未盡然者，如袁世凱之勢挾，曹焜之賄選，前車之覆，後車之鑑，不可不慎也。

諸同人深入田間，對於農村情況，早經洞悉，何等人才，能洞悉民隱 何等人才能代表民意，何等人才，能為地方謀福利，何等人才，能為國家增光榮 深望諸同人以選舉之重要，關係國人之深切，莫惜寶貴之光陰，在公餘之暇，廣示宣傳，務使 般農民，明瞭真像，辨清是非，勿為利誘，勿為勢迫，所謂代表者，乃代表自身也 所謂民權者，乃為國家所賦予，任何人不得而侵犯也，假使在此選舉期內 發現以勢威利誘，及一切非法活動者，深望諸同人本領導民衆之天職，在本黨領導之下聯合有識之青年，奮起而監視之，糾正之，勿使純正之選舉。為野心者所脅誘，全體同人，幸垂教焉。

投稿簡章

一，來稿以合於小學教育及社會教育之實際需要為標準，約分論述，報告，設施計劃，教師常識，教材教具，介紹，教育學術講話等項。

二，來稿不分文體，但須繕寫清楚，除特屬性質者外，均須直行右起。

三，來稿非經聲明，編者有刪改權。

四，來稿不論登載與否，概不退還。

五，來稿須註明真姓名，及通信處，但發表時，別署聽便。

六，來稿寄豐縣教育局，稿封上須註明「教育週刊文稿」。

報告

二十四年度第二學期視導意見（續）

七十五 縣立江莊初小校

優點：

1. 中級作文練習次數充足。
2. 能按時實行學月測驗。

改進意見：

1. 教室窗戶宜按時啓閉。
2. 學生人數不足，應即補充學額。
3. 公民訓練應依照部頒標準切實施行。

七十六、縣立田樓初小校

優點：

1. 學校環境清幽
2. 各科教學進度適合

改進意見：

1. 教室後窗應再求寬大，以便空氣流通。
2. 校院牆垣應速謀建築。
3. 應速調製學籍簿。

七十七、縣立後孫樓初小校

優點：

1. 課卷訂正精細。
2. 兒童人數發達。
3. 公民訓練能採取中心訓練週制。

改進意見：

1. 衛生設備過於簡單，應設法添置。
2. 國語不可在下午最後一節教學應重行修訂日課表。
3. 各種圖表內容須切合學校實際情形。

七十八、縣立朱綰初小校

優點：

1. 師生能注意日常清潔。
2. 學校園佈置尚美觀。
3. 課卷訂正尚精細。

改進意見：

1. 兒童日記，抄寫過草率，以後須力求工整。
2. 各科筆記應按時批閱。
3. 各種圖表多與學校實際情形不符，應重行調製。

七十九 縣立王莊寨初小校

優點：

1. 能按期閱讀小學教師半月刊。
2. 圖書室佈置妥善。
3. 各科教學進度適合。

改進意見：

1. 四年級兒童作文成績過差，應切實教學，以期提高
2. 訓練兒童須指導其切實遵守學校規則。

八十、縣立司花牆初小校

優點：

1. 司校長做事尚努力。
2. 各科教學進度適合。

改進意見：

1. 校內各部均須按時領導兒童掃除。
2. 月考成績須隨時登入成績分數冊，以便學期終了時考查之用。
3. 各項簿籍須按時塡記。

八十一 縣立史莊初小校

優點：

1. 各科教學進度適合。
2. 應用簿籍尚完備。

改進意見：

1. 所有資產應逐項統計，塡入學校概況表。
2. 大黑板已脫油應重加油漆。
3. 各科筆記須按時批閱
4. 圖書室內應訂定閱書規則。

八十二、私立李新莊初小校

優點：

1. 各科課卷完全。
2. 四年級學生作文成績尚佳。

改進意見：

1. 教室內應按時掃除 保持日常清潔。
2. 訂正作文再求精細
3. 應按時舉行學月測驗

4、教學進度稍遲應預爲設法補救。

八十三、縣立周宅子初小校

優點：

1. 學生人數較前增加。
2. 各科課卷練習次數充足。
3. 兒童各科成績尚能平均發展。

改進意見：

1，應按期舉行學月測驗。
2. 應用簿籍不全應擇要增添並切實填記。
3. 農場校園亟應整理。
4. 算術做錯，宜發還重做。
5，中級日記宜改二日記一次。
6. 應按期閱讀小學教師半月刊。

八十四、縣立寶固寺初小校

優點：

1，有適宜之操場校園，體育設備亦較完全。
2. 教員一覽表應重行調製。
3. 校生無故缺席習慣應切實訓練改正。
4. 圖書室及教員辦公室應切實整理。

八十五、縣立史小樓初小校

優點：

1、應用課卷完全，訂正筆跡亦頗工整。
2. 各科教學進度適合。
3，校內佈置整潔。
4，校長教員有合作精神。

改進意見：

1. 兒童圖書應有詳細統計以便攷查。
2. 應備成績分數冊，以便記載兒童成績。
3. 公民訓練宜每日一節，每節十分鐘。
4，一年級兒童缺少石板者很多應即購買。

八十六、縣立丁廠初小校

優點：

1，校內佈置尚整潔。
2，各科教學進度適合。
3，應用課卷完全。

改進意見：

1，應按期舉行學月測驗。
2，注意兒童整潔訓練。
3，應編訂學校行事歷。
4. 一年級兒童用書不全應即令購買。
5. 應按時揭示兒童優良成績。

（未完）

研究

一封信（續）

季鳳舞

2、研究欄，殺曉生先生的兩封信

我是贊成爲幹君的意見的——因他反對拿「物語式」的文章來教育兒童。

至對波遠君的意見，現不妨也隨其逐段的分析略說幾句：（一）他說「兒童的生活是獨立的，不可強的」，故他以爲兒童「拜物教的行爲，是自然發生的，並他還舉例說：「孩子們相信貓會說話，相信自己的泥娃娃便是自己的小孩子等：殊」，這正是應有的現象，不知他們的行爲正是自然發生的，而是受環境的影響得來的。理由很簡單：只要相信將生下來的小孩子放在深山去，使他不與人見面的話，他一世都不會說話，這就可知道他的行動完全是摹仿中得來的了。如人人常常以貓狗會說話的嬉戲他，慣了，他自然就眞以爲貓狗會說話了。（二）他說「兒童的生活是轉變不止的，一這與一是相矛盾，本無話可說了。但他總以爲兒童應有讀「物語式」文章的這一階段，却不得不再來幾句，「物語式」的文章是兒童自製的麼？對他們有什麼利益呢？這波遠君定會答到：一是大人替他們造的，對他們有發生樂趣的利益。那麼大人爲什麼不以客觀眞理來指示給兒童，而與以正當的樂趣，偏偏以迷信式的東西來欺騙兒童，是何道理呢？這樣相信，只要波遠君不是宗教的辯護者，他絕對會承認這是受宗教力量的支配。

3，專載欄：父母須知（續）

第八八條的大意是：什教父母對兒童要有「孟母擇鄰」的舉動，在必要時。所謂善惡是沒有絕對的，只不過以經濟地位的關係生出了某種相對的形態罷了，例如飢民的打刼行爲，在他自己需要上是應當如此做的——即不可謂之不善。然而叫被刼的富翁們看起來却是萬惡的舉動了，反之富翁對窮人們的搾取行爲，在他自己也是以爲應當的，而叫窮人看起來却又是萬惡的了。如此看來，人既無絕對的善惡可說，那麼都便無擇處的必要，事實上中國國難日益加深，到處皆有不良的事體發生，如若擇一處的話，只有到俄國去，因爲那地是無剝奪搶掠的事體發生了，在目前，這樣中國人能實行的，有幾家呢！慢說是搬到俄國去住不能成事實，就是前莊遷後莊的人，也不能多見吧？除須那些稍有裕餘的人家外。所以現在實行「擇鄰處」來教育子女，是不可能的事情，只有遇事發生時，在其事之本身找出眞理來，與兒女解釋清楚，勿使他們會有感情的作用而誤認事之是非，方是對的咧。好啦，不少了。現在夜已深了，明日還得出去工作，就停于此吧？

敬頌

編綏

陌人季鳳舞啓于宜興周鐵橋。（完）

專載

全國小學廢止體罰苛罰解除一切束縛的研究報告（續）

4，指導學生對於各科自修的經濟方法的運用，和時間支配的適當。

（2）關於訓導方面的

.1 學校的一切環境佈置，要充滿訓育上的價值。

2。教員要能以身作則，同時又得將人格兒童化，參加兒童隊伍中去，和兒童共同研究，共同遊戲，隨時與以指導和糾正。

3. 鼓勵課外運動，使兒童過剩的精力，用到鍛鍊身體上去。

4。成立學生自治會和級會，培養兒童自治精神和辦事能力，并陶冶公共服務和共同制裁的德性。

5. 常常舉行集合，解散，避災，救護等的訓練。

6. 舉行各種個人或團體比賽，利用兒童好勝心理，使他們的精力有正當的發洩，可以減少他們犯過的時間和機會。

7. 注意兒童能力和年齡的差別，多舉行個別談話或訓誡。

8. 獎勵的方法，宜多用名譽獎，少用物質獎，并採折衷輪流制和永別制，以免兒童僥倖或絕望。

9. 切實遵照部定公民訓練標準，分段實施，來培養兒童的習慣和理想。

10 多作各種調查，如兒童家庭狀況的調查，兒童道德意識的調查和兒童共同或個別缺點的調查等，以作訓導的參攷。

11 常和家庭聯絡

12 對無意犯過失而犯過失的兒童，絕對寬大，不加懲戒；對於怙惡不悛的兒童，嚴密注意，以限制自由罷勤爲最大的罰則。

上列各種積極的方法，包括暗示法，生活法，制裁法，實行教育法，精神分析法等，全仗學校和教員運用得法，才可收效。果能一一充分做到，兒童品學，不難進步，體罰苛罰，自然可以廢止不用。

三、關於解除兒童一切束縛的研究

第一題：當地小學的功課，是否時間太多分量繁重？

研究結果：

各地方有五種不同的情形，茲分述如下：

1. 時間分量完全不覺繁多。

2 依照部頒課程標準，高級每周共計一千五百六十分，每天所佔時間，不過四個半鐘頭，中級每周共計一千四百十分，每天所佔時間，約四點鐘，低級平均每周共計一千一百十五分，每天所佔時間，不過三個半鐘頭强，上課時間并不多。但在實際上，各小學教學時間，比部頒時間爲多，低級每周教學時間，連早會早操，自修晚會等時間在內，有多至一千四百四十分的，中級連集會自修等在內，有一千八百六十分的，高級部有多至二千餘分鐘的。

3. 各科教學分量，低中兩級還適合，高級功課分量，却比較繁重，不易支配。

4. 各書局最近出版的小學教科書種類過多，兒童除了書算之外，尚有珠算，美術，音樂，工藝，大小字，童子軍訓練等，分量實嫌繁重。

（未完）

第二四八期

一，本刊內容分科學常識論著詩歌小說戲劇散文書信書報介紹及批評等項
二，本刊歡迎投稿來稿文言白話均可
三，來稿本社有修改權不願者請先聲明
四，未經登載之稿除預先聲明者外概不退還
五，本刊編輯部設豐報社內

漫談

幹與該，能，肯

歌平

一件事遇到手，總這麼想：這事該不該辦？能不能辦？與肯不肯辦？「幹」是動作過程的表示，而「該能肯」則為決定動作的發令機關。命令他該如何動作，能如何動作，肯如何動作，而後決定動作的過程。「該，能肯，」是主觀的人的方面，而「幹」則為人對事所表示的客觀態度。

遇事不幹，關係于「該．能肯」，不外下列的配置：某事能辦也肯辦，但是不該辦，非是時機未熟，即是覺得徒勞無功，甚至有害。這三層原因壓制着「能肯」的興頭，事情終於辦不成，結果是不幹」。某事該辦也肯辦，非是力量不及即各方掣肘　荊棘太多，心有餘而力不足，這時；主觀的人的方面，最痛苦、最悲哀　陷于無可如何，無力掙扎的地步。結果也是不幹。談到該辦也能辦，而不肯幹，畏首畏尾，故步自封　坐視機會錯過，遺人笑罵，為最卑劣之徒，最無出息之輩，蓋以此點，為純主觀的把持．太半由于私見，外觀者，煞費苦心，催其快幹，而其終不幹

我們上下，正以「幹」字相勉的時候，尤其在最大標目——救亡圖存——之下，皆以其能否對此目標而幹為評價，所以再把「幹」縮小範圍，略為申論。

無疑的，國家處境，已達萬分危急，論該不該救亡圖存．當然答曰「該」，這「該」字是我們同胞異口同聲的吶喊！尤其．般愛國者，近年來鄰邦的打擊，敏感地覺到切腹之痛。對救亡圖存，是渴望着，除非醉生夢死，昏沈終日的人，他們根本不知道「該」。而「能肯」更無論矣！我們大多數的同胞如此，喚起民衆的工作　是叫大家知道個「該」，實行新生活，節約運動，勞動服務，經濟建設運動，時時是鍛鍊大家的「能」，堅定大衆的「肯」，而後能由「該能肯」三者發生偉大的力量，產出個「幹」，這幹才不至陷于空虛，無力，徒勞，雜乱諸弊，切切實實的得到幹的效果　所謂實幹是也。

（未完）

論著

從國民經濟建設運動談到畜牧改進之應取步驟（續）

高德培

一，劃分區域：查改良中國畜種，實為不成問題之事實，惟中國地勢廣大　所有畜類可謂應有盡有，要謀畜類之切實改良，似應劃分畜產區域着手不可，以區之

．更須集合全國各機關力量通力合作。換言之，即是中央改良機關與各地方之主要機關取得切實聯絡，根據某地之物質環境與市場之需要因地制宜，所謂考查某地之環境適于養豬　則該區域之改良機關　應以改良豬種為主要職務，某地之環境適於牧羊，則該區應盡力改良土羊之毛量．以各區各地之改良畜牧專法．而且促成某一種特殊畜種之改良，分途并進　則全國之畜種改良工作始易成功，政府所費之金錢較少，而事半功倍之效亦速，此即現今實業部中央種畜場與各地方機關所取之合作推廣辦法．亦即目前本縣正在進行種羊推廣改良土羊事業之　也。

二，選種採取方法：查育種之初步，應先改良品種．然後淘汰不良份子，存留良好之個體傳種．則品種擾可改良　故對於畜種之選擇問題，必取嚴格，所謂種瓜得瓜　種豆得豆，有健全良好之父母、才有健全良好之子女　惟對於稱子之改良，亦并非簡單之選種問題，對種子骨子裡之變化亦應與以研究，應經長時期之試驗，與合法種之演進，不然則不能瞭然於種子之內容，如其不能瞭然於種子之內容，即不能推敲其遺傳性之方向與遺傳之能力　此種對於種子之試驗演進與推敲工作，即所謂科學之改良種子方法，即亦吾人應與急起直追之目的物。

本乎定性之原理　質言之，即所謂利用種子骨子裏之變化　而發明更新秀之種子，以求最高度之收獲也，此種選種方法，頗多通常採用者不外乎二種，一曰純系選種方法，一曰雜交選種方法

．純系選種，係於各地採用多量之特殊土種，經歷年代之淘汰與選擇逐漸定性，而成為純血種　譬如中國之浙江金華豬　四川之榮昌豬，如能選擇其優良土種交配，同時又淘汰其劣種　此即謂純系選種，這種繁殖法，因無他種之血液混入，故能永續其優良之特徵，恆久遺傳性而不變易，惟費時太久，譬如牛馬每年一胎　需時非數十百年不為功，始有數十代之種畜可資研究，即體格較小之豬羊，亦須數十年之長期演進，始能定性，故純系選種雖為根本改良之法，然須費較久之時間，無數萬元之金錢　始能養成純血種畜　試不觀今世所有純血種畜，大都發軔於英倫三島，漸臻至善於美洲大陸，費盡百餘年之時間，無數萬之金錢　始養成今日之各類純血種，故非一朝一夕之功，而在目前中國欲謀根本改良，亦非財力所能達到，即中國之各類優良畜種，尚付缺如，故此種改良方法，絕非今日中國改進畜種之道。

（未完）

創作

窗前

鄭巍

依着窗戶，在我亂七八糟的桌前，我感覺到了煩惱和憤怒。

望出去，是熟識的低矮的茅屋，靜靜的在這煩悶的空氣下臥着，沒有一點活氣

勤着，在那裡，寄放着我底不可捉摸的思想，生活逼我常常想望着遠方，然而又常從遠方把我喚回自身的境地。

淤塞了的水溝伏在窗前，場邊的高高低低綠柳．楊槐……都一動不動的聳立着，像是被什麼束縛着似的，兩隻白色的公雞，在樹下拚命的鬥着，鬥的血染紅了牠們底毛羽，遠遠的天底下，煙雲波

，在黃昏裡發出惡臭難忍的水蒸氣，我凝看着這死的水，想着我父親向我的要求，我感覺到煩惱和憤怒了。

泥人似的父親，祖父，從田間背着鋤頭回來了，他們的脊背被炎熱的太陽炙得

雜感

秋扇

西風吹落了黃葉
黃葉在空中飛舞，好像蝴蝶。
公園裡的柳堤　亭園，都已換了秋的形骸，
可是今天的情況
反變成了熱烈
懸旗，結彩　社戲登台、
萬衆蠕動，去去來來、
原來是國慶佳節，
且安排下　啼飢號寒的愁懷，
且忘記了被人踩躪的悲哀，
暫在慶祝的聲中，
尋找歡快
可是東北同胞的呼喊，
已聲嘶力竭！
漢口上海又增加重．迫來，
所以大家都鼎沸着熱血，
燃燒着怒火、精誠團結！
努力前進！
莫辜負救亡圖存的重責！

十、十、公園。

發紫，整日不穿鞋的脚，也被堅硬的土塊磨成厚皮而麻木了　歷年裏汗浸襲着的眼，現在也變得近視了，總之，他們全身都已麻木到失去了知覺。

他們放下鋤頭，走到門口的樹下，糞堆的旁邊，躺下，死挺挺的如同一個死人，幾隻肥大的麻繩，在深深的吸着他們的血，鳴聲無盡的蟬，是在聒吵，還是在爲他們嘆息？

場邊圍着一堆人，我知道：那是看打架的。兩個人因爲要賬打起架來，打的頭破血出，在地上發着悲哀的呻吟。

從黑的烟雲下你抬頭望：洶湧着的，移動着的是一團一團的黑暗。那就是黑暗，太陽是會被遮了去的！

遙遠的天際，有着我底願望，我願望這烟雲迷漫的天空會變得明快，願淤塞着的水溝變成奔放的河流，願父親祖父的生活變得更有意義，願我底身體不永久放置在這死水溝的旁邊。

在這樣煩燥的空氣下，我不能壓下我底不可抑制的喘息。在我底急迫的呼吸中，我底心頭燃着熊熊的火燄。靜默着的情緒在我心頭澎湃了：

「一隻老鼠被貓追殺得沒有去路的時候，是會發出掙命的咆哮，會露出牙齒而現出令貓兒退却的面像的。」

我伸出我底手，青筋在上面一根一根的暴露着，很顯然，是一個青年，可是我是被環境苦悶着。

我抬起頭　望望天上，灰暗的天空佈滿了黑的雲，喘息着，我舉起了我底手臂。

一團濃厚的炊烟飛進窗來，撲到面上，使我幾乎不能夠呼吸。

唉！我決不逃避這生活，決計要和牠奮鬥　我要從這生活底重壓之下解脫出來！我要牢牢地記着：「只要生活不將我毀滅，它將使我更偉大。」

○　○　○

深秋的晚上

春林

大自然變了鬼臉，
茅屋上騰起裊娜炊烟；
西半天像失了大火，
歸鴉從空中掠過。

樹在擺着金髮的頭，
落下許多缺養分的髮絲，
冷風寫着無限秋意。

刻板的生涯，
賣智聲測着秋陽的光距；
不一的音符，
難於謳歌，
雖新鮮的調子，
被雜亂的拍子打得沒有精彩。

疲倦的歌者，
散去了聽衆，
抱着張寂寞的心琴，
徘徊在廣大的戲場裏，
浪花的人海裡。

朝

索閒

清晨　明媚而寂靜，
天空　尚餘幾點疏星；
一會兒東方角上，
紅暉的球兒，由推動機一步一步的上昇。

○　○　○

晶瑩的淚珠——露——
醉人的心房——花——
都被牠吸收，展放！

○　○　○

新鮮的空氣，
清脆，鳥語，
東籬的佳菊，
到處表現着秋朝的詩意！

○　○　○

綠葉叢中透現着　雙小鳥，
歌聲婉囀似在喁喁談情。
美麗的小鳥啊！
敞八正任偵探你們的行蹤，
小心點，且莫誤入牢籠！

秋收（續）

兆豐創作

（三）

這件事　像尖刃刺着，王家村每個人的心。尤其阿牛，好好的，沒說一句，受了這末大侮辱。他賭咒，大駡着。

「媽媽的，活着幹啥用？您也是人，我也是人，爲啥欺負我？」

全村人，沒一個不氣憤。

他們不是爲保長和阿牛挨了耳光　也不爲劉三黑子駡人，最大的原因，是自己沒飯吃，餓死。

阿牛又從人叢中呼喊了。

「……餓死也是死，我領頭，有胆的跟來奏死劉三黑子，搶回咱的糧食。」

這呼喊給村人們一個極大的興奮，齊喜悅得眼睛裏掉下淚來。年青人熱血沸騰了，嘴裏不知叫着什麼。

太陽還沒入山，鳥雀成隊在空中翱翔，落葉在地上與秋風做遊戲。百把人，老的，少的，男的，女的，姑娘們，孩子們，各各帶了鋤頭，木棒……好像羣餓虎擁出了王家村。乱吵乱鬧，口中駡着，喊着，發着響，沒一個不紫紅着臉。

沒一會兒，追上了。

「這還了得，又是阿牛這王八蛋指使的，狗娘養的，不要命了。」

劉三爺語氣沒變，可真恨阿牛，轉手向腰裏摸槍，這一驚，可不小，臨來因爲氣忘得連影子也沒有。三爺真害怕了。

霎時，臉變成霜黃。魂魄又像走失了，說不出一句話。

車子因爲重載　走得很慢，劉三爺急得沒法，而駡車夫。幾來，跳下車　跑走了。那幾十口子跟在他後面亂擁。車馬都拋下了。

衆人還不停的追趕，又是三四里路。

「抨！……抨，抨！」幾聲槍響，嚇住了這一羣亂民，蜂窶樣的在攢動，不敢再追了。

車馬落在另一羣人手裏，么喝着轉回王家村了。

那裏　劉三爺喘得上氣不接下氣，自以爲可沒命了。猛地撲在地上，只在等死。

慧兒　手執槍，趕忙扶起三爺，抱在懷裏。旁邊圍了黑鴉鴉的一羣。

三爺醒轉回來，直讓着：

「阿大！阿二！阿三！老四！老張！把糧須追回來！把糧食追回來。」

一九三六、秋季
脫稿于古豐
（完）

驢

耿平

黃沙道上，
滿烙了你的脚花，
稠密如銀河星光。

○　○　○

熱風煩燥，
搔着秋芒。
一步一口氣喘，
背上重載，
像馱了個山。
脚底抓住地皮，
主人無奈舉起鋼鞭。

○　○　○

黃沙道上，
不復烙你的脚花，
主人已爬上都市，
並非他心願
將你葬送在屠戶手裏。

△　△

編輯室的廣播電台

雲章

一、春林昨日來城　相見後，知其近日極關心本刊并願參加討論關于「國防文學」的問題。想最近于本刊上　都可看到的。

二、昭祥君：你的氣從何來？你的稿件，因爲尚須修改一下，所以遲遲不發表。請你原諒！

三、鄉農君是新來投稿的。他的文筆極流暢，此後本刊又多一員建將。

四，霖，老淵　文、三君鑒：請速將通信處示知！

中華民國二十五年十月十四日 豐報 （星期三） 第一版

豐報

第一二一七號
社址豐縣人和街
中宣會登記字第一九二二號 內政部登記證警字第二一三號
中華郵政特准掛號認爲新聞紙類
每日一張 零售每份四分
[illegible]

如何挽救吸用毒品犯免去死刑？應在民國二十五年中自動戒除？君不見禁毒實施辦法中明白之規定乎？「自二十六年起凡有吸用毒品及施打嗎啡針者一律處死刑或無期徒刑」屈指算，只有兩個多月的機會，從水深火熱之中跳出，還我自由，壯我體魄，復我名譽，成我事業，是最後的機會。生活的轉變，是光明的大道，吸用毒品，人人自危，廿六年份轉瞬即來，皇皇法令，決不寬貸，判決死刑，徒貽後悔，願社會人士以革奈的力量來督促拒毒之成功！ 江蘇省禁烟委員會敬告

本社啓事

奉縣府批示及本城糧價向在新聞欄內登載茲爲充實該欄新聞起見特自本月十六日起將糧價批示移載副刊希閱者注意

十支大長城香烟新近增高烟質，烟葉改製黃嫩，烟味加高香醇，凡愛吸諸君，請購一嘗，可知言之不虛矣，敝號爲酬答顧客與趣起見，不惜重大犧牲，新由滬上購來，古裝橫匹「三笑姻緣九美圖」畫片一千張，橫長三尺二寸，豎長一尺二寸，精緻絕倫，惟妙且肖，圖上全描畫明時之三大才子，文、周、唐、祝，及當代美婢秋香事跡，洵屬畫中最上等有價值之物品也，諸君凡留存十支大長城空壳三十只者可來敝號掉換此種畫片一張，限兌完爲止，尚希嗜畫諸君，速來掉換，莫失交臂爲幸。

中國南洋兄弟烟草公司豐縣代理店德履祥謹啓

德履祥號遷移新址啓事

本號開設東大街歷有年所向係經售南洋烟草公司各種上等香烟亞細亞火油公司僧帽洋燭以及各貨辦因營業擴張原址不敷應用故在西大街縣黨部對面路南購妥地址規模亦頗宏大所有貨物均已遷移新店照常營業各貨價目格外克已以答惠顧凡我顧主敬希鑒察並候駕臨興隆無任感激此啓

豐縣縣農業倉庫啓事

查本倉庫上年度所儲押之食糧，農民獲利甚豐，現值新穀登場之際，深恐農民仍本等待價而沽，茲爲救濟農民起見，特與省農行繼續訂立合同，儲押秋糧，登記儲押期限自本月一日起，至十一月十五日止，儲押種類，以芝蔴菉豆黃豆高粱爲限，芝蔴每市斗押價五角五分，菉豆黃豆每市斗各押價三角，高粱每市斗押價二角五分，各農民如願以秋糧儲押貸款者，希來縣政府後院本倉庫登記，爲要。

豐縣第一區農業倉庫啓事

逕啓者，本倉庫設於中山村縣立中學東院，地基高燥、交通便利，距城甚近，將來存糧出售，亦極便利、現值秋穀登場，即日開始登記、普通秋糧，皆可儲押、有願儲押者，請到實驗鄉鄉公所接洽爲要、此啓。

縣教育局啓事

查中學生膳費儲款改爲辦理社教捐款業由本局轉知各該校[illegible]以憑轉解在案現令發多日該項捐款尚未遵照[illegible]聲明希於三日內一律彙送來局如再遲延本局即按[illegible]數每級四角在應領經常費項下扣除彙解此啓

中外要聞

中日開三相會議 對中日問題決採取外交途徑

▲中央社東京十三日電 日陸相寺內赴北海道參觀大操、已於十二日返抵東京，三相會議於十三日舉行、對於結束中日問題多主採取外交途徑解決之根本原則、積極[illegible]以獲進步。

張外長與川樾會期尚未定

▲中央社南京十四日電 昨日京滬各報刊載東京電訊、稱張外長與川樾將於今日繼作第四次之會見，[illegible]交界消息、張外長與川樾大使彼此均尚未約期會見。

▲中央社東京十三日電 日陸相寺內海相永野同訪首相廣田、等於九月廿一日提出大綱改革行政機關之事項、閣議會議時實行政治改革，其目的爲在除行政上之一切弊害，故軍部希望首相於此事以最堅決之決意云。

▲中央社上海十三日電 東京電 桑島已抵東京，今晚赴外務省報告在華經過，首相廣田將召集外務陸海三相聽取桑島報告。

▲中央社上海十三日電 北四川路及閘北一帶情形，十三日極爲和緩，惟日軍巡邏仍不時越界入街巡。

日僞軍侵入蘇聯境 蘇聯向日提出抗議

▲中央社上海十三日電 莫斯科電 十一日七時日本武裝兵士三十五人，於蘇滿極東邊界巴拉諾利村附近三公里半地方越過邊界，因見蘇聯邊防兵隊前來，日兵隨即逃回滿境，同日下午三時四十分，在上述地點巴克利村東北面四公里之地邊境界碑一帶，日僞軍某隊即在蘇俄境內挖掘戰壕，中國蘇聯邊防兵隊前往驅逐，蘇軍僅鳴槍示警始迫使日僞軍退回僞境，當日蘇聯外交委員會第一東方司長克賓洛夫晤見日代辦，對此等侵犯蘇聯邊境之新事件提出抗議，要求懲辦禍首，並保證以後不再發生同樣事件。

行政院昨舉行二八三次會議

▲中央社南京十三日電 行政院今日舉行二八三次會議、主席蔣作賓，議決各要案如下、一、修正通過審政府台署辦公暫行規程、送中政會備案，二、通過本國工人僱用契約綱要及募工承攬人取締規章。

司法行政部通知各高院 轉飭所屬限期呈報年報

▲中央社南京十三日電 司法行政部以廿四年度司法統計材料、各院及看守所多有逾期而未呈報者，昨通知各高等法院轉飭所屬前項年報、務須於十五日內、彙送齊送部。

婦女補習班實施辦法 已經新運會婦女指委會擬定

▲中央社南京十二日電 新運總會婦女指導委員會，爲灌輸各地婦女智能、俾能適新生計、並能建設適合新生活目標之家庭起見、特擬定各地婦女新運工作委員會附設婦女補習班實施辦法。

6

首都節約運動委員會召集商界代表開會
宣讀商店約節守則

▲中央社南京十三日電 首都節約運動委員會、今日下午二時在市黨部召集全市商界同業公會代表數十人、由袁野秋主席、報告開會意義、次由新運總會書記閻寶航、經運總會執行股主任吳博淵等相繼演講、對惜時節用愛物各項意義發揮盡致、聽衆異常動容、並宣讀商店節約守則、各代表對此均熱烈贊成、願切實實行、旋即散會。

水利工程學會六屆年會閉幕
重要議案爲建議政府另籌河防經費

▲中央社西安十三日電 水利工程學會第六屆年會自雙十節在西安開幕、至十二日止共開大會三日、議決重要議案共九件、最重要者、爲建議政府另籌河防經費發展水利事業、組織水利中樞機關。

胡文燦日內由粵飛京
報告視察粵省國選經過

▲中央社香港十三日電 胡文燦十三日午由潛樂車回省、據談日內飛京報告視察粵省國選經過、鄒魯俟病體康復亦即入京一行。

孔部長及國府參軍長
呂超由杭返京

▲中央社杭州十三日電 孔部長十三日午後謁蔣委員長有所請示、孔以事畢、於晚六時半赴滬、轉京。國府參軍長呂超代表林主席來杭參加杭統樓[illegible]禮、十三日公畢返京。

冀察政會任李思浩
爲經濟委員會主席委員

▲中央社北平電 李思浩自赴北平後、連日酬酢甚忙、冀察政會十三日發表李爲經濟委員會主席委員。

華北農業合作委員會
定念五日在平開會

▲中央社保定電 華北農業合作委員會、定廿五日在平開會、討論推廣華北農業各種合作問題。

撫州鋪軌已抵資溪之[illegible]

撫州鋪軌已抵資溪[illegible]站 [illegible]站僅一段工程下月可達、[illegible]西段正進行鋪[illegible]石工程

漢白公路
南鄭安康段
已於雙十節通車

▲中央社西安十三日電 漢白公路南鄭安康段、已於雙十節通車、安康白河段即測竣、又西關路司家河之橋已完成、命名爲[illegible]橋、意義[illegible]開既路人長[illegible]。

新任金陵關
稅務司許禮亞
定下月一日接收

▲中央社南京十四日電 金陵關稅務司[illegible]、以該關稅務司右盧希率命遷移、新任金陵關稅務司許禮亞定下月一日接視。

津海關副稅務司
赤谷調任他職
遺缺由倫作治繼任

▲中央社天津十三日電 津海關副稅務司赤谷、奉命調任他職、遺缺由倫作治繼任、許禮亞南下期尚未定、津海關員司爲許餞行。

鮮人販運現鈔
爲津海關查獲

▲中央社天津十三日電 鮮人三名十三日晚九時販運現銀三千餘元、搭平滬通車由津南下、在新站爲津海關人員查獲、當將該鮮人三名及現鈔一併帶往稅務司訊問。

隴海路鋪軌已抵寶鷄
厲之戈鎮站

▲中央社西安十三日電 隴[illegible]

皖省府向農民銀行
借款百二十萬
完成省公路網

▲中央社蕪湖十三日電 皖省府向農民銀行借款一百二十萬元、完成全省公路網、合同已簽定、下週由[illegible]分六期付款。

英倫大學教授艾文思在中央日報社演講
題爲「英國與英國語」

▲中央社南京十三日電 倫敦大學教授艾文思、今日下午四時三十分應中英文化協會及留英同學會之邀請在中央日報社大禮堂演講、題爲「英國與英國語言、」到會員石瑛、[illegible]等六十餘人、由石瑛主席、並致歡迎詞、艾氏即[illegible]演講[illegible]爲動聽、至六時、刻賓主始盡歡而散。

閩省會節約運動會
定十九日開幕

▲中央社福州電 閩省會節約運動會、定十九日假省黨部舉行[illegible]、請陳儀到場訓話、同時並舉行總宣傳[illegible]

[illegible]
豫省府呈請政院提前修築許禹鐵路
以工代賑救濟災民

▲中央社開封電 豫省賑務會以禹縣旱災奇重、民不聊生、故在四方者日有所聞、鐵道部有修理許禹鐵路之議、擬利用該項工程、將禹縣災民以工代賑、籌資救濟、十三日特電懇行政院院長蔣飭令提前動工、以救垂危之民、又該會電令[illegible]賑務會朱委員長、請迅撥巨款以賑六十餘縣災民。

馬來亞新嘉坡華僑又捐欵廿萬元
已寄交蔣公壽辰獻機委員會

▲中央社蔣公壽辰獻機紀念委員會、繼續收到馬來亞新嘉坡華僑寄來廿萬元元。

縣長交卸
（一）（二）（三）（四）
裁局設科各縣
由款產處查核
並由會計主任復核

▲江蘇社 江蘇省財政廳前據儀徵縣長張宏業請示裁局設科各縣縣長交卸時專案辦理交[illegible]公安各科交代辦法之各點疑義等情到廳、茲該廳以裁局設科各縣縣長經手事項關於縣長交卸時專案辦理交[illegible]、[illegible]項[illegible]、[illegible]與[illegible]事[illegible]辦理、而[illegible]代[illegible]照[illegible]法第五[illegible]條規則規定、裁局設科縣份自[illegible]公款公產管理處查核、并由會計主任復核、[illegible]令該縣長遵照云、

蘇省禁烟委員會
擴大全省禁毒宣傳
根據禁毒治罪條例儘年內肅清毒害
搜印淺顯傳單及告學生家長書頒各縣

▲江蘇社 江蘇省禁烟委員會、以根據本年六月三日國民政府公布施行之禁毒治罪暫行條例、自民國二十六年起、凡製造或運輸毒品者處死刑、施打嗎啡或吸用毒品者均處死刑等項之規定、恐全省人士暨一般毒品犯尚未能注意、特擬訂禁毒宣傳辦法、咨請黨政當局轉飭各省各縣共同辦理、藉收宣效、同時該會特編印宣傳品數種、及致全省學生家長書、由各地小學生轉送家長、俾官民一致努力、該項宣傳品共印三十餘萬紙、日內即可分發各縣縣政府縣禁烟會廣爲宣傳云、並附民衆書原文一紙如下、

親愛的同胞們、當國難嚴重的現在、我們每一個人要如何健全體魄、準備爲國家民族盡力、然而這句話正還遠着、我們單就目前而論、就江蘇一省而說、還有二十萬左右的烟民、希望能在未來的二年裏面、能一一戒除、恢復健康、完成了江蘇四年禁烟計劃、還要靠着上下一心一德加倍努力才好、吸食雅片、禍害至烈、可以說[illegible]有一個人不知道了、然而吸[illegible]烈性毒品、如嗎啡、海洛因、白面、高根、紅丸等等、這種毒物能夠在很短的時間斷送了性命、一般吸用的都顧着當時的過癮、不曉得戕害身體、而致無法挽救、麻醉毒品的利害、這是十百倍於鴉片[illegible]、所以黨政當局在積極禁絕而外、[illegible]照[illegible]努力[illegible]作、[illegible]品[illegible]、[illegible]政府訂定了禁[illegible]、直[illegible]和[illegible]命[illegible]一樣、政府訂定了禁毒治罪條例、積極嚴厲執行[illegible]、然而一般吸用毒品的癮君子們、不知死神之將臨[illegible]、[illegible]我們進一步來普遍的宣傳、禁毒治罪條例中有最[illegible]注意的、（三條）製造或運輸毒品的處死刑、（四條）販賣或意圖販賣而持有毒品者、處死刑或無期徒刑、（五條）意圖營利爲他人施打嗎啡或設所供人吸用毒品者、處死刑或無期徒刑、（六條）在民國二十四年內施打嗎啡或吸用毒品者、處[illegible]年以上三年以下有期徒刑、有癮者並限期變癮分戒絕、自請投戒而絕後再犯第一項之罪者、處三年以上七年以下有期徒刑、[illegible]仍

限期交醫勸令戒絕　勸戒戒後而再犯第　項之罪者　處死刑或無期徒刑、（七條）在民國二十五年內施打嗎啡或吸用毒品者　處三年以上七年以下有期徒刑　有癮者並限期交醫勸令戒絕、自動投戒戒絕後而再犯前項之罪者、處七年以上有期徒刑、有癮者仍限期勸令交醫戒絕、勸戒戒絕後而再犯第一項之罪者處死刑、（八條）自民國二十六年起犯本條例第三條至第七條之罪者處死刑照上面看來　最重要的是吸用毒品的　如果在本年裡面不自動戒絕　在民國二十六年起便要一律處死刑　此刻離開二十六年沒有多少時間、這是最短促的機會——自新覺悟不要輕易錯過　光陰似流水般的過去、寶貴的人生不要自己去毀滅、我們希望已染有毒品的人們　快快堅決的戒除、從水綠火熱中一躍而起、千萬不要再事蹉跎斷送了前途、

國家有一個吸烟的人民、有一個吸用毒品的人民　就是國家的損失、也就是國家的恥辱、看世界各國的強盛、全完靠每一個人民有健康的體魄、有生產的能力、看到中國國難嚴重到最後關頭、而恢復民族健康的禁烟禁毒工作、決不能再遲緩一步、政府在努力完成計劃嚴厲執行法令的時候、正要整個的社會力量來推動來扶助、來肅清烟毒、尤其要靠人民能切實遵守法令、勸導大家努力、最後我們的口號是、

强國强種要努力禁烟拒毒工作、

努力拒毒恢復民族健康

戒烟除毒要抱有決心、不要錯過最後的生路

冬季汽車捐 公路處函送各縣 并號碼清單一紙

▲江蘇社　蘇建廳公路管理處、以本年冬季汽車季捐自十月一日起即開始徵收、所有應需各號捐牌　業經鑄製就緒、昨特將捐牌暨號碼清單一份　送達各縣查收具複云（十日）

蘇財廳將派員密查 田賦徵收有無尅扣

▲江蘇社　江蘇省財政廳因各縣徵收田賦整頓辦法　早訂定規則頒行在案、現據報各縣、間有陽奉陰違　對於曾經處辦公費不由徵收主任員領支用而由縣府庶務處或會計處代購辦公品、以圖尅扣浮報　使征收處關用表冊不能遵章備齊、甚至催徵旅費亦不遵章給發　致催促無[illegible]　征數率減低、影響稅數、殊屬非是、頃特飭令各縣除臨時派員密查外、合行令仰該縣遵照　嚴定原則切實整頓　倘再有上項情事、一經查明　定予嚴懲不貸、並將遵辦情形具報備查云云、（十日）

蘇省小學生集資鑄劍 本月內齎赴首都 呈獻蔣委員長

此劍形式壯麗氣象輝煌　表仰景之心徵團結之意

獻劍代表已由教廳指定

▲江蘇社　江蘇省教育廳前據銅山縣等兒童代表請願、全省兒童節省果餌費集資鑄劍呈獻　蔣委員長、藉示佩帶完成復興民族工作、當即擬定辦法六項、通令全省各縣小學及省立各小學遵照辦理、並規定每一兒童至少須捐銅元一枚、共襄盛舉、該項佩劍　即由教廳負責監製、現各該項捐款業已結束、佩劍亦已鑄就、將於本月內由教廳指定鎮江實小鎮師附小二校代表齎赴首都敬謹呈獻　並附伸祝壽之意、此劍由上海遠東公司承造、價一千元、劍身純鋼、長約三尺左右、鐫有中華民國廿五年九月江蘇全省小學生敬獻字樣、柄及鞘係上等銀質鑲嵌九成金梅花圖案花紋、柄端附有絲縧　劍鞘附有銀牌　另裝錦匣一具　匣蓋表面書就篆徵　並題「領袖萬倫」四字及謹呈　蔣委員長、江蘇省會小學生敬獻等款識、此劍形式壯麗　氣象輝煌、由自小學生之至誠　專呈無上領袖佩帶　非但可表景仰之心　抑且象徵全國上下精誠團結之意、際此國難時期、尤足發揚尚武精神、一致禦侮之表示、其意義可謂十分深長　又該項鑄劍款項內有美國十二齡女童高培．Gahu Marie Koppell—所捐美幣五分、（約合華幣一角七分　亦係在內　緣該女向來心儀中國　尤欽仰　蔣委員長之爲人、故本聞有鑄劍呈獻之舉、特自願遠道加入　將儲金送交我國駐美大使館請求轉送前來、此數雖微、但足見友邦人士翻亦之切　雖三尺童子、亦寄我以同情　不可謂無重大之意義也、（十日）

蘇省令利用保甲制度

縣戒烟所烟民管理困難

負連坐責任使互相監視

沭陽縣府辦理尚無成效

▲江蘇社　蘇民廳頃令各縣縣長（除江寧沭陽二縣）云、案據沭陽縣縣長祁蒞提本年八月三十一日呈稱、案據本縣戒烟所所長鄔新本年八月二十四日呈稱「竊查戒烟所及縣立醫院所收容之癮犯烟民　關於管理方面最爲困難　雖夙夜[illegible]、職所前曾利用保甲制度　俾烟民間互相[illegible]法及意外行爲發生　須負連坐責任、試用以來[illegible]、謹擬具戒烟所及縣立醫院烟民保甲章程一份[illegible]住院烟民保甲切結暨住所或住院烟民甲長切結式樣各一紙、一併備文呈送　伏祈鑒核轉呈備案、並通飭各縣採用」等情　並呈送戒烟所及縣立醫院保甲章程切結各　份　據此除指令外　查所擬章程結式　大致尚無不合　該所施行以來　亦見成效　經合檢同章程結式轉呈鑒核[illegible]等情、並附縣戒烟所保甲章程暨切結式樣各　份、據此、查所擬辦法不無可取　除指令准予備案、並分行外、合行印發修正辦法　暨切結式樣、令仰該縣長轉飭該縣戒烟所所長或縣立醫院院長即便仿照辦理、並將辦理情形具報備查云、（十日）

西國民軍佔領安斯比哥城

▲中央社巴黎電、據蘇維納電台最後廣播報告、國民軍業將安蒂寧西亞之安斯比哥城佔領　同時並存亞思多利亞佔領社及桑居倫兩端。

▲中央社馬德里十二日電　官方頃發表戰訊如下、一、北部胡爾思拉賽爾鄭爾社已爲官軍進攻叛軍均極棘手、二、阿爾社和爾思華鐵工組織之民團、向攻入攝維社城確、現在與叛軍巷戰、已將叛軍盤居佔領。

補充海軍條約 英美五國將簽定議定書

▲中央社倫敦十五日電　英美日法義五國政府、不日將在倫敦簽定議定書　補充一九三〇年倫敦海軍條約中關於潛艇戰爭之第四項。

德駐英代辦照會英外部 批評英俄海軍條約

▲中央社倫敦十二日電　十二日德國駐英代辦貝斯馬有照會　補送英外部、對於草擬之英俄海軍條約有所批評、據聞德國反對該約、與一九三六年三國倫敦條約原有規則不[illegible]、蓋因英俄海約中英方對俄之讓步實屬過分、其中最重要者莫過於日本遠東違犯倫敦海約時、蘇俄亦可援例之規定也。

英首相鮑爾溫銷假視事

▲中央社倫敦電　英首相鮑爾溫請假休養　已歷多日、十二日午後四時偕其夫人自來倫下赴倫敦　[illegible]即至道林街首相公署銷假視事。

英內閣在最近期內將局部改組

▲中央社倫敦電　英國內閣或將在最近時期內局部改組、現正由政界人士加以討論、內閣改組原因　由於蘇格蘭事務大臣考林士因病在瑞士休養　一時不能負責。

德齊柏林航空公司興登堡號

本年橫渡大西洋十次

最後一次載乘客七十二人

▲中央社柏林電　齊柏林航空公司之「興登堡號」大飛船、本年橫渡大西洋　共計十次、此爲最後一次、該公司特在此時作一總計、據稱此十次航渡美洲中其所定時間爲由弗朗克弗至美國之美克弗思[illegible]、由該地飛返歐洲須二日至二日半、此次爲有[illegible]進步、此次曾載乘客七十二人、機上職員共計五千五八[illegible]不在內、該機定十月廿一日由倫[illegible]起程前赴美[illegible]行。

環游世界女飛行家 多利羅菲基加昨抵港

▲中央社香港十三日電　環游世界女飛行家多利羅菲基加、十三日由[illegible]抵港、[illegible]遊覽。

本縣新聞

中小學學生購機儲款已移用購機祝壽

應尅日掃數呈解 ……教育局奉教廳令

教育局近奉教育廳訓令云、查本省各中小學學生購機儲款、自上年度起、開始徵收以來、迄今能遵令按期呈繳者、甚不多覯、迭經一再電令催促、仍未能掃數解齊、影響國防要政、殊非淺鮮、該項儲款、已移作祝壽購機之用、現在蔣院長壽辰已近、急待購機稱祝、除分令外、合再令催、仰尅日將上年度起開始徵收以來未解各中小學購機儲款、掃數催繳、轉解來廳、其本年度上學期儲款、亦應隨同一併解廳、以便彙數轉報、如果一時繳收未齊、可估計設法墊先行呈解、事關緊要、千萬勿延、此令、

正宣傳宏效率

民間宣講善書多涉迷信應設法改善 ◎……縣黨部奉省黨部令

縣黨部奉省黨部訓令云：案奉中央執行委員會宣傳部誠字第二九一四號公函內開、據直屬漢陽兵工火藥廠區執行委員會呈稱、據區屬第十三分部呈稱、查武漢地方每屆舊歷中元黃昏以後、街頭巷尾、各善堂或民衆設案宣講、婦孺圍聽甚衆、其意在勸善儆惡、固屬甚佳、但宣講事實多神道設教、過於迷信、值此人民接受政權之際、如再任令愚民政策的餘波、存在現代社會裡面、不僅淆惑外人觀聽、且影響民族思想、而此項習俗、或不僅武漢爲然、擬懇轉呈中央通令各省市縣党部、會同各地方政府取締、其帶有迷信色彩的原有善書及講壇佈置、充實其時代講材、如本黨先進先烈及歷代民族英雄之各項史實佚事、以之灌輸民衆、改善思想、所有善書、須經當地黨部審定頒布後、方許宣講、庶幾以正視聽、而端風俗、祈鑒核施行等情、據此、經核所稱不無見地、提經本會第三十五次會議決議、轉呈中央宣傳部紀錄在卷、理合錄案呈請鑒核等情、據此、查民間宣講善書、多涉迷信、自應設法改善、以正宣傳、而宏效率、除分[illegible]外、特函達查照、即希依照地方實際情形、會同當地[illegible]酌量辦理爲荷、等因奉此、除分別函令外、合行[illegible]遵照爲要、此令云、

縣立公園定期舉行腳踏車比賽

報名者已達數十人 分函各界蒞臨參觀

縣立公園、以駕駛腳踏車、亦運動之一、城廂居民、長于是藝者、頗不乏人、茲爲共同研究[illegible]觀摩起見、特定于本月十五日、舉行腳踏車比賽、[illegible]各界、蒞臨參觀、並備惠贈獎品、藉資鼓勵、現[illegible]已有數十人之多、想屆時雙輪飛轉、交相競騁、其身手大有可觀云。

三區順河鄉第一保保長孫[illegible]辭職

另選李運得繼[illegible]

第三區順河鄉第一保保長孫基慶、[illegible]紛繁、對於保務、勢難兼顧、當向區公所呈請辭[illegible]以其辭意堅決、未便挽留、即予照准、並於本月十[illegible]召集該保各甲長、另行改選、結果李運得當選、聞現[illegible]任事矣。

如有故意購買洋貨者以不經濟支出論

購買物品須以國貨爲原則 教局奉令飭屬遵[illegible]

教育局近奉縣府訓令、略以嗣後購置辦公物品、務以國貨爲原則、倘有國貨可以購用、而仍採用洋貨者、一律以不經濟支出論、教局奉令後、已轉飭所屬各校遵照矣。

豐縣七區華山棉花產銷社及棉產概況調查報告（續）

五、該社組織概況：

該社社員共一八六九人、分爲二百組、每組設組長一人、負責該組管理監督通訊招集之責、理事會十一人、主席理事尹汝檢、監事會五人、主席監事王龍篋。

六、該社經營概況及應行注意各點

該社於本年始行組織、理事尹汝檢等、對合作意識、頗能明瞭、且具熱忱、[illegible]收花時檢查、過秤堆藏、寫小票、登送貨摺號、記賬、發放預付貨價款事務、均由各社社理監事担任、純係無給職、足徵負責人員之熱忱、各種收花手續、及會計組織、尚稱整齊、由收花而儲藏、而軋花衣、而打包運輸、計劃擬具亦稱謹慎、防止漏籌之調查與監視、亦頗嚴密、其缺點、一、在收花檢查時、不分等級、恐將來支配貨款時、雖有差等、將暗示農民參雜劣花[illegible]匿優花之弊、二、初時經營固定資金宜少、而該社購備二十五部小型人力軋花機、估去資金七百九十元、利用時極短、攤提率大、且利用太專門、不能用於他項加工事業、如以此投資購備引擎、定較爲運用爲便、三、棉花應當應保火險、俾危險分担、以使貨主放心信託、債權人認放款有所保障、而該社竟欲以小心防火爲唯一免險辦法、實任重大、且不可靠、此應尤加注意者、

司法欄

◎縣政府司法批示◎

▲刑事辯訴人王訓家、一件、爲冤遭不測、請求電察、懇予賞保由、狀悉、仰候訊明核奪、此批、

▲民事具狀人葛永德、一件、爲聲明現在縣立醫院戒烟、恐違庭訊、懇乞准予屆期提出應審、以免違誤由、狀悉、此批、

▲刑事告訴人侯先文、一件、爲被架起回、窩家獲案、請求嚴辦窩家、究明匪犯、拘獲併辦由、狀悉、仰候訊明核奪、此批、

▲刑事具狀人李敬富、一件、爲劫架質冤、供明匪窩、請求迅予緝拿案匪窩家、依法訊辦、以伸重冤由、狀悉、仰候訊明核奪、此批、

▲刑事具保人朱敦修等、一件、爲懇請償保邵克贊回家安業由、狀悉、仰候訊明核奪、所請暫勿庸議、此批、

▲刑事具訴人邵氏、一件、爲被綁押、據實陳訴、哀懇明下情、恩准具保省釋、以恤愚由、狀悉、仰候訊明核奪、此批

▲刑事具狀人孔慶昌、一件、爲匪供無據、代父鳴冤、叩懇覆察真情、恩准具保省釋、以免冤累、而全良民由、狀悉、仰候訊明核奪、此批、

▲刑事撤訴人邵介山、一件、爲遵照撤訴、請求銷案由、狀悉、准予撤回告訴、此批、

▲刑事具訴人單明剛、一件、爲攔誣妄誣、請求電察免累由、狀悉、仰候庭期訊奪、此批、

▲刑事具訴人單大昆、一件、爲[illegible]、請求[illegible]傳人證、依法懲[illegible]、[illegible]而重人命由、狀悉、仰候補傳證人、庭期訊奪、此批

△本縣糧價▽

名稱	每市石價目
小麥	最高八元[illegible]角　最低七元六角
大麥	最高四元四角　最低四元一角
黃豆	最高六元　最低五元八角
黑豆	最高五元七角　最低五元五角
菉豆	最高五元九角　最低五元六角
江豆	最高七元七角　最低五元五角
高粱	最高四元四角　最低四元二角
穀子	最高四元　最低一元六角
稷子	最高四元三角　最低四元二角
芝麻	最高九元　最低八元七角
青豆	最高五元八角　最低五元六角
花生（每百斤）	最高三元六角　最低三元四角
瓜子（每百斤）	最高十五元　最低十四元六角

△△氣象▽▽

天氣	晴
風向	西風
最高溫度	八〇度
最低溫度	五八度

小朋友

第三二七期

本報以介紹小朋友的作品為宗旨
本刊每逢星期三出版
本刊編輯部對來稿有刪改權
本刊編輯部對來稿如不登載概不退還
本刊編輯部設豐報社內

研究

怎樣挽救中國

于樓小學四年級生　于耀東

同胞們！請看我們的中國現在到了什麼田地了，國內赤匪未淸，可惡的日本又加緊的迫來。世界大戰又要暴發。當這戰雲密佈，國際風雲緊張的時候，國人如再醉生夢死，唉！中國的前途，眞不堪設想了。

自「九一八」之後，那可惡的日本，牠併吞我國的野心，更加顯明了，牠把我們的東北四省完全佔去，還不足牠的慾望，現在又想强佔我們的華北。唉！牠的心比虎狼更毒萬倍呢？國人們！你們還睡夢不醒，要知道：「國亡則家破，脣亡則齒寒。」中國將有亡國之虞，同胞也有殺身之憂，同胞們！你們還不猛醒，情願坐而待斃嗎？我希望趕快起來救亡圖存，脚踏實地去實行下面幾個條件：

一，經濟絕交。我希望中國的人民，完全不用外貨，都用本國貨。與他們經濟絕交。能這樣做去，金錢不至外溢，他們也不至拿我們的金錢造成了槍炮　再來打我們吧？

二，國人要各盡其職：我們全中國的人口，大家要各盡自己的責任　農人要努力耕種，使收獲豐富，工人要努力做工，使出品優良，商人要努力推銷本國貨　視外貨為仇敵。學者要努力求學，將來學成後，可以改造社會　建設新中國。軍人要為國盡忠　努力殺敵，把帝國主義打倒，敵人殺完，把束縛我們的繩鎖斬斷，把壓迫階級推翻，我們才能得到自由幸福快樂的生活！

三，實來徵兵制：當這國際緊張中國農村破產的時候，若每年養數百萬的常備兵，經濟實感困難，所以必須實行徵兵制，全中國的人都是兵，這樣　來　在平時可以用少數的常備兵，來維持秩序，軍餉就可以減少，若有戰爭時，全國皆是兵，一致殺敵。

創作

國慶日的感想

李宗文

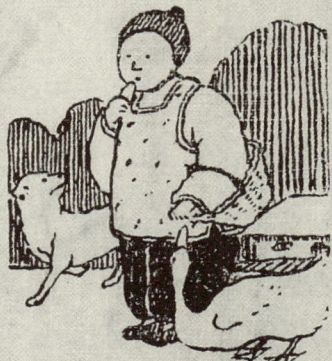

國慶紀念日，一年一度的熱烈慶祝，使我腦際中發生了無限的感想：一個病體衰弱的國家，那裏還有閒心去慶祝他的生日呢？就是熱烈的來慶祝他，也不能使他的病體痊癒，也不能使他的身體强健，這樣不是毫無一點意識嗎？固然，這是他的生日，要來慶祝，我想慶祝他的生日，不要忘了他的病體　第一先要設法剷除他的內部的病症，强健他的身體。現在已非常危險　如不設法積極調治，恐連性命亦不能延續下去。這樣你來慶祝他做什麼呢？最好是把他的病體醫治好，使他强健起來，到那時，再來熱烈的慶祝他。○○○

雙十節的晚上

小李光動（文）

我正端着碗吃飯，這時電燈還沒來火，忽聽得西北角上鼕鼕的鼓聲　鐺鐺的鑼響，這是玩高翹花船的開始了，我[illegible]這種聲音之後，頓時覺得碗中飯有些熱，更顯然的表示出馬上就想去看看，一會就把一碗飯喝完了，也不問飽食[illegible]，一口氣跑出去了。

啊！是眞熱鬧，很大的排燈，不住的在空中搖動，我這時在路上停也未停，就是想停也留不住我的兩條短腿，連跳加竄的一勁就到高翹的場子了，果眞我想往這裏跑，這裏眞是好[illegible]獅子，老虎，烏龜，[illegible]都正[illegible]跳亂爬，週圍滿挑着紅燈，更顯得壯觀，許多[illegible]鬧了一會，被一羣牽獸的小壯士，一一捉到[illegible]怪有[illegible]，這一段完啦。

從場子西北角的小院中出來了一羣很高像唱戲似的人，還是高翹，他們走得很好，兩支小棍綁在脚上　竟能不歪，他們還能與敲的鑼鼓走成一個點。這還不算出奇，尤其是撲蝴蝶的翻筋斛，最為精彩，玩了一陣，走了幾個圈子，跑向北牆的簷下休息去了。

這才到了好的呢？花船，禁得眞是好極啦　滿船都是花燈　又加着中間坐着個俊俏的女子　燈光輝煌，眞是好看，船走起來，非常穩靜，如在水中似的。豹確得個本事　撐船的傢伙，非常滑稽　一舉一動　皆能博得觀者的笑聲；玩了一陣，撐船的累得不輕，坐船的也累得怪很，都張着嘴喘呢，

鑼聲，鼓聲緊了，噉！原來是該到街上去了，花船，高翹　野獸　都擺成了一條長蛇形。一隻烏龜闖路，向着大街去了，我却不跟着他們　塊走，太擠人，我早已由暗處跑到了大街上去等着。果眞不錯　也沒有擠着，也沒有碰着，眼看着他們向着跟前走來，到了黨部的門前，却要命了，那一掛幾尺長的爆竹，迎頭響了上來。一羣野獸忽的一聲跳進了硝烟炮雨。有着打滾身，有的打車輪，有的翻筋斛　鬧成了一團，爆竹的迷霧，已把整個的街筒罩着：那時，我却不知擠到那裏去了，一會煙消霧散，他們又向着正東走了，我沒敢跟着再去，便回我的家了。

晨光熹微中的我

蔣眾樓小學校　程明箴

昨日，因有　孔子在陳　之恐慌　今早特從早起身，往家中去拿糧　起的身來，走到院中，抬頭，看　鉤月橫空　星斗滿天，明似白晝，我閉上門　揹着袋，往家走了。走到路上，在月光下縱目四望，野外只有豆子和紅芋，秋穀快淨地了。

正鼓着勇氣邁着步，忽有「汪，汪汪！」和「喔，喔，喔！」的聲音　震動了我脆弱的心靈，抬頭看東方，曙光已現，朝日恐怕不久便要出來，走到大門口，叫開門，我家的老黃狗，搖頭擺尾的迎接，親近的了不得。見父母問過「早安」，要了些米麵　便負着回校來了。

來至中途，自言自語道：一人要一走上經濟困難的道路，做起事來，順利的時候少，有阻力的時候多，我若不是經濟拮据，那能耽擱這些時間呢！一

唉　我們只要不怕受苦，立定志向；一定能從黑暗中找出一條光明的大道，將來定能為祖國謀福利，為民族爭光榮呢。

離別的前夜

李寨中小　陳子粹

一天傍晚，我和母親同在樹蔭下乘涼，母親帶着悲傷的聲音，對我說：「尙兒明天就要開學了，你知道嗎？」—我這時很不高興的說：「不知道—」，母親接着說：「尙兒！今晚學費，行李　書籍，都與你預備好了，明天一早就要起身到校上課了，」接着我又說道，「不！遲一兩天到校不晚。」—母親帶着怒色說道：「明天就要去　要知道你自放了暑假以後，終日與一些鄰兒遊玩，不看書，現在已經開學，你再遲一兩天不是就趕不上班了嗎？兒呀！在這物質文明二十世紀的時代，沒有豐富的智識，充足的學問，是不能生存的　望你到校以後，努力研究學問，你看你的父兄，終日勞苦，田間--滴汗，一滴血換來的錢，給你求學，是容易的嗎？你如果在校對於功課，敷衍了事，那麼你的良心何忍呢？也不要以為別離就是你的悲傷，誰不知天倫樂聚的甜蜜，無奈為着你求學所迫不得不暫時別離，兒呀！牢記着，不要把我的言語當作耳旁風呀！我這時，憶起臨來時母親的叮囑，不覺淚珠下墜滴透衣襟，從此以後，決定打起精神，努力讀書絕不辜負母親的叮囑呀！

中華民國二十五年十月十四日　覺報　（星期三）　第六版

中秋節素描

華山小學六年級　郭明章

一年一度的中秋節，又降臨了。在鄉間有一種風俗，在鄉間有一種風俗，在這一天的晚上，大家老小，總要團坐在院中，飲酒吃水果，吃月餅 談談笑笑的圓月。

今天的中秋節，恰是星期三，這天晚上，也沒有上燈課，我于是約了幾位同學，買了一些水果，西瓜 月餅，等食物，做了一些菜，也在院中圓月，有的講故事，唱歌，有的吹起簫笛來，好似一個小的音樂會，這時冰盤似的月亮，高高的掛在蔚藍色的天空，她的光亮，照在大地上、如同白天一般，棋子似的小星，散佈在明靜的天空中，發出淺淡的光來，這時我們個個同學的面上，都表示出一種笑意來，我們這時是多麼快樂呢？

我們飲酒作樂，直到二更天時，月亮已昇到中天，四週寬靜的很，只有斷斷續續的犬吠聲，一聲兩聲的傳來，所看見的，只有月亮的月光 和淡淡的星光了。

我們又玩了一陣，便離開了坐位，到臥室中去睡覺去了。

秋到人間

李寨中小　許亦萍

夕陽已落到西山背後了，這時只有反射的紅光上泛，縷縷的炊煙，斜着往西吹散，這時煩悶的我便獨自散步於郊野，只見颯颯的涼風，吹落了幾片黃葉，秋蟲不住的悲鳴，可愛的燕子也漸漸的南歸了，這宇宙的一切，都變成蕭條的氣象了，啊！原來是秋到人間了。

謎語欄

第三三期

△上期謎底

一、告　劉書增

二、郭　劉書增

三、蒜　劉書增

△本期迷面

一、室前去土禮上田，上十下十日月連、居家三口甚團圓。　王作義

二、木字口中栽，非杏又非呆，當個困字用，瞎了高文才。

今年的中秋節

華山小學　尹建鈞

光陰荏苒，不知不覺中秋節又過去了，我回想那天的晚上，我是如何的興高彩烈啊！

在那天的傍晚，月亮從東方露出他銀色的臉兒，他的光是異常的明亮，照在大地上，如同白晝一般，我家的人，都在準備賞月的菜餚。

在賞月的時候，擺了月餅，石榴，梨等果品，擺在桌上 於是我們就開始賞月了 會喝酒的喝酒，不會喝酒的吃果子，大家談論古今 舉觴對飲 快活極了。

望着晴空一碧，掛着一輪明月，聽着蟲兒唧唧，大地上充滿了清幽的景象。

夜已深了，我怕明天起遲，便急忙走到室內就寢了。

介紹

木偶奇遇記（續）

意大利卡羅勞倫西尼著　朱宣生譯

『我們把這個受傷的小孩交託你們看管看管，把他背到你們家去，看護着他，明天早晨，我們要來看他的。』

他們轉向品諾巧，把他夾在兩人中間，命令般的向他說道：

『走！快走！不然，你就要倒霉了。』

也不用他們再催促，木偶就沿着向村莊去的大路出發了，可是這個可憐的小鬼頭，他竟不知他是在那兒，他以為他正在夢中 正做着一個可怕的噩夢。他簡直失了知覺。他兩眼昏花，兩腿顫慄 舌頭黏在上顎 使他連 句話也說不出來， 而當他想到他被夾在這兩個警察中間要從良善的美麗仙子的窗下經過的時候，在他的昏迷的麻醉的心中，好像被毒針刺傷了一般 他真情願死呵。

他們將要走進村子的時候，忽然起了一陣狂風，將品諾巧的帽子刮掉了，而且刮得離他有三十尺遠。

『請允許我去拾起我的帽子麼？』品諾巧問警察。

『去吧。』可是須快一點。

木偶走去拾起了帽子，……可是他不戴在頭上而用牙咬住，就向海邊跑去了。盡他的能力跑去。

兩個警察知道追不上他就急忙放了一條會在賽狗會得第一獎的獵狗去追他，品諾巧跑的快，而狗跑的更快。人們都俯在窗上，聚在街中，來看這種拚命的賽跑的結果。可是他們不能滿足他們的好奇心，因為品諾巧和狗跑的時候，激起了許多塵土，使他們甚麼也看不見了。

第二十八章

在這拚命的奔逃中，品諾巧一想到今天就完了，他心裡非常恐懼。因為那條名叫阿力多羅的獵狗，跑的非常的快，幾乎將他趕上了。

那條獵 愈來愈近了，木偶已聽見那隻可怕的野獸的喘氣聲，他們相離沒有一手之隔了，他已感覺到那狗呼吸的熱氣了。

幸而已跑到海岸了，離海不過還有幾步地。

木偶一到沙灘，立即縱身一跳——一個青蛙也跳不這樣遠——就跳入海裏去了。

阿力多羅不想跳進海裏去，他想站住；可是因為他跑的速度太大，欲止不得，於是也一頭沒到海裡去了，這個不幸的狗 不會游泳，就用四隻腳亂扒，掙扎着使身體浮上水面；可是他愈掙扎，他的頭卻愈往下沉了。

當他又冒上水面的時候，滿眼是淚水，他喊道：

『我要淹死了！我要淹死了！』

『淹死吧！』品諾巧離得遠遠的喊，覺得他已經完全脫險了。

詩歌

讀書歌（民謠）

蔣單樓小學　程明箴

讀書樂，樂無窮，勸我同學快用功！若能吃苦把書讀，知識深，道德高，才能稱英豪。有了書讀多快樂，沒有書讀也無聊。勸我青年努力把書讀，求了淵深的學問，好來奮鬥我國土。

忠勇的將士

宗文

啊呀！

硝煙彈雨的幔幕中，

隱隱約約的看着一行士兵，

灣着腰的往前進行，

他不怕怒炮的狂噴，

他不怕炸彈的轟爆，

把一顆沸騰熱血來長驅，

鄉在這生死的迷網之中。

○○○

他們是爲的祖國存亡，

他們是爲的民族復興，

一心爲國爲民，

絕不顧屍體分崩。

○○○

忠勇的將士啊！

你們努力的奮吧！

對方的敵人，

才是滅亡我們的惡魔，

要扛牢你的鋒利大炮，

向着妖邪的據點施去，

踏進了他的老巢，

施動你的手術，

把猙獰的敵人，

一一殺死在戰壕之中。

九一八

張家　張文彩

狂風暴雨的九一八，

在那東北的天涯，

猛烈的激起了團圓的火花，

殺呀，殺呀！

東北同胞脆弱的生命，

踏在帝國主義者鐵蹄之下，

無數偉大的建築，

倭奴任意搗塌，

這空前慘痛的情狀，

這嚴重驚駭的「九一八」！

永遠的印在國人的心下。

好同胞

史小學校　魏爲峯

好同胞，

別怕死，

志氣昂，

爭愛國，

能替國家殺敵人！

編輯消息

一、有兩篇國慶紀念特刊的稿子，因為收到的晚。所以擱在今天發表了。

二、十一月五日是本報的四週年紀念預備出增刊。望常投稿的小朋友們，把自己的住址，及家庭的狀況，示知，以便作統計的材料。好在增刊上發表。

三、李宗文君：你的「學徒的前夜」，本期還不能發表。

中華民國廿五年十月十五日　豐報　（星期四）　第五版

鳳鳴塔

〈第二四九期〉

一，本刊內容分科學常識論著詩歌小說戲劇散文書信書報介紹及批評等項
二，本刊歡迎投稿來稿文言白話均可
三，來稿本社有修改權不願者應先聲明
四，未經登載之稿除預先聲明者外概不退還
五，本刊編輯部設豐報社內

漫談

幹與該，能，肯（續）

歌平

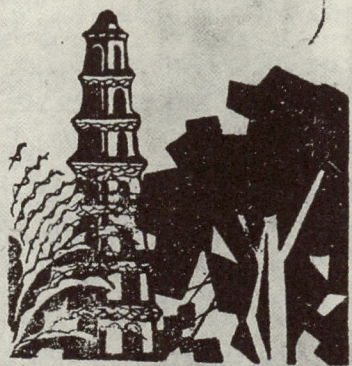

凡遇到「該」幹的事情，不論自己的能力如何，必須下個決心：「我絕有一日會成功。」且不可不「肯」幹，因爲不肯幹是自甘將事業放棄，而自己能力更無日可鍛鍊得足以「幹」。故對於事業毫無希望，毫無榮譽心，（並非虛榮心）則百事感覺無味，興趣潦倒，精神不振，所以不怕無「能」，只怕不「肯」，存着「養精蓄銳，以待時機」的態度，事業終有一日可幹，而且，能力之于事業 亦爲相對而非絕對，不怕艱難，努力奮鬥，即能力稍遜，未嘗不可成功，蓋事事皆有困難，愈該幹的事情，其困難愈大 我們遇到這愈大的困難，且不可不肯幹。此肯不肯是「幹」字的掌舵者。所以該幹的事，總要堅定幹的目標，有能力則快幹，無能力則肯修養，肯幹之後，「幹」才在三者合理的配置下發展。

最可恨的是漢奸，如殷逆，難道他不知道國家「該」救？沒有一分力量「能」效勞國家？非也，不唯不能救國，反而害國者，全出于其不肯，甘投入圈套，甘爲後世唾駡，也不肯盡一分力，做一分事，這種人最可惡，最無出息，實應口誅而筆伐之。

不害也不救國的人是不知道「該」，過糊塗日子，愛國青年們也得負喚起民衆的責任，他們太可憐了，因爲民衆中不可少愛國志士，不少忠勇男兒，無奈意志無由發揮，力量無由表現，不能說他們不愛國。中華民族的偉大能力，端在「喚起民衆」。不救國而害國的人，是知道「該」，也「能」，而不肯，這種人我們根本認爲國家民族的罪人，殺萬刀，亦不足流一滴同情之淚。（完）

論著

從國民經濟建設運動談到畜牧改進之應取步驟（續）

高德培

三、雜交選種方法：即選擇其種類不同之牡牝而行交配，所種之種，稱爲雜種，詳言之：即以純種之牡畜與一地方上之土種雜交配合，以改良地方上之土種之謂，現今中央種畜場在各地供給畜種進行推廣改良工作，即用此種雜交辦法，以資推進改良。如本縣之土種綿羊和美國之美利奴公羊交配；如皋之土種豬與英國之盤克豬及美國之波蘭支那豬交配，此亦即謂爲純雜種貴化法，此種純雜種之貴化，如只行於一代 其效用不足，宜使其所產之子孫牝畜，累代與純種之牡畜交配，逐漸推進 至七八代之後，即得完美之改良種 其外表亦似純血種 遺傳能力亦頗能與純種相埒 惟若非純種萬代可傳之時 切不宜用作種牡畜 因貴化雖久，而其遺傳性終不如純種之確實 則後代不無退化之虞故雜交方法之施行改良，欲固定其優良而成立新品種，[illegible]深之技術人材主持其事，更非運用科學方法 冷靜頭腦不爲功 試即美國美利奴種羊 每年每頭可產毛 十磅至四十磅，我儕因鑒其有利[illegible]土種牝羊交配 則試問血統、全相反之二種品質，能否祇經過 一代即將完全改換，前已言之，非經七八代始能成功 現將其牡牝間之血液配合如下：

血統演進之程序：

第一回……純粹種牡加普通土種牝等二分之 血液……一回雜種或五分雜種
第二回……純粹種牡加二分之 血液牝等四分之三血液……二回雜種或七分五厘雜種
第三回……純粹種牡加四分之三血液牝等八分之七血液……三回雜種或八分七厘五毫雜種
第四回……純粹種牡加八分之七血液牝等十六之十五血液……四回雜種或九分三厘七毫雜種
第五回……純粹種牡加十六分之十五血液牝等三二分之三一血液……五回雜種或九分六厘七毫雜種
第六回……純粹種牡加三二分之三一血液牝等六四分之六三血液……六回雜種或九分八厘四毫雜種
第七回……純粹種牡加六四分之六三血液牝等一二八分之一二七血液……七回雜種或九分九厘二毫雜種
第八回……純粹種牡加二N減 加二N減 減一血液等二N二N減 血液……八回雜種

上表所列之純種血與土種血()之成分，及其每代增進之狀況，似極詳細，然尚不能徹察明瞭 現再分析其血()成分之變化及其快慢之程度例表如下：

在繁殖時改良效果之快慢程度

土種牝畜	純種 1/2	3/4	7/8	15/16	31/32	63/64

貴化繁殖時純牡畜血()之增進狀況

代數	後裔 純血・七〇	土種血 七〇
一	五()	五
二	七五	二五
三	八七・五	一二・五
四	九三・七五	〇六・五
五	九六・八七	三・一二
六	九八・四四	一・五六
七	九九・二	〇・七八

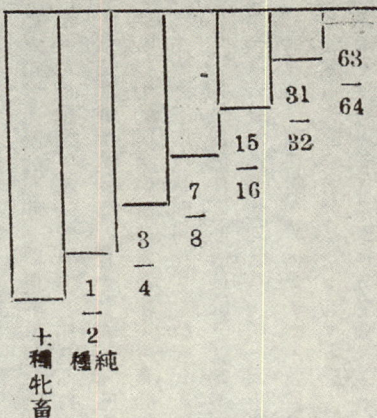

由上列二表，可知貴化之次數愈多，純種牝畜之血()愈增，貴化種之性能亦愈與純種相近，又貴化效率之大小及快慢，以第一二三幾代最 而最大，以後則進步久而微，在以上表中觀之，六回至七回之雜種 略近于純粹種；而 回至三回之雜交種 則混有母羊之血◎尚多 故仍不能用作種羊，因良好之血◎尚少，產兒恐致退化也，故通常之供種羊用者 非六回以上 不可用作種羊 又在使用之時 不能以其種好而無管理，惡其飲食 劣其食糟 猶如爲貴之脚踏車、不能因其構造之精 速度之强 而吝其滑油，忽其管理，結果，雖有精美之材料，亦必日漸耗折爲廢車，是則非因種好而予優待，蓋非如此不足以維繫其優點：啓發其良質也，

四 畜種改良之步驟 竊以畜牧改進之道，設無穩妥之步驟則見事作事既不免有先後倒置之處，而時此時彼又不免時倍功半之處，故改良畜牧亦即改進本縣羊種之程序，至少須有以下之步驟：（一）調查，（二）研究試驗，（三）推廣改進，（四）合作統制，四者缺 不可也 茲申論如次：

（一）調查：欲言畜牧之改良，當先從事調查，考查某種家畜之優點如何？劣點若何？如云提倡改良，則加之有何利益 減之有何影響 此種副業與社會經濟之關係若何：皆宜首先實地調查。

（未完）

創作

我的童年

鄉農

日脚向西打斜的時候了。我關在一間堆滿破器具的朝溼的屋裏冥想；不一會，小門擂動着，是祖母進來了。我不由己的說出來：

「呵呀！奶……坐下吧！」

「田裡正須要看人呢！你不要在這兒偷閒，嬸們知道了會給顏色看的，叔叔簡直累得翻不來身了！」

我已是八歲了。惶惶恐恐的貼近祖母的右手，仰起臉溫柔的看着她的眼睛，說：

「我馬上就去！是不敢偷閒的！」

祖母無力的握着我的手，帶着悲哀極深的樣子。她那一向慈祥的眼睛，一刻不放鬆的向我望着，最後十分傷情的絮絮的發言了：

「從兒！近些天你都是想些什麼？誰給你氣受嗎？給我說，我會打她們，罵他們！從前你的倆頰飽騰騰的，如今不但那倆塊粉紅的肉沒有了，而且剩下的這兩張薄薄的皮也只是蒼白！你不要怕，奶把你撫養這麼大了！」

我的眼角的縫裏，沈鈿鈿的已有了什麼東西壓住！那不是別的，是清清的一點一點的水凝成的老是打轉的淚珠！很想吊下來的呀！只是那睫毛不讓它，深怕祖母看出我流淚也隨着難受！就慢慢的一點一點的又把它吸進去！

「奶！我吃罷飯往田的時候！一個小孩子特意張開兩臂直直的，倆腿盡可能夠的叉開，很生氣的站在路的當中，不讓我過，我打他一拳，於是我倆人就糾在一團。那孩子是敵不過我的，忽然一個粗壯的家娘們從那裏飛過來，扭住我的頸使性的毒打，直把我打倒了。在我朦朧中把那個小孩子帶走了！我很苦的站起來問旁人；才知那家娘們是這孩子的娘！奶！俺娘呢？她爲啥不出來像那孩子的娘打我一樣的打那孩子呢？我是沒娘的嗎？您是從那兒把我拾來養大的？總之，我也該有一個娘的罷！」

「是的。你也有一個娘，可是已經在土下七年了！」

祖母從沒向我提起這個，一味的隱瞞着，現在是說出了，未免現出幾分後悔的神情；靜靜地也在悲淚呢！

我愣住了，呆呆的心裏在想。

我已是一個被母親遺棄的苦命孩子了！

直到現在我仍然熱切的希望，一個能愛護我的母親！要知道我迫切的需要着一個能照料我的母親！真誠的，慈祥的母親啊！我被渴望急死了，快來打救打救你的孩子吧！

秋風

閒人

秋風吹來了，
吹來了啊！
東北同胞淪亡的哀號聲，
災區匪患蹂躪下的悽慘聲，
無衣無食流離的吶喊聲。

○　○　○

這是天公的「不公」，
也是地靈的「不靈」，
在這腥汚聲中，
尋不到公理。
只有「強權」爲勝，那有「公理」爲平。

○　○　○

樹枝老是擺着頭
究竟有什麼不是呢？
盡管告訴我，告訴……
這是「天公」「地靈」「宇宙」的不平嗎？

○　○　○

蟋蟀唱着悲秋的哀歌，
醒來吧！朋友！
莫要貪戀着甜蜜的夢鄉，
雪恥救國就在我們的身上，
不要爲勢迫利誘消滅了熱腸。

○　○　○

不要畏難苟安，
乞求於「公理」「強權」，
更不要搖尾乞憐，
在那殘惡的國聯面前
只有「幹」才能挽救當前的大難。

○　○　○

努力　進前
毀滅三島踏平東京，
高唱着凱歌來歸還，
大家共飲黃龍酒
那時國與民強共欣賞。

放歌於荒坵之巔

兆豐

朋友們！
再不許貪戀故鄉的溫柔！
你聽：
四週炮火正向你進攻，
硝烟包圍你，
像無邊的夢；
飛機的翅膀，
遮起了陰溼的蒼穹，
太平洋的波濤也在洶湧，
蹿來了無數嚇人的鐵艦。
還是世界變亂的一夕，
戰神正在擂鼓呢，發瘋，
大軍在高歌進行。

○　○　○

朋友！
這是風雨雷電之時，
再不許你
向着上帝祈禱，
也不要希望人家爲你幫靠。
自已偷偷兒睡起懶覺，
我們要知道：
「自已的生命　自已創造！」
中華的國土，
只有中華弟兄救牢。

○　○　○

朋友們！
醒來吧！醒來啊！
抖一抖靈魂，
認清點責任，
握緊了拳頭，
拍一拍腰邊的刀。
你看：
五嶽國土負着創痛的傷痕，
喜馬拉亞也在抖抖的顫動！
太平洋充滿了哀怨的哭聲！
這時請問：
國魂何處？
朋友們！
國魂何處？
只有陰雲伴着殘破的長城。

◎　◎　◎

且去斷故鄉的溫柔吧？
我親愛的弟兄！
我們要把呻吟，
化作了凱歌，
大踏步，
走進槍林彈雨之中，
憑我們熱血，
憑我們眞誠，
要知道
未來的幸福，
將歸我們勝利者的一羣。

廿五週年國慶紀念脫稿
于汴

通信欄

編輯先生：

「鳳鳴塔」在我的腦際盤旋着，已是久已了，他曾經對我有很深刻的印象，和優良的教導。

他這故鄉的惟一的文藝園地，安慰了多少失學的青年，補益了若干上進的學子，無疑的我也是其中的一個。

在很久以前我的心就浮蕩着，浮蕩着想充當一個園丁使這塊園地茂盛起來　我更願做一個磚匠　使這故鄉僅有的寶物——鳳鳴塔——加高起來　可是我太無能了，太無勇氣了，並且我又是一個人人看不起的「好男不當兵」的「兵」呢，因爲這我遊園的念頭　登塔的慾望　總被我抑制着了，而今呢？我再也抑制不着內心的衝動，我決意要踏進這塊故鄉僅有的樂園，和已往的園丁同心戮力的將這樂園茂盛起來，可是能不能得到園主的允諾　還是問題呢？

「兵」在已往，他的地位已低到不可再低了每一個人聽到這個名詞已是頭痛三天，我也是這樣的一個，現在呢？我也當兵了，並且異想天開的想到這文藝樂園的鳳鳴塔逛一逛，有誰不奇怪呢？徵兵制在中國已漸漸的趨向這一途，在不久的將來，全國的青年都要武裝起來，我想軍人生活軍事常識也是現代國民所應知的吧！請園主讓我一磚之地，將我從軍一年的結晶供献給袍澤好嗎？敬頌

撰安

劉劍剡謹啓

編輯室的廣播電台

一、羅兆豐君昨寄來詩稿一件。

二、劉劍剡君是從軍的文藝作者。他昨日寄來文稿一件　詩稿一件。均極成熟。這眞是本刊前途的福音。

三　霖、老淵　文、三君：請將通信地址告知！

十，十五。

豐中週刊

第三三期

本刊每星期六出版

言論

無題

木石

生活底無聊壓迫着我底心胸，使我幾乎不能呼吸。在什麼地方看見什麼人說過這麼一句話：「人間是一個舞台，因此，我不能不帶上我底假面。」果真是如此，那我已經帶上假面了。但是，我唱的是什麼角？花臉呢還是小丑？喜劇呢還是悲劇？假如我不知道，我可以快樂：把羞辱當作光榮，空虛當作充實。可惜，然而也是可幸，我認識我自己。我知道：在我們這花花世界，生活不能不帶着戲的外觀，然而戲決不是生活底本質；人有時不能不唱戲一樣地去生活，然他底目的也不在唱戲。

生活應該是而且真實是有意義的，那麼，我可以不可以摔碎自己底假面，真誠地去生活下去？我堅信：戲是而且不得不是要閉幕的了，人是終于要入一樣地來生活的。我堅信：我們也到了非認真不可的時機。認真點吧！我每天吃着人間的飯，也該想想每天給人間做了些什麼事。這種質問使我苦惱，羞愧，奮發。「祇要苦惱不把我們毀滅，牠就能把我們重新創造。」我永遠不能忘掉偉大的老師底指示。

研究

中國的一日

——由英文譯——

孔繁琛

當我醒來的時候，太陽正在慢慢地升起。我的眼還是睡態朦朧的，我的心還有清醒。迷迷朦朦地走出房間，我沒留心，地已經因夜裏落的雨而變得泥濘了。我滑倒在泥裏，弄髒了我的衣服。一大清晨，這是多麼不好的預兆啊！我莫名其妙地沮喪起來了。

洗過臉，刷淨衣服上的泥痕以後，我去用早飯 我吃著粥，蒸饃和醃菜，並沒留意我吃的是什麼，也沒關心我是否已經吃飽。

離上課還很早，校工們比從前更忙碌，把校舍弄得簇新。有憑麼一說，有一個高貴的客人來參觀我們的學校 校工們勤快地工作，這樣，全校便會美觀些，校長也會滿意了。

在早上，我們有一課中國歷史，當臉色灰白的先生走上講台的時候，全體同學都帶着一種壓下的興奮的神氣。

「……拿出你們筆和墨水，」是他的第一句話。

我們好奇地望着他 他底嘴起了○ 握着書的手戰抖了；他向我們很快地瞥了一眼，又望望遠處，於是接着說：

「翻開你們底書……從……」他說不出聲了，不能再繼續下去。接着，長長的嘆息之後，他又繼續着說：

「在第三章，中國外交關係，第五章，大戰後的外交關係……接着，南京事件，濟南事件與交涉 等寶山事件，九一八事變，日本佔東三省及國聯的態度……接着……哎！」

當他說着說下去時，他的開始清晰高强起來的聲音變得愈低愈低了 直到我們不能夠聽見 最後 那變得這樣弱，好像哽噎了，他不能再說下去！

我們的心一上一下地跳着。雖然我們是有悟性的，但是 我們也不能了解他打算做什麼。

重新振作起來，他繼續着說，「……接着，一二八事變和最近日本的侵略：……在這些課的下面 標明『刪去。』」用勉強的聲音，他說完了他的話，接着他轉向黑板，寫了兩個字「刪去」給我們大家看。我們驚訝地望着他 但是，我們不需要更進一步地解釋了。他的悲慘的表情足以回答我們底難以言說的問題。

我們一頁一頁地翻，我們幾乎包括全書的這些課，那幾乎包括全書的一半！

我們怎樣從中國歷史上刪去這些課呢？那像似從我們身上割肉！

我們手裏的筆變成一把銳利的刀子，刺進了我們的心。

「孩子們，不要悲傷！我也不要這樣辦……噯！中國！我們將不再是……」先生低垂了頭，淚珠不羞怩地從他底眼裏流出了。

「我已經告訴過你們，幾天以後 日本人要來檢查我們底學校，我同校長和學監，對這事會討論了幾天；……這是我們最後的決定！不然……我怕我會有……」他極力地平靜下去 很鄭重地對我們說：一不然，我們怕，那會喪了我們底性命！一

一種興奮的神氣充滿了全屋，有些同學心酸地哭起來了，窗外小鳥唱着，它們底歌也似乎是悲涼的了。我不能忍受，憤怒和憎恨把我佔有了。

「我們國家的情勢是緊急的。首先 急需援助。作為一個國民 我要盡力來救我們底國家！」我在紙上寫了這些字和幾○張，但是眼淚落在上面 污了黑水，把字弄成蓮花瓣子了。

一哎！總之，你們是我們底國家底未來的主人 因為你們像這樣地反應：……我們底國家 定會由你們底『鐵的心』和『紅的血』來防衛……我們底先生的聲音是堅定的 他鄭重地對我們說 帶着新的信念。

「哎，在此刻，我們還可以應用這刪去的部份 我們不能繼續讀下去 但是這是你們底最後的一課了，」我們底先生安慰我們！一會之後 一種難言的想頭使得他快樂起來 他放聲大笑了，這樣和了我們底鬱住的情緒。

「哦！……還有別的事！你們定要注意你們底日記 作文和其他不合式的書籍，消掉他……或是毀掉！你們知道 這對你們自己底安全是必要的，先生底溫和的聲音繼續說下去

這時 有些同學停止了他們的哭泣，先生在講台上徘徊着 陷入深思，我們不知道他在想什麼！我只能看見他的悽涼的面容 那上面，不時有笑影閃過 假如他能笑 我們也不需要完全失望！這樣 這場悲劇就結束了。

今天上午和晚上所發生的事，在平時滿可以寫出來，但是今天我心裏煩惱是太大了。那似乎是無關緊要的 而且我也沒有心腸來提筆。

記載

第六次總理紀念週暨童子軍中小隊長宣誓就職典禮摘要

紀錄 孫兆立 孫式性

監督官訓話：

這次中小隊長宣誓，是和紀念週同時來舉行的，我們宣誓的意義 就是表示我們對于童子軍有『堅決的信仰』。也就是說，我們已經學過了相當的童子軍課程，業已成了一個正式的童子軍 我們要按照着童子軍的誓詞去勵行。如果真能這樣去做 那麼我們才是一個真誠的國民，我們要為大衆造幸福 盡義務。並且必須完成我們的誓詞。這是我們童子軍宣誓的意義，在過去 大多數不能成為正式的童子軍，就是沒有舉行宣誓 以後 我們要根據童子軍的誓詞規律 及其銘言，對童子軍裏面應做的事情 努力去做 我們宣過誓，就是表示我們要開始去為社會服務。希望大家要確實照誓詞做去。

學校消息

一、本校本編之豐中週刊 上期因學生擴大雙十特刊 調刊 期

二、本校童子軍全體旅行薊縣皇藏峪，已於昨日（十月十六）返抵學校。此行雖有風塵之勞，而於見聞經驗及精神上之獲益殊多！自出發至返校，前後共缺課五日，將於此後各週分別補授。

三 圖書館本學期第二次函購書業已寄到，即將編號以備借閱。

四、學校奉令初中學生應以童子軍服裝為制服。

五 學校奉到教職員服務須知，青年修養指導及學科指導要目 以作教職員服務及指導學生之標準

六、下週星期五，將舉行全校學生生活週記及小楷展覽會，地址在本校成績室。

校長訓話：

今天舉行童子軍宣誓就職典禮，是大家應當注意的。

關於童子軍訓練，本校已實行了一學年，童子軍訓練 可以說是初級中學生唯一的訓練方式，我們在過去舉行的結果，認爲很好。唯有所差的，就是，中小隊長和各個隊員還是有點不負責任。隊員不覺得中小隊長是隊長 就是知道，覺得他也不過是編制上的職務，只有在課外活動的時候，才可以看出中小隊長的職務。在那時，隊長也不知道做隊長的職務。但是，本學期以來，這情形就改了許多，這是我們很可以安慰的。至於我看到的，聽到的都很好，中小隊長也知道了自己的職務。原因，就是暑假中有一個暑期中小隊長的訓練，小隊長都受到了嚴格的訓練，所以都很知道負責任。而且，他也有了負責任的能力，和技能。這是中小隊長的進步，而且，童子軍也有進步，現在差不多每個隊員都知道服從他的隊長的命令，大家對童子軍課程也有興味。我希望把這種精神發揚光大牠，希望童子軍的管理要名實相附。在各方面都能看到我們的自治精神這一點，希望每一個人都要注意。各個中小隊長要在導師的領導之下，切實負責。各個人應有實踐責任的能力。這樣才對 但是，要想辦的好，必須中小隊長切實負責，大家既很樂意做牠，希望在這學期充分的達到童子軍所必備的條件。以下是我今天報告的第一點。

童子軍是一個團體生活，他有規定的最具體的訓練方法，所以誓詞上說的很明白，如有故意來搗乱團體，破壞公衆的人，這是我們童子軍所共棄的。其次，智識，體格，道德之健全，我們大家要努力去做，總之，我們根據誓同終身去奉行。

還有和童子軍課程不能分開的就是五育。德，智，體三育每人應當平均發展，羣育和美育童子軍裡面可以包括，童子軍訓練正是羣的生活，也就是實行充分的羣育的條件，所以要羣育的健全，必須注意童子軍的發展 現在社會上有些人不注意羣育，這份子是不好的，他如果當一領袖，也不能爲社會服務，所以隊長應改正隊員的思想。

就是我們的情感也要向美的方面去發展，不但外表要美，內心也要美，買零食吃，就是不愛美，吸烟，飲酒，就是破壞美育的嗜好 不衞生就是不美，我們在求學時代，應當注意健康美。其他還有兩項別的報告：

(一)是關於旅行的事情 車票如不變更 我們一定要在星期九出發。在出發之前，對于課程方面要加以準備和整理。

(二)童子軍登記， 如沒有登記的， 要趕快辦理登記的手續。

賣瓜的孩子

三年級馬益三

知了在樹上唱着快樂的歌，綠樹的影子照在樹下，和葉隙中透過來的陽光交互閃爍着，他們跳着的好似倩女的影，知了的歌聲也就伴着他們奏起了音聲。就在這 個充滿了快樂的正午，一個賣瓜子的孩子提着一籃瓜子走過來了。猛烈的太陽 曬在他的背上，曬着他每一處裸露出的身體 把他的嫩弱的皮膚 曬得紅而帶黑了。

孩子漸漸的走近樹邊，踢撻踢撻的破鞋聲，擾乱了夏日的平靜。他踏着地上的陽光 走了過來，把知了悠揚的歌聲也擾亂了。

他把盛瓜的籃子，靠近樹根一放，他像跌倒下來似的，便依着樹幹坐了下來 他的兩手捧着發熱的兩頰，眼裡生出 絲絲的紅筋。他張開了嘴，讓熱氣從他的嘴裏一口口的吐着 嘴唇是乾得發焦了。

他的眼睛睜着，嘴也越張越大，他突然把籃子裏的瓜，拿出 個，眼睛放出像野獸似的光燄 凝視 同 又把瓜放在嘴唇上 嗅了，嗅，讓瓚的冷的外皮，在他頰上貼了一陣，便又頹喪的把瓜放回籃子裏

這時他黃豆大的兩顆眼淚在孩子血紅的眼睛裏流出，流到臉上，又從兩邊落下，和汗混在一起了。

孩子從樹下站起來 望到了一條反映着陽光的小溪，像鏡子似的水面，把孩子的眼睛吸住了，他像沒有看見耀目的陽光 像忘記了灼熱的地面，他像發了狂似的，一直望前奔去。

孩子一直跑到溪邊，脫去衣服，一躍而入，得到了一個不取文的冷水浴。

樹上的知了還是唱着歌兒 非常快活。

離家的前夜

暑假作品　馬益二

一個暑假內，在可愛的故鄉裏，領略了兩個月的天倫之樂，現今又要離開家庭了。

熒熒的燈光 照着幾件極簡單的行李，我的心緒紛亂到極點，眼中充滿了淚光 我開始恨起這些理好的東西了，我嘆了一口氣說：一人生既有了相聚 爲什麼還有別離呢！」這些東西 不過都是催人別離的怪物罷了！說着把幾件行李一踢，撲通的一聲，倒了下去，把旁邊正睡熟的小貓嚇了一跳，牠爬起來，打了一個呵欠 懶懶的跑了出去。

突然，一個黑影一閃 似乎一個聲音：在對我說：「喂孩子，再別怨天尤人了，只要用些心去對付你的工課也對得起一次一次的別離了！」我自己低頭一想 我眞對得起父母師長和儒一次，豎 次的別離嗎？我流着懺悔之淚 伏在桌上 哭一個痛快！「孩子：別哭了！要知道世間是沒有絕望的事的，只要你有強健的身體，和前進的勇氣！努力吧！哭有什麼用呢！徒然損害你的身體 將來學業有成，才不愧爲父母心目中的乖孩子 師長心目中的好學生呢—？我被我意念中的父親的一番安慰和勸勉以後便抱着絕大的希望 上牀睡去了

窗前一株樹似乎對我獰笑 遠遠的傳來 陣犬吠和一二聲的雞鳴，天色將亮了，就是我開學的日子，我的心緒徬徨了終夜。

秋夜

三年級沙逊則

鐺！鐺 的息燈鈴聲打過之後 許多同學都忙着睡覺，一會兒個個同學都已走入夢鄉，只有嘘！嘘！的喘氣聲，調和在屋中的沈寂。此時的我輾轉被中 再也不能安眠，腦子裏紛沓沉思索着，千頭萬緒的愁思纏繞心頭 憶起去年的此夜，在慈愛的家庭中和兄弟們在皎潔的月光之下，或說 或笑、或泡 或跳 或做着各式的遊戲，興高采烈 眞是快樂之至。而今呢？與家鄉遠隔，與兄弟遠離 只有悽涼冷落，深感無聊。我爲要消失我的鬱悶 所以急急的搜尋樂趣。

我的床正在窗下，皎潔的月光從窗縫中透進來 照在我的床上很是美麗，我想窗外的月光 定更有奇特的風致 我推開窗 看，蔚藍色的天空，好像 片平靜的大海，上面浮着一輪明月，把幽美的清輝洒到窗外的南瓜棄和坑岸的林木 花園上一片清鬱鬱的林木、花草被月光照得格外好看 忽兒一陣涼風從一帶樹木西邊的花園中，吹來了縷縷的清香 這香氣或許是花兒最後的一縷了，在這香氣過去後，又跟來了 陣悲哀的音樂聲，啊！原來是花園 屋外、的蟲兒們的呻吟！這時景物忽然變了 蝙蝠在空中窘急的飛來飛去 蟲兒們的呻吟也格外緊急 我戰戰兢兢的凝視，看宇宙將有何種變化。月兒忽然躲入 塊白雲後面， 宇宙失色 立即轉爲幽暗，蟲兒驚懼 亦即停止了悲鳴 我也惴惴不敢喘息看天生麗質，差見世人的月亮藏匿了 刻 又出來了，啊！牠的出來 是想安慰孤寂思念去的心癡罷？

我最後感到秋夜的澄明幽靜。

司法欄

◎縣政府司法批示◎

△刑事原告人李蘭室，一件爲傷人斃死，再懇速拘法辦以懲惡橫而伸冤抑由；狀悉仰候拘提被告到案訊奪此批。

△刑事具狀人謝彭氏，一件爲屢次逞兇不能安居，訴明情形懇請傳證訊，依法嚴辦以伸儒冤由；狀悉仰即來府請驗可也此此。

△本城粮價▽

名稱	每市石價目
小麥	最高八元五角 最低八元二角
大麥	最高四元五角 最低四元三角
黃豆	最高六元 最低五元八角
黑豆	最高五元六角 最低五元四角
菉豆	最高六元 最低五元八角
江豆	最高六元 最低五元六角
高粱	最高四元八角 最低四元四角
穀子	最高四元 最低[illegible]元六角
稷子	最高四元四角 最低四元三角
芝蔴	最高九元四角 最低九元
青豆	最高五元八角 最低九元六角
花生	每百斤 最高三元六角 最低三元四角
瓜子	每百斤 最高十五元 最低十四元三角

△△氣象▽▽

天氣	晴
風向	西北風
最高溫度	七八度
最低溫度	五七度

教育週刊

第八十八期目錄

編輯處徵稿啓事

本刊以溝通教育消息，交換教育心得，討論教育實際問題爲任務。定於每週星期一出版，務望全縣教育同志，將各種教育論述，實施報告及其他有關教育之材料，隨時錄寄，無任歡迎，惟因篇幅狹小，事實務求新鮮而具體，文字務求簡要而靈活，統希鑒察是幸！

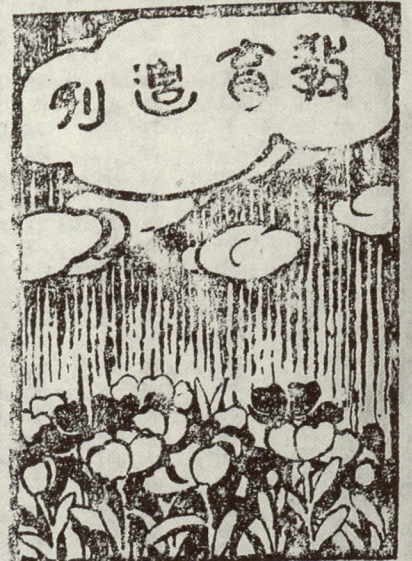

投稿簡章

一，來稿以合於小學教育及社會教育之實際需要爲標準，約分論述，報告，設施計劃，教師常識，教材教具，介紹，教育學術講話等項。

二，來稿不分文體，但須繕寫淸楚，除特屬性質者外，均須直行右起。

三，來稿非經聲明，編者有刪改權。

四，來稿不論登載與否，概不退還。

五，來稿須註明眞姓名，及通信處，但發表時，別署聽便。

六，來稿寄豐縣教育局，稿封上須註明「教育週刊文稿」。

報告

二十四年度第二學期視導意見（續）

八十七、縣立王隆莊初小校

優點：

1.校內佈置頗整潔。

2.兒童作文練習次數充足，訂正亦頗精細。

改進意見：

1.各科筆記不可完全令兒童照抄。

2.訂正算術發現錯誤時應發還重做。

3.每學期應將兒童讀物，切實保管，並加以統計，以便考查。

4.上課時應養成兒童先舉手後發言習慣。

八十八、縣立彭莊初小校

優點：

1.學生人數發達。

2.各科教學進度適合。

改進意見：

1.中級兒童均須備齊各科筆記簿及日記簿。

2.教師訂正作文課卷過於潦草應注意。

3.教室地面不平應利用勞作時間指導兒童墊平

4.兒童缺之整潔訓練和紀律訓練

6.應按期閱讀小學教師半月刊。

八十九、縣立張小樓初小校

優點：

1.學生人數發達。

2,學校環境淸幽校舍適宜。

3.各私教學進度適合。

改進意見：

1,應按期閱讀小學教師半月刊。

2.學校預決算應按期造報。

3、應按期揭示兒童各科優良成績以資觀摩。

4.圖書室應訂定保管辦法，指導兒童輪流管理。

5.二年級兒童作文間有練習次數不足者應令補足。

九十、縣立王牢截樓初小校

1、各科教學進度適合。

2.新闢兒童游藝室、

改進意見：

1、兒童作文練習次數不足，應令補齊。

2.訂正課卷再求精細。

3.應利用勞作時間指導兒童繼續平治校院。

九十一、縣立渠坑初小校

優點：

1.路校長教學方法優良，

2.教室內佈置頗含教育意味。

3.各科教學進度適合。

改進意見：

1.訂正作文再求精細。

2.中級兒童記日記不可間斷。

3.從速調製兒童學籍簿、

4.各項比賽表應按期更換。

5.垃圾須放置妥當地點。

九十二、縣立陳樓初小校

優點：

1.學校環境優美。

2.各科教學進度適合。

3.有適宜之學校園及農場。

4.所有圖表多數切實。

改進意見：

1.訂正作文再求精細。

2.兒童算術做錯應令重算。

3.注意兒童小楷的練習。

4,校院應按時掃除。

九十三、縣立東關外初小校

優點：

1,校內佈置整潔。

2,學生人數發達。

改進意見：

1,各科課卷應按時訂正不可積壓。

2,各項應用簿籍應按時填記。

九十四、縣立西關外初小校

優點：

1、校內佈置整潔。

2,學生人數發達。

改進意見：

1,兒童圖書應分類編目以便檢查。

2,衛生設備簡單應酌量添置。

3、作文練習次數不足，應即補齊。

九十五、縣立魏莊初小校

優點：

1,訂正課卷尚精細。

改進意見：

1、應設法添置痰盂等必要衛生設備。

2、兒童課卷應求整齊，以期美觀。

3、跳高架已斷應速修理，以便應用。

4,字紙不可隨便拋棄應放在字紙簍內。

5、黑板懸掛過高兒童不便板寫應放低。

6 訓練兒童自先舉手後發言習慣。

7.課凳不敷用用應速添置。

九十六、縣立季莊初小校

優點：

1、教室頗整潔。

2,教室標語之繪圖頗含教育意味。

3,能注意收集標本。

改進意見：

1.教學時應隨時利用教具。

2、對間斷散學之兒童應給以相應工作。

3.放置課卷應求整齊。

九十七、縣立龍泉寺初小校

優點：

1.購置藥品備用，頗能注意兒童衛生。

2.教室尚整潔。

改進意見：

1.校園及農場應領導兒童整理種植，不[illegible]雇人。

2、缺席兒童過多。

3,同一年級兒童不應分在兩教室教學。

九十八、縣立李大莊初小校

優點：無

改進意見：

1,教學進度稍遲。

2,兒童讀物應妥爲保管。

3.應按期閱讀小學教師半月刊

4 應添置痰盂等必要衛生設備

研究

『一封信』的回音

程晚生

季君的那枝蠻健的筆鋒，還沒有駁我！

他想寥寥數語，便輕描淡寫的將那「物語式的文章」一棍打殺，未免有點太那個了。

本來呢，咱是歡迎批評的，您想，聖人千慮，還有一失來，何況你和我呢？

總之，咱是在誠懇的想接受了人家的批評。

然而，在某種條件之下，咱也有時不甘受騙。

就如這次罷：

在我看完季君批判那「兩封信」的文字之後，我無所得。

他沒有說出正當的理由來，打翻咱的說話，指出明路。倒反來露出了、他那輕易勾抹人家句子的毛病，和「批評的驢嘴不對馬膀」的小缺點。

好啦。現下也奉還幾句。看看還能將這可愛的兒童們的一包糖果（物語式的文章）奪回來不？

（一）兒童的生活，思想（此兩字便挨了季君的遺棄了）是獨立的，不可强的——」，就是說他們內面的生活，跟大人不同，咱們應該客觀的理解他們，並且加以相當的尊重。

但是，却不料季君，便將這句話的意思，弄成了『將生下來的小孩子放在深山去，使他不與人見面』啦。這、是他沒有了解我那篇醜文字的副產物。

下邊，又來了：

『如人人常常以貓狗會說話的嬉戲他，慣了，他自然就眞以爲貓狗會說話了。』這個，假若：「如人人常常以貓狗……」的話，倒要眞有害處了。但是，咱那篇文章上不說過麼：『若始終只講貓狗會說話的故事，不顧兒童生活的轉變，那時，這些荒唐乖謬的故事，才眞的會有害呢。』

我知道：咱不曾說過什麼「常常」。咱是說的「要顧到兒童生活的轉變。應着兒童生活的需要，決定教材的內容。」

鳳舞君，「轉變」與「常常」不一樣講法，這個——你知曉也未？

（二）他說：『他說：「兒童的生活，思想（此兩字也被季君棄過，現時姑且寫上）是轉變不止的」這與（一）是相矛盾，本無話可說了。』

這一點，季君的意思是說：「兒童的生活，思想既然獨立，就不會轉變，既轉變就弗成爲獨立。要是既獨立，又轉變，那便成了矛盾的現象了」

哈！這樣的辯證法，豈不笑歪了人嘴。

現下，可依着季君的意思，舉個例 糾正上邊的說話：

魯濱孫不是在深山裏，獨自生活過嗎？然而，他的生活就沒轉變過嗎？他總不能和公文樣，那般死形式的過活罷？要如此，那冊漂流記，直不值一文啦！（這不過例子而已，與正文無關）

鳳舞君，這樣 您該知道「轉變」跟「獨立」並不是相頂的字眼了罷。

以上，是改正了一下季君弄錯了意思的處所。

下邊，咱再對「物語式」的文章 說兩句話。

朱經農先生在小朋友文庫的樣本上題道：「兒童讀物，應以兒童興趣 及其了解能力爲根據。」

實在，這話是千眞萬確的。

試問：兒童對啥事體最有興趣呢？研究物理嗎？化學嗎？三角嗎？天文學嗎？根本他們就沒有這樣的能力 想當文學家嗎？史學家嗎？……？根本他們就沒有這樣想過。旁的？旁的對什麼有興趣呢？那除非自已的小玩具和朝夕相處的小動物了

因這，所以在他們的想像力，及其了解能力的範圍內，說些小玩具跟小動物的故事，還是有益的事 這樣，不但助長其興趣 並能發展其想像力。

又據麥克林託克先生說：「兒童的想像力如被迫壓，他將失了一切的興味，變成功枯燥的唯物的人了。」—

喂！誰不愛兒童們的天眞，誰不喜孩子們的活潑。誰個又不喜愛幼小者的無猜。

但是，又有那個肯硬着心腸，將這羣可愛的小天使壓搾成失掉了興味的呆板的小木偶呢。

想來，大家都不願做這個劊子手罷！

故此，我說：

『在某一種事物，對兒童絕對引不起興味，並且不能爲兒童所了解的時候，則這種事物，便應當絕對不講給兒童聽，講了，不但不能提高兒童的智識，反倒打落了兒童的興味，損害了孩子們的想像力，昏迷了小天使的小腦筋。』

這，便是我主張幼小者可以讀「物語式」文章的原因。如此大的問題，實非三言兩句所可解决的。不過現時夜深了。以後有空時再寫吧。

專載

全國小學廢止體罰苛罰解除一切束縛的研究報告（續）

以上所述：在時間分量完全不覺繁多的地方，大概對於課外活動方面 很少設施，所以感覺不到困難 以爲部頒課程標準 時間分量尚能適合地方情形，而本地課外活動，和課外作業加多 因而覺得繁重的地方，當然是一種特殊情形，應設法補救。但是課外活動，也不能不有，所以部定課程標準，也得修正 或把科目合併，如中低年級社會自然衛生三科 併爲常識科 高年級社會不分爲歷史地理等科，或將授課總時間減少（按部定課程標準已合併科目，減少授課總時間），以使有餘時課外活動。又課外作業，應減少時間：教科書也應選擇適當 並減少種類。

第二題：功課繁重對於兒童有什麼影響

研究結果：

（1）對於兒童身心的影響

1、妨礙兒童身心的發育。
2，減低兒童的記憶力。
3．增加兒童的憂慮。
4．發生兒童近視 駝背、肺癆等的病狀。
5．使兒 精神常感疲乏，容易養成萎靡不振的態度。
6．兒童終日爲規定的功課所束縛，缺乏自發活動的機會。

（2）對於兒童生活上的影響

1、飲食不安適。
2．睡眠不充足。
3，無遊戲運動遊玩的機會。

（3）對於兒童學業上的影響

1、不易理會了解 致減少學習的興趣 和反復練習的機會。
2，無詳細研究時間，只可稍爲涉躐了事，養成疏忽、浮淺 敷衍塞責的惡習。
3，教員對於兒童所施的多方刺激，難以得到相當滿意的反應。

上再各種影響，都很嚴重，足以造成兒童心理上和生理上的缺陷，釀成不可醫治的病症 最近美國小學流行一種病症，叫做「學校病」，據該國著名的醫學專家的考查，認爲主要的原因，是由於課程的壓迫，使兒童的身體和神經陷於衰弱的病態。這種「學校病」在美國看來 很覺嚴重，我國現在 雖在注意小學兒童的健康教育，但對於全國各地尚未能普遍施行 上海南京等地 已發生類似美國小學兒童所患嚴重的「學校病」。可知兒童所受功課繁重的影響，是很顯著的，所以設法減輕兒童的負担，却是目前拯救小學兒童的急要問題—（未完）

本城粮價

名稱	每市石價目
小麥	最高八元八角　最低八元五角
大麥	最高四元五角　最低四元三角
黃豆	最高六元二角　最低六元
黑豆	最高五元八角　最低五元七角
菉豆	最高六元三角　最低六元
江豆	最高六元五角　最低六元三角
高粱	最高四元五角　最低四元四角
穀子	最高四元　角　最低四元
稷子	最高四元五角　最低四元三角
芝蔴	最高九元五角　最低九元三角
青豆	最高六元三角　最低六元一角
花生（每百斤）	最高四元　最低三元六角
瓜子（每百斤）	最高十五元　最低十四元六角

氣象

天氣	風向	最高溫度	最低溫度
晴	西北風	七八度	五七度

鳳鳴塔

第二五〇期

一、本刊內容分科學常識論著詩歌小說戲劇散文書信書報介紹及批評等項
二、本刊歡迎投稿來稿文言白話均可
三、來稿本社有修改權不願者應先聲明
四、未經登載之稿除預先聲明者外概不退還
五、本刊編輯部設豐報社內

漫談

目的

聞人

記不清楚，從前曾有過一位名人說過「偶忘其名」。是「西洋人是以金錢爲手段，而以事業爲目的。中國人是以事業爲手段，而以金錢爲目的。」由這兩句話看來，內中至少要含十分之八九的譏笑性吧！

但是這樣的例子，偏偏又是很多的。我想在每個人，恐怕都能舉出幾來的。這恐怕就是病態社會的現象吧！

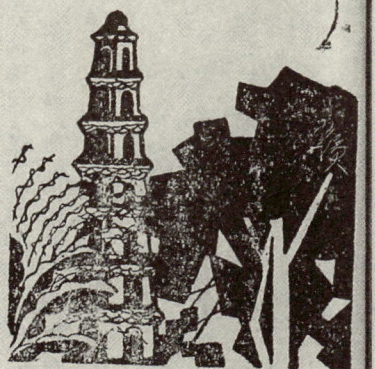

「許多事都辦不好！」許多人都這樣歎息着。底僅，眞是事體簡直沒有辦好的可能性嗎？絕對不是的吧！辦不好的原因，根本是你自己不想辦好 沒有辦好的目的。

有的人，對於一件事的成績不好，他會自己慚愧的，然而也有許多人 却不在乎這個，只講賺到錢沒有，也不管牠是怎樣的，好，還是「錢」是好的！

那末 既然愛名而又愛利，在這個時代，是可列入好人的清單上，可是在這現時代裏，也只不過表示「錢」有「可要和不可要的區別吧了！」

時代就是這樣，那東倒西歪，顛三倒四的種種病態行爲，根本非去掉不可。若說專爲事業而不爲了錢的是傻瓜。那麼我們非站起來高喊着打倒他不可。

所以最後，我們反對這句「事業是手段，而金錢是目的。」的話：大家要先確定服務的目的！來爲大家服務。製造大家的幸福，這才能生存在這個分工合作的社會上。

論著

從國民經濟建設運動談到畜牧改進之應取步驟（續）

高德培

則輕重緩急之點明，而從何種問題應興應革者決。更根據記載上之事實，以便從事改良，既可免去無統計之譏，復可除去不切實際之弊，

又云某種家畜，其畜養之成因，莫不有其複雜之背景，有發明之歷史，有演進之過程，有天時之範圍，有地勢之適應，有人爲之限制，而其所以成果者尚有其繁殖之因 前已說及：豐縣因地勢土壤多爲砂性故物產以麥豆高粱甘薯花生等爲其大宗 在縣境之東北又有一遍天然之大沙河，因天時地理範圍之適應，故牧羊者甚多，因地屬砂性 氣候乾燥故土羊之體格高大抵抗頗强，惟因毛質粗劣 乃 缺點 此卽畜種演進之過程也，至於牧羊副業，在今所以逐年減退，一厥不導之果者乃由于人爲之限制。譬如禁止他人飼喂 用嚴酷手段，剝奪他人之副業而橫加殘殺，以是 般有志于副業及因生活問題而飼養綿羊者祇有拋棄牧羊 至于所以成果者亦由於侵害他人之農作物，放牧無訓練等之種種原因。故調查云者卽尋覓事實之證據，決定某種問題應行糾正，某種問題應行改進，設略去實地調查 僅據道途之傳說 平空之擬[illegible] 以圖改良，行而有礙 覺而始悔 再思改弦更張 亦已晚矣，故調查工作，其可省乎？

（二）研究試驗：調查既畢 各種問題已顯然呈露 按據事實分析歸納之後，則一切改進設計乃得有所憑藉，更進而探討達到此種理論之各種方法，并追求各種方法中之盡善盡美之一種繁殖工作也 然理論與事實 往往每不盡合，必先徵集材料 逐步試驗 多方研究，反覆試驗，乃得施之土種改良，土種乃得由此而改良。現關于本縣推廣中之研究工作已決定農業推廣所豬舍旁另建羊舍一間，以作改良羊種第一代與本地羊種毛產量之比較試驗。

（三）推廣改進：泥古守舊 爲中華民族之通病 于實業爲尤甚，一般人民因智識簡單，資力薄弱，近于昧利忽視遠猷 故進行每多梗行也 查改良推廣之道，應以宣傳獎勵，教導，推廣 取締以促進行，則成功較易，蓋新異事物要使一般注意深入腦海而促其省悟者，惟賴宣傳獎勵、更用比賽會及展覽會以表揚之，則鐵證俱在，無庸疑慮，蓋無論何事，公家如加推廣，雖聲撕力竭，而人民便舊觀望不前 故消極之法，惟有名利以誘之，積極之法，祇有强制執行，貴名利之法，似以獎勵爲最善，俗語云：「重賞之下 必有勇夫」農民見有獎勵 自然踴躍從事，且養羊養猪本爲有利之事，農家既得獎賞，則以後家家提倡飼喂，戶戶講求改良，呼百從，日盛一日，事業成功不難達到。（未完）

創作

中秋節雜感

名遠

蟲們奏着宏亮的歌，小星打着亮晶晶的燈 使人鼓舞，使人快意的中秋節 終於帶着他那粉白臉兒的明月，微笑着，從海天萬里之外，不辭勞瘁的，蹣跚的跑來。老天真個做美，到了這晚，銀光瀉地 晚風送香。

我知道這是有許多可愛的天使，架着快樂之翅，穿上美麗之衣，飛奔母親的懷抱戚姑姊的中間。吃着豐盛的酒餚、啖着新鮮的菓餅，在唱着悅耳的歌，在跳着優秀的舞，且談且笑，道不盡的歡樂事。至於那些心心相印的人

[illegible]花前 石榴桌上 美酒杯旁，更是說不出的樂趣。然而我呢？微弱的寸心，卻蕩起一愁絲漾漾。爸爸的早亡 母親的病狀 在在都給人以傷感。唉，怕觸景，獨自不依欄 剝燈坐 心倍酸。有人說「月到中秋分外明。」我看不如「每逢佳節倍思親」的詞句，來得有力 來得動人。呀！我這樣的傷感，也許因了別人的狂歡與淫樂，激動了內在的淒楚，凝結成又酸、又辛、又苦 又麻人的冰片，增强了愈益的痛苦吧！

可是偶一念及東北淪亡下的被省呢？親愛的兄弟姊妹們，在敵機軋軋敵炮轟轟惡劣的環境之下，「忍泣吞聲」的過着非人的生活 受

這便是深深的援助

菽原

凋落的黃葉夾着飛沙在空中狂舞，
澈骨的寒風與烏彩烈地在林間歡呼，
冷清清的夕陽墜入了西山——
慘淡模糊，
燒紅了半個天空——
猶如離人揩拭的淚目，
陰森森的 條長路，
我在低頭埋首急走，
突然一個衰老的乞丐，
在一傍把我攔阻。
他打打地發抖，
他連連地叫苦，
他的血淚縱橫，
他的爛眼紅腫，
他的嘴唇發青，
他的髒污的長髮乱如飛蓬，
他的潰爛的瘡腿流着血膿，
他的腰上緊着的單褲懸鶉百結，
他的背上披着的麻布大眼小孔。
啊 貧窮如何吞噬了他啊！
啊，如何吞噬了他啊貧窮！
他的牙齒劇烈地在上下衝突，
他的舌頭訥訥地把「大爺」送出；
他戰巍巍地伸出他的髒手，
乾巴巴地好像剝去了肥肉；
他眼淚汪汪地對我凝着雙目，
我便開始在探掏着我的內服，
沒有一個兒銅板，
連一塊手巾兒也沒！
呀 空虛的我的囊中，
我的靈魂也在開始戰慄！
慢慢地我又伸出我的空手，
緊緊地壓上了那個瘦手和牠緊握。
「休怨啊朋友
我甚麼東西都沒有！」
「不要緊朋友，
這便是深深的援助！……」

不了敵人的虐待踐踏，逼得欲逃無路的同胞不知多少，因經不起敵人的敲骨吸髓（苛稅雜捐）逼得飢寒交迫的同胞不知多少，妻離子散的不知多少，姊妹受辱的不知多少，感覺靈敏，血氣正盛，揭竿而起 揮戈而動，與敵人周施、肉搏，作英勇的抗戰，作壯烈的犧牲的更不知多少。

不信，請看：松花江岸那裡不是洒着片片殷紅腥羶的鮮血嗎？長白山頭那不裏是堆着累累的淋漓的人頭嗎？就在報章雜誌的字裡城間也不斷的送來東北父老在敵人鐵蹄蹂躪下的呻吟呀！也不斷的送來東北父老在淪亡後的家鄉的淒慘的影片呀！……唉！傷人心，慘人目，縱橫億萬里，上下數千年，殊有過於此哉？

可是豈特東北數省爲然嗎？平心而論，整個燦爛的中國，那一處不是洒着和松花江岸一樣腥紅的血？那一處不是堆着與長白山頭一樣淋漓的頭？唔想到這裏，心火怒燒了，如火山般爆裂的咆哮，心潮澎湃了，如海潮般洶湧的狂濤，夜對着光明的月亮，眼睜睜看着敵人的香賓澆心——不是香賓，那是我們的血漿呀！耳轟轟聽着敵人的獰笑——不是獰笑，那是炮聲呀！又作何感想呢？

唉！在這身家俱感困難的情況之下，在這國家動蕩不安的環境之中，瞻前顧後，勞思焦慮，我真的要流淚了，不！我真的要瘋狂了，要奮上了。——因搖尾乞憐的醜態，匍匐磕頭的奴相，是求不得敵人絲毫的諒解，擋不住敵人有計劃的侵略呀！

我流淚了，闊老們 公子哥兒小姐們！滴在你們的面前，或者你們的臉上，擾乱你們的清福，減煞你們狂歡淫樂的清興，說不定你們要惡恨恨的罵我吧！我瘋狂了，我奮起了，我不願在這種重重壓迫之下，苟延殘喘的乞待着戴那亡國奴的帽子了，唉！公子哥兒們！少爺小姐們！你們也願意跟我來共同參加抗敵的聯合戰綫嗎？

固然青年男女，誰也有過愛情的美夢（我認爲這是應當的—不會忘記「年輕的男子，那個不善重情；妙齡的女朗，那個不善懷春」的佳句，及一些有錢有閒階級的闊老們，豎起「及時行樂」之幟，過着自在的生活。但如今時間空間是不允許了。大家都和起來救亡 起來苦幹 只要我們的良心未死，熱血未冷，又何敢自逸兆？況「國家興亡 匹夫有責」的。喲！你懷疑嗎，要知「覆巢之下，沒有完卵」，國家亡了，你還大擺大搖的自在嗎？那麼！你的兒子呢？孫子呢？

（未完）

營中贈二兄（作於京口）

劉劍刻

雨霽青山渺，情天歲月忙。
江南三兄弟，雲外話家長。
天上旌旗照，此處是遼陽？
明朝更別去，莫負好韶光。

（註：今年春，一兄來此受訓，一兄服務於此，三人同居一室，朝夕常相過從甚樂，倏忽三月已逝，二兄盡去，作此以贈）

雜感（作於南京）

少小離鄉遠，孤舟繫江南，憂憂情多少？明月透窗軒。
心事誰能解，星馳過鐘山，風吹修長影，最是可人憐。
步溼庭前露，宿鳥驚樹巔，傳因憶往事，惹得淚潛然。

思鄉（作於南京）

其一

杜鵑送雨到江南，遙望家鄉暮雲邊，
外人那知心底事，淚眼癡看紫金山。

其二

鄉心不減愁不低，祇是年來家未齊，
無意偏來窗前站，明月冉冉過牆西。

鄉村之暮

——時在夏日——

王萬選

日球滾下西山，彩霞佈滿西天，
色分藍黃紅紫，十分美麗好看。
烏鴉飛過屋山，兒童場上遊玩，
農夫荷鋤歸家，茅屋冒出炊烟。
夜神來到人間，吞噬彩霞炊烟，
一切都嚇靜了，人們囚在黑暗。
碧澄澄的藍天，躺着銀河九彎，
月兒露出眉梢，星兒明滅爭燦。
黑而矮的茅屋，燃上煤燈一盞，
村婦灶前燒湯，火光照出紅顏。
晚飯佈置好了，合家一桌聚餐，
一時晚飯已畢，挾蓆走向場間；
找個淨光之地，放下蓆子安眠；
有的談着農事 有的正在笑歡；
滿地都寂靜了，便知入了夢間，
這邊齁齁鼾聲，那邊呼呼氣喘。
只我獨自一人，總是不能合眼：
想起我的環境，難止眼淚如泉：
憶及一切往事，心兒像是刀剜；
我實是活夠了，一心辭別人間；
我願變個野獸，一步跳入深山；
我願化隻禽鳥，一翅飛上雲端，
這個萬惡世界，與牠永不再見。
然而這是幻想，究竟那能實現？
只有痛苦悲哀，依舊包圍心由，
到了三更後啊，我還未能入眠！

張大

程曉生

嘉慶的時候，倭寇很是猖獗。

他們在沿海一帶，時常的打家刼舍，奪取民間的財物。

反了。在他們眼處，絲毫也沒看起咱們的國法。

一天，海洲東南的小毛莊又招搶了。

三四十個倭寇，手持利刃；頭纏藍布，于夕陽西下時，飛奔小毛莊而來。

一些胆小的百姓們，都悄悄地躲在家中，祈禱着幸免橫禍。但是，都殷兒猛的海賊，像羣貪嘴的狗一樣，搶完了一家，又搶一家，直搶個難止難休。

一忽兒，全村都搶遍了，頓時衝起了一片哀哭的響聲，叫爹喊娘。

在哭聲中，毛莊又被倭寇放了火，趁着風力，火勢更凶。遠遠望去，只照紅了半拉天空。

村西首的，所露着天的小屋裏，睡着一條窮大漢，只因他要了一天飯，很疲倦了，便及早的睡熟啦。

此時，正睡得甜蜜蜜，突然一片猛烈的哭喊聲，驚醒了他——他知道：又有倭寇來到了，便急慌穿了破衣，跑出屋來，一看，啊呀！火巳燒遍全莊了。他見如此情形，不禁大叫一聲：「罪該碎死的海賊，看您跑到那裡！」叫畢。隨彎身拾起了久未用過的破的大切菜刀，飛奔倭寇趕去。

倭寇正拾着東西 往東南走去不遠。

那大漢趕上，不問分說，首先砍死一個 奪過那賊的利刀 瘋猛似的往衆賊們，惡恨恨的乱砍亂削。一會兒；血便滿了週身——但，他不管這些，仍直…雙眼，殺個不止 不止

冷不防，忽被倭寇一刀，將左腿砍斷了。可憐一位頂天立地的好漢，碎死在十五個賊人的刃下了！

未殺死倭寇，便拋了財物 拼命的逃了。

後來那地方的人爲紀念他，便在殺賊的地方，立了一統石碑，把事實記轉的很詳。這人便是張大。

現在呢，石碑已斷，牧羊童子，時常坐在上邊休息，再也無人提起這事了。

編輯室的廣播電台

一、閒人君：你的 篇「目的」，我修改了一點，請原諒！

二、秋蒓君：你的詩 中間删去了一段。

三、老淵君：請將通信處示知！

本城粮價

名稱	每市石價目
小麥	最高八元八角 最低八元六角
大麥	最高四元四角 最低四元三角
黃豆	最高六元二角 最低六元
黑豆	最高五元八角 最低五元六角
菉豆	最高六元三角 最低六元
江豆	最高六元 最低六元八角
高粱	最高四元五角 最低四元四角
穀子	最高四元 最低三元八角
稷子	最高四元四角 最低四元三角
芝麻	最高九元五角 最低九元三角
青豆	最高六元一角 最低五元八角
花生每百斤	最高四元 最低三元六角
瓜子每百斤	最高十五元 最低十四元六角

氣象

天氣	風向	最高溫度	最低溫度
晴	西北風	七八度	五七度

中華民國二十五年十月二十二日　豐報　（星期四）　第一版

豐報

〈第一二二四號〉

〈社址豐縣大同街〉

如何挽救吸用毒品犯免去死刑？應在民國二十五年中自動戒除？君不見禁毒實施辦法中明白之規定乎？！「自二十六年起凡有吸用毒品及施打嗎啡針者一律處死刑或無期徒刑」屈指算只有兩個多月的機會　從水深火熱之中跳出　還我自由　扎我體魄　恢復我名譽　成我事業　是最後的機會　生活的轉變　是光明的大道　吸用毒品人人自危　廿六年份轉瞬即來　皇皇法令　決不寬貸　判決死刑　徒貽後悔　願社會人士以羣衆的力量來督促拒毒之成功！

江蘇省禁烟委員會啓

▲廣告刊例

本報廣告以方寸計算每方寸以市尺長寬各一寸計算

（新聞欄）每日三方寸三天起碼每日每方寸一角二分

（新聞）每日三方寸二天起碼每日每方寸一角

（普通）每日三方寸二天起碼每日每方寸八分

登三日以上九折六日以上八折八日以上七折十日以上六折常期面議

▲總理遺囑

余致力國民革命凡四十年其目的在求中國之自由平等積四十年之經驗深知欲達到此目的必須喚起民衆及聯合世界上以平等待我之民族共同奮鬥現在革命尚未成功凡我同志務須依照余所著建國方略建國大綱三民主義及第一次全國代表大會宣言繼續努力以求貫徹最近主張開國民會議及廢除不平等條約尤須於最短期間促其實現是所至囑

遺失聲明

鄙人於本月六日在豐縣第六區公所遺失碭山團管區司令部二十五號證章一枚除呈報備案外特此登報聲明作廢

劉漢銘啓

中外要聞

張外長與川樾大使五次會見結果 意見仍未一致將約期再談 華北特殊化及防共兩問題 爲不易打破之困難

▲中央社南京廿二日電　日本駐中國大使川樾茂氏廿一日下午三時赴外交部官舍會晤張外長　繼續十九日之談話至五時二十分辭去　雙方意見仍未能一致、聞尚將約期再談。

▲又東京電、據東京方面觀察　張外長與川樾廿一日午之第五次會見　關於華北特殊化及共同防共之兩大問題之談判　似爲不易打破之困難所阻塞　廿一日南京各報對防共中日華北等等均表示一致反對　東京對此多予以嚴重之注意、一般意見咸認爲張外長與川樾廿一日之會見爲目前談判最緊迫之階段。

川樾派須磨回國向外省報告 兩次會晤經過並請示今後方策

▲中央社南京二十二日電　日本駐中國大使川樾　于廿一日訪問張外長晤談　返回使館後、即召集總領事須磨等報告會談內容、據聞須磨即乘夜快車赴滬、定廿二日乘輪返日、向日外務省報告川樾大使與張外長最近兩次會晤之經過、並請示今後之方策。

李思浩關於中日通航事及會通公司內容發表書面談話

▲中央社北平廿一日電　李思浩抵平後　發表書面談話云、關於中日通航事、會通公司內容　係按照普通公司組織由雙方股東酌擬辦法、須俟開創立會或股東會時決定呈報辦理　並無所謂協定　報載與事實不符。

津東大直沽民房 爲某方佔去 作演習駐兵之用

▲中央社天津廿一日電　津東大直沽地方　有民房百多間　廿日爲某方佔去、作演習駐兵之用、民衆被迫遷往他處、聞該村村長已電平呼籲。

某方又供給 王英匪部大批軍火

▲中央社張家口廿一日電　由某地運十九廿日兩日間　抵張北大批軍火計載重汽車廿輛　步槍十車　子彈八車、砲彈十二車、日內即轉運商都、供給王英匪部。

韓復榘對記者發表談話 關於外交問題決唯中央命令是從 遇有損及領土之外力當努力捍衛

▲中央社南京二十二日電　山東省政府主席韓復榘日前由杭抵京後　連日分別晉謁中樞各當局有所晤談　韓氏以省

政待理、韓於廿一日午晉謁蔣院長、請示一切、定日內偕隨員返濟、中央社記者昨晨七時半往訪、關於外交問題之意見、及年來魯省教育財政情形、承韓氏暢談如下　韓氏首謂關於外交問題、中央自有通盤計劃、山東省府無何意見、蓋省爲中央指臂、一切外交問題之處理　決唯中央命令是從、國難嚴重至此、地方只有矢勇、勤於職務、對於中央應表一致、決不容有歧異之見、倘遇有損及領土及遺害主權之外力、本人當盡地方官之職責、努力捍衛、即令遇有艱難、亦願本堅忍應付、本人此次南來、目睹各地人士精神矍鑠奮發、上下翕然、團結一致之新氣象、實給本人一莫大之興奮、韓氏末謂魯省財政情形、因水患時發　頗感拮据、上年收支不符達　百餘萬元　幸有預備費可使平衡抵消、尤可慶幸者、本年黃河無災、實與山東一修養生息之機會。

四路軍國內軍事考查團昨抵京
參觀首都各項建設
週後分赴各省考查

▲中央社南京二十二日電　第四路軍國內軍事考查團一行廿餘人、已於廿一日下午一時五十分由滬乘車到京、分別晉謁中樞軍政各長官、並參觀首都各項建設、定週後離京分赴各省考查　晚六時半蔣委員長偕錢大鈞到招待所召見香翰屏等、對彼等分赴各省考查之精神慰勉有加、並多所指示、七時即在招待所設宴款待、並邀軍事委員會副委員長馮玉祥　軍政部長何應欽、參謀本部總長程潛、及各軍事高級官員作陪、至八時許始散。

國府昨日命令
特派李思浩爲冀察政會委員

▲中央社南京二十一日電　國民政府今日命令、一、特派李思浩爲冀察政務委員會委員　此令、二、特派陶呂謙爲江西縣長考試典試委員長　此令、三、任命謝慎常爲四川高等法院推事兼院長、此令

中央祭胡大員
孫科等昨離滬赴粵
各地代表同行者二十餘人

▲中央社上海廿一日電　中央致祭胡故主席大員孫科、陳立夫、王寵惠廿一日晨九時半乘輪離滬赴粵、同行者有銓敘部長石瑛、最高法院院長焦易堂　閻錫山代表李鴻文、中央宣傳部羅綱　滬市党部吳開先、京市府陳劍如　立法院祕書長梁寒操等廿餘人、孫等公畢後即北返。

中央民訓班製定各地實驗自治區所調查辦法
不久即可開始工作

▲中央社南京二十一日電　中央民衆訓練班　以全國各地實驗自治區所爲數甚多　其創設宗旨　與成績表現　各有不同　茲爲明瞭其實際狀況　以便指導其工作　並考察其成績起見、特製定各地實驗自治區所調查辦法　聞不久即可開始工作。

王用賓召集長沙司法界訓話
並參觀模範監獄

▲中央社長沙廿一日電　司法行政部長王用賓　爲視察湘粵等省司法及監獄看守所情形　十九日由漢乘車來湘　廿日上午十時抵長沙　王氏下車後　即於下午在高等法院召集司法界訓話　旋參觀模範監獄　定今廿一日下午一時乘車赴粵

錢宗澤赴陝
視察隴海路西展工程

▲中央社洛陽廿一日電　錢宗澤廿一日過洛赴陝　視察隴海路西展工程、錢談該路決下月通車至虢鎮地方。

轉京就任
許亞禮今日由津赴滬

▲中央社天津廿一日電　新任金陵關稅務司許禮亞　此間已交代完畢　定廿二日由津乘輪赴滬　轉京就任。

新任駐蘇大使
蔣廷黻昨赴滬
定廿四日乘輪出國赴任

▲中央社南京二十二日電　新任駐蘇聯大使蔣廷黻　偕夫人及公子與大使館二等祕書袁道豐夫婦、於念一日晚十一時乘平滬夜車赴滬、定廿四日乘北方號輪出國赴任

法使那齊亞昨謁蔣

▲中央社南京念一日電　法大使那齊亞　向外部接洽謁蔣約定晉謁蔣院長日期、蔣已批定今廿下午五時在陵園孔祥熙公館接見、外部已通知法大使云。

湘省會人口逐漸加增

▲中央社長沙電　湘省會自劃新區以來　人口逐漸加增、省公安局最近調查男女合共五十一萬四千餘人。

旅德僑民購機捐款約一萬元
已匯交外部

▲中央社南京二十一日電中央黨部方部長頃接駐德大使程天放電告、旅德各屆僑胞捐款購機祝壽今日截止、除弟個人捐款千元外、駐德使館職員及僑民總約一萬元、即匯外交部。

閩省祝壽機定二十四日舉行命名禮

▲中央社福州電　閩省祝壽機定名爲齊閩號　並定念四日上午九時在機場舉行命名禮。

閩東殘匪期於一月內勦平

▲中央社福州電　軍事當局派員前往閩東培剿殘匪、期於一個月內勦平。

湘省今日召開辛亥光復紀念會

▲中央社長沙廿一日電　廿二日爲湖南辛亥光復紀念、省黨部召集開會紀念。

蔣鼎文昨赴福州晤陳儀

▲中央社福州電　閩綏署移建甌　已由李家鼐佈置完安、蔣鼎文已由廈門回漳州、定廿一日晨來省晤陳儀。

林主席捐洋三百元
輔助北平私立聾啞學校

▲中央社南京二十一日電　北平私立聾啞學校校長杜文昌君、爲該校募集基金、偕二名啞生表演以來　各方對之均表同情、予以援助　國府林主席今日以三百元輔助該校。

二十九軍砲隊今昨兩日演習實彈射擊

▲中央社北平廿一日電　廿九軍砲隊定今明兩日在南苑自上午八時至下午四時演習　實彈射擊。

魯迅遺體今日葬於萬國公墓

▲中央社上海念一日電　魯迅遺體念一日下午三時大殮、參加者仍甚衆、念二日下午二時出殯於萬國公墓．四時下葬。

我國駐波蘭公使張興海在維也納
發表演說題爲新中國智識上之面面觀

▲中央社維也納電　中國駐波蘭公使張興海、頃在此間文化協會發表演說、題爲「新中國在智識上面面觀」　其內容先將歐洲宗尚物質之主義與亞洲宗尚智識之主義互相比較、並以中國行政院長蔣介石在努力提倡舊道德以及增強中央政府威權之趨勢　有所申述。

陳主席三年報最
鎮縣黨部及記者公會等
電請中央予以褒獎
藉彰有功而垂法式

▲江蘇社　鎮江縣黨務整理委員會　縣農會、商會、總工會、教育會、新聞記者公會、律師公會、醫師公會、醫學公會等、以陳主席主蘇三載、政績卓著、特於昨代電中央執行委員會、籲予褒獎、其原文云　中央執行委員會鈞鑒　竊維蘇省、前以水災匪戰相繼侵尋、滿目瘡痍　民生凋敝　丁此危困之秋　殷難爲治、而本党同志陳果夫先生、受命主蘇以來．從容不迫　持之以定．規劃設計、備極精當　應付實施　俱分步驟　厲行禁烟　祛弱種之病源、編組保甲、樹自治之規模．整頓救濟事業　嘉惠黎庶、完成土地測丈　劃清經界　積極興築公路　發展長途電話、以求交通之利便　改良蠶桑．提倡合作　以謀農村之復興、導淮入海　興修海塘　疏浚江南運河．整理各縣堤壩川流　以便農民灌溉　而絕災祲．清釐田賦　舉辦庫券、成立縣金庫、厲行會計制度　以固財政基礎　而杜弊竇、強迫識字　推進義敎、以期文盲之掃除、提倡衛生敎育、注意衛生行政　以謀蘇民之健康、三載於茲、百廢俱興、歷經艱鉅　懋著勳勞、而政清吏肅、歌頌載道．眞正黨治、於焉實現、予人民以明確之認識．而益堅其信念．值茲三年報最之際　本縣於欽遲稱慶之餘、用特電請鈞會　予以褒獎　藉彰有功．而垂法式、實深企禱　（十八日）

惡性瘧疾，黑熱病

民廳撥鉅欵購辦撲瘧藥品

△江蘇社　本省惡性瘧疾流行，已遍大江南北，蔓延之廣，爲害之烈，深爲社會人士所恐懼，中華社記者爲欲明瞭防治情形起見，昨（十七日）特向民政廳，探悉各點，分誌於后．

惡性瘧疾購藥救濟

蘇省惡性瘧疾之流行，已有二月之久，最初認爲瘧疾爲一種普通病症，并無若何重要，距一時忽視，致蔓延十數縣，而死亡人數統計已達數萬人之多，而句容丹陽等縣，紛紛報災，并請救濟，省方接到各文後，即飭各縣妥爲設法救濟，并加防治，昨據民廳某負責人談，關於惡性瘧疾之救濟事宜，廳方已積極籌謀中，現已撥五千餘元，購辦「瘧滌平」、「撲瘧母星」等藥品，將分發各縣應用．

體恤病民貸欵治療

江蘇省政府爲救濟蘇北黑熱病起見、特組織蘇北黑熱病防治總隊、開往淮陰設實施治療、省府體恤貧苦病民計、特舉辦貧民貸診券治療、并擬具辦法實施、其辦法內容、凡黑熱病貧病者、經居住地之區長或鄉鎮保甲長、或殷實鋪保證明、得由防治隊發給

省府舉辦貸診治療黑熱病

貸診券、可求記賬治診、惟最多不能超過十元、分五個月償還、關於貸診治療費、由省府向農民銀行息借充用、至於貸診治療施行細則、民政廳正在擬訂中、不日即可送省府備案云、

宜興請撥助療治藥

宜興實驗農民教育館以該邑入秋以來、天時反常、惡性瘧疾流行死亡甚多、該館發給防治藥品日必數十起、惟以經濟有限、供不應求、昨特函請江蘇省會衛生事務所、惠賜各種瘧疾防治藥品、俾得集腋成裘、普濟衆生、聞該所刻正在設法中云、（十八日）

完成四年禁絕計劃 分區檢查煙民

由各縣禁委會縣政府派員辦理

行銷本省土膏零包須刻銅章以資稽核

蘇省禁委會開二十一次委員會議決

△江蘇社　蘇省禁烟委員會、於十七日上午十時、在省政府會議室、舉行第二十一次委員會議、出席委員冷禦秋、狄膺、顧子揚、卞宗孟、周厚鈞、葉秀峯、列席祕書臧世英、民政廳第五科第二股主任呂發章、主席冷禦秋、紀錄黃仁言、行禮如儀、宣讀上次決議案、

報告事項

（一）禁毒宣傳、爲目前主要工作、前由本會訂定禁毒宣傳辦法、通令各縣會、於本年十月底以前、分區舉行宣傳大會、茲據各縣會呈報、已陸續定期舉行、除主要各縣、屆時派員前往指導辦理、及擬定警惕廣告分送全省各地報紙登載外、並由本會編印告民衆書二萬份、小傳單三萬份、告學生家長書二十萬份、分發各縣應用、（二）奉國民政府軍事委員會委員長兼禁烟總監抄發禁祕字第二九七二號通令、報請查照、（三）准國民政府軍事委員會、江蘇省檢舉烟民登記專員、兼檢舉禁毒專員函、爲九月十日、檢舉期滿、請查照、（四）准江蘇省民政廳函復、傳戒烟民補充辦法、通令各縣遵照辦理、報請查照、（五）准民政廳函送查緝工作撰擬計劃、報請查照、（六）據淮陰縣會呈、請轉函民廳另令徐州分棧批發烟、須嚴密封裝等情、當經函轉民廳、茲准函復准禁烟督察處江蘇省辦事處復函、已飭遵辦等由、報請查核、（七）准教育廳函送規定節制本等學校學生參加運動辦法、請查照、（八）准禁烟督察處函、委任金銘安爲徐州事務所所長、請查照、（九）略、（十）葉委員秀峯、報告視察徐州燒民工廠情形、及徐海兩屬禁烟情形、

討論事項

（一）常務委員提議、奉國民政府軍事委員會委員長兼禁烟總監抄發禁祕字第二九七號通令、其中第四項、規定各省市縣政府應按月將禁烟收支數目造具收入計算書支出計算書、附收支對照表、連同單據粘存簿、送同級禁烟委員會審核等因、本會應如何遵辦、請公決、決議、根據此項訓令、另訂本省禁烟經費收支稽核辦法、會同民政廳辦理、（二）常務委員提議、據溧陽縣禁烟會呈、爲稅價由督察處改裝另包、土膏行既廢止開剪、自應進貨是否尚須會同監查、請核示等情、決議、一、建議民政廳、凡行銷本省土膏零包、均須另刻本省目鐫銅章、以資稽核、俟本項辦法決定後、再令各縣會派員監查、（三）常務委員提議、凡本省有關禁烟之各項建築、其建築費用在一千以上者、擬請省府隨時函請本會派員驗收、以便稽核、是否請公決、決議、通過、（四）常務委員提議、查本省規定四年禁絕煙毒、爲期無多、爲澈底肅清計、見似應由各縣禁烟會、會同縣政府、分區按保檢查烟民、以資如限完成禁政案、決議原則通過、由常務委員另訂詳細辦法、（十八日）

◎◎◎◎◎

蘇省府積極整理沿運河兩岸工程

建築物限下月一日一律拆除

△江蘇社　江蘇省政府以沿運河兩岸年久失修、損壞不堪、有礙堤防、且與防汛有關、前爲保護堤身起見、決定整理沿運河岸坡岸工程、關於沿運河邊之建築物、及一切障礙物、（新舊建築房屋）一律拆除淨盡、省府昨特電令沿運河之江都高郵寶應淮安淮陰五縣縣長、迅即查明該縣沿運河邊岸所建房屋及一切障礙物列表具報、定十一月一日開始拆除、並整理運河坡岸工程、省府電令各縣定十一月一日各縣一律開工云、

改埽爲石三期開工

蘇建廳爲謀保護沿運河堤岸防止潰堤起見、擬將沿途河堤改埽爲石工程、飭由江北運河工程局主辦其事、茲向該廳探悉、其第一第二兩期改埽爲石工程、早經該局辦理完竣、今第三期改埽爲石工程、本年度原列爲中心工作之江都高寶淮安之四縣沿運堤兩岸堤身、均需分別改埽爲石、是項工程、聞已開始興工云、（十八日）

西叛軍調大批生力軍進攻馬德里

△中央社馬德里十九日電　西班牙叛軍總司令佛朗哥進攻馬德里更見緊迫、現有大批生力軍、源源開來、加入前綫、以便參加最後攻取首都之戰爭。

△中央社巴黎廿日電　據此間所得馬德里最後消息、馬德里前綫戰事業暫趨沉寂、國民軍正利用此種休息時機、從事鞏固陣地、及補充給餉軍械。

英通知西政府及叛軍政府將與之締結協定

△中央社倫敦廿日電　英對西班牙使館人員現分在馬德里與法南部亨代地方辦公、政府訓令各該館、作分別通知馬德里政府及西叛軍政府、英政府將與之接洽、俾雙方締結協定。

義外長齊亞諾抵柏林

△中央社柏林廿日電　義外長齊亞諾於午後八時抵此、義國駐德大使阿太利哥偕作慕屆城迎候、當與齊亞諾同車抵寓。

英提出關於羅加諾公約五國未來會議之建議 已接到義政府復文

△中央社倫敦廿一日電　英政府近提出關于羅加諾公約並國未來會議之建議、茲已收到義政府之復文、措詞頗爲友好、唯僅述不含遠東性質之初步意見、外交界以此必爲因義英兩國正在討論彼等之政策所致、文中並未言及義英兩國間對於地中海之政治上不同之意見。

蘇俄代表團將參加土耳其共和國成立紀念

△中央社安哥拉廿日電　由愛德曼將軍率領之蘇俄代表團、將於月杪參加土耳其共和國成立紀念、因蘇聯政府業已接受土國之邀云。

本縣新聞

明年元旦起 毒品完全肅清 毒犯一律處死

寄語毒民 趕快回頭

縣禁烟會奉頒告同胞書

本縣禁烟委員會、近奉到省會禁毒宣傳品甚多、其最警惕、能使毒民注意者、爲告同胞書、及勸導學生家長文、苦口婆心、句句真切、暮鼓晨鐘、發民猛省、茲分別探錄其原文如下、

告同胞書

親愛的同胞們、當國難嚴重的現在、我們每一個人、要如何健全體魄、準備爲國家民族盡一些力、然而這句話正還遠着、我們單就目前而論、就江蘇一省而說、還有二十萬左右的烟民、希望能在未來的一年裡面、能一一戒除、恢復健康、完成了江蘇四年禁烟計劃、全要靠着上下一心一德、加倍努力才好、吸食鴉片、曠時失業、禍害無窮、可以說沒有一個人不知道！、然而效用烈性毒品、如嗎啡、海洛因、白面、高根、紅丸等等、這種毒物、能夠在很短的時間、斷送了生命、一般吸用的、祇顧有當時的過癮、不曉得傷身體而致無法挽救、麻醉毒品的厲害、正是十百倍於鴉片、所以當局在積極禁烟而外、同時特別努力拒毒工作、因毒品之流行、簡直和催命符到達一樣、政府訂定了禁毒治罪條例、很嚴厲地執行、然而一般吸用毒品的、還是渾渾噩噩、不知死神之降臨、所以我們要進一步來普遍的宣傳、禁毒治罪條例中有最堪注意的：

第三條 製造或運輸毒品者處死刑。第四條 販賣或意圖販賣而持有毒品者、處死刑或無期徒刑。第五條 意圖營利爲他人施打嗎啡、或設所供人吸用毒品者、處死刑或無期徒刑。第六條 在民國二十四年內施打嗎啡、或吸用毒品者、處一年以上、三年以下有期徒刑、有癮者、並限期勒令戒絕。自動投戒戒絕後而再犯前項之罪者、處三年以上、七年以下有期徒刑、有癮者仍限期交醫勒令戒絕。勸戒戒後而再犯第一項之罪者、處死刑或無期徒刑。第七條 在民國二十五年內、施打嗎啡或吸用毒品者、處三年以上、七年以下有期徒刑、有癮者、並限期交醫勒令戒絕。自動投戒戒絕後、而再犯前項之罪者、處七年以上有期徒刑、有癮者仍限期交醫勒令戒絕。勸戒戒絕後而再犯第一項之罪者、處死刑。第八條 自民國二十六年起、犯本條例第三條至第七條之罪者處死刑。

照上面看來、最重要的是吸毒品的、如果在本年裏面不自動戒絕、在民國二十六年起便要一律處死刑、此刻離開二十六年沒有多少時間、這是最短促的機會、自新、覺悟、不要輕易錯過、寶貴光陰是流水般的過去、的人生、不要自己去毀滅、我們希望已染有毒害的人們快快堅決的戒除、從水深火熱中一躍而起、千萬不要再事蹉跎、斷送了前途。國家有一個吸烟的人民、有一個吸用毒品的人民、就是國家的損失、也就是國家的恥辱、看世界各國的強盛、完全靠每一個人民有強健的體魄、有生產的能力、現在中國國難嚴重到最後關頭、而恢復民族健康的禁烟工作、決不能再遲緩一步、政府在努力完成禁絕烟毒計劃、嚴厲執行法令的時候、正要整個社會力量、來推進、來肅清烟毒、尤其要靠人民能遵守法令、勸導大家努力、最後我們的口號是：

強國強種要努力禁烟禁毒工作。努力拒毒恢復民族健康。戒烟除毒要抱有決心。不要錯過最後的生路。

告學生家長書

諸位家長們：我們江蘇現在積極禁烟、所定四年禁絕計劃、已經過了一年、未來兩年、正待政府人民一致努力、鴉片之外、一般不良的份子、還以吸用毒品、如嗎啡、白面、高根、海洛因、紅丸、這種毒害、簡直是催命符、所以政府更積極地嚴厲的要去禁絕。下面是禁毒治罪條例中規定的一項、請大家要特別的注意：

「自民國二十六年起、凡吸用毒品及施打嗎啡針者、一律處死刑。」

以上法令的執行、是絲毫沒有通融餘地的、我們希望吸用毒品的、快快覺悟！不要錯過自新戒除最後的機會、同時更希望大家、致負責起來、盡督促勸導的責任、這樣是積很大的功德、也就是救國救民的道理。

常店小學協進團召開第二次會議

設置各項運動器具 舉行國防展覽大會 推定下次值月學校

常店小學協進團、于前日在褚莊小學召開第二次會議、出席褚莊小學吳宜中、于畢模初小梁敬友、李雙廟初小集時文、郭集初小常傳文、徐老家初小韓建雲、十支廟初小徐淑止、常店小學孫敦勉孫華策、褚莊初小孫振華、孫三所初小邱瑞禎、斐廟初小王文紹、缺席傅莊初小王蔭梅、江莊初小陳萬貞、常店小學李知義、孫敦阜、列席高世英、主席吳宜中、紀錄孫敦勉、主席報告、從略、討論事項、一、各項體育設施、應否規定標準案、決議、就經濟可能範圍內酌量設置下列各項運動器具、跳繩、鐵環、毽子、跳高及跳遠器具、二、第三次常會應否與國防展覽會合併舉行案、決議、於本月二十五日合併舉行、三、國防展覽件數、應否規定案、決議、每學校最少在二件以上、四、下次值月學校應否確定案、決議、擬常店小學爲下次值月學校。

保甲經費須按收支規程辦理 經手人員如有需索侵吞情弊 依照懲治土劣條例嚴懲

縣政府奉省府令

縣政府奉省府訓令云、案奉行政院院長蔣卅申院一電內開、查剿匪各省保甲經費、依照行營頒布之編查保甲戶口條例、及保甲經費收支規程、定每保每月以五元爲限、如無地方公款或公款公產收益、或收入不足定額時、得由保甲會議議決、就住戶中有力担負者、分別徵收、以收足定額爲限、但每戶每月至少不得超過二角、各項征收之款、均應發給收據爲證、經手收支人員、如有浮收濫支侵吞等情弊、一經查明、或被舉發、由縣政府依照懲治土豪劣紳條例、嚴行懲處、規定本屬詳密、各該保甲長、苟能切實奉行、各該上級官署、苟能嚴加稽查、自不致發生流弊、乃查近來各地保甲長、多有浮收濫支侵吞等情弊、而上級官署、疏於監督、以致閭里騷然、深堪痛恨、應由各該省市行政長官、逐層飭諭、嚴密偵察、如發現有上項情弊、應即盡法懲治、不稍寬假、以儆效尤、其非剿匪省區、保甲經費收支辦法、雖非一致、而非法外需索情弊、諒難盡免、亦應一體查嚴禁、除分令外、合亟令仰遵照、等因、奉此、查本省保甲經費、雖經指定的款、無須就地攤派、但恐各縣鄉鎮保甲長人數衆多、難免不肖分子、借端需索、奉電前因、除分令外、合行令仰該縣長遵照、澈查嚴禁、是爲至要、此令 ○○ ○○

賑災分會撥款一百五十元

大小棉衣十六套 救濟南關被火災民

本城南門外雞市東巷、因不戒於火、致延燒十數家、焚燬房屋六十餘間、居民財屋、悉付一炬、厥狀之慘、空前未有、際此秋末天寒、災民無衣無食、何以爲生、縣政府有鑒于此、特召開臨時會議、商討救濟辦法、結果、由水災救濟分會、撥款一百五十元、大小棉衣十六套辦賑濟、並推定彭世亨、王開華、韓韶九、劉萬傑、張紹緒等五人、負責辦理查放事宜、彭等已將被災各戶、調查完竣、聞定於今日下午四時、攜帶賑款賑衣、前往被災地點發放云

豐報

◁第一二二五號▷
◁社址豐縣大同街▷
中宣會登記證中字一二九二號　內政部登記證警字第二二三〇號
中華郵政特准掛號認為新聞紙類
◁今日一張　售洋一分四厘▷
◁本報價目▷
本報每份每月大洋三角　外埠加郵費　半年大洋四角　全年……　郵費先惠　不零售

△總理遺囑▽
余致力國民革命凡四十年其目的在求中國之自由平等積四十年之經驗深知欲達到此目的必須喚起民衆及聯合世界上以平等待我之民族共同奮鬥現在革命尚未成功凡我同志務須依照余所著建國方略建國大綱三民主義及第一次全國代表大會宣言繼續努力以求貫徹最近主張開國民會議及廢除不平等條約尤須於最短期間促其實現是所至囑

中外要聞

蔣委員長昨飛抵西安
視察總部並指示西北勦匪機宜
張學良等均到機場歡迎

△中央社南京二十二日電　蔣委員長以西北剿匪總司令部成立後、尚未親往視察、特於今日中午十二時三十分偕侍從室第一處主任錢大鈞等廿餘人、分乘自備飛機、由京飛往西安視察總部、並指示西北勦匪機宜、蔣作賓陳布雷等十餘人均在機場歡送。

△中央社西安廿二日電　蔣委員長偕侍從室第一處主任錢大鈞等廿餘人、於廿二日下午五時乘自備飛機抵達西安、張學良邵力子楊虎城等軍政官員均到機場歡迎、蔣委員長下機後、即赴行轅休息。

日對華方針
俟須磨抵東京報告後始能決定

△中央社東京廿二日電　日外相有田廿二日晨晉謁首相廣田、關於此後日本對華所採新方針之種種計劃討論約小時　聞須俟須磨總領事廿三日抵東京、予以詳細報告後、始能作最後之決議　東京方面現有兩派相反之意見、一派預測外相有田擬根本改變日本之計劃、使中國能予接受、以促進友好解決　另一派認為外務省對於中國之態度不能相容　日本有時調强硬之方向、但前派意見較強派為近。

△中央社上海廿二日電　須磨廿二日晨七時許由京抵滬、即赴日總領事館休息、九時乘輪返日

蔣委員長壽辰
據天文研究所推算為十月三十一日
獻機委員會電全國各報館是日發行特刊

△中央社南京廿二日電　蔣委員長壽辰、曾有十月廿九及十月三十　兩說　記者頃向負責方面探詢　承告以蔣公壽辰、現由天文研究所推算、應以十月三十一日為準、中央

王英匪部
因我防務鞏固
未敢進攻

△中央社北平廿二日電　王英金甲三等匪偽軍原欲犯綏、嗣因我防務鞏固　近無何動作、王匪共有騎步兵各兩旅、因毫無紀律　實不堪一擊。

華北日軍部指定
民房二百餘間
作臨時駐兵之用
居民紛紛遷津

△中央社天津廿二日電　華北日駐屯軍　定廿六日起秋季大演習　駐津之第二聯隊共千餘人　須自廿六日起在津郊大直沽等地演習　日、業由日軍部派員赴大直沽指定民房二百餘間　作為臨時駐兵之用、居民二千餘人、已紛紛遷津

業已通電各省市知照、並定除獻機外無須別種禮物及開會慶祝、以表誠懇。

▲中央社南京二十三日電　蔣公壽辰獻機紀念委員會、今日發出快郵代電云、本月三十一日恭逢蔣委員長五十壽辰、是日上午九時在首都明故宮飛機場舉行獻機典禮、擬請全國報館發行特刊、以張盛典。

▲中央社昆明廿二日電　滇童子軍團捐款滇票三千餘元、經省理事會匯呈京獻機祝壽。

▲集訓學生員生捐款二千元、匯京購機祝壽。

▲中央社長沙廿一日電　湘黨政各級要人、以蔣委員長壽辰期近、紛紛去電申賀、以示尊重領袖之至意。

滬杭各地定今明兩日舉行祝壽飛機命名典禮

▲中央社上海廿二日電　滬市祝壽飛機命名典禮、定廿四日午後二時在龍華飛行場舉行。

▲中央社杭州廿三日電　浙祝壽之六架飛機命名禮、定廿三上午舉行命名後、分飛全省各地昭示民衆。

財部派吳覺民等分赴冀察等省接洽開徵所得稅

▲中央社南京廿二日電　財政部今日派整理地方捐款委員會委員吳覺民梁上棟分赴冀察晉綏接洽開徵所得稅事宜。▲又所得稅事務處副處長談、本月開徵之所得稅情形良好。

蔣廷黻談遠東不致發生危險到俄後將赴歐洲各地一行

▲中央社上海廿二日電　蔣廷黻廿二日晨抵滬、據談遠東和平最近不致發生危險、日俄雖時起糾紛、但雙方均不願引起戰禍、故有和平之途徑以求解決、本人到俄後、將赴歐洲各地一行、駐俄大使館參事吳如南仍留任、並無更動、蔣氏今日分訪俄大使與市長王正廷及滬上親友辭行。

韓復榘昨晉謁蔣院長請示省政方針

▲中央社南京二十二日電　山東省政府主席韓復榘、於午前十一時晉謁蔣院長、請示省政方針、約半小時許辭出、外交部長張羣、於今晚設宴招待韓氏、並邀各長官作陪。

實業部昨召開會議修正商會及工商同業公會法

▲中央社南京廿二日電　實業部今日下午三時半召開會議、商討修正商會法及工商同業公會法。

四路軍國內軍事考查團昨謁總理陵墓

▲中央社南京廿三日電　四路軍國內軍事考查團香翰屏等廿二日晨八時由招待人員陪同赴中山門外陵園恭謁總理陵墓、敬獻花圈、禮畢後、即先後拜謁各軍政長官。

二十四年度各省市裝設無線電收音機一覽表已經教部編就

▲中央社南京念二日電　教育部於去年十月間開始實施播音教育、以此時期各省市中等學校及民教館均須裝設收音機、特製定裝設收音機預定表一種、寄發各市省主管教育廳局轉各校館塡報送部、現該部據此表格已編成念四年度各省市裝設無線電收音機一覽表。

劉維熾等抵港迎候孫科

▲中央社香港廿二日電　劉維熾李照寰崔廣秀等人、念二日先後由省抵港、候迎孫科陳立夫等。

中央黨部於胡故主席國葬日開會致悼

▲中央社南京念二日電　本月念五日爲中政會胡故主席國葬之期、中央黨部定於是日上午九時在大禮堂開會致悼、中央祕書處已於昨日通告全體工作人員、屆時一體參加。

李宗仁派張任民等赴粵致祭胡故主席

▲中央社廣州念二日電　李宗仁白崇禧黃旭初派張任民李任仁來粵、代表致祭胡故主席、張李已於念二日下午由邕乘西南民航機抵省。

馬寅初談紗花價漲原因係投機者活躍米麥價漲由於某方收買

▲中央社南京念一日電　最近紗花及米麥價格均趨上漲、據馬寅初談、紗花價漲原因固多、而投機者之大肆活躍實爲其主因、至米麥之價格上漲、則多由於某方收買及民間屯積、投機原因尚居其次。

孔副院長病勢漸減

▲中央社上海念二日電　行政院副院長孔祥熙、患心臟衰弱症入院治療、將近旬日、孔病經醫治後、經過良好、病勢漸減、約本月底即可出院。

本日爲滇省重九光復紀念該省各機關學校均放假一日

▲中央社昆明廿二日電　念二日爲滇省重九光復紀念、各軍政機關學校部隊均放假一日、懸旗誌慶、以資紀念。

晉被匪蹂躪區域元氣已漸恢復

▲中央社北平念二日電　晉被匪共蹂躪區域、元氣漸恢復、今年各地雖未甚豐收、但亦不荒歉、人民均可安居樂業。

滬第四屆全市運動會昨行開幕禮

▲中央社上海電　滬市第四屆全市運動大會、廿一日晨十時在市中心區運動場行開幕禮、參加比賽者計四十七團體、選手一千三百〇八人、爲歷屆未有之盛況。

楊虎城返抵西安

▲中央社西安電　楊虎城月前赴滬就醫、並赴杭蒙蔣院長召見、玆已事畢返省、廿一日晚八時抵省。

陳儀設宴爲蔣鼎文洗塵

▲中央社福州電　蔣鼎文偕其夫人念一日下午抵省、陳主席當晚在省府設宴爲蔣洗塵、蔣定月底由[illegible]赴建甌。

英大使許介森昨由滬抵京

▲中央社南京念二日電　英國駐華大使許介森、於今晨七時由滬乘車到京、許介森大使下車後、即赴使館休息、聞許介森大使在京約有三週之勾留。

粵童軍離湘乘車返粵

▲中央社長沙電　粵童軍三十五人、念一日離湘乘車返粵。

蘇省新運會轉頒學校新運會組織大綱計共八條

▲江蘇社　蘇省新運會因奉總會頒發修正各項會章、茲特檢發已修正之各學校新生活運動委員會組織大綱一、除已參加所在地之新運會外一其原文如下、第一條　各學校爲便於推行新生活運動工作起見、得依據各省市包括院轄市與省轄市一或縣新生活運動促進會組織大綱之規定成立新生活運動委員會、隸屬於所在地省市或縣新生活運動促進會、第二條、各學校新生活運動委員會、冠以該學校之名稱、第三條　各學校新生活運動委員會由該校校長主持之、得設委員若干人　以左列各代表充任之、一、教務代表、二、訓育代表、三、軍事教官、四、學生代表、第四條　委員會設主任委員一人、由委員推選之、主持一切會務、第五條　主任委員之下得設總務員調查員設計員推行員各一人、由委員分任之、第六條　委員會每兩星期開會一次、由主任委員召集之、第七條　各學校新生活運動委員會、依據本大綱訂定章則組織成立送所在地省市或縣新生活運動促進會備案、並遞送新生活運動促進總會登記、及當地教育廳或教育局登記、第八條、本大綱由新生活運動促進總會通告施行。十九。

胡故主席國葬

蘇省黨部推周黃兩特派員參加定昨夜乘車赴滬轉粵

▲江蘇社　胡故主席國葬典禮定於本月二十五日在粵舉行、蘇省黨部特推周特派員厚鈞及黃特派員强代表前

往參加開周黃一氏昨晚乘夜車赴滬轉粵、并攜有蘇省黨部之輓聯及祭文云（十九日）

蘇省禁委會督促禁政
顧子揚赴南通視察

▲江蘇社　蘇省禁煙委員會爲謀積極督促各縣禁烟工作、曾經委員會議決議推派各委親赴各縣視察、並指示禁政方針　顧委員子揚被推定視察南通如臯等數縣、茲悉顧氏已於日昨首途前往　其他各委亦將定期出發云、（十九日）

攝製蘇省政績影片
各機關已一度會商
俟材料集中編串製片

▲江蘇社　蘇教廳以本屆省府成立已三載　三年來之水利建設及行政各項重要事件　足供將來他省來蘇考察人員之借鏡　擬計劃攝製蘇省三年來政績影片等情已誌前報、茲悉省府所屬各廳處會特於日前派員會商關於攝製影片之計劃及程序　聞商討結果　俟由各機關分別準備計劃材料交由教廳攝影室彙集、然後再着手編串攝製云、（十九日）

導淮處通告員工
努力完成土方
完兩年期成之功與百世無窮之利

▲江蘇社　江蘇省導淮入海工程處處長許心武氏以奉省令、導淮入海工程、須在本年年底全部完成、無論有何困難　均要積極趕做、不能因循延誤　並曾令飭各縣政府　在導淮復工期間、各項事業均可暫緩舉辦　必將未完土方工程　提前趕做完竣、現已限期短促　因特通告全體員工云、查導淮入海工程　限期不過兩月、土方尚有一千五百餘萬公方　欲在此最短期間、完成偉大使命、端賴我全體員工之日夜匪懈、共矢精勤　積亦問題、關係工程至鉅、尤應特加注意、通力合作、務使有水即排、排必澈底、敏捷赴機、免爲施工障礙　要知工程已到最後一步、成固全體之光榮　敗則全體之恥辱　努力服務　貫澈始終　否則過去辛勞　都成虛擲　其平時淬勵勤奮、成績優良人員　功懋懋賞　國有定章、倘或敷衍從事　相率以嬉　則誤工之咎　固有應得處分　且上無以對政府付託之重、下無慰民衆期望之殷　興言及此、愧怍難安、爰特剴切告誡、凡我全體員工、務於此緊要關頭、本再接再厲精神、任勞任怨　毋懈毋怠、完兩年期成之功與百世無窮之利、實所厚望云、（十九日）

填發機關須蓋印章
烟民執照各聯存根

▲江蘇社　民政廳令各縣、對於換發烟民執照填發機關、須於執照暨各聯存根上、分別加著印章　以明責任　其原令云、「查各縣換發烟民戒烟執照　填發機關應於烟民執照暨各聯存根上　分別加蓋印章以明責任　業經明白規定於烟民執照、及執照存根內、茲閱各縣呈繳之各期執照、暨存根　漏未加蓋填發機關印章者甚多　殊有未合　合行令仰該縣長轉飭填照機關、一體遵照、自第五期執照起、分別妥慎加蓋印章、勿再玩忽爲要」此令、（十九日）

開闢新運河
將組織工程處
導淮入海處長許心武來省商討
俾工程早日進行以利墾區水利

▲江蘇社　蘇省當局　對於濱海區域之墾殖　積極進行、惟新運河之開闢　關係墾區水利至鉅　開闢計劃、早經省府決定　並由建廳委派江蘇濱海墾區測量隊進行測量業已完竣　計劃實施工程　自應早日成立新運河工程處、惟茲工程浩大、非有事前之妥謀籌劃、不足以策進　此項工程之順利進行、隔昨導淮入海工程處長許心武氏　聞曾來省晉謁省座　對此問題曾作縝密商討　以期該項開闢工程早日進行　至組織工程處　最近期間　或將成立云（十九日）

江北運工局令各縣
關閉沿運閘壩
關閉後冬季航運可通行無阻

▲江蘇社　江北運河工程局局長徐鼎康、以運河水勢秋汛以來　日益降落、近更猛落五寸餘　清江正閘誌與高水、仍存一丈八尺三寸　較之大汛時期已降落有一丈之譜　而運水以降落之故　馬棚灣界首一帶、現又漸現乾涸、又有擠河之虞、徐局長爲蓄水濟航起見、決將沿運各閘洞及鳳凰車邏各壩一律關閉、以資蓄水　且each下河各縣插植期間已過　無須水再宣洩　現已訓令江寶段工〔程〕〔處〕、〔邵〕〔伯〕〔閘〕〔管〕〔理〕〔處〕〔及〕江都高郵寶應淮安各縣、限即日將沿運各閘洞及各壩　一律關閉蓄水濟航　關閉之後　則今冬航運不致阻塞　清江輪班亦得終年通航無阻云、（十九日）

不干涉西亂調整委員會
今日舉行全體會議

▲中央社倫敦廿二日電　西班牙內乱不干涉辦法調整委員會、定廿三日舉行全體會議　將討論德國對於蘇聯代表指示該國違犯不干涉協定提出之復文　英代表對調整委員會工作情形所提出之報告書。

德駐英代辦照會不干涉西亂委員會
對蘇聯指出該國違犯軍火禁令事有所答復

▲中央社柏林電　德政府念一日選由駐英代辦以照會一件送交不干涉西內乱委員會主席　內容對馬德里政府及蘇聯政府最近指出之德國違犯軍火禁令事、有所答辯　德國復文極力否認、此種攻擊認爲毫無根據　同時德政府並根據所搜集之證據並列舉俄方面違犯種種軍火禁令之事實　〔並〕聲該〔國〕〔云〕。

西駐法大使館否認
該國海長海利多已死消息

▲中央社巴黎電　此間西班牙大使館、對報載該國海軍長海利多已死消息、加以否認

俄輪載麵粉及兒童衣服
接濟西班牙婦孺

▲中央社莫斯科念一電　俄輪土耳其號　已於念二日由列寧格勒起航　載有麵粉二千噸及兒童衣服　萬套用以接濟西班牙之婦孺、

將在柏林與羅馬兩地設立
訓練德意兩國青年機關

▲中央社柏林電　德國青年運動領袖希爾拉　念一日晚與希特勒青年團總部柏林運動場歡迎義外長齊亞諾時　宣佈訓練德意兩國青年領袖之機關將在柏林與羅馬兩地設立。

建築公路網
意選工人三萬派往亞國

▲中央社羅馬廿一日電　此間頃載義各地所選出之工人三萬人　將於下月底前往亞比西尼亞　俾於氣候良好時從事建築義國政府所計劃之公路網。

羅外相赴南斯拉夫
並無政治意義

▲中央社羅馬尼亞京城廿二日電　據半官式公告宣稱　羅外相泰泰萊思格　此次赴南斯拉夫京城並無重大之政治意義　惟一般人意見　仍以爲羅馬尼亞與南斯拉夫兩國形將成立妥協　提有種較大之協力與政策以對蘇俄云。

三國公使一律撤回
羅馬尼亞將駐波與及拉脫維亞

▲中央社巴黎廿一日電　羅馬尼亞國王加洛爾、決將該國駐波與及拉脫維亞三國公使　一律撤回、因彼等仍擁護前外長迭度老思哥故也。

大批黃金由美運往紐約

▲中央社紐約廿一日電　廿一日有約值美金一九七三〇〇（之黃金）批、由英裝船運來此間、

本縣新聞

縣政府

召集區長會議

區公所所在地設立郵局

定期訓練辦理戶籍人員

建築橋涵由各區長負責

縣政府於本月十九日下午二時、召開第六十三次區長會議、各區長全體出席、縣府秘書科長及所屬各機關主管人員亦均列席、由秘書翟大勛主席、

〈報告事項〉

一、第二期壯訓、於九月一十一日開始、今日畢業、並集中檢閱、一本縣於九月十六日成立豐沛徵兵事務所、十七日開始檢查適齡壯丁、於本月八日完竣、計共檢查壯丁五四五二人、合格者四五五六八、不合格者八九六八、各種表冊、業經呈報碭山團管區、三、本縣公民證業於十月初、辦理完竣、分發各區、四、奉派王汝經為本縣保甲督察員、業於九月七日到差視事、五、編訂保甲摘要種、令各級民教加入壯訓班教授、並令各區實驗部教育局知照、乙、教育部份、一、奉頒修正省立民衆教育館、及教育學院、輔導各縣社會教育辦法、業經轉飭教育局遵照、二、本縣實施強迫識字教育、各區識字班畢業攷試情形、業經造具成績、統計表、呈廳鑒核、三、第四區區長夏慎言辦理強迫識字教育、著有成效、傳令嘉獎、呈報教育廳備案、四、據教育局呈報擬訂運用保甲制度、充實學額辦法、業經轉呈教育廳核示、五、奉頒孤兒所實施教育暫行辦法、轉飭教育局及救濟院遵照、丙、公安部份、一、本縣於八月十六日成立防空監視隊、二、公安股於本年十月一日、奉令改為公安科、三、設立公安分駐所、業經呈奉核准、巡官一職、已函請民政廳選派幹員、以資委用、四、公佈拘留所規則、五、公佈清潔街道暫行規則、丁、建設部份、一、奉省府代電、補助本縣修橋經費一萬三千元、准由本縣應解治運畝捐項下坐支、二、建築省倉庫、業於本月十五日開標、計本縣工人李榮恩投六千九百九十二元九角、南京新敬記營造廠投八千三百二十元二角、徐州德記營造廠投九千二百十四元七角、以上三家、或以資格不合、或以標額太高、已據情呈請財政廳核示、准予增加經費、三、本縣新任合作指導員楊在鎬、已於本月十七日到縣任事、戊、財政部份、一、奉財政廳令、各區公所行政費、及鄉鎮公所辦公費、自二十五年度起、由各區出具總收據、送交縣府彙編、以縣為單位、支出總計算書送核、希各注意、務將總收據按月呈送、切勿稽延、二、本縣二十五年度秋勘成數、經會委查勘、擬定七六、奉財廳指令、定為八二、因為數過高、已由縣府勉加一厘呈報、並將各機關團體呈請財廳仍按原擬分數定案、以恤民艱、三、本府奉令添設整理田賦專員、隨科辦公、經遴委劉耀寶充任該員、已於八月二十八日到差任事、一、招收政務警察十四名、二、新運會幹事檢查各機關團體學校清潔、三、本縣公務員軍事訓練、於十月一日開始、

〈討論事項〉

一、擬建議郵政管理局、於本縣各區及實驗鄉公所所在地、設立郵局、以利郵遞案、決議通過、二、擬定辦理戶籍人員訓練辦法、以便積極整頓本縣保甲工作案、決議通過、日期及辦法由縣政府擬訂、三、各區公所、對於發行官契事宜、未能認眞稽查報請、又不按月造冊報告、以致仍多私紙立契、隱匿不報情弊、應如何切實整頓、期收實效案、決議、嚴令各區長督促切實遵照辦理、四、本年度計劃建築橋涵洞、擬請由各區長負責辦理、所需經費、由本府酌量補助、並由本府担任技術指導、請公決案、決議通過、五、各區長應督飭各保甲長注意清潔、並由公安科隨時派員查察、期收實效案、決議通過、閉會、

◎◎　◎◎

小學校注重國防教育

兩協進團同時決議

舉行國術教育展覽

規定體教最低設備

分組舉行體育比賽

當此國難嚴重時期、本縣各小學均特別注重國防教育之實施、小學協進團第二次會議、以此為中心研究問題、除製作教具教材、定期舉行展覽會外、並積極鍛鍊兒童體格、對於體育設備、及體育比賽、均有具體規定、王寨及趙莊兩小學協進團、均於本月十八日舉行第二次會議、茲探悉其決議案件如下：

〈王寨小學協進團〉

一、關於最低限度運動器具、應如何規定案、決議、（一）原則、以自製放大為原則、（二）用具、每校自製毽子二十個、短繩十條、長繩一條、陀螺十個、跳高架一具、跳遠場一處、足球一個、二、推廣學案、應如何推定案、決議、（一）各校應於最短期間設壁報牌一具、每週至少公佈重要新聞一次、（二）各校須設代筆處、以上兩項、倘經費無法籌措、可商請地方領袖協助辦理、三、本團下月開會時、應展覽何種成績案、決議、展覽三年級作文、四、下月值月學校、應如何推定案、決議、推定王大莊初小、

〈趙莊集合學協進團〉

一、國防教育預展會、如何舉行案、決議、遵期於十月二十五日上午九時、在首席學校舉行、展覽品每學級至少三件、二、推定選拔委員案、決議、推舉李心傳、王龍恩、張昌五、王傳德五人為選拔委員、三、規定各校體育設備最低限度案、決議、各校在經濟可能範圍內、至少要設備下列各種運動器具、（一）鐵環、（二）跳繩、（三）毽子、（四）小皮球、（五）乒乓球、（六）足球、（七）單槓、（八）跳高架、（九）陀螺、四、如何舉行足球比賽案、決議、共分三隊、吳莊初小、鹿樓初小、丁廟初小、及趙莊集小學初級組為一隊、學屋小學、彭莊初小、單莊初小、及北趙莊初小為一隊、崔老家初小、南崔莊初小、史集初小、及夏莊初小為一隊、於第一次開會時舉行、各隊隊員膳食、由各校籌備、五、如何限期調查各校附近應入學兒童案、決議、各校統限於十月二十日以前、調查完竣、送首席學校彙轉、調查表由首席學校印就分發備用、六、推定下次值月學校案、決議、推定夏莊初小為下次值月學校、

王寨小學協進團

舉行速算比賽

參加者十一人

丁運顏獲第一

王寨小學協進團、於本月十八日、舉行二年級算術速算比賽、參加者十一人、公推區公所周傳章先生為評判長、並推袁逸亭、張瑞麟、黃燦生、王文華四先生為評判員、假劉閣初小教室為場所、上午十一時開始比賽、成績評判結果、排列優劣如下、丁運顏（丁大莊初小）、王太恩（王大莊初小）、岳慶禮（西岳莊初小）、裴宗堂（楊廟初小）、劉運通（劉寨初小）、王金泉、王堂（初小）、張尊銘（劉閣初小）、司元仁（司花牆初小）、孫建華（史莊初小）、王玉珊、王寨初小、方篋（劉閣初小）、由第一區區公所、農業推廣中心民校、及該協進團各校教職員、贈送大批獎品、給獎採晉等制、各選手均得獎品若干、咸笑逐顏開、滿意而歸云、

教育局奉頒

所得稅暫行條例（續）

第五章　罰則

第十八條　不依限期報名者、或怠於報告者、主管徵收機關得科以一十元以下之罰鍰、

第十九條　隱匿不報、或為虛偽之報告者、除科以二十元以下之罰鍰外、並得移請法院、科以漏稅額二倍以上、五倍以下之罰金、此情節重大者、得併科一年以下有期徒刑或拘役、

第二十條　納稅義務者、或扣繳所得稅者、不依期限繳納稅款、主管徵收機關得移請法院追繳、並依左列規定處罰之

一、欠繳稅額全部或一部、逾三個月者、科以所欠金額百分之三十以下之罰金、

二、欠繳稅額全部或一部、逾六個月者、科以所欠金額百分之六十以下之罰金、

……（未完）……

小朋友

第三八四期

本副刊以介紹小朋友的作品爲宗旨

本副刊全係公開徵求的稿

本副刊編輯部對來稿有刪改權

本副刊編輯部對來稿如不登載概不退還

本副刊編輯部設覺報社內

研究

敬告吸食鴉片的同胞們

李宗文

橫陳榻上沈醉在烟雲繚繞的同胞們，你們看見報上載着可怕的消息嗎？「自明年元旦日起，凡吸食毒品者，一律槍斃。」這是多麼可怕呢？你們看看 現在已經到了十月下旬，只還有兩個多月的期限，一轉眼就到了，如不迷夢速醒，迅即跳出苦海，一旦期限過去，以身試法，到那時，後悔也是來不及了。

吸食鴉片的同胞們，且不要再猶豫 再存一種僥倖心了，這次禁令的森嚴，祇要吸食毒品，誰也逃不出這嚴厲的法網，您想想吸食它做什麼呢？你們仔細想想 這種毒品的害處是有多麼大，傾家蕩產，身敗名裂，最末，政府抓着還要槍斃，這是多麼傷心呢？我想你們三思之後 也許會驀然跳起，把烟具搗毀 發誓戒絕它！吸食鴉片的同胞們，趕緊鼓起勇氣，從污穢的深淵中躍身於光明的大道上，收斂固有的名譽，恢復固有健康，重整光大的門戶，永遠脫離纏身的魔障 成一個健全的美男子，這是多麼好呢？

最後，謹以我與華誠懇之熱情，敬祝你們早日脫離苦海，免遭殘忍的極刑。

創作

一個可憐孩子

華山小學　尹道祥

在我住的村莊裏，有一個可憐的孩子。現在他已經十幾歲了，他的生活是如何的可憐呢？

這孩子今年才十二歲，他幼小時候，他家很貧苦，只靠着他的父親——李二——掙些錢過生活，他父親替人家作工，得的工資，便買點米麵來吃，他長到三歲的時，他的母親便死去了，從此他便是無母的人了

在穿衣方面 他所穿的衣服，休說穿那華美的衣服，而且連不破不爛的衣服都穿不到，只穿着爛褸不堪的衣服，有時他的衣服破了，也沒有人替他縫補，他每逢衣服爛的時候 他的眼中總是不住的流淚，看他的形狀也許是想他的母親吧 令人看了，也替他流出兩行滴淚來。

他住的僅僅是 間小茅屋。床鋪只是一張草蓆子鋪在地上的，這孩子的生活。眞是可憐啊！

我的家庭

蔣單樓小學校　丁蘊德

不提起我的家庭則已，若提起我的家庭 眞叫我不知不覺，眼淚如雨，滴答滴答的。

家中[illegible]是一個農家，[illegible]人口衆多，土地很少，[illegible]生產，尚不足供[illegible]衣食之需，所以家庭[illegible]甚寬裕，尚且得仰給於外人的幫助。

我的父親早亡 母親帶全家八口，度着艱難困苦的生活，東奔西逃，還得躲土匪的擾亂，以致流離失所，更加難過。現在我想起已往的不幸，以及現時的窘迫，就不禁熱淚直流呢？所以我說不提起家庭則已，若提起家庭，實在難過啊！

夢

保卜五年級　李繼華

太陽將工作完了，也好像有些疲倦的樣子，便匆匆忙忙跑到西山去休息，大地上的一切，皆被黑暗之魔吞沒。吃過晚飯 上了燈課 辦公室中的就寢鈴 響 只聽得許多人喊着，鬧着，加着匆匆忙忙跑入寢室的步聲，吵雜得很，原來是許多同學爭先入寢室去睡眠

到了寢室，上床就寢 心中忽然想起二十年九一八的時候 日本人侵佔我們的東三省，現在已是五週年了，於是腦中受 刺激 到了睡熟 便做了一個夢。

夢着是 個初晴的晚上，上燈課的時候 校長走到了屋內，從前校長走來 總是滿面笑容，但是這一次卻是憤怒的很，我就知道有特別的事情發生。校長怒氣沖沖的向我們說：「今天那可惡的日本人侵佔我們的東三省 他不但將東三省佔去，而且還刼奪我們的財產 殺戮我們的同胞，……那種殘無人道的樣子，眞使人可恨！」校長剛說到這裡傷心的淚像雨一樣的滴下來，同學們也都流出同情的淚，淚珠被燈光照得閃閃發光 這時室內 點聲音也沒有只有秋蟲不斷的叫着，他們也好像在鳴不平。

一刻兒校長又說：「小朋友！這樣的國恥若不洗雪，何能爲人 一同學們都怒髮沖冠 拍桌大叫道：一我們誓死殺賊雪恥，盡忠報國」，於是我們個個都帶有實彈，和日本開仗，打他 個措手不及。到了日營，一陣喊聲，殺了進去，一連殺死了許多日兵，正在殺得高興，忽然來了大隊的日兵，闖進來和我們開仗，只可惜寡不抵衆，居然打了敗仗。我也不覺大驚而醒，原來是一場大夢。

月夜的歌聲

宋小五年級　孫立民

夕陽在人們不留意中，已鑽入地平綫下去了，接着泛上彩雲也似的晚霞，染得半壁通紅。

遲時淡之神揭開牠那模糊的帳幕，籠罩着宇宙的一切，小鳥也都歸巢睡了

夜深人靜，人們都已入了甜蜜的夢鄉 無聊尚我獨步院中，皎潔的明月，掛在一角 這時萬里無雲的天空中，還有幾點疏星 忽然從外面 陣歌聲，鑽入了我的耳中，驚動了我的好奇心，側耳 聽 知是「前進」的歌曲，啊，我憶起了，是本區訓練壯丁的軍歌吧！

這時我興奮異常就想捨學從軍，不由的和着他們歌起，一時聲止，萬籟俱寂，終于疲乏得太很，便皆皆的走入寢室裏睡了。

吳起將兵的妙訣

便小　馬星文

吳起，東周衛國人，他是一個有名的大將，而且非常會將兵。

他很能吃苦耐勞 臥不設蓆，行不騎乘 親裹贏糧，和是下的士卒們 同衣食分勞苦 他待士卒們非常的好，如果士卒有生病的，他便親他的牀前，去安慰他 說：「你不要躁，再過幾天，你的病就好了；也不要掛念家中，你的父母 都有衣食。」吳起時常的這樣的安慰有病的士卒們 並且還親爲士卒們嘗藥

有一次，一個兵士 身上長了一個瘡 他就爲他吮他瘡上的毒汁。吮卒病瘡的事，傳到兵的耳中，兵的母親一聽 就大哭起來 有人問他：「你爲甚麼哭呢？」卒的母親說：「在去年的時候 吳公吮其父 其父戰不還踵 遂死於敵，現在吳公又吮吾子 妾不知其死所矣。」吳起待兵是這樣的好 士卒們能不爲他肝腦塗地嗎？

我求學的目的

宋小五年級　孫立民

我求學的目的，不是想在社會上金許多的大洋，不是想做大的官職，更不是想求個人享樂 我以爲我們的國家要淪亡了！這時再不努力，也要變成亡奴了！所以我覺得我求學的目的 是爲國家而求學，因爲讀書便是救國，我的志願是將來有了高深的學識，偉大的能力，來替國家效力 來喚醒一般醉生夢死的同胞，領導民衆大家 致團結起來，打倒那有强權無公理仇人；使我們氣息奄奄的中國，漸漸的恢復故有的權利 踏進富强的境域，使我們全國的同胞 都享受到無窮的幸福！

以上所說的便是我求學的目的！

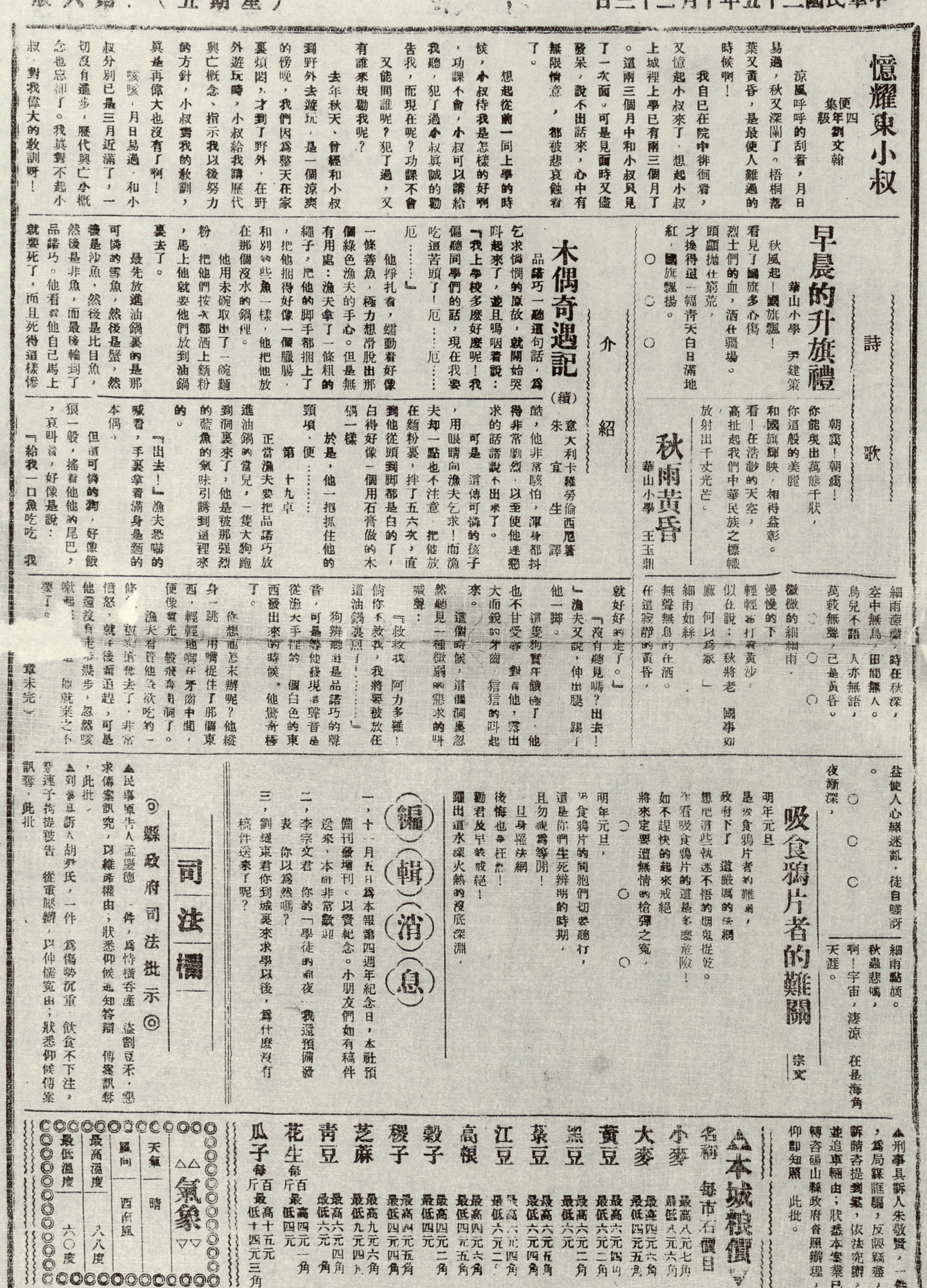

中華民國二十五年十二月十三日（星期五）．第六版

憶耀東小叔

便集四年級 劉文翰

涼風呼呼的刮着，月日易過，秋又深闌了。梧桐落葉又黃昏，是最使人難過的時候啊！

我自已在院中徘徊着，又憶起小叔來了．想起小叔上城裡上學已有兩三個月了。這兩三個月中和小叔只見了一次面。可是見面時又儘發呆，說不出話來，心中有無限情意，都被悲哀蝕着了。

想起從前一同上學的時候，小叔待我是怎樣的好啊，功課不會，小叔可以講給我聽，犯了過小叔眞誠的勸告我，而現在呢？功課不會又能問誰呢？犯了過，又有誰來規勸我呢？

去年秋天，曾經和小叔到野外去遊玩，是一個涼爽的傍晚，我們因爲整天在家裏煩悶，才到了野外，在野外遊玩時，小叔給我講歷代興亡概念、指示我以後努力的方針，小叔對我的教訓，眞是再偉大也沒有了啊！

咳咳，月日易過，和小叔分別已是三月近滿了，一切沒有進步，歷代興亡的概念也忘卻了。我眞對不起小叔，對我偉大的教訓呀！

詩歌

早晨的升旗禮

華山小學 尹建策

秋風起！國旗飄！
看見了國旗多心傷
烈士們的血，洒在疆場。
頭顱拋在窮荒，
才換得這一幅青天白日滿地紅，國旗飄揚。
〇 〇 〇
朝露！朝露！
你能現出萬態千狀，
你這般的美麗
和國旗輝映，相得益彰。
看！在浩渺的天空，
高扯起我們中華民族之標幟，
放射出千丈光芒。

秋雨黃昏

華山小學 王玉鼎

細雨濛濛，時在秋深，
空中無鳥，田間無人。
鳥兒不語，人亦無語，
萬籟無聲，已是黃昏。
〇 〇 〇
微微的細細雨，
慢慢的下。
輕輕的打着黃沙，
似在說：「秋將老 國事如麻 何以爲家」．
細雨如絲，
無聲無息的在洒。
在這寂靜的黃昏，
益使人心緖迷亂，徒自嗟訝。
〇 〇 〇
夜漸深，
細雨點滴。
秋蟲悲鳴，
啊！宇宙，淒涼 在是海角天涯。

吸食鴉片者的難關

宗文

明年元旦
是吸食鴉片者的難關，
政府下了 這嚴厲的法網
想把這些執迷不悟的烟鬼捉乾。
你看吸食鴉片的是多麼危險！
如不趕快的起來戒絕
將來定要遭無情的槍彈之冤，
〇 〇 〇
明年元旦，
吸食鴉片的同胞們切要聽[illegible]，
這是你們生死辨明的時期，
且勿視爲等閒！
旦身羅法網
後悔也是枉然！
勸君及早的戒絕！
躍出這水深火熱的沒底深淵，

介紹

木偶奇遇記（續）

意大利卡羅勞倫西尼著 朱宜生譯

品諾巧一聽這句話，爲乞求憐憫的原故，就開始哭叫起來了，並且嗚咽着說：「我上學校多麼好麼呢！我偏聽同學們的話，現在我要吃這苦頭了！厄……厄……厄……」

他掙扎着，蠕動着好像一條善魚，極力想滑脫出那個綠色漁夫的手心。但是無有用處：漁夫拿了一條粗的繩子，把他的脚手都捆上了，把他捆得好像一個臘腸，和別的些魚一樣，他把他放在那個沒水的鍋裡。

他用木碗取出了一碗麵粉，把他們按次都洒上麵粉，馬上他就要他們放到油鍋裏去了。

最先放進油鍋裏的是那可憐的雪魚，然後是蟹，然後是沙魚，然後是比目魚，然後是非魚，而最後輪到了品諾巧。他看着他自己馬上就要死了，而且死得這樣慘酷，他非常駭怕，渾身都抖得非常劇烈，以至使他連懇求的話語說不出來了。

可是這傳可憐的孩子，用眼睛向漁夫乞求！而漁夫却一點也不注意，把他放在麵粉裏，拌了五六次，直到他從頭到脚都是白的了，白得好像一個用石膏做的木偶一樣

於是，他一把抓住他的頸項，便……

第十九卓

正當漁夫要把品諾巧放進油鍋的當兒，一隻大狗跑到洞裏來了，他是被那強烈的藍魚的氣味引誘到這裡來的。

「出去！」漁夫恐嚇的喊着，手裏拿着滿身是麵的本偶。

但這可憐的狗，好像餓狠一般，搖着他他的尾巴，哀叫着，好像是說：「給我一口魚吃吃，我就好好的走了。」

「沒有聽見嗎？出去！」漁夫又說，伸出腿，踢了他一腳。

這隻狗實在餓極了，他也不甘受辱，對着他，露出大而銳的牙齒，狺狺的叫起來。

這個時候，這個洞裏忽然聽見一種微弱的懇求的叫喊聲：

「救救我，阿力多羅！倘你不救我，我將要被放在這油鍋裏煎！……」

狗辨聽出這是品諾巧的聲音，可是等他發現這聲音是從漁夫手裡的那個白色的東西發出來的時候，他驚奇極了。

你想他怎末辦呢？他縱身一跳，用嘴捉住了那個東西，輕輕地啣在牙齒中間，便像電光一般飛奔出洞了。

漁夫看着他急欲吃的一條魚被搶去了，非常憤怒，就在後面追趕，可是他還沒有走幾步，忽然咳嗽起[illegible]，他就棄之不要了。

（章未完）

（編）（輯）（消）（息）

一，十一月五日爲本報第四週年紀念日，本社預備刊發增刊，以資紀念。小朋友們如有稿件送來，本社非常歡迎

二，李宗文君 你的「學徒的前夜」我還預備發表 你以爲然嗎？

三，劉耀東君你到城裏來求學以後，爲什麼沒有稿件送來了呢？

司法欄

◎縣政府司法批示◎

▲民事原告人孟慶德 一件，爲恃橫吞產 盜割豆禾，懇求傳案訊究，以維產權由；狀悉仰候通知答辯 傳案訊奪，此批。

▲刑事具訴人胡尹氏，一件 爲傷勢沉重，飲食不下注，懇速予拘提被告 從重懲辦，以伸儒冤由；狀悉仰候傳案訊奪，此批

▲刑事具訴人朱敬賢，一件，爲局謀誆騙，反設糶畜，訴請拘提到案，依法究辦，並追車輛由；狀悉本案業已轉咨碭山縣政府查照辦理，仰即知照，此批。

△本城糧價▽

名稱	每市石價目
小麥	最高八元七角 最低八元六角
大麥	最高四元六角 最低四元五角
黃豆	最高六元四角 最低六元二角
黑豆	最高六元二角 最低六元
菉豆	最高六元五角 最低六元四角
江豆	最高六元四角 最低六元二[illegible]
高粱	最高四元六角 最低四元五角
穀子	最高四元二角 最低四元
稷子	最高四元五角 最低四元四角
芝麻	最高九元六角 最低九元四角
青豆	最高六元四角 最低六元[illegible]角
花生每百斤	最高四元一角 最低四元
瓜子每百斤	最高十五元 最低十四元三角

△△氣象▽▽

天氣	風向	最高溫度	最低溫度
晴	西南風	八八度	六〇度

第二五二期

一，本刊內容分科學常識論著詩歌小說戲劇散文書信書報介紹及批評等項
二，本刊歡迎投稿來稿文言白話均可
三，來稿本社有修改權不願者應先聲明
四，未經登載之稿除預先聲明者外概不退還
五，本刊編輯部設豐報社內

漫談

食糧漲價的幾句話

克林

今年的光景可以說是「五穀豐登」吧？國內有些地方很熱烈的唱着「獻稻曲」在慶祝豐年；在我們這個國度裏，在鎮日不景氣中生活着的廣大羣衆，逢着這個年頭 眞的要添上幾分笑臉，大家有了飯吃，一切事情都有了根源， 切不安定的態度也隨着會安定下去。這種情況是在象徵着我們的國運，由黑暗一天天的走上光明，由弱而强 由敗北而捍北；將「一盤散沙」似的國民，促進到團結自救的園地，舉國上下都在歡呼慶祝着大團結大統一，眼望着我們的和平解放之神在最高峯招手。

世境將人類捲入屠戶的刀俎。社會又是這樣匆匆的變遷 剛說勞苦的大衆有點福音咧！忽然又感到食粮高漲的現實恐慌，使一般的工農在慶幸豐年的空氣中添上了幾分憂愁；「窮工小農」是中國普通人民生活的寫眞，然而偏偏的又來一個貨少客多的緊張先聲，豫告給人民不願聞的現實消息，這個「現實」的由來，很容易瞭解的背景，就是一般洋商土商的弄波，他們賣弄「金圓王」的魔力，在通都大邑，甚而在窮鄉僻壤都有他們設立的收買穀倉，爭先恐後的情形好似「奇貨可居」的局面，這顯表現出富者更强，貧者愈弱的現象，一切都被洋商地主們攏斷去了。簡而言之，這個緊張的空氣都是這些「有錢」的傢伙促成的，其結果最高的權利都被他們一般亨受去了。

現在關於這種情況的先決條件，首要在可能範圍內禁止食粮出口 防止奸商欺騙攏斷，限制囤粮富戶，努力的去調濟金融，更進一步要注意勞工生計，救濟耕農播種施肥的困難 藉此以維持社會不安定的種種狀態 防患於未然的去解除人民一切生活痛苦的問題。

論著

從國民經濟建設運動談到畜牧改進之應取步驟（續）

高德培

抄錄江蘇省獎勵畜牧規則

二十三年十月二十三日江蘇省政府委員會第六九八次會議通過

第一條 江蘇省為提倡畜牧，改良品種及飼養方法起見，對於本省人民或團體經營畜牧事業具有成績者，除部頒農產獎勵條例別有訂定外，依本規則獎勵之。

第二條 有左例情事之一者，得獎勵之：

（一）改良畜牧已成立新品種着有推廣成績者。

（二）改良畜牧較原品種確有優點者。

（三）以外國或外省之純良品種從事繁殖推廣著有成績者

（四）改良飼養方法確有成效者

（五）飼養某種家畜或家禽其數特多者

（六）熱心提倡畜牧事業確有勞績者。

本條第一款至第二款所載之改良新品種，其繁殖之數，如牛，馬，騾，驢，須有二十頭以上，豬羊五十頭以上，雞三百羽以上，始得呈請獎勵。

本條第五款之數量牛，馬，騾，驢須有一百頭以上，猪羊三百頭以上，鷄五百羽以上 始得呈請獎勵。

第三條 獎勵之方法如左：

（一）獎狀

（二）獎章。

第四條 凡合第二條各款之獎勵規定者，應呈由縣政府派員查明，轉呈建設廳核獎，其由各地方機關或比賽會自行獎勵者 應彙報備案。

第五條 省立農林各場場長，各縣縣長及農業推廣所管理員，改良畜牧卓著成績者由建設廳予以獎勵。

第六條 本規則由省政府委員會議決公布施行。

（完）

創作

期待

凌鴻

大雨沒命的下，風也乘勢加增牠的威力，把雨點送到窗檻上 可惜牠再沒有餘力吹透晶體的玻璃，幾個人都靜默的對着燈，各人說不出各人自己的意識 大約都在懷念前綫的戰友 在這風雨飄搖的黃昏是如何的境況 誰也不說一句話。如果不是外面風雨的呼號，滿屋子裏的空氣 端直要靜到不可再靜的地步。這時候，房門外忽然來了一聲『報告！』大家好像從夢中醒來，同時把眼光集中到房門去、老蔡接着說 聲『進來！』馬班長應聲走進，行禮後，即將公文送過來；最觸目的是那信封上左角寫着三個十字，十字傍畫着三個墨圈表明這是 封緊急公文，趕忙剪破信封，將公文攤開大家看。二十幾個顯著的墨筆字，好容易了解為是：「命令：三月二十三日于司令部。（一）仰該營即開赴北行逕待命！（二）該營防務由該地公安局接替……』老蔡給了馬班長收條，我將命令送給營長批閱，他叫我急速傳下去；並囑咐我：『告訴朱副官快將行李給養準備好，晚上九點鐘以前出發，集合場在龍華車站。』

命令下去了，老蔡的情緒非常緊張 幫我細行李，除大哥收檢文具。一開屋子

（接第六版）

往事怕再重提（續）

秋維

是淒風苦雨的黃昏，
室內是異樣的秋悶逼人，
呆立窗前，聽雨打蕉葉，
耳邊又傳來了模糊的笑語頻頻：

○　○　○

拖着鞋兒 走出廊外，
雨聲點滴 勾起愁懷
惱人的蒼天喲！若不解事，
使我破碎的心 何處安排？

○　○　○

苦雨孤燈 淒涼萬狀，
若即若離絞斷千迴柔腸，
脚聲兒自遠而近。
原是伊來安慰我這副愁樣。

○　○　○

這樣悽苦的光陰
何時能苦盡甘來 相近相親，
而今 好月將圓 人難聚會，
有誰來慰藉我這一顆憔悴的心。

○　○　○

一年一度的秋風到臨
大地上改換了樸素的容顏，
寒霜 次一次的降下，
大地上好似嫠婦穿上了孝衫。

○　○　○

是一個清寒的霜辰，
我手弄落葉 短歎低吟，
一聲鳥鳴，又驚落霜葉滿院，
獃立着忘記了衣單寒侵。

（未完）

裡亂鬨鬨的，與半小時之前，恰成一個反比的景像。

『老蔡！我們在嘉興通電的時候，你還記得嗎？』我感想到前數月幾個知己朋友聯電軍事領袖出兵的一件事，乘便提起他的回憶。『怎麼不記得 那事雖是近于一點荒唐，到底還是熱血的激成，我總覺得是羣情的共傾，也是不得已的作用。』蔡臉上飛着興奮的光，豐美的兩頰，更是紅得可愛了，『美麗有爲的青年！』我心裏暗暗贊歎他。

老大哥說起來雖已四十四歲的人 但他同我們這些小夥子混在一起，他仍有少年的活潑 你要看他行動着肥的身體，打着乾肥的京調，不由的令你捧腹大笑，他那滑稽的表情 健旺的精神，和靄的顏色，正直的心術，眞使人親他敬他。他也待老蔡小陶我們幾個人像自家兄弟 常常改正我們的行爲，所以我們很是歡喜他，他今天聽我們提到以前通電的事 以及今晚的出發，更將他熱誠激動，脹紅着他那副肥胖的臉，兩手叉腰，用他慣熟的京調發表意見：『各位小兄弟！通電眞是扯淡，一點不着實際，現在達到我們希望了，有能耐大家使吧。』他今天說的話好像很吃力，態度由活潑變到莊嚴。

『當然，誰還能縮頭嗎？青年的血應該洒在沙場上，雜種不拚命的幹！』小陶向來氣性傲，所以說話也帶着異樣勁。『嘿－一青年的血應該洒在沙場上。』老年的血難道潑在糞堆上不成？老弟！你說話總好帶這些字眼兒；尤其你那湖北口頭語「雜種」兩個字。老大哥有點誤會小陶的言語，所以話鋒也有點改變，可是和靄的神色依然保持着，『是！是！聽你的教訓，老大哥！以後改過，請你不要誤會！原諒兄弟不會說話。』小陶是純潔的孩子，神機轉變得眞快，老大哥被他恭維了兩句，己是笑逐顏開，走過來握住小陶的手，微微的搖撼了幾下。（未完）

黃桑峪遊記（續）

王榮培

寺屋少於瑞雲 惟東廊新建客廳二楹，四壁滿懸書畫，陳設相配，尙可觀。廳前古銀杏，高七八尋，圍三人，爲左近山中唯 大樹。聞黃桑峪前有古楸一株 高達三百餘尺 枝幹淩雲 二十里外即見之，寺敝窮，遂售去，當時以樹大不能搬運，將正幹截成十八段，方得裝載云。千年神物，不能保存，惜哉。銀杏樹東有泉，名露珠，水色不及白雲。大殿前有古碑四，余一一摩沙記之。此寺昔久廢 自「明至元間，首座道公禪師，本名彥行，化寓於此，香火遂盛」，然則今日又冷落如初矣。得一絕。

胡僧無路入西關， 流水行雲月一彎；
想是天門南渡路， 特留野寺鎖空山。

寺左有天桑樹一，枝幹挺直，花葉秀發，考天門寺碑記載：一天門寺天桑奇芳，爲薊縣八景之一，其桑以冬月花，熟於春之季 至四月八日五更候，皆無，若有奇異者，故邑人以天桑目之，而說以爲奇芳焉。」問之寺僧 指謂老樹已死，此是後栽者 須六十年結果一次，又須於甲子年方有 新樹曾於民國十三年（甲子）結實一次，此後未見。名山勝地，或有神物，姑妄聽之可也。補成一絕。

嶺上桃花欽未開， 山中奇景巳雲堆；
縱然百卉寒梅首， 也輸天芳甲子魁。

寺前山澗巳涸，「樹上碑」爲樹根酸化分裂倒下，另置於石橋之側。寺東百餘武，即天門道，俗名南天門，鑿級巉巖，緣巖揉升 境幽絕險絕。同行到此，漸力竭，多裹足不前，余獨先登 旋下故所所見，衆精神乃復振。

北峯上有桃花洞 攀登而觀 以非時令 桃花未見，惟嶺上紅葉漸多，絢爛奪目 不遜於三春桃杏也。

上天門 危峯怪石，列滿兩壁，如天都，如蓮花 如方岩，如瓊臺 種種境界 愈出愈奇，大有目不接暇之勢。登山半，回首一望 山勢遠闊，其盡頭處雙闕插雲，宛然天門中斷。天門寺重修碑記謂天門二字嫌俗 蓋未身歷其境而未一返顧又未．深思也。夫名山古刹，取名立意，一曰境，二曰事 若瑞雲寺以事名，則以劉季隱於芒碭山澤之間，其上常有五色雲氣之故。天門寺位當谷口，捨古帝王之因襲陳跡，而獨以境名，正見其孤高拔俗之處。回身至此，向來所經所見，更加突兀猙獰，暗暗悸動，心神驚眩，莫不同聲大呼，以爲不到天門道，豈非虛此一行！

又上一二里，抵東峯頂古曬經台，則僅存古廟一座，山門猶供宣聖像，上有石刻木鐸萬古四字，古尼山讀書處也。由側門入，大殿已傾，殿基豎碑一，高三尺。尋視滿院頹石敗垣，荒無人跡，景狀十分悽涼。（未完）

編輯室的廣播電台

一、十一月五日本報第四週年紀念日，本社預備刊發增刊以資紀念！投稿諸君如有佳作送來，本社當特別歡迎！

二、孤嶸君稿紙于本月底即可發出。

三、螢君：你的一篇批評菽原的詩的文章，需再審閱一下，方能刊出，請你勿燥！

注意戒毒

（一）從二十六年一月一日起，吸毒，販毒，製毒的人，一律槍決。

（二）現在是吸白面者最後戒除的機會。

（三）戒除毒品嗜好，是保全個人性命的唯一途徑。

代郵

余茹章先生：

您對於縣黨部附設閱書報處管理的意見，有些是很對，我們借此得到了不少改善的方法，很感激，歡迎您以後時常地發表意見。

你們所問的幾點，答復如下：

一，閱覽人簽名簿，從前改過，因爲進屋的人有的簽名有的不簽，有的隨便瞎寫。結果每月不能拿他作個閱書報人的統計，遂把他看輕了，小孩子亂上屋裡跑，確有妨害閱書報的人！現在預備這樣改：認眞地辦請閱書報者簽名 嚴厲的限制小孩子近屋。——門間要設個勤務管理。

二，購書委員會我們是有，不過因爲經費所限，不能按時多購，至於譯本書 有許多很有價值的，不宜於全不購。我們這個閱書報處爲迎合各界的要求起見 關於各種程度的書，都要購一點。您說：「參依借書情形，度量一般程度作標準」這個很對。二區公民與某的捐款 閱書報處沒有分一點兒。

三，各種雜誌的管理最爲困難 您說的意見 我們可以拿他當參考，現在正交由該處管理員設計 預備在極處擴大組織後施行。

希林 十月二十六日

司法欄

◎縣政府司法批示◎

▲刑事辯訴人李成周等 一件 爲遵傳答辯，懇請詳察公判，駁斥原訴由；狀悉仰候庭訊奪，此批。

▲刑事撤訴人李錫恩 一件爲遵處能訟懇予撤訴銷案由；狀悉准予撤回告訴，此批。

▲民事原告人劉氏，一件，爲懇請能訟，准予和解由；狀悉准予和解此批。

本城糧價

名稱	每市石價目
小麥	最高九元七角 最低八元
大麥	最高五元八角 最低四元
黃豆	最高六元三角 最低六元二角
黑豆	最高五元六角 最低九元四角
菉豆	最高六元三角 最低六元一角
江豆	最高六元二角 最低六元
高粮	最高四元九角 最低四元七角
穀子	最高五元 最低四元七角
稷子	最高四元四角 最低四元二角
芝蔴	最高十元三角 最低十元
青豆	最高六元一角 最低六元
花生（每百斤）	最高四元二角 最低四元
瓜子（每百斤）	最高十五元 最低十四元

氣象

天氣	風向	最高溫度	最低溫度
晴	南風	六七度	五〇度

鳳鳴塔

第二五三期

一，本刊內容分科學常識論著詩歌小說戲劇散文書信書報介紹及批評等項

二，本刊歡迎投稿來稿文言白話均可

三，來稿本社有修改權不願者應先聲明

四，未經登載之稿除預先聲明者外概不退還

五，本刊編輯部設豐報社內

漫談

關於國防文學的幾句話

春林

「國防文學」這個名詞，在我們中國是新近才出現的，在從前是沒有見到過，所以是很新鮮的。一般人都在高喊極呼着。這也許有人說：「這是中國人五分鐘的熱度」，或「新的口味興趣」；這話也許有些是對的，但只能限於少數的幾個人，如果說我們中國人都是這樣，未免挖苦我們太很了。要知道高呼極喊是時代的呼喊，並不是我們無故的狂喊，不過是借我們的發音器罷了！

一個民族或一個國家，在他受着外力的壓迫將要滅亡不能生存的時候，他們總是想盡方法用盡全力來掙扎，抵抗，總沒有甘願自滅的，這是一定的道理，所以自有人類以來就有爭鬥（人與獸爭），這皆是爲着自己生存。現在我們的國家民族，正在將要滅亡的時候，所以「國防文學」便應時一躍而出，這就是我們爲國家民族維持生命爭鬥的另一方法。

至於「國防文學」這個名詞的來處，已有唐虛先生在他的「談國防文學」二四五期的鳳鳴塔上一文裏說出來了。是一九三〇年俄國的「赤衛海陸文學同盟」提出的。在唐虛先生的這篇文章裡，初看好像說「國防文學是來自俄國」，並可看出「中國的國防文學是在仿俄國」。這兩點都是我們讀者一時的錯誤。仔細看其上下文，便可知唐虛先生是說：「國防文學這個名詞是來自俄國」。（我這冒昧的解識，唐虛先生不至於生氣吧？）這一點我們是不要弄錯的。因俄國的國際地位是和我國不同的，雖同是「國防文學」一個名詞，其內容殊異。而俄國是爲實行赤化受各列强的威脅，發起的國防文學；我國則是爲保護國家民族的生命，才產出的「國防文學」。所以我們中國的「國防文學」與俄國的「國防文學」絕不相同，絕不是走着一條戰綫的。我可說中國的國防文學是中國特有的，不是從任何國家學來的。

「國防文學」這個名詞」自俄國的「赤衛海陸軍文學同盟」提出後，屈指算來，迄今才有六個年頭的歷史，而「國防文學」的文章出現，則不止六年。不過在文章出現的那時，沒有給他安上「國防文學」的頭銜罷了！這種「國防文學」的文章，在我們中國以前並不少，如歷代爲國家民族戰爭的民族英雄故事的記載，著名的揚州十日記，及清末各次中外戰爭失敗賠款割地各種的悽慘的記載，直至民國以來，這些文章更多。如「五三」「五卅」「九一八」「一二八」當時描寫的悽慘不平的事實。就是外國這些文章，也是多不可屈指。像有名的普法之戰時產出的些文章，英美戰爭時美國的獨立宣言等。這些文章都曾起過很大的力量。

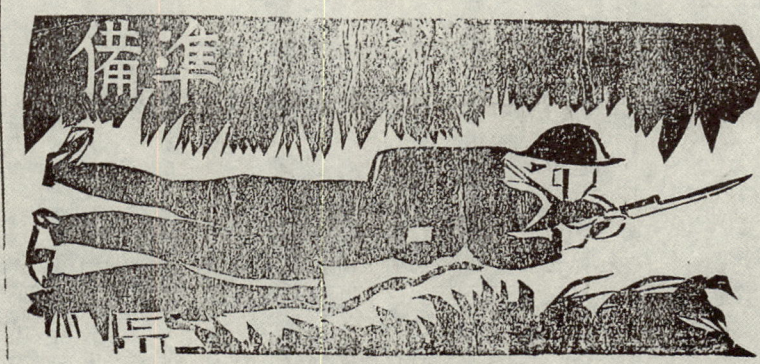

（未完）

創作

期待（續）

凌鴻

老蔡看他們頃刻的舉動，不覺哈哈大笑，「眞有趣！老大哥！小陶！我以爲你們眞要口角起來，有趣，你們故意的搗亂、叫我們着急」老蔡還要往下說，恰巧營長走了進來，問我們「一切都準備好了吧？我先到集合場去」。沒等我們回答 他已轉身走出去。他的精神，從他魁梧的身體，瞭亮的聲浪裡表現出來闊大的雨衣轉身時拂出一陣風，他剛走出，副官却領了幾個夫子進來，把行李箱子抬出去。勤務兵熄了燈。我把馬燈借給蔡。陳大哥們兩個走出門，我在老蔡身後，小陶跟着我，一齊走向集會場。這時風雨已將停止 脚下泥濘雖走，若不時，還這麼晚 走這樣的路，不但怨聲載道，偷罵的都大有其人；然而今天，天是這樣的黑 行走這麼不便 也無人感到不快 都很興奮的前進，我們走到半路 已趕上第六連，看那些伙夫挑着鍋灶 行走如飛，他們好像已忘記身風雨泥水之中，路燈照着他們雄糾糾的身體 直如生龍活虎 十足精神 那位粗壯身體的轉臉向伙夫頭說：「老楊，俺不幹伙夫了 老幹這傢伙眞不痛快、天天刷鍋燒火，到他娘的什麼時候才能出頭？乘此機會 請你轉求連長發我 桿槍 去同日本鬼拚 拚，他媽的，幹倒他幾個，也消消老子的氣」「對！咱也這樣 我們 齊去見連長 拚着伙夫頭不幹，到要去會會他媽的什麼日本人，管他娘的什麼飛機大炮，我們只要敢拼命 也不怕不奏[illegible]那臉橫肉的高個子也插上嘴：「你也去，他也去 我也去呢。大家都去 誰叫瘟孫去做？餓得你向後轉 那才好看呢！他們都是被出來的了 槍比我們打得準，要你們去混鬧、横豎我們都是去上前綫、打勝了大家有面子，有功勞 誰還敢說我們不行嗎？」他的話剛落音 李特務長後面來了 身後跟了幾幾個打李夫。開口催促他[illegible]閒話少說 留着氣力去拚命 那才算好漢呢？」「是！特務長！我們絕不躲懶 你可不要斷了給養 這回就是滾回了，將來看看誰能行，」「喂，快點，跟不上隊伍了。」特務長發了警告。伙夫們不約而同的向前直衝，只聽脚下泥水踏得嘩啦嘩啦的一片聲，幾十個黑的影子，在不大明亮的路燈光裡急促的搖動，再也沒有一個人

重陽登高

愛石

沒情緒的心
像麻 樣似的乱，
本來是愁苦的生涯，
幸得了大雨的餘潤，
才有這點的繁榮
涼爽九月的天，
又降臨了這重陽佳節，
歡騰歌頌聲……
這快樂的佳節，
登高眺望 悅目賞心。
懶得要死的我，
在這歡騰聲中，
也勉强的掙扎着，
慢慢的爬上了荒山之巔，
作這餘興的眺望賞心。
爬上了山巔，
往東北弔望，
一團暗淡的氣象，衝上了青天，
陣凄慘悲哀的聲音 響澈了雲霄，
還……還不是淪亡東北同胞的哀號聲嗎？
歡騰 歌頌，是太平時的聲中，
現今呢？千孔萬孔，
說不定朝亡夕歿，
朋友，醒醒，
莫要貪戀着迷夢好情。

說話。不多會集合場已在眼前，隊伍只缺第五連沒到，其餘的都依出發的隊形站好了。營長站在月台上，站長也在都裏　我走近營長的旁，報告行李物品都已到齊，他點了一點頭。站長問他：『這次貴營到前綫，一定要參加作戰了？』『大約是這樣，不過現在還是先到北行涇待命，但願我們馬上就開到最前綫，我們的弟兄都已等不得，早晚都吵着要去作戰』『是的　這一次的戰爭是有價值的；而且倭奴也太欺人過甚，不怪他們等得發急。祝你們凱旋歸來我們再給貴營慶賀。』『不敢當，如果如君所言，到那時痛飲　杯　倒覺有趣，不知我們的希望怎樣！』忽然營值星官跑了過來，報告營長，說是：『隊伍都已到齊，請示營長還有話說嗎？』『有的，你將隊伍整理好。』營值星官折身回去了，隨後營長也辭別了站長邁步到隊伍前面來。在營值星官一聲洪亮的立正口令之下，隊伍嚴肅的羅列着，好像一座黑禿的森林，風平浪靜，不聞一點聲氣，營長巡視了一週，隨口說了一聲『稍息！』他今天的態度特別的威武，然而他的慈愛寬厚仍不失於流露。官兵的視線，這時都集中在他一個人身上來，接着他吐出　貫激烈忠誠的訓詞：『諸位兄弟！大家早也要作戰，晚也要作戰，現在正是時候了，或者最近幾天就得接火，不過這一次的戰爭，是為我們國家民族爭最後生存的決鬥，如果為戰而死了，這是我們莫大的光榮，亦算完了我們的使命，僥倖我們不死，那我們就得消滅敵人，收復失地，絕不要貪生怕死，喪失軍人的人格！我相信你們還不致於如此。但是大家總得勉勵去奮鬥，「臨難不苟」，「受傷不退」，「被俘不屈」，大家曉得這些意義嗎？』營長說到這裏，態度異常的莊嚴威武，聲音也特別高了起來。（未完）

黃桑峪遊記（續）

王榮培

廟前老松數十株，散立於西風寒日之中。石脚遍地，天風吹來，不知何處是曬書台，何處是洗硯池？仰視四顧，不覺愴然低徊而不能已。

同越天門嶺得一律

赤日馳空幾倒行？揮戈十萬壯心驚。
天平遼海迷徐福，山入大原動祖生。
冷落池台先聖跡，蒼茫雲樹古彭城。
少年多健爭前進，勇似八千子弟兵。

曬書台昔有曬書草，草莖皆彎屈俯向一方，傳為古聖曬書所壓　余此來的目的，即為搜求此項草本，以期發現新種　故逛同遊歷此苦程　然檢視碑文，則前人已言邈不可得，恨余生也晚，獨立空山，白雲相對，誠惆悵不勝情也。

嶺上小徑，樵夫指點南通白雲寺，惟山坡峻嶄，亂石犖角，又甚於天門寺故道，遊者偶不經心，一失足即可粉骨碎身，所謂上山容易下山難，信不誣者。余沿途徘徊，落最後，抵白雲溪，巳午後一時，當什途中時，汗出甚，口大渴，無飲處　拾地下棠李子潤喉，又向山家索澀柿而食，味津津。

二時半還抵瑞雲寺。聞寺前拔劍泉左近尚有馬蹄泉古蹟，往尋勿獲，欲更進，林菁幽阻，又以歸裝已整，廢然而返。

瑞雲寺法崇律宗，想必平時戒律甚嚴，故寺中供客甚簡，粗饌野蔬，艱於下嚥，而多半猶須遠自曹村購來，彭君常稱黃桑峪產香菌蘑菇，風味鮮美，而兩日中，迄未見寺僧捧出，問近山村人　咸謂現過中秋　山中果蔬盡已採摘　寺中向少留　無可食，如栗子，初售五白，現貴至一千而貨斷缺。至於香菌，山中有而產量極少　寺僧又不上山搜索，且現在時令已過，或寺中猶稍藏，亦未可知。

四時　全隊別瑞雲寺，下山。六時　集曹村站，八時一刻，轉登南來快車回徐。

及今追思　黃桑之遊，苦樂均等，而有一事須大筆特書，即全山雖多果樹，而佳果山中不售，後之遊客　最好另攜乾糧果品，庶使飲食適宜，口腹俱美，增遊名山之興也。

後記

聖泉寺在蕭縣城北　不在黃桑峪一帶山中　宜乎無處找尋，無人得知。

拔劍泉一詩，為興到吟詠之筆，致連用兩風字而未覺，今恐貽譏，改末句為「何處英雄又別去　西山閒却不重來？」感慨同而意境亦瀟灑，似較善。

我的人生

怪！

生活的不如意，一顆心時常被埋在深淵裏。

每值深夜人靜時分　從夢中醒來，過去的一番不幸遭遇時時會在我腦海中反映出來。

自三年前病後，我開始領略到人生的真滋味，知道現在的世界是「美」人的天堂是「醜」人的地獄。

我羡慕着「美」一人，我是「美」一的被棄者　眼睛上如塗了一層灰色的黏膜，一切的東西使我看來都是黯暗恐怖，我看見光明的太陽會悲傷，看見美麗的鮮花會流淚，

自從離鄉漂泊於人生的旅途上，心中時時懼怕着找不到一個朋友　又沒有知心的伴侶，白天和夜間只伴着自己的黑影，面上的創痕　就作為同伴談笑的資料，因為受刺激過甚的緣故　從此憂鬱的種子，在我的心上發了芽，苦悶的花朵使漸漸的開放了　眼淚做了我生活的食粮，黑暗的恐怖，包圍着一顆戰抖的心。

我整個的身軀　被醜支配着，不能有絲毫的動彈，一條粗大的長蛇嚇跑入我的愉　，尖銳鐮刀　剪斷了我一縷縷細長的希望，烏雲壓住了我的呼吸，脆弱的心靈　像顆小草　經不起西北風的侵略，默默的低着頭一口口的吞呷着人生的苦水。

我悲哀極了，我希望「天」再給我一副面孔，給我一副美麗的面孔來增加我生活的趣味，我喊啞了喉嚨可是皇天總不給我　聲回音。

我看見我的坟墓人踏步的走去，猙惡的黑影又阻住我的前行。

壁上的時鐘，「滴答滴答」的在唱着我生命的喪詞，無端的驚動了我破碎的心，可憐「我的人生」只有一分一秒的消磨在悲哀裏了。

一九三六、中秋夜脫稿于私徐

注意戒毒

（一）從二十六年一月一日起，吸毒，販毒，製毒的人，一律槍決。

（二）現在是吸白面者最後戒除的機會。

（三）戒除毒品嗜好，是保全個人性命的唯一途徑。

編輯室的廣播電台

一、十一月五日為本報第四週年紀念日，本社預備刊發增刊以資紀念！投稿諸君：如有佳作送來　本社當特別歡迎！

二、關于「國防文學」的討論，歡迎大家來投稿！

三、小倩君：你現在可以把氣平下去吧！鳳鳴塔是我們大家共同的園地。稿子的遲遲不發表，是有原因的　大概是需要修改，或需要考慮。決沒有其他的意思！

四、本刊預備刊哀悼魯迅專號。請大家努力！

本城糧價

名稱	每市石價目	
小麥	最高九元四角	最低九元二角
大麥	最高五元	最低四元八角
黃豆	最高六元五角	最低六元四角
黑豆	最高六元　角	最低六元
菉豆	最高六元六角	最低六元四角
江豆	最高六元三角	最低六元二角
高粱	最高五元一角	最低四元八角
穀子	最高四元四角	最低四元　角
稷子	最高九元	最低四元八角
芝蔴	最高十元五角	最低十元
青豆	最高六元四角	最低六元二角
花生（每百斤）	最高四元二角	最低四元
瓜子（每百斤）	最高十五元	最低十四元

氣象

天氣	風向	最高溫度	最低溫度
晴	南風	七〇度	五三度

豐報

第一二三一號
社址豐縣大同街
中宣會登記證中字第一二九二號　內政部登記證警字第二三〇號
中華郵政特准掛號認為新聞紙類
[illegible]

△本社啓事

查十一月五日爲本報四週年紀念日定於是日發行特刊以誌慶祝倘蒙各界賜以鴻文祝詞無任感荷

如何挽救吸用毒品犯免去死刑？

應在民國二十五年中自動戒除？

君不見禁毒實施辦法中明白之規定乎？！

『自二十六年起凡有吸用毒品及施打嗎啡針者一律處死刑或無期徒刑』屈指一算只有兩個多月的機會從水深火熱之中跳出還我自由壯我體魄復我名譽成我事業是最後的機會生活的轉變是光明的大道用毒品人人自危廿六年份轉瞬即來皇皇法令決不寬貸判決死刑徒貽後悔願社會人士以羣衆的力量來督促拒毒之成功！

江蘇省禁烟委員會敬告

十支大長城香烟新近增高烟質，烟葉改製黃嫩，烟味加高香醋，凡愛吸諸君，請購一嘗，可知言之不虛矣，敝號爲酬答顧客興趣起見，不惜重大犧牲，新由滬上購來，古裝橫匹，三笑姻緣九美圖，畫片一千張，橫長三尺二寸，豎長一尺二寸，精緻絕倫，惟妙且肖，圖上全描畫明時之三大才子，文、周、唐、豔史，及當代美婢秋香事跡，洵屬畫中最上等有價值之物品也，諸君凡留存十支大長城空壳三十只者可來敝號掉換此種畫片一張，限兌完爲止，尚希嗜畫諸君，速來掉換，莫失交臂爲幸。

中國南洋兄弟烟草公司豐縣代理店德履祥謹啓

△豐縣縣政府通告

祕子第　號

案准碭山團管區司令部辦事處室本年十月二十二日通報內開：「奉司令部交下徐海師管區司令部辦事員室通報開：「奉司令諭：「查本部前頒辦字第八十七號訓令。所定招考憲兵一切辦法。應即撤回另由憲兵司令部派員自行辦理。但該部招考人員到縣時、仍仰予以協助。」等因。奉此。相應通報。希即查照爲荷。」等由。着由辦事員室通報各縣照辦。」等因。奉此。相應通報。希即查照。予以協助。並將辦理情形報部。以憑彙轉爲一等由。准此。查是案前奉令飭即經分令各區長知照並佈告週知各在案。茲准前因。所有本府代辦招考憲兵一案。應即暫行停止。一俟憲兵司令部派委到縣。招考辦法確定。再行佈告週知。特此通告。

中華民國二十五年十月　日

縣長成應舉

德履祥號遷移新址啓事

本號開設香烟亞細亞火油公司僧帽洋油以及南貨前因營業擴張原址不敷應用故在西大街縣党部對面路南購妥地址規模亦頗宏大所有貨物均已遷移新店照常營業各貨價目格外克己以答盛意凡我顧主敬希鑒察並望源源賜顧無任感激此啓

△廣告刊例

本報廣告以方寸計算每方寸以市尺長寬各一寸計算

（新聞欄）每日三方寸三天起碼每日每方寸一角二分

（封面）每日三方寸二天起碼每日每方寸一角

（特選）每日三方寸二天起碼每日每方寸八分

登三日以上九折六日以上八折八日以上七折十日以上六折當期面議

本報每份每月大洋三角外埠每月大洋四角郵費在內費須先惠空函不登

豐縣教育局啓事

各小學校暨進團首席學校鑒：國防教育展覽會成績、定於十一月一日下午二時、由各協進團首席學校赴公園領取、希各準時來城勿誤爲要！

△豐縣縣政府佈告

公字第　號

查本縣辦理禁烟，初則舉辦烟民自首，又遵令登記，繼則舉辦烟民領照戒者，爲數甚夥，至少數烟民觀望不前，或故意規避，本應緝拿重辦，惟本府仍本寬大之旨，自即日起，於本年十一月辦理烟民自新，本縣禁煙，二年以來限於一個月內，自動投戒，一律暫免通緝，凡爾烟民，切勿因循自誤，致干究辦，除分令各區加緊傳拘解縣勒戒外，合亟登報週知此佈。

中華民國二十五年十月　日

縣長成應舉

鳴謝

縣政府公安科西區派出所全體長警及鄰佑啓事

敬啓者敝等在西門內路南設鋪營業不意于本月廿　日發生火警蒙該所警長率全體警士及隣佑等聞警前來奮勇撲滅幸無損失警長指揮救火奮不顧身以致燒傷手部敝等感激之餘特此登報鳴謝

姜明山　卜昭豐謹啓

專載

中央宣傳部爲獻機慶祝蔣委員長五秩壽辰告國人書

今歲十月三十一日、爲本党領袖蔣委員長五旬初度之辰、舉國上下　莫不鼓舞歡欣、奔走相告、因發於欽仰擁護之誠、乃有獻機申祝之舉、此數月間、國人勇於捐募、購機呈獻　惟恐或後、其熱烈之狀、實空前所未有　此乃蔣委員長之偉蹟豐功仁心盛德有以感召而致、非偶然也、而蔣委員長本心坦直、謙遜有加　雅不願因一人之生辰　使社會靡費　曉諭全國停止慶祝、此係其謙讓之德、尤爲舉世之規範、惟就吾國民言之、今之集款購機奉獻國家　純發於愛戴領袖及充實國防之熱誠而不能自已也　故有重大意義存焉　僅舉兩點以告國人、一、獻機慶祝、乃所以表示國民之竭誠擁護領袖也、中國成立以來　國步艱難外患內憂　交相煎迫　賴蔣委員長繼承　總理遺志、領導國民革命、義之所在、舉國風從、軍閥餘孽　隨告肅清、副以赤燄高張　數省淪陷　中央剿撫兼施　經數年之艱苦奮鬥　各省赤禍相繼敉平、乃盡全力銳意建設　鞏固國基、而完成全國統　之局面、開民國史上之新紀元、此尤爲我國民所不能一日忘者　置茲壽辰　全國致獻機祝壽　正所以聲明擁護領袖　愛黨愛國之誠也、二　獻機祝壽　乃所以表示國民自動努力充實國防也、近代軍事　及交通利器　首重航空　所謂一無空防即無國防　」實非虛語　法國福煦大將之言曰、一世界第二次大戰、將決勝於空中、」誠以今後之戰爭　已由平面的而進爲立體的、非僅恃陸海軍作戰所能奏功　而將來大戰之最後勝負、必將以空軍卜之　蓋空軍之爲用　不獨可摧毀敵軍於前綫．亦且能破壞敵軍之後方、觀乎最近世界列強莫不以擴營空軍爲莫大之急務　職是故也．吾國國防空虛　實力不足　已爲無可諱言之事實　欲救國圖存　首當以充實空防爲基礎、況發展空軍、費用少而效力大、全國人民、苟能勇躍辦理　不難即日而睹成效、是則今日之獻機祝壽、實不啻吾民族自力更生之發靱　以及吾國人自動充實國防之表現、質言之　吾人即視此

中外要聞

蔣委員長抵洛陽
在陜迭次召見張代總司令 對軍政各項分別加以指示

▲中央社洛陽廿九日電　蔣委員長抵洛、錢大鈞隨來　下車後即赴軍校休息。

▲又洛陽電、西安奇旱數月、蔣委員長到洛後　忽雨半小時、暗中歡騰　咸有霖雨蒼桑之感。

▲中央社西安廿九日電　蔣委員長自廿二日到陜、迭次召見張代總司令、楊主任、邵主席等人、對剿匪及軍事政治各項分別垂詢、並有所指示、張代總司令　錢局長宗澤　馮軍長欽齋等隨行、遍歷五峯、廿六日下午返回行轅休息、廿七日午前召剿匪總部高級官員、並加指示。

首都各界昨舉行祝壽機命名禮
因機場面積太小分上下午兩次舉行

▲中央社南京廿九日電　首都各界恭祝革命領袖蔣委員長五十壽辰集款購機獻給政府　於今日在明故宮機場舉行命名禮、因命名機過多　參加人數亦多、及機場面積太小、爲顧全市會場秩序分上下午舉行、上午十時舉行命名飛機計有京市一至三號、交通部天長天壽號、及鐵道部一至二號等七架、下午二時舉行命名飛機、計有軍人忠勇隊一至九號、及空軍同人號　晉綏號等十架　上午到會各機關團體學校等人士三萬餘人、下午到會各界人士約有　萬餘人、會場四週到會人士環立如城　場內空氣熱烈、達於極點、爲空前未有之盛舉　茲將上午情形報告如下　九時半大會正式開幕　由市長馬超俊主席　致開會詞、旋國府代表呂超及章嘉活佛及羅家倫致詞、除贊揚市民此次熱心捐助外、並謂蔣委員長有一宣言於三十一日發表、內容大義感謝市民以血汗之資購機祝之意、大會演說完畢之後、代表魚貫下台、步行至機前、由馬超俊等舉行揭旗禮、旋即起飛、禮成散會。

○○○

舉爲發展空軍鵠矢故無不可也、三、獻機慶祝、乃所以表示國民之擁護和平統一也、國內統一、爲救國之初步工作、此亦已爲愛國人士之所共識、過去吾國國力衰弱之主因　良以不能團結統一有以致之　十年以還、蔣委員長在內憂外患之中爲國效勞、卒使全國人心之意向趨於一致　全國統一之局面賴以永奠　迄乎今日、國人咸曉然於非精誠團結不足救亡圖存、此實足認爲全國人心覺悟之證兆、自今以後　吾中華民族已開始獲得自救救國之基本力量矣、推其所以然之由　非賴蔣委員長偉大精神之感召　與其艱苦奮鬥所得來之成績、誠莫可以臻此、是以獻機祝壽之舉　更可認爲國民慶祝和平統一、與鞏固精誠團結之表現、故不僅表示使國人擁護領袖及充實國防之熱誠已也　抑更有進者　吾國民於獻機慶祝蔣委員長五秩誕辰之際　尤有當深切體認者一事、自全國統一以後、果應若何鞏固國基、及若何復興民族、經緯萬端、咸待努力　從此國民之責任、日益加重、則吾領袖之仔肩亦日益艱巨、觀乎蔣委員長之宵旰勤勞　不遑寧處　其克苦辛勤公忠體國之精神　與百折不回之毅力　實與國人以共見、吾人既竭誠擁戴領袖　極當體念目下國家所處之環境、與吾領袖謀國之苦心、自茲上下一致　在領袖指導之下　以絕對之信仰　奉行領袖之主張、以貫之赤誠　更作持續之奮鬥、一切舉動、咸以整個民族之最大福利爲出發點、如新生活運動、國民經濟建設運動　節約運動、勞動服務諸端、即目前當務之急、循序適進、庶幾國運日臻強盛　而革命得竟全功　吾人所以擁護領袖者在此　而所以抱效國家者亦在此、此爲吾國民於今日獻機慶祝之餘、所當身體而[illegible]者也。

各地電賀蔣委員長五秩壽辰
蔣於明日發表五十生辰感言

▲中央社昆明二十九日電　滇主席龍雲、二十七日專電奉祝蔣委員長壽辰　並率文武高級長官致電申賀　此外各機關長官亦紛紛專電致賀、

▲中央社開封一十九日電　劉峙等電祝蔣委員長壽辰

▲又粵省各界籌款購機慶祝蔣委員長壽辰、委員會電京賀壽

▲又菲島明尼剌中華商會、二十九日電賀蔣委員長壽辰

▲又津浦党部電賀蔣副主席五十壽辰

▲又南京電　蔣委員長本月三十一日五十大慶　全國各部購機祝壽極爲熱烈、蔣委員長將於是日發表五十生辰感言一文　全文長約三千餘言

▲又南京電　僑委會息菲律賓華僑購機祝壽委員會、今日匯來該部最近所捐之二萬二千元、鈞請僑委會代收轉送蔣公壽辰獻機委員會、

國民政府明令優恤楊永泰

▲中央社南京一十九日電　國民政府發表明令優恤楊永泰、令文云　湖北省府主席、器識宏遠　智慮忠純　比年贊襄剿匪、近主湖北省政、勛跡有著　近聞被刺殞命　楊永泰由主管機關優恤　生平事跡存宣付使館此令

蘇省祝壽機昨在句容舉行命名典禮

▲鎮江二十九日電　蘇省祝壽飛機　于今日下午二時、在句容飛機場舉行命名典禮　前往參加者　到省党部特派員卞宗孟等五人　省府主席陳果夫　教育廳長周佛海　財政廳長趙棣華、省府秘長羅佩秋　保安處處長項致莊及建設局長祝平、鎮江縣長張清源、鎮商會主席冷禦秋　各關學校團體代表、與當地參加民衆約計五千餘人　由陳果夫氏主席、行禮如儀後　即報告獻機之意義、飛機於六時許起飛　在機場羣衆歡忭萬騰於午四時終禮、

內地各省市荒地 决分兩期舉辦
實施墾殖督促辦法
第一期限念五年底報齊
第二期限念七年底報齊

▲江蘇社　蘇省府訓令各區專員各縣縣長云、案奉行政院二十五年九月十日訓令內開、查內地各省市荒地實施墾殖督促辦法　業經本院制定明令公布　應即通飭施行、除分令外　合行抄發該辦法一份、令仰遵照並轉飭所屬一體遵照等因　附內地各省市荒地實施墾殖督促辦法一份　奉此、正遵辦間復准實業部咨開　前由合行抄發該辦法一份　令仰該縣長遵照、此令　計抄發內地各省市荒地實施墾殖督促辦法一份、（一）內地各省市所有可墾荒地應分兩期實施墾殖　以江蘇、浙江、福建

阿王昨乘平浦通車由平晉京
據談此行係爲蔣委員長祝壽並報告蒙政情況

中央社北平二十九日電　阿王二十九日晨八時乘平浦通車附掛包車晉京　旅平蒙古十宮及宋哲元之代表均到站送行、據阿王談　余此次晉京係代表綏蒙政會　各委員爲蔣委員長祝壽　並報告蒙政情況、等到京後、擬晉見林主席及吳忠信委員長、對蒙政會工作有所請示　在京無多勾留　即北返、又據蒙藏委員會息阿王明日下午三時可抵浦口、同行隨員十六人、此間各機關屆時均派員迎接

宋哲元通令各縣嚴禁種煙

▲中央社保定一十九日電　冀省府主席宋哲元、因時屆秋冬之交、恐無智人民種煙特通令各縣澈底嚴禁云

津海關增派兩批路班人員 協助緝私

▲中央社天津二十九日電　津海關稅務司梅維亮　爲加增緝私實力、二十九日特增派兩批路班人員　分赴各區協助工作

日機飛保定偵察

▲中央社保定二十九日電　日小型單翼偵察機一架、二十九日晨一時由西南方飛至保定上空、低航偵察　遲、向東北方飛去

滬日軍越區駐扎

▲中央社上海二十九日電　日軍一百五十餘名　二十九日晨越入市區　赴花園駐扎、

、安徽、江西、湖北、湖南、四川、貴州、河南、甘肅、陝西等十二省、及南京上海兩市爲第一期實施範圍、山東、山西、河北、廣東、廣西、雲南等六省及青島、北平、天津三市爲第二期實施範圍、（二）第一期各省市荒地其尚未依淸理荒地暫行辦法查報、或尚未齊全者、仍限二十五年底報齊於二十六年起實施墾殖、（三）第二期各省市荒地限於二十七年底查報齊全於二十八年起實施墾殖、（四）實施墾殖時應將公有荒地私有荒地分別辦理、其屬於公有者如整段面積超過五千畝由縣市政府呈報省政府辦理、如不足五千畝由縣市政府負責招墾、其在隸屬行政院之市者、均由市政府辦理、屬於私有者督促業主開墾或招墾、（五）各縣市辦理招墾時、應按照國有荒地承墾條例及其施行細則並依淸理荒地暫行辦法督墾原則　獎勵補助移墾原則　擬具進行計劃、呈由省政府核轉內政財政實業三部備案、其由省或隸屬行政院之市辦理者、應將進行計劃咨送內政財政實業三部備案、（六）招墾荒地如有必須舉辦水利交通工程而其經費浩大、確有困難情形時、由縣市政府辦理者、應於每年度提出預算幷敍明理由、擬具工程計劃呈請省政府補助之、由省或隸屬行政院之市辦理者呈請中央酌量補助之、（七）私有荒地由縣市政府依照左列之規定負責督促各業主實施墾殖、其在隸屬行政院之市者由市政府負責督促之、（一）私有荒地應由各業主自行酌定墾竣年限、呈報該管政府核准登記、其荒地面積在一百畝以下者、墾竣年限不得超過三年、在一百畝以上一千畝以下者、不得超過六年、在一千畝以上一萬畝以下者不得超過十年、（二）業主所有荒地不能自行開墾者、應依前款規定年限招人承墾、其收益由業主與承墾人雙方以契約定之、（三）私有荒地如業主無力自行開墾或逾期一年而不自行招墾者、應由該管政府另定辦法代爲招墾、（四）依照上款規定由該管政府代爲招墾而逾期未能墾竣者、其未墾部份得由該管政府另行招墾、（五）各業主或承墾人依（一）（二）兩款之規定成績卓著者、得依督墾原則第六八九三項之規定獎勵之、（八）各縣市每年辦理荒地墾殖情形、應於年終編製報告呈由省政府分咨內政財政實業三部備案、其由省或隸屬行政院之市辦理者、應逕咨內政財政實業三部備案、（九）各縣市報告辦理荒地墾殖情形後、由省政府執行初查由內政財政實業三部會同派員復查其由省或隸屬行政院之市辦理者、逕由內政財政實業三部會同派員查之、（十）各縣市公有荒地私有荒地每年招墾畝數不得少於全數五分之一、其能照此限度增墾二倍以上者分別獎勵、其不及最低限度者以廢弛職務論　依法懲戒、（十一）依本辦法之規定各省或隸屬行政院之市所爲獎懲事項、應於每年終彙送內政財政實業三部備案、各縣市所爲懲獎事項應於每年終彙呈省政府核轉內政財政實業三部備案、（十二）本辦法自公布之日施行、（廿六日）

蘇建廳將裁撤各防汛專員名義

△江蘇社　本年防水時期已過、蘇建廳定於本月底撤銷各防汛區、並停止報告水位已誌各報、茲悉建廳前爲愼重辦理防汛工作起見、除分設各防汛區外、並加派沿江之江蘇鎭江六合江都江浦等七縣縣長爲防汛專員、以資負責辦理、茲以各防區既定於本月底撤銷、故對防汛專員之名義、當亦無需存在、聞亦將訓令同時裁撤云、（廿六日）

蘇教廳將派員赴宿遷職校攝製影片

△江蘇社　蘇教廳爲推行電影教育及提倡職業教育起見、擬於本年度派該廳攝影技士張京石赴各省立職校將各科學工業物品製作程序　攝成教育影片　用資灌輸民衆工業化之智識　及提起職業教育之興趣等情早誌前報、茲悉該廳對於省立宿遷職業學校玻璃出品頗爲注意、不日將令派張技士前往該校攝製影片　頃特先期訓令該校知照　於張技士至宿時　飭於玻璃品製作程序詳加指示、幷於攝片工作　加以協助云、（廿六日）

蘇省二十四年棉產共一百七十餘萬担

南通爲最富海門等縣次之　沿海一帶日見推廣希望殊大

△江蘇社　蘇省棉花產地多限於沿海一帶、長江入海口附近、尤爲興盛、南通、海門、崇明附近所產之棉、總稱爲通州棉、江南則有常熟棉、太倉棉、以及淞滬兩屬所產之上海棉等、東台、鹽城、阜甯沿海一帶　近年來棉產日見推廣、前途希望殊大、茲據調查關於上年（二十四年）蘇省植棉面積爲一〇•一〇二•八三七畝、較二十三年推廣八八•六八九畝、產量爲一•七一二•七四担、較二十三年亦增八七三•一七七担　其中以南通植棉面積爲最廣、海門如皋東台等縣次之、茲將蘇省各縣二十四年中植棉面積及產量採誌如下、

:::江蘇省二十四年植棉面積及產量:::

南通一•五〇〇•〇〇〇畝　產量九一•六〇〇担、海門六二六•三〇〇畝、產量一三二•八二一担、如皋九五八•六一七畝、產量二一七•四六擔、崇明三八〇•〇〇〇畝　產量一一九•五一〇担　靖江一六〇•〇〇〇畝　產量三九•五一〇擔　東台•一五〇•〇〇〇畝　產量三一四•〇〇〇擔　鹽城二九二•〇〇〇畝　產量七九•六八〇担、阜甯九五〇•〇〇〇畝、產量四•四〇〇担、江陰一一四•六〇〇畝、產量三〇•九四二担　常熟四五〇•〇〇〇畝　產量一四五•八〇〇擔　太倉五〇〇•〇〇〇畝　產量一三•五〇•担、嘉定三〇五•二八〇畝　產量九〇•六六八担、上海二〇〇•〇〇〇畝　產量四四•八〇〇担、寶山五〇•〇〇〇畝　產量七二•〇〇〇担、南匯七〇六•〇〇〇畝　產量一二五•九二〇担、奉賢四五五•〇〇〇畝　產量九一•五四五担、川沙一一〇•一〇〇畝　產量二七五•六四〇担、啓東四五〇•〇〇〇畝　產量一一二•〇〇〇担　松江二六九•六〇〇畝　產量六二•二七八担　金山五九•〇〇〇畝　產量　•六二〇担　青浦一四四•六〇〇畝　產量四六•二七〇担　江浦一七•〇〇〇畝　產量四•八〇六担　豐縣五九•八〇五畝　產量一三•九七九担　泗陽三•七〇〇畝　產量三九〇担　蕭縣六六•四八〇畝　產量二•八四六擔、銅山七二•〇〇〇畝、產量四六三•六八〇担、上海市二五〇•〇〇〇畝　產量六八•〇〇〇担、六合九五〇畝　產量二二五担　沛縣八〇〇畝、產量一六九担、沭陽一〇五畝　產量一四担、（廿六日）

行政院公布修正區保安司令部組織條例

△江蘇社　行政院二十四日公布修正區保安司令部組織暫行條例如次、

第一條　爲綏靖地方指揮並督飭地方團隊起見、各該政府得依行政督察區之區設置區保安司令部、前項區保安司令部之名稱依行政督察區之名稱定之、第二條、區保安司令部直隸省政府受省保安司令之指揮監督掌理轄區內保安隊及其他有關軍警事項　並對於轄區內水陸警察及一切武裝自衛之民衆組織有監督指揮之權、第三條、區保安司令部設區保安司令一人、除有特殊情形者外•應由行政督察專員兼任、不由行政督察專員兼任之區保安司令、由省政府就具有上校以上資格之軍官擬請內政軍政部轉咨軍事委員會呈行政院轉請國民政府簡派之　第四條　區保安司令部設副司令一人、或設參謀一人或二人　均由省政府就合格軍官提請內政軍政兩部轉送軍事委員會審查後再由行政院呈請任命　副官二人　軍法助理員一人、辦事員二人至四人　書記　人　均由區保安司令就合格人員委任並呈報省政府備案　士兵若干人均由區保安司令募補之、區保安司令部編制如附表、前項副司令　上校者得轉請簡派之、第五條　區保安司令由行政督察專員兼任時　司令部得與專員公署合署辦公　第六條　區保安司令綜理本部事務監督所屬職員、副司令輔助司令處理事務　司令因事故不能執行職務時由副司令代理之　參謀、副官　軍法助理員　辦事員　書記、承長官之命分別辦理主管事務　第七條　區保安司令得隨時召集轄區內各保安團隊長官水陸警察長官及其他武裝自衛之民衆組織負責人員　暨本司令部職員舉行區保安會議、討論轄區內各種保安事宜　遇必要時　轄區內各級行政人員及地方團體代表經區保安司令之許可亦得列席、前項區保安會議議決案、應呈報省政府查核、其重要決議　並由省政府轉報內政部及軍政部備案　第八條　區保安司令對於轄區內團隊及地方治安情形應隨時派員指導視察　每三個月內司令或副司令至少應巡視一週、實施校閱指示及考察　第九條　區保安司令對於轄區內團隊及所屬職員、應於每年舉行總考核一次　擬定獎懲意見呈請省政府核辦　第十條　區保安司令部經費由省政府編製預算由省庫支撥、第十一條　區保安司令部之關防由國民政府依照頒發印信條例製發其文曰　某某省第某區保安司令部之關防　第十二條　區保安司令部之行文對省政府用呈對行政督察專員公署用咨對所轄各團隊及轄區內各縣市政府用令　餘均用公函行之　第十三條　區保安司令部辦事通則由內政軍政兩部定之　呈報行政院備案　第十四條　本條例自公布之日施行。（廿六日）

西政府將改組

工業革命黨要求加入政府

△中央社馬德里二十九日電　據傳西班牙政府行將改組、但又恐發生政潮　聞工業革命黨現要求加入政府　以彼等之戰鬥力供給政府云。

本縣新聞

化裝宣傳隊

昨召開第一次談話會

縣黨部李常委蒞會訓話

確定辦公地點開始日期

到隊員四十餘人

縣黨部奉令組織之化裝宣傳隊、其目的在宣揚黨義、激發民族思想、輔助政府進行各種救亡工作、從事改良宣傳方式 以適應一般之需要、藉此喚醒民衆之團結，開該隊各項宣傳中心工作、及隊員人選、業己擬妥聘定 昨日（二十九）召開隊員第一次談話會、以資研究進行工作、茲探錄開會情形如下：

該隊於昨日上午十時、假縣黨部會議室開會、出席者彭世亨、吳文軒等四十餘人、行禮如儀後、由主席彭世亨報告籌備之經過及其宗旨、略謂、今天是化裝宣傳隊全體隊員第一次談話會、本縣宣傳隊之組織、這一次是第三次、過去之二次、成績極佳、頗得一般民衆之歡迎、足見化裝宣傳、效力之大、本會自奉令組織後 即積極籌辦、今始成立、此次化裝宣傳、對於宣傳主義 及喚醒民族意識、特別注重、希望各隊員共同努力、繼由縣党部李常委訓話、甲、本縣奉令籌備化裝宣傳隊之經過、剛才主席業已說過 此次宣傳隊隊員 全係各機關團體工作人員、而章程又經各種重要會議通過、乙、宣傳要義、約分四點、一、訓政時期之各項建設工作、如戶口調查、修築道路 辦理警衛 民衆尚認識不清、尚須努力宣傳、二、徵兵制度、壯丁訓練、及强迫識字教育、三、禁烟禁毒 破除民衆陋習 四、安內攘外的工作 如肅清漢奸、反對封建制度、丙、宣傳方式 約有四種、演講式或說書式 二、單人唱式、或雙唱式、三、表演話劇、四、化裝遊行、宣傳隊之組織 一、暫設宣傳隊長一人、指導員一人、二、將來如有成績 於總隊之下、設分隊 分隊之下、設若干小組、三、此組織爲永久之組織 戊、對於宣傳隊之期望 一 望各隊員以俱樂之眼光觀之 二、以此組織 爲一藝術團體 以發展各個人之藝術 三、此次宣傳隊是我們爲社會服務之方法、使民衆在潛移默化之下 以達到我們的目的、四 希望大家努力有恆 討論事項 一、應確定本隊開始辦公日期、及每日辦公時間案、結果 自十一月一日開始、每日下午五時至八時 二、應確定本隊辦公地點案、結果、暫借縣党部大禮堂爲本隊辦公室 至下午二時、始行散會。

○○　○○

農民福音

省農行核准倉庫貸款

二四七各區共四萬元

三五六各區尚未奉到指令

各區農會主辦之農業倉庫、前向農民銀行申請貸款十萬元辦理秋季食糧儲押放款、調劑金融、救濟農村、現經總行核准 第二區邑口倉庫 萬 千元 第四區趙莊集倉庫一萬元 便集倉庫八千元、第七區萃坑華山兩倉庫各五千元 共計四萬元 、業經豐縣辦事處通知各該倉庫前來訂立合同、以便領款 、惟總行貸款甚鉅、負任重大、必須保人擔來辦事處、在合同上簽名蓋章 方得有效、聞二五六各區倉庫申請之款、不日亦可奉到核示云。

籌備慶祝

蔣委員長壽辰

縣黨部召集全體黨員麵敍

縣政府通知各機關團體懸旗

明日爲蔣委員長五十壽辰、全國民衆、無不熱烈慶祝、本縣政府党部及各界民衆、除推派代表晉京參加獻機典禮、並分別電賀外、茲悉縣黨部定於明日召集城廂全體黨員在該部大禮堂麵敍、縣政府通令各機關團體、律懸掛黨國旗、以誌慶祝

保安隊第卅九大隊第三中隊

調縣訓練

保安隊第三十九大隊、第三中隊、分駐於二三兩區、第一分隊駐陳大莊、第二分隊駐龍堌、第三分隊駐順河 數月之間 專事緝捕防堵等事、成大隊長以其駐防日久、對於學術兩科、不無疏忽、特將該中隊調縣訓練 昨日（二十九）第三分隊隊長陳學義、已率該隊全體士兵回縣 第一、第二兩分隊、日內亦即回縣云。

公安科

更換職員

胡仲敏戴楚材辭職

王德舉孟光普繼任

縣政府公安科督察員胡仲敏、偵緝組組長戴楚材二人 先後因事辭職 遺缺已經縣政府委王德舉充任督察員 孟光普充任偵緝組組長 聞王德舉氏、係警官學校畢業、孟光普氏、前曾任公安局督察員多年 二人品學兼優、對於公安工作、富有經驗 將來對於本縣公安事宜 定有一翻改進云。

度量衡檢查員

查獲大批舊秤

在華山鎮查獲二十餘支

並將違法行人交付懲處

本縣縣政府 以各區度量衡器、尚未能完全劃一、致碍交易、昨特派度量衡檢定員赴第七區檢查、聞檢查結果、查獲舊秤二十餘支、並將違法吃食合子糧食行人許克功許克良、交縣公所懲處。

消防訓練

訂定課程時間表

前一日講授各項課程

後一日檢閱消防演習

縣政府於十一月一日、開始訓練消防人員、所有籌備情形、已誌本報 茲探悉課程時間表 業已排定如下 十月二日、上午九時至十時、精神講話 十時至十一時救火須知、十一時至十二時防空須知、下午二時至三時 精神講話、三時至四時 消防常識 十一月三日、上午九時至十時、燈火交通管制 十時至十一時、救護學、十一時至十二時 火警規則、下午二時至三時、精神講話 三時至四時 緊急集合 十一月四 爲演習消防大檢閱、各科教官 均已聘定、現在擬訂課程綱要、應受訓人員、正亦準備報到將來定能收穫良好效果也。

豐縣農會經營農業倉庫辦法

（續）

第十條 各區倉主任之下、應外設二部辦理下列之職務：

甲、業務部

一、關於農產物之檢查量衡及估價。

二、關於倉庫及加工處所等之管理。

三、關於單證之塡發及收存。

四、關於與倉庫有關係訊息之採訪與報告。

五、關於業務上之接洽。

六關於業務上簿册之登記

七關於業務上報告表之塡製。

八、關於業務上其他應辦事宜。

乙、會計部

一、關於款項之計算收付及保管。

二、關於會計簿賬之記載。

三關於預决算之編造。

四關於會計上報告表之塡製。

五、關於會計上其他應辦事宜。

以上所列之職務應按倉庫等級由主任督同辦事員分別辦理其不屬於上列之職務應由主任指定人員辦理。

（未完）

中華民國廿五年十一月五日　豐報　（星期四）　第五版

豐報四週年紀念特刊

豐報第四週年紀念特刊開場白

雲章

今天是本報的第四週年紀念日。

本來，牠是在國難縣難發生以後產生的。所以說牠是本縣民衆在多難壓迫之下的呻吟也可以，說牠是本縣民衆在日暮途窮的呼喊也可以。在這四年中間，艱難困苦，牠努力掙扎着，狂風暴雨牠努力抵抗着。竟能渡過層層難關，由小篇幅的十六開，變爲八開，再變爲四開的二張，由石印而鉛印，由數百份，而千餘份。一天一天的生長起來，一天一天的發展起來！這不能不說是本社同人的努力，可是本縣各界的一致愛護，和幫助，也是使牠繁榮的最大原因。

今天是本報的第四週年紀念日了。現在的本縣是怎樣了。經濟方面，固然比較被張占魁襲刼以後，稍覺充實，可是食粮漲價，生產的減少，二麥的不能播種，種種都給民衆以極大的恐慌，不過政治方面，却已上了軌道，保甲的編制，壯丁的訓練，都能看出進步的表示。現在的中國是怎樣了？外侮侵來，日甚一日，領土的被蠶食，也日漸擴大，雖然中央已下了最大的決心，作自救的準備，可是局面太危險了。以後只看全國的上下的努力如何了。現在的世界是怎樣了？和平的神，已被打倒，戰鬥的神已展開兩翅飛起了。歐洲的兩陣綫的決鬥，已在西班牙表演着。東亞的戰鬥，也正在準備着。第二次的世界的大火拚，爲期已經不遠。貧窮的我國，衰弱的我國，已作了衆矢之的。局面的危殆，眞是不堪設想了。

然而本報處在國際風雲複雜緊張，國家局面，危如朝露的今日，應當怎樣的努力，來應付危局呢？

這毫無疑意的回答，就是今後的本報，要正式的担負起宣傳的責任，把國防文學，灌輸到民間去。激發起國民的民族意識，和國家的意識！使國民知道現在的中國，現在的世界是怎樣情形，然後才能收到服從領袖的領導團結一致去努力救亡圖存的效果！

今天是本報的第四週年紀念日了。責任比較以前加重了。全體工作同志們努力吧！

豐報獻詞

華客

在窮鄉僻壤的古豐，較之通都大邑，一切都感到落後，在近年來，賴吾豐黨政之忠誠團結，事業天天的向前邁進，僅有的民衆喉舌的豐報，在這極幸運的時代裏，也蓬勃的生長，一天天的健壯起來——

現在欣逢四週紀念，對於這甯馨兒懷抱着希望的人，以及担任着保姆職責的人，能不欣欣然自慰，而更歡迎鼓舞的祝賀呢？

在我，僅是一個豐報的熱烈的愛戴者，現在恭逢四週大慶，也揮起我的一枝禿筆，大書着「豐報萬歲」，

通常，四週的嬰兒，更是瓜瓜學語時期，體力不很壯健，智力不很豐富，在在需要愛護他的人們扶植，替他的將來，擘劃一切，使他很順利的與歲月並進。

在這四週誕辰的時期，我們先要把他將來的食糧問題，教育問題，經濟問題，一一的籌劃下，這是我很誠懇的向着豐報的保姆建議的。

我，願作芻蕘之獻，現在謹將對於豐報的四點新希望，很簡略的寫在下面：

一、篇幅的擴大，在很早，豐報就有擴充篇幅的風聲，但是自從這風聲傳播開來以後，實現的機會却反來遙遠了，現在我每接到豐報以後，就會感覺到篇幅需要擴大，假使經濟[illegible]的話，可以改成對開一大張，或四開二大張，我想總不至於有多大的困難吧！

二　內容的豐富　翻開報紙來看，任何人都感到內容空虛，尤其是國內外新聞，更覺得少，這固然由於篇幅太小，但，這也是目前亟應注意到的，其次如社論啦副刊啦都該立刻振刷起來。

三　副刊的增加，豐報的副刊有四，1.刊載文藝及科學常識的鳳鳴塔，2.刊載小朋友作品的小朋友，以上都是每週二期，3.教育局主編的教育週刊，4.豐中主編的豐中週刊，以上是每週期，不過我們感覺到太少，應該多學擴充，每天應該有兩種副刊同時出版，以應[illegible]，主編爲教育，小朋友，豐中學生，此外應以時勢的需要加添的，如軍事，藝術，婦女，空防，等。

四　排版的新穎　排版極呆板，任何人都感覺到，所以對於排版，無論新聞，副刊，廣告，社論，都立求新穎，大號字在新聞中也必不可少。尤其是副刊，更該求活躍，求生動。

我謹以讀者的資格，作以上四點的主張，這僅是對於豐兒教育問題，其他如稿件的關源——食糧問題，經費的籌措——經濟問題……還多……我想擔負保姆職責的，早就胸有成竹，不用我來嘵嘵的信口開河了，假使沒有計劃到，那麼豐報的現狀先不足維持，怎能談發展呢？

話由我這樣說了出來，但我聲明的，我對於新聞事業是十足的外行啊！

〇〇〇

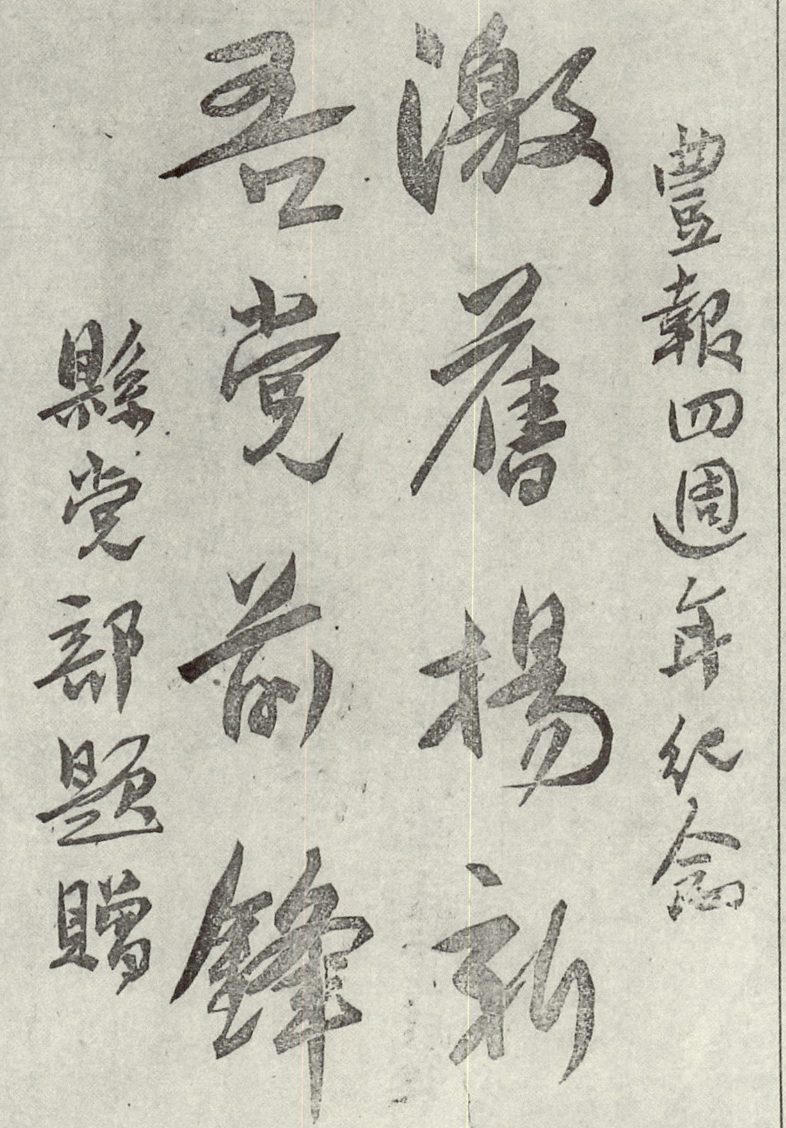

幾句敬祝「豐報」的話

愛石

西風緊急的深秋，林間落葉的聲中，國運昌安的當兒，統一告成的今日，不免都令人歡天喜地的，過着安樂的生活，歌頌着太平，這也是國家福音，民族的萬幸，眞是將「救出於水火，重登於衽席。」——

在這舉國歡騰聲中，每個人臉上都充滿了笑容。但我們豐縣却又來了個最有價值，最有聲譽，大公無私[illegible]的民衆代表——豐報。牠是我們全縣民衆的耳目，今又到了牠的四週年紀念日了，我們在這個週年紀念中，應當怎樣來紀念牠的事績和功勳呢？

牠是民衆的代表，民衆的耳目，總之也可以說是民衆的導師，牠能表現社會的一切，羣衆的苦痛。也能表

現出政治，教育，建設等等，顯注的功績，這也表出我豐黨政教的合作精神，能使民衆得到不少的認識，領導民衆走上了光明的境地，開發「惡陋的習俗也走上了康莊大道他們也大公無私的領導我們前進，不管前面有任何的障礙，牠一鼓作氣的衝上前去，什麼勢迫利誘，岐途荊棘，牠只是大步踏過去，牠是以正義公理，作爲制裁社會上的不良，披露出社會的病態。牠這偉大的精神，是多麼值得我們紀念的啊！

繁榮偉大民衆的導師——豐報。當然是我們欽佩而慶賀的。但在這不景氣中，還祈望牠申展胸中的鴻才，作爲不平則鳴的嚮導者，替民衆也申述點苦哀，餘痛。以期達到民衆的期望，最後敬祝豐報前途遠大。

中國的出路

守璽

社會現象的變異，促成各帝國主義重分世界富源的必然狀態，不景氣的現實，昭示着鐵火的世界，將要降臨到人間，眼巴巴的看着大千宇宙陷在濺紅白骨的深淵，這是未來世界的背景，我們希望變成幻想的泡影，然而戰神的黑羽已遮蓋着光明的大地，人類的撕殺在每個人腦海中打旋，一幸免吧！一是我們的希望。且看那歐洲紊張的風雲，震動的世界從不安定而走上火拼的戰綫；義國殘踏了黑人僅有的阿比西尼亞，德國武裝了萊茵區，西班牙的內乱，弱小民族反帝國主義的運動壯舉……

……任在的呈現着非常的期。這樣一來，警嚇的每個國家民族的神經鼓起火拼的波紋；希特勒破壞和平條約的舉動，不啻與世界的兩足動物造下了飛天橫禍，這種禍水流到每個人的面前，明明的告訴人們一甦醒自救」

經濟，政治的紊乱，使歐洲的局面趨向破裂的尖銳化，國際關係的日益緊張，不安定的狀態漸漸的包圍着整個的世界。德義的侵略破壞了歐洲的均勢，凡爾賽及洛加諾公約的廢除，造成歐洲的兩大陣綫，法蘇及小協商國的聯合，波蘭西班牙的親法，實足的站在反法西斯蒂 反侵略者的戰線上 德義兩國所謂「飢餓國家」張着血盆口在進行着吞噬弱小民族的獸行，形成了勢不兩立的兩大壁壘，震蕩的全人類走上了恐慌的旋渦，這個衝突的要點是建築在「重分世界富源」上。

鎮日在噴火口上的世界大局，終而這年頭露骨了。歐洲的戰雲大旗，映照着遠東的侵略幡，日本帝國主義早已用武力實行重分世界，自「九一八」後 他撕破了九國公約，從中國強佔去東北四省，如今想華北闢的烟霧沈沈，得隴望蜀似的又進攻華南及危害長江流域 上海市近日的空氣，緊張的簡直使人不能呼吸，日本士兵的挑戰野操的大示威 眞使人「可惱」，不惟這樣來給我們「開玩笑」，反而更進一步去干涉工人讀書及禁止中國人走路，別說中國人「惱」就是外國人也替我們高舉拳頭，寫到這地我也吐口悶氣「好啦，有你們的初一，就有我們的十五 走着看吧。」這是我們生死關頭的寫眞，事實決不容我們自己再來騙自己啦，要命的槍口已經對着了我們的心口 如不用手去阻，一開槍 馬上就沒了命。

這年頭是生死的劃界期 同時也是痛飲黃龍酒的揚眉吐氣時，這個人人難免的過程 任憑你怎樣也不會飛上雲端很「自在」的做人類撕殺血戰，事實絕不會容氣，同時炮火也不會容人 那怕你像孫行者似的去變七十二變 你也難逃不出如來的手掌，這是事實的呈現，並非空洞的論調 現在老實的說 只有一「自己跌倒，自己爬起」靠着別，等於沿木求魚，望梅止渴。目前的情況，不容我們再來猶豫了，同時也不容我們退縮」，只有一時一才是中華民族的出路。

今天恰是豐報的第四週年紀念。寫了這段 以作慶祝的獻禮，最後希望大家齊努力！

豐報四週年紀念

發揚光大

豐縣教育局題贈

豐報社四週年紀念

尼山木鐸　振聵發聾
危言讜論　易俗移風
三民廣播　四海攸同
董公直筆　壽世無窮

豐縣縣農會題贈

報紙與社會

歌平

報紙與社會的關係好像母子一樣 社會固然要供給糖果 牛乳 玩具……與報紙 使他生長 而報紙也要給社會捉隻跳虱，快快一取消 癢癢！……等瑣細工作，所以牠們的關係 正如其他一切社會關係一樣互相攜手。

社會形色，自身極難辨其善惡，好像母親頭上的跳虱，自已看不清楚，必須由她兒子一報紙，自然不止這一個孩子 詳細分晰揭發，批判 而後取喻方不致錯誤 若自己瞎摸 勞而無功，何苦來哉！

社會跳虱式的事情很多 報紙也倍加忙迫 如犯罪 荒淫 賭博 私貨 械鬥 拐騙……等有違道德，法律。他有力則捕之 若無則喚起大哥——法院相幫。因爲他們都是孝子，你看 剛四歲，連跳虱還不會捉哩，雖然，她不願離開他 但爲了前途，不得不讓他充分發展，狹隘的束縛是有害的啊！歷盡大地艱險，鍊得一身本領，不但會捉虱 還可以剿匪，打人呢？怎能坐視母親身上的跳虱那麼猖獗！

積極方面，母子倆尤爲關切 兒子死了，她要悲痛，母令一日不見 也覺寂寥，好像他的心情會繫于兒子的鼓舞之力。要知精神振作，才能把事業當作事業做，而後 遇障礙亦可排除。

豐報剛四週歲，有人提議他上幼稚園，我很贊成，

豐報四週年紀念

民衆口舌

豐縣第三區公所全體人員敬祝

注意戒毒

（四）戒除毒品嗜好，是救己救國救種的唯一途徑。

（五）能下決心戒除毒品嗜好，才得到新生命

（六）戒毒的機會，只有兩個月，不要錯過了最後的生路。

中華民國廿五年十一月六日

（星期五） 第五版

小朋友

第三八八期

本副刊以介紹小朋友的作品爲宗旨

本副刊委係公開歡迎投稿

本副刊編輯部對來稿有刪改權

本副刊編輯部對來稿如不登載概不退還

本副刊編輯部設豐報社內

研究

國恥未雪小學生應抱的決心

書小 俊明

諸位小朋友：請看我們現在的中國，正在什麼地位？不是正在危險的當頭嗎？層層的國恥，現在還沒有雪去，而國難又這般嚴重，但是這層層的國恥，嚴重的國難誰來救呢？不是全放在我們小學生肩上嗎？那麼我們應該抱着甚麼決心呢？

我想：我們小學生應抱的決心，是救國雪恥的決心，那麼只是口說空話洗雪國恥，要是沒有强健的身體，和良好的技能 學識，就能洗雪國恥了嗎？

我想：我們要想真正的切實的洗雪國恥，先要努力讀書，鍛鍊身體，有了好的技能，豐富的學問和强健的體魄，將來敵人來了，也能和他拼上個死活，把敵人打敗，把我們所失去的土地一律收回，才能使我們中國得到安居樂業的生活了。

我想：國恥未雪，我們小學生要抱着以上的決心啊！

創作

巧借箭

便小四年級 劉文翰

公謹一心一意的想把諸葛亮害死，用了無數的計策，可是都沒害死他。他教他三個月內造一萬箭，他笑着說：「三個月的時間太遠了，還是三天吧！」三天的時間多麼短促，這時魯肅在一旁，也替他着急起來了。

時間一刻一刻的過去，三天是何等迅速呀！一天兩天三天快要盡了，諸葛亮所造的箭還是沒有一枝，魯子敬幾次的去問他，他只是搖搖頭，也不言語。

第三天已經過去了，還只剩了一個夜間，翌早就得去交箭了，魯肅急躁的了不得。又去找他，但他照舊是一枝箭也沒有。

夜裡天黑了，諸葛亮無局的和魯肅登到船上 吃着酒食，逆流向曹營去了；這時魯肅大吃一驚，心中暗想，他要投曹操啊！

一個長夜快過去了，黎明時候，長江上忽起了茫茫的大霧，這茫茫大霧是來爲諸葛救急呀，他於是就叫兵士們擂鼓敲起鑼來，曹營中的兵士正在夢中，驚醒大恐起來，以爲周郎領兵襲過來了，他們慌促間，想不出法子，只有用箭向鼓聲處盡力的射去。

曹兵的箭都射完了，茫茫的大霧也退了，『謝曹承相箭』的喊聲，響起來時，諸葛亮借箭的船，已是只有一個遠影在遙遙的向東移動着了。

○　○　○　○

詩歌

不要回還

英俠

不要再縱情恣慾的狂歡！
不要再迷意境內留戀！
看！敵人已達到了眼前。
華北冀綏靡爛，
眼看着自己的骨肉，
在敵人鐵蹄之下呻吟展轉。
聽！炮聲震天，
邊關搖撼，
塞外的同胞大聲呼喊，
關內的民衆遭受摧殘，
馬上失去甜蜜家園。
起來吧！快快赴前線！
前進呀不要回還。
寧可死在槍林彈雨之下，
不可因胆怯而回還。
不要袖手旁觀，
要共赴國難。
勝利的時期已是不遠，
前進呀！去飲敵人的鮮血，
前進呀！去食敵人的心肝。
把敵殺盡，
復我故土！
靖我疆邊！

秋雨黃昏

華山小學　尹道祥

呼呼呼，
烏雲馳上，
雨點下落。
○　○　○
風陣陣，
雨陣陣，
秋風秋雨頻催人，
重惹舊時痕。
○　○　○
孤窗遠眺，
只看見，
雲蒼蒼　霧茫茫。
遠村一團團炊煙，
霎時遮遍人間。
○　○　○

樂

書小　李興周

樂是苦的結晶，
沒有苦之花
不會結樂之果，
沒經過 番苦，
不能得到 番樂。
○　○
苦與樂，
原是 花一果，
欲求樂之果，
須栽苦之花，
惟有苦之花，
才能結樂之果。

介紹

木偶奇遇記（續）

意大利卡羅勞倫西尼著　朱宜生譯

『這是仙子給的早飯。』蝸牛說。

木偶看了看這些好的食物，覺得十分滿意。可是當他去吃這些東西的時候，他才知道他受騙了，那塊麵是用石膏做的，燒雞是用硬紙做的，而那四隻熟杏是用玻璃做的。

他急哭喊。他氣得把盤子裏的東西都扔了；可是他因爲悲傷和飢餓的原故，覺昏迷過去了。

他醒過來的時候，他發見他在沙發上躺着哩，旁邊就是美麗仙子。

『我再饒恕你這次，』美麗仙子說。『可是你以後再要如此，你就要倒霉了！』

品諾巧回答了，並且他發誓他要努力讀書，他要立志做一個好人。

在這一年中，他牢牢的遵守住他的話。實在，在學期試驗的時候，他榮得了第一。他的行爲是如此令人滿意，令人稱讚，美麗仙子也覺得十分喜歡，向他說道：

『明天你的志願就可以達到了。』

『什麼志願？』

『明天你就不再是 個木偶，而要變成一個孩子了。』

沒有見過品諾巧的人，他一定想像不出品諾巧對于還久慕的好命運的歡喜。預備第二天，把他所有他的同學都邀請來參加在仙子家裡的盛大的筵席，來慶賀這件大喜事。美麗仙子預備了二百杯加啡和牛奶，四百塊裏外塗了奶油的麵，這一天眞可以說是最快樂最喜歡了；然而……

不幸，在木偶的一生之中，常常有一個『然而』把一切都破壞了。

第三十章

品諾巧要求仙子教他到鎮上去邀請他的朋友，仙子向他說道：

『你想去就去吧，請你的同學們明天早晨來赴宴

豐中週刊
第三五期
本刊每星期六出版

功課不及格問題

談話

勸一

每至學期終了，總是有幾個學生功課不及格，甚或以至不能升級，這好像是功課很難很不容易及格，其實，除掉極少極少甚或不佔百分之一的少數人由於天資的限制不易及格外，其餘百分之九十九或百分之百的學生，我敢說：若果決意要想及格，沒有不能及格的。

任何一課，假若在課前果眞用了一番腦筋去預習，則這課裡面容易的地方，就可得到了相當的了解；困難的地方，也找到了問題所在，及至上課的時候，再聽到教師扼要的講述，詳密的討論或試驗，這樣，要說對於本課仍然不能了解，仍然沒有心得，那是沒有的話。

課前倘能有了預習，課堂上如果得了相當的心得，這已竟是有了相當的純熟和記憶，假使再在課後和自習時間加以複習和練習：寫在筆記簿上 寫在習題簿上，這樣，要說仍然生疎而無記憶，那除非是腦子已經失了作用。

自然科學的圖書，社會科學的圖書 文學的圖書，報張雜誌以及許多適合參攷的補充讀物，如果能切實的閱讀，有目的去讀，這樣定可使得學問充實而豐富

既然領悟了課內的材料而又加上一番筆記的整理和問題的解答或實驗工夫，自然可以純熟記憶，考試起來，怎會不能及格？而況再加上一種博覽廣納觸類旁通的訓練呢？

課前從不預習，鈴聲響過，還不知自己要學什麼東西，這樣，試問怎會發現問題？既然無所疑惑，又怎能獲得新知？而況還有人身在教室上課，心裏却想到雲端去哩？每日五六課，怪覺討厭，課後恨不得玩一個盡興，腦子一天未工作，黑夜睡不着 白天精神怪懶，于是來上一次晝寢；自習必須坐在室內，心不在焉，怪覺無聊，不如看一看七俠五義或是某某戀史；解答練習題很是吃力，而且有很多的題整個不懂，索性不如把同學的練習簿借來，抄個乾乾淨淨，却也算是應付了差事；作文題出下，搜腸刮肚 仍是寫不出東西，還是東翻西找，找到了篇相似的文章，錄他個幾段，或抄個通篇 倘若瞞得過先生，倒可賺上幾句好的批語 作取得甲等的分數——這樣，試問怎得有個考試及格？

不及格的人雖不能說是全全犯了上邊的毛病，然而除了天資特別魯鈍或意外的缺課外，其因犯此毛病而致不及格者，當佔極大多數，所以我說：「假若不願不及格 只要下決心，沒有不達目的的。」事實告訴我們，一個人學業上的造詣或事業上的成就，往往不在他有特別的腦子，而常常和他的努力成正比，這很可證明切實的努力勝於優秀的腦筋，而努力未到，也很少得有僥倖的。龜兔競走，故事雖俗，却值得玩味。

外祖母（續）

寫作

鄉農

得她的痛苦又加深了一層。丈夫因她瞎了眼，不能做工了便命牠回去。

她走投無路了，便來到我家幾天，但我祖父母常說些閒話 使得我母親每天都哭，我外祖母終於離開了我家，逃到華山鎮去，在華山了幾天飯，找到了一個老人家，那老婦人很可憐她便允許她和她同居。

外祖母借此，便紡賺棉，但口紡，夜間沒有油，紡成再拿到集上去賣．賣得錢來維持生活，這樣我的母親倒也安心，並時常去看她

一個盛夏 隣家住華山去趕集回來告訴我母親說：「我祖母的眼又被紡車打瞎了個！」我母親聽了，便哭好幾天。

一日正午，高高的天空中，掛着一輪烈火似的太陽，各種禾苗，都呈現着憔悴的樣子熱風吹着。母親叫我去看外祖母去。

我走在路上，兩旁的高粱顆葱繁茂，毒熱的陽光炙着我頭皮。

我走到外祖母的屋邊看見她在糞坑旁上摸着摘菜，我近她，說：

「[?]娘！」

「……！」她的兩個帶着淚的白眼，直望着天空。

「我！老娘！」

「平吧！」

「哼！是的。一

她放下菜，走到我的身邊，抓住我的手，兩個白眼睛，直盯着我，說：

「平兒呀！您舅來信了麼？」

一沒有。

「唉！她是沒有娘了，把我忘啦！」一她說着把我拉到她那間靜悄悄的小屋中，讓我坐在地上，但她仍緊緊的抓住我的手。

「我怎麼辦！」一她氣憤地說，「我怎麼該死的呢？」一她的全身戰慄着，又摟着說，「您舅爲什麼不來信呢？當眞把我忘了，妻子兒子，我會的念着他，有一天，我站在荒郊，大聲喊着：『長！兒呀！你在外可享福啦，娘在家餓死了，你還不來嗎？』我叫罷靜聽着，只有我的心拍拍地跳動，我回來，便哭了一夜。

外祖母臉上的汗珠，一顆顆的直湧出來，滴到她底膝上。

「老娘！我得走。」

「走？不熱哪！」

「走吧！」我說着便站了起來，她也跟着我站起來，仍不放我的手。一

「老娘！你回去罷！我走了。」

她放了我的手，眼淚不住的落下 直至聽不到我的脚聲，她才回去。（完）

我的家庭

二年級 孫岫雲

我的家庭 在一個偏僻的農村中；然而，我最愛是我農村的風景．村的周圍滿長了碧油油的垂楊 在夏季尤其綠得可愛。東邊離村不遠有個小學，村中許多活潑的小朋友們，都在那裏上學，無論何時，祇要你一到村東 便能夠看到可愛的小朋友 村的南邊是一座古廟頹敗的瓦礫倒散在草叢中，常有婦女們在那裏採野菜，西邊是 條小溪，無數的鵝鴨時常在裏面游泳着，北邊是一條大路，可以通到城裡，路上不斷的走着行人；這條路在盡處的向村內穿入時便能夠看到向西的一個小門，那便是我的家庭。

我的家庭中．共有六個人——母親 哥哥，姐姐，嫂嫂 小姪兒和我——父親在我未曾認得他時，他已忍心的和我們分離了，家中缺了主要的人物，那時哥哥不過幾歲 我祇二三歲，由母親領導着我們，在千辛萬苦中，掙扎了出來，現在我已長得這麼大的一個人了，哥哥在海州受訓，將來或者可以做一點小事，母親領着姐姐 嫂嫂在家整理一切家務，我在此地上學，家中人都有職務，大家努力前進！

我們住的地方，是賃的別人的，因此非常窄狹，家中有屋三間。堂屋是母親闊我們住，東屋是哥哥住着，南屋是我們的廚屋 院中沒有大的空隙，所以只有一角算作是個小小的花園吧，因此家中還不覺得乾枯。

我們沒有傭工，因爲只有五十餘畝田地 而且叫別人種着 所以我每學期的學費，都是母親千辛萬苦向人家暫時借來，將來等糧食收了，賣了償還 所以我的家庭是處在貧苦與快樂之間。

查私貨

呆子

在這夜裏，大地死寂着。

天的臉孔，特別使人可怕；那樣的蒼白。北風直吼着，苦了樹上的小枝。雪慢慢的軟鬆的向大地飄下。

地是白的，天也是白的，接在一齊。

大路傍的合抱的柳樹下，有幾條短短的黑影。

「媽媽的個ㄨ，這樣冷得利害，手都不能拿槍啦！」

「今天這樣的冷……又……下了雪……八……成不來啦……」微小的聲音帶着顫抖。

「不會的，越是這樣天氣，他們越要趕路，襯着我不出去查，錯些狡滑的……」這聲音很高，但他沒說完，便停住了，用熱氣吹了

吹手。

「別吵！不懂麼，做這事最忌直讓！」這聲音雖小，但非常的沉着，「他們聽到會到別路上去的。」

「是！隊長！」

大地又靜寂起來，雪仍向大地飄落。

「我們……回去……吧！」

沒人回答。

「隊長！大概不來神」

「對啦！」幾個人應和着說。

沒有得到回答。

「眞冷……得要命……啦！天已半……夜還沒有動……靜。」

「對啦！回去吧！」大家吵看說，

幾條黑影，忽的高了起來。

「別動，有動靜了，聽聽……………，」這話說得很迫緊。

沉靜了一下，遠遠的傳來一種「吱吱」的聲音。

（紅車爲人力車，人擔起後，可載重數百斤，行時發出響來。）

「紅車子，聽聲好幾輛呢。」

「對啦！」

車聲漸漸大了。

「隊長！我們迎上去，別叫他轉了變。」

「好！」

「吱渣吱渣！」一陣踏雪聲，幾條黑影，飛也似的消失了。

中秋賞月記

王毅文

一年一度的中秋，忽而過去了，現在追溯起來，仍是「津津有味」。

太陽墜落了，月亮升得高起來，人影也同時瘦長了。這個時候，我同了光漢在操場中散步，一陣陣的微風吹個不住，天氣稍帶點涼意，我們爲了要欣賞秋月，便買了些許的點心，坐在木馬上吃，嘴裡在嚼着，眼在釘着月亮，眞感到不可言喻的風味。

點心是吃完了，我們這時便聚精會神的注視着月亮。眼見月亮的上升，這時的月亮就好像掛在樹梢上的一樣，眞可謂「樹梢節月影，依稀掩映」了。

這時我不由的想起了往年的今天，那時的天氣也和此時相彷彿。我正坐在屋檐下吃月餅，忽而我的弟弟從屋中擺出「幾個菜碗，和一些果餅」他慢慢地放在天井中的桌子上，等到安排完竣，我們兄弟幾個和母親便一齊去入座了，母親領着我們，在吃，在笑，享受着「天倫之樂」。此時令人有不可思議的樂趣，今年又到中秋日了，不由的思念着母親。「每逢佳節倍思親」這句話誠然不錯！

向晚的農場

中一　劉永貴

一個夕陽殘照的傍晚，功課已畢，我獨自一個走出了校門，向着農場走去，爲的是欣賞秋同晚的景物。

我徘徊在一個小道上，兩旁都是種的一些不知名的花卉，殘陽的光芒，血一般的紅，照在秀美的花朵上，秀美的花朵，加上了殘陽的光輝，越顯得艷麗，似少女紅潤的面龐，更加可愛了。

花叢下，唧唧的蟋蟀和一些不知名的秋蟲，在鳴着，其音調却很淒抑，他們唱的是秋之歌，是夕會之歌，還歌聲好似金風播落葉，又如怨婦之奏琵琶，孤峭而幽奇，使人聽了，思起故鄉，愁腸百結。

走遍「花卉園」，到了豆地裏，看那蒼黃色的豆葉，地的中間，有二三農婦，跑東跑西，大概是在尋找野菜吧！一個放羊的牧童大概是農場內的牽羊，趕着農場一羣羊兒，羊兒低下了頭，吃着黃綠色的草兒，這時牧童鼓着落竹敗死的聲調，學着舞台上唱戲的戲子們在唱，這大概是因爲他做了一天的工作，而快要休息了，才如此的快樂吧！

忽然一雙輕燕，從我眼前飛過，燕子啊！你將要飛同南方去了麼？你能將江北荒涼的景況，用你呢喃的腔調，告訴嫣花杏林江南岸的同胞麼？

夕陽已落了，蒼茫的夜幕已上來，我不得不回到校去。

防毒常識（續）

研究

毒氣之界限：毒氣包括固體，液體，氣體三者而言，凡在戰場能發揮其性質足以使敵人受刺激，中毒，或窒息之等藥品，均謂之毒氣。

一、毒氣製造之條件：所有毒物質，並非均可製造爲毒氣，而毒氣必須具有下之條件，或具有下列大部分之條件：

1. 毒性猛烈
2. 毒氣比重較大
3. 組織穩定，見水不易分解，遇光遇熱不易變爲廢物。
4. 易於製造
5. 價值低廉
6. 易於液化或氣化
7. 對於儲藏不易損蝕
8. 易於使用
9. 使敵人不易察覺，色及臭以淡及無爲佳

二、毒氣之分類：

1. 催淚性毒氣（四十字號）刺激眼膜使人流淚，其優點在以稀薄之濃度，即可收效，能製敵人活動，而不至致人死命，爲較人道之一種戰用品

注意戒毒

（四）戒除毒品嗜好，是救已救國救種的唯一途徑。

（五）能下決心戒除毒品嗜好，才得到新生命

（六）戒毒的機會，只有兩個月，不要錯過了最後的生路。

學校消息

一，自十一月一日起每次總理紀念週均有兩個學生參加演說練習。

二，各級學生向教育廳訂購大批江蘇學生，以充課外讀物，書價已由教育局轉解教廳，不久書可發到。

三，十月三十日請本校國術教師張蓁先先生邀同國術同志在本校表演國術，結果異常精彩，觀者無不興奮。

四，上週因豐報卅刊號特刊，本週刊停出一期，本期稿件，仍爲上週稿件。

司法欄

◎縣政府司法批示◎

▲刑事具狀人孫普恩，一件爲事已處息，雙方了結懇求註銷原訴，以息紛爭由。狀悉仰候訊明核奪此批。

▲刑事具保人魏效騫等，一件爲懇請償保王長興，病痊不誤還押由。狀悉，仰候令飭縣立醫院妥爲診治可也，此批。

▲刑事撤訴人董連館，一件爲遵處銷訟，懇予撤訴銷案由。狀悉，准予撤回告訴此批

▲刑事具狀人周廷耀，一件爲任意栽誣，訴叩傳訊實究虛坐由，狀悉，仰候續傳訊奪此批，

▲刑事告訴人李傳賢，一件，爲尋毆傷害，奪取現金，請求緝訊明確，依法嚴辦，勒令賠款由，狀悉仰候飭訊明證人再奪，此批。

△本城糧價▽

名稱	每市石價目
小麥	最高十元二角　最低九元八角
大麥	最高五元　最低四元八角
黃豆	最高六元六角　最低六元四角
黑豆	最高六元四角　最低六元三角
菉豆	最高七元八角　最低七元一角
江豆	最高六元五角　最低六元四角
高粱	最高五元三角　最低五元二角
穀子	最高五元　最低四元八角
稷子	最高五元二角　最低五元一角
芝蔴	最高十元五角　最低十元三角
青豆	最高六元四角　最低六元三角
花生（每百斤）	最高四元二角　最低四元一角
瓜子（每百斤）	最高十五元　最低十四元二角

△△氣象▽▽

天氣	晴
風向	西風
最高溫度	五六度
最低溫度	四五度

教育週刊

第九一期目錄

投稿簡章

一，來稿以合於小學教育及社會教育之實際需要爲原則，約分論述，報告，設施計劃，教師常識，教材教具，介紹，教育學術講話等項。

二，來稿不分文體，但須繕寫清楚，除特屬性質者外，均須直行右起。

三，來稿非經聲明，編者有刪改權。

四，來稿不論登載與否，概不退還。

五，來稿須註明眞姓名，及通信處，但發表時，別署聽便。

六，來稿寄豐縣教育局，稿封上須註明「教育週刊文稿」。

編輯處徵稿啓事

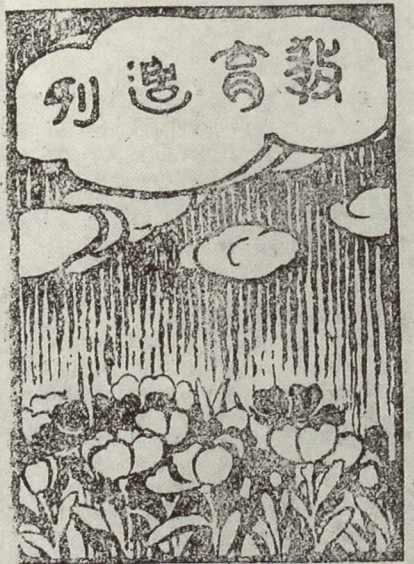

本刊以溝通教育消息，交換教育心得，討論教育實際問題爲任務。定於每週星期一出版，務望全縣教育同志，將各種教育論述，實施報告及其他有關教育之材料，隨時錄寄，無任歡迎，惟因篇幅狹小，事實務求新鮮而具體，文字務求簡要而靈活，統希鑒察是幸！

研究

願與李鳳舞君作進一步之研究

李允貞

鳳舞君：

在教育週刊上，讀了你的大作，看出了你研究的精神，眞是令人佩服；至於你能在百忙的工作中，猶能關懷桑梓；這一點，更教我佩服到「五體投地」。

教育事業，不是死板板地；必須天天改進；時時研究；才能收獲偉大的效果；我相信這一點你是承認的。在貴函裏面，你有三種意思：一，希望豐縣教育界以國難教育做教育的中心。二，不承認波遠君的用物語式的文章，去教育兒童。三，不滿意父母須知第八八條。現在我對於這三點，也有點意見。但不知是對還是不對，只有請你再加斧正了。

一、「國難教育」，近來很有些人在熱烈的研究。像什麼「非常時期的教育」啦！都是爲國難嚴重而起的。但教育是國家根本大計，不是一年半載所能有效的。實施「國難教育」其宗旨當如何？其實施步驟及方法又當如何？中國現行教育的缺點在那裡？很需要下加一番審愼研究，不是一股氣，可以隨便變更的。在我個人的意思，中國的小學教育，不需要再加個「國難教育」的名詞；爲什麼呢？因爲現在施行的，就是「國難教育」啦！不信請看中華民國的教育宗旨：

「中華民國之教育宗旨；根據三民主義，以充實人民生活；扶植社會生存；發展國民生計；延續民族生命爲目的。務期民族獨立，民權普遍，民生發展，以促進世界大同。」

孫中山先生說：「只有三民主義可以救中國。」看了上面的教育宗旨，不是根據三民主義定的麼？他的目的不是想叫中華民族强勝麼？根據了三民主義訂定了教育宗旨根據了教育宗旨訂定課程標準，根據了課程標準，編訂了各科教材這樣看來中國的小學教育，就是强國的教育；只要能眞切的實行；就可以復興中華民族的。

我們再看我們的敵國－－日本－－的教育；與我們中華民國並無多少特異之點、我沒有到日本去參觀過。但是散見在各種書報雜誌上，雖不能窺其全豹；總可知其大概；現在把他的最特異的地方寫在下面；以供研究：

一、日本教育爲國家教育；因他是帝國主義的國家，所以他們的教育兒童只有服從──天皇──「國家──；以作順民。

二　日本是　種帝國主義的教育。所以他們對教育力求統一；事業權力求集中；結果變成一種機械式的。

三，日本教育多利用什麼「服從」「尊王」「尊親」等方法，造成一種願被支配的民衆。

四，日本的小學精神不比中國好。

回過頭來，再看我們中國，雖不是實行着帝國主義那樣的教育但是像絕對服從領袖啦！發展兒童愛羣愛國的觀念啦！我看與日本相差無多。在我們亂七八糟的中國；只有這樣才可以完成中國的統　；政治才能上軌道；他的第二，四，兩種特點，當然是壞的表現。第三個特點又和我們中國相同；小學公民訓練標準裏；訓練目標，第四項中　關於政治的訓練　不是要養成奉公守法的觀念麼？雖不能像日本那種「遵王」的觀念一模一樣；不過因爲國情的不同，意義總是　樣的。

說來說去　中國的教育和，日本的教育可說是　樣；大同小異的地方，當然還有。但　定不能因而影響國運的興隆和貧弱。那麼中國爲什麼一天貧弱一天呢？日本就一天興勝一天呢？可見中國的貧弱不是因爲教育；更不是因爲小學教育，如若把中國的貧弱　歸罪對軍閥的私鬥，土匪的騷擾，倒可以的。

以三民主義救中國，誰說不是好辦法；不過因種種原因，不能實行；即實行亦未盡然能了。所以中國的强與不强；不在教育，而在中國的各項事業；不能逐步進展。

總而言之，我相信無論從那方面說，中國現行的教育，就是救國教育；並且是救國最有效的教育；不必再加上國難教育的名詞　不必弄些新花樣，不過在這大戰將臨的前夕，千鈞一髮的時節，求一個眞切的實行，我們教育同仁，是不容稍懈的。至於在小學校裏面，爲應付大戰計，訓練學生有避毒救護等常識；迅速敏捷等精神；這當然是要緊的；但在强國也很需要；這是時代進化，根本於國難無關，的原因

還有在你這一段文章裏，把「義務教育」四個字的義意也弄錯了；假若像你這個說法；「義務教育一四個字的價值；不知要減輕多少萬倍咧！

二　物語式的文章去教育兒童；我記得在前幾年曾經有人熱烈的討論過。但那時我還在小學裏讀書；根本對這樣的問題；漠不關心，所以討論的結果如何？一點也不記得　及至進了師範學校；學了教育啦！對這個問題仍沒有深刻的研究過　前年秋季　接到本縣教育局的訓令　並附小學教育問題一束，飭令將研究的結果　呈送到局　內中就有對物語式的文章教兒童有意見麼？一題，我沒有深刻的研究，怎好解答呢？因爲這，所以把　束小學教育問題；也都擱置起來了。但這個問題──兒童物語──我却沒有忘掉他；時時刻刻的在腦子裏旋着。巧得很；今年夏天；程曉生君專爲兒童物語發表了篇文章；看了把我研究的精神，助起了幾分；現在又看了你的大作；所以才把我的意思寫出來；我相信你和程曉生君均不會見怪的

在程曉生君的意思，物語式的文章，是可以教育兒童的，你哪！正和他相反；各有各的理由，誰是誰非，我實在不敢斷定。但我參看了幾本書，比較起來，還是贊成程的多；贊成你的少；也或許是我看書不通。

我現在統計三種教育部審定過的，適合新課程標準之小學教科書；他們都未脫離物語式的文章，其分量如下：

一，新生活國語教科書，是王味辛編的。二，復興國語教科書是沈白英和沈秉廉合編的。三，中華書局國語讀本是朱文叔編的。（本縣小學現正採用者　計一年級課本約佔全書五分之一。二年級課本約佔全書四分之　。三年級課本約佔全書六分之。四年級課本可說幾乎無有，這樣算來；一年級課本最多；二年級課本次之，三年級課本又次之：四年級課本更次之；這三種課本都是教育專家編的，又經教育部審定的；雖不能說絕對的好；總可說好的八九成了吧！他們爲什麼不把兒童物語去掉呢？想

來是還有存在的價值；至於他的價值在那裏？波遠君回爲幹先生那一信裏，就可以看得出來。

但是要注意：「擬人一的文章，不可多用；並只可用於低年級。

這一點，我是絕對相信的。

三、你不滿意父母須知第八八條的主要原因，是說善惡沒有絕對的，只不過以經濟地位的關係，生出了某種相對的形態罷了。這句話，我不大相信；因爲什麽呢？要知人之爲善爲惡，完全是人心理的關係；譬如富翁搾取窮人，是他內心想這樣辦的。如若心裏不想這樣辦的話，只因經濟的關係，不會能這樣的。如若是個內心慈善的富翁，他不但不壓搾貧民；還要救濟貧民來；無論做什麽事情，在本人看來，總覺得是對的，只說是善，不說是惡；但我們總可客觀的條件來斷定；對環境善惡的辨别，當然也逃不出此例。你若不能這樣的話，你怎能去找事情的眞理；與兒女們解釋呢？從前孟母擇隣的時候，墳墓場旁邊，就沒有一件好事麽？學宮旁邊就一定是好環境麽？我相信誰也不能說定；環境怎樣才是好的；只有拿客觀的條件來決定；要說中國的地方沒好的。不大準吧！春秋戰國時代，社會的好狡，和現在的中國也相差無多吧！孟母怎麽找着好地方呢？要說遷移很難，貧苦的孟母，怎麽還能三遷呢？父母須知作者的原意；是叫做父母的知道爲兒女找好環境 你爲麽什好剔小錢；把人家的好意，都抹掉呢？

上面的三個問題，都說了一些話；粗莽的地方一定很多；見解不對的地方，也一定很多；除了請你原諒之外；還要請你「不吝賜敎」；我才大大的感謝呢！

○ ○ ○

强迫教育實施問題（續）

李秉 中小協進會

陳玉桂：推行義務教育是我們急不容緩的事，不過本學區，人民智識的淺陋 腦筋的腐敗，不願送子弟入學，這是推行義務教育最大的障礙，因爲這樣所以鄉村小學皆感人數不足 需想打破這種難關，非施行强迫教育手段不可 因此校長本年度訂定了强迫教育實施辦法 但是自施行以來，各校人數陡增，我的經驗却也增加了不少，我以爲推行强迫教育有效的方法約有三點。

一、家庭訪問：教師須切實實行家庭訪問，明了兒童家庭的生計狀况及家長的心理對兒童的希望，然後對症發藥使他們信仰我們，願把子女送入學校。

二、政教合一：一般頑固的家長經過了多次的勸導仍執迷不悟，非得以政治力量强迫不可，就是所謂「感化爲前提，武力爲後盾」，可惜我們施行强迫沒有政治的力量協助，所以受了不少的挫折，幸我同仁，尚能設法應付，收到了相當的效果。

三、訓練新生：兒童被强迫入學了，做教師的，得有誠懇和藹去訓練他們，使他們對學校有美感，不視學校爲畏途，就是學生家長令兒童中途輟學，學生也一定要鬧着來上學的！

以上三點意見，是我個人體驗到的，不周到的地方務祈各位指正。

孔繁珂：本人對於實施强迫教育所發現的困難及解決方法約略的談一談，供大家作個參考。

甲、强迫教育實施之困難：

實施强迫教育手續上的困難固多，而有在兒童被强迫入學之後尚有兩層困難。

1，家庭不能與學校合作——因爲過去學校教育辦理之失敗，家庭對於學校沒有信仰，因之也不熱心和學校合作，共同管理兒童。

2，影響兒童家庭生計——農村人民大多貧寒，兒童在家多助父兄從事工作即年齡幼小的兒童也要拾點柴草以幫助家庭生計，一旦被迫入學，家庭生計便受影響。

乙、解決困難的方法

根據上述二種困難問題，我覺得解決方法有兩個：

1，增加教學效率——在校兒童如能對於學習上一天一天的進步，即教育能充分表現其成績，那麼一般人自然對於學校發生信仰而喜歡叫子弟入學而與學校合作。

2，實施生產教育——根據國民的經濟社會的需要，一般鄉村小學實有實施生產教育的必要，所謂生產教育，其目的有二：一是培養兒童生產之旨趣，二是訓練兒童生產的技能，小學低年級，應注意旨趣之培養，高年級應注重技術之訓練，這樣或者不至影響家庭生計而社會經濟稍有裨益了。

此外實施之步驟尚待諸位研究不過我覺得實施的時候，要能處處利用保甲長，就能有許多的便利，這便是我一點淺薄的見解，對與不對統希指正（未完）

注意戒毒

（四）戒除毒品嗜好，是救己救國救種的唯一途徑。

（五）能下決心戒除毒品嗜好，才得到新生命

（六）戒毒的機會，只有兩個月，不要錯過了最後的生路。

全國小學廢止體罰苛罰解除一切束縛的研究報告（續）

專載

研究結果：

會考和抽考，原是教育當局爲整頓學校課業，增進教育效率起見而發生的；藉會考抽考的結果，爲懲獎的依據，用意很是；但是推行後的流弊，卻也不少。茲分述如下：

一、使各校重視知識功課忽略技能各科——尤其在最高年級。

二、各校爲應付會考，致加重符號科目的教學時間和分量。

司法欄

◎縣政府司法批示◎

▲刑事具狀人吳韓氏 一件 爲被誣略誘 再辯實情、懇乞添傳證人 質訊明確 實究誣坐由 狀悉 仰候通傳訊明核奪 此批

▲刑事具保人李濟勝等 一件 爲懇請賞保李濟坤黃佑蘭等、回家安業由 狀悉 該被保人尚有現行犯嫌疑 所請交保、暫難照准 仍候偵訊明白 再行核奪 此批

▲民事具狀人趙忠祥 一件 爲玩忽藐諭 勒訛欠租、再懇傳案押追 以息刁風由 狀悉 仰候傳訊核奪 此批、

▲刑事辯訴人孫樹森 一件 爲奉傳辯訴 請求鑒明下情、嚴究虛誣由 狀悉 仰候庭期訊奪 此批、

▲刑事辯訴人孫樹森、一件、爲被張德成告訴僞造度量衡一案 據實辯訴 請將原訴駁斥由、狀悉 仰候庭期訊奪、此批、

▲刑事撤訴人劉玉潔、一件 爲避處能訟 懇請撤銷銷案、以全衆情、而免訟累由 狀悉 准予撤回告訴、此批。

▲本城糧價

名稱	每市石價目	
小麥	最高十元二角	最低九元五角
大麥	最高五元一角	最低五元
黃豆	最高六元七角	最低六元五角
黑豆	最高六元四角	最低六元三角
菉豆	最高七元[illegible]角	最低六元九角
江豆	最高六元五角	最低六元四角
高粱	最高五元四角	最低五元二角
穀子	最高五元[illegible]角	最低四元九角
稷子	最高五元三角	最低五元二角
芝蔴	最高十元五角	最低十元三角
青豆	最高六元五角	最低六元四角
花生（每百斤）	最高四元二角	最低四元一角
瓜子（每百斤）	最高十五元	最低十四元

△△氣象▽▽

天氣	風向	最高溫度	最低溫度
晴	南風	六五度	四五度

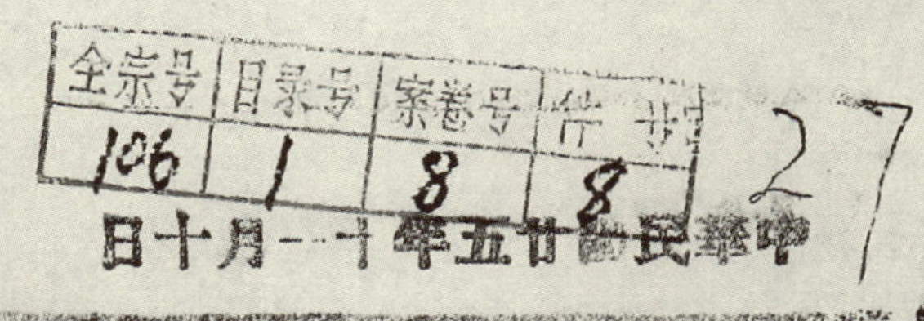

中華民國廿五年十一月十日　豐報　（星期二）　第五版

鳳鳴塔

第二五五期

一．本刊內容分科學常識論著時評小說戲劇散文詩歌個書報介紹及批評等項

二，本刊歡迎投稿來稿文言白話均可

三，來稿本社有修改權不願者聽先聲明

四，來稿登載之稿除預先聲明者外概不退還

五，本刊編輯部設豐報社內

漫談

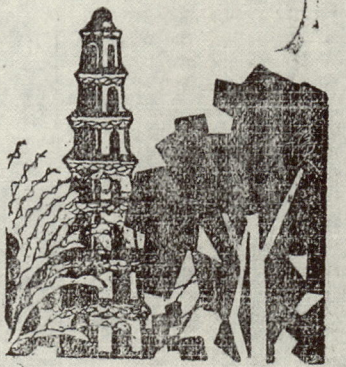

關於稻根先生底「由兩個口號說起」

波濤

看了鳳鳴塔第二五一期中的「由兩個口號說起」以後，心中很有些不樂，因爲稻根先生說的太可笑了，現在不防來談談：

稻根先生底意思，最主要的大概不過一點：就是說：魯迅先生等對於「國防文學」和「民族革命戰爭的大衆文學」的爭執，主要是在爭口號。不！這還不夠！而且是意氣之爭，因而破壞了統一戰綫。

「國防文學」和「民族革命戰爭的大衆文學」的爭執，本來就不是爲了口號的問題，更不是什麼「意氣之爭」！總之，這次論爭底主要意思是在克服中國文壇上的宗派主義和關門主義的，在這次論爭的過程中，許多人被批判了，許多人自己糾正過了，這我們就得益不少。

徐懋庸等主張「國防文學」的口號爲聯合戰線的口號，來反對「民族革命戰爭的大衆文學」的口號。魯迅先生等主張抗×聯合戰線應用抗×政治的口號，而不應該以「國防文學」的口號去限制牠底擴大；但並不反對「國防文學」爲自由提倡的口號，因此「民族革命戰爭的大衆文學」的口號也可用。這兩個口號並不對立。這能是口號的爭執麼？不吧！很顯然，是兩個理論的爭執。

魯迅先生在「關於抗×統一戰綫問題」長長的文章裏，曾站在正確的觀點上指摘了和揭露了徐懋庸和周楊先生等的宗派主義的理論與氣質、認識不清爭論的中心問題的所在，只是叱呼着說：「陣綫分列啦！」以及「口號之爭啦！」實際上却是自己在破壞「聯合陣綫」，自己在爭「口號」只是單單看過了論爭的外表，並沒看透論爭的實際，那麽，怎能這樣毫無情理的批評呢？稻根先生以爲然嗎？

創作

期待（續）

淩鴻

北行涇離火綫供有幾十里，炮聲震得房屋作響；有時還雜着一些清晰的小槍聲；敵人的飛機，三五成羣的不時來探察，弟兄們一聽到軋軋的機輪聲，心頭便起了無名的烈火，不約而同的喊一聲『用槍打！』這種仇視的心理[illegible]動，究竟是誰的造成？飛機飛走了，他們又唱着與某國作戰的歌，歌聲高亢而雄壯，裏面含着無窮的殺氣。叫你聽了也動了雄心，戰士的呼聲 民族的蘇醒，這是[illegible]莫壯烈！威武 欣歡……。

忽然一個傳令兵跑來告訴我們：『第六連伙夫好像都發了瘋，他們都不願意再當伙夫，一齊去要求連長發槍[illegible]他們一心要去打仗[illegible]纏得沒有法，連長[illegible]告訴營長請示辦法[illegible]看好笑不好笑？』大[illegible]都沒有言語，大約[illegible]昨晚那些伙夫的言語[illegible]曾老蔡才用目光掃視[illegible]，態度似乎很得意[illegible]說一句話。老大哥[illegible]『現在我相信了[illegible]就義的人不盡[illegible]份子裏向我，『[illegible]草莽英雄』，更是可欽可佩。』『是 老大哥！我們這此執筆桿子的，真有點不如伙夫。』老蔡說話的簡單，令天要算第一次，似乎他有深的感觸。恰巧，第六連連長走了來，大家都起來招呼。我們問起伙夫請願的事，他笑了，『沒辦法，他們一片忠心，令人無法處置，暫且給他們一個消極的拒絕。』他說了以後，又笑了一笑，『看弟兄們情形，也都期望戰爭很切，究竟在這裏待命要待到什麼時候？』老大哥首先問到待命一事。『且看前綫怎樣了，如果緊急，我們說不定這十內部得參加，弟兄久已等不得了，那沒辦法！上頭沒有命令！』六連長在這待命的情況內，神色也有點不大耐煩，『今天有情報來了沒有？前綫有沒有變動？』『有情報來，據說吳淞方面我軍很得勝利。』弟兄們越是聽着前綫戰況好，他們越是緊急。『一夏是敵人的飛機。』不知誰個在外面說這句話，六連長站起來，東一束皮帶，『我得回去，照樣他們不要亂跑，譬飛機討厭，他們莫再飛出聲來。』他說完同我們點頭告別，足踏着石路，發出沉重的響聲，似乎是『期待，期待！』我們的腦海裏也只有『期待』，唉，但究竟待到什麼時候？（完）

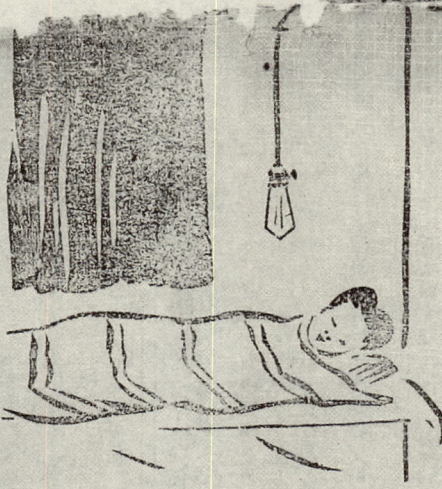

防空常識畫

藝聲

夜間敵機來襲時，應立即熄滅燈火；或放下黑色窗帘。

瑣談秋天的農人（續）

王蕪迺

獨有東邊的李德家 說天沒明來，已吃罷早飯啦，真是驚人？料想這下把的也很早。

魏家的傳上套（犂把地去謂之上套）上的也不晚，據他說，犂了兩畝子地啦；天還沒明哩，顏仁郁的「一夜半呼兒趁早耕……」我這才領略到真意。

當莊上除了俺不很慌，因爲俺們地太少了，光白天也不夠割啦。

但是早清起來會好割，豆顆子軟和 不大刺手；可是到晌午頂上，你但是割快一點，牠能把你的手刺破。

在 個很早的清晨，俺也下把啦 那時天還沒有我已起來了，穿上夾褲子夾襖，又穿上袍子，到了門口，誰知是怎冷咲？還沒見風來，身子已經發抖了，雖說是秋天，這時候也和冬季彷彿了。

這時候還是夜神掌握着世界，半圓的明月，掛在正上；灰白色的月光，爬到地皮上，樹梢上 豆顆上…………工作的人身上，胡亂摸索。

我沿着小路向田中走。

「哈！」……「臥臥」……「了了」…………「骨碌骨碌……」滿地裏嘶叫，早已打破了這恬靜的夜。

我來到地裏，涼風有意的刺我，使我戰抖，我强拿着勁抓着豆子就割，一伸手又凍得手牛疼。……

我這歇了一夜，倘覺如此，人家日夜工作不休息的，又怎樣了呢，强撐吧？唉！這時候的生活，真比夏日「鋤苗日當午，汗滴禾下土」的情形，還要痛苦吧？

「農人就是這樣啊！」

我這時才知道。

秋風 起，涼意侵人。何況這深秋時候？何況這深夜時候？我也不知他們這一夜的活，怎樣撈的；一夜的苦，怎樣受的，天明了，我起了 只見他們的大塊豆子沒有了，又上另一塊地裡割去了。

這也不算奇怪，說起來魏家的二人才紅來，他自己一夜把三畝豆子割完拉家去，把豆葉也用笆子兜成堆了。

（完了）

南行日記(二)

飛

十月二十八日　晴

故友王眞魯朱恩唐，服務國民革命軍第八十七師，現留京住守，於上午八時起床後，特與一電話，約訂下午五時，相唔敘舊。

九時同張君由大行宮，搭乘遊覽汽車赴陵園遊覽，首至明孝陵，陵外石人，石獸羅列兩傍，數目約在五六十以上，雄偉壯觀。陵門上書「明孝陵」三字，筆力渾厚，迥異凡俗。前進為饗殿，殿內懸有明太祖遺像，兩傍有監察院院長于右任手書之「與鍾山不朽，為民族爭光」之聯語。在此飲茶小憩，并購買明太祖與馬皇后遺像照片各一張，以作遊陵紀念。旋復前進，謁孝陵，陵在鍾山之麓，松柏參天處，即明太祖與馬皇后合葬之處也。陵前有一偉大建築物，名曰祭壇，壇高五丈餘，由壇下隧道，登頂遙視：陵園風物歷歷在目，因思明太祖，以平民而為帝王不足貴，所可貴者為驅逐胡虜，復興漢族。現在外禍日亟，國難嚴重，安得如明太祖其人者，出而領導國人，驅逐倭奴，收復失地，以復興吾中華民族乎！企予望之矣！

出明孝陵，步行赴總理墓，沿途林木深邃，花草芬芳，約二里許即達墓地。墓在鍾山之前，高出明孝陵約在數百公尺以上，所有建築，盡為吾國古代式，復參以現代科學及藝術，在我國可稱為空前之建築。墓前一草一木，佈置都具匠心。入祭堂，瞻仰總理遺像，像為白石製成，服中裝，道貌岸然，睹之令人肅然起敬。闢祭堂之後壁為室，室之中央為大理石壙，壙之中央，設長方形之墓穴，為總理靈櫬奉安之所，惜未得瞻謁為憾。因憶總理一生革命事業，眞不愧為世界偉人，民族救星。低回久之，始出堂四望：但見山嶺起伏，樹木蔭翳，長江蜿蜒於西，烈士紀念塔聳峙於東，而龍蟠虎踞之古城，又復一覽無餘，誠勝地也。

出總理墓，復迤邐東行，約二里許，至國民革命軍陣亡將士公墓。墓為假設，無遺骨，惟祭堂正中，置一木牌，上書國民革命軍陣亡將士之靈位。兩傍懸有于右任先生手書之「為革命而死，乃自由之神」一聯，左壁刻蔣委員長國民革命軍北伐誓師詞，右壁刻中國國民黨中央執監委員會祭文，四周刻陣亡將士官銜姓名，數目何止萬千。墓後為國民革命軍陣亡將士紀念館，館內懸有國府主席林森手書之「偉烈豐功名垂簡策，成仁取義氣壯山河。」聯語。再後為紀念塔，塔高九級，用白石築成，高聳雲霄，殊為偉觀。

公墓東即緊鄰靈谷寺，大雄寶殿內佛像巍峨，惟香火已不如往日之盛，迷信之風，較昔稍殺矣。本擬再遊譚公延闓墓，因忘其位置所在，錯走道路，致未得一遊，殊為憾事。

返中正街天成旅社寓所後，已逾下午五時，眞魯恩唐來，約逛中央商場，該場係新建築，百貨羅陳，應有盡有，王朱兩君并請在該場厚德福飯館吃晚飯，殽饌佳美，齒頰留芬。飯後，與兩友握別，同張君往夫子廟麒麟閣，觀譽滿全國之劉寶全，鼓。是晚所唱為古城會，其咬字清晰，聲韻悠揚，聆之神往，眞覺名不虛傳。及戲罷返寓就寢，已屆深夜十二時矣。

運兒的祖母

嵐影

冷風作祟的深夜裏。

清明的月兒，洒出特有的光芒，照遍整個的宇宙，照明了人們的心房，但是，總照不明那悶愁苦的斗室，也照不開運兒的祖母的心房。她坐在沈寂的窗下，手拖着皺紋深刻的面龐。

牆角的蟋蟀，瞿瞿在不斷的叫着，好似哭訴着冷秋的難挨，和生命的不久，清晰地傳到遙遠的四方，使得整個的空氣，似含着緊張的恐怖。

「唉！運兒，你安穩地睡着吧！」

正在昏閃的燈光下，玩弄着燈兒的運兒，他的祖母用手撫摸着他渾圓的頭，使他接受了靈敏的感覺，便漠然[illegible]破舊的床舖上，安穩[illegible]了。

「運窮苦的……[illegible]……我[illegible]」

[illegible]祖母，愈感覺得空氣[illegible]，一顆衰老的心房[illegible]盪着波浪的愁潮，在[illegible]喪失了靈敏的腦海裡[illegible]她將她已往的痛事，如[illegible]一般的演映着。

[illegible]的丈夫，是早世夭亡[illegible]祇撇下母子（子孫父親）二人，過即沒[illegible]艱冷[illegible]困的生涯，好容易[illegible]了，減少了她勞苦的[illegible]，而父娶了一個聰穎的[illegible]生下了一個活潑的運[illegible]眼看着，整個的家庭裡[illegible]擬着幾分的發旺，由地[illegible]入了天堂的福地。

唉！她究竟是造就了的[illegible]着啊！在她熱烈的希望[illegible]使傾下了無底的冰冷，[illegible]麼使她感到傷心絕望啊[illegible]一個吃苦耐勞的兒子；在[illegible]日的疾病中，便一命嗚[illegible]，卻做了病魔的俘虜，而[illegible]的兒妻也脫身改嫁了，[illegible]了無用的老婦和一個[illegible]復可憐的運兒。

[illegible]有意無意的將她明媚的光[illegible]，透入窗內，似欲和那[illegible]了的煤油燈猛烈的攻[illegible]，與燈光爭寵，但是運兒的祖母呢？清冷的淚珠，在那一副瘦聳的皺紋的臉上，金燈地放亮。

「奶奶……還不來睡嗎？」

睡在殘破了的榻上的運兒[illegible]夢鄉裏的惡怪驅醒來，眼兒合成直縫，悠然坐！起來，[illegible]在祖母的膝上，運[illegible]緩地哼吱着。

「乖乖　好好的睡吧！這樣冷冷的夜氣……。」

年近古稀的老婦，正在笑訴着，痛思着，忽聽得她可愛的運兒的呼聲，好似一支箭頭恰射在她一顆弱老的心尖上一樣的難過，忙張起兩隻瘦如枯柴的手掌，將她惟一的親愛的運兒，慢慢地抱到牀上，忍心的止悄，安慰着運兒早點入夢。

蟋蟀的苦叫聲，逐漸地由斷續而至絕滅了，運兒已經入夢了，但他是運兒的祖母啊！淒瑩的淚珠，仍是滴滴的流着，衰頹了的心魂，仍是掙扎着最後的期望，月亮呢？早已躲入雲幃裏去了，祇有那，祇有那陣陣的冷風，吹拂着一粒燈光，閃灼地搖晃。

注意戒毒

（四）戒除毒品嗜好，是救己救國救種的唯一途徑。

（五）能下決心戒除毒品嗜好，才得到新生命，

（六）戒毒的機會，只有兩個月，不要錯過了最後的生路。

祝豐報四週年紀念

遐齡

豐報是本縣的地方報，也就是向本縣三十五萬老百姓傳達的喉舌，我們看着他忠實的服務了已是整個四年工夫，在這四年中間，我們國家的千變萬化，國際的旋振蕩動，都由它坦白的向我們告訴、清楚的放到我們的腦筋中間，刻劃着一種對時代深刻的觀念，這種觀念將要使我們認清實現，握緊未來的生活，于我們完全排在人生主觀上，一種極需要極有力的幫助。

所以，在今天已經出到四週年的豐報，我們要抱着一百二十分的希望我們的喉舌，以後將要賜給我們更清晰的，更多的，這一個時代的消息，來加強幫助我們的主觀，增進我們的意識，同時我們更相信豐報的生命將會四十週年、四百週年、四千週年，甚至永遠與我們民族生命一樣的蔓延下去，它的光芒也會益加燦爛地照耀在豐縣。

○　○　○

編輯室的廣播電台

一，哀悼魯迅先生特刊，稿件尚未收齊，須得稍遲。

二，稻根，白吾，白水，君：請將通信地址告知！

三，十一月份稿費，已統計完了，請向會計處領取可也。

四，本報四週年特刊剩稿，陸續在本刊發表。

△本城糧價▽

名稱	每市石價目	
小麥	最高十元一角	最低九元六角
大麥	最高五元一角	最低五元
黃豆	最高六元五角	最低六元三角
黑豆	最高六元二角	最低六元一角
菉豆	最高七元二角	最低七元
江豆	最高七元	最低六元六角
高粱	最高五元二角	最低五元
穀子	最高五元	最低四元八角
稷子	最高五元三角	最低五元
芝蔴	最高十元六角	最低十元三角
青豆	最高六元八角	最低六元
花生（每百斤）	最高四元二角	最低四元
瓜子（每百斤）	最高十五元	最低十四元一角

△△氣象▽▽

天氣	陰
風向	南風
最高溫度	六〇度
最低溫度	四三度

塔影

第二六七期

一，本刊內容分科學常識論著詩歌小說戲劇散文書評書報介紹及批評等項
二，本刊歡迎投稿來稿文言白話均可
三，來稿本社有刪改權不願者請先聲明
四，來稿登載之稿除預先聲明者外概不退還
五，本刊編輯部設豐報社內

漫談

談談海州（續）

毛愛眞

中午時海風平浪靜，下午就有些不安了，及至夜半醒來，他已早就喔喔的狂叫起來了，滿院什物的動搖聲 時時刺激耳鼓，使我起了不少驚恐。

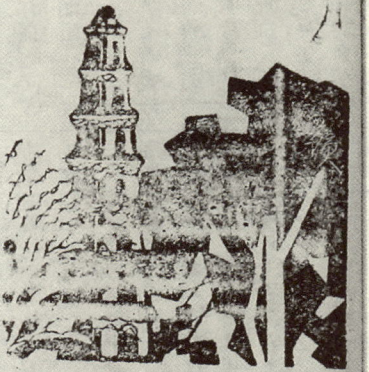

北面的風起來了，寒暑表中的紅色水 下降得很快，一股冷氣迫人，我們住在這裏，只得加些衣物。霎時，南風吹上來了，於是 又滿天雲烟 熱悶得喘不出氣來。我來到此地常常傷寒感冒，都是由于這個原因。我們不知道在這海濱地方，會有這般的海洋氣候表現出來。

第三，是多糞。幼時，教師說：「糞是很好的肥料」，我們聽了，以爲是多事，誰知東海人民，就是這樣，他們不知道利用糞便做肥料，所以他們就隨處大小便 便溺也就隨時會在那兒。尤其在夏季一個欲雨不雨的悶人的天氣中，海州充滿了異樣的臭味。近來，已有相當的進步了，就廁所說吧，東海師範內有一處專員公署，有一處新生活促進會，最近又增設一處，聽說敎育館中也有一處了，但不打掃，還是依然。所以有人根據清潔的程度說：「新生活運動，在首都跟上海是不運而動 其他的地方是運而動 獨海州之「新生活」就運而不動了。」

海州東南有孔望山，與錦屏山相接。相傳孔子曾登此山遠眺，因爲我們太厭惡這個海州的地方 覺得孔子怎能到這個污穢不堪的處所去遠眺呢，孔子如眞到這裡，恐亦不會這樣的糟天下之大糕了，故此，這小小的孔望山，我們皆呼他爲望孔山了。

不要再想了。如再細細想下去，那就快要作嘔了。

在我停下筆來的時候，這個不可思議的海州，確實又有風雲在狂奔了。（完）

批評

讀過萩原君底「這便是深深的援助」以後

螢

異地 這使我奇異地吃驚不小，可不是爲了「這便是深深的援助」那 首詩，極新穎而流暢的一首詩。我看了，禁不住也喊出來：「啊！這是多麼好的詩啊！」可是，牠好，牠眞的好，請總不能完全的歸功於萩原君，因爲有這樣的 篇散文詩被他摹仿了！ 那正是屠格涅夫（Twrgenou）底乞丐（The Boggan）

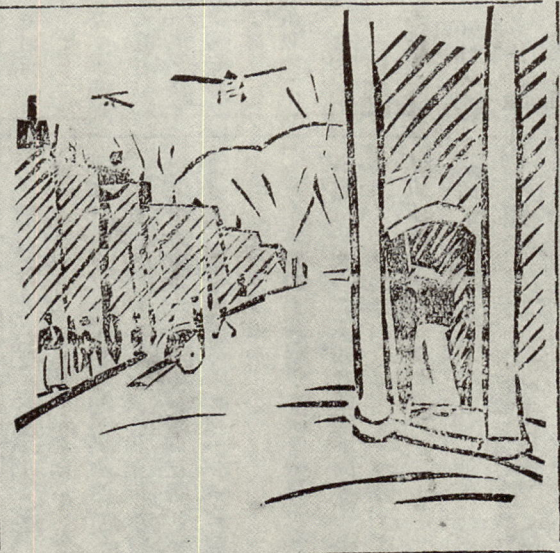

在這裏，我們要牢牢地記好：

文藝是創造的，同時又是進步的，反之，文藝不要一味的摹仿，在內容上的摹仿，因爲沒有更進步的內容了，文藝便永遠不會進步。[illegible]，空口說白話多少要給人們懷疑：「唉！這是眞的麼？」在這裏，我要免除人們對我的懷疑，那麼只有找尋錯證了。

來，我們看看兩面的對照吧：

這便是深深的援助

「凋落的黃葉夾着飛沙在空中狂舞，
澈骨的寒風與高彩烈地在林間歡呼，
冷淸淸的夕陽墜入了西山——
慘淡模糊，
燒紅了半個天空——
猶如離人揩拭着淚目，
陰森森的一條長路
我在低頭堆首急走，
突然一個衰老的乞丐，
在一旁把我攔阻，
他打打地發抖，
他連連地叫苦；
他的血淚縱橫，
他的爛眼紅腫，
他的嘴唇發青，
他的髒污的長髮乱如飛蓬，
[illegible]
他的臉上豎着的[illegible]懸爲百結，
他的背上披着的襤褸大眼小孔。
啊貧窮如何呑噬了他啊！
啊 如何呑了他啊貧窮！
他的牙齒劇烈地在上上衝突，
他的舌頭訥訥地忙把「大爺」送出，
他戰巍巍地伸出他的髒手，
乾巴巴地好像剝去了肥肉；
他眼淚汪汪地對凝着雙目，
我便開始在探掏着我的內服，
沒有一個鳥銅板，
連一個手巾兒也沒有，
呀 空虛在我的囊中，
我的靈魂也在開始戰慄！
慢慢地我又伸我的空手，
緩緩地壓上了那個瘦手和牠緊握。
「休怨啊朋友，
我什麼東西也沒有！」
「不要緊朋友，
這便是深深的援助！………』

（未完）

防空常識畫

藝晨

（說明）敵機來襲時，要立刻避於道旁，或躲入室內。

創作

文藝園地的浮雕（續）

魏父

豐沛古戰場，民情激昂慷慨之見於文字，舊詩今年當推李君仲模「聞華北危急書此見志」二律，調高氣雄，得工部劍南之餘韻。可惜當日不知珍貴，竟排在「塔」幾的壁角落裏，不能引人注意，十個月來眞是使我一直引爲一椿最大的憾事。

我春天也邯鄲學步，寫了一首七絕，題目是「擬古從軍」 實在用不到什麼擬古，祗是現在這個年頭無實力的人，還是少開口爲妙，但是又不能不開口，且擬古二字是有「發思古之幽情」的意思，決不算是復古或是麻醉青年，叫人死氣沈沈，所以那首短詩，謬承許多前輩贊賞，這不能不算是榮幸！替自己介紹，目下東西各國盛行此例，而我國也古已有之，不足爲怪。

詩歌收穫平平，小說却如雨後春筍般的接踵透出：閒人，孤蹤，老渾，凌鴻，魯橋公，曉生，雪舫，小生，淸楚，顯惠 淚影，黃念諸君，有的作客他鄉，有的身羈職務，還都能奮發餘力，使園地裏不變成荒涼，勞苦功高，應推第一。至於拿作品來分析，中國新文藝界向來大別分

為兩派：一派是魯迅為首，專以惡勢社會為對像，實力最雄。一派是以郁達夫作主　專寫傷感文章見長。描寫社會的一片，達夫威不及魯迅，要說傷感文章，當今誰也不是達夫的對手。文藝界民族的園丁表演如此，那末我們這個地方的園丁，當然也不會例外　所以閒人，孤蹤，老渾雖趨於寫實　總多半帶有傷感色彩　淚影君筆致清脫，也是屬於這一路。聽說他年紀極輕　我們應該對他存有絕大的希望的。此外作品，大都是純粹的寫實派，而且有許多篇近於魯迅早期的創作品。統觀全園，佳果異卉，已經很有了相當的栽培　纔能如此秀枝勇發，美花競放，祇須大家再著力趨向寫實最高超的頂點去，那去不單我們齊北可占得一個永久的地位，那怕眞成個民族的作家，也並不是一個夢！

至於譯文今年可說特開奇葩　朱宜生的木偶奇遇記和冰片，萩原，子仿的長短篇，流利忠實之外，尤能絕對不用方言　關於這一點，似乎又比幾位小說作家聰明　些，因為用方言寫出文章，固然合於當地的大衆化，但是　篇文章的空間性無端縮小了，況且我們是經濟文化落後的縣份，和大都會比較，任何什麼都望塵莫及，所以我們平日為文，不能忽略這一點。

今年雜文，雖有雲章，克林，春林，兆豐，歐平和我來寫，但多搔不着痛癢，或者有意誇狂，比較遜色。

還有天君的廣西遊記，一直未能動筆，這也是我們衆園丁引以為憾的事情。

總之，我們還欠少些修養功夫，他山之石，該是多看新的著作，多經歷社會的險途。

（完）

夜深了

嵐影

夜深了啊！

天空的月亮，從淡薄的白雲裡，透出了一絲的光芒，象徵着空氣的冷落淒涼，還有幾顆如珠的小星　掛在遙遠的天邊　有意的向人閃眨眼，格外的顯出一種淒切的景象。

微微地風絲　含着幾分的冷意，從窗孔　從門縫，透進屋子裡　使到了我的身體　無疑地打着坎坷　不自主的嘴巴　在不絕地呻吟。

一顆火燄拂動的白燭，熬着牠肚內的火，榨着牠身上的油脂，「吱！吱！……：一牠在微吟了呵！惟恐冷風吹滅了牠的光亮，惟恐火燄燃壞了牠的生命　啊！呵！牠的心內，始終逃不出矛盾的圈子。

唉！這個寂靜的斗室裏除了白光閃灼的一枝燭，便是寂寥的我啊！穩伏於正方的桌子上，凝神沈思的默想，預備我，預備我來日的功課。

誠然，我深感到寂寞荒淡的情味啊！那一顆不甯靜的心，忐忑着，微戰着，一種鬱悒的思懷，漂渺於無垠天外，啊！啊！我還是我嗎？還是從前的我嗎？每當作了念頭的時際，一團悲哀充滿了心頭，湧塞着緊張的心扉。

「功課落後，」時刻在我的耳畔響着，實在，已感覺到十二萬分的畏懼，難以理智的心情，找隱着苦悶煩惱，簡直就是苦悶的成分，時宿在我破碎的心門。

是的，往者不諫，來者可追，過去的已經死去了啊！不作回溯吧！然而；將來的我，惟有努力啊！我要宣誓，永久地遠離那苦悶的巨魔，恨將牠葬埋於最下層的墳裏。

然而：究竟夜深了啊！遠聞得唧唧的蟲聲，奏着絕命的哀曲，冷冷的風絲，吻拂着宇宙的微息。

皎明的月兒，已經暗淡了，從門的縫隙，模糊的透過無力的光芒，啊！夜深了啊！周圍的一切是寂靜着。

○○（完）

南行日記（五）

飛

十月三十一日　晴

今日為蔣委員長五秩壽辰，余同張君特於上午五時乘濟平通車離綏赴京，參觀獻機祝壽典禮　七時二十分抵下關，即雇馬車至中正街天成旅社寓居　沿途見家家結彩　戶戶懸燈　氣象萬千，耳目一新。八時半抵旅社，略事休息，即往明故宮飛機場參觀獻機祝壽典禮。至已歸會多時，觀衆二十餘萬，各手執五色小旗　隨風飄揚。場內設台三座，中央一座　為禮台，台傍懸壽聯　付，上聯為「百萬衆腋，千萬成裘　萬里外寄烟輸忱　共尊領袖」下聯為「四十誓師，五十祝嘏，十年間宵衣旰食，獨奠國家。」聯語切貼有味。當主席台上正在講演時，忽由南面天空，飛來飛機　隊，數約三十餘架，排列成「中正」二字，整整齊齊，向北飛來，一時歡聲雷動。及抵主席台前　突又散開，分向四方飛去，蔚為奇觀。旋又有飛機二隊，隊合成一「五」字，表示委員長五秩大慶，一隊合成一「人」字，翱翔天空。其狀若蜻蜓　若寒雁，滿天飛舞。旋各機　律馳往東面　羣向會場穿來，計每三秒鐘，即有飛機經過大會會場一次，約二十分鐘，始各散去。最後有飛機三架，表演翻觔斗，前後左右　運用自如，有時司機者頭對地上，約二三分鐘之久，觀者驚駭！而駕駛人員技術之嫻熟，令人贊歎不置矣！十一時二刻，觀衆於三呼蔣委員長萬歲聲中，紛紛離去　余等亦雜遝人衆中回寓休息。

下午三時　往中央黨史史料陳列館參觀　該館在勵志社東偏，係宮殿式新建築，頗壯觀。館內陳列，多先烈遺書，遺像、遺物　閱之知革命党人當年堅苦奮門，為國犧牲之精神，多可歌可泣，令人景仰不置。館中并有　總理手書之對聯，係贈蔣委員長者，上聯為「窮理於事物始生之處，」下聯為「研幾於心意初動之時，」細玩聯語，知　總理勗掖屬望於蔣委員長者至深且大，而蔣委員長能有今日之功業　亦先　總理之所啟也。在此徘徊瞻顧，尚未領略萬一，而展覽時間已過，祇得悵然回寓　異日來此　必費一二日之時間，細審此先烈之遺愛也。

今日蔣委員長在報上發表「五十生日之感言」一文　其中對於報國與思親　發揮盡致，勸忠勸孝，成已成物，委員長之學問思想，流露於此文中矣。

秋柳

怪

寒冷的秋風，
瑟瑟的掠過樹梢；
淒慘的月光，
無聊的窺着樹影，
蕭條的秋夜，
只有秋蟲的悲鳴。
秋柳的枝幹，
黃葉片片的飄零，
牠好像哭泣，
悲秋佔了青春境。
春夏的時候，
青枝綠葉多茂盛，
濃密的柳絲下，
陶醉了男女美夢。
柔嫩樹叢內，
惹起鳥蟲的樂鳴。
烈日炎炎時，
更動了遊人的心情。
○○○
到了現在喲！
已無人與我同情！
時代的車輪，
奪了我的生命，
月慢慢的移動，
我隻身背着孤影。
顫抖的枯枝，
仍舊不住的飄動，
可憐的秋柳，
你不要流涕悲痛，
待來年時候，
枯枝葉仍能復榮。
但請你覆我，
我黃金的童年能否復臨？

編輯室的廣播電台

一、因為稿件不充足，所以哀悼魯迅先生專號，還得下期才能出版。請讀者諸君原諒！

二、嵐影君：你的稿件都收到了　將次第發表，至於你的一封信　可以不必付梓了。

三、榮培君的「文藝園地的浮雕一一瞥」，是本報四週年紀念特刊上的稿子，因為特刊篇幅有限沒有發表，所以在這裏付印了。

四、鄒農君　你近來的努力　眞使我們佩服。你的稿件，現正在整理着　預備略事修改，即可完全付印。你以為然嗎？

五、十月份稿費限本月二十五日前結束，請從快來領。

△本城糧價▽

名稱	每市石價目
小麥	最高十元八角　最低十元三角
大麥	最高五元二角　最低五元
黃豆	最高六元四角　最低六元二角
黑豆	最高六元二角　最低六元
菉豆	最高六元八角　最低六元六角
高粱	最高五元三角　最低五元二角
穀子	最高四元八角　最低四元六角
稷子	最高五元三角　最低五元二角
芝蔴	最高十七元　最低十元六角
青豆	最高六元三角　最低六元二角
花生每百斤	最高四元九角　最低四元八角
瓜子每百斤	最高十五元　最低十四元

△△氣象▽▽

天氣	風向	最高溫度	最低溫度
晴	東南風	六三度	三三度

豐中週刊

第三六期

本刊每星期六出版

言論

讀書的害

——速

讀書的最大功用，在能變化氣質，增加智識，這是大家所公認的，但是，書不善讀，却反要越讀氣質越壞，越讀越是封鎖了求知之路。

研究佛經的人，每謂除掉大慈大悲佛法輪回以外無他道；研究聖經的人，又說捨掉上帝的諭示以外，無可從；研究揚子的人，輒執為我是至言；研究墨子的人，偏說兼愛為至理，此等哲理學說客觀的說，固各有其時代的價值，但也有其所缺陷，然而竟能偏化了古今來不少的聰名才俊的氣質，封鎖了他們的思想的出路，落得個入主出奴的謬見，至於一般平庸的讀者，更無怪其近朱者赤近墨者黑了。現在更有不少的青年讀者看不到三期週刊兩本雜誌，便被攝去魂魄似的麻醉過去：很驕矜的以為得到了絕大的寶貝，無上的知識，獨到的理論；很傲慢的俾視了一切，好像凡所好，皆為膚淺，皆為妄談，皆為謬論，皆為不需要，皆為不值一理；甚或他的態度和行動，也惟有他所好的幾種刊物上的指示才是天經地義理應遵守，別的一切聒瀆(他認為如此)皆為無聊，不屑理會。矜驕的青年們！試思所有的學問道理，是不是盡在你所好的幾種刊物裏？是不是除掉這幾種刊物以外再沒有別的知識和道理可供研究？需要研究？我想，恐怕也不敢答出個「沒有，不必」，然而矜驕的青年們，事實上却被偏化「氣質，封鎖了智門！

然則人們何故這樣容易被書偏化和錮閉呢？簡單的說：一因讀者無預定的目的，二因作者善於投機。因為作者善投機，故善能逢合心理找到弱點，而予讀者以刺激和誘惑；閱者無目的，故能被其迷惑變為書本的奴隸。讀書的青年們！你們讀書，切須注意到你們現在基本的需要，要注意到你們將來(至少是最近的將來)的需要，莫只顧蒙着頭往前讀啊！

寫作

秋夜

王朝品

秋風瑟瑟，秋色淡，一黃葉飄滿了天空，啊！慘好一個秋的世界喲！

的確，它沒有春天的溫柔美麗，沒有夏天的蓬勃森鬱，但它的幽靜與素雅，卻是任何季節所不及——尤其是夜！

當夕陽剛要別離人間的時候，它逗留在地平綫上，望着人間：一羣羣的農夫由田中回去，路上三兩的行人，和一小隊一小隊的小學生，從校中歸家：它終于倦了。

一輪渾圓的明月，從東方疎林裏露了出來，它烘着一團黯黃色的光輪，冉冉上昇；待到中天時，照着整個的蔚藍的天空，分外的高起來；幾隻小星睜着極明的眼，瞥着大地上靜的美的自然的景物。這便是我們領略秋夜的自然美景的時候了。零露瀼瀼的潤着大地，秋風蕭蕭的吹在空中；看天空的澄澈，看大地的蒼茫；遠的村野，近的溪流，園中嬌小的花，枯草稀疏的都歷歷入目，聽小秋蟲的夜曲與夜鶯聲的應和，也似在贊揚夜之淑靜！

這一些具有幽靜之美的情景，都是圖畫，都是詩意，都是秋夜之神的點染啊！

週記二則

一年級　劉廣基

一、旅行的一幕

雖然經過了長途的跋涉，但也不感覺得怎樣的疲倦，在黃口上車的時候 火車雖然誤了二個鐘頭，但也並不使我們失望 仍然盼望着，靜待着，老師叮囑了我們好幾遍，「你們不要慌，你們各找位置睡你們的覺吧！」但我們那能睡得着呢？大約一刻鐘的功夫，汽笛鳴了起來 便知道火車來了，忽然大家都站了起來，往西眺望，耀眼的燈火，便隱約的可以看到，近了，愈近了，剎那間便到了面前，我的眼實在不能受那强烈電燈的刺激，耳朵也受不了汽笛的鳴聲，我怕暈倒，於是我掩耳閉眼的蹲了下去 直到火車停穩了，我才敢睜眼凝視，啊！火車原來是這般的威武啊，於是大家便爭先恐後的爬上車去，各小隊找各小隊的位置，坐好了，我正在凝視着對面的那位洋人的時候，烏 聲，汽笛鳴了，使我又驀然吃了一驚，啊！原來是火車欲開的先兆嗎？火車開了，各位同學都在打盹呢！只有我未免的太例外了，伏窗外眺，只見車旁的樹木，不住的向後倒去，大約有兩個鐘頭的光景，便達到徐州了，我們下了火車，整好了隊伍，便同倒民衆草堂去借宿，直到睡倒之後，心裏還想着剛才坐火車的一幕。

二，處同學

每逢下課的時候，聽吧，總是喧天動地的吵鬧音，幾乎把屋上帽子頂跑，我聽的耳膜也幾乎振破了，有一次我曾記得有兩位同學吵鬧得過於厲害，於是我們兩人的感情便破裂了，以後也不說話了，由這可見 吵鬧有莫大的壞處，一方面可以破裂感情，另一方面還可防害秩序 古語說得好，「一輩子同學三輩之親」，同學們，我們要重視我們的感情呀！

秋色

——惺

看呀！蕭條的原野上，凋萎的小草，將行枯死了。雖然掙扎着迷戀着這汚濁的紅塵。瑟瑟的秋風，也將這時的黃葉送入泥土了。

七夕的銀河，中秋的皓月，直如過眼雲煙，佳節易逝了好景不常，眼見重九菊花又茂盛起來而紛開了，時節已經宜染上了秋色。

看喲！國內的烏焰瘴氣迷漫着，辨不出人面欺詐奸險，數不盡人們的惡迹，地壤天宵都是不平，唉呀！狂砂蔽禾，日月星辰真是被天狗吞了嗎？

聽吧！臨敵赴死的慘叫，榨盡脂膏的貧苦平民的飢號，都已聲嘶力竭，人們在這水深火熱的中間，哀泣着呻吟着！唉！原來國亦已染了秋色。

搭車

三年級　趙心普

——秋季旅行之一

「今天我們搭九點鐘的晚車到徐州去」。團長向我們這樣的說。

八點多鐘了，我們便抬着行李整隊到車站上去等車。站上很寂靜，鐵路的旁邊有警察和兵士徘徊着；貨物的旁邊有幾個看貨的睡着。我們把行李靠着貨物放下，同學們有坐着的，有睡覺的，有談話的，有散步的，每個人心裏都盼望火車的到來，免受這種坐臥不安的痛苦。

九點鐘到了，火車依舊沒有形跡，叫火車進的紅綠燈，沒有降，也沒有昇。

「九點鐘過了，火車怎麼還不來！」同學們燥了。

「車誤點，得到十二點才能來！」一個兵士這樣的說。

黑暗，寂靜包圍着整個的大地，夜的神密在每人的心裏盪漾着。

夜風吹來，怪有點冷，同學們的大敞都緊了又緊，圍了又圍，但總是顧不到全身。下面的腿部還是一樣的寒。

「唉！怎麼這樣的冷！」凍醒了的同學及坐着的，走着的同學都發出這樣的聲音。白天同學們都噪着拿大衣幹麼 這樣熱的天，多重，還得背着它。但現在都完全變卦了，都只有怨大衣做的短，而且薄。一二位沒有拿大衣的同學，更怨着為什麼不把大衣拿來而受凍。總之，都在怨冷。

我坐在行李上，實在支持不住了，便到人家的貨物上（是裝在桶裏的油貨，並排放着，上面覆了一層布，很平穩。）去睡，任你把腿彎的再短，大衣總是蓋不住，風從下部吹來，冷氣吹進了全身。我真正疲乏了，雖是這樣的冷，但我不一會便睡着了。忽然一陣冷風使我打了一個寒戰，「唉呀！怎冷啊！」我不知不覺的也說了一句。

四週的一切依舊沒有多大變更，而所不同的只有同學們都已經起來，站在鐵路的旁邊向遠處張望，我知道他們大概是看火車。

「火車快來了麼？」我這樣的問一個同學。

「還有八九分鐘！」一個同學的回答。

果然，不到一會便從遠

遠的方發出了一片光芒，愈近，愈大，愈亮。離我們不遠了，牠是那樣的强烈，使我們睜不開眼睛。真的，火車來了。它走着，「哈喇！哈喇！」的響，連我們站的地方都振動了，它來到我們跟前，奥的一聲怪叫，把我嚇了一跳。它真像一個怪獸，使人見了那樣的駭怕。

車剛剛停住，同學們慌了，抬着行李，跟着先生找我們所坐的三等車。有些恐怕上不去　便不管是等車就上，結果只有下來，再找三等。同學們擁擠的爭着上，但裡面充滿了人，大部分都找不到坐的地方。還好，我還有位子坐　靠近窗子。火車吼了一聲，接着又聽到一聲哨子響　就走了，我們坐的是三等破車、走起來「叮鐺！叮鐺！叮鐺！」的響，使我們聽不到別的聲音。我站起來，把頭靠着窗子向外面看，一切都被夜蓋住了，只有模糊的一片，隱隱約約的，有樹木向後直奔　車走得愈快，樹木往後跑得也愈快。火車不知走到什麽東西上了，特別的響。一條白的東西從我眼前馳過　有知道的同學說是洋橋。車所帶的風是那麽冷　使我趕快縮回了頭　一種有節拍的聲音依舊是叮鐺的響着。

車門　開，吹進了一陣冷風，隨着進來了一個人，他是那麽乘巧，一進來，便走到在我右邊睡着的軍官面前，緊貼着他的耳朵說了一陣話，但我全聽不董。他說着，但兩隻手却向軍官的裡面乱摸，找出了吃的東西，他便不住口的吃，有時還喜皮笑臉的應酬那軍官的一切。

車走的是很慢，一會就是一停，我們便知道是到了一站。我們呆呆的坐在那裡，怪有點煩，有時站起來向外看看，但眼前只有漆黑。

火車又是一停，這次有些不同了一切都比較緊張，這顯然是到繁華的徐州東車站了，汽笛的吼聲隨時可以聽到，一掛　掛的火車縱在鐵道上，不知多少。賣東西的喊聲及下車搬東西的響聲混雜着，使你聽不到別的聲音　帶着紅　帽子的搬運夫一隊一隊的站滿了每個車門。同學們都下了車　整齊了隊，抬着行李向我們住宿的地方走去。電燈照在又光又平的月台上，更顯得亮了。有幾個洋先生似的人，他們的皮鞋，在這平滑的月台上，粱得瓜瓜的響。我只恨沒有一雙皮鞋，不能在這樣的路上粱粱　我們過了天橋，便到了站口，憲兵不叫我們走。經有一位先生在那裏和他交涉，我們才得過去。走了老大一會子，我也不知拐了幾個彎，才走向一個門裏去　裏面有冬青　松柏圍成的園子　種的什麽花草却看不清楚了。中間有一個亭子　聽先生說這便是我們所要住宿的地方。我們把行李放在一個大屋的前面，因沒有開電門，所以便在屋裏點了幾枝蠟燭，這時才看到這屋的扁上寫着民衆草堂。我們把行李搬到裡面，預備着睡覺，但離天明只有兩三個鐘點了。

研究

防毒常識（續）

此類多爲銅或　之化物，故多催淚。

2,噴嚏性毒氣（藍十字號）專刺激鼻腔和咽喉，多量分時，亦能入肺而使之成燒灼狀態。此種氣使人噴嚏　重致嘔吐，其便利處在能透過普通之防毒面具而使人噴嚏，噴嚏時熱須將面具摘下，同時再以他種毒氣施放之，則必受害矣。

3,窒息性毒氣（綠十字符號）刺激呼吸器官，吸入肺，使血液敏捷，增高血壓，重則致死。以兔等動物試之，可見肺部血現凝鬱狀態。

4、糜爛性毒氣（黃十字號）此種毒氣最利害，（其內如芥子氣稱爲毒氣之王可想知其烈。）皮膚初觸了，往往不知不覺，迨數時後始漸發泡潰爛以至於死。若侵入呼吸器官，亦能使內部潰爛，其能爲害於身體之處面積甚廣，如欲防之，非將全身加以保護不可，如此則行軍困難，故此種毒氣，至少能使敵　活動不易。芥子氣持久時甚强，難於消滅，尤爲難防。

5,中毒性毒氣常見於工廠中，如　也　戰場上甚少用之。其性質最能傷害神經中樞及血液。

三，施用毒氣之條件

毒氣雖極猛烈，但亦並非十分可怕，蓋施用毒氣條件，無此條件，則將不能發揮其威力，而在實地作戰時未能具有相當條件，故毒氣未必盡能爲害也。

1,天時的條件

甲．風之方向及速度　施放毒氣須利用風向，以免毒氣失效甚且自害　風之方向外，並須注意風之速度．轉度過大則無異使毒氣濃度減薄而失效用；風速太小，往往爲轉變風向之朕兆，故風製過大與過小時均不能施放毒氣。在順風而速度爲每分300－400公尺時用之最宜。

乙，溫度之高低　過低過高均不宜。如芥子氣在0°C下，則糜爛性減低，瞬時間內雖觸於皮膚亦無大妨．又溫度過高時，則有多種毒氣易於蒸發而失效力。

丙，溼度大小　許多毒氣如光氣等遇水則起分解而失本性，故雨或霧時均不能用。晴和天氣每爲最宜。（未完）

學校消息

一、前因印刷機件損壞，十一月十四日的本刊未能刊出。

二、全縣菊花展覽會，本校出品參加十六盆，經品評爲冠軍。

三、教育局於下週舉辦全縣球術比賽會，本校擬參加網、足　籃三項比賽，現正着手組織球隊。

司法欄

◎縣政府司法批示◎

▲刑事辯訴人崔崙山等，一件，爲被崔硯山誣控文字侮辱，據情答辯並提起反訴由。狀悉，仰候庭期訊明核奪此批。

▲民事具委任人宋齊聘，一件，爲與原告宋齊祐，因地畝涉訟　案，委任代理人由。狀悉，准予代理此批。

▲刑事撤訴人張振宇等，一件　爲遵處撤訴請求銷案由。狀悉，准予撤回告訴此批。

▲刑事上訴人崔崙山，一件，爲不服判決，聲明上訴，懇請檢卷送審由。狀悉，仰候檢卷申送上級法院可也，此批。

▲民事原告人葛永德，一件，爲有意避匿，再請從造續傳勒令放贖宅房　以歸產權由。狀悉，仰候續傳訊奪，此批。

▲民事原告人程王氏，一件，爲違反新行，再叩飭警拘案，再爲嚴厲執行由　狀悉，仰候再爲派員執行可也，此批。

▲刑事聲明人李蘭馥　一件，爲寃懸未伸，高閣無期，依據刑事訴訟法第四百十八條規定，聲明抗告由　狀悉，查抗告係對於裁定或批示爲之　本案所請抗告，於法不合　應毋庸議，此批。

▲刑事辯訴人李二，一件，爲還兒自傷　捏詞反誣，辯請留察秉公訊斷由。狀悉，仰候訊規核奪此批、

◎刑事判決◎

劉汝彬因傷害嫌疑一案，經本府審理判決如左：

主文，劉汝彬無罪。

張廣東，張郝氏，張楊氏　因傷害案件，經本府審理判決如左：

主文，張廣東傷害一罪，處罰金三十元，罰金如期滿經强制執行，無力完納，以一元折算一日，易服勞役。張郝氏，張楊氏均無罪。

△本城粮價▽

名稱	每市石價目	
小麥	最高十一元	最低十元七角
大麥	最高五元一角	最低四元九角
黃豆	最高六元五角	最低六元四角
黑豆	最高六元一角	最低六元
綦豆	最高六元八角	最低六元六角
高粮	最高五元二角	最低五元
穀子	最高四元七角	最低四元六角
稷子	最高五元二角	最低五元一角
芝蔴	最高十一元	最低十元八角
青豆	最高六元四角	最低六元二角
花生（每百斤）	最高五元一角	最低四元九角
瓜子（每百斤）	最高十五元	最低十四元

△△氣象▽▽

天氣	晴
風向	東北風
最高溫度	六○度
最低溫度	三九度

豐報哀悼魯迅先生特刊

前言

雲章

本報的哀悼魯迅先生特刊 本來就預備老早就出的，可是因爲稿件的未徵齊 所以耽擱到現在，時間未免太遲了一點 可是大家哀悼魯迅先生的熱情，和悲痛，竟沒有減少一點。并且還要來得眞摯！這大概是魯迅先生的偉大的藝術，和人格的感動吧！

魯迅先生在世界文壇上的確是一員戰將。他自始至終都沒爲惡勢力所屈服 我們在他的小說，小品，和論文裏，都可看出來他的反抗惡勢力的精神。他有冷靜幽默的態度，熱烈深刻的感情，和百折不回，不屈不撓的志向，又加上一枝鋒利無比，衝鋒陷陣的筆，所以無論是在小說裏，和論文裏，都能痛快淋漓把人生的痛苦表現出來，并且指示給一個正確的觀念，他的作風 可以普遍全國，甚至於全世界，在每一個愛好文藝的青年心裏，都坎着一個偉大的魯迅，他的地位，在中國，在世界，簡直要在高爾基以上。

然而現在 他竟在十月十九日逝世了。這確是我國文壇和世界文壇的不幸。因爲我們失掉了青年的導師，前途是會走入歧途的！

可是魯迅先生現在雖然死了，他的遺著 依然存在，他的精神依然可以在他的遺著裏表現出來！我們爲他流淚是無用的！我們應依了這偉大的青年的導師的教訓，來爲文藝而努力！來促醒全國民衆的團結，挽救危殆的中華民族！使中國，使中華民族 永遠解脫了危運。那麼！魯迅先生雖死，也可以冥目了。

哀悼魯迅先生

兆豐

魯迅先生死了！在十月十九日的河南晚報上，我得到了這個驚心可怕的消息。當時，我簡直是失了知覺了，頭腦昏昏的，身體像觸電般的，血液沸騰得喘不出氣來，眼裏幾乎迸出火星來！差點兒沒有哭出一聲「魯迅先生來」！要不是怕驚破了別個睡熟了的同學的美夢！

在這一刹那之間 我的靈魂像是飄飛了，但我恍惚裏在意想中——看見魯迅先生沒有死，還在執着他那銳利的筆鋒和惡魔抗戰呢！過了一個相當的時間，我心地稍微淸醒了點 我還疑惑着魯迅先生眞個沒有死！我把字看錯了吧？自己還抱着十二萬分的希望，然而把眼睜得不能再睜了，仔仔細細的看，可是那字兒依然如舊，和先前的樣兒一點也沒變。

「這是眞死了，眞死了，必然無疑了，死了……死了！這樣的死了！」我這樣小聲的戰抖着，我像似呆了。

我不知他爲什麼要死？我一個字兒也答不出家，更不知誰叫他死了。在生與死之間，這薄薄的一點隔膜，我何時能深窺呢？總之，這次魯迅先生的死，給于我內心外及精神上，受了一個莫大的打擊，當世界文豪高爾基死的時候，心靈上就刺滿了創傷。這次在這負滿創傷的心上，重又刺上了一箭，能不叫我痛哭悲傷嗎？

我在初中讀書的時候，我們的國文教員劉先生，給我們所講的差不多全是魯迅先生的創作和翻譯，而我們也非常歡喜讀，又因我們的先生受過 迅先生的課，在北平某 個大學裏。所以對魯迅先生的一切知道得都非常淸楚，常常講給我們聽。

在我所讀魯迅先生的創作裏，一篇阿Q正傳，對我最有深刻的印象，把一個啊Q描寫得活生生的，現在一閉眼，就彷彿有一個呆頭呆腦的孩子在面前鬧出許多笑話來，就只說先生的這篇阿Q正傳，他眞算捉住了我民族的劣根性——精神上的勝利。當這篇阿Q正傳出世之後，中國每個人 都覺得是自身的寫照。阿Q自己來打自己的臉，就好像我們自己來打自己的臉一樣，這一篇創作，對我民族在彷徨的道上啓示了一個相當的轉變。至於我個人思想的轉變，也是魯迅先生的筆鋒暗示的。記得在今年六月間，還讀過他一篇悼韋素園君，裡面沈痛的言辭，悲壯的哀歌，人生的眞締，告訴了我們不少，使我讀了又是悲痛又是興奮。可是現在先生也要被別人來哀悼了。人生就是這樣的匆匆嗎？

「唉！我們自上的的導師，這時可知道有誰來悼你呢？是的，在你遺囑上說了，你不要任何人來哀悼你！然而今天有許多人來悼你，你又該怎樣呢？你可知今天有多少平時咒駡你的人，也來做一種虛偽的肉麻的形式在沉默淒涼的追悼會上來[illegible]你，你也知道有多少愛你作品和人格的青年，在誠心爲你潛潛的流着淚吧？

魯迅 是先生的筆名，原名周樹人，浙江紹興人，曾留學於日本。其著作和翻譯有：吶喊，彷徨，野草，華蓋集 而已集，集外集，二心集，熱風，朝花夕拾，中國小說史略，桃色的雲，出了象牙之塔，死靈魂，苦悶的象徵，藝術論等，我一時舉不出了，總而言之：先生的一枝筆是無時無刻的不爲罪惡的社會戰爭着。然而現在先生是絕筆了。在我們前途的大道上又少了一顆照路的明星。這該是如何的可悲啊！

最後，我什麼也不願說了，我以十二萬分的虔誠的心，來痛悼魯迅先生的幽靈。還希望在我國要多多產出些魯迅先生一樣的作家，來領導一般幼稚的大衆。

魯迅不死

——譯於中國呼聲——

鄉農譯

先生，你離開了我們，我們失掉了你底指導，我們站在你面前哭號。但是，雖然我們底聲音震動了全宇宙，我們得不到你底回答！我們還能受到什麼更大的苦惱！我們忍不住我們底眼淚。我們成千成萬人的溫情的血液能溫暖你底僵冷的身體！

先生，你底回答是淸晰的。「踏着被刺衝底血染了的道路前進，來創造歷史的寶塔。」是的你已經打了寶塔的基礎；我們要來建築。抓住眞理！辨別是非』一直戰鬥下去，像鐵一樣的堅定！」先生，你底荊棘叢生的道路會成爲民族列事的軌道，我們底歷史機關車的指針。

先生，我們已經組織了我們自己，像鐵一樣的堅强，因爲，從你我們學得了「集體的力量。」我們將一起對敵作戰。我們不再畏懼。用你底光輝的遺產，我們要創造光明的未來，并且完成你所信托給我們底偉大的工作。

先生，安靜的休息吧！你是深深的安葬在我們底心裏！

魯迅仍在領導

——譯於中國呼聲——

鄉農譯

魯迅是偉大的，因爲他爲被壓迫者說話，并且給被壓迫者指出了一條道路來走。他并不爲鳴自己的不平而寫作。他也不爲娛樂有閒階級而寫作。他只寫些被壓迫者多多少少所需要的東西。

但還不祇此。有些人，他們寫作來取得大衆的同情，祇是爲了牠們賣錢。只要計算計算，從「五四運動」以來，還忠實的人是多少！魯迅始終沒有投降。一直到死，他都不屈不撓的戰鬥。

全世界的人爲魯迅而哭泣。在他底墳上。集聚着各國的人們——日本人，美洲人，歐洲人——和中國的人們大衆。魯迅的精神將永遠活着。假若我們不單單組織我們自己，而還動員廣大的羣衆的力量，它將不死。我提議我們將一個「魯迅運動」，作無他底紀念。担保我們自己：一，爲被壓迫羣衆而戰鬥，而說話，并且指示給他們以戰爭的道路。二，要不妥協，不投降地戰鬥，一直到死。誓不背叛人民。三，爲了被壓的人民，尤其是被壓的中華民族，每天至少工作一點鐘。

假若我們這樣做，魯迅將不死，而且會有成千成萬的新的魯迅。你可聽到魯迅笑着說：「現在，敵人，你再來壓迫我們看看吧！」

魯迅一面

榮培

重陽前，遊覽黃桑峪一帶，山上紅葉多了，雖然心裡知道已是滿有秋意，然而竟一些不覺得蕭瑟和冷寞。回來後，也心緒甯靜，好像這個世界紋風不動，平平安安，仍舊過那醋酒般的老生活。

一個黃昏，電燈雪亮的，閱報室裡冷靜得可以捉出鬼來，我走入，隨手把當天的當地新聞一翻，一眼看到便是魯迅病死的電訊，當時我心裏一怔，以爲怎麼[illegible]幾天來一無朕兆，竟會死去我們的魯迅，而且竟死得這樣之快，須眞

是我們的 種損失了，心上如此盤算，一會兒別的事岔入，就把念頭打斷。

民國十年左右 那時有幾位朋友都告訴我現在出了一位新文學家，名叫魯迅，出一本書叫吶喊，我們是不能不看的，我聽了點點頭，但是一轉背又忘了。

五月裏，我的祖母病危，聽說已經一個多月不吃東西了，父親是早死幾年，全是祖母一個人支撐門戶，春天爲了想收回一所房屋，得了重病，我已四五年不到家，這一次難道還能夠不回去會一會面麼？

我坐上了車，車裏很清朗，車開動了，沿路滿野是菜花，和那淡到看不出的遠山，都隨着我們輕輕的移動，一道河，一條溪，一簇林，一個村，一座橋，時時從車窗中晝出來，看看車子裡的客人，都無聲息，只有幾位青年學生，有時或許偷眼看我，我也時加注意，內中有一個戴近視眼鏡的大學生，一直把牢着一本紅皮書看個不放手，我正在奇怪 不料一位女生忽然解開小籐包，也拿出一本同樣大的紅皮書來，噫！這是什麼？這不是一本小說麼？否則他們決不會看得如此入迷。於是我就挨近他們，經過許久許久時候，才給我看出，那本紅皮書名，就叫『吶喊』，就是魯迅先生最初的處女作。

到了家，祖母瘦得不了，四肢眞如乾柴棒，跪在床上，好像縮小了，醫生早就個個回絕，我看來也是想無望了，不覺悲傷得說不出話來。

我畢竟是有治療的天才的，在當天我就倒出帶回的藥水來，一調羹 調羹給祖母吃，到八月中秋左右，祖母竟完全恢復了健康。

以前我從未寫過半篇小說 也未看過一篇創作，而且連創作兩字也不大懂得，不過我的課藝，比較好些，平時許多人總是慫恿我寫小說，但我一慨拒絕 我祗看我的道經，我的弈譜，連課本也從不翻翻。

轉眼之間，民國十二三年了，這是五四運動後新文藝界最蓬勃奮發的年頭，潮流所趨 不能免俗，就也買一本吶喊，連夜把他看完 過了些時 又選他一篇，精讀幾次，這時我一月中有幾天服務×商遠東×乂×公司中央辦事處，同事中有許多都說很歡喜看我的文字，於是我只好寫了幾篇不中不西不今不古的東西，算是送給朋友消消閒。

後來，思想略有變遷 看看創造社郭沫若和郁達夫的創作，好雖好，不能學法，又專買沈從文的著作看，沈從文是當時中國三個半短篇小說作家中的整 個。從那時起，許多年中，我的作風，一直就祇學兩個人，就是魯 和從文。

記不清是那一年了，大約十五年？魯迅先生在北京到上海來，在光華大學作公開演講，我們一窩蜂地去瞻仰，一看魯迅太窮了，鬍髮曼長，面皮倒還厚實，上身罩一件不靑不黑的學生裝，下身一條白色中山褲，那時所謂我們現在的中山裝還沒出世，但是叫他西裝卻實在不像，脚上一雙走「樣的白帆布鞋，實在太窮相了，而且窮相得像一個老囚犯，不過精神十分勁健，語氣十分闢透 態度光明而嚴肅，嚴肅裏又帶着疑懼，或者是藹然可親的。

我讀他著作 然而並不崇拜他，我聽他演講，然而並不拍手歡迎 我是我，他是他，並不曾發狂似的迷戀他捧他，直到現在，也用不到我捧。

吶喊對於我的影響很小，我的後來在C城處負小名，比較說還是靠着一本野草，同時我回到「C城之後 我的弟妹的許多朋友也都不約而同愛着野草，雖然自家又在京滬道的中心點辦了一所規模較大的書店，特別還做了開明北新的特約所，什麼人的創作都輪流看過。

當魯迅接辦語絲的時代，每天總和新創造社中堅鬭乃超段可惜等開筆戰 結果 魯迅被罵乃超克服，然而魯迅是勝利的，所以他立刻又成爲普羅作家集團的領袖。

魯迅入相似乎窮得可憐，可知他一年版稅可以拿到好幾千，更加上一月好幾百塊的薪俸，怕 年收入近萬，這些錢 魯迅先生歲數大，閱歷深，大約不會左手來右手去的，儲蓄在銀行裏麼，卻又不是！這是一個謎。

魯迅雖富，但是他的老弟建人先生很窮，我知道周建人先生在商務印書館當編輯，每月只賺四十元 夠什麼用呢？而且時時刻刻還怕資本家裁他。作人先生比較寬裕，然而思想作風不同，和大哥樹人先生是兩個世界裏的人。

黎錦明說，魯迅的吶喊，彷彿，朝華夕拾中的任何一篇 都毫不遜於 高爾基的早年作物秋花，二十六男和一女，草原，在筏上，旅伴等精美的藝術品的，雖然藝術中的人生觀各自不同，但同樣是給後期寫實主義登峯造極了的 而高爾基，不及魯迅之點 乃魯迅不但爲藝術家，同樣是爲中國知識介紹歐洲文學最得力的人。

又說，世上有些比他更激烈的人物如哈卜特曼，辛克萊，以老年失節而遭了遺忘的，但魯迅以「成全榮譽」終其年，這光明偉大的態度 幾乎只有拿託爾斯泰才可以比一下的

這話或可作爲魯迅先生蓋棺定論。

魯迅先生的死

嵐響

霹靂般的噩耗，在漫空迸出一團火花 燒壞了全國民衆的赤心 激出「全世界人士的熱淚，啊！這原來是我們的魯迅先生」愕然地與世長辭「」唉！多麼的使人哀悼啊！

是的，社會的先鋒，青年的導師，民衆的先聲的魯迅先生，他死了，誠使得持一般人士的失望啊！實在，他能找出社會的病態，去爲一般苦痛的民衆說話，使得 們蒙着他的恩惠，得到一個正確的路徑。然而；他的一生一世的寫作，絕不吐一句無聊的牢騷，與腐化的幻想，竟抓得社會中的不平，和缺憾，詰察民衆的疾痛，來描寫，來發揮自己的理論。果能獲得社會的同情，仰慕，無形間，將全國民族的心理，從悽涼頹唐的涯淫，而步於熱烈醒悟的山峯。

中國文壇上的健將，世界文學的會萃，正在滋榮昌繁的當兒，眼看着文學的花朵，欲噴出濃醋的香氣，來薰醒猶未覺悟的同胞，沈醉的民族，難測啊！花爲想不到的剎那間，那位堂皇的拔萃的文學導師——魯迅先生 竟被惡悍的病魔吞噬」，將他神聖的靈魂吞噬了啊！却拋棄「滿腔熱望的前進青年，猶迷了路途的羔羊，滿含着淸瑩的熱淚 辨不出要走的方向，光明的康莊的道上，祗得彷徨阿！穩痛燦傷。

唉！唉！魯迅先生死了，眞如太平洋的激浪，將整個的遠東濺染得人心失望，氣燄滅絕。然而；亦將西洋各國的文藝愛好者，也增加了不少的悲楚。唉！我們的魯迅先生，青年們的導師，世界文壇上的偉人。

魯迅先生死了，眞是我們中華民國的不幸，四萬萬同胞悲劣的遭遇啊！況且正在國難日亟 戰雲瀰曼的當兒，國防文學正在熱烈的發展的時期，死去了文學的頭腦——魯迅先生，而令人感到如何的難過啊！

魯迅先生，他雖然死了，我想，他的靈魂，定在九泉之下 替我們中國的文學祝福吧！希望着一般研究文學的青年，能夠繼續他的工作，猛勇的前進，使得中國的文壇上，開放新鮮之花，結成圓滿之果。

繼續魯迅的反抗精神

余茹辛

模稜兩可，凡事不爲已甚，是中國人的一般習性。數千年來，居于社會上層的儒者，都謹守着中庸之道，明哲保身，目類敎條。辛亥革命後，中國社會雖有些表面改革，但實質上一般文人的中庸心理，毫未去掉。直至「五四」新文化運動發生，比較實際的文化革命，才在所謂儒者階層中掀動起來。

當時主持這個運動最力的，就是胡適 魯迅，劉復，錢玄同，他們幾個人。自「五四以後，主持運動的 些人，有的板起面孔 作了名流學者，有的做了鑽研古董的考據家，甚至有的賣身投靠到統治者的懷里，做了官僚！然而我們的魯迅先生，卻自始至終持着他堅毅的反抗精神，領導一般青年向惡勢力搏鬭。他的道稱 實的反抗精神，我們可以在他的行動上 及許多作品裡看出來 直至臨死他還說『以牙還牙，以眼還眼，惟有報復 萬勿寬容』！

現在魯迅先生是死了！我們失了領導我們向前的老師，固應傷感，但我們也可把他的死當作個深刻的刺激，把他不屈不撓的反抗精神 放進我們一般年輕力壯者的血里繼續去啓發大衆，團結大衆，與一切阻礙國家社會進步的封建殘餘勢力鬥爭，以達到我們的理想境界，那麼魯迅先生雖死，他的反抗精神與日月永留而長存。

本城糧價

每市石價目

名稱	最高	最低
小麥	十元八角	十元五角
大麥	五元三角	五元
黃豆	六元二角	六元四角
黑豆	六元一角	六元
菉豆	六元八角	六元六角
高粱	五元三角	五元
穀子	五元一角	五元
稷子	五元四角	五元二角
芝蔴	十二元	十元八角
青豆	六元四角	六元三角
花生（每百斤）	五元	四元八角
生米（每百斤）	九元	八元七角
瓜子（每百斤）	十五元	十四元

氣象

天氣	風向	最高溫度	最低溫度
晴	東南風	五九度	三二度

鳳鳴塔

第二六八期

一、本刊內容分和學術論著，詩歌小說戲劇散文書信書報介紹及批評等項
二、本刊歡迎投稿，來稿文言白話均可
三、來稿本社有修改權，不願者請先聲明
四、未經登載之稿除預先聲明者外概不退還
五、本刊編輯部設覺報社內

漫談

『口號的爭執』與『理論的爭執』

稻根

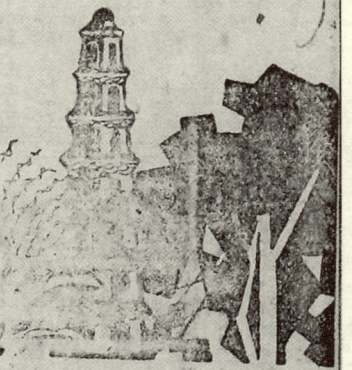

看到鳳鳴塔上波濤先生對我的一篇漫談的評論，使我十二分的感激，因爲他指出了我的：『兩個口號的論爭，是關意氣的』的錯誤；但我們不可否認的是：『這論爭的中間，已有了關意氣的成份，』楊騷先生曾很失望的說：「兩個口號之爭，已經脫綫地發展到個人攻擊的泥沼裡去了。」（載自讀書生活）

現在我和波濤先生討論的是：「口號的爭執，與理論的爭執」。

每個口號的提出，都是根據社會的具體形勢的變遷和將來努力方向的，所以口號的爭論，必須從理論上出發；沒有理論的口號，其口號絕不能成立，所以我肯定的說：「這種口號之爭，即理論之爭」波濤先生把「理論的爭執」和「口號的爭執」分別開來，這錯誤與太幼稚了！

「國防文學」和「民族革命戰爭的大衆文學」同是以「聯合陣線」「團結救亡」「爲前題的，然而他們在相同之外，生出了歧異，周楊徐懋庸黃費等是主張以「國防文學」爲聯合陣綫的口號的，而夜鶯的「特輯」來了，紺弩，龍貢公等將「民族革命戰爭的大衆文學」作爲惟一正確的聯合陣綫的口號，現實文學的「特輯」內，也有同樣的議論，且魯迅先生在此「特輯」中說明了「民族革命戰爭的大衆文學」較「國防文學」更爲正確，而文學界上對這些又發了較大的反響，這不是兩個口號的爭執嗎？但也是理論的爭執啊！

在上面的論爭裏，很少有宗派主義關門主義等的論爭，是「兩個口號的論爭」，並非波濤先生所說：「主要的意思是克服中國文壇的『宗派主義和關門主義』」。

由茅盾和周楊討論「創作自由」的爭論 及魯迅答徐懋庸的統一陣綫問題 而才引出了所謂「關門主義」和「宗派主義」，這已超出了「兩口號論爭」的領域，而成爲「口號之爭」之外的爭論了。

最後我向波濤先生慎重進言：一切學術的討論，都是我非常歡迎的，然而你那頂「破壞聯合陣綫」的帽子，我只有敬謝不敏，原璧歸趙了！

批評

讀過菽原君底「這便是深深的援助」以後（續）

乞丐

—螢

[illegible]紅腫含淚的眼，青紫的唇，襤褸的衣，發膿的創傷！啊，如何可怖的貧窮，吞噬了這樣苦命的人兒！

他向我伸出一雙紅腫的污手。他呻吟着，他含糊的求布施。

我開始偵索我的各個口袋……沒有錢包，沒有表，也沒有手帕……我一點東西也沒有帶着。但乞丐却仍等待着，……他伸着的手無力地動搖而且打顫了。

困惑，羞愧，我熱烈地緊握他那污穢而動搖的手……「請不要發怒，朋友！我什麼都沒帶在身邊，朋友！」

一好說，先生！」他含糊地說；「這已經是很可感謝的了。這也是禮物，先生！」

我覺得他也受了那位朋友的一件禮物。

我極仔細地把我所找尋的鐵證列在這裏，希望每個人，——讀過的人——極用腦力的評評這兩篇滋味！

可是，我還有一個最後的聲明：我所說的摹仿，還全是對內容而言，並不是指技巧。菽原君，以爲然嗎。

防空常識

藝農

（說明）臥於溝內，使敵擊找不到目標，避免危險。

創作

早晨

鄉農

太陽還沒有出來，我已經在路上踏着碎小的步子走動[illegible]

灰白的天空中有幾塊蹄天，像張着幾個稀疏的眼睛，一明一明地閃光。除了從遠方送來的幾聲鷄啼外，一切是靜寂的。

「這時候，怕沒有第二個人走來吧？」—的確地，我是這樣地想。「到那裏，一定完不了早上的飯。」

我想着，走着，猛然地見兩個蠕動的黑影，在那裏，搖晃，搖晃。

我看了，便疑心那是兩隻野狗，但馬上自己又不相信自己起來，可是，終于不能斷定。

當我正在猜想那到底是什麼的時候，漸漸地，我走近了他們，看清了他們。啊！這算是我最熟識的人了。他們一家四口人：一個男子，一個女孩，和正在掃鹽土的他倆口。

慢慢他，走近了他們底身邊，我還是歪着頭地看：他瀰着腰，蒼白的臉上嵌着兩隻沒光的眼，注視着那酥酥鬆鬆而又潮溼的一層鹽土。他底女人也在打周圍的酥鬆的鹽土，用齊嶄嶄的掃帚頭兜成帶似的低矮的小土梗，那已是很大的一個圈子了。——這是佔地方，因爲，慣常是這樣的：誰佔了，便是誰底。

這時候，那三十餘歲的壯年人，在瀰着腰，把手裏齊嶄嶄的掃帚頭，斜拉着，沙沙地向着地面打，那鬆酥而潮溼的鹽土便水波一般的跳起來，兜成了橫七豎八的一個一個小堆。他底女人，圈好了圈子，也來幫着他堆鹽土。

「您小妮呢？她好了沒？」這緊趕緊地兩句話，使我轉過來臉，看見了一個五十多歲的拾糞的老頭。

「周大爺！輕啦，還是咳嗽，不能吃……」這是女人的聲音。

「哼！這就怪好！黑了再跟他出出汗，喝碗薑茶！」

這老頭一晃一晃地消失在早晨的迷濛裡。

我又回過頭來，她仍是很勤快工作着，像是絲毫沒有關心家裏病着的孩子。可是，她的紅紅的眼滿含着淚。

我已走過了她底身子，分明地記着一付難看的臉 紅紅的眼圈，滿『含』着淚。這使我很苦惱：的確，她沒有過好時候，前年她底小兒子死了，她就是這一付難看的臉，紅紅的眼圈，滿含着淚，和她底男人一樣地去做工。

我這樣地走着，想着，猛地聽到了火車的叫聲，不禁地抬起了頭，看見一羣人潮水般地湧進了車站，心裏是這樣地想：

啊！這是黃口！

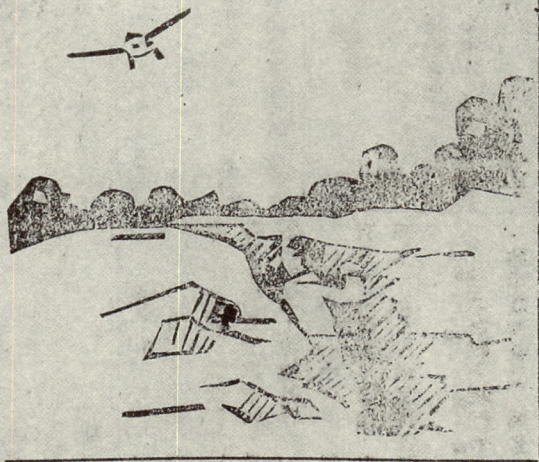

十一月十三日南浦送復中雪錦夫婦攜逸娜寄女行後晚步又重臨　王于一

河梁分手自凝思，正是西風葉落時。
獨立長堤望大野，斜陽歸鳥兩遲遲。

武進崔橋小學籌得五千元建築新校舍即告落成長歌寄徐君鶴翔　前人

崔橋地方我不知，徐子為人愚且癡：辦學典衣加糶穀；踐朋淋雨帶拖泥。憶前歲除風雪裡，仁育橋上突相遇。我正徘徊感失意，居然拉我圩塘去。圩塘地僻事情少，但見水江月皦　蘆荻叢中秋嘯遨，蛇牛壁角夜談笑。我忘未酬絡先走，一走如今仍寂寥。忽然今年瑞陽回，聞君奮發似風雷。崔橋想亦蕞爾地，新校一旦城東魁！豈非我友誠動人，豈非我鄉人懷才？朔北烟雲吞鐵塞，江南士女酹金盃。愁大如天不用嗟，羡君名字映朝霞。

迷離夢境中

一葉

（一）

「往事只堪哀，對景難排。」往事，耐人尋味的往事，想起了，又是一陣愁慣湧向心頭　似水流年　頻催人老　相隔咫尺的鶯娣，在楊柳葉落時候，不知也會感覺到人事匆匆　光陰易逝嗎？

「相隔咫尺如天涯，」「隔花陰人遠天涯近。」唉！好景不常，盛筵難再，「相隔咫尺　但侯門似海，」相見亦難，我將怎樣收拾我這破碎的心房啊！我將怎安排我這一縷相思啊！

唉！往事，只在夢中重溫，夢！就是我的心的寄放處啊！

「人生就是一夢」，我很相信這句話！我猶如天主教徒　信奉聖經一般的忠誠。

（二）

是一個死寂的冬夜　庭院漆黑的有些怕人，風吹枯葉　好似有什麼不幸的事，行將降臨，我孤獨的心，催着我將房門掩，將鈕扣鬆，去到床上就寢了。

閉着眼，靜候着睡神的降臨，可是展轉反側的究竟難以入夢，拿起一本「端午橋判牘」來看，畢究書是催眠的最好工具，看了兩頁，便乎呼的睡去。

靈魂支配着我走上一個荒野，滿佈塵土的道路，似呼沒有一點人跡，只隱約的看到面前有一個乾枯的葦塘在橫。池塘的四週，靜靜的堆着的，是一叢叢的灌木。

我心中驚懼，口噤使話又說不出來。

（三）

遠遠的姍姍而來的是一個人影，方向似乎在對着我移動，神經支配着我的一顆心，在不住的跳動，軀體在戰抖。

天啊！在這枯燥的原野中，在這孤寂的荒塘邊，還會點綴着春色嗎？尤其在我這不幸的人兒身旁，那會有邂逅的奇遇呢？

事實恰恰和我的理想相反，展佈在我面前的是一個有熱情與幸福的鶯娣，是我久在懸念着縈想着的天使。

（四）

她第一句話尚未從她的紅唇中迸出，淚珠兒已溼透衣衫，我向日惱她的心腸散盤了，橫互於胸中的，是無限的柔情，綿綿的恩愛。

兩人的心中，共同的孕育着的是辛酸，愉快，我心麻木，竟不知話兒從何說起。

「上帝賦予我們的只是一腔煩惱和憂憤，何曾分給我們一點兒幸福呢？假使過着幸運生活的仕女們，肯賜給我們一點兒唾餘，也足以償我們的宿願了。

一年積塞於我的心中的，是無限的煩悶和失望，我向來一顆求進爭勝的心，現在已是變成心灰意懶了，我想事業和幸福一致的，現在幸福已是離開了我的身邊，事業的努力，無形中也對消了好些的成效，鶯娣！全是為了你啊！（未完）

海濱遠眺

唐虛

遙遙的天邊接着水邊，
像鎌刀上的鐵和鋼，
分不出青白的界限，
茫茫的海水像沸了，
蒸氣騰騰，瀰滿了空間，
遮蔽了青天。

○　○　○

幾隻火輪駛過，
把水面畫成兩道白痕，
烟筒裏吐出了黑烟，
「突！突！突！」
乞累的在喘喘。

○　○　○

三兩漁船，
像野鴨游泳在水面；
海嘯壓不下，他們的「款乃」！
怒浪改不了他們的方向！

濤

唐虛

怒濤拍拍擊着岸石，
迸起浪花飛濺；
像滾來千萬條長蛇，
吞食這一帶崗；
身子碰在岩石上，
擂的血肉四散。

○　○　○

但是啊！
它不因此怯懦，
雖不時的消滅，
卻也不時的創造，
這樣已經過去萬萬年。

○　○　○

峭拔奇特的石塊，
成了潤滑的玩石，
澎湃的海嘯，
震動了山腰；
誰能不佩服這力量！

訴慘

嵐影

殘陽洒着殷紅的血淚，
象徵着，快到埋身的葬場，
輕微的風絲為她輓悼啊！
靜死的空間益發悽涼。

○　○　○

廣漠寂寥的野場上，
徘徊着一隻活潑的羔羊，
隔離了母羊的安慰，
在開始度那孤單的生涯！

○　○　○

牠活潑而跳躍，
牠嘻笑而歌唱；
牠一顆未曾與外界接近一次的赤心，
無疑地，現出於天眞的模樣。
「這是一個和平的世界啊！
絕沒有什麼暴戾的虎狼」
牠的純潔的腦海裏，
曾作過這樣的妄想！

○　○　○

從林野，奔出一羣凶狠的虎狼，
雄赳赳地，逼近了羔羊的身旁。
然而；天眞的羔羊啊！
竟把他們當作了親愛的同類的兄弟，
不知他們就是將滅亡他的仇敵。

○　○　○

可憐的羔羊啊！
從沒見過這兇悍的面龐，
一股嚴厲的猛烈的聲浪，
衝破了牠純粹的心房。

○　○　○

可憐無知的羔羊啊！
牠跪在虎狼的面前祈禱！
但是終于沒有得到虎狼的原諒，
終將牠蹂躪於廣漠的野場，[illegible]
鮮紅的血淚，反映着血痕般的[illegible]

編輯室的廣播電台

一，螢君：你的大作現在已次第發表了。那一篇「早晨」是因刊載飛君的「南行日記」被手民留下未登　并不是編者有意失信，請你原諒吧！

二，齊信敏君，報已從十一月一日起寄發的。

三，愛石君　請你原諒，因為十月份統計稿費及寄發稿紙時，都把你當作閒人了。所以沒有另外單與你送去。

四，華容，嵐影，小倩三君，請將眞姓示知！以免將來的誤會。

本城糧價

名稱	毯市石價目
小麥	最高十一元　最低十元七角
大麥	最高五元三角　最低五元一角
黃豆	最高六元四角　最低六元二角
黑豆	最高六元　最低六元[illegible]角
菉豆	最高六元六角　最低六元七角
高粱	最高五元三角　最低五元一角
穀子	最高五元　最低四元八角
稷子	最高五元三角　最低五元二角
芝蔴	最高十二元　最低十元八角
青豆	最高六元四角　最低六元
花生（每百斤）	最高五元　最低四元八角
生米（每百斤）	最高九元　最低八元七角
瓜子（每百斤）	最高十五元　最低十四元

氣象

天氣	陰
風向	東南風
最高溫度	四八度
最低溫度	四一度

鳳鳴塔

〈第二六九期〉

一，本刊內容[illegible]小說[illegible]介紹及批評等項
二，本刊歡迎投稿，來稿文言白話均可
三，來稿本社有刪改權，不願者請先聲明
四，未經登載之稿，除預先聲明者外，概不退還
五，本刊編輯部設豐報社內

漫談

時局嚴重與弱小民族應有之認識

兆豐

時代的浪濤一刻兒也不能平靜，這正是生在這時代的人所驚恐而危懼的時代。一九三六年被預言家言中了嗎？在每個人的心坎裏還在打着旋兒吧？假使我們深深的將這時代去體會一下，那我們就眞的要心顫而神慄了！

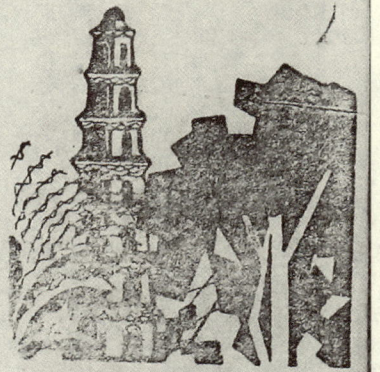

就現在世界各國形勢而觀，風雲是一天緊似一天。帝國主義者的眞面孔，也愈顯得猙獰嚇人了。而弱小民族的危運也都臨自了眼前。這都是誰造成的這種風雲緊張的局勢呢？這罪惡無轉移的該放在一般帝國主義者身上。

在一九三五年，世界各帝國主義國家所造成的經濟危機至今不但沒有絲毫減少，而所謂已走入了「特種難條」之途。金融幣制的紊亂；失業者大批的急增；無處無地不爲帝國主義者唱着悲哀的輓歌，當帝國主義者已種下了這罪惡的種子，那在這動搖着的世界，將有一夕崩潰的日子。所以帝國主義者在這個緊急的階段不得不作一次最後的掙扎；來犧牲了他人的利益打開自己的出路、故積極的對弱小民族再加以最慘酷最寒心的侵略。更拚命的充實國內武力，擴充飛機大炮坦克車種種殺人的利器。日本以武力拿去了東北，意大利以黑鐵佔得了阿比西尼亞，都是我們最好的證例！

一旦大戰暴發了，兇惡的帝國主義爲維擁自己將臨崩潰的末運，那他一定用盡他自己的力量來屠殺一切我認爲眼中之釘者。更進一步在平時要對一般愛好和平的弱小民族用的種種虛偽道德與利益均等的口號，要完全棄掉，把一切人道主義的信條要焚爲烏有。來露出眞的面孔厲聲的喊道：「殺！殺！殺！只有殺，我們才有幸福！」

我們一般愛好和平者處在這樣的時代，能甘願作帝國主義者這次分贓的物品嗎？假如我們不願作這種最恥辱而又爲祖先敗氣的孩子。那我們就要爭取生存；我們也要認爲和平是從鬥爭中爭取來的。就應該在這帝國主義者與帝國主義者矛盾之下，我們要立時與愛好和平者拉起手來，共同站在抗日反帝的戰線上。歷史的演變已經告訴我們：多數常常戰勝了少數。那我們現在被壓迫而淪爲牛馬奴隸的勞苦大衆，而甚至於做亡國奴，任人宰割的人們已戰了人間的最多最多數。所以我們只有聯合戰綫，來集合力量，與我們「不共戴天」的敵人作一次最後的決鬥，那麼才能爭取了我們的自由，我們的大路，我們的生存！

更不能忘記總理的話：「聯合世界上以平等待我之民族，共同奮鬥！」

宇宙間充滿了弱小民族的哭聲，火藥的硝烟已瀰漫了人間，我們要認淸敵人，向前猛攻吧！

一九三六，十一，十四晚于汴。

翻譯

老婦人

俄國屠格涅夫原著
菽原譯

我獨自在一個廣大的平原裏走着，突然我幻想我的背後有輕微的謹愼的步聲：……有人跟在我的後邊。

我向四下裏一瞧，看見一個低矮駝背的老婦人，全身包覆在破布中間，只有老婦人的臉由破布中間露了出來；是一個黃皺尖鼻，婆婆齒落的面孔。

我向她走去……他站住了。

『你是誰？你想要什麼？你是乞丐嗎？你求討布施嗎？』

老婦人並不回答，我向他俯下身去，看見他的眼上蒙着半透明的薄膜；好像在某種鳥的眼上見過，他們保護他們的眼睛，以避見强光的侵害。

可是在這個老婦人，那薄膜不能移動或露出她的眼睛……由此我斷定她是一個瞎子。

『你想要布施嗎？』我重復說着我的問題。『你爲什麼跟着我呢？』但是那老婦人同前一樣地不作回答，只是自行縮退了一點。

我轉過身來，繼續走我的路了。

我又聽到我的後面有着同一的輕微的，有節奏的，猶如偷偷摸摸的步聲。

『又是那個婦人！』我想，『牠爲甚麼緊隨着我呢？』但是我又想道『大約她已經迷了路了，因爲她是一個瞎子，現在跟着我的步音想被引到有人居住的地方。對了，對了，一定如此。』

然而 陣奇異的不樂漸漸佔據了我的心頭，我開始幻想那個老婦人不但在跟隨着我，而且在引導着我，左右驅逐着我，我在糊裏糊塗地服從着她。

我總是在繼續地走着……然而在我的面前，我的唯一的道上，看見了一個黑暗廣大的東西……一個窟窿……『一個墳墓！』『那便是她驅逐我所走向的地方吧！』在我的腦海中一旋

我趕快轉過頭來，那個老婦人又和我對着面了……可是她的眼光耿耿！用着她那冷酷陰森的大眼在注視着我……食肉禽類的眼睛……我向她的面孔，她的眼睛俯下身去……還是那同樣的不透明的薄膜，同樣的昏○的遲鈍的面孔……

「啊！」我想道，「這個老婦人便是我的運命了，人是不能脫逃運命的啊！」

「不能逃脫！不能逃脫！多麼令人發狂啊！……一個人必須經歷的……」

我向另一個方向衝去了。

我飛快的跑着……後面又是同一的答答的聲音，前面又是同一的可怕的窟窿。

我無論向何方跑去，曲折遁逃，猶如一隻被獵的野兔……總是同樣，同樣！

『等着！』我想道，『我決定騙她一下！我什麼地方也不去了！』我立刻坐在地上了。

那個老婦人站在我後邊兩步的地方，我並沒有聽見她，不過我覺得她是在那裏的。

忽然我看見那個遠方的黑點正在自動地向我浮動，爬行！

天啊！我四下裏一看：……那個老婦人又在耿耿地逼視着我 無齒婆婆的嘴在猙獰地笑着。

不能逃脫了！

○○○

創作

迷離夢境中（續）

一葉

我的容顏是漸漸憔悴了，身體是漸漸瘦削了，一年來你還留於我的心中的，只是一縷不可捉摸的愁思，和無處發洩的怨恨，但，這些我都可以忍受下去，企求的你要明了我這一顆熱烈的純潔的心啊！」我這樣傾訴了我心中蘊蓄着的言語。

（五）

「鶴！你要知道我孱弱的心中，存留着無限創傷啊！一年來兩地相隔，會晤的時間少了，但，我怎能禁得起這强烈的刺戟啊！在近來，我的心只想捧給你看 惟恐怕你誤會了我啊！

外人的謠詠，無知者的揣測，誣陷了我倆爲一雙禮教的叛徒，家人給我的白眼，繼母給我的冷嘲 我都飽受了，但這些我都可以很柔順的接受，只要不誣蔑鶴哥的人格。

在夢中時常見到你，見到你的形容是異樣的瘦削、我只有流淚對着你，淚，何嘗敢流出啊！只有向着自己的心的潔處傾流，唉！孱弱的心，久創的心，怎能支持着這羞辱與懸念雙管齊下的鋒刃啊！我只乞求着早一天脫離人世。」他纏綿哽咽的傾吐自己的苦衷。

（六）

「只要心心相印，各不背叛，散居兩處，也正是我倆無上的幸福 就是天涯地角，也何嘗能阻隔我倆心與心間熱情的溝通啊！

外人的無知，我們只有置之一笑，愈誣陷，愈指責，更增加我們的神聖與純潔，我們報復他們的只有感謝與安慰，鶯娣！我們的心，終是結合着的，終是相印着的。」我安慰勸勉着她，

『「除倩紙筆代喉舌，千種心思向誰說，」記得我初次在文章上用這一句話時，深深的受了你的責斥，現在我切實的了解這句話的至意，可是這樣的機會現在也被剝奪了啊！

我謹以至誠祝禱你事業的成就，更乞求着你不要遺棄了你可憐的鶯娣啊！」伊在流着淚這樣諄囑着我。

（七）

一陣狂風吹來，消失了池塘與鶯娣，耳畔在聽着一聲兩聲嚶嚶的哀哭，這是伊嬌怯的餘音。

涼的夜風吹開了帳門，撩帳外望，天的一角，閃爍着幾點星斗，隔望窗櫺，射進眼來，同事們在各自鼾聲呼呼，睡興正濃。

桌上的燈光，昏昏的照着灰白色的牆壁，全室浸沈在死寂的空氣中。

放下帳來，眶眼沒精打采的望着帳頂，默默的咀嚼這夢的深味，

我是可憐的人兒，現在有誰眷顧我這可憐的人啊！「念往昔，繁華，競逐，歎門外樓頭，悲恨相續，」唉！現在，已非昔日了。

合上兩眼，再重尋殘夢，聽村內的雄鷄乱啼，天已是黎明。

唉！相思更加深了啊！在這夢醒了以後。

哀悼魯迅先生

病鸞

魯迅先生是在十月十九日，離開了我們，離開了勞苦的大衆逝去的。距離現在已經一月多了。在上海，在全國，轟動了勞苦的大衆，有工人，有店員，有大小學生，有被壓迫的民衆，都在悲痛的哀悼這位偉大的人民的導師，民族解放的鬥士。我們到現在才出專號紀念他，似乎有點太晚了。然而魯迅先生給我們的恩惠及印象太深了。我們——雖然是蟄居在風氣僻塞豐縣的我們——對於這位偉大的人民導師，民族解放鬪士的死　若無有一點表示，總覺得良心上不安的。

在今年誰都知道是文壇上最不幸的年頭了。在不久，我們失去了偉大的法國巴比塞，偉大的蘇俄高爾基。在我們哀念巴比塞及高爾基的聲音，還沒有終歇的時候，而我們中國偉大的魯迅先生，又突然地辭世了。這異外的悲痛事件，引起了全國，乃至全世界勞苦大衆的歎惜和哀悼。這實在是我們一個絕大的無法補償的損失。

當我在報上看到魯迅先生的死訊，我疑惑我是在做夢。我不相信一個勇敢永遠向黑暗進攻不屈不撓的鬥士，就這樣早的死去了。然而連日的報載，友人們的信述；證明這是眞實的事情，我的心境，感到強烈的激動，感到徬徨的悲哀，成了不可壓制的哀傷。直到現在，我每一憶起魯迅先生的死，我的心境怎麽都不會安靜下來。

魯迅先生，所以給我們印象最深的，完全是由他的作品中認識的。在他的這些作品中間告訴我們，認識了一切，認識了我們的敵人。他唾棄一些美麗的空殼，和躲在人皮裏的僞君子。熱諷冷嘲地暴露，他們的醜惡，使我們對這一些人認識更清楚。他永遠站在鬥爭的最前線，警醒我們，領導我們青年大衆，勇敢地向那最後的勝利目標邁進。他衝破了敵人壁壘，揭破了敵人的烟幕，斬荆除棘的爲我們開闢了一條平寬的大道。還有他的偉大處，是他永不怠倦的工作，他從來沒有說過休息。他說：「我是一條牛，吃的是草，擠出來的是乳是血。」他的血液，喂養我們，喂養了全中國的大衆。他是民族解放的救星，黑暗中的一盞明亮的火光。我們如何不敬愛他，崇拜他呢？然而現在我們所敬愛崇拜的魯迅先生竟然離開我們逝去了。我們失去了導師，失去了排頭的領隊者，以後我們將要在黑暗中摸索着無目的瞎衝，我們怎不哀悼呢！（未完）

南行日記（六）

飛

十一月一日　陰　星期

大江南北，三月未雨，亢旱異常　昨晚夜深忽降甘霖，人民方深慶幸，不意旋復停止，甚失所望。

上午七時，雇汽車赴下關車站，乘平滬通車北返，天氣尙陰雲四佈，及至蚌埠，天已放晴　旱時雨眞難下　車中無聊，翻閱大公中央等報　知蔣委員長因避壽未返京，現居洛陽　而此次國人所獻祝壽之飛機，約近百架。幷悉蔣委員長學術修養上基本書籍　除總理之全部遺敎以外　得力於王陽明與曾國藩之著作最大　其讀兩人全集，不但從頭至尾有系統的閱讀批點，而且反覆溫習，百讀不厭。陽明與湘鄉皆在艱難中創造事功，總理之一生皆在艱難奮鬬中過生活，委員長服膺諸人　故能艱苦卓絕，有此偉大人格。吾輩崇拜委長，不可徒羨其功業，要學其修養也。

下午五時半抵徐州，下車後住大金台，晚飯後，往徐中晤三弟，詢其學業進修如何？身體鍛鍊如何？幷告以讀書治事，要認眞　要專一，古今名人言行，要多加披閱與摹倣。鍛鍊體魄　不僅要在操場中運動，登山臨水，步行曠野，以及飲食起居有定時，均强身之方也。談十數分鐘，辭出，往陽春池洗澡，終日困居車中，身體頗感痛苦，浴後，頓覺清爽不少。

出塞

小倩

洪水已瀰漫到中原，
烈火已燃燒到眼前，
同胞們！快快興起，
衝上前綫，
以救拔我將淪亡之民族，
以匡扶我將靡爛之家園。

○　○　○

我們是國家的中流砥柱，
我們雙手能扶大厦的傾覆，
時候已是到了，快快興起，
收復我錦綉之河山，
高唱着戰歌啊！殲彼醜虜。

○　○　○

我們願痛痛快快的背城一戰，
已忍受不住啊！這不生不死的煎熬，
我們絕不空口吶喊，咨嗟不前，
儘可　握緊拳頭，咬緊牙關，
大踏步的尋找生命之源泉。

○　○　○

人生不過數十度寒暑，
戰死沙場　春秋俎豆，
也强似苟延殘喘，度日如年，
假使眞個有公理存在，
總有一天會能摧枯拉朽般的壓倒强權。

○　○　○

聽！炮聲已震聾了耳朵，
熱血已爆炸了血管，
前線的健兒在高呼殺敵，
深宮的人們，還能
再貪戀俄頃歡樂的舞筵！

（未完）

編輯室的廣播電台

一、小倩昨來城，相見暢談極歡。伊現正努力創作，幷聞愛石亦正在草一篇長篇小說。想最近都可和讀者見面。

二、嵐影君：請將眞實姓名示知！

三、病鸞君的「哀悼魯迅先生」是特刊誕生後，才送來的，所以只得在本刊上發表了。

司法欄

◎縣政府司法批示◎

▲民事具訴人郜仇氏、一件，爲請求准予訴訟救助，傳案判分家產由，狀悉，仰候派員查明有無繳納審判費能力再奪，此批。

▲刑事具訴人張伯鼎，一件，爲藏匿竊犯，狡不到案，懇求恩憲迅予拘提，令其弟交，以重法益由，狀悉，仰候拘提到案訊奪，此批。

▲刑事辯訴人劉敬懷等，一件，爲確無爲匪專刼，請求恩准傳訊證人，以資證明，而免冤抑由，狀悉，仰候通傳訊明核奪，此批。

▲刑事撤訴人李傳賢等，一件，爲遵處罷訟，懇予撤銷案由，狀悉　准予撤回告訴此批。

本城糧價

名稱	每市石價目	
小麥	最高十一元　角	最低十元九角
大麥	最高五元四角	最低五元一角
黃豆	最高六元五角	最低六元三角
黑豆	最高六元二角	最低六元
菉豆	最高七元二角	最低七元
江豆	最高七元	最低六元八角
高粱	最高五元四角	最低五元三角
穀子	最高五元　角	最低五元
稷子	最高五元五角	最低五元三角
芝麻	最高十二元	最低十元八角
青豆	最高六元四角	最低六元二角
花生（每百斤）	最高五元	最低四元八角
生米（每百斤）	最高九元	最低八元七角
瓜子（每百斤）	最高十五元	最低十四元

氣象

天氣	風向	最高溫度	最低溫度
陰	西北風	四八度	三一度

第九五期目錄

編輯處徵稿啓事

本刊以溝通教育消息，交換教育心得，討論教育實際問題爲任務。定於每週星期一出版，務望全縣教育同志，將各種教育論述，實施報告及其他有關教育之材料隨時錄寄，無任歡迎，惟因篇幅狹小，事實務求新鮮而具體，文字務求簡要而靈活，統希鑒察是幸！

實施辦法

國難期中應怎樣實施兒童特種教育

書

教育是應隨着時代的推移而變易的。因爲這樣才能顯示牠的效能，現在正逢國難嚴重的當兒，當然，我們的教育就應實施適應這特殊時際的特種教育。但是究竟怎樣去實施，才能收得宏效呢？本校茲特擬定辦法如左：

一，本辦法爲培養兒童適應國難需要之知能起見，而訂定之。

二，本辦法主要目標在於矯正過去教育之缺陷，增進教學之效能。

三，本辦法依據下列原則實施：

1. 實施特種教育須仍以學校正常訓練爲準則。
2. 實施特種教育須特別注意精神訓練及體格訓練。
3. 實施特種教育各科教學應注重闡明關於喚起民族意識，激發愛國愛羣情緒之教材；但教學時間不得超過部頒修正標準之所定。
4. 實施特種教育須減輕兒童課外作業，俾有餘暇從事運動。

四，實施要項：

（甲）公民訓練 將公民訓練標準規定各節與新生活規律貫通融會擬定訓練條文，力求條文的具體易行，嚴行考查兒童對於條文的實踐。以校長教導系主任及各級任導師共組兒童訓導委員會主持之。

（乙）各科教學：

1. 國語，社會，音樂等科中注重闡于闡明民族意識激發愛國情緒之教材。
2. 自然科中特別注重科學思想的啓發，及國防知識的灌輸。
3. 衛生科中注重衛生習慣之訓練。
4. 勞作科中注重作物之種植，實用工藝品之製造及校事勞動之服裝，務使切于實際，且逐漸養成勞動與生產之習慣。
5. 體育科中注重體力之鍛鍊，體能之增進。中高級增授國術。
6. 高年級設童子軍課程，注重童子軍精神的訓練全校各級均採取童子軍編制，與保甲編制合一。

（丙）課外活動

1. 課外運動 每日下午特定時間强迫運動，每週至少舉行某項球術比賽一次并分組輪流舉行越野賽走或短途遠足等。
2. 勞動服務 組織少年勞動服務團，領導校內所有勞動服務的事項。舉凡打掃，平治，搬運，清除等工作，均以該團爲主動。每日分組輪流打掃校院及門前道路，每週各級舉行教室大掃除一次，每月舉行全校大掃除一次。
3. 課外教學 高年級每週抽出一小時，增授國防的知識。
4. 時事講述 每日早操時由值週教師講述中外重要時事，并擇要揭示於板上。（每月舉行時事測驗一次，以促其注意）
5. 學藝比賽 學業，運動，每兩週各舉行競賽一項，以示提倡，而資鼓勵。

（丁）集團訓練

1. 晨會 除講述公民訓練外，隨時提引有關精神訓練之時事史實，以激發兒童愛國愛羣之情緒。
2. 紀念週 由值週教師對重要時事作有系統的講述，或作科學新知識的介紹，俾兒童明了現世界之[illegible]潮擴其胸襟，啓迪其思想。
5. [illegible]行演說會，或故事會，材料均以歷代中外民族英雄故事史跡爲主。
4. 警備練習 無定時，以亂鐘爲號，以養成兒童警策而鎮靜的精神，且藉作精神講話的機會。
5. 常與他校兒童聯合舉行有關精神訓練或體格訓練之大團體生活，（如遠足，運動會，展覽會，演說會，郊敍會，童軍露營等。）

（戊）環境佈置

1. 繪製抗敵，救國，英雄故事，科學發明等壁畫。
2. 懸掛警惕策勵的標語。
3. 張貼時事畫報。
4. 揭示兒童創作有關時事的漫畫。
5. 繪製與重要時事有關的活動地圖。

（己）健康教育的設施：

1. 衛生上個人粗備清潔用具（牙刷，茶杯，手帕等）學校增置衛生設備（如痰盂，面盆，水缸等）以期養成兒童的衛生習慣。
2. 體育上增設運動器械（如球類，器械等）以鍛鍊兒童的體格，充實其體力，增進其健康。
3. 增購醫藥，及簡單器械（如體溫計等）

五，本辦法依據部頒小學特種教育綱要訂定經校務會議通過後施行。

六，本辦法如有未盡善處，得於校務會議時提出修改之。

投稿簡章

一，來稿以合於小學教育及社會教育之實際需要爲標準，約分論述，報告，設施計劃，教師常識，教材教具，介紹，教育學術講話等項。

二，來稿不分文體，但須繕寫清楚，除特屬性質者外，均須直行右起。

三，來稿非經聲明，編者有刪改權。

四，來稿不論登載與否，概不退還。

五，來稿須註明眞姓名，及通信處，但發表時，別署聽便。

六，來稿寄豐縣教育局，稿封上須註明「教育週刊文稿」。

研究

連雲港社展會本縣送會物品小誌

如壎

本縣這次送往連雲港江蘇省第五師範區小學社會科展覽會的展覽品約二百餘件依其性質略有相近，稍事拚當，分爲模型，儀器，教材，宣傳品，及圖表五類，裝璜了三四件大箱子，很費力的往火車上起運要參加這次大會又因爲這次社會科展覽會必須以國防爲中心的緣故。所以選送的展覽品，多係戰爭用具的模型。特種教材的綱要，很值得一看，很需要研究，並且各學校苦心經營，努力製作的結果，也很需要介紹以宏效用，爰將牠分類別，品名，件數，製作學校等項，依次寫出來，並有可以用文字說明的，也簡略的加以說明，俾便參攷：

一，加農礮（模型）一件，縣立女子小學校製作。

說明：是大礮的一種，[illegible]大礮之中，以平射爲目的的叫加農，以曲射爲[illegible]叫[illegible]。大礮的口徑大小不定，射程也有遠近。口徑最大的有五十公分；射程最遠的有一百五十公里，差不多可以從上海射到橫林，或者從南京射到戚墅堰。

二，野戰礮（模型）一件，縣立女子小學校製作。

說明：野戰礮中有野礮，山礮，騎礮等類，野礮就是小口徑的加農炮，用以協同步兵殲滅移動性的敵軍，口徑七公分到八·五公分，最大射程，新式的約有四十公里。

三，輕機關槍（模型）一件，縣立孫莊初小校製作。

說明：輕機關槍是現代步兵的主要兵器，重約九公斤，搬運操作，非常靈便，並且不易爲敵人發見。發射迅度，每分鐘平均三百發。

四，盒子槍（模型）一件，縣立王堂初小校製作。

說明：是手槍的一種，射程最遠的有一千公尺光景，本是護身的兵器，歐戰時，戰壕中肉搏，把來利用，近則手槍的用途，愈見重要，每次裝彈七顆至二十顆，可以連續射擊。

（未完）

强迫教育實施問題（續）

（李寨中小協進團）

李廉齋：關於兒童日常無故缺課的解決方法，各位都有具體的意見發表，不過我所發現的兒童缺課原因，是受家長的影響，請校長替我想個應付的辦法，再者協進委員會不肯負責，究竟怎樣使他們負責呢？

這個問題不僅是本校吧；我想各校都是如此，不知大家感覺到了沒有？請共同想一個妥善的方法。

魏嘉琛：違法不進學校的原因，分析起來大概有三種：一、父母的障礙；二、貧苦；三、逃學。如係第一種原因，那末父母應受相當的處罰——罰款或監禁。如係第二種原因，不在我們强迫辦法之中，假若家庭或兒童自己想入學，無力購買書籍，教師應酌給津貼，以免失望。如係第三種原因，還須研究兒童逃學的原因，而後加以合宜的處理，不過有一部分兒童，因對學校不感興趣，可依照李先生素端所貢獻的意見去做，一定可以迎刃而解，總之學校的一切，如能以兒童爲本位，處處顧及兒童的生活和需要，就可以減少我們推行義教上許多的困難。

董鴻恩：各位所遇到的困難，都有了具體的解決方法，惟有李先生廉齋提出的怎樣使協進委員會的委員負

起責任問題，尙未解決，我覺得這個問題在前我已談及現在的一般當校董的心理，及一般小學教師的錯誤，不過在未得到相當解決辦法前，我希望各位本身先要努力辦理得卓有成績，到了眞正的有成績，得到了學生家長的信仰，將來如須地方人協助，他們一定樂意幫助，不至再如往日求於他們之困難，所以說鄉村小學前途順利與困難是要靠看自己去幹，如若目前發生了困難，速報告我，我去解決，但是辦理鄉村小學要解決一切的困難，需得注意三個條件：

第一力求了解社會與家長的心理，因爲學校不能離開社會而獨立，都麽要取得社會的信仰，必須先明瞭社會各個人的思想，環境需要等究竟是怎樣。

第二酌量迎合社會及家長的心理，所謂迎合心理，並非一味順應社會家長的意見，置法令事實於不顧，亦不過是暫時的過渡方法，如教授應用文，酌量變更教學科目是。

專

全國小學廢止體罰苛罰解除一切束縛的研究報告（續）

如果說古人的言行，叫兒童誦讀，對於兒童德性的修養上，不無裨益。但是言行是習慣和理想，應當用訓練的方法培養，決不是讀熟了就可以的，所以也不用讀經。

至於文言文，也以不採用爲宜。如果說日報、信件、文告等常用淺近的文言文來記述，如不讀淺近的文言文，兒童對於看報、看信、看文告等都要感到困難；但是淺近的文言文，和高年級讀的白話文也差不多。讀了稍高深的白話文，不怕不了解淺近的文言文。二者兼習，易使兒童作文時筆下弄得不文不白；且增加兒童担負：所以小學以專習白話文爲宜。

第七題：兒童在課內的一切舉動，如排除進出教室，每一小時點名，如翻書關抽屜等用軍式的口令，以期劃一，是否束縛，應否廢除？

研究結果：

兒童在課內的一切舉動，如排隊進出教室，如一小時點名，如翻書關抽斗等，雖是細小問題，但在教學上訓練上和習慣上的影響很大。現在分別說明如下：

司法欄

◎縣政府司法批示◎

▲民事具狀人董心義，一件，爲霸詐塋地，訴請傳案判追由，狀悉，仰候通知答辯，傳案訊奪，此批。

▲民事具訴人呂永道，一件，爲霸詐田地請求傳案判追由，狀悉，仰候通知答辯，傳案訊奪此批。

▲刑事原告人朱錫成，一件，爲妨害行使權利，訴明情形，懇請傳案究辦，以懲惡棍，而維儒民由，狀悉，仰候傳案訊奪，此批。

▲刑事上訴人張廣東，一件，爲不服判決，聲明上訴，請求准予檢卷呈送高等第四分院，以憑察閱裁判由，狀悉，仰候檢卷申送上級法院可也，此批。

▲民事具訴人邵王氏，一件，爲違反和解，抗不履行再叩鴻恩，通傳集訊，並乞當庭諭定監護人，管理變產以維生命由，狀悉，仰候傳訊核奪，此批。

▲民事具訴人王志玉，一件，爲例不應繼恃勢强霸，訴請傳案訊判，以重宗祧由，狀悉，仰候通知答辯傳案訊奪，此批。

▲民事具狀人孫繼先，一，爲坑弟呑產霸不公分，遵納審判費四元五角，請求傳案判分由，狀悉，仰候通知答辯傳案訊奪，此批。

▲刑事辯訴人渠敬信，一件，爲再辯誣寃，懇請俯賜通傳人證，質訊明確省釋，以免久累由，狀悉，仰候通傳訊明核奪，此批。

▲刑事辯訴人胡尹氏，一件，爲夫被監押迄已數月，尙未蒙訊，懇恩迅予開庭訊釋，以免久累由。狀悉，仰候通傳質訊明白再奪，此批。

▲刑事具訴人唐王氏，一件，爲揑詞誣訴，代子辯明寃情，懇請鑒察免累由。狀悉，仰候訊明核奪，此批

▲民事辯訴人趙大成，一件，爲證人非傳不到，請求發票傳令證人如期到庭由。狀悉，仰候通傳訊明核奪，此批

▲民事具狀人李芝山，一件，爲李兆萬誣控民匿約捐款，堅不放贖，及毆辱等情，謹據情答辯於下由。狀悉，仰候庭期訊奪、此批。

▲民事具狀人邵世昌，一件，爲侵佔有憑，重勘證明，懇恩按理判決，將產追回甘心由。狀悉，仰候續傳訊奪、此批。

庭期審理案件

十二月九日辯理孔憲文與孔慶文產權案

▲[illegible]馬克仁王光璧債務案

九日審理劉維賢等訴楊學友侵佔案

△本城糧價▽

名稱	每市石價目
小麥	最高十二元四角　最低十二元二角
大麥	最高六元三角　最低六元二角
黃豆	最高七元四角　最低七元三角
黑豆	最高七元　最低六元八角
菉豆	最高七元六角　最低七元五角
江豆	最高七元五角　最低七元四角
高粱	最高六元四角　最低六元二角
穀子	最高五元六角　最低五元四角
稷子	最高六元五角　最低六元三角
芝蔴	最高十二元　最低十一元八角
青豆	最高七元三角　最低七元一角
花生	每百斤　最高五元三角　最低五元一角
生米	每百斤　最高九元　最低八元七角
瓜子	每百斤　最高十五元　最低十四元三角

△△氣象▽▽

天氣	風向	最高溫度	最低溫度
晴	南風	四五度	二四度

豐中週刊

第三九期

本刊每星期六出版

時事感言

二年級 —衛

風雲緊張了，綏東匪僞軍以日本作後台用他們的大礮飛機的威力向我們進攻，綏遠傅主席作義將軍堅決的起來反抗了，這是很值得我們慶祝的事，這種反抗是過去幾年的歷史告訴給我們的不能不反抗了，我們有句很好的俗語：『兔子急了也會咬人』，這正好適用在我們這個時候。

我們看看綏遠的英勇抗戰的將士們得到的榮譽，全國上下的人們一致擁護，各處人的節食捐助，這樣的鼓勵我們的前方將士，可以使他們安心的高興的來應戰，同時這表示後方的人民並沒有把他們忘記，同時我們要注意各地的一日運動，尤其是平市的學生，他們的那種高漲的情緒熱烈的精神實在使我們佩服，節食這並不是一件小事情，這十足的表示我們的民族並沒有死，而且正準備着收復我們的失地趕走我們的敵人。

我們再看看什麼僞軍，匪軍，還不是中國人麼，固然有少數的，報紙上所謂的某國人，但大多數是中國人，我們所反抗的打的還不是中國人麼 固然匪軍的軍火，是由於所謂某方的供給．他們以充分的軍火，供給中國的漢奸，打中國，使中國自相殘殺，這是他們借刀殺人的手段，最毒辣了，他們是我們最大的仇敵。

我們要記清：『無可退讓的時候，我們要反抗的！』現在已到了這樣的時候了。睡獅要猛省啊！

研究

一個學習的實例

—非

眼前是綏遠的抗戰，關于這，有好多東西可以學習。

每天看報，百靈廟，商都，集甯……這些地名不止一處地在電訊上出現。翻翻地圖可以找到牠們，并且可以看到敵●雙方的陣地以及綏遠的形勢。天天看，一個星期以後就可熟悉察綏一帶的地理。每一個學生都能這樣學習。

日本佔了綏遠以後，據說要僞造一個什麼「大元帝國」。有興趣的學生就會想到：爲什麼蒙古王公能受日本的利用？日本是不是眞教蒙古獨立？蒙古人還能不能和中國聯合；在怎樣的條件下才能聯合？此這就研究到民族問題 和帝國主義侵略弱小民族的手段，以及解决民族問題的途徑。這是我們非有不可的歷史的社會的和政治的知識。

管打的朋友也有什麼可以研究。坦克 飛機，毒氣，這關係到自然科學和軍事學？侵略者的戰術，這不但關係到軍事 而且關係到非常時期的人民組織方式 說起來大到駭人，其實都是實際的急待解决問題。

到鄉下作過援綏宣傳的人更會感覺到問題的迫急：日本的侵略在人民生活上起了什麼影響？人民願不願抗日？怎樣才能使宣傳發生偉大的效力？這涉及經濟，社會，文藝，繪畫這個廣泛的領域。

救國是當前的需要。救國的利益是評判是非的標準。以客觀的態度研究當前的事實，所得到的是現在需要的眞實的知識，救國的工具。

防毒常識（續）

後層爲鹼性層 此層裝有藥品，其功用在消毒，至藥品種類，製者各有不同 我國金陵兵工廠製者是用輕養化鈉石灰及浮石製成之，美國製品，則以石灰爲主，並和洋灰，圭藻土及輕養化鈉加水混和，將此混合物稍使乾燥，擊爲碎粒，用八號及十四號篩篩過，使其顆粒大小適用，再噴以過錳酸鈉溶液，再稍乾之使含水分百分之十三爲度 即可裝罐應用。德國製品，於鹼層加一綠安酊，可以防芥氣。此外更有加 Urotropine 以防光氣的。

（三）面罩上的眼鏡 多以角膜製成，以免碰碎，角膜有單層雙層之分，單層者即係一層的角膜製成，雙層者是於單層內再加一可以隨意取下的保明片的。此保明片亦即一種角膜，不過其對人眼睛的一面塗以藥膏（塗於反面則無效），以防水蒸汽冷凝其上而妨視力。至此藥膏的製法亦有多種，最簡單的用凡士林或肥皂液塗之均可，但成績欠佳，上等者用蔴油硫酸膏百分之七十五，輕養化鈉百分之十五．水百分之五，水玻璃百分之五製成之，或者再加石油少許，其成績較佳且亦較能持久。

（四）出氣活門 面罩上應於一處裝置活動片，使呼氣向外洩出，同時外邊空氣不得進入，是謂出氣活門。金陵兵工廠所製的，係用云母片，或者有用橡皮的。

（五）面罩上的帶 分鬆緊帶，鐵鉤，下顎帶等，此帶最要鬆緊適宜，勿使漏氣，亦勿使緊勒不適。

（六）阻水板 面罩內常有呼出的水蒸氣凝成水分，此水如果任其流入藥罐，則藥受潮而失效用…故應於通藥罐的氣管基部裝一阻水板以防水之流下。

（七）面具的保護 面具若非一人使用時，則應消毒。每具價目自三元以至八九元不等，其有效時常視保存的方法而定，故平時宜放置於箱內，或乾燥，以防受溼，而失效用。

幾種物理現象

——寫給二三年級同學，望於下期解答——

一、由加利略的實驗，我們知道各種的物體 無論其質量的多少，從空中同時落下時 應該是同時落地，就拿一根鵝毛和 塊鐵來試驗，假若除去了空氣的阻力，也是如此。同時 這是什麼道理？我們知道地球對於物體的引力，應該是和該物體的質量成比例，那末質量多的物體爲什麼不比質量少的物體先落地呢？

二、牛頓第三定律告訴我們，反作用力和作用力相等方向相反，這樣說來，我們用手推桌子，桌子也必有相等之反作用來推手，結果好像應該作用和反作用相抵消，桌子不得推動，然而事實上桌子確可被推動，這是什麼道理？

寫作

寫給綏遠將士

一年級王朝品

英勇的將士們！現在你們是慷慨的獻身於國家了，堅守疆土的重責，是已在你們的肩頭了。近年我國外患重重，內乱不休，多數同胞都在水深火熱中掙扎着生活；痛苦的情狀，實在是已到極點，尤其是東北的同胞，所遭受的暴戾的摧殘與壓制，更是每個中國人都早已知道，而今萬不幸的綏省同胞，又要受到僞匪與日人的侵擾了。

現在只有你們這些可敬可佩的，熱血沸騰，滿懷着熱情的將士們，爲了捍衛祖國，爲了追求人類的正義，與敵人在槍林彈雨下，礮火旋渦中奮鬥，是何等的使我們感佩呢？並且現在又是初冬天氣，北地早寒，朔風凜冽，大雪早已降下了。啊！你忠勇的將士，在前綫作戰 是多麼的痛苦呢！你們這種堅苦果决的精神，培植在一千古不朽的民族意識裏，是永遠不會磨滅的 願你們竭力收復國土，殺滅敵人，我們在這裏用十二萬分的誠意，來向你們致敬，並願盡我們所有的力量．作你們的後援！

功課的自檢

一年級王朝品

老師出了這次的作文題目後，使我感到了十二分的畏怯，十二分的難過，平時對於功課不用功，那裏會有長進呢？這種因果的判定，自然是誰也不否認的。現在只好把各門課業寫出來，作爲自省的紀念。

算術每次的習題，總有幾題不對，地理，歷史習題做的不仔細，刪改和添補的每頁都有，動植物的臨時測驗都不及格，唯國文，公民等．…………還能應付 尤其

英語一科，更使我難堪了，每次的練習默寫，都錯亂不堪，而上面更批着：『不成字樣』與『字不正確』等刺目的紅字；這一一的都在證明自已的學業低劣，對學業上不知用功。唉！一樣是人，一樣是學生，一樣受着同等的教育，爲何自已不如人？

『咎由自取』，受到惡劣的制裁，良心的責備，自然是應當的；然而又想到如此的不如人　甚而悲觀下去，永遠的落伍下去，把一年一年的光陰都挨過去，那麼人生究有何意味呢！啊！人生終是一奔波的途程，是一競爭的戰場，須各自掙扎，方能獲得良果，我懺悔以前的罪過，我深恨以前的墮落，願從今努力奮發，走上自新的途徑。

蒙古人可以作同盟者

三年級　穆兆源　……由英文譯……

一天又一天，即令就是在目前的交涉正在進行來解決中日間的懸案的時候，華北的情形逐漸變得更加威脅，其餘的中國領土了。在我們的報紙上，經常有報告發表，講到在各樣的賣國將軍們領導下，還有日本軍隊和武裝的積極援助的滿蒙匪軍底組織．那些匪軍的主要意向是來摧毀仍在綏遠省內的任何中國統制權，並且完全地把這省合併到滿洲國，當日本在南京用他們底要求和談話來蒙混我們的時候，他們不停地在華北向我們進攻。

不管過去我們一向是如何忽視蒙古王公和人民底利益與幸福，在這個時候，必須考慮完全改變，對那些人民的我國的態度，這是極其重要的，假若我們依照我們底傳統政策，在抗抵我們底敵人的鬥爭中，我們會失掉一個可貴的同盟者。我們自己的民族自存要求有這樣的重新考慮，綏東四旗的可能的喪失，會打開大門給我們底敵人作更進一步的侵略，一直到我們底最遠的省分。

我必定還記着，當日本的軍隊達到了熱河的時候，他們同時地佔據了冀東；還有當他們達到了察哈爾的時候，他們增兵平津兩地，意在保證這種强佔。同樣地，一等到綏東變成他們底征服的方法的另一戰勝利品，西面的歸綏包頭甯夏和南面的大同太原也就要看到日本軍隊的侵入了。雖然日本已經佔領了這些地點中的某幾個，並且已經開始了他們底軍事建造，如飛機場公路等但傅作義將軍的失敗意味上就會是（日本）直接掠奪、這些地點永歸所有　兩個地點，四旗的集甯和豐鎮　于平綏路的中段　因爲他們戰略上的重要，會證明有重大的价值。西面的歸綏和南面的大同祗離開很近。

有那些地方在日本底控制下，日本軍事機關的蓆捲華北就算會完成了，從這些新的陣地經過甯夏，四川是在射程之內了，牠底資源和物產就會附屬于日本底經濟。山西會是另一個給他們搾取的富饒地域。單單山西就有我國最富的煤源，而河套的豐饒的穀田和倉庫就會成爲日本軍隊的糧棧，北部地面，假若從中國失掉，會給日本的軍事機關準備下他們現在缺乏的資源並且使他們底塹壕區更有利的地位。

在過去蒙古人爭民族統一和文化的企圖遭受了我們底壓迫或完全的忽視，蒙古人底這些表示指示出來他們底清貧與他們底破產了的經濟的緊急的需要　他們自己底王公的腐敗和由中國軍閥加於他們身上的賦稅的重担，使他們斷絕　從這方面得到必要的幫助的期待。這種不穩定的情形和他們底破產的財政，變成了沃土，在那裡，日本能栽培他們底「自治」的計劃；從那裏由他們操縱而發生了匪軍的蒙古王公，被日本底誘惑的媚詞迷住了，幫着驅除在蒙古的中國統制的一切遺跡，並且壓迫東四盟的以及伊克明那旗和察哈爾特別旗的中國的和蒙古的人民。

凌森，從前是一個有勢力的在滿州的蒙古王公，當受日本底誘惑和不可靠的榮譽，也不願受中國軍閥的危險的監管。當投降日本的時候，他說：

「一各地蒙古人中間，沒有一種希望像自治這種希望更爲普遍。日本陸軍從中國救了我們，對於這，我們很是感激的。幾年以後，我們就會被移民吞沒。現在，滿州已經允許我們卅省自治，並且保障不受侵略。我們蒙人不能再多求，滿州國，反過來，可以確信我們忠誠和合作」

凌森知道了他底錯誤，那時要他恢復他底地位已是太晚了，日本的預約證明是他底民族主義的希望的墳地，當他和其餘的蒙古的蒙古王公已經圓滿地服侍了他們底日本誘惑者，把他們底蒙古徒衆和日本底帝國的慾望聯合起來的時候　他們却被領到刑場　面對着日本底射擊隊了。

那些蒙古王公的鎗斃，表明由日本給一切蒙古王公的任何預約的价值。日本用勾人的誘惑可以安慰他們底自己底破產　但是他們現在知道：他們對自己的人民的統制權底終結，以及差不多的他們底生命的終結，只要他們一走上臣屬於日本的道路，就算到他們面前了。正是在這個時候　當那些蒙古王公已經根本地受了震動的時候，當他們孤立的站着、而且在爭取他們同盟者的兩個勢力中間分裂開來的時候，中國能彀援救那些人民，來作抵抗共同的敵人的鬥爭。

每個蒙古人都知道日本統治的嚴密　對人民和富源的强度的搾取；對牠底帝國奴隸的殘忍的待過。每個蒙古人都害怕這個新的統治和牠底演變。在熱河發生的事全北方的每個蒙古人都是知道的。

熱河被佔以後不久，新的賦稅加於所有的居民身上，爲日本軍事機關準備經費。沒有一個免掉　那些捐稅是取之於各種的日常生計，養鷄每頭每月抽稅一分；每頭牛每月花牠主人底八十分去納稅，而殺一頭牛吃，又弄來附加稅六元。一個農民打算殺他底猪，先要付四元的稅；而殺一隻羊，會由他們抽稅二元。而且爲了太陽旗下的不可靠的生存權，每個居民，小孩和成人，要繳納給日本軍事機關每年四元六角　作爲人頭稅。

不過這些，還不是他們要負担的重擔的全量哩，沒有個家庭能逃脫日本軍事機關底極苛酷的壓制和勒索。牠窮凶極惡地想出一個方法，由于那，人民不得不來壓服自已！爲了這種目的，人力是必要的；每個家庭都被迫供給這種緊要的人力的幫助。從五口人的家庭中，要有三個成年人被日本的軍事機關拉去出差，在正規軍裡，或在從事於軍事道路的建造的勞動營裡。有三口人的家庭必須出一個成年人，兩口人的家庭就因抽去丈夫而受到破壞。剩下的那些農民又被迫種植鴉片。爲了那，每畝要付八元的年稅。收獲要按照日本官員決定的價格，賣給爲了這種目的而設立的官家的獨佔機關。

每個村莊都駐着由徵來的蒙古人組成的軍隊和警察，來直接鎮壓對那些煩重的負担的任何形式的抵抗：去年四月一號，長城要道之一的喜峯口外的媽媽廟的三十一個村人遭了捕，因爲他們抗那種過度的賦稅。第二天，一大支日本的軍隊衝到這個地方，幫着壓迫那些反抗的農民。當那近的農民聽到這次日本底攻擊的時候，他們聚集起來了，而且他們底奮怒引着他們搗粹了警察所，殺了警察官，和稅務局主腦。在同一天，由熱河來的日本飛機，轟毀了這個村莊，而且殺了幾百農民。

甚至那些對加在他們身上的一切的日本人的要求都順服的人們，當他們不能完全滿足他們底日本太上長官的時候，也不能免掉懲罰。在熱河，許多的村長，因爲他們招了日本人的不快，叫日本人活埋了。

這種在蒙古人希望逃脫中國底軍事的壓迫的時候加在他們身上的徹頭徹尾的忍殘，已經强使他們學了這樣一課：他們不過是從油鍋跳到火坑而已。他們覺得暴陷進了交替的兩種駭人的壓迫中了，沒有一樣是他們願意接受的。過去的中國統治底歷史沒有給他們解決他們底問題的希望，而新近的日本底保護已經成了傷心的妄想。他們底逃路已由悲慘的結局阻塞住了，這給中國一個最大的機會來給他們以幫助，那會使他們回到民族的懷抱。靠着改變認爲蒙古人是給每個專權於中國官吏無情的搾取的臣屬人民的傳統政策，靠着准許他們爭取爲中華民族組織的一個獨立的民族結構的要求，在我們底抵抗民族的敵人的抗戰中，蒙古人可以作我們底偉大的聯盟者的一個。

學校消息

一，校長敎導主任及童子軍團長和童子軍各中隊長舉行座談會，關於援綏救國宣傳及本校學生生活功課方面均多談及。

二，本校新年擬參加本縣新劇表演　現正蒐集劇本，將以喚醒民衆愛國觀念爲表演之標準。

三，本校學生擬趁下星期日分別出發本縣各區，

△本城糧價▽

名稱	銀市石價目
小麥	最高十二元五角　最低十二元角
大麥	最高六元三角　最低六元二角
黃豆	最高七元五角　最低七元三角
黑豆	最高七元一角　最低六元九角
菉豆	最高七元八角　最低七元六角
江豆	最高七元八角　最低七元六角
高粮	最高六元五角　最低六元三角
穀子	最高五元六角　最低五元四角
稷子	最高六元四角　最低六元二角
芝蔴	最高十二元　最低十一元八角
青豆	最高七元四角　最低七元三角
花生	每百斤　最高六元五角　最低六元
生米	每百斤　最高九元　最低八元七角
瓜子	每百斤　最高十五元　最低十四元七角

△△氣象▽▽

天氣	風向	最高溫度	最低溫度
半陰	北風	四七度	三一度

豐中週刊

第四〇期

本刊每星期六出版

言論

求學

——審

「逆水行舟，不進則退」，這句話，常常作爲求學的比喻，的確是十分恰當。假若求學不知求進步，那是非常的危險，因爲這樣正是在退步。所以我們在求學的時候，要常常自問：是不是常常這樣的想：「我的作文怎樣才可進步？我的算學怎樣才可進步？我的身體怎樣才可健康！我的品格性情怎樣才可修養？我的………？我已否照着我的路做去？」假若我們求學的時候確是常常照這樣想的，那末我們便有進步的希望，假若我們未曾這樣打算過那末也就是證明自己是正在退步了。

逆水行舟，需要力氣；反過來講，必定費些力氣，才能夠使舟前進。所以我們求學，假若感覺不到有困難有疑問，或者有困難疑問而自己不肯用苦工夫去克服困難解決疑問，而只想省力討巧，結果你這求學之舟，非隨水流倒退不可。自己過去是想省力取巧呢，還是能努力克服困難呢？這點我們也要自思一下。

研究

防毒常識（續）

C　防毒衣及手套

前述之防毒面具，僅用以防口鼻目等處之危險，惟現在毒氣的威力，有侵及全身之勢，故爲安全計，應有防毒衣及手套。防毒衣之適用者，須具下列條件：（一）質料輕便易於服着（二）質料適當爲被毒氣所侵透。現在各國所有的防毒衣，大約分布製，橡皮製，及藥布製三類。橡皮製者若與芥子氣接觸時間稍久，則易被透過；油布製者則因遮蔽人體蒸氣外散，使人感覺不適；藥浸布製者較以上二種稍佳。

D　防毒鞋

防毒鞋亦爲重要防毒具之一，係用皮類浸於藥液爲材料以製鞋靴。我國兵工署現在所製之防毒衣及鞋等，仍係用油布或皮　即以桐油塗於布或皮而成者。

E　防毒塗劑

爲多數人民易於防毒計，當然多數以防毒衣鞋等，一時不易普遍製備，所以另有全身防毒塗劑之製造　但此塗劑事實亦難辦到，蓋塗劑應具有下列條件（一）塗於身上不易脫掉（二）不致刺激身體（三）價值低廉，而頗具備也。現在德國所製者，各材料成分如次，每百分鐘，養化鋅占四十五，亞麻子油占三十，豬油占十，羊毛脂占十五。（未完）

寫作

示衆

三年級　——新

北風尖利地向我臉上吹着。想買點東西，又想看看這本縣有名的古會，不知不覺地就走向會場去。

塵土佈滿了每個人的身上　弄得他們像泥人似的。每個人的臉上只露出黃的牙齒和灰色的眼睛。我擠進人叢裏去，亂鑽了一會，見沒有我要買的東西，便在橋上停下來休息。街兩旁排列着的吃的　用的　玩的都不是我所需要的東西。橋北面有人們圍成了圈子，我知道那是「套圈子」的，不去看牠，因爲牠會使人着魔，到那裏白丟錢。

「我是小偷！您別學我，偷………。」

猛一喊叫，把我吓了一跳。回過頭來一看，是個二三十歲的壯年男人，倒背手綁着，兩個警察牽着牠。瘦削的臉，破爛的衣裳，露着脚跟的鞋，是個乞丐模樣的人。

「我看你還偷人家不；」拍！拍！警察用手裡的條子抽了他兩下。

「老爺　我不………。」被打的人放出了乞憐的眼光。

「說！」澎！又是一腿！

「拿人家的啥是不好的，您看我………。」聲音有些發直了。

「媽的×！還說的怪好，放開你又不知怎樣了。」警察切着牙獰笑了，突然又一瞪眼：

「說！」

「您別學………。」從紫色的嘴唇裏又崩出一句來，眼裏有些溼潤了。

「媽的×還想哭嗎？」拍！拍！又來兩下子。

我四週的人呆呆的站在路旁，個個都用憐恤的眼光望着小偷，沒有一個罵他一句，我有些酸鼻了。

我………您都………。」斷續的聲音消失在人叢裏了。

「×他妹妹，我一聽說小偷，就想抓過來咬他兩口。你不記得我的三十吊錢丟了嗎！但是，一看見他這樣，連罵都不想罵了。」一個背口袋的老年人向一個壯年的莊稼人說

「是的，你看他那個樣，我都不想看。」莊稼人點了點頭。

「是的，這小偷的遭遇，確實使我替他難過，又可憐他。」我心裏想着，低了頭。

（她）的死

三年級　——鄉農

時候是盛夏，又是正午，一輪火似的太陽，懸在頂空，天氣不能說是不熱。

尖塔似的幾顆焦了梢的黃楊，在這炎熱的空氣下靜靜的立着，牠底葉子低垂着，像是追衰着什麼似的，一口黑的病人底屋，就聳立在這死一般的靜寂中，裏面不時的發出病人的呻吟。

屋裏面是萬分的寂靜。病人的牀是在周圍沒有窗戶而且佈滿了灰塵的一個黑牆角裏鋪放着，床前放着一張桌子，上面擺着的儘是些藥壺，藥碗………等一切使病人最討厭的器具。

現在，病人是躺在牀上，她底上身裸露着，兩眼如同鼠眼一般的黑黑的陷入那深深眼窠裏，他底顴骨高高的暴露着。肋骨一根一根的像是去了肉的魚的肋骨一般，她的皮膚是土黃色　而且薄得可怕！她死廷廷的躺着，像是一個人架子，要不是她底那兩隻黑黑的眼睛在轉動着，誰也不敢說她是一個活人。

靠牀坐着的是她底父、母、丈夫、孩子，他們一聲不響坐着　眼光盯在病人身上，等到和病人的眼光相遇而互相凝視着的時候，他們彼此都掉下眼淚。

她底病勢愈趨於厲害起來　顯然，死神已在屋裏。

不會跑的孩子，慢慢的爬上床去，哭着要吃乳，她睜開眼看看她底孩子，眼淚滴下來了。

她有許多心事都說不出口來，她用她底手拍着心胸，嘴唇顫動着，但她說不出聲來。她的一切自由，顯然都被死神剝奪去了，她是被苦悶壓迫着。

看望她底鄰人，兩眼都閃閃盯在她底全身，他們都不發一聲的在抑壓着自己底呼吸，全屋裏顯得格外寂靜。

她在床上顫動了，她底兩眼睜得格外驚人，微動着嘴唇，用盡全身的力量，發出了最後的呻吟。

「娘！我死了，你當緊好好的養着這個孩子！」她說着，閉上了兩眼。

她已停止了呼吸和脈搏的跳動，顯然？她是死了。

這時候，衆人的號哭聲充破了全屋的寂靜。

早操

二年級　——誠

鐺！鐺！鐺………一陣亂鈴聲院中搖過　接着又是一陣的喊呼聲：

「起啊！時間到了，趕快起………。」

喊聲過去之後，有的同學是被驚醒了，翻了翻身，便伸了伸懶腰，半睜着眼，望外看了看，嘴中咕嚕着：

「唉！時間還早哩！………忙的啥………」

說着又鑽進被內，不理。

有的多嘴的同學，便告訴他：「時間很短促，你不知道麽？再過一會兒起，便要缺早操………。」

起來的同學，便慌着去倒水，來回一躺，便凍得手脚顫動，牙兒撕打了，口裡讓着，「了不得，今天眞冷………

還躺在被內的同學，聽了這一類的話，更不想起，戀戀着被窩，「被內總要比外邊暖和，」一在心中浮着。

時間不停的過去，寒風不住的吹着，正在洗臉刷牙的同學，也都是草草了事的過去，沒有多大的功夫去弄這些，過後，富點的同學還擦點蝶霜等一類的裝飾品，防凍劑 沒有的便疊好被跑往教室去看英文，捺着脚，拱着手 顫着身子，眼看着書本的字母，一個個的念下去，有的竟牙對着牙的齒齒的念，念到那裡是那裏，只待上早操的時侯到來。

懶着未起的同學，有的未醒，有的醒着不想起，未醒的還是在「呼……呼……」的睡着，醒着的，兩眼乱望，不知看什麽？想什麽，只是不起。

「鐺鐺！鐺鐺！鐺……

「早操鈴打了，穿好的衣服，一切都弄完整的同學，便跑去了，着急的，便是剛穿好衣服未洗手臉，或是正在洗臉的正在刷牙的，正在大小便的種種的情形不一，他們中有的是不洗手臉跑去了，有的便叫同學替告假，還未醒的未起的同學，也如是馬虎的過去。

跑到操場裏，按小隊的層次橫着站起來，各級都由級任點名。

「××病啦……」

有的同學便替委託他告假的同學告假。

點罷名以後，有病的，不能跑的便去向級任先生告假回校休息。

「立正：向右轉，跑步走一，二，三，四，……」團長宏亮的聲音，充滿了寒冷的空氣中，送進我們的耳中，同時我們的脚步聲，喊呼聲，打破了團長的寂靜。

一圈一圈……圍着我們廣大的操場跑着直到跑了了有三四圈的光景，年紀小的同學，便都喘了，有的竟熱了一身汗，便停止，回到原來站隊的地位，行柔輭操，行深呼吸，接着便是升旗，雄壯的號聲，在空中盪漾，偉大的國旗慢慢的由桿根爬到尖上，飄盪着，顯示出中國的偉大。

升過旗後，便散隊，回校。

「唉呀眞了不得，天天得受這樣的洋罪，看：我的手臉，耳朵都凍了！咱……」

一位同學同另一位同學，一面走着，一面說着：

「你的話不對，你想，我們每天一早便起床，按着行如此使人高興的跑步，柔輭操，使得身心爽快，精神振發，並可增加皮膚的抵抗力，將來可鍛鍊鋼鐵般的身體，不是使人一件高興的事嗎？那能談到受罪呢？……」

那兩個同學，都心平氣靜了，那個認早操不好的同學竟受了那個同學的勸告，表示心服。

由操場至學校，不到休息的工夫，便打起吃飯鈴了，同學都魚貫而入，飯堂的空氣驟然緊張起來。

這是不過才七點鐘。

一點不能忘却的記憶

一年級　劉永貴

母親是好害眼疾，每到秋末，總要害一次。

那一年的秋天，母親又復發了眼疾，我和小弟弟哭了整整的二日，父親除了照顧我們以外，還要看護母親，他卻整整的忙了半月。

經醫生看後　說是需要吃藥，此外還要用菊花洗眼，藥是吃不起？菊花是不用花錢來買的，于是到東鄰西舍的去找，但是處在這荒僻的小村裏　菊花也是不容易找得着的。

一天，我和弟弟到離我家半里路的村裏去玩，那裏有學堂（當時的稱呼），學堂裡有雪白似的牆，有很大的操場，操場上有許多小朋友在那裏玩，花園裏有紅的白的紅白相間的花，因爲上面幾種關係，引起了我好奇的心，所以常常的去。

這一次，我和弟弟跑了半里的路程，累得我倆氣喘嘘嘘的，到達了學校門前，見裏面很是寂靜，我們很驚奇的從窗縫裡一瞧，見裏面連一個人都沒有，大概是放了假。院裏的花園裏，長着幾株菊花，不光枝葉茂盛，花也是怪美麗的這時我家正在急若燃眉似的找菊花，我們！想，何不過去採下幾朵，拿回家去呢？于是我從窗口裡鑽了過去（是能開能關的），不留情的採了幾大朵；恐怕被人看見，放在衣袖裏，拿回家去。

走到家，已是各家燈火了，我倆慌忙的去献給母親，母親一見，笑嘻嘻的問我們是從那裡找來的，我便將採花的經過訴說了一遍，那知她却大發雷霆的說：「我生下了你倆個不爭氣的孩子，倒不如扎眼害瞎了好。」立刻叫我倆跪在床前，重重的打了一頓　花是沒曾用他洗了眼，母親教我把牠埋葬了，這花大概是腐爛了罷！

唉！我每　念慈母，便想及此事。

慈母啊！你教子之心，我現在是知道了，爲偷菊花而挨打，無疑的，象徵着你教子的莊嚴。

以上的一件事，永久而鮮明的深印在我的腦海裏，是教我如何都不能忘却的啊！

一節燈課

一年級汪劍俠

教室裡的電燈，發出白熱的光亮，照到純白的四壁，照在同學們的身上　喜笑的臉上，然而　教室外邊的空間，倒黑漆得可怕。

我難過坐在自已的桌旁想。在夏天秋天做着勞苦的工作的人們，出了無數的血汗，希望能夠得到飽腹暖身的生活，增加生命的愉慰，怎麽鬧的，現在到了寒冬冷酷的時候，在外邊拾樹葉，沿門乞食的，還是那些勞苦的衆人呢？這眞使我的靈魂，陷于疑惑的圈子裏了。

「打狗！打狗！……」我又想起了那隻惡恨而且可愛的狗。

記得，我很放胆的走進了表叔的大門，「汪……」的幾聲，我的腿感覺得疼了，「啊！這可惡的狗，打狗，打狗……」疼得極了，充滿了怒氣，在身上每個微小的細胞裏。

啊！不恨狗，現在我不恨狗了，因爲狗還盡着守門的責任呢？想蒙主人的愛戴，多給點殘飯，充實牠的餓肚，不覺的又使我愛上牠了。

想來想去，神志模糊了，正在做着無聊的夢，一陣下課的鐘聲，把我驚醒來，先前的思慮都沒有了。

啊我感你，可愛的鐘，喚回我的迷夢。

最後我這樣的想着。

司法欄

◎縣政府司法批示◎

▲民事具交人王道金等，一件，爲遵諭交納勘丈費懇請察收由。狀悉，准繳，仰候定期丈勘可也，此批。

▲刑事具訴人蔣念升等，一件，爲妄加拘訊，妨害自由，訴請傳案依法究辦由。狀悉，仰候傳案訊奪　此批。

▲刑事告訴人魏欽棟，一件，爲假名騙款，損壞信用，訴明情形，叩懇咨提究辦由。狀悉，仰候傳案訊明核奪，此批。

▲民事具狀人徐林光，一件爲和議成立，懇請免傳銷案由。狀悉准予和解，此批。

▲刑事委任人劉趙氏，一件，爲因病難以到庭，懇請准予委人應訊由。狀悉，此批。

▲刑事具保人陳鴻順等，一件，爲懇請賞保戴朝仁回家安業由。狀悉，准保，此批。

▲刑事具保人滿寶仁等，一件，爲懇請賞保李廣居回家安業由。狀悉，准保　此批。

▲刑事具保人劉可亭。一件　爲懇請賞保楊允彩回家安業由，狀悉，准保，此批。

▲刑事具保入丁道漢　件，爲懇請賞保李樂山回家安業由。狀悉，准保，此批。

▲刑事告訴人劉尊言，一件，爲局謀架騙　訴請傳案究辦由。狀悉，仰候傳案訊奪，此批。

▲刑事辯訴人王瑞廷，一件，爲揑情妄控，遵傳實陳，懇乞承審員查閱前判，質执界址　妨害權利等情由。狀悉仰候庭期訊奪，此批。

▲刑事具訴人陸景玉，一件，爲拐佔杳寶，訴請拘案，依法究辦由。狀悉，仰候傳案訊奪，此批。

△本城糧價▽

每市石價目

名稱	最高	最低
小麥	十二元四角	十二元
大麥	六元	五元八角
黃豆	七元四角	七元二角
黑豆	七元	六元九角
菉豆	八元	七元八角
江豆	七元八角	七元六角
高粮	六元六角	六元五角
穀子	五元四角	五元三角
稷子	六元二角	六元一角
芝麻	十二元一角	十一元八角
青豆	七元二角	七元三角
花生（每百斤）	六元二角	六元
生米（每百斤）	九元	八元七角
瓜子（每百斤）	十五元	十四元七角

△△氣象▽▽

天氣	晴
風向	北風
最高溫度	四〇度
最低溫度	二七度

鳳鳴塔

〈第二七五期〉

本刊內容分科學常識論著詩歌小說戲劇散文音樂介紹及批評等項

一，本刊歡迎投稿來稿文言白話均可

三，來稿本社有修改權不願者應先聲明

四，未經登載之稿除預先聲明者外概不退還

五，本刊編輯部設[illegible]

漫談

不是煩悶的時候了（續）

素英

四是失地　像「九一八」之役，青年脆弱的腦筋，受了一次刺激「一二八」之役，青年脆弱的腦筋，又受了一次刺激。其後塘沽協定，華北自治！奇恥大辱紛至沓來，青年脆弱的腦筋，又不知受了多少次的刺激！東四省早非我有，整個華北，又已名存實亡，而華中華南，更是岌岌可危。這才是五十年來萬劫不復的大難！但是醉生夢死的同胞，依然耗無準備，富于熱情愛國青年，眼看着大好的河山，一片片的被人宰割，眼看看國際風雲，一天天的緊張，眼看着四萬萬同胞不生不死，于是感覺國事不可收拾，而漸漸流于悲觀。

五是失志　以上四種原因，都不是青年煩悶的根本原因，根本原因是沒有志氣。有志氣的人，才能戰勝艱難，克服環境，抑制煩惱人生最寶貴的莫過于志：曾國藩說：「世上那有易處的境遇」可見人生天地間，斷不能事事如意，比方失戀，失學，失業，失地……那一樣不是不如意的事？但是有意志的人，都能避免消極　克服環境，達到最後的目的，無志的人却不免被環境所征服　永無成功一日。所以我說失學，失戀　失業，失地，不是消極之本，失志一節，才是煩悶之源。

青年們！青年們！起來吧！樂觀奮鬥，奮鬥樂觀，不遲疑，不沉悶！煩悶的時代過去了！中國包不會亡的！光明的前路，鋪在面前。只要目前的難關，能耐過，中國就有辦法想！青年們！醒！醒！醒！

（完）

論著

家畜管理法（續）

高德培

毒草：在春季放牧最應注意者爲毒草，如木犀科女貞葉，石南科植物，烏頭，（又名附子）馬醉木，鬧楊花，若羊畜食之均有中毒死亡之虞，他如紫杉于某季節中羊食之亦有中毒而死之現象。至於馬鈴薯之芽及高粱幼苗對於家畜亦有受毒之危險，故放牧者應於注意。

2.牧場區域　凡放牧之場地應與劃分，其利益有二：（一）家畜性情好變動，若能屢更更換牧地，對於家畜之精神上亦可調和，健康上亦能增益不少。（二）牧草之生長可有調勻，其劃定區域應分三區，第一年任何　區，翌年則更換他區，以次序而與輪流更換。在每一年之放牧區域內亦須分劃三小區，以一月至三月輪換一次，如是則家畜食盡之草得盡量恢復地力以滋生長也。

3.斷尾及去勢：斷尾多行于犬及羊，可使生長力較快　又可免除尾部之汚垢，倘尾剩留不斷，牧羊者無形須損失百分之五肉及毛。

1.斷尾時期，當在產後一週至二週之間，如分析牡牝羊之尾　斷期，則牝牛在產生後八日至十四日，牡羊在產後五日至七日，蓋幼畜時期斷尾知覺質鈍負傷爲少，可減少其痛苦不少也，割尾時間當在早晨行之，則吾人可時常視察其有無變化，若在晚間則不能十分照顧，恐有失策之處。

2.切斷法：方法有三種，有用銳利之洋刀割斷，亦有用鑿子切斷，更有用火鉗除尾法，以上二法常致流血過多，易生危險，惟用利刀割斷較之鑿子之法爲良。至於後一種之火鉗斷尾法最爲適用。

（甲）利刀割斷法，一人握住仔羊，一人用利剪或快刀在尾距離一寸至寸半處斷之，如出血過多，可用綫緊縛于尾根上部，血即停止。越七八小時後，除去所縛之綫。

（乙）用鑿切斷法：凡羊稍長者都用此法，以高一尺之特製木版中鑿一孔，將尾穿過此孔　用薄之利鑿及木錘等器具離尾根約二寸處，用錘擊鑿而斷之，傷口處急塗硫酸銅之細末。

（丙）火鉗斷尾法：此法較用刀或鑿子爲優良，既無出血之危險，而手續亦速，其鉗爲特製者，未斷之先，應將火鉗燒熱方可舉行，九一每次燒紅火鉗可連斷十頭。

（未完）

創作

海洛英（續）

張霽舫

杜華雄正在思慮着用急樣的話，哄騙芳子賒給點藥，好逃過今大不犯癮，被曉川一喊，猛的驚　從模糊的夜影中，認出是曉川，方把心放下一半，細看曉川是現着犯癮的困態，而他的身上仍穿的很華麗　不比自己在這寒冷的十月的秋夜，仍穿着單薄的西服，忖想了一回，假意問道：

『曉川嗎！，多天沒見了！你怎不進去，站在街上幹麼？』

『不！我剛進去過，只爲今天沒有錢，芳子不賒給，我現在正犯着癮啦。華哥，救一救明天補情！』

『咳！自上月分手以後，我就失業了！我的景況還能瞞你麼？那樣你不知道。現在也是「挪借無門」，每天衣服不週　仍要過癮　我怎能顧全你呢？

『華哥！只一回　明天就有辦法　』雖是這樣說，其實明天仍是沒辦法。

『一回也得我有這能力，我現在把棉被壓——就是典當了——了一塊錢，還不夠我過癮的呢？』

曉川失望了！明知哀求也無用。失望的情緒，普散入全身，癮更覺難熬；淚涕交流　四肢抽搐的更利害，他已站不着了，蹲在華雄身前　低着頭儘在咳嗽　吐出酸臭的青水。他心想若有一點點海洛英就可免掉痛苦。只是這一點點已是沒法去弄。

華雄看見，心中也起了莫名的感動；犯癮的痛苦，他已嘗過數次　雖是明知痛苦，却沒勇氣去戒絕，若是不苦而能戒絕，他早戒了！他怕戒的痛苦，仍受着犯癮的痛苦，同是痛苦，他們分不清楚：受了一次的痛苦，可以免掉長遠的犯癮痛苦；受了一次犯癮的痛苦　下一次的犯癮仍將來臨；因循苟且，是他們的通病　華雄是最憐恤曉川，可是愛莫能助，他想了一法，叫曉川把長袍脫掉，由華雄去壓了兩塊錢；這時他倆已有三塊錢了

（接第六版）

最後的掙扎

嵐影

半缺不圓的殘月，
悽冷地掛在遙遠的天邊。
嘆望着死寂了的宇宙，
吐出她微弱的光輝，
想是照明這灰色的世界。
但，她沒有勢力的援助，
也不過，是她最後的掙扎啊！

○　○　○

殘淡微渺的星兒，
她感到了悲哀的悽涼，
有心的放出了一絲光芒，
援助那殘了的月亮，
向着灰色的世界裡，爭出一綫光明，
但是啊！反失了牠固有的光芒。

○　○　○

啊！啊！
我們優秀的國魂，
究到那兒去了啊！
祇剩下殘枯了的軀殼，
在作那快要窒息的殘喘，
但是啊！正也是月兒的傾殘。
啊！啊！
頹唐了的國魂啊！
來作最後的掙扎吧！

○　○　○

欲斃了心靈，
植居於頹唐的雰圍裏，
時做出不可名狀的哀調，
演示着牠已步於死亡的路道，
但是啊！正也是星兒的泯滅。

○　○　○

阿！啊！
待斃了的心靈啊！
快恢復你固有的靈感吧！
來作最後的掙扎！

！芳子的家仍不能去，因爲華雄怕芳子討厭。

一間破屋裏、似螢火的燈光，閃耀着。床上鋪着片蓆，磚頭當作枕頭，華雄同曉川頭碰頭臥着，在噴雲吐霧；曉川已忘了犯癮的痛苦；迷迷糊糊的神經，在享受黑籍的快樂。

『速！速！一陣警笛聲，冲破寂靜的空氣，這間破屋裏，沖進幾個警士，手電燈射出長蛇般強光，釘在每個老海鬼的臉上；警士慌乱着，老海鬼在戰抖着，似犯癮般的戰抖，小小一間屋，現出各種難以描寫的表情。

『抓』警長下了命令，華雄曉川和這毒窖主人，都被警士圍繞走出這間毒窖。

華雄秋着曉川，瞪着烈火般的眼，似埋怨他要到這點來，曉川低着頭，隨大衆向前走，他已失了知覺，將來的惡運，他不知怎樣去忍受。

星兒吐出憐憫的譏笑，月兒含羞的躲入片雲裏，大地上一切都似死了的寂靜，幽黃的街燈，照着一羣人和鬼，向三區警署走去。

……（完了）……

月下

王萬選

一

月亮出來已經升得很高了，在表示天的時候已經不早。現在又不是秋季，白天倘且嫌冷．何況這晚上？所以這時大多數的人們，都早已入夢了，除了一輪偏圓的明月和幾顆稀疎的寒星向人間窺測外，那只有刺骨的北風在大地上任意刼掠。

這時我還在門口，因爲我好賞月，不，因爲我晚上好睡不着，尤其這睡不着的長長地冬夜裏，更能使我掀起往事惹我悲哀，所以我不如在門口徘徊一會，以消磨我的愁緒。

在門口一睜眼就可以看見月光照耀着的一片刮白地（有麥苗看不見）和幾行落葉的樹林，這時候要算最沈寂了吧？要不是遠村裡發出「汪汪」的犬吠外。

向西一轉臉，我看見了一個動動的黑東西：「這是誰家底牛犢子，到這時還不捨家去？」我心裡疑悔着，但一會那個動動地黑東西又高起來了，不像牛犢子了，到底是什麼，我實什是猜不出。

「隨牠是啥去吧」！心裡是沒在意，我仍口散步着，只聽着脚底板和陸地接觸的「咯喇咯喇……」的。

二

「還沒歇？二叔！」一個脚步聲隨急跟來了這樣底一句話，促使我回過頭來：

「哼？沒有」

我一看是老陳夾着糞箕子躬着腰縮着頭顫顫慄慄地從我面前走過，我這才知道方纔看見的那個動動地黑東西就是老陳正在拾糞。

呵！老陳，我當然是很認的他，因爲他住在俺莊上，可是他爲什麼要在這冷凄凄的夜裏來拾糞呢？這原因也是「禿頭上的虱虱——明擺着。」

他是一個最窮苦的人，居家三口，一指地無有，又無職業，夏天只靠着拾把柴火，莊稼……暫且餬口，可是現在呢？是冬天了，場光地淨了，所以他只有拾糞換兩個錢 才能苟且延生。

三

老陳從前住在蕭堰地方，家境貧窮，去年又遭黃水一淹，把屋子泡倒了，生活起了問題。沒法，出外逃荒，才逃到本村來。

初來本村時，就哀求着叫人與他找個小破屋 暫住幾天，當時正在防黃救災與盛之際，人心都是軟和的，當時就與他找了個間多的小屋 暫且住住。（這小屋是本族玉兄的小屋，當時玉兄正在西頭開小雜貨店，所以這小屋是開着的他就住下去了。）

來時他共五口人：他（老陳）有他家裏（妻）兩個兒一個閨女 大兒名叫河陽，十五六；二兒名叫游山，三四歲；閨女叫啥我也忘啦。他一來這四五口子人，一點東西沒有，當然也不能等着餓死：白天他媳婦就領着小孩討飯，他和他兒就遛着拾柴火拾糞拾把莊稼，夜裡他們就出來到地裏偷莊稼，這樣，這樣也不能算是解決了民生問題，只能算是勉强的喂着他這五口子性命不死就算完了。

一場悲劇

唐虛

桂花開了，
吐出醉人的香！
那嬌小的嫩臉，
展着笑顏，
在瞧。

○ ○ ○

秋風在枯草上狂叫，
蟋蟀在落葉堆裡哀號，
流浪的蝶兒，爲了愛人而飄流，飄流……
……尋找。

○ ○ ○

冷落的碧空裏，
桂，瞧着枯草，落葉，驕傲的笑了。
驀地裏，清風掠過，
蝶兒飛來，
她——桂，發出嗤嗤的冷笑。
——對着流浪的粉蝶。

○ ○ ○

她在秋風下，顫搖……
期待着她的情郎。
但 不是流浪的蝶。

○ ○ ○

飛，飛……尋到了桂，
誠懇的慇懃，却惹起了她的——
拒絕，
悲哀失望罩着苦臉，
碎了，……多情的心田。

○ ○ ○

暗淡的茅簷下，
張着破爛的蛛網，
失意者的僵軀縊死在網上，
啊！愛的犧牲者呀！

○ ○ ○

死去的幽靈啊！
時時的圍繞着桂的周身，
那一個小的旋風不是浪蝶的幽靈嗎？
——繞着桂飛轉。

○ ○ ○

她顫慄了，索索的，
懺悔了，默默地，
不然，那嫩黃的花瓣，
何以片片飛下呢？
——是嘆息着她過去的青春吧！

○ ○ ○

枯草，寒蛩，
在太息，
——對着這一場悲劇，
更虔誠的發抖的忠告：
「桂！末日到了，
不要再咀嚼着過去的情伴吧！
妳聽：「呼！呼！」
秋風在狂叫着啊！

縣黨部化裝宣傳隊

工作雜記（續）

秋雲

第三劇爲雙簧，係老隊員林靖夷及劉君耀寰二人表演 開始爲滑稽表演，并拿李鄉長之兄李坤若和隊員李君乃正開心，聞者莫不大笑，繼林君化裝爲一玩童，劉君在後講話林君在前表演，其辭爲敍述中國近況，及抗日救國的重要，亦頗能動人聽聞，惜劉君聲音太小，不能令人完全明了其意義：當時余適在台下聞觀衆竊竊私論，「又玩老猴了」余不禁啞然失笑 至十句鐘劇終，觀者亦皆散去。

隊員均赴倉庫晚餐，余因勞頓過甚 竟將所準備之羊肉葛答，吃三大碗 猶未覺飽，較之在城，食量大增，未始不是勞動之功也。

十時半，除黃君玉山李君鼎九留倉庫宿馬君豔華樓上外，餘均回宿舍．程君守趾以新婚小別 精神頗不釋，已先就寢，餘均羣議今晚演劇之優劣并慰問王君榮軒，是否受傷蓋其曾失足落台故也

隊員中之滑稽角色，第一當推孫君立坤 第二卽爲張君電光，故至十一時，猶聞二人行吭高歌表現其滑稽天才，隊長彭君因此卽請彼二人，和馬君豔華李君乃正于第二日表演滑稽劇 因爲時已夜不及細談，結果須俟諸翌日決定，故關于滑稽劇之情節事由 未及談論。

至夜十二時，始安靜就寢 隊員頓勞終日至此，始得正式休息矣。

（未完）

△本城糧價▽

名稱	每市石價目
小麥	最高十一元九角 最低十一元六角
大麥	最高六元 最低五元八角
黃豆	最高六元八角 最低六元七角
黑豆	最高六元五角 最低六元四角
菉豆	最高七元六角 最低七元四角
高粱	最高六元二角 最低六元
穀子	最高五元三角 最低五元一角
稷子	最高六元 最低五元九角
芝麻	最高十二元 最低十一元七角
青豆	最高六元八角 最低六元五角
花生（每百斤）	最高六元一角 最低六元

△△氣象▽▽

天氣	陰
風向	北風
最高溫度	四〇度
最低溫度	二七度

鳳鳴塔

第二七六期

一、本刊內容分爲[illegible]常識論著雜文小說戲劇散文詩歌[illegible]
二、本刊歡迎投稿來稿文言白話均可
三、來稿本社有修改權不願者[illegible]
四、未經登載之稿件[illegible]明者外概不退還
五、本刊[illegible]

漫談

再談『由兩個口號說起』

波濤

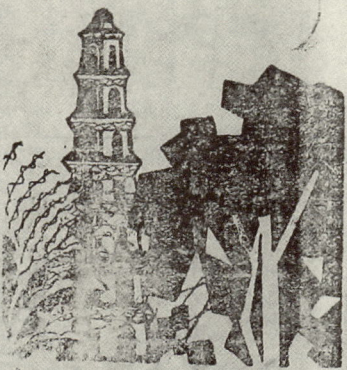

看到了鳳鳴塔上有稻根先生的一篇「由兩個口號說起」，我接着就寫一篇「關於稻根先生的『由兩個口號說起』」來和稻根先生討論，結果，稻根先生是大大的不憤，滿眼看到我是在攻擊他個人，又來一篇譏笑的反駁，說我太幼稚！

我本來預備着不談的，因爲現在我們再來談這問題，眞是有些慚愧！

我已經說過，「國防文學」和「民族革命戰爭的大衆文學」這個口號并不衝突。同是以聯合陣綫，團結救亡爲前提的！魯迅先生也始終沒有反對「國防文學」，而主要的是徐懋庸等認爲「民族革命戰爭的大衆文學」這口號是　標新立異」，故意來與「國防文學」對抗，這不是他們的宗派色彩麼？正如魯迅先生所說：「只要『民族革命戰爭的大衆文學』的口號不是『漢奸』的口號，那就是一種抗日的力量，爲什麼是『標新立異』？你們從那裏看出與『國防文學』對抗？」（作家八月號）

現在，在抗日戰綫上是任何力量都應當歡迎的，同時在文學上也應當容許各人提出新的意見來討論，「標新立異」并不可怕，能因爲「國防文學」是先提出的，以後就不准別人再提別的以「救亡陣線」爲目的的口號了麼？「民族革命戰爭的大衆文學」是補救「國防文學」這名詞本身的在文學思想的意義上的不明瞭性，以及糾正一些注進「國防文學」這名詞裡去的不正確的意見爲了這些理由而被提出，那麼是正當的正確的。」（作家八月號）

又如魯迅先生所說：「如果一定要以爲「國防文學」提出在先，這是正統，那麼將正統權讓給正統的人們也未始不可，因爲問題不在爭口號，而在實做。儘管喊口號，爭正統，固然也可以作爲「文章」，取點稿費，靠此爲生。但儘管如此，也到底不是久計。」（作家八月號）

以上看來，魯迅先生與徐懋庸爭口號了麼？鬧意氣了麼？實際上陣綫也沒有「分裂」！卻正是在鞏固「聯合陣綫」，「像徐懋庸那樣只是抓着一面旗子，就以爲出人頭地，擺出奴隸總管的架子，以鳴鞭爲唯一的業績——是無藥可醫，於中國也不但毫無用處，而且還有害處。」（作家八月號）對這樣的人們加以批判，指責，能是「陣綫分裂」了麼？

所以我請稻根先生注意莫文華先生在作家九月號上的一篇「我觀這次論戰的意義」。內中有這樣的一段：「把這次理論上的論爭，看成「破壞聯合陣綫」，我想是不正確[illegible]其是應當提出的是那種在暗地裏的離開了理論的造謠生事，利用小報等搗亂些沒出息的。亂子的行爲，以及自己不了解論爭的中心問題的所在，卻恣說些「分裂」啦，「攻擊私人」呀等等的話，裝着一副悲天憫人的面孔，實際上卻是自己在攻擊私人，實行「分裂」政策的，尤其是壞了。但是跟着理論的發展，尤其是跟着文學界以外抗×運動的開展，論爭的基本點也更加明白起來，更加原則化了，這總是可喜的。」

稻根先生以爲怎樣？我想總不能干休！因爲你又看到我在攻擊你了　假若我草率爲了攻擊你的話，這我儘可以不發表！你是處在各種雜誌繁多的都市　對於這次論爭竟糊塗得這樣可顧！眞是怪事！

最後，我可以說：「你給我『幼稚』的　頂帽子，我也可以如先生所說：『宗璧歸趙』了。」

論著

家畜管理法（續）

高德培

失勢（即閹割）Castrating凡須改善肉質當以去勢者之肉質爲最佳，非但無雄性之騷臭味，且肌肉之纖維細嫩，脂肪混合平均，性慾已經消滅，則發育亦速，格外肥胖，凡雄畜除留爲種畜者外，或雄畜之品質粗劣不堪作爲種畜者應與閹割。

各種家畜之適宜去勢時期如後：

馬：一歲半
猪：四至五星期
鷄：八至十二星期
牛　役用：六至九個月
　　肉用：六至八星期
羊：一至五星期

凡閹割當擇天氣晴暖之上午行之，不宜潮溼或下雨天行手術，用具及手術者應充分在石灰酸中消毒，或用Zenoleum水消毒亦可。

去勢手術：（牡畜睪丸）倒提畜體，用繩羈住，一人騎于中間，握住後脚，另一人用刀先割破睪丸囊，再在囊下三分之一劃開，即見睪丸，用手指或鉗子執睪囊，右手拖出睪丸，用繩或鉗子鉗住精索（防止精索之血管出血）並留脂肪及寬皮在內；但于睪丸連結之綫不可割斷，既得完全拖睪丸留有兩孔，灌消毒藥（如碘酒，色素汞浴液）以免腐爛，乃將創口縫合，凡幼畜閹割後，不能奔走，應與他畜隔離靜養。雞之睪丸在腹腔內，故須割開腹部，而後取出。

又有一種稱爲Ridgling譯爲牛雌雄者，此種生殖與普通之牡畜不同，其睪丸不生于陰睪中，而隱于體內，不能觀察，又不得摸索，如欲去除，與截牝卵巢之方法略同，可於肚腹側面，作一創口，以手指刺入腹內，探出睪丸，用刀截去，創口則以舊縫之即可。凡此種牛雌雄者，大都以猪爲最多。

牝畜卵巢：此項手術，不若割去牡畜睪丸之易，屢有生命之憂，普通以生後一月至三閱月行之，先將牝畜橫倒，以左側向上，於季肋骨下軟骨中，判割八分，以食指插入，探出卵巢，以小刀截斷，乃將創口兩端之肉密切接合，再以硼酸水洗滌之綫通皮縫合，放置穩靜處，僅三數日即愈。（待續）

創作

月下（續）

王萬選

來了不久，他女兒就得了病，請不起先生，又沒有好東西吃，只有討飯要來的些汚碎的乾雜麵餅子，病人不能吃，他女兒就漸漸地死去了。後來褚莊打戲，他兒子河陽因爲想求生活找出路，就跑了學戲去了，現在也不知在什麼地方。他五口子人，現在只剩了三口，他每

四

可是到了今秋，這位玉兄又不在西頭陽雜課店了，要上他這屋裏來，于是就把老陳捻出去。

「混生不如混熟，」老陳在這莊上住了一年把，與大伙都認識了，都是不想走，然而這屋是人家的，卻不能不讓給人家，所以他就出來在外面柴草埋裏暫且睡個天把兩天。

我知道這莊上都不想招呼他叫他在這莊上住，因爲不但爲有好處；反而又好偷莊稼。叫我說也沒有一點利益。然而「飽煖起淫欲，飢寒生盜心。」他這種偷莊稼，也或許是不得已吧？

現在他又想了一個法子，也不知是誰給他定的點子，把拾糞賣的兩個錢，打了斷兩酒叫大伙喝喝，哀求着大伙與他操對，蓋個牛間的小屋。這大伙推辭不過，一家子也有拿兩個高粱楷的，也有拿一株小棍的，才與他蓋了個牛間的小屋，他這才算解決了民生問題的一部——住的問題——並且還賣斥他說：

「以後不能偷莊稼。要以拾柴火拾糞爲正事。」

拾柴火拾糞也不容易啊！就像現在拾柴火吧：誰家的樹落的葉子，誰家看着。拾糞吧，本村拾糞的也太多，誰家的狗出來拉屎，誰家的小孩跟着拾。就像俺莊上頃把地的戶子，都還五更的起

來拾糞來。現在老陳沒法，所以只好湊這夜裡來找糞了！

實話，在月亮地裡有堆糞　黑胡的也看見婁。

五

「呼呼——」一股子風，把樹上的幾個乾巴巴的落葉，刮的哈哈喇喇飄飄搖搖地落下來了。我身上也感覺到冷，不如回房就寢是爲上策。但再回頭一看，月光還是照耀着一片刨白地（有麥苗看不見）和幾行落葉的樹林；老陳依就還是一圈子一圈子的遛糞。及至我獨自回到屋裏睡在牀上的時候，還看見窗外的月光洒白。

風

兆豐

時候還是夢中呢！不知怎的，我迷朦的有些清醒了；醒來後，很覺有些不舒服，渾身只顫個不住，身子像似掉在冰窖裏　樣。我有些怕了，四週陰森森的，別個睡熟了的同學的酣聲，便使我討厭而深怕。這還不要緊，格外使我膽怯的，是樓外，像似在鬧鬼，只聽得：呼呼呼！呼呼呼的！如同赴敵的兵也似的，又如戰場上萬馬奔馳似的，停一刻　聲音愈大了，直從關閉了的玻璃窗縫中吹進些飛砂塵土來，弄得窗上叮叮鐺鐺的，又好像有人在敲，我只歸頭縮進被窩裏　而且緊緊的，但還不免有些怕而顫抖着，心中怪難堪的，怎麼能睡去呢！瞪着眼睛，在體味着這凄涼夜如水的交響曲。

在這一片雜亂的聲音裏，又還加着軍號聲呢！但！這軍號是我們熟慣了的起床號；並不是戰綫上的攻擊號啊！於是，我曉得該是起床的了；才慢慢的將頭伸出被來，眼還不曾睜開，樸的一陣冷風帶着砂粒吹上了面來，很覺有些刺骨樣的疼。可是窗外已瀉進了一線晨光來！室內漸漸的喧嘩起來，沒有一個同學不喊着：希：希：好冷的天呀！好冷的風啊！

啊！這原來是暴風呀！我明知了。外面還是有勁的吼着，幾年來我都不曾見過如此暴的風沙，也許是這黃河岸旁的鄉土獨有的？起來時，被子上的砂土有半寸來厚，眞個使我驚奇不小，那沒有房屋的流浪人這時又不知怎樣的叫苦啊？

坐在清雅而藝術的講樓上讀書，該是清靜安適的但是這裡却不，我們每個人簡直眞的都如沙漠中的旅人一樣，頭上，衣服上　書本上甚至於眼睛裡，鼻孔中，牙齒縫裡都塞滿了沙土，多數有經驗的同學都是已架上了風鏡，整個的古城像似佈滿了防空煙幕一樣，出得門去，對面兩步就看不出人來。只有落　葉在　場中飛着。

夢回時

紫尋女士

衾上白色的花紋是淚痕？
却原來碎月映入窗幃，
夜深了！
月光還是在天空遊盪，
月光啊！你勾起無限悵惘，
留下了生命史上的悲傷。
悲慘的眼淚直流到枕際心上，
唉！天呀：
人生難道只是如此的淒涼。

○　○　○

何處，
微風把蕭聲傳來，
擊碎了——
我弱小的心房，
鬱悶的一顆心，
似黃梅時節的陰雨天，
淚珠滾滿了兩腮，
兩腮白得像臘色的紙了，
但明月好似在對着我訕笑弄玩，

○　○　○

一剎那，
淒涼的鐘聲，
悠悠地敲了二下，
我像是困守在黑暗的深淵中，
小星在天空中閃着迷人的眼睛，
像少女在勾引她的情人，
但只怪上帝，
爲何讓這點的迷離的星光，
在朝弄人世上的囚侶。

○　○　○

娟娟的月光，
照射着這靜寂的大地，
一層層的悲痛從我眼簾中閃過
但好像是一層薄極了的霧，
淡得似有似無，
啊！再不要想起往事吧！
我希望着，虔誠地。

縣黨部化裝宣傳隊 工作雜記（續）

秋雲

十二月六日

天尙未明，卽有隊員出外小便，致將全屋隊員驚醒，一時有詼諧來往者均互相取鬧喧嘩約半小時始仍安靜入睡，而余則展轉煩燥，不復再入夢境，窗外除透入灰白色外，幷無曙光表現，可見天尙未明余因默思今日之滑稽劇如何表演，及情節事由應如何編擬？思未及半，復有隊員開門，冷風如刀，直吹入被中，余不禁戰慄。致將思緒打斷，蓋余之鋪位，正對屋門故也。

黎明卽起，余同老隊員林靖夷，同赴倉廒洗臉　路經戲台，布幔均爲風吹散，台上地上均有薄霜　李鄉長門前的，爲早集地點該集上僅有十餘人。有賣白菜　牛肉粥及粮食者各一份，由此亦可見該地之零落矣。

洗臉後，林隊員提議，赴師寨趕集，余亦贊同。而事務員李奎玉君及隊員，與文軒，張明先，谷劍樸等均騎單車前往　余及林君步行。李新莊距師寨僅二里　途中因土深，風寒，余頗有悔意。但旣已決定，亦只得隨林君前往。

抵師寨後，集上趕集者頗多，買賣亦頗繁盛，蓋師寨爲此鄉中心地點。砦基又廣，居民亦多，故遠勝李新莊　余及林君均不約而同以爲在李新莊宣傳　不若在師砦爲合適也。

李奎玉，等已先抵此，爲隊中買牛肉白菜一大籃，余及林君欲在集小飲，而李君等不欲，均先回去，余及林君踞一低桌　買驢肉三百文，沽白酒四兩，相對小飲。而集上行人，多注意余等，有指而竊竊私語者。因其語細，不辯何辭，故亦不在意。四兩儘傍，林君仍不足興，又沽四兩，及有酢意，始相偕而歸　此眞有一村酒野肴醉裏歸一之風味矣。

飯後　有隊員多人赴孫莊趕會，幷攜帶宣傳品　附帶宣傳。余則邀孫君立坤，張君冠光，計劃今晚之滑稽劇，

編輯室的廣播電台

一，本報新年元旦增刊，歡迎各界投稿。

二，素閬君你的以前稿件　未登者，暫時尙在考慮中。稍緩再與你梢去。

三春林君：你的兩篇時論，現在只能登　篇。因時間性稍過故也。

司法欄

◎縣政府司法批示◎

▲民事具訴人張李氏，一件，爲恃强欺弱，勒訛租粮，訴請傳訊判追由，狀悉，仰候通知答辯，傳案訊奪此批。

▲刑事告訴人邵世法，一件，爲捏名盜訴，妨害家庭，請求傳證質訊明確，依法懲處由　狀悉，仰候訊奪此批。

▲刑事具訴人張劉氏，一件，爲代母鳴寃　訴請立拘嚴辦由　狀悉，仰候傳案訊奪，此批。

▲刑事撤訴人王克邦，一件，爲遵處罷訟　懇予撤訴銷案由，狀悉，准予撤回告訴，此批。

▲刑事告訴人裴寅氏，一件，爲據情上陳，請求免予開棺檢驗由，狀悉　仰候定期詣驗，所請應毋庸議，此批。

△本城糧價▽

每市石價目

名稱	最高	最低
小麥	十一元七角	十一元三角
大麥	五元八角	五元六角
黃豆	六元七角	六元四角
黑豆	六元三角	六元二角
菉豆	七元五角	七元四角
江豆	七元四角	七元三角
高粱	六元[illegible]角	五元五角
穀子	五元[illegible]角	五元
稷子	六元	五元七角
芝蔴	十一元八角	十一元六角
青豆	六元七角	六元二角
花生（每百斤）	六元二角	六元
瓜子（每百斤）	十五元	十四元

△△氣象▽▽

天氣	風向	最高溫度	最低溫度
陰	南東風	三五度	二三度

豐報

第一二八〇號
社址豐縣大同街
中宣會登記證字第一九二二號　內政部登記證警字第二三二〇號
中華郵政特准掛號認爲新聞紙類
每日一張　售洋一分四厘
本報價目

▲廣告刊例
本報廣告以方寸計算
每方寸以市尺長寬各一寸計算
（新聞欄）每日三方寸三天起碼每日每方寸一角二分
（封面）每日三方寸二天起碼每日每方寸一角
（普通）每日三方寸二天起碼每日每方寸八分
登三日以上九折　六日以上八折　八日以上七折　十日以上六折　常期面議

新年快到　人人需要
承印賀年片
式樣：齊全　顏色：鮮豔　價目：從廉
豐報社營業部謹啓

請吸最老牌
國貨
大長城香烟

大長城烟空壳可換本烟及十三種彩品之外，敝號爲迎合愛吸諸君起見，近又由滬運到新式畫片多種，凡持空壳廿五只者即可掉換下列之畫片：

（一）鵲橋相會
（二）濟公嫖院
（三）金錠私奔
（四）兒女續緣

豐縣德履祥號謹啓

萬隆公布莊敬告主顧各家

諸位友好：哈哈日月迅速，年關將至，又到結束帳目之期了，外方往還各家亦來店討帳了，請大家幫忙一齊，趕快將尊名下所欠的幾箇錢差人送來，好集合一起，近來能以償還外欠，不失局面，則敝人不勝承光感激矣，來新歷年結帳，外方已成定例了，否則損失信譽，所以請大家來幫忙，但是逾速逾妙，如其不能早時，即要差人催討的，仍祈大家莫怪爲禱，敬祝冬安

豐縣萬隆公布莊謹啓

豐縣縣政府佈告　建字第　號

案奉江蘇省建設廳第一三五〇四號指令以據本府呈爲擬具取締公羊暫行辦法祈鑒核示遵由內開：「呈件均悉，查核所擬取締公羊暫行辦法業經代爲修正備案，茲將修正辦法隨令抄發，仰即遵照妥慎辦理，此令。」附發修正辦法一份，等因；奉此，除分令外，合行印發修正辦法佈告闔邑民衆一體遵照，此佈。

附發修正取締公羊暫行辦法一份

中華民國二十五年十二月　日

縣長　戚應譽
代行　秘書　翟大勛

豐縣縣政府取締公羊暫行辦法

一、本府爲積極改良羊種起見，爰訂定本辦法。二、本辦法暫由本縣第六區試辦，俟著有成效，再推行其他各區。三、本辦法所取締之公羊以土種綿羊爲限。四、本辦法公佈後，凡在取締區域之公羊，皆應於本辦法公佈後十五日內一律屠殺或施行去勢。五、本辦法公佈後所生之公羊，飼養者應於達熟年齡之前屠殺或去勢。六、本府應隨時派員赴各村檢查，倘在該區域內發現已達成熟年齡之公羊尚未去勢仍有生殖能力者，沒收充公。七、土種公羊經取締後，所有該區域內之母羊均應與蔣橋畜牧推廣區之美利奴公羊交配，由農業推廣所另定便利民辦法呈報縣政府備案。八、本辦法呈請建設廳備案後施行。

中外要聞

舉世關懷之　蔣委員長昨出險抵洛今日飛京

各地軍民均一致慶祝歡聲雷動

中央執監會林主席電洛慰問並祝賀

▲中央社潼關廿五日電　今日下午四時許有巨型飛機一架，隨軍用機護架，在後護衛，過潼東飛，衆信蔣委員長業已出險，乘巨型機由西安城中飛出。

▲中央社南京廿五日電　確息，蔣委員長偕夫人宋美齡女士，及宋子文等，於今日下午五時半乘巨型機由西安安抵洛陽。

▲中央社洛陽廿五日電　舉世關懷之蔣委員長，已於廿五日下午五時三刻由西安乘容克斯巨型機平安抵洛，蔣夫人宋美齡女士及宋子文同來，五時半飛機到達洛陽，在天空環飛一週，即安降機場，蔣委員長等下機後，即分乘汽車逕赴軍分校官邸休息，在洛軍政長官、[illegible]錢大鈞到官邸晉謁致候，中央社記者亦往謁，適委座休息，由莫我若出見，據謂委座精神[illegible]健，當委座到洛消息傳出後，全洛民衆歡呼若狂，各街掛旗致賀，鞭炮之聲不絕於耳，熱烈情況，實向所未有。

▲中央社南京廿六日電　蔣委員長昨日已安抵洛陽，全國民衆聞此喜訊，無不歡欣欲狂，此次委員長在陝蒙難，全國人民及外海同胞無不深切繫念，祈求委員長之早日出險，足證[illegible]領袖之愛戴，至堪欽佩，今者蔣委員長果然安抵洛陽，出險之迅速厥因有四，（一）蔣委員長偉大人格之感召，（二）全國民意之力量，（三）中央斷然之處置，（四）[illegible]同志亦誠忠勇表示堅決，經此事變，國家組織益形堅固，人民意見益見集中，民[illegible]前途，實有無限希望也。

▲中央社[illegible]京廿六日電　昨日傍晚蔣委員長抵洛消息到京後，孔代院長廿五日午後五時[illegible]蔣委員長安抵洛陽，據長途電話接談，略述平安抵洛情形，並謂抵洛後本[illegible]天時已晚，改於廿六日返京云，孔氏又謂，此次蔣委員長得全國一致擁[illegible]安全返京，喜訊到來，全國狂歡慶祝，可爲民族復興試金石，而在蔣公留陝期間，幸賴中外金融界能切實與政府合作，使金融匯兌如常，人心爲之安定，各國政府及駐華各國代表僑民，一致關懷蔣公，國人尤不能不致感謝之忱。

▲中央社鄭州廿五日電　蔣委員長聞於廿六日由洛偕蔣夫人等返京。

▲中央社鄭州廿五日電　方覺慧、劉峙、商震等廿五日下午由汴乘專車過鄭赴洛，晉謁蔣委員長、龐炳勛、錢宗澤由鄭同行。

▲中央社鄭州廿五日電　武漢各界慰勞蔣委員長代表團，定廿六日赴洛謁蔣委員長。

▲中央社鄭州廿五日電　鄭陝電訊，廿六日起即可恢復。

▲中央社南昌廿五日電　蔣委員長安抵洛陽消息傳到贛垣後，全市人民手舞足蹈，歡喜若狂，各商店居民一致懸旗燃放鞭炮，熱烈慶祝，歡聲炮聲，振動屋瓦，各校學生黨部群衆集會列隊遊行，市民歡動，途爲之塞，沿途高呼中華民國萬歲，中國國民黨萬歲，蔣委員長萬歲，[illegible]

領袖之熱忱。

▲中央社成都廿五日電　蔣委員長抵洛消息抵蓉後、全城歡忭若狂、該即燃放爆竹不絕、人民大爲興奮。

▲中央社廣州廿五日電　蔣委員長安抵洛陽消息抵粵後、除廣州市廣播電台公佈外、並刊發傳單數萬份、分乘汽車多輛散發、全市各界歡聲雷動、紛燃鞭炮震耳與聾、至深夜未止。

▲中央社鄭州廿五日電　蔣委員長脫險返洛消息到鄭後、各界民衆咸熱烈慶祝。

▲中央社杭州廿五日電　浙省黨部定廿六日上午十時開市民大會、慶祝蔣委員長脫險抵洛。

▲中央社北平廿五日電　平市各學校人民團體及一般市民、廿九日燃放鞭炮、熱烈慶祝蔣委員長安抵洛陽、市內空氣、深夜仍極興奮。

▲中央社上海廿五日電　廿五日下午六時半、滬市民衆聞蔣委員長已離西安抵洛陽消息後、異常歡欣、商店住戶紛燃放爆竹、聲響震耳、足見人民擁護領袖之熱誠。

▲中央社長沙廿五日電　廿五日晚長沙省會全市各界、聞蔣委員長出險、皆歡欣鼓舞、鳴炮慶祝、集隊遊行、大呼蔣委員長萬歲口號。

▲中央社昆明廿五日電　昆明接到中央播送蔣委員長安全到洛消息後　全市歡狂萬狀、街市爆竹齊響、飛軍三千餘人列隊遊行、歡呼慶祝蔣委員長出險、歡聲雷動、震撼全市、使蹙眉愁眼爲衆頓然開顏、莫不狂歡落淚、蔣委員長感人之深至矣。

▲中央社甯夏廿五日電　甯夏悉委員長出險飛抵洛陽、全省人民歡騰莫名、當即開會慶祝、省垣各商店住戶、懸旗慶祝、聞馬主席鴻逵將日內飛洛、晉謁委座慰問、並有所報告。

▲中央社南京廿六日電　中央執監委員會接到蔣副主席安抵洛陽消息後、即去電慰問、原電如次、洛陽蔣副主席安鑒、自執事蒙難以來、舉國憂憤、中央同人尤忘寢饋、頃悉安抵洛陽、非特吉人天相、實國家無邊之福、僅代表全黨同志致慰、並盼早蒞首都領導一切、翹首西望、無任孳馳、中央執行委員會　中央監察委員會、有叩

▲又中央執監委員會全體工作同志電蔣副主席鈞鑒、同人等自聞鈞座蒙難、如困冰淵、凜慄無以爲生、頃聞脫險、如復見天日、天相鈞座、亦相中國、敬於無限歡呼中敬電恭候平安　中央執監委員會全體工作同志謹叩。

▲中央社南京廿六日電　蔣委員長抵洛消息到京後、國府林主席當即電洛蔣委員長致賀　原電云、萬急限即刻到　洛陽探送蔣委員長介兄鑒、頃據敬之兄報告　台駕安抵洛陽、不勝欣忭、專此敬頌起居、弟林森叩有。

▲中央社南京廿六日電　京市黨部及縣工商學婦女等團體、欣聞蔣委員長平安抵洛、頃特致電祝賀、原電云、洛陽蔣委員長鈞鑒、鈞座安抵洛陽、全市黨員民衆萬分歡悅、特致電敬祝平安。

▲中央社南京廿六日電　京中各軍事長官、頃特聯名致蔣委員長慰問　原電如下、洛陽委員長蔣鈞鑒、欣聞鈞座安抵洛陽、旬日憂憤始得稍釋、京中同志及全體市民、無不額手稱慶、全國軍民、亦莫不祝鈞座健康、並爲國家民族敬候平安、職何應欽、程潛　朱培德、唐生智叩有。

▲中央社南京廿六日電　昨日爲雲南起義紀念日中委李烈鈞爲首義一人當晚七時在陵園別邸召宴至友、劉禹祥、朱培德、鹿鍾麟、及中委多人、當時已接蔣委員長抵洛消息　李氏與同座諸人舉杯祝賀領袖安全出險　繼爲國家復興努力　同時並祝本黨同志及中國國民能繼續當日討袁精神、而奮發圖強、舉座均歡呼萬歲　情況極爲熱烈。

▲中央社南京廿六日電　上海基督教聯合會、接到蔣委員長出險消息後　即電蔣夫人致賀。

綏東前線連日沉寂
安華亭等通電反正
前傳王英被槍決說不確
現仍在嘉地廟招募匪徒

▲中央社南京二十五日電　據關係方面消息　綏東前綫連日趨[illegible]內部複雜、形勢混乱、短期絕無反攻能力、關[illegible]各縣除謹守原防、匪來隨時與以重創、

▲中[illegible]二十五日電　安華亭、王子修　趙繼武、呂存義等[illegible]四、發出反正通電、略謂華亭等本一介武夫投效軍[illegible]年以來、未嘗不對救國救民爲前題、自九一八以後　[illegible]非愛國之士莫不氣憤填膺　雖有心救國而無救國[illegible]束手無策　無法愛國、際此某方壟斷察北之秋　乘機[illegible]入、偽謂挽入帶職而圖前途恢復、是故救國之道雖不同[illegible]愛國之對乃一、遂毅然聯合武裝同志、通電服從中央[illegible]偽滿軍事之進展　復減輕中央邊陲之顧慮、願[illegible]主席領導下擁護中央、以盡軍人天職、

▲中央社北[illegible]二十五日電　關係方面息、王英匪及殘餘部四百餘人[illegible]土木爾台竄赴商都北嘉地廟　帶、某方以其迭次失敗[illegible]損失頗巨、其部又相繼反正、故對其深爲不滿、頃除拒絕王英請求補充軍火要求、並責令迅速寂綏王英以餘部戰鬥力毫無、逡巡不敢前進、某方恐王變動特謂偽軍前往鎮壓、頃王尚在嘉地廟招募匪徒、前傳被槍決說事不確、

▲中央社南京二十五日電　國民政府今日命令、（一）茲製定勞動契約法公佈之、此令、（二）茲修正公務員攷績法施行細則公佈之、此令、

李白代表劉維章
過湘赴京

▲中央社長沙二十五日電　李宗仁白崇禧代表劉維章、偕宋承宗二十四日來省、謁何鍵轉達桂方擁護中央誠意、即日轉京請示云、

教育部督學在湘視察完畢
即將轉往江西

中央社長沙二十四日電　教育部督學在省視察教育完畢、定二十五赴湘南視察、再轉江西、

英使許介森由京公畢返平

▲中央社北平二十五日電　英大使許介森、前赴京公幹事畢、於二十五日下午返平、下車後即赴使館辦理館務、

導淮入海工程
年內定可完工
工夫二十萬成土方一萬公方　在鎮行放水禮刻下尚未決定
工作進行頗爲緊張

▲江蘇社[illegible]　導淮入海工程、省府限於本月底完成、記者[illegible]期已過、特往訪陷建設廳許止禪科長　詢以工竭近況、據告導淮工程、近來各段進行[illegible]頗爲緊張、[illegible]現在到工工夫、約有二十萬人、自復工後設至現在止、已做土方約一萬公方、所餘土方、本年底趕緊加做、倘因天氣之變化　下月內當可完成、至於在鎮舉行放水禮之日期、刻下尚未決定云

（又訊）導淮工程近來進行體度、甚爲順利　到工之工夫、亦極踴躍、省當局對此　頗爲注意、前經通令各縣縣長及在工人員、努力推動督促　並限定務於本年底完工　茲據某君由工次返省云、導淮工程　現在大致已告完竣、惟尚須進行整理工作　大約在年內定可全部完工　決不至再遷延云。（二十一日）

標明航運
包件重量章程
行政院已令蘇省府轉飭知照

▲江應社　標明航運包件重量章程　業經行政院修正公布、蘇省府接院令　並附修正章程一份、令仰轉飭所屬一體知照、茲將原文錄後（一）凡由海內或河航運之包裹或物品每件重量在一千公斤以上者、應於未上船時、由發送人將其重量、以標識記明包裹上物品上、至巨大木材笨重鐵石、及其他類此之物品、因特別情形、無法確定其重量時　應由發送人依前項之規定、記明其重量之約數、標識得以鐵條爲之、不得小於四公寸寬六公寸長、質料應耐久、字跡須顯明、在包裹或物品之附着處實堅牢、（二）標識須用中國文字、但輸出國外之包裹或物品、得以亞拉伯字及公斤符號代之、（三）包裹或物品未依第一條之規定標識重量者、起卸時、由船主及其負責人員向起卸工人報告各件重量之約數、每件重在一千公斤以上、而未經標明係由國外進口者、海關應查明其件數重量與裝運地報請財政部轉咨實業部、（四）發送人係法人或能力行爲者、本章程規定之責任、由法人之代表或其代理人負之、（五）本章程自公布日施行、（廿二日）

蘇私立流通圖書館
元旦展覽國防圖書
期滿後赴各地展覽

▲江蘇社　江蘇私立流通圖書館、前爲充實國民國防知識起見、特徵集國防圖書　分赴各地展覽、現已籌備就緒定於二十六年元旦起　在鎮館開始展覽六日、期滿後即派員攜帶全部圖書　分往各代理處公開展覽、以資普及、刻海安等地代理處已來函歡迎云。（廿三日）

舉辦手工藝品初展

蘇省府電各縣徵集手工藝品

各縣縣長為督征主任　明年三月舉行初展會

曾濟寬初展會長

△江蘇社　蘇省府為徵送全國手工藝品展覽會物品、依照該會規定、將所徵物品、先在省會舉行江蘇省初展會、其初展會辦法、業經省府會議通過、幷推定初展會職員會長曾濟寬、總務組主任許體綱、展覽組主任許康祖、初展會現已開始工作、頃代電各縣徵送手工藝品、幷附聘函兩份、聘請各該縣縣長為督征專員、縣商會主席為徵集主任負責徵各該縣物品、其代電原文探誌如下、案奉國民經濟建設運動委員會總會代電內開、本會現為研究發展地方特殊產品起見、定於二十六年五月一日、在首都舉行全國手工藝品展覽會由中正自任會長、現已成立展覽會籌備委員會、着手進行、除委派該省沈廳長為該會專任委員負責征集各該省範圍內各種手工藝品、並另案飭知外、茲檢寄該會章則三種、計一百二十份、應仰迅行翻印、飭屬轉發各地支會、暨縣政府應用、並督飭所屬切實辦理徵集產品、務以有推廣改進之價值者為原則、不可疏漏、亦不可過濫、限於二十六年三月三十一日以前彙齊送本會、再依徵集出品規則第四條之規定、各省市政府得自辦手工藝品初展會、如該省舉辦初展會、並須提早徵集、以免遲延為要等因、附發各種章則、奉此、查舉辦手工藝品展覽會、為發展工商之重要圖、自應遵照辦理、務依照奉頒徵集出品規則第四條之規定、將所征物品、自二十六年三月一日起、至三月二十日止、先在本省會舉行初展會二十日、以使擇優轉送大會展覽、經由建設廳擬具全國手工藝品展覽會江蘇省初展辦法、及經費預算呈經本府委員會第八七六次會議議決「一照准」在案、除電復、並由建設廳令派江蘇省農業管理委員會副委員長曾濟寬為本省初展會會長、負責辦理暨分行外、合行電仰該縣長即便遵照、督飭所屬縣商會、儘量徵集該縣所產各種手工藝品、於二十六年二月十五日以前、彙送建設廳、以便初展、擇優轉送、事關研究發展地方特殊產品、務須督飭商會、切實辦理、勿稍敷衍延誤、仍將辦理情形隨時具報為要云、（二十二日）

蘇省令各縣提倡購用植物油燈

杜漏卮維國脈

△江蘇社　蘇省府訓令各區行政督察專員、各縣縣長云、據建設廳案呈、案據中國油燈公司總經理陳祖貽呈稱、竊敝公司發明之植物油燈、安全衛生、發光明亮、極適國人需要、其各種優點、遠勝於煤油燈、業奉實業部特許專利五年、並蒙各省府於去年通令提倡購用、近又蒙行政院獎勵、令行財政部准予免稅各在案、竊查提倡國貨、實為富國裕民之根本大計、我國根本之危機、全在經濟之破產、即以煤油一項而言、每年外溢之金錢、達一萬萬元以上、竟佔入超五分之一、若再不及時匡救、則已就崩潰之國民經濟、更將無從挽救、迥來我中央政府提倡國貨、為救國工作之一、故提倡國貨之運動、日見蓬勃、殊為國民經濟前途賀、惟數十年來國人用外貨之心理、幾已根深蒂固、今欲喚醒國人購用國貨、一方面固應由國貨商人、以國家利益為前提、抱實幹苦幹之精神、深入民間、宣傳勸導、而一方、須賴當地政府從旁贊助、並盡可能範圍內、予以銷上之便利、始克收事半功倍效也、為此理合備文呈請鈞廳鑒核、伏乞准予所請、通令各縣提倡、以杜漏卮、而維國脈、實為公便等情到廳、應請通飭各縣遵照辦理等情、據此、查該公司發明植物油燈一案、前經本府飭各縣保護在案、茲據前情、除批示並分行外、合行令仰各區專員各該縣長遵照、轉飭閭邑商民一體提倡購用、以維國貨、此令云、（廿二日）

蘇建廳令縣飭遵鄉鎮電話規則

△江蘇社　江蘇省建設廳、對於本省電話事業、推進不遺餘力、業已完成各鄉鎮電話網、近見[illegible]特擬定各縣辦理鄉鎮電話規則、令飭各縣遵照辦理云、（二十二日）

明年元旦開駛京滬飛快車

設備已就緒

△江蘇社　京滬路局為謀行旅迅速起見、添駛飛快車、迭經宣傳已久、行駛日期、迭經延改、據[illegible]站某負責人云、是項飛快[illegible]、擬早日開駛、因待各站[illegible]旗、修整路軌、添[illegible]安全路簽等、未能[illegible]完善、不得不稍延時期、[illegible]定於[illegible]月一日開駛、[illegible]項設備已就緒、屆時[illegible]又增迅速之幸福云、（二十二日）

蘇民[illegible]主計人[illegible]用條例

[illegible]限制頗嚴

△江蘇社　江蘇省民政廳、頃令發主計人員任用條例、飭各縣知照、茲錄如下、（一）會計主任會計員、為主辦會計人員、統計主任統計主辦人員之等級、依國民政府主計處組織法第十二條、第一項之規定、佐理人員分薦任職委任職、（二）主計官應就只有左列各款資格之一者、各按其關於歲計會計統計之學歷經歷、分別任用之、一、現任或曾任主計官經銓敍合格者、二、現任或曾任會計長或統計長一年以上經銓敍合格者、三、在教育部認可之國內外大學或獨立學院專修主計學科畢業、並在各官署曾任與簡任職相當之會計或統計職務五年以上著有成績者、四、在教育部認可之國內外大學或獨立學院專修主計學科畢業、並在公營事業機關主辦與簡任職相當之會計或統計職務五年以上著有成績者、五、在教育部認可之國內外大學或獨立學院充任專任教授講授主計學科五年以上、并於主計學術有特殊之著作、經審查合格者云云（二十二日）

蘇中學及師範教育無試檢定開始

△江蘇社　蘇教廳遵照部章、舉行中學及師範學校教員無試驗檢定、業經依部頒規程組織檢定委員會、已於日前為聲請檢定日期開始辦理期、迄二十六年二月十五日止、連日上項兩種教員、已合於無試驗檢定資格者、已紛紛領取規程、辦法須知、依式填註、附繳證明文件、以憑審查云（廿二日）

年關將屆

蘇財廳令各縣迅解新舊欠賦

儘二十五日前報解　先將籌解數目報核

△江蘇社　蘇財廳以各縣經徵田賦、為本省收入大宗凡諸政費等費、端賴挹注、本年各縣秋成、核定已久、大都均已開征、而上年未征田賦、數亦匪細、現計年關將屆、省中需款孔殷、特通令各縣長速為督催經征人員、趕將新舊欠賦、務儘二十五日以前籌集、蓋數大批報解、以濟急需、並須先將籌解數目、報候該廳查核云、（廿二日）

蘇省派承啓棠驗收黃災善後工程

會同經委會人員驗收

△江蘇社　蘇省府訓令建設廳技士承啓棠、案准導淮委員會公函第二四〇九號、以奉全國經濟委員會訓令、派員會同視察各省上年水災善後辦理堵口復堤工程、除派定技正林啓庸前往會同辦理外、轉囑派員會同驗收等由、查此案前准全國經委會函同前由、業經令派該員前往會同辦理在案、准函前由、除函復外、合行令仰知照云、（二十二日）

開發乘泗列島明春起着手

△江蘇社　乘泗列島為本省產魚最富之區、惟交通不便漁民無組織、捕魚技術等工具、各項均落人後、現經部廳等視察團員、擬具報告、首先須改進之點、（一）開發淞滬至乘泗輪航、（二）組織漁業合作社、吸收漁業貸款、（三）設立漁業警察局、（四）設立漁業學校、（五）改良漁具及捕魚方法、（六）設立漁市場、聞各該項預定明春起、陸續開辦、撥款興建云、（廿二日）

中國戲劇學會下月到鎮

公演地點已有頭緒

△江蘇社　中國戲劇學會、將來鎮公演、派洪正倫李春舫二君接洽公演地點一節、已誌報端、茲悉經其與大舞台一度交涉、已有相當頭緒、據洪正倫君告記者、此次旅行公演約於下月中旬自寧首途、沿京滬線先達鎮江、以副省會愛好話劇者之雅望、亟盼各界人士加以指導、現聞洪李二君、在鎮俟須一二日句留云、（廿二日）

中華民國二十五年十二月廿六日　群報　（星期六）　第四版

本縣新聞

縣黨部召開雲南起義紀念會

彭委員主席并報告　縣政府王科長演說

縣黨部于昨日上午十時、召集各機關團體學校、在該部大禮堂舉行雲南起義第二十一週年紀念會、共到各界代表五十餘人、由彭委員世亨主席、領導行禮如儀後、並作報告、略謂、今天是雲南起義第二十一週年紀念日、自辛亥革命推翻專制政體、樹立民主政治、袁世凱以封建餘孽、夤緣時會、得握政權、本黨原冀其革除舊汚、努力向上、以達福國利民之旨、乃袁逆野心不死、于民國四年、竟不顧一切、稱帝自為、對本党同志之摧殘、無所不用其極、吾黨之士、咸以袁逆不除、國難未已、當督促唐繼堯在雲南起義、聲討叛逆　于十二月二十三日致電袁氏、促其取消帝制、同時誅戮附逆之楊度等、以謝國人、詎袁世凱帝夢方酣、仍執迷不悟、延至十二月二十五日　袁氏毫無答覆、於是討逆之師、分三路並進　義旗所指　各省先後響應、袁逆見大勢已去、當于民國五年三月二十二日取消帝制　袁亦憂憤而死　我垂危之國脈、以本黨同志之忠勇奮鬥得絕而復續、此轟轟烈烈之壯舉、實為吾人所永久紀念、不可須臾或忘者也、我國近年外有帝國主義之侵略、內有赤匪之搗乱　國勢之危、較民國初年為尤甚、幸全國民衆在中央領導之下、精誠團結、努力于安內攘外工作、綏北戰事、以守土將士之忠勇奮發、節節勝利、殘餘赤匪、以蔣委員長之督剿有方、肅清可期、際茲國事好轉之際、張逆學良、竟稱兵作乱、刦持統帥、妄發主張　破壞統一、此種舉動、不但危害我國家、直欲斷送我民族、吾人[illegible]擁護中央、本雲南起義之精神、戡平叛乱　營救領袖云云、繼有縣政府公安科長王開華演說、略謂、關於雲南起義經過及吾人應有之認識和努力、已由主席報告　不必再述、兄弟以為在此非常時期、深感領袖之重要　如土耳其之凱莫爾、意大利之墨索里尼　德意志之希特勒、均能獨臂艱鉅、復興國家、拯救民族、我國以總理之領導推翻專制、創建民國　積四十年之奮鬥　對革命大業、尚不能及身而成、嗣由蔣委員長秉承遺志、繼續努力始有今日統一之局面　故蔣委員長實為吾人唯一之領袖　現在竟被狼子野心的張學良、困留西安、直欲陷中華民族于萬刧不復之地、吾人應本領袖主張、一心一德、努力于安內攘外工作云云、至十二時散會、

農產畜牧展覽比賽會　昨舉行開幕典禮

翟秘書報告該會意義

江蘇省政府為使農民改進生產起見　當通令各縣舉行農產展覽比賽會　俾資觀摩、本縣縣政府奉令後　即令農業推廣所積極籌備　于昨日（二十五）起　舉行大會、至農產畜牧展覽會會址在南關外、農產品展覽會在農場、上午十二時行開幕禮、計到會長成甌舉代表翟大勛、建設科馮主任、縣黨部李常委貞乾、李委員效禹、縣農會彭世亭　張紹緒、劉萬傑、孫建陞、孫季德、張厚坤、林靖夷、劉星彩、楊大德　及農民等數千人　行禮如儀後、由主席成會長代表翟秘書大勛報告、略云　各位農友　今日本縣舉行農產畜牧展覽比賽會　此會以農業為主體　關係農民之作物極為重要、查吾國人口為四萬萬五千萬、農民佔百分之八十以上、故吾國為農業國家　惟千年來、一般農民、多不[illegible]之改良、以致生產減少、未臻富强、至於歐[illegible]以進步、所以强盛者、因一般人民對於生產事[illegible]悉心改良、及政府重視農業、故飭令各縣[illegible]會、使之互相觀摩、藉資改進、即本縣之農產畜牧[illegible]會、亦所以重視農業、喚起人民之注意、如農業能改[illegible]則農村經濟之挽救　國家之復興　纔有希望、今天之[illegible]會、以農民之產品、來此陳列　比賽品質極為優美[illegible]民之思想、更有相當覺悟　因農民對農作物注意[illegible]般　如農民更能作進一步之研究、改良種子、及聽從[illegible]機關之指導、痛改前非、則農產之進步、當能突飛猛進、凡此次參加者、無論作物之優劣與否　本會均有詳審之評判　得嘉者　更須努力不怠、未得獎者、切勿因此灰心　尤宜苦心研究改良、改正錯誤　則數年後、本縣農產之進步、當在意料之中、縣黨部常務委員李貞乾演說、略云　本縣共有七萬餘戶、其中六萬餘戶為農民　若以全國論　亦大多業農、故一般人皆依農民之耕種為生活、故農民之地位、為至高無上、今天本縣舉行第一次農產畜牧展覽比賽會、其意義即以喚起一般農民、注意生產、提高興趣　集合大家之優良作品、仿效觀摩、青年每好向外發展、不求實地工作　又不向農村上求發展　此實大謬、現農民受痛苦之原因　為不知改良　故展覽會　即使一般農民求研究而改進　惟因初次比賽、一般農民　尤當注意、希望明年此會、來參加比賽之農產及牲畜　較今日更多、則進步矣、復有縣農會彭世亭　建設主任馮守信相繼演說[illegible]旋攝影禮成、又[illegible]參觀者　絡繹不絕　下午並有畜牧比賽、農[illegible]牛馬驢羊紛來比賽　異常熱鬧　即由審查委員詳[illegible]按照[illegible]優劣　定列名次

蔣委員長安然出險　各界歡呼若狂

燃放鞭炮示慶

自蔣委員長在西安蒙難後　本縣各界民衆　異常關懷　故希望領袖之安然出險、已成普徧之要求、雖于上星期六、曾有一度出險之喜信、但旋即沈寂　因之尤為焦慮、乃昨報傳來、蔣委員長已於昨日下午五時　安抵洛陽、各界聞訊之餘、歡呼若狂　並燃放鞭炮　以示慶祝、一時響聲干霄、夜半始止　即婦人孺子　亦無不喜出望外云。

敬告毒品犯

一、從二十六年一月一日起，凡吸食販賣製造毒品者，一律處死刑。

二、現在是吸食毒品的人，最後戒除的時機。

三、為了吸食毒品喪命，是世間最不值得的犧牲。

四、趕快戒除毒品嗜好，是保全個人性命的唯一途徑。

五、戒除毒品嗜好，是救己救國保種的唯一途徑。

六、吸食販賣毒品的人趕快自動戒絕重新做一個好國民

學生援綏運動會共募款九十餘元

不日即逕寄前方備用

本縣學生援助綏遠抗敵戰士運動會、自成立後、對工作推動　頗為努力、現各校學生激于救國義憤、並欽佩抗敵將士之忠勇　多紛紛捐款援助、除鄉村小學捐款逕交本社代收　以便彙齊轉解外　所有本城各校捐款、由該會籌募、現已收齊、聞不日即兌換法幣　逕寄前方備用矣、茲將各校捐款　誌之如左：

文小十五元五角、
女小十四元八角八分二厘、
書小十三元五角四分、
縣小三元四角七分四厘、
豐中二十四元四角、
職中二十一元八角、
實驗鄉一元六角六分六厘、
北關外三元、
西關外一元零四分
東關外三角整

共九十九元六角零二厘。

中華民國廿五年十二月廿九日　豐報　（星期二）　第五版

鳳鳴塔

第二七七期

本刊內容分科學常識論著詩歌小說戲劇散文書信書報介紹及批評等項

二，本刊歡迎投稿來稿文言白話均可

三，來稿本社有修改權不願者請先聲明

四，未經登載之稿除預先聲明者外概不退還

五，本刊編輯部設豐報社內

漫談

一月來的綏遠

春林

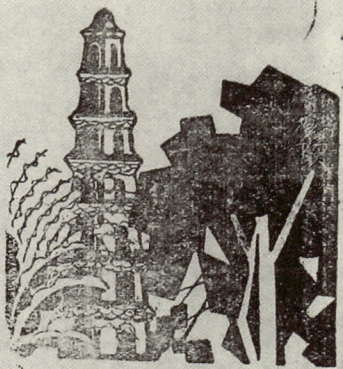

在這一月來的綏遠，表面上可說由危而安，其實正在危急着的時候呢。本來某方派僞匪來侵擾下的綏遠，在他們眼中不過是馬到成功，兵到樹旗而已，並沒想到現在中國的軍民已不是「九一八」前後時的腐敗昏庸了。

這次的戰事實是使敵人想不到的失望，他們總是覺我們的兵士都是爲升官發財的，而不是爲國守土禦侮的，尤其視我們的領兵的長官。加之年來某方在綏北綏東積極之軍事建築準備及窺察（百靈廟是某方年來軍事建設上之重地。）早洞悉我軍不但沒新式戰器，恐平常槍械子彈多不充足，所以某方竟悍然派匪僞進攻，以謀大元帝國之成立，續演滿州國之傀儡劇，作南侵我山西陝西甘肅等省及防俄之根據地，豈料我綏傅主席毅然毀家爲餉，率部下作一死戰，更加我當地人民在傅主席數年領導，早有民族意識，素惡敵之殘暴不仁，對自衞已有準備，能軍兵一致禦敵，以挫敵銳氣 使其胆寒，實是我軍獲得優勝之一大原因。

傅主席以糧秣子彈不足之一省軍力，抗拒素有計劃進攻之匪僞虎狼之師，而能連戰皆捷，實是我人不可料卜，後雖山西中央都有軍隊去援，亦不得不歸功於傅主席捨己之榮華生命於度外，爲國爲民爭生存光榮！

此次戰事初發之時，綏省有餌重虎口千鈞一髮之勢，經傅主席率全省軍民竭股肱之力以禦，方由危而安，加之山西中央軍以援，乃士氣大振，竟於二十四日晨（十一月）奪獲敵軍年來竭力經營之軍事根據地——百靈廟——。不但獲軍用品衆多，而軍事上佔優勝，實是將來國防之要地，雖經敵屢傾其力來攻，終是不得，故敵近日大減銳氣。接之蔣委員長閻副主席忠實勸告，並發表投誠按格懸賞書，所以烏合之衆將要離散，漢奸已有思祖（據報載投誠者日多。）之心。不過這次某方不但寸步未進，而損失至大，焉肯甘心，近日綏境雖尚安靜，匪僞只有小接觸，然我們可預定在不遠的將來，一定要叢捲而來的大舉進攻，不然就是另取方針，總是不能這樣就算結束。所以今後的綏遠也許要有一度的緊張，尤其是綏遠的百靈廟。

一月來的綏遠形勢，我軍雖稍佔優勝，而軍佈置亦較前充實，然並沒有什麼好壞的轉變趨勢，安更談不到，不過是由危而轉到一個緊張的局面下，只待全國國民的努力了！

二五，十二，七日燈下於楊小。

翻譯

從北平到瀋陽

Chang Pv 作　岑 譯

在八月二號的下午，我收到從家裏來的一個電報，說我底祖父要死，并且立刻叫我回家。在那天傍晚，我上了從北平到瀋陽的通車。

『友邦』給我們預備了一列很好的車輛，但是旅客却很少。而且，每個人的臉上都存一種憂鬱的表情，雖然有火車所給與的安適。

第二天早晨，列車到了秦皇島——山海關南邊的第一站。當列車停下的時候。我望望四週，沒有不平常的事情可以看到，除了『友邦』的很多的人民。

于是，一隊從三十到四十的武裝日本軍隊走進了客車，從這頭到那頭，投射着輕蔑的眼光在旅客身上，他們全都顯出了他們的內心的不安、巡邏隊完畢了他底示威，列車繼續的開向山海關邊城，中國和『滿州國』中間的，中國的關稅設在那裏，關稅職員更走進了客車看看有沒有私貨在車上。檢查是容易的過去了。每一個人都認爲這是盤查的終結，并且安心去作其餘的旅程，不再有憂慮 坐在前面的一個男人說：

『假若我知道這車事情是恁麼容易，我怕早已把這徜來過了。』

他剛說完這句話，幾個全副武裝的日本官吏和『滿州國』的兵上了這個列車，他們走近每個旅客，并且粗暴地問他們：

『你是那國人！』

假若回答是『我是一個中國人』，那便是旅行底終結，這問話的官員後面的兵，便把這位旅客拉下了列車，兩個穿長衣的男人被押着拉下了列車，因爲他們說他們是『中國人』。

假若回答是『我是一個滿州國人』，這個旅客能夠繼續他底旅程，只要對其他的問題的回答能使人滿意。

每個人都滿帶着迷惑，第三個被臨到的是坐在前面的坐在我前面的那個男人，他一小會以前曾經以爲旅程是這樣的容易，而非常歡喜，對于這個問題：『你是那國人』？他冷靜的回答了：

『我是一個滿州國人』

『在那裏你做什麼？』

『我是一個農人』。這個回答來得并不怎樣快，而且當他說話的時候，他底聲音打戰了，這位官輕蔑的看着他 檢查他底手，那是又白及輭，並且說：

『滾下這個車去 滿州國不要像你這樣的農人！』

於是，輪到了我；我是極端的胆怯，因爲我并不知道如何回答第一個問題 我知道，假如我說我是．個中國人，我就要被趕下這車，而我底家裏需要我，另一方面，我如何的能夠承認我是一個滿州國人呢？幸虧東洋人非常地看不起女人，而且認爲她們不關重要。這位官長沒有問我底國籍。他却問：

『你識字不識字？』

我馬上回答了：『先生，我不認識字』

全隊的人注視了我一大會子，終於離開了我，我沾了他們輕蔑女性的光了。

檢查遲延了一點多鐘，旅客變得愈少愈少了。

列車過了山海關，起先旅客很少 現在列車被日本的和滿州國的兵充滿了。據說沿鐵路一帶，『匪』非常地活躍，必需有武裝在列車上保護。

當列車到了瀋陽，我聽說我底祖父在前 天夜裏死了。但是 我個人的悲痛被想到我們底失地而充滿了我底靈魂的悲哀和憤怒遮下了。

編者附語

在近來我們常懷疑着我國和僞國的交通，是怎樣的情形？并且東北的同胞已痛苦到怎樣地步？因爲我們沒有目覩，所以只有憑空的聘想。現在看到岑君的這一段翻譯，雖然是輕描淡寫的一小段，可是日人和僞國的凶蠻無理，已表現得淋漓盡致。由東北同胞的行的不自由，便聯想到衣食住的不自由。其痛苦可想而知。同胞們！我們看到這篇以後，心中都是如何的憤慨啊！

這篇是從 The Voice of China 上翻譯下來的。原文我看過了，譯的非常正確而且流暢！

創作

織情

兆豐

簾捲西風起，
雙影在深思。
一陣飄忽的幻想，
甜蜜而又痛苦！

○　○　○

子夜的落葉，
無意的落進夢裏。
剎那間的幻跡喲！
飛逝何方？

○　○　○

彷徨人的嘆息喲！
月光透視了你的心。
寫詩人病了，
無人可解其煩憂。

一九三六，七，十七，于子夜。

救國之聲

素園

（一）從軍

快放下你們的葡萄酒杯，
莫再昏迷沈醉！
烈火已燒到眼前，
志氣高高的男兒，
胸懷六韜的青年，
趕快給隊沙場萬里去，
為國征戰殺仇敵！

披上光榮的戰袍，
掛上鋒利的寶刀，
聽喲！
戰馬的長嘶，
軍角的號叫，
這些啊，
都是偉陣的音樂！
前進呀！
誓死與倭奴決雌雄，
勒石富山，紀我汗馬功、

一戰收復我故疆，
雄師十萬入扶桑；
拔幟易幟倒太陽，
青天白日旗飄揚；
敵人肥肉，資軍粮！
敵人鮮血，作酒漿！
戰勝歸來凱歌高唱！
讓歌聲——
飄滿中華，
佈遍世上！

（二）偉大的時代到了

朋友！
偉大的時代到了，
我們要用熱血和熱淚，
大書特書救國抗日標語；
喊醒迷醉的同胞！

朋友！
我們要：
臥薪嘗膽，誓雪國恥；
破釜沈舟，決殲日寇！

朋友！
我們要：
轉戰萬里，長征十年，
扶大廈於將傾，挽狂瀾於既倒！

請莫傷心流淚

嵐影

請你的眼淚莫再傾流，
流淚倍使丟醜。
啊！啊！……
你的父母，兄弟，妻子呢？
盡被慘暴的倭奴佔有，
傷心的淚，莫傾流！

請你的眼淚莫再傾流，
流淚倍使丟醜，
你的家鄉呢？
你的主權呢？
均歸倭奴所有，
莫要吧！心傷流淚！

請你的眼淚許再傾流，
流淚那是懦弱的表現，
也難報你不共戴天的大仇、
趕快——
束緊你的腰帶，
肩荷你的鋤頭，
做一個勇猛從戎的將首，
領導着四萬萬的同胞，
去作為國復仇的操守！

請你的眼流莫再傾流，
流淚那是弱者的表現，
也難收復你大好的河山，
啊！啊！
山海關前的血門，
將為你雪恨報仇，
照遍整個的三島，
一個個倭奴的頭顱，
盡擲於太平洋的岸郊，
那才算心爽意收，
也莫吧！心傷流淚！

縣黨部化裝宣傳隊
工作雜記

（續）　秋雲

討論結果，滑稽劇中情節如下：由孫張二君及余三人拌烟犯。拌嗜吸白面。因自二十六年起，凡毒犯均處極刑，故三人于尚未到二十六年以前，盡量行樂，大吸特吸，蓋抵二十六年以後，均將作犧牲品故也。三人毒癮過足後 精神百倍醜態百出，因之唱平劇，梆子，及各種小調，并到一土娼處行樂。土娼由馬君豔華拌當四人狂樂之際，忽軍警紛至，一一拘捕，全劇始終。至劇中所唱之平劇，梆子，及全劇到台上後，臨時再決定。因孫張馬三君，對此均素有研究故也。

午餐時，鄉長贈酒一罈，烟二十餘盒。隊員均以李鄉長準備一切，奔忙已極，又以烟酒相贈，頗覺過意不去，由彭隊長代表致謝意！

下午五時，鄉村觀衆，即絡繹予途，預料今晚人數，比較昨晚增加，隊員精神極振作，惟余因滑稽劇，係新排者，情節事由均極生疏，恐臨時塌台，心中頗存危懼之心。但偷看孫張二君，反談笑自若，詼諧更甚，若無此事者，余未嘗不佩服孫張二君之精神也。

六時半開演，第一劇為旅長的婚禮。劇中敍述一東北軍旅長，與一日本女子結婚 但此日本女子係受命來作奸細者。故于其婚禮，開始時，其部下均對旅長勸告，要以國事的重，私人愛情為輕。及捉到日本奸細後，言語涉及新人。旅長乃以新人付 團長審問。餘均退下，而此日本女子竟出手槍將團長擊斃。及旅長等奔出新人復以手槍指定旅長，加以威嚇。旅長乃以愛情動之。新人為軟化，手鎗落地，即為另一團長拾去。新人乃跪于旅長前 表述其愛情，并聲明因愛情關係，願犧牲愛國心 次後生殺，聽之旅長。此時旅長步下，均勸旅長，處此女子于死地，因仇為國仇，而愛情則為個人愛情不能以個人私情，誤公仇也。此時旅長，公私交戰于心中，表情極難過，最後覺斷然下令，開槍，全劇乃終。飾旅長者為董君玉珉。飾日女秋子者為師方建 飾被擊之團長為老隊員林靖夷，飾另團長為王德譽。董君說話及表情 均如真者。下令開鎗時之表情，尤覺生動。惜化裝時，臉上塗粉太多，感覺過白是其缺點，師君飾日女極漂亮，表情亦極纏綿，故當其跪下哀求旅長時，觀者竟有誤認為真女子者。至老隊員林君身為本隊導演，當然要老作得多，面部表情亦非他人所及。（未完）

又是一年

鄉民

是季秋的早晨。

一個沈寂的小場裏，蹲着一個面色黃瘦的男人，他一隻手擎着含在嘴裡的悍烟袋，另一隻手搶着剛揚好的一小堆高糧裏的泥塊。他滿臉縐紋顯得很深，不斷的發出嘆息，在西邊坐着一個婦人，用藍手巾包着頭，只默默的鍛着帶土的高糧，身上蒙了一層塵土。

風不住的刮着，烏雲像獵犬似的飛馳，把光明的太陽遮蔽了，大地上立刻灰暗起來。

風來得更猛了，烏雲重重的佈滿天空。這時天很顯着比平常低些，馬上就要落雨。他竭起來，向東看了看，低聲說『還沒來』。隨又仰了仰臉，還是繼續他的工作。（未完）

編輯室的廣播電台

一，本報新年增刊歡迎各界投稿！

二，春林君的「一月來的殺運」刊登的稍嫌時間遲了一點。請讀者及春林君原諒！

三，岑君前日送來譯稿多件。此後當分期刊登。

四，叔原君的長篇譯稿在二十六年的開始時，可以和讀者見面。

△本城糧價▽

名稱	每市石價目
小麥	最高十二元 最低十一元七角
大麥	最高五元八角 最低五元五角
黃豆	最高七元 最低六元七角
黑豆	最高六元六角 最低六元四角
菉豆	最高七元六角 最低七元四角
江豆	最高七元五角 最低七元四角
高粮	最高六元 最低五元八角
穀子	最高五元二角 最低五元
稷子	最高五元九角 最低五元七角
芝蔴	最高十二元 最低十一元八角
青豆	最高六元八角 最低六元五角
花生	每百斤 最高六元二角 最低六元
瓜子	每百斤 最高十四元 最低十三元八角

△△氣象▽▽

天氣	晴
風向	東南風
最高溫度	四一度
最低溫度	二七度

豐報

◁第一二九四號▷

◁社址豐縣大同街▷

中華郵政特准掛號認為新聞紙類

◁今日一張半　每份一分四厘▷

◁本報價目▷

△廣告刊例

本報廣告以方寸計算每方寸以市尺長寬各一寸計算

(新聞欄)每日三方寸三天起碼每日每方寸一角二分

(封面)每日三方寸二天起碼每日每方寸一角

(普通)每日三方寸二天起碼每日每方寸八分

登三日以上九折六日以上八折八日以上七折十日以上六折常期面議

恭賀新禧

豐縣縣黨部全體仝人鞠躬

恭賀新禧

豐縣教育局全體仝人鞠躬

恭賀年禧

本社全體同人鞠躬

恭賀年禧

李貞乾　彭世亨　李效禹　董雪山　卜憲章

仝鞠躬

恭賀新禧

孫裕淮　高世敏　王德明　李誠修　秦養賢

同鞠躬

恭賀年禧

翟制大勛鞠躬

恭祝年禧

董玉珏鞠躬

恭賀新禧

王如壎鞠躬

恭賀新禧

豐縣協裕鹽局仝人鞠躬

恭賀新禧

豐縣公安第一分駐所全體官警鞠躬

恭賀年禧

豐縣縣政府公安科同人鞠躬

敬祝年釐

德履祥仝人鞠躬

鳳城旅社開張啓事

敬啓者敝旅社開設豐縣北門大街坐西朝東近將門窗改建開大光線充足俾重衛生現已裝設完備以便行旅業於國歷十二月廿八日從事開張惟恐各界不知特此登報聲明

主人閻憲璧謹啓

豐縣公安第一分駐所啓事

查本所早經奉令成立並從新製就符號領章業經編列號頭分發各長警佩用關於前縣政府及縣政府公安股先後所製發之符號領章，概作廢此啓。

豐縣縣政府佈告　公字第　號

查烟犯罪之構成，經依法驗明有毒有癮，或係現行犯者，應受刑處。有毒無癮者，如係初吸烟犯，應予免議，至已戒烟民，依照江蘇省抽查辦法戒絕兩個月後，抽驗有毒者，仍應依法懲治，除分令外合亟佈告，仰闔邑已戒烟民注意為要！

中華民國二十五年十二月　日

縣長　戚應譽

代行　秘書　翟大勛

中外要聞

中常會昨召開臨時會議
蔣再呈辭職仍一致慰留
並給假一個月以資調養

▲中央社南京三十日電　中央黨部於今日上午九時、舉行第三十次常務會議、出席常務委員、居正・鄒魯・馮玉祥・葉楚傖・陳立夫・孔祥熙・由常委鄒魯主席、決議案如下、一、蔣委員長中正再呈請辭行政院院長、及軍事委員會委員長本兼各職案　決議蔣同志列陳至誠呈辭本兼各職　昨經中央一致決議懇切慰留在案　茲復再遞辭呈、情辭敦摯、中央深知同志平素為國為民、身心憔悴、異於常人、惟念同志為中外所崇仰國家之保護者、際此時艱、礙難容准、所有再呈辭職一節　仍一致決議慰留　並給假一月、借此調養、二、廿六年一月一日中華民國成立紀念、推于委員右任主席並報告、是日上午八時謁陵　九時舉行紀念會　三　下星期一中央黨部紀念週、推鄒委員魯出席並報告。

▲中央社南京三十日電　蔣委員長、昨再呈中央、堅申前請懇辭行政院院長及軍事委員會委員長本兼各職　業經今日中央常會臨時會決議礙難容准　並給假一月、以資調養、其再請辭之原呈報告如下、謹呈者、中正前以西安之變　身為上官、亦應首法、具呈切懇、准予免去本兼各職、並嚴加處分、以昭法紀　凡所呈請具出悃忱　乃未蒙批准　反予慰留　聞命殊變、寢食難安、且以國命託於紀綱、民心繫於信義、中正平素所以訓教軍民、亦以負責任、守紀律之義教之、今既以疏忽失職、造成鉅變、若不遞舊職濫竽名位何以率領部屬、此自責任言之、中正萬不能不即時引退待罪者也、且中正許身黨國、當鞠躬盡瘁　惟連年負荷過巨　內且憂慌　外損形體　身心交疲、智力日促　若再膺負重職　必更有壞㮣、知我中央既難受事　又決不強命重咎之身引退更將鑄成大錯者、用特申前請、所有誠懇准辭行政院院長及軍事委員會委員長本兼各職　並加懲處一節、萬乞伏示核准、不勝待命之至、謹呈。

韓復渠電蔣請打消辭意

▲中央社濟南三十日電　韓復渠三十日電蔣委員長、請打銷辭意　原電略云、鈞座遽以西安事變、引咎辭職、逖聽之餘　公私哽慴　竊謂鈞座十餘年來　櫛風沐雨、締造中華　德被羣黎　功高寰宇、雖陝變起於不促　然終以訓告部屬之名言、平息禍亂、至誠所感、金石為開、方今物望所屬　國脈所繫、均在鈞座一人　請仍秉智勇之精神、維護黨國。

▲中央社廣州三十日電　廣州市黨部　三十日電呈中央黨部請慰留蔣委員長。

柏林各報競載蔣對張楊訓詞

▲中央社柏林廿九日電　此間各報競登蔣院長對張楊之訓詞　而對於蔣院長人格之偉大　中國人民擁護領袖之熱烈　及行動之一致　尤為欽佩頌揚。

海外各地僑胞續電蔣院長申賀

▲中央社南京三十一日電　中宣部昨續接海外僑胞慶祝蔣院長脫險函文多則　擇報於後、駐檀香山總支部電云　鈞座安抵南京、全體同志、咸深歡慰　謹祝健康　二、駐菲律濱總支部、及菲律濱棉里拉五十二團體　各界代表大會電云　欣聞我公安抵洛陽　全體空前歡騰　燃炮慶祝、謹此慰問　三、啤賓中華會館　等廿餘處電云、欣悉鈞座安抵洛陽、全僑欣慰、謹此馳賀。

▲中央社南京三十一日電　蘇門答喇中華商會聯合會、於廿九日致電外部、代向蔣院長申賀　電云　欣悉蔣院長安抵首都　薄海歡騰　敬祈為國盡忠、繼續領導復興民族　又聞駐廈門英美等國領事、以蔣院長出險、紛致賀忱　又捷克兩龍公司　及全體僑胞、於廿九日留外部請代向蔣院長申賀

班禪召集文武長官
慶祝蔣委員長出險

▲中央社南京三十一日電　班禪駐京辦事處　頃奉西陲宣化使公署祕書室廿七日電稱、廣播中欣悉蔣委員長於廿五日午後五時半出險、大師特於廿六日午召集玉樹文武長官、及千百戶、與全園職員衛士儀仗總隊等　舉行慶祝蔣委員長出險紀念大會。

何部長昨宴
各處到京代表聯歡

▲中央社南京三十日電　太原綏靖公署閻主任代表徐永昌、冀察政務委員會宋委員長代表戈定遠　魯省韓主席代表張岳、滇省龍主席代表高蔭槐　今晨曾謁蔣委員長敬致慰問　當蒙嘉勉　又軍政部何部長於午前宴各處到京代表聯歡。

冀省府是年假期
演戲三天致慶
祝蔣委員長回京

▲中央社保定三十日電　冀省府定是年假期在人民公園舉行慶祝蔣委員長回京大會、並派員赴平約請名角來保演戲三天致慶

國府昨舉行授勛典禮

▲中央社南京三十一日電　國民政府今日上午十一時在大禮堂舉行授勛典禮、受勛人員、計到有立法院孫院長、葉副院長　司法院居院長、覃副院長　考試院戴院長、鈕副院長　監察院于院長　許副院長　行政院孔副院長　實業部長吳鼎昌　教育部長王世杰　鐵道部長張公權、蒙藏委員會委員長吳忠信　僑務委員會委員長陳樹仁　行政院祕書長翁文灝等廿四人、由林主席領導全體如儀行禮後　即行授勛章典禮　受勛畢　由主席訓詞、次由孫院長代表全體受勛人員答詞　至十一時四十分始奏樂禮成。

孔財長昨赴滬
處理滬上金融

▲中央社南京三十日電　行政院副院長兼財政部長孔祥熙、今日下午五時乘車赴滬、處理滬上金融事務　聞孔氏以廿六年元旦即屆　擬有新年感言一文、送與各報發表。

匪偽軍集中南壕塹等三處
王英在商都徵調保安團
並在週圍構築防禦工事

▲中央社張家口三十日電　察北匪偽部隊、近日集中地點在平地圖、多倫　商都、嘉卜寺　南壕塹　土木爾台、而以南壕塹土木爾台商都三處為中心　德王直轄部隊包悅卿等　意見甚分歧。

▲中央社北平三十日電　關係方面息　王英匪部刻在商都附近徵調各鄉保安團及鄉團共得四千餘人、與匪偽軍紛向商都一帶增援、並在週圍構築防禦工事　由尹寶山担任防事宜後　謀積極向西進犯

▲中央社歸綏三十日電　廿三日下午四時　某方單翼機、竟飛至綏境涼城縣高空偵察　盤圓數[illegible]始飛[illegible]、未投彈。

新運總會察綏戰地[illegible]
即出發赴前方服[illegible]

▲中央社南京三十一日電　新運總會察綏[illegible]經訓練完畢　定明上午十時在該會舉行受旗典禮　以示隆重、聞受旗後即出發赴察綏前方服務

成都北海兩案已完全解決
上海漢口兩案將賡續談判

▲中央社南京三十一日電　中日外交談判中　關於成都及北海兩案　外交部與日本大使館當局、經數月折衝　茲已完全解決、昨日下午四時半外交部次長高宗武　持張部長照會至日本大使館、該館一等書記官須磨於下午五時持川越大使復照至外交部、雙方正式換文立案、須磨氏定於三十日晚十一時乘車赴滬度歲　據談將約[illegible]續談判上海與漢口兩案云、外交部已正式發表兩案換文。

錢大鈞返私邸靜養

▲中央社上海三十日電　錢大鈞三十日晨十時出院返私邸靜養、精精仍健、飲食如常、數週後可全愈。▲中央社上海電　錢大鈞入宏恩醫院後、三十日親友紛往慰問、錢一律婉謝未見。

邵元冲靈車過徐　今日可抵京

▲中央社徐州三十日電　中央推派迎護邵元冲靈櫬專員鄧家彥、李宗黃、梅公任、三十日晨抵徐、邵靈車於昨晚十二時過徐、由第二師及保安隊派軍警在站戒備、靈車預計三十一日午可抵京。

邵力子夫婦今日專車赴京

▲中央社徐州三十一日電　邵力子夫婦定三十一日晨六時乘專車過徐赴京。

京市黨部定明年元旦　召集各界舉行慶祝中華民國成立紀念

▲中央社南京三十一日電　京市党部、定於廿六年元旦上、召集首都各界舉行慶祝中華民國成立廿六年週年紀念大會、該部頃擬定大會紀念辦法。

新綏長途汽車蘭哈線　定元旦恢復通車

▲中央社天津三十日電　新綏長途汽車公司蘭州哈康綫、前因陝變被阻　茲已決定元旦起恢復通車。

歐亞空航公司滬蘭綫不日恢復

▲中央社上海電　歐亞航空公司滬陝線、除西安已復航後、蘭州站定五日恢復、同日蘭州包頭綫亦恢復原狀。

張自忠奉宋召平赴

▲中央社北平電　張自忠奉宋哲元電召、於三十日上午十一時半由津來平、下車後　即赴烏衣庫謁宋。

煙犯戒絕復吸　即無癮亦須論罪　確有復吸事實始可論罪

△江蘇社　蘇省府據第三區保安司令、及淮安、江陰、高郵、宜興等縣代電　、對於煙毒犯調驗有毒無癮、應否治罪、請求解釋示遵　省府指令云　呈悉查復吸罪之構成　雖不以成癮為要件　然亦須證明確有復吸之事實（如被調驗人呈驗無禁斷現象　但係查獲之現行犯　或有其他之證物證　足以證明有復吸情事）、始可依法論罪、可化驗便溺或血液　僅為偵查中所得物證之一種方法、自不能執其一端　藉口復吸罪之構成　不以成癮為要件、因對於臨床試驗　祇察有無　禁斷現象　及其他偵查應盡之事、宜一概摒不注意　況吸食烟毒、經戒絕後　或停止吸食後　其以前所吸之毒質　於幾日內可以消除淨盡　經委員徵詢衛生機關意見、以認為不能斷定、且嗎啡等毒質、於醫藥上須用甚多　被調驗人因病服用　致檢驗便溺、含有毒質、亦不能即據復吸之佐證、至初吸嫌疑犯　雖經驗無烟癮、然各係現行犯、或訊明有其他證據足以證明其現有吸食之事實、並非在未發覺以前已自動戒絕或授戒戒絕者、仍應依法論罪　仰即知照云而　（念七日）

蘇省令所屬機關　執行行政處分適用程序疑義　行政職權為強制之執行　不能認為係根據司法執權

△江蘇社　江蘇省政府頃訓令所屬各機關文云「案查本府前以行政官署因執行案件、依行政程序責令人民出資（並非罰金）之處分　被處分人對於此項處分、曾表示不服、先後提起訴願再訴願及行政訴訟　均以逾越法令期限、經分別決定及判決駁回　是以此項處分業確定　乃由該管縣政府限期催繳、而被處分人一再拖延　抗不繳納　如縣政府被處分人之房屋予以扣押　並公告拍賣　似不能認為依行政執行法所為之強制處分、若就處分人民財產而言　應屬司法範圍、但此項責令出資之處分、既非民事訴訟之判決、與通常債務有別　該管轄政府雖秉承司法　對於此案所為之執行、可否根據司法院院字第八三三號解釋、認為[illegible]種民事裁判、以秉理司法名義　按照司法程序、拍賣被處分人之房屋、抑或即由縣政府以行政職權為之拍賣、究應依照何種程序執行　方可適當　事關適用法律疑義　經於二十五年六月　呈經行政院核示在案、茲奉二十五年十二月十四日第七三四四號訓令開、案查前據該省政府二十五年六月二十七日第一八七號呈請、轉咨解釋執行行政處分適用程序疑義等情到院、經於同年七月三日、以第一九四號咨請司法院解釋在案　茲准同院本年十二月七日院字第一五九三號咨復開　業經本院統一解釋法令會議議決　行政官署依行政程序所為、責令人民出資之處分確定後　如人民抗不繳納　仍應由行政職權、為強制執行、並不因該官署係秉承司法之縣政府、遂可認行政處分為民事裁決　而逕以司法職權予以執行、至院字第八一二三號解釋條例　就民事訴訟誤用行政處分者而言　非行問情形所得援引相應咨復查照飭知」等由　准此除通飭知照外、合行令仰該省政府知照、並轉飭所屬一體知照」、等由、合行令仰一體知照、此令」云、（念七日）

推行警管區制實施辦法　蘇省令無錫等縣遵照

△江蘇社　蘇省府訓令第二區行政督察專員崐山無錫縣長云　查本省警察勤務制度、應酌予分期改進　以期逐漸提高警察效率、所有改進辦法大要　並應由省統籌規定、以免紛歧、爰經制定蘇省推行警管區制實施辦法綱要、另案公布　知照在案、無錫崐山兩縣警察設備、為現經提定先行籌辦警管區之縣份　應飭依照上項綱要規定、即日施行、惟按照此項綱要第二項規定實施、於籌劃警察管區時　應各就警力分配狀況及執行勤務之便利兩點、詳加考慮、如能不割裂自治區域　自得盡量利用現有區鄉鎮之區域、為警察所及派出所管區　俾便與自治行政相互聯絡　至警管區轄戶數、無論市及省會地方、並應於可能範圍內　以不分割保甲建制為原則、除分令外、合行令仰該專員縣長、督飭遵照辦理云（念七日）

加寄報紙　國選期間　蘇省府訓令暫停　飭各報社知照

△江蘇社　蘇省府訓令、准內政部咨開　案查前准中央宣傳部函請轉飭各地報社、於國民大會代表選舉期間、加寄報紙　份　以備剪貼、一案、曾經本部分別通行在卷、茲復准中央宣傳部函、以各地初選　已辦理完竣、該項消息　殊少刊載、所有加寄之報紙　可暫停付郵等由、准此、除函復分行外、並轉飭各報社知照云、（念七日）

英法美新訂之海軍條約　法將提交政院討論

▲中央社巴黎廿九日電　華盛頓海軍條約一日滿期　英法美三國前於本年三月念五[illegible]之新海軍條約　應由法國國會予以批准、一般人[illegible]當於明年一月間將批准此案提出討論、至英國政府係英俄海軍制告成後　始能將批准案提出下院討論云

法內閣舉行國務會議　外長報告不干涉西亂調整會工作

▲中央社巴黎電　法內閣頃在總統府舉行國務會議、當由外長台爾博斯報告現時外交局勢　並就倫敦西班牙內乱不干涉辦法調整委員會進行之工作、及該委員會為實施不干涉協定監察辦法、與各關係國談話情形　詳加說明。

美飛機十八架運往西班牙

▲中央社華盛頓電　美國務院昨曾發給出口許可證、准以飛機十八架　引擎四百十　架　運往西班牙　關於此事、代理國務卿末爾頃發表宣言稱、美國目前並無法律足以阻止此項飛機運往西班牙　殊可惋惜。▲中央社紐約電　羅總統廿九日在此間向報界宣稱、渠主張施行一種法治、須由美國總統有權、禁止運往軍火于受內乱禍害之國。

埃及擬於明年加入國聯

▲中央社倫敦電　埃及國擬於明年一月間國聯第十八屆大會開會時　加入為會員國

本縣新聞

縣黨部召開第六十三次黨政談話會

擴大慶祝新年交籌備會辦理 推人分赴蕭碭攷查土地陳報

縣黨部于本月二十六日上午十一時、在會議室召開第六十三次黨政談話會、出席李貞乾、翟大勛、黃體潤 李效禹、王純九、王開華、彭世亭・董玉珏、程裕齡、列席汪震・韓韶九、劉萬傑、趙寅純、李厚嘏、馮守信、張紹緒、主席李貞乾 紀錄高道昭、

報告事項

主席報告、一、第六十二次談話會議結果執行情形、二、民訓方面・甲、中華理教公會豐縣支會、已指導於十二月六日成立、乙、指導前民敎館國術訓練班人員組織武術救國會、丙、指導合作事業、因銀行放款問題頗受影響 擬最近召開合作指導委員會討論解決辦法、三、宣傳方面 甲、化裝宣傳隊已出發二區宣傳畢返部 乙、國民一日所得宣傳 已由化裝宣傳隊辦理 丙、奉令對西安事件之態度及言論 應愼重發表 四 蔣委員長已平安脫險、本年元旦擬舉行擴大慶祝 並擬演劇募捐援綏 五、合作指導委員張愈出缺、應另推人遞補 秘書報告、一、民政部份、甲、義勇壯丁隊組織辦法已轉發各區、前法嚴止、乙、專署校閱各縣保安隊公安警及壯丁訓練奉令暫緩 丙、壯丁隊緊急集合、尚能迅速敏捷、辦理保甲總復查、戊、新兵奉令在徐集合、本縣共徵三百零四名、已於二十四日如數集合城內開歡送大會、於昨晨赴徐、已理教公會已指令准予備案、庚、糧食調節辦法、業經轉飭所屬遵照、二、財政部份・甲、取消商捐、改收房捐、呈奉省廳照准、乙、二十五年度田賦、已開始徵收、丙、土地陳報經費、已由財廳批准、攷查費已經核准、三、公安部份、甲・防空支會已改組、乙・公安分駐所已成立、丙 清潔大掃除、已於十五日舉行、丁、十一月份傳案查驗已戒烟民、令各區遵限本月二十五日前呈報彙轉 戊、各區未戒烟民、已令遵照此次烟毒犯總復查辦法辦理・已 烟毒犯總復查準備時期、已令各區轉各鄉鎮保甲檢舉、並告各烟民自首、四 建設部份、甲・省倉庫正積極建造・乙 微湖涵洞 已奉令徵車運輸石料 丙 傅莊橋梁已由該鄉鄉長傅紹宗籌辦、丁 西支河東支河羅河苗城等河、已測竣 正計劃中 戊、舉行農產牧畜展覽會 五、其他部份、甲 已受軍訓公務員 須每月補習 次 乙 公務員婚喪等、不准浪費、丙 奉令出席九區冬防會議、丁、西安事變後、已分別布告、安定人心 戊 蔣委員長昨日出險返洛 民衆歡騰萬狀 空前未有、

討論事項

一、擬擴大慶祝新年案 結果 交新年籌備會辦理、二、本縣合作指導委員會委員張愈出缺、應另推人遞補案 結果 推劉主任萬傑、三 雜票收換處主任幹事程裕齡因事不克兼顧 應另行推人補充案、結果、推縣農會幹事長彭世亭 款產處主任劉萬傑爲幹事 商會主席趙寅純爲主任幹事 四、擬推定人員分赴蕭碭等縣攷查土地陳報情形案、結果 劉主任萬傑、李委員效禹、劉管理員坤 彭幹事世亭、夏區長愼言・董局長玉珏、餘由縣政府會同縣黨部斟酌聘定 五 擬於二十六日下午六時 在縣黨部大禮堂舉行聚餐慶祝蔣委員長出險案 結果、通過 閉會

各界捐款援綏消息

一區劉樓傅莊兩民校教員壯丁熱心愛國捐款慰勞前方將士

一區劉樓鄉民校校長高世敏一元 教員李誠修 元、

一區傅莊鄉民校校長王德明一元 教員孫裕淮一元

兩校第四期全體受訓壯丁共捐洋二元二角四分、

本社連前共代收捐款四十五元三角三分一厘

蔣委員長安抵首都 黨政各界馳電申賀

救國大計主持有人 吾輩努力秉承有自

蔣委員長安然抵京、喜信傳來、舉國歡騰、本縣縣黨部特馳電申賀 其原文如下：中央執行委員會常務委員會副主席蔣鈞鑒 頃聞鈞座脫險 安然抵京 從此救國大計 主持有人、吾輩努力有所秉承 不勝歡慰 謹電慶賀 並祝康泰 江蘇省豐縣縣黨部、縣政府 教育局、款產處 救濟院 各區區公所全體工作人員同叩儉、

縣政府整理合作社辦法

經建廳核准 將遵照施行

縣政府擬定整理合作社暫行辦法、呈奉建廳指令核准、茲將原辦法探誌如下：第一條、凡本縣合作社具有左列情事之一者、予以解散 一、攷結結果、經縣政府核定爲丁等以下者、二 曾向農民銀行及其他金融機關借款、經兩次以上之合法催收尙不清繳者、三、業務完全停頓者 第二條、凡本縣合作社雖未具前條所列情事 而業務辦理不善者、予以改組或改進 第三條、解散之手續、悉遵照部頒合作社法及其施行細則之規定辦理之 第四條 凡違犯第一條各項情事之一而解散之合作社、由縣政府於宣告解散時派員代爲辦理清算事務 第五條 縣政府對於因清算而確定之合作社對外債務除呈報建設廳備查外 於二日內以書面通知各債權人 前項債權人如屬第一條第二項所列各機關應即由各該機關於接到通知書後 呈請縣政府或自行規定限期責令清償、但此項期限自通知債務人之日起不得超過一個月、如逾限債務人仍不設法清償時、債權人得依法訴追 第六條 本辦法之有效期間暫定爲六個月、必要時由縣政府呈請建設廳核准、以命令延長之

新年到臨 各界熱烈慶祝

表演話劇今日開始 劇目已編訂

本縣各界以蔣委員長安然出險 又欣逢新年、鼓舞歡騰 異常熱烈 除演唱舊劇話劇以示慶祝外 並表演龍燈花船高蹺以助興 茲悉話劇爲四晚 所有戲目、均已次第編訂、茲探錄如左：

十二月三十一日

一、殺秋瑾（獨幕劇）——婦女會

二、抗爭（獨幕劇）——職業中學

三、查放足（三幕劇）——婦女會

四、父子兄弟 獨幕劇）——豐中

五、國術表演 ——實驗鄉

六、國破家亡（三幕劇）——書小

七、愛國英雄（ 幕劇）——豐中

一月一日

一、五三之夜 獨幕劇）——文小

二、瀋陽淚（獨幕劇）——職中

三、血和淚（三四幕）——女小

四、二姊妹 （獨幕劇）——婦女會

五、國術表演 ——國術救國會

六、俠女傭（獨幕劇）——實驗鄉小學

七、陰謀（獨幕劇）——豐中

九、代夫從軍 獨幕劇）——婦女會

一月二日

一、雙貲 縣黨部化裝宣傳隊

二、旅長的婚禮 獨幕）——同右

三、屠戶（三幕劇）——同右

四、武術 ——武術救國會

五、逃兵（獨幕劇）縣党部化裝宣傳隊

六、愛國血 獨幕劇）——實驗鄉

一月三日

一、歌舞劇 黎明幼稚園

二、嫩江橋畔（獨幕劇）縣黨部化裝宣傳隊

三、前倨後躬（獨幕劇）——同右

四、拿毒犯 （獨幕劇）——同右

五、武術 ——武術救國會

六、殺敵之孝（四幕劇）縣黨部化裝宣傳隊

鳳鳴塔

第二七八期

本刊內容，計有常論，詩歌，小說，戲劇，散文，書信，隨筆，介紹及批評等項。

一，本刊歡迎投稿，來稿文言白話均可。

二，來稿本社有修改權，不願者應先聲明。

四，未經登載之稿，除預先聲明者外，概不退還。

五，本刊編輯部設豐報社內。

漫談

創造中的青年中國

素英

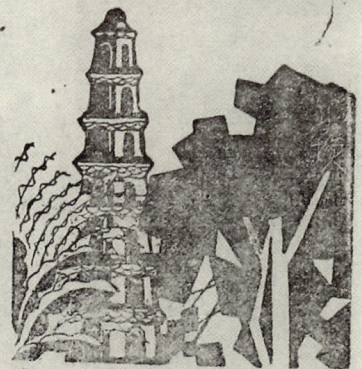

「青年中國」啊！這個偉大的新生命，這個理想的夢，是每個中國青年所熱烈追求的，是每個中華志士「所力求創造的。無論內憂外患：是如何危急，無論國際風雲是如何險惡，在民族生存鬥爭底大時代展開之中，我們青年鬥士一齊起上了時代的潮頭，發揚着生命的動力，把握住勝利的信心，準備着熱血和頭顱，奔赴那光明的前程！創造中的青年中國！

一個大時代的來到，一個國族集團新生命的開始，就是一種新的人生觀新的宇宙觀的發動。

把東方的民族奴隸從強權的鐵蹄下解放出來 是我們中華國族最偉大的歷史使命！為貫澈這偉大的歷史使命，中華青年要把握住創造「青年中國」的信與力，我們沒有悲觀，沒有煩悶，只有本着下列新青年生活的信條：

堅信中華國族超越一切！

堅信我是中華有為的青年！

抱定積極奮鬥的人生觀！

隨時隨地發揮見義勇為的精神！

日常生活力求勤信簡潔！

衝破這可恥的現狀，毀滅這醜惡的人生，使青年中國光榮地活躍在現代國族社會之林，使中國青年狂熱地猛進於理想人生之路。

「青年中國」，是青年理想的園地，是中國新生命的呼聲。愛護祖國的青年們，一齊起來，把血與淚灌溉這創造的青年中國！

翻譯

援助綏遠

—譯於中國呼聲—

Ky Ming作　岑譯

在九月五號．星期日下午兩點鐘的時候，五個女孩子走出了福州路的小店鋪。其中有兩個帶着用報紙包裹着的小紙細。假如一個人密切的觀察他們一下，那很明白，他們是要作某工作，那使得他們滿面帶着興奮到了一個大的，裝璜美麗的書鋪，他們走進去了！打開了紙細，露出來一冊帶圖的傳單。紀念一九一八。一，圖上描寫着日本步隊怎樣地在屠殺我們底人民，他們是怎樣大膽的侵入我們底領土太陽旗是怎樣地在我們祖國的空中飄揚　我們中國人是如何被日本陸軍的劍屠殺。另一張傳單上畫着日本和偽軍所取的侵入綏遠的道路

拿着那些惹人注意的圖畫和綏遠地圖在店裏的人們面前，一個女孩子開始說道：

「先生們！請你們看這地圖，并且回想過去幾天裏在報紙上發表的消息。你們一定看過日軍和偽軍如何地進攻陶林和綏東的其他區域。你們知道敵人在張北有個飛機場麼？你們知道敵人從張北運輸軍需品來接給前綫的步隊麼？看看這圖畫吧！你們能夠看到敵人正在加緊侵略我們底國土！

一你們一定已經知道：日本正在計劃綏東，作為侵略華北的第一步。他正在計劃侵入綏東 接着再侵入我們底西北 包圍河北和察哈爾，最後來吞食全部華北。我們還要知道，敵人從我們手裏奪取華北以後，他還要繼續侵入華中和華南。我們曾否在報章雜誌上看到．敵人正在領導着失意的軍閥和無知的人民，作所謂福建的自治運動？此外還有，牠曾企圖壓迫并摧毀成都人民底救亡運動，因為那裏的人民反對在那個城裏設立日本領事。…………—

書店裏擁滿了人。所有的眼睛都直對着演說者，她繼續着她熱誠的演說．

一此外還有，我們人民要自己起來參加作戰。現在綏東問題是一個嚴重的問題。對於中國，牠像是五年前「九一八」事變那樣的重要，那時候，我們底敵人武力霸佔了我們底東北。對於我們人民，牠是像那事變一樣的危險，那其間 我們無數的人民被屠殺了。因為牠是這樣地重要和危險，所以，我們要來援助傅作義將軍和牠底在遠東幹着抗敵戰爭的步隊。為了救我們自己和救我們底國家，我們必須做這件事，我們必須援助這些抗日軍隊，因此他們可以擴大他們的力量，加强他們的戰鬬力。我們相信你們了解了這件事比我們還要深刻，因為你們都是知識份子。所以我們請求你們現在來捐助幾個錢 給我們 抗日的英雄。」

募捐條遞給了人羣 有些人給十分，還有些給得更慷慨 有些人偷偷地離開這店鋪。

挨門挨戶訪問過了，一個店一個店的走過了，錢包變得愈滿愈滿了。女孩子感到了熱而且渴。但是，她們繼續她們的工作。

「雖然 只能給你們很少的錢，我願幫助你們到我親戚和工友那裡走一圈，告訴他們這件事情的一切。」—這些話是從一個青年的孩子發出的。是凡聽到這話的人，都受到了感動。

我也是一個學生。聽到了你們底講話以後，我非常害羞．因為我們在學校裏從沒有討論過這種事情，而且沒有興趣。從今天以後，我要在這些事情上給以大的注意。」一個穿着滿好的學生說。我們問了他的通信處 和他約定着發生關係。

這情景演變了全城。八百多人，都三五成羣的在散布抗敵的消息給他們的同胞。成千的人們加入了救國戰線。並且他們用角分銅板等來援助綏遠的戰士。

魏亞酒館上的鐘打着五點。太陽的光綫在投射着晚上的陰影，越過了街道。疲乏而且困頓，因整天忙碌而被灰塵污染了，但都因工作美滿的心情而歡欣，這五個女孩子在人羣消了，走上了回家的道路。

○　○　○

時代的警鐘響了，
我們要團結起來，衝上前去！
作一個挽轉危局的戰士！
謹此恭祝
鳳鳴塔投稿諸君年禧並祝努力！
雲章鞠躬

創作

又是一年（續）

鄉民

不多時，一陣陣的馬車聲，慢悠悠底由遠而近，停止在這小場邊了。從車廂內下來一個滿臉橫肉，身體很胖，嘴上留着八字鬍的人，擺着方子步高聲的說：「揚乾淨啦，今天起得不晚！」

「來啦，二老爺！」

們站起來 向前走了兩步，黃臉更顯得愁慘了。隨又說下去：「恐怕下了，揚好老大會啦！」

「翁！敬田拿斗來，」一爺的聲音低微而且柔和。

『是兩石不？』敬田把斗放在高粱堆的旁邊，仰臉望了望 爺，隨着也瞧「瞧

高粱：『兩石。』

他拿起斗來量高粱，汗珠便從黃色的，起縐的，愁苦的臉上流下來，滴到一顆顆的高粱粒上。

『娘我吃饃。』

正玩着高興的小玉，看見大文手裏拿着饃饃吃，也跑向正忙的母親面前，很活潑的說。

『表子兒，我腰裏帶着饃饃啦！滿心憤怒的婦人，發出毒辣的聲音，『只知道吃，一個錢的用也不中！』

正忙着的父親放下了斗，拍了拍手，溫和的說：『過會給你拿去，您娘不得閒。向家看您奶奶要茶不，乖孩子！』

『知道』小玉跳着跑了。

『敬田　高粱價錢現在怎樣啦？』被苦腦壓迫着婦人發出這微弱的聲音。

『現今十千多錢斗啦。』

她沒有再問　只狠丈夫不該賣的恁早，一升就吃了四百錢的虧。

『唉，今年的高粱眞旱壞了，一畝地不能合三斗：……』他滿帶汗水的臉上更加上一層苦痛。

『二老爺晚天再來量吧！』

『我拿錢買空，說啥不眞啥，眞混賬……』二老爺的臉發紅了聲音很高。

『二老爺晚天吧，事已這樣了，』敬田慢慢的望着二爺的臉說。

風刮的稍弱了點，細雨落了下來，二老爺上了車，長工打着馬很快的泣走！——是送到農民倉庫裏。

這時兩眼含着淚水的婦人，丟下了簸箕　半死似的站起來。她兩腿直直的立着，像一個木人。只呆呆地望着車的去向，直到她的視線看不見的時候，她才轉過身來。拭了拭眼，說了一句：

『又是一年』

（未）

救國之聲（續）

素閒

（二）莫忘了尊貴的使命，

大地，朔風怒號；
空中，雪花欲飄；
東北的民衆們！
宛如被射了的雙翼的孳雁，
垂死的哀鳴，血淚滔滔！

○　○　○

親愛的同胞，
無辜受罪！
錦秀的山河，
今已破碎！
在這惡魔殘殺的眼前，
本沒有生趣之意意與價值可尋，
只有向自己的仇戰敵抗、
就是死呀！死後也得心安！

○　○　○

僞國的匪首如生，
先烈的精靈不冥；
熱血未乾的朋支們呀！
莫忘「你們尊貴的使命！

訴懷

化一

穿她着一件破汚的衣衫，
——在一個熱鬧的街上泣訴。
恨罵人生的殘酷，
她跛脚而又瞎眼，
身兒終歲飢寒，
只是一聲一聲斷續的叫喊！
哀求良善者的可憐。

○　○

唉！面容悴憔不堪的朋友呀！
你不必悲嘆，
或者有許多人與你同病相憐！
你不必泣訴人類的凶殘
你也不要咀咒天神的心偏，
也無須痛駡世人的不行善，
因爲任你泣訴　咀咒，痛駡，也是枉然！
只有努力向前！
或者能找到了彼岸。

縣黨部化裝宣傳隊 工作雜記（續）

秋雲

第二劇爲「前倨後恭。」老隊員林君飾見地極淺俗而不堪曾瑞小官退休之富翁。因其內姪窮困無聊，寄居其家。受其鄙視時加白眼　但其內姪學識人格　均極高尚且交遊亦廣，確係一少年英俊。與其女亦相愛悅　富翁之前妻乃近視醫者對其女備極虐待。適富翁老心不死，仍欲再爲馮婦，竟以巨款付其內姪　記其代爲運動。其內姪乃約其女跳窗潛逃　不幸又爲路警所獲　富翁與其妻乃大肆咆哮　極盡侮辱之能事　此時適門外有人叩門　一僕開門　乃民政廳之　爲其內姪送委任狀者。蓋其內姪已榮任民廳祕書故也　富翁急扶其內姪起痛極恭維　且言其以前之錯誤　一其家人均向其內姪道喜。一時竟如衆星拱月。贊美恭頌　醜態盡露人情冷暖　世態淡涼　盡表無餘，而台下觀衆，竟有對此富翁，申申而詈者。由此亦見林君表演之成績也　飾其內姪者爲王作善君　口齒伶俐　態度激昂　確能表現出少年精神。飾富翁之妻者爲張寶光君。潑旱　凶很表現無餘　蓋君滑稽天才既高　此不過小試其技耳。馬君豔華飾富翁之女　表情做作確如眞者，蓋馬既富女性　又多演劇，天才宜　其表演如眞也　惜當時化裝　未甚注意：受過教育之女子　仍不剪髮，且穿帶亦似乎不像一上流女子　誠爲美中不足。昨晚拌唱戶邀得觀衆贊許之王君黎軒之貴劇　飾其女僕　其說話之鄙俗動作之蠢蠢　確係女僕身份　台下竟有議論王君不但爲生脚跳並，亦老旦中不可多得之角也。（未完）

編輯室的廣播電台

一，本刊在二十六年開始以後，要對內部設法改進。現在編輯室正計劃着，候社長或社務會議決定後，即可實現。

二，今天是本年的最後一天。本刊也正統計着過去的一切。此後能否　彙集各種性質作品　印發一豐報社叢書」尙不敢說定。但編輯室總是要在這條路上去努力！

三，雲章除在明天「慶祝新年特刊」上向本年度全體作者賀年以外，今天先敬祝大家　從明天起，更要加緊努力！

司法欄

◎縣政府司法批示◎

▲刑事告訴人李昌武，一件　爲圖財僞證，訴請傳案懲辦由　狀悉，仰候傳案訊奪此批，

▲民事具狀人宋齊佑，一件爲事已處息雙方了結懇求撤銷原訴以息紛爭由，狀悉　准予和解此批，

▲刑事告訴人秦克讓，一件　爲糾匪搶架，勢同强盜，已經呈訴未蒙拘案，再懇迅予飭拘訊究法辦由，狀悉，仰候庭期訊奪此批，

▲民事具狀人程林山，一件，爲補繳訟費由，狀悉，仰候續傳訊奪此批，

▲刑事具狀人趙興爲，一件　爲據情再陳乞懇　暫准賞保趙氏在外候判，以免久受羈累由，狀悉　仰候訊明，核辦所請暫毋庸議此批，

▲刑事告訴人侯敬希，一件，爲遵處罷訟，懇予撤訴銷案由，狀悉，准予撤回告訴此批

▲刑事聲請人張德成，一件　爲聲請撤回告訴由　狀悉，准予撤回告訴此批，

▲刑事告訴人李敎倫，一件　爲捏名盜撤措款不給，請求續訊究辦由　狀悉，候傳核奪此批

▲刑事告訴人王衍甲，一件　爲詐欺背信　請求提案法究由，狀悉　仰候傳案訊奪此批，

▲民事原告人孫世果一件，爲夫妻不能同居，請求判令離異由　狀悉，仰候通知答辯，傳案訊奪此批，

▲民事告訴人朱[illegible]　爲盜[illegible]賣　公中塋地，請求傳案判追由，狀悉　仰候，通知答辯，傳案訊奪，此批

▲民事原告人毛有德，一件，爲代種河地　霸不退還，訴請傳訊追判由　狀悉，仰候通知答辯，傳案訊奪，此批

本城糧價

名稱	每市石價目
小麥	最高十一元九角　最低十一元七角
大麥	最高五元七角　最低五元五角
黃豆	最高六元九角　最低六元七角
黑豆	最高六元五角　最低六元四角
菉豆	最高七元四角　最低七元三角
江豆	
高粱	最高五元九角　最低五元八角
穀子	最高五元　角　最低五元
稷子	最高五元七角　最低五元六角
芝蔴	最高十二元　最低十一元八角
青豆	最高六元八角　最低六元五角
花生	每百斤　最高六元二角　最低六元
瓜子	每百斤　最高十五元　最低十四元

氣象

天氣	風向	最高溫度	最低溫度
晴	東南風	卌八度	卅八度

豐報

第一二九五號

社址豐縣大同街

中會記中第二二內部登記證第二〇
宣登字一九號政部警字第二三號

中華郵政特准掛號認為新聞紙類

今日一張半　售洋一分四厘

本報價目

[illegible]

恭賀新禧

豐縣縣黨部全體仝人鞠躬

恭賀新禧

豐縣教育局全體仝人鞠躬

恭賀年禧

李貞乾　彭世亨　李效禹　董雪山　卜憲章

仝鞠躬

恭賀新禧

孫裕淮　高世敏　王德明　李誠修　秦養賢

同鞠躬

李志端啓事

鄙人之木質角質名章各一，形式正方，字體正楷，文曰：「李志端章」於二十五年十二月三十一日在華山會遺失，特此聲明作廢。

恭賀年禧

翟制大勛鞠躬

恭祝年禧

董玉珏鞠躬

恭賀新禧

王如壎鞠躬

恭賀新禧

豐縣協裕鹽局仝人鞠躬

恭賀新禧

豐縣公安第一分駐所全體官警鞠躬

恭賀年禧

豐縣縣政府公安科同人鞠躬

敬祝年釐

趙廣德鞠躬

恭賀新年

元泰興藥號同人鞠躬

敬祝年禧

萬隆公布莊仝人鞠躬

豐縣公安第一分駐所啓事

查本所早經奉令成立並從新製就符號領章業經編列號頭分發各長警佚佩用關於前縣政府及縣政府公安股先後所製發之符號領章一概作廢此啓。

本社啓事（一）

今日副刊暫停。改出新年特刊。

本社啓事（二）

本社爲慶祝新年，放假四日，二日至五日無報，六日起照常出版。敬希公鑒。

恭賀

年禧

本社全體同人鞠躬

鳳城旅社開張啓事

敬啓者敝旅社開設豐縣北門大街坐西朝東近將門窗改建闊大光線充足俾重衛生現已裝設完備以便行旅業於國歷十二月廿八日從事開張惟恐各界不知特此登報聲明

主人閻憲璧謹啓

特載

中國國民黨江蘇省豐縣縣黨部爲慶祝中華民國成立廿六年紀念告同胞書

各界同胞們：

今日爲中華民國成立二十六年紀念日，回憶當民國紀元前一年十月十日，本黨同志，首義武昌，推翻滿清，十二月二十九日，各省代表，會集南京，選舉本黨總理爲臨時大總統，總理於翊年元旦就職，定國號爲中華民國，改元爲中華民國元年，用以紀念專制政治之消除，與中華民族新生命之開始，時光如流，二十六年之元旦，又復到臨，吾人際此光榮燦爛之紀念日，於歡欣慶祝之餘應有以下之認識。

一，建設中華民國之唯一使命，在顛覆滿清，實現國內諸民族之自由平等，再進而集中國力，以取得我民族在國際上之自由平等，顧以强鄰肆虐，國勢阽危，主權備受侵凌，獨立且將不保，吾人值此國難嚴重時期，紀念民國成立，除應對建立民國之國父本黨總理，及諸先烈，作最崇敬之表示外，尤應堅信總理之主義政策，奉行總理之革命方略，效法先烈犧牲奮鬥之精神，團結民衆禦侮救國之力量，以與危害我國家主權之强敵相搏戰，則國家危難，自能解除，而總理及諸先烈之遺志，亦可計日完成。

二，赤匪爲流寇團集，以烏合之衆，竄擾各地，刼掠焚殺，無所不爲，近復與蒙偽匪寇，遙相呼應，在異族掩護之下，蹂躪我綏察陝甘各省，故中央認爲勦匪除奸，實爲中國目前之主要工作，內寇不靖，決不能抗禦外侮，此理甚爲顯明，在此內憂外患交相煎迫之際，凡吾同胞，尤應竭誠擁護中央安內攘外之政策，協助政府，肅清漢奸，消滅殘匪，以完成禦侮救國之偉大使命。

三，自九一八後，敵人之氣燄益張，對我侵略，較前更劇，近復促使蒙偽匪軍，犯我綏北，直欲亡我國家，滅我民族而後已，幸前方將士，激於義憤，誓保國土，與敵苦鬥於冰天雪地之中，一挫於大廟，再挫於百靈，使偽匪鼠竄，不敢南窺，皆我守土將士忠勇奮發之所致，吾人於欽佩之餘，應實行一日所得運動，予前方將士以精神上物質上之援助，而盡我國民禦侮救國之最低責任。

以上三點吾人除加以深切認識外，尤應凜天下興亡，匹夫有責之義，精誠團結，共赴國難，在中央領導之下，一致努力於救亡圖存之工作，庶可挽回危運，復興國家，方不負今日紀念之意義。

中外要聞

首都各界熱烈慶祝新年

中央國府合併舉行中華民國成立紀念

各機關學校商店住戶均一律懸旗誌慶

▲中央社南京三十一日電　明日爲中華民國廿六年元旦、中央各機關均定明日舉行熱烈慶祝、放假三日、以資同樂、各機關門首及通衢大街、一律紮彩樓、懸慶祝元旦紅燈、全城輝煌、中央國府定明日上午八時在總理陵園合併舉行中華民國成立紀念及元旦慶祝、各中委、各院部長官、及文官簡任以上、武官上校以上人員、均一律參加　通知書業於今晨分由中央國府發出　並已由昨日中常會推定于委員右任主席並報告　同時並舉行謁陵禮、陵園管理委員會今日已開始佈置陵墓門首及場中均懸掛黨國旗　國府以下各院部會、均定明日上午九時至十一時分別舉行紀念會、由各院部會長官分別作歲首獻詞　會後並舉行團拜禮、中午聚餐　立法院鐵道部均有各該部同人舉行之同樂會、舉行團拜時、均將鳴爆竹以資慶賀　本京各機關學校商店住戶明晨一律懸旗　各界定上午九時在市黨部舉行中華民國成立廿六週年紀念大會　晚間舉行提燈大會。

中宣部發表廿六年元旦告全國同志同胞書

▲中央社南京三十　日電　中央宣傳部發表廿六年元旦告全國同志同胞書、原文如下　今日爲民國成立廿六年紀念之晨、又適逢本黨領袖蔣委員長蒙難回京之際　此數日間、吾國人歡欣慶祝之熱誠　與各地謳歌之盛況、實爲史乘中所僅見、自茲以後、吾艱辛締造之中華民國、不啻變外餘生　重見天日、置茲歲首　此期可慶　故有超越尋常者、今年元旦除依法慶祝外　乃別有盛大祈新之意[illegible]存焉　回憶過去一年之間、國步艱危、迄無寧日、殘歲將終之際、乃復有西安之變、幸賴輿論激昂、更以吾領袖人格與精神之感召　及武裝同志忠勇效命、未及半月、而大難敉平　黨國領袖蔣委員長於全國愛戴與世界仰望聲中、安然返旆、卽首亂者、亦深表悔恨之誠　願束身待罪、是則吾國人之鼓舞欣騰以慶此　年一度之元旦　乃客歲十二月十二日之變　實爲吾國五千年歷史絕續之所關、亦爲中華民國存亡之轉機、與吾民族人格高下之分野、蔣委員長所發表之[illegible]中已概括言之矣、由此次事變之經過、實足以證明吾國家之統一基礎確已穩固、全民族之集體力量、確已形成、而吾全國同胞、對於國事之關懷、及對於本黨領袖之擁戴、業已爲世界所共認、尤以吾領袖仁勇偉大之人格與蒙難時堅貞鎮定之精神、及其十餘年來

公忠謀國之苦心、亦因此而昭然顯示天下、則本黨革命數十年所借以冒萬險、排萬難者、亦莫非由此種一貫之精神、方有今日、舉凡革命過程中之一切險阻與艱難、咸不足以動搖本黨百折不回之信念、與吾領袖苦心締造之偉業、雖有反側之徒、亦卒不能不屈服於本黨主義、領袖人格及全國輿情之裁判、而吾領袖精誠所至、雖赤匪猖獗、亦所不能阻止、强敵之逼迫、所不能威脅漢奸之詭計、所不能實施、業於此更得一堅固確實之證明、吾人深信國內之隱患、從此將消滅於無形、一切搖惑人心者、亦將不攻自破、本黨正義與民族意識、在互相融會之下、一切異動 咸無僥倖成功之理、尤可以此次事變證之、吾人更信國家民族之最大難關、已安然渡過、新中國之復興建設、已可順利進行、吾民族之自信力業已益加堅强而深刻化、當茲盛節、吾人緬懷既往、瞻念來茲、僅將吾人共同努力之途徑略述如次、借以勸吾同志及與全國同胞相期共勉也、今後本黨之工作、兼途邁進、在積極方面、必將團集內力、以鞏固統一之基礎、整飭紀綱、以樹立法治楷模、培養國力、以從事復興之準備、一言以蔽之、即「自力更生」是也 去歲元旦蔣委員長曾以自救救國之道、昭告于國人曰、「只要全國國民都能堅定民族之自信力、眞正自立自强、則我們國家一定可以復興、」一年以還、中央之對內措施、莫不以上述爲準繩、亦爲國人所共同認識、至其所以由此道一方面當繼續厲行新生活運動、使吾國固有之道德精神實施於日常生活衣食住行之中、以確立整個民族之人格、而創造國民之新生命、一面當努力推行民國經濟建設、以發揮國民創造勞動之能力 增加國民生活之資源、而改善國民經濟生活、並完成國家物質建設、上述兩端、前者重在精神、後者重在物質、兩者相互而行、不可偏廢、果能雙方並進、自强不息、則國家力量充實 民族復興計日可待矣、次在消極方面、最重要之任務、即在加緊致力於除奸工作、以消除國內乱源、關於此意、本黨前一再愷切爲國人告矣、今日中國之不能容赤匪之存在、乃爲舉世公認之鐵則、至漢奸之認賊作父 爲虎作倀、亦當在清除之列 不待繁言而解、故必剷絕其根基、以齊一全國禦侮救國步驟、綜合言之、今日救國圖存之道、乃在以全民族之集體力量、對內鞏固國家之統一、對外求國家之生存與自由平等而矣、際玆匪叛剝復之會 凡我國民實當深自惕勵而不能須臾自安者也、誠能竭我四萬萬人之聰明才力一致努力於救亡圖存之偉大使命、則今後之所成就必能超越任何國家、任何民族之上、是則爲轉危爲安轉弱爲强之會、所不能不加以深刻認識者也、方今邊患方殷、殘匪未清、時艱滿目、尙非國民盡情歡呼之時、所望至今以後、舉國上下、集中力量、齊一步驟、取上述諸途而共進、庶使吾國成一光明燦爛之現代國家、吾民養成愉快活潑之性、是不但爲人民之福、亦黨國之幸也。

德大使陶德曼代表該國政府
贈戴院長世運一等勳章

▲中央社南京三十日電 德國大使陶德曼博士、代表德國政府贈於攷試院院長戴傳賢世運會一等勳章 以謝其於一九三六年大會中之辛勞 此外丁文淵張百芬所得該會二等勳章 丁張曾陪同戴院長赴德 受勳禮今日在考試院舉行、戴院長除申述謝忱外、並指陳中國參加世運會之重大意義 繼稱本人親謁德元首希特勒總理、殊使本人對新德國更深一層之認識矣

公務員範圍及
所得稅額計算法說明
蘇省黨部轉令各縣知照

▲江蘇社 蘇省黨部通令各縣縣党部云、案奉中央執行委員會秘書處務字第一九三七號公函內開、案准財政部所得稅事務處函開、查公務人員薪給報酬之所得稅、業已起徵 惟此項稅率 以及累進計算方法、比之以前中央黨部徵收之所得捐、均有變更之處 其關於稅額之計算 前經財政部印製第二類每月所得納稅額計算表及征收須知 分別送發、茲經製定公務人員之範圍、及其薪給報酬所得額計算方法說明、俾扣繳機關易於明瞭 除分別函送外、相應檢同公務人員之範圍及其薪給報酬所得稅額計算方法說明一份、送貴處請煩查照 並印發各級黨部知照、等由、准此、自應照辦、茲特檢附上項所得稅額計算方法說明一份、即請查照爲荷、等因、附所得稅額計算方法說明一份、奉此、除分令外、合行印發原說明一份 令仰各該縣黨部知照、此令云、附所得稅計算方法說明原文如下、一、公務人員之範圍如下、（一）各級黨部及其所屬各機關之委員職員、（二）中央及地方政府及其所屬機關之職員、（三）國立及省市縣立學校之職員教員、（四）官營事業之職員、（五）地方自治機關之人員、（六）其他依法令從事公務之人員、二、前項所列各機關之夫役工人、非公務人員、應屬於其他從事各業者之範圍、三、公務人員薪給報酬以月計者、其所得者不足一月時、應就其所得之實數按原支額所納之數折算課繳、例如其職員月薪定額四百元、於半個月時離職、實入二百元 應按實支二百元之額照月支四百元所納稅額九元六角折算、課稅四元八角、四、各機關未能按月發給薪者 依下列方法課稅、（一）折扣發薪者先就已發實額之稅率計算課稅 五、補發時再與已發部分合併計算補繳稅款、例如某職員月薪三百元 先發六成一百八十元 暫照先發部份之稅率計算課稅二元二角、至補發四成時、再與已發部份、合併計算、即照三百元之稅率每月課稅五元六角 除已繳二元二角外、每月應補繳三元四角、（二）以借支方式代替發薪者 應就其各該月所借之實額照前款之計算、及補納方法辦理、五、薪給報酬所得、以年計者、以一年所得之總額用一年之月數除之、其所得之數即爲每月之平均數、例如某職員年俸一千二百元、用十二除之、每月平均一百元 課稅用六角、十二個月與應課稅七元一角、於支付時一併扣繳、六、所得有定期者、（薪給報酬以季或以半年計算者或定期之給予金均屬之）以該期間內之月數與所得之金額照前項方法平均計算之、七、薪給報酬所得同時有以月計者及以年計者、或有定期之所得在二種以上時、應合併平均計算之、例如某職員月薪三百元、按月繳納所得稅三元六角、至年終又支領年獎金一千二百元、應就此項年獎金額用十二之數除之、其所得之每月平均數爲一百元、再與每月月薪三百元之數相加、則該職員每月平均所得爲四百元 應按月課稅九元六角、除按月已扣繳稅額五元六角外、每月尚須補納四元、全年應補稅額合共計四十八元 應於支付此項獎金時補繳之（在該年內每月月薪、如有增減時、應比照上述計算方法補稅）八、凡遇有第三項至第七項情事者扣繳機關於報告時、應在扣繳清單內分別載明云、（廿九日）

英[illegible]干涉西內亂之建議
意將與以原則上之贊同

▲中央社羅馬電 聞意國對於英法不干涉西班牙內戰之建議、其復文將與以原則上之贊同、並確切保證凡表同情於馬德里政府之國家尤其爲法俄兩國、維持不干涉協定、該復文於一二日內即可發出。

蘇俄無條件贊同
英法禁止義勇軍開往西班牙

▲中央社莫思科電 蘇俄外長李維諾夫、三十日答復英法牒文、申明蘇聯願無條件贊同英法禁止義勇隊開往西班牙之建議。

本縣新聞

縣黨部召開
民國成立廿六年紀念大會
參加民衆五千餘人
肩摩踵接異常熱烈
李常委報告紀念意義

今日爲中華民國成立二十六年紀念日、各界以欣逢歲首、特懸燈結彩、並表演各種遊藝、以示慶祝、自除夕日起、各大街上、人山人海、異常熱鬧 縣黨部特於今日上午十時、在前民衆教育館召開紀念大議 共到各機關團體學校及民衆五千餘人、肩摩踵接院爲之滿、由縣黨部常務委員李貞乾主席、領導行禮如儀後、並作報告、次有縣政府秘書翟大勛 公園主任李乃正、相繼演說、至十二時呼口號散會、茲將大會秩序及其講詞 分別誌之如次、

會場佈置

大會門首高搭彩門、係用翠柏編紮而成、綴以紅綠之彩球、隨風飄動、五色繽紛、門之橫額、大書普天同慶四字、金碧輝煌、極爲壯觀、會場在戲樓上、懸掛總理遺像、並交叉黨國旗、台之左右、排列各機關團體學校代表席次、布置極爲整潔、

大會程序

一、開會、二、全體肅立、三、奏樂、四、鳴炮、五、唱黨歌、六、向黨國旗及總理遺像行三鞠躬禮、七、主席恭讀總理遺囑、八、默念三分鐘、九、主席報告、十演說、十一呼口號、十二散會、

李常委報告

略謂、今天是中華民國成立二十六年元旦日、各界在此開會、熱烈慶祝、兄弟有一段話、向諸位報告、在過去二十餘年、可說是兵連禍接、擾攘不安、而在最近一年中、以全國上下之共同努力、竟造成統一之局面、如政治文化、均有相當進展、即國際地位、亦較前提高、此為吾人共同承認之事實、現在有值得吾人慶祝者、約有三點、一、西南與中央、意見分歧、形成隔陔、在過去一年中．以中央之開誠相見、打破一切、卒歸統一、此實為過去未有之現象、二、內政財政、均上軌道、尤其在財政方面、政府實行法幣政策 減少外滙損失、而在經濟上、金融上、已走上好的道路、三、全國民衆、已認識領袖之重要、而能擁護領袖、贊助領袖、共同致力於復興民族之工作、此種觀念、實為向來所未有、吾人于慶祝之餘、尤須注意本位向上、所謂本位向上、即為學生的、要致力學問 儲為國用、為農人的、要勤於耕作、自足自給、為工人的要精心製造、為商人的、要貿移有無、同時須不買私貨、並推銷國貨、而公務員軍警、要盡忠職守、以期報效國家云云、

翟秘書演說

約分三點、一、中國在過去一年中、無論在軍事上、外交上、已獲得相當勝利、此吾人慶祝元旦 所以熱烈興奮愉快者一也、中國于過去一年中、而能完成和平統一之國家、再進而達到民族之自由平等、此吾人于慶祝元旦所以熱烈興奮愉快者二也、三、中國民衆、對於領袖、已能認識並有同情之擁護、此吾人慶祝元旦、所以熱烈興奮愉快者三也 兄弟謹以至誠、恭祝民富國强．在我們的領袖蔣委員長指揮之下、收復失地云云、

李主任講詞

略謂、據預言家推測、一九三六年、適當民國二十五年、為第二次世界大戰爆發之年、此種恐怖年頭、已安穩度過、、現當中華民國二十六年及西歷一九三七年開始的時候、而各大强國、對于鬥爭、仍在盤馬彎弓中、瞻念前途 尤堪危懼、吾人應精誠團結．衆志成城 方能應付來 之大難、再本年為煙毒死神已至之年、希望大家猛醒、勿蹈極形云云。

縣政府召開第七十四次政務會議

建築縣積谷倉 以備荒恤貧 規定買賣牛馬行用及會址租金

縣政府於十二月二十九日上午十時、在會議室召開第七十四次政務會議、出席董玉珏、劉萬傑、劉棟、王開華、翟大助、黃體潤、程裕齡、列席李厚嘏 汪震．馮守信、張紹緒、韓韶九．主席翟大助、紀錄張念霧 報告事項略 討論事項、一、擬請在舊體育場建築縣積谷倉、以備荒恤貧案、決議、由縣政府第一科草擬計劃 呈候核示、二、擬請重行規定買賣牛馬行佣及會址租金案、決議 (一)買賣牛馬 以自由交易為原則、如經經紀居間成交、准取售價百分之 之報酬費、(二)會址租金、每頭售價在五十元以上者、准收租金一角、不足五十元者一角、(三)會址租金、以所在地鄉鎮公所收取、(四)會址如係公地、租金概充各該鄉鎮事業費、會址如係佔用私人土地、而礙及收益者、酌給地主租金 但最多不得過二分之一、(五)各鄉鎮公所所收租金 非呈請各該管區公所核准、轉呈縣政府備案後．不得動用、(六)嗣後新會非經呈由區公所轉呈縣政府核准備案後．不得成立、(七)城廂仍照舊例辦理、(八)如有巧立名目、違法索取情事、依法嚴辦、三、加聘趙寅純梁惠榮為修塔委員會委員案、決議、通過、閉會、

黨政各機關 今晨在縣府中山堂舉行團拜禮

參加者二百人 儀式極為隆重

今日為元旦日、党政各界 均懸旗掛燈結彩、以示慶祝、縣黨部特定于今晨八時、在縣府中山堂、舉行團拜禮、計到各機關團體軍警二百餘人 東西相向立、事前由縣府預備萬頭鞭炮一盤 旋即燃放、劈拍作響、聲震屋瓦 繼而軍樂齊奏 黨政主管人員代行秘書翟大助 常務委員李貞乾、于軍樂攸揚中 相偕就位 參加人員、向之行三鞠躬、翟李兩長官、笑容滿面、鞠躬答禮、最後各機關工作人員、互行一鞠躬禮 即奏樂禮成、

第五區新村集市籌備委員會召開成立大會

決議新村集市定元旦日舉行 並演舊劇四天慶祝新村落成

第五區新村集市籌備委員會、於十二月二十九日上午十二時 在區公所會議室、舉行成立大會、出席者五十五人、主席董玉樹、紀錄王永科 報告事項、一、新村集市創辦原因、二、創辦新村的計劃．三、新村建築的情形、討論事項、一、主席交議．新村集市、應在何時開始．請公決案．決議、新村集市在二十六年一月一日開始．二、主席交議 新村落成、是否應演唱舊劇 以資慶祝、請公決議 決議 演舊劇四天 以資慶祝．並推舉籌備委員王軍三、、劉伯田、王志行．董玉杯、劉子山、祝外阜、許紹祖、呂振環等負責籌辦、三、新村新起冬會日期、應如何確定案、決議、自國歷二十六年一月起、至三月止、每逢月之初九、十九、二十九、在一個月中間、共成大會三次、至下午二時閉會、

各界捐款援綏消息

吳莊初小：四年級生魏訓典五分、劉德煒五分二厘、吳敦俠五分八厘、魏訓義五分二厘、吳廷敏三分、五年級生魏訓謨五分、吳廣杭二分八厘、吳敦宣二分四厘、魏懿體三分二厘、吳敦杜二分、溫不勛二分 吳廷美一分、劉德超四分、吳貞闌二分 吳梓闌二分、吳敦式四厘、二年級生魏承霖二分二厘、吳旺二分四釐、溫丕昌一分二釐、溫丕基四分、吳秀闌一分二厘．魏懿貞四分、吳敦明三分、吳敦平一分二厘 溫祖傑一分三厘、魏崇禮四厘、魏承雲四厘、吳德得四厘、一年級生吳廣淮二分、魏懿文一分、魏懿粹一分、魏懿武二分、吳廣森二分、吳敦佑二分 吳廷亞六厘、吳沛闌六厘、吳香闌六厘 吳廷非一分、吳廷澳六厘 吳敦淑四厘 吳劍華二分、吳敦茂一分四厘 劉德秀四厘、吳敦寬四厘 吳敦儉四厘、吳敦遵四厘 吳芸香四厘、校董吳玉峨、校長吳毓巔五角、公民吳廣信捐洋四分六厘 以上共洋一元七角、

孫莊初小、四年級生宋志明一角、孫桂香一角、李梅芝一角、黃茂增一角 羅德運四分、李淑琴四分二厘 董立乾四分、張汝棟四分、李美祥四分 魏蘭香六分、揭日義六分 高道乾二分四厘 高道濟一分二厘 杜登雲二分、張步功一角、三年級生馮象才六分六利．劉傳玉四分、揭蕭馨二分、宋繼英二分、周文彩一分二厘、二年級生張爾璜四分、賀本德一分、李道光二分、李宗愛一角、李宗太三分、宋繼增四分、劉德著二分、紀賦良四分、宋能儉四分、宋繼全四分、馮景漢四分、李宗彬一分、李復光一分二厘 馮象升一分 一年級生、孫桂芬四分、張爾璉二分、馮景先一分 揭瑞闌二分 揭曰箴二分、劉永興一分二厘、李璽光一分 董立嵩一分 董立身一分、陳繩懲一角、以上共洋一元七角五分、

李寨中心小學經募李子精劉鳳彩等洋二元零四分

程集私塾學生：程守福一角六分四釐 程豐年五分六厘 程守義四分六厘、程美箴四分、程守鐸四分，程福篇二分、程守華二分，程守勤二分．程守敏四分、程志敏四分，程方箴一分六厘、程守坤二分四厘、王懷俊二分四厘，程為箴二分、李倘平二分．程厚箴一分、程從箴二分、程良箴二分 程箴峯二分 程秀箴二分、程箴連一分、程守德二分、程箴祥一分八厘，王振環一分八厘，王化民一分六厘、程怡箴一分六厘、程興箴一分六厘、程玉環一分六厘、程守光一分四厘、房敬友一分二厘、房體松、八厘、程守傑八厘、程守身八厘 程友箴八釐、渠敬賓八厘、程叩箴一分 程言道一分．程言告八厘、程玉箴八厘、程言明八厘 渠敬春八釐、塾師王繼周一角八分二釐 塾東程德昌一角八分、程守則一角八分．塾東程守寬二角 共合大洋壹元柒角整、

本社連前共代收捐款五十二元五角二分二厘

中華民國廿六年元旦特刊

民國二十六年元旦獻辭

雲章

今天是民國二十六年開始的第一天，全國的民衆，都在熱烈的慶祝着！尤其是在我們的領袖蔣委員長在西安脫險以後，更覺歡欣鼓舞得利害！這是國家民族，新生命的開始，我們要如何的來慶祝，和努力啊！

現在回溯過去的一年，有許多事情，值得我們憤慨，也有許多事情，值得我們悲哀！更有許多事情，值得我們慶幸！固然國家民族的千瘡白孔，破碎支離，使我們無時無刻都在恐怖中爭紮奮鬥；而外侮的加緊侵來，適足以促使全國更要團結。內乱的迭起，也適足以與全國軍人以重大的刺激，促其覺悟！所以綏遠戰爭，我軍迭獲勝利，兩廣及西安事變，都能翻然改過，擁護中央，使我國成了一個眞正統一的國家。

本來在世界國際風雲複雜緊張的今日，有許多政治家都在危懼着一九三六年的世界大火拚。可是現在一九三六年，竟無聲無色的過去了。血的顏色除了渲染了阿比西尼亞，西班牙，和我國的綏遠，可是尚不是如預言家所危懼的那樣利害。現在一九三七年開始了！也或者所危懼的不幸事件，能在今年發生，可是我們現在統一了！我們現在能已全力準備了！在這鬥爭的世界上，我們也可以應付一下，至于存亡的判定，全在全國朝野上下的努力！

過去的一切是過去了！用不着再憤慨，悲哀，和慶幸，將來的新命生活開始了，我們要團結！要努力！要在唯一領袖指揮之下，向着光明的，偉大的，新的道路上邁進！使我們的國家民族，轉危爲安！

全國的同胞們！努力吧！

國難聲中的新年

素閒

提起了新年，大家便有許多不同的情緒，天眞的小孩子，他們單純的腦中，老早的幻想着新年的禮物；什麼漂亮的新衣啦，什麼可口的食物啦，爸爸媽媽以及親朋要給的什麼壓歲錢啦……充滿了喜悅的心情，時時在轆轆的跳動，盼望着元旦早日降臨。成年人，有的憂慮着時光的匆促，有的感傷着國事，有的…………總之，在這時會有許多問題齊上心頭的。

今年元旦恰逢着張逆叛變——刼持統率，破壞統一——凡是稍有血氣的，稍有知識的，自然格外要憤慨，要憂懑，要痛哭流涕，但，祇顧憂懑，祇顧痛哭流涕，是絕對沒有用的，總得大家一致努力，從悽風苦雨中，尋出一條救亡的路來才是，好在，我蔣委員長已安然出險，多謂經此事變，更可增加人民愛國的熱忱，更可堅固國家的組織，民族更有復興的希望，那末，這樣看來，我們今年的元旦，更有慶賀的價值了。

我們也不要祇顧眼前的快樂，忘却應做的工作，在這全年開始的一天，我們要有一個計劃，對個人應當怎樣去謀事業的發展，對國家民族應當怎樣的去雪恥報仇，有了週詳的計劃以後，就要脚踏實地的去幹！學生埋頭讀書，於學術有所發明，即是救國。農夫埋頭努力於南畝，以開拓地利，即是救國。工人埋頭製造，於抵制日貨聲中，取其位而代之，即是救國。商民埋頭商業，實行商戰競爭，即是救國。大家以積累的辛勤，助成公共的幸福，整個的國家有希望，個人才有辦法，否則，亡國即在眼前，豈容我們再作夢想的歡笑！

送走了一九三六

[illegible]晚生

捏着一把汗，送走了一九三六，握緊老拳頭，迎來了一九三七。

記得，去年的這時，人們：都膽怯怯地來迎接一九三六。原因，是害怕着一九三六的第二次世界大火拚。尤其是我國，只到咱自己；局勢是支離破碎得不堪，國防又是那樣弱得可憐。每個人，都捏了一把汗，在昏迷中幻想到毀滅，毀滅。

然而，一九三六終於閉幕了。

一日復一日。

日曆紙，張張地少下去，人們也覺得在眼巴巴地往戰場裏跑。

直至日曆還有一張薄紙在牆上飄動的時候，人們，才長長地；長長地吁了口氣，肚子裡轉鬆了些兒。暗自慶幸沒有眞的毀滅在這個怪嚇人的年頭裏面。

朋友回首這一年。

散沙變成了金綱柱，睡獅也正在睜起了惺忪的巨眼。西南赤誠的擁護了中央，西北勇于改過的轉回了主張。嚴寒的北方，英勇的傅將軍，敵住了驚濤駭浪。

喂！朋友，這些都是絕佳的現象。

一九三六逝去了。跟着，又跑來了一九三七。

一九三七，這個，是中國每一個公民都該注意的。

在這一年，全國的人，都要握緊拳頭，準備着跟敵人撕殺。

在這一年，衛國的軍人，都要振起勇氣，跳出戰壕，衝向前去，衝向前去。直撲入敵人的隊裏，將他們的肚皮挑破，把他們的頭顱削飛。

總之，咱們不要膽怯，只要振起精神，堅決的苦幹下去，定會有光明的出路的。咱們大衆，得這樣的堅信着。好！不是害怕的時候了。咱們大衆聯合戰線，同往敵人殺去吧！

朋友！你記着，一九三七說不定也是個血肉橫飛的年頭，但是，咱們，要將自己的熱血和頭顱，來換回祖國的危運。

這點，是每一個公民，都該立下的志願。

閒話年關

克林

「年關到了」在每人腦海中，都存着這樣的一個念頭。這個當兒，正好是大家結算一年總賬的時候，同時每個人都在檢尋着補拙刷新的道路，重整鑼鼓的去闢劈他們需要的園地，完成他們應盡的天責。一切新興事業及生存的道路都在這個新年佳節立定了方針，去完成。

的確，今年的年節特別使人高興，我相信凡在青天白日滿地紅的旗幟下的中國人，都要痛快的過一下，並不是「一年關」可賀可喜，而是事業的成功及進步使人興高采烈，全國的統一，和綏北的戰事的勝利，已使民氣從懼外而抗外，西安的事變，有人說：「是中國的試金石」，這語果然不錯。委座雖被留西安，舉國上下開乱不變，仍本中央一貫主張明令討逆，全國將領及人民無不憤慨，現在委座安然返京，滔天大事，旋告無事，足見中國國魂日益健康，文明程度越顯高超，中國的復興無疑的是有了相當的基礎，民族愛國的熱忱已很濃的充滿了全國。

我們要在這二十五年的終了，二十六年的開始的這一天，挖上一個大的坑，將惡習慣及漢奸，叛逆，總之將一切有形無形的有害國家的禍苗，都埋在這地吧？別

（接第六版）

讓牠再橫行殃民的禍國了。在每個人至少也得將自己全身尋思一下，把一切的劣點給予一個快性的一刀兩斷，將這些都擲到二十五年吧，千萬莫讓牠再到二十六年去鬼混。

○　○　○

時代的警鐘響了，我們要團結起來，衝上前去！作一個挽轉危局的戰士！

謹此恭祝

鳳鳴塔投稿諸君年禧並祝努力！

雲章鞠躬

又是一年

華容

月份牌上的紙漸漸薄了，經驗告訴我，這一年又將終了，並且未來的一年，又將開始！

倦得很，每到新年到來，有人要分發賀年片，商店要結束賬目，新聞紙要出特刊，每人的年齡，加多了一歲，闌闌上貼上了對聯，大家高呼着歡欣的度過這一天！

在這古老的國度裡，幾乎每年都是空空過去，從民國成立了，現在已是二十有五年，在這二十五年終了以後，我們開始預算二十六年度的工作，並且要把以前二十五年的舊賬，來一個總決算！

從民國元年的元旦起，中華民國正式的誕生了，他代替了腐敗的滿清帝國。這是一個新紀元，由帝制而改爲民主，由落伍而趕上潮流，我們總以爲這樣總可以安安生生的在世界上生存着，並且可以永永遠遠的綿延下去！

誰知國運的興衰，絕不由於人們的理想，還當嬰兒來到塵世以後，扶持他的人，並沒有將他領入正軌，甚至於一步步走入了荊棘叢生的歧途！逼近了一杯黃土的墳墓，中華民國的分崩離析，這一齣醜劇，便在東亞的舞台上開演！

扮演主角的袁世凱，來了一套洪憲稱帝，接着張勳擁護溥儀復辟，直皖分裂，奉直戰爭，江浙內鬨，以及張作霖提兵入關，孫傳芳號召五省，一一露天公演了一　民十五我蔣委員長出師韶關，北伐開始，沒有多長時間，便將統一的局面告成，而且開始了新政治的建設，新中國的鞏固。

二十年九一八事變，接二連三的失去了東北四省。二十一年淞滬之戰，長城之戰，國家的命運便又一天天的黯淡下去。

外侮的欺淩，反足以助長國家的進步，試看現在中國已眞正的統一了，向來稱雄南鄉的兩廣，也直接的受中央的統轄，綏北破敵，克復百靈廟，誰不說新中國的火燄已

新中國的國運又將興隆！

經點燃

十二月十二日，西安燃放了巨雷，張學良將我們的領袖蔣委員長軟禁西安，這是烏雲遮住了晴空，所幸中央毅然決然，明令褫職討伐，蔣委員長終於在二十五日萬衆歡呼聲中出險了。

中國國運，在興盛着，已不能再遭意外的摧殘，我們在廿五年長的驚濤駭浪中，已安然的度過了，現在行將到達彼岸了，同胞們該振起精神向前了！

二十六年的預算，自己先要加以估計，自己的才力，能替國家做些什麼？各在本位上努力活動，不要務虛榮，不要求裝璜，只求實質，求內容　充分的表現出各個人的能力，便是復興中國的基礎工作了！

萬象更新又是一年春，我們該有一番計算了，糊糊塗塗的生活，在今日不能綿延下去了！

（新）（年）

素問

這是廿六年的元旦，
還是破除舊歲的起點。
苦鬪的人間！
變成了憂美的樂園、
好景易逝
國難仍在眼前！
倭鬼既將我東北鯨吞
張逆又在西安叛變；
河山破碎，
國內紊乱。
慶幸啊，
我蔣委員長今已出險，
從今後，
國運或可回轉。
願大家精誠團結，
努力苦幹！
將我河山完整，
將我民族復興，
再來慶祝光榮的勝利，快樂的新年，

小朋友們的作品

新年到了

書小　俊明

匆匆的光陰，急急的奔跑過去，剎那間，民國二十五年又過去，二十六年的新年又開始了。

現在新年已經到了，我們小學生怎樣慶祝呢？就是紮彩門，帖對聯，放鞭炮，玩龍燈高翹花船……等，這能是慶祝嗎？我想：這慶祝故然也慶祝。但是現在正是國難臨頭的時候，但是怎樣才能是愛國的慶祝呢？要想愛國的慶祝，得有下列幾項：

一，慶祝新年，要努力求學。

二，慶祝新年，要收復失地。

三，慶祝新年勿忘國恥！

四，慶祝新年，要打倒漢奸！

五，要將慶祝新年的錢省下來救國。

六，慶祝新年，要打倒日本帝國主義。

我們能夠照以上幾條去慶祝，便是愛國的慶祝新年了。

在這慶祝新年的時候，要有一個計劃，甚麼計劃呢？就是這一年又過去了。我們的學識，品性等，要澈底的檢查一下，在這一年內有進步沒有進步？，要是有進步，要繼續的努力　再求進步。要是沒有進步，在這新年時要拿定決心立定志向，從這新年時要努力下去，這樣才是我們小學生慶祝新年的方法啊！

我望一般青年，
把我們的頭顱丟遠，
把我們的鮮血灑完，
復興祖國，又何惜哉！
凱旋歸來，
脫去戰袍，
才眞正的快樂的過新年。

今年的新年

華山小學　史爲順

光陰有如白駒過隙，一剎那間，新年又降臨到人間了。我想在元旦爆竹斷斷續續的響着，孩子們都歡天喜地的笑着，並且還鼓掌高跳的唱着，他們眞有意外的快樂，元旦是一年之中最快樂的一天，最有興趣的一天吧！

新年啊！新年啊！人們已等候你多時了，但是，一些孩子們，他們的眼睛也望穿了，可喜，可愛，可敬，可佩的新年，你，來到人間，世界上變成一番新的氣象，個個人的面上，都充滿着不可形容的快樂。他們心坎中都藏着無從描寫的欣慰。

新年，新年，都在愛慕你，慶祝你，歡迎你…………但綏北的戰士們，不能歸家來安慰他們的父母，你想他們是多麼的淒涼呢？

歡迎新年

華山小學　尹繼鈞

新年，新年，我朝夕盼望的新年。
又降臨到人間。
你來
我的年齡又加多了一年，
只有學識仍是不如從前。
○　○　○
今年的新年，
內乱頻仍，外患依然，
國事乱如積蘇，
國勢已危壘卵。
○　○　○

本城糧價

名稱	每市石價目
小麥	最高十一元七角　最低十一元四角
大麥	最高五元八角　最低五元五角
黃豆	最高六元七角　最低六元九角
黑豆	最高六元五角　最低六元三角
蔡豆	最高七元四角　最低七元二角
江豆	
高粱	最高五元八角　最低五元七角
穀子	最高五元一角　最低五元
稷子	最高五元八角　最低五元六角
芝蔴	最高十二元　最低十一元八角
青豆	最高六元五角　最低六元三角
花生（每百斤）	最高六元二角　最低六元
瓜子（每百斤）	最高十五元　最低十四元

氣象

天氣	風向	最高溫度	最低溫度
晴	東南風	四八度	二八度

厚鳴塔

第一八二期

一、本刊內容分科學常識論著詩歌小說散文戲劇書信書報介紹及批評等項

二、本刊歡迎投稿來稿文言白話均可

三、來稿本社有刪改權不願者應先聲明

四、未經登載之稿除預先聲明者外概不退還

五、本刊編輯室設豐報社內

漫談

五分鐘

素嫺

的確中國人太腐化了，這一點大家不能否認吧！

「五分鐘熱度」這是外國人——尤其日本人——譏笑我們的話。我們當然最厭聽而不願承受的；但，我們能掩着他們的口嗎？要知道，我們惟有從自身做起！應當自己切實自己，自己督促自己，自己激厲自己；將以前「五分鐘熱度」的老脾氣，澈底的除掉了。使其熱度永久保持，並使他時時增加。以五分鐘爲起點，而至繼續不斷的許多年月。只要國恥不能盡雪，國仇不能盡復，無論如何决不鬆勁，決不息力。

吾人平時應切記「五分鐘熱度」這句話，痛自悔改。再進一步而更應注意到「最後五分鐘」這句話，深自惕厲。戰爭的勝負，事情存敗榮辱的關頭，都在最後五分鐘。而今日的中國危險的程度確已到了最後五分鐘了。在這大難臨頭，千鈞一髮的當兒，我們若能痛改前非，奮發自厲，或者還有翻身的日子。如果再不爭氣，再不努力，再醉生夢死，那末這個五分鐘過去之後，就沒有第二個五分鐘的時間可以容我們從容挽救了。生死存亡，判于俄傾；這正是「一失足成千古恨」的時候了；願大家努力吧！切莫錯過了這「最後五分鐘」！

「五分鐘」雖然是極短的時間，但，累積許多「五分鐘」，便成很長的歲月；累積着許多「五分鐘」時間的工作，便可以成就很偉大的事業。吾國人平時太悠忽，太懈怠，太不知愛惜光陰，平白的將無數好時候，都虛度了；無數好機會，都放過了；以致今日之下，時危勢迫；竟到了「最後五分鐘」。可是在這最後五分鐘之間，趕緊覺悟，快快謀生存的日子也許置諸死地而後生，憑着同胞的精神氣力，可以將全國蒙難的最後五分鐘，轉變成民族復興的最初五分鐘也未可知，大家努力吧！

論著

吳越古文化事實上的證明（續）

榮培

不信江南在石器時代有人類的話，現在也給杭州古蕩新石器的發現打擊得完全粉碎了。江浙既然有石器時代，那末江浙的古文化和當時中原民族的文化當然一樣發達，決沒有所謂文野之別。視爲文身斷髮未開化之蟳蠻民族了。所以歸結起來，中國人的祖先不是外來，原是中國人。中國遍地皆有石器，是中國自有其本身的文化，也並非外來。

最後說說所有發現的陶器的花紋，以及吳季子越劍土矛和越土鐘等的文字，都比較北方粗硬的刻紋和雄壯的筆書要帶着柔性。這種柔性，是南方民族性最可貴的表現。歷史家說，有這種民族，然後在非常時期能夠應付時。

現在研究吳越史地的人物和工作，正還風發雲湧的開始着。而發現江南有石器的第一人，就是甘肅衛聚賢先生。這種偉大的工作，全世界都在緊張中屬目看，我現在再講我一段引起攷古興趣的事實作爲收束。

我是江蘇常州人，常州出南門十五六里路，有一座奄城，地位極荒僻，城是土城，周圍不過一二里，但是有裡外二城，外城有壕，闊十餘丈，數百年水不乾。洪楊軍破常州，卒未能入其城，相傳河中有金鼓沉在底下，每逢陰雨，即有金戈鐵馬之聲。城極荒涼，然攷諸傳誌均不得其詳。七年前，友人某君經過其地，見某村人家前堆着幾個古式土瓶，以其形頗美，當時便索取一個，帶了回家，插上幾枝花，不料一夜過來，一枝將枯的小枝，變活了，大家奇怪，而且插在瓶裏的花枝，竟開放自然，好幾月不枯，某君至此，知道是瓶的關係，又特地跑去問問，想再要他幾個，可是主人却說已給小兒們隨意打破了，說時指着還剩幾片的殘瓶給某君看，某君心中十分嘆息，祇索了幾片回來，當時這個消息傳給我知道，我一人私下參攷幾本書，就獨自尋去探訪，經過茶山一帶，一路雀鳥無聲，景物很淒涼，最後給我找到了奄城，跨過渡船，在城裡四處踏看多時，可恨村犬又多又兇，鄉民也都生疑，只得廢然而返。後來又去過幾次，總因爲自身缺乏攷古工具的本領，所以幾次都是入寶山而空回；但是六年之後，一年之前，荒古千年的奄城，已給世人都知道了；江南的有古文化，已給他證實了。

劇本

毒果

吟公

爲士：（作愕然狀）外面怎麼有人吵鬧？

僕夫甲：你往那裏去？你住在那裡？（以下至胡妻上均在後場表演）

胡妻：你不知道　胡三就是俺小孩的爸爸，誰不認的我。

僕夫乙：你往後邊做什麼去？

胡妻：我找俺小孩的爸爸去！

僕夫乙　他沒在這裏！

胡妻：他幾天沒有回家啦！在這裏來！

胡妻：誰不叫我過：無論是愛仁老爺，是爲士叔；都得叫我過去。

錢二：三嫂！三嫂！俺一哥在張家酒館裏和二扒灰喝酒來！你往那裏找他去吧！

胡妻：不！我不去！

（胡妻抱月妮，在錢二用力拉着的當兒，極力爭扎上）

（以下三節　在胡妻未入室時表演）

胡三：大叔！壞啦！八成是月妮的娘找來啦！我從後門裡走吧！

爲士：不要！怕他的什麼？

胡三：不犯如，不是向大叔說丟人的話；他管不了她！（胡妻上）

胡妻：你住在這裏吧！你死在這裏吧！你也不上家走啦！

爲士：恁三嫂！我說！恁三嫂！你別生氣，你聽我說。

胡妻：（慌張說）大叔！你大知道；俺……俺……真不能過。給東莊上劉大娘紗的棉穗子；六七斤；叫他偷偷的乾淨啦；俺怎麼還人家的。

（胡三臥床上，默然無語。）

錢三：他偷那做什麼？

胡妻：恁想想！做什麼？換大烟吸，換白麵吸。

爲士：恁一嫂！我還人家的，情好吧！不要緊。

胡妻：大叔！你看看，俺穿的衣裳，失身露體，大臘月裡，俺沒有棉褲　俺月妮病了七八天沒吃東西；他沒問過一聲。

錢二：三嫂！慢着說話，別吓着月妮。

胡妻：不要緊！俺娘們反正是死，餓死也是餓；凍死也是凍死；和他拚打拚打死了也值。

爲士：恁嫂！他反正不吱聲啦！你再說還是這。

胡妻：大叔恁姪媳婦是個憨子，你得原諒我；我把孩子交給他，我也不過啦！鬧打鬧打散了吧！我也不怕人家笑話我；說我是一個潑婦。胡三呀！（手指咱的東西）都是你吸大烟吸毀的；恁爹恁娘都是你吸大烟氣死的；俺娘們又跟着你受罪；你看看俺這個樣子，說人不是人，說鬼不是鬼，胡三！你有點良心沒？你只顧吸大烟，還能算個人麼！壞骨頭壞肉　連牲畜都不如。

（爲士勸解不了，又見胡妻辱及爛犯，牛氣坐於椅上。）

胡三：（怒打其妻　他媽的！我看你有點上臉……我……我叫你……

胡妻：胡三！你打吧，你不打死我，你是個真壞種。

錢二：走吧！走！你鬧的這一場，也夠他受的啦。

（僕夫甲乙錢二拉胡妻下，胡三嘆息不止，與爲士床上吸烟。）

創作

任大嫂（續）

凌鴻

「大嫂你一個孩子到好辦但是祇將你的她們的又怎樣辦呢？」胖先生現在態度很和氣，眉頭縐紋還深印着，顯見感到祇收任大嫂的孩子不收其餘人的孩子是很爲難，那知其餘送孩子的婦人已曉得胖先生的意思，齊聲替任大嫂解難說：

「先生你祇收這任大嫂這一個孩子好了，我們的孩子暫且抱回去喂幾天再說，請你放心我們不同你爲難。」正義激起了同情，胖先生也轉愁爲笑，隨向任大嫂說：

「那好了，她們既然都很替你圓全，爲你這苦心一片，那你就將孩子抱到屋裏來吧！」先生頭先進房，任大嫂也謝別衆人隨着跟了進去，只見胖先生叫了一個三十餘歲的婦人過來向她說：你將這大嫂的孩子抱去，我替他登記姓名住址。當那婦人來接孩子的時候，任大嫂的心裏眞如油滴刀戳，顆顆的眼淚向下直掉，更加這時孩子喊了，哇哇的小聲，摧得她五中若裂，她復將孩子抱攏來 趕忙的將懷解開，把奶頭送到孩子的嘴裏，她低頭看孩子的時候，淚珠直滴到孩子的小臉上，孩子的小眼一開一合向她望着，她這時說不出是處在什麼境節，只想放聲大哭一場 然而又哭不出聲，她獃獃的立着，却見肥先生拿來一本紙放在桌上問她話：

「你的丈夫叫什麼名字？家住那裡？」

「丈夫？」任大嫂像未聽清胖先生的言語

「是的，你的丈夫叫什麼名字，家住在那裡？」胖先生又重說一遍。

「丈夫叫任大，住在任家莊」

「孩子有名字嗎？」

「有奶奶給她起的，叫小岸。」

胖先生問着寫着，最後又向任大嫂說：

「你這位任大嫂很好，孩子在這裡 我們好好的替你扶養，像在家裏的一樣，你不要掛念 想的時候也可以來看看 好好的回去，不要傷心 家裏孩子還有孩子待你扶養呢」胖先生說話很和藹，任大嫂很感激他的安慰，在孩子遞給那中年婦人以後，又不免傷心，一會洒了一些眼淚，然後才難割難捨的硬着心腸 一步一回頭的走出了養生堂，心神悠悠忽忽的轉上來時的道路，當已走到十字街的時侯，不見那賣花生的老婦，看看自己空虛的懷抱 差點暈了過去，出了城，陽光仍就很慘淡的荒涼的曠野，怒號的西風，寂寞的道路，一切都依舊，却不見了懷中的孩子，任大嫂這時已力竭聲嘶疲倦已極，徬徨着前進，好像一匹迷路的羔羊，沉沒在千丈的苦淵中。淚咲生離之苦，誰使爲之！（完）

爲被徵的壯丁獻詞

春林

你們這一隊熱血的青年，
是國家未來的勇敢的戰士，
是民族的後援軍，
救國救民的大任壓在你們的肩頭。
莫凝眸，回頭，遲疑，
愛情 家庭快樂，早碎在敵人砲聲中，
要奮勇的走往軍營去受訓，
鍛鍊堅實，健强 耐苦的身體，
學習豐富的軍事智識及精神熱的軍事技術，
準備着快快去殺敵！
戰馬悲壯的狂鳴沸騰了你們的熱血，
軍營的集合號像慈母的呼喚，
被徵的壯丁們！
惟有你們的熱心踴躍的受訓，
才是國家興盛的途徑！
被徵的壯丁們！
快快入營受訓
國家民族須要你們，
時代渴盼着你們，
這正是爲國家民族報復的時機到了，
牢記着「馬革裹屍」：
是你們的志願！

救國之聲

（四）抗日歌

素聞

我歌兮歌聲揚，
朔風淒厲寒雲黃，
胡笳激越我邊疆，
白山莽莽！綠水蒼！
國家恥辱無時忘！
同胞啊！同心抵抗；
制日死命，願爲國殤！

◎　◎

我再歌兮，歌聲悲；
戎裝佩劍入寨綏，
制爾僞匪行不得。
效命疆場，捍衛祖國！
決心殺敵永不灰。
同胞啊！同心抵抗；
完整國土．光復國威

◎　◎

我三歌兮，歌聲壯；
國讎豈忍須臾忘，
喝食虜血作酒漿！
復我故土，還我寶藏，
惡魔逐出凱歌唱，
同胞啊！同心抵抗，
萬衆同心，扼彼鑾抗！

夜半的哭聲

莜原

呀呀呀好悲切的哭聲，
一咦喲，咦喲……」在這夜氣裏面戰動，
吸攝人的靈魂，
撕碎了這夜心，
好像是誰家的嬰兒，
在夜裏失離了母親，
猶如是月下的寡婦，
在痛哭着死去的男人……
呀呀呀我認得了這個哭聲，
這原是街道傍生命的呌喊，
這原來是朔風中飢寒的交鳴……
不
這是一個精確的寒暑表，
一度，一聲，升降着，
在測量這冰凍的五更！

秋鴻

莜原

啊，朝霞呀，
你們是歡迎鴻雁，
南來的采帳吧？
那紅霧深鎖的天郊，
是誰放的兩條蜈蚣？
不，
那是遠遠飛來的兩行遊鴻，
啊，遊鴻，
你們伊伊啞啞，
是在敍說些甚麼？
可是在互談着，
人世間道路的不平？

明日中醫陣容（續）

燮培

結果，死的是我們中國人，學去本頭的是貓哭老鼠的外國人。學術固是增進了實驗固是證實了，但是我們國民健康上究得些什麼呢？

所以要改進中醫，只有灌輸中醫以新的基礎醫學，要保護人命，祇有嚴厲執行中醫的考試手續。中醫自己要想安身立脚，除掉立刻改變守舊心理，多讀書多研究之外，還要不自私自利，多報告臨床上的消息，以五千年的歷史經驗，有四萬萬同胞的擁護，只要我們勇往邁進，決與民族共同存亡，這是不用疑慮的。（完）

編輯室的廣播電台

二，秋雲君因事公出。其縣党部化裝宣傳隊「工作雜記」續稿未送來，故本期暫缺。

二，本期因豐中週刊停刊，故改出本刊。

三，燮培君．歌平君 你們新送來的兩篇論文，下次方可登出。

四，雲章今日未回，校對仍由社內全人擔代。

本城粮價

名稱	每市石價目
小麥	最高十一元一角 最低十元八角
大麥	最高五元八角 最低五元五角
黃豆	最高六元八角 最低六元六角
黑豆	最高六元六角 最低六元四角
綦豆	最高七元二角 最低七元
江豆	最高七元五角 最低七元
高粱	最高五元五角 最低五元三角
穀子	最高五元二角 最低五元
稷子	最高五元八角 最低五元六角
芝蔴	最高十二元 最低十一元八角
青豆	最高六元七角 最低六元五角
花生每百斤	最高六元八角 最低六元六角
瓜子每百斤	最高十五元 最低十四元

氣象

天氣	風向	最高溫度	最低溫度
晴	西北風	三八度	三〇度

中華民國廿六年一月十九日　豐報　（星期二）　第五版

第二八三期

一，本刊內容分科學常識論著詩歌小說散文戲劇書信書報介紹及批評等項

二，本刊歡迎投稿來稿文言白話均可

三，來稿本社有刪改權不願者應先聲明

四，未經登載之稿除預先聲明者外概不退還

五，本刊編輯室設豐報社內

漫談

辛克萊失節了麼

榮培

世界文豪辛克萊 Upton Sinclair 是美國人。他是一位社會主義者，是一位無人不知的專對社會正義鬥爭的大文豪。他今年將近六十歲頭上。他的著作，我不能記清，我只看過他在我國已經翻譯過的幾部長篇小說。

波斯頓　屠場　羅馬的假日　密探　錢魔　追求者　石炭王

山城　亞美科加的前哨　都市　煤油　工人傑麥

我爲什麼會憑空舉到辛克萊這個名字？原來辛克萊老年心理生活，改變了態度，這是全世界都知道的。上月本刊紀念魯迅的特刊上，我還引用了黎錦明說的一段話：『世上有些比他（魯迅）更激烈的人物如哈甫特曼，辛克萊，以老年失節而遭遺忘的，但魯迅以成全榮譽終其年。』

當時我引用是引用了，知道也早知道了，不過過後我自問『辛克萊的失節』，倒底是失的什麼節，失節又失到怎樣的地步？心裏很想明白是怎樣會事，隨後又檢查了一些書，才發見辛克萊的失節，是他從物質活動的生活中而轉向到心靈活動的一個世界去：這便是世人說辛克萊的失節處！

不久終究又給我看到了辛克萊自述使他心理轉變的一本著作Mental Radio這本書裡的內容，是專敍述辛克萊夫人的心靈現象——辛克萊夫人心靈感應術二百九十個成功的畫圖。序文是世界聞名當代心理學泰斗墨獨孤教授做的。

世界當然是多方面的，你能斷定說是物質一元麼？辛克萊夫婦都是受過嚴格的科學訓練的學者，觀念豈如平常人的容易憾動？要是當着這許多眞憑實據的事跡而還不相信，那不是世上第一個愚人是什麼？科學是什麼？不過找出眞理一小部分的面目的方法的斷片罷了。我們人類目前能力還不能達到知道精神現象的時候，我們便能武斷說沒有精神現象麼？借辛克來自己說的話：『弗蘭克林藉風箏線從雲端裡引下閃電的時候，在當時有些什麼？』新克來是社會科學家，『凡忠實的科學家不限制人類的力量，他只要求我們證實我們的事件。』所以這便是他們夫婦——他所轉變和努力之點。又說：『我爲什麼要相信心靈感應術的學說，除了我相信牠已經事實證明了之外，宇宙間找不出理由來。』

是呀！是爲事實的證明而轉變心理活動的生活觀念正是人類的向上！又有人疑心他從此能手和社會正義鬥爭了，可是他正作心靈感應術試驗的時候寫成了『波斯頓』一部三十餘萬言的長篇小說。商務發表心靈感應術的時候，一面也正在寫『山城』，那你們又能說些什麼話呢？世上大家盲從了，我也又盲從了一次。

翻譯

歌

C. G. Rossetti原著　苡原　譯

親愛的，當我死了，
不必爲我歌唱薤露，
不要在我頭上種植玫瑰，
也不要栽那幽鬱的柏樹。

墓上面綠草青青，
細雨濛濛　露兒零零，
若是你願意你便記着，
若是你願意你便忘淨。
我將看不見那綠蔭，
我將覺不着那雨聲，
我也聽不見那夜鶯，
宛如悲悲切切地哀鳴；
在那不升不降的夜色之中，
昏昏沈沈地做着大夢，
或者一切我都忘了，
或者我還記得清清。

劇本

毒果（續）

吟公

爲士：吸口烟！消消氣吧！貪着這樣的老婆，有啥法！

胡三：唉！眞能氣死！唉…………

爲士：（作懊悔狀）光生氣啦！一件要緊的事情！

胡三：什麼事情？

爲士：我託劉二廠賣的一個外莊；原說今天上午十點鐘；把約送去，唉！現在忘啦！

胡三：那晚一會啥要緊！賣的是那一個外莊？

爲士：（急起寫地約）你想想！還有那個子莊，兩個賣一個啦！

胡三：那不用說就是卜大樓了！大老爺要知道怎麼辦呢？

爲士：他知道不晚了麼？「虎惡不能吃子」。上一次我賣卜新莊的時候，也不過生了幾天氣；就完啦！

胡三：現在的世道，東西多了是禍；不賣做啥！夠吃的就行擺！

愛仁：二！剛才我聽着這邊有婦道人家創吵，是誰呀？

錢二：沒有！大老爺！我聽錯啦眞沒有！後邊才沒人咧！

（愛仁上．錢二隨上，胡三即藏於牀下，爲士即拿煙具藏於書架後．但寫好之地約遺於桌上。）

愛仁　怎麼大烟氣？

錢二：那有大烟氣，我沒嗅出來！這裡幾天沒人來啦！

（此時爲士頻以目向錢二　令其速將地約收藏　但錢二全然不知。）

愛仁：這又是小士的個東西，辦的事情！

錢二：不是！我大叔幾天沒到這邊來啦！

（愛仁至桌前，看地約　作驚訝及悲憤狀）

愛仁：啊呀！小士　你這個狗東西！賣了我的小新莊，不到一年，又賣我的卜大樓……唉……小士……你眞該死，（錢二發覺急解勸，並奪地約，愛仁悲憤至萬分。）你……你還有點良心沒麼？你……今天……就氣死我了！……我養……兒一場……小士……你今天把您爹……也送到……烟葫蘆裡，吸了吧！……我……我……

錢二：（作驚懼狀）快看！快看！來人！不行！不行！老爺沒命啦！來人！氣死啦！

（愛仁傾倒，被錢二架住）

（愛仁倒下，爲士及胡三作驚惶狀搶救，用人甲乙亦出，在衆人吵雜聲中閉幕、）

第二幕　悔悟已遲

時間：民國二十六年一月的某日。

地點：獄中。

佈景：各種佈置，完全和獄中相同；總門及房間門均須現出。總門旁放一椅，及茶壺一把，茶杯一個，牆上並貼警策標語。

開幕：卜爲士和胡三坐於房間中之蘆蓆上；垂頭喪氣，面色蒼白，身帶刑具。旁立獄卒二人

胡三：哼……我的娘……哼……

獄卒甲：哼什麼哼！又犯癮麼？愁了！哼了！能完事麼？

爲士：（作可憐狀）憑二位先生們！你看我帶着這一副鐐；能受得住麼？能給我開開鐐　我死在黃泉，也不忘憑二位先生的恩德。

胡三：唉！大叔！還有我咧，也得給我開開鐐！（均不時用手搔其身）

獄卒甲：什麼開開鐐，你們這些無人氣的東西，從前睡在烟燈上，享過洋福啦，現在也該嘗嘗這個洋罪了。

獄卒乙：你們辦的事情，死了還該死，還想開鐐咧！

爲士：（作諂媚狀）先生們！我……我……我有大洋！

獄卒甲：放狗屁！你有大洋是你的，向誰說，想做啥！

胡三：我們到了這種地步，你們就不可憐可憐我們麼？（向獄卒叩頭）

獄卒乙：受着吧！早晚槍决你們，你們就不受啦！

獄卒甲：不要臉！沒志氣，自從我們江蘇省辦理禁烟以來，已經二年多啦！一次教你們登記，二次教你們登記；你們無論如何不登記；一次教你們申請戒絕，二次教你們申請戒絕，你們無論如何不戒絕；又辦理什麼自首 窮人可以免費戒絕，但是你們都裝耳旁風，不以為事。去年十月裡，政府又公佈了皇皇的法令，叫你們自動戒絕，從民國二十六年起，烟毒犯一律槍决；你們竟然還敢明目張胆的吸，你自找罪受，你怨誰呢？要知道國法無親，那能講得情面呢？

（未完）

徐州東車站——黃桑峪旅行記之一

李征

雜乱地，站台上站滿了人。空着身的，提着皮箱的，背着行李的，扛着槍的……鬧讓讓地候着火車到來。警察來往的走着。

「滾！小東西，軋死……」

「哄」一羣小孩跑出了軌道，很靈巧！

我是頭一到徐州，這裏也要去，那裏也要去，像期望着什麼似的。但我一個人是不敢再出門了，因為在清早有這麼一件事發生：

大清早，我單身走向東車站。

街上來往的人很多，兩旁是些花花綠綠的商店。我底倆眼亂望 像不夠用似地；望望這邊：豐縣沒有這樣的商店；望望那邊：豐縣更沒有這樣偉大壯觀的洋房。時時又得留心看後邊，不然，汽車會碰着你，洋車子也會。

走着走着一拐彎，我迷了。

那邊是一個茶館，黑烟從生了銹的鐵皮烟筒裡冒出來，沒有聲音。

「天還早哩！」一個急促的聲音從一間屋的後牆傳出來。

「人家都起來幹活了！」茶館裏看爐的大聲說，憤怒地。

我低了頭，很煩惱地走着。

一個女人，有四五十歲，抹了一臉粉，比戲台上的「奸白臉」還白得厲害，像沒有十分清醒，提着茶壺一栽一栽地走過來。一冲上水，她便又很快的走回去。在一個陰森森的小衚衕裡消失了她底瘦影。

「喂！向東車站走那裡？」我很溫和地問茶館的主人。

「那邊一拐。」他很簡單地用手往東一指。

順着一條狹長衚衕走，我身上感覺到寒冷。

我起初還懷疑他哄我，但在衚衕裏轉了兩個彎，我便看見天橋了。我在默默地感謝那主人。

乱哄哄地使我感到了難于揣測的每個不認識的人。

我靜靜地站着。天橋那邊，搬運夫正忙着扛貨，往一列很長很長的敞車上。

拿着紅綠旗子的路工很有規律地揮動着，「嗚！」一列客車過去了，往南。

我出奇地望着它，車頭像一個怪獸！

「喂，先生，要鋼筆不？」

一個人很結實地抓住了我的手，另一隻拿出一個很滑溜的管子，他顯出一副驚恐的臉，哀憐地低聲問。

我還是靜靜地站着，心很不安定，怦怦地跳，

他很失意似地走開了。

我仰望着天空，天空是一張藍紙。

許多人上了火車。爭吵，罵，是一個乱哄哄的氣象，在火車開走後，馬上又寂滅了。

站台上重又靜寂。

縣黨部化裝宣傳隊工作雜記（續）

秋雲

工友謝凌雲杜心成時將台上所有化裝衣物及布景，完全收拾淨盡，運往倉庫。預備明日赴綠口宣傳。

隊員除留倉庫之李黃馬三君外，餘均赴宿舍休息，時雖已夜半，但隊員興致頗豪，并無倦意，對今晚之捉毒犯一劇，評論頗詳，有直呼為四寶劇者，蓋孫張李馬四君表演滑稽劇天才既高，又復熟練如久演者。故呼四人為四寶白，而此捉烟毒犯劇竟以四寶劇名焉殊令人捧腹也。

評論既終，老隊員林君，復表現其口才，大講其笑話，其辭甚繁故不詳記，總之以拿別隊員開心為前提，其意想亦欲入四寶之林也。

喧鬧約一小時，始全體入睡，統計今晚發言最多者，為林君最少者為程守瑚君，蓋程君因吃驢肉，發搽瘡，為嘴傷身，并又掛念其新婚小別之新夫人也。

七日

因昨晚入睡較晚，故今早起牀亦較遲，約在七時左右始先後起身，整理行李準備出發。

運送行李及戲箱之大車需早飯後，方可動身，但隊員谷君劍樸，張君明先等數人竟不吃早飯先動身赴綠口，故今早吃飯時，隊員人數較少，未若昨日之熱鬧也。

飯後，隊員有軍事者，均動身，最後謹餘老隊員林君，小朋友李君，及董李二君。隨大車前往。

（未完）

編輯室廣播的電台

一，雲章昨已返社，但因連日奔波，頗受風寒以致身體患病，故今日校對，仍請社內全人代替。

二，豐中週刊停止後，愛寫作的豐中同學們，如有稿件送來，本社當特別歡迎！

三，榮培君你的「國防文學有立場麼」下次可以登出

四，岑君：你的翻譯。不登載的，請你來拿吧！

司法欄

◎縣政府司法批示◎

△刑事具保人趙厚民等、一件、為懇請賞保夏梁氏回家安業由、狀悉、准保、此批、

▲刑事具保人阜甫明倫等、一件 為懇請賞保趙厚田在外、不誤傳喚由、狀悉、准保 此批

▲刑事具保人劉慎闞、一件、為懇請賞保方成明在外、不誤傳喚由、狀悉、准保、仍仰隨傳隨到 此批、

▲刑事具狀人卜昭榮、一件 為懇請賞保段汝元在外、不誤傳喚由、狀悉、准保 仰於庭期日到案可也、此批、

▲刑事具保人范玉清、一件 為懇請賞保周啓文在外、不誤傳喚由、狀悉 准保、此批、

▲刑事具保人王秉良、一件、為懇請賞保盧振標在外、不誤傳喚由、狀悉、准保、此批、

▲刑事具訴人史姜氏、一件 為栽誣陷害 自白眞情、急叩分別拘傳質訊根究、依法辦 以除方陷由 狀悉、仰候通傳訊奪、此批、

▲民事原告人孫繼先、一件、為狀請迅予傳案判斷 以免拖延由、狀悉、本案傳票、業已發出，仰候庭期訊奪、此批、

▲民事債權人史忠愼、一件、為沐批執行 久不蒙辦 再懇賜執行、以結懸案由、狀悉、仰候派員執行可也 此批

▲刑事具訴人卜昭賢，一件，為竊盜財物，業已供認，請求依法懲辦，追贓給領由。狀悉，仰候通傳質訊，此批

▲刑事具狀人宋漢三 件為貿易未返 據情實陳，請求縣長甯察，准予展期傳訊，以免甲長受累由。狀悉，此批

△刑事撤訴人王尙平，一件，為遵處撤訴 請求銷案由。狀悉，准予撤回告訴 此批。

△庭期審理案件▽

一月

廿日審理土李氏訴梁科錢款案

廿日審理曹廷舉訴段志成等傷害案

△本城糧價▽

名稱	每市石價目
小麥	最高十元八角 最低十元五角
大麥	最高五元八角 最低五元四角
黃豆	最高六元七角 最低六元三角
黑豆	最高六元五角 最低六元一角
綦豆	最高七元二角 最低七元
江豆	最高七元六角 最低七元二角
高粱	最高五元五角 最低五元三角
穀子	最高五元一角 最低四元八角
稷子	最高五元八角 最低五元五角
芝蔴	最高十二元 最低十一元八角
青豆	最高六元六角 最低五元八角
花生（每百斤）	最高六元八角 最低六元七角
瓜子（每百斤）	最高十五元 最低十四元

△△氣象▽▽

天氣	風向	最高溫度	最低溫度
雪	東北風	三五度	二九度

鳳鳴塔

〈第二八四期〉

一，本刊內容分科學常識論著詩歌小說散文戲劇書信書報介紹及批評等項

二，本刊歡迎投稿來稿文言白話均可

三，來稿本社有刪改權不願者應先聲明

四，未經登載之稿除預先聲明者外概不退還

五，本刊編輯室設豐報社內

漫談

國防文學有立場麼

榮培

什麼是國防文學，到今朝中國的左翼作家已經山窮水盡的時候，國防文學這四個字，早也就曇花一現，掃地無餘；我們的青年居然還要發狂般拿來當作新鮮，以爲奇貨，未免太容易中諸葛亮的計策了！

「國防文學」，「人民陣綫」，終究是什麼話？文學而有國防，陣綫而祇說人民，這明明白白是第三國際的婁囉們，所謂普羅作家的謝恩口號！

一般普羅作家，故意大家自相攻擊，儘把他們的外國理性完全發洩淨盡，好成洋洋大文。因爲不如此不能叫一般青年看看神眩魄駭，莫測高深，最後一個一個服服帖帖自願都投到他們的旗幟底下去，這種又一種掛羊頭賣狗肉的勾當，眞可佩服，眞可佩服！

魯迅死了，永遠死了。當魯老先生死後的月日，各處有人紀念他，各人有做文章哭他，在各人勉強做的千篇一律的文章裏，大家都說魯迅一生是在和惡勢力鬥爭之中生存的。什麼是惡勢力？魯迅已瞑目長逝，他不再會告訴我們的青年了，現在讓我放大胆子來說能：魯迅活着的時候心裡的惡勢力，不，應該說是一般普羅作家心裡的所謂惡勢力，乾脆說，就是指着我們三民主義的政府。

所以什麼人民陣綫和國防文學一類好聽的新名詞，實實在在的的確確原是欺蔑我們青年的心理和違反民族性的狂說！什麼漢奸，難道和日僞接近是漢奸，其餘私通外國惑亂人心，就偏不稱漢奸了麼？

我們要知道，中華民國現在在三民主義領導之下，整個的民族，已發生了一種偉大光榮的力量，也就是我們的「民族文學」已在開始着震盪全民族每一個人的細胞。什麼國防文學，啥防文學，根本和「民族文學」天壤各別，萬萬不可牽纏，我們應該請他自動出洋。在我們愛好文藝的青年整個把身心供獻給民族之神聖的以外，除掉「民族文學」，一概都要踢翻他。

我們要發皇我們的民族性，我們只有來寫「民族文學」！民族文學的概念，在三民主義底下早有正確明瞭的規定，決不像國防文學的含糊籠統，結果還是一團糟！關于民族文學，下次再談。

翻譯

我的敵人

俄國屠格涅夫原著 菽原譯

我有一位朋友 同時他又是我的敵人，不是在事業上，不是在職業上，也不是在事情上，但，我們的意見，對於任何事務都不一致，我們每逢遇着，我們倆便要來一個沒有終結的辯論。

我們辯論任何的事務：關於藝術，宗教，科學，關於現世與來世的生活，尤其是來世的。

他是一個忠誠而且熱情的人，一日他對我說，「任何事務你都嘲笑；但，若是我比你先死了，我一定從別個世界向你走來……………我看你那時還嘲笑不嘲笑。」

他果然比我先死了，斯時他還非常年輕；但是年月流失，我已經把他的成言他的恫嚇忘掉了。

一宵，我仰臥於牀上，不能入夢，並且也不願意睡覺。

屋內不暗不明，我凝視着那蒼茫的夜色。

忽然我幻想着我的敵人，站在兩窗的中間，悠悠地，悲切地上下點着他的頭腦。

我不害怕；甚至一點也不驚慌：……………只將身體微微升起，用手肘支持着，我更加仔細地注視着這個意料不到的靈魂。

後者繼續不斷點着他的頭腦。

『哦？』最後我說道；『你是勝利呢？還是追悔呢？……………你的意思是給我知道從前你是錯誤的，或者我們都是錯誤的嗎？你經歷了什麼？地獄裏的悲苦？抑是天國的幸福？你到底說一句話啊！』

但是我的敵人不發出一點聲音，祇是，仍舊悲切地，謙恭地上下點着他的頭腦。

我笑了……………他消失了。

劇本

毒果（續）

吟公

胡三：唳！我的……娘……（淚下）

獄卒甲：唳！還唳咧！剛才不是說麼！從民國二十六年起凡是吸大烟的，販大烟的，吸毒品的販毒品的，都一律槍决。

（胡三爲士均口瞪目呆；半響方止。）

獄卒乙：你們歇着吧！不愁吃 不愁喝 瘋狗也咬不着。

（獄卒下）

胡三：唳！沒有關了鐐，白挨」一頓罵。

爲士：（淚下 胡三呀！唳！……因爲我吸大烟；把恁大老爺的地賣J七八頃；先賣卜新莊，又賣卜大樓；結果把恁大老爺活活地氣死；自己弄得蹲監坐牢。日子一天壞似一天。小允華還不成人；我眞是上，能父母，下不能對妻子。我願大聲疾呼，喊醒天下的人，都不要再吸大烟和毒品啦！（大哭失聲）現在我自問自心 實在有愧。……唳……

胡三：大叔！大叔！你不要難過，難過也是無益！我哪不但毀家業……。偷牛栅柱，搬朮楷，偷莊稼；什麼壞事，我沒幹過；死了還得落個壞名……（淚下）

爲士：胡三呀！我落得這個樣子 固然怨我沒志氣；但是也有點受你的影響吧！當爹娘的不是沒管我；朋友不是沒勸我；妻子不是沒說我；國法不是我不懂；只因受了你的誘惑；才到這種地步；唳……胡三呀……你……你……眞是我的大仇人呀！

胡三：大叔！別說啦！過去的事情；還提他做什麼？驢不喝水也不强按頭啊！（獄卒甲上）

獄卒甲：別哭啦，卜爲士 你的老婆和小孩來看你咧！

爲士：看誰的？

獄卒甲：看誰的，還沒聽淸麼？（怒）看是不爲的。

（爲士隨獄卒至總門 但總門只開小窗；裡外很難相見，爲士之妻及允華均在總門外。）

胡三：我家裡也來人了沒？（起隨爲士出）

獄卒甲：沒有，還不坐下；那裡去！ 胡三驚懼從坐）

爲士：唳！外邊你是允華的娘麼？（獄卒坐總門旁之椅上）

卜尹氏：是的。

爲士：你……你……你爲什麼多天不來呢？（淚下）

尹氏：因爲要賬的衝破了門；我只顧拚對錢，還賬咧！（帶哭聲）

爲士：咱允華來了麼？

尹氏：來啦！

爲士：你把他抱起來，俺爺兒倆再見見面吧！

（卜尹氏將允華抱起，允華之面適與總門小窗相當，現滿面珠淚。

允華：爸爸！爸爸！你受了……你受……罪……（吞泣）

爲士：允華！我的兒，我的嬌兒。（與允華拭淚）咱……咱爺倆……再……再見面也難上難了！（哭失聲）我做的事，對不起你的爺爺，也……也對不起您娘倆呀！……

……唉！……………

創作

瑞雲寺的老和尚

——黃桑峪旅行記之一

李征

天怪清明，我站在廟門外石階上往山上望。山頂上糢糊的站着幾個人，很渺小很渺小的。

「都！……………」哨子很有調門地響着。一隊穿着灰色衣裳的兵，脚步不大齊，走上來了。他們都扛着槍，就在這裏解散了。有的上山，有的走進了廟，聲音很吵雜。

他們很不像兵，粗壯堅實的肉，大大的拳頭，膀子很寬；活像農家的壯年漢子。

我暗暗地懷疑。漸漸地感覺着有難過，羞慚。但，馬上又很堅信自己的想頭是不錯的了。

的確，我承認他們是農人，他們真地是。

我和一個「兵」談起話來了，他很瘦。

「這是做啥的？」

「俺都受訓練哩，俺是壯丁！」他很和氣。

「壯丁？」

「是，俺來爬山。」

「今天不星期呀？」我突然想起來了。

「受着訓練，家裏的事也不能扳掉，本來今天可以在家；哼！偏偏又叫來。我在家鋤着桿草，硬叫他們拉來的。小驢還沒有吃草呢！」他很像發了怒，但，馬上低垂下頭去，望着地下的碎石子，苦喪着臉，頸子顯得很長很長。

我走開了。一個屋子外邊圍着一羣人，屋裡坐着一個剛來的穿綠衣的人和一個年老的和尚。

屋裏的擺設很齷齪，一張破床上擱着一張破被。正當門是一個桌子，桌子擺着倆香爐，沒有香。

一香，斷了香火，神不怪！」我疑心和尚不燒香。

牆上掛一張西天活佛的畫像，像失却尊顏似的，已經被灰塵遮蓋得不清楚了。

「大師傅多大年紀啦？」

「年紀不大，修行不成，今年一百一十九啦，累害人。」

他擠擠他底頭，打量着對方，說：「團長是啥差事？俺孫子升了團長，在江西……………」

「大師傅是半路出家。」穿綠衣的人很像個百事都中似的人。

「團長是啥？」他又問，很緊急地。

「團長就能殺人了，團長不了，能殺人。」

和尚默默地低下頭。

「您的孫子也來看你不？」

「看，今年春上來啦，還給我稍來一張毛氈和一串珠子。」說着，便躬下腰從牀底下拿出一個包袱。他慢慢地取開一張很新的毛氈，祇一小會，他又很仔細地包好，放到床底下了。

「你也想回家看看不？」

「唉！凡塵之事，貧僧不問了。」

「廟裏旁的大師傅呢？」

「收地租去了。」

「不了，您的孫子能殺人了！」說着，穿綠衣的人走出來了。

和尚閉上眼睛。

○　○　○

縣黨部化裝宣傳隊

工作雜記（續）

秋雲

上午七時，大車方動身，雖均係馬車，但路上土深，行走亦極慢，途中因四寶巳去其三，故頗感寂寞。至下午零時二十分始抵總口。

總口為第二區區公所所在地，即第二區中心地點，寨極大，居民數百戶，街道亦修整，商店較豐縣全縣集鎮為最繁盛，蓋此地，距南陽湖僅二十餘里，與鄰省交通頗便故也。區長為卜憲章君，任事忠謹，努力。故一區區政確較以前為進步。此次化裝宣傳隊來此，籌備戲台者，即卜區長及總口鎮長劉德蘭君。劉君亦任鎮長多年，忠于職守頗得民衆信仰。觀其鎮中一切，即可知也。

戲台在總口南門內，衝南北街，雖為台不大，而地點極衝重，隊中事務員李君奎玉及隊長彭君亦參加指導其搭台。

余及師君方建王君作善，小朋友李宗元四人，沿街張貼畫報及標語，此地余前曾數度因公來此，故熟人頗多，見即敍寒暄，并邀其今晚赴南門內觀劇。

下午三時午餐，今晚劇目已確定。第一，開市民大會。演說者，除隊長彭君外，另由隊員李君乃正，及卜區長担任。第二，演雙簧。第二，演旅長的婚禮。第四演屠戶。飯後，由隊員黃君玉山招集表演屠戶劇員，討論增加第四幕法庭判罪，由黃君任縣長，谷君任書記，另由其他隊員任法警，討論約小時，始確定增加。（未完）

編輯室廣播的電台

一，雲章因病，校對仍由社內同人代替。

二，榮培君，你的大作今天發表了。

三，莜原君的長篇譯稿，下期可以登載。

四，鄉民君：稿紙沒有了。下月可以多給你！

五，嵐影君：你的贈報地點已通知事務部了。

司法欄

◎縣政府司法批示◎

▲民事具狀人吳孫氏，一件，為聲明捨棄繼承權由。狀悉，此批。

▲刑事具狀人黃永坤，一件，為在押病危，代父再懇法外施恩，迅賜賞保在外就醫，以全民命由。狀悉，仰候令飭縣立醫院妥為診治可也。此批。

▲刑事辯訴人劉敬愫等，一件，為食宿時間證供已明，再懇調查保安大隊副，以昭核實，而免冤累由。狀悉，仰候訊明核奪，此批。

▲刑事具保人孫明法，一件，為懇請賞保李厚貽在外不誤傳喚由。狀悉，准保，仍仰隨傳隨到，此批。

▲刑事具訴人李董氏，一件，為逆孫狡惡，任意污蔑，再懇收押，莫使取保，速傳證人質訊明確，依法究辦由。狀悉，仰候通傳訊明核奪，此批。

▲刑事原告人劉安邦，一件，為誘拐髮妻，確有證據，懇請從寬法辦，追交給領由。狀悉，仰候傳案訊奪，此批。

▲民事原告人蔣蔚氏，一件，為逆子霸產不養，請求恩予救助，免納訟費，吝傳到案，依法判歸原業。狀悉，仰候派員查明，有無能力負擔訟費，再奪，此批。

△庭期審理案件▽

一月廿二日審理周長勝訴史孝儉等地畝案

廿二日審理李寶氏訴賈福田產權案

△本城糧價▽

名稱	每市石價目
小麥	最高十元八角　最低十元五角
大麥	最高五元六角　最低五元四角
黃豆	最高六元六角　最低六元三角
黑豆	最高六元一角　最低六元一角
菉豆	最高七元三角　最低七元
江豆	最高七元一角　最低七元
高粱	最高五元五角　最低五元二角
穀子	最高五元　最低四元八角
稷子	最高五元八角　最低五元六角
芝蔴	最高十二元　最低十一元八角
青豆	最高六元五角　最低六元
花生（每百斤）	最高七元　最低六元六角
瓜子（每百斤）	最高十六元　最低十五元

△△氣象▽▽

天氣	風向	最高溫度	最低溫度
陰	北風	二一度	二二度

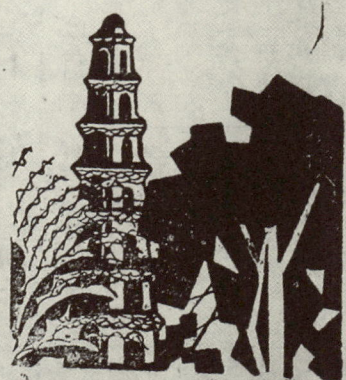

鳳鳴塔

第二八五期

一，本刊內容分科學常識論著詩歌小說散文戲劇書信書報介紹及批評等項

二，本刊歡迎投稿來稿文言白話均可

三，來稿本社有刪改權不願者應先聲明

四，未經登載之稿除預先聲明者外概不退還

五，本刊編輯室設豐報社內

漫談

走私與漢奸

春林

近日報載：「日來由津輸往各縣之走私貨物，有增無減。」由這可證明私貨銷路仍在活躍，漢奸無滅。在這國家民族將要滅亡的非常時期中，爲一己眼前一點小利，出賣着良心整個的國家民族，以致私貨大批輸入內地，金錢多量的流出。

走私的日增即漢奸的加多，漢奸不滅走私亦不能消除；要想禁絕走私，必先滅絕漢奸，走私與漢奸實不可分開而論。雖私貨的輸入與輸出由×浪人主持，然內地各縣的私貨輸入輸出，也能都是×浪人主持嗎？而在內地實際出售私貨者又是何人呢？還不明明皆是漢奸作祟，做出此種勾當，不然×浪人焉能深入我們的內地與人民交易呢？假若漢奸從此滅絕，我可斷定走私有減無增，漢奸的剷除實卄急不容緩！

剷除漢奸即是杜絕走私的最妥善方法，然剷除漢奸得要先認清漢奸的地位與環境，而漢奸又都是那些人，才能着手分別剷除，不然也得不到功倍於事的效果。至於王英李守信是漢奸，像去年殷汝耕一流人亦是漢奸 與×人妥協出賣祖國的及運私貨往內地出賣的人，亦未常不是漢奸。而王英李守信是奉他們主子的命令，帶兵來攻打祖國，轟炸祖坟，燃燒祖先骨灰的漢奸，要是剷除他們實在不容易，除非趕走他們的主子。斷絕他的接給才能完全成功。至運私貨往內地出賣的漢奸 只不過是爲眼前一點小利的引誘，至於別的妄想，是沒有的。這般人即是平常所謂奸商的人，剷除他們只要我們的商界同胞共同努力，不難滅絕！

總而言之，這些漢奸我們目下是急待剷除的，是要用我們的熱血去將他們溺死的，要知他們的良心是沒有會發現的時候。所以，漢奸不絕，走私亦不能杜絕，而國家民族仍天天被出賣着！這是多麼危險的事呢！

二六，一，一二日於楊小

翻譯

高加索的四人

俄國托爾斯泰原著　菽原譯

（一）

從前有一個軍官，名子叫作石林，服務於高加索的軍隊中。

一天，他接了一封家信，那是由他母親寄來的，她寫道：「我漸漸的老了，在我未死以前，我想再見一見我的兒子，回來和我永訣吧，將我埋葬以後，若是上帝贊助你的話，再帶着我的祝福回到隊裏面服務，我爲你找了一個女子，她聰明伶俐，溫柔賢良，並且還頗具財資，如果你能愛上了她，你便可以和他結婚，停在家中了。」

石林熱思以後，確實老太太是漸漸衰老下去了，他沒有時機和她再見一面，也未必是不可能的，他最好還是回去，若是那女子果眞賢好，那有什麼不可以娶她呢？

所以他到上校那裡請准了假，便和他的同志們告別，並用四桶霧特克酒款待士兵，作爲別時的招待，整裝欲歸。

這時高加索正打着大戰：日夜路上非常難行，如果一個俄羅斯人不論騎馬或是步行，一離開了要塞，韃靼人便要把他殺死，或者捉回山去，所以定好每禮拜兩次，派軍隊把旅客由這個堡壘送到那個堡壘。

這時正當夏季，天方破曉，輜重列車便預備出發；後來兵士等都登程前進了，石林騎着馬和那載他衣物的馬車一同前走，他們要走十六英里的路程，行李車輛走的異常緩慢，有時是兵們停住了，有時是某車的一個車輪脫軸了，有時又是一匹馬不肯前行了，所以每個人都得停着守候。

依太陽已經響午過了，他們的路還沒有走到一半，黃埃飛騰，天氣炎熱，太陽熾燃着白熱的火焰，沒有一點兒躲避之處：四周是一片赤裸的平原——路旁沒有樹，也沒有森林。

石林騎馬在前面走着，停住等候車輛的到來，後來他在他的後面聽到號聲；軍隊又停住了，於是他開始想道：『我獨自騎着走不行嗎？我的馬是一匹好馬，如果韃靼人攻擊我的時候，我能夠疾馳過去，然而無論怎樣等候總是比較聰明一點。』

當他坐着凝思的當兒，一個帶着槍的軍官名叫趙斯帖林的，騎馬向他走來，說道：

『走啊，石林，我們還是獨自先走吧，眞可怕呀；我的肚中『空空如也』，天又這樣熱，我的襯衣簡直可以絞下水來了。』

劇本

毒果（續）

吟公

獄卒甲：不要哭！時間到啦！回去吧！

爲士：允華！你伸過手來！我再摸摸你的手吧！（允華伸出手，爲士用雙手抓住，作俯仰狀）唉！……唉我……我……的……兒。

獄卒甲：時候到了！你們趕快都回去吧！

（允華及卜尹氏呑聲飲泣而去。獄卒將小窗閉上。爲士仍回原處。）

胡三：俺大嬸子回去啦？

爲士：回去啦！唉！……………

胡三：你也叫大嬸子替我帶個信，叫月妮的娘，也來看看我沒有？

爲士：那……那裡還能想到那些呢！（茶房提茶壺上拍總門）

茶房：開門，開門，送茶來啦！

（茶房即將茶順入總門旁所放之茶壺內）

剛才過去的那個娘們，他是誰的老婆，眞漂亮。（現輕薄狀）

獄卒甲：卜爲士的老婆。

茶房：好呀！長的眞不錯，等着槍決了卜爲士，我尋個小寡婦。（獄卒丙突上）

獄卒丙：你看你的個形嗷！癩蛤蟆想吃起天鵝肉來啦！

茶房：你好 你傻，叫你尋他。

獄卒丙：人家是大家的閨秀，不是攤着卜爲士這樣的大烟的丈夫，就能出來丟醜嗎？

獄卒甲：這是麼麼說，還不出去。（暗示茶房，令其勿言）

（獄卒丙與茶房談話時，爲士以頭碰牆，以掌擊面胡亂勸解。）（茶房下，獄卒乙，丁，持公文上與獄卒甲低語。）

獄卒甲：（走近爲士及胡三面前）起來！老弟兄們！走吧！恭喜啦。

胡三：往那兒去？先生們！

獄卒乙：到外邊，走走！（爲士作驚懼狀）

爲士：是叫我們死去麼？

獄卒丙：到外邊就開釋您，不叫您在這兒受罪啦！

爲士：（面色轉好）怎麼！開釋俺，不是說從民國二十六年起，拿到的烟毒犯，都一律槍決麼？

獄卒甲：走！您有面子，不槍決您！

胡三：到底是叫我們做麼麼去？

獄卒丙：你們想想！做什麼去？還裝呆咧！

（胡三及爲士均驚惶萬分，涕泣有聲，延遲不行。）

爲士：你……們……能再等一等，叫我看看我的小允華麼？

獄卒丙：什麼！走！不走，打……打。

獄卒乙：走吧！別懈啦！嘗過了烟槍的滋味。該嘗嘗綱槍的滋味啦！

（胡三爲士驚惶涕泣，彳亍不行，四獄卒極力恐嚇，在掙扎的當兒，幕下。）

（全劇完）

創作

病中的一夜

博

遠出家鄉，水土不服，身體又不健康，因之就害了痢疾，這一來，好似我到了職業，時時向廁所中遊逛，精神非常不振，把日常的工作都放棄了，飲食也減低分量，弄的面黃肌瘦。

正於甜夢之中，肚中起了大的振動，被痛醒，很想大便，可是身體懶於動，強拿着精神，用兩手支持，慢慢披衣坐起，兩眼一點看不見，只好用手 助，下牀後，仍用手扶着牀邊，走出室門。

夜是如此的靜，西北風特別涼，眞有些受不了牠的刺激，同時風的中間，加雜着沙粒，打得眼都不能睜，背風細觀，校前古代帝王住居的龍亭，偉大直入雲際，寂寞的聳立兩湖之中，只可看到他驚人的形狀，但是，一切的華麗，都被黑夜蒙被了，遠望街燈都昏沉的照耀着。惟有鼓樓之燈。特殊的高明，爲本市燈之最高元首。

跟蹌的經過好多寢室，只聽得（ ）聲，同學們都在做着回鄉的甜夢，誰料到我到在黑漆漆的院內做着哀悼。

廁所內我是這樣的熟悉，不經指使，安穩的坐到便池上，一會，兩腿都酸痛了，急乎不能支持，用盡力量，也不能把汚物排出體外，只有回牀休息，經過了這次的苦痛，精神更加萎靡，好幾次幾乎不能站立，要暈倒在地。

先前的鋼琴室中是靜峭峭黑暗的，一霎那裏面有燈光照耀，並且有一位時刻努力的同學，精神滿足的坐在琴前練習樂曲，時正彈着悲壯的樂曲。尤其是在這冷清的夜中，帶病之人，聽到這種歌曲，不禁難過，同時無數悲歡之事，一時都擁到心頭，更又加之思念家鄉，更覺難過，眼淚便不知不覺的流出來了，經過多次的遏止，終于無效。可是哀仍在心中洶湧，這一來，再想睡着，是不可能，只有閉眼亂想。一時想到綏戰，我軍很勇猛的克復百靈廟，大廟一帶，身體不盡坐起來，腦子是這麼的靈和，這件事沒有想到一段落，那一件又想出，不是悲哀，就是歡喜，常在腦筋中來往循環。

這一夜是千百年的長，越想天明，朝日總是不出，這時的我，如在黑暗牢獄中作犯人，四圍皆是荊棘，身體一點不舒服，只有盡量的忍受。但等天明看是如何能！

夜襲

春林

仰視太空無星，
俯視大地一片黯黑透不出光明，
像赤壁千里的沙漠，
聞不見鷄鳴，犬吠，人聲，
只有戰馬啣枝馴服的摸 前行！
啊！前面已有低微的人聲，
是敵人的哨兵；
立刻長官下了個攻擊令，
忽的騰起一片嘶殺聲，
寂靜的空氣起了偉大的變動！
紅的砲彈像個火球拖着尾巴
巨響下破壞，毀滅，要送了許多財產生命；
機關槍來福槍分不出數響
像萬丈懸崖瀑布傾瀉似湍急，
火光染紅了半天邊的黑空氣。
不管是陷坑，電網，炮口，槍尖……
只顧奪得最後的勝利 名譽，
爲爭國家，民族的自由平等生存，
奮勇向前衝！
臨明敵人退後四十里，
敵人的血肉蓋滿地皮，
這是獲得的勝利

縣黨部化裝宣傳隊

工作雜記

（續）

秋雲

下午五時許，隊長即率領全體隊員攜帶傳單赴戲台，時台下，已擁擠不堪 蓋不僅縣口鎮民衆參加，即左近鄰鄉，亦多來此 甚有拉大車者，約計不下三千餘人，亦可見當時之盛況矣，余及王君作善 師君方健 在台上散傳單，餘均登台佈置布景，籌備開會。

縣口小學及常莊小學，全體師生均整隊參加 但人多，地位太小，故只得使學生偏立西隅 第二區中心民校校長李坤若君，亦登台，至六時開市民大會，由隊長彭君主席，領導行禮如儀後，即開始報告此次出發宣傳意義，及現在國家情形，國民應如何奮起救國。繼由第二區卜區長演說，向民衆申述一一運動意義，并當衆宣布劉鎮長德馨夫人已將購買棉衣之 元捐助，及以拾糞爲業之某同胞，已將其一日拾糞所得捐助 勉勵大家，勇於捐輸，後由隊員李乃正君演說 敍述最近暴日侵略我國情形 及綏遠戰事 現在中央已決定辦法 來應付危局，壯丁訓練，及徵兵，即最近將付實行，故凡我國民，都應踴躍參加，不能藉故逃避 又申述禁煙禁毒的政令，已快到最後關頭。全國民衆都應 律徹底戒絕，最後李中心民校校長演說，講解防空防毒的重要，防毒的方法，及臨時簡便防避毒瓦斯常識 極爲詳盡，奈爲時過促，民衆已有倦意 又後台已化裝完了，故李君不能盡其說辭 殊爲憾事。（未完）

編輯室廣播的電台

一，閒人君：尊稿收到，不日即可刊出。

二，春林君，久不來城，頗欲 見，有機能來此一敍否？

三，兆豐，子方，二君寒假歸里後，請到編輯室一談。

司法欄

◎縣政府司法批示◎

▲刑事具狀人梁敬信，一件，爲妄被誣訴，訊證已明，再懇先予賞保並補傳證人質訊，以免久累由，狀悉，仰候訊明核奪，此批。

▲刑事具狀人劉世寬等，一件，爲趙孫氏控告朦弊撤訴一案 公請添傳孫杭山到案質訊，以明虛實由。狀悉，仰候傳訊核奪 此批。

▲民事具訴人王光魁等，一件，爲承當房產，措價不交，請求傳案判追 並責令負担本案訴訟費用由。狀悉，仰候通知答辯傳案訊奪，此批。

▲刑事原告人劉數清，一件，爲深夜聚賭 夥同偷竊，請求拘案嚴辦，依法押追由。狀悉，仰候傳案訊奪 此批

▲刑事辯訴人張益修，一件，爲遵傳辯訴，請求添傳證人，質訊判斷由。狀悉，補傳證人訊奪，此批。

▲刑事具保人邵雲湘，一件，爲懇請賞保邵世法等四名在外不誤傳喚由。狀悉，准保，仍仰隨傳隨到 此批。

▲刑事辯訴人周脈眞等，一件爲提出新證據，懇請檢卷查供 通傳詳訊，以解誣寃由。狀悉 仰候續傳訊明核奪，此批。

▲刑事具狀人張桂勝，一件，爲無辜被累 請求恩予賞保開釋 免受羈苦由，狀悉，查具狀、業經調驗有癮，所請交保應毋庸議，此批

△庭期審理案件▽

一月

廿三日審理王惟，訴李善學妨害風化案

廿三日審理李清雲訴孫基祥等竊盜案

△本城糧價▽

名稱	每市石價目
小麥	最高十元八角　最低十元六角
大麥	最高五元八角　最低五元六角
黃豆	最高六元七角　最低六元五角
黑豆	最高六元五角　最低六元三角
菉豆	最高七元三角　最低七元一角
江豆	最高七元二角　最低七元
高粱	最高五元四角　最低五元二角
穀子	最高四元八角　最低四元六角
稷子	最高六元　最低五元八角
芝蔴	最高十二元　最低十一元八角
青豆	最高六元六角　最低六元四角
花生	每百斤 最高六元八角　最低六元六角
瓜子	每百斤 最高十六元　最低十五元

△△氣象▽▽

天氣	風向	最高溫度	最低溫度
晴	南風	二五度	一八度

鳳鳴塔

第二八六期

一、本刊內容分科學常識論著詩歌小說散文戲劇書信書報介紹及批評等項
二、本刊歡迎投稿來稿文言白話均可
三、來稿本社有刪改權不願者應先聲明
四、未經登載之稿除預先聲明者外概不退還
五、本刊編輯室設豐報社內

漫談

「救國之聲」的餘音

歌平

嘿嘿！一九三六年過去了，心頭留積着的恐怖趁這大地回春的時節，盡情地宣洩下子吧！

然而，一九三七能是和平年嗎？最好別提這喪氣的話，可是，掩耳盜鈴，總不能算聰明。何況我們「志氣高高的男兒，胸懷六韜的青年。」更不該如此。

那還是個夕陽藹藹的傍晚，我正翻閱着舊報，忽然一陣軍歌聲，引起了我的興奮，由遠而近，由近而沒了，五後，那雄壯的餘音老在耳朵裏迴繞着（也許沒有三天）心想找着這歌子看，苦無處探求，終于一位朋友念給我聽了幾遍而且他又很費心的抄下來：（題爲從軍樂）

（一）

從軍樂，樂陶陶，中國男兒志氣高，胸中具六韜，結隊沙場萬里去，爲國不辭征戰勞。爺娘爲我披戰袍，美人貽我八寶刀，殺敵致果氣慨豪！戰馬鳴，軍角號，從軍樂，樂陶陶！

（二）

從軍樂，樂融融，要與倭奴決雌雄，殺氣薄蒼穹，將軍令出山嶽動，壯士師行廿苦同，枕戈待旦雄心起，滅此朝食我其東，勒石富士山，紀我汗馬功，從軍樂，樂融融！

（三）

從軍樂，樂無量，一戰從故疆，雄師十萬入扶桑，拔幟易幟倒太陽，青天白日旗飄揚，敵人肉，資軍糧，敵人血，作酒漿，戰勝歸來秋正涼 從軍樂 樂無量！

他抄完之後，我念了又念，讀了又讀，氣壯心高 不愧爲軍歌，然而我又一轉念，問他道：

「這叫是誰作的？」

「弗曉得」

「嗷！歌子好是好，不過好像是抄錄人家的，只加一點顛倒錯乱而已，就是全句子抄人家的也有！」

「怎見得，」他似乎不服。

「你當我哄你，笑話，不信你翻翻『中華民國二十五年十二月二十九日的豐報副刊鳳鳴塔看看，分明素閒君那首高雅的題爲『救國之聲』的第一節『從軍』和這歌子有很多相似的地方！嘿嘿！你看！」我把那報送他手裏，

「笑話，人家怎把素閒君的『創作』抄來編歌子呢？」他手中剛接過報去，嘴裡還不住地嘟嚕着。

「事實勝干雄辯，你懂這句話嗎，除非你說：『中民男兒志氣高，胸中具六韜 結隊沙場萬里去，爲國不辭征戰勞，』的歌子與素閒君的詩中所說的：「志氣爲高的男兒，胸懷六韜的青年 趕快結隊沙場萬里去 爲國征戰殺仇敵！」竟是不同 脫胎換骨的本領雖有點可取，然而，我看這只不過是換個帽子，另繫條腰條而已。」

也無話可講。其實我也是擁戴「從軍歌」的一個，凡是愛的都是善的，美的；有人詆毀牠，那還了得，現在我才明白我的眼光竟太微末了。可是，也只有自責，不能尤人。

「我說：……」我還沒有說，他慌得指起頭來望望我，我隨即指給他報上的那首素閒君的詩的第二段，又曰：

披上光榮的戰袍，掛上鋒利的寶刀，聽啊，戰馬的長嘶，軍角的號叫，這些啊，都是備陣的音樂！前進啊！誓死與倭奴決雌雄，勒石富士山，紀我汗馬功。

「這與那歌子的第二段有什麼不同呢？字數不同；句法不同？是的，除了末二句外，于句法字數上稍有不同，然而，意義呢？文章主達意表情，那麼這情意不同嗎？」

他點了點頭，笑了。

「你看第三段吧，」我指看報上說。文曰：

一戰收復我故疆，雄師十萬入扶桑，拔幟易幟倒太陽，青天白日旗飄揚 敵人肥肉，資軍糧，敵人鮮血，作酒漿，戰勝歸來凱歌高唱！

「你和歌子的第三段對對看，如何！」我說。

他難爲情似地，我安慰他道：

「那歌子權當牠好吧，我的話都算囈語。」

「嘻嘻！」

他忽然跳起來了 高聲的責備我道：

「你光說作歌的人是抄錄素閒君的，你也得查查那種產生的早啊！你，你…唉！」

「我……我……」我眉頭一皺，總是想個法子，難道素閒君的創作的詩還是抄人家的不成，不成，自然不成，一萬個不成。我于是向他駁辯道：

「也許素閒君的這首詩是舊作，現在才發表牠！」

「恩，舊作！你何以見得？」

這句問倒我了。唉！素閒君你趕緊告訴我你那首大作何時完成的？是否在別處發表過，叫那作那歌的人見過嗎？還是沒發表時就被作那歌的人偷看了？

翻譯

高加索的囚人（續）

俄國托爾斯泰原著　菽原譯

趙斯帖林是一個短胖肥重的人，汗珠由他那赤紅的臉上流了下來，石林 想了一會，然後說道：

「你的槍裝有子彈嗎？」

『是，裝有。』

『哦，那麼，讓我們走吧，然而要以我們走在一塊爲條件。』

於是他們便沿着穿過平原的大路前進了，談着話，可是在互相守望着兩邊，四週他們能夠看到很遠的地方，然而走過平原以後，要經一個穿狹的山谷；石林說道：

『我們最好爬上山頂望望情境，不然，就是韃靼人襲擊我們，我們也不曉得。』

然而趙斯帖林答道：『那用什麼用，讓我們走吧。』

『不行，』他說道，『若是你樂意 你可以在這裡等候 但 我決意要上去望望，』他撥馬向右，走上山去 石林的馬是 匹獵馬，把他馱上山頂好像牠長有翅膀一樣，（這個馬是他在一百盧布從馬羣中買來 親手訓練的。） 他剛走到山巔，有他前面一百碼的地方，他望見了二三十個韃靼人，他們也看見了他，他轉馬下來，他們也疾馳於後，一路走，一路取下他的鎗，石林盡馬蹄之所能，向下飛奔，向趙斯替林喊道：『預備好你的槍啊！』

他在心中對他的馬說道：『把我平安地載出這個險境吧，我的寶寶呀，不要失足啊，如果你一失足，那便萬事休矣！一度我走到那支槍的所在地，他們就擒不住我了。』

然而趙斯帖林，一看見韃靼人 不等石林，便以全幅速力轉回堡壘了，一會這邊一會那邊不住打着他的馬，於塵灰之中，石林所能看見的 只是搖動的馬尾而已。

石林知道壞了，鎗已走了，只有一柄劍他能做什麼用，他轉馬對着衛兵，心想逃脫，但是已經衝出了六個韃靼人截斷了他的去路，固然他的馬是一匹好馬，然而他們的馬更好；除此，他們又截斷了他的前路，他想轉勒住馬轉入別路，然而他跑得太快了，以致不能過止，他便一直向着韃靼衝去，他

中華民國二十六年一月二十六日　豐報　（星期二）　第六版

創作

趕集

小生

看見一個紅鬍的韃靼人騎着一匹灰馬，舉起鎗，向他射來．呼喊着，列牙露齒。

「啊，』石林想道：「我曉得你們，你們都是些魔鬼，若是你們生擒了我，你們一定把我放入地窟，用鞭子打我，我一定不讓你們生擒！」

石林人雖不大，可是非常勇敢，他抽出他的短劍，便對着那個紅鬍的韃靼人衝去，心中想道：「不是我騎馬將他衝倒，我也使我的寶劍使他殘廢不全。」

（未完）

太陽奉了上帝的旨意，從水晶宮裡跨別人間來了，牠用牠特有的光芒，照遍了廣漠的宇宙，使得天地間的一切生物都能穀頌受牠的恩惠。

寒冷的北風刮得呼呼的響，震碎了清晨的寧謐，穿破了死寂的街道，那條漫長的街道上，已有很多很多的人們，正在猛烈的吵雜着。

「別晚了，別晚了趕集」

老七的口中，時常這樣的自言自語着，肩上搭着一條破布袋，在路上走着，他看見太陽升得很高，便用盡了力量，竭勁的與路途掙扎，踉踉蹌蹌的跑，想快到集上買點雜糧，以充妻兒的饑腹，又將破布袋從肩上摘下，纏在腰中，鼓着勇氣和寒冷的空氣抗戰，然而 頭上，身上已出了不少晶瑩的汗珠。

「老七哥，趕集啦！」

「是的，我趕集來。」

「冷嗎？到我家裏烘烘火。」

「不，不冷，還得趕集去哩！」

老七剛走到了街頭，卻碰見了時常在一塊賣糞的王強，他倆便站在路旁的一顆枯了的洋槐樹下，央央的談着。

「老七，這幾天來怎樣，沒有蓋鍋吧！王強似乎很擔憂，將臉色變成極莊肅的模樣，眼睁睁的盛看老七的乾把的嘴，等待着要說些甚麼。

「唉！別提啦！這幾天的糧食、全是借的李二爺的，不然，早已蓋鍋了，至於糞呢，一行，二行……老是賣不掉，有時賣了，也是特別的賤，這……唉……」老七將眉頭一收 連嘆了幾口氣，身子似在戰抖——凍得輕輕地戰抖。

「……」王強袖着手，將兩隻眼睛合成線，苦板起臉膛，似在思索着，

「嗷！我知道」，這是老天爺的好學，有咱的和人民作對，自入秋直到現在，沒落一場好雨，一些富有的人們，恐怕鬧成歉年，不願收買吧！……唉……還有我呢？我的家庭裡也是關着沒啥吃的飢荒。」王強像是從夢中醒來的樣子，噓噓地說」一段。

「你說的啥話？咱們是活死在日本鬼子手裏，我要天到城裡給我的東家買什物，正巧是東關大會，隨便，我走到會場上溜溜，但是回到城裏的時候 正遇着一羣愛國的學生，在那裡講話給一些趕會的人聽，我走到跟前，就聽得他們說，「日本很可惡，他用兵力壓迫我國的民衆，還有奸商，將洋貨運到中國來，使得國貨倒閉，金錢外溢……」聽着邊糞都是從日本運來的洋糞，唉怪不得，我的糞老是賣不掉，這八成是被洋糞的排斥，牠媽的，日本鬼，走私的奸商，真該殺，老七動起火來了，要拚殺似的，猛然跳了起來，兩隻眼泛白着。

「啊！老七你說的不錯，我……」

這句話沒等王強說完，老七便插過嘴來，輕輕地說了一聲，我走了，趕快趕集去。」

他倆決意分路了，各走各的路。

（二）

寒風瀰漫的街道上，閃動着無數的人影，老七混在人羣中奔走，他望着一筐筐的青菜，一臟籃的生肉，羨慕的心 時而 招展着，但還臭得包子，油榨鬼（即油條）的香氣 。到了 老七走到了糧行裏 直挺的站在人羣的外圈，翹首舉趾的往圈內窺望，傾聽着糧食的價值，心慕仍然招展着。

小麥一斗，一元四角，高粱一斗，六角……」這是行人的報告。

高粱一斗（市斗）六角——是三吊整……」這些在老七的腦內盤旋着，激蕩着，他有點發愁了，「唉！還不夠買一斗呢？倘差一吊。」低着頭反覆地說幾遍。

太陽漸漸地升高了，街上的人們逐漸的稀少了，沒有了；幾個飯鋪老板例外。

老七在街上逗了幾遍，沒有買到一粒雜糧，便垂頭喪氣的依着原道走，慢慢的走 他的心中湧滿着無窮的苦悶 腦內清印着生活窘迫的影像。

村外的寒風嗚嗚的響特別的做了老七的嚮導。

（三）

金娃坐在籬笆房舍內的灶台旁，兩手捧着一隻盛花的碗喝糊漿，甜蜜地，十分的高興，但，因受了寒風的威脅，身上卻帶着幾分的戰慄。

（未完）

為了入營受訓

春林

他的臉被悲哀愁苦鬱結變了顏色，
眉毛緊鎖像兩個彎曲的小磁鐵釘相吸，
像嬰不可嘗味的苦果。

○　○　○

往常一對明亮的眼，
現在好像專用以從人臉上
測知悲哀，愁苦，災難，，
無人處更掛下淚珠兩串。

○　○　○

自鄉保長從城裏征兵抽籤歸來，
帶給他一個不自在；
入營受訓的時期旋轉在眼前，
離鄉背境遠父母從來沒有幹過，
悲哀愁苦的是，
結婚期隔在入營的那邊！

○　○　○

他為了入營受訓——
瘦削了身體，
損失了精神。
科不知國家民族危險到壘卵，倒懸！
挽救的責任緊緊壓上兩肩！
這種智識低落的青年，
世紀早將他們丟入了萬丈深淵。

二五、十二，二十八日楊小

縣黨部化裝宣傳隊　工作雜記（續）

秋雲

演說完了，即開始表演，第一劇為雙簧，係老隊員林君及劉君耀賓二人表演，較在李新莊已進步不少，蓋詞句既熟，滑稽部份，復增加很多，故能邀得觀衆之贊許也。

第二劇為旅長的婚禮，董君化裝，已較前為佳，其于最後與日女決別喊一二三之表情，較在李新莊亦有進步，即飾勤務兵之吳文軒君，亦極熟練，青非在李新莊時之生疏也。

第三劇為屠戶，此劇詞句已較劇本增加，如打架及勸訴時之言語，已絕非劇本中所載者，蓋情勢所逼，不增加，不能盡情表現孔屠之陰狠也 至第四幕之表演，因係初次增加，故不甚圓滿，如令七及吳賴之告孔屠三大罪狀 第一放重利債，第二挑撥是非，包攬辭訴，第一假造拘票 強行訛作，而縣長敘述時，竟不能整個說出，誠為美中不足 故此四幕演過 絕未發生興趣。徒令人作畫蛇添足之感，一般隊員，均不願以後再增第四幕 否則味如嚼臘，殊無意義也。

屠戶演完時，已近十一時，但觀衆絕未減少，由此亦可見話劇之動人 實較梆子等戲為佳也。

（未完）

編輯室廣播的電台

一，春林昨已來城，相見後，圍爐暢談，殊覺快意！彼對本刊期望極殷，故編者此後當更努力！

二，兆豐．子方 君寒假歸來，望到編輯室一談！

三，欣平君的「救國之聲」的續稿，今日在漫談中發表了。

本城糧價

每市石價目

名稱	最高	最低
小麥	十元八角	十元六角
大麥	五元七角	五元五角
黃豆	六元八角	六元六角
黑豆	六元五角	六元四角
菉豆	七元三角	七元二角
江豆	七元二角	七元
高粱	五元五角	五元四角
穀子	五元	四元八角
稷子	五元九角	五元七角
芝麻	十二元	十一元八角
青豆	六元七角	六元五角
花生（每百斤）	六元八角	六元六角
瓜子（每百斤）	十六元	十五元

氣象

天氣	風向	最高溫度	最低溫度
陰	南風	二五度	一八度

鳳鳴塔

第二八七期

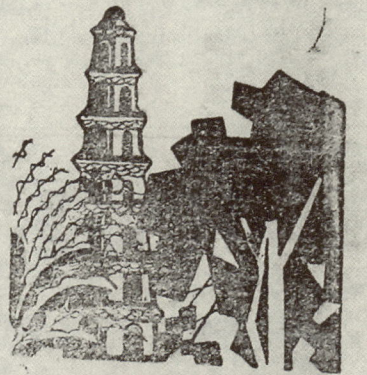

一，本刊內容分科學常識論著詩歌小說散文戲劇書信書報介紹及批評等項
二，本刊歡迎投稿來稿文言白話均可
三，來稿本社有刪改權不願者應先聲明
四，未經登載之稿除預先聲明者外概不退還
五，本刊編輯室暨豐報社內

漫談

對于創手摹擬與抄襲的我見

吼風

凡不受他人文字的影響。而自己對於某種事物，心有所感，用文字發表出來，這樣的文字，是有時代性的，因他是以潮流爲轉移 所以我認爲他是創作，這種文字的作者，很明白潮流的趨向，是站在時代前面的，我認爲他是一個創作家，是一個潮流的領導者，是一個先知先覺的人呢。

反之，摹仿他人文字的意義或筆調，而成一種文字者，這樣的文字，雖字句與其不同，但軀殼及靈魂，仍然雷同他人，所以我不認爲他是創作，只認爲他是摹擬。這種文字的作者。雖不能站在時代的前面，却能隨着時代演進。我認爲他是一個偷作家，是一個潮流的隨從者，是一個後知後覺者呢。

再深一步說：只把他人的文字，略改其字句，或變目其題目，意義筆調，仍然套用他人，這樣的文字，我不認爲他是摹擬，更不認爲他是創作，只認爲他是抄襲。這種文字的作者，不知道潮流爲何物，也不知道作此文字的意義在那裡，我不認爲他是一個創作家，也不認爲他是一個偷作家，只認爲他是一個搶作家，是一個不知不覺者呢。

翻譯

高加索的囚人（續）

俄國托爾斯泰原著　菽原譯

當他離他還有一馬之距的時候，被人由後面襲擊，射中了他的馬，牠帶他的全重跌倒地上，將石林也摔倒了。

他本欲爬將起來，但是兩個臭氣冲冲的韃靼人已經坐在他的身上，在背後細着他的兩手了，他用力一掙，把他們滾倒下去，但，其他的三個已由馬上跳下，開始用他們的槍柄擊着他的頭腦，他眼花繚乱，向後倒去，韃靼人們執住了他，由馬上解下多餘的馬帶來，在背後綁住他們雙手，用一個韃靼結子結住，他們打落了他的帽子，脫去了他的皮靴 將他的全身搜了一遍，又撕爛了他的衣服，拿去了他的錢和表。

石林向西周瞧瞧，見他的馬躺在那裏 可憐的東西，側着身子，和他跌倒時一個姿勢，掙扎着，四蹄照天，不能俟地 他的頭上有着一個窟陽，正在流着黑血，把周圍二尺寬廣的塵土都變成爲泥漿了。

一個韃靼人向那馬走來，開始御下馬鞍 可是牠還是踢着，於是他抽出一把短刀 對牠的氣管一擺，一種尖銳的聲音 由牠的喉嚨裏傳了過來 那馬猛烈地跳了幾下，便一切完了。

韃靼人把馬鞍和馬飾取了以後，那個紅鬍的韃靼人騎上了馬，別的把石林舉到他後面的鞍上，爲着防止他的落下起見，又把他綑在那個韃靼人的腰帶上；後來他們便騎馬上山了。

石林如此坐在那裡，左右的搖個不休，他的頭碰擊着那個韃靼人是奇臭的後背，他只能夠看見那個强健的背部和有力的頭頸。石林的頭受了傷，血已經乾在他的眼睛上邊，他既不能在鞍上移動他的位置，又不能將那些血抱揩法。

他的兩臂被緊緊地綁着，致使他的鎖骨異常疼痛。

他們上山下山走了許久，後來走到一條河邊，他們涉水而渡，又走入山谷中崎嶇不平的道路。

石林本欲看看他們走在什麼地方，但他的眼被血黏住，不能睜開。

暮色已至；他們又涉過一條水，騎馬走上頑石壘壘的山坡，這裏有了煙味，有了犬聲，他們已經走進了一個韃靼的村莊，韃靼人由馬上跳了下來，韃靼孩子們走來圍住石林，歡樂他呼喊着對他投着石子。

韃靼人將孩子們趕開，由馬上把石林解下 喊着他的僕人，一個顴骨突起，僅着短衫的諾蓋人(註)應聲而出，他的短衫破爛不堪 以致前胸完全袒露，那個韃靼人下給他一個命令，他去取來了鐐梏所謂鐐梏。便是一個附着鉤子和鎖子的鐵環穿着兩塊橡木。

他們解了石林的膀臂，把脚鐐扣在他的腿上，拉他走到一個馬廄，將他推到裏面，便把閘鎖上了。

石林跌倒在一堆糞上，他在那裏靜躺了一會以後，摸索着找一塊柔軟的地方，安身下來。

註：(一)務特卡——原名(Uodka)是是一種用顆麥製成的烈酒。

(二)諾蓋人——是韃靼人的別支

（二）

那一夜石林幾乎完全沒有入夢，這時正是晝長夜短的時候，不久日光便由牆上的小孔透了進來，他站起身來，把那個小孔擴大，向外面窺望着。

從小孔中他看一條大路一直通到山下，右邊有一座韃靼茅屋，附近長着兩顆樹，一隻狗躺在門檻上，一隻山羊和幾個羊羔在來回地走着，搖擺着他們的尾巴，後來他看見一個韃靼婦女，穿着一件頎長寬鬆而顏色華美的長袍，下露着褲子和高跟皮鞋，她用衣服蒙着頭，在上頂了一個充滿水的金屬瓶，她用手拉一個頭髮蓬光的小孩，我穿着一個小的短衫，當她走着使他身體不衡的時候，她的背部的筋肉動得非常利害，這個婦人把水運入茅屋不久，那個紅鬍子的韃靼人便走了出來 穿着一身絲織品的外衣 在他的身旁懸着一把銀柄的短劍，赤脚穿着皮鞋，在他的頭上戴着一頂尖高的黑羊皮帽子，他走出來伸伸個腰，撫摩着他的紅鬍子，他站了一會，給他的僕人一個吩咐便走開了。（未完）

劇本

救了小生命

吟公

時代——高唱普及義教的今日。

地點——一個破落的鄉村，較富人家的大門前。

人物——馬知富年四十二歲，係目不識丁之頑固老農貪財不要命，最不贊成子孫求學。

馬卜氏年四()歲係知富之妻頗識時務，但常受丈夫壓迫。

馬王氏年五()歲係知富之嬸母頗識時務並帶有詩文的風味。

小雀年十二歲係知富之子，爲本村小學學生，但因知富之頑固，一暴十寒，時作時輟。

徐建鄉年三十五歲，係本鄉鄉長，做事熱心，並對鄉村教育及鄉村自治 極有研究。

樂育英年二十三歲係本鄉小學教師，對鄉村事業極有研究。

王先生年五五歲鄉中之老學究。

倘士信年三六歲村中之農夫。

鄉丁一人

開幕：溫和的太陽，照遍了一個寒淡儉樸家庭的門前。知富正坐橙上打草鞋，馬卜氏在一木桌旁，正忙做棉衣；小雀幫父搓繩，他們正努力的活動着。

知富：那是怎麼搓的這就能用了麼？眞沒用，活吃才。（怒目視小雀）

馬卜氏：讓他做什麼？小孩子能做啥！

小雀翻眼窺其父，仍搓繩不止。）

知富：（帶氣）他媽的，瞎活十啦歲，什麼用都不中，你睜開眼看看，你做的活，（小雀吊淚。）還哭咧，好！我叫你哭，打你的個小東西！

知富脫鞋底打小雀，小雀大哭，馬卜氏即上前拉住。）

小雀：爸爸！爸爸！我不敢啦！唔…………

馬卜氏：老禍害！你把個孩子打死吧！這一點事能值當的麼！

知富：看你正經幹活不！（坐，復工作）

馬卜氏：真是的！哀！十拉歲的孩子能幹啥！

知富：還小嗎？十拉歲啦，誰能清養着他！

（小雀作吞泣聲。）哭！我叫你的個小東西哭。（復打。）

馬卜氏：你打死他吧！俺娘們都死到你手裏！（淚下。）

知富：我叫你，哭！

小雀：我不敢啦！爸爸！我眞不敢啦！你叫我做什麼，我就做什麼！

（小雀吞泣，馬卜氏坐一旁流淚，知富仍繼續其工作，全場稍呈沉寂。）

馬卜氏：小雀來！穿上你的襖，上學去吧！（拿襖與小雀穿，小雀暗窺其父。）乖孩子！（小雀搖背，作不願之狀態。）好好的去吧！別執謬啦！挨打還不改麼」

（未完）

創作

趕集（續）

小生

太陽仍是逐漸地高升起來，清晰的光芒照在老七的臉上，反映出蒼灰的顏色來，令人看了害怕，當作是鬼。

老七伴着自已的黑影，在一條冷風來往的路上走，心情是感到幾分的難耐，遙望村裏的炊烟，一團團，一縷縷地往天空升着，變成了一片灰白的薄雲，他看見了那片由炊烟變成了薄雲，心內有點作痛了，心想，我的孩子的母親也在家裏炊飯吧！唉！還少一樣呢？却少米呢？」哀歎着，仍是一步一移的走。

「七伯，做啥去啦！這樣冷的天氣，正好在我家吃能飯再走。」

金娃從灶旁一個首看見了老七，隨即站了起來，便用他素日隨便的口吻，很乾脆的說了兩句，張開嘴，吃吃的笑。

「趕集去啦！不，不能……」老七抬起頭來，免强地苦笑了一聲，便用他縱涸的目光望着金娃的臉，望着金娃手中蒸氣瀰滿的飯碗、望着鍋內……

「七伯，歇一歇，我告訴你一件事，一件很當緊的事，」金娃將板橙給老七坐下，帶着沉重而興奮的模樣，將碗丟在灶台上，聲音宏亮的說：「在今早我到二叔那裡去，湊巧他正坐在牛屋裏看報（因金娃的二叔是一個保長），於是我便請二叔告訴我報紙上的消息，果眞，二叔從頭至尾的說了一遍。——什麼日本要想侵佔綏遠，僞匪反正×××，被我軍擊潰，還有中日談判，很多，很多……總之，日本是我們的仇敵，是我們中國每個人的勁敵，但我聽到這些話的時候，心房如刀刺一般的疼痛，血管如火燃一般的沸騰，我眞地想不要命的去和日本鬼子拚個死活……」金娃的聲音變得低了，不做聲了，臉色變得特別難看。

金娃實在是一個愛國的窮漢子，但每聽到他二叔告訴他一件國家受到×帝國主義的侵略，他總是很難過的嘆出幾口無聊的愁氣。

「唉……」

老七偷滴下了幾點傷感的眼淚，在他的腦海內，心影上，更深刻了「日本的殘暴毒辣」加之他飢寒交迫的困苦的生活，更激起了他無涯的憤怒，忿恨日本的可殺。

「唉！早飯還沒得到口呢？我的妻兒……將怎樣在家裡盼望着能夠買點雜糧，得到一頓粗飯。」老七這樣的想，他走了，一步步的往那茅屋裏走去。

完

漂流者的獻詞

朝楓

只因我浮漠般的漂泊，
使你的靈魂
也感覺了難忍的疲勞。
不信？
昨晚上——
夢境裡，遇到的你的影子，
該是如何的憔悴而可憐呢？

○　○　○

記得，
一個黛色的暮藹裏，
我慢慢地接授了，
你的純潔的心。
於是
我也非常小心的。
將我一顆赤裸裸的心兒，
贈給你。
這樣心兒放在心兒裏，
怎能使人久分離？

○　○　○

可恨過去太匆匆了！
夢般的記憶
隨着這寂寞的時光；
化作一縷漂渺的青烟
飛向一個不可捉摸的地方去了。
啊！獃子！
你摸索着何處去找呢？

○　○　○

只有使人不可知道的，
夢裏流過的相思的淚，
還在泊泌的流向着生命之河，
那點一滴兒喲！
含着些愛的酸辛，
那緩慢的聲兒喲！
在我和你聽着。
也許比人間的咒罵，
更要美麗。
這是神經的歌曲？

○　○　○

我在時時盼望着，
我將變成一隻小小蝶兒，
輕輕的舞進——
你已疲倦了的夢境。
我要伏在你的枕兒上，
哭訴我長年漂泊的哀情。

沙灘上

唐虛

是漁家的孩子吧！
赤着脚在沙灘上乱跑，
視線放在滾來的浪上，
希望的先和浪花一樣，飛發
尋找[illegible]，一沙灘。

○　○　○

一個孩子提着竹籃，
竹籃裏放着大塊的沙羅，
眼光不時的審視着，瞧着。
笑聲從內心裡顫出，
歡舞飛上眉稍。

○　○　○

幾個異鄉的人兒，
在沙灘上拾着蚌殼；
這異鄉的景物倦了異鄉的眼
好奇的心田浸在平凡的沙灘。

○　○　○

月夜裡，一片幽光，
罩在沙灘上，
孩子你在玩躍，
有的更：
唱着山謠。
拾蚌殼的人兒不知何處去了。

○　○　○

夜深了，
海聲應着山松，
怒濤打着石岸，
在合奏着宇宙的偉大音律！

在海濱上放歌

唐虛

怒浪如山，
狂嘯：滔滔，
抱着地球撼搖，
想吞食宇宙，
毀滅萬象。

◎　◎　◎

站在海濱的懸崖，
啊！啊！看啊！
一幅壯麗的圖畫，
一幕偉大的佈景！

◎　◎　◎

希望高標在雲端，
努力於在浪頭上，
來！來！來！擊擂！擊擂！
宇宙在顛蕩，
地球在搖晃。

◎　◎　◎

我高呼：
偉大的力啊！
偉大的聲啊！
偉大的光和色！
偉大的詩和歌！

編輯室廣播的電台

一，秋雲君的工作雜記今日暫缺。

二，鄉民君來稿都收到。以後當次第登出、

三，最近收到豐中同學的「略論明清興亡」有四篇之多。編者正在選擇着，下期當有一篇登出，餘均退還，請投稿諸位原諒！

△本城糧價▽

名稱	每市石價目
小麥	最高十元六角　最低十元三角
大麥	最高五元七角　最低五元五角
黃豆	最高六元六角　最低六元四角
黑豆	最高六元四角　最低六元三角
菉豆	最高七元二角　最低七元
江豆	最高七元　最低六元八角
高粱	最高五元三角　最低五元
穀子	最高四元七角　最低四元五角
稷子	最高五元六角　最低五元五角
芝蔴	最高十一元五角　最低十一元二角
青豆	最高六元五角　最低六元三角
花生（每百斤）	最高六元八角　最低六元六角
瓜子（每百斤）	最高十六元　最低十五元

△△氣象▽▽

天氣	風向	最高溫度	最低溫度
陰	北風	二五度	一八度

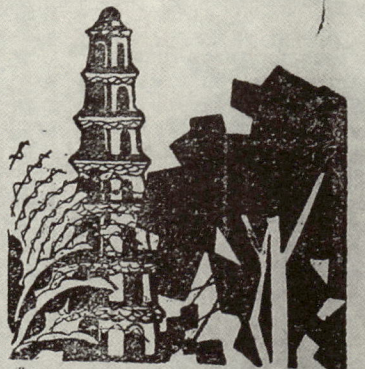

鳳鳴塔

第二八八期

一，本刊內容分科學常識論著詩歌小說散文戲劇書信書報介紹及批評等項

二，本刊歡迎投稿來稿文言白話均可

三，來稿本社有删改權不願者應先聲明

四，未經登載之稿除預先聲明者外概不退還

五，本刊編輯室設豐報社內

漫談

略論清明興亡

鄉民

在封建制度下，每一個朝代的改換，總有許多的謠言，由掩蓋歷史眞像的大人們的口裏發出來，給血腥的歷史一個泯滅，使我們後代的人模糊，只覺着從前的光榮。談到明朝，它也跳不出這圈子，它的造謠是這樣的：

「……崇禎改元戊辰歲旦，天子方御正殿受朝賀，忽大聲發自西北，占者以爲鼓妖。是日自成與其徒飲米脂山中，酒酣，舉骰祝曰：『得六紅，我當爲帝。』一擲果六紅，羣小被酒，皆下階叩首呼萬歲。」

我們在這裡可以看出明朝的滅亡是歸咎於天意，而不是一班大官貪財，爭勢，勾引敵人，和一些毫紳地主的剝削農民，而致明朝的滅亡。現在我們要揩破這個使人迷惑的帷幕，把它滅亡的複雜的眞像來略略一述：

鄉下的農民，他們沒有多大希望，他們想不到做大官，也想不到得多些錢，來做個毫紳地主，只要有一碗飯吃，他們是一聲不響地往前過，提到「作乱」，他們是最最的胆寒，朝代的改換，對於他們是沒有多大的關係，這也是他們從上世傳下來的經驗；「只要能吃飽穿暖，誰來屬誰的民。」這是鄉的農民們最常說的，也是他們最關心的，但生活的重担緊緊的往下壓，使他們不能維持最低的生活的時候，他們也要翻身，喘口氣，和不教他們生活的一般毫紳地主，吸血的官僚來相併，奪一口飯來塞塞飢餓的肚子；闖獻所以能夠起來作亂，而且能號招許多的人，也不能頤他是天生成的好亂份子吧！

「……崇禎改元之歲，秦中大飢，赤地千里，白水王二者鳩衆墨其面，闖入澄城，殺知縣，由是府谷王嘉胤亦聚衆於黃龍山；他若漢南王大用，階州周大旺等所在蠭起。」

在這上面兩短短的幾句裡，我們便可以看出了他們的乱因。

（未完）

翻譯

高加索的囚人（續）

俄國托爾斯泰原著　菽原譯

後來兩個少年飲馬回來 從這裡經過，馬的鼻子還是溼着，另外幾個光頭的小孩子跑來，褲也沒穿只披着他們的小衫他們擠在一塊，對着倉庫走來，一個拾起一個小樹枝，便照着那個小孔刺進，石林大喊了一聲，那些小孩子們便驚喊着跑了。

石林非常渴，他的喉嚨異常乾燥，他想道：『但只願他們走來看看我吧！』

後來他聽見人在開着庫門鎖，那個紅鬍的韃靼人走了進來，另外還有一個和他同路，這個人比較低了一點，長着湛墨發光的黑眼，紅的兩頰，短的鬍子，他有一副令人愉快的面龐，早遲總是帶着笑容，這傢伙穿着比那個還要漂亮，他披着一件金邊的藍綢外衣，穿着紅的繡銀花的摩洛哥託鞋，在他的腰帶上掛着長大的銀劍，脚上套着一雙厚的皮鞋。一頂白的羊皮帽子戴在他的頭上。

那個紅鬍子的韃靼人進來，訥訥地說了點甚麼，好像別人煩惱了他似地，站着，依靠着門柱，撫摩着他的短劍用眼睛斜睨着石林，好像一隻狼一般，那個黑人，輕輕地活潑地好像是在跳躍般地對着石林走去，蹲在他的面前，拍着他的肩膀，開始，非快的說着他那土語，露着牙齒，霎着眼睛，不斷地的咨着他的舌頭，重復地說道：『好俄國人，好俄國人。』

石林一字也不懂得，只是喊道：『渴啊，給我點水！』

那個黑人笑個不停，繼續用他的土話說道：『好俄國人。』

石林用口和手，作勢他需要喝的東西。

那個黑人懂了，笑着，然後他朝外邊看着，喊道：『狄娜！』

個小女孩跑了出來：大約有十二三歲的樣子，苗條纖細，面孔很像那個黑的韃靼，顯然她是他的女兒，她有一雙清湛的黑眼，臉兒非常曼妙，穿着一件寬袖沒帶的藍色長袍，她那大衣的邊沿，胸前，袖上都鑲着紅的邊兒，她穿着褲和託鞋，託鞋之外，套着肥大的高跟鞋，項間戴着一個由俄國銀幣製成的項圈，光着頭，黑髮辮着絲繩，點飾着鍍金的銀幣和絲帶。

他父親給了一個吩咐，她便跑開了，回來的時候，她提着一個金屬的罐子，她把水交給石林，坐下，捲曲着，以致他的膝蓋比他的頭還高；她坐在那裡，圓睜着眼，看着石林飲水，好像他是一個野獸一樣。

當石林轉空瓶交給她的時候，她突然跳了起來，宛如一隻山羊，以致把她父親也惹笑了，他又使她去取別的東西，她拿起罐子，便跑出去了，她在一個木圓盤上端來了幾塊未經發酵的面包，又坐下，蜷曲着，凝目而覗。

後來韃靼人們走開，又把門鎖住了。

遲了一會，那個諾蓋人走進來說道：『哀達，主人，哀達！』

他也不懂俄語 石林所能了解的是要他到什麼地方去的。

（未完）

劇本

救了小生命（續）

吟公

知富：誰說的叫他上學去 你就當家啦！

馬卜氏：你剛打罷他 叫他到外邊逛逛去．

知富；逛逛倒中，要是上學，咱眞不能幹！

卜氏：不能也不中唉！人家都上學啦！只有咱小雀不去，你想想能行麼？

知富：咱管他行不行做什麼！給他個黑不去看他怎麼辦！

卜氏：叫他去罷！俺老爺，不去再受罰，况且咱只這一個孩子，在咱莊上，又是單門獨戶，不上學能過不！

知富：那你就叫他去！我不管，讓恁娘們當家。

卜氏：乖孩子去吧！（小雀遲遲欲行）

『知富：去！我叫恁去！眞是胡作乱爲。（怒，以未成處之帶木底毛鞋，打馬卜氏。）

卜氏：我怎麼得罪的你，你打死我吧！（小雀又哭，慌忙下。）

知富：叫你說！

卜氏：俺娘們也不能活啦！你不打死我，你實眞不好種。

（小雀及馬王氏慌忙上。）（毛鞋內放洋紅水，打時流於臉上，以示出血。）

馬王氏：恁兩個正做着活怎麼打起來啦，小富、、你瀆黃子還不放開手。

卜氏：我的頭叫他打破啦，嬸子！（知富坐一旁嘆氣。）

王氏：老天爺！怎麼歸結法！唳！

（馬王氏急拿麵掩住創處 又解帶子與之縛好。）

卜氏：還包啥！倒不如死了好！

王氏：恁是因爲啥？

卜氏：他煩小雀搓的繩，不能用，打了他一頓，我說叫他到學裡逛逛，這一句話就得罪他啦，就把我好的頭破血出的！

王氏：恁富哥！你也弄大年紀啦！皮氣也不該弄暴燥啦！張口就罵人，動手就打人，老夫老妻的做什麼！唉！眞是……

知富：嬸子！你光說，你不知道，唳……學堂裏開學 個多月啦！人家都上學啦！我要一說叫小雀上學去吧！就要動氣 輕了摔碟打碗，重了打老婆罵孩子，咱也有幾十畝地，不識字能中不？

卜氏：小雀又不逃學，去年隔二隔三的上了一年，小孩子都說恁小雀孜了第一，功課不能再好啦！今年開了學，無論如何都不叫他去啦！因爲一個小繩沒搓好，一連打了幾頓，我 說就打我，俺娘們還過啥唉！過，你想想！嬸子！

中華民國二十六年一月三十日　晉報　（星期六）　第六版

王氏：㤉嫂！你不要生氣！常言說的好，『官打民不羞，父打子不羞，夫打妻不羞。』他那火二崩生的皮氣，你還不知道麼？說起咱馬家來，眞丟人，到㤉身上說七輩子沒喝過黑墨水，個個都是瞪眼睛，可也都是窮種麼！眞可憐！小富！現在咱馬家倒好死絕啦！只還有㤉這一門人，就小雀這一個孩子！你又不是端不起碗，爲什麼不叫小孩上學的呢？你沒聽人家說麼？「養不教，父之過」保長不也說過麼，該上學的，不上學，還要受罰！上學還是瞎事麼？

唳……

知富：你知不道，嬸子！外明知不道裡唔，俺過的日子，雞毛菜似的，那能上起學。

王氏：噯呀！別說啦！咱這裏上學，窮人不要拿錢，二老虎家的個大姐，用的書，都是先生發給的。

卜氏：他天生的笨種，說也無益，勸也無益。（低聲咕農看說。）

知富：小雀十拉歲啦！他在家裏，能給俺拾點糞看看家，能頂一個大人做活啦！上學，啥用呀，

王氏：老天爺，人家都是詩書傳家，你倒以拾糞傳家，眞是沒出息頭，（推小雀）去！小！不要緊！有我當奶奶的說話，誰也不敢打你，上學去吧！（樂育英上。罵卜氏馬王氏急下。

知富：嗷！先生來啦！

育英：唔，馬先生在家啦！

知富：小雀趕快給先生搬板橙。

小雀：（對育英鞠躬）先生你好。（急搬板凳。）

育英：好！你也好：（還禮坐）

知富：樂先生你吸烟。（拿烟袋讓樂育英。）

育英：我不會吸！馬先生！

（小雀提茶上，斟好）

知富：樂先生！我聽說學校裡，開學多天啦，因爲我是個窮忙，小孩也沒上學去。

育英：莊稼人家都是這，現在還忙麼？

知富：現在不忙啦，我從這幾天就讓他叫他去，他無論如何不去　眞氣人，哀！

（未完）

盼望着的綠衣人

一葉

地凍天寒的黃昏時分，有一個少年倚着兩扇板門，兩眼巴巴的向着四週瞭望，瞭望着心中盼望的綠衣人。

也許是夜影已籠罩着塵寰，糊塗中已分辨不出那人的面顏，是看見面龐上是瘦削了，或者是因爲愁思的纏綿。

他翹起雙足瞭望，心頭上蘊藏着無限淒涼，難道說又失望了嗎？，今天又不見綠衣人翩然的光降。

他心頭的創傷　只有在心的深處蘊藏蘊藏在心的深處

啊！忍耐着，盼望着能否實現了這數日來的希望。

今天又空空的逝去走吧！綠衣人又成了洪喬浮着自浮沈着自沈啊！沈浮之間啊，也定不會失去心頭至寶

街頭的燈光已明，當空的皓月如炬，行人的履聲橐橐踏踏的走過屋角，穿過街衢！

淚向眼邊流，血向肚內吞，自吞自嚥啊，淚與血，血紅淚酸淚酸血紅，爲什麼不見到來啊，綠衣使者。

月華如練，蒼空如洗，心頭上蒙上了恨網愁絲　莫非伊負心，疾心人仔細思尋，不吧！又躭擱了不解事的綠衣人。

夜寒似水，似水似冰的澆什脊背他眼睜睜的，秋看街頭細小的燈蕊！這是星的光明啊！這點點的光明啊！爲何不燃燒在伊的心內！

他的熱淚充滿了眼眶，眼眶如何能容納啊，滔滔的淚浪，沿着兩腮滾滾的流下　流滿到脣邊，流溼衣裳，浸透胸膛，浸入心房！維有千丈火焰火焰的熊熊的點燃，也燃燒不熱了啊！他的心頭！他的心頭，已充滿了淒涼悲慘！

他的雙足在戰慄　連寸步也難挪移，他連連的咀嚼啊！這淒苦的滋味！這滋味是淒苦的啊！淒苦塡塞了胸臆！

笑聲已充滿了耳鼓　這笑聲已不能衝破愁苦　卽使鑼鼓喧天，鐘天价響，也不能傳入他的愁腸心房！消去了悲愴，淒涼。

他轉回來暗望，莫非信件已送進了書房，書房內是淒清的也決不會存留着幸福的寶光！

莫非，這件已被別人掩藏，掩藏着要挾茶點充腸，不吧！我在門外自晝至晚的盼望，是驚人的夜，也不能閃爍了目光！

莫非將信件誤揀投了他鄉，難道不能發現嗎在中途路上，不吧！這是幻想，這幻想也不能安慰我焦灼的心房！

莫非，綠衣人已遭了病殃，或者躭擱在酒鋪飯莊，不啊！夜已晚了，也該踏着月色，遄返故鄉，帶來了雲箋一張！

莫非，我已是遺忘，將信件裝入了衣囊，沒有拆封捧讀，因爲事務的繁忙，不啊！怎會遺忘，這是生命的花，幸福的光！

莫非　伊已把我捨棄將以前的心改變轉移！不吧，伊是眞誠至意，「我倆互相偎倚，」伊在月下向我喁喁私語！

莫非　伊投入郵筒愆期，以致不能如期到達投遞，不哟！天天這樣盼望　難道就永遠愆期，躭擱　永遠的壓在書底。

聽！遠處　犬吠，犬聲漸漸傳進街衢，他的心頭又動盪了　啊！美聲的天使，降臨了啊！曼曼地翩翩地安琪兒！

走近了是一行人，他們的步聲，驚起了狂吠的惡犬一羣，又失望了今天，四週杳無聲息，鴉雀無聲！

他折轉身　懶懶地走進愁的國門，這愁　千絲萬縷，遺恨　萬古千春！他無力的倒在床上，籠罩着的是愁恨紛紜！

試問古今人們，誰不盼望着兩個擠着幸福的綠衣人，他們，收到的是圓滿心足！我啊！是愁是恨。

……完了……

霜

素聞

夕陽已收了殘光去休息。
看！
——小星現着猙獰的臉兒，
望着大地。
她似在說：
強暴的太陽死了，
弱者啊，
大家一齊來暢遊吧！
○　○　○
呼呼！
風兒帶着小星的宣言到全世界，
帕帕！
到處奏着哀曲：
早已罩上了白色的濃霜。
○　○　○
天明了，
太陽從東海邊上升起。
哦！
狡猾的小星都嚇得逃走了，
下界的喧鬧，立刻停止；
萬物揭去了喪服，
大家一齊破涕而笑了。

編輯室廣播的電台

一，秋雲君的工作雜記仍缺。

豐中同學們所送來的「略談明清興亡」已選定鄉民君的一篇，今日在漫談中登出。

三，岑君你的與人辯論的稿子，請你送來吧！

四，一葉君的「盼望着的綠衣人」是散文詩。

本城糧價

名稱	每市石價目
小麥	最高十元七角 最低十元五角
大麥	最高 最低
黃豆	最高六元六角 最低六元四角
黑豆	最高六元四角 最低六元三角
菉豆	最高七元一角 最低六元八角
江豆	最高 最低
高粱	最高五元三角 最低五元二角
穀子	最高四元七角 最低四元五角
稷子	最高五元九角 最低五元七角
芝麻	最高十一元四角 最低十一元
青豆	最高六元四角 最低六元二角
花生（每百斤）	最高六元八角 最低六元六角
瓜子（每百斤）	最高十六元 最低十五元

氣象

天氣	風向	最高溫度	最低溫度
陰	東南風	三六度	二七度

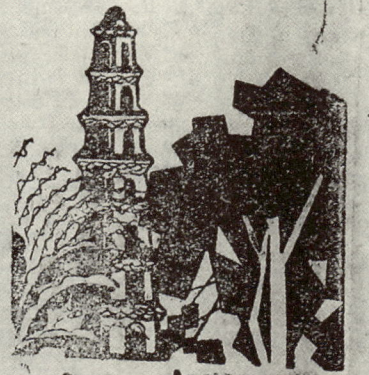

鳳鳴塔

第二八九期

一，本刊內容分科學常識論著詩歌小說散文戲劇書信書報介紹及批評等項

二，本刊歡迎投稿來稿文言白話均可

三，來稿本社有刪改權不願者需先聲明

四，未經登載之稿除預先聲明者外概不退還

五，本刊編輯室設豐報社內

漫談

略論清明興亡（續）

鄒民

農民的叛乱一發動了，朝廷大臣便要竭力來壓服，他們沒有別的方法，只有來招一批浮浪人由大師領着來剿除，他們爲着兵能遵守自己的命令，爲自己來拚死，便每到個地方任意他們要這要那，使農民難以應付，而且軍餉和一些別的用錢，又得重重的在地畝稅上來加，再加上連年的天災，這樣稍有幾畝地的自耕農　便不能維持最低的生活，租地種的窮民，和身欠高利債的窮民，因連年的災荒　欠的錢也無歸還，而地主們却在後面逼着要，這使他們無耐何相繼加入乱渦。十來年的變亂不能平定的原因也是這。

「……迎闖王不納粮之謠，傳之遠近　於是歸賊溺衆——」

個人的利益，能和農民的利益稍有點相關，農民便有　點的擁護，反之，和人民利益相衝突，而在榨取農民的血和肉的人，終于會爲農民們所反對的。在這一點上也是明朝滅亡的原因。

當內亂的勢力日益擴大的時候，敵人的南侵也隨着加緊，在這時朝內的大臣反不思抗敵，而在爭權爭利，有的甚至勾結敵人，用欺詐，陰謀來買於皇帝，

「……文龍憚上英明，思有以自立，乃通情于清，願捐金三百萬，易金復二衛地，奏恢復邀上賞。已成約矣，袁崇煥督師出關，上召問方略，以五年爲期，可以平遼，及履任，覘知文龍有成約，急遣喇嘛僧人清，啖以厚利，欲解文龍約以就己，而清最重盟誓，堅持不可，强之再四，不聽。喇嘛僧曰：『今惟有斬毛文龍耳，在清不爲負約，在我可以收功。……』」

朝廷用着這樣的人，來爲國家抵禦外侮，這只有使國家滅亡的更快一點。到敵人的兵，臨城的時，朝內的大官們，爭取官職，詐取金錢的詭計，一點也沒能懈怠，反而更加活動起來。

「……時廷臣請纓者甚衆，祭酒錫疇，願任募兵，可得二十萬人。簡討項煜荐舉尚書李騰芳可當大任，請面對者不一而足。上傅各官　俱于本衙實修職業，諸臣皆廢然而退。……」

他們這一班是不講忠孝　也不講信義，只要有利於自己，那便是正當的事。

朝上旣然有了這樣只知利而不顧國家的大臣，下則有毫紳地主來剝削已竟不能維持最低生活的農民，這正給清朝一個絕好的機會來滅亡明朝。

清朝便利用着這一班只顧私利的官僚，再加上屯强悍的大兵，便一步步的把明朝滅亡，把農民的叛亂用明晃晃血刀壓了下去，建樹了個二百六十多年使中國日爲衰弱的清朝。

（完）

翻譯

高加索的四人（續）

俄國托爾斯泰原著　菽原譯

石林跟着那個諾蓋人，跛着兩足，因爲他的脚上絆着脚鐐，所以他寸步維艱，當他離開庫倉的時候　他照見一個韃靼村莊，約有十來家人家，一個韃靼人的回教堂　中有一個小的尖塔，一個屋子的前邊，站着三匹已經備好的馬；小孩子們牽着他們的韁繩，從這房裡走出那個黑韃靼人，向石林招手示意，叫他隨之而入，然後他笑了一笑，用他的土語說了幾句話，便走入屋裏了。

石林進去了，這個房子非常漂亮：牆壁用膠泥塗的極其平坦，靠近前牆的地方，放着一疊羽毛皮褥；側牆上面遮着質美的絨毯用作壁衣，掛着來復槍，手槍，寶劍，這一切東西都鑲裝着白銀，靠近牆邊，有一個與地面相平的小爐，地面和打穀場一樣地乾淨，一個牆角舖着毛氈，上面又蒙上絨毯，放着裝以絨毛的坐褥，五個韃靼人坐在五個坐褥上面，有那個黑的，紅鬍的，和三個客人，他們都穿着戶內的託鞋，他們面前的盤中放着栗餅碗中盛着溶解的牛酪，和「保薩」酒，他們都是用手吃着乾餅和牛酪。

那個黑人跳起來，吩咐把石林放在一邊，不是地氈上，是在光地上，然後他又坐上毛氈，拿栗餅和「保薩」敬奉他的客人，那個僕人令石林坐下，然後他脫掉他的套鞋，和別的皮鞋一同放在門旁，靠着他的主人在毛氈坐下，注視着他們的狼吞虎嚥，不住地舐着他的嘴唇。

那些韃靼人盡量吃了以後，走來一個和那女孩同樣裝梳的婦人——穿着一個長袍，褲子，頭上蒙着一條手巾——把所有的東西都收拾去了，又端來一個華美的臉盆，和一個細嘴的水瓶，那些韃靼人洗了手後，便合掌下跪，對着四方吹起氣來，並說着他們的禱文，他們說完了以後，一個客人轉向石林，用俄語說道：

『你被卡齊謨罕默德所俘虜了，』他指着那個紅鬍的韃靼人，『卡齊謨罕默德又把你給與了阿卜都謨拉德。』他指着那個黑的，『現在阿卜都謨拉德便是你的主人了。』

石林默然不語，後來阿卜都開始談笑起來，指着石林重復地說道：俄國兵，好俄人。』

那個翻譯者說道，『他命你往家寫信，告訴他們送來贖金，當錢一到，他便把你放了。』

石林想了一會，說道，『他想要多少贖金呢？』韃靼人說了好一會，翻譯者說道，『三千盧布。』『不行。』石林說道，『我出不起這麼多。』阿卜都跳了起來，恍着他[illegible]肩膀，對石林說着和從前一樣地以爲他能懂得翻譯者解釋道『你出多少呢？』

劇本

救了小生命（續）

吟公

知富：你不知道，嬸子！外明知不道裡唔，俺過的日子，雜毛菜似的，那能上起學。

王氏：噯呀！別說啦！咱這裏上學，窮人不要拿錢，二老虎家的個大姐，用的書，都是先生發給的。

卜氏：他天生的笨種，說也無益，勸也無益。（低聲咕濃着說。）

知富：小雀十拉歲啦！他在家裡，能給俺拾個糞，看看家，能頂一個大人做活啦！上學，啥用呀！

王氏：老天爺，人家都是詩書傳家，你倒以拾糞傳家，眞是沒出息頭，（推小雀）去！小！不要緊！有我嘗奶奶的說話，誰也不敢打你，上學去吧，（樂育英上、馬卜氏，馬王氏急下。）

知富：呦先生來啦！

育英：唔！馬先生在家啦！

知富：小雀！趕快給先生搬板凳。

小雀：（對育英鞠躬）先生你好。（急搬板凳）

育英：好！你也好？（還禮坐）

知富：樂先生你吸烟？（拿烟袋讓樂育英）

育英：我不會吶！馬先生！（小雀提茶上斟好。）

知富：樂先生！我聽說學校裏，開學多天啦，因爲我是個窮忙，小孩也沒上學去。

育英：莊稼人家都是這，現在還忙麼？

知富：現在不忙啦！我從酒幾天就嚷着叫他去，他無論如何不去，眞氣人！唉！

育英：他從前不是很勤學麼？現在怎麼鬧的！（使懷疑狀）也許是一暑假心跑野啦！你當老子的也要得督促他。

知富：那當然的！（目向小雀）小雀！來！（小雀走近父前）一會跟恁先生上學去吧！這不恁先生來邀你咧！有我的面子，他不嚷你，也不打你。（小雀下）

（未完）

創作

憶起往事

紫尊女士

夕陽燒紅了西山的晚霞，在緊緊地與蔚藍的天，接着最後的甜吻，夜神已張開了他的玄色的翼籠罩着人間。太陽姊姊歸去了！夜色已瀰漫了大地的一切，夜神也悄悄的從天幕上降落到人間，夜已黑色了。

在晚上獨對孤燈，驀然地憶起往事：

大概是在半年前的一天下午吧！我和我的一位知友，在一間斗室裡談笑，高歌，那時的伊，驟然改變了素來的面容，兩個眼角上的幾條悲哀的縐紋，也隨着淡淡的笑臉展開來。兩頰上浮起朵朵玫瑰色的紅雲，任何人見了都感覺着和悅可愛，兩隻微笑的眼，也呈現出喜氣洋洋來，舉動也驟然輕快而敏捷，面龐兒神彩弈弈　伊的脣在微動着，好似在笑，精神煥發的身心，翻動着愉快的波濤，……這時坐在椅子上的我，目光都直射在伊所拿一本稿子的手上，我和伊的視線密合在他那篇稿子上，『呀』！好啊！——這時伊右手裏拿着的一枝鋼筆在發出一種黑黃的光，——我這聲，『呀！』幾乎使她驚恐地將稿子落地，伊看了我如此的情景，只笑了一笑，此時我的心花開得正豔，感覺着領略了『人逢喜事精神爽』的真意義。

又憶起在一天的清早，大地上一切都靜極了，醒來，躺在床上，睜看倦眼，看着窗外的藍天，什麼也沒有想，再睡也睡不着，不，我在想，想夜裏的惡夢；一片淚水：……窗外，有什麼在響動，我輕輕地穿好衣服，又找出雙鞋穿上，輕輕穿過祖母的房間，開了門，站到院中。涼氣襲人，花香一陣陣的送入鼻官裡　是靜美幽雅的宇宙，但跳躍着的却是一顆仍在夢中，悽愴惆悵的心，一個說不上來的是誰的影子飄來，模糊又又清楚　想抓着時，又無從下手，一天開始了，舒不開眉頭，展不開心愁。

匆匆的走進學校，低着頭，我不願意看見他們　走進教室把書放下，惘的再出去，坐再椅子上，一個不清的影子又襲來，認不清是誰，頭一動，跑了，跑到不知去向的地方，上課了，講些什麼，我不知道，注視着黑板，然而眼光是凝滯着，正臨着窗兒依着牆在出神，忽然覺得別人注視到了，一驚，喚回了痴呆的靈魂，在聽先生講書　真是不接頭。

一個上午糊塗的過去了，又該去吃飯，多無聊，人爲什麼非吃飯不能活着，

他們找我去閒遊，我不去，我說不舒服，其實我那有病，可是他們信我的話了，難道我真真的有了病咯，

我又不敢走到鏡前。

下午的功課我也無心去看……溜出來了，順步走進水池邊俯下身子，用樹枝撥弄着水，很天真的玩着。

晚上，回到家　什麼也沒吃，就睡了，一夜狂風，讓秋蒼老了多少　黃了的落葉，在院裏乱滾，爬山虎的落葉又紅了！啊！紅了的葉子喲！

再也不憶起往事吧！我盼望着，幾月來的傷心，豈不是影子要逝去的回光麼？消磨幾年，也該去了。從心裏飄去的影子　又被狂風帶了回來。

一層層的悲痛，一向感不出劇痛的傷心，聚到一塊，每說出一句，悲痛就加深些，近于黑色的烟幕　展在眼前，我看一個慈祥，微笑，失望的臉，不知是誰，把伊推到我的心邊，想起伊．又一個模樣的東西在眼前，是一層灰色的烟霧，淡得似有似無，啊！是伊給我的傷心，在幕後隱藏着頹廢　唉！往事如烟，閃來閃去，我失神的看着眼前的一片。

病話

嫺人

飄泊在異鄉的孩子，
誰不會作些鄉情的想念？
如今是嚴寒的殘冬
光禿禿的老樹也呼呼的悲鳴。

○　○　○

誰能替我去把這信息傳送，
孤零的孩子如今已生了病！
孤單的母親此刻也許幻想着他的孩子
擔心着她的愛兒會推不下旅途中的苦辛！

○　○　○

誰能替我來煎藥煮茶，
好把病魔早日治下？
假苦慈愛的娘在病榻側，
也許不至淒涼如此吧！

○　○　○

眼淚流在汗膩淫淫的枕邊，
又有誰能夠看見呢？
我想我假若在今朝晚上死了，
唉！又有誰來傷嗟弔唁？

○　○　○

就是他們把我遺屍拋在荒郊，
我也無愛無嗔，
不能瞑目的就是這奧妙的人情，
幽深的人生。

纖悔

兆豐

這裏沒我的親人看護，
也沒半杯冷水放在榻頭。
這樣從曇曦挨至昏暮，
從昏暮挨至深夜……
總未見有個人兒，前來問我聲：
「要杯水不？」

○　○　○

四週陰淒淒的，
像是夜神撒下的滲霧，
窗外秋風颯颯，
落葉也在深沈的嘆息；
階下的秋蟲　伴着，
床上的呻吟！
漸漸的化爲哭泣！
這景兒：
很能使人陷進一個回想徑，
我記得，
我曾這樣對母親說過：
「故鄉是我最厭惡的東西！」
嘗對慈母，總我
發出這般無情的言語，
也曾嗒地爲我幾次哭泣！

○　○　○

一個霧烟籠罩着的清晨，
我已踏進了漂泊者的一羣，
現在遙望故鄉何處？
淚水洒溼了黃土。

○　○　○

這時我在深深的纖悔，
我要長起一雙翅膀，
飛到慈母的懷抱裏。
我要連聲的說：
「請赦我幼小者的無知！」

編輯室廣播的電台

一，秋雲君的工作雜記暫停刊載。

二，岑君請你把稿子送到編緝室裡來好了！

三，齊信敏君昨日寄來長篇小說「流亡」一本。他是安徽鳳陽縣人。我們的客籍作者，以他和菽原君　爲最努力！

四，王萬選君：你的「黃大嫂認兒」已收到。不日即可刊出。

司法欄

◎縣政府司法批示◎

▲民事辯訴人陳明鑑，一件，爲遵傳答辯，請求補傳人證，質訊公判　駁斥原訴由，狀悉，仰候補傳證人，庭期訊奪　此批。

▲刑事告訴人王念坤，一件　爲害死髮妻，不吐實情　再懇提案訊究治罪，以伸命冤由，犯悉　本案既經天津地方法院受理在先，依刑事訴訟法第八條前段之規定，仍應由該院繼續審理，仰即執照此批。

△庭期審理案件▽

二月三日審理趙孫氏訴趙良知等傷害案

三日審理王衍甲訴張益修詐疑背信案

三日審理魏承來訴李明恩妨害風化案

三日審理張李氏訴張金朝租糧案

△本城糧價▽

名稱	每市石價目	
小麥	最高十一元	最低十元八角
大麥	最高	最低
黃豆	最高六元七角	最低六元四角
黑豆	最高六元五角	最低六元三角
菉豆	最高七元二角	最低七元
江豆	最高八元	最低七元七角
高粱	最高五元二角	最低五元
穀子	最高四元七角	最低四元六角
稷子	最高五元九角	最低五元六角
芝蔴	最高十一元四角	最低十一元二角
青豆	最高六元五角	最低六元三角
花生（每百斤）	最高六元四角	最低六元
瓜子（每百斤）	最高十六元	最低十五元

△△氣象▽▽

天氣	風向	最高溫度	最低溫度
陰	東南風	三六度	二七度

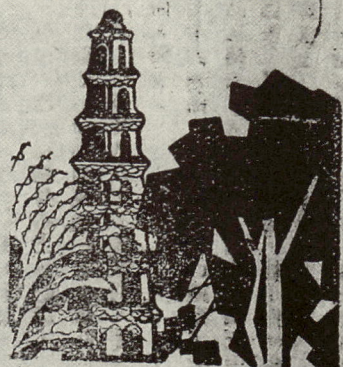

雁鳴塔

第三九〇期

一，本刊內容分科學常識論著詩歌小說散文戲劇書信書報介紹及批評等項
二，本刊歡迎投稿來稿文言白話均可
三，來稿本社有刪改權不願者應先聲明
四，未經登載之稿除預先聲明者外概不退還
五，本刊編輯室設豐報社內

漫談

算賬

—岑

爲了一件極小的事，回到相隔七十多里的故鄉去，以致于「賬」到今天才得清償。

在這裡，我有打開窗戶說亮的必要：到底我所清賞的是怎樣的一拋賬。

榮培君在國防文學有立場麼的一節論文裡，以極荒謬的言論來駁斥關於國防文學的提出這篇文章。

現在論讓我說出他荒謬的所在吧：

1.榮培君因『國防文學』是蘇聯提出的，而我們不應該再把他提出來。如果和這相反，便成爲蘇聯的小嘍囉。

榮培君，我知道你混，可是，我并沒有料想到你混到這般程度，以致於連『國防文學』這四字都犯禁，『國防文學』成爲蘇聯的專有品……

現在你要知道：一句話是一句話，一句話的本身一無所有。這并不是說，一句話不生任何的作用，而是說，一句話可以用來確定某件事情的目標，作爲實踐的指針，然而，沒有了『實踐』，牠就不會有任什麼作用。

由于這，我可以說：『我們提出『國防文學』這個旗幟是沒有什麼了不得的。

再者說，自『九一八』後，我們的危運便一天一天的逼緊了。在這種情形下，自要不甘心做亡國奴，不甘心做漢奸，爲了挽救國家的危亡，同時也是爲着自己的生活是極需要『國防政府』。可是，政府的力量是人民的力量。 這就是說， 政府的背後是人民。

在這樣的時候，文學負着很大的責任。

這裡有烏利雅諾夫的聲音：『文學是教養群衆的武器，認識現實的工具——深刻的研究世界的工具。』同時，我還應該知道：文學不是消閒的，而是戰鬥的。關于這，皮西科夫曾經說過：『文學的本質是戰鬥，不是擁護，便是反抗。』

因爲這，我們可以知道：文學在鬥爭中，有着極大的作用，可以加强反抗的力量！

所以，爲了挽救國家的危亡，提出『國防文學』是得當的。

現在我們還應該知道：『國防文學』雖爲蘇聯提出，然而牠的本質已與現在我們所提出的『國防文學』有着不同的意義。誰都知道中國受着各列强的壓迫，國際地位降到次殖民地位；蘇聯所處的境遇，并不像中國這樣惡劣，所以，我們『國防』到那裡去？蘇聯又向那裏『國防』？在這裏，『國防途徑的不同，很明顯的在眼前。

因此，雖說同是『國防』，然而所走的路及目標却又不同了。而不同『國防』的提出，又怎能分出『大王』與『嘍囉』呢！

再說，即令中國的『國防』和蘇聯的『國防』同，也不該分出『大王』與『嘍囉』因爲中國目前需要『國防』，提出『國防』是對的，那更沒有別的話說。

倘若你不服，我舉個事實的例子，要王先生回答。

A中國本沒有外國文，現在各中學都有這一科。王先生怎樣交代？

B物理中國本來就有，但是沒有牛頓定律。可是，牛頓定律替我們解決了物理上不少的疑難，但牛頓并非中國人，當然牛頓定律也不當中國人所創出。可是，爲了解決物理上的問題，可以不可以當個小『嘍囉』？

C現在國防上極需要飛機，大炮，坦克車之類，然而這些又本非中國人最先製造的（現在製造這些，也還發生問題，當然不全也是其中之一。）如不當小『嘍囉』，王先生有沒有更好的國防武器？

一句話，我并不是和王先生爭奪『嘍囉』與不『嘍囉』這頂帽子，而是說王先生不應該把『國防文學』看得這樣狹義，事實上『國防文學』也不如王先生所說的一樣。老實地說一句：

『王先生，「國防」二字是什麼意思？』

2.王先生在國防文學有立場麼這篇文章裏提到了魯迅。他認爲和魯迅鬥爭一生的惡勢力是指三民主義而言。

在這裏，我眞替王先生『慶幸』竟然把頭鑽到太空裏去，脚似乎不占土了。

閒言少敍，書歸正傳！

王先生，你要記好：血管裡湧出的將永遠的是血，噴泉噴出的也永遠是水。這正如俗語說的一樣：『城牆怪厚，不能不透風』，也就是說，『洋紅水』也能成爲血，因此，我要替已死的魯老先生來說兩句話：

A魯迅先生死了，我們便失了一顆明星，這是我們的一個損失，一個大大的損失，怎能使我們不悲痛呢，不心痛呢？

『因爲這是我們無上的損失，是值得我們哀悼的。可是，當我們哀悼的時候，兩個中國警察，背後跟着兩個日本兵，帶去了我們的主席，看守我們的五個代表 臨走時這兩個中國警察，低低的向我們的主席及五代表說：『這是他們的意思』 用嘴唇向背後的日本人掘。』

開庭時，法官這樣的問：

『你們紀念魯迅，爲什麼要反對我們的友邦呢！』

『我們并沒有反對我們的友邦，也沒有反對友邦的道理，而我們所反對的是我們的仇敵，魯迅和我們一樣的反對敵人。』

『你們爲什麼有反日的行動？』（生活週刊：天津通訊）

B魯迅是個捏筆桿的，他的和惡勢力，鬥爭，也只是寫寫文章吧了。然而 魯迅從文學運動，却開始辛亥革命那個時候。據我所知道的，歷史上的記載 也和我知道的一樣。難道說：歷史錯了！

總之，和魯迅先生鬥爭一生的惡勢力，并非三民主義政府。這，你以爲怎樣？

3.王先生認爲中國的『民族文學』與『國防文學』有天壤之別，應該把『國防文學』請出洋。

王先生把『國防』兩個字在不同的環境裡看成相同了，以致于連『國防文學』也要請出洋去。

誰也不能否認，在三民主義領導下的『民族文學』負着『國防』的重任；更有誰能夠承認『民族文學』僅僅包括到『國防』。因此，我們說：『民族文學』爲中國政了個號召的總口號，而『國防文學』恰像底下的一個分部；這又怎樣不可呢？

再說『民族文學』負着『國防』的重任，『國防文學』也同樣的負着這個重任。

倘若『民族文學』沒有『國防文學』和其他的『什麼文學』來補助的時候，『民族文學』將會孤立。將會給人們一個模糊的概念。這就是說『國防文學』標明了『民族文學』的急極的一面。既然『國防文學』與『民族文學』不是對立，而是補助，那就沒有請『國防文學』出洋的必要。（完）

小啓：今日稿件擁擠，翻譯暫停一期。

劇本

救了小生命（續）

吟公

青英：那有打的道理，我向來不主張打學生，小孩又不憨 無論什麼道理，一説就明白啦，現在上學不比從前瞎打瞎揍的，把小孩都打糊塗啦！就是當老子的也不能無妄的打孩子，因爲光打不教根本不是好辦法。

知富：是的，先生你說的很對，我從來沒打過小孩，他娘才看着同掌上明珠一樣咧！

育英：小孩子很溺愛了，也不是好辦法，所謂嬌養無義子。」

（小雀攤石板書籍上，並稍帶笑容站一旁，）

知富：是的，你說的眞不錯。

育英：那麼！就叫你的學生跟我上學去好了；並且還希望馬先生能照着我們剛才談的話　去做。

知富：那當然的。

育英：馬先生你忙吧！我回去啦！（起行）

知富：你看先生，說話呢？回去，慌的啥！

（育英出，知富送，小雀隨行，知富怒目視小雀，令其速回，小雀遲不欲退。）

育英：（回首輸躬，）再見吧！以後有閒空的時候，請馬先生到學校裡去玩。

知富：好好！先生回去啦！（樂育英下回首怒目視小雀。）嘿！狗東西！沒眼色！忘了上學迷啦！還不打毛鞋去。走一步榨斷你的腿。（小雀作失意及驚懼狀，繼續工作，知富坐一旁吸烟。）

（未完）

創作

王媽的死

小生

「算啥！老絕後眞不好，撇下東西是禍。」二能手裡拿着半截香烟，眯着兩眼，微微地點着頭，口中吐出一縷青烟。

「是的，二哥說的不錯，像三媽沒有親人，撇了東西、眞是禍。」三黃坐在橙子上，兩隻手向火爐內探着，鼻孔的垂液滴到唇邊來，「哼」！他又吸到肚裏去了。

他倆坐在一間屋子裡私論着，屋外的冷風颼颼的響，刮得院中的棗樹的枝條吱吱的叫，一羣雀麻飛到屋角上，渣渣……的乱噪，飛跑了，他倆仍然談論着，望着爐內的火，火燄向外探首窺視着，像條火龍。

是的，王媽的死，特別是同族們所關心，他是一個沒有親人的老媽子　他獨自生活　雖有不少的家私，因爲年紀大了　在生活上也很少能夠得到身心上的舒適，至於他的族姪族孫也曾未走到他的面前看見過一次，但在他的心中，也就任爲自己是一個孤苦的人，不倚賴別人養老，也沒想過族家的任何人養老。

實在，人生七十古來稀，王媽的年紀已經到了七十八歲，閻王不要自己也該去了，的確的，他去前幾天因爲天氣驟冷、受了點傷寒　又沒有人理問他，終于他的病沈重了，躺在破舊的病床上，整日的呻吟着。

「唉！沒人的老媽媽頭，眞……」王媽垂在病榻上，眼裏流着淚，從喉管裏送出一波微吟。

天氣愈冷，王媽的病愈加沈重起來了，在她一顆衰老的心內，微微的激着一層愁波，腦海裏的往事，一幕　幕的搬演，但演得激烈了，便隱哭一場，演得疲倦了，便沈睡夢鄉，這樣的痛苦的生活，在他沈痾呻吟中挨過，直到他氣窒的時候，仍是微微的泣吟，終沒有說出一句樂觀的話來。

奇性，王媽死了沒有半天，到處都是他的親人，族姪族孫一大片，尤其是他的族姪們子忙個不了，又是請人買棺材，什麼楠木段子，緞綢……外衣，很多……很多，還有紫的什麼罩子，樓子，……亭……八仙……盡是殯葬用的東西　其實，這一切的費用都是王媽自己的家產．到底，有誰憐惜呢？

「有了東西方是人」這話實在不錯，王媽是一個有財的人，但爲了殯葬王媽　他的族姪他還鬧了很多氣，爭着摔勞盆（就是喪盆）好承受些財產。

「不行，這家產該我承受，他強霸，得打官司，」一伙才端着酒盅　看臉膛是帶着幾分醉意，口中不斷的咕嚕着，兩隻脚走得碎碎的響．

（未完）

走上征途

春林

朋友，請將眼淚收回！
正值國破家亡的時候，
不要儘管留戀着兒女之情！
○　○　○
征馬已在嘶鳴，
前面騰又起了殺聲，
星斗閃出滿天恐怖，
小心點，崎嶇的路難行！
○　○　○
遠處的田野上飛馳着磷光！
堆堆的黑影發出呻吟聲，
○　○　○
平地雜亂的掘出無數險坑，
戰爭在未滅的餘爐上跳動。
這地方聞不到夜犬狂吠，
沒有鷄聲再數五更。
○　○　○
東方光明雀落了星斗，
望見前面民族仕騎在行。
朋友！快揮征鞭飛入族影！

編輯室廣播的電台

一，豐中已開學了，除了本星期六仍出　攻鳳鳴塔外，下星期豐中週刊就復活了！

二，兆豐君：請來一談！

三，岑君「算賬」今日刊出。中間我略改了一點，請原諒！

四，秋豐君的工作稍把暫停。

司法欄

◎縣政府司法批示◎

▲民事具狀人毛訓家、一件、爲遵傳提出、辯訴理由、請求聽察核判、駁斥原訴由、狀悉、仰候補傳證人、庭期訊奪、此批、

▲刑事撤訴人徐敬交等、一件、爲遵處撤訴、請求銷案由、狀悉　准予撤回　此批、

▲刑事告訴人渠時鏡、一件　爲聚賭營利　還兒逼逃　訴請拘案依法究辦、以戢賭風　而安閭閻由、狀悉　仰候傳案訊奪　此批、

▲民事具狀人蔣高品、一件、爲誣訴圖詐　遵傳提出辯訴理由、請求聽察核判、駁斥原訴由、狀悉　仰候補傳證人、庭期訊奪、此批、

▲民事委任人蔣高品、一件、爲委任民子趙明亮到庭聽訊、准予代理由、狀悉　准予代理此批．

▲刑事具保人許德廣　一件、爲懇聘償保許張氏　遵期到庭、決不有誤由　狀悉　准予保赴靈縣投訊、此批、

民事具狀人程王氏、一件　爲沐批已久　執行無期、迫叩訊予傳案、一再嚴厲執行由、狀悉　仰候再爲派員執行可也、此批、

▲刑事具訴人周傳義、一件、爲糾衆搶劫　懇請拘提訊辦追贓給領由、狀悉　仰候通傳訊明核奪　此批、

▲刑事具訴人劉鄭氏　一件、爲重婚遺棄、羣毆虐待、訴聘傳案依法究辦由、狀悉　仰候傳案訊奪、此批、

▲民事原告人馬心盛，一件，爲誆騙地價　許租不給，請求傳案判追由　狀悉，仰候通知答辯傳案訊奪，此批。

▲刑事具狀人趙汝貴，一件，爲遵處罷訟，懇請准予撤訴銷案由。狀悉，准予撤回，此批。

▲刑事撤訴人杜永聚，一件，爲遵處撤訴請求銷案由　狀悉　准予撤回，此批。

▲民事辯訴人李維賢，一件，爲原告孫世果　訴請離婚案，依法提出答辯，請永駁回原訴由。狀悉，仰候庭期訊奪．此批

▲民事具狀人孫世果，一件，爲狀訴已久，再懇迅予傳案，依法判令離異由。狀悉　仰候庭期訊奪，此批。

▲民事具訴人汪善年等，一件，爲契約成立，抗不立價，訴請備案判追由。狀悉．仰候通知答辯，傳案訊奪，此批

▲民事具訴人陳興茂，一件．爲負責償款，狡賴不給，訴請傳案判追，並令負担本案訟費由　狀悉，仰候通知答[illegible]此批。

▲刑事撤訴人王衍甲，一件，爲遵處罷訟，請撤訴由。狀悉　准予撤回，此批。

▲刑事具訴人李效先等，一件，爲被訴僞證　據實辯陳，選請聽察，實究虛坐由　狀悉，仰候庭期訊奪，此批。

本城糧價

名稱	每市石價目	
小麥	最高十一元	最低十元七角
大麥	最高五元八角	最低五元六角
黃豆	最高六元八角	最低六元六角
黑豆	最高六元五角	最低六元四角
菉豆	最高八元五角	最低七元[illegible]角
江豆	最高八元二角	最低七元九角
高粱	最高五元五角	最低五元三角
穀子	最高五元	最低四元七角
稷子	最高六元	最低五元七角
芝蔴	最高十一元四角	最低十一元二角
青豆	最高六元七角	最低六元四角
花生（每百斤）	最高六元六角	最低六元三角
瓜子（每百斤）	最高十六元	最低十五元

氣象

天氣	風向	最高溫度	最低溫度
晴	西南風	五二度	三五度

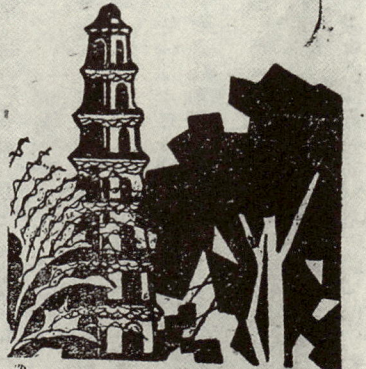

鳳鳴塔

〈第二九一期〉

一，本刊內容分科學常識論著詩歌小說散文戲劇書信書報介紹及批評等項
二，本刊歡迎投稿來稿文言白話均可
三，來稿本社有刪改權不願者應先聲明
四，未經登載之稿除預先聲明者外概不退還
五，本刊編輯室設豐報社內

漫談

駁斥瘋狂的「算賬」

榮培

在中華民國二十六年元旦降臨的一日起，「國防文學」這四個字在中華民國的土地上已是絲毫沒有立足餘他，銷聲匿跡，本來再用不到我來置喙，上次我寫了最後一篇累贅的啓示，也是無法中的一法，雖然裡面並未把國防文學荒謬之點顯明說清，但是對文藝有立場的人，任何都會一見了解，就是：國防文學決不是民族文學，民族文學決不同國防文學！

我素來似也亟力反對所謂一種類於宣傳流派的文學，不過眼看第三國際的忠臣，所謂一般中國的左聯作家的大吹大擂，假使我也居然盲目和從，那就未免自打嘴巴，更要緊是：做第三國際宣傳者，何如做我們民族宣傳者，替第三國際盡忠，何如替我民族盡忠！

自從昨年在上海的一般左聯作家把國防文學吹擂了一陣，許多內地的青年們，向不知道第三國際是什麽，又不知道左聯作家所負的使命，一看題目特別，口號新鮮，於是大家一窩風的也隨着瞎喊，實際說來　國防文學自身沒有立牢，倒毒害了許多青年心墾，這真是一樁可痛的事情。

(一)樂岑說：「以致於連國防文學這四字都犯禁，國防文學成為蘇聯的專有品……」，豈敢！我告訴你，國防文學是蘇聯的專有品和國防文學的犯禁，在現在中華民國任何一個小孩子都早知道，怕不知道的，就祇有你一個人，你要不相信，教你翻翻全國任何一張報紙看看。查一月二十九日潘公展先生在上海文藝界座談會上有這末一段話說：「所謂國防文學，乃是由普羅文學演化而來的。為什麽普羅文學忽然搖身一變，而變成國防文學呢？這是由於第三國際的指示。老實說，來路貨的共產黨　總比土貨的共產黨高明一點。他們看出不能再照老計劃實行，環境變了，計劃也應該改變，於是他們有一個決議，西班牙的人民陣綫應該怎樣，法蘭西的人民陣綫應該怎樣，一一規定出來。他們認為中國現在應該喊出抗日的口號，抗日最能引起同情，所以在文藝界就把普羅文學的口號，一變而為「國防文學」：這是有第三國際大會的決議可為佐證的。」

俗說一着錯，着着錯！明明既然是國防文學只有一個第三國際鞭策下的國防文學，却如何又能說現在國防文學的意義已不同從前？這種口氣，若非私淑共產黨　特意自作解人，自圓其說，便是癡人說夢！（未完）

翻譯

高加索的四人（續）

俄國托爾斯泰原著　菽原譯

石林凝思着說道，「五百盧布」關於這一點，那些韃靼人們開始很快地在一塊談着，阿卜都開始和那個紅鬍的韃靼人急促地爭吵起來，以致口沫四濺，那個紅鬍的韃靼人只是斜睨着他的眼睛，的答着他的舌頭。

他們沉默了一會，那個翻譯者說道：「五百盧布實在不夠你的主人，為你他自己已經出了二三百了，齊卡議罕默德欠他的債，他以你作為代價，三千盧布，少了不行，若是你拒絕寫信，他們便要把你放入地窟，用皮鞭打你！」

「唉！」石林想道，「人愈怕，便愈糟。」

於是他毅然跳了起來，說道，「你告訴那狗，如果他想嚇我，那根本就不行，我不怕你們這些狗子，並且永遠不怕！」

翻譯者翻譯了，他們立刻又一齊討論起來。

他們亂說了許久，後來那個黑人站了起來，走向石林說道：「勇敢的俄人！勇敢的俄人！」他笑了笑，對翻譯者又說點甚麼，他翻譯道：「一千盧布就使他滿足了。」

石林堅持此端，「超過五百我一定不出，若是你殺了我，你什麼也不能得到。」

韃靼人們談了一會，然後便聽差去取東西，他們不斷地一時瞧瞧石林，一時瞧瞧門口，僕人回來了，跟進來一個肥胖赤足衣衫襤褸的人，他的脚上也絆着脚鐐。

石林驚得喘起氣來，原來那就是趙斯帖林，他也被捉住了，肩並肩地把他們放在一塊，他們互相敘述着所發生的事情，在他們談話的時候，韃靼人們靜悄悄地聽着，石林述說他所遭遇的不幸，趙斯替林告訴怎樣的馬兒不走了，他的槍也沒有射中，那個阿卜都便追上去把他擒住了。

阿卜都跳將起來，指着趙斯帖林說着，翻譯者譯道，他們兩個現在已經屬於一個主人，那個先交錢的，便先將那個放走，「現在，」他，那番譯人——譯者（向石林說道，「你還在那裏發脾氣，可是你的同伴是非常平氣的；他已經往家寫過信了，他們便要送來五千盧布，所以他能吃好的，得受優良的待遇。」（未完）

劇本

救了小生命（續）

吟公

士信：老知哥！在家麽？（倘士信上。）

知富：在家咧！我說是誰咧！原來是你，坐下，（知富讓坐。）

知富：你來有點啥事？

士信：你要的我那塊地，今年不是滿了麽？我特意來同咧

知富：滿啦！（作驚疑狀）嗷！你回去擺！

士信：那塊地是四畝　共計四百吊錢的當價，請你點點收下吧！一色的鈔票（紙票一卷，遞給知富。）

知富：（不接）怎麽四百吊錢的當價，准多點吧！我記得是五百。

士信：（作驚疑狀。）我記得是四百，不信咱可以看看約。

知富：趕快叫恁娘找地約去！

（小雀下，復拖文約盒上。）

小雀：俺娘不認的，那一張是的。

知富：那連我也不認的。

士信：那我也不認的。

知富：小雀趕快請恁王大爺去！（小雀下。）

士信：我明明白白的記的是四百吊　你偏說是五百吊，這是怎麽鬧的？

知富：我要你的地的時候，淨給你的一色大洋，一百塊，咱誰要（不好）不！單死他的孩子（小雀同王先生上）

士信：那不假！

知富：來吧！王大叔！，你老人家費費心，看看那張約，是他花給我的一張？價錢多少？（將他地約盒遞與王先生）

王先生：這張約就是的。

士信：上面的當價是多少？

王先生：是四百吊整。

知富：怎麽鬧的是四百吊？

先生：恁也不要吵啦！這個事情我知道，花這塊地的時候，中人是劉念清不？他是個好從中取利的人，你不識字（面向知富）你也不識字（面向士信。）你要地，花了五百千，（面向知富）你花地得了四百千，（面向士信）劉念清是個鑽過頭去不顧屁股的人，他從中騙了一百千他現在也死啦！你知富現在只有地約為憑，話說有啥法去呢？

士信：我不間這那　我花地得了四日弔，我回地也拿四百弔。

知富：正經狡滑，我要地拿了五百弔，我還要得五百吊。

士信：啥話，你狡滑！

知富：今天少我一個錢，也回不成地。

士信：怎麽樣！想當（不好）種啊！

知富：你（不好）種，（二人相打王先生忙拉徐建鄉騎脚踏

車到。）

王先生：不要打啦！鄉長來啦！你們請請示好啦！

建鄉：不要打，你們是什麼事情？（二人不打，向鄉長鞠躬。）

王先生：鄉長，事情是這樣的，以前尙士信花給馬知富四畝地，中人是劉念清，劉念清是非常壞的一個人，四百吊錢的當價，他向知富說是五百千，知富又是瞪眼睛，一字不識，就當眞拿了五百千，士信只得了四百千，劉念清在當中、把那一百千裝自已腰包裏啦！現在回地的時候，你想能不鬧急慌嗎，現在劉念清也死啦！怎麼辦呢？

建鄉：唦！這樣的事情！馬知富這個虧你得吃呀！就是因爲你不上學，不識字，應打了牙肚裡嚥，應當受這樣的罰，你五百千錢只可得四百五十千，並且你動手打人，擾乱秩序，還得罰你五十千捐入本村小學裏面辦教育。

知富：是！我現在才知道不識字的苦，只要說是辦學，我願志再拿五十千。

建鄉：馬知富！你去招集這莊上的保甲長來，我有話講。

知富：是。（下）

建鄉：（向士信）你花地託一個壞人當中人；似有狡滑的嫌疑，你囘地也應當多拿五十千錢，你願意麼？

士信：是！（知富帶保甲長上齊向鄉長敬禮）

知富：保甲長都到啦！連附近莊上的戶長也來啦！（指台下）

建鄉：我有幾句話，向諸位說。（鄉丁上向鄉長敬禮）

鄉丁：鄉公所有要事，請你跑快囘去！

建鄉：諸位！我本想多說幾句話，無奈鄉公所有要事，需趕快囘去，現在簡單的說幾句好啦！就是：

一，教育方面：應速送學齡兒童入學上課。

二，保甲方面：戶口異動應迅速，詳明，正確報告保甲規約，應切實奉行。

三，禁毒方面：應檢舉烟毒犯，民國二十六年起即一律槍决。

四，經濟方面：向銀行貸款，應用於正當用途。還有馬知富尙士信你們兩個人已經吃了不識字的苦啦，應當趕快送小孩上學去！現在說的完了。（鄉長下保甲長紛紛作好評而下）

士信
知富：是！是！

知富：小雀來，趕快上學去，不識字，眞不能過日子。

（鄉長演說可根據需要而變更，故從簡略）

（完）

創作

王媽的死（續）

小生

是……是的……你……放心……這東……西誰也不不……能爭……這是一個身材短瘦的傢伙 臉上含着幾分同情 兩隻小眼睛望着傻才的臉，說話的語氣不大調和 他這一個塞子嘴並帶點沙桑

「誰說的，那不中 見保長……也……」

霍子偷偷的在門外聽，咬緊着牙，忍不住了，登……的一脚將門登開了，瞪着眼，將孝帽脫下來，往地上一梨，臉上紅了幾紅。

「嘿！我×年，你想做啥？不好也不行……」傻才看見了霍子，兩隻睛氣得溜溜的轉，「平」酒盅碎在霍子頭上了。

「恁二叔，別動氣，有事稍停再說……唉！打架……」坐在床邊的劉老媽子，將手中的長桿烟袋擱在桌子上，湊成一皺紋深刻的笑臉，斜着嘴，扭好身子，長喘了一口大氣，用手將傻才緊緊地拉住。

「二大娘這事你摸不淸，……」霍子在旁邊躬着腰，瞭着眼 瞧着劉老媽子，舉起手來想打傻才。

「我做的龜孫……」

「咱非拚個倒不行，……我……」

平……劈……一大陣子，他倆打起來了，怪熱鬧，一個屋子裏 辨不出人語來，祗聽得乒乒地響。

「算了吧！打也無益，」那個身材短瘦的傢伙，兩手抱着了傻才，口中不斷的讓着。

小霍子沒有勁了，在旁邊老是打圈子，歪着頭，想是思索什麼，脚，在平平、走着，

劉老媽子緊緊呼呼的喘，站在床邊呆着，兩隻眼泛來泛去的乱轉，望着傻才的發灰色的臉，望着霍子嘴上的兩片橫肉，望着……

他們打架完了，全屋裡暫時沈默着。

屋外的風呼呼的響 老媽子復坐在床上，吃吃的顫抖，兩隻手送到唇邊來，噓噓……的吹着，閉上兩隻眼睛。

算了吧，打架無益 不如將家產均分了好，老媽子心內的話。

咸約，最後的結果，是達了劉媽子的預言，這產業除了殯葬王媽的費用，再立幾樁石牌，剩下的是傻才和霍子[illegible]

二能知道了，仍是和三黃私語着。

「老絕後頭，撇下東西是禍，眞不好」

「不錯，二哥說的是實言，王老媽子沒親人，撇下東西是禍。」

（完）

『正是暮雪霏霏時』

筱岑

柳絮般的姿意飛舞，
鵝毛般的隨風飄落
——逐飛舞飄落的寒雪啊！
悄然地撒遍了這酣睡的寂寞的村莊。

◎　◎　◎　◎

村莊裏有蘆花浮盪的沈眠的深溪，
溪旁有黃葉點綴因風搖曳的樹林，
村莊裏有垣壁殘頹的木立的高樓，
樹梢上有縮着頸棲不穩的寒禽。

◎　◎　◎　◎

朔風，陣陣吹着林梢，
寒雪，層層攪抱樓腰，
寒雪攜帶着暮靄渡過了深溪，
寒禽「苦呀」「苦呀」的叫着風雪下的殘巢！

◎　◎　◎　◎

溪水喲，在落雪下緩流！
寒禽胡，在風雪中苦叫！
樹林喲，在暮靄裡漾蕩！

◎　◎　◎　◎

啊！大地多淒涼！
啊！萬有皆渺茫！
——這沈寂酣睡的村莊，
整個地爲這寒雪所埋葬！

浪淘沙

偶感　筱岑

深夜覺風寒，雨打闌干，中流誰着祖生鞭；試看同床高臥客，依舊酣眠。

四海起波瀾，同類相殘，隴西烽火氣連天，大好河山將改色，問有誰憐！

編輯室廣播的電台

一，榮培君：來稿收到，今日照登。

二，兆豐君：請來一談！

三，旭日君：你的「略論淸明興亡」，因爲發過鄉民的一篇了，你的一篇擬不刊載，請你原諒。

本城糧價

名稱	每市石價目	
小麥	最高十一元	最低十元八角
大麥	最高	最低
黃豆	最高六元八角	最低六元六角
黑豆	最高六元五角	最低六元三角
菉豆	最高七元五角	最低七元二角
江豆	最高八元	最低七元八角
高粱	最高五元四角	最低五元二角
穀子	最高四元八角	最低四元六角
稷子	最高五元八角	最低五元六角
芝麻	最高十一元四角	最低十一元
青豆	最高六元七角	最低六元五角
花生（每百斤）	最高六元六角	最低六元四角
瓜子（每百斤）	最高十六元	最低十五元

氣象

天氣	風向	最高溫度	最低溫度
陰	西北風	五〇度	三二度

第一三二四號

社址豐縣大同街

△廣告刊例

本報廣告以方寸計算每方寸以市尺長寬各一寸計算

（新聞前）每日三方寸三天起碼每日每方寸一角二分

（封面）每日三方寸二天起碼每日每方寸一角

（普通）每日三方寸二天起碼每日每方寸八分

連登三日以上九折六日以上八折八日以上七折十日以上六折常期面議

△總理遺囑

余致力國民革命凡四十年其目的在求中國之自由平等積四十年之經驗深知欲達到此目的必須喚起民衆及聯合世界上以平等待我之民族共同奮鬥現在革命尚未成功凡我同志仍依照余所著建國方略建國大綱三民主義及第一次全國代表大會宣言繼續努力以求貫徹最近主張開國民會議及廢除不平等條約尤須於最短期間促其實現是所至囑

中外要聞

陝事□基礎奠定

中央軍抵壩橋顧祝同日內赴西安

何部長電于學忠等肅淸惡化份子

張楊部將領服從中央

▲何電沈克檀自新嘉勉▼

赤水橋軌修竣潼關西安間恢復通車▼

▲中央社西安八日電　據關係方面今晨接到報告、渭河一帶張楊部隊仍在逐漸向後撤退、西安[illegible]撤退中、陝事和平基礎大致可以奠定、惟撤退部隊行軍遲緩、故仍須一日[illegible]央軍今仍照原計劃繼續推進接防、顧祝同主任刻在潼關、俟中央軍進抵西安[illegible]行營移西安辦公、

▲中央[illegible]日電　中央軍先頭[illegible]臨潼、距西安十[illegible]、樊崧甫總指揮[illegible]口、西安將領均派[illegible]往歡迎、時局中心三[illegible]由渭移西、顧日內[illegible]有[illegible]事宜

▲中央社徐州七日電　中央軍六日晚已進駐西安城外十八里之壩橋、張楊部隊日內即可盡撤、渭河南北岸中央軍聯絡前進、顧祝同已派員八日赴西安籌設行營、顧在二三日內入城安民、省垣商民已到臨潼華縣迎顧、

▲中央社濟南七日電　中央軍樊崧甫總指揮部已到壩橋、即將開往西安、隴海路西移七日可通車、行營人員搭一列車、七日晨開西安、

▲中央社臨潼六日電　中央軍三十六師宋希濂部、于六日午刻近駐臨潼、軍容整肅、紀律嚴明、沿途受民衆熱烈之歡迎、日內即入西安、

▲中央社潼關六日電　張部各部已撤退至富平交口鎮、樂陽鎮一帶、及高陵、三原、永壽、邠縣等處、中央軍業推進臨潼商縣附近、商縣秩序已恢復、在張楊撤退時、臨潼商縣均紛紛推派代表至渭南歡迎、請求中央軍星夜進駐、

▲中央社南京八日電　自西安二二變亂後、聞何部長恐東北軍內激烈惡化份子尚多、曾電令于學忠何柱國嚴查肅淸、

▲中央社南京八日電　西安二二變亂槍殺王以哲等之要犯孫銘九、繆劍秋、應德田諸人、曾經何部長電楊虎城于學忠嚴拿懲辦茲聞楊于已有復電到京、略云、孫銘九等指使士兵於冬日暴動、槍殺王軍長後、即行畏罪潛逃、除呈軍事委員會通緝外、已飭屬嚴緝、

▲中央社潼關七日電　張楊兩部之高級將領對於反抗中央之行動、多表反對、自第十一零六師長沈克、騎兵第十師師長檀自新通電服從中央、楊部警備第二旅旅長張鴻遠、警備第三旅旅長孫友仁及孫蔚如師之第四十九旅旅長王毅武、均已先後率部與西安脫離關係、並聞同情繼起響應者、頗不乏人

▲中央社南京七日電　何部長六日電沈克檀自新師、略謂、兄等功昭保國、擁護中央、義奮赤誠、至堪嘉尚、嗣後[illegible]、切[illegible]近

分別開示團主任及朱陳總司令辦法、進督撤部隊、趕赴審核、發令驅逐、

▲中央社潼關七日電 隴海路赤水站一帶之橋樑路軌、六日已完全修竣、七日潼關西安間已恢復通車、今日西可通至寶雞以東之號鎮、

▲中央社鄭州六日電 路訊、一、隴海西段鐵路工六日全部修理完竣、定八日通車、該路十一次快車即駛至西安、二、中央軍六日晚抵[illegible]、西寶段張橋鎮[illegible]已陸續向中央指定防區撤退、

興和平靜

廢年關可平安度過

趙承綬赴雲崗慰問傷兵

▲中央社興和七日電 商都大青溝之匪、續向東竄、[illegible]暫依舊、興和平靜、廢歷年關可平安度過。

▲中央社歸綏六日電 趙承綬以廢歷年關臨邇、六日晨特由大同至雲崗慰問醫院傷兵、當發給二百元、午後返大同

中央大軍開陝北匪區圍勦

伊盟發現共匪說不確

▲中央社太原六日電 由甘甯邊境竄向陝北膚施等地匪部、中央即調各方大軍開往匪區、嚴密圍勦、刻已大部到達預定地點、即將開膚施進勦。

▲中央社綏遠七日電 沙王昨派羅永慶由扎薩克旗來綏、謁傅作義報告伊盟近況 羅談伊盟地聯陝北 刻極平靜、前傳發現共匪說不確。

留粵中委陳策等

昨乘輪北上

▲中央社香港七日電 中委陳策 陳耀垣、崔廣秀 李綺庵 余俊賢、七日午後三時乘輪北上入京、出席三中全會。

汪檢驗身體

肝病未痊癒

▲中央社上海六日電 汪主席六日晨八時半在諾耶廷莫爾醫生檢驗身體、褚民誼談、汪主席此次檢驗結果、發現肝病仍未痊癒、因中樞政務繁忙、定七日返京。

程天固由滬抵京

▲中央社南京七日電 新任實業部政務次長程天固、今日已由滬抵京、聞定八日到實部就職、

國民政府令

▲中央社南京六日電 國民政府今令、一、茲製定威海衛管理公署組織條例公佈之、此令、二、審計部政務次長陳之碩呈請辭職、陳之碩准免本職、此令、三、任命劉紀文爲審計部政務次長、此令。

教部醫委會

組織醫院管理改查團

▲中央社南京七日電 教育部醫學教育委員會、爲謀促進各[illegible]醫院[illegible]起見、特呈准教部組織醫院管理改查團、並已擬定規程辦法、即由教部核令、准予備案、現該會[illegible]派員參加

[illegible]建議經建總會

在川試種甘蔗檍花

▲中央社重慶七日電 經建總會[illegible]專員局呈案建議、[illegible]以四川產糖之區、運銷下游各省、數量頗巨、自種烟苗後、甘蔗產量低減、糖業因之不振、現既力行禁烟、倘能[illegible]甘蔗、發展製糖、或改種棉花、[illegible]確知是否亦宜種棉、當經該會[illegible]實業部[illegible]轉令川建設廳擬具該省各當地溫度及雨量情形、並另函[illegible]甘蔗棉花兩項分別先行試種、以觀成效云。

財部電滬商會轉米業

運國米入粵以資救濟

▲中央社南京七日電 粵商因米糧缺乏、曾電請滬商會轉知米業、多運國米銷粵、惟滬米業復電、粵省允許洋米入口、將受虧失、現經財部電知上海商會、告以粵省洋米進口實未免稅、並仍勉滬米業、多運國米銷粵、以資接濟。

京市府自治事務處

派員赴皖鄂湘考查自治情形

▲中央社南京七日電 京市府自治事務處爲明瞭各省市辦理自治情形以備借鏡起見、特派員赴皖鄂湘等處考察。

遼吉黑邊區義勇軍活躍

均採游擊戰略

▲……日偽疲于[illegible]……

▲中央社北平六日電 哈爾賓電、遼吉黑三省邊區義勇軍、自新年來甚見活躍、使日偽防不勝防、就一般統計、目下東省義勇軍不下十餘萬人、散佈於遼吉黑邊區各地、其主要作戰目標與戰略爲截獲日偽軍用品、均採游擊戰、使日偽軍疲於奔命、據此間接得消息、目下活動南北滿一帶之主力部隊、每次與偽軍交鋒時、常操勝券。

豫農民貸款

已分配竣事

▲中央社開封七日電 豫省府向各銀行所借農民貸款三十萬元、現已按各縣災情輕重分配貸款。

鄂新運會籌備

三週年紀念會

▲中央社漢口七日電 十九日爲新運三週年紀念、鄂新運會積極籌備紀念大會、除開會慶祝外、並決定舉行各界新運工作總檢閱、以便考查過去成績、藉作策進將來之依據、省新運會即召集各關係機關舉行會議、商討檢閱進行辦法。

華北各地

文化學生等團體

籌備向蔣馮獻旗

▲中央社北平七日電 華北各地文化民衆學生等團體發起組織之聯合團體、於六日晚在平成立、並決議、一、草擬成立宣言發表、二、積極籌備華北學生向三中全會及蔣馮二委員長獻旗。

班禪大師因天氣嚴寒

改定下月返藏

▲中央社玉樹六日電 班禪大師原擬於[illegible]啓程返藏、嗣因天氣寒冷 康藏一帶風雪載途、未能就道、現暫存於蘭州及青海之禮物、業已完全啓運赴玉樹、約本月底即可完竣、護送專使趙守鈺 亦由蘭州到達玉樹、大師現定於下月啓程入藏。

中比使節升格二月間可實現

▲中央社北平七日電 外交界息、關於中比使節升格事、經雙方接洽、聞二月內可實現。

蘇省黨部

准組地財研究會

四十五次會議決議

彭慶年竊用證章

移送鎮法院辦理

▲江蘇社 江蘇省黨部於日昨上午九時、在會議室舉行第四十五次特派員會議、出席特派員張公任、曹明煥、周紹成、卞宗孟、馬厚鈞、顧子揚、淩紹祖、鈕長耀、黃強、主席張公任、紀錄彭超、胡乃文、開會如儀、報告事項、略、決議要案如次、一、張徐慕杜等呈爲組織江蘇地方財政研究會、請予備案、並發給許可證、以便成立而資研究案、決議 准予組織、二、據直屬督官學校區黨部呈報定期舉行全區黨員大會、並補行聯合宣誓典禮、請派員指導監誓案、決議 派劉季生前往指導并監誓、三、前經查獲竊用本黨部證章之彭慶年、（即彭誠、（無錫人）訊明經過情形、移送鎮江法院依法懲辦、餘略、

蘇民政廳認眞

稽考煙民吸量

錫山呈報不實

民廳將予懲處

▲江蘇社 本省禁烟辦法、除分批傳戒外、并統制煙民吸量、限令分期遞減、以至戒絕、故對煙民吸烟數量、均極認眞考核、茲聞錫山縣呈送換領第五期執照名冊內所填各烟民吸量頗有不盡確實之處、業經民政廳嚴令澈究、將該處經辦人員、以示徽[illegible]云

林內閣闡明政策政綱草案
並修正歲入歲出預算

▲中央社上海六日電　據同盟東京電、林銑內閣、向內外闡明之政策政綱草案、其內容、一、國體明徵之澈底、二、外交一元化、三、國防之充實、及產業之振興外、施行恪遵精神及條章之政制、五、國民生活之安定、至行政機構改革及其他具體之政策、內容不包括於此項聲明之中、

▲中央社上海七日電、東京電結城藏相以三十億四千萬元十二年度預算、不適合於現在之日本生產力、故修正歲入歲出之結果、預算最多必削減一億元云

▲中央社東京六日電　林銑內閣利用議會休會時機、加緊修改預預及其他法案、其中以修正預算草案及增稅計劃最爲重要、各方均甚注意、聞新藏相現正計劃將原預算削減百分之三十、即陸海軍之支付、亦將各減五千萬、其他款項減二萬萬、此層頗使人驚駭、

西政府軍續在各地獲勝
馬德里陣地失利
不干涉西亂調整委員會組國防艦隊
防止運械接濟雙方

▲中央社馬德里六日電　今日據西政府宣稱、政府軍續在各地獲勝、

▲中央社馬德里七日電　國民軍六日復大舉進攻馬德里、整日鏖戰後、國民軍自稱已奪獲重要陣地數處、據此間政府當局發表之文告聲稱、叛軍在馬德里南境側面之右翼進攻三次、政府軍堅守陣地、奮力抗禦、終以敵軍之坦克車一再衝鋒、政府軍乃不得不退至第二道防線、以資固守、

▲中央社倫敦六日電　不干涉西乱調整委員會現已組織國際艦隊　巡弋西班牙　以防外國軍械運入西國接濟交戰、雙方計劃提交歐洲主要列強、蘇聯亦願參加、此次海上巡隊、英與葡萄牙亦均表示參加、現料可接二十四國之復文

▲中央社倫敦六日電　阿比西尼亞親王已投效西亂之國際軍隊中據稱、彼加參西戰目的、在反抗法西斯主義　亦即保衛故國之獨立。

羅斯福致文國會
改組聯邦法院各報均加評論

▲中央社華盛頓五日　羅總統昨日突致文國會主張將聯邦法院機關大加改組、並請授權總統增多最高法院之法官、一般辦理新措施者、對于此事、均熱烈[illegible]、視爲一種新運動之先聲、

▲中央社華盛頓五日電　近兩年來、最高法院判國會之法治爲無效、而使羅斯福總統之新措施[illegible]

▲中央社紐約六日電　美國各報對羅總統主張改革司法制度、均各評論、太陽報稱、此項法案爲美國內政所上最嚴重之事件、紐約太晤士報對此案反對最力、略謂此舉足使美國民治基礎大受擾亂、且總統提出此案前未能徵求人民意見、此在過去總統之友敵均將引以爲[illegible]、蓋投反對票者必趣對民治制度表同情之人可斷言也

日棉業省望新闢[illegible]日
經濟提攜以增進棉布輸出

▲中央社上海六日電東京電、日本棉布對外輸出數量已到其最大限度、再無增加模樣、此種情形對於日本棉布貿易之前途、頗爲悲觀、自由市場中、除中國以外、殆爲小市場、無擴大希望、只有中國市場可望發展、故棉業省希望內閣施行中日經濟提攜之緊密政策、

英對德殖民地問題
尚未提出備忘錄

▲中央社倫敦六日電　德國駐英大使李賓特羅夫、最近將以具體方式提出德國原有殖民地問題、觀於如何進行殖民地問題之談判、已接到詳細之訓令、但據云此時止、英外部對此事考慮、尚未提出備忘錄。

英德海軍談判
將在本週舉行

▲中央社倫敦六日電　據聞英德海軍談判將於下週舉行、又德大使李賓特羅夫與英代理外相哈利法克斯之會晤、亦已預定在下週中云。

日經濟界將派代表
訪問中英美德各國

▲中央社東京六日電　此間盛傳日本經濟界將於四月五月間、派特別代表團訪問英美德與中國、以增進日本與各國間之經濟關係、並聞各國前次到日之經濟界領袖、於答復問話時、謂日經濟界[illegible]有其需之確定、尤其關於派遣使節赴華一層、必待中國國民黨三中全會閉幕時、而對日之將來態度有明白之確定後、方能採取確實之步驟、彼等於未充分明了中國之趨向前、應取靜觀態度。

美紅十字會長電施肇基
答謝中國捐款救災

▲中央社上海七日電　華盛頓電　美紅十字會會長葛萊生六日向施肇基答謝中國捐款賑濟美國水災。

英任漢特森爲駐德大使

▲中央社倫敦六日電　英駐阿根廷大使漢特森、茲已被任爲駐德大使。

英遜王愛德華定期
與辛浦森結婚

▲中央社倫敦六日電　頃據倫日快報載稱、英遜王已定於四月杪在維也納附近與辛浦森夫人結婚

本縣新聞

縣政府召開
六十七次區長會議
△通過改選鄉保長進行程序
△遵省令完成各鄉鎮積谷倉

縣政府于本月五日在會議室召開第六七次區長會議　出席　第四區區長夏愼言，第五區區長董玉樹，（蕭運通代）第二區區長卜憲章、第三區區長彭繼亭、第七區區長曾慶林、第六區區長黃仲愛　第一區區長轉韶九、（王劍樵代）縣長成靜寧、主席成靜寧　紀錄張念籌、報告略、

▲討論事項　一、奉令改選審查鄉鎮保甲長、並限於二月二十八日前辦竣　茲擬定進行程序請公決案　決議通過　附程序、二月七日公佈省須改選審查鄉鎮保甲長辦法、二月八日、縣成立鄉鎮長資格審查委員會、區成立保甲資格審查委員會二月九日、至十一日各區分別召集保甲長資格審查委員會開會審查各甲長資格、二月十二日至十三日、各區分別加委審查合格之甲長、或辦理重選事宜、二月十四日至十七日、各區分別辦理改選保長事宜。二月十八日至二十日，各區分別召集保甲長資格審查委員會開會審查新選出保長之資格、二月二十一日至二十二日、各區公所分別加委審查合格之保長辦理宣選事宜、二月二十三日至二十五日、各區分別辦理改選鄉鎮長事宜　二月二十六日至二十七日、縣政府召集鄉鎮長資格審查委員會開會，審查新選出之鄉鎮長資格、二月二十八日縣政府加委合格之鄉鎮長、三月一日至二日、縣區分別辦理鄉鎮保甲長備案事宜、三月三日至十日、縣區分別遵照省頒鄉鎮保甲長姓名清冊式樣及本縣造報鄉鎮保甲長姓名清冊注意事項、彙造鄉鎮保甲長名冊呈核、二、據請將各鄉鎮積谷倉　於二十六年十月前辦設完成、以符省令、而便救荒可否請公決案　決議：按照省頒辦法辦理。閉會。

鄉民飲酒發狂
竟自剖腹見腸

鄉民胡秀山因飲酒過量　縱慾發狂、竟持刀自剖其腹、以致皮破腸流　當於昨日抬往縣立醫院診治、據醫生談、胡某之傷、雖經縫製、如不發生其他變化、尚可醫愈、否則不救云云、

赴豐泰興縣考査土地陳報人員　昨日同縣

本縣土地陳報考查人員、一赴蕭碭、一赴泰興泰縣、前往蕭碭考查者、爲劉田賦專員蔣顯明二君、已于上週返豐回縣、各種稟詰本報、茲悉赴泰興泰縣者爲程科長裕齡、劉田賦專員耀寰、亦于昨日回縣、據劉田賦專員談、此次出外考察、需時兩週、所得參考材料頗豐、泰縣辦理土地陳報、則由揚中學生組織測量隊負責測量、並由各鄉鎮長共同辦理、測量後、將土地畝數、造冊報縣、縣方則按照各業戶契約、加以審核、以明所報畝數、與契約畝數、是否符合、又該縣爲使鄉民明瞭土地陳報情形起見、特由當地報紙、發刊專號、以廣宣傳、此種辦法、本縣似可倣行云云。

督學教委　今晨出發視察

教育局以第二學期開始、各校遵照學歷、均于二月一日開學、該局爲明瞭各校狀況起見、特由督學教委、定于本週、分路出發視察、各情已誌本報、據悉教委蔣顯琮、高世英、李敎閔等、已於今晨騎脚踏車出發、督學王韻岷、亦分赴各校調查、聞此次視察主要目的、爲各校師生能否遵照該局頒發之廢除舊歷辦法、躬行實踐云、

公安科拿獲大批烟毒犯　一夜共捕三十餘人

本城烟毒犯自總復查開始後、多相率逃避、以圖倖免、近當舊年臨邇、該犯等乃潛行回家、關度暮歲、事爲公安科聞悉、昨晚急派王督察員孟偵緝組長、暨巡官等、分別率警捕拿、計捕獲張建堂顏晟瀛孫氏等三十四名口、聞該犯等多爲重吸犯、已於今日發交戒烟所調驗云。

豐縣國民貢獻一日所得運動推行委員會公佈收款（續）

▲教育局及各教育機關

教育局辦公費　五•七五元
董玉廷　二•六七
王茹壎　一•六七
李秉鑫　一•三三
朱本洛　一•三三
孫建之　一•三三
董正憲　一•三三
蔣顯宗　一•一七

高世英　一•一七
李敎閔　一•一七
吳春芹　•六七
惠文煥　•六七
王元超　•三三
張光成　•三三
洪彥純　•二七
賈鳳書　•二七

趙克勤　•二七
高俊彬　•二七
縣立初中二　一•一四
書院小學　四•四〇
女子小學　六•六六七
文廟小學　八•八〇
東關外小學　•五三四
北關外小學　一•〇七六
西關外小學　一•一四
賈廟小學　•六〇
路莊小學　•五三四
徐莊小學　•五三四
李路口初小　•六〇
李河初小　•五三四
卜老家初小　•八〇
蔣老家初小　•五三四
趙集初小　•五三四
蔣屯初小　•五三四
田樓初小　•六〇
高莊初小　•六〇
陳莊初小　•五三四
王莊集初小　•五三四
周莊集初小　•五三四
將軍樓初小二　•九三四
許廟初小　•六〇
齊胡同初小　•五三四
曹廟初小　•五三四
劉元集初小一　•〇六七
楊樓姬莊初小　•六〇
趙廟初小　•五三四
王平截樓初小　•五三四
張小樓初小一　•一三四
文劉集初小　•五三四
王學屋初小一　•一三四
丁廟初小　•六〇
鹿灣初小　•五三四
大吳莊初小　•五三四
趙莊集初小二　•九三四
夏莊小學　•五三四
北趙廟小學　•五三四
彭莊小學　•五三四
賈莊小學　•五三四

崔[illegible]　•五三四
南[illegible]　•五三四
史[illegible]　•五三四
姚[illegible]　•六〇
黃[illegible]
東莊[illegible]
賈[illegible]　•五三四
嵇[illegible]　一•〇六七
普[illegible]　•五三四
吳[illegible]　•五三四
宋莊集[illegible]　•五三四
莊[illegible]　•六〇
張樂[illegible]
鄭莊[illegible]
裴廟[illegible]
于[illegible]
常店[illegible]
史莊[illegible]　•五三四
王寨[illegible]　•五三四
李[illegible]　•五三四
豬莊[illegible]　•五三四
十支[illegible]　•五三四
徐老[illegible]　•五三四
劉閣[illegible]　•五三四
丁大[illegible]　•五三四
王大[illegible]　•五三四
頭莊[illegible]　•五三四
西[illegible]　•五三四
何莊[illegible]　•五三四
劉樂[illegible]　•五三四
王營[illegible]　•五三四
東[illegible]　•五三四
楊[illegible]　•八〇
楊廟[illegible]　•五三四
劉[illegible]　•五三四
沙莊[illegible]　•五三四
鄭廟[illegible]　•五三四
水坑[illegible]　•五三四
蕭莊[illegible]　•五三四
杜莊[illegible]　一•一三四
吳莊[illegible]　•五三四

尹莊小學　•五三四
劉大莊小學　•五三四
趙莊小學　•五三四
王營小學　•五三四
後大營小學　•五三四
東劉莊小學　•六〇
橋口小學四　•四〇
後常莊小學一　•〇六七
陳大莊小校　•五三四
劉橋小學一　•〇六七
薛廟小學　•五三四
陳新莊小學　•六〇
韓莊小學　•五三四
宋寨小學　•五三四
劉小營小學一　•六〇
南前莊小學　•八〇
馮屯小學　•六〇
劉瓦初小　•五三四
仇大莊小學　•五三四
郭集小學　•五三四
孫三座樓小學　•六〇
孫莊小學一　•〇六七
陳一座樓小學　•五三四
賈莊小學　•六〇
江莊小學　•五三四
北傅莊初小校　•六〇
張寨小學　•五三四
王莊小學　•五三四
李大莊小學一　•〇六七
徐繼口小學　•五三四
閻莊小學　•五三四
程小樓小學　•五三四
張五樓小學　•五三四
史店小學　•六〇
寶爾寺小學一　•〇六七
王堂小學　•五三四
史小樓小學一　•〇六七
十里廟小學　•四〇
傅莊小學一　•〇六七
東王莊小學　•六〇
朱[illegible]小學　•五三四
後孫樓小學一　•〇六七

雙高樓小學　•五三四
季廟小學　•五三四
邢橋小學　•五三四
大程莊小學四　•四〇
趙河涯小學　•五三四
王屯小學　•五三四
胡樓小學　•五三四
樊樓小學　•五三四
葦子坑小學一　•〇六七
尹小樓小學　•五三四
尹長莊小學　•五三四
虎王集小學　•五三四
尹雙樓小學　•五三四
華山小學二　•九三四
大毛樓小學　•五三四
梁胡集小學　•五三四
楊樓初小　•五三四
李新莊初小　•三三四
大史樓小學　•五三四
周宅址小學　•五三四
畢樓小學　•五三四
南楊樓小學　•五三四
陳樓小學　•五三四
渠坑小學　•五三四
葛芭草集校　•五三四
劉王樓小學二　•九三四
費樓小學　•六〇
隨寨小學　•五三四
劉大屯小學　•五三四
李莊小學　•五二四
魏莊小學　•五三四
宋樓小學四　•四六七
南孫樓小學　•五三四
龍泉寺小學　•五三四
李大樓小學　•六〇
蔣橋小學　•五三四
李寨中小三　•一〇
范莊初小　•六〇
毛樓小學　•五三四
李老家小學　•六〇
南王樓小學　•五三四
小閣子小學　•五三四

草樓小學　•五三四
一區中心民校三　•〇〇
十里鄉民校一　•二六七
劉塘鄉民校一　•九〇
傅莊鄉民校一　•九〇
二區中心民校三　•〇〇
汪屯鄉民校一　•二六七
小營鎮民校一　•二六七
三區中心民校三　•〇〇
常店鎮民校一　•二六七
渠寨鄉民校　•二七六
四區中心年校三　•〇〇
便集鎮民校一　•二六七
張集鄉民校一　•二六七
五區中心民校三　•〇〇
程集鄉民校一　•二六七
單樓鄉民校一　•二六七
六區中心民校三　•〇〇
王樓鎮民校一　•二六七
李寨鎮民校一　•二六七
七區中心民校三　•〇〇
邢橋鄉民校一　•二六七
毛樓鄉民校一　•二六七
實驗鄉民校　•二六七
實驗鄉自治校四　•六〇
孫樓保學　•五三四
三官廟保學　•八〇〇
魏莊保校　•八六七
蔡樓保學一　•四六七
季河園保學　•五三四
史黑樓保學　•五二四
楊莊保學　•八〇
郭樓保學　•八六七
黎明幼稚園一　•四六七
公園三　•一〇
教育會一　•一六七
童子軍理事會　•三三四
總計二四八•二七〇

本日共收捐款二百四十八元二角七分
連前共收捐款五百八十七元一角七分

第一三二五號
社址豐縣大同街
中宣會登記證中字一九號　內政部登記證警字第二三二〇號
中華郵政特准掛號認為新聞紙類
每日一張　售洋一分四厘
本報價目

豐縣農工銀行限期收兌紙幣清理貸款啓事

本行因奉令結束經監理委員會第五十六次會議決議遵令辦理所有發行紙幣貸出款項統限二月底兌收清楚希各如期來行兌換清還爲要此啓

中華民國二十六年一月十一日

萬隆公布莊緊要啓事

主顧諸公賜鑒：年來吾豐商業，至不景氣凋敝情形，日趨嚴重，敝號在此種局面下，已岌岌無法維持，茲値新舊兩重年關，更苦無法渡過，所有虧欠，在平時設法支吾，已覺信用有虧，而長年虧欠，年終應行結賬之時，猶不能清償，即人不我逼，自問亦無以自解，在此萬不得已之際，前曾登報一再呼籲，惜所[illegible]至尠，杯水車薪，難克有濟，惟有再懇請諸公，將長年所欠，迅予掃數擲下，無任企盼，尤望惠還若干，俾資止賬，任敝號甚願從命，無奈事實上，絕不容許，此層亦難諱飾，附此預爲聲明，勿令敝號有方大命，爲勝叩幸，不情之請，還希諒鑒爲禱！此啓。

△總理遺囑

余致力國民革命凡四十年其目的在求中國之自由平等積四十年之經驗深知欲達到此目的必須喚起民衆及聯合世界上以平等待我之民族共同奮鬥現在革命尚未成功凡我同志務須依照余所著建國方略建國大綱三民主義及第一次全國代表大會宣言繼續努力以求貫徹最近主張開國民會議及廢除不平等條約尤須於最短期間促其實現是所至囑

豐縣教育局啓事

茲奉 教廳轉發江蘇省童子軍幹部人員訓練班第二屆招生簡章令飭佈告週知等因查該訓練班學額七十二名男女兼收入學資格1.二十一歲以上三十歲以下2.中等學校畢業3.品行端正無不良嗜好4.身體强健能克苦耐勞訓練期限半年地點在鎭江博愛路中國童子軍江蘇理事會納費共約一百一十元報名日期本年一月二十起二月二十日止考試日期二月二十一二十二兩日考試科目黨義國文常識測驗體格檢查口試等其有願參加考試者希即來局接洽辦理報名手續可也此啓

中外要聞

中央軍進抵西安民衆熱烈歡迎
張楊部隊繼續向陝北高陵撤退
隴海路綠鋼車直達西安
歐亞陝甘航運定期復航

▲中央社鄭州八日電　中央軍八日上午由灞橋進駐西安、民衆熱烈歡迎、盛況空前、秩序亦已恢復、劉峙錢宗澤等定九日晨由潼乘專車赴西安。

▲中央社西安八日電　中央軍業於八日進抵西安、人民熱烈歡迎、地方秩序八日午後已完全恢復、各商店均已開門。

▲中央社西安八日電　中央軍先頭宋希濂部、八日晨進駐西安、省府派員照料、該師紀律嚴明民衆歡迎甚盛。

▲中央社南京八日電　中央軍今日入駐西安城後、陝甘善後之第一步工作已告一段落、現正着手於第二步工作、預料前途障礙漸少、當可望順利解決、至新任甘肅綏靖主任王樹常、刻仍在京待命。

▲中央社南京八日電　陝省府主席孫蔚如、自奉中央任命後因環境關係迄未就職、茲悉中央爲處理陝甘善後並爲迅速謀政治恢復常軌起見、已電孫速就省府主席、原陝西民政廳長彭朝顯、建設廳長雷寶華、教育廳長周學昌、財政廳長朱鏡宙、短期亦將赴陝、主持清理事務、並聽候中央命令、以定去留。

▲中央社南京八日電　渭南及西安張楊大部分軍隊退至高陵陝北一帶後、殘餘軍隊業於昨晚登車西運、現西安城內僅駐有楊虎城部一旅一營、治安由警察負責維持、中央接防部隊昨晚已到西安近郊、當晚即由派定之接防軍員進城、由楊虎城會見洽商一切手續、預定今晨觀察駐地後、中央軍即於今午先派遣一部分軍隊進城、大部正在陸續開發中、樊崧甫氏業於今晨到灞橋、俟軍隊進城後總指揮部亦即移設城內、顧祝同主任前晚離潼關乘專車西進、今日可抵臨潼、原調往臨潼之行營人員業於今晨入城佈置一切、西安城郊一帶昨日已滿張歡迎中央軍入駐西安之標語。

▲中央社徐州八日電　張楊所部大部分已撤至渭河北岸、分駐高陵三原富平咸陽一帶、楊虎城于學忠各統領、候與顧祝同晤談善後再分赴指定之防地。

▲中央社徐州八日電　赤匪星夜向陝北中部膚施一帶竄退、各匪首均早已離西安。

▲中央社蒲城八日電　騎兵軍長檀自新、自率部服從中央、業通電表明態度、頃復致電

8

往者以匪黨利誘、及少壯派之慫恿、大對和平幾成僵局、日來和平曙光雖現、但封建觀念不除、終爲造亂厲階、爰於冬日接受中央命令、駐守蒲城、不但願作和平前趨、且爲廢除封建之呼籲者。

▲中央社徐州八日電 隴海路徐州車站八日會奉路局電話、審售一次綠鋼車直達西安、與平滬通車銜接、全路客運已復原狀。

▲中央社鄭州八日電 歐亞公司陝甘航運、本月十二日班期即可復航。

察綏匪僞無異動
商都匪部東撤
某方有新企圖

▲中央社大同八日電 綏北察東匪僞軍近日無異動、德王八日飛返西蘇尼特王府。

▲中央社歸綏八日電 新編旅長王子修八日談、南壕塹僞匪確數不過二千餘名、僞軍大部刻向尚義邁竄、以本人觀察、匪僞目的仍在進犯興和、日來盛傳商都已無僞軍說、均係揣測之詞、商都僞軍此刻正在換防中。

▲中央社張北八日電 匪僞現在尚義城西南積極建築防守工程 連日由張北運到木板鐵條甚多、六日晚續到軍火十二汽車、熱僞軍王匪靜修部亦開到三百餘人、王匪英部三團千餘人、由楊匪守城統帶駐商都、日內可開尚義。

▲中央社平地泉八日電 商都僞匪連日東撤中、實力銳減 將來有無新兵力添防尚難判定、有力者觀察、某方似有新企圖。

綏兵站醫院傷兵已漸痊癒
曹仲植等到興和發放賑款

▲中央社歸綏八日電 綏第一兵站軍醫院長牟惠普、八日對記者談、該院現有傷兵一百三十餘人、輕傷者已漸痊癒、春暖即可出院、殘廢者四十八、將函中央及閻主任設救養院收容。

▲中央社歸綏八日電 興和電、財部專員曹仲植、綏財政廳長李居義等、六日由綏抵興和、七日晨召集一三四區災民、在城內發放賑款、到男女老幼災民千數百戶。

汪主席
昨晨由滬返京

▲中央社南京八日電 中政會汪主席、偕中委褚民誼由滬乘京滬夜車於今晨七時餘抵京、下車後當即換乘汽車入城、逕返私邸休息、汪夫人陳璧君及中委曾仲鳴、現尚留滬、擬定日內返京、參加三中全會。

李宗仁定今日啓程赴湘
偕何鍵晉京出席三中全會

▲中央社長沙八日電 李宗仁電告定九日由桂啓程來湘、偕何鍵晉京、出席三中全會。

▲中央社福州八日電 陳主席八日晨飛滬赴京、出席三中全會。

林主席七秩壽辰
因國難謝絕一切祝壽舉動

▲中央社南京八日電 國府林主席本月七秩壽辰、前經各界發起祝壽、林主席以在此國難未抒、曾在中央各報聞佈謝絕一切舉動、但各方爲遵敬元首起見 仍多餽贈壽禮、但均經主席諭知參軍處一律謝還。

中樞兩紀念週併誌

▲中央社南京八日電 中央黨於今日上午九時舉行第六十二次紀念週、由何委員應欽主席、領導全體行禮如儀後、即由何氏報告、「西安事變善後問題 解決之經過及統一救國之要旨」至十時詞畢散會、

▲又國府今晨十時舉行紀念週、由林主席主席、領導行禮後、即作報告、「培養憲政精神」、至十一時始詞畢散會。

滬市普通考試及格人員
昨行給證典禮

▲中央社上海八日電 滬市普通考試及格人員、八日晨九時半在市府大禮堂、舉行給證典禮、參加者典試委員長吳鐵城、試務處長潘公展 及及格人員徐侃等五百餘人、由吳頒給證書、並致訓詞、勉以明禮義知廉恥、負責任守紀律、並實行蔣委員長之信條、方不負國家之期待云云、

鄧寶珊昨離京赴杭

▲中央社南京八日電、鄧寶珊氏昨由陝抵京後、即分謁中央軍政當局、報告陝甘近況、現以在京事畢、於今日晨乘車離京赴杭、

正路呼圖克圖抵京
謁林主席致敬

▲中央社南京八日電 濱省十三大師總管正路呼圖克圖、日昨抵達南京、今日十時半由立法院立法委員彭仰光陪同至國府、晉謁林主席致敬、約半小時辭出、

義使羅亞谷諾將返國
昨覲見林主席辭行
國府給予彩玉勛章

▲中央社南京八日電 義大使羅亞谷諾定明晚離京赴滬返國、今日上午十一時偕秘書一人赴國府晉謁林主席辭行、

▲中央社南京八日電 國民政府今日命令、羅亞谷諾、給予白色紅鑲彩玉勛章此令、由參軍長呂超、典禮局長陶智陪同覲見林主席、義大使除對渠駐中國任內促進兩國邦交親睦、向政府表示感謝外、並申述此次返國辭行之意、至十一時半始離府 仍由劉科長送至上車處、

羅曼昨答謝滬當局
定今日啓錠

▲中央社 上海八日電 愛慕脊艦長羅曼、爲答謝滬當局起見 八日在艦歡迎吳鐵城、陳季良、楊虎等該艦原定九日晨離滬 因時間不及、改午刻啓錠、

中蘇文化協會定期舉行
俄大詩人普希庚逝世百年紀念

▲中央社南京八日電 本月十日爲俄國大詩人普希庚逝世百年紀念日、本市中蘇文化協會、定明晚八時舉行紀念會、屆時由該會會長孫科主席、理事張西曼報告 並由撒拉脫夫策宜讀原文詩、該會已請各界前往參加、

蘇省黨部
徵集各業業規
徵齊轉呈中央參攷

▲江蘇社 蘇省黨部通令各縣黨部、及各省民衆團體云、案奉中央執行委員會民衆訓練部公函第五九七八號內開、查各地各業業規、對於實施方面、每多窒礙難行之處、且時發生糾紛、響影商業、本部爲求適當辦法、俾資救濟起見、擬徵集各重要都市及省會各業業規、用作參考、而憑研究 除分函外、相應函請查照辦理 并希見復爲荷 等因奉此，除分令外、合行令仰遵照 並轉飭所屬 廣無搜集、鈔呈兩份、以便存轉爲要此令、聞蘇省黨部俟徵集齊合後、即轉呈中央作參考研究之用云、

各種勛獎章
遺失應即呈報
遞送收藏須求慎重
如經遺失呈報備案

▲江蘇社 江蘇全省保安司令部訓令各區保安司令、保安大隊長、各保安團團長、各縣縣長、警衛大隊長、保安隊幹部訓練所所長 案奉軍事委員會訓令內開、查各種勛獎章、保國名器、用以彰闡有功、藉示激勵之意 比年以來、各部隊機關有功人員 經奉准頒給勛獎章者爲數甚多、而呈報遺失、請求補發者、亦復不少、雖發出於情勢之不得已、然保存不慎、或遞送官兵漫不費心、因而遺失、間亦有之 殊非重視名器之道、嗣後凡奉頒之勛獎章 所有遞送收藏、均須力求慎重、如遇情勢之不得已、或事前不可抵抗時、因而遺失者、亦須立即詳細呈報本會、以便轉報國府備案 免滋流弊、須知勛獎章之授予、原國家眷念勛勤之重器 亦個人榮譽所關、倘受之者漠然視之、直自隳其加績榮譽也、仰即知照 並轉飭所屬一體知照、等因奉此、除分令外、合行令仰知照、並轉飭所屬一體知照云。（五日）

蘇省訂整理辦法 保甲重加編組 整理限三月底前辦竣

▲江蘇社 蘇省府爲整理保甲、昨特檢發整理保甲辦法、令各縣遵辦、並規定五點、着手整理、一、各縣於奉頒保甲整理辦法五日內、應即趕造整理保甲預算呈核、二、新任鄉鎭保甲長、應飭令遵照本省各縣整理保甲辦法之規定、分別整飭保甲、並由縣政府及區公所派員分往督促指導、三、縣長在整理保甲期中、須常赴各區巡視、整理人員、如有怠忽者、應嚴加懲處、四、保甲整理完竣五日內、應由縣編擬詳細報告、分呈民政廳及該管行政督察專員公署查核、五、各縣整理保甲、統限於三月三十一日以前辦竣。

各縣整理保甲辦法

（一）本省爲使各保甲編查正確起見、特制訂辦法、（二）各縣整理保甲、以縣政府第一科長 戶籍科員 保甲督察員、各區區長、區助理員、及鄉鎭保甲長、爲主幹人員、必要時、調用縣屬各機關職員協助之、（三）各縣整理保甲、以鄉鎭爲單位編組、以保持原編定保甲次序爲原則、如太凌亂、應按規定、

重加編組

（四）各縣城廂各鄉保甲之編組、一律改爲十甲一保、（五）各縣鄉鎭長及保甲長、應遵照本省各縣鄉鎭保甲推選補充辦法之規定、重行改選、甲長應縝密審查、如核與上項補充辦法規定不符者、應重推選、（六）各縣爲愼重各級保甲人選起見、在縣應組織鄉鎭長資格審查委員會、以縣長 縣府祕書、第一科長、保甲督察員、及各該管區長等爲委員組織之、以縣長爲主席委員、在區應組織保甲長審查委員會以區長、區助理員、保甲督察員、及各該管鄉鎭長等爲委員組織之、以區長爲主席委員、（七）各縣之戶口 應由鄉鎭保甲長按照原有之戶口調查表、

按戶調查

、再由縣政府及區公所派員抽查、並由縣核造各種戶口統計表、分呈民政廳及該管行政督察專員公署、（八）各縣戶口調查表、應由縣依照新頒式樣印發、令發鄉鎭保甲長依照規定查塡 分、送存區公所、原有二份、由鄉鎭保甲長負責繕正後、分存鄉鎭公所、及保長辦公處、（九）各縣應就原有木門牌、一律加貼紙面門牌、（已貼用紙面門牌者照舊）並蓋縣印、或區公所鈐記、墨筆正楷塡寫、如有破壞或遺失、應依法

補訂齊全

（十）各縣保甲戶長姓名清册、及保甲戶口簡明表、應另重造 仍照規定分別存貼、（十一）各縣原具聯保連坐切結、每結僅有 戶或二戶之遷入或徙出、仍用原切結、照規定辦理、如有三戶以上之徙出與遷入、應另換具新結、徙出之戶過多、全結不及三戶時、即與本甲其他各戶合具一結、仍照規定分別存轉 （十二）各縣原訂保甲規約如不切實際需要 應依法改訂、務以簡明易行爲主、條文至多以十條爲限、（十三）各縣船隻登記 無論已辦未辦、均應遵照本省各縣船戶保甲補充辦法之規定

切實辦理

或整理、（十四、各縣槍炮登記烙印給照章程之規定、切實辦理或整理、（十五）各縣辦理戶口異動查報 仍應在全縣保甲整理完成後 依照本省各縣

戶口異動

查報暫行辦法之規定 切實賡續辦理、（十六）各縣整理保甲需用各種表册 切結門牌、保長及甲長辦公處識別、應由縣統製分發應用、（十七）各縣整理保甲用費、由縣擬具預算、呈准動用、各該縣紙張印刷費、（十八）各縣鄉鎭保甲長之改選及查與保甲之整理 其完成期限、另以命令行之、（十九）本辦法由民政廳呈准省政府備案施行。（五日）

初中及同等學校實行 童軍訓練 蘇教廳飭屬遵辦

▲江蘇社 蘇教廳奉教育部訓令 以該部頒發之中等學校特種教育綱要、規定高中及同等學校 均應實行軍事管理、初中及同等學校、均應實行童子軍訓練、當經頒發童子軍管理辦法 仰轉飭遵照、教廳奉令後、頃檢同童子軍管理辦法 訓令各縣教育局、轉發所屬公私立初級中學及同等學校、一體遵照、

中央警校 續辦二期高級班 蘇民廳令各縣警局 限期保送警官應試

▲江蘇社 蘇民廳頃准南京中央警官學校函、以該校續辦第二期高級班 請於現在警官中、保送應試 茲悉該廳准函後、特分令各縣警察局知照、凡警察局局長、或分局局員、巡官 警佐等、合於該校招考辦法第二條規定者、均得選送應考於本月二十八日 攜帶證明文件及照片等、來廳報到 由鎭、警官學校初試 錄取後 再由民廳保送至該校覆試、及格者、三月二十日赴校報到、四月一日開學云、

蘇建廳令各區署 調查水道情形 航運交通素著重要 分別需要籌闢航綫

▲江蘇社 江蘇建設廳、鑒於本省江南水道、星羅棋布、航運交通、素著重要、各區商貨貿易 尤屬綦繁、所有區內各水道、現有班輪之供求情形、應卽調查淸楚、並分別需要、計劃籌闢航綫、昨特訓令各區專署[illegible]遵照、迅卽轉飭駐區指導工程師、調查計劃、繕呈察核云、

戒絕煙民成績 常熟碭山最佳 ▲……民廳將予嘉獎

▲江蘇社 蘇省禁烟毒絕復查開始後、民廳統計戒絕烟民、達十四萬有奇、各情已誌[illegible]報 茲悉民廳攷核各縣戒絕烟民成績、以常熟碭山最優 統計於禁烟宣傳一月中、戒絕之烟民、各皆四百餘人、民廳爲勉勵各縣努力禁政起見、將予以嘉獎云、

林內閣昨舉行閣議 並發表政綱 ▲…兼外相接見各國使節

▲中央社上海八日電東京電 內閣議席各閣員、曾就對議會之強化互相交換意見、藏相結城主張停會、以便預算案法律案等 得從長計議、惟其他各議員均因議會法規定審議預算之期間爲廿一日、若再奏請停止會議、則不免政府有強制議會縮短審議預算期間之嫌 無異蔑視議會之審議權、故主張由議會自動縮短審計期間十日之閣議 當有正式之決定、▲中央社東京八日 林銑內閣八日午後發表內閣政綱五點、措詞尙明晰 惟所含之精神與前數閣大相逕庭、一國體觀念務必明徵 並當鼓勵祭神及遵敬天皇之大義以增進祭政一致之精神 新內閣以祭政 致爲指導方針、政治觀念及政策大綱、似均將以神權政治觀念爲基礎、二、政府希遵照帝國組織鼓勵日本獨持憲政之健全發展 並希望由其他人民之願望聽取公衆輿論 行使公正無私之政策、至所謂獨持之憲政一詞自然令人感覺係與議會或政黨政治迥然不同、三、努力使外交一元化 注重於國際之必要 但承認聲明在廣大範圍內發展實業之下、應同時實行保護與專賣、此點頗値注意 蓋林銑內閣曾保證統制實業須有限制、同時並不忽視保護、▲中央社上海八日電、東京電、林兼外相八日下午二時起接見中比美義等大使 及荷蘭公使等、先由林說明新閣之外交政策 除由各國增進友好關係及確保東亞安定外、絕無他意 次關於各國間成爲懸案之問題 作大綜納懇說

西內戰仍劇烈發展中 政府軍窺殁杜白鎭

▲中央社倫敦七日電 西班牙內戰現已入第七個月 茲據各地傳來戰訊觀之、目前全國戰爭正在強度發展中其劇烈遠甚於前 除馬德里四週與馬拉加之天戰處 據瓦倫西亞來電稱 西政府刻正沿瓜大爾及維爾河進攻、以窺考杜白鎭 通該鎭之西面入口村莊六處 均有戰爭、按該鎭爲西班牙叛軍要隘之一、

本縣新聞

黨政各機關昨聯合舉行總理紀念週

王科長報告政治工作　李委員報告黨務工作

黨政各機關暨各人民團體、于昨日上午十時、在縣政府中山堂、聯合舉行總理紀念週、到黨員公務員及各人民團體代表八十餘人、由成縣長主席、領導行禮如儀後、即由公安科長王開華報告、

政治工作　略謂、本府最近工作、有值得報告者數點、茲分述如下、一、奉令改選鄉鎮保甲長、並須於改選期間、在縣組織鄉鎮長資格審查委員會、在區組織保甲長資格審查委員會　其進行程序、爲保甲長選出後、由資格審查委員會加以審查　認爲合格、方得由區加委　鄉鎮長選出後、由縣組織之資格審查委員會予以審查　其合格者由縣府加委、並呈報民政廳備案、鄉鎮保甲長均須加以訓練、至受訓地點、鄉鎮長則送由省會訓練、保長則送專署訓練、須知訓練目的、無非使鄉鎮長健全其組織、明瞭其任務、以確立政治之基礎、二、關于會議方面、上星期五開區長會議、星期六開黨政談話會、所有議案、不日即刊登豐報、各界均能看到、勿庸報告、三、監所協進委員會　推定委員五人、于上週分往監所視察、關於囚犯起居飲食、有欠衛生、當予以糾正、該會並定每兩週舉行常會一次、四、關於公安方面、兄弟職責所在、自應加以改進　惟以防備未週、城廂容有偷竊情事、言之非常慚愧、乃本城西關外、竟有小偷、因盜竊糧食　致毆斃老婦毛劉氏之慘案、兄弟尤覺汗顏、自該案發生後、即派員多方偵緝、務獲究辦、現已將凶犯劉成緝獲、並有嫌疑犯多人、據劉供稱、原擬竊取毛劉氏之糧食、事被毛氏知覺、遂大聲喊呼　當以木棒恫嚇、孰意其因此致死、等語、本府爲使警察效力普及城廂起見、按照街市崗位撤消、集中力量、分班巡邏、現經黨政談話會商討結果　仍將原有崗位恢復、以維秩序、五、烟毒犯總復查、原定上月底結束、嗣奉令展期十日、在展限期間、各區趕辦緝捕工作、共捕獲烟毒犯三百餘人　其中以私吸者居多、重吸者次之、六、考查土地陳報人員、共分兩路分發、現已公畢、先後回縣、本府將根據攷察情形、以爲辦理土地陳報之參攷、該項工作、正在籌進中、繼有縣黨部李委員效禹報告

黨務工作　略謂、本部工作、共有兩件、一、指導合作社、本縣于去年共組織合作社八十一所、嗣經檢查、現存者有七十一所、爲使各該社共趨健全起見、特令分別召開社員大會　並由合作指導委員會派員視導　所有指導人員、及視導辦法、均由該會確定、現已開始視導　二、一日所得運動之宣傳調查兩工作　早已辦竣、現正在集款、共收到各機關學校捐款五百餘元、商店捐款百餘元、各區則利用捐款援綏名義勸募、豐報社代收之款、約百餘元　總計本縣此次可集款一千五百餘元　惟尚有少數未繳　希於最近趕繳云云、至十一時禮成、

華山棉社舉行第二次理事會議

華山棉社於前日在該社辦公室舉行第二次理事會議、出席理事主席尹汝儉　理事胡萬章、李志端、朱敦賓、朱敦恆、陳興廣、程連璧、侯守禮　葛振武、陳正之、趙榮禎、列席本棉區指導員崔慶云　沛縣栖山棉區孟昭謙、主席尹汝儉、紀錄劉朝[illegible]、報告事項略　討論事項、一、棉區內[illegible]應絕對[illegible]案、決議、函請各鄉鎮長負責勸止、違者呈縣辦[illegible]棉區內劃定示範棉田　以作標準案、決議、劃定[illegible]華山、尹樓、邢橋　葦坑五鄉鎮爲示範區、三、石[illegible]棉農不願種植美棉、應如何辦理案、決議、促其從速登記　四、報多種少之棉農、應如何處理案、決議、履行前案　五、本區內非社員登記棉田　可否介紹入社案、決議　照章入社　六、棉農欠社內貸款、應如何催討案、決議　促其十日內繳清、違限者呈請區公所押追、七、營業準備金　應如何提取案、決議、在棉數及五厘盈餘項下提取百分之五、八　社內收子花時、按三等付價　現在花價應如何分發案、決議　照原案辦理、九、乙丙花扣留之花價　及加罰利息　應如何處理案　決議　除獎勵送花特多者外、餘作盈餘滾存　十　酬勞金是否按照工作任務之繁簡分配案、決議、照聯社第九次理事會議　第六項公職案辦理　十一、軋出皮花、與售出花不符、應如何辦理案、決議、將消失原因、報告於社員大會、十二、事務員監事可否提獎案、決議、由酬勞金項下酌提之、十三、所查子花五百二十七斤及棉子七百三十斤　應如何處理案、決議　除獎勵查報人一半外、餘暫由社內保存

糧務警長胡宗倫辭職　縣府另委孫鵬飛繼任

糧務警長胡宗倫　自任職以來、異常努力、前以瑣務勞形、曾呈請辭職　縣府以該警長辦事忠勤、當即指令慰留、胡以辭職未准、只得勉力圖報　乃近因操勞過度、致患失眠症　遂　再請辭、成縣長以其辭意堅決、未便挽留、已予照准、胡以職務已卸、即前往濟南就醫、聞繼任者爲孫鵬飛、孫君曾任縣禁烟委員會查緝員、第一二兩區公所助理員、縣政府第三科書記等職、學識能力　均極豐富、以之充任斯職、定能勝任愉快云。

鄉民莊憲啓宰殺耕牛　區公所判處勞役

城西莊閣人莊憲啓　因宰殺耕牛、當被第一區公所查獲、遂將莊某拘押、韓區長以該區積谷　現在南關外存儲者、約百餘石、擬于最近運存區公所、當罰由莊某出力搬運、以示儆懲、

醉漢罵街　飽嘗老拳

[illegible]中[illegible]三[illegible]日[illegible]飲酒後發狂、動輒謾罵　知者咸以醉漢呼之、顏於今日又復酒吃大醉、在鄰人方大頭門前、肆意叫罵、方憤火中燒　忍無可忍、即揮動老拳、將醉漢狗復周飽打一頓、事爲鎮長李奎玉得悉　當以雙方均有過失、即分別斥責、始行作罷、

豐縣國民貢獻一日所得運動推行委員會公佈收款（續）

▲豐報社全體職員一日所得捐款

編輯部全體捐洋一元零七分　業務部李敬渠捐洋六角六分、印刷室王正孝八角　盧紹昇五角　張基田九角、王承琨捐洋五角　高世武四角六分　張祥源四角、送報工人　張其平二角、李宗廉一角　陳作云二角　賈秀貞二角、李世超一角、周長清一角、徐聖讓一角　王福恩二角、董玉節二角、方慶福二角　錫金鼎二角、李厚升二角、劉愼修二角、孟憲伯二角、吳敦樸一角、辦公費一元五角、以上共計洋九元二角九分、

▲第三區農業倉庫捐洋一元一角

本日共收十元零五角九分、

連前共收洋五百九十七元七角六分、

所得稅暫行條例施行細則（續）

第二十四條　第一類所得之申報人、於申報時應提出財產目錄損益計算書　資產負債表　或其他足以證明其所得額之賬簿文據、

第二十五條　所得稅稅款、由財政部令會徵收機關委託國家銀行、或郵政儲金匯業局徵收之、其當地無上列機關者、得指定其他銀行商號或處所代爲經收、

第二十六條　各類所得稅之納稅期限左列規定、

一、第一類中乙區項納稅期限、應依各該每年之結算期、於每年三月一日起、至五月末日止、或八月一日起、至十月末日止、一次繳納之內項所得稅於結算申報時繳納、

二、第二類所得稅按月繳納之、

三、第三類所得稅、於結算息金申報時繳納之、

第一類丙項第二類自繳之所得稅、及本細則第二十二條第一項第二項、第二十三條應繳之所得稅、於結算申報日及二十日內繳納之、（未完）

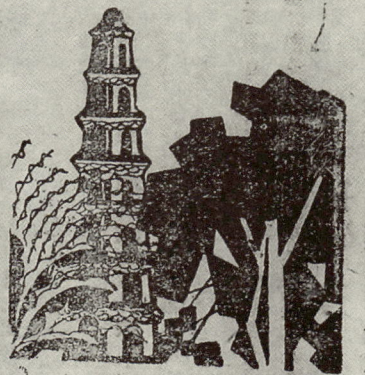

周鳴塔

第二九二期

一，本刊內容分科學常識論著詩歌小說散文戲劇書信書報介紹及批評等項
二，本刊歡迎投稿來稿文言白話均可
三，來稿本社有刪改權不願者應先聲明
四，未經登載之稿除預先聲明者外概不退還
五，本刊編輯室設豐報社內

漫談

駁斥瘋狂的「算賬」（續）

榮培

（二）魯迅的學問，向來並不十分了得，只不過在五四運動前後隨和着他人提創白話文有些功勞享了虛名。後來他投身到左翼去，做了左翼作家的領袖，思想行為完全改變，我們還能說他的對像和從前是一樣麼？一個人捉不牢一件事物的主腦，可說一切都是盲從。居然還痛哭流涕，引發生活週刊，自陳知道歷史，不也覺得難為情麼？（三）國防文學既是「蘇聯的專有品」，那末他的涵義自然和民族文學天壤之別，決不能有一些扯談，我說請他出洋，還是說錯，實在他早已死滅了。

總之，國防文學完全是蘇聯的道地出品，他在蘇聯可說為他們的民族文學，但我們是中國，不是蘇聯，國勢不同，民族意識不同，民族情緒不同，猶之乎三民主義政府下容納共產主義，同的要受排斥的一樣。別人家的孩子尚不能認為自己的兒子，何況為認賊作父！僥幸國防文學來到中國不滿週歲就嗚呼哀哉斷送了小性命！

近來發揮民族文學的文字，已普遍全國，我們最高的首腦也接三接四的勸令激勵，前途光明，如日中天。至於國防文學，非但已成過去的死口號，就是許多左翼作家，也幡然改變向來的行徑，齊走上這條血淋淋肉搏的陣綫來了。

樂岑不明白當前的動態，他的「算賬」，一味胡講，全是多事，雖經編者改削了登載，我還嫌浪費筆墨，浪費地位！至於我，本來想寫篇關于民族文學的文字，因為一則瑣務忽忙，二則最近一月來看到發揮民族文學的好文章，已有數十篇，覺得珠玉在前，自慚形穢，所以一時未敢動筆，但等一有機會，或能勉強在本刊上談談。（完）

翻譯

高加索的囚人（續）

俄國托爾斯泰原著　菽原譯

石林答道：『我的同伴可以隨便，或許他家有錢，可是我並不富，那一定得是我說的，如果你願意，你就把我殺掉——不過如此你什麼也得不到，可是超越五百盧布，我是絕對不寫的』

他們沉默着，阿卜都忽然跳了起來，拿着一個小匣，取出一枝鋼筆，一瓶墨水和一片紙來，遞給石林，拍拍他的肩膀，作手勢叫他寫去，他已經同意五百盧布了。

『等一等！』石林對番譯者說道：『告訴他說，他必須給我們適當的食物，給我們適當的衣服和皮鞋，還必須使我們在一塊，這於我們是非常愉快的，並且他還得去掉我們腳上的腳鐐。』石林看看他的主人，笑了。

主人也笑了，聽着番譯者說過以後，說道，『我一定給他們良好的衣服，外衣結婚時候適用的皮鞋，我一定如王子一般地飧餐他們，可是我不能去掉腳鐐，不，他們就逃走了，然而在夜間無論如何是要去掉的。』他跳起來拍拍石林的肩膀，說道：『你好，我好！』

石林寫了信而將信封寫錯，所以不能達到目的地。他自己想道：『我決定逃跑！』

石林和趙斯帖林都被帶回到庫倉，給了一些玉蜀黍梗，一罐水，幾塊麵包，兩件破的外衣，和幾雙磨透的軍鞋——顯明是由俄兵的死屍上脫下來的，黑夜來的時候，去掉了他們的腳鐐，把他們鎖在庫裏了。

（三）

石林和他的朋友這樣在那裡盤桓住了一月，主人常常笑着說道：『依挽，你好！我，阿卜都，好啊！』然而他叫他們吃得很壞，只給與他們一些沒有發酵的粟粉麵包，烘成扁平的餅子，或者有些時候，只是不熟麵團。

趙斯帖林寫了第二封家信，什麼事情也不作，只是鬱鬱不樂，等着寄來的款子，他常常一連數日地坐在庫倉裏面昏睡，計算着家信到來的日子。

石林曉得沒入接到他的信，便不再寫了，他想：『我的母親去何處弄錢來贖我呢？她大半還是藉着我的薪金度日，若她必須拿出五百盧布，那她便要完全破產了，帶着上帝的助力，我決定設法逃跑！』

所以他繼續眺望着外面，計劃如何脫逃。

有時他散步的韃靼村莊的附近，口裡吹着口哨，或者坐在房裡作工，譬如用膠泥塑娃娃啦，使柳條稿籃子啦，因為石林的手是非常靈巧的。

有一次石林捏了一個洋娃娃，長着鼻子，手腳，穿着一件韃靼人的長袍，把他放在屋頂上面，當韃靼婦女們出來汲水的時候，主人的女兒狄娜看見了這個洋娃娃，便喊呀些那些婦人來。她們放下她們的水桶，站住看着，笑着，石林取下這個娃娃遞給他們，然而她們笑着不敢接受這個玩藝。他把娃娃放在地上，走進庫倉，等着看發生甚麼事情。

狄娜一直向那娃娃跑去了，向四週看了一下，抓住牠便跑了。

翌日早晨，在天剛才陽曉的當兒，他對着外邊眺望，狄娜走出屋外，帶着那個娃娃，坐在門檻上邊，她已經給他穿上一片紅布，像一個嬰兒般地搖恍着牠，口裏唱着韃靼的催眠曲子，突然走出一個老婦人，責罵着她，奪去她的娃娃，碎成片片，遣狄娜去作工了。

但，石林又做了一個洋娃娃，比第一個還要好些，把牠給與狄娜，有一次狄娜拿來一個小瓶，把牠放在地上，坐下，對她看看，微微的笑着，用手指着那個瓶子。

『甚麼事情使得她這樣高興？』石林滿腹驚疑，他便拿起那個瓶子，以為是水，但那竟然是牛乳。

（未完）

創作

哭存忠

吼風

（一）

——叫他不應魂何在！空教人淚珠盈腮！——

天邊的斜陽，好像在哭泣！地本着灰色的臉，好像在嗚咽！颯颯的秋風在哀號！片片的落葉，也在嘆息！一個斜陽西墜的下午，西風颯颯，黃葉紛飛的深夜裡；我獨自一人，踏破了殘陽，移動的孤影，匆匆的走向衰草淒迷的荒郊，躬身在景物蕭瑟，滿目蒼涼的墓旁，痛哭千人憐，萬人惜，不該死而死去的族姪存忠！

唉！存忠！你死了！你真死了！！本來，死是最終的歸宿，凡物莫不有死，誰都不能逃出的例子，尤其像我這受夠冷酷與白眼，嘲笑與辱罵的人，生着有什麼可喜！死了又有什麼可悲？倒不如死了反覺乾淨。但，你是國家費力培養的人材，一班未來國家主人翁的領導者，責任如陽光前途如朵朵滿含着春意的花蕾，可惜，你未放出光明燦爛的異彩，和花朵，已被狂風暴雨摧殘了！你的死，不是日落西山，紅銷香斷，是不自然的死，是青春的夭亡！就是鐵佛也為你傷心！石人也為你下淚，何況我是個肉長成的心呢！但，我哭，掉下些不中用的眼淚，又有什麼用呢！哭如能把你的肉體復活，眼淚如能把你的生命挽回，那，我哭死也情願，眼淚灑淨我也甘心！

（二）

唉！存忠！你是一個情種，是一個情癡，若不是你那麼多情，定然不會犧牲了你的性命！平時你見了月，就要呻吟！遇見花，就是嘆息！逢到失意的人，甚或流下幾點同情的眼淚！尤在你弟弟死後，你不說失了兩個月的眠麼！那時你瘋狂了，事情也不做，飯有時也不吃，終日東穿西跑，或哭或笑，……後來雖恢復了常態，但病苗是深深的種在你的心田裡了。你的病因，我敢說是因你弟弟而起，死是為你弟弟而死！現在你死了，可以和你弟弟作伴了，但，你只知道愛你的弟弟，你可曾知道你上還有白髮蒼蒼的嚴父母，和兩鬢已白的叔父母，及懦弱無能的兄嫂，下有不懂人事的幼妹，和孤苦伶仃的妻子呢！他們為你求學賣完了所有田產，受了人間少有艱苦，可幸而去年師範畢業了，生活可以維持了，他的生活，也完全由你一人負担，他們的生命，也附在你的身上。現在你死了，他們呢？說不定也會跟你而去的！你聽見麼？他們那種悲痛的哭聲、淒切的嗚咽！就是樹上的鳥兒聽了，也感栩栩展翅高飛，路上的行人，也急煎煎閉聲遠避！但，你怎不作一聲呢？難道說你的心變了什麼？你不愛他們麼？不然你為麼這般冷淡呢？啊……啊……啊……你原來死了……死了

在兩月前，我就得你患病的消息，那時我不過以為你患了點頭痛腦熱，出點汗就好了。因此便像風吹殘雲似的，一時便消滅得無影無蹤了，憶其主要的原因，是我平素很知道你的身體是最強健的，並且你很注意衛生，絕不相信欺弱的病菌，會種在你強壯的身上，至於你一病不起，那更出于我意料之外了……

一個早飯後，我正場邊拾落葉玩，看見你的父親對面無精打采的走來。未等我招呼，他就開口說：

他的病重了，好歹還不知道，但學校是不能停課的，我想請你替他代兩天課去？……

「啊！真的麼？真病倒啦！別撒謊！」我很不相信你父親的話。

「真的，我還能哄你！」他很壯重的說：

「唉！他那樣強壯的身體，怎會病倒呢！奇怪！好好！我去替他上課，走……」我也很沈重的說。

於是我和你的父親，匆匆的走向你家，一進門，就看見你睡在一張軟牀上，蓋了兩床棉被，昏昏沈沈，什麼都不知道，但却很安靜的睡着。你母親坐在你的前面，和你打蠅子，你妻正在煎藥。一見我們去了都露出一種不自然的笑！……你父親拿了一個坐位和一支烟給我。這時我的心只是跳，眼只是呆呆。過了好久我才說道：

「吃幾服藥啦？見輕不？……」

您大叔，吃五服藥啦！昨覺夜裏見輕啦！今覺還是不能吃！不認人！老天爺！他只是說胡話！誰知道這樣吉利不！」

你母親很勞叨的回答我。

不要緊，一定能好的，年青的有點病算什麼！況且他的身體很強健？兩天就可以好啦」我很有把握的安慰你的父母。

你的父母頓時顯出一臉笑容，充滿了無限的希望……末了，我們又談「許多閒話，才到學校裏去整理功課。

（未完）

都市晨光曲

兆豐

野風吹向了古老的城，
彷彿無數的野獸羣靜開了眼睛。
東天太陽尚沒醒透；
但金色的朝霞
巳抹上了醉人的嫣紅。

○ ○ ○

汽笛的怒吼，滾滾的黑烟，
點染出一場宇宙的混乱，
一羣男一羣女，鶉衣鳩面。
像一隊飢餓的狗，
彷徨在十字街頭。

○ ○ ○

酒樓旅館的門前，
歡樂得還像夜間，
忽兒走出幾個賣淫的女人，
腮上仍帶有昨宵幾滴飄零的泪痕。
啊青春的美夢！消逝得可憐……。

○ ○ ○

「八八」一部汽車過去，
裏面坐着摩登少爺小姐，
大約他們是舞場歸來，
回去向桃色的夢境躂。
啊陶醉呀！鮮花
東方巳跳出了晨曦。
千百萬的喧鬧合奏着交響的樂曲，
啊！這是衆生的安樂呢……
還是飢餓痛苦的悲曲？

一團矛盾的空氣

小生

天空晴得怪好，找不到一絲的纖雲。

太陽的腿伸得很遠，發出淡黃的色彩來 照得整個的村莊閃白，使大地有了一線生機。

風刮得怪厲害，樹枝吱吱地折腰舞着。粉房的烟筒裏裏 冒出一縷縷地黑烟，像是一條極長的烏龍，起勁的往天空升去 飄飄蕩蕩地……泯沒了，變得與天一色，是青的。

「娘 娘 福生他打我。」二明剛從外邊走來，紅潤的小手揉着兩隻小眼睛，淚珠一滴一滴的從腮上流到衣襟上，難過地蹲在他媽媽的面前。

「恩！表子兒 我對你說的啥？咱是逃荒的，住人家的房……唉！」二明的娘將臉變得極難看 狠狠地向二明一個注目，低下頭去，仍是刺刺地用針鑽着鞋底，心裡蘊着一團酸味。

「娘，我的手破啦！」聲音又很尖的喊了一聲。

二明用着天真的目光，瞧着他媽媽的臉。

「……表子兒」

他放下了手中的鞋底，放大了眼睛往二明的手上眞，果眞 鮮紅的血一滴一滴……往地上滴 剛流到地上凝固了，變成 個小血塊。他很擔憂的用 塊破布給二明包好了，隨着嘆了一口大氣，心裡在想，唉！唉！人窮了不好，該受屈的。

「娘 我還餓來，」二明看看手上的血沒有了，一擠眼滴下一滴澄清的淚珠。吃的一聲他笑了，鬼的跳圈。

「唉！表子兒……」二明的娘用手指着二明的頭，給他一個極深刻的表情，意思是：「你餓啦，等着吧！你爸爸賣菜（賣豆芽）回來，才能換點糧食給你做飯。」

「恩！那些混長黃子，打腫俺福生的手。」從屋外傳來的聲音 這聲音特別的響亮，一字 字的刺着二明的娘的心眼。

「二大娘，到屋裏來坐坐」二明的娘站了起身來，望着茅屋門前的

嘿俺福生的手，叫您個小畜生打腫啦！打腫啦！一那個惡恨的婦人 瞪 眼望着二明的娘吵，「打腫啦一的聲音，特别的猛燥而且響亮，像一隻兇殘的老虎在一隻懦弱的羔羊前怒吼。

二大娘你老人家別生氣給我的小兄弟出氣……」一說話的聲音更加和藹，二明的娘望着婦人的滿生橫肉的臉，但用各人心裡的作用，在二明的娘的心內感覺，似乎那橫肉裏是暗藏着殺人的毒氣，不，是殺人的毒瓦斯。

「……」那婦人斜着眼。

「給小兄弟出氣，二大娘……一二明的娘一轉身，舉起拳頭向着二明的頭打了一下，輕輕地。

二明吓的不敢做聲 瞪着兩隻眼睛。

氣憤 怒罵 和藹 顫慄

……一團矛盾的空氣，往天空飛散，散落到貧窮的人家裡！

編輯室廣播的電台

一、李征君你的稿子，請快送到編輯室來。

二、老渾君：你近來為什麼不寫作了呢？有很多的讀者正在盼望着呢！

三、二月份稿紙已發出。

本社會計處啓事

查本報一月份鳳鳴塔稿費，業經編輯室統計完竣 並已通知，定於二月一日開始發放，限十六日前結束清楚，仰各

新豐舞台經理羅玉振啓事

敬啓者敝人經營新豐舞台業已三年蒙各界多加贊助尚無隕越自深感謝自廿六年二月六日起同中出租于劉玉舟名下所有一切責任在此一年期內概與本人無關恐未週知特登報聲明

本城糧價

每市石價目

名稱	最高	最低
小麥	十一元	十元八角
大麥		
黃豆	六元九角	六元七角
黑豆	六元六角	六元四角
菉豆	七元五角	七元三角
江豆	八元	七元六角
高粱	五元	四元七角
穀子	四元七角	四元五角
稷子	五元九角	五元八角
芝蔴	十一元四角	十一元
青豆	六元七角	六元五角
花生（每百斤）	六元八角	六元六角
瓜子（每百斤）	十六元	十五元

氣象

天氣	風向	最高溫度	最低溫度
晴	南東風	度	度

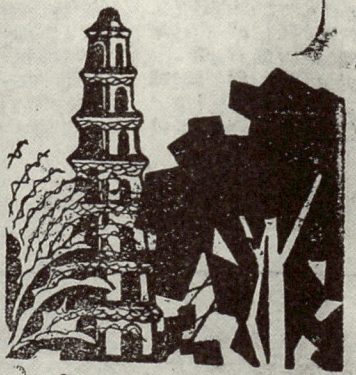

鳳鳴塔

第二九三期

一，本刊內容分科學常識論著詩歌小說散文戲劇書信書報介紹及批評等項

二，本刊歡迎投稿來稿文言白話均可

三，來稿本社有删改權不願者應先聲明

四，未經登載之稿除預先聲明者外概不退還

五，本刊編輯室設豐報社內

漫談

一個請求

平

來到豐縣，一翻報紙，首先看到「聲聪」，我就預感到文壇上又要起一場風波，而且雙方的言論也要像前年「文白之戰」中的一樣的浪費。在那一次，我幾乎陷到「夾攻」中了，有苦說不出。在這一次，我却自己出來管閒事。不，我覺到假如我的文字能使這次論戰不放野火，對于我自己，對于鳳鳴塔的讀者，似乎都不算完全無聊的事。

文壇上有流派，是事實。但一個流派，一個作家，都要靠作品來取得自己的地位；一個口號，一種理論，都要有作品來證實。就拿魯迅來說吧 魯迅是中國的作家，因爲有作品！我是崇拜魯迅的，但不是崇拜屬于某一「翼」，魯迅 而是崇拜寫出吶喊徬徨及其他作品的魯迅。假如魯迅是憑口號來買空賣空，我雖然瞎眼，也不一定在幾百個空喊的作家中專愛魯迅 許多和魯迅屬于同一「翼」的作家祇能使我頭痛，因而我鄙棄他們。和魯迅不屬于同一「翼」的作家，尤其是大多數的無「翼」的作家，祇要有可讀的作品，我都要成爲他們的讀者，祇要他們寫出眞實，我都熱烈地擁抱他們。「眞美善」是文藝的生命，好的作品一定是代表某一時代的某一國民的眞的美的善的生活態度的作品。我愛歌德，愛席勒，愛杜斯託夫斯基，愛託爾斯太，也愛蕭羅呵夫和高爾基。我愛詩經楚詞李杜的詩歌，也愛阿Q正傳。我鄙視文壇上的「黨同伐異」！高爾基和魯迅的流派我是知道的。批評家如果認爲他們是人類的害蟲，要從某一部，至少是某一篇作品中來指出他們的毒素，不要從流漸上來定罪名，也不要作籠統的瞎罵。而且 對有名無名的作者都該如此。不從作品來崇拜作家，是盲信；不從作品來反對作家，是狂妄。狂妄無損于人，盲信也無益于己。少年們！讀作品吧，寫作品吧。從讀從寫當中來磨鍊自己吧，不要忙着扛旗幟 旗幟不算作品，手裏拿着旗幟也可以是一個白癡。批評家們！批評作品吧，從批評作品中來糾正并提高少年們的理解力吧，不要以「緝私」爲能事。假如揭發流派就算批評，批評家可以由廣告員來代替 而且，批評家可以沒有 因爲大作家所屬的流派是公開的祕密。批評家應該重視自己的工作，重視自己，我希望雙方都不要再作理論的浪費。尤其是無原則的瞎罵和威嚇，我請求公正的編者立刻制止 威嚇可以造成沉默，但沉默并不是音樂；瞎罵可以造成擾讓 誰又能說擾讓有戲劇的價值！

中國的命運在我們這一代一定得確定，大家都感覺到了吧？我相信每一個讀書人都還沒有完全看輕自己，都有「爲國宣勞」的決心與準備 我們有熱心，但救國必須由工作。文藝在救國中還有力量，爭吵則祇能誤事！文壇上沒有專賣權，大家該認清這一點

學賀。詩人請用詩來燃燒國人的心靈，小說家請用小說來描繪生活的畫面，戲劇家請用腳本和舞台來振蕩觀衆的情緒，批評家請用細緻的具體的指示，作作者與讀者的教師，而且各本自己的主見，用慣于運用的文體。不過，如果中國人不能各自爲戰，文藝創作的路綫也終歸「定于一」。「一」要由熱誠的正直的工作得來，空喊與漫罵不易統一文壇的武器。因此，我請求：

一，停止空洞的討論，各本自己的主張提出取材和抒寫上的意見，不要引經據典，更不要節外生枝。

二，批評作品，從耐心的批評中教育別人和自己。我勸大家看茅盾先生如何批評初期的新詩和田間與藏克家的新詩。（見今年的文學第一二期）

假如不能這樣，萬籟俱寂也强似噪音聒耳。

也許我是多事吧。然而，「樹本無聲 風騷之鳴」，我還不是木樁，因此還有呻吟，但祇此，祇此一次！

翻譯

高加索的四人（續）

俄國托爾斯泰原著
哉原譯

他喝着說道：

『好啊！』

狄娜是多麼快活啊！『你好，依挽，你好！』她說着跳了起來，拍着她的雙手。然後，拿住瓶子，她便跑開了。從此以後，每天她偷偷地給他送一點牛乳。

韃靼人們用山羊奶油備了一種乾酪 晒在他屋頂上面，她有時又祕密地給他拿些這種乾酪，有一次阿卜都宰了一隻山羊，她給石林拿了一塊羊肉，藏在她的袖中，等一將東西拋下，她便跑開了。

一日，暴雨驟至，雨點如注般的整整落了一個鐘頭，一切都溷水橫流，小河裡面的水，漲了七八英尺，水流滾滾，冲動巨石，什麼地方都成了小溪，山中的雷聲，猶殷殷不絕。

煞那間暴風雨過去以後，鄉村裏面的水在街上打旋的流着，石林對主人那裡借了一把小刀，削了一個小的圓筒，砍了幾塊小的木板，作成一個輪子，他在輪的兩端，固定了兩個洋娃娃，小女孩給他取了幾塊布料，他又給洋娃娃穿上了衣裳，一個娃娃好像一個農人模樣，另一個猶如是一個農婦，然後固定他們的位置。使水能把輪子冲動，於是輪子開始旋轉起來，洋娃娃便跳起舞來了。

全村羣集其周，小孩小妮，男人女人，都走來的咨着他們的舌頭。

『喂，俄國人！喂，俄國人！』

阿卜都有一個壞的俄國鐘，他叫石林，指給他看，的咨着他的舌頭。

『把他給我，我與你修理，』石林說道。

他用刀子把牠謝成片片，分類零件，又把牠積在一起 於是那鐘便又行動自如了。

主人心花弄放，送給他一件禮物、給他一件全體開花的棉袍，石林亦不得不收，無論如何，夜間總可把牠當爲一個被褥。

從此以後，石林的名聲四揚 韃靼人往往來自遠鄉，一時給他拿來一個槍械，或者一把手槍，一時又給他拿來一隻手表，請他修理。他的主人與了他幾件傢具一一如手鉗，手鑽和銼刀之類。

一日一個韃靼人害了病，他們走向石林說道，『來，去瞧瞧他！』石林對於治病是一行不通的，可是他跟着去了，自思道，『或者他會好起來。』

他走回屋倉，用水混了點砂 然後當韃靼人的面前，對牠喃喃而語，把給病人飲下，可是他徼倖得很，那個韃靼人就此好了。

創作

哭存忠（續）

吼風

果然你的病一天一天的好了，輕了，不到三天，你便能下床啦，況且很能吃。你父母等 不要說都充滿了快樂，就是鄰人，也預備演戲給你慶賀。以及太陽，也微微的現出一臉美容來。

（四）

又是一個早飯後，我和昭君立君同去看你 那時你的面色已經復元，重現出往日的精神。跑跑跳跳，說說笑笑，好像一隻活潑的小燕子，使人見了，不自主的發出一種愛慕的心來。

午飯時候，我們四人很痛快的飲酒 並猜拳行令、你還要我彈琴給你聽 你不這樣的說麼？

「雪心叔，我是你唯一的知音者，除非我，再沒有人能猜出你的心願！」

那時我們都笑了，尤其你笑的厲害，我想你那次的笑，一定是你一生最痛快的笑吧！

過了一會 你又說道：「雪心叔，等到暑假，我的病也好令利啦！功課也結束完啦！時間也比較長一點！又是景緻最宜人的時候，我們再到南京遊玩一遭 看看槳聲燈

影裏的秦淮河，划划竹葉似的扁舟，再看看莫愁湖，玄武湖，五洲公園，明故宮，中山陵，雞鳴寺，雨花台，燕子磯。波浪滾滾的長江，和隨波上下的小船……再到西湖，看看什麼西湖十景，什麼蘇堤啦！蘇小墓啦！岳王墳啦等……一爲遊山訪水探古蹟，二可散散心中的煩悶！不然，便求赤松子於世外呢！……」

「好，很好！就是這樣辦吧！」我們三人也都很贊成你的意見……

（五）

大概是一個早晨，天沈地寂，風淒葉落，寒空傳來幾聲孤雁的哀號，才打破這深秋的晨寂！這時我正在門前散步忽然一縷很淒切的聲音，像小刀一般的刺入我的耳裏：

喂！雪心！你知道嗎？存忠的病又犯啦！比上次還重得多呢？他全家，兩天都沒有吃飯，只是啼哭，你看這怎麼辦呢！」

搜！我頭上走了一股涼氣，頭頓然大了！眼黑了！……過了好久，才知道是立君對我這樣的說 於是我兩慌慌的跑向你家 見你還是睡在那個床上 仍是蓋着那兩床棉被，但，你却沒有上次那樣的安靜，身子只是翻來覆去的亂轉，嘴裡胡說，你的父母及……都站也你的面前，兩眼巴巴，充滿了愁意……只聽你說過：

「弟弟！你先走吧！我總和你向一塊去的！你先走：……」你的父母及……聽了都大哭起來，不一時，滿屋都充滿了哭聲……哀！存忠 誰知你就在那天晚上，與世永辭了！棄父拋母及……而去了！那時，我因事他往，未能在你的面前 洒乾我的熱淚！和給你一片片的紙錢，這是我此生永不能忘記一個缺陷……如早知你此一病不起，那我無論若何也不願離你而他去！

（未完）

吐出了一句，意誠又支配着我縮了回來，用另外的話又開，唉！心曲終於不敢說啊！

天賦於我的只是糊糊塗塗的一生，我這一生中 只是平淡而無聊，惱人的春風，又助長了我的愁苦！

捉摸不定的一生，就是這樣的終結了啊！默默的望了半天，只是長吁了一口氣 就算是結束了愁苦的 幕 接着來的一幕仍是愁苦與悽慘！

是一個半載前的午後，我授受了一紙的委任，我又開始度着粉筆生涯，整天的在兒童隊中鬼混，一縷不可捉摸的心靈 又暫時寄託在一隊天眞的兒童羣中。

課後和同事們慢步荒郊，也曾步到灌木叢生的河濱，也曾步到綠柳行中的沙堤，也曾在夕陽西下的時候，在碑林中 摩沙遐弔，在嘆息着黃泉下長眠的 們。也曾在微風微雨的早晨，在孤樹下呼吸換氣，在咀咒着煩悶的天氣，又包圍了遇遭爬上高岡向着雲煙深處瞭望，不見柳蔭黃鶯，登上層樓，向着天的邊際極視 也不見雲端白鶴 不禁歔歔着扣石而歌：「鶯兮歸來！我的知音！鶴兮歸來，我的友伴」，深夜衾寒月冷，更增加了我心中不寧，展轉反側，終找不出身安心靜的處，屋後的犬聲狺狺 院中的枯葉颯颯。替失眠的人兒 添添了無限的惆悵。

蒼天故意的和我爲難，夜偏偏地又長了起來 桌上的鐘在滴搭滴搭的響動 在黑夜中傳出逆耳的節奏。

這樣度日如年的過着學校中呆板的生活。

每每翻起一些無聊的陳腐不堪的小說，看了兩頁，又抛擲在一邊，再坐在位上批改積壓的課卷 改了兩本，放浪的心無論如何收拾不起，終於又站了起來，渡到門外。門外是荒涼的沙漠，找不到甘泉美草，失望的又退了回來。

這便是我每日的情況。

（未完）

別了以後

秋纕

月光兒不會長圓，
這不能不說是永久的缺憾，
但是僕僕風塵的人們，
也是一般的時聚時散無限變遷，
良宵甫過便又唱出陽關，

◎ ◎ ◎

形骸是不可留戀，
實貴的還是內心的熱欵，
假使朝夕耳廝磨，
虛僞的應酬敷衍，
不見得勝似那天各一方的心心相戀。

◎ ◎ ◎

月色昏黃的一個黑夜，
我曾諄諄的向伊這樣的表白，
這表白便是對她的安慰，
安慰她不要因離別而傷悲，
更不安憂心忡忡的墮淚。

◎ ◎ ◎

黑夜過去了又是一個早晨，
我又重逢她在一個樓上的人羣，
伊在垂下低頭結着線衫，
俏眼斜睨不住的打量我的週身。

◎ ◎ ◎

伊想是因爲不能傾訴哀腸，
頭更低垂了在懷着無限哀傷，
不吧！後會有期啊 伊難道不想，
但啊！咫尺於隔不見也如天樣，

◎ ◎ ◎

這樣默默的各自走開，
從此再不見她的形態，
雖然時常的在伊門外徘徊，
終於未曾一見伊翩然走來。

◎ ◎ ◎

而今已是兩月時分，
消息也永隔了不知音信，
伊就這樣的狠心嗎？
將我棄擲不問，
不會吧！我很相信伊是始終一心。

◎ ◎ ◎

別了以後 我是慢慢的消瘦了，
雖然一日三餐，蔬菜雜陳，
盼望的是伊的慰問，
懸念的是你的音信，
這樣瘦了面顏，損了元神。

◎ ◎ ◎

而今草榻高臥，
兩眼獃獃的獨自思想。
月亮兒不會長圓，
何況僕僕風塵的人們，
這樣自言自慰偷度光陰。

一縷心曲

秋纕

每到我提起一枝禿筆，想傾吐我一年的遭遇的時候，我的心波不住的在震盪，血管在膨脹 終於又迫着我將一枝禿筆放下。

靜夜的月色，會引起了我的無端的感慨，午夜的簫聲，會勾起了我的舊日愁恨，環境給予我的只是刺激與蹂躪。院外傳來的酣歌，同學們的嘻笑，都是催促我走入煩悶之鄉的口令！

幸福嗎？安慰嗎？在我的身邊 何曾能找到一點呢？

同事們，在各自談笑風生的傾訴個人的快樂與奇蹟，我總是低頭不語最後心的深處，反映出過去的殘夢，無精打采的，只有走到無人處痛淚！

他們是惡作劇 他們故意在我面前，賣弄他們的幸福 嘲笑我的坎坷不幸 你們的心境這樣的狠毒嗎？處處給我以更大的刺激。

我也曾打算將我的心曲，痛痛快快的直陳在他們之前，[illegible]

編輯室廣播的電台

一，叔平：你的「一個請求」，今天發表了。

二，秋纕君：來稿都收到，此後當次第刊出。

四，王萬選君，你的「黃大嫂認兄」，稍停幾天再發表，你以爲然嗎？

五，吼風君的「哭存忠」極盡纏綿哀傷之能事！確是不可多得的作品！

本社會計處啓事

查本報一月份鳳鳴塔稿費，業經編輯室統計完竣，並已通知 定於二月一日開始發放，限十六日前結束清楚，希各著作[illegible]來社具領可也。

本城糧價

名稱	每市石價目
小麥	最高十一元 最低十元八角
大麥	最高 最低
黃豆	最高六元九角 最低六元七角
黑豆	最高六元六角 最低六元四角
菉豆	最高七元五角 最低七元三角
江豆	最高八元 最低七元六角
高粱	最高五元 最低四元七角
穀子	最高四元七角 最低四元五角
稷子	最高五元九角 最低五元八角
芝麻	最高十一元四角 最低十一元
青豆	最高六元七角 最低六元五角
花生（每百斤）	最高六元八角 最低六元六角
瓜子（每百斤）	最高十六元 最低十五元

氣象

天氣	風向	最高溫度	最低溫度
雪	東北風	度	度

第一期

本刊每星期六出版

小談論

眞實的工作

我在讀詩經，看到了東山，內中就有怎麼一句：伊威在室，下面的注釋是：伊威，委黍也。而委黍呢，又是鼠婦也。鼠婦又是什麼呢？一壁根下甕底土中生，似白魚。案：白魚狀似今之地鼈蟲。」這樣，伊威就是我們徐州人所謂「土鼈子」了。再查詞源「伊威，蟲名，似鼠婦而絕大，穹脊長鬚，頭類灶雞，四足兩股，生空室中，舊稱即鼠婦非。」夫灶雞者，徐州人所謂「灶君老爺的狗」也，伊威既頭類灶雞，殆土蚍子之類歟？然土蚍子與土鼈子相去遠矣！啊啊，米小米小的註釋字把我的病眼都弄痛了，我還得不到伊威的確定的解釋。我暫時祇能對學生說，伊威是土蚍子或土鼈子一類的東西。

有誰讀到古書，特別是詩經楚詞，不感受到這種痛苦呢？這些典籍裏邊的「草木鳥獸之名」，有誰能用各地方言給以正確的對等的名字？我，一個上了七年私塾九年學校的先生，還弄得這樣沒頭沒腦，後生小子碰到「經」時的目瞪口呆更是可想而見的了！啊，請想一下子吧，中國讀書人該浪費多少精力。因此，我對于國學大師不能不有一個提議：幹麼不用白話把「經」都譯一遍，至少是註釋一遍呢？可惜到今天爲止，這種工作上的成就，我祇見到郭沫若先生的卷耳集，離騷今譯和陳子展先生的詩經語譯，而牠們的作者又都不是國學大師。因爲註解的不明不白，所以儘管提倡讀經，而中學生的經學程度甚至比我在私塾中所達到的還低。國學先進的訓詁工作都沒到「簡單」，「確實」。更談不上固有思想的整理。于是，國學上無根底的我，尤其是比我更無根底的青年，一望到經，祇有長嘆一聲：「高山仰止」。至于興趣不在此的人，也無怪他們採取「敬鬼神而遠之」的態度了。

我希望國學先進們做點眞實的工作，首先使經能使人了解，別祇罵後進趨新務時。眞實的工作者使人愛敬，武斷家則祇能使人畏懼。

寫作

雪天

宗傑

天快要黑了，陰沉沉的還下着雪。

二奶匕獨自坐在小屋裡，面對着棉車子，正在發呆。

「二奶奶還沒有吃飯嗎？」我一步跨進小屋裏。

她看見了我也沒大注意，只說了一句：「琪娃！你昨天來的嗎？」

「是的！」我也沒等他讓我，便坐在鍋門口草墩上了。

我看了一圈，屋裏也沒有多大的變更，只有那個黑黝黝的竹籃子沒有了。在二樑上又添了一堆破布，大概是我五叔的破單褲子，小鍋還放着碗剩飯，兩塊燒的紅芋，像有些熱氣。

「今年能在家過年嗎？」二奶匕問。

「不能。頭年裏還得上學呢！」

二奶匕往外一看，沒有作聲，仍是一抽一抽的拉着，臉上的皺紋如樹皮一般，很顯出蒼老的神色。

「唉！老天爺！到了這兩天啦，偏又下雪，又無吃又無燒，怎什過吧！」二奶奶悽愴的說。

「五叔在家嗎？」我問。

「賣糞去啦！到眼前還不來，鍋裡的飯都涼啦！」

「今年冬裡沒有餓着吧？」我望着二奶奶問。

「唉！什麼是餓着餓不着，不過還沒死就是了！一入冬，你四叔還在家，他天天去變紅芋，變蘿蔔。您五叔就拾糞賣糞，也算沒有餓着。到了眼前，你四叔也走啦，紅芋蘿蔔也吃完啦，就指着紡賺棉吃。一天到晚，都是這一條事，……。」

二奶匕沉默了。

「我四叔那去啦？」

「哼，獃孩子！你在城裏還沒有聽說嗎？」於是她湊近了我的身旁，慢慢的說：「叫人拔去當兵去啦！……」我點了點頭，沒有作聲。

到這時，她也不再說了，我也默住了。屋子裡頓顯得十分靜寂，只有外邊還是飄着雪。地上已經銀白了。二奶匕盤盤腿，又繼續的說：「現在紡棉也不中了，王屯街上又添了洋棉車子，有現錢的人，都到那裏去紡，紡得又快，又細，又勻。除了幾家破落戶，沒有錢的，誰家還找咱呢？」

雪是越下越大了，片子竟有的像梅花那麼大，一片一片的落在銀白的地上。樹也白了，一團一團的，眞如詩人所說的「帶雨梨花」。

在樹隙裏有人蠕蠕的在動着，好像是我五叔，愈來愈近了，果眞是他。他頭上頂着蓆包，推着小土車，上面還放着高高的一疊一疊的糞筐，已經也教雪蓋滿了。遠遠的望去，眞如闊人家的「金邊銀碗」。小土車也蹇得蹇不動了，如拖車一般。

他拖下糞筐，走到小屋，二奶匕慌忙的站了起來，替他撲雪，一邊又說：「乖孩子！你冷嗎？鍋裡有飯，快要涼了。」

我也急忙的站了起來，讓五叔坐在鍋門口。

他坐下來，脫了鞋，裡面滿滿的是雪，大半已經溶化了，從露着腳指頭的襪子上滴滴的流下水來。又黑又臭。破鞋也張了嘴，掛不住腳了。繫鞋的繩子也快要斷了，凍得直挺挺的。五叔把破鞋小繩一齊都放在灶台上，把腳深深的伸到鍋底下去。又掀開鍋，端出那碗飯，直扒個不住。

他忽然又放下碗，從懷裏急忙的掏出了那條半截的灰色的口袋，頭爛了，角裏也漏了，捧給二奶匕。

「還是米，七斤十三兩，也沒有找錢。」

二奶匕接過來，看了看，慢慢的送到小草囤裏去了。

五叔吃過飯，天還是下着，已經上了夜影，他便跑到跛子老爺的牛屋裏去了。

（二年級）

雜感

南

（一）

弱冠光陰遠似飛，觚稜回首夢魂稀；
聽風聽雨生涯薄，憂國憂時心事違；
病裏吟詩情自好，貧中作賦計全非；
何當請得長纓去，一繫夷酋奏凱歸。

（二）

去國常懷萬種愁，每聞時事欲登樓；
泣來血淚三千斛，灑向燕雲十六州；
杜牧生前頻說劍，要離死後孰誅仇，
英雄那問頭顱好，肯向人間作楚囚。

早春

南

風催雪片罥窗紗，偷向東籬問菊花；
底事東君還不語，落紅流水惹誰家？

無題

消得孤悽酒一甌，自扶殘醉上簾鉤；
朝來不灑芭蕉雨，縱有悽情未是愁。

柔順的狼

春光

「走啊！大娃！看把戲去！」吳媽領着大娃，從八字式的門裡走了出來。

吳媽原是張大春老爺家的子頭，現在已經六十七歲，算起來已過了五十多年的床前床後的生活了。自大春老爺得了大娃以後，他的生活也改變了方式：不再侍奉張奶奶了，却似乎和奶奶一樣，祇是不管餵奶，專看護大娃；每月的工錢，也由六千增至七千五了。

在每天的飯後，吳媽總要領大娃出來。

「看呀！風車滾得多快

呀！」吳媽指着那些玩風車的孩子們說。

一羣玩得正歡的孩子，忽然都默住了，眼睁睁的注視着大娃，他的紅綢袍子，翠綠的棉褲，老虎臉棉鞋以及綴着鈴鐺的大紅帽子，都是他們從小就沒穿過見過的東西。大順繞了幾個圈子，很想摸一摸他那衣裳，搖一搖他的鈴鐺，可是全都敎吳媽止住了。

「啊你們不要惹他，他會哭哩！」

「吃飯了嗎？吳媽！到還裡來坐坐吧！」王三婆在稍遠處高聲的喊

「吃能啦！三嫂子！」吳媽湊過去，笑着坐在草蹲上。

「當家的在家家嗎？吳媽問。

沒有！溜鄉去啦！七天沒有回來了。」王三婆帶着氣說。

「當家的不在家，那你可自在啦，」

「別放屁啦！孩子們還是很好奇的望着大娃大順還想伸手。這點是緊要的所在應該充分描寫各色兒童的習慣的表現，到大娃哭爲止。——編者誌——

「啊！吳大娘！大娃哭了！」劉三急忙的跑過來，告訴給吳媽。

吳媽沒有回答，連滾帶爬的站起來。走起路來跳跳的，小脚也不嫌疼了，兩步併一步的跑過去。

「不要哭！我來！……來了……。」

看門的杜二早看見了，便急忙的告訴給張奶奶。

「吳媽呢？那裡去了？反正是他娘喂不熟的狠。」張奶奶站在門檻裏，氣憤的罵吳媽。

「不要哭！……不要……」吳媽只是拍着他，很替他拭乾淚，不叫他哭想掩飾她的過失。

大順看見張奶奶出來了，帶着恐懼的神色，向吳媽說：「吳大媽！我沒有打他！他奪我的風車。」

吳媽媽沒有作聲，只是眼瞪着大順，臉上現出一種恐懼而後悔的神色，似乎是在一面埋怨自己不該離開，一面又怨恨大順不該惹他。

大順的娘聽說，好像塌了天似的，緊着圈裙 帶着兩手黑麵 跑了出來。

「大順！你的個表子兒！總想死了……。」

大順看見他娘來了，一跑一跑的迎上去。

「娘！娘！我沒打他，他老要我的風車，我沒……」

他娘也不問三七二十一，呱呱的給他五個耳光，恨恨的罵道：「狗羔子！你打他，可沒有天啦！他是咱的東家，咱吃的喝都是的人家的。他要啥，你就給他啥，你……。」

大順揉着眼，哭起來了。

「吃飯了嗎？張奶奶！小東西得罪了大娃叔 張奶奶不要見怪 張奶奶最寬宏大量的人，是不與小人計較的。」

哭喪着臉的孫婆驟然又換了笑色，向着張奶奶訴罪。

吳媽抱着大娃回來了，張奶奶迎頭便讓：「你想想我家不？你要是想在我家你就該聽說聽道的。要是不想在我家，你就快快的滾，俺只要有錢 三個五個的臭老婆，是不稀罕的。」奶奶撕破了喉嚨似的罵。

杜三歪着嘴，拍着肚皮說：「亨！又換個新伙計了。」她越想越惱 止不住要哭了。

「吳媽你號什麼？滾出去什麼屈處！……」張奶奶撕破喉嚨的罵。

「俺好家好院的你哭啥！真是個攪家星，惹禍招災！俺孩子若有了好不好，吳媽實對你說吧，你兩個命也抵不住。」張奶奶接着罵

吳媽知道張奶奶生氣了，不認個不是便跟不成人，七千五百錢也抓不到了。

她急忙的擦乾眼淚，假裝着笑色，又抱着大娃走出來。（二年級）

離散

春秋

在通到城裏的大道上，
站着要被生活拆散的一家人。
『娘呀，站住吧，
路子那能送盡。』
兒子要替主人應徵去了，
還留戀着自己的茅舍和衰老的母親。
『兄弟，妹妹，你們回去吧，
人留人，天不留人！』
『兒呀，要愛護自己的身子，
莫敎娘在家裡掛心。』
蒼老的母親流着淚，
發出悽酸的哀音。
『哥哥，我們以後怎樣吃飯？
哥哥我們以後怎樣種，怎樣收？』
弟弟哭訴着，
抓住「哥哥的手。
『娘 都回去吧，
別怨命，也別怨天，
怨咱沒有自己的屋，自己的田。』
寨林遮斷了他們的視綫，
但心却永遠緊着，
直到天邊！

（三年級）

廢歷年

（一）

汪劍俠

天還早得很 暴烈的鞭炮聲 老是不斷的震着我的耳鼓 雖幾次想用被頭抵禦這種侵擾 但終是失敗的。一恩，真討厭，老放鞭炮聲什麼：我這樣迷離的想。

我合着眼睛是一片墨黑，睜開眼睛也是一片墨黑啊！這個屋子真被黑暗吞沒了，不然，怎麼看不見一絲的光亮呢？」

真闖入，我得起來 怎麼鬧的，我的父母，祖父母……還不起來過年？難道說他們都什夢鄉嗎？實在忍不住了，我要喊我的父母起來，過這快樂的新年。

「娘！還不起來過年！」我的聲音可怪響亮。

一劍俠！你喝了幾杯，發起酒瘋來！」

「不 他是在說夢話吧！等他再說，咱聽着：。」

真遭糕 他們的話，在一字一字的敲着我的心。

我清醒來 想，却不是真的在家 是在學校的寢室裏呢？我臉上的熱度驟然增高了幾倍，心情如乱絲般的我个出一個頭緒來。一咳！你暈了嗎？」我憎恨起自已來了 但終沒有吐出一字，來對付同學們的譏笑。然而，天曉得我是怎樣的心情啊！

我要追溯，追溯過去的舊歷新年的事態。

（二）

「哥哥！咱給爺爺磕頭去！」我的小弟弟很活潑的向我招手。

「好！咱倆一齊磕！」

我在弟弟的後面走，走到一個草房的堂屋裏。

「哈！哈！磕罷！再給你奶奶磕一個！」爺爺的聲音很和藹。

我的祖父露出了一副不可侵犯的面容 和藹中含着莊嚴和肅靜。

（未完）

編後

雜組

第一期總算湊出來了。

我沒有什麼奢望，祇願稍微盡點力，使這個刊物不致完全對不起讀者，對不起排印者，對不起鉛字，墨油和白紙。有利於人而無利於己，或有利于己而無利于人的事，是善惡雖然不同，在需要非凡的人物來幹上，是一樣的。我是庸人幹不出這樣的事。庸人幹事，最壞的是弄到無利于人也無利于己。例如，侮辱善者因而露了自己的醜態，笑罵智者因而顯出自己的無知 這真是于人己都多事。多事不如無事，做事最好就別多事。因此，這個刊物上將不會有什麼吹噓，也不會有什麼怒罵。在修養上 在研究上發現了什麼問題，提出來 讓大家討論；有什麼意見，提出來，讓大家參考——虛心的提出問題 虛心地討論問題，能得到結論最好 不然就記一筆賬，作爲存款。其次，學生中間頗有些人歡喜寫作，先生們中間也不至于沒有人摸筆。好的文字，檢出來登上去 有時也許附一點評論，指出優點，讓學生們學習，壞文字的也不一定就私藏起來，高興的時候，也檢出來。附一點批評 登上去；這，也算一種學習。至于文體，沒有什麼拘泥。所以本刊的「文風」并不代表本校的「文風」而且自身也就不一致。我不願文章正宗 祇知道 禽鳥有一種歌曲。

完了，我等待着稿子。

本城糧價

名稱	每市石價目
小麥	最高十一元 最低十元八角
大麥	最高 最低
黃豆	最高六元九角 最低六元七角
黑豆	最高六元六角 最低六元四角
菉豆	最高七元五角 最低七元三角
江豆	最高八元 最低七元六角
高粱	最高五元 最低四元七角
穀子	最高四元七角 最低四元五角
稷子	最高五元九角 最低五元八角
芝麻	最高十一元四角 最低十一元
青豆	最高六元七角 最低六元五角
花生（每百斤）	最高六元八角 最低六元六角
瓜子（每百斤）	最高十六元 最低十五元

氣象

天氣	晴
風向	東北風
最高溫度	度
最低溫度	度

風雨塔

第二九四期

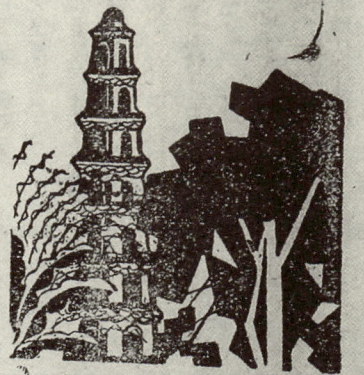

一，本刊內容分科學常識論著詩歌小說散文戲劇書信書報介紹及批評等項
二，本刊歡迎投稿來稿文言白話均可
三，來稿本社有刪改權不願者應先聲明
四，未經登載之稿除預先聲明者外概不退還
五，本刊編輯室設豐報社內

漫談

追念匆匆過去的「一二八」

兆豐

近來的世界眞可說聲『危險』了，整個的人類已陷入極度危急中，歐洲的時局正『沸熱化』，而遠東呢？也正如烈火似的在燃燒着；就中日問題也已走到了盡頭，到了無可解決的地步了。還有我們國內匪乱，也無時無刻不在刺着我們的心頭，這樣看來，無論和平陣綫和侵略陣綫，在奔馳着時代浪濤下，戰爭的可能性，實是已達到一觸即發的時候了。

『一二八』又匆匆的過十幾天了，我們不由自主流下了兩滴血淚；是的，我們還有血的，還有淚的。今天願將我們的血和淚，渲染上我們的國土；造成一醉美麗的樂園，來慰安我久負創傷的國魂。

『一二八』是我中華民族歷史上光榮的一頁，但我們回顧過去的事實，不得不使我們沉痛而愉快；又不得不使我們憤怒而奮發。這年的內爭烽起，經濟上，物貨上，精神上，人心上，無一處不受巨大的損失，這是值得我們痛哭的事。然而在此內乱未熄，外患日亟的緊急關頭，我政府，我民簇，仍能奮鬥禦侮，慷慨殺敵，過去『一二八』的炮火，現在綏遠的硝烟，不是正表現着我民族堅苦卓絕的成績嗎？也不正是表現國運有復興的日子了嗎。

現在國運已有轉機，我們希望藉此機會，造成一個復興的日子，全國動員起來我們不希望別人來幫助，要知道最可靠的只有『自救』。我們濺着熱的血去濯溉國土，去雪洗恥辱，救國是全國國民的事，國家是全國國民的國家，每個都負有救國的責任。我們要在同一的救國的口號下，共同豎起反日反帝之大旗，槍尖描準了敵人，直搗東京，殺盡一些非人的東西，重整我們的山河，到那時我們痛飲『黃龍之酒』該向青天笑聲『哈哈』了。我親愛的弟兄們努力啊！

翻譯

高加索的囚人（續）

俄國托爾斯泰原著　荻原譯

石林開始零碎地懂得了他們一些語言，有幾個韃靼人慢慢和他接近起來，當他們需要他的時候，他們便喊道：

『依挽！依挽！』

然而其他的人，無論如何總是睨視着他，彷彿看着一個野獸一樣。

那個紅鬍的韃靼人很不喜歡石林，無論何時他一看見他，便皺起眉頭，轉身就走，或者咒罵他。

還有一個老人，沒有住在韃靼村中，但他常由山下走來。石林看見他的時候，他總是向着教堂走去。他的身軀短小，帽上繞着一條白布，他的鬍鬚短截，斑白如雪。他的面皮起着皺紋，顏色磚紅，鼻鉤曲如鷹，他的灰眼看去異常凶殘，口中婆婆只有兩個長牙，他走過的時候，頭上裹着頭巾，扶着拐杖，如狼一樣地猶視着他的四周，若是他碰着了石林，用鼻子怒沖沖地哼了幾下，便走開了。

有一次石林下山去看這個老人的住所，他沿着小路，來到一個石牆環繞着的小園，牆的裡面他看見長有櫻桃和杏樹，與一座平頂的小房，他走近一點，看見了麥楷編成的蜂窠，翁翁地來回紛飛着蜜蜂。老人跪着，在忙着處理一個蜂窠，石林想伸腰細看，他的腳鐐吁鐺的響了一聲，這個老人轉過身來，呼喊了一聲，由腰中掏出一支手槍，便對石林射去，恰好他把自己遮在石牆後面了。

那個老夫向石林的主人控訴去了，主人把石林喚到跟前，笑着說道：

『你為甚去那老人的家裏呢？』

『我沒有作害他啊，』石林回答，『我只是想去看看他是怎樣生活的。』

主人把石林的話又說了一遍。

但是老人的怒氣尚在發中；他訥訥地急語着，發出赫絲的聲音，露着他的長牙，對石林搖着拳頭。

石林一點不能懂得，但是他猜度那老人是對阿不都說着，在韃靼村中他不應養着俄人，應當把他殺掉，最後，那老人走了。

『他是一個偉人！』主人說道，『他是我們中間最勇敢的！他殺了許多俄人，於一個時候他是很富的，他有三個妻子，八個兒子，他們一起住在一個村莊裡，後來俄國人來了，毀了那村，殺了他七個兒子，剩着一個，還降給俄人了，那老人也去投降，在俄人中住了三月。於此時期末了，他找着了他的兒子，親手將他殺死，然跑了回來。自從那次以後，他便停止戰鬥，往麥加朝拜上帝去了，那便是他首帶頭巾的原因，凡去過麥加的人，叫作「海基」（Haagr），便得戴着頭巾，他不喜歡你，要我把你殺掉。但我不殺，因為我已經替你出了錢，並且，我漸漸變得喜歡你了，依挽，不但我不殺你，甚至若我不得到我的許可，我是不願意讓你走的。』

他笑了，用俄話說道：

『你，依挽，好；我，阿卜都，好！』

（三）

石林這樣地在那裡又住了一月，白天，散步於韃靼村的周圍，或者忙着製造某種玩藝，但，夜間，當萬物靜止以後，他便掘着庫倉的土地，掘地並不是一件輕而易舉的工作，因為地中石頭很多；但，他用他的銼刀繼續不斷地工作，終於在牆下鑿了一個洞子，足可容人出外。

『若是僅要我曉得此地的方向，』他想道『和走那條路便好了！但是沒有一個韃靼人願意我，』

於是他擇主人不在家的一天，午飯後，出去爬那村外的山，向四周望望，但，主人在沒有離家以前，便命令他的兒子看守石林了，所以那個孩子在後面跟着石林，喊道：『不要走啊！走是父親不允許的，如果你不回來，我就要喊鄰人了啊。』

石林想勸服他，說道：『我並不遠走；——我只希望走上那個山去。我是去覓一種草——用來治病的，如果你願意，你可以和我同路。我帶着這個腳鐐如何能逃走呢？明天，我一定給你做一張弓和許多箭。』

於是他把那個孩子說服了，他們便去了。

遠看距那山頂並沒多遠，但是他的腳上帶着腳鐐，所以走路便非常困難了，石林繼續努力，當達到頂端的時候已經精疲力盡了，他坐在那裡，觀察着地理的形勢。

南方，庫倉的外面，是一個山谷，有羣馬兒正在那裡吃草，谷底又有一個韃靼村莊，山谷的上面，是一個險峻的高山，高山之上，又是一山。兩山的中間，在那顯出青色的遠方，是些樹林，再遠便是高山，層層高起，最高的山峯，被崇着雪，色似白糖；有一雪峯，高聳於羣山之上，東方和西方，都是諸如此類的山峯，炊烟處處，悠悠地由山谷中的韃靼村落裏面升將起來。『啊，』他自思道，『四方都是韃靼人的村落。』

創作

哭存忠（續）

吼風

（六）

唉！存忠！可惜我們遊山訪水的計劃未成，你已傷失了性命！我悲湖山定為你隱泣！古蹟定為你傷情！

存忠！你愛聽琴，你是我唯一的知音者，除非你再沒有人能猜出我的心情！唉！現在你死了！我少了知音，以後我有苦向誰訴！有哀向誰吐！

存忠！你愛飲酒，愛行令，因此我時常醉得滄浪！酩酊！現在你死了，以後，有酒我和誰飲，拳令和誰行！以後在皎潔的明月下，看不見我們的雙影！夜深人靜的燈前，聽不到我們的笑語！嵐山之顛，小河之旁，也找不着我們的足跡！青晨的曉光中，夕陽斜輝裏，更聽不到我們歌聲！……以後……

雪後

兆豐

雪花兒飄得像銀粉，天上又像有幾千百隻蝶兒飛舞。此時的世界在我朦憧的幻想裏，又變成一座鮮豔而美麗的了，平日我像似生活在漫漫的長夜，現在我却陶醉在亮堂堂的自然的懷抱了。我願望着、世界是永遠的這樣潔白，我願每個人的心也永退的像這麽的潔白！

一陣涼颼颼的風吹過，雪花兒從屋脊上吹下，打溼了我的臉，我不由得打了個寒慄，心內悸動得亂跳，我簡直不能行走了。但；揉了揉眼，嘆了口氣，還要繼續我的前程！

雪後，是一個黃昏的雪後，街上沒有行人、也沒有叫賣的小販，寂靜極了。三隻小花犬雪地上嬉鬥着，彷彿老天特爲他們砌造的快樂的遊戲場！我非常愛慕這小犬　因爲他們是比人還要自由的！

一個十四五的姑娘，一手提着洋鐵壺，一手抱着顆冷冰冰的蘿蔔，在菜館前買水，兩隻手凍得像個紅蘿蔔，她的臉上沒見有一絲的笑，她只默默的像沈思着什麽。是的，我知道，她是傭婢女，從來就是這樣的幸苦！

一個洋車夫　拖着車子，上面坐着個很嫖亮的女人，在雪地上跑過　乾枯的臉上露出了飢餓我不知爲什麼她在車上坐，人家拉個像個沒命貨？

霄燈吐出了昏黃的光，映在雪地上　像一塊金黃色的氈子，回頭看，一個個足跡印上了後頭　啊！此時什麽也有，『我的漂渺的前程！』我低聲咳了句。

雪

春林

北風飄着雪片，
如刀一般的吹在臉上。
身上破襖不能抵禦冷氣，
只是戰慄着。

○　○　○

茅屋內一片無力的嘆氣，
破鍋兩天已沒火炙，
孩子　把骨柴包在床上的破被裏，
娘的奶像個出了氣的球臙
怨恨　和飢火拌着希望，
望着天空，雪片增長！

○　○　○

雪片潔白了人世，
人類的不平沒有填起。
今日是個什麼世界，
[illegible]

家

朝楓

家，像似一個廣漠無涯的沙漠，
沒有歌，
也也沒有色，
家，又像似一個荒蕪了的坟墓。

○　○　○

一滴血，一滴淚
積成了生活的賬簿。
曾說已經是有過笑聲的日子，
可是眼前瀰漫着陰溼的慘霧！

一九三七，二，九，于子夜。

一縷心曲（續）

秋薙

有時人們告訴我一點片斷的消息，我靜靜地聽了以後，心中好似得了一點安慰，但又疑心別人是在向我姍笑，或者是知友對我的忠實報告．勸慰我的良言。

走到僻處　自己靜靜的又想了一遍，自己的心又不禁在翻動起來。

十月吧！在一個集會場中，翩似驚鴻的見到了伊的容顏，我那時眞狂歡無似，壓壓地在伊門外徘徊、但又如石沈大海般不見伊的蹤影。

我也在燈火闌珊的街頭，靜候着伊的歸來；我也曾在晨曦微明的牆角，疾等着伊的出門；鴉雀無聲的楊柳堤邊　人烟噪雜的遊戲場中，何曾遇到伊一次，最後在料峭寒風中又嗽着滿懷失望歸

一個黃昏時候，和伊巧遇在洋槐樹底，我倆可痛談着過去　可恨來往的人們頗繁多終又驚散了我們，慢慢攜着手步上河堤

天空中的月兒　還未爬出　大地上是一片漆黑，只有我倆在路上走着。

鈴聲響動，一覺來愉快的聚會，仍是一個渺茫的夢境，一天的工作，開展在面前　將我又推進一座愁城。

「誰道閒情拋棄久　每到春來　惆悵還依舊，」我動盪的一顆心，

又憶起了馮延己的蝶戀花來

一縷心曲還是收拾起來吧！同學們又在談笑風生的信口開河了　我還是躲向僻

哭存忠

穆雨

存忠你死了！你眞忍心的死了！你眞拋棄父母兄弟親友……而死了！你是什麽病？我一點也不知道！我沒能在你病床前安慰你　又沒能撫屍痛哭你　我眞是對不起你啊！想起了我們的友情　怎能叫我不傷心！怎能不教我愧恨呢？

今年暑假，在我未來徐的前一天　那時我到城裏去，我們不是在沙河西岸相遇了麽？我只以爲這是偶然的相會，所以也沒有多談　那裡知道那就是我倆的決別了！早知如此，我一定與你多談一會的！

你還說：逢逢兄不幸出外，並嘆息人事的不定　那裏知道境在才是眞的不定了，即是逢兄回來，我們又到那裡去找你呢！唉！我們永久不會再圓了！逢兄的外出，雖然我明面上還是說：「出去也好！」但是我心裡已是說不出來的傷感了！那裏還能撐得住你的死呢？

唉！沙河的西岸　仍是如故，太寺小學也和從前一樣　可是事物如舊，人事卻改變了呢！

唉！以後我倆再、能到沙河岸上去會面！太寺小學去聚首了！我眞不再忍想了！但　那裡能夠呢！往事眞如潮水般的奔湧上來　想起了我們在某某小學求學的時候，我倆不是同桌兩年麽，怎樣呢！簡直頭昏了，對於你不知說什麽才好！我知道再傷心也是無用了、但是，那裏能夠呢！良心的驅使情感的壓迫，不自主的流下眼淚來！但是那裡能流到你的墳上呢！我不迷信　我相信你死了　絕對沒有魂靈的，我們是永遠的別離了！我對你說什麽你都不知道了！但是，爲了我們的友情，我只得在異鄉哀哭呢、再請立君替我哭你　存忠你能不能聽到呢？唉！一切都完了　我要極力的抑制住感情　可是那裡能夠呢！唉存忠！你到底到那裡去了呢？

唉！存忠！我的淚盡了！力竭了！愁人的明月，已經爬上樹梢！秋風也加緊了哀號！天黑了！我要回去！霜寒露冷！望你他鄉自重吧！

（完）

編輯室廣播的電台

一、岑君：你的論文　容再詳細審閱　下、再發表　故本期暫不登載。

二、近日收到長篇小說稿件極多，此後當次第刊載。其統計如下：

1、流亡　創虹
2. 黃大嫂瞎兒　王萬選
3. 最後的微笑　兆豐
4. 鍊金術　聞人
5. 命運　鄉民

△本城糧價▽

每市石價目

名稱	最高	最低
小麥	十元八角	十元四角
大麥		
黃豆	六元七角	六元五角
黑豆	六元六角	六元四角
菉豆	七元四角	七元二角
江豆	八元	七元六角
高粱	五元三角	五元
穀子	五元	四元八角
稷子	五元九角	五元八角
芝蔴	十一元三角	十一元
青豆	六元七角	六元五角
花生（每百斤）	六元六角	六元四角
瓜子（每百斤）	十六元	十五元

△△氣象▽▽

天氣	風向	最高溫度	最低溫度
晴	西南風	三七度	二三度

中華民國廿六年二月十七日　豐報　（星期三）　第五版

小朋友

第四一六期

本副刊以介紹小朋友的作品爲宗旨

本副刊全係公開歡迎投稿

本副刊編輯部對來稿有删改權

本副刊編輯部對來稿如不登載概不退還

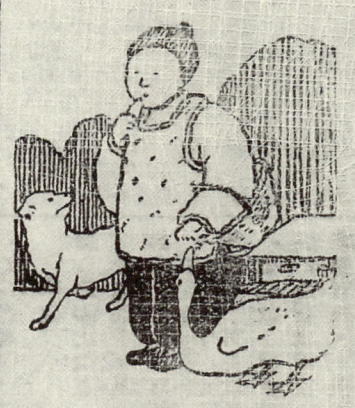

本副刊編輯部設豐報社內

小言論

青年應怎樣應付環境

文小 李恆格

在生在複雜汚濁的社會裡，我們眞是難覓立足的地位，有時還要受環境的影響而灰心，厭世，自殺……，那麼試想想這有甚麼意義呢？又有何人知道你這樣而爲你同情相憐呢？這，只有自己犧牲了自己的生命而已，人生還有什麼價值呢！

但是我們生在社會裡，不是這樣簡單的，你看那般露宿風霜的乞丐們！尙且還有奮鬥的精神，何況我們一般青年們呢！我們青年雖是處在這惡劣環境之中，不是爲了灰心，厭世，自殺……，便算得是有什麼光榮的事　須要想想怎樣應付環境走上光明的道路，才算得眞正人生的價値吧！

（一）要有堅忍的意志：「有志者事竟成」，如果凡事都先有堅忍意志，不畏難，不怕苦，努力向前，這進做去的，事無有不成功之理。

（二）要有奮鬥的精神：做事苟且，馬虎，敷衍，事事求其「過得去」，這是成爲我們的通病。凡事沒有奮鬥的精神和毅力，隨着社會中惡濁的環境，同流同汚了，乃是自投陷阱的勾當了。

青年們！我們應當有堅忍的意志和奮鬥的精神，不避艱難，不要爲自然環境而轉變自己的心情，這才是一個有爲青年啊！

研究

健康與讀書孰重

蔣單樓小學 葉濬之

「健康與讀書孰重」呢？在普通的人，總覺得身體不甚重要，只要有學問，就可以做事。大家想想！這話可就大錯而特錯了。要是沒有健康的身體，就會有學問，有本領，那有充足的精神去幹事呢：

俗語說：「讀書不健康，學問棺材裝。」這話就是說我們一個人，如果只知讀書，不知求身體的健康，雖得到了一些知識，也是等於裝在棺材裏，及至學問成功的那天，也就是壽終正寢的年關；學問雖好，又有什麼效用呢？

我們都曉得從前孔子的愛徒顏回，他的學問是多麼的好，道德是多麼的高，只因身體不健康，而短命死哩！

希望同胞們，要把「健康與讀書孰重」這個題目看清，切不要走入歧途，當今國難日亟的當兒，尤當鍛鍊銅鐵漢子，將來好奪回我失地，振起[illegible]！

寒假日記

蔣單樓小學校 丁蘊德

一月十九日　星期二　陰

光陰[illegible]待眞快呀！一轉瞬間，這一學期的時光，已從無形中匆匆的過去了；今天學校裏也開始放寒假了。早晨舉[illegible]了[illegible]業式許多的同學，都走上歸家的路上去了，[illegible]家途[illegible]午飯時候，挾了書包，歸家來了。

[illegible]小的[illegible]到村途中的時候，舉目四顧，只見田地裏短小的麥[illegible]微風吹[illegible]東西蕩漾，田野裏成羣結隊的牧童，都[illegible]唱着不合音調的歌曲。周圍一疊疊的村落樹林，[illegible]着凋零不堪的氣象；難描難畫的乾枯樣子。這時的[illegible]這樣的野外，這樣的美景中　也不知走盡了路的多少[illegible]中很快樂的歸家來了。

一月二十一日　星期四　陰

[illegible]景

今[illegible]晨我起來的時候，用手輕輕的播開窗帘，往外一看，！那銀白的雪，鋪滿了大地，罩滿了屋頂和樹枝；這時[illegible]花兒，還是飄飄的飛颺着，下降着。

這[illegible]有間斷的雪，一直下到早飯後方止，宇宙間都已變成[illegible]白的世界，這時的太陽，從那浮雲的裡面，忽掩忽映[illegible]出，照在雪後的大地上，閃閃爍爍，活潑玲瓏，在宇宙[illegible]跳躍，光芒四射，使我眼花繚亂。這時我在這美麗的[illegible]然的畫圖中，眞是如登仙界，如歸故鄉的一樣啊！

[illegible]月二十三日　星期六　晴

可效法的一個好榜樣

今[illegible]在吃過早飯的時候，我走到門外來散步，見林中的一羣孩子，在場中拍皮球；那小小的皮球，只管四下裏亂跳，那小孩子也只管盡力的追着拍，精神還是不稍懈，終於皮球拍的熟手了。

由這[illegible]，他的這種精神　不論做什麼事情，沒有不能[illegible]天，眞是可學的一個好榜樣；我們一般的青年[illegible]這一種的精神態度，才能達到最後的目的，[illegible]後的勝利，才能有美滿的結果呢！

一[illegible]五日　星期一　晴

[illegible]歌

我們少年！我們少年，須知光陰去不復返，要想做大事，先把志立堅，不怕他前途怎樣危險，怎樣黑暗，我們只要點着熊熊的希望的火把，努力前進，倒箭一般，抱着登山須到頂，掘地必及泉的思念，總有千萬的阻障，也是愈挫愈堅，至於浪漫的生活，不是我們少年的常談，日後人民的責任，才能擔任仔肩，要是能如此，不愧爲少年！

一月二十八日　星期四　陰

時局雜感

今日上午，閱書於南窗之下，正閱讀間，不禁憂心如焚，愀然不樂，遂掩卷而念及時局，就有無限感想。

試看我國現在之情形，內有共黨搗亂，外有强鄰壓迫，論其勢有土崩瓦解之勢；論其危有累卵朝露之危；由是觀之，馬上人民皆陷於水深火熱之中，想念及此，不覺痛恨彌窮，悲憤塞胸。

然痛恨何用，悲憤無益，其於事實，又有何補救，要想救人民國家出於水火而登於袵蓆，莫如廣設學校，使城市鄉村，無處不有，人民急使子女受相當之教育，則數年後，人人知愛國，明戰鬥，如此而國家可救人民可保啦。

一月三十日　星期六　陰

不畏難

不畏難！不畏難！

努力進前，努力進前！

登山須到頂；

掘地必及泉。

〇　〇　〇

不畏難！不畏難！

奮鬥進前，奮鬥進前！

打破那黑暗的前途；

走上那光明的道路。

〇　〇　〇

不畏難！不畏難！

勇往進前！勇往進前！

那怕他前途有千萬阻力！

精神也是愈挫愈堅。

一月三十一日　星期一　晴

看書有感

今天上午的時候，我拿了一本小說，在室中看，看到書的中部，忽看見有兩句最可記憶的話，就是：「少年不努力，老大徒傷悲，」我看見了這兩句話，不覺有感：

我深想這兩句話的意思，的確是不錯的；要是一個人，在少年的時候，不好好的用心讀書，不好好的求些學問，那麼年老的時候，任你有多大的權力，多大的本領，再想叫貴重的光陰回來，也是萬萬不可能的！所以少年不努力老年是徒傷悲的呀！我希望一般的青年學生們，趕快努力吧！

報告家庭的一封信

書小 張葉芳

親愛的爸爸媽媽：

我進校已經兩三個星期了，在這幾個星期內，我沒有一時一刻，想到您，我臨來的時候，您曾經這樣說：「一基芳，而家中經濟，是無有餘的，現在費了許多勞苦，將你送到學校裏來求學，希望你要努力，將來好成一個有用的人。這一些話我牢牢的記着了，可是我一時離開了您們，心裏總是想念的很。

校中的功課，比初級繁難，幸喜老師們很親切，除指導作業外，下午時候，還領着我們去運動，我也作打網球和高跳遠等運動，近幾天來，我的身體他慢慢的强健起來，並且飲食也漸增加，父親母親，你看了這封信，我想心裡一定是很快樂的。

在昨天旁晚的時候，忽然刮了一陣大風，我身上冷的要發抖，老師看到這裡，便將我送到寢室裏去，我在寢室裏一會兒，身上就發暖了，現在天還是很冷，我也很知道珍重，請父親母親放心吧！敬請

福安

你的愛兒基芳

怎樣做一個健康的學生

書小　張先啓

西洋人稱我們中國人爲「東亞病夫」，不錯的，試看我們中國人，大多數是精神萎靡，志氣消[illegible]，這也是我們中國衰弱的原因啊！

我們小學生是國家未來的主人翁，[illegible]要把自己的身體鍛鍊得很健康，我們國家將來的前途，有[illegible]一點希望呀！俗語云：「强國必先强身」。可見要[illegible]將[illegible]的國家强盛、必須有鋼鐵一般的體魄不可，但是怎使我們的身體健康呢？依我個人的意見：可分爲兩方面說，

一，運動方面，我們每天課餘之暇，要在操場上散步，或打球踢毽子等運動，在早晨的時候，[illegible]早操，在野外吸收新鮮之空氣，可使我們的精神愉快，

二，衞生方面，我們對於衞生要特注意，不要喝冷水，不吃不清潔的食物，一切用具也要[illegible]，因爲空氣中有許多病菌，不然要害疾病而有性命危險。

上面所說，我們只要腳踏實地做去，身體便漸漸健康了。

看

李宗文

看
猙獰的面[illegible]，
已呈現眼[illegible]，

銳利的眸子，
正注射着我們的心田，
已不許我們眨眼，
生死存亡，
就在這一剎那之間。
◎　◎
看，
殘酷的槍口，
已對準了我們的胸前，
不許我們在徬徨流連，
趕快的起來周旋。
◎　◎
看，
生與死的兩條大道，
迷離就在眼前，
當心，
留神，
向着生路進前。

介紹

李侃妻　轉載

——一個勇於抗敵的婦人——

唐朝的時候，李侃在河南項城縣當縣令。恰遇李希烈作亂，連陷了河南境內的許多城池，勢力一天大似一天，現在，又將分兵來攻項城縣了。李侃聽到這個風聲，心裏很是害怕。要想趁着敵人還未到來的時候，率領全家老少，棄城逃走。

李侃將這意思，告訴他的妻子楊氏，楊氏不以爲然，便責之以大義說：「寇兵來攻，應該奮力抵抗，以盡守士者的責任。萬一我們的力量，敵不過寇兵，死了便是！怎麼可以口口聲聲說逃走呢？況且縣令是一縣之主，在這，除了守士之外，還有保護百姓的義務。怎好只顧自己呢？

李侃聽了楊氏這一番話以後，頓時感覺到自己行爲的卑鄙，忠義之氣，不覺油然而生。不過，話雖這般說，但他究竟是一個膽怯的懦夫，一轉念到賊人的兇橫時，又不免要憂形於色了。

李侃思索了好一回，才開口對楊氏說道：『剛才我何曾想逃！不過，我們城內的兵士太少，軍需又很有限，寇兵如此兇橫，怎能抵抗得過呢？因此我想：「與其一戰而敗，反使百姓招殃，倒不如棄城跳走，以自全者來全百姓。」現在，我已經覺悟到這種行爲實在太卑鄙了；但是抗敵，決不是在嘴上說說可以了事的，非得在事前有一個準備不可，那麼我們將怎樣來準備一下呢？』

楊氏聽了他丈夫的話，胸有成竹地答道：『這有何難！一縣不守，一縣的土地，便是敵人的土地；也都爲敵人所有。至於百姓，當然會被迫成他們將來爭權奪利的敢死隊了。祇要你能夠將這層意思，去開導衆百姓，喚醒他們使他們都知道大難已經降臨到他們每個人的頭上；然後，再激之以大義，助之以實力，那就可以領着他們去殺敵了』

李侃覺得楊氏的計劃很不錯，馬上召集全城的百姓到縣衙門面前的空場上來。李侃向他們大聲警告說：『寇兵要到了，我想：趁這個[illegible]兵臨城下的現在，請諸位[illegible]此地來，一塊商[illegible]一個抗敵人的方法，諸位都是生長在項城的，有家[illegible]園在此地；有親戚朋友在此地；又是祖先的墳墓在[illegible]。不幸項城被寇兵佔[illegible]，[illegible]係於你們[illegible]在此地做官，然[illegible]便要解職他去。[illegible]的將來被寇兵佔領，[illegible]身所受到的損失，[illegible]。不過，縣令是[illegible]之一，在理，有保境[illegible]的義務。現在，我已抱[illegible]項城的決心，可是我一[illegible]的力量有限，非得大家合起來，站在一條戰線上，[illegible]力抵抗不可。諸位都是[illegible]的志士，我想，總不會[illegible]失望吧？」

未完

司法欄

◎縣政府司法批示◎

丞字第　號

豐縣縣政府批示

呈一保長李天欽等，狀請李一謙在徐醫病，請轉咨銅山戒烟所傳喚復驗由，

呈悉，查已戒煙民李一謙，被人檢舉重吸鴉片，屢經該管區公所拘傳來案，此時赴徐就醫，顯係規避，復驗有違禁章，所請應勿庸議，仍仰該保長等限三日內解送來府，切勿延誤，致干重咎此批，

▲民事辯訴人段志道，一件，爲據實辯訴請求察訊公判由，狀悉，仰候庭訊，核奪此批，

▲刑事具訴人陳張氏，一件，爲局謀詐欺毆辱成疾，請求迅將被告等，提案究追法辦由，狀悉，仰候通傳訊奪此批，

▲刑事告訴人張鴻勳，一件，爲勒款兇毆，請求提案究辦由，狀悉，仰候傳案訊奪此批，

▲刑事告訴人戴滿氏，一件，爲虐待毆辱，處置無蹤，乞懇准予咨提究追，以免牽擾由，狀悉，仰候傳案訊奪此批，

▲刑事具狀人李厚貽，一件，爲董氏妄自稱尊聽唆圖訛謹再補敍理由，並列舉證據，請求集訊以分虛實而杜貪狡由，狀悉，仰候庭期訊奪此批，

▲刑事反訴人李明恩，一件，爲教唆誣姦妨害名譽，據情反訴懇請傳案依法究辦由，狀悉，仰候通傳訊奪此批，

▲民事具狀人孫世果，一件爲吸食毒品，業已檢舉，再懇訊予拘案驗明毒癮，判決離異，以免訟累由，狀悉，仰候續傳訊核奪此批，

▲民事具狀人趙枚亚，一件，爲違諭丈明被占基地確數請求傳案判追由，狀悉，仰候傳案訊奪此批，

▲民事辯訴人王鐵讓，一件，爲按奉通知，據情答辯，懇請公判駁斥訴由，狀悉，仰候庭期訊奪此批，

▲民事具狀人王舉茂等，一件，爲依法提出答辯請予駁回原訴，並判令負担本案訟費由，狀悉，仰候庭期訊奪此批，

▲民事原告，尹克紹等，一件爲私修族譜序詞汚辱，公請傳案究辦以明是非而伸寃枉由，狀悉，仰候傳案訊奪此批

△本城糧價▽

名稱	每市石價目	
小麥	最高十元六角	最低十元一角
大麥	最高	最低
黃豆	最高六元六角	最低六元五角
黑豆	最高六元五角	最低六元三角
菉豆	最高七元一角	最低七元
江豆	最高八元	最低七元六角
高粱	最高五元三角	最低五元
穀子	最高五元	最低四元八角
稷子	最高五元九角	最低五元八角
芝蔴	最高十一元二角	最低十元八角
青豆	最高六元六角	最低六元三角
花生每百斤	最高六元六角	最低六元四角
瓜子每百斤	最高十六元	最低十五元

△△氣象▽▽

天氣	晴
風向	南南風
最高溫度	四〇度
最低溫度	二七度

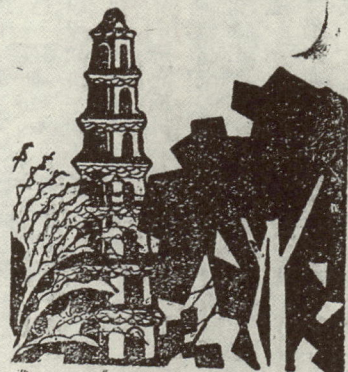

鳳鳴塔

〈第二九五期〉

一，本刊內容分科學常識論著詩歌小說散文戲劇書信書報介紹及批評等項

二，本刊歡迎投稿來稿文言白話均可

三，來稿本社有刪改權不願者應先聲明

四，未經登載之稿除預先聲明者外概不退還

五，本刊編輯室設豐報社內

漫談

文藝要顧到時代和民族

榮培

好久不見叔平兄的文章，僥幸得很，此番竟承見義勇爲拔刀相助肯「自己出來管閒事」，領情領情！

文藝有流派，不自今日始，不算一會事，且按下慢說。大凡當得起文藝作家的名銜，不管那一個，不管那一派，又不管那一篇，至少總都夠得上眞善美三種條件，然而眞善美三字如何方得一個標準，千古來很難下個定評　張競生博士大作，描寫得既眞又善又美，讀者怕要比魯迅的超出百千倍以上，結果禁止　可見只具備眞美善條件，畢竟還是不夠，還要有其他幫助。

魯迅初期寫的吶喊徬徨等小說隨筆，是沒有左傾以前的作品　在內容上嚴格論，也多半只能「闡發人生之奧義」，「發揚中華民族精神」的偉大使命　還是欠夠資格。後來賣身投入第三國際去，一時又怕輿論難違，於是特意先和新創造社中堅馮乃超等開一場筆戰，最後方才自認給馮乃超打敗克服，霎眼之間，一聲急急如律令，便脫胎換骨，成了普羅作家的領袖。魯迅太聰明了，我們是太愚笨了。談魯迅的筆風，在新文學的文壇上却當得起　位大頭領，我們崇拜他，決不能說是全無意義，但是後來的魯迅已是另有心腸的一位魯迅，我們還能緊跟着他？所以熱烈崇拜『寫出吶喊徬徨時代的魯迅』是還可說　忠誠擁護『第三國際政策下左翼作家的領袖的魯迅』是有些不可，非但有些不可，簡直一些不可！

現在談到流派二字，己和向來不同，最先須要顧到是國情。所謂左翼作家，所謂國防文學，所謂人民陣線，他們的目標，並非祇在一種純文藝的寫作上面，他們是有着誘起激烈的階級鬥爭的暗示，有着宣傳狂暴的破壞國力的動向，這種山雨欲來風滿樓的景勢，若不是我們神經過敏，便能夠輕易放過他嗎？至於最近興起的『民族文學』，是我們鍼對民族國家當前的場面一致努力的需要，並不單是一個口號，我們努力民族文學，排斥國防文學，我們自有我們的一腔熱血，豈是所謂目光短小心地窄狹的『党同伐異』？批評作品，本不是專以『揭發』爲能事，但是比如有一個人認賊作父，而反跑回家來要殺死親老子，這種變態的背逆的行爲，決不是從容批評可以分明，自非先當頭給他一棒不會悔悟。

前年文白之戰和新舊詩之戰，不過是體裁上的一種不同的成見，與文藝的內容無涉，所以那時以後我還寫着抒情文字，現在時代不同了，國家民族的存亡，千鈞一髮　己

死的國防文學固當拋開　傍不談，就是民族文學也要在一個偉大的暗示之下來共同工作着，因此寫作用『吾本自己的主見』，以及『自己的主張』一類話，多半己覺合着舊盟難忘依依不捨輕憐溺愛的神情，在目前未免己是有背時代近乎落伍的空想了。易君左說得好：『我感覺當前的時代已不能讓我們無病呻吟，我們更不忍心幽默玩世，我們應該吐出自己滿腔的熱血與情，歌頌民族的偉大創造　激勵羣衆的愛國情感，以共同衝破當前的國難！』底下我再補充一句：『不用第三國際暗示我們寫作。』『請求』若不是迴護，我一字也決不浪費！

翻譯

高加索的囚人（續）

俄國托爾斯泰原著　菽原譯

他轉向俄羅斯的一方，在他脚下　他看見一條小河，和他現在住着的韃靼村莊，村莊的外方圍繞着小的園圃，許多婦女，小如洋娃娃一樣。坐在河岸輕輕地浣着衣裳，韃靼村莊的上方，有一座山，比南方的山較底。這山的後邊，又是兩個高山，林木葱蒼，兩山之中央，夾着一個平坦的綠原，一直到渺茫的遠方，那裏橫起着一種烟雲狀的東西，石林住在炮壘裏的時候，他記得太陽半落的方向，現他知道，俄國的炮壘一定就在這個平原裏面　如果他要逃走，他得在那兩山裡邊尋找他的出路。

太陽開始沈沒了，潔白的雪峯，變成了淡淡的紅色。幽暗的羣嶺變得更爲黝暗。霧由谷間升起，那個他假定俄國礮壘所在的山谷，映着落着的斜輝彷彿燃燒起來，石林看見某物似乎在山谷的遠方蠕動，狀如烟囱冒出的輕烟，他斷定俄國的堡壘一定是在那裏了。

時候慢慢地晚了。摩拉祈禱的喊聲傳將開來。一羣一羣的牲畜　都被驅着回家　四面啼着雄雞的聲音，那個孩子不斷的喊着，『走回家啦！』但，石林眞正不願意走開。

後來，無論如何，他們回來了，『好，』石林想道，『我既然知道了路，便有我逃走的時候了。』他想在那夜出逃，因爲那夜很黑　月兒殘缺，但，不幸得很，主人在那日黃昏又回來了，平常他們回來的時候　總是興高采烈地在他們的前邊驅着牛羊　然而這次沒有牛馬了。所帶回的東西，只是一個死屍，那個紅鬍子的哥哥被人殺了，他們形態悲慘地走了回來，集聚一起，將他埋葬，石林也在外面看着。

他們用亞蔴布裹住屍體，不用棺材，抬出村外，把牠在一顆篠懸木樹下面的草地上。摩拉和老人們走來，他們各在他們的頭上纏着白布，脫去鞋，接近屍身，肩並肩地蹲下。

摩拉在前，三個纏頭的老人，在他的後邊排成一行，他們的後邊，又是些韃靼人，所有的人都看垂目靜坐，這個繼續了許久，摩拉抬頭說道：『啊拉！（意卽上帝）他說了那一句話以後，他們又都垂下目光，默坐了許久，不動一動，也不做出一點聲音。

摩拉又抬起頭來說道，『阿拉！』他們一齊重說道：『阿拉！阿拉！』便又寂然了。

屍體文文不動地躺在草地上邊，他們靜靜地坐着，好像他們也都死了一樣　他們沒有一人移動，也沒有一點聲音　只有篠懸木樹上，樹子，在微風中颯颯地波動着　後來摩拉背誦了一段祝文，他們便都站了起來，他們把屍體用手抬向一個地坑，這坑並不是一個普通的地坑，乃是將地挖空，使其形如圓拱　他們執着屍體的手足　屈着牠，廢然地將他放下，使他在土坑中成一個站立的姿勢　手在胸部合着。

偕蓋人（那個僕役——譯者）拿來一些植物的青莖，他們把牠塞入坑裡，立刻用泥土把牠蓋住了，他們將坑塡平，又在上面立了　塊石頭，然後他們用脚踏着那地，又排成　排　拿在墓前靜默了好久。

那個紅鬍的韃靼人與錢給老人，然後他也站了足來，拿着一個皮鞭，三擊其額，便走回家了。

翌日清早，石林看見三個人跟着那個紅鬍的韃靼人，把一匹牝馬拉出村外，出村以後，紅鬍子脫去他的外衣，捲起他的袖子，露出了他那強健的膀臂　後來他抽出一把刀，在一個砥石面磨着，別的韃靼人把馬頭抬起，他一刀砍斷她的咽喉，把她推倒　開始剝她的皮，用他的巨手將她的毛皮扯了下來，婦　和女孩們都走來了，開始用水洗滌着內臟，把牝馬剖開，一塊一塊地運了茅屋　全村的人都到那個鬍子的韃靼家中，開起葬禮的宿會。

未完

創作

民族魂

凌鴻

某夜十時左右，風雨暴作，呼嘯有聲，忽聞河清街連發槍聲，不甚清晰，悠忽卽寂然。約隔數分鐘，槍聲繼起，隱聞有殺伐混亂之聲。鄰近均莫測其故，咸不自安。以風雨未息，亦無由以探究竟，然不久槍聲復寂然。

次晨雲坎青天，晴光萬里，殊非昨夜之狂風暴雨時矣。然惟聞街頭巷尾，紛傳昨夜一再槍聲之由。蓋當風雨交作之時，孫大人與松井將軍於密室商談要務，時僅一童子持槍侍衛在側，值風雨狂獗之際，童忽舉槍轟斃孫與松，外衛聞槍聲而至，童已奪門欲遁，互相對持，斷槍齊發，外衛遭槍殺者數人、而兒已腿中一彈，猶作困鬪，卒以暈痛倒地，而遭擒焉，云今午由三郎隊長會市府要員提童嚴訊，以究餘黨，並不禁傍聽，任人瞻望。其用意在殺一警衆，示威于其餘耳。

午時將近，民衆赴河清街者如蟻赴蜂擁，不絕於途，至正午，市府已萬頭鑽動，大有人滿之概，俄頃，市府要員三四，并日軍聯隊長三郎齊集，升座後，即命鎖提凶犯，侍衛謹諾而去。瞬間由二武裝法警挾一童子，年約十二三，面目俊秀，好如女子，惟眉宇間有英氣，非肯居人下者。其一腿疚懸，或即係槍傷者不能着地，僅一足隨二警跳躍而前，是時萬目爭看，殊不信如此童子而能殺人者，不禁爲之驚異。

童至座前，昂然而立，不稍畏懼，兩目閃閃有光。三郎操華語怒聲問之；『汝爲何人使而刺殺松井將軍與孫大人，若不實說，定予重刑，否則可赦爾罪、』童亢聲對曰：『殺松與孫，出自心願，何當爲而與他人出力。』汝小年紀，何故而殺皇家大員，詎不畏罪乎？『余惟知雪小恨，復余仇，殺人論罪，余不計也。』童言至此，氣宇殊高傲，意亦適也。三郎復問曰：『松將軍孫大人與汝何恨何仇，汝下此毒手？』『如問松與孫與余何恨何仇，可試聽之：』童言至此，側目視左右，始侃侃而言，『孫昔爲中國之官吏，我極汚害民，舉世唾駡，余父爲省府職員，少年梗直，具陳孫之劣跡與主席，以冀爲民除害，而殺此賊，不期事未果而當九一八事變，省軍悉遁，日軍捲地來，垂手而得三省，時父之同僚，俱勸攜眷赴關內，以避搗亂，奈余父持節不移，願與國土共存亡。並暗聯義軍，冀圖收復失地，詎是時孫已投順日軍、求榮賣國，銜父宿仇，遂假威勢而拘之以下死獄，至此已屬窮凶極惡應知自諒，其知復悅余母顏色，强爲姬妾，余母素重節義，豈甘喪志，受抗駡晝夜，以死相拚、余是時年始八齡隨母同困，終日號陶，深知人事。但個小兒童，無力應難，伴母哀痛，苦不堪言，孫始不料余母有此志操，百折不移，然老奸毒計，終類鬼或、佯羞詐怒，聲言『若不相從，決殺汝兒以瀉恐。』余母聽此，心胆俱裂，哀哀終日，淚盡聲嘶，然孫賊仍幽之以威嚇，『如不久即殺汝兒於朝夕也。』余至此也，余母順賊後背人常垂淚，孫來則佯笑以應之。余雖幼，但深知母之苦，時以慰言寬其胸，更從汝學，母氏常爲余講岳武穆戚繼光諸名人傳略，婉言譬解，余每爲之淚下。一日孫奉關東司令部命令前往參加會議，母氏乘間告余曰：余從汝父十數年，未常失德，此次爲賊所欺，皆爲汝故也，但願兒能諒母心，異日爲母洗此恥，爲父雪此仇，爲國家效命，爲好男兒，我雖死於九泉亦含笑也、但須待機以動，不可擁血氣以憤事，址損有用之身，而邵仇人之笑，兒愼爲之！余自至此，愁腸未解，近來時感頭眩，此身恐不能久伴汝矣，汝斷後宜靈敏以事孫，待羽翼成，然後遠去，萬勿觸怒戕身，徒負吾願……』母言至此，流淚如貫珠，嗚咽不止，余更痛徹五中，抱母大哭，嗣後母病奄奄日漸危弱，余除暗自痛泣，則時追隨孫側，冀博其歡，而避其忌，不半載母即含寃辭世，余痛幾絕，自是作奉孫逾謹彼愛余亦逾篤，已不患余爲仇人子矣。是年余十一齡，雖不欲與仇人共朝夕，然手無縛鷄之力，又待何爲。不覺含恨年年，倏忽兩載，每見孫陷害良民，諂媚異族，莫不暗自切齒，立予刺殺以爲快，不期昨夜松井來與孫商軍務，因係機密，不令輕於人聽，侍衛均斥退外，因孫獨愛予，令予持槍侍立，以資衛從。余奉命悄然立，聽渠輩商議何務，有頃聞松井發言，『今奉上方命令，查此地有前仕東北陸軍講武堂畢業學生數十名，現散佈各隊爲軍官，陽爲滿洲效力，陰與義匪鈎結，令予會同貴官嚴密拿辦，並查究其家屬，事須迅速，遲恐生變，故吾冒風雨而來、因頗關重大也。』松井言畢，孫慌答曰：竟有此事，鼠輩眞胆大也，此屬分內事，當如命而行，諒不致走漏一名。』余初不知又係害我同胞之事，故亦未起殺念，至此憤不能忍，遂出其不意，斃死二賊，余既已報親仇，雪余恨，亦可謂報國仇也。松井爲我國敵，孫賊爲我親仇，同時我刺殺斃，余志已伸，余懷殊適，時即加之以刀鋸，又何怨哉，』童口如懸河，聲音洪亮，言畢側目視左右，殊有自得之色。毫無畏懼之情。傍觀者莫不爲之肅然，即三郎聯隊長，亦驚所罕見，爲之悚然者久之，有傾始謂童曰：『汝輕殺皇家大員，應論罪，方足儆衆？』童曰：余既被擒，此身不爲己有，槍殺烹割，任所欲爲，論罪不足以儆衆，以知罪者始肯犯罪也。繼余而起者將不知凡幾。』三郎聞童有冲犯語，不禁振怒，即曰：『如此惡童罪應活埋』童曰：『活埋亦死，有何懼焉。』於時童子果綁赴郊外，以遂倭奴活埋我民族魂之念矣。童子無名，故名以民族魂。

旅愁

稻根

蔚藍的天空，
小星閃爍着，
寂靜的夜，

◎◎◎

猛一回首，
望到了東天上掛着的兩顆明星；
啊！在那兩顆名星之下？
那不是我的家鄉麼？

◎◎◎

一提到家鄉，
腦膜上便閃起了二老的影子
長病四年的父親，
持着手杖呻吟，
臉色亦更加蒼黃了，
額上又加多了縐紋，
白髮蒼蒼的母親，
在忙碌着操持家務，
心中好像有什麼難過的事情，
臉上掛着淚珠，

◎◎◎

眼前漸漸糢糊了！
父親呢？
母親呢？
只有夜的黑漆

編輯室廣播的電台

一，岑君你的一篇論文，現在正在修改着，下期定可登出，請你切勿燥！

二，榮培君的文章「顧時代民族」已送來一週了．因爲經過相當的審閱，所以今天發表。

三，兆豐君昨日來此，暢談甚歡，伊已確有長足進步！我實爲本刊慶幸！

司法欄

◎縣政府司法批示◎

▲刑事具狀人渠敬信（即渠牛）、一件，爲被訊明羈押釋再懇速傳他訊判並先實保在外候質以免久累由
狀悉、仰候補傳關係人庭期訊奪此批、

▲民事具訴人李素瑞、一件　爲恃勞霸產懇恩飭傳訊追以保產權由
狀悉仰候通知答辯傳案訊奪此批

▲民事委任李素端、一件　爲請求准予委任民姪李永美訴訟代理由
狀悉　准予代理此批

▲民事原告人李蘭馥、一件、爲刑案終結依法提起民訴、請求判令被告賠償損失由
狀悉．仰候通知答辯傳案訊奪、此批

▲刑事具保人十斯昭等、一件、爲懇請賞保孫樹勝等回家安業由
狀悉仰候查明再奪　所請暫毋庸議此批

▲刑事撤訴人齊開修、一件、爲遵處罷訟懇予撤訴免傳銷案由
狀悉　准予撤回此批

▲刑事具狀人渠敬齋、一件　爲平空牽誣辯請處察傳證質訊實究虛坐由
狀悉　仰候庭期訊奪此批

本城糧價

名稱	每市石價目 最高	最低
小麥	十元七角	十元一角
大麥		
黃豆	六元七角	六元五角
黑豆	六元五角	六元三角
菉豆	七元二角	七元
江豆	八元	七元六角
高粱	五元二角	五元
穀子	五元	四元八角
稷子	五元九角	五元八角
芝蔴	十一元二角	十一元
青豆	六元六角	六元四角
花生（每百斤）	六元六角	六元四角
瓜子（每百斤）	十六元	十五元

氣象

天氣	風向	最高溫度	最低溫度
晴	東南風	四九度	三一度

第三期
本刊每星期六出版

小談論

地理瑣談

—澄

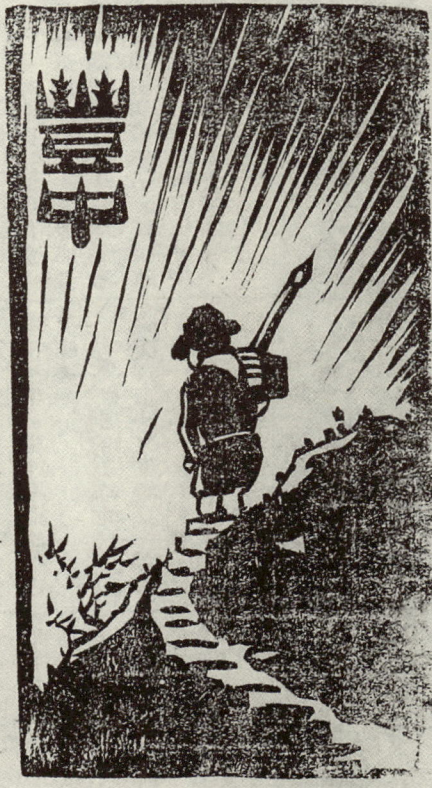

地理歷史兩種學科，爲社會科學之基礎，正以舉凡史地以外之社會科學，亦必有其時間性和空間性。如對於史地知識不有基礎，即對於研究上失所憑依，難得有正確的認識和瞭解。近年來學校中尤其對於地理一科，日加重視，各大學單獨設立地理學系者已有數校，（中大，北師大，中山大等）因爲增進國人之地理知識，實可以加深國人的國家民族觀念，所以普及地理教育，也就是救國的一項工作。話不宜說遠，我們皆知學習地理的重要，我們在學校中學習地理，即應當提高興味，不僅於課本內切實學習，而關於地理方面的新材料新發展亦屬於報紙和雜誌上多加注意，隨時採集。因爲我們現在學習地理的工具太不能如意了，就如我們使用的地圖，因同學限於經濟，而新出的或比較完善的反不能買到。課本是幾年前編定的，也多與現在的實況不符。如不隨時注意他的新材料新發展，即可陷於錯誤。尤其現在我國的交通建設年來不遺餘力的推進，就新建的鐵路講　現在與我們的課本地圖大有出入的即有多處茲擇其關係重大者舉出幾條，以證不能死讀課本之例：

（一）浙贛鐵路　本路發源於杭江路　浙江杭縣至江西玉山），杭江路於十九年趕建至廿二年爲竣工，現已改稱浙贛鐵路，擬至玉山延長至江西之南昌萍鄉　以與粵漢路之株萍綫接軌，故改稱浙贛路。現玉山南昌段業已完成通車，杭江路遂成歷史上的名稱了。而我們的課本和地圖上，還是杭江路的名稱。

（二）江南鐵路　本路始於蕪乍路（蕪湖至乍浦）蕪乍路於二十一年籌築擬聯絡浙皖交通，至二十二年在蕪湖奠基，嗣經鐵道部准修京粵全綫，以溝通江浙皖贛閩粵六省交通，乃組江南鐵路公司，定名爲江南鐵路。京蕪段已於二十四年四月通車，現正積極向南展築，將來至江西貴溪於浙贛諭接軌，一俟南萍（南昌至萍鄉）成功，則全國鐵路皆可呵成一氣。查江南鐵路之名，尚爲我們課本地圖中所無。

其他像淮南鐵路（田家庵至蕪湖對岸之裕溪口）於去年全線通車江淮二大流域得以貫通　同蒲鐵路（山西大同至潼關對岸蒲州屬之風陵渡）於二十四年由風陵至原平九百餘里，通車後對綏遠戰事關係重大。又如去年粵漢路的完成，日人錦承鐵路（錦州至承德）的趕築至平泉。皆爲不可忽略的地理常識。我希望今後對於學習地理有興趣者除學習課本外隨時注意報紙雜誌的新的地理知識。

寫作

故鄉小記

—春秋

東風呼呼的刮着，烏雲遮蔽了天空　顯得很昏暗。我便在這陰暗的下午，回到了離開數月的故鄉。

故鄉是荒涼的，較秋月更顯得破落。

第二天天還沒大亮，我便被叔了起來　爲的來掃除院中的積雪。東風轉成西北風了，比夜裏刮的更有勁。屋上的雪被刮的乱飛，落到我的身上，臉上，和頸項裏，涼得難受。

我拿起了掃帚，慢慢的，有順序的掃下去。身上熱了起來，汗毛孔炸得癢癢的難過，但手却凍得通紅　疼得支持不住，無奈何只得用嘴來噓一噓。

我走出大門，向四外望去：個個村莊上的茅屋，樹林……都披上了一層銀白的衣服。路上沒有行人的足跡，只有一望無際的白雪。

我的眼所能看到的村莊，都死寂的躺臥在冰雪中。幸喜還有一縷縷的炊烟從茅草屋裏冒出來　證實了它還有一點的氣息。

這時從北邊傳來了哭罵的聲音：

『就是能嚇虎我，這點柴火不拾也怨我，您爹娘怎不給你剩下幾頃地，有吃有穿的，也不要我這無用的臭老婆。恩！咱窮就窮吧，爲啥朝天拿我來解氣。哼！這……』

若斷若續的聲音裏，散出了悲哀的氣息。

『這一點也得收拾好，豆楷子也不是容易拔的。你看這幾個孩子的手凍得都裂了，他們就不覺得疼嗎。恩！我看你頂不是個好東西——好吃懶做活，真是個攪家星……』

拍拍的一陣響，像捶死豬的一般。

我爲了好奇，要去看這一場吵架的原因。

北風迎面刮來，像刀子一樣的割着耳朵　使我不由己的用手護住了耳朵　把臉半轉着，一個勁的跑到了打架的地方——四老爺的家裡。

小小窄狹的院子裏　已有了幾個勸說的人——修四老爺，李五，麻面金三及小秋——他們沒有多些適當的話來勸解，只是說：

『不要鬧啦，您看天有多冷。』

『不打她難受，真是屬破車的，三天不揍便想散。恩！不知道好好的過日子……』

四老爺的臉變得枯黃了，皺紋像老樹皮一般的在臉上顯露出來　破襖裏看的身子在戰慄着。

沈默

『這一點錯怨我不拾。你也知道　我昨天紡了半夜，天還沒有亮哩。一睡便睡着啦，誰知它又下了雪。這也怨我不做活。好吃懶啊？恩！死了吧，終天受這樣的氣。恩！我……的……娘……呵……』

四奶奶坐在鍋屋簷下的半個磚頭上，兩團未掃淨的白雪她的臉又黑又黃，兩眼不住的流着淚，加上她的散乱的頭髮，真好似一個有瘋狂病的人了。她嘴裏吐出辨駁的哭音。

天空中飛過一羣烏鴉，呀呀的叫着，從茅屋的上面向老飛去了。她還擡頭看着，只嘴裏罵了句：

『該死的，叫的恁難聽。』

『啥難聽，你才該死哩！』四老爺兩眼瞪着她，狠狠的罵。『沒有你，我自己多好　也不致於受恁很、朝天少吃沒有穿。唉！您都死了吧，老天爺！……』他滿肚子怒氣，直噴出來哩怨着他的妻子和小孩。

她沒有敢再說屈　只是低着頭嗚咽的哭，爲的這是他常發的脾氣，——每什不能維持最低生活的時候。

『四奶奶做飯去吧，這點小事也沒啥。』金哥停了好　會，才走到她的身邊，從雪渦裏把她拉了起來。『你看　身上的雪泥都沾住了。』他用手給她打了打，推到屋裡去。

『四叔，你也不要生氣啦，咱吃過飯好去擀上趙莊集去的路。羊肉捐咱拿啦，羊這幾天再不能剁也得慢慢的向前幹。要不是，西塊大洋花的多虧。』李五放開帶啞音的喉嚨，抓住了四老爺的破襖袖子。『你跟我到她屋裏看看吧，那裏有幾個介發啥書哩！』

他是他最好過朋友，同是爲生活苦惱着。

大孩二孩拾糞回來了，看見了他父親的這副怒臉都大氣不敢喘的，慢慢的走到鍋屋裏去了，——這也可以說是他的客屋。

他倆看見母親流着淚，在燒那潮溼的豆楷子，爲它今天才挨打的。他倆不敢去問　只兩手遮住了臉　發出微弱的哭音。

天空還是陰霾着，而且寒冷。這個小小的院子裏更是悽涼的可怕。

（三年級）

來校之日

—雲

學校是二月一日開學；我因沒弄好錢，於二月二日到校。

來校之前一日，母親就忙着到到東家借車　西家借牲口，給我收拾東西。我看她那雙裂了的手，和縐紊的，面孔不由得我心中跳了起來。母親的確是太慈愛了。

第二天，吃過早飯預備起身　母親再三囑咐我些老話，叫我多喝沸水，穿衣要留心，不要受了寒。哥哥，嫂嫂，崗姐……等送我出門外。我的心又很快的　起來，——離了那些慈善的帶悲的面孔。

心中不知說什麼才好。看見什麼就煩。「上學做什麼？」我呆立在車旁凝視着對面的牆出神，又胡亂的想着。

「到星期你再回來！」姐姐說。

我無心的應了一聲。上了車，就同大庭一塊兒走了。「走啦二妹！」在車的乱響中，只聽見了這樣淒涼的一聲。我們漸漸的離開了母親，哥哥，姐姐，嫂嫂……及一切的人，走入了田野。

曠野已沒有許多雪，只有少許的還在墳後，村後……這些我沒有心注視它。只有默默地坐在車裏——有時回想家庭，有時回想校裏……

「在家多好，有親愛的姐妹在一塊說笑做事。母親的安慰……校裏是什麼，整日過着刻板的生活……」我心裡很難過，而且後悔。

忽然覺得頸中一涼，抬頭一看，原來是樹上的霜雪，落在我的頸裡。有許多趕集回來的農夫，拿着口袋，籃子，裏面有葱，香，蘿蔔，牛肉之類。一個個的面上刻了許多的縐紋足以表示他們的刻苦。

「麥多少錢一斗？」養正問（拉車的）

「二十」！

「賤啦」！

「唉！」，

「聽說馬上過年有什麼捐？」養正說。

「唉！不錯！奶奶 我今年還有一斗小麥，你能不過年嗎？」他沈着的對養正說。

我們轉過了一條大路，穿過了兩個村莊，來到了校裏。同學來的不多，院子沈寂如死。

（二年級）

到前線去

戎

早飯後，天是陰沉沉的，似乎又要下大雪。

各村裏公推的人民軍大隊長玉桂，早就吃過他那最後一頓早飯，跨着他的湖北造，用兩條黑帶子裹緊了他的黑棉褲，背着所有的幾條子彈，站在門前的操場裏等着他的各位同志。

天是愈陰了。

最先是本村的各位同志都來了，穿着同隊長一樣不完全的戎裝，背着洋槍或步槍。

年青力壯的高個子王德勝跨着他的小馬槍，似乎有些不相稱，引得場裡的人笑了起來。

北村裡的陳老頭子也是同樣的，只不過多了一叢灰鬍子和背上插着的煙袋。

孩子劉五也一樣的背着槍，遠遠的飛奔來了。

不多一會，都已到齊了，於是隊長說話了：『我們要排成一個隊呀！』

於是他們便擁擁擠擠地排成一個不整齊的隊。王得勝是大排頭。

隊長正要發命令的時候，隊尾的劉五又和小王三吵起來了，是在爭個子的大小。隊長向前制止他們，但小劉五還哼哼的似乎有些不服氣。

村裏的人早就出來看了，婦女們和小孩子，在西邊嚷嚷地辯論起來了：『可不是呀，您大嫂！反正都是死，在家也活不成呀！』

『是呀！可憐俺那十七八歲的小五也去了。我總不放心。』

隊長在發命令了。『立正——！』於是他們便很鄭重的挺直的站立着。

兩邊的婦女也停止了談論，場中似乎很靜肅，只是天上飛着的幾隻餓老鴉，却瓜瓜的叫起來。

『伙計們！現在我們要去了，因為我們忍受不了這壓迫，反正都是死，在家種地也種不成，被他們抓去也是死，再靠誰呢？兵將都跑了，我們沒有依靠了，只有自家幹一傢伙，我們要喊：「幹呀！幹，拿起槍來，我們要打倒壓迫我們的人！」』

於是他們也『幹呀！幹』拚命的喊起來。

汪大隊長鎮靜了，全場中也都靜起來，他們然默的站了一會，便走了，用着不整齊的步伐。

只留下一羣婦女和孩子，默默的看着他們，好似一隊長蛇蠕動着，爬過東北山嶺。

也們到前線去了！

附言

二年級

還裏所寫的是東北義勇軍吧？東北義勇軍的存在就證明這篇文字并沒完全落空，而且在描寫上也不比把義勇軍寫成俠士集團的作品更不眞實。為了這，把這篇登上去。但是，初學寫作的正路總是寫自己的環境。對東北的社會的自然的環境沒有深切的體認而專憑想像，是不會完全寫出眞的東北的。

我近日的課外閱讀

玉淑

我想無論什麼事情，只要你能腳踏實地的去努力學習，去做，定會有效果；同時在努力中，即可生出興趣來，別的事情，因為沒有切實的經驗，不能斷定，現在我從「課外閱讀」這件事情中，却證明這個道理了。

我上學期因為沒有注意到「課外閱讀」，所以除課本外就不知還有很好的書籍，除課堂外就不知還有可以使人深造的圖書館，

本學期我因受先生的指導，對課外閱讀，是加以注意了，從前不常到的圖書館，也常去了。

本星期我借了一本「海底夢」，是巴金著的，全書不過有百多頁，我費了兩天的暇時，便把牠看完了。

書中寫的是一個很有才幹而富有革命思想的女子。她的國內分貴族，奴隸兩種人。她的父親是個貴族中很有勢力的人，她的生活不用說很幸福了。但是她不當個富貴族的小姐，情願走到鄉間去過那奴隸的牛馬生活！她父親屢次的阻止她，但總歸無效。

為了要實現她的目的，她不得不到處尋找同志，後來她遇到一個和她性情投合的青年，由此便開始做她們一解放奴隸的工作。然而，不幸得很，沒等她們準備好，便被一班橫暴的貴族們曉得了，還沒達到目的，兩位英俊少年便什他們之下了。

我看過後，增加不少的勇氣，恨不得立即離開這裡去幫助他們，但不過是望想罷了！祇是這位女子的影像却極深刻的印在我的腦海裡使我永遠不能忘她。

（一年級）

雜載

應試難

不

學生就要畢業了，我除了照常地教課以外，還要幫助他們準備升學攷示。為了窺探窺探各學校國文試題的範圍及深度起見，趁着臥病的閒暇，我翻了翻二十四年度的全國各省市中學試體彙解，在國學常識的測驗上，大致是差不多的：除，問問誰是詩聖，誰是詩仙以外，居然要問到魯迅是什麼人的別字，不過也有些冷僻的問題：如五言詩始于何人。這面的答案也只能說：一說是始于牧乘，一說始于李陵與蘇武，最後斷定始於西漢，不是人了！一看到了這些，我覺得準備國文考試的第一個祕訣便是：死記掌故和古典，必須知道莊周主——達觀，彷彿莊周的思想除了「達觀」——就沒有別的。祇要知道墨子主兼愛，至于兼愛的內容，你可以想像為耶穌的博愛或其他什麼都可以。其實，這些問題不過是大學[illegible]中學生當然記點話皮就夠了的。再看作文試題[illegible]總是很樸實，大多是「師範生之責任」，「余擬負之責任」一類的東西我想，這是容易做的，學生可以就事論事老老實實地說幾句。高中的試題却難了。規模宏大的有：「中國之危機」，「今後之抗日計劃」。隨便吹吹，原也不難；認眞做起來，政治家怕還寫不出呢！偏重道德修養的有「貧者之樂與富者之樂」。而最希奇的却有這樣一個題——有物焉飄鳴于夏逐炎附熱人實彼憎彼且汝昵揮之不去營營終日是名何物試為文以狀其醜德。三十九字蟬聯而下，你先要能斷句，然後還要猜出「是名何物」，最後再來一篇「蠅賦」一類的文字。政治家的見識，哲學家的道德，才子的錦心繡口，一個中學生要合而有之，才能去應一場國文攷試。

前期正誤

借地談篇：

（一）批評作品原不專以偶發為能事」下面脫了引號。

（二）「人間若」為「人間苦」之誤。

（三）「我們什麼馬立一篇」我為什麼馬上」之誤。

本埠糧價

名稱	銀市石價目
小麥	最高十元四角　最低十元
大麥	最高　最低
黃豆	最高六元八角　最低六元六角
黑豆	最高六元六角　最低六元四角
綦豆	最高七元一角　最低七元
江豆	最高　最低
高粱	最高五元　最低四元九角
穀子	最高四元八角　最低四元五角
稷子	最高五元九角　最低五元八角
芝麻	最高十一元二角　最低十一元
青豆	最高六元六角　最低六元四角
花生 每百斤	最高六元[illegible]　最低六元四角
瓜子 每百斤	最高十五元　最低十四元

氣象

天氣	風向	最高溫度	最低溫度
晴	東南風	五〇度	三四度

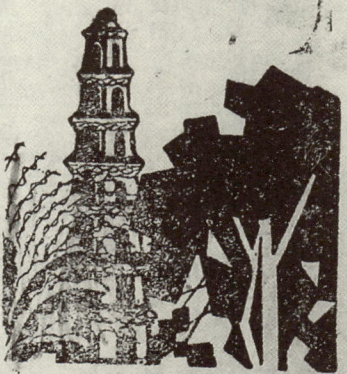

鳳鳴塔

第二九九期

一，本刊內容分科學常識論著詩歌小說散文戲劇書信書報介紹及批評等項

二，本刊歡迎投稿來稿文言白話均可

三，來稿本社有刪改權不願者應先聲明

四，未經登載之稿除預先聲明者外概不退還

五，本刊編輯室設豐報社內

……也們到前線去了！

來她遇到一個和她性情投合一，才能去應[illegible]試。

漫談

劉君國華個展碎影

榮培

人類的世界不過是一個聲色的世界罷了，假如音樂和圖畫是調整我們人類生命的電鈕，那末我們就要一日不能離遠了他。所以我愛音樂，同時也愛圖畫，我愛中樂，也愛西樂，我愛國畫，也愛西畫。至於素養的深淺，天才的超凡和欣賞力的高低，那是又一會事，可不必拘執，祇自己知道我是一個愛畫的人罷了。

去年冬天，有一天我聽見同事朱君說：『德文寒假預備回來開畫展呢！』德文是那一個？開畫展！有這力量！我問朱君，朱君也不能再多知道，因爲他們朋友間也相違了好久，於是大家話頭打斷，忽忽又過了數月。

舊歷歲闌，劉君果然回里，到城便把行李畫件寄存部中，我因此得到先看的權利。第三天晚上，劉君又來，我急去晤面，在先我心中以爲是一個誠實樸素的黑壯青年，一碰頭，却原來瀟洒倜儻，已滿有三吳少年的氣概，而且溫恂謙和猶如一位處女，寒喧幾句，我便向劉君索畫，問問這張，看看那幅，都已有了主顧，最後承他情親手檢了一張風景的油畫送了我。先一日我又轉向朱君翼曾手中騙到一張風景油畫，一張鉛筆寫生，鉛筆畫是劉君最擅長，大家都知道好，至於那一張油畫，諸位老友一時尙未看出好來，不會搶去，因此一齊，才能做了我的私有品，緣分攸定　不能勉強的呀。這張油繪風景，調子就靜勇毅，或是正表現着劉君的內心　在畫展的前　天　陳君雪樓一見便說特別好，並且稱讚我藏的四張都是傑作。還有一張油繪橘子，劉君本來在美術生活雜誌裏面我細看筆觸峻快已極，我從前在京滬看了十多年的畫展，當代大家的筆法派局，也粗粗有些印像，劉君此幅，放些良心，不能不說是佳品，因此一時心上竟生出「偷書畫不算是賊」的思想來，同時又怕此幅落於比我勿如的別人手中，那就可惜了。說時遲，那時快，我便輕輕取了帶回自己房來，心上還自己安慰自己道『還不過是我暫時借着好多看看，他要，我仍舊送還就是了。』實在呢，事到臨頭便不容隨你了。

此次個展，並不是如去冬朱君所說劉君本人的動念，都是國華的舊雨：式之，雪樓，玉珏，作善諸君的籌備。展覽預備三天，第一天劉君本人並未到城，這一點倒又闢了一個『個展』新紀元。原來京滬平津各大都市每開畫展，尤其是個展，本人總是親身在場，春風滿面般裝着笑容，終日招待賓客，倘逢夏天，更是忙得要命　整個的人兒，簡如從水裏拖出，爲藝術而拚命奔走，不算趨勢，正是英雄本色。至于劉君不肯到場想必一不是會場主人翁，二是太虛心的原故，虛心又正是藝術家的功夫，不是故作矯揉。

說到徐屬藝術　自然遠不及吳下之盛　但是自從蕭縣青年畫家王青芳二幅國畫應徵到美國支加哥世界博覽會去以後，徐屬藝術已生了曙光，得了權威，這種雖則是國畫方面的努力，然而西畫也同一理由，未始沒有天才青年不在創造之中。青芳的成名是堅苦卓絕四個字，國華的生命，亦無一刻不在掙扎之中，所以作品雖還在前進的途上，作風却已顯明地露出偉大的氣魄，我們決不能以爲他尙在求學時代，便輕輕地看過了去。

蘇州美專的校長顏文樑的筆觸，人家說他過於纖巧，上海美專校長劉海粟的格調，又有人說他過於粗硬，那末要求不纖巧不粗硬的適中的作品　於是國華似乎就算是這末來的一流人物。門戶之見，向來如同水火　顏文樑一流人毒罵劉海粟　劉海粟一流人鄙視顏文樑，究竟那個是領袖，實在並世同怨　無分軒輊，國華是蘇校學員，平，親炙顏君，應該作風近於顏筆了，其實又不然　顏校長還驚着劉君的天才，正想要亟力拉住他傳他的衣鉢呢。不過劉君是否願意一變作風，現在還不得而知，

會場陳列作品，計有木炭鉛筆畫大小三十五幅，油繪十三幅　水彩一幅。劉君本祇送來炭畫和油畫兩種，我們也公認他的炭畫鉛筆畫和油畫最佳，這一張水彩風景寫生是我個人預先私下藏起的，地點是蘇州文廟，靠近滄浪亭　畫面用筆不多，文廟內的樹林，只鉤了幾圈，地上的積水，只描上幾劃，但是離開幾步一看，頓時氣像雄渾，情景飛躍，令人神往。顏校長用筆設色如仇十洲　水彩畫更加工細　然而只覺精而不覺生動，豈非一點缺憾！

油畫作品，靜物寫生和風景寫生，張張都好，同時作風極有統一性　可以使人一見便覺得有調和的凝重的美感。木炭寫生多是人體，筆觸老辣，無懈可擊。我本來不會評畫，尤其對於西洋畫，因爲看畫猶如看山，一草一石，都有勢有情　要面面顧到，非但主觀情調不通行，也是任何人不能夠的，所以有好畫，只有讓自己親自看去　讓自己親自領略，聽人講，畫餅充飢　總覺隔着一層。

翻譯

高加索的四人（續）

俄國托爾斯泰原著　菽原譯

但，她搖着頭，看也不看他們一眼，『我不需要其他的了，』她說道，她靜靜坐了一會以後　繼續着說道，『依挽，他們想殺你哩！』她指着她自己的喉嚨。

『誰想殺我哩？』

『爸爸；那老人說他必須殺你；但是我非常爲你難過！』

石林答道：『好了，你既是爲我難過，給我拿來一根竿子。』

她搖着她的頭，好像是說：『我不能！』

他搦着他的雙手，向她請求道：『狄娜，請做一做吧！親愛的狄娜，我請求你！』

『我不能夠！』她說，『他們會看見我拿棍的。他們都在家裏。』她走開了。

於是，暮色來臨，石林靜靜的坐着，不時地向着上面翹首，疑懷着要發生的事體。星光滿佈，月兒尚未升起，聽到摩拉的聲音，以後，萬物寂然　石林開始打起吨來，想道：『那個女孩子一定是不敢做那事了！』

突然　他覺着有膠泥由頭上落了下來　他向上望去，一根竿子斜刺於地窟的彼端，牠繼續向西面撥動了一回，然後落了下來，滑入了地窟的地上，那是一根結實的竿子，他曾經在他主人的屋頂上看見過牠。

他向上面凝視着，見羣星高爍於天空，正對於窟口，狄娜的眼睛在黑暗中，如貓一樣地閃閃着光，她把頭緊俯於窟邊　低聲說道：『依挽！依挽！』在她的面前擺着手，表示他說話應當低些。

『什麼？』石林說。

『除去兩人以外，都已經走了。』

然後石林說道，『好了，趙斯帖林，來，讓我們再來個最後的嘗試，我一定幫助你上去。』

『不，』他說道，『顯然我是不能離開這裏的　我轉身幾乎還不能　如何能夠出逃呢！』

『那麼，以後再見了！不要賤視我！』他們互相接了吻　石林緊執着竿　告訴狄娜　牠緊持，便開始爬起來，他失足了一二次，因爲脚鐐阻止着他　（未完）

創作

黃大嫂認兒（續）

恨世

「他家本在P縣T村，他聽旁人說的他是拾的　據說是這樣，他父親從前沒兒，有一次拉脚（給人家拉貨曰拉脚），經過憑道縣裏，距城二三里的莊旁，有個乱死崗子，一看有個小孩，還沒斷氣，于是他就拾起來，也不拉脚啦，就回家了　到了家　找奶吃，就漸漸地好了，他父母看他非常的嬌，可是，後來他父親却又有了一個兒　待他就漸漸地疏遠了，于是他到了十五六歲就去當兵，當了八九年的兵升了個連長，落了許多的東西　江西有兩處房子，P城有一座店。……：他以爲東西再多，沒有家沒有父母翻是不好，所以他便在我那S

鐘當了兩間房子，做着生意來找家，……並不在乎生意，人家有的是錢，他故意是住在那裏找家。所以他託我叫我上您這一片的莊上問問，有誰扔過活孩子沒有？』

這個小鐵匠說的很詳細，花絲葛也聽熱啦，于是便問他道：『他姓啥？』

『姓黃。』

『俺這莊上姓黃的倒不少，可是總沒聽說有誰家扔過活孩子？』花絲葛想了一會，覺得這莊上沒有過這回事，所以他答覆了這麼一段話。

『這莊上要沒有，那我到前邊莊上問問去！』小鐵匠說罷就鬆鬆的走了。

花絲葛又招乎他吸烟喝茶，他只搖頭說『不！』

小鐵匠無精打彩的走出了村莊，遠遠的還可以看見他幌幌的影子。

二

這可謂之『無巧不成書』啦，假若不巧，實在是不能產出這一回事。

太陽偷偷底將正午帶走，是該做響午飯的時候了，花絲葛又在屋裏包糉子，東院的黃大嫂忽然來到他家借子。

『喂！大嫂：妳一輩子有的些孩子多，妳已板過舌孩子沒有？』花絲葛帶着笑臉向她問。

『你的個廝妻姪，別瞎胡說啦，我不跟你鬧 着玩。』

他們是平常說笑話慣了的，她這時所以也以爲他與她胡鬧。

『眞的，剛才有個當連長的來找爹找娘，他說他是小時拾的。說起來不能再富啦！江西有兩處房子什麼地方還開着店，現在特來找家，……』

花絲葛把剛才小鐵匠說的些話，揀重要的學與她聽了。

『……』她想問又沒啟口。

『財帛動人心』黃大嫂一聽說恁富，忽然起了注意，心裏在深深地思，靜靜地想，默默地回憶。

『除了俺想那會得『病，沒等斷氣就板了，能不死嗎？』她思想一會，想起來了。

『眞有恁一回事擺？』花絲葛追的問。

『盎！』黃大嫂急速的回答。

『他（小鐵匠）這時走的還不遠，快着喊他去』

花絲葛說罷，把褲腰一扁，鞋一提 王豹式的飛毛腿一縱，一溜風的追趕小鐵匠去了。

走出了村莊，穿過『樹林，登上不斷行人的大道。兩條腿倒換不完，已追上了小鐵匠：

『走，俺莊上有這一同事，你看看對不？』

小鐵 一聽說，比吃蜜奶甜還甜，于是他倆又狠狠的跑回來。

小鐵匠這回來要比去時快得多了，去時好比船走逆水，舟行速減水行速，現在這回來也就是船走順水，舟行速加水行速，不一會，又到了：

『是這位大娘要認嗎？』小鐵匠手指着黃大嫂眼向着防絲葛問

『盎！你渴擺？』沒有花絲葛介紹黃大嫂已上前招呼他。

『不渴。』他說：『我起老遠就看看這位大每的臉與黃連長的臉差不多似的。』

黃大嫂笑了。

『您板的個小孩現有多大啦？』小鐵匠問。

『連長多大啦？』傍人問。

『他現在準二十七啦！』小鐵（）沈思了一會說。

（未完）

夕陽斜照時分

華客

夕陽放歌在華山之巔
這已是成了我們的習慣，
暗金色的袈裟，披在山頂。
我們一步步地步步上層巒。

○　○　○

斜陽和煦的照射山腰，
西風拂拂播過柳梢，
四週的田畝縱橫，
遠村的暮烟繚繞。

○　○　○

我們高踞在磐石之上，
上望是一碧的穹蒼，
翹首四望，迷離的山影，
側耳細聽，人們的喧讓。

○　○　○

我們細細的追尋舊跡，
追尋到嶙峋的險崖怪石，
平滑的石面，裂開的石縫，
指示給我們入世是變遷不一，

○　○　○

古道柳蔭中的塵土湧起，
歸來的是一羣羣的牧童販夫，
瀰漫着灰色的一層層一簇簇
是炊烟縷縷的燃燒着茅屋。

○　○　○

我們在山頂盡力的高喊狂歌。
有的人嘲笑我們已是瘋魔，
這僅是牽眞情性的發曳
身心疲（）的消散與調和。

○　○　○

當夕陽斜照時分，
我們便放縱了蹺曲的靈魂，
鐘聲鐺鐺的敲起我們，
踏着暮色 走進了紅塵，

命運（續）

鄉氏

『在家裏，』她漫漫的答了一句，把身子轉過去，走了。

『不要敎他藏了，走』催促着，走向門裡去。『玉德守着門。』他走了幾步又轉過頭來說。

『王一難受了一夜，直到天明才算輕了點。他聽見有什麼兵在門口，非常的害怕，因他怕這又是拉夫的。他慢慢的，拿着勁，把衣裳穿好，剛要到外邊去 他的妻女恰從外邊回來，驚慌的說；

『查鹽的來了。』

『什麼？』他驚吓的問，『查鹽的來啦。』像晴天裡打了個霹靂，把他嚇呆了。

『你淋鹽嗎？』查鹽的迎面走來，露出可惡的臉大聲的說。『上面的法令你敢不遵守嗎？你！』頭向後一轉。

德田跑過來把王三的手抓住，用帶來的小麻繩把他綁起來了。

他沒敢反抗，為的他是上官的命令。

麻三看見把他達達綁起來了，他不敢前去解，他吓哭了，跑到屋的黑角裡。

全村的人聽到了這震天的哭號都來了，就是最不好管閒事的李靜和和李老媽媽也都來了，——塡滿了小小的院落。

太陽已快到中午了，光線照到每個人的臉上，顯出憤怒的光。

『踢，你的鹽在那裡藏着哩。』把明亮的大刀拔出鞘，指着王三。『你說 上面的命令也不遵守嗎 想謀反。』

王三低了頭，淚水像一般的往下落。他沒有說什麼，只是呆着。

『好，把他帶到局子裏去，不說……』怒氣更加厲害起來了，用刀背向王三的背上打去。『德田 牽着走。』

村中金三的怒氣壓不下了，兩眼直望着他們 拳頭舉起來了。但他馬上又意識到：人家有刀，而且有上官的命令。

大老爺饒命吧，俺先前沒淋鹽，從頭幾天才淋的。』麻二的娘跪倒了，跪在他們的面前，淚水不住的落，滴到了地上，『才淋五十斤，在牆角小筐裏放着哩。』

『不行，須帶他不行，不遵法令，』很毒惡的說。

『大老爺饒了他吧！他不知道啥。』年過七十的，滿臉縐紋的，麻一的奶奶也哭着說。

全村人的心，充滿了苦痛，熱情 憤怒 他們要反抗 他們要從敵人的手裏奪回自己的生命 但他們不敢：那是犯上。

（未完）

編輯室廣播的電台

一，榮培君的「劉君國華個展碎影」，中間有許多理論談的很對！所以便把他在漫談中發表了。

二 華客君的「夕陽斜照時分」極流暢 極豪放！

三 鄉卜君的「命運」中間編者略改了一點。

四 老運君久不通消息了！想念的很！

本城糧價

每市石價目

名稱	最高	最低
小麥	九元八角	九元四角
大麥		
黃豆	六元三角	六元一角
黑豆	六元一角	六元
菉豆	七元	六元八角
江豆		
高粱	四元九角	四元五角
穀子	四元七角	四元五角
稷子	五元九角	五元八角
芝麻	十一元四角	十一元
青豆	六元二角	六元
花生（每百斤）	六元二角	六元
瓜子（每百斤）	十五元	十四元

氣象

天氣	風向	最高溫度	最低溫度
晴	東南風	六五度	四〇度

第四期

本刊每星期六出版

小談論

一技之長

在中國，現在正是做大事的時代。我們正需要些偉大的人物來解決解放中國這個偉大的問題。但是，大人物要有無數的平凡的人物的贊助才能成其爲偉大，解決一個大的問題正需要許多平凡的人物的刻苦的努力。生在今天的中國，是英雄，可以努力作英雄的事業；是凡人，也可盡自己的微薄的能力。

中國是需要讀書人的，而且每個讀書人也都知道：我們要爲民衆謀利益 假如祇把這種話當作漂亮的口頭禪，那就無話可說了；如其不然 我們倒要想想：我們打算給民衆謀些什麼利益？我們怎樣給民衆謀利益？這麼一想，麻煩就來了！你不能怪牠麻煩，因爲這是個麻煩的問題！可是，我們就老是麻煩下去麼？決不能的！決不能的！我們要「準備」。

「準備」些什麼呢？最穩妥的方法是：學一樣技術。我們懂」一樣技術，起碼可以不致白白地教社會養我們。而且，祇要你有才幹，一樣技術決不妨礙你爲民衆謀利益；祇要你有文才，一樣技術決不妨礙你寫出偉大的作品。恰恰相反，平凡的英雄才是真的英雄，平凡的文藝才是偉大的文藝。

學得一技之長，是我們做人的起點；認識中國，是我做人的根基。我奉勸大家要好好地學數理學科，因爲那除了能訓練我們的思想以外，還是我們征服技術的工具知識。首先要做一個無害于人的凡人，別祇空空地立些不着邊際的「大志」。

寫作

下江南

—征

雪後的第一天清早，茶館裏堆滿了人。火爐子裏的火烘烘地燒得正旺。老献很靈活地挑着水，踏着穩當的脚步走來，倒在缸裏，很快地又向井邊走去。他的頭上冒了熱氣。

許多人緊偎着爐子，老保從外面走進來。

「倒運！」

「怎麼咧？老保。」

「我的小鍋叫人家揭去了，入他妹子！『光定猴』招搶，搶我……」老保氣得乱跺脚。

大家都呆住了，彷彿老保帶來了寒氣似的，天格外冷起來了。

「不能在豐縣蹲了，唉……」老保拿起一桿烟袋，裝上烟，「我不好，我不好，還有比我更不好的咧！」

「你上那去？」

「那去？上海，福建……咱都到過。到那裡還能餓着。」

他是「花子行」出身的。他底過去的光榮事業倒也能使他很勇敢地活過去。

「老保大馬金刀的也混過，包兩個女人來替我開烟燈。闊，比眼前闊多啦。我老保再發了財，也一樣地會闊起來。」老保噓了一口氣，放下烟袋，「大江大海都過了，真沒料到在陽溝裡翻了船。」

眼看「年」又到了。老保看到人家的白蒸饃，大肉，曾經悔恨地流過眼淚。

他罵着往後不再浪花錢，所以到了年才糊糊弄弄地吃了一頓扁食。這在老保是無上的光榮。有一天，他見了老德帶刺帶罵地說：「你連扁食都沒吃上，能算人麼？」

老德像沒有識見似地低着頭走過去了，背着糞筐子。老保每次與人說話總要很廢點時間，所以一到下雪下雨的時候，他就到人場裡敍起他的往事。

「南邊的飯真好要，到那裏吃那裏，行好的太多啦」

他開頭就是說要飯。

一可是在上海就不行了，他媽的，見要飯的就打。租界裏更不行，那裡行好的也不少 可是咱得不到，家裡的賸飯往「馬桶」裡頭扳，咱就是得不到。我一共挨了兩回打。他媽的，洋鬼子，假洋鬼子，大肚子，警察合成一氣地毀壞俺這些人。中國人私通外國，怨不得日本老佔咱中國的地方。」

其次，就說到他的兵營生活。

他的軍歌唱得還很熟。他說他已經五年不當兵了。他做過十九路軍的兵士，在上海和日打罷仗以後 他就退了伍。

「中國人並不弱，日本人並不硬，在上海打仗，日本人死的無數。頭一天下午，閘北的人就逃完了 彷彿我們十九路軍的弟兄們閒夠了似的，一聽說與日本開仗，個個都踴躍地願意幹。那時候，我還當班長 大排長一傳令攻擊 我就跑在頭裡。正跑着，「拍搭」都撩倒了，大排長陣亡 還有百廿多個受重傷 我的腿受了微傷，誰知道這回在前頭，有好處。飛機轟轟地乱拋炸彈，都是日本的，我就沒見中國的飛機。或者……可是中國人并不弱，日本人並不硬，我知道！」

老保又吸起烟來了。烟霧迷濃地繚繞在老保頭上。

「是那一回 我就不幹了。……」

「你在外邊跑了好幾年，一個錢沒落到手，還說有種！」老獻偷偷地說。

「你怎麼是個混蛋 能偷人家 搶人家。」

「你大前年發財回來，怎麼着治的錢，不是搶的？」

「能說那不？那回多乱呀！」老保的臉有點發紅，兩手凍得發紫 他偷偷地湊近火爐，用 隻手拿起一塊劈柴 往爐子裏一投，花花拉拉地掉下來燒紅的火炭。老保的手伸到爐裏去了。

「你能不投不？弄幾塊劈柴擱裏面剛燒着，你投下來。」老獻苦喪着臉說。

老保沒有做聲。

「過了年，真不能再混下去了，在豐縣。」

他想起了在南方的時候，飯是多好要呀，錢多好得呀……。他拿定主意要下江南。

他從天明到天黑都是拾糞。前天他與糞行人吵了架，所以現在賣糞也不容易了。

「你的糞裏光多泥，哄誰？」一那個狗種『坑人』吧？參糞的是小舅子！」老保像被人揭穿毛病似地乱賭咒。

沒幾天，人們向老保問話的時候，他總簡簡地回答：

「下江南，吃米去！」

老保的「下汝南」也引不起人們的敬畏，祇不過拿來當作談話的材料。

「他走了好，也好！窮極必偷！走了好！」

（三年級）

憶兒時

高德裕

憶起兒時的生活，真是如夢似的。在那夢也似的生活中，有 件是使我永遠神往而不能忘却的事。

是十歲的時候，我在鄉下已經過了二年的小學生活，暑假後照例應該升到三年級去。我父親見鄉下的學校不如城裏的學校辦法好，預備叫我跟着我姊姊到城裏來，並徵求我的同意。我那兒時的心理，最喜歡變換新的環境的，沒等他說完，便手舞足蹈的答應了。主意定了，便準備一切。

精神與奮着，光陰也過去的格外快 開學的日期到了，第二天就要進城。我父親不在家 只有母親來囑咐我們，收拾我們的用品。

「明天該走了，現在的天氣還是很熟 您倆明天須要早走一點，行李已經收拾好，明天我給你們早做飯，車子也問好了 你們走後可不要想家啊！」我慈愛的母親在別離的前夜，給我們這樣說。

第二天一早，母親喊我們起來時，她已燒好了水，煮好了飯，我們匆匆的洗了臉，吃了飯，拿了行李。母親送我們走出了大門。我們上車子時，母親又囑咐我姊姊道：「你弟弟很小，你要好好的照顧他 我過幾天與許去的呢！他初次離開我，總不能安生，你不要打他罵他。」我們離開莊村好遠了，回頭看去，她還在門前站着，

慈母的愛 在兒時是不會體味得到的！她的辛勤的操作，她的周到的思慮。慈母的愛，真是神聖，偉大的，值得做兒子的體味啊！

（一年級）

教學

算學學習的兩項障礙

——信

在算學教學中，常有幾件小的事項發生，這種小的事項，看來好像末節，無足介意，然而卻爲算學學習上的有力障礙，竟是阻止進步的勁敵。

在學習算術加減乘除基本運算法則的時候，有不少的同學說：「這都是小學中業已學過的法子，還沒有什麼難的了，我們可以減少演算的題目吧？反正這題目都是會算的了。」學習到乘除省略算法的時候，則又有不少的同學向先生請求：「這法子在我們覺得比較普通演算還麻煩，我們仍用普通方法演算題目，可以嗎？」學習到國外匯兌的時候，同樣的有學生這般的想，這般的說：「還得查外國的幣制，還得查外匯的掛牌，怎麼計費呢？太麻煩了，題目不演吧？」——容易的，不用學；繁難的，不肯學。試問自己究竟學習什麼？什麼才是自己可以學習的？要知「學習」就是改造舊經驗，增加新經驗，而學習的步驟，卻須根據舊經驗，創立新經驗。所以我們對於一知半解的舊知，必不可視爲滿足 反之，我們若能從一知半解的舊知再加一番的研習工夫，則必可獲得較新的方法或認識。至於向所未知的或感覺繁難的新知或新法，正是我們所要學習求知的，正是我們要練習以求其運用自如的，所以對此更應注意。倘若這種討巧避煩的心理不除，則算學學習便將一無所獲；這種討巧避煩的心理，實是學習算學的莫大障礙。

幾何內有這樣的一道題目：「設AD是三角形ABC的一中綫，若「ADB是銳角，證明AC>AB」在許多人的練習簿內竟作了這樣的解答：「因「ADB<「ADC，所以AC>AB」。他們絕不肯思想一下：「單用一角小於另一角的一個條件，是不是能夠決定一綫小於另綫？」所以他們便輕率的作了一個不完全的解答。這不過是一個例子，在代數算術幾何各種的解題上，還有其他不少同類的事例 而常犯這種毛病的學生，其成績也往往不大進步。這種不肯使用腦力去精細思考的毛病，實是學習算學之敵！假若不願學習算學，根本就沒有好的辦法可談，否則，至少須把這種毛病根除淨盡。

最後，還希望學習算學的同學注意，算學確是硬性的東西，牠不像張資平郁達夫輩的小說善於誘惑顧主，也不像封神演義聊齋誌異狐鬼般的勾引看客，而牠卻是一位一老本板的忠誠朋友，你對牠親近一分，牠也對你親近一分，你對牠有十二分的感情，牠也對你有十分加兩分的情分，牠是最可靠的朋友，學友們，向牠追求罷，牠決不有負於你！

要造明確的文句

——平

一個句子表達一個思想——一個完整的思想。這已經是老話了 然而奇蹟往往在平凡中產生，愈是老話我們往往愈不了解他的意義；我們有時字面上了解了，但我們卻不能夠正確地履行那句老話給我們的指示。這樣的生疏的常談實在太多了，上述的句的定義便是其中最小的一個。現在就讓我們檢查一下，我們的句子是否都盡了表達 個完整的思想的任務，也就是說，我們要看一看我們是否能用我們的話明明白白的說出了我們要說的事。

（一）『宇宙是這樣的廣大，社會是如此的複雜 因此人類的知識也逐漸的繁多。』人看了這句話以後，還是莫明其妙的。『知識』爲什麼因爲宇宙的廣大 社會的復雜而就「逐漸繁多」起來呢？這是一個謎。這裏是有道理的，可是沒有說出來。首先該確定知識和宇宙有什麼關係 證明宇宙和社會的範圍是知識的範圍，然後才能證明知識是和宇宙與社會一樣的沒有窮盡 沒有邊際。「廣大」與「複雜」是空間的觀念，「逐漸的繁多」是時間的觀念，從「廣大」和「複雜」是不會「因此」就「逐漸 繁多起來的，短短三個子句就完全露出了我們的頭腦的混亂，這說明訓練我們的理解力和表現力現在是倒有多麼急需！

（二）「人生活在世界上，無論什麼事情都能關連到個人。個人對一切的事物，便都有研究的必要。例如，天文地理，社會生活，這一切事物，我們就得學習天體的分佈，地理的演變 社會的發展 各種怎樣的情形於是給與了我們許多的知識。」「人」是泛指人類的，是一般；「個人」是專指一人的，是特殊。爲什麼因「人生」在世界上，無論什麼事情，就能影響到「個人」呢？這是一個謎！還有我們眞要研究「一切」事物麼？爲什麼在一例如一天文 地理以後，接着就得研究天體的分佈，地理的演變？什麼東西「於是」就「給與了我們許多知識？」要淸楚，這幾句話該根本改造一下子：

「人生在世界上，總脫不了自然與社會的影響。爲了適應自然 征服自然，改造社會，人類就不能研究支配自然與社會的運動的法則。在這種研究中，人類所得到的成果便是知識。」這是一個總綱 接着你是有 篇大文章好做的！以說明天文學，地理學，社會學是由什麼樣的需要產生。

（三）「自然現象和社會現象無時無刻不在變化着，不在進化着。 種動物或植物無有不在進化着的 一個社會也同樣無時無刻不在進化着。」

「一種動物或植物」的進化是部分的自然現象，「一個社會」的進化是特定的社會現象。三句平列起來，部分等于全體！在修詞上 自然與社會是既能「進化」又能「變化」的，自然與社會 現象「則只能「變化」。二者齊用 這表明了自己語彙的貧乏與了解的空泛 對于有特性的過程不能給以有特性的狀語。修飾詞也用得沒有斤兩 自然與社會現象誠然是變化的，但却沒快到「無時無刻」都起變化。這又暴露了我們的思想上的一個弱點：不從現實過程中抽得一個概念，而用一個籠統的概念去範圍現實。

話回到頭來吧。 個句子表達一個思想——一個完整的思想。現實反映在腦子裏便喚起印象 由印象便孕育思想。先把腦子裏的思想捉住，朦朧的使牠具體，駁雜的使牠有系統，然後再用最明白的句子把牠搬到紙上去，思索，表現，這都是刻苦的工作 從刻苦的工作中，我們才能鍛鍊自己的頭腦和文筆。提起筆來隨便寫寫，這種輕率的態度 天不改，便一天做不出來有血有肉的明確的文句。

雜載

青春時代

——浮士德零抄之一——

亦云

大概已經成長的人，
什麼都不能使他高興；
而正在成長的人，
則常富於感激之情。

我打開浮士德，不久就看到了這樣幾句，浮士德是歌德一生思想活動的結晶，在這短短四行詩中就有極深的生活的吟味。人到成了定型以後不知天高地厚的往往會自己爲是自然的無上的造就 還知道自慚形穢的也往往沒有改造自己的勇敢，而在悲嘆中將自己的暗淡的一生過去。這樣的人生實在太普遍了 所以詩人能用一個「大概 來賅括。這個「大概 中有多分深沈的平凡的悲劇。美感沒有了 祇剩下嗜慾；夢想沒有了，祇剩下苟安；正義感沒有了 祇剩下敷衍；創造性沒有了，祇剩下模仿：天眞沒有了；祇剩下矯飾，熱愛沒有了，甚或祇剩下殘暴；總之 精神已死，軀殼獨存。人生的悲哀還有比這更大的麼？沒有了的。還能感覺到這種悲哀的人，將會壞着 顆顫慄的心來讀這些詩句：

那麼請給我還來，
我自己還在成長的時代！
那時候湧溢的詩歌的源泉，
不絕地新鮮地產生出來；
那時候白烟霧，
蒙蔽着世界，
花兒的蓓蕾，
還令人將奇蹟期待：
那時候我將富饒地充滿一切
谿谷的千萬種花兒隨意擷採
那時我一無所有，
卻是滿足自在，
有對于眞理的追求，
有對於夢幻的熱愛。
請將那些衝動，
任其奔放地還來！
請將深湛而多苦痛的幸福，
憎惡的力和熱烈的情懷，
統統還來！
請還給我來，
青春時代！

一顆熱烈的向上的年青的心，這確是人生的至寶。每個青年都有這樣一顆心，但卻很少有人知道怎樣去愛護牠。讓牠在流俗中麻痺的也有 讓牠在物慾中斲喪的也有，讓牠在飛揚浮燥中破裂的也有 其結果是一樣的——死！不單死了這顆心，而且死了對於這顆心的回憶 ·愛惜這顆心吧。愛惜牠的純潔，不要受汚穢的沾染；愛惜牠的熱烈，但要經得起冷風的侵襲，愛惜牠的向上但要防備傾跌。把這顆心保養起來，健强起來，人將會永遠年青，將會懂得生活的意義。

△△氣象▽▽

天氣	風向	最高溫度	最低溫度
晴	東北風	六四度	三八度

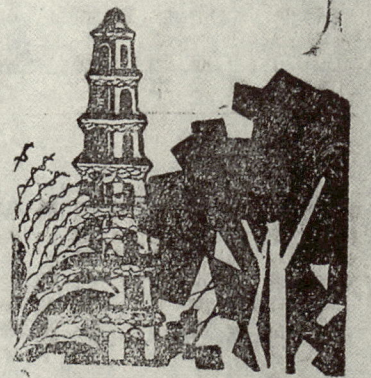

鳳鳴塔

第三〇〇期

一，本刊內容分科學常識論著詩歌小說散文戲劇書信會報介紹及批評等項

二，本刊歡迎投稿來稿文言白話均可

三，來稿本社有删改權不願者應先聲明

四，未經登載之稿除預先聲明者外概不退還

五，本刊編輯室設豐報社內

漫談

文學的泛語

小生

唉！我老是這樣的偷閒嗎？書，幾天來沒有翻看了，筆，也沒有動過一次，除了玩就是烘火，這，顯然是自己沒有毅力和決心，不能自治自己，眞使我好生慚愧，當眞就白白的混過這寶貴的時期寒假嗎？不，不願意，我本心不願意瞎混，我要拿定一個主義。

好！我來開始努力吧！

嘿，又從何處開始呢？我又皺起眉頭來，腦漿又在翻來復去的激蕩　竭勁地想，終究找出一個頭緒來，「何謂文學呢」？我單調地說：

文學是時代反映的結晶，的確不錯。

若果欲產生出好的文藝來，必須向社會及自然觀察，方能作出俱體的文藝來，才算是有價值的文藝。

現在中國的現況，是處在萬分危急，水深火熱的時候，正需要激發民族性的文學，來恢復全國民衆的民族意識，使之明了自己與國家民族的關係。好拋却私見，來團結禦侮！反過來說，如你蟄居在書齋，儘管向書內搜求些風花雪月，自由戀愛的一類頹敗的材料，那麼，斷然是不成功的。任你怎樣也難作出有價值的文藝來，根本是不適合時代的需要，是乾枯的，無價值的！

好了，欲做文學作家的朋友，請你到民衆的立場上去吧！讓腦中的反映機映出一片戲劇，叫大衆一觀吧！

恩！囉嗦的很，我還得說幾句。

所謂文學作家，而能站在文壇上呼籲，俾其大衆不期然而然的贊佩，仰慕的原故，無他，因爲他能預言大衆的心理的傾向，揭露人羣的疾苦的狀況，竟能使得頹唐的意志，臻於興奮，枯澀的生活，變爲美化愉快，實在這一點是文學作家特有的手腕，超羣的技巧。

反正，文學作家的心理，是與讀者大衆的心理會起共鳴的。是的，文學作家既有良好的技巧，和純正心理，無疑是受大衆的歡迎和蒙社會的擁護的。

噉！怎麼鬧的，我拋下了筆猛然一跳，這又是謅的一些什麼？一動氣　就想丟在火爐裡燒了吧！不，不，我要請人指示一下，改正我的錯誤。

翻譯

高加索的四人（續）

俄國托爾斯泰原著　菽原譯

趙斯帖林幫助着他，他設法爬到了竿頭，狄娜用着她的小手，盡力拉住他的襯衫，笑將來。

石林把竿子抽出，說道，『把牠放回原來的地方吧，狄娜，他們會察出來，你是要挨打的。』

石林拉着竿兒走了，石林走下山來，在他走下斜坡以後，拾起一塊石頭，想把脚鐐上面的鎖子扭掉，但，那是一個結實的鎖子，他沒有方法把他弄壞，後來他聽見有人由山上跑了下來，輕輕地跳着，他想道，『無疑又是狄娜了。』

狄娜走來　拾起一塊石頭，說道：『讓我試試。』

她跪着想把鎖扭掉，但，她的手纖若小枝，沒有一點力氣，她拔開石頭哭起來了，然後石林又從事扭着鎖來，狄娜蹲在他的身邊，把手搭在他的肩上。

石林向四下一望，在山後右方，看見一道紅光，月兒快生出來了，『啊』他想道，『在月亮沒有升起以前，我必須經過山谷，走到那個林中，』於是他站起來拋開石頭，不管脚鐐，必須起程了。

『再見，狄娜親愛的！』他說道，『我將來永遠不會忘你！』

狄　拉住他　用手在地上摸着他放下的幾塊乾酪，他由她的手裏接了過來。

『謝謝你，我的小人兒，我走了以後，有誰還給你做娃娃呢？』他撫摩着她。

狄娜哭得涕泗滂沱，將臉藏在手裏，然後她如一隻山羊一樣地跑上山去，髮辮上的銀幣，靠背發出鏘鏘的聲音。

石林畫個十字，用手提着脚鐐，以免使他發出響聲，沿路走去，蹣跚着兩他都被鐐鎖絆的雙腿，眼睛遙對着月兒將升之處，現在他曉得路了，若直線走去，他只須行六英里，他只希望在月亮沒有升起以前，他能夠走入那個森林；他渡過那條小溪，山後的月輝正在向着那裏發展，他靜靜的望着，沿着山谷向前進行。

月兒尚看不見。光輝變得較亮了。山谷的一壁漸漸明亮起來，影兒慢慢向山麓退縮，緩緩向他逼近了。

石林繼續在暗影裏面走着，他走的非常慌張　但月兒的移動也是非常迅速，右方的山頂已經照亮了。當他行近樹林之時　素月已由山後冉冉升起，照耀如同白晝，可以看見樹枝上所有的綠葉，山上月光橫流，然而萬籟俱寂，好像整個宇宙都已入了死鄉　除了下面的流水潺潺　不能聽到些微的響動。

（未完）

創作

黃大嫂認兒（續）

恨世

「那俺想我現在也記不清多大啦，只記得和西邊的石榴般大的！」黃大嫂說到這裡，眼望着小孩說：

「小勳，你去問問石榴現在多大啦，去！」

小勳眞是所謂「聞聽此言，不敢怠慢，」一谷谷登登地跑去了。

「娘！」黃大嫂的二兒犬剩靠近她了。

『嗳！就與這位兄弟的臉一樣．樣的，長的一點也不差，不要問，這一定您是一家子人家！』

『他二十七啦！』說話不及小勳已問石榴的年歲回來。

『哈！這可對啦：。』

小鐵匠喜得合不攏口，黃大嫂家也樂得不開交。

『…………』

『…………』

天到晌午啦　大家都吃飯，黃大嫂認了個連長兒子，她一家子人家，老伴永寶大兒良仁，二兒犬剩兒媳××！—都比坐了朝廷還喜歡，當然今天晌午得給小鐵匠做好飯吃。

「上家去吧！馬上就該吃飯了。」良仁向小鐵匠喊。

『不！我還就走啦，您等明天開上字（寫上當時丟他的些情形，）去到H縣S鎮去認好啦。』

小鐵匠說罷就要走　他們都還拉他。

『您別拉，我們也不徒吃，我這是替他找着家啦，快着回去給他說一聲，別教他燥。』一把沒拉着，小鐵匠一溜煙的竄開了。

「人家還才是眞找家的來　也不吸煙，也不喝茶，也不吃飯，跑這麼遠一點東西沒要這又回去啦，人家還才是眞認父母的來！」黃大嫂居家都打着這樣的算盤，不，就是其他的人們，也認爲這個打法對的。

天晚了　太陽掛在樹梢上　放出燦爛的光　照着空中的雲　織成了美麗的霞

但，雲時也就消失了。

天黑了，B村的人們都歸家來了，聽說黃大嫂認了個連長兒子，都去訪問　同時在各人的心中　都生出了快樂。

尤其黃大嫂的一家子人家，更慌慌地帽戴不住；被快樂支使的連覺也睡不着。

黃大嫂一睡着，被快樂一晃又醒了。

『天明了嗎？』

她睜開了眼睛　看見了前牆的窗紙洒白　疑是天明，但仔細一看　從窗隙中却露出了月光。

『是月亮啊！』

她想睡又睡不着。

『連長兒　我心想……

……

「我從前怎恁憨咲？這孩子沒斷氣就能扳嗎？恩！眞是怨我。

這錯過我的兒他虧過他是這莊上的人，他託人來找家，假若他不知道，我到死也不能見這個兒子啊！

「他是連長，據說他有很多很多的東西，那我從此就不過這窮日子了。眞不料想我那裡修的這一點福氣，還是行善的好！

「…………」

「到天明，我就得見我的那兒子了。」

「…………」

在夜裏，黃大嫂睡不着，她展轉反側的胡思乱想。

三

「雄鷄一鳴天下曉。」

這是大家起牀的定例，然而這次雄鷄還未鳴哩。黃大嫂家都已經起來了。

這時候還是夜間，涼森森的，下弦的月和着稀疏的幾顆小星，在空中閃爍着。她的兒子良仁，把紅車子整理好了，又找了個拉車子的人。

「娘！」良仁喊了一聲說：「天不早啦，到好東發亮啦，咱去吧？」

「事不宜遲」黃大嫂更是盼兒心切，那裡能不鑽成他兒的話呢？

「「緊早不緊晚」那咱就去吧！」黃大嫂說。

于是良仁把行李搬到車子上，拿着閱上的字，他娘上車，他推着碩友拉着，這就是黃大嫂啓程認兒去了。

「哥哥欅，哥哥櫻！」

「汪汪……………」

天到黎明時候了，各村犬吠鷄鳴，東牛天泛起了白色，魚肚皮色的雲在空中浮動着。

天明了良仁推着黃大嫂在路上行，車子不住的『吱牛吱牛……』的叫。道旁的麥苗，小草，樹林，河溪……往日都是那樣的凡俗，而今天似乎都改變了美貌，對她們微笑。

（未完）

回家的一天晚上

—旭日—

黑漆漆的夜罩着我的莊村，村裏的人都蹈在家裏，全村是寂寞的平靜。

小門響了一聲，我獨自走進了老萬伙計的屋裏。

在昏黃的煤燈下 我看見老萬的娘正在紡棉 腰彎屈着坐在一個破蓆上。

貴山又有兩個月沒有來了，今天怎麽能得閒回來，截館了嗎？九月重陽不是過去啥時候了嗎？」她停止了紡棉，一面讓我坐在她的案板上，一面還樣說，。

「不是截館，今天是星期，」

「今天是什麽，星氣。」她睜大疑惑的眼睛看看我」

「你怎麽這時還紡棉，燈底下還能看清楚嗎？」

白天有白天的事 那裏能得閒，現有月亮的夜裏，我一晚上都紡三個棉穗子，這幾夜沒有月亮就不行了，兩夜才只能紡一個多．還得點一兩洋油。一個棉穗才得花去成個的雞蛋，現在洋油賣兩個鷄蛋一兩了，

你紡的是你自己的嗎」

「那裡，是東邊好戶的，紡一斤給我七百五十個錢」

燈裡好像斷了油，燈光昏暗下去了。他找出灰塵很厚的洋燈心，她的兩臂又忙碌起來，驢在身邊的一個小槽上吃草，燈又變做的明亮起來。

門忽然閃開 老萬走了進來，個子並不大，很方正，不過臉上有幾塊黑疤，

「娘！咱燒茶吧！我渴的很。」

「吃頓大席老是渴的很，怎麽不在人家渴夠再來，不知柴火多貴，喝口涼水吧！眞是的，窮人家吃頓好飯食，三天不離井沿子。」他好像有點生氣。

老萬招乎我，我問他做啥去了，他說是替周冷運埋葬去了。

他喝了一飲子涼水以後，從腰中拿出一個涼了的蒸饃遞給了他的母親，看了看我好像有點害羞，於是坐在暑影裏，臉對着被炊烟勳黑了的牆。

「給小驢拌點草吧！你看吃完了沒，我覺着準沒有了。」她自言自語的將那個蒸饃放在盛線的筐子裡 留給她的小兒吃。

老萬的肚子裏咕嚕咕嚕的響，爬起來給驢子添了一些草。

「蝦牢呢？做什麽去了」我又問他。

「學生意去了，」沒等着我問下去，她便很清楚的向我說；在家顧不住，沒啥養活他 跟着他閃哥學染布去了。冬天人家也不清吃，不如學點手藝。學成了以後也是個吃飯的門路。」

又紡了兩抽子棉，她又繼續的說下去：「這種年成拉也拉不着他了，不能給他娶個媳婦，他可願意在家安生種地呢？娘算啥，要不要的不要緊」說完她看了看坐在那邊的老萬，她知道最近幾天老萬老要去當兵去。

爲了不能給兒子娶媳婦，爲兒子不能在家安穩的種那所有的幾畝地，她終日地苦惱着。

「拿凸給咱彈的棉帶來了沒，」老萬很驚疑的問他的母親。

「帶來了，二斤我給他二百八十個錢，來家 稱少了四兩，人家還能虧咱的」

「誰拿老丈人破棉絨子做啥，彈能不去土。往那裡弄的二百八十個錢。」

我賣了八個鷄蛋。—「貴山城裡多少錢彈一斤，總比咱這裏賤些錢。」

「也賤不多」

「這裏A寨就比b集每一斤賤四個錢，別看遠幾里路一些人都向A寨跑，頭二年那有這些洋彈弓 A寨頭一有的時候，彈一斤得三百，那還爭吵的了不得．現在一些人算算比自己彈還合算。」

我說是的。

「人家說A城又有洋棉車子啦！一行十九個梃子。（梃子是紡棉用的器具）那不知怎麽弄的，咱想着那裏頭一定有個火消消。」

我說，「那是機器」

「那不是鷄氣。我想[illegible]正不如咱這種棉車子紡的綫好，除了洋彈弓以外，那都是哄人的。」

以後她再不說話了，燈到我走的時候，她仍坐在燈光下 棉 頭低垂着，不知什麼又將她苦惱着了。

弔唁

—我的至友天樹—

妙娥

冷清清的樹林間，
閃爍着一兩點燈火依稀，
遠遠的 聲兩聲的犬吠，
和雜着些悲慘的哀號，
驚破了這沉寂的夜靜。
悲哀的心靈，
總難成夢，
輾轉不安的翻來覆去，
叫這哭聲刺住了心頭，
想起了亡友心兒悲慘。
不由得，
淚兒漣漣，
浸透我破爛衣衫，
無涯的哀泣啊！
縈迴在我脫弱悲哀的心靈。
樹君啊！
我的至友．

人生朝露，
青娥黃花，
唉—雖知無常？
想我倆寄身軍旋，
那時苦中尋樂，
也咀咒過社會的險惡，
人生的殘酷，
總是………………
河邊亭畔仰視青天，
握手言歡在夕陽柳下
唉！…………………
而今呢？
天涯地角．
山崩海枯爲你悽
日月無光爲你傷，
而我只有痛哭流涕，
追憶着昔日，
樹君啊！我的至友。

命運

（續）

—鄒民—

『好饒了你吧，」巡長把刀放入鞘中，像是發了慈心，『我們對人民是很要好的，屢次都是告訴大家不要再這樣 但您們不聽，反而愈加來做這事，還也無怪我們對你們不客氣 希望大家以後再不要這樣，共同爲國家謀福利，想是大家都願意的。德田把他熬好的小鹽拿出來。』

『好」德田走到屋裏去。

太陽的光芒照着他們的臉，車子被風送着，漸漸的泯沒了。

全村的人都走了，帶着苦惱走了。

王三直到黑夜睡夢中還大聲的哭叫：『做他 打死不救咱們活着的人。』

本城糧價

每市石價目

名稱	最高	最低
小麥	九元二角	八元八角
大麥		
黃豆	六元一角	六元
黑豆	五元八角	五元七角
菉豆	六元六角	六元四角
江豆		
高粱	四元五角	四元二角
穀子	四元五角	四元三角
稷子		
芝麻	十一元一角	十一元
青豆	六元	五元七角
花生 每百斤	六元	五元八角
瓜子 每百斤	十五元	十四元

氣象

天氣	風向	最高溫度	最低溫度
雨	東北風	四三度	三六度

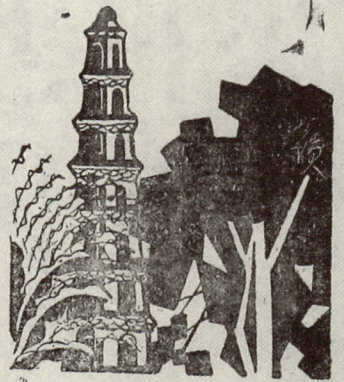

鳳鳴塔

第三〇一期

一，本刊內容分科學常識論著詩歌小說散文戲劇書信書報介紹及批評等項

二，本刊歡迎投稿來稿文言白話均可

三，來稿本社有删改權不願者應先聲明

四，未經登載之稿除預先聲明者外概不退還

五，本刊編輯室設豐報社內

漫談

我的作文經驗

愚農

往往有人寫出了一篇文章，題材很好，句子也很流暢。但總缺少什麽成分，引不起讀者的同情和興趣，表現不出力量和意義，不能把人的生活表現在讀者面前。可以說，這樣的文字沒有價值。

我們怎樣才能寫出有力量有意義的文字呢？將人的實在生活表現在讀者的眼前，傳達給讀者呢？有人說：

要求高深的知識，必定要讀書，讀了很多書以後自然可以寫出好的文章，好的作品了。普通的人們都總爲這是對的。我也不能否認 但是整日坐在書齋裏的作者不見得能寫出眞正的藝術品，所以還要靠着其他努力和方法。

現在我就我的經驗和我所見到的別人寫作的方法供獻給大家，我不敢確定牠是絕對的對，絕對好。不過寫出來和大家共同的研究。

寫一篇好的文章，必定要形像化，有具體性，把自己所經驗的有特點的事實與所見到的有特點的人物交錯起來，寫出人們的生活，表示作者對讀者的認識 這樣作者一提筆便能揭破事實的秘密，將某地的生活活躍在讀者面前，將作者的意義傳達給讀者，這樣便能完成作者所負的任務。

我們初學作文的人，因爲生活經驗太少，觀察力太薄弱的原故。只會單調的紀錄，像攝影術一樣地盡他所見聞的事實和實在的人物，結果費了很大的力祇寫出一些散漫的無力量的東西。我們要具體的寫生活的內容人的個性與特點。同時要避免繁瑣的虛飾的字眼。用簡單的文句寫出有力的文字。如某文學家所說：「作者的意見愈隱藏 作品反會愈有力。」這句話是對的，含有深刻的意義，例如寫一個人。寫出他性格舉動或言語，餘下的讓讀者自己去思索，那一定顯得更有力量更有意思。

亞里斯多德說：「寫實派的作家應努力創造在典型事態下的典型的性格」，皮西科夫說：「文學家的材料是人」，還有人曾十分明確發表過這個意義，說：「藝術所以不同與歷史，是因爲，歷史講的是人類的生活，而藝術講的是人的生活」——節自怎樣創進文學的形像——例如八月的鄉村 具體的典型的寫出了東三省義勇軍的生活。阿Q正傳中的阿Q不見得眞有一個阿Q，而是綜合中國農村很多農民的性格，寫成一個典型的阿Q。死魂裏的羅士侍來夫，乞乞科夫，不見得俄國就有這兩個人。而是綜合了許多的中流紳士創[illegible]。上面這一些，都是寫的人的生活，是藝術品。而不是寫的人[illegible]

（未完）

翻譯

高加索的四人（續）

俄國托爾斯泰原著　菽原譯

石林走入森林，沒有遇見一個人，他擇選一塊陰暗的地方，坐了下來。

他休息着吃了 塊乾酪，然後找了一塊石頭，又去敲起脚鐐。他把手使得生疼，但那脚鐐却不斷折，他又起來沿路走了。

他走了大半哩以後，十分疲倦起來。脚在疼痛，十步必須一停。『就此罷了。』他想道，『但當我一息尙存，我必須巔躓前進，若是我坐下以後，恐怕我就不能再起來了，我不能走到炮台明天我可以睡在林中，呆了一天，到夜間再走。』

他走了一夜，有兩個韃靼人騎馬由他身旁經過，但他老遠就聽到們 預先躲在一顆樹的後面了。

月亮開始變暗了，露水下降了，那時已經快到黎明時候，而石林還沒有走到林端，『好，』他想道『再走二三十步，我便要坐下了。』

他又步了三十來步，發現他已走到林端，他走出森林，天已平明，平原和堡壘展現在他的面前。緊俟着坡底的右方，燃燒着一堆快要熄滅的火，發出濃烟，瀰散在周圍，有許多人圍在火邊。

他仔細一瞧，見有閃亮的刺刀，他們是兵——哥薩克人！

石林充滿了愉快，鼓起餘力，飛跑下山 向他自己說道：『在這平曠的地方，上帝禁止其他騎馬〃韃靼人看見我呀！』

他這話還沒有說全，他便看見在左方距離的有二百碼的小山上，有三個韃靼人。

他們也看見了他，使勇猛衝來，他的心兒沈了。他搖手用力狂叫道，『兄弟們！兄弟們！幫助啊！』

哥薩克人們聽見了他的呼聲，他們中的一隊便騎馬直奔過去截斷韃靼人的來路。哥薩人遠，韃靼人們近，然而石林也使了最後的掙扎，提着脚鐐，對哥薩克人跑去，幾乎忘其所爲，喊道，『兄弟們！兄弟們！兄弟們！』

大約哥薩克人有十五個，把韃靼人嚇住了，在沒有走到石林跟前便停住了。石林蹣跚巔躓地走到了哥薩克人的地方。

他們圍着他，詢問他道，『你是誰？幹什麽的？從什麽地方來的？』

但石林神經已經錯亂，只是流淚連連 連聲喚呼道：『兄弟們！兄弟們！』

後來兵士們都跑來了；圍聚着石林，一個給他麵包，一個給他蕎麥，一個給他「霧達克」麥酒，一個用外衣圍裹着他，另一個去掉了他脚上的脚鐐。

那些官長們認得他，和他一同騎馬回來炮台了。

兵士們看見他又回來了，都是非常高興 同事們都走來圍繞着他。

石林將他的遭遇，都告訴了他們，『這便是我回家娶老婆的經過了！』他說道，『顯明運命不允許這件事情！』

於是石林又繼續在高加索軍隊中服務下去。一月以後，給了五千盧布的贖金，釋放了趙斯粘林，當他們把他領回來的時候，差不多他已快要死了。

作於一八七〇年

一九三六年九月譯完

創作

黃大嫂認兒（續）

恨世

她不理會牠們。麥田 走出一塊又一塊；村莊，越過一個又一個。S鎭的影子，不遠就在面前。良仁推着黃大嫂，尋着小鐵匠對他說的道路，一味的前行。

來到了這樣的 塵小舖前：茅屋兩間不大，但屋內的一切都很清潔。良仁住下車子 他娘下來，他跑到了舖前一問，小鐵匠急忙迎接出來，把黃大嫂〃到屋裏。『這不，你的母親來啦！』小鐵匠向連長介紹。

連長正在櫃台裏面與人家稱冰糖 一聽說他娘來啦，把冰糖一倒，倒到白磬裡了，也不稱啦 這就是言其「心不在焉」。因爲他的心，這時完全跑到他娘身上去了。

他（連長）見了他娘 他心裏就難受起來 他又一看這拿去的字，與他聽說的完全相付合，他的淚這時就扑塌扑塌的掉下來了。他娘（黃大嫂）見了他，也不覺心一酸就放了悲聲。良仁見了這樣形情，也不自主的蹲在一旁偷偷底落淚。

他母子見了，任啥沒說，就哭成一團也不止了。這也好象劉備的江山，越哭越穩 假若不哭 那能顯出這母子親愛的心腸呢？所以這一哭也就跟一釘入木一般了。

四

一不得相見又相見」

「不得重逢又重逢」

這樣的母子見面當然少表不了心情。

『娘——』連長擦了擦眼淚，注視着他母親（黃大嫂）：『你也不要難受啦，這咱居家現在都團圓啦 應該喜歡才是！』他一面說着一面仍是窺測着他母親 似乎想從他母親身上 打量出她的生活狀況，然而這次黃大嫂身上穿的尙且不錯 不過都是借的。

『昂！那是的，咱居家能這樣團圓，也是咱的命！』

（未完）

笑

羅兆豐

黑臉婆婆[illegible]，在二十歲那年已結過婚了。阿玉這孩子是個非常能吃苦而勤於工作的人。全村的人沒一個不讚揚他，沒 個不喜他。在結過婚的一點日子裏，阿玉與妻子的愛情，直可稱作天作之合了。一個能勤於耕耘，一個能專心於蠶織，這樣能平平安安的過下去的日子到底有幾個呢？更在這恐慌的狂潮冲遍了的破產與飢餓的深潭中。

阿玉剛剛結過婚還不到三個月，這美滿的生活就被黑魔拆散了。事情是這樣發生的：因爲連年內戰人民沒一點安生的日子過，更加上一些土匪搶刼，老天又是這末的與窮人作對，不是大水汎濫，就是奇旱不雨，四圍惡勢力皆可逼看人逃出老鄉，使人走上漂泊之途，阿玉就是爲了這種種的困難，不得已在結過婚三個月後就跑外邊當兵去了。

自從阿玉跑了出去，家中人沒一個不焦急的思念着、尤甚是他的妻子和母親特別關心極了，黑臉婆婆爲了保佑兒子的安全，整日在觀世音圖前祈禱着，現在算起來她已祈禱了三年了，但終沒見有兒子的一封發財的喜信傳來，不！一封平安的信也沒收到

突然阿金在外面發財回來了，他是與阿玉一塊兒出去的，他的家就在本村的極東南角，其小就與阿玉是一對知心的好友 這 來驚動了全村的人 都忙着前去探望，黑臉婆婆連飯都不願吃，慌慌張張的跑去了。但去的時候是滿抱着極度的希望，回來將全身却涼了半截，那知他的兒子竟在出去的那一年在L鎮 就會戰死了呢？她的希望變成一片昏暗的死灰。

幾天來黑臉 婆婆像似疲了，在家整日的 大哭不是怨天就是怨地，她痛哭得沒法醫治了，阿玉的妻子兩淚含滿了淚水前去解勸婆婆 經了她一次的解勸還不要緊，黑臉婆婆越發哭得起勁了。最後將兒媳婦大駡起來了。

她坐在院子裏的地上又大哭了，兩隻枯瘦的黑手抓住了脚頸子，張開了大嘴連哭帶駡地叫了起來：

『我……我的……嬌兒……啊！我的那苦……苦命呀！……你死得好苦啊！是那喪門吊客的提帚星妨死的：：你啊！要不是這小浪老婆來在咱家就會妨死你了嗎？』

她兒的妻子——一個二十歲的村婦——正在那陰沉沉的小屋裡，躺在孤單單的小床上嗚咽着。枕兒哭溼了不知有幾千百次了 剛才又聽見她婆婆的哭駡 她淒楚得更加難過了，一種陰鬱深沉的空氣充滿了[illegible]個屋子，使得她全身沒一點兒知覺了。她怎敢出去與婆婆吵嘴呢！更那裏敢與婆婆辯別是非呢？就這樣的叫駡不是 次了，這是她日常聽婆婆的老套子了。

黑臉婆婆越哭越勁大，驚動了隔壁的王二嫂子，她用她那苗條的小脚 連忙着一拐一拐的跑了過來。

『老嫂子來：怎麽又與誰鬧氣了，我的老天爺，您望望這怎末了法？這末大的年紀了，就不怕哭壞了自己的身子，一家人好好的，不是你哭就是她叫，這到底怎了法？』王二嫂子一副難爲情的臉，像個苦瓜，一手拂摸着婆婆的肩膀，一手擦着自己的眼淚。

『我的二嫂子！你看我是多麽苦的命呀！就這個兒子小浪老婆妨死啦！家裏這賤老婆的命眞毒啊！要不是她的毒命，我的日子就會這樣敗下去嗎？我看這小老婆一世的蔴衣命，小鐵掃帚星！掃得俺家敗人亡。』黑臉婆婆停止了哭聲，正經的說，一隻手擦着鼻涕，一隻手很勁的指點兒媳婦的屋門。

『唉！這也是咱娘門的命運，你誰也別怨了，反正是這毒命的小老婆作祟 將來一定會有報應的，咱們村裏的幾位老學究們正要處置她呢！』

『唔—啥？啊！……是了！是了！』黑臉婆驚訝着 王二嫂子一面與她使着眼色！意思別叫小者婆聽去了。

『這小浪者婆 反正做不出好事來，丟風 敗俗』不等黑臉婆婆說完 王二嫂子用手勢直往下按，不願叫她說得太露骨、聲太大了

『這丟風敗俗的賤人！』黑臉婆婆恨恨的重又駡了一句。

年青的小孤孀 在屋內聽得清清楚楚的可是世不曾敢出來與婆婆拌嘴，只有眼淚泊泊的向腹內逆流着，她的手脚都什顫抖了，屋子內的空氣在向她侵襲着。

王二嫂子同過頭去安排了幾句，一轉身拐啦拐啦的走了出去 嘴裏還低聲的讓着：『看這小老婆還能妨誰？』

別玲茵

野隱

怎能忘却？
冬之夜
燈光下，
我和伊對坐談話。
幽室裡，
充滿了光愛和溫熱。

◎　◎

月兒斜西，
人間靜寂，
三更天矣，
我們還疑傍晚時。
「去也——」
——時候還早呢！
忙怎的」？

◎　○

朝陽在地，
冰霜溶化，
似雨兒下降，
似淚兒垂滴。
昨夜未完話，
今朝又續談起：
過去的史跡，
似電影般一幕一幕的過去。

◎　◎

幽室對坐時，
疑在天上仙界，
似在世外桃園。
我們忘却了名利，
忘却什憂愁，
更忘了不可捉摸的將來，
放在眼前的只有光易和熱愛

◎　◎

伊人是純潔的天使，
溫柔！
嚴肅！
是伊人的本性。
純潔的愛河中，
絕不容污濁遨遊；
但我們啊！
只是純潔的朋友。

◎　◎

爲前途勞燕分飛！
我淚縱枯！
我腸縱斷！
難免這傷心的別離，
恨只恨時光易逝！

編輯室廣播的電台

一，鄉民君的「命運」還有兩節未登，但編者認爲可以就此截止，反來得有力量 如再把後邊的登出來，恐有點累贅，鄉民君以爲然嗎？

二，老渾君：你到底是因爲什麽？不同我們通一點消息？

三，凌鴻君昨又寄來「遺產」一篇。

司法欄

◎縣政府司法批示◎

▲民事具狀人邢伯鈞，一件 爲遵補訟費 再陳理由，懇請速賜續傳訊奪，依法判還佔地，以維產權由，狀悉，仰候續傳訊奪，此批。

▲民事聲告人李素端，一件，爲遵傳辯訴，懇請訊明，嚴懲刁訛，而安農懦由，狀悉 仰候庭期訊奪，此批。

▲民事原告人張李氏，一件，爲抗違和解，懇請强制執行由，狀悉 仰候派員執行可也，此批。

▲民事辯訴人李二，一件，爲接奉通知 依法答辯 叩請電察訊斷由，狀悉 仰候庭期訊奪，此批。

▲刑事告訴人張鄭氏，一件，爲同謀誘賭，請求迅予提案懲辦由，狀悉 仰候傳案訊奪 此批。

▲刑事具狀人王尚平，一件 爲唆訟詐財，請求提案治罪由，狀悉 仰候審案訊奪 此批。

▲刑事撤訴人王曹氏，一件，爲遵處撤訴 請求銷案由，狀悉 准予撤回，此批。

▲刑事告訴人胡趙氏，一件，爲縱手拐逃 請求迅予提案究追，勒限歸回給領由 狀悉 仰候傳案訊奪，此批。

庭期◎理案件

三月十二日審理孫世果訴李維賢婚姻案

十二日審理李秀坤訴吳李氏產權案。

△本城糧價

名稱	每市石價目	
小麥	最高九元一角	最低八元八角
大麥	最高	最低
黃豆	最高六元三角	最低六元一角
黑豆	最高六元一角	最低五元八角
菉豆	最高六元七角	最低六元五角
江豆	最高	最低
高粱	最高四元五角	最低四元四角
穀子	最高四元六角	最低四元四角
稷子	最高	最低
芝蔴	最高十一元一角	最低十一元
青豆	最高六元二角	最低六元
花生（每百斤）	最高六元二角	最低六元
瓜子（每百斤）	最高十四元	最低十三元八角

△△氣象▽▽

天氣	風向	最高溫度	最低溫度
陰	東北風	五〇度	三三度

鳳鳴塔

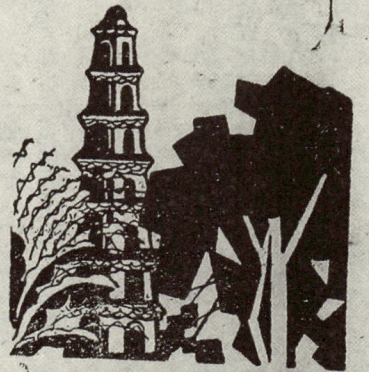

第三〇四期

一，本刊內容分科學常識論著詩歌小說散文戲劇書信書報介紹及批評等項
二，本刊歡迎投稿來稿文言白話均可
三，來稿本社有删改權不願者應先聲明
四，未經登載之稿除預先聲明者外概不退還
五，本刊編輯室設豐報社內

漫談

建議與研究文學的朋友

駢劍虹

引論——任何物件，生存在社會上，必要俱一種供給社會底本能；社會方沒有淘汰的必要否則是要受淘汰的。可見凡是受社會所淘汰的物件，並不是社會無理由底對待牠，本是社會底本份，所以上等底動物而至於人；不用說牠們有牠們的本能以資助社會的發榮。下等的動物，而至於魚類；牠們雖不能直接地資助社會，但牠們可以間接的扶助人類，由人類出來代牠們的資助。由此類推，以至於植物礦物，莫不各有各的本能；社會都有保珍他們的必要。反過來說：有毒的微生物、寄生蟲 以及毒蟲惡獸之類 有的尸處于社會無絲毫的利益；有的更比前者深進一層，不但無益，而反有害于社會的資長，將來都是要潮漸地受社會所淘汰的。

學業更是這樣 比普通的物體還要深重許多，因爲她是領袖萬物 以資助社會發榮的最高等動物的人類底本能的表現。就科學方面而論，是最值得發榮資長社會的必要的；雖有含毒質的瓦斯氣體，同害人無厭的死光與火藥之類存在其間，不過是一部份，牠們也有牠們一部份的用處，除此以外，可以說是毫無暇疵。所以社會方有日新月異的研究牠，推進牠的必要。以廿世紀的現在，同過去的十八世紀，相比擬，豈不是大有天壤之別嗎？這沒有別的，就是長于社會的萬物 各拿各的本能來間接地資助萬能的人類，使人類出來利用牠們，作牠們的代表，相互補足 以發榮社會的發現。牠們在社會上，是愈過愈有根深蒂固的力量的，社會怎能把牠們淘汰呢？

尤其是文學更當有馳騁于社會的必要，從表面看來，牠似乎沒有科學對于社會的資任重大，若細細攷察，便大非其然，更是不可少的。牠對于社會的平靜，紛亂，與善惡的趨向；更要負有重大的責任。因爲社會的平靜紛乱，善惡的趨向；牠有操縱牠們的權力，牠可以隱執牛耳。科學與牠相比，好像是器具與器的使用者差不多；古今中外，社會的改變的操縱的主動者，可以說完全要由于文學，科學不過是牠的附屬品，僅僅扶助牠的成功罷了。

一個文學界的人，既俱有文學的知識；他對于社會所負的使命 所擔的責任，就要比任何人爲重大；切不可以自己看低自己的身價，隨便地，不負責，東倒羊肉西倒狗肉底瞎混；更不可以不顧社會的與人生的疾苦，同潮流的趨逆與否，隨便地乱造是非的胡鬧。倘若實在要這樣，社會就沒有藉他來資助的必要；遲早總要步有毒的微生物，同寄生物以及毒蟲，惡獸，無益于社會的諸醜類的後塵，受社會淘汰淨盡的。研究文學的朋友們，認爲我這話是否，我也不敢說。我的誠心的獻芻的意旨，不過標榜于此，今請分述于下：

（未完）

劇本

水火（續）

吟公

錢妻：朝鮮人說他們亡國的苦處，以前我都不相信，現在竟然臨到我們身上來了！唉！

大姐：藥涼啦！叫我爸爸吃藥吧！

（錢妻把三春扶起，大姐端起了藥，慢慢送到他爸爸的嘴裏，吃完了藥，仍然把他放下。）

媽媽天不早了，你到查緝局切菜去吧！回來好做上午飯。

錢妻：我們這裡切菜，都得到查緝局裏去，家家戶戶的生鐵碎鋼，都叫他們收去啦！！

思興：俺那裏也是這樣，唉！要想生活自由，除非跑到關裡去！

（錢妻端着羅蔔，剛要出去，日兵二人，拿着講義夾走上，錢妻驗退，大姐，思興，小明，均現出惶恐的神色，三春也慢慢地自己坐起。）

錢妻：兩位先生請坐吧！！

日兵甲：不坐我們是查緝局裡的財產登記員你們的動產不動產，都需要登記一下。

錢妻：老天爺！什麼是動產？什麼是不動產？

日兵乙：不動產，就是房子，宅基，地土；動產就是牲畜鷄狗鵝鴨。

日兵甲：趕快說，現地有多少？宅基有多少？

（日兵乙用鋼筆在講義夾上登記。）

錢妻：俺共有七十五畝地，一畝九分宅基，房子十三間。

日兵乙：說實話 否則見一罰十。

日兵甲：牲畜幾頭？

錢妻：只有牛一頭，馬一頭。

日兵甲：鷄狗鵝鴨有多少？

思興：雞狗鵝鴨還要登記什？

日兵甲：胡說，雞狗鵝鴨，就不登記麼？

錢妻：先生們！別生氣，他不會說話，我一點也不欺哄您，三個公鷄，七個母雞，兩個鴨子，一隻黃狗。

日共甲：還有什麼東西沒？

錢妻：眞沒有啦！

日兵乙：那邊臥的是什麼東西？（指桌上的小貓）

錢妻：那是一隻貓。

日兵乙：一隻貓，也應當登記上。

日兵甲：聽着！你們的土地，宅基，應納的捐稅，以後再通知你們。房十十三間，每月應納稅六角五分，一頭牛，每月應納稅三角，一匹馬每月應納稅五角，一隻狗，每月應納稅五分，十隻雞，每月應納稅五角，兩個鴨子，每月應納稅一角，一隻貓，每月應納稅二分，合計每月應納稅兩元一角二分，從這一個月起，至遲每月最後 天，繳到查緝局，不得延誤。

日兵乙：還有上月你們應繳的人頭稅，二元整，應當趕快繳上，再遲三天，就得加倍繳納。

（未完）

創作

雨後的春

亞

春靜悄悄地溜進了人間！

楊柳顫動着柔柔輭輭的肢腰，一條，一條，一菘一菘，是春姑娘輕盈的裙帶吧！是個嬌好的小姑娘吧！是怎麼她一到人間 人們都換了笑靨，不是麼？宇宙都裝新了。

但，不能滿人意的，就是在這良辰美景 刮起了幾天的燥風， 曾記得杜甫的詩：

「漫漶春來好，
狂風大放顛，
吹花隨水去，
翻却釣魚船。」

前幾天的狂風，吹得春姐姐慘苦着臉，人們都在怨恨着風伯 幸而天公還不肯太惡作劇，居然在大風之後，來一夜瀝瀝的春雨，天明起來，在紅日初升的佳氣中，頓覺得精神一爽，眞如鄭板橋的詩句：

「春風放胆來刷柳，
夜雨瞞人去潤花。」

在春雨初晴的早晨，我興奮了，我想起古人秉燭夜遊的故事，我同情古人「浮生若夢，爲歡幾何」的說調，我不禁的步出南廊，我進了春的園林。還用說麼？新春，雨後，大地上的一切，剛剛換上了新的衣服，洗了手臉，不止手臉，全身都受了春雨的洗禮，看哪！

碧油油的麥田 像天鵝絨的地毯。漫漫的晴空 像魚肚色的帳幕，古堤兩岸叢林的垂楊，夾雜着新欲吐蕊的桃呀！李呀！……含媚笑 嬌欲語，似招手，似點頭，輕燕 黃鶯 粉蝶，遊蜂 青蛙……啊！婉囀的，清脆的，柔細的，翩躚，載歌載歌，似說似唱。

——一向——好啊，

好像故友新會似的各問一聲 好——，欣然道故的敍敍 敍別後的情況大地靜穆而和樂，若不是牠們見面的問好，我會疑惑大地在春之愛懷裡怡然的睡熟了，我似乎不敢驚動他們，但！止不住的心頭跳動，這奇異的跳動呀！是從何而來？我迷惘！舒舍予先生說：

「詩之宇宙裏，人彷彿只是詩的什麼地方的一個小小符號，這心的跳動，怕的詩意的珠子，在一顆一顆的往下滴吧！這詩意的珠子，往胸的綠海中滴，沒有聲響，只有些波紋，走不到腮邊，便變作微笑，終於我沒在這時成功一句詩。我辜負了這詩的宇宙，我很笨，我自恨我，我恨我只有欣賞，不能表現他的美麗。」

朱自清先生在作的「春」裡說：

「春是新生的娃娃，從頭到腳，都是新的；春是美妙的姑娘，她花枝招展的那麼美麗；春像健壯的青年，有鐵一般的胳膊，腰，腳，永是生長的。」

不錯，果然不錯！春一到來，他的潛在的力量，把世界鼓動了巨大的波濤。人類，鳥雀，花枝，葉尖，受了春的啓示，也都鼓舞歡欣起來」。但是像我這樣一個心境暗澹的人，這顆心，是怎能忘情的快樂活潑起來新的生機呢！

愛羅先珂盲詩人在春天與其力量上說：

「春帶來了幸福，却也帶來了災害，譬如山間積雪，到了春日一來，便溶化解流下，冲毀了田園，暴狂的風，吹壞了房舍，和江河的壘橋。可是人們要把握着牠的幸福而去生法改造防止災害的侵襲，那麼新時代彷彿是時代之春，人願應當接受新時代的啓示，順應着潮勢去創造新的事業，創造新的世界。

那麼，我們這生命的春，時代的春，又怎讓這一顆慘愁的心情永乎暗澹呢？又怎能不振奮起來呢！

興奮，興奮，振作，振作，理智已經昭示於我們，負起偉大的使命，認清向上的軌道，走上長征的旅途，創造新生命，莫讓這時代之春輕輕的溜去啊！

哭亡友——蔣君天樹

西胡

二月二十七日的早上，天空沒有一片雲，紅紅的太陽高高的照着。心中老是好像一種東西在梗塞者吐不出來，嚥不下去，坐在自己的辦公桌上怔怔的默默的，不知在想些什麼？

「唧唧唧」電話上的鈴聲響了，順手摸過話機才知道是包君自宋樓小學來的電話，他說：「天樹病勢十分危急，現在已在宋樓查了衣服……」這斷續的談話，顫動的音調，使我不知道怎樣才好，放下話機，不能安定的立着不是，坐着不能，我頹然了。我的眼前似乎站着一個豐姿綽約英爽倜儻的青年他黑黑的頭髮，晶晶的眼睛，慢長的臉兒，微笑的表情，向我微微的點頭……一會又似乎有一個瘦得只剩了一副骨髏的身軀在那兒躺着，我駭怕，我驚懼，我的朋友啊！不幸的消息會成事實的嗎？我這樣的意識着。一會兒王君趙君都來了，我們便開始計劃着去的方法。我將這個消息報告給他倆，我的心中總以爲病雖利害，總可一暗的。

爲了職務上的關係不得不等到十二點鐘，便約了蔣君趙君還有我的工友朱翼升君一同出發了，一路上各個人用盡了體力，好似四頭野馬加速度的推進着，雖然這是初春天氣，而極潤溫的田中露着碧秀葱鬱的麥苗，微微的春風和煦地吹拂着衣衫垂青的柳，乍吐的楊，活潑的孩子放着高聳雲際的風箏。這，在平日早已使我心神嚮往留戀徘徊了，可是今天入眼的情景，無一不是我傷心的資料。那有閒情別緻再來領略這天然的美妙呢？不作美的道路，偏偏的崎嶇凸凹，我不禁在咒罵，在暴怒我好似一值瘋了的野羊在顛簸，在奔馳。

走着想着我與蔣君三次的同級，一次的同事，我們總角相交屈指十有餘年，關於他的爲人，他的品格，我相信凡是與他相處過少些時的人都可以知道，他眞是一位性情和易，態度磊落，超脫不羈的典型青年。他那疾惡如仇，不屈服，不妥協的性格，正是他過人之處，雖然他有些行爲，在道學先生們看來是有些狂妄，但是這正是他超人的性格的表現呀！唯有非常的人，常能做出人所不敢爲的事情，這是如何的崛強的性格，也正是我們青年應具的精神呀！

[illegible]已來到了蔣君的村前遠遠望去他門前稀疏的人在平淡的動作着，絕無一點緊張的現象。我不禁額首加慶，天呀！我的朋友，不會有什麼不幸的事情的。

但是當我們走到門前跳下車子的時候，門前的人向我們投了暫奇異，而悲哀的眼光，我的身子好像掉入冰冷的水中，電觸一般的方才知道我的朋友是完了唉！什麼都完了！

（未完）

黃大嫂認兒（續）

恨世

是一個吃過早飯的上午，黃大嫂的一家子八家都跟穿梭樣在門口轉來轉去，他們是等連長，因爲連長原說今天來。

實話，不一會果眞來了，拿了六封點心還有一包子洋烟和小鐵匠他倆。

這時，黃大嫂的一家子人家的喜歡，眞是叫我說不上來，由形象看來，他們每個人的心坎上腦海中甚至于週身三萬六千個毛孔裡，都住滿了快樂，快樂並且還在毛孔裏鑽進鑽出。

『我兒你上這堂屋裏來吧！』

黃大嫂把那個連長兒子領到堂屋裡，

『你冷擺我兒？』

『我不冷，娘！』

『你這還拿啥做啥？』

『也沒拿啥。』他喘了口氣：『我也不知咱與誰家親近，妳一會揀咱的近門，一家給他一封。』他指着果子向他娘——！黃大嫂——！說『好擺。』黃大嫂望了望犬剩，『提茶去！犬剩。』『奧——！』

上面已經說過他來了既然是那樣的歡喜，當然待爾他也不能錯了。用不着細表，大家自會知道的，粗說B村的人們，——大人及小孩——，聽說黃大嫂認的連長兒子來了，都慌的往她家去看，大人及小孩……擠的一當院子。幸虧是牆頭，要是籬笆子早已擠破了。

『實話，就跟仁良犬剩（黃大嫂的兒子）他兄倆的面目一樣！』看的人都唧唧咕咕的偷說。

從此以後，不知怎的，B村的人們對于永寶（即黃大嫂，夫，都改變了常態，平常見——他都帶着瞧不起的態度，因爲他人格低下，好作下賤之事，現在對他忽然又恭敬了，這也是因爲他認了連長兒子撐勁了，所以竟至于B村的人們二家，家的都來請他那個連長兒子，不但是都怕他，同時又有許多好像是巴給他，因爲他有本事，大伙也沾光。 未完

司法欄

◎縣政府司法批示◎

▲刑事具訴人劉敬堂，一件，爲挾嫌誣害，勾軍逮捕，訴請提案法辦由，狀悉，仰候傳案訊奪，此批。

▲刑事撤訴人李敬義，一件，爲遵處撤訴，甘願不究，懇請註銷原案由，狀悉，准予撤回，此批。

▲刑事具訴人毛傳詩，一件，爲無辜被累，再請詳察眞情，依法判釋，以免冤誣由，狀悉，仰候訊明核奪此批。

▲民事具狀人楊孫氏，件，爲措勒租粮，請永傳案判追由，狀悉，仰候通知答辯，傳案訊奪此批。

▲刑事告訴人卜業立，一件，爲著匪李玉，確保逃犯，懇請依法治罪，以伸刼冤由，狀悉，仰候續傳訊宗核奪，此批。

▲刑事具狀人趙炳寅，一件，爲兇犯抗拘，業經捕獲，懇請依法究辦，追交人贓給領由，狀悉，仰候續傳訊奪，此批。

▲民事聲請人邢占先，一件，爲返悔作證，懇恩續傳全案人等，重訊明確，以變虛實由，狀悉，此批。

▲刑事具狀人蘇秀松，一件，爲盜賣兒媳，懇恩提交法辦由，狀悉，仰候傳案訊奪，此批。

▲具呈人蔣天緒，一件，爲刑期已滿，蒙恩賞保，請求迅予批示，恩准賞保由，呈悉，着加覓實舖保，候核，此批。

▲刑事具狀人唐永先等，一件，爲懇請賞休判定案，回家安業由，呈悉，本案尚未送監監行，惟查覊押日數已敷折抵，姑准免行保出，仍仰隨傳隨到，此此。

▲刑事具訴人許孫氏，一件，爲案已處息，雙方了結，懇求撤銷原訴，以息紛爭，而睦戚誼由，狀悉，准予撤回，此批。

▲刑事原告人劉雲嶺，一件，爲眞賊狡飾，堅不吐實，再懇提犯嚴復確供，依法核辦由，狀悉，仰候續傳訊明核奪，此批

△本城糧價

名稱	每市石價目
小麥	最高九元二角 最低八元八角
黃豆	最高六元五角 最低六元四角
黑豆	最高六元二角 最低六元
菉豆	最高七元 最低六元七角
高粱	最高四元四角 最低四元二角
穀子	最高四元六角 最低四元四角
芝蔴	最高十元 最低九元八角
青豆	最高六元七角 最低六元三角
花生 每百斤	最高六元 最低五元八角
瓜子 每百斤	最高十五元 最低十四元

氣象

天氣	風向	最高溫度	最低溫度
雨	東南風	五三度	五二度

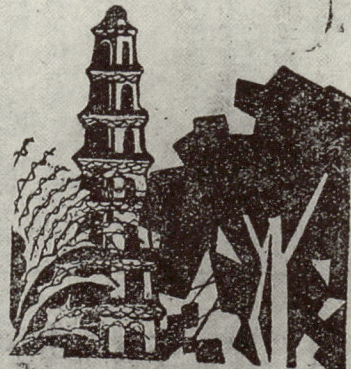

風鳴塔

第三〇五期

一，本刊內容分科學常識論著詩歌小說散文戲劇書信書報介紹及批評等項

二，本刊歡迎投稿來稿文言白話均可

三，來稿本社有刪改權不願者應先聲明

四，未經登載之稿除預先聲明者外概不退還

五，本刊編輯室設豐報社內

漫談

建議與研究文學的朋友

駢劍虹

1. 關于潮流的——對于這一條，我們最要注意的，就是要對症下藥。看社會所患的病，是偏于涼的，還是偏于暖的，然後我們再拿文學的單方來診治牠；要想出種種方法能把牠的病根掃除，若抱着醫死不償命的主意，或是沒有醫治的能耐來胡弄一氣；社會就應當要淘汰了。這一條可分為時代的變遷，同環境的需要與不需要兩層說。先談時代的變遷：

時代的變遷，同環境的需要與不需要，難以分別的地方很多；不過牠要以今古為轉移。今人同古人的文學的意旨與見解，雖不能說完全不相融洽；但是不融洽的地方確實很多；不過要看什麼樣的文體，同文體是什麼樣的用意。我們首先拿歐西來作比配：當第五世紀的當兒，許多黃頭髮藍眼睛的殺人不轉眼的日耳曼民族，殺入歐洲，歐州的天地，是昏暗到地了。空氣與流水之中處處都可以嗅到腥慘的血味；那時就承情不盡，受了一般教士的恩惠了。他們利用日耳曼民族的知識低下，與思想的簡單；于是便拿出可以瞞謊過去他們的許多地獄，天堂，惡鬼，刀山，諸多的迷信的神道學來威嚇他們。他們懼于死後的魄魂的罪罰的難受；便無形中減殺了生前的許多凶悍，受教士的善化，不敢以慘酷的殺戮為快事了。教士以這種方法來宣傳他們，雖稱不上文學，但是當時用筆墨寫出來的除了這種學說是黑暗中的一線光明之外，別的還有什麼文學可言呢？他們竟然能利用他拯救了血肉橫飛之餘的許多生命。這種學說若擱到現在不用說是一點價值都沒有的。

其次再拿我國的春秋的時候，來作又一層的比配，那時的社會，也可以說紛乱到萬分；臣弒君的也有，子弒父的也有，所謂「以夷變夏」等等反乎倫常的事情，簡直擢髮難數。于是孔子便酌量當時社會的情形，著春秋，倡「尊王攘夷」之說來補救。他雖沒有掌握的兵權，沒有殺賊的槍刀；可是他的枝筆，已把當時一般乱臣賊子的心弄得戰戰兢兢的了，而他們竟因此斂息不少。他老夫子的「攘夷」之說，處在現在還很實用；但是「尊王」一說已是南轅北轍了。

（未完）

劇本

水火（續）

吟公

錢妻：我們能拿得出麼！數目太多了，先生們！你看俺窮的。

日兵乙：你們既然窮，還能喂起牲口麼？

思興：他們家裡，現在睡着一個病人，真是無有隔宿之糧，再減輕一點吧！

日兵甲：混張東西，多會我看你說話，就不近情理，他們，他們的，你的家住在那裏？（思興現着恐懼的顏色。）

思興：我家住在常莊。

日兵甲：什麼東西，大概是奸細，帶他查緝局裏去。

（三春從床上起來，向日兵哀求。）

三春：他是我的親戚，請先生們饒恕他吧！

日兵甲：胡說，明明白白地是奸細，將他帶走。（日兵將思興帶走了。）

錢妻：你看這個樣子，我們怎麼活法！唉！

大姐：我大叔恐怕也保不着命了！

三春：（叩頭）蒼天呀！蒼天！你老本着好生之德，保着義勇軍把日本打退，救我們出了水火，我們東北同胞，要感謝你老的功德無量呀！

（三春悲苦的淚水，掉在了地上，錢妻，大姐，把三春架上了牀。）

（俏皮的張媽，吸着紙煙，笑嘻嘻地上。）

張媽：他錢大嬸子在家麼？

錢妻：在家咧張大嫂呀！（大姐搬板凳讓張媽坐下。）

大姐：張大娘坐下吧！

張媽：我的個妮，不客氣，（坐下，轉面向錢妻。）（他大叔的傷，好了麼？

錢妻：輕一點啦，剛才又睡啦！張大嫂無事不到我家來！今天有點什麼事情？

張媽：我現在在查緝局做事咧！今天來當然有點事。

（張媽現出驕傲自得的樣子。）

錢妻：（呈現出悲苦的笑臉。）張大嫂有好才能，又有好運氣。

張媽：大妹別過誇啦！叫大姐迴避迴避。（大姐看了看張媽的臉，氣昂昂地退下了。）

錢妻：張大嫂什麼事情？

張媽：您家的大姐，不是沒婆家麼？現在世道不好，兵慌馬亂的，我給他提個婆家，也，要您公們倆的心事。

錢妻：張大嫂本來是這個樣子，但是小孩還小咧！

張媽：（現出失意的樣子。）還小麼？十七大八啦，我提的又不遠，你見過咱莊上查緝局的局長麼？他現在才三十二歲，還沒有結親，我想同他提一提。

錢妻：（愁苦的臉上又帶了一點怒容。）我們是中國人，他是日本人，我們就能同他結親啦！張大嫂！這個媒你別提啦！大爺說您大兄弟不願意，就是我也不願意。

張媽：（抓着錢妻的手）大妹妹！別愁啦！你看查緝局裏局長，有錢又有勢，小孩子過了門，就是大太太，把剛才帶去你的親戚，也能放出來，月月不給您要捐錢，你要嫌切菜不便當，還能給還你的切菜刀。

錢妻：張大嫂你迂了麼？日本人亡我們的國家，殺我們的同胞，他就是我的大仇人，那有結親的道理呢？

張媽：不知誰迂咧！這個親戚要成了，您就大富大貴。

（未完）

創作

馬戲女

——亞

我估量着雨後的春色是嫵媚而溫柔，在一個星期的上午，我有意去欣賞春色。

春色也溶化在我的靈感中了，她振蕩了我的心扉，興奮了我的精神，驅逐了我的苦悶。但，在無意中我又重扯起了一幅暗淡的心幕，我不該在飽餐春色的歸途中去欣賞所謂「大馬戲」！欣賞麼？罪過！罪過！那裏有幾個可憐的女子在心裏哭着，臉上笑着的做把戲我們應該同情她，那還有心去作歡笑的欣賞？

她們是人嗎？怎麼不是——但，是人？抑和那裡面的虎，狗熊，蟒，刺蝟，猴子……一樣的，供人賞奇貨的賣錢，賣給那一般有錢的有閒的他們和她們，欣賞，作娛樂工具的欣賞，看她們在馬上拿鼎，立起，蹬桂，藏身，一套一套的玩意，博得他們的喝采，鼓掌……但，他們是贊美她們和牠們的技術吧！那裏——那都是鑽心的，諷刺，那都是一種侮辱，那內裏——讓你用X光鏡分析，怕你也找不出來絲毫的同情啊！不是麼？

狗熊……是從皮鞭底下訓練出來的，誰管牠笨的像，傻狗熊

然而她們呢！她們也是從皮鞭底下過來的生命，雖然她們是人，比狗熊要聰明的，但是，她們和牠是受過同樣的罪，並且她們更比較狗熊悲苦，因為她們是聰明於牠的，她是人？啊！是人麼？是比狗熊聰明的狗熊。

不是麼？

她們的主人，是她的父母麼？哼！騙人！騙像狗熊一樣的人，她們那有父母？她們的父母尊姓大名，連她們怕也記不得，她那裡知道父母的姓名的權利，不，連想都不許想，不能想到的啊！

一陣比狗熊聰明的一羣的喧擾——

原是那年小的女孩子，

像猴子似的從馬身上翻了觔斗，倒栽葱的落下馬來了。她哭了，但——這一羣，比狗熊聰明的一羣，却在狂烈的歡喜着，嗳——他們當做奇蹟，他們那有人的同情呢！

再看那哭着的孩子吧！她像似哭她不明明的在哭麼？可是請你仔細看，她何嘗敢眞哭，放胆的大聲哭呢！嗳，其實哭好做什麼？沒有媽媽可叫，不敢叫媽媽的哭着的孩子，是多麼可憐。卽令她眞哭放聲盡情的哭，她哭的急，這一羣比狗熊聰明的一羣愈笑得起勁，無異給他們添腮上的笑靨啊！

就是拿她們當狗熊賣的主人，誰會憐惜她是可憐的孩子呢！啊！還好像是做夢吧！

她仍是哭，不敢哭的哭，哽咽的聲在一陣笑波裏像孤獨的幽靈沒頭沒末的飄飄漾漾。

哭——笑——我心中浮起一個沒有靈魂的宇宙。

哭亡友——蔣君天樹（續）

西胡

兩間茅草房的當門，一隻床上面臥着一個殘」一條棉被的人，一位頭髮零亂的少婦，抱着個年紀三歲的孩子 伏在那裏哀哀的哭着

我沒有話說，我有如失去了知覺的一般，昏昏的就想倒去，移時，我終于痛哭了……痛哭了，喉嚨啞了，眼淚竭了，任我用盡我生命之力怎能喚起樹兄的一瞥呢？止着淚，向蔣夫人慰問着她說：「他病後歸來，無日不盼望病體的早愈 從沒有說過自己的病不能好，昨天他尚說後天就是禮拜一了，一定有許多朋友會來的妳要早些預備，誰知道到了今早七點半鐘竟一暝不視呢？」她嗚咽了，我們爲了減少她的悲哀只有咽下自己傷心的眼淚，來勉強的安慰她但是這不入耳的話頭怎能抑着她的悲懷呢實在母老家貧女幼妻嫠，這淒涼的人間，這無常的主宰竟奪了我的好友以去而留下這孤離輕寡，唉！茫茫天道，何堪復問！唉！樹君呀！這是你死不瞑目的原因吧！

記得在年前來看你的時候，你那瘦得使人駭怕的身軀，掛着一絲苦笑的臉龐 你說「此次離開豐縣的原因，原想跑到外邊爭一口氣使恨我罵我怕我連累的人知道我是怎樣的一個」你又說：「等到病體復原後 將有三年的休養計劃 花園 菜圃……」現在，這已成了幻影：……你更諄諄的向我說：「你的身體應當愛惜 受過一次傷損之後，很容易受毛病的！」朋友！這是如何的熱愛的話呀！你能爲我着想，就不爲你自己着想嗎？我想信，我敢說 唯有眞正的純眞的友誼的情感 才是有活力的人間地無上的溫存才能黏着這乾枯的人生。

太陽已轉向西天我不能不離開我至愛的朋友的尸軀而歸來 一路想着，人生如幻夢，樹兄 你這短短的二十六歲的人間生活 就這樣結束了 可是輾轉在生活線上困苦的掙扎着的我 不知道何時才是他的歸宿呢？

開山

華客

轟轟的一聲爆發了，
震動了山，
隨着飛散出無數的石塊，
雨點一般的降落山坡。
○　○　○
咿唔咿啞的勞動之歌，
傳遍了岡陵，
這是生命之鞭笞啊！
工人的血汗，被壓榨而飛迸。
○　○　○
錘聲叮東，是生命線上的節奏，
兩手把握着現實的錘頭，
叮東叮東在嚮，
開闢光明的路途，
創造千錘百鍊的人生。
是人生的征象
這小小一隅的塵寰，
光明坦坦的生活路線，
是汗血凝聚的喲！一片未毀，
他們揚起了錘頭
不住的叮東叮東任打，
崢嶸的山石在獰笑，
工人的汗在點點滴下
○　○　○
咿唔咿啞的勞動之歌，
傳遍了岡陵，
生之鞭笞 汗血之力啊！
叮東叮東的錘聲在鳴！

黃大嫂認兒（續）

恨世

有一次有人見了永寶這樣說：

『永寶！你現在認了個連長兒子 俺們也應該向你賀喜才是？』

永寶摸了摸他那稀疏的幾根黃鬍髭 笑咪咪

『別慌別慌 到過了麥唱戲的時候 一發請您，因爲這時錢不夠頭，小鳳（才認的那個連長兒子）的錢再多，這次唱戲不能用他的。』他又說：『您別燥，小鳳還唱戲來。我唱戲是謂的我找着 死裏得生的兒子，他唱戲是謂的他出我認了父母家庭 我要披朱攷的小戲 他就披紅大褂子的戲……到過了麥，俺一發唱，在門口搭上棚，都請您去聽對台戲。』

他無論見了誰都要拿這一段話來說 這就是所謂被快樂支使的，就是黃大嫂早晚出來見了人也時常的說：

『小鳳喊我一聲娘，我覺着比良仁喊我一聲子娘都好受！』

他居家雖然是這樣的喜歡他（連長），這樣的敬奉他，但是不幾天却又疑悔他：

『他恁富恁些錢，怎麼不露呢？是沒拿來呢？還是沒有呢？』

這疑問又不能問他 於是黃大嫂就偷偷地詢問小鐵匠，小鐵匠說：

『他的東西通多了來沒跟妳說嗎？傍的啥都不算，光錢元票他有八斤四兩。』

『他怎麼不拿來呢』小鐵匠正說着黃大嫂又問一聲。

『妳別慌，妳聽我說：他還認了爹娘啦，心裏還不很實在 他這是有意的試試您的心 有父母的情腸沒？，他試試您的心好了，他知道您是他親爹親娘啦 那他就要把他所有的東西 都拿來了……。』

『唔……』黃大嫂粹意。

黃大嫂把這個疑問偷偷的向她的一家子人家發表了，於是又待她那個連長兒子更好起來，與他買的這 買的那，做了一身衣裳，又與小鐵匠做了 身衣裳 共約花了十來塊錢。

說話之間 這又兩天了，小鐵匠因爲已經與連長找着家了，並且又受了雙方的報酬 于是他就走了 只剩下連長在這裡，自然的更疼他，良仁也時常領着他這個連長兄弟鳳在門口玩 有一次良仁說；

『等明得把這牆頭推倒，蓋大過當。』說時並且尊指着門前的破牆頭。

『蓋什麽屋？』他那個連長兄弟隨便問了一聲，

『蓋草屋罷？』良仁說着臉還向他那個連長兄弟看看他是否同情？

『要蓋就是蓋瓦屋或樓的』！他那個連長兄弟不贊成他的主張

良仁笑了笑沒有回答，心裏想道：

「他的錢這樣多，蓋瓦屋也用不了？」

六

這個消息 黃大嫂認兒的傳遞 簡直比在無線電台上播音還快，沒幾天的光景 外邊的各莊上 甚至於各莊上的每個人——大人或小孩 都很清楚的知道了。

（未完）

編輯室廣播的電台

一，一建議與研究文學的朋友」一文極長，現分開來在漫談欄中發表。

二，亞君的「雨後的春」，和「馬戲女」是他在本刊上的第 次送來的稿件。他的文藝的天才，和修養，都不是旁人所可及的。他從前的筆名，是「綠雲」大家想想看：在本省比較較大的報紙的副刊的編輯，有沒有這個名子？

司法欄

◎縣政府司法批示◎

▲民聲撤訴人汪壽年等，一件 爲業已和解，請求准予將案註銷由。狀悉 准予和解，此批。

本埠糧價

每市石價目

名稱	最高	最低
小麥	九元二角	八元八角
黃豆	六元四角	六元[illegible]角
黑豆	六元三角	六元一角
綠豆	七元	六元七角
高粱	四元六角	四元二角
穀子	四元五角	四元四角
芝蔴	十元	九元八角
青豆	六元三角	六元二角
花生（每百斤）	六元	五元八角
瓜子（每百斤）	十五元	十四元

氣象

天氣	風向	最高溫度	最低溫度
晴	西南風	五二度	二六度

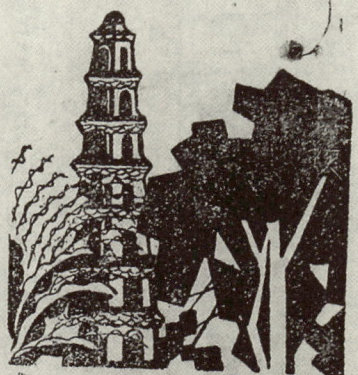

鳳鳴塔

第三〇七期

一，本刊內容分科學常識論著詩歌小說散文戲劇書信書報介紹及批評等項
二，本刊歡迎投稿來稿文言白話均可
三，來稿本社有删改權不願者應先聲明
四，未經登載之稿除預先聲明者外概不退還
五，本刊編輯室設豐報社內

漫談

建議與研究文學的朋友（續）

馱劍虹

對于這一項比先前那一項，更外的要嚴重許多；因爲社會的治亂，同人生的甘苦，牠要當一多半的家；比不得上面所述，僅關個人的榮辱；這是對一般作長篇闊論的作者而言的。不過在同一時代間，要看用在若何社會團體；這就是因爲各國的社會情形不同的緣故。把這一層顧及到以後，然後再酌量某個社會團體的境況，舉彎過直的下筆寫作，想法扶助牠的發榮，解除牠的劣弊。不然 社會是要大受其害的。作者的自身 是要死後都受人咒駡的。我可以略舉幾個例證于下：

甲，共產主義的論文之對于中國，是不需要的。因爲現在的中國，生產落後，尚無大企業者，根本上談不到什麽資本集中的資格？間乎有幾個小資本的營業者 若同外人比起來那眞可以說大腿子比不上人家的細毫毛。以這樣的情態 若視爲資本家，眞是眼光太窄小，見解太幼稚了。既談不到資本集中，就更外談不到貧富懸絕，既談不到貧富懸絕，什麽「階級鬥爭」的理論 又怎能需要于中國的社會呢？這是第一層

第二層現在的中國，可以說就是一個久經困病的人：不扶着拐杖 連路都不能行。若想教牠去同任何人鬬毆，那是影氣沒有；除非自己將自己的病魔驅除，漸漸地使身體復原，壯實起來，才能有同別人打架的力量。這時如若教牠自顧不暇的去參加什麽 世界革命」簡直是活笑話。從這點看來，牠的什麽「世界革命的」理論又怎能需要于中國的社會呢？就因爲中國社會不需要牠，牠偏要來登台耍一番；所以中國社會 才受了牠莫大害處。豈不是比毒蟲惡獸，還要厲害多嗎。

乙，無政府主義的論文之對于中國，關于這一種的論文，中國倡說的還很少 比得共黨論文，已算大批的輸入；不過我們爲討論社會的需要與不需要起見 不得不拿他來作個比配的解釋。牠的最具體的意見，就是將政府的上下級的組織，以及于附屬于上下級政府的各種治者的機關完全去消；使某一國的人民，不受任何官廳的管束，實現到了最自由最自由的狀態。對于這種說法中國也不須要。因爲中國的社會的程度，不但未走入沸度之點，而且連沸度與冰度之間的一點尚未邁過。最顯明的就是土匪小偷之類；在他們的頂上高壓一種很嚴厲的政府，處以很厲害的懲罰，偷風與搶風尚是層出不窮；偏把前者去消，使社會的人民放任起來，任他們的爲所欲爲；對于平凡安份的良民，到了那時變節與不變節，我們姑且不論，那嗎對于土匪小偷之一流的下流人民，更縱放于無罪罰的存在，他們豈不是更外的變本加厲的任意橫行嗎？對於免除這種問題的步法，

小鐵匠說：

縱然是經過好好的將來必然時達到目的底一日 但是目前的疾病怎能把牠淘除呢，卽使退 萬步言 對我國方面解決了這種困難問題；那嗎對於這一種學說的實現 並不是限于某一國的社會的範圍 他是有普及性的感困于社會情形的不齊 這種問題，又如何解決呢？從這裏看來 牠的學說，不但不能有補益于中國社會，而且又含有擾亂中國社會的危險性包含，處于現在的時候 與共黨的論文有同樣的可怕

（未完）

劇本

水火（續）

吟公

張媽：唳喲！一點人情不講啦！實向恁說吧！錢三春，恁的閨女長的好，局長老爺早就相中了！不是我在當中勸解，早就搶走啦！你還不知道麽，四圈的閨女，搶了三四十啦！這樣紅啓大媒不好吧！錢三春！你預備着！有你丟的人在後邊咧！！

三春：明的娘，給我打出去。（三春氣極了。）

張媽：那個敢，誰不知道，我在查緝局裏，不是說，都喊我三等參謀打了我，同打了局長是 樣，叫恁吃不了端着。

錢妻：不要臉，賣國賊。（向張媽臉上打了一耳光）

三春：我叫你小三等參謀，正經小陰性漢奸。

（三春從牀上躍起，拿了桌上的茶壺，向張媽擲去。）

張媽：錢三春，準了不了恁的事。（說着急惶惶的逃走了）

三春：唳呀！我的娘！……（三春的傷，疼的又倒在了地上。）

錢妻：明的爹！明的爹！……（錢妻大姐把三春扶上了床。）

大姐 爸爸，爸爸！你……你的傷……又……

（錢妻大姐都流下了淚，小明在一旁吞聲飲泣。）

錢妻：明的爹！你……你醒醒……行……（三春有點昏迷了。）

大姐：爸爸！（大驚失色）……娘咧！我爸爸已經沒氣啦！！

（錢妻，大姐 小明，震天動地的哭起來。木行一郎及張媽帶日兵四人上。）

木行一郎：不要哭。（木行一郎怒冲冲的）

（錢妻，大姐，小明，均驚懼萬分，停止哭聲，向木行一郎叩頭，三春的尸身 直挺挺地放在床上）

木行一郎：起來吧！不要磕頭。

（錢，大姐，小明，均站起，木行一郎時看大姐，大姐垂頭流淚）

張媽：（驕傲自得的樣子，指着錢妻。）小老婆！剛才劈臉打我一耳光，有你的初一，就有我的十五，我叫你！（張媽向錢妻臉上打了耳光，錢妻的臉，驟然腫張起來。）打一下，賺下，看誰賺賬。（走到三春的床前 錢三春你吐了我一臉唾沫 呸！一口唾沫，吐到三春尸身的臉上 吐你一口 兩夠本，現在你死了 我讓你 茶壺啊！！

（未完）

創作

黃大嫂認兒（續）

恨世

「……」

說着良仁就借了幾塊錢給鳳當盤賞 他倆便從門口南地裏偷偷地上城裏了。W村的人在家後也沒看見。他倆到一城裏 鳳說：

『哥哥：我還走着多慢你能給我賃個脚踏車不？』

『你先時不說 你先時要說，咱起家拿錢來買一個不完啦？』

良仁先時給鳳的那幾塊錢的盤費，尚且是借的 他那裡再會有錢買脚踏車呢？他所以要吹這樣的空氣的，第 是因爲他兄弟 鳳 富（光銀元票有八斤四兩），恐怕他兄弟嫌他窮；第二是因爲他聽說他兄弟「誠心」的消息，恐怕他兄弟再試他的心不好來；第三是因爲正在W村要爭鳳的時候，他更要培養他的心 所以他兄弟這時就是要天上的星星 恐怕他也得給他摘去。

『那個吧！也別賃啦，我先給你賒個吧！』

『好 那也好！我今天走了，明大就來啦，我拿我的錢來就還賬。』

『也不要保還帳！』

良仁又决意與他兄弟賒個二十多塊錢的洋車子，的確也賒得出，因爲老親親家（岳父）在城裏，一定能架帳。

他與他兄弟賒了個脚踏車 他兄弟就騎着上D城走了，他也回來了 心裏非常快樂 所快樂的大概有二：

1，W村這一定爭不去。

2，鳳明天一定能把那八斤四兩銀元票拿來。

八

『話不能同時說 』

且說自良仁領着鳳上城走後，不大會 花絲葛和老朱媽子打架之事就平息了，W村的老媼就見了黃大嫂帶着懇求的樣子道：

一認不認的 我得看一看！」

『沒在家，他起吃罷飯就上城裏了。』黃大嫂的一家子人家異口同聲的回答，，臉上都沒有多些笑絲。

「這種婆媽的，是眞不要臉！」

「二大爺娶媳婦，有咱的啥事？」他媽的屁！」

「實話，眞欠奏！」

「……」

B村的些人都罵M村的老嫗。這種舉動當然是一村的人替一村的人相是應該的，同時又以為一個莊上有個連長，將來定有莫大的好處，所以大家都一心的恐怕人家爭了去。

W村的老嫗來到B村，不但是沒能認了去，連一面也沒得見。『還不叫見面：恐怕我認了去……這一定是和我的臉一樣的……』她心裏愈加悲哀了。

回到家，氣的非常的很，據說她悶到家就量了兩口袋糧食，叫別人推到城裡賣了，預備着告B村的黃大嫂强認他的連長兒子。

錢已操辦好了，單等着明天就要起訴了，。眼看看就跟唱桃花庵的樣，爭起狀元兒子來。

九

今天過去了，明天過去了，幾天又來了；不知不覺已過了好幾天，鳳還是沒來，黃大嫂的一家子人家可燥毀啦，燥的連飯都吃不下去。

由外人的談論，她們也曾經悟悔到他（鳳）是一個騙者。于是便叫良仁到認他的那個S鎮去問問。可是到了那裡人家說：

「這個店不是他的，是他當的，自從他找着了家以後，便把生意賣給旁人了，房子已經退回。至于他上那裏去了？他不是上恁那裡去了嗎？……」

事實已證明了，他確是一個騙者，騙走了三四十塊錢的東西！

「牠（黃大嫂）家恁窮，那裏製的這三四十塊錢呢？」假若有人這樣懷疑　那麼您聽我說：

『給他和小鐵匠做的衣服，化的那十來塊錢，是當的一畝「搖當地」；臨走時給他的那幾塊錢的盤費，是借的旁人的；他騎走的那輛脚踏車是在城裡賒的，別人架的帳。』

黃大嫂家本來就是非常的窮，現在忽然又披空的化了這一筆款子，不用說日子是更不如從前了。但她一家子人家都也無話可說。只有各的心中，偷偷底唱着報怨的戲，賣着後悔藥。這時心裏的味道，恐怕要與認連長的時候成個反比吧？

W村的老嫗，自從那天往B村爭兒未得見　回到家便要告狀，當時經知識者的攔擋　說叫她等到連長從D城回來的時候再告狀　可是現在已得到了這個消息　她爭兒的心理，就慢慢地打消了。

（未完）

王三嫂

寄鵰

一個早上，溫柔的太陽一爛的灰色的棉絮裏戰動着。

光射進了王三嫂的矮屋內。——她終于起來了，開門

王三嫂像一條蟲，在破一便見陽光　她底眼前泛現着淺淺的一片　她低下了頭。

轉過身來，便坐在門檻上，她喘息着　對着陽光發呆　黃蜡似的臉，散亂的頭髮，髒黑的脚。

她翻翻眼皮

井邊有人在打水，孩子在坑前瞎鬧。

她走到屋裏　用手撫摸着頭髮，輕輕的打打衣服上的浮土；「到劉大爺家去吧！他有辦法，他的大兒不是什什科長麼？」她那黃蜡似的臉上出現了淺淺的笑渦，而眼却似乎溼潤了。

她默默的出門了，無意的看見天上有着輕羅般的白雲，飄飄乎的在漫遊。

她提起髒黑的脚，沉重的踏下去　可是脚底下却似乎輕而輭。

沒走多遠時　她轉過臉來看了看那低矮的茅屋，自家的家。

幾顆衰老的枯草，在寒風裏瑟瑟抖動。

在路上碰見一個老媽媽，她的臉沒三嫂一樣的黃。

「三嫂，起恁早。」

一吭」

走了一會子　他看見劉大爺家的大門開了　大門外一的馬棚，那縷縷的炊煙，「做飯啦！魚，肉，」她這樣想。

進了大門　小狗汪汪的咬着，她有點害怕。

從牛屋裏出來小法。

「三嫂。」

進了二門，她看見劉大爺正在喝酒。她覺得自己身上很清鬆　很快的走到屋裏

「大爺！」

「坐下，三嫂。」

劉大爺低低的聲音，在三嫂耳邊却很響。

她剛在椅子上，却又站起來，摸摸後衣襟，但終於坐下了。

停了半天，沒做聲，除了大爺「嗤嗤」渴酒聲音外，屋內是寂靜的。

「大爺。」三嫂的眼溼潤了，面上却帶着笑，「俺兒被壞三咬着了，他說他拐人，您知道　他是個好人」

「唔，唔，他不怪老實麼？」

「誰說來　除了沒人味的人外　還有誰賴他。」三嫂發紅的眼圈　有了淚水恨恨的咬牙。

「唔。」

「大爺託託你，大叔（指大爺的兒）能不能把他放出來？」

三嫂帶着希望的眼光，

「我全指着他過呢？」

「三嫂你別說那？說那咱薄氣啦！我能的事，不給你幹麼？您大叔自從當了那個差使　便今有人找　明有人問　可不知　衙內裏的事不能問。」大爺喝着酒，像知道啥似的，指手畫脚的說。

「朝裡有人好坐官，大爺看着辦吧！」三嫂還覺得有點希望　「我就這一個兒，這一個兒呀！」

「怎麼啦！三嫂，能幹的事難道說不幹。」

三嫂的面孔更顯得黃，而且慘白。

「到底有勢力了好！」

她這樣想。

屋裡又寂靜了，可怕的沈默着。

三嫂坐的椅子，針似的刺痛了她的屁股。

「我走吧！大爺！」她還是帶着笑，心却悲涼了。

「一走麼？」

她重提起髒黑的脚　渡着蹣跚的步子。

她又走進了那低矮茅屋，倒在床上　沈痛的喘息着，眼淚也從眼內掉下來。

「只要長官公平，他不會屈了俺兒。」她這樣的想着，想着，漸漸的昏迷了。

在這裏　她看見了她的兒，叫着笑着　跳着　來了，來了，又漸漸的近了，近了，而她却一把抓住的醒來。

她喘息着。沈痛喘息着，眼裡躺着淚！

陷

趙素英

明知是黑漆的深淵
也不得不沈溺下去，
「死是不足奇怪的
生，自然更不足奇怪。」
○　○　○
誰曾在黑暗裡心悸
青春枉費在光明之尋求裏，
「死是不足奇怪的，
生，自然地更不足奇怪。」
○　○　○
一絲熱血尚在血管中沸騰，
拚將罪惡的餘生——
當月白風清的夜裏，
或雲霞璀燦的明朝
記取，在這兒，你的脚下，
泥土裏埋着一顆向光明的心

司法欄

◎縣政府司法批示◎

▲刑事具保人謝鴻恩，一件，為懇請賞保崔凤啓回家安業由。狀悉　本案尚在復核中並未送監執行，惟查羈押日數已敷折抵　姑准先行保出，仍仰陳傳隨到，此批。

▲刑事具保人劉步高，一件，為懇請賞保劉樹魁回家安業由　狀悉　本案尚在復核中，並未送監執行，惟查羈押日數已敷折抵　先行保出，仍仰隨傳陳到，此批。

▲民事具狀人劉相修，一件　為地被盜賣　請傳案判追由　狀悉，仰候通知來辯　傳案訊奪　此批。

▲呈具保人石敬先　一件　為懇請賞保宋端明王安行等在外不誤傳喚由　呈悉　本案尚在復核中，並未送監執行，惟查羈押日數已敷折抵，姑准先行保出，仍仰隨傳隨到，此批。

▲呈具保人杭孝正，一件，為懇請賞保杭丕關在外，不誤傳喚由　呈悉　本案尚在復核中，並未送監執行，惟查羈押日數已敷抵　姑准先行保出，仍仰隨傳隨到，此批。

▲本城糧價

名稱　每市石價目

名稱	價目
小麥	最高九元五角　最低九元
黃豆	最高六元六角　最低六元四角
黑豆	最高六元[illegible]角　最低六元
菉豆	最高七元　最低六元八角
高粱	最高四元五角　最低四元三角
穀子	最高四元六角　最低四元四角
芝麻	最高十元五角　最低十元三角
青豆	最高六元五角　最低六元三角
花生	每百斤　最高六元　最低五元八角
瓜子	每百斤　最高十五元　最低十四元

△△氣象▽▽

天氣	風向	最高溫度	最低溫度
晴	東風	七〇度	四〇度

教育週刊

第一一一期目錄

兒童節專號

編輯處徵稿啓事

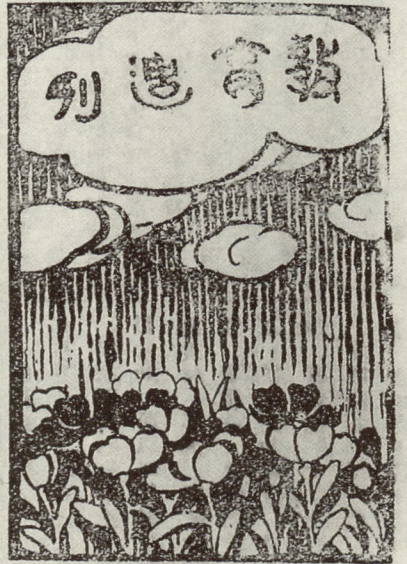

本刊以溝通教育消息，交換教育心得，討論教育實際問題的任務。定於每週星期一出版，務望全縣教育同志，將各種教育論述，實施報告及其他有關教育之材料，隨時錄寄，無任歡迎，惟因篇幅狹小，事實務求新鮮而具體，文字務求簡要而靈活，統希鑒察是幸！

論述

桃紅柳綠中的兒童節

綠帶

現在春意已經加濃了。金色的柳綫，已變為綠色，杏花的殘瓣已在空中飛舞，紛紛向塵土中沉沒。桃的花蕾，已經含苞欲放，海棠紫荊，和月季，也都抽出了綠的葉，有的竟也放出紅的花了。春風是這般的和暢，天氣是這般的清朗，一切的一切，都被生的力量的推動，欣欣的奔向光明的康莊的生的道路了。

這時的人們，尤其是兒童們生的力，在內中燃燒起來，努力的，勇猛的，也隨着欣欣的奔向光明的康莊的人生大道了。

今天是四月四日，是春的偉大的力，擺動了宇宙，發榮得最繁的一天，同時，也是負發揚中華民族，和復興中華民國的責任的，中國兒童的紀念日，我們看到了春和春推動的一切　看到了兒童，和兒童美妙的漿果偉大的力　和偉大的責任　的確可以此擬足來。所以我們在春風浩蕩的今日，來紀念兒童節，確實含有偉大的意義，

但是我們怎樣才能使負有發揚中華民族，和復興中華民國的責任的兒童　能充分的盡量的發揮其生的力量，和完成其偉大的責任呢？這是我們在紀念兒童節的時候，仰望亟應知道　并且要和兒童一塊去共同努力的！

第一在父兄師長們要注意兒童們的教和養，使兒童知能品行和身體一樣的　天一天的長大起來，健壯起來。

第二在兒童們　要知道自己的責任，去努力自己的知能的，道德的，和身體的準備。好實現美好的將來，好完成偉大的責任。

春風使更加溫和了春花更加繁盛了。父兄師長們，兒童們！大家一齊的努力吧！美妙的將來，正在期待着呢！

投稿簡章

一、來稿以合於小學教育及社會教育之實際需要為標準，約分論述，報告，設施計劃，教師常識，教材教具，介紹，教育學術講話等項。

二、來稿不分文體，但須繕寫清楚，除特屬性質者外，均須直行右起。

三、來稿非經聲明，編者有刪改權。

四、來稿不論登載與否，概不退還。

五、來稿須註明真姓名，及通信處，但發表時，別署聽便。

六、來稿寄豐縣教育局，稿封上須註明「教育週刊文稿」。

各國兒童生活

蘇聯和意大利的兒童教養（剪影）

如勳

蘇聯和意大利兩個國家的兒童教養辦法，實在有很多地方，可以看出他們重視未來的國民，以備將來能幫助他們完成偉大的功業　茲限於篇幅，各介紹數則如後：

（一）蘇聯兒童的教養

一、普及教育——一九一七年蘇聯十月革命成戰，內戰平定以後，即首推行普及教育工作，同時創造　適合其政新條件的國民教育系統，並建立適應其環境的學校組織網，使所有城市和鄉村的一切工人農人子女，均得免費入學。

二、學前教育——未到學齡的兒童　在蘇聯比各國更為重視　故有所謂「學前教育」，在學前教育之先，更有兒童『保育制度』，均為其教育系統中的階層。執行兒童保育工作的機關，均屬於人民健康委員會之指導下。這些機關可分為三類，即開放的，不開放的，和混合的；「母子家庭」，「幼童家庭」和「兒童家庭」等，均屬於第　類　不開放的　各工廠農場的托兒所等均屬於第三類。負學前教育責任的機關為幼稚園，嬰兒院　和遊戲場等。

三、普通教育——兒童到了八歲進初等學校，開始識字讀書。初等學校又稱為第一級學校，修業期限為四年。第一級學校之後，則為第二級學校，又稱為中等學校，係為十二歲至十五歲的兒童而設。合此二級學校即為普通的七年制學校（Semilefka），再後是第三級學校（高等學校），係為十五歲至十八歲的兒童而設。所以蘇聯學制　備有十年的普通教育　完成十年普通教育之後，便可以升任何教等教育機關，或獻身於社會。第二五年計劃在鄉村已改七年制；但全部兒童均要受十年教育）

四、技術教育——技術教育的主要內容，包括機械工業，化學工業，動力工業，和農藝學等等。各學校均有其自身的工作場，和特創的農作場，並訂有特殊的合同而附於農工各企業。在這裡，學生更可從事於生產工作，蘇聯教育的特點，是普通教學與手工工作聯繫起來的。

五、自治組織——在學的兒童們更有其自身的自治組織爭取其課業品質的改進和自我紀律的建立。這些組織是輔助教師工作進行，並使兒童養成堅強的組織能力。其組織的形式，通常比班選舉評議會，而全班分為若干隊，例如衛生隊，負責保持教室更衣室，和兒童本身的絕對衛生條件，圖書室則負責組織全班對於圖書館的充分利用等。在學校全部中則有一評議總會，或稱學生委員會其基本任務，與各單獨的評議會同。

六、產婦的看護和調理——蘇聯的產婦，在生產前兩個月或兩個半月及產後六個星期或兩個月，[illegible]子家庭」，受看護和調理。在那裏，有幽美的環境，有完善的醫學設置，讓她們快樂地安全地，為國家產生出一個新的生命。

七、兒童戲院——在蘇聯有二百餘家兒童戲院及兒童唱劇場。不論觀衆或演戲，是全為兒童的。

八、兒童健康營——夏令蘇聯的兒童們都參加當時組織的健康營或兒童遊樂場設卄那裡他們過着健康的生活，受嚴格的規律的訓練，快樂的運動與遊戲，伏爾加河流域，帶青葱的林間，便是他們活動的中心地。

九、兒童大會——在六月一日那天，莫斯科的十月堂舉行兒童大會。那一天，是十年教育完滿的兒童和他們父母盡情歡樂。他們畢業了，到明天，他們便離去學校的生活，開始負起生產革命的使命了。

（二）意大利的兒童教養

一、國民教育——意大利自從法西斯蒂政體成立以後，關於國民教育，極為注意，尤其對於為將來社會柱石的兒童另設特別制練班，除學校教育外，還有育兒院，兒童夏令營，僑民兒童夏令營，兒童健康營，少年團，少女團，青年法西斯蒂黨等組織。每個國民，從他生長的開始期裏，就灌輸法西斯蒂

的思想，築立法西斯蒂的永久的統治權在兒童的身上，這是莫索里尼的主要政策之一。所謂兒童夏令營，少年團，少女團，都是在正常的學校課程以外再施以思想生活上練訓機關，這些機關，大都受政府的管理，是補助普通學校教育之不足的。

二，義務教育——意大利的兒童，大都要進三種學校，幼稚園，初級小學，高級小學。幼稚園，意大利人稱牠做育幼學校，僅是預備的性質，育幼學校是由各城市維持的，入學期限是三年，比這個高一級的小學是初級小學，限期三年，最高的那一級，即高級小學，也是限期三年。小學教育是強迫的，不收學費，凡在十四歲以內的兒童都有受教育的義務。

三，教科書的法西斯蒂——小學教科書，每年祇用一冊，其中包括拼音，算學，歷史，地理，宗教等科。大概小學生所要學習的材料，盡在於此而已，教科書中只有一個支配的意念，即意大利的偉大。他們教育兒童以侵略的思想，比如說，『住在阿爾卑斯山的人，愛護他的山岳，是不害怕任何人的。』隨後又說，『國旗來了，讓我們對牠行羅馬式的敬禮。』

（未完）

亨利福特的童年境遇

● 琮

鋼鐵，石油和交通這三位巨人，構成了機械時代的舞台而且產生了偉大的人物，福特就是牠們的產兒之一。

從這孤子呱呱的第一聲裡誰也不曾聽出和汽車喇八聲有什麼關係他的父母給他取下名字的時候，又何嘗料到在後來「亨利福特」這個姓名會和「汽車大王」聯結起來呢？亨利福特的父親是愛爾蘭人，名字叫威廉，一向是務農為業的，因為當時愛爾蘭不堪英帝國的壓迫，農村經濟，日見崩潰，威廉福特覺得在故鄉太沒有希望了，便不惜離鄉背井遠涉重洋，偕着他的父親奔向理想的樂園美國去。

他初到的時候，不過在地亞蓬家工廠裏當個雜工，後來因為他的本性是近於農村的，所以仍然渴慕着回到農村，不久，終於給他找到一家地主，替他們當了長工。從此克勤克儉，努力工作，直到他三十五歲的時候，才和農場主人的女兒結了婚，他的妻子名叫瑪利．麗蒂谷德，正當二九年華，是一個明眸烏髮的荷蘭少女，性情非常活潑，而又聰明大方。在那時候，她就能勇敢地擔負起一個農婦所應做的艱鉅的勞役了。及至了亨利•福特，他們的生活狀況，便一天一天的豐裕起來。

可惜麗蒂谷德在福特十二歲的時候，便以三十四歲的短壽，與世長辭了！她的死，對於孩子們和家庭實在是一個莫大的悲哀。所以福特曾說：「從此，這個家庭，便好似一個沒有發條的鐘了」。這是何等沈痛的比喻啊！

他在十餘歲的時候，便能使用小刀子，把木頭和鐵片造成各種各樣的東西，即使是一個齒輪，一條彈簧和一張刀片，在他看來都是無價之寶。他也曾用這類東西造成他的喜歡的玩具。到了十七歲的時候，剛從小學畢業之後，便毅然決然的拋棄父親，離開辛勤勞苦的農村生活，奔向都市，他的真正生活才開始了。

後來，他才享有一天三十一萬四千六百零四元的純粹利益和「汽車大王」的徽號。

專載

兒童營養問題研究（續）

甲，兒童營養品的選擇問題

表一，動物食品中營養素含量的分析

分量＼類別營養素	乳類	蛋類	肉類	臟腑類
豐富	蛋白質　脂肪　維生素（甲乙）無機鹽（鈣燐）	蛋白質　脂肪　維生素（甲乙丁）無機鹽（鐵燐）	蛋白質　脂肪　無機鹽（燐）	蛋白質　脂肪
略有	含水炭素		維生素（乙庚）無機鹽（鐵）	維生素（甲乙）無機鹽（肝中富鐵）
極少	鐵質		甲，丙，丁維生素	
缺乏		含水炭素　維生素（丙）		含水炭素（肝除外）

表一，植物食品中營養素含量的分析

分量＼類別營養素	穀類	豆類	蔬菜類	根莖類	果實類：鮮果	果實類：硬果
豐富	含水炭素（全粒米麥中含有乙種維生素及鐵，燐等）	蛋白質　乙種維生素　無機鹽（鐵，燐）	維生素　無機鹽	含水炭素	丙種維生素　含水炭素	蛋白質　脂肪　含水炭素
倘可	蛋白質　乙種維生素（全粒米麥含有）			蛋白質　無機鹽　維生素	深機鹽　乙種維生素	乙種維生素　無機鹽
極少	無機鹽（鈣）脂肪	甲種維生素	含水炭素　脂肪　蛋白質	脂肪	蛋白質　脂肪	甲種維生素
缺乏	甲，丙，丁庚種維生素	丙種維生素（荳豆芽富此）				

司法欄

◎縣政府司法批示◎

▲刑事具訴人趙厚魁一件，爲真匪被捕，由區送府，請求電察研訊追捺領，幷祈究追匪伙窩家，併案辦由，狀悉，仰候傳案訊奪此批。

△刑事辯訴人趙純廉一件，爲嫌誣捺辯明實情，請求通傳人證訊明，確依法公判，以伸誣由，狀悉，仰候迴傳再訊此批。

△形事撤訴人邵世雨，一件，爲遵處撤訴請求銷案由，狀悉准予撤回此批，

△刑事具訴人張振喜，一件，爲強暴脅迫妨害權利，訴請提案究辦，以儆惡橫而安善懦由，狀悉仰候傳案訊奪此批

▲刑事告訴人王殿忠，一件爲恃惡逞兇妨害行使權利，訴請提案依法究辦由，狀悉，仰候傳案訊奪此批。

▲刑事具訴人葛發田，一件，爲誘拐髮妻，訴請案究辦，並追還民妻領以便完娶，狀悉，仰候傳案訊奪此批，

△刑事具訴人李海害，一件，爲詐欺取財，訴請提案依法究辦，追款給領由，狀悉，仰候傳案訊奪此批。

▲呈具保人黃中義，一件，爲懇請賞保黃耀南，回家安業由，呈悉，本案尚在復審中，並未送監執行，惟查羈押日數已敷折抵，姑准先行交保，仍仰隨傳隨到此批

▲呈具保人劉立乾一件爲懇請賞保劉效德在外不誤傳喚由，呈悉，本案尚在復審中，並未送監執行，惟羈押日數，已敷折抵，姑准先行保出，仍仰隨傳隨到此批，

△本城糧價

名稱	每市石價目
小麥	最高九元五角　最低九元
黃豆	最高六元六角　最低六元四角
黑豆	最高六元[illegible]角　最低六元
綠豆	最高七元八角　最低六元
高粱	最高四元五角　最低四元三角
穀子	最高四元六角　最低四元四角
芝蔴	最高十元五角　最低十元三角
青豆	最高六元四角　最低六元二角
花生（每百斤）	最高五元八角　最低五元七角
瓜子（每百斤）	最高二十元　最低十九元

△△氣象▽▽

天氣	風向	最高溫度	最低溫度
半晴	四南風	七六度	四三度

鳳鳴塔

第三〇八期

一，本刊內容分科學常識論著詩歌小說散文戲劇書信書報介紹及批評等項

二，本刊歡迎投稿來稿文言白話均可

三，來稿本社有刪改權不願者應先聲明

四，未經登載之稿除預先聲明者外概不退還

五，本刊編輯室設豐報社內

漫談

建議與研究文學的朋友（續）

耕劍虹

丙，老莊等學說之對於當時：關于這二位先生的學說，所以惹動後來一般文人批咀的緣故，就是他們把人生看得太厭淡了。他們因爲當時處于紛亂的社會，感受社會種種的萬惡境態，由悲憤而消極，由消極而厭世，所以一個創出無爲的學說；一個更急烈的創出無所可用的學說。在他們的意念中，不過聊借以自慰，並未有有干及社會的想像，略申意于這時 般用意念的朋友，後來所以普及社會的，恐怕是一般好事者的所爲；比不得現在的共黨理論之類，有同化社會的野心。

他們爲一時的憤慨，而未察及「社會是應當有日新月異的進態」。他們爲 己的觀念，而忘却顧及到全人類的社會。所以韓愈先生的原道文上恨不能把他們生生的吞在腹內，這是不能避免的趨向。所以一個作者，不可以以自己的見地來代表普遍的社會。

2.關于價值的，對這一點就是作者對于自己的本身作打算。一種作品發揮出來的時候，自己要把牠視作對于自己的榮譽方面，關乎莫大的榮與辱，不能像平時婦孺之流，一句話從口邊隨便地發出，責任一點不負。最要注意的就是，辨明事理的是非與善惡然後再拿筆寫作任何一篇文章。對于這一點，偏重于情感影較與天良發見的較多。把牠略略說明可以下的幾條述之：

甲，莫作復仇式的漫罵：對于這一節 現代的社會所犯的這種病，簡直可以說不可救藥。在罵者與被罵者的心中，早已有了成見各含各的意念 這樣最傷心而且最討厭的事，在近來的我國文藝界中，大可以說家常便飯。曾計得有個某報館的編輯先生，因爲想睡某戲園的一名女戲子，未得到女戲子的同意，可是把他惱恨了，他在每天必定要作一篇非難女戲子的文章；將女戲子的喉嚨，與表演的態度批評得一錢不值。又有 次曾見到某報上，因某女士同某人離婚之後，遂同某人結婚，被離婚的某君，把某女士罵得連老母狗都不如；而被結婚的某君，一方面借着提高女權的論調，將被離婚的人的言論，抵而又抵排而又排，一方面將某女士說得如嫦娥天仙一般。你非我是地打了好多次的筆墨官司；實在是無聊已極。（未完）

劇本

水火（續）

吟公

木行一郎：我今天來，不是別的事情，只因我年過五旬，尚未結親，附近的閨女 我都看過啦，都沒有你家的大姐長的好 現在我想和您結爲秦晉之好，我們兩個人百年偕老，你看好麼？

（大姐羞愧不敢仰面 錢妻吞泣 毫不做聲。）

張媽：（帶要笑的顏色）錢大妹 答應了吧！局長長的又漂亮 以前的主意，去掉吧！

木行一郎：答應不答應，快一點。（錢妻仍不做聲。）

張媽：向她身上穿了兩鎗，她就答應啦！

日兵甲：張參謀說的是。

日兵乙：給她說什麼，搶走完事啦！

木行一郎：你們要知道，我們得了你們的東北四省，還想要您的華北 不但想亡您的國家，還要滅您的種族、今天這個親戚要是答是應了，百無說話，要是說出半個半個「不」字，這就要您的狗命，殺的您全莊上大人孩娃不留。

日兵甲：答應了吧！（日兵用鎗口對準了錢妻和小明。）

日兵乙：領走完事啦！

大姐：（用衣襟拭淚）。這件事情我自己可以作主，要想叫我答應這件事 得許我三個條件。

木行一郎：我的愛！（着輕薄的狀態）你說吧！一定允許你。

大姐：第一，把們爸爸的尸首 備了衣衾棺槨，埋在休上。第二，把我表叔常思興放出來。第三立時把我母親和小弟弟叫我表叔保護着送到關裏去。

木行一郎：這三個條件，我都能答應。來！（喊日兵丙）到查緝局把常思興帶過來。（日兵丙下。）來！（喊日兵丁）到街上木頭鋪裡，抬一個棺材，把錢三春埋了。（日兵丁下）張媽！這件事情，你的功勞實在不小。

張媽：那的話 恭喜局長老爺的大喜了！

（日兵丙帶常思興上，跪于床前，伏尸大哭。）

思興：三春！我的哥！你…你…無何在一個短時間裏，就…就不在人世了!!……

日兵甲：不要哭！今天是喜事，你哭的什麼？

大姐：你看事情到了這個樣子，你…你 勞勞神，費費心，把我娘娘和小弟弟 趕快搭車送到關裏 到我哥哥那裏去吧!!

思興：可以，我可以去 你大嫂子一死，家庭裡沒有一個人我還留戀誰呢！

（錢妻 大姐，小明，思興，大家哭成一團。）

錢妻：（抓着大姐的手）我的兒！我的嬌！咱……咱現在眞是家破人亡了!!

大姐：媽媽！媽媽家鄉你不要留戀了，至於我一不能盡孝，二不能盡忠，你……你更不要留戀我了!!

木行一郎：走！快着走！爲着我愛人的臉，不要你們的狗命 還不自覺麼？（思興 錢妻，小明痛哭下）

張媽：局長，我看天也不早啦，就在這裡，把尸首抬出去，拜堂花獨不好麼？局裏房子又不寬廠

木行一郎：好的越快越好 來！（向日兵甲 叫幾個弟兄們！趕快把尸首抬出去。快着佈置新房。）

張媽 我去領着新太太 換上衣衫，挽上髻 帶上花，好來拜堂！局長你也換換衣裳。

（張媽領着大姐下，木行一郎也下 日兵數人把錢尸抬下忙着佈置新房。）

日兵甲：咱的局長，眞有福，中國的大閨女三天占一個。

日兵乙：你不知道 其他的局長才有福咧！都是一天占一個。

張媽：新房佈置好了麼？

日兵甲：張參謀！過來看看吧！

張媽：很好！很好！咱的局長等不的，這就要拜堂。

日兵甲：從前都不拜堂，搶來就睡，這次需着拜堂不行，嘿！找麻煩。

（張媽架着大姐作新娘打扮上 木行一郎隨上。）

張媽：局長！行中國的還是行日本禮？

木行一郎：當然行日本禮 中國禮，能算禮麼？

張媽：日本禮我還不懂哪！

日兵甲：我來喝禮，向上鞠一鞠躬，向天皇一鞠躬 對面一鞠躬，完啦！

（大姐 木行一郎，均如喝 禮。）

張媽：請新太太坐在椅子上 休息吧！

（大姐坐于椅上，態度莊嚴沉着，木行一郎坐右側椅上 喜不自勝 並現輕薄狀態。）

創作

黃大嫂認兒（續）

恨世

永寶：黃大嫂之夫 這次被騙可不值得很 化了錢還惹得大伙說：

「恩！「想巧就有拙」、認兒、怎麼想來？是認兒擺？是想的人家的東西！一說是連長 這認啦；要說是光定猴 準沒誰認！」

天底下沒這回籮？我不信當了連長就非找個爹嘗嘗不中？這明明是個誑家子。這虧着他窮，假若富更誑的多。」

『罷吗你成天財迷！……』

一些的人都不時的談論着永寶的不是；B村裡的人也恢復了「瞧不起」他的常態。就是常態，就是平常幾個最好向他一巴結、「買帳」

的人，現在向他也居然懷着「斯亦不足畏也矣」的態度了。

十

太陽照舊是出來進去，通去出來；月亮已經缺了又圓，圓了又缺。轉瞬之間，一個月的時光又過去了。

「麥子去—頭，蜀黍沒了牛。」這時已到了過了麥的時候了。永寶和他的兒子良仁收的兩口袋麥，都賣了還帳了，不夠並且還花了二畝地。這才算平了春天挖的這個大坑——認兒——。

糧食賣完了，民生便起了問題，這是必然的事。但是也沒有很好的方法來解決牠，永寶的一家人家便只好在地努力的剷麥楂，以維持生計。但是一會想想早晚能剷夠這三四十塊錢的麥楂呢？他們的心愈加悲哀了，悲哀的愈加很了！就把易卜生，柴合甫，莫泊桑，西洋的三位文藝大家請來，恐怕也描寫不出這時永寶一家子人家的心理狀況！

我記得有一次有人見了他笑着問道：

『永寶：現在到過了麥啦，你的對台戲該唱了？』

他也沒有回答，只見他把眉一縐，把頭一低，長出一口氣：

『咳——』

△……完……▽

活路

筱紅女士

茫茫的白霧散佈在天空，冷風微微的搖動着披滿樹孝的樹枝，樹孝飄飄的落在地，發出輕微的聲音——早晨是清冷而沈靜的。

李大娘坐在鍋門口，喝着昨天在大劉集買來的半塊豆餅製成的紅糊塗，心裏很苦惱，咒罵她的兒子：

『表子兒子，一點也不孝順。我病了一場也不買點肉給我吃，知不道您娘饞物』她瞪着兒子的臉，嘴裏都嚕着。

『娘，我明天上趙莊集買去，』他停住了喝，望望母親底黃瘦的老臉，心裏似乎有刀在刺着。『娘，昨天我問賣牛肉的哩，他說得八百錢斤，我沒敢買』

『奧！牛肉也八百錢斤？她好似不相信自巳的耳朵。

『是的』。兒子慢慢的回答。

一間小小的鍋屋裏，沈靜下去。

『恩！活着道不勝死了好。這幾年過年也沒買塊肉』。她停了一會子 又慢慢的說，『想您爹沒死的時候，咱年年還能買塊肉 吃幾頓扁食啦，從他死後我一個人過日子，啥事都來啦 恩！眞……是……』她越說越難受，嗚咽的哭起來了。

『娘，不要哭，咱馬上就過富啦，俺兄弟是會當大官的，』兒子走到母親的身邊，强拿着勁止住自己的哭，勸慰着母親『娘，別：哭……啦！』他聲音斷續着。

『那你還小哩，還有……您，……大姐和小二。唉！一家四口，只有二畝地裏面還有七八個墳頭。——您爺爺，你爹……你』她底哭聲更大了，斷續的訴下去。『我朝天還裡結，那裏借 吃糠……要飯……唉！我眞受夠啦！那咱沒燒好香。咱們的命……』。她是哭瘋風了。

『娘，不要哭了。』兒子流着淚。

『奶奶……』小愛哭着拉住了父親的褲子。

『……』

全個小屋裏，充滿了死的悲哀

天空漸漸的變得晴朗了，陽光透射在樹上，屋上……雪慢慢溶解了 一滴滴的落到地上，發出「答答」的響聲。

『二錢在家了嗎？』二大爺在籬笆門外高聲的問 沒有回答。

『二錢在家了嗎？』他說了一句，把脚步向裏移動了。

二錢正勸慰着他的母親，聽見有人叫他，隨用襖袖擦—擦淚水走了出去

『二叔吃飯「嗎』二錢剛走鍋屋門，便看見了二大爺『吃啦！』他的聲音很低。

『上學去嗎！』二錢預知就是此事 因爲昨天聽保長說的。

『翁……』

『娘，不要哭啦 要飯的還活着哩！』他走到母親的面前，慢慢的安慰的說，『你在家給咱娘說話，別惹她生氣。』他走出了門又回過頭來對他的妻子說。

『達達(父親)，我跟你玩去』小愛跑過去，抓住了他的破襖衿。她臉上堆滿了笑容。

『我上學去，愛妮！在家吧，您奶奶買洋糖給你吃。乖孩子……』他强拿着勁，用柔和的話來騙他的孩子。

『知道啦！她轉過身去，跑了。

冷風吹送着他，走進了保長的大門。

『娘，不要哭啦。』愛底娘沒有適當的話來安慰她七八十歲的衰老的母親。

『您都不教好哭，您想想咱有多苦：你兄弟當兵七八年還沒回來，不知是死是活。他吧，小生意也不能做了，你算算咱四五口人，一天得多些吃。恩！這不是聽着餓死嗎？她用藍手巾拭了拭眼 對着含滿淚水的愛底娘。『人家不說女人還得上學啦。你知不道攤着了嗎？恩！咱能上趟學嗎，朝天累死還不夠吃的哩！唉！代不如代……唉！……』她的淚水又流出來了。

『誰知道！聽說我還得上學哩！』她底聲音很低。

『今天是十六，到年還有十四天。一點啥也沒有，恩！怎過這年？』她低聲的自語着

『娘 不要緊 有他想法子哩！』她强拿着笑臉。

又沈默了。

太陽光照到每個村莊上，顯出了荒涼，也顯出了光明燦爛

—誰知道 聽說我還得上學哩！她的聲音很低。

『今天是十六，到年還有十四天、一點啥也沒有，恩，怎過這年？她低聲的自語着。

一娘，不要緊，有他想法子哩！」聊强拿着笑臉。

又沈默了、

太陽光照到每個村莊上，顯出了荒涼，也顯出了光明燦爛。

「大嫂在家了嗎？」二娃抱着他的姪子，走進了門高聲問。

「在家哩！」她走出去。

「教你上學去哩！」她笑了。

「上學？我還攤着了嗎？」是天空裏打入個霹靂，把他嚇着了。

「臭三的媳婦都上學去啦」

「你走吧，我這就去。」她走到鍋屋裏來。

「娘，你看看小愛吧。」她含淚的眼望着母親。

『你也上學呀，我……的……兒……子……呀。』她底哭又止不住了。

「娘，不要哭。我到那裏一會就來啦……」她說着走出門來，望着學屋走去。淚水還在「刷刷」的往下落。

小屋裏剩下了被生活壓得將死的個人，淌記出最後的哭號。

生活

—野驄—

生活張着輕鬆的笑臉，
將人間散治成了苦悶的深淵！
我似 隻尋食的羔羊，
忙追的走遍了草原。

○ ○ ○

粉筆流轉在黑板，
字字講述給我面前的青年；
他們眸子炯炯的顯然向我發掘着含糊的眞理，
我爲了他們終日埋頭苦幹！
在我的日子裡找不到悠閒。

○ ○ ○

單調而機械的鐘聲悠揚，
敲枯了我的生命之源泉—

○ ○ ○

如其我們是「生命之途」的經過者，
何如加緊脚步向前，
早日離開這骯髒世界，
去尋自由樂園！

編輯室廣播的電台

一，老渾君，來信收到。希早日將佳作送來爲盼！

二，朝楓君昨又寄來投件 束！

三，小倩君，你的「爲小學教師請命」一文與「建議與研究文學的朋友」一文完了後 再在漫談欄中發表，請勿燥。

△本城糧價

每市石價目

名稱	最高	最低
小麥	九元八角	九元一角
黃豆	六元九角	六元七角
黑豆	六元六角	六元四角
菉豆	七元 角	七元
高粱	四元七角	四元五角
穀子	四元七角	四元五角
芝蔴	十元七角	十元五角
青豆	六元八角	六元六角
花生 每百斤	六元	五元八角
瓜子 每百斤	二十元	十九元

△△氣象▽▽

天氣	風向	最高溫度	最低溫度
晴	西南風	八一度	四九度

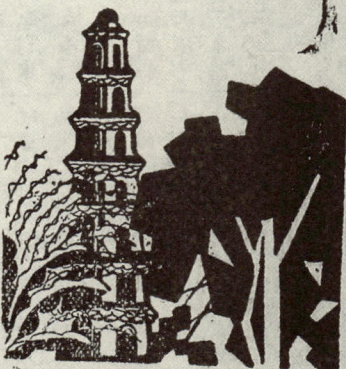

鳳鳴塔

第三〇九期

一，本刊內容分科學常識論著詩歌小說散文戲劇書信書報介紹及批評等項

二，本刊歡迎投稿來稿文言白話均可

三，來稿本社有刪改權不願者應先聲明

四，未經登載之稿除預先聲明者外概不退還

五，本刊編輯室設豐報社內

漫談

我們怎樣紀念兒童節

轉載

今天是兒童年以後的第一個兒童節。記者作此應節的論文的時候，正在兒童的樂園的美國。我一面目覩美國兒童「席豐履厚」，康健快樂，以及可以儘量發展才能，的種種情形，一面默察中國兒童生活困苦的現狀，恰成 種天壤懸殊的對比；因此不免發生無窮的感慨，同時也覺得兒童節在中國更有特殊的意義，應該有適當的紀念。

大家常說二十世紀是兒童的世紀。這句話在美國是千眞萬確。全世界最有幸福的兒童 是美國的兒童。美國對於兒童的優遇 在「養」，「敎」，和「保護」等等方面，可說是無微不至。就養的方面說，美國兒童的衣，食，住，行，和娛樂的標準，在任何國的兒童之上。他們的享受，比任何國的兒童都多。就敎的方面說，美國任何兒童，都有讓他自己的智力和學力受最大限度的教育的機會。初等教育普及不必說，中等教育也成爲大衆的教育。全國的公立的免費中學有二萬五千所之多。全國十四至十七歲的兒童，有半數以上進中學。大學教育也不是少數人的專利品，凡是智力和學力優長的學生，都有機會進大學。對於智力和體格有缺陷的兒童，復有各式各樣的特殊教育，儘量彌補他們的天然缺陷。就保護方面說 凡天然的或人爲的一切對於兒童的損害，都防範周到。關於兒童作工 有法律的限制。童年犯罪，有特別的法庭審判，並有特設的感化機關。對於兒童的身心健康，更有特設的醫生和護士時時加以檢查和護持。總之，就一切方面說，美國兒童，眞可算是「天之驕子」。

中國兒童生活情形是怎樣？就養的方面說，大多數的兒童，吃不飽，穿不暖，最低限度的生活，都不能有，更談不到生活程度的提高。就敎的方面說，全國百分之七十以上的兒童，沒有小學可進。中學和大學教育的無福享受，更不必說。就保護的方面說 天然的人爲的對於兒童的損害 大都聽其自然。兒童的死亡率，未見有若干顯著的低減。童工的限制 僅是具文。不人道的徒弟制度，到處沒有改良。溺嬰的惡習 還在流行。對於販賣兒童做奴僕 做娼妓，做各種殘害身體的雜技的表演者，幷沒有有效的防止和懲罪。青年犯罪和成年人一樣的懲罰；這種種慘淡的情形和美國兒童的生活情形相比，可說他們眞是在天堂而我們的兒童在地獄。

在這種情形之下紀念兒童節，一定無疑的應該改良我國兒童的生活，增進他們的幸福 我國過去所以規定四月四日爲兒童節 其目的原在着重兒童的價值，增進他們的幸福。自有兒童節以來，也做了不少有利於兒童的事業。尤其是去年的兒童年，對於兒童的幸福 特別注意增進。大家知道兒童幸福應該注重，這是一種進步、不過我們在中國兒童的種種不幸情形之下，要求改良兒童生活，應該要分出緩急先後。像美國和其他國家對於兒童的種種特厚的待遇，我國固然應該懸爲理想，取作模範，可是我們卻也不可不分緩急先後的仿效他們的辦法。他們在敎養和保護各方面，已有深厚的基礎 兒童的一般幸福 都已顧到，所以「踵事增華」，更求改善而有種種極優厚的設施。在我國，兒童的最低生活，尙不能維持，一時當然談不到更優厚的待遇。我們越是羨慕和欽佩別國兒童生活的優裕，我們越不應該無選擇的採取別國的辦法，使少數兒童獨得優厚待遇 使多數兒童不能維持最低生活。我們現在所應該最先努力的，在於使全國兒童能吃得飽穿得暖，可以維持最低的生活：在於使全國的兒童能受最低限度的義務教育；在於使全國兒童的身體和精神，得有最低限度的保障，不受天然的，或人爲的侵害。這幾件事才是當務之急。其他一切兒童幸福事業，在這幾件事沒有做到以前，都祇是少數兒童的專利，祇是奢侈品，祇是錦上添花的工作，儘可以從緩進行的。這一個分分緩急先後的原則，本來是很簡單的。可是我們過去在提倡兒童節和進行兒童幸福事業的時候，似乎沒有十分注意 我們的工作，似乎在於使一部分已有優越機會的兒童，更得充分的享受，而忽略了大多數連最低限度的幸福都沒有保障的兒童。即以去年關於兒童年的一切實施而論，有幾件是惠及大衆而不是限於少數兒童的？玩具的展覽麼？吃不飽穿不暖的兒童，玩具對於他們是奢侈品。讀物的陳列麼？根本無機會識字的兒童，一切讀物對於他們是同樣的無意義 首都兒童敎育館的設立麼？那更是極少數的兒童的專利了。這些工作在一般兒童已有最低幸福以後 本都有推行的價值。可是就現狀而論，似乎不是當務之急。我們要「雪中送炭」，我們不要「錦上添花」。

此外我還可以舉一個注意兒童幸福忽略緩急先後的例。近年以來因爲倣傚外國的制度，幼稚園和託兒所等機關，在中國頗有逐漸推廣的趨勢。提早兒童受教育的年齡本是理想的辦法。可是我們不要忘記，百分之七十以上的應受義務教育的兒童尚且無學校可進。我們實在無暇推廣這種義務教育以前的教育。並且在事實上，除了農村和工業區因爲婦女在田間和工廠工作，特別需要此等敎養幼兒的機關以外，在普通城市，根本無此需要。在普通城市中進幼稚園或託兒所的兒童，大多出於中產之家。在此等家庭，做母親的本應盡敎養的責任的。幼稚園或託兒所的設備，徒然解脫了母親的責任 增加了社會的負担 而這些母親也未見得都能挪出時間，做其他有利於社會的事業。在這種情形之下，以增加兒童幸福爲目的的這些敎養機關，豈不是又成了奢侈品？我們何不移挪辦理這些機關的經費去推廣亟需要的義務小學呢？

以上所舉的幾個事例 祇是用來表明辦理兒童幸福事業應該分別先後緩急的。對於辦理兒童幸福事業者，雖有求全責備的意思，可是對於他們的善意和熱忱，還是不減少應有的贊佩。不過我希望今後大家多多從全國兒童最低限度的幸福的保障方面着想 我們要大家努力使全國兒童能吃得飽，穿得暖維持最低限度的生活；能普遍享受最低限度的義務敎育；能受法律，道德，和醫藥方面最低限度的保障，使身心不受一切損害。我們對於兒童幸福事業的設施如有一分餘力，應該先用在這幾方面，如有一分力，也應該先用在這幾方面，等到這些最低限度的幸福實現了，我們再求改良和增加。使我國全體兒童將來可與美國以及其他先進國家的兒童有同樣幸福，這才是紀念兒童節的適當辦法，最後讓我趁本文刊布的機會遙向祖國的兒童祝福，並向一切愛護兒童的人們致敬！

劇本

水火（續）

吟公

木行一郎：諸位弟兄們，你們今天不要回局，住在前邊東屋裡 保護我們兩個人，渡這個洞房花燭夜 這裏有四十塊錢 你們買酒隨便吃吃罷！（拿出紙票一卷給日兵）張媽！這場喜事，你的功勞實在不小 賞你十塊錢，（拿紙票一卷給張媽）。

日兵甲：別賞給張參謀錢啦！把她的三等參謀 升成二等吧 局長！

張媽：誰要再喊我參謀 我就要罵他，我要錢，我不當參謀，（接錢）謝謝局長 謝謝新太太 跪下叩頭）

（日兵與張媽齊下）

木行一郎：你們再不要鬧玩笑 張媽，張媽，回來！點上再走！

張媽：這裏沒燈 我到後邊去端長命燈。

（慌忙端燈 嘴裏唱着上）

新房屋裏黑英英，狀元的大娘來點燈，這邊坐的是錢 姐，這邊坐的是木老爺。

（張媽笑嘻嘻的下）

木行一郎：我的愛，我現在是眞心愛你，你眞心愛我麼？

大姐：（强興爲歡。）你旣然眞心愛我我當然眞心愛你！

木行一郎：噯喲喲！我的愛……咱倆親個嘴吧！

大姐：那不能，你一嘴鬍鬚，要想親嘴，得把鬍鬚剃去！

木行一郎：（怒冲冲地）哼！不和我親嘴麼？

大姐：（陪笑）親嘴我很願意，但是你那一嘴鬍子，不但我覺得沒味道，就是你，恐怕也覺得無味道，我看不如我給你剃去才好。

木行一郎：剃了去，好！我忍不得用我這挺硬的鬍子，去刺你那油輭輭的嘴，張媽！（張媽嘴裡吃着果子上。）

張媽：昂，到啦，局長和新太太是什麼事情？

木行一郎：你給我找一個剃頭刀子來！

創作

窗前隨筆

朝楓

這幾天，我知道定有人來責問我，爲什麼這些日子變成懶了的人呢？或有人因憐惜我而給我說：請快些兒振作起來吧！這樣頹喪的生活下去，恐損了你的軀體。我是深深的明白有人來問；而且怕的就是這，但終於有人向我說了，也向我問了。

我自己也在想，我端底怎麼墮落下去的？這不得不使我極痛悲了。可是我自己乎也看到了我 似較往日有些消極，有些煩悶 若懂了。我怎麼也不好向他們來解答我。不！我當時是沒什麼可解答的。

現在我對這件事，還很不易簡單的說出來通理來。我想身外人更不易來替我解答什麼？可是除了與我患同病的朋友們。

乾脆的說吧：我是害着青年人的情感與理智的茅盾病。我相信在這時代在這同一畸形的社會裏 害着此種病的青年不知有幾千百的人呢！

平日我是萬分的把握着。然而我終于被陷入苦悶的圈子了，這大半也是我自己的意志還沒鍛鍊到堅强的緣故 我現在祇有瞞怨自己，可憐自己，後悔自己了，這種種的瞞怨，可憐和後悔，得含有無限的人間苦的意味的。

既然曉了自己所以苦悶的原因 我就應當想方法來解決了。我原來是不願自己看着自己墮落下去的。同時我更不願看看別個青年墮落下去。

至於克服青年人情感與理智的茅盾，而所發生的苦悶 我以爲首從本源治起。

大凡一般青年人，在參加某種解放運動的時候 多半不是由於清澈的判斷，決定的信仰；而是由於他們一時感情的衝動 於是，在工作初進行中，努力得眞像怪有勁兒，倘若中途發生了障礙，或遇到了不幸的遭遇。那就從此頹喪下去了！

他們把奮鬥的過程，看得很短，不了解人生就是長期的堅苦戰鬥 更不能決心的把握最後的勝利 因此容易陷于悲觀！

還有一部分的青年 根本就沒一點勇氣 常對敵方的力量估計太大，對於自己的力量估計過小，竟怕得一步也不能進前 只是猶豫，遲疑 徘徊 情感與理智相互茅盾着 而結果自己爲自己造成了種種檻牢，這樣者的苦悶是較前者更加痛苦的

另有一方面的原因 我想多數青年沒有經過生活的鍛鍊 沒有吃過老大的苦頭。在遇有困難的時候 許多人受不了便後退了。但我們決不能說，受不了便不受這樣子下去 我想永沒有安全的日子。

最後 談到解決這問題的具體辦法 也只有多做學，多經驗 多受打擊和困苦在生活鬥爭的現世界 才能得到健全的日子過 在人生的價值 現在我們雖有這個茅盾 這個苦悶 我想正因爲有這茅盾 這苦悶 人生才有生的價值，不知我的朋友們以爲然否？

我歡喜得幾乎掉下來快樂的眼泪 因爲找尋着這個盾的關係了。我還不能忘了 遇事要勇往直前，和無長的面前便是路！』這兩句人生的銘語。

冬天的早晨

愚晨

「姐姐 苦命的姐呀我的……唧」。

一天的早晨 我正在睡夢中，忽然被一陣哭聲驚醒。我聽不出是誰的聲音，大略是個女子 哭聲很高而不含有悲哀 不過是無意識的號叫。

我起了床，走出屋門，一陣冷風吹得我索索的發抖。幾片霜花由樹上飄落下來，落在我的身上，漸漸的融化了。我走出大門 望望冷清清的沒有一個人，只有兩條黃狗在門前奔馳 互相追逐 發出翁翁的吼聲 露出了尖銳的利齒，起 尾巴，顯示威風。白的霜掛滿了樹梢 被微風吹着，不時有幾片被吹落在地面上 遠遠的樹林 像生了濃密的白葉，在淡淡的薄霧中隱約的更顯得濃密，更美麗，更好看在這時，東方的天空中升起了半個赤紅的太陽，照着天空的雲 映出火紅的早霞，漸漸的由淡變紅，由紅變黃，變白 升在空中，射出溫暖的光 照耀着這個美麗的早晨、早晨的一切都是潔靜的鮮豔的 美麗的 可愛的，沒有什麼使人感覺到不快。如果有個詩人的話，他一定要作詩讚美和平的早晨。

我向光前的哭聲尋去，沒發見什麼人哭 只不過看見二兩個小孩子圍在一間草屋的門前，瞪着兩眼睛向裏窺探，在他們小小的心靈中，以爲在那草屋之中有什麼驚人的奇蹟一樣。屋內有幾個人正在小聲的談話 聲音顫動着 斷斷續續的，像充滿了傷感的情緒 而他們的臉上，沒有一點悲傷的形像。

「她早晚死的呀！」所的娘 一個四五十歲的婦人問。她的聲音很低，幾乎使人聽不見 而在這沈靜的早晨 却清析的送到每個人的耳中 她坐在死 所臥的床邊上，低着頭 兩隻紅紅的眼圈中含着幾滴淚水，不時用破舊的藍手巾去擦 兩隻眼也就愈紅得難看 淚也就愈向下流 因爲她多年就是爛眼。雖然她的姐姐死了，而她並不爲她傷心流淚。

「今天清早纔死了沒多大會，當戶家出來抱柴火的當候，他還喊她：『您一嫂，你給我點水喝。』戶家還說『俺還有湯呢！我給你端去。』等她端湯回來的時候，推開她的屋門，『姑奶奶，姑奶奶……』的喊了她一大會，他都沒還聲 她一摸 身子已經冷了。您知道她的胆很小，『娘的 聲「跑「的來，把碗也打了個。』汗老頭子慢慢吞吞的述說她死的經過。

輛馬車從她的門前馳過，混雜的馬蹄聲 車聲，鞭聲和罵喝聲，擾亂「清靜的清晨 車上坐着個醫生，而他沒向草屋中瞧上一眼，任馬車拖向上了渺茫的遠方。

「她是凍死的吧，還有點氣息麼？她送湯來的時候。」所的娘問，並拉了拉她的被子和衣裳 又揉了揉自已的眼，擦去了眼上的幾滴淚水。

「那誰知道，戶家到家向我說，我又找着全 叫他對您說，您麼大的一會子，就是有氣也活不成了。」

「那是的呀！我聽到信就來了，一看他已經完全死過去了。」

「昨天晚上他擠向我那裡買洋火呢！」在門前賣花生米的汗友子接着說。

全屋裏四五個人、淺有誰悲傷 難過 都像沒事似的閒談，當離開那裏的時候，都說死了比活着好 免掉受罪。

（未完）

編輯室廣播的電台

一、今日因爲轉載一篇 我們應該怎樣紀念兒童節」所以把「建議給研究文學的朋友一」一文暫停 期。

二、唐虛已轉入淮陰師範 他現正努力着民族文藝，在最近 定有創作寄來！

三、四月份稿紙不日即可發出。

本城糧價

名稱	每市石價目
小麥	最高十元 最低九元七角
黃豆	最高七元[illegible]角 最低七元
黑豆	最高六元七角 最低六元六角
菉豆	最高七元四角 最低七元二角
高粱	最高四元九角 最低四元八角
穀子	最高四元七角 最低四元五角
芝蔴	最高十元七角 最低十元五角
青豆	最高七元[illegible]角 最低七元
花生	每百斤 最高六元 最低五元八角
瓜子	每百斤 最高二十元 最低十九元

氣象

天氣	風向	最高溫度	最低溫度
晴	東風	七七度	五六度

豐報

◁第一三四八號▷
◁社址豐縣大同街▷
[illegible]
中華郵政特准掛號認為新聞紙類
[illegible]
◁本報價目▷
[illegible]

豐縣縣政府警務科啓事

啓者敝科存有蔴袋二千餘條，尚完整適用，近奉令出售，每條定價大洋一角五分，如願購買者，請來敝科接洽可也，此啓

豐縣農工銀行限期收兌紙幣啓事

本行前因奉令結束，經限期二月底將所有紙幣收兌清楚，迄已過期，多數仍未兌回，茲經監理委員會決議展期兩月，至四月三十日收兌清楚，過期作廢，不再展期，希各依限來行兌换爲要，此啓

中華民國二十六年三月　　一日

豐縣縣政府舉辦土地陳報通告

[illegible]

丙、[?]設鄉鎮辦事處。關於土地糾紛事宜，由區縣參事會按級調解。（三）陳報手續：甲、[?]行整[?]丈明確實畝分，自備木標一個，寫明本人姓名住址畝分丈尺及佃戶姓名住址，一律插於田頭之東邊，[?]施於每[?]四角，各培一小土堆，以資識別。各戶務須按坵插齊，即每塊田插標一個，不得遺漏。乙、各鄉鎮工作人員編丈後，各業戶應即攜同契據，及最近二年糧串，或其他證明文件，填寫陳報單，赴所在地之鄉鎮辦事處陳報，[?]當時驗明發還。（四）陳報步驟：甲、編丈期限，由鄉鎮辦事處工作人員按坵編丈，記入地號清冊，[?]定期[?]，自二十六年四月十六日起，至五月十五日止。乙、陳報期限，由各業戶自行投報，定期一個月，自二十六年[?]月十六日起，至六月十五日止。丙、審核期限，先由鄉鎮辦事處將單冊等審核後，再遞送至縣辦事處審核，爲期一個月，鄉鎮審核期，「自二十六年六月十六日起，至二十五日止」，縣審核期，自六月二十六日起，至七月五日止。丁、公告期限，定爲一個月，自二十六年八月一日起，至八月三十一日止。戊、給照期限，自七月六日起，至十五日止，在公告後一年內行之。（五）公產典產等陳報辦法：甲、公產：由管理人陳報，倘無管理機關，[?]在地之區鄉鎮辦事處陳報，將來依照各項公產之性質，分別歸縣政府或區鄉鎮公所管理之。乙、典產：由出典人報，業已推收過糧者，由承典人陳報，但須於備考欄內註明典產字樣，未推收過糧，而出典人自認無力贖回者，[?]明審方由承典人陳報。（六）業佃戶應注意各點：甲、業戶自行整理田地，按坵插標，期限自[二]十六年四月[?]起至四月十五日止。乙、業戶逾陳報期限，在十日內者，每畝科收罰金五分，逾期十日以上者，由鄉鎮辦事處代[?]填，仍飭原業戶補報，每畝科收罰金一角，始逾限二十日仍未過報者，視爲地方公產，即由該鄉鎮辦事處陳報，不管業執照。丙、業戶所有田地，須據實塡報，倘有以多報少，或隱匿不報等情，一經查出，定行從嚴究辦。丁、業戶居外鄉外縣者，應責成佃戶先行代爲插標，一面趕緊轉知業戶依限前來陳報，不得延誤。（七）各界人士應注意各點：甲、各鄉鎮保甲長等，應受區鄉鎮辦事處人員指揮，幫助工作，並應認真辦理。丙、按坵編丈確實，毋得偏錯誤，致干愆處。乙、各鄉鎮學校教師暨當地熟諳丈算繪圖之人，並應分組擔任指導，此次辦理土地陳報，關係重大，必須羣策羣力，始可早日觀成。所有本縣各機關團體學校人員及地方士紳，均應隨時協助宣傳，俾利進行，[?]應首先插標陳報，以爲之倡。丁、如不識字之鄉民，不能塡寫坵標及陳報單者，凡當地識字能書之人，均應[?]爲之[?]，不得推諉。（八）獎懲辦法：甲、凡協助陳報得力者，將來結束後，由縣酌予獎勵，並彙案呈省請獎，以[?]勸[?]。乙、凡造謠破壞，阻撓陳報，及借端敲詐違章收費者，一經查實，立即拘案嚴懲。以上各點，仰各界人士及業[?]等一體遵照，務各依限陳報，以固產權，毋自延誤致干罰究，切切！特此通告

中華民國二十六年四月五日　　縣長成應舉

豐縣教育局啓事一

查本縣土地陳報業經開始，所有各學校經管學田，亟須即討論陳報辦法，茲爲此項問題，定於本月十一日上午十時在本局召開談話會，凡有經管學田各校校長，准時參加，恐函知未周，特此通告。

豐縣教育局啓事二

民衆識字班各視導員均鑒：茲定於本月十二日上午十時在本局會議室舉行第三次談話會，希各准時出席，除分函外，特此通告。

特載

豐縣縣政府為舉辦土地陳報告同胞書

親愛的父老兄弟姊妹們！我們豐縣的土地久未整理了！因土地而起的糾紛，眞是不勝縷舉，這是你們共同知道的。因爲土地未整理的緣故，就要：

一、冤枉代人完粮　以前有些奸巧的人　買了田不過粮，其初數年尚貼還賣主差賫，經過十數年後，即不承認，政府因爲未曾過戶，只得仍向原戶追繳，甚至一畝地沒有的人，每年還要拿錢完粮，所以近來控告差賫糾紛案件，日見其多，而且我們豐縣在民國十八年以前，尚未取消里書，他們推收過戶　弊端百出，有人花錢運動，即可將他的粮賦減少　將所餘的粮加到你們身上，你們還不知道，豈不是太冤枉的事嗎！

二、三厘貫空明白吃虧　你們買地一畝，應過一畝零三厘的糧賦，名爲貫空三厘，這是大家所知道的，考查貫空之由來，有人說因從前柳園公地向不完粮，所以由民地貫空三厘，有人謂因本縣額田不足之故，究竟是何原因難以證實，但是多年相沿，你們吃虧不少。

三、包完荒粮負担更重　現在我們豐縣　還有未曾報墾荒地一十多萬畝，政府因爲粮賦有定額的，不能減少，所以歷年以來　皆由熟田包完，每畝要多攤一分八九厘荒糧，大約你們亦知道的，政府雖然知道你們的負担甚重　因爲不曾整理土地　也無法解除你們這種痛苦。

四、等則不公允　我們豐縣以前的時候　雖曾經辦過田地登記，但等則方面以人事的關係，時間的匆促　實難免有錯誤的地方，其中吃虧的和討巧的在在都是，而今相沿數年，已無法重行審定，祇有在這時來革除這不公允的弊病。

五、常因田地糾紛弄得破家蕩產　你們因爲不清楚推收關係　所有粮名粮額　都不實在。一旦人家出來與你爭執田地　你們的官方證據拿不出，於是發生訴訟，除去花費金錢你們在經濟上受　重大損失外，在精神上更受無窮的痛苦　甚至於有很多的人直弄得破家蕩產，這是何等可慨的事！

現在好了！[illegible]辦土地陳就是要：

一、減輕你們的負担　你們的土地[illegible]報後，有畝田就完一畝田的粮　既不會冤[illegible]完粮，更不會有貫空包荒種種名目叫你們吃虧　並且到那時已經查出糧多之地，及有粮無田各戶　要減免的　還要把陳報後溢出的新粮，提出來減[illegible]們的負擔　碭等縣土地陳報後，田賦均已減輕　這是你們大家都知道的。

二、保障你們的產權　土地陳報後，[illegible]府知道你的田畝確數　四至經界，也都明白了，便[illegible]你一張管業執照　倘以後再有甚麼糾紛，只要拿出業執照來證明，糾紛便可解決，你們田地多的人，可以明白自己田畝確數　某塊地在那裏　什麼人都敢來侵佔的，至於合法佔有的土地　祇要地鄰來證　也給你管業執照，那時便也可以永久管業了。

三、不要你們一切的費用　你們在限期內來陳報　不收你們一文手續費　多年的白契也可以緩稅免罰　無粮和粮少的地　都不究既往、准你們免費升科　不收補粮費和手續費。

土地陳報的手續怎樣，這也是你們所要知道的，其實也同事是很簡單的：你們祇要把自己的田地　塊塊來分清了。在丈量準確後　在每塊地上插一塊木牌　寫明自己的姓名　畝數　住址　等待政府查丈的人來查丈後，再去填好陳報單，帶同串票契據到總鎮公所去陳報　串契查驗後，即刻發還　這以上手續做完後　由政府發給你們管業執照，永久執業。倘若你們在限期內不來陳報　便要受罰　再遲不報　或以多報少　田地就要充公，這確是要你們大家注意的！

縣長成應舉

中外要聞

林主席在桂召見黨政軍要人　十日返湘長沙各界籌備歡迎

▲中央社桂林八日電　林主席八日晨八召見桂垣黨政軍各高級人員　九時閱兵　十時蒞臨各界歡迎大會訓話，十一時三十分李宗仁白崇禧黃旭初陪侍遊覽名勝　晚七時李宗仁設宴爲林主席洗塵。

▲中央社長沙八日電　林主席準十時由來湘、省府八日召集各機關代表　組織籌備處　準備熱歡迎　何鍵定九日晨赴衡州、恭迓林主席來省　並示一切　現省會各民衆團體、已紮牌樓　市民歡騰異常。

——行政院魏祕書長昨視事——

▲中央社南京八日電　暫代行政院祕書魏道明、昨午由滬來京晉謁王代院長請示即於今晨八時赴行政院視事、旋與政務處長何廉晤談、辦理交接事宜　並召見祕書處高級職員指示處務　九時後京市長馬超俊　最高法院院長焦易堂　陝西財政廳長許士甫等　先後赴院道賀　十時王代院長到院處理要公　魏對處務復分別請示　記者今午往訪致賀　承面見　據談　翁祕書長因公隨孔特使出國　本人係暫代性質　所有祕書處處務　仍依翁祕書長成規辦理　人事方面、並無變更　記者繼詢關於粵洋米進口免稅　五省市米商來院請願事　魏稱　自以運銷國米爲原則　惟一時供求上發生恐慌、須要救濟、故限制以相當時間與數目之免稅、既屬短時性質　自不致影響國米運銷　末謂　陝甘恢復常態後　政府正擬撥款積極賑濟災民、善後已無問題。

新任粵主席　吳鐵城　十日晚乘輪前往

▲中央社上海八日電　吳鐵城依定乘戈立于總統輪赴粵、該輪須於十日晚啓椗　市政府祕書張正西張永榮隨行

大角來華　檢閱日海軍　昨日抵滬

▲中央社上海八日電　日海軍省特派來華檢閱該國駐華海軍大角大將　近藤少將等一行廿八人　八日晨五時廿五分乘妙高艦抵滬　駐華日海軍武官本場等　登艦歡迎。

大角抵滬後　即檢閱駐滬日[illegible]雲等四日艦　定九日檢閱陸上各軍事機關、十日視察日僑情形、十一日下午換乘素持美尼兩艦赴京滬等

農貸原則　顧祝同指示

●●●合作賑務兩委會擬定計劃●●●

▲中央社西安八日電　顧祝同前召集關係機關負責人、指示農貸急賑原則　飭擬計劃　現經合作賑務兩委員會、分別擬定、開陝北廿三縣農貸　期辦理

陳繼承　派劉弟舜　辦理豫鄂陝邊區公署移交事宜

▲中央社漢口八日電　中央軍校教育長陳繼承　定十時視事豫漢之中止，對豫鄂陝邊區公署移交事宜　已派參謀長劉弟舜來漢　代爲辦理。

兩湖監察使高一涵赴長沙以北各縣巡視

▲中央社漢口八日電　兩湖監察使高一涵　八日晚赴長沙以北各縣巡視。

桂攷查團昨返洛

▲中央社西安八日電　桂考查團八日晚離省赴華山遊覽後返洛。

劉文輝昨對縣訓班學員訓話　發揮治康意見

▲中央社成都八日電　劉文輝八日晨在對西康縣政訓練班訓話中　發揮其治康意見甚詳　要點、一、治邊意義首在

鞏固邊防、以保全國家領土之完整、亦為改善邊民生活、解除邊民痛苦 使了解一切政治設施、擁護政府 努力經濟建設 更開發邊地富源 關爾社會金融云云。

取消領事裁判權

公共租界納稅華人會響應

▲中央社上海八日電 公共租界納稅華人會、嚮應律師公會八日電王部長請進行取消領事裁判權、望能如前關稅交涉之締與情。

安華庭赴綏候謁傅

據談綏東極平靜

▲中央社歸綏八日電 安華庭七日晚由綏東返綏遠、候謁傅主席、報告防務近況、據談、綏東近極平靜、惟傳匪偽部首腦及某方高等軍事人員等、連日在嘉卜寺屢開會議、安氏候謁傅氏後、仍即返防。

張繼

昨過洛返京

▲中央社洛陽八日電 中委張繼代表中央致祭橋陵畢、八日過洛返京。

韓復榘昨返濟

▲中央社青島八日電 沈鴻烈陪同韓復榘於八日晨遊覽勞山、晚始返市內、韓即於晚九時離青返濟 沈等均到站歡送。

綏主席傅作義

昨遊頤和園

▲中央社北平八日電 傅作義八日晨答拜宋哲元、秦德純等、晤談甚洽、旋赴頤和園遊覽 至晚始返。

陳公博

任民訓部長

各方紛電致賀

▲中央社南京八日電 自中央命陳公博掌中央民衆訓練部後 各方紛紛電賀。

大學外籍教授

應納所得稅

▲中央社南京八日電 關於各大學所聘外籍教授 應納薪酬所得稅 已由財政部呈請行政院令飭各大學依法扣繳。

中央儲備銀行法原則

立院交財委會審議

▲中央社南京八日電 中政會通過之中央儲備銀行法原則草案、已發交立法院審議、立法院今日批付財政委員會審查、聞該會定下週內開會討論 並擬邀請中央銀行、及財部派員到會列席、以供諮詢。

陝省酒精廠

在滬購製機數架

▲中央社西安八日電 陝省酒精廠 在滬購製機數架，聞利用本省棉子提煉汽油 該廠六月可出貨，日出汽油三千公斤 酒精五千公斤、以托出二千公斤。

前粵省師長

陳漢光

昨由歐返國

▲中央社香港八日電 前粵省師長陳漢光、去年赴歐考查、八日晨八時乘波士丹號輪離港返瓊 據談 陳濟棠現仍在挪威 最近或啓程東返云。

周厲生由京返平

週後往各縣巡視

▲中央社北平八日電 周厲生由京返平後、八日語記者、此次南下、除向監察院報告使署工作外、並赴滬探視于院長起居、于院長病已愈、日內即返京主持院務、余定週後擬往各縣巡視。

滿鐵理事阪谷

昨訪李思浩

▲中央社天津八日電 滿鐵理事阪谷、八日晨偕津事務所長太田由津赴平訪李思浩 對華北經濟各問題交換意見、日內返津、

交通管理學院考查團

昨離粵北返

▲中央社廣州八日電 交通管理學院考查團、八日晚離粵北返 過衡州長沙將停留考查。

考選委會昨開二三三次會議

通過應攷資格審查書

▲中央社南京八日電 攷選委員會、今日上午九時開二三三次會議、主席委員長陳大齊、通過應考資格審查書、合格者二十六件、不合格者五件、並修正通過高等攷試及普通試土特啟人員攷試條例草案、呈院核佈、至十二時散會、

汪主席在滬檢驗身體

張羣昨往晉謁

▲中央社上海八日電 張羣八日晨由京抵滬旋謁汪主席、聞張羣歐攷查政治現正準備出國手續、

▲中央社上海八日電 汪主席偕曾仲鳴八日晨六時五十分在真汝車 至滬稍乇休息、此來係檢驗身體 稍留即返京 又滴元同車到滬、

陝建廳籌設麥種改良場

五年內完成選種工作

▲中央社西安八日電 建設廳以陝麥種不良，產量減少、特擬省籌設麥種改良場 擬五年內完成選種工作、並試驗滴交原之良種 先由關中開始 正擬詳密計劃。

蘇財廳昨開首批會議

營業稅局長會議

上午趙財廳長出席聽取報告

下午討論議案六日繼續舉行

▲江蘇社 江蘇財廳為檢討過去各營業稅局辦理營業稅事項 及解決一切難問題起見 特決定分批召集各縣營業稅局長來省會 五日晨上午九時、在該廳舉行第一批會議、計到無錫彬謙 吳縣馮振亞、鎮陽夏震龍 武進陳肅綱、丹陽朱復 吳江蕭巽觀 宜興周玉麟 溧陽楊紹曾、儀六浦霞亢 甯句豐洪山 高淳朊翔彝 溧水樂洋齋 上午由趙財廳長主席、報告開會意義後 即聽取各局長報告辦理經過工作情形、下午由二科童科長主席、討論今後辦理營業稅之重要議案 至五時許散會 六日晨繼續討論未完各議案云。

傅主席特函謝

禹王任誄悼綏陣亡軍民

闡揚義烈彌堅多士之思

矜獎忠貞益勵同仇之愾

▲江蘇社 本省國民軍訓會主任禹治、以此次綏戰陣亡軍民 保為國家民族奮鬥而死 死有重於泰山 特於日前修誄致悼 聞傅主席、已復函致謝 茲誌其原函如次、敬啓者、敝省此次舉行綏戰陣亡軍民追悼大會 辱蒙惠賜垂恤、寵頒隆儀、或承命駕光臨、或勞代表致祭 既叨寵錫 嗐復荷銘誄褒顯 氣壯山河、輝騰塞邊 闡揚戰蹟 彌堅多士之思 矜獎忠貞、益勵同仇之愾 匪獨英魂毅魄 咸埋地以銜恩 即屬部曲澤袍 亦聞風而奮感 祇緣倉卒設奠 款接未周、緬企高情 深滋[illegible] 用特奉裁蕪牋、藉伸歉意、並誌謝忱 敬頌旨祺 統希亮詧 傅作義謹啓 前線將士同拜啓云云。（一六日）

國際局勢益近暴發程度

英向西國民軍抗議

▲中央社上海八日電 倫敦七日電 國際間緊張局勢、益發近於暴發程度、下列諸端 均有漸趨危險之事實 一、英國已派驅逐艦加倫號 直接向國民軍領袖抗議 爲昨日驅逐艦勇敢號被國民軍飛機投彈轟炸事件 二、英頗疑上述轟炸事件、是義國飛機所爲 三、義大利日報稱 法俄兩國每、運送志願至西、且謂法國軍官擔任政府軍指揮 四、巴黎晚報稱、維拉哈達有德人三百被捕 五、羅馬半官方指稱、西傭馬哥羅號 自俄國裝坦克車二十五挺及運貨車二十輛往西境 已過土耳其海峽云、

政友會黨員安藤

（抨）擊政府官僚自主主義

▲中央社東京八日電 政友會黨員安藤昨於各政黨代表在京政廳開競選大會中 向衆演說 被警察勒令中止 因安藤曾言 如政府堅持官僚自主主義、則愉快光明之憲政勢必消亡 而將蹈成法西斯之政治云、政友會因警察干涉言論自由 今日已向內務省 提出抗議。

本縣新聞

兒童節宣傳大會誌盛

到會二千餘人　分贈大宗糖果　代表晉謁縣長

本月四日爲兒童節，縣黨部以在春假期間　城廂各學校、大多放假、未便召集、經縣擴大會議決、自四日起、至九日止、爲兒童節宣傳週、八日舉行宣傳大會、各情已誌本報、茲悉昨日爲宣傳大會之期、縣黨部當召集各機關團體學校、在公園體育場、舉行宣傳大會　共到各界代表各校學生及民衆兩千餘人　由監察委員董雪山主席、領導行禮如儀後、並作報告、次有成縣長公園學主任　相繼演說　最後有兒童代表演說　旋即呼口號攝影散會、同時備會當預備大宗糖果　一一分贈各兒童並由兒童推舉代表前往縣政府晉謁縣長，茲將開會情形、分誌如次、

會場佈置　會場在公園之同樂堂　門前交叉黨國旗　中懸總理遺像　主席台上置長方桌一　兩旁配以鮮花嫩草　佈置極爲雅潔

大會程序　一、開會、二、奏樂、三、全體肅立　四、唱黨歌、五　向黨國旗及總理遺像行三鞠躬禮　六、主席恭讀總理遺囑、七　靜默、八、主席報告、九、來賓演說、十、兒童演說、十一、呼口號　十二、攝影　十三、散會

主席報告　略謂　今天是兒童節宣傳大會　我們知道兒童節是四月四日、爲什麼到現在才舉行呢、因爲在春假期間、不能參加　所以改在今天舉行、關於兒童節在中國的歷史、我們不可不知道　在民國二十年　曾有人倡導、尤其在上海　更爲熱烈　後來經市政府建議中央　明定四月四日爲兒童節　這是大家應當注意的第一點、一般人對於兒童的教養　兒童的身心　兒童的生活、多漠不關心　認爲兒童是個人的私產　所謂養兒防老、這種心理是錯誤的、我們要糾正他們、要喚醒他們　無論在家庭、在學校　在社會　都要注意兒童的救濟　兒童的生活使活潑可愛的小朋友、都能受到相當的陶冶　然後才能繼續人類的文明，才能復興我們的民族　這是大家應當知道的第二點　另外我們還有研究兒童、對於他的身體、要加以愛護　對於他的教育、要求得實施　以及生理心理，都要時刻注意　兄弟曾在蘇州參觀外國人的家庭、如兒童圖書室、兒童遊戲場　可說是應有盡有、所以他們的小孩子、大都天眞爛漫、活潑可愛、反觀我們的家庭　對于兒童研究　實在太忽略了、這是大家應當注意的第三點、那末兒童既是將來的主人翁、未來使命、非常重大、我們爲了喊着復興民族，收復失地的口號、如果能把民族幼苗的兒童、加以培植　則將來方有可能　現在日本對於兒童、注意體格的訓練、蘇俄則有兒童科學的研究　英國則注重童子軍訓練　我們對還般小天使、又那能忽視呢、希望大家對於兒童的身心精神、要特別重視云云、

成縣長演說　略謂、今天是兒童節宣傳大會、關於大家對兒童應注意之點　已由主席報告的[illegible]　我們知道兒童是國家[illegible]、是社會的　不是一姓所私有的、那麼兒童既是家社會之產物　故兒童之優劣　實關係國家民族的[illegible]　有優秀之兒童　方有優秀之民族　所以我們對於兒童　應有以下三點注意　兒童體格要加以鍛鍊　兒童智能要切實培養　[illegible]品格要有相當陶冶[illegible]來賓、當由[illegible]熱烈歡迎[illegible]

李主任演說　[illegible]是[illegible]之主人　兒童之優劣　關係民族之存亡　故吾人對[illegible]之教養　不可不切實注意　但一般貧苦兒童、覓食無路、求學無門　希望政府對此等兒童　須設法救濟　使幼有所養　壯得所用云云　最後有兒童代表表演說　詞意極爲懇切、

晉謁縣長　散會後　各校推舉兒童代表、謝光雲　馬金祥　侯金端　陳崐崙等二十餘人　由督學王韻崐率領　前往縣府　晉謁縣長　當由成縣長在中山堂接見　兒童代表獻詞　成縣長致訓詞　並發給贈品　各兒童代表均歡躍而散

◎◎　　◎◎

南國印象記（續）

王子[illegible]

參觀中大新校

他們校址的遼廓，規模的宏大，在中國實在找不到第二處　各學院各據一處，可以單獨發展　除了體育館合　廣大的運動場以外，有發電廠　自來水廠，工廠農場　林場　牛房，豬房，雞舍，蠶桑館　還有美麗的樓湖　每個校湖，都加下一個中國大湖的名字　計有洞庭湖　[illegible]湖，巢湖　青海　洪澤　昭陽湖　另外附屬[illegible]，還有醫院　護士學校　助產學校　獸醫[illegible]所　[illegible]民衆法律顧問[illegible]中部　附屬初中　附小　[illegible]　廣東通志館　廣東[illegible]所等　[illegible]報告　他們正向[illegible]路上走。現已種植果樹五十萬株，十年後，每年每株的收穫以一元計算　祇果樹一項，每年可有五十萬元的收入，稻田也有大量的收穫，而牛羊雞豬等不失其時的繁殖蠶桑館一年可以飼養七八季的蠶　校湖裏又能生產很多的魚　鄉來除了油鹽等須向外購買外，其他都足以自給

他們對於學生很著重三民主義的陶冶，和體魄的鍛鍊　各學院學生修滿規定的學業，受畢業考試後，必須三民主義和體育兩種考試及格，才能領到畢業證書。三民主義的考試，是以確實了解中山先生所著的孫文學說，三民主義　建國大綱，建國方略　四種著作爲標準。體育的考試　是由學生就所規定的標準體育技術中，自行選擇一種

此校現在共有六個學院，就是文學院，法學院，理學院，農學院，工學院，醫學院。文學院分中國語言文學系，英國語言文學系，教育學系，社會學系，藝術學系，史學系，哲學系，法學院分法律學系　政治學系、經濟學系，理學院分數理天文學系，物理學系　生物學系，心理學系，地質學系，地理學系　化學系　農學院分農學系，林學系，農林化學系；工學院分土木工程學系　電氣工程學系，機械工程學系　礦冶工程學系；醫學院不分系，在各學院以外，有新成立的研究院　內分農科研究所，教育研究所，和文科研究所。

（未完）

腳車撞傷幼童

文廟小學前　崗警不敢負責

前日下午乘腳踏車者　自東門外疾馳西行　至文廟小學前　適遇居民李繼英之五歲幼童　由街心經過　未及躲避　被碰倒　該童倒地後　頭腫臉青　勢甚危險　乘車者彼即[illegible]附近居民羣往攔阻、未能走脫　當時方誠業亦前往探詢　李繼英聞訊後、擬懇請崗警暫將該乘車者看管　俟醫生驗明傷情後、再定對付辦法　不料該警非令李繼英找出店保　不肯代負看管責任、李因當此情急之下　不克尋找店保　只得聽闖禍者逃去　該童經醫生檢驗診治後　據稱尚無性命危險云

行路客白晝被劫

損失包裹一個

山東魚台人駱某、年二十餘歲、在黃口鎮棧充當賬師　于清明節回家祭墓　當以家事完畢、即騎腳踏車返棧工作、道經本城西關外之鳳凰素附近、突遇兩人一老一少、將其車子扭住　不令走、最後將駱之包裹、負之而逃　駱以該兩人胆敢白晝行劫　遂詢明中陽鎮鎮長報告　李鎮長即派人尋找、已不知去向矣。

豐縣國民貢獻一日所得運動推行委員會一二區分會收款公佈（續）

劉慎矩二分八　劉修升八釐　劉德標八厘、聶先角二分八　時云讓一分四　張廣明二分　聶先芝四分　聶道山四分　聶道方四分　聶先留四分　聶道寬一分　聶先順二分、燕莊．高殿清一分　酆存喜一分　宋超法一分、高白榮四分　董士厚一分　劉全興一分、袁玉如一分．杜俊風一分、高善麥一分　杜若臣一分．高善桂一分、張冀明一分．杜若玉一分．于中勤八釐　杜鼓森八釐．杜若勤一分二　杜嶽山二角、

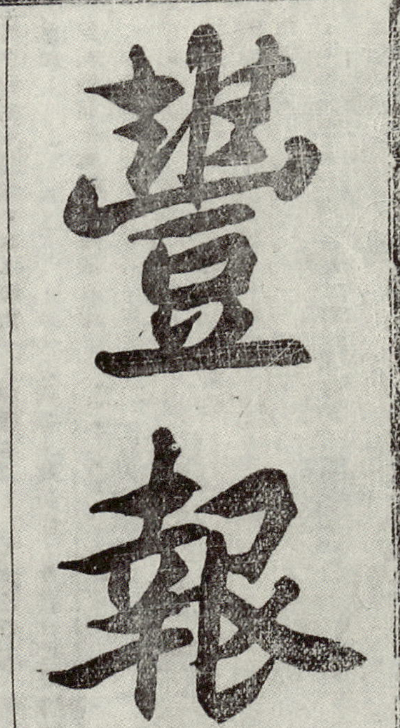

第一三四九號

請吸

國貨香烟

大長城香烟　空壳廿八只

紅金龍香烟　空壳廿五只

可換

清溪浴龍　九美圖　健美運動

畫片一張

豐縣德履祥謹啓

本社營業部

承印：書籍　表冊　賬簿　收據　名片　喜帖　股票　發單　哀啓　計聞　家譜　公文　傳單　廣告　報章　小說　文憑　禮券

兼售：公文紙　稿紙　信封　信紙　及會計應用表冊

如皋光廠　價目從廉　訂印物品　先繳半價　現款交易　概不賒欠

營業時間：上午八時起　下午四時止

豐縣縣政府警務科啓事

啓者：敝科存有蔴袋二千餘條，倘完整適用，每條定價大洋一角五分，如願購買者，請來敝科接洽可也。此啓

豐縣農工銀行限期收兌紙幣啓事

本行前因奉令結束，經限期二月底將所有紙幣收兌清楚，迄已過期，多數仍未兌回，茲經監理委員會決議展期兩月，至四月三十日收兌清楚，過期作廢，不再展期，希各依限來行兌換為要，此啓。

中華民國二十六年三月一日

第三區王海王錫璋鳴謝黃元璞先生啓事

本月七日傍晚錫璋家中突來土匪十餘人，將家祖母擄去，幸賴後和樓莊黃元璞先生及鄰佑跟蹤追擊，營救出險，感謝之餘，特此登報鳴謝。

豐縣縣政府舉辦土地陳報通告

查本縣土地田賦久未整理，以致經界混淆……[illegible]

區編丈完畢後，各業戶應即攜同契據及最近三年糧串，或其他證明文件，填寫陳報單，赴所在地之鄉鎮辦事處陳報，所繳證件，當時驗明發還。（四）陳報步驟：甲、編丈期限，由鄉鎮辦事處工作人員按坵編丈，記入地號清冊，定期一個月，自二十六年四月十六日起至五月十五日止。乙、陳報期限，由各業戶自行投報，定期一個月，自二十六年五月十六日起，至六月十五日止。丙、審核期限，先由鄉鎮辦事處將單冊等審核後，再遞送至區，區辦事處審核，為期一個月，「鄉鎮審核期，自二十六年六月十六日起，至二十五日止」，縣審核期，自六月二十六日起至七月五日止。「縣辦事處審核期，自七月六日起至十五日止。丁、公告期限，定為一個月，自二十六年八月一日起至八月三十一日止。戊、給照期限，在公告後一年內行之。（五）公產典產等陳報辦法：甲、公產：由管理人陳報，倘無管理機關，由所在地之區鄉鎮辦事處陳報，將來依照各項公產之性質，分別劃歸縣政府或區鄉鎮公所管理之。乙、典產：由出典人陳報，其已推收過糧者，由承典人陳報，但須於備考欄內註明典產字樣，未推收過糧，而出典人自認無力贖回者，應由具證明書方由承典人陳報。（六）業佃戶應注意各點：甲、業戶自行整理田地，按坵插標，期限自二十六年四月十日起至四月十五日止。乙、業戶逾陳報期限，在十日內者，每畝科收罰金五分，逾期十日以上者，由鄉鎮辦事處代為查填，仍飭原業戶補報，每畝科收罰金一角，始繳限二十日仍未遇報者，視為地方公產，即由該鄉鎮辦事處陳報，不發管業執照。丙、業戶所有田地，務須據實填報，倘有以多報少，或隱匿不報等情，一經查出，定行從嚴究辦。丁、如業戶住居外鄉外縣者，應責成佃戶先行代為插標，一面趕緊轉知業戶依限前來陳報，不得延誤。（七）各界人士應注意各點：甲、各鄉鎮保甲長等，應受區鄉鎮辦事處人員指揮訓練，輔助工作，並應認真辦理按坵編丈，確實，毋得遺漏錯誤，致干懲處。乙、各鄉鎮學校教師，暨當地熟諳丈算繪圖之人，並應分組擔任指導。丙、此次辦理土地陳報，關係重大，必須群策群力，始可早日觀成，所有本縣各機關團體學校人員及地方士紳，均應隨時協助宣傳，俾利進行，並應首先插標陳報，以為之倡。丁、如不識字之鄉民，不能填寫坵標及陳報單者，凡當地識字能書之人，均應為之代填，不得推諉。（八）獎懲辦法：甲、凡協助陳報得力者，將來結束後，由縣酌予獎勵，並彙案呈省請獎，以昭激勸。乙、凡造謠破壞，阻撓陳報，及借端敲詐違章收費者，一經查實，立即拘案嚴懲。以上各點，仰各界人士及業佃等一體遵照，務各依限陳報，以固產權，毋自延誤致干罰究，切切，特此通告。

中華民國二十六年四月五日　縣長成應舉

豐縣教育局啓事一

查本縣土地陳報，業經開始，所有各縣校經管學田，應即討論陳報辦法，茲為此項問題，定於本月十一日上午十時在本局召開談話會，凡有經管學田各校校長准時參加，恐函知未周、特此通告。

豐縣教育局啓事二

民衆識字班各視導員均鑒：茲定於本月十二日上午十時在本局會議室舉行第三次談話會，希各准時出席，除分函外，特此通告。

中華民國二十六年四月十日　壹報　（星期六）　第二版

中外要聞

孔特使昨過新嘉坡西行
僑胞數千人在碼頭熱烈歡迎
英艦隊司令陪同視察海軍港

▲中央社新嘉坡九日電　孔特使一行九日晨過新嘉坡赴英，到埠迎候者甚衆，我國僑胞數千人，持國旗在碼頭熱烈歡迎，孔特使登岸，略事休息後，即被邀由英艦隊司令陪同到當地海軍港視察，此爲英國招待外賓稀有之榮譽，孔特使嗣顧當地中國商會之歡宴，孔氏於席致詞，對海外海僑胞贊助革命，及擁護國民政府之熱烈，倍加贊揚，並請僑胞繼續努力，新嘉坡商會會長旋起立致歡迎詞，略謂，本人代表馬來一百七十萬華僑，向孔副院長表示歡迎，蔣院長孔副院長，及政府各官員，近年來努力所獲之進步，極表示欽佩，此次商會之歡宴，爲近年來僅見之盛況。

林主席在桂遊覽名勝
今日經湘返京

▲中央社桂林九日電　林主席今日視察五路總部及省府，參觀桂林高中，並遊覽名勝，乘舟遊覽桂江風景，民衆夾岸遙瞻者甚衆，定十日晨啓節經湘返京。

京滇周覽團首途赴滇
各界籌備歡迎

▲中央社昆明九日電　京滇周覽團，已首途來滇，籌備會分令，積極籌備歡迎，又擬於五月一日，舉行閱兵禮盛大歡迎。

吳忠信歡宴邊疆要員
安欽沙王等均出席

▲中央社南京九日電　蒙藏委員會委員長吳忠信，爲歡迎最近來京邊疆要員，於今日正午假勵志社，舉行歡宴會，勵志社門前車水馬龍，貴賓紛紛，被請之安欽呼圖克圖、沙委員長等，均準時先後到達，各院部會長官及在京邊疆要員，或代表等，被請作陪者，到有王寵惠等百數十人，由吳忠信氏致詞歡迎，詞畢，由蒙藏會科長白鳳翔翻譯，後由沙王答詞，至二時許盡歡而散。

津海關於下月中旬
舉行全市大搜查

▲中央社天津九日電　津海關決於五月十日起，舉行全市大搜查，凡未登記補稅之私貨，一律從嚴依法處理，此間各商號，所存私貨，明日起開始登記，將由海關商會檢查後，即遵章補稅，又據關查津海關兩月來努力緝私，已著明顯功效。

朱紹良仍留西安
請示後赴甘履新

▲中央社西安九日電　朱紹良仍留西安，關於甘政善後諸端，迭電中央請示，俟有端倪，即可赴甘履新，甘各界代表紛紛電朱歡迎，並派徐楊覃武等抵陝迎接。

財部撥公債百萬元
救濟川災

▲中央社上海九日電　朱慶瀾九日電滬報告，財部准撥公債百萬元救濟川災。

日前海相大角
遊歷華南

▲中央社福州九日電　日本前海相大角[illegible]，奉日皇命，檢閱駐華日艦，已由長崎乘妙高軍艦來華，並遊歷華南、廿三日前後可過閩。

兩湖監察使高一涵
昨偕科長安夢周赴湘

▲中央社長沙九日電　兩湖監察使高一涵，九日晨偕調查科長安夢周來湘，下榻青年會，高談，此行將往各縣巡視、調查民間疾苦，及一切政治司法情形。

陝第六區專員張篤倫
昨由京飛陝回任

▲中央社西安九日電　陝省第六區專員張篤倫，九日下午一時由京飛陝回任。

國府昨日命令

▲中央社南京九日電　國民政府今日命令，特派顧維鈞爲出席國際聯合會特別大會代表，此令。

芬蘭駐日公使范文
兼任駐華公使

▲中央社上海九日電　芬蘭駐日公使范文，奉命兼任駐華公使，九日由日乘上海丸來華履新，十一日可抵滬。

鄧寶珊昨返西安

▲中央社上海九日電　鄧寶珊九日晨乘歐亞機返西安、于右任宋子文均派代表到機場歡送。

中央社駐東京特派員
陳博森昨返國

▲中央社上海九日電　中央社駐東京特派員陳博森，爲報告過去工作情形並視察國內現狀，六日由日乘輪九日午抵滬，蕭同茲、馮有真等多人，赴埠歡迎，滬日報公會，定十日午歡宴，陳在滬留二三日即入京，並將赴平津一行、下月仍將赴日。

海亨輪離菲今日抵廈
僑胞迎送熱烈

▲中央社廈門九日電　海亨輪三日離菲，計程十日可抵廈、滿載華僑四百餘人、貨千餘件、僑胞以國輪初次航行在外、送熱烈。

平教界鄂湘桂粵攷查團
昨由平抵鄂

▲中央社北平九日電　平教育界組織鄂湘桂粵考察團，參加者共十餘人，九日下午由平漢路赴鄂轉湘桂粵等地攷查，約二週後北返。

駐黔四路軍攷查團
昨返貴陽

▲中央社貴陽九日電　駐黔第四路軍考查團一行十四人、前赴京滬杭贛攷查，九日返抵筑，團長陳侃談，此行得認識全國上下建設國家之苦心，殊覺興奮與歡忭云。

湘桂鐵路工程處在衡成立

▲中央社長沙九日電　凌鴻勛電告，七日在衡陽成立湘桂鐵路工程處，並就任兼職，已開始辦公，請湘桂兩省當局協助一切。

蘇省政府
舉行委員會議
補助省會游泳池建築費十萬
省禁烟委會調查員改稱視察

▲江蘇社　江蘇省政府第八九七次委員會議於六日上午八時舉行，出席委員陳果夫、余井塘、趙棣華、周佛海、沈百先、羅良鑑，列席者羅時實，主席陳果夫，紀錄萬君默，宣讀上次會議紀錄、報告事項、（略）討論事項如下，一、追認本會第三十八第三十九兩次談話會決定各案，二、淮安縣民姜同春，不服原縣短價補稅科罰處分，提起訴願一案，變更原處分，由訴願人將第一次買田短報契價四百十元，第二次買田短報契價二百六十元，分別補稅免票，所有短價罰金從寬免繳，三、江蘇省禁烟委員會調查員名義，一律改稱視察，准備案，並將編織規程修正，四、修正通過江蘇省穀物檢定委員會組織規程，江蘇省小麥檢定總辦事處組織規程，江蘇省穀物檢定委員會小麥檢定暫行辦法，五、受軍事委員會委員長委託，代核軍事機關查獲盜匪案件計六件，六、爲清理積壓烟案件，准祕書處將調委人員留用少數，延長六個月，每月需費一千零七十元，仍在省禁烟預備費項下開支，七、鹽城縣民王敬銘爲繳收湖田丈費及溢地領價爭執事件、不服財政廳所爲之決定、提起再訴願一案、原決定除關於變更原處分認定之畝分

部份外撤銷、本年再訴願人已繳之丈費、應即全數退還、俟繳價承領溢地時、再按領地面積、照章每畝帶徵丈費一角、關於溢地價格部份、應由財政廳委派專員、會同太湖湖田清理處重行實地勘估、再飭繳領　八　武進縣民蔣成翰等、爲請求免徵營業稅事件、不服財政廳所爲批示之處分、提起訴願案、『訴願駁回』九、核准銅山縣辦理烟毒犯自首宣傳溢支旅膳費、一百元一角九分、在禁烟第二預備費項下支撥、十、核准太倉縣烟犯習勞隊臨時購置費需款七十元六角、在禁烟第二預備費項下支撥　十一、核准吳縣縣立醫院改建病房等費、共計需款九千另八十九元九角七分、在禁烟第二預備費項下支撥　十二、江蘇省會游泳池建築費、約需十萬元、准由各廳處局會節餘項下分攤補助　計秘書處五千元　民政廳一萬元、財政廳二千元　教育廳二千元、建設廳二千元　地政局二千元、保安處一萬元、省禁烟委員會二千元、共爲三萬五千元、不敷之六萬五千元　在省總預備費內開支。（七日）

蘇財廳擬在南通等縣試辦

會計總辦公處

俟縣會計人員調訓後成立

如辦有成效即推及於各縣

▲江蘇社　蘇財廳頻年對蘇省各縣會計事務、推展改善、不遺餘力、成績昭然　頃悉該廳擬設南通、如臯、青浦、江陰、吳江、武進、常熟等縣會計總辦公處、並先於南通等縣屬各機關會計人員集中辦公　其成立期、俟縣方各縣會計人員調訓後、即着手籌辦　約在七月間、聞設立會計總辦公處計劃、係對所屬各縣實行點名發餉、至簽支用款、由縣長、款產處主任、會計主任三方會核、所有出納、仍屬縣府二科長兼、款產處任監督政府用款事宜、該項會計總辦公處成立後、如辦有成效、即推及於其他各縣云。（七日）

蘇水利建設概況

導淮入海工程可如限完成

開闢新運河七月初決動工

整理東太湖已開始釘界樁

▲江蘇社　蘇省水利建設、近數年來經當局努力策展、進步甚速　成績猛晉　如導淮入海工程、計劃開闢新運河　整理東太湖水利等項　悉爲本省犖犖大者、記者昨特訪某關係當局　詢得進行概況如下

導淮工程　某君談、導淮入海工程　施工經過、各情已屢誌前報　近來天氣晴朗　每日有二十萬工夫在工次工作、故工程進行頗速　此次天氣如繼續晴好、全部工程　於本月二十日決可如限完成、至驗收事宜、係於每段竣工後　即由專派之承啓宗氏驗收　將來總驗收暨放水典禮　現尚未定、至余廳長是否再度前往　亦未定云。

開闢新運　關於開闢新運河問題　測量工作、業經測量隊辦竣完竣　現正着手草擬實施計劃、建廳已飭該隊於本月內將是項計劃擬妥以便轉呈中央審核　七月初決可動工。

整理太湖　整理東太湖水利工程　關係江南農田水利甚鉅　此項工程係由江南水利工程處主持進行、所定之界線　悉係遵照全國經濟委員會揚子江水道整理委員會所定辦理、現樁界工程隊已於四月一日成立　日來已開始打樁工程　聞江南水利工程處處長薛開瀛氏　在最近期間、擬赴工區視察、并指示工程進行云。

蘇民廳增設烟民工廠

南通等縣成效著

決繼辦松江等區

▲江蘇社　江蘇省民政廳、鑒於南通、銅山、無錫、各區設立烟民工廠後、成效頗著、現決繼續於松江、溧陽、江寧、淮陰、江都、東海各區各設烟民工廠、所、已飭科積極籌備分期舉辦云、（七日）

蘇營業稅局長會議首批結束

二批於本月八日舉行

▲江蘇社　蘇財廳第一批召集之無錫等十二局營業稅局長會議、六日晨九時起　仍繼續開會　由董科長主席、討論未完各議案、至中午十二時散會　即結束　開第二批訂本月八日召集　被召者爲江、如、興、通、常、泰、東、川、匯、松、滬、金、江、靖、鹽、海、啓、嘉、太、寶、高、寶、青、崇、阜等十五局云。（七日）

愛國商民

應擁護營業稅

財部電復陳主席代電徵詢

蘇各縣商會請取消係誤解

▲江蘇社　蘇省商聯會、前據各縣商會提議、以中央此次實行所得稅、商民增加負担　擬請財部取消各縣營業稅以蘇商困　蘇省府據報載此項消息後、特代電財部徵詢意見　頃悉省府已接到財部孔部長復電　其原文云、江蘇省政府陳主席勛鑒　眞代電奉悉　查其照國府公布收支系統法規　所得稅爲中央徵　營業稅爲省稅　及直隸於行政院之市稅　性質既各不同　課稅標的亦自有別、且兩稅同爲國庫省庫收入之重要稅源，凡屬愛國商民　均應一致擁護、尊電以報載蘇省各縣商會有呈請營業稅情事　如屬實在、自係不明事理　籍詞誤解　相應復請查照爲荷　財政部長孔祥熙叩寢賦印　（七日）

蘇財廳調劑民食

調查糧食市場

本月份起分區進行

▲江蘇社　蘇財廳爲調劑民食起見　特舉辦糧食市場調查統計、俾資籌劃、自四月份起分區進行辦理、馮驥伯等分別前往各區辦理、馮等已於日昨由省出發、并攜方令文、請各區內之縣政府予以協助　並轉飭各該地商爲轉糧食業公會知照　以利進行云。（七日）

世界紡織大會我代表應尙德

在華盛頓發言

（抨）擊某國走私

▲中央社華盛頓八日電　世界紡織大會中國代表應尙德、八日發言抨擊某國人民在華走私情形　而某國政府似加默許　對於中國稅收損失頗鉅　若外國武力竟復庇護走私則正當商業將趨於破產　中國原有改良工業之計劃　常受阻撓、不能發展、中國可爲各國一大主顧　但因外力之剝削、其購買力不能增加　中國希望門戶開放　但某外力竟橫加阻礙　中國境內現尙駐有大批外國軍隊、時時干涉內政、惟中國政府仍正盡力與各國合作、以解決工業問題。

美參衆兩院外委會

合組混合委員會

▲調處新中立法案

▲中央社華盛頓八日電　關於新中立法案、參衆兩院頃曾先後通過　衆院外委會主席麥克瑞洛　及參院外委會主席畢德門所提兩案、俟經兩院共同推定混合委員會加以調處、該委員會頃宣稱　本月杪當可將兩院通過之方案　加以調整而成立折中之法案。

兒玉昨訪外相左籐

報告赴華交換意見內容

▲中央社上海九日電　據東京電兒玉謙次、八日下午訪問左籐外相　報告考查中國狀況　及與中國實業界交換意見內容後　關於調整兩國邦交　促進經濟提攜問題　有所建議、歷二小時後　始辭出　兒玉建議之要旨　爲中國現在正向統一國家目的邁進　國民亦已愼重態度　努力援助政府、日本應正確認識此事實、而實行各種政策　至於經濟提攜問題　彼此意見已經充分疏通、故今後兩國努力調整國交、並非不可能、左籐亦遵重兒玉意見　擬於日內與關係當局協議　對華方針則待川樾大使回國後　實行具體政策。

▲中央社東京九日電　關於兒玉與外相左籐之會晤、官方守祕密　衆信曾對此次赴華考查經過　有所報告、並建議調整對華關係之方策。

本縣新聞

各鄉鎮昨日舉行宣傳大會

定上午十時或下午三時

總辦事處派員前往指導

土地陳報◎

土地陳報總辦事處 通令各鄉鎮 於昨日上午十時或下午三時、舉行宣傳大會、規定每戶至少須有一人參加、除分發大批宣傳品外、並派員分往各鄉鎮指導 茲探悉各鄉鎮指導員如下：

第一區李莊鄉亭台鄉彭子靜、丁關鄉劉樓鄉王純九 十里鄉孫樓鄉劉硯田 高樓鄉李河鄉林靖夷 路口鄉路莊鄉韓韶九 傳莊鄉龍霧鄉高世敏、城廂四鎮劉耀寶、

第二區郭集鄉仇集鄉王元超、師寨鄉社屯鄉彭世亭、小營鎮店子鄉劉傳綱 鄧莊鄉蕭墟鄉魏以釗 其餘六鄉由區公所職員担任、

第三區常店鎮程莊鄉王汝經、王寨鄉順河鄉張子曼 邊廟鄉褚砦鄉吳鳳樓 袁堂鄉渠坑鄉彭繼亭、渠閣鄉大盛鄉劉德樹、魏集鄉雲橋鄉劉儉修

第四區趙集鄉吳樓鄉蔣李坦、袁集鄉灘轆鄉李鼎九 學屋鄉溪莊鄉王效禹 張集鄉貴莊鄉孫鵬飛、首羨鄉史集鄉夏愼言 茌莊鄉便集鎮張明琨

第五區蔣集鄉韋樓鄉劉子粹、大同鄉祁廟鄉李永科、趙集鄉程莊鄉朱翼曾、許廟鄉齊同鄉張明盤 周莊鄉張河鄉黃陵如 孔店鄉小樓鄉王德學、

第六區渠坑鄉包穆卿、王樓鄉邁帝鄉梁燦坤 李寨鎮東閣鄉安繼鼎 西閣鄉草樓鄉劉鳳棠、六樓鄉祠堂鄉魏顯恩 畢樓鄉宋樓鄉馮矩棠 隨寨鄉錯樓鄉黃仲安

第七區趙河鄉胡樓鄉劉萬傑、趙屯鄉邢橋鄉馮守仁 葦坑鄉史樓鄉張念霧 毛樓鄉楊樓鄉曾慶霖 華山鄉尹樓鄉李旭辰、

實驗鄉提前編丈土地

組織八隊每隊負責一段

全鄉各學校教師總動員

實驗鄉土地陳報 因須供給鄉鎮辦事員實習、籌辦較早、近標刻已大致插齊、鄉公所於昨日下午一時、召集各保長各學校教師 及已確定之編丈員 舉行臨時會議、到劉劍秋、張厚坤等三十餘人、董鄉長主席 劉德廉紀錄、除報告土地陳報籌辦概況、及解釋章則外 並決議重要議案如下、一、編丈隊應如何組織案 決議、組織八隊、每組負責一段、溫傳之曹修瑾担任第一段 王占鰲汪亞民担任第二段 郭克哲袁光祖担任第三段 劉德廉沉冠卿担任第四段、張厚坤谷馥樸担任第五段 邵世瑞鄧漢亭担任第六段、苗秀山惠承緒担任第七段 李子正程守祥担任第八段 二、編丈隊火食應如何辦理案 決議 以孫樓魏莊兩保學爲吃飯地點、由辦公處會同各該保長籌辦 凡有給人員須攤伙食費 餘開支公費 每組找熟悉土地情形之農夫二人拉彈、每人每日發給伙食費二角 三、擬定期開始編丈案、決議本月十三日開始編丈 在未開始編丈前 各保長盡力調解土地糾紛 各教員回家整理自已土地

三區王海發生土匪綁架案

肉票被鄉民打落

黃元璞勇敢可嘉

本縣第三區魏集鄉王海莊王錫璋家 前日（七日）傍晚、突來土匪十餘人、各持快槍 闖入院內 將錫璋八十餘歲之祖母架去、並搶去自衛快槍兩枝 及衣物等件 當時因防禦不及 故未抵抗、及匪出莊後 即集合鄉村村民跟蹤追擊 因後和學樓莊民、黃元璞饒勇善戰 卒將肉票奪落、安全無恙 亦云幸矣。

南國印象記（續）

王子蘭

參觀中大新校

最後段以該校校歌，把這段文章結束了罷。

白雲山高 珠江水長，吾校矗立，蔚爲國光；國父手創 遺澤餘芳 三民主義，儀型四方，民國基礎，大同梯航，莘莘學子 濟濟一堂 學以致用，不息自强，發揚光大 貫澈主張，懿歟勉旃 勿墮勿忘！

開會忙

宴會後已下午一時，到二時半，假該校的法學院開會 蕭冠英主席，先由廣西教育廳長雷賓南先生報告廣西的國民基礎教育施行情形，和普及國民基礎教育研究的概況，繼由江西省督學程宗宣報告江西的公民訓練及簡易教育。

下午五時，乘原車赴廣東省府林（雲陔）主席，第一集團軍陳濟棠總司令，及廣州市劉（紀文）市長之宴 過黃花崗之陽 停車參觀十九路軍淞滬抗日陣亡將士墓，六時到廣東省政府 筵席設在大廳下 賓主數百人 殽饌很豐美，並作西樂助興。

晚間出席廣西考查團團員會議，討論考察的地點及組織 雷賓南先生參加報告廣西的情形。廣西考查團是由中國社會教育社事前發起的 當通知年會會期及地點時 同時徵求會員 凡願加入的 先繳預定費五元 現在因爲正式報名繳預定費的尚不甚多 凡臨時參加的也不拒絕。

十九日晴 上午八時半繼續在中山大學禮堂開會，由雷賓南先生主席 先由梁漱溟先生報告山東鄉村建設研究院的實驗事業，次由[illegible]智社友宣讀編纂民衆基本字典經過的論文。

（未完）

警務科捕獲吸售毒品犯三人

搜出海洛因十一包

本城西關外居民鄭范氏 家無恒產、素不務正 近更售賣毒品爲業 爲警務科偵悉 昨晚卽派王督察孟偵緝長等分別率警 按址往捕、行抵該犯家中 適鄭范氏正與洪跛子商買毒品 當被拿獲 旋在其牆角下搜出毒品十包 王督察等正欲將該犯等帶縣 不意此時忽又闖入一人 見官警在室、卽欲抽身逃走 亦被捕獲、結果在其身上搜出毒品兩包、據供名洪鳳啓 自認吸食不諱 聞警務科已將以上各犯送司法科訊辦矣。

三區中心民校新建校舍已動工

受訓甲長抬土忙

三區壯丁訓練隊、分二處訓練 該校校長爲增進訓練效率及指導[illegible]見、預備集中訓練 當以校舍不敷應用 擬增建校舍十餘間 故對壯丁顧練經確 力求節省 現已集有成數 於本月一日動工 惟需土甚多 除一部分由區公所派車運送外、餘均由受訓甲長負責抬運 甲長等深知春間農民苦忙 對於抬土工作、非常踴躍 其抬土時間 定爲每日午睡時及課餘之暇云。

一、五、七、各區及實驗鄉分會捐款已募齊

一日運動推行委員會

第一區 中陽鎮十元 龍霧鄉八元六角五分 劉樓鄉十五元四角、大澤鎮八元四角、丁關鄉十四元四角 十里鄉十元零四角、亭台鄉十元零六角、高樓鄉十一元 路口鄉八元三角、路莊鄉八元八角七分、傳莊鄉八元四角六分、中山鎮二十元零一角八分、孫樓鄉六元五角三分、大同鎮九元二角三分 李莊鄉十元、李河鄉十元、合計全區一百七十三元六角、

第五區、全區五十元、

第七區、華山鎮十四元四角六分、胡樓鄉十三元三角六分、毛樓鄉八元八角一分 楊樓鄉七元五角 趙河鄉六元六角四分、趙屯鄉五元 葦坑鄉四元零八分 邵橋鄉六元八角 尹樓鄉二元七角 分 史樓鄉三元三角六分、合計全區共七十三元七角二分、

實驗鄉 全鄉 一十二元

又大[illegible]莊小學協進團經募九元八角、

土地陳報專刊

成應岸題　[成應]

豐縣土地陳報擴大宣傳綱要

節錄

甲、土地未經整理之弊害

一、本縣老荒缺徵粮賦，向由熟田包完，各業戶担負額外賦稅，約有二成之譜。

二、不辦土地陳報，不能革除包荒積弊，無法減輕人民負担。

三、有粮無地或地少粮多受浮粮之累。

四、賣主久不過粮按年需索差費。

五、經界混乱時起糾紛。

六、產權不明，官方無確實證據，至受訟累。

七、地產衆多之戶，因不明自己產業情形，常受強暴侵呑。

乙、土地陳報後之利益

一、保障產權絕無訟累。

二、明瞭自己產業確實情形，以免他人侵佔。

三、經界明晰減少糾紛。

四、明瞭本人應完粮額，不受非法需索之害。

五、按地徵粮　革除從前包荒之弊。

六、按等徵粮　絕無輕重不平情形。

七、土地陳報後將來擠出新田，及一切溢出之粮額，概充減輕人民負擔之用。

八、陳報不收費用，無粮出地或粮少田多，一概不究既往，免費升科。

九、有粮無地，或地少粮多者，陳報後，即予分別減除。

丙、陳報之手續

一、在各鄉鎮段界劃分後，各業佃戶應各自整理地畝，丈明畝分　釐清坵界，並在坵之四角各培土堆以資識別。

二，依照規定式樣自製坵標，將規定各項填寫清楚，倘業戶不識字者，應即邀請他人填寫。

三、坵標須插取本人地頭(南北地南頭，東西地東頭)靠近邊界一步內。宅地標須訂於前門門框上。

四　在編丈後抽丈前　須[illegible]坵標，如發覺已被拔毀者，應即補插　以備復查抽丈。

五　各業戶接到鄉鎮辦事處所發之地號通知單及空白陳報單後　應即依照規定，逐項填寫　不得任意缺漏。

六、赴鄉鎮辦事處投報時，應攜帶一切關係證據粮串等　連同陳報單，交鄉鎮辦事處查驗，經鄉鎮辦事處驗明證件後，隨時加戳發還，並發給送達回證，以便將來領取管業執照。

丁，各業主佃戶應注意事項

一、在規定期限內陳報者，概不收費。

二、逾規定期限十日以內者　每畝科收罰金五分．逾十日以外者，每畝科收罰金一角，如逾二十日仍未陳報者，即視為地方公產，由該管鄉鎮長查報。

三、老年白契陳報時可繳稅免罰。

四、無契土地，有地之四鄰，及鄉鎮保甲長出具證明書，即可陳報。

豐縣土地陳報鄉鎮辦事處督導各業主自行整理界址清丈地畝按坵插標遵限陳報辦法

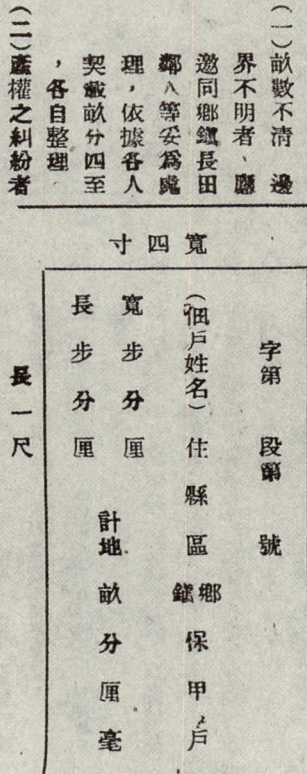

一，督導各業戶自動整理界址清丈地畝：

甲，宣傳勘界時，應即嚴催各業戶迅速實行。

乙、各業戶所有地畝，應先將四至整理明晰，一面自行清丈，丈明每坵實在「寬」「長」各幾步幾分幾厘幾毫　折合畝分若干，以便填入坵標之內。

丙，凡畝數不清，邊界不明，產權糾紛，欲行分割及其他一切無法陳報者，一律依照下列辦法整理之：

(一)畝數不清　邊界不明者、應邀同鄉鎮長田鄰人等妥為處理，依據各人契載畝分四至，各自整理。

(二)產權之糾紛者

附坵標式樣

五寸寬

字第　段第　號

(業主姓名)　住　縣　區　鄉鎮　保　甲　戶

寬　步　分　厘

長　步　分　厘

計地　畝　分　厘　毫

出土二尺　地面

出土二尺　地面

全長三尺

深一尺

宅基標式樣

四寸寬

字第　段第　號

(佃戶姓名)　住　縣　區　鄉鎮　保　甲　戶

寬　步　分　厘

長　步　分　厘

計地　畝　分　厘　毫

長一尺

，糾紛各戶，均可同時清理邊界，各自插標，聽候解決。

(三)欲行分割者，可於事先劃定邊界。

丁，各業戶之土地，應於每坵之四角，各培　土堆，以資識別。

戊，各戶限四月十五日以前整理完竣，如逾限期除仍勒令該戶自行整理外，並予以懲儆。

二、督導業戶自行插標：

甲，飭各業戶佃戶，自備木板一面，木板須長三尺，寬五寸以上者，削平一面，以便填寫。

乙　每一木標上，須寫明業佃戶姓名住址，寬長畝分各若干，某字第　段第　號等字樣。(宅地坵標，另製木板一塊，長一尺寬四寸　填寫業戶佃戶姓名住址，及寬長畝分某字第　段第　號等字樣)

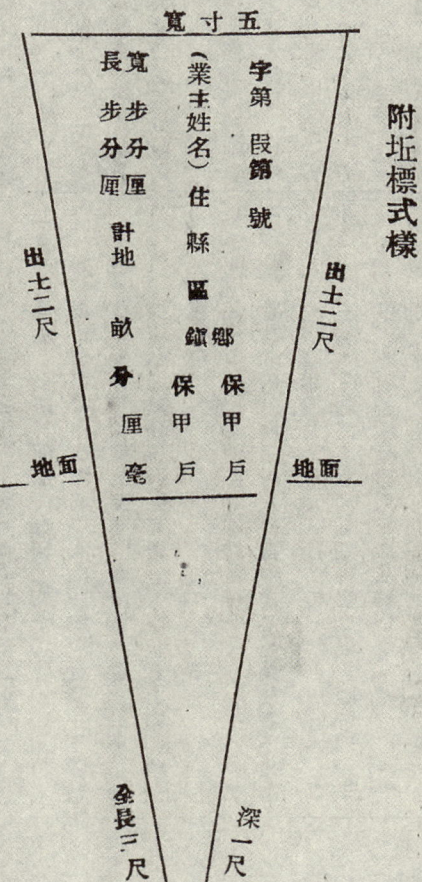

丙，業佃戶不識字者，應即設法請人代寫。

丁，木標須插於本人地頭之中間，靠近坵邊一步內(東西地東頭南北地南頭)

戊　宅基標釘於各業戶前門門框之上。

己，插標限四月十九日以前一律插齊。

庚　各標插齊後，須囑各業佃戶，妥善保管，須俟編丈抽丈完竣後　方准拔去，如有先期拔去，或被偷竊折毀情事者除予該業主以懲處外，該管鄉鎮保甲長　應連帶負責。

三，督促各業戶陳報：

甲，將填齊之地號通知單，先行挨戶分發，取具回證。

乙，告知陳報期限(自五月二十日起至六月十九日止)

丙　遇有不識字者　應即先行請人代寫。

丁，遇有陳報手續不明，心存疑慮，或填報困難者，應即詳明解釋，並代辦一切手續。

戊，陳報時須囑攜帶一切證件，(契據粮串等)

豐縣土地陳報各種疑難問題總解答

一、問 土地已賣糧未過戶者應怎樣填報？

答 土地已賣糧未過戶者，此次填單陳報後，即無須另行過戶手續，但應在陳報單備考欄內註明以前完糧之戶名。

二、問 土地分給子孫，而完糧仍係一戶者應如何填報，若由子孫各別填報，是否仍須分戶或另立戶？

答 土地已分給兒女有分書證明者，則由兒女各別填報，而糧未過戶或立戶者，此次填報後無須再另行過戶或立戶。

三、問 有糧無地者，應如何填報？

答 有糧無地者，於陳報單上之「原有畝數」書明無字樣，並於備考欄內，註明無地原因，將來由政府呈請財政廳豁免之，其有糾紛者，則於備考欄內註明其糾紛情節，由鄉區縣遞級調解之。

四、問 重糧及糧多田少之土地，如何填報？

答 原有畝數欄內即填查丈後畝數，並在備攷內註明重糧及糧多田少原因，將來縣政府查明彙案呈廳刪除之，其有糾紛者註明其糾紛情節，由鄉區縣遞級調解之。

五、問 有田無糧之土地應如何填報？

答 有田無糧之土地於「糧額」欄內不填，而於「附註」註明無糧字樣，其有糾紛者於備考欄內註明其糾紛情節，由鄉區縣遞級調解之。

六、問 土地兩賣，應如何填報？

答 由雙方填報於備攷欄內，註明其糾紛情節，並依法律手續正式解決之。

七、問 死亡逃戶無法定繼承人，其土地應如何填報？

答 鄉鎮長代爲陳報依法律程序處理之。

八、問 業主非本縣人而不住在本縣者，其地應如何填報？

答 由鄉鎮長令其佃戶或收租人轉知該業主前來或委託代理人填報，一面由縣政府通告，限期填報，愈限無故不報者其土地以無主論。

九、問 荒地無收入者 由鄉鎮長填報 若爲私有者，由業主填報，于現作何用欄註明「荒」字。

十、問 業主住在地之鄉鎮無土地者，其陳報單如何填寫？

答 業主住在地之鄉鎮，雖無土地亦須在住在地之鄉鎮辦事處填送陳報單一張除填寫業主姓名住址籍貫外於備考欄內註明其他鄉鎮所有之土地畝數。

十一問 跨在他鄉之土地，須分單填報而於備攷欄上註明其跨鄉畝數，是否各單均互相填註，抑僅在業主住在地之陳報單上填寫之？

答 以在各鄉之陳報單互相填註爲原則，如因同一業主所有之土地，跨鄉過多者，爲時間所限不能與各單並註時，得僅在業主住在地之陳報單上填註之。

十二問 備攷欄所註跨鄉跨段土地之畝數，係填何種畝數？

答 照劃分鄉段界後跨入他鄉他段之查丈畝分。

十三問 無糧荒地，若因佔有關係，發生爭執，由雙方填報時，此類陳報單是否提前送縣解決，又若一方認爲公地，一方認爲私有地時應如何解決？

答 有爭執之陳報單，其爭執之案件，可按級調解，毋庸提前送縣，至一方認爲公地，一方認爲私地時，作爲有糾紛之土地處理之。

十四問 業主有白契而不肯呈驗時應如何處理？

答 業主填寫陳報單呈驗證明文件，如有發現白契，准予緩稅免罰，若有白契不肯呈驗時，應在證明文件一欄註明無契，其土地作爲無契土地論，將來萬一該土地發生爭執，此種契據即不能再作證明。

十五問 業主土地，因抵押關係，不能取得單串契據時如何陳報？

答 業主填報土地，須有糧串契據等，或因抵押關係不能取到單串契據等證明時，由業經陳報之鄉居人，或由承典人或債權人出具證書，並由土地所在地之鄉保長簽名蓋章負責。

十六問 同一業主之土地可否用數名陳報？

答 只能用其保甲所載眞實姓名填寫，不准化名。

十七問 證明文件爲契據時，是否在證明文件一欄僅寫「有契」二字抑尚須填明爲「某年某月契」字樣？

答 應填「紅或白契若干件」字樣，無須填年月。

十八問 業主不能寫字，請他人代填時，此人是否爲代理陳報人？

答 代理陳報人，係指業主，不能親自畫押蓋章，以書面委託他人填報，及未成年人或瘋癲者，由監護人等代爲陳報者而言，若僅請人代寫，仍由自己畫押蓋章者，此代寫人非代理陳報人。

十九問 土地遇有分割應如何陳報？

答 分下列二項解答：

一、土地業經分割清楚，並已分立糧戶者，應分別填報。

二 土地分別清楚而糧仍係一戶者，可分別填報，但附註欄須註明糧未分割。

三、在一戶之內土地有個人私產者，應由有產權人領名陳報，但須戶長蓋章簽名以便稽核。

二十問 河堤，公路，河底，如何陳報？

答 本縣公路幹河支河河岸所佔土地，如業主不願放棄產權，仍由業主陳報，並於備考欄內註明公路河堤佔地畝分，如係官地無人墾殖者，由鄉鎮公所陳報。

廿一問 教堂地畝應如何使之陳報？

答 准其承租，由租用人代爲陳報，如長教者不在本堂，應由管理人代報。

廿二問 不能生產之荒地，放棄則失去產權，陳報即須納糧，此項土地有何法可以救濟？

答 人民如願陳報，可列入最下則地，暫不納糧，如願放棄，可由鄉鎮公所以荒地陳報。

廿三問 面積廣大荒灘，及沙河均無邊界，地號如何編法？

答 如係有主田，應由業主清理邊界，以備編號，如係無主，或雖有主而業主甘願放棄者，則由該管鄉鎮辦事處清理邊界，察酌形勢，定爲一坵或數坵編號，以公地陳報。

廿四問 如有前清時間已稅契約一張，內有地十二坵，共地一頃八十五畝，亦無地段畝數坐落，如何陳報？

答 可按照各坵查丈所得畝分，分行填寫陳報單，在第一行證明文件欄寫契約一張，於該行附註欄註明以下十一坵與本坵係一張契約，其餘十二行附註欄均應註明本行與第一行係一張契約，如有一張契約三段五段者亦仿此，以糧串證明陳報者如有此項情形亦仿此。

廿五問 若地約遺失，但有本年糧串一張，與數坵地數相符，是否可以作證？

答 可以呈驗，但填寫陳報單時，應照第二十四條一張約管數段地辦法填寫，仍須取具證明書。

廿六問 如宅基地一段半段是坑，是否能將坑單獨填報，將來是否可以分兩等征糧？

答 該宅基即係一坵，仍照一坵填報，於附填欄填明坑佔面積。

廿七問 插花地如何陳報？又如豐地沛糧，或豐地蕭糧，陳報後沛蕭糧能否開除？

答 凡坐在本縣境內者，一律陳報，在他縣納糧者，應在備攷欄內詳細填明，并須繳驗糧串，以便呈請開除。

廿八問 證明文件如係繳呈「原約」非本人名姓是否有效？

答 產權無糾紛者原約有效？

廿九問 久賣、丈之地，應歸何人陳報？

答 應由買主陳報，如無糾紛，准由雙方邀同地鄰自動整理，如有糾紛，可呈由區縣參事會調解之。

三十問 買主在陳報期前應整理其土地，但賣主故不交割，處丈無法陳報，應如何處理？

答 呈請區鄉鎮公所勒令交丈，如有糾紛，呈請區參事會委員調解。

卅一問 在沿河邊之地面，業主契約載有深入河底中幾步，應如何填報？

答 如業主自願放棄河底產權，即可將河底除去不報，否則仍須照數陳報。

卅二問 設某莊有大水坑，佔地甚多，應歸誰報？

答 如係無主，可由該管鄉鎮公所以公地陳報。如係有主，該業主不願放棄，仍由原業主陳報。

卅三問 因調解土地糾紛，逾限陳報，應否處罰？

答 如調解清楚後三日內陳報，免納罰金。

卅四問 出典之地，應如何陳報？

答 由出典人陳報，一，如出典人自認無力贖回，出具證明書、可由承典人陳報。二，如已推收過欄，則由承典、陳報。

卅五問 施行細則規定，有糾紛地畝已經起訴，俟依法解決後陳報，如案久不結，地號清冊，應如何編造？

答 地號清冊，只填畝數，坐落等欄，業主姓名俟解決後再填，但須註明雙方當事人姓名及糾紛原因。

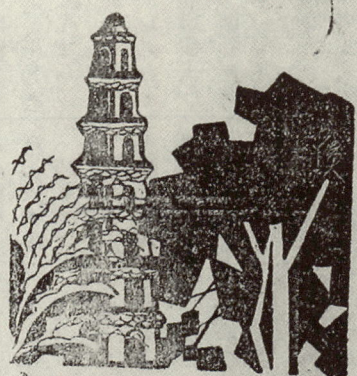

鳳鳴塔

第三一〇期

一，本刊內容分科學常識論著詩歌小說散文戲劇書信書報介紹及批評等項
二，本刊歡迎投稿來稿文言白話均可
三，來稿本社有刪改權不願者應先聲明
四，未經登載之稿除預先聲明者外概不退還
五，本刊編輯室設豐報社內

漫談

建議與研究文學的朋友（續）

駢劍虹

像這類的文字，也值得在報紙上發表，而報館也不知是爲稿件缺乏，也不知是爲的其他緣故，把這種如小孩翻鍋巴團的文字登在上面，似乎有點輕視名譽了。

乙，莫作馬屁式的恭維：這一條也可以說是社會上的通病，此前者還要普通。這雖然是某一時代的環境與時勢的驅史的關係，但是寫作這類文章的個人，也不能辭其責。即便拿「意念薄弱」幾字作他們的護身符，這理也是不夠講的，因爲一個作者既承認自己的意志薄弱，就不應當將他的無價值的論調，拿到有價值的文字上發表；此其一 二方面，既知自己沒有堅決的意志 就應當別尋可以容納意薄弱的事情幹；可以將不能容納意志薄弱的事情丟開。如在我國明天啓的期間閹寺魏忠賢當道的時候，東林派首領楊大洪先生等，上疏致盡魏閹的諸多罪惡事實，想把當時摧殘人類社會的惡魔驅除；而竟有不顧羞恥善拍馬屁的雷維華等爲之極力辯護痛詆東林：以主僭忘的爲魏閹歌功頌德的文字不知有多少。如這一類的東西，也配稱文人嗎？我還記得在北洋軍閥當道的時候；某人爲某軍閥作祝壽的詩上會有什麼：「功包寰宇略包天，蓋月將星北斗懸。美雨歐風任狂洒 所依華夏有名賢！」眞是把某軍閥捧得無上無上地高了。我見他這首詩可以照原韻和他一首是：「無功無德罪盈天，應砍頭顱倒掛懸 細民獻媚反常道 何異生詞祭閹賢。」這個作詩媚某軍閥的人，聽說現在又作很好的事了。這種人眞是一個憑着這種本事溷飯吃，社會也竟能重用他，實在使人莫明其妙。（未完）

劇本

水火（續）

吟公

張媽：老天爺，單要稀罕物件，你不知道嗎，各莊上的碎鐵爛銅都教司令部裏的人收去啦 那還有剃頭刀子呢？在個鄉莊上，又是黑天半夜裏。

木行一郎：我是想剃鬍子，沒有。到明天上局裡拿咱的保險刀再剃吧！（看大姐的臉）

張媽：想起來啦，我還有偷藏的一把剪刀咧！使的使不的？

大姐：使的。

木行一郎：使的，使的，張媽快拿去！（張媽慌忙下）我的白白 你今天給我剪鬍子，要小心 不要剪，嘴脣。

大姐：那當然的，情好吧，剪了你的嘴唇。（張媽拿剪刀上，遞與大姐，大姐遲遲不剪，以手拍木行一郎。）叫張媽回去吧！（低聲作害羞狀）

木行一郎：張媽回去，有事喊你再來。

張媽：好不咧，一對鴛鴦，眞好呀！（嘴裡咕濃着下。）

木行一郎：我的愛，快着，快着給我剪鬍子。

大姐：你坐好，對着燈。（木行一郎坐椅上，仰起了臉，大姐站起，右手拿着剪刀。）

木行一郎：我的愛，當緊小心點。（大姐用上十二分的力量，向喉頭刺去。）

大姐：日本賊，……你……你可有輪到我手的一天。

木行一郎：我的媽……（木行一郎倒于椅下。）

大姐：我錢氏女，是一個女人，就盡一個女人的力量，去替國家報仇雪恥，我現在死也無恨了!!（大姐以剪刀自刺喉頭倒地，日兵及張媽聞聲急上，救之已晚，在聲音吵雜中幕下。）（完）

創作

清明時節

小生

（一）清明節到了。

東方一綫的曙先，隱隱地射進了窗帘；此時的我正在很甜蜜的睡着，忽然被一陣雜亂的聲音把我從夢中驚醒來，我睜開了惺忪的眼，慢慢地起了身來，（因穿着睡的，故起身簡便。）憑窗細聽，才知道是折柳的咯吱聲，和人們的說話聲 我停了一刻 便開了門，走到院子裏 看見夜間過來的桃樹，呈現出脂色的鮮花，和碧綠的嫩葉 點綴着白珠似的露水 被那黃金色的日光照射着，眞正是亮晶晶 綠黃相映，紅豔豔，彩霞點染。棗樹上的雀兒 或上或下的跳躍，忽抑忽揚的歌唱，啊！這景色眞美妙極了，巧奪人工的畫圖。

我步出了庭院，看見家家的門楣上，都滿插着綠色的柳條兒，隨風款款的擺動着 發出低微的聲韻 似乎在嘆息着：「可憐的我的同伴呀！被這些無知的迷信的人們，將我們從母枝上折下來了，插在他們的門上 以爲我們可以避鬼魔 免災難，還能……唉！可憐的同伴，可惡的人們！」多時，我轉回了頭來 望望自己的門上，也滿滿地插着碧綠色的柳枝，受了曉風的支配，也微微的款動着，發出了離開母枝的歎息 於是我便默然的回到家裏。

晌午後的時候，我到祖林上燒紙箔。

在我後面跟着的弟弟，帶着悽然的臉色，一步 步的走着，而雖有道旁的楊柳，一排排的立着，如綠屏般的立着，與和歌對舞的鳥雀，吱喳咻唔的叫着，也引不起我倆的高興，仍是沈默的向前走着。

幾株垂柳，幾個墓塚，在碧波拂動的麥苗裏，那就是我的祖林哪！

我遙望着祖林，想着現處的身世，則不禁我淚溼衣袖，啊！唉！誰叫恁撇下了扉門貧戶呢？

我倆踏着青青的麥田，走到了我的祖林，弟弟和我同跪在祖墳前，燃着了紙箔，我便默默地祈禱着。

清明時節正當春，
孫盡孝道跪祖墳，
今將紙箔燒爲燼，
願到陰間變爲銀，
祈望將銀收拾去，
居在九泉安若神，
心悲痛，淚涔涔，
滴到地下見孫心，

（接第六版）

追悼至友亞農

天靜

唉！亞農！你死了。
想想我們的友情，
你我的環境，
及人以生的幻夢；
實在悲哀無窮。

是一個細雨瀟瀟的春暮，
你送我上了那漫長的旅途。
我說：「後會有期」。
你說：「前途珍重」！

如今轉蓬又飄回了故鄉，
可是再難尋到你的音容，
聽說那荒郊上的黃土一坏
就是你永遠永遠的歸宿。

你是一個多情善感的人，
也許 多情善感 就是你的死因；
你禁不起煩愁的纏繞，
環境的侵襲，

記得 個朔風怒吼的傍晚，
我們在一僻靜之處暢談；
——互訴衷曲
相勉相勸。

現在你是去了，
孤獨的我啊！尚留人間。
一任風吹雨打，
到處顛連。

今夜孤燈憧憧
更加風雨凄其；
撫今感昔 悲君自悲，
怎不令人愴然洒涕！

吁！我的祖先呀！請將淚水當作酯。燒完了紙箔 我便起了身來，看看弟弟的眼也似乎溼潤了，誰知道天真的孩子也會難過呢？我用手帕擦擦弟弟的眼，慢慢地打他身上的土，遲疑了一刻，沈默往林外走去。

我的心顯是在顫動 血管是在暢流 不由的湧出了一段感嘆：「唉！我國的同胞在戰場死亡的，如星一般的稠密，究有誰去替他們燒紙呢？一些孤苦無依的死者，又有誰去替他們掃墓呢？唉！唉！……。」

慈愛的太陽，呈現出最後的幾光 似乎不忍再看我倆的悽慘了，頓時已不見了。祇有黑暗的夜 張開了漆黑的羽翼，向宇宙間的一切威嚇着，掙扎着，掙扎着。

冬天的早晨

愚晨

喜媽媽 死掉了人，原住在喜莊。他的丈夫死的很早，兒子因賤年出外死在兵營裏了，兒媳婦也改了嫁，只剩下她孤單單的一個人，沒地，也沒別的財產 實在沒有方法去過活，才遷居到我們這個莊上來，因爲這裏是她的娘家。但是她的父母早已死掉了，兩個兄弟也很窮，每年的收入剛夠全家的費用 有時尚切不夠 所以也無法來照顧她，所幸她還有幾門遠親戚，都很富足，多少都能幫助 點 這樣她才能勉強的活下去。但是不久因爲賤年 她的兩個兄弟都逃荒死在外面了 只有兩個弟媳領着幾個姪兒還了家。幾個姪兒年紀尚小，不能掙錢 而她又和她的弟媳不和睦 只得單獨的過活了 現在年紀大了，又因幼年勞苦過甚，染了癆病，不能做活了 幾門遠親戚也無誰再來照顧她 從前的積蓄又已用盡，所以完全變成乞丐！。

他的歲數很長，在本村可算是官姑奶奶了。皮氣也很怪 和很多人不和睦，現在年紀大了，不能做活，又沒有積蓄處處要求人，不然就挨餓 所以不得以將皮氣放的柔輭了 別人也看她太可憐 不過是「一世爲人」—也便去掉了從前的仇恨 漸漸的和睦起來。她們有時給她個饃 或者送她 碗剩湯 對她說兩句安慰的話，但是這還要歸功於趙善人呢！因爲受她唸經說佛的影響，人們都要積此陰德 於兒孫精福和免掉下世受罪 想註實「放下屠刀 立地成佛」一一句荒謬的話。

一般人 尤其是女人，往往會借着自己毫不相關的小事，發洩自己的心事。如果她們有什麼傷心的事情的話 往往在別人有什麼可悲的事情的時候 自己也傷心起來，在哭過 或陪伴着別人傷心[illegible] 便自覺舒暢些了多了 像報復了甚麼人 或者未曾有過什麼可悲的事情似的 按着就歡快的活下去。再過有什麼機會的時候就再來 次。

聾子的娘的喜媽媽的第二個弟媳 哭着來了。樣子像十分悲傷。

「我的苦命的姐姐啊！我的受過罪的……：我的姐姐你捨了我啊……一她哭着走到草屋的門前 猛的坐在地上 拍手打掌的號叫；聲音是那樣的高大，像雙破鑼 像能把她左右的一切都能振壞 樣。頭昂上低下的搖動，頭髮也散開了 披在肩上 鼻子拉了多時 因爲她用手帕蓋 臉 所以沒有看見她落淚 也或流在手帕上了。

祥 是她的鄰人。不知因爲什麼打了架 吃了點虧，所以今日借着姐姐很很的發洩了一下。

一別哭了，妹妹，哭也哭不活呀，別哭了，……」她的嫂子來勸她

但靈驗 哭了好久都沒停止 也或許不好意思再哭，一被 勸，就立刻住了聲。她[illegible]出了門[illegible]，[illegible]來．沒看着死人的形像，也有一詢問死的經過和原因 就坐在門前的凳子上了。他仰着臉看着遠方的天空，不可思意的神密的天空。

「名譽是人的第二生命，」有名的人要名譽 無名的人也要名譽 婦女們怕被人說不懂事，都跑到那裏去哭她．但是都沒有落淚．哭過後就在早晨的陽光中說笑 笑聲壓倒了哭聲。使人們都以爲這裏是快樂的，沒有什麼悲慘的事情發生。

快到吃早飯的時候了。

「這裏沒有她家的人，又不能成殮 這個時候誰能老是守着她。」所的娘說：

「有她上次病時買的棺材。叫誰到喜莊送個信，叫她們看着成了殮，抬到她的林上埋了就完了。

喜莊那有他的親人呢！叫誰去呀！」

「叫所去吧！他認識那裏的人 找着他的遠本家說一聲就行了。」

快到吃飯的時候了，所也走了 這裏的一切沒有什麼變動 所的娘已回家去了．聾子的娘仍然坐在門前看着天空，不可思議的神密的天空。

溫暖的太陽 照耀着一切。偶而有幾片白雲 蔚籃的天空中，由東向西浮動．雀兒們在枯了的樹稍頭渣叫．跳躍 兒童們正在遊戲 追逐在糞堆上高叫了一聲的老公鷄．大人們在工作 或坐在太陽光下談天 一切是安靜的 快樂的，可說是太平世界社而那邊死了個爲生活拆磨死的老婦人 孤獨的年老的婦人。

吃罷飯的時候，有時有人到她門前看 看就走了 不傷心 也不可憐 沒有什麼表示。

我在吃罷飯的時候 也到了她的屋中看了一回。當門鋪了一張牀 門後面有口鍋 一個水缸，一個草囤裏面還有夏天時所剩的半囤子乾饃，和 堆破衣 她臥在床上，蓋着半個破被，露出 隻胳膊 眞是骨瘦如柴。她突起的顴骨和下陷的眼窩都明顯的在我面前。她的兩頰陷下去了 牙咬着，我見了她的形像 只覺得有點怕人。

不久喜莊的人來了 在她的門前故意的哭了一場，不過沒有落一滴淚 更沒誰傷心 沒誰沮喪 不過是假意的敷衍 因爲她對他們實在不關痛癢了。

從屋內抬出了她的棺材 很快的抬走了，柳木的棺材露着幾個洞，因爲沒有油漆 在洞中還能看見死人的破衣角，和灰白的肉。

喜媽媽就在這短短的清晨結束了她的生命，在下午恐怕就被人忘掉了。

「據跟去的」回來說：「抬到林上時坑以打好了，停都沒停就埋了。

過，兩三天 所的娘和聾子打了 架 爲的爭那張破床，小鍋，水缸 和破衣裳。姊妹倆 個比着一個強 門了個天翻地覆 驚動了全村，一時非常的名 幾乎連鄰村的人們也聽說了。

（完）

寄姪女根弟

野隱

伊才三歲的孩子，
却能談出成人的語句。
生就一幅美麗滑稽的面孔，
天眞的孩子隊裏
伊是一位活潑的天使。

○　○　○

伊是解除煩悶的寶貝，
伊是獻給快樂的仙子，
金秋．
嚴冬．
悲傷淒涼籠罩着一個圓滿的乾坤時，
她却能給你美滿的日子。

○　○　○

伊有天賦的聰明滑稽，
她有時
伸着舌兒，瞪着眼兒，恰着腰兒，
表現着模仿來的舞劇。
還個聰明的孩子，
名字就叫根弟。

荒蕪的園地

菽原

滿地衰草
的一片荒蕪的花園，
散乱地佈滿了荆棘，
敗瓦，破磚。

一個園丁，
他不感勞苦地，傻傻
在把那敗頹的荒地
開墾 重建。

他沒疲倦
穿着個破爛的棉襖，
束條腰帶 揮動詩鋤，
弃除敗草
手痛時候
也不過暫停詩鋤 扭
回頭來望一望這個
荒墟蕪邱。

牠在他的
丹田開了朵鮮花，
蜂兒哼曲，鳥兒唱歌，
春神降下，

紅的花兒
綠的葉兒，散滿全園，
露珠零零 日在東方
笑着圓臉，

沒了疲倦，
他又揮動詩鋤，詩鐮，
低着頭兒，彎着腰兒，
除草除[illegible]

△△ 氣象 ▽▽

天氣	風向	最高溫度	最低溫度
雨	風	四六度	四[illegible]

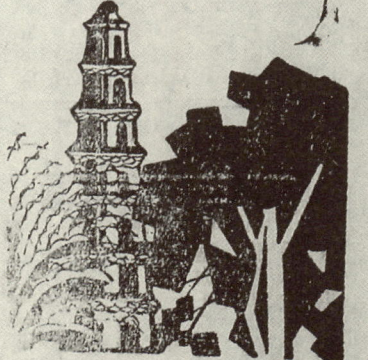

鳳鳴塔

第三一一期

一，本刊內容分科學常識論著詩歌小說散文戲劇書信書報介紹及批評等項
二，本刊歡迎投稿來稿文言白話均可
三，來稿本社有刪改權不願者應先聲明
四，未經登載之稿除預先聲明者外概不退還
五，本刊編輯室設豐報社內

漫談

建議與研究文學的朋友（續）

駢劍虹

丙，只要憑良心作去，不要顧及一切：對于這點完全是看作者本身的氣節方面，與胆量方面，不怕欲批評的對像威力再大，與自身所處處的環境再惡劣，都是要拚命的同牠們決鬥的？當肯粉骨碎身，氣節都是不可屈的，只要不妄造黑白。所以應當如此的緣故，就因為作者所負的使命、第一層是把惡劣的環境想法轉變過來；第二層，是把造成萬惡環境的魔王想法驅除；第三層，要拿自身作則垂典型于社會的一類。第一層的最好代表，如歐洲的改革宗教的首領馬丁路德他看當時的教義太黑暗了。所以才使出大無畏的反抗精神來毫不顧及舊教勢力的高壓，卒把環境移轉過來　又如歐洲的革命文豪盧梭，痛感歐洲的專制制度的黑暗，作出一部長篇闊論的「民約論」來卒把數千年的專制制度一掃精光；他們的論文價值，有功于社會是如何地偉大　第二層如歐洲紀元前一世紀之間羅馬的貴族階級，高壓平民階級的時候，平民階級的領袖人物郭克等發出種種論調來反抗貴族階級的人物，提醒平民，其中有一段最痛切語句中有一散處在意大利原野的動物，也有穴和洞藏身之處，來安息他們的身體　我們為着意大利打仗和戰死的人，卻只能享受空氣和光綫。牠們是我們唯一地產業，我們無家可歸，無地可以存身……我們打仗，我們戰死，為的是使他人安富爭榮。人家說我們是世界的主人翁；但地面上卻沒有一塊地是我們自己的……」語句有多麼使人奮慨激昂啊！其次如我國的唐代的討武氏檄與二十幾年前的討袁氏檄；無一不是驅除摧殘人類社會的惡魔的好文章。第三層如我國周朝時的列國中的齊國的太史，晉國的董狐等，視握權者的威力如無物。又如南宋的文天祥先生，受元人的逼囑，令彼勸降張世傑，他便乘此機會，把他的忠義心表白于張世傑。詩上有「辛苦遭逢起一程，干戈落落四周星，山河破碎水漂流！身世浮沈浪打萍！惶恐灘頭說惶恐；伶仃洋裏弔伶仃！人生百世誰無死，留取丹心照汗青。」又有什麼「國破家亡雙淚暗！天荒地老一身輕！」句句都足以提發人的愛國天良。更為他的「正氣歌」上面有什麼「當其貫日月，生死安足論！」之句，多麼能提起後人為國犧牲的膽氣。還有清末的一般革命烈士詩中有「望門投上思張儉，忍死須臾待豆根，我自橫刀向人笑，去留肝膽兩崐崘。」譚嗣同先生的獄中題壁。「未知此去何時會？生死人間一片心！若使斷頭成永訣，願卿含笑賀孤魂。」王漢先生的謀刺鐵良前夕的別內：「慷慨歌燕市，從容作楚囚，引刀成一塊，不負少年頭。」汪精衛先生同刺攝政王被捉。我們試看各人的詞句，有多麼的生氣凜然；看着自能啟發人的忠義天良，關于這一類的文章詩詞，價格是如何的高上。

（未完）

創作

落花

蔣信敏

這正是暮春時節，落花飛絮，芳草迷離，山光水色，都鮮豔明媚，眞是個好時候，令人心醉；但華民是多愁的善感的青年，他對着這樣的良辰美景，不但不能引起他的愉快和興奮，反惹他添了無限的『春光易老』的愁恨，他每天除了刻板式的工作以外，他只有埋頭伏案，用筆尖兒，用淺陋的文字在紙上發洩他內心的苦悶，感慨，悲哀……並且在這半月來，他的良朋大半離散了，更使他滿腔心思，無人可說，在無形中又復發了他的歎氣之病，他的苦衷祇有他自家知，安慰他的人是那個？

前兩天暮春之雨，連綿的落個不止，華民看不到新聞紙，及新的文藝，雨聲盡夜的攪擾他的思想，破壞他的寫作，他臨窗遙望着雨中的青山，都給天女之淚溼透了，牠的沉靜，牠的莊肅，使華民起了無際的遐思冥想，他想化作一座山，讓天女之淚潤透他的心，永遠的存在宇宙間，可是他那能呢？他知道這是幻想，他不禁發了一聲長歎，『唉！』夜闌孤燈照影，四壁淒涼，他睡下坐起，他的心，總在不甯，風和雨像魔鬼似的在狂嘯，更使他寂寞成愁，人生飄泊之感，深夜中仍在侵襲着他，他，他，他從那裡得到安慰呢？

這天雲散天青，晚霞紅潤潤的在流彩，她的光，她的色，給門前嬝娜的綠柳，給蔚藍無際的晴空，給他所照着的一切，都渲染上豔麗，華民伏著窗欄似有意無意的在鑑賞着這絕美的自然。忽然聽到門外一聲『報告！』他回身給他一個回答，『進來！』伕役送來一張小紙，轉身又出去了，華民拿起來略略一看，他的精神馬上振作起來，因為他分離半月的好友——孤泉及健屏——現在已由都城歸來，因天雨逗留鎮中，特寫便條通知，這消息如清露甘雨，把他枯燥的心緒，重新潤蘇展放，笑容上了他的眉目，兩頰，以至於他的整個身心，因此他準備了計劃，決定在次日去看他們　次日上了道路，雨後的路還是泥濘，汽車不能開班，黃包車要用兩個人一推一拉才能走，並且價錢既貴，行動又慢，所以他最後決定徒步前往，共計二十餘里，自十時至十二時就到了鎮中，他找到了他們的住址，推開了他們的門，只見健屏一人在伏案寫字，他為華民的皮鞋聲所震動，他抬起頭看見是華民，他很快的立起身走過來和華民握着手，各人臉上都浮現着離合驚喜的情緒，尤其是健屏的笑態，迷縫着眼，露出了牙，兩顆高高的聳起，發出來嘿嘿的笑聲　華民未看到孤泉，不禁的起了疑問，『孤泉呢？』『他小便去了。』健屏止住了笑很安詳的回答着，繼續這樣的問，『你要吃東西嗎？』『不，剛吃過，你們吃了沒有？』『我們嗎，因為一種原因，僅僅吃了一點點心。』『啊，那我們再吃罷。』『現在不吃等

小心引用歌謠

王榮培

上期豐中週刊載有一篇民族歌謠，乎空引起，是說清兵南下，惟有江陰人能夠抵抗，其餘各縣都不敢抵抗——都投降。此首歌謠在江南百年前就已毀滅，現在再轉載如左：

宜興人一把槍，
無錫人團團一股香，
靖江人連忙跪在河灘上，
常州人獻了女兒又獻娘，
江陰人打仗八十餘日不投降。

裡面的句子把常州人罵得最利害。常州人不曾和江陰人結下十世冤仇，為什麼要如此毒罵？原來江陰是常州府的屬縣，那時清兵南下，江陰是大江要塞，當然要被圍困，江陰人眼望常州府和鄰縣救兵不到，致於城破，於是後人便編成了這首歌謠，亦不過一時作為笑樂唱唱罷了。當時常州地處四戰，清廷大兵壓境集攻，守城兵民轉戰已淨，只剩空城。那時宜興無錫江陰靖江都是常州的屬縣，途中救兵，給清軍截斷，完全覆沒。江陰人民死守危城，所以才能夠維持八十餘日。

考常州民族英雄，宋末有萬安僧　明朝有唐荊川，最為赫赫。萬安僧率領羣僧，抵抗強元，死事之烈，彪炳史冊，照耀千古。當時常州全城，（常州城比豐蕭碭各縣至少大十倍）被胡元洗殺　止剩七人，住所十八家耳。以視嘉定三屠　揚州十日，其烈蹟亦不稍遜也。明太祖攻張吳王，蘇常一帶人民，誓為抵抗　城破無一屈降，殺戮殆盡，則知蘇常一帶民衆，民族英雄之自相殘殺者，猶復鄙之棄之，豈胡虜侵凌，便一變向來節烈不加拒抗甘心獻女獻娘乎？侮辱之舉　莫此為甚！即以清兵入關南下言　常州氣節之士，靖難尤衆，如家六姨父之祖謝八，始終困守常州西北鄉角　清兵四圍　卒不敢入　城既破　猶不敢逼，遂得保全一鄉數萬生靈，惜旋為賣解者暗殺，可痛也。現在華表豐碑，矗立於蔓草荒煙斜陽之中，年年清明，拜者如水，聊舉一人，已可概見。其餘烈骨忠魂，已多為後來名人搜作傳記，永垂宇宙　又如陸秀夫丞相全家遷居在常州雪堰橋；而做族子孫，三百年來　亦不仕清廷。僕平日景仰先賢與民族英雄，向無地方觀念　惟偶有所感　故不免一時嘵舌耳。

等再說，哎！孤泉回來了！』華民轉過臉去，孤泉已到了門口，他看到了華民，他猛吃了一驚，他差一點不敢認識華民了，因爲華民最近剃了光頭，年齡上似乎老了好多，面貌也改變了一點 他也不相信華民在這很短的時期中會把頭髮剃去，他拉着華民的手這樣的問道：『怎的？華民！你也把頭髮剃去？』『我的生活，我的地位不准我留髮！』『啊！這點都沒自由？』唉！莫談那些，世間沒有自由的人？』他們都如有所觸 大家都沈默下來，華民似很無聊的摸着頭，孤泉視綫不斷的移向他的頭上去，健屏坐在桌前臉向着外，露着兩排牙在微笑，手摸着他一寸長的短髮，他開始突破了沈默，『華民！那我的頭髮也得剃去了？』『你回去看如果不需要那更好，像你的頭髮這樣的短，或者沒有關係。』華民這樣的回答他，視線轉向了孤泉的頭，『孤泉！人的假正經，造作些不合理的條件限制人，試問就如剃頭髮而言，爲什麼不准人家留髮？生長頭髮是作什麼用的？如其把他剃得光光的，最好不如將他拔毛藥永將牠根本剷除，豈不省錢省事？何必一次一次的用人工來剃？如果說是留髮爲愛美起見，那嗎，世界上的人誰又不愛美呢？我想誰都不願臉上生了疤癩麻子，并且愛美心是人類的本性，他能增進人的競爭心，人羣如果不知愛美世界決對是退化的 猪不知愛美，天天睡在汚泥裏，身上堆滿了灰土，人們與拿牠宰割佐餐而外，對於牠恐無別的好感吧？我們留了髮，難道就會亡國嗎？不留髮能不能強權呢？人之髮膚都不准愛惜，那眞是太無此理？我沒有看那一個國家不准國民留髮的。」華民一貫的說完這段話。（未完）

一日

山風

（一）

一日。

天是晴朗朗的，春風刮得怪起勁。

太陽從東天的極端跑出來，吞沒了迷人的晨霧 射出極明亮而溫和的綫條，織成了最緊密而光明的被子，蓋在大地上了，人間很安靜，空氣是調和的，村莊裏，若沒有外力的激動，終究是沈寂的。

人們吃能了飯，再不像平日的耕地拾糞……和做別的工作了，好似有一件要緊的事情，正在等待着他們去做。——這要緊的事，就是去栽樹。

「文盛，吃能飯了沒。一朱甲該去啦，天不早了。」一朱甲長很慌的走到 個籬笆門前這樣的喊，看模樣是帶着幾分的興奮。

「大哥 我吃能啦！在那裡聚齊，」從籬笆院內走出一個神氣十足的青年一文盛一手裡拿着一把鐵鍬，望着朱甲長的黑斑 佔滿了的長臉，一口唾沫吐到地上。

「在李保長那裏聚齊，」朱甲長，聲的說，「你先去吧，我到東院再喊黃二去。」

「好，你去吧。」文盛疑了半刻，從腰裏摸了半截洋火，擦火柴着了火，將洋烟燃着含到嘴裏，從鼻孔中冒出了兩縷青烟。他轉臉望着朱甲長走 直到那影子消泯在一家的大門裏時 他方回過頭來，開步走。

一拐彎，他走進了一個破了的大門裏，庭院中有很多的人。

「文盛，你吃能啦！」幾個人異口同聲的打招呼。

「昂！我吃能啦！」文盛放下了鐵鍬，接着又說，「每人栽幾顆？」

「誰知道？反正栽不少，」一個小胖傢子慢慢地回答。

「多栽幾顆不錯……」一短鬍子的咳，現時的：一老頭兒，輕輕地說了幾句，用左手擦着自己的頭皮。

「人到全了沒？」從破門外傳來響的聲音 全時，走進了兩個人來，一個是朱甲長，一個是黃二。

「黃 哥 老在家做啥？八成……一個俏皮的傢伙！裂着嘴，向着黃二扯笑話。

「能的吧，誰和你鬧着玩，咱做啥來？」一黃 用着輕浮的口吻，反駁，幾句

恩—年青的孩子眞好鬧着玩，尤其是阿貴，」李保長從堂屋裏走出來，手中拿着一頂灰褐色的禮帽 瞪瞪眼望着那個俏皮的傢伙。——那個傢伙就叫阿貴。

阿貴不說什麽 用右手指着保長的頸 擠擠眼，他十足的笑了。

「唉，眞慾種 給您二叔瞧瞧。」李保長喘了一喘氣，態度較前嚴重一些，表示着保長應有的身份，意思是給阿貴 個好的教訓，方不白辜了保長的責任。

『去吧！天眞不早啦！』李保長又向着東南藍色的天上望了望，很快的將手中的禮帽戴在頭上，拍拍暗籃色的大褂上的 塊泥土，咳嗽了一聲，又說『天地、鄉人俗謂太陽—轉到東南去了，』很着忙的跑 回到堂屋裏。

『走 走！走，走 咱走。』又是一陣子好吵 混夾雜着咯咯……的強笑聲。笑聲消沒了，無一人再肯說一句出來，空氣暫時沉默了。

李保長從居裏很傻的走出來 兩手抱着十幾把鐵鍬 ，粗體重 他們一把一把的接到手裏 都扛到肩上 開始往門外走 預備着栽樹去。

（二）

一條怪直的大道上 佈滿一塵沙，他們在這條路上，不斷的談說着 嘲笑着，很快樂的，而尤其是阿貴的話多 因爲他的口才很好，說出話來是有趣的。

『十年樹樹』一個老人低着頭走 老是這樣的想，他大約有五十多歲的年紀。

『栽樹是件好事，民國總比前清家好得多，政治實趨於軌道了，』那個老人發出議論，說的話却不漂亮，但，態度是鎮靜的，他是一個前清時的童生。

「太爺，你說的不錯，栽樹實是富國之本……………橫豎對老白姓是有利益的」李保長很穩當的答了幾句。

「當然嗎！您知道什麼挖河，築路，植樹……那一樣不是對咱老白姓有益處。這都是救國富民的好法子，實行孫總理的實業計劃」。

阿貴又在閉始要嘴了。

—無，阿貴兄弟來，你再朝下講—，文盛却聽得起勁了，眼巴巴地望着阿貴，央求着他再往下講。

阿貴喜極了，又開始往下講 「栽樹的益處很多，可以防備水災 調節雨量，又能蓋房子 做器具……—他說得很流利，並且有層次。原來他是 個洋學生，高級小學畢業的。

「不錯 還是上學好—黃二低下了頭 嘆息自己不曾上過洋學堂 不如阿貴知道的啥多，心想：「我師天因爲啥拗 頭的不上保學呢？—也有點懊悔了。

「天不早了 趕快的走，」李保長催着他們走 却被黃二的心思打斷了。

咦！趕快的走！李保長又向前一望 其餘沒說話的人都已走得很遠了，心內非常的急燥，一時急出汗來。

的確，保長的話是有效果的，他們都很快的走了，一聲不響地。

堤上站着很多的人，都在慢慢地搖動，但 他們正是往那 被黑鴉鴉的人間走去，無疑那些人也是植樹的，他們都走到了堤上」。

李保長擠進人羣裡，一會兒 抱出來很多的小樹！一小椿樹，分給他一保的保民，同時站在十堤上 期待着，期待着開始栽樹的時間到來。

「您在後頭說的啥」？ 剛先走到的 個人拍着黃……的肩膀問，又站在黃二的面前了。

黃二點點頭 微微地笑了，不做聲。

文盛站他倆的旁邊 身子老是彎 窘得一顆心幾乎縮成一小團，好像無處措足 他躊躇了半天 縮緊的心却慢慢地放鬆了 後來也不窘了 偷眼望着 顆顆的人頭，最後來 他便大胆地挺直了身子 眼珠兒溜轉着，目光射得很遠 射到大小學生們的身上 射到很闊氣的先生們的身上 射到公務人員的身上，射到飄飄搖搖地國旗黨旗上 射到……。又低下了頭 一陣子乱想，「唉！小學生 先生們……也來栽樹 老百姓更該來栽樹 一

「諸位……」文盛正在沈思中，一種刺耳的聲音把他驚得一怔 抬頭 看 是一個身材瘦淨 穿 洋服的人講話。

「……今天是植樹節，同時也是孫中山先生逝世的紀念日，各界今天到此處，就是來植樹的，植樹就是紀念孫先生，實行孫先生實業計劃中的事業……」那人的演詞 如長江的水，滔滔不絕地，從一個活動的口中流出。（未完）

本城糧價

錄市石價目

名稱	最高	最低
小麥	九元五角	九元
黃豆	六元七角	六元四角
黑豆	六元[illegible]角	六元[illegible]角
綠豆	七元	六元六角
高粮	四元五角	四元二角
黍子	四元六角	四元四角
芝麻	十一元六角	十元四角
青豆	六元四角	六元[illegible]角
花生（每百斤）	六元九角	五元八角
瓜子（每百斤）	二十元	十九元

氣象

天氣	風向	最高溫度	最低溫度
陰	風	七〇度	四八度

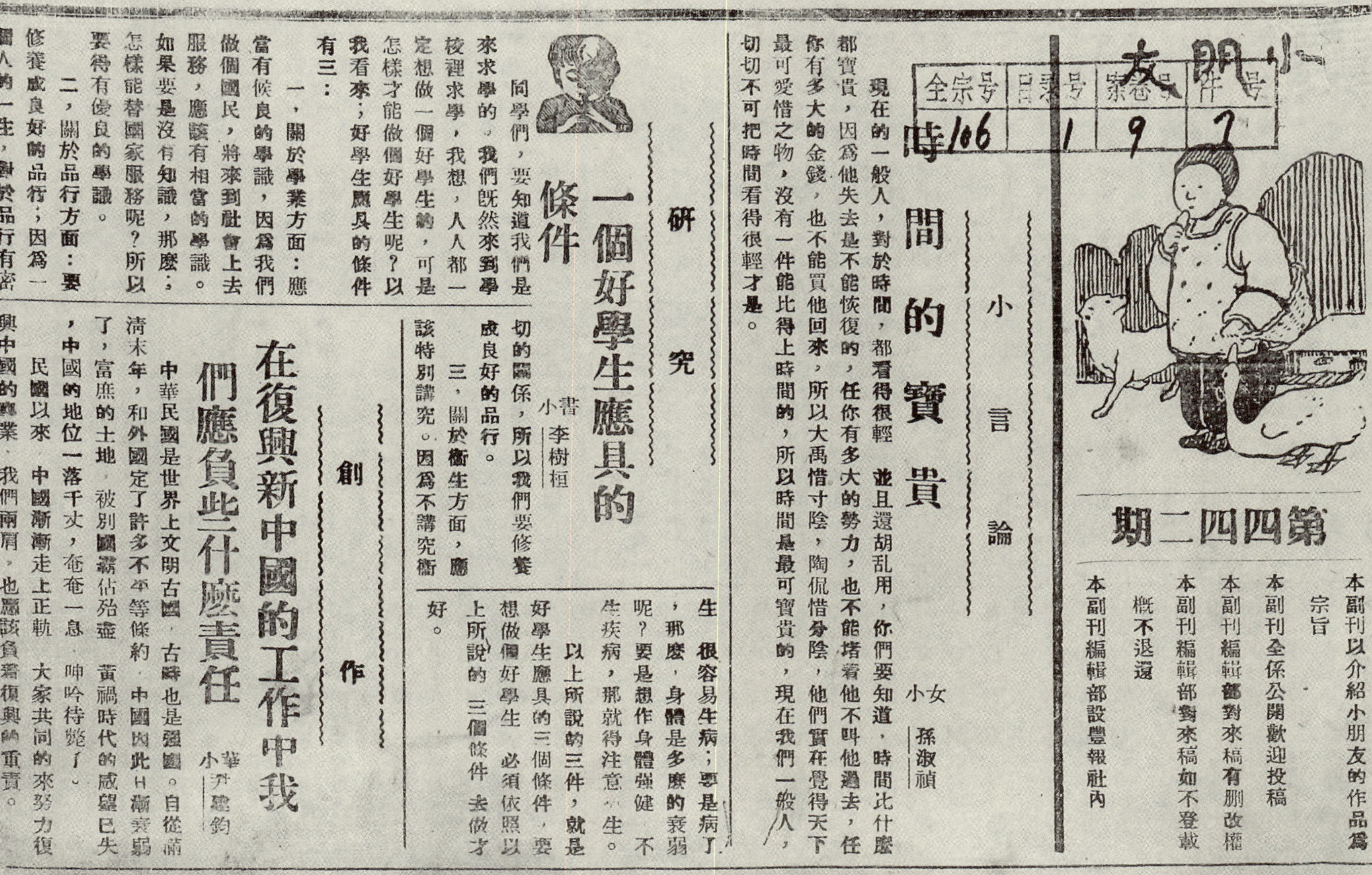

小朋友

第四二四期

本副刊以介紹小朋友的作品為宗旨

本副刊全係公開歡迎投稿

本副刊編輯部對來稿有刪改權

本副刊編輯部對來稿如不登載概不退還

本副刊編輯部設豐報社內

小言論

時間的寶貴

女小 孫淑禎

現在的一般人，對於時間，都看得很輕，並且還胡乱用，你們要知道，時間比什麼都寶貴，因為他失去是不能恢復的，任你有多大的勢力，也不能堵着他不叫他過去，任你有多大的金錢，也不能買他回來，所以大禹惜寸陰，陶侃惜分陰，他們實在覺得天下最可愛惜之物，沒有一件能比得上時間的，所以時間是最可寶貴的，現在我們一般人，切切不可把時間看得很輕才是。

研究

一個好學生應具的條件

書小 李樹桓

同學們，要知道我們是來求學的。我們既然來到學校裡求學，我想，人人都一定想做一個好學生的，可是怎樣才能做個好學生呢？以我看來，好學生應具的條件有三：

一，關於學業方面：應當有侯良的學識，因為我們做個國民，將來到社會上去服務，應該有相當的學識。如果要是沒有知識，那麼，怎樣能替國家服務呢？所以要得有優良的學識。

二，關於品行方面：要修養成良好的品行；因為一個人的一生，對於品行有密切的關係，所以我們要修養成良好的品行。

三，關於衞生方面，應該特別講究。因為不講究衞生很容易生病；要是病了，那麼，身體是多麼的衰弱呢？要是想作身體強健不生疾病，那就得注意衞生。

以上所說的三件，就是好學生應具的三個條件，要想做個好學生必須依照以上所說的三個條件去做才好。

創作

在復興新中國的工作中我們應負些什麼責任

華小 尹建鈞

中華民國是世界上文明古國，古時也是強國。自從滿清末年，和外國定了許多不平等條約，中國因此日漸衰弱了，富庶的土地，被別國霸佔殆盡，黃禍時代的威儀已失，中國的地位一落千丈，奄奄一息，呻吟待斃了。民國以來，中國漸漸走上正軌，大家共同的來努力復興中國的事業，我們兩肩，也應該負着復興的重責。

[illegible]國家將來的主人翁，以我們幼稚的年齡，能力薄弱，[illegible]去救國？我想只有各守本分，用我們創造的能力，發[illegible]的精神，開闢發展的途徑，使中國走上正軌，造成新中[illegible]，便是我們的責任。

又是一年春草綠

華山小學 郭明章

草[illegible]綠一黃，天氣是一熱一冷，年華也是同着草的綠黃，[illegible]的逝去。

一[illegible]春草又重綠了，天氣是又溫和了，年齡又增加了一個[illegible]了，[illegible]之這都是一年的開始。今年是我所是過的第十五[illegible]一年，從前的十幾次，是怨我的年紀小，不知去運用這一年[illegible]陰，現在我的年紀不小了，該垂頭思想，他應該怎樣[illegible]這一年的光陰。

[illegible]我畢業的時候了，也是我的危險時代，我似駕着[illegible]舟[illegible]航到大海裏去的時候，這時我要使盡平生的力量，用[illegible]定篙，把穩舵，一鼓作氣從很小的河中，冒着波浪，[illegible]到海中。渡過驚濤駭浪，走上光明坦坦的大陸，現[illegible]是春草綠了，我該開始這一年的工作了吧！

恆心

蔣單樓小學 周志恩

[illegible]世上，同有耳、目、口、鼻，都是方趾而圓顱，[illegible]有大有小，有優劣呢？恐怕就是有恆與[illegible]恆的事[illegible]析吧！好像「愚公移山」，「精衞填海」，這都是有[illegible]證。知道[illegible]學的失敗，不都是因為沒有恆心麼？平日只勸勉[illegible]，用功苦悶，就是偶然受先生言語的訓導，[illegible]說勤學的好處和恆心的需要，不過一時的高與[illegible]，便丟在腦後了；所以現在功課劣等，常在人後呢！[illegible]細[illegible]來，真令人後悔啊！

大掃除

女小五年級 張佩靜

我們樓[illegible]舉行第一次大掃除，我們這級裡分[illegible]組，[illegible]在會客室裡掃，一組在院子裏掃，一組在教室[illegible]擦玻璃。

[illegible]的時候，秩序很好，有的搬凳子，有的扛桌子，[illegible]做各的工作，在工作時，除了掃地和腳步聲以外，別的一點聲音也沒有，大家都很努力的掃除，雖然人人都熱得滿身大汗，但是還仍舊繼續工作，一直把會客室，教室，院落等，都掃得十分乾淨才止，我們身上雖是很疲乏，但精神上是非常愉快。

我想，整齊清潔，是新生活的重要項目，凡是我們的衣食住行，一切都應該保持清潔才好。

我們不但學校中舉行大掃除，並且希望家庭中和社會上，也常要舉行大掃除，使整潔的習慣，由學校推到家庭社會國家，那新生活運動的效力，便格外偉大了。

好朋友

程小三年級 李富亮

我有一位好朋友，就是王傳信。他對我很親愛，我對他也很要好，我天天和他在一同玩。上課的時候，也是和他在一個桌子上。要是我缺少東西時，他借給我。我有一天下午，我和他到野外去遊玩，走到路上我們說說笑笑，真有趣，真快樂。我和他走到畦子那地方，便坐在那裏談話，他說：「你看野外的風光多麼好呀！」正在那裏談着，忽然來了一個孩子，就打我兩人，我想不畏暴，不欺弱小。我和他一同去打那個大孩子，那個大孩子很急的跑了，於是我和他就回來了。

我的小妹妹

程小四年級 [illegible]芬箴

我的小妹妹，名叫雲英，今年才[illegible]歲，他臉兒像蘋果一般，小手胖胖的，非常活潑，頭上戴絨綫帽，身上穿着花旗袍，腳穿老虎鞋，張開小口笑嘻嘻，像將開放的海棠花，很惹人歡喜。有一天我和她攙着手到花園裏去採花，採了幾朵便回家。小妹妹招招手，咿咿啞啞叫了幾聲媽媽，媽媽把她抱去了。

夢

程小四年級 趙宗奎

昨天上罷第[illegible]節課的時候，太陽漸漸的沒入西山了，天也漸漸的黑了，我吃過晚飯，就走到寢室裡去睡覺，過了一會兒慢慢的到了夢鄉，夢中情形我覺得飄飄搖搖的在天空中飛着，過了一會我落在[illegible]大山上，看見一隻獅子正在山頂上睡着，有些小猴子都正在咬他，打他，我想獅子你怎麼還是不醒呢？過了一會，獅子醒了，於是牠咆哮一聲，衆猴子便嚇跑了。忽聽祖母喚我道：「醒來，醒來！」我醒來一看，這不是一個夢嗎？我想中國是一個很大的國家，被許多小國欺侮，不是和這夢中情形一樣嗎？

22

豐縣國民貢獻一日所得運動推行委員會七區分會收款公佈

（以角爲單位）

華山鎮

第一保
韓大恩五角蔣明倫一角
孫遵喜一　毛愛眞一
韓玉武一　韓大山一
賈立祥一　王大文一
李茂學一　張增法一
尹基業一
以上共計洋一元五角

第二保
以上共計洋九角

第三保
尹克法二角　尹克愼・四角
張雲祥・四　尹纔勳・四
王學琴・四　褚士田・四
徐居海・四　尹克權・四
李春江・四
以上共計洋五角六分

第四保
張文煥・四角劉正心・四角
胡永昌・四　尹汝偉・四
陳景言・四　陳景湯・四
尹汝枏・四　史忠謀・四
尹汝蘭・四　汪家友・四
尹振華・四　尹華岷・四
尹香廷・四　陳佩林・四
褚士安・四　趙存良・四
黃正田・四　張德友・四
翟傳典・四　黃正保一角
翟傳古角　王貫一・四
王貫中・四　尹建廷・四
方墨染・四　尹汝隆・四
輿邦河・四　史孝榮・四
尹汝隆・四　陳景謙・四
陳景光・四　陳德一・四
滿德友・四　陳尚典・四
李天之・四　于占鰲・四
趙廣運・四　陳敬磊・四
尹汝愉一・二史忠正二・二
以上共計洋二元

第五保
柳德蘭八角　張厚吉五角
許作光二・五宋金朗二・五
以上共計洋一元八角

第六保
魏振濱二角　尹夢奎二角
尹道義二　尹硯文二
尹克強二　尹克方二
尹道立四
以上共計洋一元六角

第七保
李心海一角　尹緯邦一角
尹克禮一　尹克義一
李友香一　尹文章・六
宋允秀・四　尹克紹三
尹克忠一　尹克儉元
以上計洋二元

第八保
李秀封二　李茂林・八角
李希前・八　李保太・八
毛作田・八　劉榮禮・八
以上共計洋六角

第九保
徐大成・四　徐瑞光一
徐闕勛二　徐德勛一
徐興國二　徐大順二
徐志勛二角
徐平勛一　徐興芝二
以上共計洋二元

第十保
蔡憲林五角　朱本善角
顏興周一　郝長福一
蔡憲田一　蔡福順一
崔硯勛一　高世德一
王來玉一　崔硯彬一
以上共計洋一元五角

華山鎮合計洋十四元四角六分

豐縣第七區胡樓鄉
胡萬章一元　胡萬臣一角
胡宗淮一　胡宗廷一
胡萬合一　胡萬奎一
王邦貴一　王邦慈一
胡萬金・六　胡萬起・六
胡萬江・六　胡世興・五
杜春壹・六　杜福壹・六
胡永和・六　胡世長・四
胡世修・六　世選・六
王邦魯・六　李有光一角
胡永陶・二　胡宗淵・四
杜心壹・四　胡萬同一角
胡萬敞・四　胡萬金・四
張有信・四　胡世勛・六
胡萬選・四　胡萬彬・四
胡宗田・四　胡宗盈・四
胡萬邦・四　胡世倫・四
杜宜山・六
以上共計洋三元一角一
胡宗秀一角　胡萬祥二角
胡敏順一　胡宗傳二
胡敏君・六　胡敏奎・六
朱廣友・六　胡宗常・四
胡宗節・二　胡宗德・六
胡宗剛・八　李化蘭一
胡宗厚・六　胡敬久・六
胡宗平・二　胡遵月・四
胡祖芳・二　胡尊元・二
胡德山・四　胡宗獻・四
胡宗禮一　胡宗蘭一
胡宗福・六　胡宗良・四
胡敬謙・四　胡宗岳・四
胡敏軒・四　胡敏銀・二
胡宗樸一　胡宗義一
胡宗遠一　胡福貫一
胡敏恩・四　胡敬敏・四
修保德・二　劉成齊・二
王喜棟二　胡鳳邦一
陳連瑞・四　李心平一
胡爲壹一角　李心善・四
張用武・四　張明武・二
張冠武・四
以上共計洋三元○四分

第四保
第四保
李傳瑞二・八李厚居一
李厚曾・六　李厚爲・四
李厚舉　李傳備一
李錫遵　李傳鼎一
李傳[illegible]　李傳祥一
李傳[illegible]　李傳喜・六
李守[illegible]　李德勝・四
孫建策　孫建言・四
孫敎　孫敎義・四
孫敦　孫敦書・四
滕貝・六　滕希修一
卯秀[illegible]　胡盈金・四
[illegible]儒賓　王傳喜・四
吳伯言　[illegible]洋一元
郭彥[illegible]　郭彥品一
藏汝[illegible]　藏平亭一
藏玉升　藏振祥一
藏[illegible]　藏汝良・四
藏振鈴　藏玉嶺
藏維新　劉志元・四
張懷君　藏不智
王興連　董鳳鳴・四
藏振輝　胡世臣・四
胡世賞　胡修・四
劉世任　胡鳳珍・四
胡世友　胡鳳勝・四
胡鳳千　胡鳳元・二
胡世超　胡世學・四
胡永太　史忠金・二
史孝[illegible]　劉念和・四
藏不害・四　藏振室・四
張云・六　藏不・四
藏振・四　藏振喜一
藏汝・四　藏法九
孫建・四　賈備修・四
禹保・四　王汝清・四
[illegible]儒・四　李傳文・四
胡[illegible]・四　胡世昌・二
鄭廣[illegible]・四　李帝隆・二
胡世臣・二　胡世平・四
胡萬全　劉廣千・二
劉廣明・四　胡萬升・四
胡世法・四　胡萬春・四
胡世登・四　劉書田・二
以上共計洋二元九角八

第六保
王廷恕角　王朝貝・六
王廷恩・六　王尊儼・六
王秀蘭・六　王廷現・六
廖保人・五　藏振河・八
王尊守・六　王朝珠・六
王朝福・四　計七角五分

第七保
王紹廷二角　謝掄士二角
劉士秀一　劉士勛一
劉體周一　劉繼善一
謝云升一　藏振良・四
劉士棟・四　謝興田・二
劉士勤・二　劉總學・二
劉志君・二　周興瑞・二
共計元零八分

第八保
王廷憲角　謝敦言一角
王尊親一　劉繼勛一
共洋四角
以上共計洋十三元三角六分

七區毛樓鄉
趙榮柏五角　趙榮軒角
趙平氏一　趙錫管一
土興業・二　井成爲・二
井盛玉・二　井成貝・二
劉玉田・二　橋振海・二
劉洪強・二　劉金榜・二
尤紹周・二　尤紹賓・二
司卜氏分　包秀白・二
賈瑞東・二　崔一羅・二
隊和倘・二　王繼田・二
陳玉明・二　侯文賓・二
侯文兵・二　侯守山・二
侯永科・二　侯守信・二
李藩平・一　賈瑞祥・二
曹漢琢・二　馬守山・二
楊令海・一　范福春・二
朱錄雨・二　樊明方・二
張敬科・二　楊令一・一
張榮貴・二　張平[illegible]・二
朱心啓・二　任漢亮・二
趙心友・二　趙承忠・二
范金城・二　賈慶雨・二
封心維・角　李假她一分
李廷貴・四　王德海・二
關志昌・六　趙李氏・六
賈保興・六　孫傳信・六
安文禮・二　李景平・二
趙錫芝・二　趙榮杭・六
王兆祥・二　謝瑞林・二
趙榮禎・四　王德隆・二
林現台・二　石言福・二
李耕田・二　李德存・二
林玉美・二　林玉祥・二
李存立・二　戴振海・二
陳瑞祥・二　張貴元・二
顏振卿・二　王純義・一
耿文運・二　包秀峯・二
邵立臣・二　邵性君・二
郭廣勤一　邵性林・二
包秀嶺・二　謝延賢・二
王德耀・二　王德・二
王道盈一　王鴻山・二
玉明山・二　王玉坤・二
包秀芝・二　李傳心・二
李漢臣・二　李保硯・二
王振書・二　朱敦永一元一角
滿廣文一　滿廣禮・二
張五一　楊大坤・二
朱本才・二　朱本固一
盧志道・二　朱本清・二
朱敦文・四　朱致品・四
朱敦芝・四　朱宗德一
朱敦五四　朱敦玉・四
朱宗何・四　朱本端・二
朱宗珩一　朱敦忠・四
劉勝玉一　朱本生・四
朱本廣・二　滿金山・四
滿存太・二　滿道坤・四
滿道乘・四　魏繼順・二
張士・四　崔玉田・二
張祥・一　張山・二
張不顯・六　張一琴・四
張同俊・四　孟傳平・四
孟繼海・四　李志瑞・四
李志信一　劉忠信・四
李士賢・四　碧繼昌・四
劉鳳田・二　李廣勝・二
王體宜・二　李少標・四
劉彥田・二　劉寶寒・四
李志千・四　李正潘・四
李正倫・四　孟繼賢・四
劉世德・四　張松田・四
劉心立・四　李廣元・四
張德勝・四　滿存義・四

本城糧價

名稱	每市石價目	
小麥	最高九元二角	最低八元八角
黃豆	最高六元五角	最低六元
黑豆	最高六元一角	最低六元
綠豆	最高七元	最低六元八角
高粱	最高四元五角	最低四元四角
穀子	最高四元六角	最低四元四角
芝麻	最高六元四角	最低六元二角
[illegible]豆	最高十一元七角	最低十一元五角
花生（每百斤）	最高六元	最低五元八角
瓜子（每百斤）	最高二十元	最低十九元

氣象

天氣	晴
風向	西南風
最高溫度	七三度
最低溫度	五二度

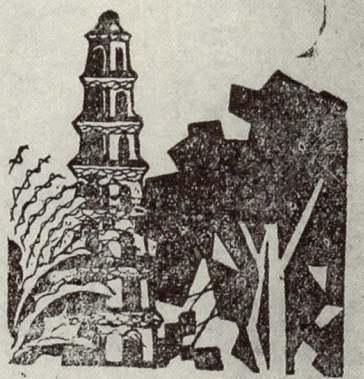

鳳鳴塔

◀第三一二期▶

一，本刊內容分科學常識論著詩歌小說散文戲劇書信書報介紹及批評等項

二，本刊徵迎投稿來稿文言白話均可

三，來稿本社有刪改權不願者應先聲明

四，未經登載之稿除預先聲明者外概不退還

五，本刊編輯室設豐報社內

漫談

建議與研究文學的朋友（續）

駢劍虹

3.其他—甲，勿爲生吞活剖的 新 對於這點，可分兩層，述之。第一層就是一個處在現代的文學界人莫要以不管是非的去厭煩舊文學。因爲現代的一般青年研究文學的人目覩自己國家的衰弱，于是無論對于什麼都以爲人家的爲好，自家的落後孰不知中國的衰弱之點，與文學並不相干。中國對于別的學科雖不敢說如何；可是對于文學眞有遺世首創的眞正獨立性，並非歐西可比；落後的本是其他學科。中國文學已經到開花結果的時候歐西的文學程度尙在茹毛飲血的時代呢！所以中國人要拿西洋文學作參考的地方；並不是欲學他們的方法，是想參看他們描寫的天然地物與異乎中國的人情和世態的。而中國一般青年文學界人竟想把自家的好處完全丟開學牠的全部，豈不是棄自己的大廈，去蓋茅屋住嗎？有一般最可笑的而且最幼稚的人 見了古代文人的作品不管懂不懂只要知道牠是古人所作，完全盲目的批評牠腐陳濫調；見了舊式的詩歌，不管牠是寫什麼的，完全說人家是吟風弄月，這些文盲；如沒有一般受了麻醉的洋狀元們的薰染 絕不會這樣的。如像這樣地長久下去。豈不把自己的好處完全忘去嗎？

第二層就是一般曾經研究過西洋文學的青年，動不動好拿西洋文學的體式來嚇倒國內的文人。一篇文章同一首詩的意思，明明是這樣，他偏要想出特別的句法來 故意地教人家看不懂 顯叫他是西洋化。要知道，這是各國人類的習慣 並不是他們能比我們有什麼偏長奇特的地方，他們何必去作效法人家呢？對于這一種的氣習 我們應當免去才好。

（未完）

創作

落花

齊信敏

孤泉同健屏表示贊同，大家還想發揮一點意見，華民說「這已不值得再談，請你倆將此次在都城的經過告我吧！」「都城中的經過嗎？說起來于其說是複雜，不如說是簡單，建築物一天一天的向閎偉奇絕方面去演進，失業的人也一天一天無止量的增加；不過氣候還未改變 江南仍舊是江南，這是社會方面的，關於我們個人的事，當然免不了遊湖，看戲，追逐麗影 去看那些不變而變的朋友，老的老了，去的去了，那天走進棲霞寺，聽着那幽悠的梵音，令人有出世之想，覺得這裏是仙山，是佛地 絕不像塵世的噪雜，人類的醜惡，可惜我們沒有慧根，絕免不了七情，否則 我們那裏會重相見呢？唉！眞是一言難盡。』孤泉代表健屏報告了此次都城之遊的經過的經過大家不禁都生了些感慨！屋子裏空氣 也漸漸和了一點 健屏仍坐在桌前想寫信 特着筆似乎什麼擾亂他的思想，他始終未寫成，孤泉什方丈大的小室中來去無聊的散着步，垂着頭什想什麼？華民坐在靠南牆的床沿上，翻着一本現代青年傑作，又很無聊的敍倚在散亂未疊的被子上，眼睛流覽着室內 切，門向西開着，靠北牆放着一張方桌 上面放着些茶具書箋，及幾隻小瓶子，東牆上一隻大窗關閉着 窗台上也搖着乱七八糟的書紙類，他這時忽然想起要到街上去買點東西 站起來邀約健屏孤泉同去 孤泉不肯去，終於是華民同健屏兩個人出去了，他們走過了小巷 轉上了大街 碰見了幾位同學 幾位太太 作 些無味的應酬，出入了幾家商店，因爲沒有他所願買的東西，最後只買了幾角錢的水菓，取回來洗好的照片，三個人又依舊聚在屋子裏，三點鐘吃了飯 喝着水他們談着社會的狀況 世界的情勢 後來又談到婦女問題，忽然觸動了華民的心，他說：「健屏！聽孤泉說玉姑和大姑都是風塵中不可多得的女子 可以請他們來談談嗎？」他說完，誠懇的望着健屏的回答，「可以，她們是樂意來的，現在就是請她們。」孤泉未等他說完，就匆匆的寫了一張字叫用人去請她們來 用人出去後 孤泉仍在散着步，健屏在看着書，華民躺在床上看棲霞中學所贈的書物，約有二十分鐘，大姑和玉姑都來了，健屏和孤泉引他們進來，給華民介紹了，華民坐起對她們點點頭，說一聲「請坐！」他仍然躺下看棲霞中學所贈的刊物但是那裏看得下去 心頭早在突突的跳 他看那刊物上只是一團 團的墨 那裡像是字，她想同這兩位來客攀談 下，可是總找不出相當的言語，自己躺在那裏 又恐怕人家說他失禮 太不懂人情；幸虧這兩位來客背着他坐，她們的視線 不會直識射到他的身上來。

（未完）

明朝

焉樹

戰霧消失了，
塹壕上落下了灰色的黃昏。
槍彈暫時的收斂了翅膀，
戰馬忍着發癢的喉嚨，
荒原中蕩走着恐怖的安靜。
山之顛嵌上幾顆明滅的寒星，
風挾着億萬把小刀，
削禿了一帶樹林，
靠着樹握緊了冰冷的「來復」，
一個兩個……壯士的心！
堆成一條無形的長城；
上面用血塗出了閃灼光明的大字：
「我們爲民族自由而戰爭！」
雖然這北國的夜具有着殘酷，
咬緊牙 誰也不願訴苦
且等着一個明朝——
明朝，這荒原上有一堆堆的頭顱，
有宏亮的凱歌繞繚

一日

山風

「……要知道 國家的富饒，非有國家的實力不可……」

文盛聽呆了，頭往前傾了又傾 腳往前移了又移 他的視綫整個的射到那演講人的車上了，不再往別處一瞥。

那人講完 接着又是一個小胖子開始演講：

中國地廣物博，爲什麼要受外國人的欺侮？其最大原因 就是國力不充實。要想國力充實 發亮實條就佔重要地位 今天來植樹就是做的實業計劃工作的一部分，也就是充實國力的準備：……

文盛正聽着 忽而低下了頭，「唉！特爲啥要受外國人的氣？」他長嘆了一口氣 不願意聽外國人欺侮中國的話，他心中非常的難過。

「文盛：吸煙吧！」

他正在難過的當兒 聽着身後有人招呼他，轉頭不看，不是別人，是阿貴拿着一支洋煙，正用手指彈着煙頭的灰燼。

「我不吸。」他說了一句 又轉過頭去

「……我們開始植樹。」」那胖子最後說的 句。

一羣羣的人，沿着河堤走 開始栽樹去。

蜿蜒的長堤上，滿佈着很多的人 遠望好似 排戰前的陣地。

樹已栽完了，人們先後的走了，李保長也哑着自己的保民 「趕嗎的走！」他們都扛着鐵鍬 走入了洋馬大道。

「眞好，栽罷還稍着幾顆！」黃二望着手中的幾顆小樹，氣喘喘的笑着說。

「不錯，」短鬍子望了望黃二的小樹 又低下了頭走。

「到明年還栽不？」文盛向着朱甲長這末問。

「一栽，一年栽 次。是有節氣的。」李保長沒等朱甲長說，便有應附了。

「植樹眞不錯……眞不錯……」這聲音一路子沒斷頭。

都個年老的童生，却一言不發，在路的旁邊走，翻來復去的望着手中的一張方紙，口中讀着紙上的字。「啊！那是植樹時人家給他的傳單。

別的人也沒有說話，只管走着。

太陽已轉到正西去了，他們走到了家裡，已經暮色蒼茫。

（完）

豐縣國民貢獻一日所得運動推行委員會六區分會收款公佈（續）

——以角為單位——

第十一保
魏學文一角　張田賓一角
張紀勝・二　李升雲・二
張正體一角　雷茂珍・二
張紀隆・四　關玉平・四
張正仁・二　關玉璽・四
尹安民・二　關玉美・四
關玉忠一角　關金鼎・四
關金盤・四　關玉島・二
陳云中・二　關金桑・二
武良貴・二　關金標・二
關鳳祥・六　孫連泉二角
王漢冬一角
共計洋一元二角
第十二保
孫樹森一元二　張永慶・二
張彥安二角　張永吉・二
張宗宣一角　李克勤一角
趙榮元角　周興岐・八
孫厚琚一角　高友岐一角
夏子明・四　第四甲四角
張永祿・四　第二甲一角八
共計洋一元九角八分
第十三保
大范莊共計洋五角
全鄉共收洋十二元八角二分
錯樓鄉
包守臣一元　于為海一元
孫厚二一元　李心廣一元
蔣天明　元　郝心平一元
李桂福　元　孫裴章　元
共計洋八元
渠坑鄉
第一保九角　第五保八・五
第二保八・五　第六保八・五
第三保八・五　第七保八・五
第四保八・五
共計洋六元
第四保
高廣幽・四　周廷香・二

周廷陽・二　周廷蘭・二
共一角
第六保
齊仰順一角　史用田一角
共二角
第七保
孫灝泉二毛　李登云一毛
侯敬五二毛　李繼賢・四
史忠元・四　李青太一毛
郝明德・六　李青云一毛
陳志修・毛　李敬云・四
陳志道一毛　趙存齋・四
李繼唐四毛
共計・元五角六兵
以上共計洋一元八角六分
兩共合洋七元八角六分
朱本春・四　陳世連一毛
朱本順・五　喬大紹二毛
朱本爾一角　黃景元二毛
韓守新・五　孫建章一毛
韓培鈞・六　李振常・毛
韓守先一角一楊銘新・毛
韓守業・五　孫建元一毛
朱本玉一毛　孫鴻泉・毛
徐永興一毛　孫友泉一毛
朱本立一毛　孫建興一毛
鄭玉華　毛　孫建盈　毛
馬慶云・五　孫建立・六
馬慶雨・五　孫建啓・四
孫李德一毛　丁成章　毛
張世榮一毛　陳開昌・六
唐占義・六　李超宇一毛
孫長友・四　李超超　毛
岳彩虹　毛　孔凡壯一毛
岳喜勝　毛　秦明坤　毛
岳喜正　毛　陳其若　毛
王志元一毛　毛吉領　毛
王樹蘭一毛　李樹敏一毛
王樹元　毛　魏廣義一毛
王樹田・五　李振超　毛

岳彩鳳一角　李明德一毛
李贈和・五　丁道全一毛
李天錫・元　唐成忠一毛
李宗義　毛　孫樹心一毛
蔡懷亮一毛　蔡樹芝一毛
李廣照一毛　孟振海　毛
彭方信一毛　李聖德　毛
李芝香二毛　李乃倨　毛
蔡作棟　毛　李香山　毛
蔡滄元　毛
以上共五元二角九分
邀帝鄉
李善明　李倫　金運盛
李善才　李三益　金汝科
鄭忠良　李長興　王文斌
王學敏　李德一　金汝河
史存先　李欽紹　季敬春
史存成　張興才　季敬興
關贊成　李普伸　季華徽
史用平　司運尚　季九聖
曾獻川　李元德　牛廣心
周運起　蔣明倫　皇甫尚賢
臧明儒　孫獻文　張慶德
曾獻珍　宗學信　張慶香
營克儉　李善達　張興米
營克明　胡桂芝　魏忠唐
魏相廷　李乃由　周元凱
李傳周　范志由　段茂修
趙同昌　王敬華　李表身
趙相科　李昌德　于聖璧
孫長嘉　孫明德　片敦言
孫日才　王敬文　方成信
李壽忠　韓萬香　方敦嚴
仇文炳　張振宇　方慶和
趙存業　張廿先　朱相平
王敬修　李傳美　黃鳳春
李華貴　李振芳　黃林選
劉德全　梁廷輝　史什松
陳玉環　張書才　史兆坤
劉彥超　段汝明　史有文
周好山　段汝芳　史宏君
高世君　高世禮　劉敬武
高世業　高德宗

以上每人八分
李善端　李欽典　段汝田
張景儀　史復清
季華義　臧明哲
以上每人一角五分
方敦謹二角七分
韓錦明　元
共十元
第六保
李樹松四角八　李志升・四
岳修全・六　李嵋山・八
岳崇善・六　季修仁一毛
岳崇成・四　張茂田・四
杜思賢・四　李曉仲・六
以上共計洋　元
第四保
陳著香二毛　陳玉朴二毛
陳慶遠二毛　陳玉班一毛
陳慶哲　毛　陳慶立一毛
第　保
毛傳賢三毛　臧信全三毛
毛四倫二毛　唐朝書二毛四
魏書運三毛　王玉田一毛
唐占言・二　唐占云・四
尹成倫・二　代學周・四
唐占坤・四
以上共捐洋　元六角
第　保
李超彥五角　王永田・四
李昭班・分　田嵋玉・六
李超英　角　劉連山・六
以上共計洋八角
第二保
王聚修　毛　李志明一毛
王振修一毛　王念勝一毛
王恩修　毛　王順宜　毛
李[illegible]運一毛　李秀宜一毛
張鳳台　毛　王福修　毛
王所宜一毛
以上共計洋　元一角
西關鄉內計洋五元六角
東門鄉
李德裕四角　趙敬賢・二

王書田・二　劉眞修・一
李德才・二　齊茂德・二
吳孝孟・二　李修禮・二
袁培貞・二　李厚升・四
翟永年・二　李本羣・二
劉德福・二　李繼先・二
李靈芝・二　孫鳳標・二
趙元俊・二　周殿標・二
趙心超・四　郝龍標・二
吳忠冉・二　李傳忠・一
李河齡・二　李傳福・二
李忠德・二　郝龍順・二
李桂芝・四　郝龍恩・二
李忠興・二　李心德・六
李朱氏・二　李鳳春・一
李楊氏・二　李修其・二
李心・二　李清科・二
李相靈・二　李修法・二
李相法・二　李清雨・二
李相順・二　李明典・四
李相同・二　李修桂・二
吳啓林・四　花世魁・二
焦同山・二　李廣玉・二
吳敬詩・二　李廣生・四
楊樹芝・二　李修法・二
吳代氏・二　姬茂林・二
吳忠升・二　關玉振・二
吳孝瑞・二　張同慶・二
張洋緒・二　張心舉・二
唐占升・二　李孝恪・二
王化明・二　李德林・二
李學亮・二　李德鑾・二
王彥賢・四　李德普・四
王彥傑・二　郝連珠・一
丁保家・二　劉玉亭・二
葛繼林・一　李旭辰　角
鄭廣成・二　鮑心德・四
王彥斌・二　魏清倫・二
王彥邦・二　李德寶・二
王成業・二　孫運安・二
黃[illegible]凡・二　劉廣俊・二
王[illegible]林・一　楷德領・二
趙玉德・二　孫鳳德・二

李德馨一元　黃翠香・二
第五保共一元五角
第七甲洋三角六分
李德蘭・二　李德仙・四
李胡氏・二　唐占義・二
趙[illegible]元・二　李清山・四
王德昌・二　李修本・二
劉玉修・二　李修安・二
韓春泰・二　李清領・二
韓鳳喜・二　李廣書・二
趙曾三・二　李修義・二
第三保
第六甲吳敦端等洋二角
韋景玉一角　李友芳・二
楊樹芝等二角　李友森・二
杜炳銀・二　李友善・二
黃福永・二　李茂森・二
趙元貞・二　李孝閔・一
劉廣禮・二　李本新・二
程金斗・二　李孝曾・二
劉中善・二　李孝文・四
孫運升・二　李友贊・二
李學詩・二　李本智・二
李學禮・二　李[illegible]千・二
李家和・四　李茂林・二
李孝收・二　李茂軒・四
李友福・二　李友良一角
李孝遠・一　李修文一角
第四保二元
共總東關鄉捐洋八元〇六分
縣立大程莊小學
朱廣遠・四　于少農・六
高承修・二　胡萬明　角
王家祥・四　鹿德貴・四
邱正彬・二　劉昭祥・四
趙振武・四　李弈祥武角
陳啓英・五　李占祥　角
李寶棟・四　趙心良・一
李文秀・四　周長生・二
季敬明・六　周長仁・二
周長道・二　汪宏波・四
袁文彬・二　杜克明・二
崔玉祥角　胡崇勳一角

程戒箴・二　宋邦鎮　角
劉福昌・二　陳紹賓・四
邱叔鵝一角　玉德蔭一角
葛維周　角　劉宗奎・四六
李傳勳　角　程言信・四
李傳玉二角　程芬箴・二
范子香・二　彭繼亭・一
屈憲臣　角　程言禮・一二
劉希德・一　祁廣珠・一
王傳緒・一六　吳自修・四
吳自金・六　呂建先　角
劉運昌・二　程樂良・三

本城糧價

名稱	每市石價目
小麥	最高九元八角　最低九元三角
黃豆	最高七元　最低六元七角
黑豆	最高六元七角　最低六元五角
綠豆	最高七元八角　最低六元十角
高粱	最高四元八角　最低四元六角
穀子	最高四元九角　最低四元七角
芝麻	最高十一元七角　最低十元六角
青豆	最高六元八角　最低六元五角
花生（每百斤）	最高六元　最低五元八角
瓜子（每百斤）	最高二十元　最低十九元

氣象

天氣	風向	最高溫度	最低溫度
雨	風	六六度	五六度

第十一期

本刊每星期六出版

小談論

且慢高談闊論

如果要論中西文學的高下，起碼要把雙方各時代的代表作都讀一遍；——起碼，起碼如此！這是可以由常識斷定的道理。因為作品都沒有讀過，高下從那裏論起？但是，人們究竟是太勇敢了，勇敢到可以論自己絲毫不懂的事，這并不奇怪。苦功是沒有的，議論是要發的，在這種情形之下，當然只有憑着 股勇氣來「大放厥詞」。

如果這種高談闊論于人于己有一點好處，請盡量發吧！如其還知道教育自己和教育別人同樣重要，如其還知道說話還有言責 如其還知道讀書界并不都是窺豪語狂言能嚇倒的癡漢，那似乎就該想想：吹噓和實做，究竟那樣有益 讀了一個作家，介紹一個作家；讀了一件作品，介紹一件作品。在自己是 種修養；對別人 如果自己的介紹沒有一點價值，那也算一種供獻。刻苦地作點滴的積蓄，努力地去認識 個領域的全貌 等到自己能對東西文學作一個鳥瞰，再來論西文學的高下這個大題。那時候 題儘管大，自己却可以用無盡藏的知識儲材解說得十分具體而綿密。

自然，我并不斷定好發空論的人就一點沒有誠意。也許，心是非常熱的。把這顆熱心善用一下吧。尤其是在由熱心發出的議論不為人所接受的時候 不要忘了省察自己的言論是否有值得人家接受的價值。對自己所頌揚或謾罵的中西文學，自己都懂了麼，假如還肯這樣問問自己，一定會「爽然若有所失」。失掉的是浮誇，不礙事！

寫作

關東歸客談

實

本校放了一星期的春假，我在放假的當天早上便走上回家的道路。

天地昏暗，太陽不明，風呼呼的怒吼着，刮得樹枝搖動，沙土飛揚。幸而是順風，要不然的話，一天也難走到家。

走着，走着，一帶長堤蜿蜒在眼前，這便我知道我已走了十五里。我決定在堤上的小飯鋪裏休息休息，因為太疲乏了。

「兄弟，起那裏來？」一個很面熟的人向我打招呼當我走進飯鋪的籬笆門坐下的時候。

「扎義。」我很含糊的回答，沒有想起他是誰。

「還聽不，我在宋莊。」

「啊！」我恍然大悟的說：「不是××表哥嗎！你不是上關了嗎？」

「打那裡回來沒幾天。」

「發財嗎？」我這樣道喜。

「別提啦！」他難過起來了。「拾條命回來，沒死到外邊也就算是好。」

「怎的？」

「說起來話長。」他嘆了一口氣，擦了一根洋火，被風吹滅了，第二根才點着香烟，吸了一口向我說：「弄一口不？」烟霧一出嘴便叫風吹散了，如細絲般的在空中漂蕩。

「不。」我用手拒絕，「學校裏不興吸烟，先生看見不願意。」

「眼前在那裡上學？」他很隨便的問了一句。

「豐中。」

「嗷。」他又抽了一口講起他的故事：「我已去了四五年啦，當我走的時候，你還念哩，我才十八九歲。」

他帶點自滿的表情，因為他的大姆指搖了幾搖；我答成着，他說下去。

「頭一到關東 就在趙上字家幫忙，一年能落百十塊錢 也算不錯。不料才過了兩三年 他居家老小都被日本殺了，除他自己逃了命……。」

「為什麼？」我打斷了表哥的談話。

「日本人說他通胡子（匪）。」他解釋着，「不知是真是假，我在那裏 點也知不道。」

「報上登着趙尚志是義勇軍的領袖，現在已有幾萬人，不知他們是一個人不？」

「許的。」他並不很關心。「聽說他跑了以後，就上山是加入胡子了，日本兵還打不清他們來。」

他又吸起烟來了。

「日本兵和他們開起火來，比較那邊死的人多？」我問。

「還是日本人死的多。」他說得很確實 「日本人打起仗來都不會躬腰，直着身子；還找不清路。每逢上山裡打胡子 他們都死大些。他們也是怕呢！」

「不是他們有飛飛和坦克車麼？」

「那都怎麼不着人。」表哥用很有經驗的口吻對我解釋：「關東山地裏各處都是樹，給籬笆子那麼稠，只要朝那裏 躲，打誰去，一點也傷不了。」

我很高興；他也很喜歡，笑了笑說：

「起那俺東家的什麼都被充了公；他媽的，我也不能跟他了，便上山去砍木頭。那裏木料也怪貴 都是日本買了造洋房子用的，就是太危險了，時常叫日本兵當胡子殺。論真說：胡子還不大怎麼咱這樣的人哩！頂多擾咱一頓飯。」他的烟吸得還剩個烟頭，隨手丟開了，略打個頓說：「一天我正在砍樹，來了幾個日本人。我親眼看見我的幾個同伴被日本人打死了 我就跑啦 正跑着 他們就放起機關槍來 槍子給雨點樣，跑得慢點就沒命啦」

「 本人怎麼可惡」我加上一句。

「好不吧。」他惱恨起來了。「他們煩咱們的人，比那地方就當是他們的啦，比方咱住的房子，他們隨便給幾個錢就硬要，不許就不中、稍微得罪他們 點，就叫他們殺掉。他們殺人就和殺個羊一樣。看着吧！一定要不了，當緊都不給他們一心 還有他們稱自家為「大日本」。其實並不大，人又少。一個大城裏姘有他們的百十個人，都時常騎着馬各街上亂跑，特意充人多。」

表哥更有氣了 有點口吃的說：「我覺着不能在那蹲了，帶了幾百塊錢的工價錢就向家來。真想不到在路上的時候 被老丈人日本鬼子查去了，還挨了幾耳光。」

『啥？』我恐怕我的耳朵聽錯。

『日本不准朝咱家帶錢，我的錢都叫他們留下了。要着飯回來的。多苦吧！』

我們倆都嘆息了，不知從何時起，店鋪裏的人們就都傾聽着俺倆的談話。

『這幾年上關東的都不落啥。』直到 個旅客插嘴說了這麼一句 我才發現他們都在注意。

『華北的走私怎麼樣？』我問。

『啥？』他看了看我。

『我知不道。』

我慚愧起來，因為我在不懂文言的人面前說起文話來。

那裡的貨物比本地便宜嗎？我改變了問法，因為

雙調折桂令

別離　阿文

窗前細雨霏微 簾幕低垂，燕子雙飛，酒醒夢回；春光未老，心事全非！都只為多情多累，定教我兩地思維，瘦了因誰，病了因誰？

僊呂一半兒

無題

欲將心事說還休，却為相思兩處愁！流水落花天盡頭 怕登樓，一半兒傷春 半兒酒。

僊呂一半兒

無言半晌手支頤，兩淚零零只袖兒知，為 雁斷衡陽音信稀，數歸期，一半兒驚心一半兒喜。

我並沒有弄明白「華北走私」的內情。

「不，比咱這裏能貴賤半子哩，越朝北越貴。這咱這邊他們的東西反買得非常的賤。」

「為什麼？」我明知故問。

「反正沒有好意思。」

他向外望了望：「天不早啦，等着再說話吧。」

他已站了起來，我說：

「好。」

於是便分手了，他踏上向城裏的大道，我向故鄉走去。

風仍沒滅少牠的威力，太陽還用那暗淡的光照着青青的田野及寂寞的村莊。我的內心却增加了不少的氣力，一面思念着自身（本國）及我們的「友邦」。

（三年級）

火

新

深藍色的天空中，掛上了幾顆亮晶晶的星兒。沒有月，但因天氣晴朗的緣故，却並不是漆黑的夜。窗外顫動着沙沙的風。桌上的煤油燈裡的油已熬去大半了。這足以表示我們談話的冗長，也足見天色已不早了。但三老爺仍是滔滔不絕的說他往日的經歷，而坐在牀上的我却迷糊起來，漸漸有些聽不到他的話了。

「一嗷！嗷！……。」

「快！快！……。」

「汪！汪！……。」

突然一陣吵雜的聲音，從遠方傳來，接着全村的狗都叫起來，混着人聲，使我分不出喧聲與人語。三老爺很快的跑出去了。我先把燈吹滅，隨後也就出去。吵聲嚇退了睡魔，我以為是土匪進來了，心裡是那樣的惶恐不安，以致全身都有些發抖了。

一出門喊聲就聽清楚了：

「都快來救火！都快……」

「上西街上去救火呀……」

聲音有些發直，而且還有些沙啞。小孩大人的哭聲和喊聲混雜起來了。

我急忙向西街跑去，三老爺是早已不見了。我跑到西街仍找不到失火的地方，只是哭吵喊的聲音更加震耳。同時又聞到一種燒焦了腐尸似的臭氣。

街道轉彎了，我跑過拐角處，突然一股紅紅的火頭冒出了屋頂。接着就是一道一道往上直冒。紅的火球像雨點似的落到附近的屋子上。

院子裏擠滿了人，被燒的屋子的屋頂已經塌下去，只剩了紅的牆壁。人們仍舊從那上面潑着水，發出嗤嗤的聲響。大門外堆積着些家具和棉被，有幾個裸着身子的小孩子躺在上面號，幾個婦人坐在旁邊偷哭，臭氣更加濃了。有個女孩子一面哭着一面在找她的妹子。人們的喊聲仍舊是那樣的雜亂，像是瘋狂了。

我渾身打戰，頭頂一涼一涼的，我不忍看這人家的悽慘的火災，急忙忙的跑回家去，心裡老是打搐，鼻尖有點酸溜溜的，不知為什麼心裏是那樣的駭怕。窗外的風更加大了，呼呼的聲響顫動着，不能入睡的我的心。

（三年級）

春假中可驚喜的一件事

朱嘉禹

一個禮拜的春假，雖然是被我馬虎過去了，然而却有一件使我最不能忘却的事，可驚又可喜，就是一個嬰孩的死裏逃生。

當未放春假時，三月二十七日，是哥哥的小孩的生日，全家都異常的歡樂，到各處親戚家報信，鄰人也紛紛的到家中來道賀，一家長幼以前一切的憂愁都消盡似的，就連玩皮不過的小表弟也為了當了表叔，在這幾天也擦粉，點胭脂，非常守規則。這種歡喜的空氣是在嬰孩初生的幾日內。

「天有不測之風雲，人有旦夕禍福，」這句話誠然不錯。當這嬰孩降生七日的時節却生了病，這是在清早才發覺的，那時病來很輕，可是家中的人却都存着一七天風一的疑慮，但是却沒有人肯說出，而心都在害怕。所以便趕緊請了當地的鄉婆來診治，可是病越重越重，及至鄉婆使行針法第一針時，還能聽得微細的哭聲，到了二針，三針……時細微的哭聲也沒有了，臉上沒有血色，全屋中的人無一不在驚怕，互相觀望，沒有一人敢說話，室內像死一般寂靜，沒經驗的我，怕的更是厲害。

「不要緊嗎？」姑母向鄉婆發問。

「要緊！」鄉婆的答覆很不自然，說罷便低下頭去。

他們雖然在這樣的說着，却各有各的打算。我不能再看下去，輕步敏捷的向外走，剛走出門，便看見祖父椅在本屋的窗外細心聽，輕微腳步聲屋內過來，原來是姑母和李媽（做飯的）她倆走到門外。我也走近了她們，李媽像商議的口氣向姑母說：「不行啦！把他（指嬰孩）抱出去吧！眼看一會不勝似一會呢？」

說罷她們便走了，祖父顯出非常難過的樣子，兩眼的淚幾乎落了下來，我不忍再看了，便回到我所住的室內看發的新文字講義，但兩眼雖望着講義，心中却在乱想。

「一拍，拍！」一陣腳步聲從門外走過，我連忙跟了去，原來是姑母抱着嬰孩向二門外的草屋走去，我找了個板子，姑母抱了一會子，後來看着喘氣是困難，眼也合了，便將他放在木板上，這時我看能活路很少了，姑母將華麗的衣服脫去，露出了灰白的身體，臉上也青一塊白一塊的，真把我嚇壞了，真是我從未見過的可憐悲慘的景況。

「仲一、你去喊原德（庸工）去！」姑母說時跟的淚却雨似的滴下。無疑的這是要丟去了，我便走到大門口才把原德叫來。

「原德：你看看還有氣麽？」姑母為都站在屋外，一見原德來了便還吩咐。我跟着到了屋內，原德動了動破舊棉絮，還能看見青白的嘴閉了的眼，口一張一合的喘氣，結果並沒有丟到野外去。天黑，忽然他的身體稍有些紅色，也和平些了，便又叫鄉婆診治，便行針法，並吃風……並叫原德在看守着。

第二天早晨，尚未起床，便聽原德說小孩已會哭啦！我起身走那草屋內看，果然，姑母正抱着他呢？又經診治那天全愈了，全家長幼換上比從前歡樂的空氣，盛於空前的空氣，這真是可驚可喜的一件事呀！

（一年級）

雜載

一九二四（續四）

未明

外面的太陽火爐般的向着各方的射着，空氣的熱流向各處流動，風刮起來是一把火，蔚藍的天空沒有一絲的雲片。周世輔從桌上拿起芭蕉扇子扇着，臉上冒出手指頂大的汗珠，王紹文在那裏翻閱他的一部日本版的世界美術全集，還是他的待客人的專書。他們皆默不作聲，不過有時也談起美術的問題，如這課體像畫的好呀：……全身的曲綫配製得適當……不過臉太不漂亮……：或者有時談到畫家的生活應當投入大自然去，拿著畫筆和畫架，披着散髮，來回於大自然裏……。

他們正談得有味的時候，海宏走了進來說道：

「周先生有電話。」

周世輔連忙的跑出房間，問道：

「從那裏打來的？」

打電話的人是葛揮」

「啊啊啊！」

他走到電話間把聽筒拿在手裏

「你是密司脫葛嗎？我是世輔」

「我知道……。」

「好 好 親小姐也在嗎？好極了！」

「那件事你無論如何要幫忙。」

「好 我馬上就來。」

「好 再見罷」

他說了這一段話後便掛上聽筒，很迷迷的走回房間裏。

王紹文，正在那裏翻閱美術照像，目不轉珠的向那像上釘着。他見了他進來問道：

「電話是那裏打來的？」

「是葛揮那裏打來的」

「就是那留着小鬍子的葛揮嗎？他以前不是×派嗎？怎麼現在又右起來了？」

「紹文，我們滬大執行委員的機關萬不可錯過，我們抓住了這個團體，學校中的一切事情還不是由我們指揮嗎？不說教授要聽我們，就是校長也一樣的同我們講手哩，但是我們去擁護他們也非有相當的條件不可，不能白白的為他利用，哈哈，你想想，我們畢業後官半職也少不了，紹文你還不是要幫我的忙！請你告訴我，決定一下吧！我們要你，紹文……」

王紹文看了一下美術照片就抬起頭來，整理整理了西裝，拿鏡子照了一下說道「還有執行委員有多少人？你還有方法了多少人？不過我想，我幫你的忙非：不可」

「這問題非常好解決的，只要我老周上了台，別說這點小事，王淑英總得替你介紹的，哈哈，你真是……」

「好，世輔就這樣幹一！」

（未完）

本埠糧價

每市石價目

名稱	價目
小麥	最高十二元　最低九元四角
黃豆	最高七元　最低六元八角
黑豆	最高六元八角　最低六元七角
綠豆	最高七元四角　最低七元一角
高粱	最高五元　最低四元八角
穀子	最高五元　最低四元八角
芝麻	最高十一元八角　最低十元七角
青豆	最高六元九角　最低六元七角
花生（每百斤）	最高六元　最低四元八角
瓜子（每百斤）	最高二十元　最低十九元

氣象

天氣	風向	最高溫度	最低溫度
雨	東南風	五九度	五三度

鳳鳴塔

第三一四期

一，本刊內容分科學常識論著詩歌小說散文戲劇書信書報介紹及批評等項
二，本刊歡迎投稿來稿文言白話均可
三，來稿本社有刪改權不願者應先聲明
四，未經登載之稿除預先聲明者外概不退還
五，本刊編輯室設豐報社內

漫談

握手與決鬥

炳華

無論是在什麼地方，只要是遇到以前曾經認識過的人，就毫不躊躇的向前去伸手握着他的手，臉上也隨着露出很和悅的笑容，這樣就足以表示兩人的親熱了。

因此，這種見面的形式就愈被人重視，不論在什麼地方，只要你稍爲留心一下，就可以看到這套把戲的重演，這樣，不由得你就要很高興的叫一聲「究竟不愧爲萬物之靈」，或者叫着「人類的光明日子來到了！」你若這樣看法，你就是一個極獃極蠢的人了！不但要使你失望，而且還有被侵害着的危險．因爲握手已不足以表示感情的融洽，而變爲人類應世的工具了。

照這樣看來，握手的形式是大有取消的必要，但是這又不能，要知道惟其是你的敵人，惟其你要與敵人決鬥，你更有握手的必要。在這裏找可以說：「握手未必是親熱的表示，而不過是用來作爲放毒箭的一種掩飾罷了。」無論你是在對付敵人 或是防禦敵人，你必須用握手來掩飾敵人的耳目，作爲你自己保障的壁壘，你才不至於有中毒箭的危險，不然的話，就要被敵人窺破虛實，乘機而發了，所以你在握手的時候，還須留心着那背後的傢伙。

不但人與人之間是如此，就是國家外交上，也是時常玩着這套把戲，尤其是強者對於弱者，愈演得五花八門，在綏省事變未發時（民國二十三年）日相廣田的一番美妙的「和平」演說，便是一個很好的例證，日本林內 組成後，中日提攜的空氣又高唱入雲了，兒玉謙次的來華，華北經濟的合作，……在在都表示着中日雙方的友善 而日本特別的聲明願以大量的資本幫助中國，共謀中國經濟之發展，且又提出「不威脅不侵略的政策」這一種緩和的論調，誰敢保證不又是一個烟幕彈呢？總之，狼與羊爲友，自有他的用意。

社會是進化的，人類應世的手段也愈趨複雜和狡猾了，你必須隨時看風轉舵，才可以應付這目前的危險，換句話說，你必須隨時隨地建築起你自己的壁壘 才可以與敵人決鬥。

創作

落花（續）

齊信敏

在大姑玉姑二個人當中，要算她身體最矮 不過身段還好看，舉動也很莊肅，她的天真活潑，都爲她的環境所束縛了！她的笑很真誠嫵媚，言語行動，都表現過是一個久在壓迫下的可憐女子；不過她還抱着一腔反抗的英氣，絕不是甘願屈伏永遠忍耐的，華民對於她很抱着同情心，他覺得這樣的女子是值得可憐的，他想同她多多的談話，想深刻的了解她，并想她了解自己 不想這時候 大姑家裏已派人來找她們回去，她們只得暫別了華民等匆匆的走出了門，屋子裏空氣頓時寂靜下來，孤泉叫用人取水洗脚 健屏躺在床上，華民站在窗前望着天中的月色，他感到有點淒涼，對面的樓下，有一個女人在唱着戲，孤泉說：『她不是唱戲，簡直實在哀鳴！』華民聽了只有接着一聲長歎！孤泉洗了脚同着華民去到大姑家裏去，恰好玉姑碧姑都在，因爲她們家裏的家長監視，不好隨便談話．她們暗地裏告訴華民『你們且回去再派人來找我們去。』華民點點頭就同孤泉回寓了。

在三十分鐘以內，大家又聚在一個房間裏，這房間比先前的大一倍，裏面放着一張大床同一張小床 北窗下放着茶幾小椅，東牆緊靠着一張方桌，東南角放着一隻衣架和一張藤質的躺椅 玉姑坐在桌南面 碧姑坐在桌北面 大姑靠在牀上，孤泉坐在牀邊，健屏睡在藤椅上 華民在碧姑北口的椅子上坐着，暫時的都不言語，各個人臉上都掛着愉快的微笑，面面的相看着，大姑最先衝破了寂靜，她說：『你們明天回去嗎？我想我們今夜不回去，與你們作一個竟夕之談 如果家裏有人來找，就說今夜要陪你們作一夜的談話，你們大家說好不好？』『好！好！好！……』大家都表示贊同，非常高興的這樣作，經過這個計劃之後，孤泉扶着床沿教大姑唱夢中情人，健屏在躺着幻想，玉姑看書，碧姑在呆望着。華民乘這時機，開始探一探碧姑的身世．『碧姑！妳的生活怎樣？剛才在妳家裏坐着的黑衣婦人，她是妳的母親嗎？』碧姑聽華民這樣的問，不由的百感交集的眉峯 哀怨的回答着：『我的生活嗎？不能談！于其說是一個人，不如說我是一件東西，因爲人總有人的價值和待遇；但是我呢，任憑人家凌辱，責罵，不敢大聲，不敢反抗，就如東西一樣的任人擺弄，不過我還算比東西多生着一顆心，知道善惡罷了 所以我說我的生活簡直不能說 那個穿黑衣服的婦人她是我的養母 我不知我的父母在那裡！我在不知人事的時候就落在她的手裏，她雖然養活了我這樣大，但受她的打罵也算不少了，唉！那裡是我的母親！』『啊！她待你很壞嗎？』『幹麼不壞 她比殺我還厲害，時常無理的給我一頓非刑，不容人辯論一句，有一次我寫一封信給朋友 她說我同人家談戀愛。把我打得遍體鱗傷，我睡了好幾天，才能起身，這樣的毒打已不知多少次，你想她待我怎樣吧！唉！我的生活到了這種程度

春雨讚美辭

炳華

春雨呀！下吧！
我願你下到明天此刻，
灑遍這整個的大地！
世界上已沒有生息——爲寒氣所逼，
果然一夜東風，
天上的烏雲變濃，
世界上就變成萬紫千紅，
凌人的寒氣已去得無影無蹤，
大地上又吹起溫暖的和風，
聽呀！東林裡又是杜鵑聲聲。

× × ×

春雨呀！——人間的甘露，
你爲何天宮上住
偏偏在地上流連！
爲了這世間的衆生，
捨得將自己作踐
人間得到你來，
笑容充滿住眉宇間，
千紅萬紫倍增人戀，
願人間一切血和淚汗，
都化作這滴滴甘泉！

寶刀

馮樹

在幽黑的屋子裡，到處透射不進一綫光明，我依然在刮落的隔屏上，我沒有恐懼 我深知絕望的悲哀是單對弱者襲來的。

我撫摸着我的生命的伙伴——寶刀，用我火炬的眼光，照射着一切：我的寶刀鞘上纏着蛛網；抽出它來仍鏘然有聲 呵呵！可是我的寶刀生了銹了。紅色的銹斑侵蝕了寒光．

我的損失，我的無法比擬的損失！

我的寶刀他有着光榮的歷史的．他吸飲過胡兒的血，他餐過倭寇的頭顱 他的主子是一個一個的死去 而今又追隨着我 我却被幽囚在異色的屋子里，他却生了銹了，疲乏的躺在我的手裏！

這顯然他是飢餓了．他需要鮮血飲，他更要頭顱餐，我知道，我深深知道，像知道我自已需要吃什麼 樣，然而這屋子外面加上鎖了：

但我沒有恐懼 我深知絕望的悲哀是會襲擊弱者時，從現在一瞬起我開括了工作。磨勵我的生了銹的寶刀。

我絕對相信寶刀會救我的，使他衝這黑色的屋子，踏到戰場上，這時我要報答我的寶刀：讓它飢餓的病 使他痛飲着敵人的鮮血 痛吃着敵人的頭顱。

我努力的磨着寶刀 時間從我眼下 瞬一瞬的逝去，那生了銹的寶刀：漸漸地，明亮了 鋒利了：……。

，世上沒有自由的人要算我們這種女子了！』碧姑說了這段傷心史 眼眶裏已蘊滿了熱淚；但她終于忍着未流出來，她的聲音非常的幽怨，如聽了杜鵑夜啼，一聲一聲的刺審華民的心。她幷且露出了受刑的創痕給華民看；華民那裡還忍心再看，不由的轉過臉去，心頭猶如受了極端的刺激！非常的酸痛而難言，默默的小聲歎着氣，碧姑見此情形，也不願再續述其餘，唔唔的歎了一口氣，紹端更蹙起了縐紋，垂頭凝視着桌面，這時孤泉和健屏已緊靠着方桌，也爲碧姑可憐傷心，氣憤，孤泉說：『這種無人心的人，要給她一種極端的處罰，才可以煞氣，最好殺盡了她們！』玉姑大姑也形容碧姑養母的壞毒，連她倆也被她牢籠着，據玉姑說：『寫信給朋友非在每夜熄燈後不可，不然她要看見了，她一定會咒罵我們，她不准我們和男朋友要好，不准談戀愛，每天我們閒在家裏，不准我們聚在一起，不然，又說我們在搗鬼 又起什麼壞主義，最可恨她沒有什麼不干涉我們的。』玉姑說着，神色帶着氣怒 嘴唇一動一動的，眼角裏可以看出她的反抗意志，碧姑更蹙緊了額上的皺紋，視綫仍釘着桌面，她的心裏大約有說不出的苦楚吧？大姑忽從牀上爬起來，跑到門外看了一看，轉回身向着大家說道：『說話小聲些，不要叫人家偷聽去，免得又要大鬧一場，她叫我監視着玉姑和 姑的行動言語，其是我們是 條心，誰願跟她獻殷勤，她後來知道了模不滿意我，我怕她不滿意嗎？（未完）

豐縣國民貢獻一日所得運動推行委員會二區分會收款公佈（續）

——以角爲單位——

仇集鄉第二保

蔣進德一角 蔣謙金・二
蔣繼憲・二 蔣蘭盤・一二
蔣高眞・一二 蔣蘭廷・二
蔣高作・一二 蔣蘭田・二
蔣高文・一二 孫吉仲・一
蔣增合・一二 孫吉選・一
蔣增身・二 孫明身・一六
蔣明田・二 曹運隆・一六
蔣增禮・一六 曹學言・一六
蔣高岑・二 曹金亭・二
蔣增凡・一二 曹金法・一二
蔣高金・一二 曹金榮・一二
蔣恒臣・二 曹金升・○八
卜憲　・○六 孫明元・一六
孫明啓・二 劉榮枝・二
孫明軒・一 張文香・二
白鳳祥・二 劉遵義・二
孫吉長・○四 張本純・二
孫明云・○八 張高峯・一二
孫明行・一二 司[illegible]法・四
孫知孝・○八 邵學琳・四
孫吉祥・○八 孫基田・二
孫明成・三 張本端・二
張懷有・一八 張善宣・二
李厚甫・二 張本元・○四
張不秋・一 程廣芳・六
仇心合・四 張孝德・一
張好德・二 閻克[illegible]・一
張啟有・四
共計洋 元○九分二厘

第三保

張愼山二角

第四保

于瑞升・一二 仇奎同・○四
呂世榮・一二 仇星法・○四
仇本仁・一二 仇奎耀・一六
陳學勝・○八 楊明先・一二
白正起・○八 仇存振・二
渠遇奎・二 白作付・○八
吳惠友・○四 孫建周・○八
仇奎見・○四 孫鍾聲・○八
仇奎山・○四 孫建之・○八
仇奎年・○四 白作良・四
仇愼早・○四
二角二分

第五保

于扶邦一角 李敬純・四
王夢君・二 李集溪・二
孫鍵金・四 李敬參・三
孫建業・一二 李振溪・二
孫緒彬・四 王淸泉・二
許學田・二 孫基洪・二
于囙邦・二 楊鍵金・四
李印溪・四 孫運逢 角
李守仁・二 孫基品・四
李敬田・二 楊德新・二
李倫英・二 楊茂盛・一二
李油溪・二 楊德山・二
李汝溪・三
共計洋八角九分二厘

仇集鄉第七保

公民

朱潤德一角 張敬爽・四
李廣德一角 張德舉・二
謝克升・四 張啓讓・二
謝克彩・六 張啓懷・○八
謝中福・五 王登科・四
謝子英・五 張啓位・二
王金爲・四 仇愼田・四
王金升・四 孫四海・四
張啓賓・四 鄧心泰・四
張啓元・四
共八毛 分八厘

◎豐縣大程莊小學協進團◎

一，縣立胡樓初小

胡水升・一二 李新民・五
胡宗禹・一二 李立民・五
劉敬仁・○四 胡萬法・一
朱守禮・一六 杜志先・一
胡宗蘭・一一 杜志超・一
孫家起・一二 胡世臣・一二
李青海・一 王家聲・○四
胡世榮・一二 胡永新一・四
以上共計洋 角 分

二，縣立樊樓初小

樊忠權・二 李振遠・一二
樊厚山・一二 王金榮・○八
樊忠民・二 李慶遠・一
樊素英・二 李斯勤・○八
樊忠元・二 李慶遠・一二
樊忠常・二 郭芸香・二
樊厚升・一二 郭芸田・二
樊厚謹・一 劉永孝・一二
李斯信・二 劉德廣・一
李學遠・一二 王玉郎・一
李玉貞・一二 于啓祥・○八
李傳章・八 李家龍・一二
李傳聲・一 趙志遠・一六
李淑貞・一二 王金友・一二
孫振一・一二 樊厚芹・一二
李家永・一 李運香・一二
李家奉・一 孫丕深・一二
李愛芳・一二 劉志信・一二
孟廣宇・一二 李家勤・一二
李傳聖・一 孫厚一・一二
馬俊英・一 李秉良・一
馬俊峯・一 李秉英・一
滕敬冉・六 朱宏吉・○八
李家語・○八 葛錸祥・二
馬俊傑・○八 厚昌・二
以上共計洋六角 分

三，小店初小

劉敬[illegible]・二 梅慶恩・二
劉允善・二 魏嘉何・二
張俊領・二 楊中山・二
張厚德・二 周長發・二
甯洪業・二 劉宗昌・一八
田運眞・二 楊宗廉・二
師宗眞・二 張劍華・二
劉於義・一八 劉祺昌・二
蔣存正・二 路光仁・二
薛幼民・四 劉茂玉・二
秦正嶽・二 劉茂相・二
郭運山・二 路光義・二
劉於信・二 劉允金・二
劉茂党・二 師宗傳・二
周脈金・二 劉允亮・二
李敬傳・二 師宗英・二
李敬倫・二 于承升・二
王秀容・二 甯洪秋・二
田緒龍・二 卜瑞蘭・二
周脈云・二 師以德・二
謝金榮・二 秦養志・二
趙思耀・四 師宗聖・二
劉明昌・二
共計洋九角三分八厘

四，縣立葦子坑初小：

王賢德 角 陳學連・四
王素德 角 熊玉眞・二
楊素玉 角 謝掄德・四
王以平一角 謝敦信・二
王以彬・四 王祠敬・四
王德宏・四 王以生・四
王德化・二 毛傳詩・二
王運德・二 李萬友・二
王以春・二 戴維信・二
王先德・二 孫季宗・二
吳振業・一六 李玉眞・四
王以芝・一六 李傳友・一二
韓世公・二 熊棟文・二
劉書一・二 李[illegible]光・四
王以文・四 李維敬・二
陳學眞・二 王德昇・一二
卞福[illegible]・二 鄭文燦・○八
[illegible]昌杜・二 秦[illegible]印・二
張振斬・二 [illegible]維明・八
王德超・二 王德樹・二
王以田・二 王祠祥・八
李立昌・二 徐善替・二八
李振德・四 王德甫・一二
李運鋆・四 戴儒勤・二
李兆貴・四 郭公禮・二
戴儒先・二 史鴻貴・二
苗振華・二
共計一元五角三分一厘

五、邢橋小學

朱陰桐二角 李傳釗二角
司廣恩・一八 李廷中・六
苗尊貴・二 王化信・一
張禮仁・○四 李振[illegible]・四
劉德隆・一六 李青峯・四
王立貴・二 劉德法・四
朱本香・八 朱廣均・六
李宗烈・一二 呂先孝・四
朱本看・○八 邢福祥・三六
劉德榮・二 陳守經・二二
杜傳信・二四 劉欽賢・四
劉德兹・○八 王立運・○八
張芳秀・一 劉衛升・二二
朱廣仁・四 王厚坤・八
涂義容・二 李傳金・三
李家薰四角 王立俊・四
呂先謀・○八 劉福修・一六
張效中・○四 劉立貴・○四
鹿文先・一四 張蘭秀・○四
王立正・六
共洋一元九角六分

司法欄

◎刑事判決◎

孫敦海，王榮邦，張永綱，許倫奇，鄧作雅，吳光昌，梁宗義，翟章環，劉先恩，楊登榜，李聖奎，孫建之等十　名，因鴉片案判決、

主文　孫敦海等十二名　自動投戒，戒絕後再吸鴉片一罪，處有期徒刑一年六月，併科罰金一百元，褫奪公權三年，罰金如期滿經强切執行，無力完納，以一元折算一日易服勞易。

△本城糧價

名稱	每市石價目
小麥	最高十元一角 最低九元四角
黃豆	最高七元 最低六元八角
黑豆	最高六元八角 最低六元七角
菉豆	最高七元五角 最低七元三角
高粱	最高五元 最低四元三角
穀子	最高四元八角 最低四元七角
芝蔴	最高十一元六角 最低十一元四角
青豆	最高六元八角 最低六元七角
花生	每百斤 最高六元 最低五元八角
瓜子	每百斤 最高二十元 最低十九元

△△氣象▽▽

天氣	風向	最高溫度	最低溫度
半陰	東南風	七四度	五三度

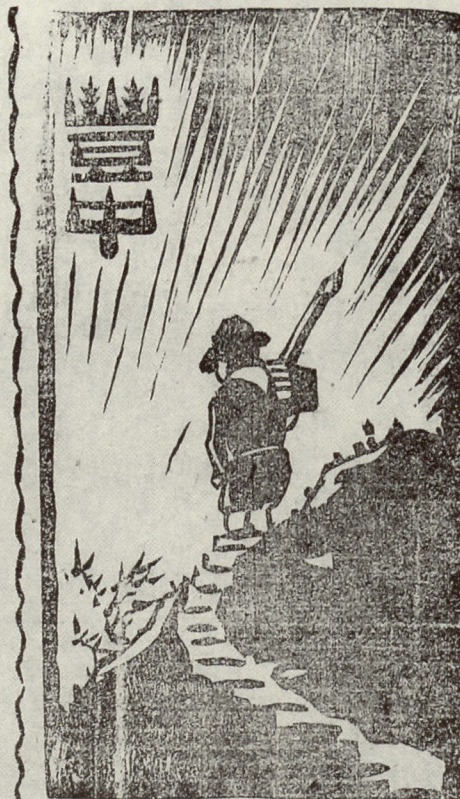

第十二期

本刊每星期六出版

小談論

小小的希望

我有一個小小的希望。

我希望教科書市場上出現兩種國文讀本。分量較多，定價較廉，註釋較詳，還得是共有的優點；在內容上，一種選「文學革命」以來的有代表意義的論文和作品，以及現代的西洋短篇傑作，使人讀了以後，了然于二十年間的中國文學發展的大勢，幷稍嘗一點西洋文學的滋味；另一種選文言文，可不能是漢　篇　宋　篇　清一篇的雜湊，而要按中國文學的發展階段選各代表作家的代表作，——尤其重要的是，在某時代的文選之前，要在文學家與非文學家的作品中，找幾篇足以使人看出當時的文學的社會背景的文字，如其找不到，編者自己寫一篇也可以。我相信，這樣把上下幾千年的作品讀了一遍，一定不但大體上認識了中國文學，而且也還大體上認識了中國歷史，古代作品是難讀的，但我們可以逆流而上，從梁啓超讀起！而且，歸眞說來，人只有認識了現在才有能力去認識過去；由今而古，初學者的工夫是正該這樣用的。我是受過現代學校（當然不是初中）的國文課的，讀本是古今文章的斑爛的雜湊，而文學史則又是人名與書名的死板的堆積。不用歷史的社會的眼光去研究中國文學，不從讀中國文學作品中來認識中國文學發展的歷史，這種錯誤的方法使我空過了多年的光陰，使我的强記工夫也幾乎成了精力的浪費。

我的小小的希望就是從這種痛苦的經驗中產生的。

這希望是小的，然而也是頗難實現的。因爲要作這樣一個編者，文學理論上的修養暫且不談，起碼也要讀過各時代的主要作家的作品。這是麻煩的工作，比起找幾部文選和幾部舊教科書放在案頭來東拉西湊地編新讀本，至少也不太容易。

寫作

棄嬰

春秋

雨雖然是不下了，但天還是陰沉沉的，很低。沒有一點風，嫩綠的樹枝很安穩的低着頭，上面沾着雨水。吃過早飯，我本來預備去量地，因麥苗上有露水，便到後莊上去閒玩。

西頭的十來戶人家，較四五年有，很大的不同：許多亂七雜八的茅草小屋有幾年沒有貼草了，上面已有了凹坑；有的已經拆了，破的屋框子還存在着，屋煙油滿塗在上面，被雨水衝下來，使週圍的地皮弄得像用墨水洒了一遍。大點的樹已沒有了，剩下的只有手指恁麼粗，還長在院中，不，也長在野地裏。

在這裏很沉寂，一條狗也難看見，就是有也是很懶的，頭蜷縮着臥在屋檐下，任你怎樣的走過去，牠都是不動的，除了你朵牠幾腳。

我慢慢的向西走去，直到了北坑的盡頭才聽見有說話的聲音從朝西的甲長的屋裡傳出來：

「二虎兩口子眞很心：……」

「天是自己的孩子……」

「人家想兒還想不到手哩！……」

「還是『老天註定』的……」

「唉！天地眞變了……」

一些雜亂的話語，從許多人的嘴裏發出來，使我聽不淸她們談論的是什麼。

我慢慢的走到門前，把頭伸過去，目光從她們的身上掠過去。隨後我便說了：

「奶奶們都在這裡說話啦？」

她們都抬起了頭，齊聲的說：

「早晚來的？」

「你吃飯了嗎？」——

「……」

我匆忙的含糊的答道：

「昨天來的。」

她們很客氣的把板凳挪過來教我坐下，兩眼不轉的望着我，從頭頂到脚根。

「你在那裏上學裏？這二年沒見長多高啦，也比從前胖啦。」東頭的金五家奶奶，停了一會向我問。

她是我莊上的頂富的一家，丈夫在十年前就死去啦。她沒有男兒也沒有閨女，只孤稠的生活着。她在家不能住，便挪到娘家那裏住，直到去年秋天才挪回來。她過繼了金九的爹爲兒，很安閒的吃喝着消磨她底生命。

「在渠樓。」我坐下了，笑着說。

「洋麵饃饃眞養人，看多高，又胖。」李二的麻面老婆笑着，露出黃色的大牙，聲音很粗燥的說。

「……：……」

起風了，吹着門外籬笆子上的高粱楷刺刺的響，像風箏上的弓子（是用綢子條弄在竹條上的東西，我鄉叫弓子。）的聲音，是很悅耳的，也很悲涼。

「唉！二虎這孩子眞那個，自家的孩子都不要，啥好。」二奶奶又說先前我沒聽淸的話。

「什麼事？二奶奶。」他懷疑的問。

「你不知道。眞是……：……二虎初六夜裡有個小孩，初七晚上就扳啦。」劉老媽沒等二奶奶說完便開口了。

「人家想兒子都有想瘋啦，他不要兒……」她很爲他惋惜。

「這事都沒我知道的淸楚。都還是我拾的哩，小孩又俊又胖，剛落地就『哇哇』的哭。我給人家拾多少小孩啦，都沒見過恁好的：眉，眼，嘴……眞是……」麻面婆沒等劉老媽說完，粗嚕的聲音便從紫色的嘴唇邊湧出來了。「這孩子個子又方正，眞好……不能活……：」她底大的嘴猛的閉住了，眼皮塌下來。

「爲啥不要小孩？」他

給死者

夏燕

陰山之麓早起了暴風，
牠在怒號，咆哮，
捲起了壺盧海內的狂潮。
陣亡的將士們！
你們是首先團結起來，
用鐵的障壁抵抗風潮。
你們雖然死了，
但人民已給了你們加上了英豪的名號。

陣亡的將士們！
成萬的同胞在你們墳前哀悼。
那萬顆赤心正爲你們燃燒，
萬行熱淚也爲你們掉。
陣亡的將士們！
我們要踏着你們的血跡，
去平定壺盧海內的狂潮。

註：壺盧海，在綏省東部，集甯東北方。

（二年級）

流血與流淚

蒼鷹

罪惡的黑手抓着他底喉嚨，
他底心在悽悽作痛。
怒火燒着他底全身：
握緊拳，
猛力搗破了敵人底心胸。

◎　◎　◎

喉嚨裏噴出了熱血鮮紅，
反身倒在血泊裏，
微笑着：
看看他底兄弟們
跟着他一步步接近光明。

◎　◎　◎

罪惡的黑手抓着他底喉嚨，
他底心在悽悽作痛。
捧着頭嗚咽嗚咽；
上帝啊！
是你注意了我底運命。

○　○　○

鮮血不斷地吸進了敵人底口中，
自己底身子抽搐着，
搖着頭，
看看敵人底大腹擁腫，
跪下來替敵人承慶昇平。

（二年級）

很恨他。

「誰知道，二虎非扳他都不中，初七早上我還到他家看哩；小孩只包了一層破夾襖在草窩被臥着，直「哇哇」的哭。我對他娘說；「這小孩餓了，我來喂喂他吧」。她的臉狠難看，停了好久才說了句：「迷迷（奶子）那有水，大人還沒有啥吃哩。」我又說：「你找個有水的喂喂他。」她不說話了，只是用手巾擦淚，臉朝着灶火。後來還是我找了廝三的老婆來喂了喂他，他才不哭了。誰知道她不想要啦……』她嘟嚕着喉嚨有點啞了。他扳他時還有人見哩。他是用棉套塞着鼻子和嘴的，用破糞箕子背着，底下只鋪了把豆葉，他手裏還拿了把角頭 磨的很快 到了東北窪子就扳啦，聽說他臨來時，還砍了幾角頭哩，他真是……真……』她說完了便走到牀邊坐下了，臉對着東牆，呆呆的楞着。

『恩！他真是……』我覺得沒有話可說。

『這樣的事多着哩：劉集劉狗家，張集孫二家，還有安莊小魚家，還有……現在這樣的事不能再多啦，咱知道的幾個莊那莊上沒有？光咱莊上就有三個啦：南面的四家，疤眼家，後面的金囡家，都是活着扳的，像二虎這樣，唉，現在……』劉老娘把兩個老眼睜得大大的，直對着我比手畫脚的說，唾沫崩到桌面上。「咱也不知道這是怎麼弄的，現在有恁些這樣的人，老天爺，啥都改變啦。……」牠底兩眼潤溼了。

「唉！我底兒你怎麼死的，教為娘一個人活着。：……」東頭的五奶奶也想起了巳死的兒子。

全屋充滿了哀悲。

風刮的更猛烈了，發出呼呼的聲音，像是想把這些茅屋吹倒，烏雲很急的向南跑，層又一層的，像戰馬似的奔騰着，北天邊露出了可愛的青天。

（三年級）

◎流血◎

上鷹

流血是常見的事。小刀割破手要流血，絆倒磕掉牙要流血 去年安東遭了大屠殺更是流血，亡而不屈的阿比西尼亞也正在流着血。小刀劃破手 絆倒磕掉牙 是因為自己不小心，這無怪別人。安東大屠殺砍了四五百人頭，被害者的罪名是抗日反滿。阿比西尼亞的流血是因為阿比西尼亞的人民想爭一條活路，

在鐵蹄下的人民 要想自己翻身 須要自己流血，還有，血要有代價的去流 被壓迫者要懂得流血的經濟。

（二年級）

量地雜記

王原修

天是陰霾霾的，辦理土地陳報的命令已宣布過兩天了：前天的雨也快叫教太陽蒸乾了 所以量地的很多。

東北河岸上，一塊大麥地— 足有三十多畝，地邊上圍坐着六七個人，那不用說；是東莊的寨主—××和他父親在量他自己的地了。他們見了我，問我是幾時來的。我回答着他們，同時看見了他們地上的工作器具：算盤，彈尺 和地約 算師是橋莊的老秀才，他們正在算地是多少。

一會的功夫，秀才算完了地，是三十五畝一分多。

「這眼前的洋學堂，不是求學的，是玩的 真是踏花錢！」秀才直起腰來這樣的說。

「今挖河 明築路，真苦了咱農人啦！就按去年築堤來說吧，每畝地捐四五百 我就得拿出成百的塊。××說。

辦理土地陳報真是洋法子，自開天披地以來共總沒有辦過。唉！真是……」秀才說着話，叫旁人拿着工作的器具，站起身來和××父子回家去了。

最後一天，我吃罷了飯 打算往學校裏來，却被二老爺留着了 非叫我幫忙把他的地量完不可，並且說：「過了今天再量不完就得受罰。」我聽了怪替二老爺担心．若量不完又怎樣辦呢？於是我匆忙的跟着二老爺去量地，情願拋棄一天的學業。

我走到地裏，先量一塊麥地，麥苗上的露水還很多，量完時，兩隻鞋子已經被露水浸得溼津津的了。

量好地後二老爺就用算盤算，乒乓一陣子，叫我莫明其妙。他一聲說：「地是三十五畝八分九厘，還差一分多，也別再找啦！」我聽他這樣的人心裏想：「怎麼珠算這麼快呢？」比較起來，筆算太笨了，我有點羨慕珠算的簡便。

二老爺的地一早就量完了，太陽還在正南的天壁上掛着。

（一年級）

三

雜載

一九三四（續）（五）

未明

周世輔和王紹文到了葛擇的房間裏 裏面已聚有很多的人了；他們見了他們來到都拍手的歡迎．隨着一陣轟笑。

「來得好，來得好。：……」葛擇現出非常高興的樣子喊：「今天是羣英聚會。」

『世輔 紹文你們今天培培張小姐搓四圈，我算請調局。』

隨着玲樣的笑聲，張小姐反對這提議 各人的眼光向她身上瞥了一下，但矮脚虎王紹文却摘了富於引誘性的戀笑看望着她 把喉嚨打得乾淨的說道：

『張小姐，不要客氣吧，我們搓四圈Play, Play,……』

她把喉嚨迫得尖尖的說『王先生 我不會，我不會。』說了就哈哈的笑起來。他的心像花開一般的開放了。他說了一聲「張小姐。」

張小姐是教育系三年級生 名字叫做張美雲，全校公認她為皇后。她穿着杭綢的西裝褂配着那窈窕的身體格外顯出跳動的曲線美 嘴唇上塗得紅紅的，髮卷曲的頭髮堆向一邊 兩隻大眼如風前的露珠的顫動 說起話來比鸚鵡叫得還好聽。

在周世輔的對面坐着一位青年，也贊成王紹文的意見隨即說道．

『搓四圈消消遣 太無聊了。』

他的名字叫做章石承是文學院三年級生，皮膚很白，身體頗瘦 打着紅色方格子的領帶，．他有着浪漫派藝術學徒所留着的滿頭黑髮幾乎披到肩上，長長的面孔有樂觀的態度．

（未完）

司法欄

◎縣政府司法批示◎

▲刑事告訴人李香溪，一件，為傷已蒙驗．飲食不下，勢甚危險 懇求迅予飭提法辦，以懲凶惡，而安農懦由。狀悉．仰候傳案訊明核奪．此批

▲刑事具訴人師以嚴 一件，為自砍傷痕懇驗 捏誣霸產，據實陳明 懇求通傳訊明法辦由。狀悉 仰候傳案訊明核奪，此批。

▲刑事具訴人周廣田，一件．為誘姦霸佔 歷有確據．訴請提案，依法究辦，並追交民妻給領由 狀悉．仰候傳案訊奪 此批。

▲民事歸訴人轀成美．一件 為趙正乾訴民盜賣業田 補正理由。狀悉 仰候續傳訊明核奪．此批。

▲民事原告人周傳義，一件，為强霸集股 勒訛攤款，請求傳案訊明，依法公判，以懲强橫，而維懦民由。狀悉 仰候通知答辯，傳案訊奪，此批。

△本城糧價

名稱	每市石價目
小麥	最高十元三角　最低九元六角
黃豆	最高七元　最低六元八角
黑豆	最高六元八角　最低六元七角
綠豆	最高七元五角　最低七元四角
高粱	最高五元　最低四元八角
穀子	最高五元　最低四元八角
芝蔴	最高十一元六角　最低十元四角
青豆	最高六元九角　最低六元七角
花生每百斤	最高六元[illegible]角　最低六元
瓜子每百斤	最高二十元　最低十九元

△△氣象▽▽

天氣	晴
風向	南風
最高溫度	七八度
最低溫度	五二度

鳳鳴塔

第二一六期

一，本刊內容分科學常識論著詩歌小說散文戲劇書信書報介紹及批評等項
二，本刊歡迎投稿來稿文言白話均可
三，來稿本社有刪權不願改者應先聲明
四，未經登載之稿除預先聲明者外概不退還
五，本刊編輯室設豐報社內

漫談

五四紀念一言

樂培

五四運動把中國歷史劃一時代，大家都知道這是不可磨滅的事實。

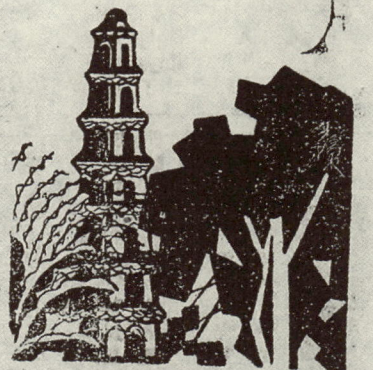

思想可變，人生是不可變。時代可換，民族是不可換。五四運動當時一番驚天動地的舉止，到今朝又改成是怎樣的一個狀態？現在的中國，雖則仍舊過着風雨飄搖的苦日子，同時又加上世界列强，各自厲兵抹馬正待互相廝殺的光景之下，似無作爲可能；但是國家畢竟統一，民族精神一致奮發，比五四運動時代僅僅少數份子熱狂着是好得百倍了。

五四時代是思想脫離束縛的一個怒動，一部分人的思想雖得到解放，可是當時的社會政治民族國家却未能半點脫離人家的桎梏，怒動是怒動，桎梏是桎梏，鬧了好久，始終不會有個好結果，豈不是白費了一場辛苦嗎？我們現在要追究這會事的病根，無他，思想解放了就不能集中，這便是這唯一的癥結。

本來五四運動只就是新文藝運動，不過十七八年來，問問究竟這新文藝對於國家民族增加了些什麼。實在講來，空洞的文藝運動是一無意義和價值的，發揮中華民族的光榮，增加中華民族的地位，在文藝運動上是决不是空洞的虛無縹飄的解放，確是整個文藝界堅卓自信的血花，這血花是統一的，便是「民族文學」。

創作

醫病

吟公

我會敎書，不會醫病，因敎書還要試行保健，所以敎書和醫病，只好兼而辦之。

是那一天不記得。一個淸涼的大早，天是半明不明的，好像黃昏，窗格裏才透進微弱的曙光，校門前的大道上，已經有人慌張着踢搭踢搭的走，驢子似地快，我要不問他，我也不知道他是上城裏趕集。

以我之私見，鄉村之樂，遠勝于城市，尤其是在早晨，好噪好鬧，天生好動的人們，都還在甜蜜的夢中，你一個人站在大自然中，呼呼吸吸，或者跑跑跳跳，看看東方的紅霞，烟霧的繚繞，靜中的林樹，大塊的隴畝，曉雞一聲的殘唱，眞叫人想到鄉村之樂樂無涯。

先聲明，一人不想拾啥誰起早」，我不是。我是愛晨曦中的農村，我是愛寂靜而新鮮的空氣，我是愛和小朋友們早晨相見的朝禮。

天大明了，人們都從被窩裏出來活動，天眞爛漫的小朋友們，一個個都離開了他心愛的慈母，跑進了學校。

一個五十多歲的婦人，深深的眼睛，寬寬的嘴巴，穿着一身老靑布，倒十分整齊，手裏拿着龍頭拐杖，毫不客氣的踏進了辦公室，我沒有讓她，她就坐在辦公桌旁邊的一個椅子上。

「呵！……呵！……」一陣咳嗽，話也說不出，頭搖着，手擺着，兩眼直瞪着叫人可怕。

「老天爺！老菩薩！你怎麼病的，念經念佛不白答了麼？看起來信神信佛是假的。」老無愢（本校女校工）高高的喉嚨，薄薄的嘴唇，露着一嘴黃金色的牙，大聲浩氣，好像有點得理似的說。

她站了一會，又張了幾張嘴，多才的口，也沒有說什麼，擺了擺，弧形的老腰、無精打彩的往廚房裡燒水去了。

東方慈愛的日球，發出熱的光，從一道短牆上，射到辦公室裡，射到她那一副多愁多病的臉上，更敎人覺得陰森可怕。

她的咳嗽稍微停止了，才正式題出自己的大名，說是吳狗的娘，吳爲昇是牠的丈夫。

「嗷！知道了！她是本鄉有名的大巫，早就如雷灌耳，只可惜我今早有眼不識泰山，慢待了，慢待了，不對，不對。」心裏想着，但沒有說出口。

她又轉了轉臉，大概是想和老無愢辯論她信神的好處，但是老無愢的影子，已經消失多時了，眞敎她十二分的失望。

吳狗在去年的秋季，曾在一個月上柳梢頭的黃昏，馬路旁的深溝裏，强姦了一個賣布的中年婦人，並奪了人家的布疋，不是他佈置得法，聯絡周密，定是難逃法網。現在她又提出她那鼎鼎大名的兒子，我驟然回想到她兒子的一段趣史，或者說是獸行。

我不是醫生，因爲試行着保健，只好暫時充一個「冒牌」的醫生，好在不是商店的貨，沒有人大喊着「謹防假冒」。

「先生！我是看病，聽說你們看病不能再靈啦！」她說着現出一種愁苦狀態，並且好像覺得我是一尊活佛。

小「靈」字用的欠妥，我既不是巫婆，又不是端公（男巫俗名）更不是活神小靈字眞不敢當，和她辯論一下吧！不！她是一個無知無識害病的女人。

「望，聞，問，切，」是醫生看病的法寶，我當然也不能舍近而求遠，無論對吧？不對吧？只好馬馬虎虎的在這四個字上用功夫。

當敎員敎小朋友們！先要引起動機，再決定目的，繼而開始活動，最後要深究整理，這樣才算完事，當醫生，先要望病人的形態顏色，再聽他的聲音和語言，繼而問他的病源和病狀，最後再切斷他的病症，給他一個藥方。所以看病和敎書，都是一樣有過程的。

而「望」而「聞」，兩個過程過去了，接着就是「問」，但他緊閉着牙關，直挺着舌頭，一口熱氣也不發。

唉！醫之爲醫，難矣哉！

停了一刻，才發出大慈大悲的口令。

「先生！診診脈吧！」

這句話，好像靑天中打了一個霹靂，叫我吃驚不小，根本不懂得「寸，關，尺」，那能診脈呢？要不是在淸涼的大早，冷風溜溜的刮着，最低限度，也得出一頭大汗。

不要診脈了！你的病是這個樣子：

「上午除了咳嗽之外，好像沒有病，下午病就來了，四肢無力，週身酸疼，好

走出徘徊之路

焦福祐

瞧！
遍地荊棘，
一失足成千古恨！
聽！
到處笳聲，
一著誤致萬年憂！

○　○　○

在這陰沈的世景，
不知有多少青年，
在那兒徘徊，徬徨，
在那憧憧的道上幌盪。

○　○　○

青年的朋友們！
徘徊，徬徨，是人生的末路，
幌盪更堪憂！
它蘊藏着促死的魔鬼，
它會把你送到黑洞洞地坳窟中！

○　○　○

來！我們甦醒！
爲着眞理奮鬥，
爲着前途掙扎；
把徘徊，徬徨，和幌盪的魔魂趕跑！
來！
讓我們走出徘徊之路!!!

浪淘沙

章塢

鼓聲已宣天，身置疆邊，恢復半壁河山，同胞不知難與危，依舊苟安。且睜目瞭看，江山已殘，怎能再安度流年，以身爲國常告別，名留世間。

像做了很繁重的工作，尤其是腿，好像走了很長的路，這完全是陰虛的毛病，你的眼睛通紅，咳嗽帶痰，陰虛有火，火炙肺金，才咳嗽的，你的病　看好很容易，滋陰降火就行啦。」我說着，很像好有把握的樣子。

波遠君在一旁笑迷迷地，毫不做聲，大概是笑我，這個冒牌的醫生，充把握，好多事。

「呵！……呵！……」又是一陣咳嗽，一口白痰，吐到地上，看實難看。

「先生！門個方吧！」她更進一步的要求。

噯呀！我惶恐了，推辭吧！事已至此，有點未便，不推辭吧！開了藥方，將來庸醫殺人的罪名，怎樣担當呢？

「四物湯，合六味地黃湯」叫她吃去吧！不！不！不！人命關大可了得。

太陽漸漸升高了，現着蒼白色　好像他有特別的意思。

「看啊！吳媽子的神，不靈啦！她上學堂裏找先生去看病啦！」

一群沒鬍子的年輕人，大聲浩氣，連刺帶笑，爭先恐後的湧進學校。

吳狗的娘！氣極了！羞極」！惱極「！拿起了龍頭拐，大氣未喘，不辭而去了！

一群沒鬍子的人，又跟着一齊湧出去。

「噯呀　看吧！神還請人看病咧！」我在辦公室裡[illegible]

巫，醫，謀生之小道也」之醫　不覺又有點巫醫相憐，孔夫子曾把巫醫並稱　現了。在思及之，以彼之巫，以我

○　○　○

落花（續）

蔣信敏

華民說：『你們應該拿我們當兄弟姊妹一樣，不應當瞞看我們不說　玉姑碧姑似乎都感動了，很差慚的將她倆心事都說出來，孤泉拿誠懇的言論，教她倆凡事不可魯莽，一切都應當細細的觀察，對方的性情，品格，學術，職業……都得有眞切的認識，不然——失足成千古恨，那時再悔悟就遲了，華民說，『孤泉的話是很對的　希望您們深切的明瞭，祝你們前途勝利！』她倆都笑了，不住的點頭，也很誠懇的接受他倆的話。

時光眞快，隣壁的鐘已敲了六下，她倆喚醒了大姑，一起走下床去，說要回家去了。免得再等家裏人來找，華民弟　個送她們出門　她們都給華民一個親切的搓手，孤泉也跟着他出來，看她們下樓梯，過天井的招呼微笑　看他們那戀戀不捨的情態　令人有別愁離恨之感　直到望不見她們的影子，華民等才懶懶的轉回身

「唉！可憐的小鳥　又回入她們的樊籠！」華民在進房門的時，不禁的作這種慨歎。

這時候朝霞的光彩籠照着大地　晨風習習的舞着楊柳，華民開開窗向北望去，那無際的原野　劃着條[illegible]烟飄渺在天空，一切都浴在曙光裏，承受造物者的恩澤，可是在他腦筋裏幌忽的幾個窈窕的背影，似乎一步一步的走進「地獄門」唉！這難道是造物者對她們待遇最厚嗎，這還是社會給她們特別的恩惠呢！華民悵惘了，忽然一陣風來吹醒了華民的悵惘，俯視窗前　落花滿地

『唉！』華民又墜在悵惘裡。

（完）

村中夜話（續）

山風

「到外面聽聽，我當是……」文煥的意思是到外面聽聽狗叫　恐怕有偷東西的，但，爲了怕掌櫃的譏笑他，沒有說出根底來。

眞細心　狗叫怕什麼？你又當是有賊　一掌櫃在貨架上拿了　本帳簿說，但目光已意注視着帳。簿了

的確的，文煥是一個怕賊的人，一聽得狗叫　就不很放心　原因是他曾被賊偷過幾次的。

王二文瞪着眼的笑，他不參加一點意見。

文煥閑着眼在呆想，掌櫃安靜的看着帳，空氣暫時的沈默

「啊！——」掌櫃的將帳簿撕的合！攏，兩隻手和翅膀似的張開，嘴拉得很大，在肚裡吸氣，身子直挺挺地，停了半刻，合上了嘴打了個哈哈，從嘴角飛出了一縷笑意。

王二文看了看掌櫃的惹人湊趣的模樣，微微的在笑

文煥沒有一點表示，閉着眼動也不動

一二文　你說個笑話吧！一掌櫃覺得一時的沈默[illegible]寂寞了的精神。

說啥笑話，你反正不入正道　還不如叫他說該在關外的事好麽！」文煥抬起了頭，連打了幾個坎坷，摸着大腿笑了。

一好！也好！那說請二文說說吧」一掌櫃很高興的說。他覺得文煥的一個提議　很合他的心意。

「說那些眞不是一會就能說完，」王二又皺起眉頭說。

掌櫃的和文煥同用着驚怪的眼光望着他。

「你說說怕啥？」一掌櫃的心裏很悶　想了半天，不知他是不願意說　還是不忍說，

「您眞想叫我說說麼？」

王二文開始說：

他倆沒有回答只是深深的望着他。

「我在關外混，算一年吧！祇掙了五十塊錢　除了路紅，也算沒個，在那裏，像咱這樣的老粗　一個字皮都不識　除了做苦工，還是做苦工　起初我走到那裏，是替日本人鑿煤礦，成家不見太陽，得到的工錢[illegible]一月僅僅十元　做裏的工頭又是日本人　他說話我也不懂　時常被他嚇呼　受他的氣　過了五個月我就離開了那個不見天日的黑洞　又去替人家修鐵路　鋪石塊，這樣的生活　我也都不慣，總是逃不出日本人的怪臉膛日本人的怪臉膛……」二文說到這裏忽然停住了　似乎在他的記憶裡又發現了很多的可怕的日本人的臉膛，心頭掀起來的怒潮，竟形諸顏上了，將臉膛也變了極其難看的。

一恩！怪不得你不願說，」掌櫃很單調地插了一句

」你別急雜話啦！」文煥看了掌櫃一眼。

「……有一天　我和老鄉到鎮上買東西，」二文接着又說：一到了工師那裡，只晚了五分鐘　不但不準我說遲到的理由，還罵了我一頓，隨即把我開除了，不許我再修路　我雖幾次向他求饒　終於無用　那個傢伙，一點也不留，口中不斷的說些生澀的中國話，他是在罵我，我不敢和他吵嘴，只是吃了個啞八虧，沒辦法，除了暗地痛罵他幾句。

「幸虧有一個老鄉，他給我找了一個差使，就是抬煤炭，聽說他在日本人的手下很聽便，處處投機　本來我就打算不願意，再替那些無有心腸的日本人做工。甚經了他苦心的介紹，又不能不去　雖然！我心裏總是不安，不想出些血汗　替那些日本鬼子效勞　唉！不這樣辦　又得餓肚皮　死活於幹了一年，還手掙，幾十塊的路費……」二文又停住了　苦笑了笑，笑紋即刻幻滅了。

「唔！我又他媽的……日本人眞該殺！」掌櫃現出噴怒的樣子，血管的血突然流暢起來。

「二文哥　說出話怎麽好聽，都是跟外國人學來的！」

完

編輯室餘言

（一）豐縣文藝研究會現已改組爲『江蘇文藝協會豐縣分會』　此後一致努力民族文學　請各會員注意！

（二）現在有少許外人在國內辦的外國文雜誌　多半有作用，各會員應請格外小心，因爲這一類雜誌，非俚俗不堪　便是思想幼稚　俱無足觀。

（三）駢宜生君鑒：流亡長稿，容待機登載，並無其他關係，本刊完全公開，可担保國內獨一請放心。

（四）嫻人君：譯稿甚佳

（五）興唐君：閱前賜信稿甚慰。

（六）老渾君　小作比大作尤好，請隨作隨寄來。

（七）鶴如君：尊稿伏不使客卒。

（八）素俠君　詩以含蓄爲貴，望努力！

（九）征君譯的家鄉來的消息　暫停一期刊載。

本城糧價

名稱	每市石價目
小麥	最高十一元二角　最低九元三角
黃豆	最高七元　最低六元七角
黑豆	最高六元七角　最低六元六角
菉豆	最高七元四角　最低七元二角
高粱	最高五元　最低四元四角
穀子	最高四元九角　最低四元七角
芝蔴	最高十一元六角　最低十一元四角
青豆	最高六元八角　最低六元七角
花生	每百斤　最高六元　最低五元八角
瓜子	每百斤　最高二十元　最低十九元

氣象

天氣	晴
風向	西南風
最高溫度	八八度
最低溫度	五八度

鳳鳴塔

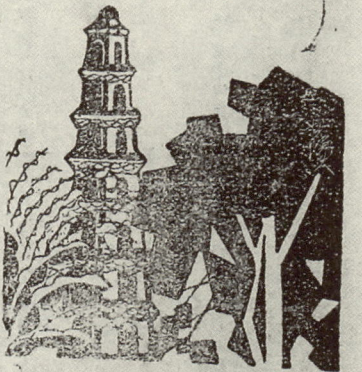

第一二七期

一，本刊內容分科學常識論著詩歌小說散文戲劇書信書報介紹及批評等項
二，本刊歡迎投稿來稿文言白話均可
三，來稿本社有刪權不願改者應先聲明
四，未經登載之稿除預先聲明者外概不退還
五，本刊編輯室設豐報社內

漫談

應多提倡民衆運動會

榮培

運動也有民族性，決不能勉強附庸他國，否則邯鄲學步，終必見其匍伏而歸。

我國運動，前代歷史記載中，很多合理名目，比如打球，跑馬，射箭，投壺，技擊，拔河，風箏，踢毽子等等，不管他是團體運動或是個人運動，一看就知道每一動作都含着中華民族性。時至近代，西方科學文明國家突起，於是一切照樣學人，運動自也不能除外，而且政府年年不惜耗費千萬金錢，努力提倡，以附庸大國以爲光榮，嘗效西洋運動節目如田徑賽的跑跳擲三項，是未脫野蠻時代的遺風。世界既日進文明，我們又何必回到老家去，要努力學着投石跳河逃命？或者有人說可以鍛鍊我們的體魄；但是鍛鍊體魄，應該緩緩平均運動，何必如此努賁？其餘球類運動，固然是獨創一格，但一民族總不能勉強遷就他民族，否則必歸失敗無疑。試看我國以四萬萬人民之衆，學習西洋運動將近百年，耗費金錢更不知有多少，結果一上西洋舞台的世界運動會，總便一敗塗地。同時，政府數十年提倡西洋運動的心血，似乎都拋入東洋大海，因爲民族健康和國民體魄始終不會增加一些。

現代中國運動界的現像，還有一個最大惡劣的傾向，就是運動單單只在學校團體之中，非學生的大多數民衆，反而一些沒有運動。而政府的化錢如水的手段，也只單單對於學生一方面般勤，民衆方面是絲毫享不到。這種畸形的病態，是能使國民體力衰頹，精神消沈，民族受淘汰的。所以如要引起民衆興趣，增健民衆體格，除了政府和地方當局多多提倡舉行民衆運動會，沒有最好方法，而在舉行運動會時候，正不妨多多參加我們民族自己的運動節目。

創作

寫給故鄉的人們

徐守身

生活的鞭子驅使着我，不得不離開溫柔的故鄉，親愛的人們，而走上飄泊之途，過着孤寂落寞的生活，初出茅廬的我，實在過不慣這種生活，因此思鄉之淚，也曾經幾次流過，但以文字生澀和雲天的遠隔，滿腔的悲憤，只有訴諸江水而已－躊躇再三，才敢鼓起勇氣和我故鄉的人們見面，[illegible]着恐不會怪我多嘮叨罷！

一慾望一這東西，是每一個前進的人們所都有的，求知的慾望，坐官的慾望，發財的慾望……各人的慾望不同，而奔走的途徑亦異，人們因爲要滿足慾望，才肯不斷的努力，繼續的奮鬥下去，舊的慾望滿足後而新的慾望產生，新的慾望再滿足後，而又有更新的慾望產生，因此人們就再奮鬥再努力，社會的進步，文化的提高，人類的幸福，都有賴於這偉大的原動力，—慾望。

個人也是爲着要滿足生活的慾望，才不惜離開一羣活潑的小伴侶，溫柔的故鄉，親愛的人們，而一個人孤單單的跑到這陌生的首都。是一個淒清的早上，寒風料峭，砭人肌骨，我由家鄉——綠口——乘洋車順着大道向豐縣出發，遙遠的途，自不免要汗流夾背和飢路渴疲乏之的感覺，但終於在我堅忍之下和強烈的熱望中克服消散了。天未午即至豐縣，宿於北廟小學。天明，一月十日，登上豐徐長途汽車，一路焦心憂慮，痛苦難言，於下午三時至徐州，即赴徐中一院摯友趙君處，見他清瘦的面龐，和一身灰色的軍裝，不禁悲從中來，一語難言，彼此靜默了好久，而諸舊同學皆擁室攀談，始打破沈寂的空氣，彼此談過別後的情景和將來的各人的心願，不覺西陽在山，人影散乱，已經六點鐘了。匆忙整裝趕至東站候車，八時登車南下，孤獨一人，更覺淒涼，冰冷和死寂的空氣把我團團的包着，昏迷中不覺已到浦口，此時天已明矣！下車後渡江雇車急赴水西門外同學處，經過五六點鐘的奔走，往返一次的詢問，終未有着落，頓時不禁有迷途亡羊之嘆！不得已折回至市政府詢問，但又值星期日不辦公，亦未如願，愁悶中忽憶及東撫顧桂石，急雇車前往，果得相見，彼睹我狼狽情狀，滿面愁容，異常憂懼，我將一路跋涉之苦，一一告彼，彼始釋憂微笑而去，洗刷後，即覺頭暈目弦，疲乏已極，不知已睡入夢鄉，醒來時已掌燈矣！我將小學教師考試情形略略詢問一遍，並把簡章詳細過目，以後就埋頭於斗室之中，預備功課，靜待考試。經過五天的準備，已略有頭緒，而考期即至，十六日晨六時，細雨迷濛，曙光曦微中即起身至市立中學試場，因時間尚早，遂登樓遠眺，振奮精神，見西裝少年，摩登小姐，魚貫入場，不禁自嘆形穢，大有汚於良好空氣之嘆！經過一天的苦思深慮，考試結果，尚能滿意，果然不出所料，海師同學十四人完全錄取，不禁狂大喜，憂慮全釋，始知他們皆不過是些金玉其外敗絮其中的飯桶，待口試體格檢查榜發出後，我即與孫君至社會局報到，聽候分派，深恐被派至鄉區小學，苦難更多，正在焦思憂慮，而天憐人意，與中門小學校長馬君式武，亦來局[illegible]請教員，因皆係同鄉，昨談後得雙方同意，我與孫君遂於二月三日至下關與中門小學就任，此校規模廣大，共二十餘級，學生千餘

春天

與唐

太陽光漸漸生了暖，
池塘上綠波蕩醒了魚兒的夢，
柳枝綠色渲染，
孩子的開花襖重似錫鉛。

○　○　○

東風連日急喘，
青天變成付黑色的鬼臉；
人們做着五色夢時，
屋簷上水珠串串。

○　○　○

屋簷像咽泣者的睫毛，一滴，兩滴：
在階石怨上語，
屋上陽光已騰起陽光縷縷。

○　○　○

空氣像泓秋水，
田野灌起黃綠顏色，
雪中戰抖的桃枝
也偷偷變色。

○　○　○

風尾將人們拖出屋門，
田野上雜織各色人羣，
孩子伴着幾隻白羊，
牛後大人歌聲吟吟。

○　○　○

犂耙翻轉泥土晒太陽，
遠處的地面漾起片水光，
孩子的歡呼中
驚落了楊的冬夢墮地上。

○　○　○

午時人門露胸於陽光，
伸伸冬日的懶腰
週身骨節響
灰黃的皮膚向外漲，
肋骨條條生在皮膚上。

○　○　○

樹梢縊死了風箏，
樹下緊着羣孩子的熱望；
大胆的一個
將風箏的骨骼扔地上。

○　○　○

數聲雁啼帶來了江南春意，
關外草原的血痕上尋找舊跡；
也許未凝固的人心裏，
正盼帶回祖國的消息。

○　○　○

朝陽天天射着紅色光芒，
夜月已不是瑟索寒淡模樣。
清風失去刺骨的鋒芒，
萬物已在發狂。

○　○　○

人心像撒把黃磷，
無名春火焚心
燃起了世界人類的血狂，
爆炸了全人類血的靈魂！

人，教員三十餘人一切設施與編製亦甚合理想，惟以功課繁重，人事生疏，尚嫌美中不足。且我希望無窮，不能知足安樂，相信不久之將來，更有一新的念望產生，勢必再接再厲，黽勉向前、以達至善至美之境。

一天速寫

（一）

曾芝

起牀鈴響了，叮鐺叮鐺的從窗前經過，驚醒了睡夢中的學生，大家都厭惡着，罵着：『搖這麼早的鈴，你就不會多睡會，怪守時刻哩，死××！』

雖然口裡罵着，但是還要起身；照舊的披上衣服，登上了褲子，拖着鞋，跑到牆角洒尿，然後再扣扣子，疊被，洗臉刷牙，還有用肥皂，香水……，上操鐘響了，大家向操場裏跑——先生，學生。

站齊隊，點過名之後，告假的同學出來了，向先生敬禮：

「先生，我底腿痛，不能跑。」

「我底脚疼。」

「我底手疼。」

「我底腰疼。」

「我臉上起了一個小瘡，怪疼的。」

先生一個一個的准了，很和氣。

散操 吃飯鈴響了。

大家跑一起來，一齊的向飯堂裡鑽。

在飯堂吃飯 有先生在那裏看着，所以我們不能夠出皮的怪，於是便生了法子，用自己的脚和別個人相互的踢，踏，在桌子下面。

「喇！一噴！」

饃和湯從嘴角裏吐出來了，掉在地上。

其餘的人也吃不下了，嗤嗤地笑個不住。

先生在講堂上講着，大家仍和自己的鄰居相互的踢，看。還有的看桃花庵，向鳥傳，濟公傳 給女生畫像。如離的那位同學稍遠些。就用粉筆頭擲 被擲的人就亂罵，看樣，發現了，就對着笑笑，挑戰者有時裝作無事的樣子，使他找尋不到。

課的時間就是這樣過去了。

「喂 您看他底小樣，沒一點精神，夜裡做啥來？早操也不上。」

「我像似你的，熱這個，給那個，到底熱着誰了，人家認你的這把黑食攤！」他給他爭辯着。

「來，猜拳，挑園 快升關 兩好，全到啦。」

「一馬離了西涼界！」

「太保兒傳令把隊收……」

「兵部堂 王大人：……」

在與萬音交響中 上課鐘的聲傳來了「鐺鐺 鐺鐺 鐺鐺」

大家又跑到位子上 若先生稍來遲一會，女生就不進教室，站在窗外。

「唉 你看腰多細！」

下了課 女生在前面走着，就有人在後面喊她底一二一，或數走幾步。有時還要罵她是太太坯子。

女生咕囔着罵。

有時逢到太太們來玩，就要罵他穿的闊，消閒，有個小官男人摟着。

有幾個穿長衫的，頂禮帽的，就要罵他刮地皮 剝削貧人 有騎洋車的 就要咒他快着掉下來 摔死在溝話。踹糞機子的或是討飯的走在身邊，就罵他走的慢太臭氣。

在晚上跑到寢室裏的時候，就是每個人的嫂子耳朵最發熱的時候了。「您哥不在家的時候，你就替他代管好了！」或者把長的漂亮的抱到床上，吻他，壓他 扭腮邦。旁外的看了，也上來壓 夠不到吻，就用手夾扭 這樣以來，他身上 弄就是五六個，七八個，把他壓的亂叫起來。

「××，我跟你睡吧？」

「唉 您看吧，他又要跟他睡來！」

「不行，睡倒也得拉開他。」

弱者的呼聲

啓林

一個病夫 呀！可憐！
倒在 牆旱邊，
他的嘴唇抖動着 抬起頭來望着。
他發瘋了 實在忍不住了。

〇　〇　〇

終於我開了口 歡呼起來！
我的垂死的病夫！在這世界寄生着。
我是決不能忍受這樣的痛苦！
那些强漢，那些惡犬，割我的肉 挖我的眼。

〇　〇　〇

趁我的血還熱，我的心還跳，這一線的生機。
趁我的眼微有光，糢糊的看見了那狗娘，
要發奮 要圖强，
要不怕牠們的刀槍 更要不怕流血。

〇　〇　〇

哈哈！起來了！啊啊！走兩步吧！
洗了灰塵，洗了傷痕
磨亮我的刀，擦快我的槍！
找出路，和那些惡狠拼一場。

編輯室餘言

一，豐縣文藝研究會已改組為文藝協會，文藝協會的使命是發揚民族文學，請各會員發表宏論，惠賜大作！

二，民族文學的策源地，是發動在江蘇省，現已普及全國。

三，江蘇省文藝協會各縣分會，現有豐縣，銅山，淮陰，吳縣等。

司法欄

◎縣政府司法批示◎

▲民事原告司廣德，一件，為欠款有據，許地不讓，請求傳案判追 並述明貧苦情形，懇乞恩准訴訟救助由。狀悉 仰候派員查明有無能力負擔訟費 再奪，此批。

▲刑事具訴人史忠儉，一件，為偽造文契 懇請飭提訊究，依法嚴懲由。狀悉 仰候傳案訊奪，此批。

▲民事原告人董中美，一件，為霸佔地畝 訴請傳案判追由。狀悉 仰候通知答辯 傳案訊奪，此批。

▲刑事告訴人孫氏，一件，為攔截毆打，虐待不堪 懇求傳案訊斷離異，以全蟻命由。狀悉 仰候傳此訊奪，此批。

▲民事具狀人李安民，一件，為改約圖訛，庭訊已明，再狀陳辯，懇請補傳證人 質訊公判，駁斥原訴由 狀悉，仰候續傳訊明核奪，此批。

▲刑事具訴人趙劉氏，一件，為欺訛致死，業蒙驗明，再叩迅賞拘辦 以伸命冤由，狀悉，仰候傳案訊奪，此批

▲民事辯訴人馬金聲，一件，為接奉通知，據實答辯，懇請察訊公判，駁斥原訴由。狀悉，仰候庭期訊奪，此批

▲民事辯訴人毛愛忠等，一件，為依法提出答辯，請求將原訴駁回。並判令負担本案訟費由。狀悉 仰候庭期訊奪 此批。

▲刑事具狀人魏懿明，一件 為開掘辯訴，懇請補傳人證，訊明究辦由。狀悉 仰候庭期訊奪 此批。

▲庭期審理案件▼

五月

七日審理張朝品訴張書潤等糾衆行兇案

七日審理李丁氏傷害案

七日審理韓單氏訴蔡敦諾地畝案

七日審理范景華訴劉棟虐待案

▲本城糧價

名稱	每市石價目
小麥	最高十一元一角 最低九元六角
黃豆	最高七元 最低六元七角
黑豆	最高六元八角 最低六元七角
菉豆	最高七元四角 最低七元二角
高粮	最高五元 最低四元七角
穀子	最高四元九角 最低四元八角
芝蔴	最高十一元六角 最低十一元四角
青豆	最高六元九角 最低六元七角
花生 每百斤	最高六元 最低五元八角
瓜子 每百斤	最高二十元 最低十九元

△△氣象▽▽

天氣	晴
風向	東南風
最高溫度	八七度
最低溫度	六六度

第十三期

本刊每星期六出版

小談論

感言

——南

現在好像是太平了。用血和火寫在中國歷史上的五四，五五，五三靜悄悄地過去很少有人回復想到那時創傷了。日子一多，血腥已去，大家就落得個糊糊塗塗，彷彿沒有這回事似的。

但事實上也有不糊塗的傢伙。

不過要做大家公認的好子孫，在中國他必須會隱瞞祖宗及一時代的醜惡，甚而至于連屈辱的話也壓在心頭不敢吐了。

然而以火以血所塗着的歷史底偉大的昭示，希望糊塗的好子孫去隱蓋起來，終于會是失望的。

在庚子時代，外交上的失敗，大家不願再去做好子孫，都曾磨手擦拳的動起手來：因之，這些叛逆也曾嚇煞洋人過，那飛濺的熱血，也確實灑到敵人的面上去使那帶有「洋鬼槍炮」寒過心的。他們不怕這些以木以棒以磚以瓦的英雄，到怕他們千萬　心地去做槍靶。

然而歷戰既久，鎗靶漸少，被迫做好子孫的于是乎也溜之大吉。

這一溜，溜出了洋人鎗砲對準了中國民衆的頭上。

于是乎又想到維新運動，罷武試，廢科舉，辦洋學堂，唸洋文了。朝氣勃發，眞有「勵精圖治，海內望治焉」了。

然而一望四十年，我們還是拖着沉重的傳統的重担，望着前途的一綫的微光趕路！

等待我們去衝破的還是比庚子時代嚴重萬分的局勢！

我們就讓歷史奚人麼？下決心吧，爽爽快快的走向前去！

寫作

忙碌

——憶

（一）

「得存！快點，老爺叫——你——前邊，客廳裡！」

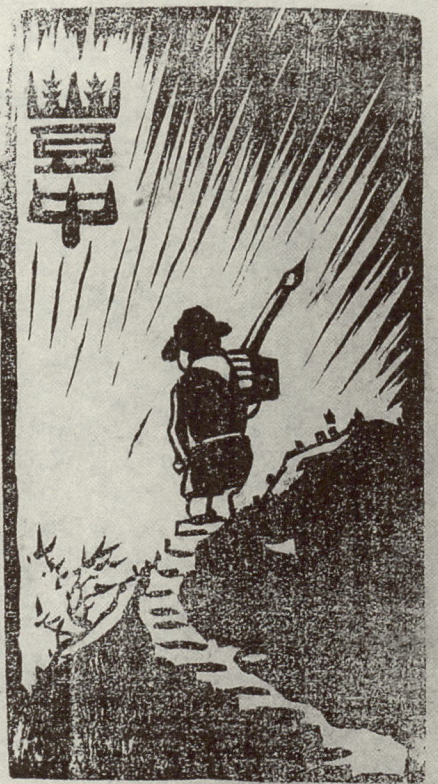

得存，一個青年的小伙子，聽了主人的叫喚，趕緊停下了腳打雜，探着身子走向客廳去。

「老爺叫我……？」

他扶着門框站着，想問下去，却又停止了。老爺躺在牀上，在嘶嘶地抽烟，反眼看了看得存，沒把嘴離開槍。屋裏洋溢着一股非常美好的香氣，得存興奮地嗅着，然而他忽然想起了，驢沒有拴好，恐怕牠要偷吃磨上的糧食！于是他感到了時間過去得太遲緩，同時他又想小便，他不得不緊緊的交叉着兩腿，注視着老爺的嘴，幾次他覺得它要離開槍嘴，但是沒有。

好容易，一個烟泡吸下了，老爺的嘴離開了槍，輕輕的吐出一堆烟，飄過打對燈的客人的臉，喝了一口茶，靜靜地合上了眼。

「老爺！叫我……？」

「唔！」老爺煩惱地張了眼。「冲壺茶！——一點茶也沒有，再買盒煙——快點！」

「昂昂！昂昂！」

得存跑進磨房裏，果然驢正在吃着糧食，他起了火，拿「籐鞭恨恨地向她身上亂打。

「可惡！東西。」

驢驚得打了一顫，忽地向前跑去，「育！育！——」他把牠拴好，飛快地向外走去了。

得存微喘地回來了；可是剛走進大門，從門房裏射出的聲音將他喚住了：

「得存！這孩子，上街一聲不響：——我這裏一點烟也沒有。」

「忘啦，大叔！我送去茶再給你去買。」

「可惡，這個丈人老頭子，怎麼不叫他病死！」得存走着想着，叫他的是管家，一個高尚的，整日皺着眉頭的老頭子。得存頂厭惡他的好用人，讓人　罵人。

得存從客廳裏出來，一個四十多歲的胖胖的矮女人迎面把他牽着了。

「得存！鍋屋裡一點柴沒有，還得給客做飯。去！快去抱點來。」

「大叔叫我買煙去，回來吧？」他急燥地說着，回身想去。

「雜種！什麼大叔！這就得做飯，你看天！」她又抓着了他　指着偏西的太陽。

「抓啥……你看！我抱去就是了！」他煩惱地擺脫她，向柴禾園走去了。

剛進鍋屋門，他便嗅到一股刺鼻的香氣——鍋裏正煎着一塊塊的焦黃的肥美的肉，向上冒着熱氣。胖女人用除子除着；他禁不住了，注視着，注視着閃電般伸手拿了一塊放在口裏，忍着熱，只嚼了兩下便嚥下去。胖女人要喊，別的都笑了起來　他擺着手，壓低了喉嚨喊着：「別喊別喊！你不要水麼？」

「雜種，給客的飯！把那邊的盆端過來。——我端不動。」

「那個小的也端過來吧！」另一個吩咐着。

「是！是是！」

得存在給管家去買烟的路上咀咒管家及她們：

「一天讓這些狗東西死去吧！他們爲什麼要與我爲難呢？好歹有一天這丈人老頭子……讓他怎樣死好呢？啊！讓他……」他再也想不下去了，精神疲倦得很。一步路也不想走了。然而他走得很快

（二）

回來，西屋已有了丈把長的影子。他恐慌了：今天捨不完一定要挨罵，因爲到今天已捨了兩天了。這種情緒使他加緊地蹬着腳踏，有節拍地響起來，他忽然看見驢在緩慢地走着　這使他憤怒起來　拿起了鞭子，恨命地向牠身打去，——而罵着。

直到傍晚，才牽着驢子去打滾，在揚起來的塵霧中。他輕鬆地吁了口氣，打去身上雪白的麵粉　最後抹了一下頭和臉。

「完啦？」管馬的老頭子拿着剪子從他前面經過時，漠然地問。這使得存很高興，因爲這老頭子平常總是很和氣的，很愛說笑話，差不多成了伙計們的快樂之神了。

（未完）

雙調折桂令

——阿文

夢回不奈春慵　倚遍雕欄，無限東風　只燕燕鶯鶯　風風雨雨　落蕊殘紅；算來九十春光一夢，誰教唱到鳥儂？恁春也忽忽　夢也忽忽，黯黯江天，濟濟晴空。

雙調沉醉東風

蹋芳草平蕪似剪　聽黃鸝垂柳堤邊　蝶翅狂，蜂腰倦　與雙柑豐滔盤旋；却不道飛花落滿前，才覺得斜陽漸遠。

自己底寫照

——客

雲霞裏過去我底童年，
希望像一條攸長的小河，
爭琮地流過花間。

一天，
晚風吹開了我朦朧的睡眼。
花的豔色變了，
雲霞也已消散。

漂渺的夢，
覺醒了會使你惘然；
幻想裏原來沒有奇蹟，
暗影裏却藏着刀劍。

蒼鷹似地我要飛入雲漢，
低着頭，背負着青天。
血與淚溢塞着心胸，
屏着氣，我看入你們底心眼。

雜載

一九三四（續）（六）

未明

於是房間裡起了一陣的騷動，拍手和狂笑的聲音衝向四方去 各人嗑着瓜子和抽着烟戚戚擦擦的嚮着在那烟霧的房間裡，又有人在那裏唱着「桃花死上美人窩，我也不愛瘦，我也不愛肥，我只愛你像這樣的美……」。這是張美雲的鈴聲。歌聲停時，大家拍着手喊着「好」。

隻眼的袁枚之站起來挺了一挺腰，尷 地鼻的笑了一聲，向東洋鬍子郭擇說『我們今天是來開會討論着怎樣進行一切事務的，不要東扯西拉在這裏說笑話。」

葛擇眉心一皺帶出一種微笑，於是向大家報告：「兄弟今天所請大家到這裏來開會，是討論着我們怎樣去進行的學生的事情。……那麼……請大告發表意見：……那麼……我葛擇這次一定要努力，達到我們所希望的目標，那麼大家一定也有好處 那麼……。」

一擇 你這話有宗旨！

「周世輔沈默了半天 這時插嘴說：「我們這次要是失敗的話，則我們大家皆有危險，我們是休戚相關的，我們是朋友 我們是道同志合，我們要立住我們的思想，我們去鬥爭，我們去抓住學生會的權力 則我們一切的事好辦……。」

靠着那窗戶的地方，還有近視眼吳芝英 運動員莊世鳴，交際花吹陽禮，圖書館員趙天風，都坐在那裏，聽了這番話 都哈哈的笑起來拍着手。

（未完）

縣中運動之餘聞

本縣縣立中學運動會結果及給獎情形各項總等一曾誌本報，茲將該校各項成績及得分運動員之姓名續誌於後。

甲組成績

項目	一	二	三	四	成績
百公尺	于超	陳德化	薛維民	董正弈	一三秒三
二百公尺	于賢	陳德化	薛維民	王昭珍	二九秒二
四百公尺	孫兆立	王汝漢	陳德化	梁尚英	一分七秒四
八百公尺	劉學新	王汝漢	齊運安	梁尚英	二分三八秒六
千五百公尺	劉學族	蔣宜德	路光源		五分四二秒
百十公尺低欄	張爾珩	于超	齊運安	陳德化	一九秒五
二百公尺低欄	李樂岑	張爾讓	袁憲志	王汝漢	三四秒
急行跳遠	于超	朱景思	李樂岑	張爾珩	四公尺九八公分
急行跳高	李樂岑	劉學新	王天太	張慈祥	一公尺四一公分
三級跳遠	劉學新	李樂岑	路光源	穆兆源	一〇公尺四九公分
鐵餅	蔣宜德	王汝漢	張慈祥	李蔭川	二二公尺七一公分
標鎗	蔣宜德	張慈祥	傅紹坤	張爾讓	三〇公尺三八公分
鉛球	蔣宜德	張慈祥	張爾讓	朱景思	一 ·公尺四〇公分

乙組成績

項目	一	二	三	四	成績
百公尺	劉子澄	汪劍俠	梁步庭	王濟濤	一三秒八
二百公尺	劉子澄	邱慎良	汪劍俠	王濟濤	三〇秒六
四百公尺	劉青蓮	李茂之	王鳳儀	王以桐	一分一一秒四
八百公尺	劉青蓮	邱慎良	王濟濤	陳正琰	二分四四秒二
千五百公尺	劉青蓮	李訓謨	李茂之		五分五七秒二
百十公尺低欄	劉子澄	王鳳儀	董志道	邱慎良	二〇秒四
急行跳遠	包同助	李茂之	王元修	王朝品	四公尺二八公分
急行跳高	包同助	黃云衢	李訓謨		一公尺三六分
三級跳遠	王元修	包同助	張廣潤	黃云衢	九公尺三九公分
鐵餅	汪劍俠	朱語齋	邱慎良	王元修	一六公尺四五公分
鉛球	包同助	黃云衢	張廣潤	張廣潤	一 公尺四五公分
標槍	劉子澄	蔡鵬	梁步庭 王濟濤	張廣潤	二八公尺三五公分

丙組成績

項目	第一	第二	第三	第四	成績
五十公尺	李蔚森	蕭增壽	高德裕	魏永慶	七秒四
百公尺	李蔚森	高德裕	程守法	朱慕禹	一四秒九
二百公尺	李蔚森	蔣漢才	魏永慶	呂建業	三二秒三
四百公尺	李蔚森	蕭增壽	蔣漢才	閻濟亭	一分二秒三
二百公尺障礙跑	高德裕	朱慕禹	閻濟亭	劉永貴	三七秒七
急行跳遠	高德裕	蔣漢才	朱慕禹	王德霖	三公尺九二公分
急行跳高	沙述則	劉繼法	蕭增壽	劉命鐸	一公尺一二公分
三級跳遠	蔣漢才	呂建業	李敦浦		七公尺七〇公分
立定跳遠	沙述則	蕭增壽	劉繼德 王德霖	朱慕禹	二公尺零六公分
鉛球	沙述則	戴維崙	孫恕之	呂建業	八公尺二七公分

女子組成績

項目	第一	第二	第三	第四	成績
五十公尺	孫岫云	王蘊德	王秀貞	王瑞雪	八秒六
百公尺	孫岫云	李碧俠	魏毓淑	蔣顯蕙	一五秒五
急行跳遠	孫岫云	蔣顯蕙	王瑞雪		三公尺七五公分
鉛球	常仁貞	魏毓淑	李碧俠		八公尺八九公分
棒球擲遠	王蘊德	王瑞雪	李碧俠	魏毓淑	二四公尺一四公分

團體操表演

第一名二年級　第二名一年績　第三名三年級

鳴謝

敝校于五月一二兩日舉行春季運動會，承蒙各機關團體學校各先生惠賜獎品。今特登載如後，以誌銘感。

獎品名稱	數量	贈送者
背心	四件	農行
干城之選錦框	一打	騷鳶部
英抄本	三打	黎明職中
絲光背心	一打	文廟小學
繡花錦框	一只	董雪山
上等毛巾	一打	孫立坤
玻璃杯	半打	實驗鄉
玻璃杯	一打	劉劍秋 陳啓芳
熱水壺	一個	李進貴
毛巾	半打	史肇修
鏡框	一	黃科長
新類尺牘	兩部	女小
文選	四冊	書小
玻璃杯	一只	王鈞岷
花手帕	一打	王鈞岷
玻璃杯	二只	董玉珏
彩背心	四件	董玉珏
褲子	半打	韓獻
毛巾	一打	蔣周臣
熱水瓶	一個	曹建朔
錦框	一個	縣長
鏡框	一個	農場
繡花鏡框	一個	教育會
毛巾	一打	朱翌增
襪子兩打		學校
背心兩打		學校
鋼筆二只		學校
墨合六個		學校
墨水一打		學校
書十本		學校

本城糧價

名稱	每市石價目	
小麥	最高十元	最低九元七角
黃豆	最高七元	最低六元七角
黑豆	最高六元八角	最低六元六角
綠豆	最高七元二角	最低七元二角
高粱	最高五元	最低四元八角
穀子	最高五元	最低四元八角
芝蔴	最高十一元七角	最低十一元四角
青豆	最高六元八角	最低六元七角
花生（每百斤）	最高六元	最低五元八角
瓜子（每百斤）	最高二十元	最低十九元

氣象

天氣	風向	最高溫度	最低溫度
晴	南風	四六度	七八度

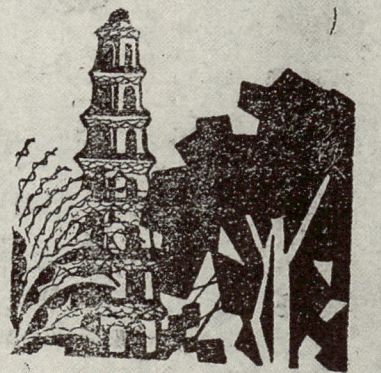

鳳鳴塔

第二一八期

一，本刊內容分科學常識論著詩歌小說散文戲劇書信書報介紹及批評等項
二，本刊歡迎投稿來稿文言白話均可
三，來稿本社有删權不願改者應先聲明
四，未經登載之稿除預先聲明者外概不退還
五，本刊編輯室設戀報社內

困人天氣日初長

白薇

夏又穿上了青色的簿紗
輕倘地步到人間，
將懶慵慵的種子撒遍，
撒上了駱駝 撒上了青山，
撒遍了人們的身軀，心田。

門外的葡萄架上，，
停留着一雙麻雀，
懶懶地叫了幾聲，
却又交着頸走入了愛的夢境。

風是那樣的在吹，
吹的人們都懶洋洋地了，
試看低垂的柳蔭下，
滿滿地偃臥着倦睡的人們。

忙着造巢的鳥鴉，
銜着一枝青草，
不經意地飛上了樹梢，
一陣飛動 又是一陣喧囂吵鬧。

堤岸上楊柳叢中，
夾雜着一行行的刺槐，

風也吞了，從枝頭吹過
翩似驚鴻般的情侶，
哇哇地走過了河坡，
她在埋怨着春光逝去了，
一邊呆坐的貧婦，
在咀咒荒春難度，青黃不接，奈何！

也許——
她和他度着愛的歲月，
超脫了塵世的覊絆與糾葛
愛的國家裏 麵包總不會少缺。

杜鵑 聲聲的啼着飛過，
空中傳到 層層悽慘的音波，
小心些——
戰戰兢兢地度過。

——一九三七年的五月！大戰的前夜

困人的天氣
飛着無數的柳絮，
人們是懶洋洋地了，
在暴日下，安然偃臥，
風吹雨打 金甌殘破，且付於忘却，
不長進的民族！奈何！

幽縱

魯橋公

從肉的軀殼內爬了出來 我欣幸着我的確得昇天堂了。

喚了喚許多舊日的朋友，只用眼瞪了瞪我便掉轉頭看着別處了。間或望着我張了張口，似乎要同我談話一樣，但那不過是一聲長嘆，眼光瞬的又在嘆息聲中消失了。我叫破了喉嚨，也還有什麼用？

妻子！媽媽！兒子！朋友！都愁眉哭臉的搓着我的肩膀過來過去 每擂到我的肩膀時 長嘆和淚便一同做作。真的！看見了這種情況 我還記得來我是個死去的人嗎？我擱着母親的膝哭，我抱着妻子的頸吻。但是：我，十分氣他們都不答理我，一些母子，夫妻的情義也沒有了，自誰原諒我呢？我？

漸漸地感覺着自己拔步時的非常輕鬆 才知道已經離開了生的世界 已經沒有了形體 已經入了幽途，誰還能和幽鬼講親屬情義？那不是天下最最不合理的事嗎？

拖着那付討厭的肉體時，現在恨着，最不該叫他些什麼勞什子蒙住了眼睛，一點真理都不能解得出？常常幌着身軀追逐那一般臭厮東奔西竄 幹些什麼？無非是些傷天害理的不人道的事而已。鬧翻了，一夥兒還要起內訌 你總總我 我壞壞你 誰有道德？誰有真理？誰講良心？現在明白了，一切明白了，一切都看穿了，咱看看過去的人，都不過是些假猩猩 一些矯柔造作的假厮文，咱恨，咱咀咒 咱：：：咱想毀滅了全世界、

這股憤氣 壓在我的肚皮裏。的確是件不得了的事 一旦發作了 不又是鬼下之鬼嗎？我於是有個奢想，到各處名山大川去散散心罷，湊空又得償一償生前的志願，瞻瞻祖國錦繡的山河，做鬼我還忘不了「祖國」！

到上海去，那簡直是去找恥辱來罵自己，中國地界上滿佈着外國兵士在演戰，中國屋頂上倒是掛着外國旗幟，中國馬路上橫行着外國的兵車 野車，軋着人 斃中國人 外國兵士惡恨恨地槌打着中國人，……一切一切，都不是百分之百的恥辱嗎？然而偏有許多中國人去找這苦吃，去找這不能擱臉的羞辱！

到北京去，北京是祖國文化的故都，那裏埋葬着古代的文化城，古代典章器，那裏育養若干高等的文化人，那裡包伏着祖國新的生命，新的出路！那裏是中國城市的典型 那裏是中國人真正的家鄉，我愛祖國，但我最愛北京猶如愛母親便愛姥姥的一樣，決定到北京去去看一看萌育着的中國的新生命

你總不會相信吧！我初進正陽門。便看見有七八架尾上抹着紅太陽的飛鳥在軋軋的繞着，街上並且還有一隊矮矮地外國兵在走動、你道不奇嗎？有三月不來故都，故都便更易其主，這不是大失我的初望嗎？但是，不，有育着中國新生命尚沒有被殘壞小小的未成熟的生命能十來沉默着的故都怒吼了。

事情是這樣，帝國主義爲飽饜肉慾起見，便想得步進尺的遂其囊括華北的大慾，這種詭譎的鬼子，恐怕死了的中國人，會被這 看激怒了，數年經營，將會値之一炬！所以用飛機和武力來威嚇恫驚更藉以偵察華人行動。這樣，中國人儼然是眞正老牌亡國奴了。

我憤怒，我痛哭！我…………不過沒有用！

睡熟了的故都，會突然怒吼起來，這說與誰，誰都驚異的吧！天不曉 人不曉，咱做鬼也不曉啊！你猜我是多麼狂歡 我是多麼壯氣！

「有面子！哈，死了的中國人！」

咱的儘要喜煞了。

一批批的學生同胞 在激昂慷慨的叫着 罵着 他們不願意坐視祖國滅亡 他們不願意做亡國奴 他們要奮發起來，他們要暴吼起來，呼籲，掙扎 喚醒全國以及全世界的人們，要曉得中國人不可侮 還有些兒性血！還有……血性！

好！自由！和平！美麗的祖國，壯氣的掙扎！中國人復活了。

但是，不過是局部的復活！尚有好多數人仍在醉夢中甚或敵人的懷抱中在作財、勢的高唐大夢！

我高興地拍着手跟着這中國生命復活的一羣 穿過一道街 又穿過一條巷！我真忘形了， 身上只望着國旗憨笑！眼角裏略微看見幾個伸頭縮腦的臭蟲在出沒，我並沒有加以注意。

猛然間 前半段嘩了起來 浮囂的聲音，冲滿了整個街道 我是如何的驚異，飛快地奔了前去，原來十字路前 列成了兩面壁壘，對方有 除雄赳赳地「勇士」樣地警察 在指手畫脚的講，你道不可怪嗎？明明大家都是中國人，爲什麼互相詆詳 不讓自己救自已呢？矛盾莫明其妙的矛盾。

咱聽到他那些狗猖似地言語，幾乎氣煞 兀的跑上前去，照着那狗首領「拍一地 聲，給一耙耳光，那鳥頭倒硬生 像沒有覺到一般，依照狗頭幌狗腦的說着，我轉又明白過來 你說咱急得什麼似的。唉！死了的人，怎麼沒有救國的能力呢？

我恨那般狗爪牙牙撩撥地，巴不得食其肉寢其皮 看看那罵人指天抓地的指揮着那般狗男女，夫想起了我們僅有的祖國生命，摧殘我們的國魂，

「是中國人嗎？兀的不是外國人種？」我發怒了！

眼看着我們的一羣東逃西散 我是如何的惱怒！

任北風吹死這般鳥男女吧！北國已經不可收拾了！

怒吼着的故都依照沈靜在朔風怒號裏！

我默想着，有希望的故都 既是如此，南國或者有綫復興祖國的希望吧！那諾大的南京城 那巍峨的首都建築，那沈靜的中山陵，那暴怒的大江浪，那昂昂乎的冥衰諸公 那來往的車水和馬龍 那裏蘊藏着的古代帝王將相的英魂！那裏撫育着的護衛國家的勇士 那裡，史閣部倡發北伐的雄氣尚在那裡 明太祖的正氣還有。或者還是中國復興的淵藪！

但，這種懸想 終歸失敗！

望見「南京城，心裏是如何的高興 看見那飄揚在國府前的國旗，使我增加撫窮的欣慰，街上車馬穿又來往如梭，眞個是「什[illegible]氣象。

「哈！南京 北京 同爲中國地方而隋壞如此

突的 輛汽車，如飛地

駛來，我一些不覺得，便從緊身駛過，撲撲土塵，重又站起來，馬路旁邊許多鬼頭向我瞬眼，理也不理鬼曉得，那是些車下死去的可憐蟲，沒有認淸我是車下餘生，文明誤人，一至於此！

首都一切，依舊沐浴在昇平氣象中，邊疆的恐慌以及四野的哭號　完全不聞了，難道舉國中就沒有一個田單，奮而復齊？就沒有一個史可法，怒而趨元。難道說個個都要醉生夢死，學那些秦二世，唐玄宗，桀紂之人嗎？難道都沒有一些亡國之恐嗎？非至敵人逼近京城，再作狼烟之炊嗎？

失望！失望！一切失望！首都之巍巖，盡消溶于娛樂之中了。

忽然，一個緊急軍報，才算打破了這種沈默的娛樂空氣。粵桂將領要叛變，咱也大吃一驚，拍了拍身旁站着的一位：

「請問！先生，我請求着說：「粵桂將領是誰？這般作弄人？」

那鳥人不則一聲，却也不望望咱，咱勃然大怒「拍」的一聲給了他一紀耳光，那廝却張開鳥口，哈哈大笑起來，咱益發吃驚！

「瞧！笑話！」那廝拍拍肚腩，顯然是個富商大賈。「李白？詩人也會造反嗎？還有什麼陳李白　新李白的，鬼知道是些什麼東西？」

「放狗屁！」咱以爲他譏笑咱，「你娘的不成鬼？」

那廝似乎沒有聽見，一張鳥嘴臉依照笑着。

「怎底？」另一鳥人問：「李白？詩人？誰呀？」這小子則是文盲。

「不才？哼！」那鳥傲然之態可掬，「咱也讀過幾首唐首，略如進李白的，不料今有陳李白出現，當然，千年復生，自不能新！」

「哈哈！老兄妙論！」咱看看是個文質彬彬的老學究：「此人今日出現，大有不利於國，不有云乎『王者，惟有德之人居之』。學者非有德之人乎？吾恐社稷之不安也一！搖頭晃腦，咱幾乎笑煞。

「夫子之云不然！」一個類似晏平仲的鳥人說：「李白此舉，上不順於天，下不利於民，眞李白在日，何嘗不是愛國恨夷者，醉草赫蠻書可知，這個李白，爲名利而假抗日之名，可謂國賊，且假詩人之名以號召，惟恐人不信，乃云陳李白，乃防人「謹防假冒」耳！」

笑嘻嘻地，談吐風生，頗類東方生滑稽之流，咱也于嗤笑之中溜走。

咱不知這類的事，什麼李白，詩人等東西，不信十年後會復活之理。不過感到在這國難嚴重如此，尚這般玩鬧，決不會成功的。

陳濟棠下野消息傳來，咱聞之大快，盛下的李白，不知却是何人？想得點消息，便又去看報紙，不期然，那幾位又來了。

「老兄，鄙人之言若何！」那短廝嬉皮笑臉的說：「此次異動，大概是他有「天生我材必有用」之大志，想「興酣落筆搖五嶽」之故，現在陳濟棠下野出洋，李白也要「乘舟將欲行」了。不過大家都希望他「烟花三月下揚州」入京共謀國事，近來又有重行抗命意，難道他眞的要「飄然思不羣」嗎？不過我們老百姓以爲在這一人生在世不稱意，趁午明日散髮弄扁舟」也！趁早「天子呼來不上船」中于「自稱臣是酒中仙」聲中去隱逸罷，如果再戀「如此風波不可行」一執迷不悟，那我們的詩人就太懵懂一時了。」

我聽到那人道滑稽話，深佩此人李白詩的嫻熟，想去和他結識結識，猛然一個頭暈，翻身栽倒，跟着幾個鬼友赴酆都城來了。中國畫事已至此潑水不收之際，暫寄鬼域以消愛吧！

袁烈士遺墨之一

遂劍花

亡師袁康侯先生，爲泰州宿儒，文名震海隅，性狷介且豪放不羈，有江北名士之稱，喜飲酒，詩書皆超塵絕俗，醉每輒以詩書遺與奮筆狂草，漫吟疾書，揮毫落紙，盡爲佳什，得者珍之，淸末徐寶山坐鎮揚州，慕其名，延爲上賓，以師事之，後以主張不同，飄然引去。民元韓紫老主鹽政，令宰東海，勤政愛民，淸廉可風，時巨盜仲兆舉嘯聚數十，蹂躪海屬，蹤橫無阻，民皆苦之，先生以勦不勝勦，主撫嘗親一輪車，隻身入虎穴，以大義責！遂多散去，不散者皆相引入魚境，袁工在不犯，能江折獄法，理人情兼顧，全獄無不折服，每有判牘，士子爭抄備誦，文風所播，與袁隨園爲沭陽令時可以先後媲美，民四袁咀城晉泣　時先生適在京師講學，憤激異常，曾於某會場中直斥其非，因遭忌幾被害，遂南歸，在鄉勤農興學，自誓不入仕途，民九冬應海州中學校長靜山先生之聘，任訓育主任兼文敎師，余適在海校讀書將親沭澤，雞窗風雨，獲益匪淺，先生擬掖後進，對於青年之革命思想，尤加意培植，常云吾老矣，拯救國家民族之危亡，責任全賴爾輩，對此破碎河山，如何收拾，應及早準備爾等之工作器具也，時余與同班陳讀園湯木菴寶雪岩李蔚雲王公璵胡東川及程厚之諸君意氣相投，交稱莫逆，切磋琢磨互相鞭策，翰墨有緣，但爲先生所注視愛護備至，敎誨無別轉熱心，並以各人秉性，同，而分別指示其努力之方向期各有所成就。民十冬，畢業將去，先生惜別，曾邀余等八人共攝一影留念先生掀髯中立微笑，八人則左右分別，影成呈閱先生與來攝管成詞，分書於像之四週茲特錄：：

陳生能文始莫知，下筆猶如空中騎　湯生靜者能賦詩　重陽佳句人爭推，遂生詩文並妍妙，一才氣橫絕驊騮馳，苦心力學自有得，勿爲秋士徒生態，寶生慷慨交有道，羊左管鮑知扶持，李生書筆頗娟秀，有時窈窕詣生姿，王生才調尤英奇，雲台蒼蒼海水媚，孤遠遠之中發光怪，何時生些書聲倪，胡生氣味殊出曳，沉潛樸學堪爲師，就中稈生年最小，居然次弟相肩隨，而今人雖墨姓，負笈相遇同襟契，老吏掀髯快且慰，八株同燦珊瑚枝，鯤鵬變化指顧耳，笑看結伴嬉天地，

時余在旁侍筆硯，見其乘興而來，一揮卽就，並對各人之心情學行評定治當，將非才人，何能有此手筆，別後迭承賜敎，有尤在耳，不幸民十六孫傳芳敗退江北時，因通[illegible]勸孫[illegible]反正，爲段永澤所執，在泰州殉難，死事極慘，碧落黃泉，飲恨終古，追念前賢，眞堪痛哭，去夏余過南京，特至革命博物館，瞻謁先生及柳伯英先生血衣，睹物思人，不勝怨悼，因柳公亦爲余之業師，情誼殊厚，無以革命事蹟，於民十五春被孫傳芳捕解南京殉難於雨花台，兩公之死，相去僅一年，且俱死於孫逆一人之手，大江南北，英烈之光，遙相輝映矣，回首前塵，悠忽已有六載，一日於舊書麓得先生照像頂見遺容，復讀遺墨，尤彷彿其平生，未嘗不嘆良師之云亡，恨知己之難遇，世道崎嶇，前途渺茫，半生飄泊，毫無建樹，怨感交集，潸然欲淚，追維往學，念舊悵般，爰誌之，以示哀悼亡師之意云。

兩週間

旭日

星期六下午有兩節課，上一節是作文，下一節是作文。

在黑板上看見了「兩週間」這個題目，心中有點作難，思索了好久，翻正不知道怎樣去作，在從前每逢遇到這類的題目，我有一套老話：「光陰過的眞快，轉瞬間兩週過去了，回想起來，一無所有，白白的荒費了我兩星期的光陰，我現在認識過去的不對，開始來計劃我下週的功作。」以上這些話我覺說的無意義，而且有點俗氣。

但是除了這，我又有啥話說呢？一天說看到了，又有同學，先生，四邊的圍牆，大門外邊的操場。

眼睛看不清就會的實體，也希望社會的表象點，一看有意義而眞實的書」，我們要認識事物的核心，從表象研究到實體。

說句不客氣的話，我沒有空過我自己的時間，我在有義思的學習。我看了一本街頭講話，這是給街頭上的人看的，現在我雖然不是一個街頭上的人，然而我歡喜讀關於他們的東西。

在這本書裡，有一篇特別使我注意的文寫：「一盒火柴內藏的秘密」在這篇裏，作者回答了一個秘密。他說：「現在人們是拜倒在商品之前，社會成了市場，商品作了我們這時代之神。」的確的是如此，作者已經說明他自己用的一盒鳳凰牌洋火是瑞典製造，由上海瑞中洋運到中國。不但道倫敦紐約製造出來的切貨物都用輪船火車很迅速的運到世界各個角落裏去。各個殖民地，所出產的，原料也很快的運到他們的大工廠。

（未完）

本城糧價

名稱	每市石價目	
小麥	最高十元[illegible]角	最低九元六角
黃豆	最高七元	最低六元七角
黑豆	最高六元[illegible]角	最低六元[illegible]角
菉豆	最高七元四角	最低七元一角
高粱	最高五元	最低四元八角
穀子	最高四元九角	最低四元八角
芝蔴	最高十二元	最低十元八角
青豆	最高六元八角	最低六元六角
花生（每百斤）	最高六元	最低五元八角
瓜子（每百斤）	最高二十元	最低十九元

氣象

天氣	風向	最高溫度	最低溫度
陰	南風	六一度	九度

鳳鳴塔

第三二〇期

一，本刊內容分科學常識論著詩歌小說散文戲劇書信書報介紹及批評等項

二，本刊歡迎投稿來稿文言白話均可

三，來稿本社有刪權不願改者應先聲明

四，未經登載之稿除預先聲明者外概不退還

五，本刊編輯室設覺報社內

數年前的一幕

白微

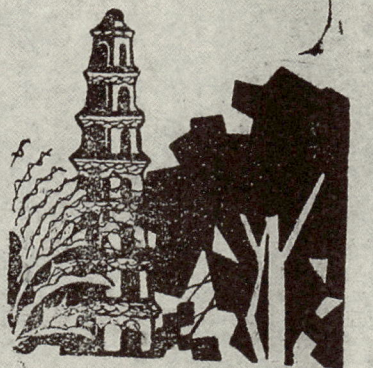

炎熱赤紅的太陽，高高的掛在中天，這正是一個假期中的下午 我獨自睡在一個鄉村小學的室中，院中的洋槐在不住的來往搖曳，楊柳枝頭的鳴蟬 不住的吱吱的高叫，在欣幸牠們的命運……！

記得是放假的一天，一個人一肩行李，走到了這個孤僻的鄉村中寄身，當然在這窮鄉僻壤的村中，沒有高大的樓台，沒有繁囂的市場，沒有熱鬧的娛樂場，供人們無聊時的消遣，又沒有好的風景，給人們寂寞時的欣賞 只有一望無際的高粱稻麥和茂盛的樹林，點綴成這一個幽美的鄉村！

來到了學校中，在每天的下午，只有閒逛，並沒有若何的羈絆，後來得到了校中教員的推讓，每天上三點鐘的課，在初級小學中，只有兩個學級，兩個教員，學生大約七十餘人，都是附近各村的兒童，男生佔五十餘人，女生有二十人罷了 整天在天真爛漫的兒童的快樂域土中 聽着一些天真的童話，看着 些有趣的遊戲，好像蜂蝶尋着他們的樂園 簡直忘掉了身外的一切！

人聲的噪雜，市場的繁囂，童販的叫喊，爭執的語調，一切的塵寰中的五花八門的勾當，在我的心中目中耳中腦海中，洗滌淨盡了，而毫無一絲的痕跡 沒有留着一點的幻影！終日裏處在一些天真爛漫的兒童香國中 唱着甜蜜的歌，啊，神仙世界 月宮裏人，也不過如此吧！在兒童中，有一個嬌小玲瓏的女兒，好像是鶴立雞羣中，而高出於其他羣衆，她只十二歲！

夕陽已經西下了，陣陣的歸鴉，都行色匆忙的歸到了巢中 西方天際的一抹晚霞 籠罩着遠村的數株烟樹，果樹枝頭，點綴着數枚鮮的果實 楊柳盡處 羅列着累累的充滿荒草的邱墓，啊！多麽的神秘的畫景啊！

落日的斜陽，籠罩着樹梢 已是黃昏時候了，哨子聲中，一些忘憂天真的小學生，都魚貫而出的一一走散了！只看見他們的背影 在遠處微微的閃動！

「×先生，到桃園玩去！」接着一陣笑聲！原來是校中的學生，而是一朵校花的居蕙 我同 個教員 只好跟着她同許多小學生 一直走到了郊外的桃林中！

紅尖，果實，累累滿佈年松上 枝頭也被累的下墜了。

我們走入了桃林 吃着鮮紅的果實 談着天真的童話 唱着村俗的雅歌 我們在陶醉什大自然的領域中了！

一束野墓上的黃花 被她摘來抱在胸前 而化成了一個人間的Angel 而只少了一對的肉翅 在兩臂間閃動着！一霎時，黑夜的足跡踏遍了大地 黑的暗幕 又撕，而遮蓋着倦疲的人類 我們便在這黃昏時候 一步步緩步着車的回到了寄身地——學校——在不遠的歸途中，而記得她拖着很延的長調，而唱着 棠棣之花 的歌詞：

「……今宵離別後，相會不可期，多看姐姐兩眼．多瞧姐歌詞．」

「去吧！二弟呀，二弟呀！去吧！我望你，鮮紅的血液，迸發成自由之花，開遍中華，」

啊！鶯聲燕語的喉舌，唱出巧囀婉曼的歌詞，林中的烏鴉 驚得繞樹飛走，我們也就在這翅聲格格中，回到了校中！餘熱未散，烹茶乘涼，孤單單的只有我同×君 而她們的倩影，已經消逝了！看天空中的明月，仍循着道的直上中天，青藍色的天空 散佈着幾點稀疏忽明忽隱的寒星！涼風一陣陣從樹林中吹來，在滿身臭汗的我，真打不覺的喊了一個「痛快」的呼聲，涼風沁入肺腑！

一拍！一一聲奇怪的響聲在牆上發現了！我在這熱的空氣包圍中，不覺的乍而寒冷了 而出了一身的冷汗！

在這村鎮中的一座孤廟，在迷信的羣衆中 都以爲有許多鬼魔盤踞 況且神像已拉去了 更編造出許多的謠言，以充實地證明他們的可信！在這孤單無人底學校中，而發現了這樣的響聲 真使我們不得不信了 而感覺着一點駭怕 終于又有一點戰慄了！

「拍！拍!!!」又是幾聲！我們不敢在院中了，而終于跑到黑暗的室中 像竊鼠一樣的在屋中藏躲！聽着一陣足跡聲在走動着！「哈！哈！先生嚇跑了！」接着一陣格格的笑聲！我們聽出了而是她們在院中大笑，我們又走出了室中，而坐在凳上開始我們的談判！

「居蕙爲什麽要嚇我們，該打！」我們帶着嚴厲的口吻在這樣的問她！她同其餘的兩個 仍在不住的笑着！

「啊！不是我們打貓！沒有向這湯拋！哈！哈！……」她說完了，便請求我們講故事 我遇於不得已的談了一個很短的童話！

她聽完了！便要走 我便詢問她的家庭狀況，在她的口中 知道了她今年十二歲 她姊妹三個 她的姐姐 在城內求學，她的母親已經在二年前，拋却美滿的家庭三個子女，而長逝了！可憐她姊妹三個，已經是無母的孤兒了！

「啊！天下事 還有比無母之兒再痛苦的嗎！啊，弱小的生命 沒有 個人來保護，是多麽的不幸！雖然她有父親祖母，但是體貼子女 那能及母親的之百分之一！啊！可憐的居蕙。」我自己在一旁這樣的想！

「迷！迷！」呼喚的聲音發現了，她於是同其餘的兩個同伴 很匆忙的走了！而姍姍的倩影，在黑影中消逝了！

日子一天天不停留的過着，轉瞬彈指，都不足以形容其快！而終于學校宣告放暑假了！啊！這是多麽不幸的消息 在初來時，日子的速度 眞是一日三秋 現在呢感覺着時光飛逝！徒喚奈何！終于向這個美麗的鄉村 抱着無限的惆悵告別了，而 步步走向繁囂的城市中去！在一個美麗的清晨！

在我同×君到城市中去的時候！而一步步懶洋洋的走出這個村的西部 而有兩個同學送我們，我們不得已只有隨着他們一步步的緩緩的走着 在 顆跳動着的心房中仍舊在想念着她，而希望在最後的 剎那間！可以得到最後的一見 更希望她可以送我們一程！總可減少我們的寂寞，在這長途的一片斷中！

我們一步步離開我們的依依不捨的村莊 終于沒有見到她的倩影，我們多麽的不幸呢？我倆都不約而同的在想着一個良好的方法！可以見到了她的一面！脫了這一剎那間的思念！

「啊！忘記拿褲子了，還有一個大褂，好預備替換着洗！」×君很懊悔的說：我更慫恿着回去！於是在這晨光熹微中 又折返到學校中去！

經過了一點鐘的躭擱，翻箱倒籠的找了一陣 而終于又同了兩個學生，又走出校去！而一直的走了！希望愈大，失望愈大！在我們回去的時候 多麽的興高采烈 而回來呀！又是如何底無精打彩！唉！蒼天何吝於一剎那，而所謂心愛的安琪兒，又是渺然的不得 見！

走！走！繼續的走了數十步！呼喊的聲音 又發現在背後！我們停止了，而看出了聲音的所在！正是在心中縈繞着的居蕙在後面走來！我們又是如何底歡躍呀！

「劉先生今天走嗎？」居蕙這樣的開：而玲瓏的雙眼竟有些微紅了，一種憂鬱的神氣 在眉梢潛藏着！

「是的，今天走了！今天怎麽才起來？」我們一行來着，一行在走，而一直走了 都的長途！

蒼天不仁！濛濛的細雨，從天空中直降落到地上 細細的微風 帶着一點潮氣，從對方吹來 吹着我們的衣服緊緊的貼在身上，大褂更裹着我們的腿 不能前進！

「居蕙，您們回去吧！下雨了 我們好去快 點，以後還可以再見！」我們不得已終於說出了心中不願意說的話，而阻止她們的前進 而不約而同的都止住在 顆大樹下，預備說 句最後一句話！好相背而馳的兩個走上長途，三個回返家中！

「心中千言萬語 反而 句也無。」她們也只好說了一句最後告辭的話。

「先生，俺不送啦！下學期先生還來教俺吧，我希望先生來啊！」這幾句話 多麽的沉痛呀！無情的眼淚，已奪眶而出了 啊！……

「下學期 定來，您回去 ！」

蕭蕭的細雨，助着無限的惆悵，添了許多的淒涼！啊！到了現在那一個倩影，還在腦中蕩漾着！時光飛逝！已經又是一年了，蘇君還在這一個美麗的鄉村中過着快樂的生活，我呢！漂泊海濱，獨處旅中！淪落異鄉！誰爲我伴！歲月老人，撫今思昔，鐵腸銅心的木人，也不能無動於衷吧！啊「好景不長」！奈何奈何！暑假又將臨了！不知來年的暑假的今日，也有這樣的軼事！在腦中蕩漾漂浮着麼？

春野

韻鐸

在這柳舞花笑蝶醉的春天裏和着拂拂的春風，充滿了新的氣象，人我的臉上，露出一種和靄的顏色好像舉行着一種盛天的熱烈的大會歡迎着這春的降臨。在這春光明媚的日子裏，正是我們一羣所謂郊遊的時期了。

某日的早上，把一切舉行郊遊的動作都完全準備好了，輕紗般的彩雲遮沒了晨曦的陽光，最純潔的空氣，在這清幽的大自然間 持着溫柔的態度，儘量的供給我們吸取，這是我們春遊第一次的奇遇也！

陽光高照，惠風徐徐，魚鱗色的白雲映在蔚藍的天邊上，真是美麗可愛呀！，當我們要去探春的今天，好像比平常要快活一倍的樣子，我們漸次離開了我們的所在，漸次地走入了田間的土路，巡向我們的目的地前進，路上來往的人們 不勝其數 有的推着車子，有的坐在車子裏，更有的是步行，三三兩兩絡繹不絕，有的衣衫襤褸，有的是衣服花花綠綠 貧富之分，顯然可見。我走在塵烟使人窒息的路上，想到社會貧富的不均，情不自禁的嘆了一口氣，咳！社會呀！這一聲微嘆就隨着使人窒息的塵烟飛去了，遊人好像漸漸增加起來坐在車子裏的得意地年青男兒，驕傲地美妙的少婦，趾高氣揚地望了我們幾眼，便揚長而去，祇留一種斬釘截鐵似的笑語，同時替我們留下了一種不平的心情 我們慢慢的走到一[illegible]高高低低不齊的樹林。我立刻找了兩塊石頭 當我們休息的板櫈，我微笑道：「請B君與A君坐下吧！」「不要客氣，請坐吧！」終於我和B君坐在一塊石頭上，不多時 由東面來了一羣牧童，圍而鬪吾聲，竊竊私語，他們活潑天真的性情，要使我羨慕難過了！

休息十五分鐘，我們又開始前進 路上的塵烟被一陣狂風捲起，立時覺得烟霧難當 弄得我們不耐煩了，B君微笑道：「我提議我們從這塊麥田中的小徑去吧！免去許多的麻煩，我和A君非常贊成她的提議！一溜煙的走去了！

A君道：「這幽美的大自然的風景，恐怕祇有到野外才能享受吧！是的呀！這便是B君的聲調。

我們漸漸的走出了這塊麥田的小徑 又重複的踏入被烟霧薰得神經錯亂的路上了 我的腳步似乎輕快起來，我們向田間望去，看見那勞苦不息的農夫，質樸的農婦，他們在從事種種遲鈍的而平和的工作，孜孜不息。這種光景，使我慚愧難過！同時又想到那些吟風弄月輕飄的男女們，真是不可救藥的僵死了。

我們走到了一條小溪邊，流水淙淙，然與枝頭黃鶯相應，在這逍遙步的當兒，不知不覺走到了我們的目的地——荊山橋——B君說：「這不是我們所說過的大橋嗎？真是莊嚴啊！她又這樣的說，一我已經累了，兩腿很酸呢？一我用一種安慰的口吻對她說：「妳不多走路 妳這次能走這麼多的路，真能表出妳吃苦耐勞的精神呢？」她含笑的沒有回答我。

我們登上了阻水的長堤 望去，祇見白浪滔滔，水鳥飄飄 從遠處划來一二隻小船 這時A君提議道：「我們乘舟往何如？我和B君不約而同的答應 聲好，片刻來了一隻小舟 我們便坐在舟子裏，雖輕舟一葉 而非常潔淨，蕩漾於波光山影之中，真所謂 畫中有詩 詩中有畫了，一舟行如飛，和風煦拂 春意中人欲醉，兩岸有桃花，繽紛如紅雨 落英漂在水面，爭爲游魚所妥 我們坐在孤舟中搖搖擺擺的又好像坐在搖籃裏，洶洶的波濤的在河面上勿起忽伏地堆着湧着，河水浩浩的蕩蕩的一直向前，向前……與天相接 遠不見他的邊涯 這無邊地神祕的偉大啊！

河水在天高氣爽風平浪靜的時候 也未嘗不是和藹可親 我們便向前搖，那是我們的故鄉已消失在青天碧水中而不復有一些痕跡 同時，帶濃綠而幽深的森林和連綿而崔巍的叢山 已如屏障鵠立目前 似乎我們又到了一個不可思議的境地了！

船泊北岸 我們下船復登蠅山，山道不是直線 因爲便於登山的原故，這時我們的背自然彎曲起來 肺臟也覺得緊張起來，巍然的山峯障立面前，牠的莊嚴，牠的偉大使我們心裏懷着無上的尊仰，也許有些恐怖的思潮吧！當我們走到山腰中，我看B君落在後面了，立刻停住了腳來等他，及至他來到我的面前 我說休息吧！她說：一我們繼續向上 沒有疲乏之一。但是我看她不行了 便向前扶持她時，她並沒說別的話，一直到了山頂，那時我也感覺疲乏了，在休息時，她笑着說一謝謝你」，我毫不客氣回答了，這是我的任務，也沒有可謝的必要，說過她便笑了。

休息了一會，便各自遊觀 當時目前的奇異的景物，清爽而芳香的空氣，從樹林中飛出來的鳥物，小舟上的婉而愉快的歌聲 一切的一切都使我們忘却了自己，忘却了世界，舉目下望，森田秩秩，村舍儼然 真是可愛呀！而這個山頂全是砂礫，大樹顆也沒有 祇有寥寥幾株擁腫拳曲的矮小的松樹罷！這時天已晚了 我們便下山循原路而歸 至家則燈火零星，時光已垂暮矣。

兩週間（續）

旭日

洋火每盒三個銅板 看來錢雖然是少 但是千千萬萬的錢漸漸走到火柴公司老闆底錢袋裏去 錢袋的大小，決定人在現社會中的勢力。

洋火成了商品，勞力也有了價值。瑞典的洋火可以運到中國，中國勞力的物產也可以運到倫敦紐約去。洋火的價錢裝入了資本家的錢袋 他們的錢袋也就是裝勞動者的血汗！

這個社會的發展，起初是進步的 它發展了科學，征服了自然 準備了解放入類的條件。但因爲各個錢袋的利害關係 結果用科學造成罪惡。用文明破壞了社會的發展。

一個人的眼睛只要往世界的一角去看，便可相信了這是事實，意大利阿比西尼亞的戰爭，大炮都壞了阿京偉大的建築 毒瓦斯烘死阿境的民衆 結果兩國人民流出來的熱血 祇換來了羅馬財閥們的利益 文明是輸入了 但阿比西尼亞仍是一個殖民地。

畫梅鶴寄淮花館主

譚組雲

縞衣丹頂白蹁躚，疏影橫斜早結緣；
莫笑清游[illegible]不厭，徘徊此境已千年，

賣燒餅的小孩

夫靈

「燒餅！熱燒餅！」一這是九歲孩子海的聲音，這聲音喊得很響亮的 差不多他所走到的地方，每個人都能夠聽得見。

海是一個貧家的孩子，他父親給人家做大領？他母親給人家幫傭，他自己因爲也要吃飯 所以在春天，他便賣瓜，秋天賣桃 在這冬天 他便想到這項賣燒餅的生意 他想從這項生意中賺幾個門 以飽他的肚子。

天氣很冷，北風把塵沙捲起 海的小破襖擋不住寒風 海的肚子餓的很 可是他不敢把自己籃子裏的燒餅拿出來吃 個 他怕他少了幾文收入 便要餓肚子。

他從學校門前走過 看見許多小學生在通風的教室中讀書 在院子裏遊戲 他心裏真真是羨慕得什麼似的，他心裏想着 我幾時能和他們一樣，他們的運命怎麼這麼好！但他却是 個貧家的孩子喲！

儘管天氣是多麼恐冷 儘管道路是多麼的難走 但海爲了維持他的生命 却仍舊背着籃 愛着寒 口中喊着：

一燒餅！熱燒餅！一

本城糧價

名稱	每市石價目
小麥	最高十元二角 最低九元六角
黃豆	最高六元九角 最低六元九角
黑豆	最高六元六角 最低六元四角
綠豆	最高七元四角 最低七元一角
高粱	最高四元八角 最低四元六角
穀子	最高四元七角 最低四元九角
芝蔴	最高十二元一角 最低十二元
青豆	最高六元七角 最低六元五角
花生 每百斤	最高六元一角 最低六元
瓜子 每百斤	最高二十元 最低十九元

氣象

天氣	風向	最高溫度	最低溫度
晴	東風	九〇度	六[illegible]度

25

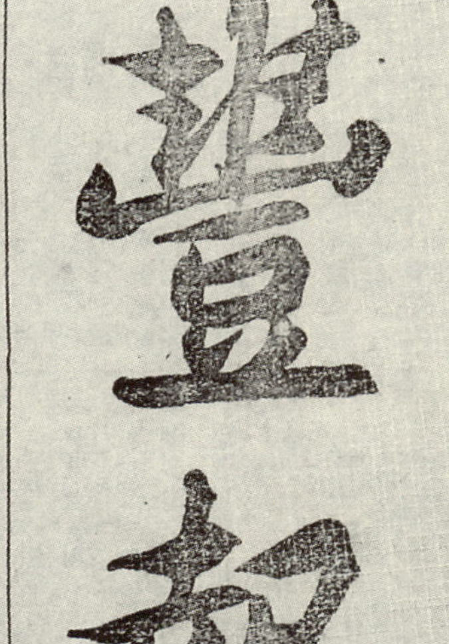

第一三九七號
社址豐縣大同街
中華郵政[illegible]
特准掛號認為新聞紙類

豐縣縣政府通告 第　號

實驗鄉　稍樓、三教堂、中山村、季河園、三官廟、蔡樓、郭樓、第一區史小橋、史黑樓、張五樓、邱堤口　中山鎮、仇莊　第二區徐三衙、李新莊、劉大莊、宋砦、後炮樓、賈莊、晏橋、陳三匯樓、第三區程莊、十友廟、周屯、第四區王畢屋、張集、大吳莊、黨樓、渠黃莊、稍廟、第五區蔣單樓、張小樓、曹樓、許廟齊右同、大劉集、八里坊、王堂、陳莊、劉元集、第六區李砦鎮、劉樓、李砦六樓鄉、隋砦鄉、宋樓鎮　楊樓、陳樓、第七區華山、虎王集、黑樓　葦子坑、周宅址等各合作社均鑒：查合作社三年計劃簡表、又奉廳令嚴催飭剋日呈報等因、合再通告　重申前令、仰各該社迅速呈報、毋再延誤為要、此告。

國貨香烟

請吸老牌

白金龍　花王牌　大長城

價目低廉　色味具佳　品質高上　無與比倫

南洋兄弟烟草公司出品

豐縣德履祥經銷

本社營業部

承印：書籍　表册　賬簿　收據　名片　喜帖　股票　發票　哀啓　訃聞　家譜　公文　傳單　廣告　報章　小說　文憑　禮券

兼售：公文紙　稿紙　信封　信紙　及會計應用表册

如蒙光顧　價目從廉　訂印物品　先繳半價　現款交易　概不賒欠

營業時間　上午八時起　下午四時止

莊鄉王景文道歉啓事

[illegible]人前與族人因地畝糾葛發生爭執，鄉長蔣天聚從中調和，一時[illegible]不清不諒鄉長調處，且以惡言相加，幸鄉長海量包涵不與計較，[illegible]思維愧感五內，特此登報道歉。[illegible]啓

四區趙莊集便易集農業倉庫通告

查[illegible]倉庫辦理之糧食儲押貸款，麥秋兩季現均已屆期滿，茲定於五月二十六日以前一律贖清，合行通告周知，幸勿再延，為要。

豐縣土地陳報總辦事處通告

查本縣沙[illegible]帶荒地為數甚多，早已有人墾熟，曾經[illegible]迄未陳報新墾[illegible]，如照補[illegible]升科章程辦理，即應[illegible]本處前為體卹人民起見，[illegible]出示通告，准由原墾之戶首先陳報，[illegible]管業執照，[illegible]水災[illegible]，可謂[illegible]深知[illegible]公[illegible]，此項[illegible]秋[illegible]種[illegible]，本處亦會[illegible]各區鄉[illegible]，[illegible]其各遵照[illegible]，切切此佈[illegible]特此通告。

中華民國二十六年五月　日

縣長兼主任　副主任

中外要聞

何部長召于學忠等商東北軍整理問題

整理意見極為一致

計劃即可逐步施行

▲中央社南京十四日電　關於目前東北軍各部之整理問題，連日豫皖綏靖主任劉峙、軍[illegible]公[illegible]何柱國兩將、劉主任[illegible]京，[illegible]商調五十七軍軍長[illegible]十七軍軍長[illegible]軍在濟[illegible]四十九軍[illegible]多荃、[illegible]代表來京面[illegible]許[illegible]京，劉多荃之代表亦到京，何部長特於昨日午[illegible]勵志社設宴招待于何繆吳諸氏，並請在京軍事長官作陪，何部長並於席間向繆吳說明中央對於東北軍整理方針，暨東北軍各級將領之[illegible]亦誠，尤表嘉譽，並許轉中國之現狀與環境，繆吳等對於中央愛護東北之苦心，亦表示極為明了，並表示絕對服從中央命令，[illegible]三時許始散。聞昨晚何部長復召集于何繆吳等在[illegible]，意見尤極一致，吳[illegible]等將於日內返防，整理計劃即可逐一施行云。

京滇公路周覽團

北路團員　今日可抵重慶

▲中央社成都十三日電　京滇公路周覽團北路團員一[illegible]

歡送

健[illegible]古[illegible]善[illegible]

⊙敝局本年[illegible]月新出[illegible]寄奉　上海白克路同春[illegible]

行由任遠總率領、十四日可抵渝，四川分會招待該團事宜分在蓉渝兩地舉行、今已籌備就緒，湖湘派廬作乎熱烈代表歡迎。

津海關派員赴保

與冀當局會商肅清各縣私貨

▲中央社天津十三日電　津私貨登記問題，現商會雖與海關會商辦理、但仍須俟財部核定後　始能決定辦理、海關為肅清冀省各縣私貨起見　已派人赴保與冀當局會商一切、並籌組辦事處主持一切。

蔣總監分令各省市擴大宣傳

六三禁煙紀念將屆

▲中央社南京十三日電　國民政府軍事委員委員長、兼禁烟總監，以國歷六月三日為清代林公則徐在虎門焚燬雅片之日、早奉國府命令定為禁烟紀念日、上年曾規定紀念辦法　本年六月三日轉瞬即屆　頃特分令各省市政府、準備紀念、借以擴大宣傳

昨舉行

考選委員會第二三五次會議

▲中央社南京十三日電　考選委員會今日上午九時在該會議廳開第二三五次會議、主席委員長陳大齊　修正通過特種考試土地調查人員考試條例草案、並其他例案多起、至十時散會。

鐵部公務機務昨分別開會

通過重要議案多件

▲中央社南京十二日電　鐵道部公務機務會議、今日上下午分別開會、開會後討論提案，先由各組召集審查人報告審查意見、後由各路局出席會員繼續報告技術上及行政上意見、然後按次討論、逐一通過、聞本屆會議重要議案甚多　如培養技術人材、訓練司機司爐增加行車速度、維持行車安全　減少行車事變　檢定客貨車標準　及修正客貨車檢驗規程等，均有提案、並經縝密討論。

于學忠通電就蘇綏靖主任

各方紛電致賀

▲中央社青江浦十三日電　江蘇綏靖主任于學忠就職通電、由淮陰發出後、各方賀電甚多、蘇主席兼保安司令陳果夫、何鍵　韓復榘　居正等、十二日亦均有賀電、

楊虎城後日飛滬籌備出國

▲中央社上海十三日電　關係方面息　楊虎城定十六日由陝乘歐亞機飛滬籌備出國。

于院長昨由滬抵京

▲中央社南京十三日電　監察院長于右任　今日乘車由滬抵京、在和平門下車、當赴監院批閱公文。

覃振抵長沙

▲中央社長沙十三日電　司法院副院長覃振、十三日晨六時半由粵抵長沙　何鍵派曹典球等與軍樂隊先赴車站歡迎、覃下榻省府招待所　定十六日返桃園縣原籍掃墓、約一週即返省回京。

程天固在粵調查完畢

轉往株州長沙等地視察

▲中央社廣州十三日電　實業部次長程天固　在粵調查完畢、已擬定改善水利開發三角洲等地、及增闢各縣農田計劃書、定三日晚偕隨員等乘粵漢車離粵先赴株州長沙等地、調查重工業及農村經濟狀況後　轉贛鄂視察、

黔綏禁煙區亢旱

煙民紛紛自動戒絕

▲中央社貴陽十三日電　黔省為禁煙特別區域分五段、限五年禁絕　黔東銅仁振遠等廿三縣、黔南獨山等十二縣、[illegible]年禁絕　現正著手黔北十九縣禁政、西南與北盤[illegible]禁種區[illegible]畜牧業　民食維艱、紛紛戒絕　建設廳正加緊造林[illegible]栽植油桐、作禁種後救濟辦法。

桂[illegible]考查團

定今日飛赴重慶考查

▲中央社[illegible]口十三日電　廣西國內考查團張任民等一行、在贛攷[illegible]完畢　於前日到漢候輪赴川　茲聞張等定十四日乘機赴渝攷查一切。

甘旅陝同鄉鄧寶珊

昨歡宴賀耀組等

▲中央社西安十三日電　賀耀組、羅貢華、田崐山、周介陶等抵陝後　連日分訪此間當局，頗為忙碌、定十四日飛甘履新　甘旅陝同鄉鄧寶珊等百餘人，十三日上午九時設宴歡迎賀耀組等，並邀毛炳文等作陪情況熱烈、席間鄧寶珊致歡迎詞　對賀服務軍政之經驗勛績　表示贊佩　賀答詞願與甘民共同努力　安定地方　修理旅政　建設復興國家發展地之西北　望甘省人士協助　解除甘衆民痛苦　至上午十一時始散。

西安交通中國農民分行

辦理陝省農民合作貸款

▲中央社西安十二日電　交通中國農民三銀行陝分行　對陝省合作事業均頗參加投資　聞各銀行將以四百萬元劃定辦理農貸　並組織合作社之訓練工作　仍由合作委員會指導辦理。

劉鎮華病有起色

將返豫鞏縣原籍休養

▲中央社蕪湖十三日電　劉鎮華病勢稍有起色、決返豫鞏縣原籍休養　留皖隨員王錫三等十餘人、十三日過蕪湖赴京

世界童子軍聯合露營定期在荷蘭舉行

童軍總會籌備參加

▲中央社南京十二日電　世界童子軍聯合大露營、每四年舉行一次、本屆定於今年七月三十一日、至八月十三日在荷蘭[illegible]、參加者將有四十餘國、童子軍代表共有三萬餘人、[illegible]我[illegible]少年最大範圍之結合　中國童子軍總會　為宣揚中[illegible]族精神、增進我國童子軍在國際間之榮譽　及聯絡各[illegible]子軍友誼起見，決定選派童軍九人　並領隊兩人、前往出席　該會現正積極籌備。

英駐華海軍司令德爾

歡宴中外各界領袖

▲中央社上海十三日電　英駐華海軍司令德爾　十三日晚在克佛號艦設宴招待中外各界領袖　並有華英海軍將士俞市長楊虎亦被邀參加

印度婦女觀光團

抵廣州定今日赴漢

▲中央社廣州十三日電　印度婦女觀光團　行八人抵省、十三日謁曾市長定十四日乘粵漢車赴漢　該團領隊美來米思德談　粵風土人情均極純厚　與前所聞者不同　建設猛進、尤所欽佩。

護送班禪回藏專使趙守鈺

下月初可到玉樹

▲中央社南京十二日電　蒙藏會息　護送班禪回藏專使趙守鈺、已于十日率同職員檢裝出發赴玉樹　趙氏于途中如無耽擱　計程下月初旬即可到達玉樹　至參贊馬鶴天、參軍高長柱抵西甯後、將即趕往玉樹首謁班禪大師

韓復渠定今日返濟

▲中央社濟南十三日電　韓復渠自八日由濟赴膠東巡視　定十四日返濟　修黃河大堤培修工程已完成十分之七八　本月底可完工、

川禁煙特派員鍾伯義

昨訪劉湘

▲中央社成都十三日電　川省禁煙特派員鍾伯義　十三日上午九時赴綏署訪劉湘　劉表示對禁政盡力推行　盼隨時商量共策進行

雷寶華赴陝南視察建設

▲中央社西安十三日電　雷寶華定十四日乘隴海車赴寶雞、轉陝南各縣視察建設　並赴安康督促施測安白段公路　陝公路局長劉鍾江等隨行、

馬相伯九八大壽期屆

各方紛紛贈送禮物

▲中央社南京十四日電　國府委員馬相伯九八大壽慶祝典禮　定十六日上午十時舉行、屆時老人擬發表演說，現各方以壽期已近　送禮甚多　聞蔣委員長及馮副委員長亦均有贈送云

導淮不朽功成俱經目覩
陳主席視察畢返省
對手創偉大工程彌覺快慰
念民衆建設能力期望無窮
民感賢勞歡迎情緒至熱烈

▲淮陰十日下午一時專電　陳主席於今（十日）早十時偕省府委員鄭亦同等一行十餘人、由導淮工程處乘汽車視察淮陰縣立醫院及禁煙科、繼赴淮陰縣政府視察各科、十一時乘原車赴七區感化院視察、旋在該院午餐、復於午後二時蒞清江電影場出席淮陰區各縣各界歡迎大會、主席致訓詞、勖勉四點、一、努力禁煙、二、注重衛生、三、推進副業、四、勸民息訟、四時二十分乘汽車四輛赴輪埠登輪、淮區各界代表民衆六千餘人、齊集碼頭作熱烈之歡送、各商店均懸旗結綵示慶、陳主席與李儀祉先生等、於軍樂聲中登輪、四時四十分啓程南下、途經淮安中心寺、登岸遊覽名勝古蹟、七時乘原輪南下、

▲揚州十日下午十一時電　陳主席在淮陰視察導淮工程、今（十日）下午乘輪南返、原定今晚可以到揚、茲接淮陰電話、謂陳主席於下午四時半啓程南下、計得今晚當達寶應、明晨五六時方可抵揚、

前後視察六日
兼水陸空

蘇省府主辦之導淮入海初步工程、迄四月底止、大體告成、僅餘海口切灘段及少數零星工程尚待續做、陳主席以導淮入海工程、事關蘇北十餘縣之水利、此次大功告成、實爲蘇省空前偉大建設之一、特邀同水利專家李儀祉氏、及省府沈建廳長、鄭委員、暨秘書科長等二十餘人、於本月五日、出發前往工次、實地履勘、並爲研究整個導淮工程起見、對於與導淮有關之各種工程、亦同時視察、爲此後繼續施工之張本、本報特派記者隨同主席、沿工參觀、所有各項消息、已隨時電告、迭誌本報、陳主席等之視察工作、迄十日完畢、今（十一）日上午、可以返抵省垣、本報記者、於昨（十日）夜趕返、統計一週以來、五日晨、主席等自鎮乘專輪出發、過揚消息、沿運北駛、午抵邵伯、參觀船閘、改乘汽車、沿運堤北上、隨堤視察運河東西堤工及涵洞、晚抵高郵、復乘輪上駛、夜即宿輪、六日晨七時抵淮陰、以導淮工程處爲行轅、隨行各人有宿工程處、有分宿各旅社、六日晨九時、乘車沿新淮河道自淮陰東行、沿途各工段、均下車察勘、午抵漣水、飯後續赴菱陵視察、至午後三時始程西返、晚七時抵淮、七日晨七時、乘車沿洪澤湖大堤西南」、午抵蔣壩、入安徽盱眙縣境、視察三河活動壩工程、下午四時返淮、七時安返行轅、沿途隨時下車、訪問農民生活狀況、視察水利工程、八日晨七時半乘車去楊莊、原乘專輪、附掛拖船、沿中運河北上、午後抵劉老澗、視察船閘及草壩工程、晚原輪返淮、深夜始抵達、九日晨九時一刻、乘專備之歐亞航空公司第十八號巨型飛機、飛行視察、由淮陰機場出發、沿淮東下、過周門活動壩、七套、陳家港、直達海口切灘段、由此折北、經灌河口、翰翔連雲港等地、視察沂沭屋閣、及海港形勢、十一時降新浦機場、視察東海縣府、午後一時復起飛、西經沭陽、睢甯、入安徽盱眙縣界、巡視洪河上游、折東繞洪澤湖大堤至寶應轉北、□時□淮陰機場、稍息、傍晚□□至楊莊、視察活動壩及淮陰船閘、晚六時返淮、十一日上午、視察淮陰各機關、並對淮屬各縣黨局接談、垂詢指示一切、午後四時、乘專輪南返、預定今晨九時抵揚、登岸至中委洪蘭友家中小憩之頃、事畢即行乘車赴省、按此次陳主席北上視察、前後凡七日、每日舟車僕僕、迄無少休、而精神特別健旺、其□之振奮態度、正與當時致全力於導淮工作期間之精神、後先相旺、據□□視察、導淮工程之偉大、實有出人想像以外者、而今竟完成、則陳主席之毅力與江北民衆之辛勤、實與此河之將來、同爲千百年不朽之功績、至於此次參觀詳情、另誌本報明日起刊載之本報特派記者所寫之「導淮工紀行」一文、茲將前九日陳主席在飛機上散發之告民衆書、係主席所親撰、抄錄如後、

親撰告民衆書
獎勉備至

各位民衆和在工人員們、這次對於導淮工程、盡心、盡力、任勞任怨、澈始澈終、不懈的精神、政府十分感謝、今天我們到導淮入海工程、已經□□、非常高興、非常感念民衆建設能力的偉大與各人工作的勞苦、我到了這裡一看、更自信我們中國人具有甚大的建設能力、今後更應該給人家看得起、導淮入海水道初步工程之完成、就是江北民衆生產建設第一步的成功、只要能羣策羣力、就能成就偉大的事業、我們江北人能做成這樣偉大的工程、足以給全國人民之稱道讚歎、並且效法、勤勞是有益的、你們想每人每人勤勞了幾回、就可以開成入海水道這樣的一條大河、這條河、就是你們幾年來勞力的成績、如果不導淮、豈不是將這些做工的時間都糟蹋了嗎、我們中國、以農立國、而水利工程、尤爲農之本、□與大家有密切關係的事、以後還要希望大家繼續努力、水利是你們自己的事、你們大家□能夠努力去做、可見大家的建設能力已經增高了、我希望你們從今年下半年起、在農隙的時間、多做本地方的水利工程、我們江北的人民、如果能夠繼續不斷的做十年八年的水利工程、一定可以恢復從前的繁榮氣象　江蘇省政府主席陳果夫、五月九日、

（又訊）蘇省府陳主席、鄭委員亦同、沈廳長百先暨導淮會委員李儀祉等一行十餘人、於日前由省赴灌視察已完成之導淮入海工程、連日分別至各工段視察、詳情迭誌本報、茲從省府探悉、陳氏現已視察完畢、昨日即離淮、至晚可至揚州、於今日返□、如能允許、到省并即出席省府例會云

蘇農行救濟本省蠶棉
規定貸款千萬
策動產銷以利國計民生
預備巨額貸款從事救濟

▲江蘇社　江蘇省農民銀行近年來除對於農村救濟工作積極進行、現爲策動絲綢棉花業之產銷、以利國計民生起見、擬投資發展、茲記者以此舉關係國民經濟建設及救濟商業輔助生產、至爲重要、爰於日昨訪晤該行某負責人、叩詢一切、據告記者謂、本行自成立以還、對於農村救濟事業、推進甚力、頗著成效、惟值此國民經濟建設積極策進之時、關於本省絲綢棉花、亟力謀發展、但數年來各業頻受種種之影響、至生產前途、頗受打擊、本行職司救濟、上項各業、應徹底予以輔助、而促進生產、現查武進、溧陽、宜興、無錫等縣、爲本省蠶業中心區、亟擬擴充、又吳江縣爲著名產絲之區、若再不加以救濟與整頓、其前途更不堪設想、現亦決定放款、又海州區棉業、關係國民經濟前途、亦屬重要、以上一項、決定會同各組織產銷合作社、從事貸款、放貸基金、將預定爲一千萬元、以資普遍救濟云。

孔特使昨語外籍記者
發表參加典禮觀感

▲中央社倫敦十三日電　孔特使今日接見記者、發表談話、稱此次英王加冕禮所給余之印象、實不能以言語形容、唯余深深印入腦海者、莫如典禮全部充滿宗教意義、蓋此不僅爲儀式上之表演、實際有濃厚上帝神旨新朝之含意、孔氏復表示加冕典禮中最動人之一幕、莫如坎特波力大主敎河東南西北宣佈新王確立及新王向四方答謝鞠躬、孔氏與陳紹寬昨晨八時四十分離白金漢宮赴維思特敏堂、孔氏于敎堂中所佔地位極佳、與禮壇密邇

日外相昨與蘇大使會談
意見仍未接近

▲中央社東京十三日電　日外相佐藤十三日在外相官邸與蘇聯駐日大使尤烈尼夫晤談、交換意見、聞兩氏會談□歷時甚久、惟彼此意見仍未接近

波蘭新建驅逐艦已竣工

▲中央社華沙十三日電　波蘭海軍新艦驅逐艦□□號、業已竣工、不日即可抵□□□港云、

本縣新聞

成縣長昨視察 三四兩區土地陳報編丈

貴莊便集花莊趙莊等鄉鎮成績較佳

成縣長偕黃科長趙技術員 於昨日上午九時 乘車赴三區褚莊袁堂、四區史集、首羨、貴莊、便集、花莊、趙莊、等鄉鎮，視察土地陳報編丈情形 聞視察結果，以貴莊便集、花莊、趙莊等鄉鎮、編丈切實 成績較佳、成縣長頗爲嘉許、褚莊因未繪段形圖、袁堂史集因編丈稍有錯誤、首羨有一組將坵形圖上長寬步弓、書寫顛倒 成縣長查出後、已分別責令編丈人員 予以切實改正矣。

土地陳報期間 土地糾紛須先經區參會處理 不得越級陳訴

本縣土地陳報各區參事會，已遵照組織章程 先後成立、自陳報工作開始後、鄉民因土地糾葛，呈請參事會解決者、紛至沓來、且多有不經區參事會之調解、而逕往縣參事會陳訴者 此等越級控訴，非但與手續不合，且真相莫明、亦無從處理、縣參事會有鑒于此，特函請土地陳報總辦事處出示通知 嗣後凡土地糾紛 須先經區參事會處理、如不能解決、可攜帶區參事會發給之調解證明書 再訴諸縣參事會，否則概不受理云。

縣政府奉令舉辦救火演習 定期爲本月二十日

由縣長親往檢閱

縣政府近奉省令 飭于五月二十日、舉行救火演習 并將辦理情形具報 以便查考、縣府奉令後 當批交警務科遵照辦理 聞屆時將由縣長檢閱消防隊 並預備大批獎品、藉資鼓勵云

董玉璋未遵限插標 昨被拘押

五區大同鄉劉元集居民董玉璋 在齊同鄉有地數段約頃餘、該鄉編丈隊編至該處時，竟發現該業主有地三坵漏未插標、以致無法編丈 成縣長據報後 [illegible]董玉璋竟敢玩忽功令 殊屬不法 即手諭政務警察[illegible] 前往拘捕 聞昨已將該董玉璋拘獲到縣 聽候法辦

保安第卅九大隊 舉行實彈射擊

居民勿相驚擾

保安第三十九大隊近以各隊士兵射擊[illegible]未能純熟 誠恐一遇匪警 虛耗彈藥 貽誤戎機 故特呈准省司令部于本月十四 十五兩日上午 舉行實彈射擊 聞今晨已槍聲披拍實行演習矣

店子小學協進團 舉行第三次團務會議

常店小學協進團于前日 假汪莊初小舉行團務會議 常店小學校長及教員全體出席 孫三廟初小邱瑞貞、郭集初小常傳文 于單樓初小渠敬友、徐老家初小韓慈雲 褚莊初小吳宜、十支廟初小徐淑子 裴廟初小王文紹[illegible]中、李雙廟初小渠明文 請假者鄭莊初小[illegible]張華，傅莊初小王蔭梅 主席陳萬貞，紀錄李知義 報告事項略、討論事項、一 以後本團團務會議 如因大雨障礙時 應如何補開案 決議 于次週星期日仍在原定之值月學校舉行、不另通知 二 各校應否聯合舉行運動案[illegible]議 由各校就近之學校聯合舉行、三 每次會議、應確[illegible]校提議案 決議每校至少提案一件，四 每次會議時間 應如何確定案 決議、十二時開始會議 不到者[illegible]等待 五 本團會費支出 應如何預繳案 決議、每[illegible]預繳[illegible]元、至下次開會繳齊、六、下次值月學校、應[illegible]一案 決議、傅莊初小、

各鄉鎮國術團須參加[illegible]表演

縣政府訓令各區轉飭遵[illegible]

縣政府以國術表演會舉行在即 若不[illegible]通知，一但猝然應戰 難免臨敵畏縮 特訓令各區轉[illegible]各鄉鎮國術團 參加該會表演 俾所有國術表演會 想屆時一班健兒、必能摩拳擦掌 特[illegible]演云

縣立女子小學 明日舉行小規模運動會

縣立女子小學、爲提倡體育 增加兒[illegible]興趣 發展兒童運動能力起見 特定於明[illegible]星期[illegible]舉行小規模運動會 其項目分爲團體[illegible] 聞該校教職員 業已購買大批獎品 以[illegible]

土地陳報編丈消息

▷▷▷第一區◁◁◁ 大澤鎮一六 中陽鎮三〇、孫樓鄉一五〇、高樓鄉一五六、七河鄉七三、路莊鄉九七、路口鄉一〇 龍霧鄉一四六、傅莊鄉二一九 李莊鄉七九、亭台鄉一五九、丁隨鄉二三二、劉樓鄉一九一、十里鄉八五、全區總計一七四五坵

▷▷▷第二區◁◁◁ 臨口鎮 五二小營鎮二二八蕭莊鄉一九七 陳莊鄉一六〇、鄧莊鄉一五九 [illegible]樓鄉七八、沙莊鄉八四、仇集鄉一二〇 歸樂一九七賀固鄉八三 店子鄉[illegible]三、汪屯鄉一七八、郭集鄉八〇 蘆堤鄉八八、全區總計二〇五七坵

▷▷▷第三區◁◁◁ 王寨鄉九六 棠橋鄉一七〇魏集鄉一二八大盛鄉二一九 順河鄉一四[illegible]鄉二五〇、梁寨鄉二〇七袁堂鄉一八四、褚莊鄉一二三 程莊鄉一[illegible]鄉二一、卞廟鄉一一〇 全區總計二一〇二坵

▷▷▷第四區◁◁◁ 趙莊鄉九八 轆轤鄉九四 史集鄉一八〇 貴莊鄉七七、首羨鄉二四八 花莊鄉一〇〇、便集鄉一四七 溪莊鄉一七六、[illegible]鄉八七袁集鄉一七九 全區總計一六四七坵

▷▷▷第五區◁◁◁ 大同鄉一一六趙廟鄉一〇七 孔店鄉一五〇、小樓鄉一[illegible]許廟鄉一六四 齊同鄉九三、桑集九一 單樓鄉一[illegible]鄉二二五 趙集鄉一五六、全區總計 七〇二坵

▷▷▷第六區◁◁◁ 宋樓鄉一〇九畢樓鄉一七七、渠坑鄉一〇五[illegible]寨鄉一〇四祠堂鄉一二一、六樓鄉六二[illegible]鄉一三四東仁鄉八七 鐘樓鄉 四六

▷▷▷第七區◁◁◁ 華山鎮一五一 尹樓鄉四五 黃坑[illegible]五 楊樓鄉九八、趙屯鄉一八[illegible]六坵、

全縣合計一二四三〇[illegible]

南國印象記（續）

王子蘭

西江鼓棹

十時到德慶縣境的悅城，泊船上岸，去看龍母廟 船主的全家婦孺 攜香燭紙寶等 前往進香。該廟雕樑畫棟 殿宇壯麗，屋簷上神像累累 工程很不平凡 香火之盛 在嶺南手屈一指，後進樓上，是龍母的寢宮 牀帳整潔，寢具俱全，旁邊還掛着鳳冠女衣，好像真有人在此住宿似的。據船戶及一般迷信的人傳說，龍母很靈驗 從這裡經過的船舶，都很虔誠地去燒香，每到龍母的誕辰 都要到無數的善男信女 並有許多從香港廣州等處專雇船來的，對於這位龍母 還有設宛誕不經的「神話」。

看沿街的門牌，這裏是德慶縣第七區太平鎮。市面不甚大，惟負山面江，形勢頗好，鎮中有電報局郵局 賣烤猪的鋪子頗多 大部買了些水果點心帶到船上去

開船後，舉行考察廣西會議，當時議決分爲政治，經濟、教育、軍事，[illegible]等五組，每人各認定一組 我加入在教育組，預備注意看看他們的國民基礎教育。

（未完）

小朋友

第四五〇期

本副刊以介紹小朋友的作品爲宗旨
本副刊全係公開歡迎投稿
本副刊編輯部對來稿有刪改權
本副刊編輯部對來稿如不登載概不退還
本副刊編輯部設豐報社內

小言論

我的救國思想

五年級 口盧立樞

現在我在學校裏，常聽先生說：「我們中國已經被日本侵略的不成一個國體了，東北四省是被日本佔去了，現在又來進攻我們的綏遠省了。我們再不一致團結起來去抵抗外侮的侵略，就要被日本併吞了，人生在世上要是抱着一種壞的思想，不去抵抗外侮的侵略，簡直不佩做人的。

人一生無論做什麼事，必須有好的思想，才能做一個人，更能使人佩服，現在我在學校裏讀書，必須養成很深刻而正確的思想，我願做一個品行優良的學生，功課做美的學生，要有吃苦耐勞埋頭苦幹的精神，現在我在學校裏，能把品行修養的很好，身體鍛鍊的很強健，學業研究的很高深，將來出了學校，到社會上去，我願做一個勇敢的軍人，從前的兵士是沒有血性的，是不愛國的軍人，所以現在國家實行徵兵制，就是要訓練一般未來的愛國軍人。

所以我的思想，就是到軍隊裏去服兵役，領着一般的人作爲他們的模範，個個都有了高深的學問，有了強健的身體，爲國盡忠與敵人奮鬥，得到「勝利」，挽救我們中國的失地，成爲一個強勝的國家，那末青天白日滿地紅的國徽一定可以永久飄揚于地球之上了。

創作

寫給朋友的一封信

小女 四年級 李爲昭

親愛的顯雲姐姐：

我和你分別已經有一二年了，在這一二年之中，你我音信渺無，想你身體健康，諸事如意爲祝。

現在正是「春光明媚柳暗花明」的時候，我想約你到郊外去遊玩，你看！那嬌豔的杏花，穿着粉紅色的跳舞衣，在和風的蕩漾跳舞着，真是怡情悅目好看極了，他和蜜蜂做朋友，和蝴蝶做伴侶，每天可以聽到密蜂翁翁翁的歌聲，他是多麼快樂呀！

在這大好的春光內，我們要是不到郊外去遊玩一次，讓他白白的過去，怎樣對得起春天的好景呢？所以我想約你到郊外去遊玩，借此談一談我們別後的一切。

星期四我們就放春假了，到春假的第一天，我們二人同到郊外遊覽春天的景緻，好嗎？

祝你春安

妹爲昭鞠躬

○　○　○

給徐老師的一封信

小口 五年級 魏訓法

親愛的徐[illegible]：

[illegible]當你[illegible]我的時候，真有說不出來的難過那時我的眼淚，已潸潸的河水湧出來了，光陰過的真快，我們離別已有[illegible]餘了，在這一月中我時時刻刻想念着你，但是我們學校裏，[illegible]學已經兩三星期了我腦裏還是想念你，你考上學了嗎？聽說南京的風景很有名的，在歷史上也是有很可紀念的古蹟，我希望你能夠常常的寫信，把近況告訴我，那末南京雖遠豈不仍舊可以得到你的教訓嗎？

我在這裏，一定能好好的求學，決不辜負你的期望，將來我能夠升入中學，還希望你老師仍舊能來教我，你或者要說我癡心了罷！我想事實上也是可以的，能夠會做到的未可知吧。

祝你健康

學生魏訓法鞠躬

燕

閻莊子理 四年級 閻汝亭

春天到[illegible]，
花兒開了，
鳥兒叫了，
可愛小燕又來了，
落在樑上直渣叫，
好像問我向好。
忙着銜泥和銜草，
在屋蓋上壘窩巢，
可恨將來秋風起，
小燕又該南歸了，
可愛的小燕子，
我願你永遠別走了。

○　○　○

春來了

小女 四年級 王爲忠

光陰飛也似的進行着，轉瞬之間，可愛的春天又來了。

在這明媚的春光中，正是我們小學生求學的時代，各種的花草樹木都鼓起生氣，萌發了新芽，所以一年之內最快樂的，可算是春天了。

春天一來各種植物都抽出嫩芽，尤其是楊柳，更是意氣揚揚，穿着綠袍，在和風下跳舞着，桃呀！杏呀！他們的枯枝，也發出淡紅色的花朵來，花都在含苞未放更是可愛。

春天一來，多數的植物，都披上了美麗的新裝，希望我們大家，也能同他們這樣的茂盛。

先生的訓話

小 五年級 趙稈樂修

今天上午在上課的時候，我們高級的級任先生訓話，說我們學校的學生，好做壞的事情，不守校裏的規律，沒有公德心，不講清潔，沒有建設，只是破壞。

不好的事情，第一就是好偷東西，這樣的人，就不知廉恥了，俗語說：『人無廉恥無法可制，』由此看來，此人就不配做人了。你看他在幼年時，就打了這種壞的基礎，將來此人到社會上必然是個不惟不能爲國盡忠，還能破壞社會的安全呢！由此看來，他不是好人，你們要和他接近嗎？

不守校規的學生，即是害羣之馬，你們當做前身之鑒。你們知道嗎？前天有一位大同學，將一位小同學的臉弄了一個大血洞，那位小同學至今還未到校，你們以爲這是守學校的規則嗎？你們也要學這位野蠻的同學嗎？

沒有公德心，就好犯過，只是破壞，沒有建設。如校內棹子坐凳等，常常的會毀，你看好好的玻璃，在那裡好好的放着，你們都要把他弄壞。公共的器具他偏自己私用，如滾鐵環，要是他只要到手裡，以爲就是自己的了，別的人不應該滾的，你們也要跟他學嗎？

不清潔也是本校最大的缺點，如本級的地面好好棹子整整齊齊的，牆壁用石灰塗的白白的，這樣不好嗎？你們偏偏拋字紙，使地面不清潔。棹子又偏偏的弄斜他，牆壁上又偏偏的塗上不清淨的東西，你們就以爲是好的嗎？你們不用想，「上」幾條都是不好的，你們就偏要去做；好的你們又偏偏不做，你們到底是甚麼意思呢？從此以後，你們再要如此，我們的學校就不堪設想了。

怎樣才是一個中國的好國民

蔡樓保學 渠敬先

我想現在咱們中國，國勢已危若累卵，到了將亡的地步了，內亂繼續不絕，外患日亟沓來，那麼我國同胞在這生死存亡的關頭，應該怎樣呢？換句話說，我們該當怎樣才能救國於危難之時，使同胞脫出水深火熱之中，使自己成個衛國救民的好漢，現在我把重要的幾件事寫在下面，作自己前進的指南車：

第一　我國窮的原因，是因爲金錢流到外國去了，我們要排除外貨，提倡國貨，能這樣做下去，自然國強民富，金錢不致流到外國去了。

第二　要把東北的失地收復，以雪去那九一八的奇重國恥。

第三，現在，政府正在竭力地禁絕毒品，我們也要協助政府宣傳吸販的壞處，使人民不再吸販。

第四　更要努力讀書，鍛鍊身體，有了豐富的智識，強健的身體，好去與敵人奮鬥，打倒帝國主義，以匡扶國家，能夠做到上面的四件事，便是一個中國的好國民。

初春郊遊

程　戴儒傳 小

可厭而悽慘的冬去了，和暖的春天來到。大地上的一切都有了生機，頓成一片新的景象。

二月二十八日是星期日，早晨，清朗的天氣，和暢的微風，打動了我遊覽的心弦，我洗過面，就獨自一人到郊外去遊玩。只見人們的屋子上，都冒出炊烟，向上裊裊的昇騰着。一羣羣的小鳥，在天空中來往亂飛，唱着清好聽的歌兒。這幅天然的圖畫，眞使人看了心醉啊！我一步一步的沿路走去　那綠油油的萬頃麥苗，一望無際。和暖的微風，吹拂到我的身上，使我精神很覺爽快。不一會兒，走到一個溪邊，只見水流淙淙，清可見底，好像一面明鏡　並且裏面還有一羣羣的小魚，在溪裡游來游去，活潑得很。溪旁的小草，正在出土萌芽，含着綠翠的青色，好像對着我微笑的樣子。這時我仰觀天空，又見小鳥飛行如梭，吱喳的叫着，很是愉樂。溪旁有　松林，蒼翠之色和溪流相映　眞是一幅好的風景畫　我便向林中走去，林深樹密，只有一線日光從綠葉縫中漏下，青松含笑的迎我，枝葉點頭的招我　小鳥立在樹枝上面，唱着快樂之歌，安慰我。我立在萬松參天的林中，春風微微吹着，這時候，我便覺得心曠神怡　暢舒異常。太陽慢慢的高昇了。我的腹內也有點餓了，逐轉身回家。

春天外遊記

劉屯初小四年級生　孟祥雲

有一天星期日，我約了幾個同學到野外去玩，我又帶了幾本可愛的小朋友，走到野外，我們看見桃枝含笑開放，好像在歡迎我們，楊柳隨風飄舞，枝上的黃鶯燕子唱着活潑的小調。和那風聲混合，清　可聽，我們向東方一看幾隻白鵝很從容的在池內游來游去　好不可愛，隔了一會我們大家坐在草地上。我們講故事，說笑話，野外的景緻非常美麗　我玩了一會就回家來了，我們到了家中，我便拿起筆來記下，作爲紀念。

春遊

閻莊初小四年級　閻汝亭

「春光明媚，鳥語花香」。這兩句古語是眞不錯呀！春天　到來　無形中萬物都歡喜，小鳥在樹上唱着妙歌。小草也萌發了，這都是春天的好現像。

有一天　是星期日　天氣非常晴朗　下午我同雲弟找們二人到野外去遊玩　我們出了村莊　很快樂的慢慢的走着，到了一塊極大的麥田裏，我們坐下來，欣賞這大自然美妙的情景　微風吹來　吹得絲髮在面上飄拂着　麥苗兒也微微的點頭　天空中的白雲，一絲絲的飄來飄去，我們沈醉在這春神的懷抱裏　眞極了　我們升由的呼起來，唱起來，是多麼的快樂呀！

一刻兒　天色漸漸的晚了，紅輪西墜，玉兔東不，牧童們都忙着回家！　我們也回家來了。

雨後遊潛園記

宋［illegible］五年級　李子梅

昨日下午，雨聲漸漸的住了，窗縫裏漏進的透進晴光來，推開門兒一看，天空的烏雲已撤開了，和煦的太陽也露出慈祥的臉兒，向着人們微笑，這幾天因爲落了幾場大雨，在田裏實在有點苦悶，所以天放晴，我便約了一位知己到潛園看看雨後潛園的景色，攜手走過校門　越過了麥壠，春風徐徐，青青的麥隴洗得乾乾淨淨的，麥坡千頃，一望無際。道旁綠茵也似的芳草，附着無數的水珠，映着陽光閃爍的動着，眞如珍珠一般，楊柳由淺黃換爲深綠，樹上的鳥兒唱着清歌，婉囀悅耳，我們邊走着，邊看着自然的美景，不知不覺到了潛園，園內的花兒，微微的笑着，好像歡迎遊覽的人們，於是我們循着條小徑走去，兩邊栽着松柏，到了園的中央，種着無數的名花，濃香撲鼻，成羣結隊的蜂蝶兒，時而與花心接吻，時而在花旁飛舞。再近幾步，有茅舍兩間，建築的非常古雅別緻，門前有幾塊長方形的石板，上面還有點[illegible]幾株葡萄樹的葉兒，都灑得新黃嫩綠的，鮮艷異常[illegible]到了屋內，見中間掛着一付對聯寫的是『也種名花[illegible]朵』半聽好鳥半聽哇』屋內佈置的頗有古意。

我們便在那裏休息了，『談古論今[illegible]敍敍前途，頗覺有興趣。

這時淡淡的斜陽已落入西山了，遠村的炊烟裊裊的直升天空，翠翠的烏鴉啞、啞！的叫着，他們也飛[illegible]而歸了，三五成羣的農夫也肩着鋤頭，唱着粗[illegible]的小調子，回家休息了，獨有留戀潛園裏我們，還不捨[illegible]美的景色，只是呆立着，凝視着，夜色漸漸濃厚，便[illegible]校了。

我們的心眞死嗎

［illegible］柳遇賢

自從鴉片戰爭以後，我們的中國就[illegible]了的一個肥豬一般，今天他割這一塊土地，明天你[illegible]塊土地，今天你佔去要港　明天他租借那塊地力[illegible]……。時至今日　以致我國好似一片桑葉，[illegible]咬的是些疤，一點兒也不完整了。

帝國主義現在算是叫我們中國和世[illegible]民族用金錢[illegible]土塊喂肥了。但是一些狠心犬肺的，毒心不死的虎視我國，並有瓜分之意。尤其是日本，想一口把我國吞併，一腳把我國踏死。所以近日來　增兵綏北　求西進大陸政策的實現。

親愛的同胞！請你們細細地看，世界的列強已張開血盆也似的嘴，正在想食我們的血肉　唉！我們的國家有壘卵之危　有朝不保夕之勢，同胞們！我們的國家眞已到了一髮千鈞的時候了。難道你們的心眞的死了嗎？不能振作了嗎，不能團結一致共赴國難嗎？不然我們的國家前途實在可憂呢？同胞們，醒來吧！努力國事。

怎樣能實行新生活

魁莊初小四年級生　李忠法

現在正是提倡新生活運動的時候，這　種運動　是糾正國民道德的標準運動。我們兒童怎樣實行呢？把他約略分述如下：

一，衣服鞋襪都要整齊清潔，吃的也要簡單樸素。二，你看現在一般少爺們！太太們！大人物，不是都好穿那華美的衣服嗎？他們是好貪樂的人，不明禮義知廉恥　我們兒童不要這樣　我們應該能實行以上兩條，便算是厲行新生活。

春日漫筆

華山小學　尹建銘

春日是農夫一年工作的開始。和平的春風，偷偷地已蕩漾到人間，把萬物吹醒，千紅萬紫，天高氣朗，空氣新鮮；正是學生讀書良機，詩人吟詩的佳日。

星期日，我邀了三五位同學，攜手郊遊　欣賞春日美景，慢步來到村邊；見楊柳散漫，桃杏成行，柔軟的楊柳細枝，隨風舞蹈　生出黃綠的嫩芽，薔薇、杏花，含蕊尚未開放，苞兒紫紅，像塗了極重的胭脂，小鳥在枝頭，跳上跳下，吱吱喳喳！像在迎春奏樂。

向南轉去，見山青麥秀　微風吹過麥苗　蕩漾的像池中綠波　遠處不知數的麥畦，一望無際。

春呀！春呀！一切生物被你吹得改變容顏　從百愁的面子　改成笑嘻嘻的面孔，朋友！你看那：到處的綠色，充滿了我們的眼簾，杏園裏翁翁的蜜蜂，粉色的蝶兒，都飛舞花間，忙着工作，燕子呢喃呢喃的叫着，飛於樹陰之下，春日春日，你所帶來的風景　眞有令人難以寫出的好看，怎能不叫人歡迎，怎能不使人留戀。

一日的光陰　眼看着跑去，日落西山　鳥入林，兔入穴，遠方送來若斷若續的叱牛聲　點綴這行將寂靜的宇宙。

本城糧價

名稱	每市石價目
小麥	最高十元二角　最低九元五角
黃豆	最高六元八角　最低六元六角
黑豆	最高六元七角　最低六元十角
菉豆	最高七元四角　最低七元二角
高粮	最高五元　最低四元七角
穀子	最高四元八角　最低四元六角
芝蔴	最高十二元一角　最低十二元
青豆	最高六元七角　最低六元四角
花生（每百斤）	最高六元　最低五元八角
瓜子（每百斤）	最高二十元　最低十九元

氣象

天氣	晴
風向	東風
最高溫度	九七度
最低溫度	六七度

第十四期

本刊每星期六出版

運動場上的小感

小談論

近日來差不多成了個運動季節，本校舉行運動會，實驗鄉舉行運動會，接連着大陸球隊東征西討兩戰豐中，於是運動場上頓然空氣緊張，熱鬧起來。混跡於這些熱鬧的氛圍裡，一方面可以鑑賞運動健將的身手技術，同時也可以看到個人和團體的運動道德，常聽體育界人說：運動場上，最容易觀察人的品性和修養，的確不錯，從前也有「射以觀德」的說法。

運動場上的人們，（運動員和團體中的觀衆）最易犯的毛病是「驕傲」「和嫉忌」。驕傲是勝利者好犯的毛病，得到勝利時便快樂忘形，語言傲人，這種淺薄的態度最足以表現其缺乏修養。論語上說：「如有周公之才之美，使驕且吝，其餘不足觀也矣。」嫉妒是失敗者好犯的毛病，自己或自己的團體失敗了，便怨天尤人，表示睚眦之見。這種「示人以不廣」的態度，也是缺乏修養的表現。前人說：「人之有技，若己有之，人之彥聖，其心好之。」這是多麼恢弘的氣度呢！

我們平素對於運動方面要有兩種基本修養，就是「勝不驕傲」，「敗不嫉忌」。這在個人能表現個人的德性，在團體能表現團體的紀律。

皮商

寫作

吳魂

天還是黑得嚇人，只在東方微微的現出了一點魚皮色的晨光，天上的黑雲，還是在飛馳。幾顆小星時而被遮沒，時而出現，一閃一閃的，好像是想跳出來，又好像是要躲藏。

天還沒有明。為了幾條慘命的牽連，促使他從二百里外的濟甯州，速奔回家。他跑了一整夜，才來到家裡，雖是一二月的天氣，可是他頭上已經冒了汗。

「回來啦！發財，爺們！」

「發財爺們！家裏可好！」他一面回答，一面走着。

「濟甯州真好玩，做買賣又賺錢……」他走不到十幾步遠，便又唱起來。

他到了小屋門，放下了口袋，便四處的胡望；一間小破屋，還是伸着腿，不知何時要倒；草堆裏還是臥着一隻母羊，在颯颯的吃草，糞坑邊上放着一個破笈子，及兩隻破了的小鞋。

他呆站了一會，轉了個圈，又望一望四周。

小屋門還是緊緊的關着，屋裏的一切，從籬笆邊却能分明的看見。因為籬笆上的高粱楷已沒有先前那麼的稠了。這大概是被抽下來燒掉了。

他又轉了個圈，往小屋裏伸伸頭，却連忙的又縮回來。他看見他的老婆，同他的孩子更三，正在酣睡着。一個爛的露着棉花的小黑襖，只遮住孩子的上半身，她的兩腿却黑埋在乾草裡，膝蓋上還帶着兩塊黑印，那是鍋灰染的。

他的老婆，還是頭頂着牆，脚蹬着鍋門，呼呼的睡着。

他總是不敢進去，心裏明知道到家一說這次生意又賠本，他的老婆一定要罵，又要死的活啦的鬧一場。

他把身子縮了再縮，彎着腰，他終於進去了。

他一聲不響的，便站在鍋台傍邊了。

他的老婆聽見了門響，便翹起頭，往外望，從門縫裏透過來的一條綫裏，他看出這是她的丈夫，筆直的站着。

「啊！你到現在才回來？皮子可賣了吧？」他翹着頭，半含笑似的問。

「哼！不過行裏……。」他吞吞吐吐的說着，一面又回頭往外望。

「啊！雖說皮子又沒賣了嗎？唉！……還可該他娘們死啦！……天啦！」她把頭放下去，照樣的睡下。

過了一會，她才慢慢的說：「還有啥法子，行裏無客，貨不能出口，只好擱在那裏……。」

更三聽見有人在說話，便也忙着爬起來，他看見是他父親，他撒過大黑襖，赤裸裸的，跑到父親的懷裏，他一聲不響，呆呆坐在他父親的腿上，四下的亂望。

「你出去，月奮三天啦！你一個錢也沒帶來，俺娘們昨天就沒吃飯，更三只吃了一塊紅芋……。」

天明了，門外傳來一個聲音：

「啊！回來啦！這次怎麼樣？」那原來是二大，他挑着水桶，站在門傍問。

「一他奶個八字，濟甯州也成了牢監啦！到那裏頭就不能爽爽利利的回來。一些賣皮的傢伙，都堆在一間小黑屋裏，候行市。可是連一個客也沒有，都他媽的死啦啦！有時不知從那裡宿來一個客，也他媽的把住行市的買，比從前賤一半他都不要……。」

鐺郎一聲，鍋蓋子被更三弄掉了，鍋裏只有一隻碗，一雙竹筷子，鍋底上滿遮着一層沙土。

「以前人人都說賣皮子賺錢，現在賣龍皮虎皮也擋不住挨餓了，硬叫洋皮子頂毀行市，行裏的傢伙也光蒸賤貨。」二大雙接着說。

「回來啦！可發財了！……」老官問。

「唉！別提啦，咱們，不賣皮啦！濟甯州也變成了這一次可賠死啦！百貨再毯場」

（二年級）

王大嫂

奮

小雲最歡喜和王大嫂玩，無論在夏天，春天；因為她能夠給她小瓜，花生，小糖梨，蔥頭等東西吃。而小雲又能常熱心的給她幫忙：燒鍋，割草及其別的事——她所能做的，在夏天小雲往往要求她親跟王大嫂睡，那麼情是這樣的；

小雲跟王大嫂到西莊去摘菜。王大嫂對小雲說要她拿着她的小筐。小雲非常高興。

王大嫂摘了許多小糖梨，小雲將放動一動，只是張着小嘴的看看。回來的時候王大嫂又扒了許多花生，小雲的筐子嵌着張着嘴，小雲始終為害着怕。緊緊的握住了她——王大嫂——的手

一天的晚上，已經是黃昏的時候，王大嫂同着大妮——平時叫王大嫂為「大嬸子」——抱着許多的瓜，走到了小雲的家裏。那瓜是王大嫂給她的地主種的，因為她的地主不叫她吃，所以她便背地裏偷了主人的瓜。

小雲喜得跳起來。

小雲時常的握住王大嫂的手。

王大嫂做飯，小雲替她燒鍋。小雲流了滿面的汗。

「你到外邊涼快去吧！」

「不！」小雲說。

王大嫂到地裏送飯去，小雲替她拿東西。

鋤砍北北高粱的時候，小雲替她拾北北。小雲的汗珠一滴滴流下來

「你涼快去吧！不來！」

「不！」小雲說。

王大嫂很能幹，而且也很能說笑話，人家都叫她「小妮子」。

不知怎的：

「王大嫂要跑了。」

「要跑打不死她！」

人們都在這樣的議論着。談笑着。

於是小雲也不跟她玩了，沒有人再叫她的名子。人們再看見她的時候，總是互相談笑着，譏笑着：

「偷漢精！」

諷刺，嘲笑包圍了她的滿身。

「小老婆作死！」

她老婆婆為了一生的勞苦，脾氣變了；人們叫她「老鼠」，她真變得如同老鼠似的到處亂跑。

「放了正路不走，表子兒！」

算命的瞎子來了，老鼠用了一個雞蛋給她兒媳婦，王大嫂一算掛，說老王不死就要跑。

「唉！我的壞命的兒子！」老鼠哭了。

可是王大嫂沒有說話。

「老王上吊啦」

「老王上吊啦」

這聲浪佈滿了全村，人

民又在議論着。

老鼠的面非常蒼白，她的手在戰慄着。而且又加上了她幾天的不吃飯，就病了。

「我的不走正路的兒子！他又打仗去了。」她在病中哭着。

外面婦女們的笑聲鑽入了她的耳鼓。刺痛了她的心。

老鼠死了。

然而老王並沒有吊死，真的，她又活了。她向她的地主借錢，把老鼠送到墳裏，可是從這以後，她飢餓着，痛哭着。

煩惱包圍了她全身。小雲仍舊是很快樂很活潑。

（二年級）

忙碌（續）

憶

「唔！老人家剪鬍子，拿着這麼大的剪子？」

「哈！不是剪鬍子，倒是替馬擦洋頭哩！」

「哈——哈哈——哈！」

「門前的人哄笑起來！

「大相公，倒不如叫他替你推頭呢？……又該了——這又不花錢。」得存真是太高興了，他覺和大相公鬧起來 這又使衆人哄笑起來。

「咯咯咯，閣閣！」是老爺的咳嗽聲，衆人沉默了，裝着正經的臉相。像剛談過正經事的樣子。得存心裡在跳。

「得存！那馬棚裏，糞堆到膝蓋，去給他弄乾淨！什麼樣子子！咯咯！……」

「爺爺！他惹我。」大相公老早便急燥瞪着眼看。但是不能插口，現在見爺爺住了口 便跑到他身邊，抓着胳膊，撒嬌 用眼指着得存說。

得存心塊忽的一跳 但却像一個鉛塊落下了，立時神鬆了許多。

「唔！他和你玩，恩！「您就是惹他，做啥？」老爺緊皺着眉頭。

「哩哩！和他鬧着玩來……弄馬棚去吧？」他立到改了對象。

得存心裏老大煩惱起來，推了 天的磨 腿却是有點疲乏了；他想休息一下稍了院子便可以完結他 天的工作。然而不巧的很，却好遭到這樣的事一種單暈調，枯燥 疲乏 沈鬱的情緒爬上了他的頭，他們漠然地不停步地抬着糞跟蹌地走着，一聲也不響地走着。

好容易抬完了糞 他又慌忙拿了掃帚向後院跑去了

他漠然地搬着掃帚，便牠重重的摩着地 塵上飛揚起來 迷蕩了整個的庭院

「表子兒！吩奶的力氣也使上。你不能慢點？——我安生坐 會你也難受，「坐在階上廚婦們談話的大奶奶受了塵士的迷蒙 趕忙走向屋裏去，一面怒氣地罵着。

「大奶奶 他看着恐坐着不好交；故意的用土迷你呢？」胖婦人笑着說。

「你怎麼不說 點好話？」得存強笑着

「表子兒 說你曲你？不是你爲什麼使這樣大的力？」

「哩哩！你老人家眞會罵！」得存極自然地說着，拿了掃帚很快的出去了。

多天如此，廚婦們罵得天的忙碌弄乏了，便拿着得存來開心——逗着大奶奶罵他，或者用其他的方法嘲弄他。

（三）

大地休息在稀薄的黃昏裏，由於在田裡工作了 天的牛馬 人，車……跳蹋着歸家，所揚起的塵土的濛蔽 屋 樹 牆 土堆……的輪都模糊起來了。

接着 切漸漸靜寂了，靜寂了，靜沒似地沈沈的睡着了。

得存便在這個時候回到小屋裏去睡覺。

黑了天，他做完了工作，和伙計們 齊擠在管馬人的小屋裡吸烟，談天說談話，以及毫無意義的打趣 這是得存 天最快樂，最舒暢的時候 所有的伙計們也一樣。這時 他們可以說自己所最愛說的笑話 可以放大聲音來盡情地笑 因爲這裡離老爺的客廳頗遠了。但隨着夜之靜寂 他們一個個的迸散了

黝黑裡，其他三個伙計的鼻聲在互相衝擊。然而得存却總翻來復去地睡不着。他用低啞着的咒語和輕微的嘆息代替了鼻聲。

「假如我當了縣長，」他想，「不！當了師長吧！……當了師長，我先總數死這個煙鬼，帶着那些女鬼……可惡的……」

「我殺死他們！」他轉輕地自語着……

他忽然又想到他的妻，他到這裏的第二年娶的 他和她同住了四夜 便回來了。在這一年內他們總共見面六次。

她是多麼好看呀！她彫鑿得精美的臉，細長的眉毛……下巴有些圓，不！不很圓，而是正好的，長短適中，不很胖的青年女人真能幹呀！女東家不是時常贊美她麼？哦！我爲什麼不能和她住在一起呢？」他想着又輕微的嘆息了一聲。

一直到夜半 得存才入睡。

（四）

第二天的清早，天還沒有亮 得存便被一個伙計拉起來 他揉着朦朧的眼，一種慣常的感覺又爬上了他的心頭；一天的工作又開始了，一切都單調，吃力 使人想頭，而且忙碌！忙碌，自己的飯，家裏的用費都仰仗着這個忙碌。

他拿起鍁想去打永，漠照地在剛能看清的跡上走着，他老實不想做這種無聊的事了，但是他時常在問自己：『不然；我和家裏都吃什麼呢？』

他一切都覺得無聊 只有忙碌、忙碌、

『然而我的一生便只有這樣麼？』這種念頭有時也一起在得存的心裏（完）

（二年級）

塞外旅行記

維戡

——一位朋友的來信——

一位朋友 到綏遠去慰勞前綫的戰士，回來的時候，路過北平，遂又參加「北平學生的塞外旅行，這封信便是從北平寄來的。

朋友：—

我到綏遠的經過及見聞，你大概已經知道了。現在我要告訴你的是我這次參加北平學生的塞外旅行。

「十六晨，我們旅行團已經開始出發了。當我們走到車站的時候，那些成萬的群衆們都以 穩說不出的興奮來歡迎我們，向我們高叫，鼓掌！

大約九點鐘吧！我們就到了青龍橋。大隊沿着彎曲的道路向前進行，像 條水勢，洶猛的河流似的流向東北去 兩邊的田苗受了風的吹動 像波濤一樣的起伏着 一陣悲壯的歌聲從大隊的前列裏隨風飄蕩了過來。這使得我們不自覺的和唱『起來。個個人的心裏都充滿着興奮！

當我們的大隊向前蠕動的時候，日頭已慢慢地轉移到南方去了。牠底暗淡的光，照着我們背後的廣闊的原野 前面是隣列着的山峯，鋪延不斷地 直擺曳到看不見的遠方。

大約一個鐘頭的樣子 我們來到了這幾千年來的偉大的建築物——萬里長城的跟前。身體雖是覺着有些疲乏但被心中的興奮都跑了。我冒着風砂，用盡力量的往山上爬去 大隊搖晃着 歌聲飄蕩着，我們爬到了山頂。大家都眼巴巴地向東北望去：山腳底下的那些荒僻的村莊，零亂的散落在山野裏。莊裏，時時地走出了兩個農夫來。背着鋤頭 慢慢地走到田裏去。

有幾位同學又唱起救亡進行曲來，別的同學跟着感唱了起來。山底下的農夫和路上的行人聽見 都興起來了，他們放下了鋤頭 停住了腳步和唱起來 粗壯的歌聲響徹了整個的山澗，我們聽了眞是慷慨極了，接着就又唱起打回老家去，這一唱，他們更高興起來了，就是連山道上的婦人也和唱起來。

陣風砂，把歌聲吹斷了。只是間斷地可以聽到遠遠有這樣的歌聲傳來：

「工農兵學商，齊來救亡！拿起我們的鐵錘刀槍，走出了工廠田莊，課堂，到前綫去吧，走上民族解放的戰場……全體被壓迫兄弟的鬥爭是朝着一個方向，千萬人高呼着反抗 千萬人爲革命而歌唱，我們要建設大衆的國防！大家起來武裝，打倒漢奸 走狗 槍口向外向……」

這歌聲漸漸的漸漸的終於消失了。深深的山澗裏，還留着這悲壯的歌聲的餘音。

諸位同學看了這封信以後，心裏一定有些興奮。但須記得只是在表面上看出塞外人民的情緒，如果跑到塞外的鄉村裏面，去考察一下他們的生活的話，那我們可以知道他仍有更積極的反抗的情緒！

△本城糧價

名稱	每市石價目
小麥	最高十元一角 最低九元六角
黃豆	最高六元九角 最低六元九角
黑豆	最高六元六角 最低六元四角
綠豆	最高七元一角 最低七元一角
高粱	最高四元九角 最低四元六角
穀子	最高四元二角 最低四元二角
芝麻	最高十二元一角 最低十二元
青豆	最高六元八角 最低六元五角
花生	每百斤 最高六元二角 最低六元
瓜子	每百斤 最高二十元 最低十九元

△△氣象▽▽

天氣	風向	最高溫度	最低溫度
晴	北風	九五度	五八度

豐報

◁一四○五號▷

▷附設豐縣大同書局◁

中華郵政特准掛號認為新聞紙類

豐縣農工銀行限期收兌紙幣啓事

本行前因奉令結束，經限期四月底將所有紙幣收兌清楚，迄已過期，多數仍未兌回，茲經監理委員會決議展期一個月，至五月十五日起六月十五日止收兌清楚，過期作廢，不再展期，希各依限來行兌換爲要，此啓。

中華民國二十六年五月十五日

豐縣教育局啓事

程樂炎，常傳文，史先訓，李明月，張體賢，羅德欽，劉永吉，陳啓芳，吳爾英，馬敬亭，王光震，王遜齋，王蔭梅，韓建雲，黃滌生，劉敬修，邱瑞禎，孫立言，李登新，趙思明，董立相，溫傳芝，袁光祖，陳玉桂，李浩泉，魏嘉璪，王由義諸校長均鑒：畢業證明書，業經教育廳發下。希各來局領取可也。

中外要聞

調整中日國交　佐藤決深島回國報告後　再令川樾返任交涉

▲……以慎重態度期無遺憾

▲中央社上海廿二日電　東京電，左藤外相自駐華大使川樾回國後，對於迭次三相會議，其報告、將調整中日國交之基點，完全根據於川樾之報告，今後對中國態度，見於過去之事實，將以慎重處之，日大使館駐平參事官深島，定廿五日由平返國，再開三相會議，聽取深島報告後，然後以平等互惠爲中心，正式決定訓令，由左藤外相面交川樾大使，川樾即定下月五日由東京出發赴華返任，與中國政府開始交涉。

▲中央社上海廿二日電　據東京電，左藤自川樾回國後舉行陸海外三省會議，據根川樾報告，一港之經過，行準備調整對華國交，均希望聽取川樾報告中國情形，日政府見於我鄰中日交涉爲慎重計，令次以慎重態度準備交涉，以期可無遺憾，外務省雖以川樾報告爲基礎，然心之對華，待深島參事官廿四日回國，再開三相會議，參攷其報告，研究互惠平等爲核心之政策，正式決定訓令，由左藤面交川樾，川樾將於六月五日返任，依照外相訓令，與中國當局開始調整國交之交涉。

▲中央社天津廿二日電　日大館使參事官深島，廿三日下午二時由滬乘飛機抵津，廿四日晨召集在津各關係者會議，並就各方情勢交換一般問題意見，然後赴平籌備事，報告所帶來之日外務省訓令，向外相左藤及川樾報告一切，預定下月中旬就任，在平稍作躭擱，仍將取道東北回國返任。

匪偽首領在嘉卜寺會議後　決以李守信匪部犯大青溝

▲中央社北平廿二日電　關係方面息，匪偽軍首領日在嘉卜寺召開會議後，決以李守信匪部犯大青溝，擾亂一帶，刻有大批匪軍由察北向大青溝進發中，又聞李匪竄綏計劃、與綏土王匪部衝突，敵意見頗起衝突。

京滇周覽團　南路隊抵衡陽

▲中央社桂林廿二日電　京滇周覽團南路隊，宣告解散後一部團員返京，廿二日晨由桂林啓程赴零陵，李宗仁、白崇禧、黃旭初、李品仙暨党軍長官及學生民衆數萬人，在城外歡送，情形至爲熱烈，諸團員偕全體團員下車與往送者週覲致謝，九時整車向前進發，午刻抵全州午餐，晚約可到達零陵留宿，廿三日晨赴衡陽轉粵漢路。

▲中央社長沙廿二日電　京滇公路周覽團南路團員廿二日下午可由桂抵零陵，定二十三日經祁陽赴南嶽遊覽，何鍵於二十晨赴南嶽歡迎。

▲中央社衡陽二十三日電　京滇公路周覽團南路回程團員，二十三日下午五時由零陵抵達衡陽，當由各機關代表及軍隊學生等五萬餘人在城外列隊歡迎，周覽團在此宣告解散，團長與各團員極興奮，褚氏誼定二十三日率一部份團員乘夜車赴漢返京，謁蔣院長報告經過。

蔣作賓抵津
即將赴平保察綏等地視察

▲中央社北平二十二日電 蔣作賓北上視察、二十二日下午七時三刻抵津、定二十三日晚來平、蔣在平視察市府各機關、並檢閱警察及保安隊、稍留即赴保、然後再來平轉察綏并等地視察、最後經豫返京、宋哲元因在籍修理祖塋、特電派秦德純、馮治安代表招待、

▲中央社天津二十二日電 蔣作賓二十二日晨八時檢閱津警察保安隊、受檢者共三千餘人、極爲整齊 蔣甚嘉許、十時許始檢閱完畢、二十四日晨再繼續視察各行政機關後、即日午後赴平。

張公權視察
京贛鐵路工程

▲中央社蕪湖廿三日電 鐵道部長張公權視察京贛鐵路工程狀況 沿途經宣城甯國等地 督促各總段趕築橋樑涵洞隧道 二十三過祁門視察茶販後 赴景德鎭。

蔣委員長
垂念川災
電賀國光設法救濟

▲中央社重慶十二日電 蔣委員長以川災慘重 垂念殊切、除飭匯款施行振濟外、並電賀國光從速設法救濟、飭令駐渝各部勞起救災運動、即由行營擬定具體辦法實施。

王部長
由滬返京

▲中央社南京二十二日電 外交部長兼代行政院長王寵惠、日前赴滬參加中美無線電通話典禮、並與美國國務卿赫爾通話、互致祝賀、事畢、今晨七時乘車抵京。

○ ○ ○

馮玉祥昨抵泰安
主持灤州革命烈士祠落成禮

▲中央社濟南二十三日電 馮玉祥二十三日抵泰安、代表中央主持灤州革命烈士祠落成典禮。

全國各省會青年會
定今日在南昌開幹事會議

▲中央社南昌二十三日電 全國各省會青年會、定二十四日起在南昌舉行總幹事會議、檢討過去工作、與今後計劃、現各省幹事已陸續到省、將於明晚開幕。

漢白公路進行分段測量

▲中央社西安廿三日電 漢白公路安白段 由建設廳主持測量、刻正分段進行、預計七月初可測竣、即行興工、全段工款二百萬元、已有着落 除一百萬元由經濟委員會向銀行借貸外、餘由該會撥付。

中華自然科學社
籌開成立十週年紀念會

▲中央社南京廿三日電 中華自然科學社、以本年九月十一日適屆成立十週年、特於是日在本京舉行紀念大會、並已推定年會籌備委員進行一切。

何東爵士在京事畢
定今午赴滬

▲中央社南京廿三日電 何東爵士來京訪謁各當局、及遊覽名勝 業已多日、已事畢定明午乘京滬車離京赴滬。

粵蠶絲改良局
定期開改良製種會議

▲中央社廣州廿三日電 粵蠶絲改良局特定本月三十日召開改良製種會議 南海順德中山各屬製種家百餘家 均已抵省報到

皖主席廳委
定今日行就職禮

▲中央社安慶廿三日電 新任皖主席劉尚清、及各廳委宣誓就職典禮 廿四日在省府與總理紀念週合併舉行 通知頃已發出 苗培成廿三日午由京返省、代表中央監誓。

傅作義召開
卅五軍長城戰役四週紀念會

▲中央社歸綏廿三日電 廿三日爲傅作義部三十五軍長城戰役陣亡將士四週紀念 廿二日晨九時傅特召集全體將士在烈士祠舉行追悼大會 到三千餘人、由傅主祭、並致詞、備極隆重哀忱。

孟祿視察定縣畢返平

▲中央社北平廿三日電 世界教育會議會長孟祿博士、廿三日晨乘平漢車赴定縣視察、留一日即返平。

鹿鍾麟到平
參加灤州革命殉國烈士
衣冠塚國葬典禮

▲中央社北平廿三日電 鹿鍾麟談、余此次來平、係代表中央於廿八日在平西溫泉參加灤州革命殉國烈士衣冠塚國葬典禮、宋委員長因病屆時不及趕回 將由馮治安秦德純代表致祭、余在平候晤宋後 即返京復命。

許啟興晉謁汪主席

▲中央社南京廿二日電 爪哇華僑飛行家許啟興 陳逸愛 於昨午駕自備機抵京後、今晨九時赴陵園謁陵、及遊覽附近名勝、下午三時兩君晉謁中政會汪主席、汪氏對兩君之飛行技術關懷祖國之熱忱 及飛行全國之壯舉、頗多慰勉、並即招待兩君於私邸茶會、以示歡迎。

萬福麟召直屬官兵訓話
勉以絕對服從中央

▲中央社保定廿三日電 萬福麟部加入三省軍事整理方案、業由參謀長趙子禹在京請准 萬並派趙下月一日前赴汴出席會議 廿一日下午五時特召直屬官兵訓話 勉以同是東北軍 爲是國家武力 應絕對聽命中央一致改編

河邊抵津謁田代

▲中央社天津廿二日電 日駐平旅團長河邊 廿二日午由平抵津謁田代、又日軍二百五十餘人、廿二日晨由津赴南大寺。

川教育考查團抵漢
即將轉往九江

▲中央社漢口廿三日電 川省府爲改進川省教育起見 特派教育廳督學及該省公私立學校校長 組織考查團出川、考查各省教育、以資借鏡、現該團已於廿三日晚抵漢 下榻青年會宿舍、在武漢考查至多三日、即循序前往九江。

蘇陳主席昨返鎭

▲中央社鎭江廿三日電 江蘇省政府主席陳果夫、今日下午五時乘車返鎭江。

津屯積私貨謀運銷
海關飭屬嚴密查緝

▲中央社天津廿二日電 據關係方面調查、此間屯積走私貨物、以白糖爲數 價值在數百萬元之鉅、走私奸商現因查緝嚴密 乃以種種新花樣向內地私貨、現私裝大批包裹載運、海關已飭令嚴密查緝

豫民移贛墾荒洽商就緒
首批災民陸續南下

▲中央社南昌廿三日電 豫民移贛墾荒 經贛省當局洽商就緒、第廿路總指揮以豫災慘重之時 極應提早實現、派團長呂焜回省、率領首批災民來贛 從事墾殖、餘將陸續南來 聞移墾災民共二萬人。

鄂第八屆全運會
定今日閉幕

▲中央社漢口廿三日電 鄂第八屆全省運動會廿三日爲最後一日 晨九時起在中山公園舉行游泳及網球、賽至傍晚全部結束、游泳錦標女歸漢市 男歸省會 網球錦標男歸漢市 女歸四區 本屆男女兩錦標因多數留位要求取銷、大會決予以保留 大會現定廿四日午在省府舉行閉幕禮、將由黃紹雄夫人等給獎。

留法青年飛行家胡細源
定今日晉京

▲中央社上海廿三日電 留法青年飛行家胡細源 於四月廿九日由巴黎出發、作巴黎南京間長途飛行壯舉 五月十三日飛至暹羅境內、被迫降落 人機具傷、經療愈後、由暹羅至河內 乘西南民航機飛粵、廿三日復由粵乘中航公司機抵滬 定廿四日晉京向當局報告。

大批烟毒犯核准槍決

蕭縣柳長清銅山王殿寶等多名

▲江蘇社 山東城武人柳長清、向在軍隊充當號兵、除開後 沾染毒好 並在徐州一帶、販賣大批海洛英 事被蕭縣縣府偵知 派警化裝持洋白餘元向購、柳誤認為真 即交海洛英五大包 當將人贓一併拿獲、帶縣訊辦、又銅山人王殿寶 及寓居銅山之沛縣人張大賓等 均因在二十六年度吸食毒品、被警緝獲，解送九區司令部審明 分別擬判呈核 茲聞該犯柳長清、王殿寶 張大賓等多名、均已核准槍決云。（廿一日）

蘇航建會協助徵募會員基金

欲達預定計劃端賴群策群力

……函省黨政機關飭屬認眞

▲江蘇社 中國航空建設協會江蘇分會 奉令辦理徵求會員籌募基金以來 對於工作積極推進、惟欲謀達到預定計劃 端賴群策群力、方克能竟事功 昨特分函請江蘇省黨部省政府轉飭所屬一體認眞協助 茲將原函探錄於下、查航空救國、總理早有明訓，近代世界各國 莫不注全力於空軍之擴張、一旦戰事發生 方克有充分之力量，相當之準備 不致臨時無以應付 是以衛國圖存、舍建設航空之一途 則別無捷徑 故我領袖 有鑒及此 亦大聲疾呼一非提倡航空無以救亡圖存、」本會秉承斯旨、職在集合民衆力量、輔助政府、發展航空建設事業、以固國防 惟茲事體大、欲謀達到預定之計劃 端賴群力 尤其在此徵求會員籌募基金工作開始之時期、更須多方之協助 為此函達、即希查照 通飭所屬一體認眞辦理、俾利進行、而竟事功云。（廿一日）

受訓民衆識字不及格

不給證書

教廳通令遵照

▲江蘇社 蘇教廳以識字教育、本省業經遵奉行政院暨教育部規定辦法 切實進行、嗣後凡受訓民衆、如識字不及格者、應遵照訓練總監命令、不得發給受訓期滿證書、頃該廳特通令縣長、切實遵照辦理云、（二十一日）

蘇教廳定期抽攷

全省初中畢業學生

六月二十一起至二十三日止

▲江蘇社 教育廳以本省初中畢業抽考、業經舉行兩屆、成績優良 對于本年度公私立初級中學應屆畢業生 仍應繼續抽考 茲悉教廳定于六月二十一日起至二十三日止 為抽考日期 昨已分令各縣 同時舉行（二十一日）

孔特使定明日赴日內瓦

顧維鈞等均將前往

▲出席行政院[illegible]臨各會

▲中央社南京二十二日電 我國致賀英王加冕特使孔祥熙、日來在倫敦洲酢及與外相艾登財相張伯倫談話之經過、均有報告到京 孔氏擬定於二十五日離倫赴日內瓦、行前將續與英國主要閣員續作談話 據悉 商業界 對我國財政之進步、及建設之努力、均極讚揚 孔特使抵日內瓦後 屆時適值國聯特別會議開會 我國駐法大使顧維鈞 駐英大使郭泰祺、均在日內瓦、駐德大使程天放 駐義大使劉文島 駐蘇大使蔣廷黻 屆時亦將前往日內瓦 與孔特使會見云。

▲中央社巴黎二十二日電 中國駐法大使顧維鈞二十一日離此赴布魯塞爾參加商品展覽會開幕禮、顧定二十三日啓赴日內瓦、代表中國政府出席國聯行政院常會、及臨時會議、

▲中央社日內瓦二十三日電 顧維鈞二十三日晚抵此、參加國聯大會行政院第九十六屆會議 郭泰祺 孔特使及參加英王加冕禮、特使團團員將於二十六日抵此

英聯行各代表團

首席代表會議

▲中央社倫敦二十一日電 英聯行各代表團首席代表會議 由首相鮑爾溫主席、會議大部分時間俱聆取外相艾登之外交演說 據一般意見 此後會議所遺之些許時間、將用之於國防問題之計議、而經濟事項之談判、備以作後日繼續討論之張本云、

奧總理在英帝國會議演說

締結地方公約保障太平洋和平

▲中央社上海二十二日電 莫思科二十一日電 消息報評論奧總理來恩思在英帝國會議演說云 根據澳洲建議、締結地方公約 對於太平洋各國均屬有利 各國單獨均感受威脅 遠東方面與歐洲相同 保衛公[illegible]集體組織、蓋此需制止侵略者保障和平之惟一方法 同時太平洋上之集體安全制度、對於歐陸和平亦將有巨大 甚至斷然的作用、成為防止法西斯侵略者現正準備大屠殺之有力因素 日本帝國主義者當然反對此項建議 然苟列強一致積極贊助、表示與願創立集體制度、使日本不得不在加入協定或完全孤立兩條路中二者擇一 則公約必可締結成功、消息報並指出組織太平洋方面集體和平政策、與日本溫和派希望亦完全相投 彼等方在努力制止完全喪失理智之軍閥、然此政策苟欲獲得成功 首先列強必須不放棄太平洋方面保障和平之奮鬥。

西國民軍死傷頗衆

佛郎哥即將辭職他去

▲停戰問題英國感覺前途渺茫▼

▲中央社倫敦廿二日電 每日民生報稱、西國民軍總司令佛郎哥、茲因處境困難、向義相發出剴切要求 未得獲有滿意結果 即將辭職而去 據聞國民軍死傷甚衆軍械損失亦多、南部馬拉加港雖在國民軍手中、但因政府軍晝日襲擊、並加以夜襲 茲已岌岌可危云。

▲中央社倫敦廿二日電 關於西內戰停止之促成問題 倫敦方面雖已接得德政府極表同情之復文、但義大利日報今日復載 文稱、不干涉辦法現已破裂 而法士兩國實應負破壞之責云 使英方感覺前途渺茫。

本縣新聞

本縣第三屆全縣運動會之第一日

成縣長報告張大隊副演說

到運動員國術表演員及觀衆數千人

本縣第三屆全縣運動會、經多日之籌備、兼已就緒 當於昨日上午九時在東關外體育場舉行大會開幕典禮、到運動員國術表演員及觀衆數千人、茲將會場各種情形分誌如左、

【會場一瞥】假公園同樂堂為司令台、各機關所贈獎品、計有銀盾優勝旗鏡框槍刀等物、琳瑯台前、目不勝收、

【主席報告】成縣長主席、行禮如儀後、致報告、略謂、我們此次運動目的、是在健身、不在獎品 舉選拔選手參加全國運動會 俾大衆注意體育普遍的發展 不注重選手技術的超能 我們有了健全的體格 煥發的精神、才能使國家富強云云、繼有本[illegible]附程琦演說、詞亦懇切動人。

舉行典禮後

【北面一瞥】軍樂前導、裁判及運動員隨 繞場一週 旋北向攝影

運動員在東、國術表演員居西、中間為裁判員裁判之處

【運動場】賽跑者迅速如飛、表演國術者 刀光劍影閃爍離人 童子表演猴拳 婉如猿猴 復有一十餘歲之童、身著黑衣糾糾入場 其表演之國術 據識者云係猴拳 一舉一動 縱躍其敏捷迅速、婉如猿猴、掌聲雷動、女子表演刀光霍霍 繼有一女子衣白褂藍褲 腰束紅巾 持雙刀緩步入場、始則一姿一勢、動中款節 繼則竄縱敏捷 刀光霍霍 表演技藝 雖不能完全超過男子之上、要亦難能可貴 叱咤一聲 磚頭粉碎、旋有一三十餘歲之男子入場 手持磚置地上、略行數步後 兩手舉磚持起、叱咤一聲 向頭一擲 磚已粉碎、繼即表演 其勇敢緊湊亦頗能動人、一時觀者、掌聲笑聲雜然而起 咸云壯哉此人、記者見該表演人頭上有白色無髮者一塊、以為係磚擋傷所致、距近前視之、乃原有之瘡疤也、下午繼續表演

中華民國二十六年五月二十四日　豐報　（星期一）　第四版

計為對打摔角、最後為萬米賽跑、約合華里十八里餘、始則六人、繼因力不勝而退者三人、第一人不汗不喘、若無事然、其最難者、跑至終點時、後二人尚餘一匝未跑、一時觀衆於彩聲不絕中、歡躍而散、

△各區識字班定期結束　縣普教委員會已議決

縣普及識字教育委員會、于本月二十二日上午十時、在縣府會議室、舉行第十二次會議、出席成應舉、董玉珏、胡淑顏、董雪山、李貞乾、李效禹、列席黃體潤、渠耀坤、主席成縣長、紀錄渠耀坤、

▶▶▶▶報告事項◀◀◀◀

一、奉令本縣變更失學民衆補習教育六年計劃及重繕二十五年度識教預算准予施行、二、民衆識字班視導員談話會、過去已舉行三次、今年擬在教育局舉行第四次談話會、三、據民衆識字班視導員報告、因舉辦土地陳報放假、週後、除學校辦理之識字班、多能照常上課外、鄉鎮所辦理之識字班、迄未復課者甚多、四、按照本縣二十五年度實施強迫識字教育民衆識字班進行歷、識字班應於五月二十六二十七日舉行畢業測驗、五、辦理成績優劣之識字班、已按照登載豐報、分別予以名譽獎懲、六、民衆識字班畢業考試成績表、已交由豐報社印就一千份、

▶▶▶▶討論事項◀◀◀◀

一、本縣民衆識字班、應定期結束案、決議、甲、教育機關附設之識字班、由各該機關自行舉行畢業測驗、乙、各區鄉鎮辦理之識字班、由視察員及各機關公務人員負責測驗、丙、其課程學習完畢者、准在五月底以前、舉行畢業測驗、其課程尚未完畢者、應繼續學習、至六月二十四日舉行測驗、其課程如屆期仍未完畢者、除應繼續補習外、其負責辦理人員及學生、分別予以懲處

△第七區楊樓合作社　舉行社員大會　并改選理監事

本縣第七區楊樓鄉合作社、前以社員過少、業務鬆懈、縣府楊指導員會令其整頓後、方准登計、該社主席郭登明奉令後、即力加整頓、並擬擴大組織、當於本月二十二日上午十時、假楊樓鄉公所召開社員大會、並改選理監事、計出席社員六十餘人、縣府派張念緒監選、由郭登明主席、行禮如儀後、即由主席報告整頓之經過、及改選之意義、繼由張代表說明合作之意義、及選舉時應注意各點、後、由蔭鄉鄉長李星浦闡明合作之重要、即開始選舉、結果、李星浦一十四票、楊文蓮二十二票、張以君一十二票、楊文元二十票、秦玉堂十八票、當選為理事、魏嘉浮十四票、郭登明十一票、當選為候補理事、李德標十五票、陳營勛十二票、解霽善十票、當選為監事、陳漢勛八票、李嘉榮七票當選為候補監事、

公安警察巡邏　一日連獲四[illegible]犯

公安科偵緝組組長孟光普、昨日派便衣[illegible]士在各街巡邏、查至東大街文廟小學前、忽見一人行[illegible]色愴惶、情形可疑、醫士即向之盤問、據稱名羅奇峯、當[illegible]其身上搜出毒品十三小包、並在伊家磚牆內、搜出毒[illegible]大包、又在東門[illegible]囊搜出十二歲之周璧與朱來信、並在[illegible]土搜出毒品三十二小包、當即帶科訊問、自認售賣不諱[illegible]入各濫衙衙街查獲吸食毒品之丁鴻章一名、並搜出一小包[illegible]聞已上各犯、均已轉縣法辦

一區貸放積谷　每日四鄉鎮、定四日貸完

第一區食糧管理委員會、所存積穀、擬於最近貸出、當決定自二十三日起貸放、每日四鄉鎮、四日貸完、每鄉鎮貸穀數目、以捐穀數目作比例、由管理委員會輪流負責、第一日王秉良、邱鑑光、第二日李奎玉張金聲、第三日傅紹宗劉漢昌、限新穀登場時歸還、聞還者合[illegible]利息加云、

南國印象記（續）

王子亞

梧州三角嘴觀光記

3、表證普及基礎教育之各種方法、如小先生制之推行、與互教共學之領導人才的培養；

4、自治各種教育工具；

5、供各級基礎學校教員之參觀與實習、並為研究討論與指導進修之中心；

6、編輯鄉土材料、供給各基礎學校參考應用、但須先期呈由縣政轉呈省政府核定。

[illegible]廣西製藥廠樓上[illegible]觀一週、內有天秤[illegible]下各農試驗室、病菌培養室、化學室等、有一處正向室、製[illegible]

牛身上種痘、製藥室中正以機器裝注痘苗。該廠成立於二十三年九月、內分總務、技術兩部、技術部又分生物、化學兩系；現有技術員七人、職員雇員九人、學生九人、雜役及工人十四人、每年經費三萬九千餘元。現在出品計有牛痘苗、霍亂疫苗、傷寒疫苗、傷寒霍亂傷寒混合疫苗、鼠疫苗、狂犬病預防苗、馬來因腦膜炎疫苗、消食片、蘇打明片、阿斯必靈片、制冷丸、痧藥水、永備油、消腫膏藥等。各種膏丹丸散的製造、都是用新式機器。

梧州到鬱林

參觀後、乘小輪溯潯江而上、十二時半到戎墟、我們的行李早已運到車站了。戎墟在以前是廣西的大墟場、梧州闢為商埠以後、它的繁盛漸漸移轉到梧州、市面遂較前冷落了。現在還是穀米木炭的市場、且地瀕潯江、又是容蒼公路的終地、交通極為便利、將來或有復興的希望。

在容蒼公路行駛的汽車、有公車商車兩種、共約數十輛、公車屬廣西公路管理局、商車屬商辦的汽車公司、車資每十里約一角、小車略貴。

廣西當局、專為我們備了五輛公路管理局的大汽車、每輛坐十三四人、並隨帶行李、尚不擁擠。車身及坐位都很穩、大概是為適於爬山的緣故。下午一時半、開車、不多遠即入山地、盤岡越嶺、時折上下、似頗危險、但車夫嫻於駕駛術、履險如夷、所以行駛的速度和平地上差不多、每小時約走八十里（未完）

土地陳報編丈消息

▷▷▷孫樓鄉四六、高樓鄉一九七、李河鄉三四五、路莊鄉四九、路口鄉一六八、龍霧
第一區　鄉一九〇、傅莊鄉二四五、李莊鄉二〇二、亭台鄉一五二、丁頭鄉一五九、劉樓
◁◁◁鄉一九八、十里鄉一七五、全區總計二三〇八坵、

▷▷▷總口鎮三二、小營鎮一八八、蕭莊鄉二四二、陳莊鄉六一、鄧莊鄉九三、徐
第二區　樓鄉九〇、沙莊鄉一二六、仇集鄉三五八、師寨鄉一一五、[illegible]鄉四〇、店子鄉一三
◁◁◁五、汪屯鄉五七、郭集鄉九四、龍堰鄉七六、全區總計一九一七坵、

▷▷▷王寨鄉五三、霍橋鄉一四二、魏集鄉一二八、大盛鄉二〇四、順河鄉（復查）、渠閣
第三區　鄉一六〇、渠寨鄉一六三、袁堂鄉四〇、褚莊鄉、程莊鄉、常店鄉、（復查）、
◁◁◁卡廟鄉一三六、全區總計一〇三三坵、

▷▷▷趙莊鄉一六〇、轆灣鄉一〇五、史集鄉七八、貴莊鄉一八八、首羨鄉四〇、張集鄉
第四區　二二八、荏莊鄉三二二、便集鄉二一〇、奚莊鄉一六五、吳樓鄉　四〇、李屋鄉三
◁◁◁〇、袁集鄉二八八、全區總計、九七四坵

▷▷▷大同鄉一九一、趙廟鄉一九三、孔店鄉（復查）、小樓鄉六二、張河鄉七八、許
第五區　廟鄉四三、齊同鄉（復查）、蔣集一〇五、單樓鄉七八、周莊鄉二五二、程集鄉
◁◁◁一七四、趙集鄉三九、全區總計、四九五坵、

▷▷▷宋樓鄉一七、畢樓鄉一七一、渠坑鄉八三、邀帝鄉一七六、王樓鄉五七、隋寨鄉
第六區　六一、祠堂鄉一七、六樓鄉三九、荷樓鄉八四、李寨鄉、西閣鄉、東閣鄉（復
◁◁◁查）、錯樓鄉七一、全區總計八七〇坵、

▷▷▷華山鎮七五、尹樓鄉一〇五、章坑鄉六一、韶河鄉、毛樓鄉、瓦橋鄉、楊樓鄉
第七區　（復查）趙屯鄉八二、史樓鄉二四、胡樓鄉四四、全區總計六五二坵、
◁◁◁

全縣合計一〇二四九坵　連前共計二九五〇六〇坵、

共計一萬三千〇二十四頃二十五畝二分五釐

鳳鳴塔

第二二三期

一，本刊內容分科學常識論著詩歌小說散文戲劇書信書報介紹及批評等項

二，本刊歡迎投稿來稿文言白話均可

三，來稿本社有刪權不願改者應先聲明

四，未經登載之稿除預先聲明者外概不退還

五，本刊編輯室設豐報社內

露珠

亞民

淡綠青青的小草，
在不住的隨風飄搖，
草葉留存着幾顆露珠，
晶瑩的發出明的光耀。

○　○　○

一顆顆晶瑩的露珠，
可是地球母親的淚痕！
他洒出一滴滴的淚珠，
哀弔那可憐的人生。

○　○　○

一顆顆晶瑩的露珠，
都是人們的汗滴，
那反射的光芒，
映着慘紅的血色。

○　○　○

太陽從露縫中透出，
放出萬道強烈光彩，
威嚴的神箭，
射得那小小的露珠，
莫容存在。

○　○　○

晶瑩閃爍的露珠，
一顆顆在陽光之中消盡，
宇宙間的生命啊！
都只是這嘿一息。

○　○　○

可憐的露珠啊！
我只得心中嘆息你，
恨罵強烈的光針，
露珠啊！我實在愛你。

最後的途徑

乾脆

烏雲遮住了太陽，一時暗淡起來，大地上的一切，都像蒙上了一層黑紗。小村中兩間破茅屋　屋門前臥着兩隻羊，門內一張矮桌子，還有別的許多東西，亂七八糟，東面靠牆的小床上，一個十六七歲的青年男子，在睡着：反來復去的不安，那是檢心，他無聲無息的掉了淚。他的淚是悲哀　他的心是酸辛，他因為揣想着失學的痛楚和關於金錢的一切所以悲哀，他哭了，只是惋惜的哭泣！

檢心自言自語的說了幾句話：「我是不能上學了；唉！錢啊！錢啊！我服你了，你註定了我的一生，註定了全中國　至於全世界，你不如殺了我吧！」

父親工作回來，一看他這樣子，如瘋似狂，便開：「怎麼？有什麼過不去的事，值得這樣難過。」

他不理，父親氣急了，冲冲的又說了一遍。

檢心才起來，拭了眼淚說：「你是我的爹，我有話當然要向你說，回想起來，我趕十歲上學　不拿錢，很小就知道用功努力，知道咱是窮人家，不能與人家比，現在已近六七年高級畢業了，竟然在家出力做活，我實在不能忍受這失學的痛楚　我想：：上：：學。」說罷，他又哭了起來。

父親說：「別哭，錢是硬的　想上學是不能啦！和你娘我倆早就給你打算　預備送你城裏學徒　或是當勤務。哭死　也沒有錢　能跑來。」

檢心，聽說那事　哼的便說：「死也不幹那事　依我說，這樣吧！今天十一，到十三本縣中學招考，無論怎樣　我去報名考下子　考不上　甘心出苦力，設若考上，那！那末求親托朋　賣掉一切　也得上學，你看怎樣。」

他父親一口氣跑到他跟前，向他瞪着眼說：「唉！你怎迷了，這六年小學全靠人家架勢，不化錢，上學一年得一百塊錢，問你那裏弄去，誰能給你拿，我是不答應你的。」

檢心也沒有話說，外面已刮了大暴風　惡魔已吹走了光明。一切都呈現着惡烈他的心，他的前途，比外面還要黑暗呢？

檢心熱烈的求學慾望，被他父消滅得乾乾淨淨，他只有永久的悲哀和失望。仍然是做着牛馬之力，他的默思　是任何力量也不能抑制的，為了這思想，不知滴了多了酸辛淚，

終久他的思想完成了，目的也定了，也是他最後的途徑，他想：「我不如去幹軍事吧！像我這樣的人，還有點學問　總比他們不識字的人來得好　同時，也是我的責任，挽救國難是要緊的。」

這天夜裏雞也叫了，他獨自起來　還有月亮。拿了他平日預備的兩塊錢　破衣服，並拿了鉛筆在一個紅烟紙上，寫了這樣簡單的幾句話：

「父親：我是不能在家了，外面的槍聲，已是振碎了兒的耳鼓，我要當兵去，我要殺敵去　我是不想求學了，莫要掛念。」

寫完後，放在父親的桌子上，背了行李，出門投軍去了。

高歌一曲

平

夏，我只有一盆肥蓮，
冬，我只有一張孤琴，
對琴歌吟，對蓮蜜吻；
如此才不負這年華青春。

○　○　○

失時的蓮斷弦的琴，
如今呀！不堪歌吟蜜吻；
只有倚枕百般的迴念，
猜更是人生絕大的枯窘。

○　○　○

蓮與琴，
身上有我愛的痕，
他們更是我愛的人。
我把他們要給愛的神。

○　○　○

愛的神，
何時才能調整她們殘缺的心，
更往何處，
才得從行歌吟蜜吻。

瘋婦

牧之

夜色已籠罩着大地，月光模糊地照映着；除了斷續的槍聲而外，四周都死一般的沉寂着，實在因為受了木屐的蹂躪　附近的居民大半是紛紛地逃往別處去了，但　無力逃難的窮苦人們，祇得默默地在鐵蹄下苟延殘殘生，阿屏嫂這時眼望臉色灰白的她底兒子　喘氣的聲音却不易聽出的默想着剛才的一幕悲劇！

是在晚飯前的傍晚時分，阿屏嫂正抱着她底兒子看看阿屏找尋燒晚飯的米粒，經過了一會時候　翻倒了幾只瓦缸，木桶，但是，足以煮一碗薄粥的一些米都沒有找到，于是阿屏哭喪着臉：「怎麼辦呢？」

「去問隔壁吳嬸家借一升米來吧！明天一早把棉被當了還她！好嗎：」阿屏嫂停了好一會，才算想出了一條沒法中的方法。

「唔！且去試試……」阿屏說着已跨出了門檻。

這時槍聲愈密密的交響着，阿屏嫂是默禱着一嬸大發慈悲救一救一家垂斃的三口，忽然。她聽得門外左近坪的一聲清且好像阿屏在叫着「啊育　啊育……。」

她抛下了兒子，不顧一切，直奔出去　果然　阿屏倒臥在血泊裡　嘴裡除了哼哼的急喘着外，乱能叫得出「啊育」兩字罷了。阿屏嫂急忙把他拖到家裏　在將進門的時候，遠處好像有一排矮矮的黑影向這邊跑去　阿屏嫂急急地把阿平拉進門來，把門緊緊的關上，這才驚心吊胆地伏侍着阿平睡下，但不久以後阿平發狂也似的直奔而去，不知所之，雖然他受有鎗傷。

阿平嫂想着　渾身是發着抖，以致抱在手裡的她的兒子總不能安安地睡去，儘睜着那細小無光的眼睛　儘望着他那可憐的母親，她母子倆昏昏地對望着　再也不會有聲音發出來。

時間隨着槍彈的一發一發而逝去　地平綫上又慢慢地透現了陽光，阿平嫂覺得死坐在家裏，離開餓死是不遠的了，于是抱着他的兒子拼命逃命，「站住！」一

阿平嫂戰戰地立在帝國主義者的刺刀前，馴服得像綿羊一般，由他擺佈　搜索

這時她手裏的兒子驚慌得大哭了　雖然　這小孩子餓得連聲音都沒有了　于是那自稱文明的野蠻兵士　雙手把她的兒子從她手裡奪了下來，擲在地上　蹴了一脚，用雪白的刺刀刺了小孩的腹部　然後，那殺人的魔君提着血紅的刺刀把阿平嫂驅逐走了。

當紅十字會的救護車，在戰地救出許多難民時其中有一個瘋婦她遇見任何一個人她總大聲的叫：

「阿平！阿平！」

而且，誰回答了他，說自己並不是阿平時　她會惡狠狠的拉住了你，問你：

「好！我的兒子呢？拿來還我！」其外　她還會說：

「該殺的××！」

「打殺××人！」

不久　她從難民中被轉送到瘋人院。

大同街之夜

珍華

黑沉沉的夜色，朦朧着還彭城　星光在慘澹色的天空閃閃爍爍地放射出清光來；這時各街上電燈都亮起來了。我於同學朱君走向大同街去買應用之物；走到中山街時，殷殷如雷的車聲不斷的鼓蕩我們的耳膜　突有靚裝明眸的姑娘們　倆人肩並肩從我身旁走過　她們兩頰熱燒得有些赭色　荒成一個忙成一個，直往前行　不知她們又到什麼地方而去。

不久之時，大同街已在面前　我們忙忙的跑向那邊。呀！人們的嘈雜的聲音，

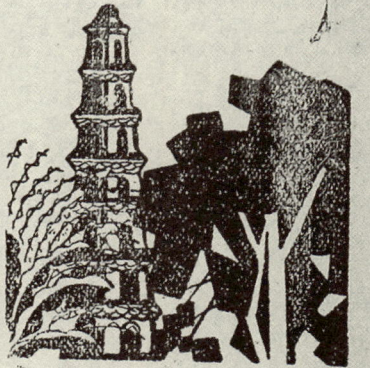

完全充滿着這街上。我們忙忙的跑向那邊。呀！人們的嘈雜的聲音，完全充滿着這街上。兩眼看看那惶煇燦爛的五彩霞光下，映射在一羣一羣的遊人臉上，都變成各色各樣的花臉；最醜陋的臉子，却現出蘋菓似的淡紅，遠遠看去真是清肥而可愛，最俊俏的人們，也都現出摩鬼似的陰綠的形態，看去覺得可怕。然而我看這樣各色各樣的人物，越感覺心靈上悲痛難言，我就呆立在街旁，看那些洋車夫如野馬奔騰直往前跑；這時的我心田裏不住在乱想，腦子有點疲憊了，忽而從我的左邊飄來剌鼻的香氣——肉，和花露水混合一般香氣，我于是隨着香氣那邊望去，一位俊冶都麗的女郎，漫漫的從我身後去過。喇叭……的汽車響聲，忽而從我眼前走去。

我們又往東走到新華風店前有一位少女，她從東往西走去，不久來到目前，她有像嬰兒一般藍的眼睛，柔輭像雜動物的一樣，頭髮如金黃色，已經剪短，燙作汽狀，紅白瑤瑯似的臉孔，彷彿是名人所畫的美女，電燈放射在她的面孔，約顯清明可愛！

引誘我「自强不息」的向前去。忘記了一切，心靈漫漫增高起來，就是大山在前，要撞破我的頭部，我心也願，就毒蛇在我周圍，橫爬，或野獸在前將要把我活活吃死，那麼我也毫無懼，足上前進。

這時街上的人們也漸漸稀薄，有許店門已緊緊上門；我與朱君漫步而歸校。

不滿意的表示

乾胞

和妙街口，
吱呀吱呀的水車聲，
夾雜着小販啦，行人啦！………聲，
那時我呆望着。

○　○　○

一個年有四十的男人，
頭髮烏污，穿藍破衣，
臉上帶了幾分悲愁，
在離我三四步遠的那方半臥着。

○　○　○

我看了那人一眼，
他便兩眼，三眼………的看我。
他盯看我的衣服，
面孔上現了恨意。

○　○　○

直盯我有五六分鐘，
我走後　那人才收了眼，
我只是刻刻的想，
啊！是了，這是他不滿意的表示呀！

○　○　○

他感到自己的身世，
又看到我這破西裝，
他只當我是個幸福的人兒，
因此　便對我起了不滿。

○　○　○

注意吓我表示不滿的那人呀！
你要知道破西裝　決不能代表一個人生。
你仔細的想想，
你要放大了眼光。

○　○　○

我也許不如你，
我們同是在困苦底下蠕動的人兒，
我們要努力向前幹，
唉！那裏有平等，那裡有自由。

點金術（續）

嫺人　譯

（三）

偶然他在這中間發生了，他看到這個不認識的生客又在他門前站着，

「啊！朋友，馬特司。」生客說，「請問這點金術你進行的怎樣了？」

「我是很可憐的了，」皇帝說。「我所有想到的都注意『物』。」

「與！那末你從昨天所曉得一些什麼事情？」生客說：「當我所想像到的，是你對我說的果然有很大的價值，那點金術的，還有那清冷水嗎？」

「啊！水的保佑呀！」馬特司期望着說，你——水——是涼涼爽的不要燒我咽喉啊！」

「這點金術。」生客在麵包上，「不知是怎樣成了金色碎屑呢？」

「那塊麵包，」馬特司說，「是怎樣成的金子呢？」

那點金術走了，」生客說，「你的小女兒也漸漸的發暖，柔軟了，她在一小時以後是你的親愛的嗎？」

「與！我的女兒，是我親愛的小女兒！」窮命的皇帝扭着他的手指說。

「我是不願意來毀壞牠的，甚至把這些所變成堅硬的金子。」

「你是用的什麼方法？」馬特司說，生客說，「我很注意鎮靜的看，你的心我已經看見了，不是完全的充滿了想要金子的心，告訴我，你自已想把這點金術脫離掉嗎？」

「你想去掉這點金術？」生客說，「必須浸入水底在你的花園子裡那個小坑　並且也拿瓶子灌那裏的水　回來用這水把以前變成金的東西潑過，你立刻去掉再也不要想這些惡作劇。」

皇帝馬特司很低低向生客鞠躬，當這時生客已經出去了。

馬特司在很長久的時間我到一個瓶子依照生客說的他去做了。第一次他投入水中，在屋外脫出他的衣服和鞋。

當皇帝浸入水裏的時候，他所感覺到的那些金子都很平靜的脫離了，所有的器具也恢復原來的形狀人。他所喜的這點金術離開了他。但他從這以後，再也不想些金錢了。

皇帝馬特司再也不說他是富貴的了。這是他的第一件事。

那是無形中告訴了他。而他自已抱着馬麗到花園裏。

於是就把馬麗放在那小坑的旁邊　用水來洗她就打了噴嚏！　她很驚皇看是淋溼的身上，那她的父親是用水洗着！

「親愛的父親不要這樣啊！」馬麗懇求着說。「看你把我的外衣洗溼了，請把我的外衣放在太陽裏晒晒吧」

馬麗不知怎樣脫離了這個災難

皇帝很留心他親愛的小女兒是多麼蠢笨的，但他在花園裏，把剩下的水洗了那些東西和一些美麗的花。

皇帝馬特司十分留心，他告訴他親愛的小女兒這個奇異的故事，漫漫的撫摩着她光滑的頭髮　告訴她經過所有的各種情形和變成黃色金子的情形。

皇帝在這時又告訴她，所見到的那個生客，自從他身上所經過的時間和他有的各種情形，我是從這以後再不喜歡要金子了。（完）

編輯室餘言

一，老渾君：來函悉，本刊三二一期上明載是老運　請勿疑！

二，山風君：你居然先問編者真姓名　編者却正要查你真姓名，以便有些話好在信上答復，所應刪去的字原因，茲姑舉一例，如「槍子不打自已人」一語，你若能知道是中國共產黨的口號，那就其餘含着挑撥性質的文字，自也　概難免。你批評編者是涼血動物　大約你另有立場！又「世界第一流文豪」是一個名詞　你加上一個「的」字，畢竟是你們的筆法。

三，本刊稿費　一俟雲章兄病愈，立即結算通知，決不稍誤。

四，江蘇文藝協會吳江分會成立，所出創刊號　內多文藝界知名之士執筆　怕蘇省各分會中要推壓卷了。書此介紹。

五，中醫和西醫比較，一言蔽之　是中醫缺少學理上的知識　「自民國十八年三月十七日余雲岫等西醫提議廢止中醫以來　數千年關于醫藥之經驗與實績　幾拋棄於「且」」近幸中醫條例公布，衛生署中醫委員會設立　中醫已有相當保障，今後祇期望我中醫改變向來觀念，多多得科學知識為基礎　「倘中西醫能由行政上之攜手，進而為學術上之攜手，將來能產生我中華民國特有之優良醫術，以誇耀於世界　實為我國之大幸，亦為世界人類之大幸。」

本城糧價

名稱	每市石價目
小麥	最高十元　最低九元四角
黃豆	最高六元五角　最低六元三角
黑豆	最高六元四角　最低六元二角
菉豆	最高七元　最低六元四角
高粱	最高四元七角　最低四元四角
穀子	最高四元五角　最低四元二角
芝麻	最高十二元　最低十一元八角
青豆	最高六元五角　最低六元二角
花生（每百斤）	最高六元二角　最低六元
瓜子（每百斤）	最高十八元　最低十六元

氣象

天氣	陰
風向	東南風
最高溫度	八五度
最低溫度	六八度

中華民國二十六年五月二十六日　（星期三）　張一版

第一四〇七號

中華郵政特准掛號認為新聞紙類

國貨香烟

請吸　老牌

白金龍　花王牌　大長城

價目低廉　色味具佳　品質高上　無與比倫

南洋兄弟烟草公司出品

豐縣德履祥經銷

豐縣農工銀行限期收兌紙幣啓事

本行前因奉令結束，經限期四月底將所有紙幣收兌清楚，迄已過期，多數仍未兌回，茲經監理委員會决議展期一個月，至五月十五日起六月十五日止收兌清楚，過期作廢，不再展期，希各依限來行兌換爲要，此啓。

中華民國二十六年五月十五日

本社營業部

承印

書籍　表册　賬簿　收據　名片　喜帖　股票　發單　哀啓　計聞　家譜　公文　傳單　廣告　輕章　小說　文憑　禮券

兼售

公文紙　稿紙　信封　信紙　及會計　應用表　册

如蒙光顧　價目從廉　訂印物品　先繳半價　現款交易　概不賒欠

營業時間　上午八時起　下午四時止

豐縣教育局啓事

程樂炎，常傳文，史先訓，李明月，張體賢，羅德欽，劉永吉，陳啓芳，吳鳳英，馬敬亭，王兆慶，王運籌，王蔭梅，韓建雲，黃滌生，劉敬修，邱瑞禎，孫立言，李登新，趙思明，董立相，溫佛之，袁光祖，陳玉桂，李浩泉，魏嘉琛，王由義諸校長均鑒：畢業證明書，業經教育廳發下。希各來局領取可也。

中外要聞

汕頭日人拒報戶口毆傷員警

市府向日領館提出嚴重抗議

廣州日總領反向省府提出交涉

▲中央社汕頭廿五日電　汕日領事館館員青山清，廿二日上午十一時偕日人四名，遷入永平路神州洋行三樓，未向該局登記戶口，爲段警黃盛發覺，請報館遷入證塡報戶口，青山清不聽，段警馳報該管分局，由該局派員尙文治，及警察賴永忠，至該行向青山清請其塡報，乃日人刁横異常，竟將局警毆，局員尙文治當場被毆傷左顎，傷勢甚重，警士賴永忠被傷左腕，各該員警隨將該犯帶局，日領山畸卽派井守清見偕王水楊及館員十餘人，夾帶槍械，分乘汽車直至，圖將該犯索回，該局一面報告警察局，一面派武裝警察戒備，清見等不能通過，乃下車圖衝入警線，警兵極力阻止，乃請求通過，經分局允許准其入局，清見申述此來係奉日領命令，要求將該犯領回，四時該局始接警察局令，着將該犯解局，該局當拒絕清見要求，並立將該犯派偵緝人員乘汽車帶往警局，局長薛漢關，卽依法飭司法科舉行問話，未問話前，日領又派□見□到警察局交涉，薛局長卽請其依正當外交途徑向市府交涉，清見卽向市府交涉，市府允電警局將該犯解送府轉交日領館自辦。

▲中央社汕頭廿五日電　廿二日午日領館員青山清偕日人數名，侵入永平路神州洋行樓上居住，拒報戶口、員警干涉被痛毆傷兩人、警將青山清帶局、日領竟派員强我交出兇犯、幾□□□、未至衝突、現兇犯交日領帶回自辦、汕市府認日此舉破壞我法令主權、已提□□□□。

▲中央社廣州廿四日電　汕頭日人租屋不遵秩序、並毆傷我警察、駐廣州日總領反向省府提出交涉　吳鐵城未與接見。

昨宴餞孔特使

郭泰祺

孔今日乘輪赴日內瓦

▲中央社倫敦廿五日電　郭泰祺於昨日在大使館對賀冕代表團作最後一次宴會、爲代表團餞行　蔣孔特使偉國　及代表團一行多人、邀本滋羅斯、賈德幹　及英國外交經濟財政各界多人作陪　數百人濟濟一堂、備極熱鬧　孔等於今晨十一時離倫敦赴日內瓦。

▲中央社倫敦廿五日電　參加英王加冕中國特使團員、今日離倫敦赴日內瓦英國要人在維多利亞站歡送者頗衆、英王亦遣代表到站相送、李滋羅斯與賈德幹亦來話別、孔特使首途前　表示渠對此行所得招待　至爲滿意、孔又謂　英國之遵守古禮、加冕儀式之莊嚴華麗　以及政府與實業界金融界對華親善友感、使余留深刻印象、

敬送　遺精早洩　健忘不孕　古宮秘方　善書靈藥

並送靈藥　不取分文

先哲如南公宮遊醫部……

◉敝局本年隔月新出善書一種分送各界欲索請賜函寄隨時寄奉　上海白克路同春坊四十七號博濟局附啓（特九一）

但余抵英之前、余就決計可能的最大範圍、履行中國朝野所給予好意的使命、余可欣然告者、爲中國友者、其所給予之響應、已使工作易於進行、余希望此次來英、益使中英友好與合作、又就增一層關係矣、孔他日離日內瓦後、將往德國墨河漠城就醫、擬稍緩仍來倫敦、曾永浦及代表團中一二財政專家現仍留倫敦。

駐美大使施肇基
卸任歸國

▲中央社上海廿五日電　華盛頓電、中國駐美大使施肇基夫婦、廿四日卸任歸國、雖施午夜首途、但此間中美要人到站歡送者、仍甚衆多、兩月來施氏夫婦酬酢甚忙、羅斯福總統亦曾在白宮設宴招待　蓋施大使駐美甚久、經驗豐富　深受美京人士敬仰也、施氏擬在芝加哥與新任中國大使王正廷會晤　芝加哥華僑將廿五日晚宴請新舊兩大使、施氏然後於本月三十日乘胡佛總統號輪回國。

王代院長召見劉航琛
對川省政情垂詢甚詳

▲中央社南京廿五日電　行政院王代院長今晨八時半在院召四川財政廳長劉航琛、對川省財情及省政情形、垂詢甚詳　並分別有所指示、九時許劉辭出。

劉湘對奠定川局方案
則原已接受

▲中央社南京廿五日電　川省主席劉湘、對中央所指示之奠定川局方案、今晨有復電到京、原則上已完全表示接受、聞方案內容着重於川康軍事之整理、並發行川省賑災公債案、經行政院今晨院會通過、計分兩期發行、每期各爲六百萬元。

▲中央社上海廿五日電　川旅滬同鄉會、近得川中各方報告、在此急賑時間、而災區各縣仍在催收各種稅捐舊久、且動輒施以拘押　殊失拯救本旨、廿日特電請省府嚴令[illegible]徵、並將被押人民盡行釋放。

行政院昨開三一四次例會
修正合作法及軍部組織法

▲中央社南京廿五日電　行政院今晨九時開第三一四次例會、出席陳樹人、王世杰、吳忠信、吳鼎昌、張公權、何應欽　王寵惠　俞飛鵬　由王代院長主席、討論呈請明令褒揚楊敦歐　修正合作社法、及軍政部組織法　及其他重要議案多件。

蔣作賓檢閱平市警察及保安隊

以認清責任等四點相訓勉

▲中央社北平廿四日電　蔣作賓廿四日上午八時在第四中學操場、檢閱全市警察、及保安隊、參加者千餘人、秦德純及警察局長陳繼淹等到場照料、蔣檢閱畢　訓勉四點、一、認清責任　二、遵重人格　三　充實機能、四　嚴守紀律、並謂中央決促進全國警察　使之現代化、偉發揮國防能力　次由秦訓話　望大家遵守蔣部長之訓詞　旋即表演各種拳術　十時完畢

今日爲察哈爾

抗日同盟軍
誓師四週年紀念
今晨在中央國術館舉行紀念會

▲中央社南京廿五日電　明日爲四年前察哈爾抗日同盟軍在張垣誓師之紀念日、當時强敵乘侵略餘威、長驅直入、幾盡掩有察北區域　張家口亦危在旦夕　同盟軍毅然舉兵竭力奮鬥　開抗敵禦侮光榮紀念　頃屆四週紀念　又爲綏遠抗敵剿匪勝利之後　敵人陰謀侵略　猶復未已　湖往追來　特定是日上午八時假中央國術館舉行紀念會。

林雲陔

昨謁于院長
報告視察計政經過

▲中央社南京廿五日電　審計部長林雲陔　今日晉謁于院長、報告此次視察各省市計政經過　甚蒙于院長嘉慰、現林氏已將視察所得擬具書面報告及建議　呈院轉飭中央核定施行　至林氏繼續出發確期　現尚未定、

楊虎城病愈
定明日乘機飛滬

▲中央社西安廿五日電　楊虎城病愈　精神日漸復原　定廿七日上午十一時乘歐亞班機飛滬轉京、楊廿五日午派員向歐亞公司西安站定就坐位　購票九張　鄧寶珊亦將送楊至滬

中英勘界委員會

我方委員抵昆明

▲中央社昆明廿五日電　中英勘界委員會、我方委員梁宇皋　張祖蔭廿餘人、廿四日午後五時乘車安抵昆明　外交處及各界人士均前往歡迎、各員暫入員、旋即下塌崇仁街禹園、

京滇周覽團
南路團員昨抵長沙

▲中央社長沙廿五日電　京滇周覽團達衡陽後　即宣佈解散　各團員自由行動　除團長褚民誼任衡陽乘粵漢車赴漢外、其餘多宿南嶽　廿五日晨觀日出後下山　約下午四時可抵省。

法飛行家杜來特
擬以一百小時完成巴黎至東京之飛行
中途汽油發動機失敏停廣州灣

▲中央社香港廿五日電　法飛行家杜來特　與米西萊紀、廿二日下午　時由法起飛　擬以一百小時完成從巴黎至東京之飛行、領取政府獎金四十萬佛郎　原定廿五日過港赴滬轉日　中途發覺引擎中汽油發動機失敏　折回廣州灣。

法在安南金蘭灣
傳將建築軍港

▲中央社香港廿五日電　傳法在安南附近之金蘭灣、建築軍港工程、進行甚爲積極、

世界物理學權威丹麥波爾抵京
定今日演講原子和問題

▲中央社南京廿五日電　世界物理學權威丹麥波爾教授　近在美國日本講學遊歷既畢　因應中國文化教育機關之請、乃使道來我國、現已至京　定於明日下午四時在中央大學科學館、演講原子和問題。

繆澂流吳克仁
昨乘機飛鄭

▲中央社上海廿五日電　繆澂流　吳克仁　二十五日晨六時半、乘歐亞公司客機飛鄭

黃委會派劉慶林視察
柳陽口大堤各段工程
業已查畢繕具報告呈會

▲中央社南京廿五日電　黃河水利委員會　前以河南柳陽口之西黃河北岸大堤各段　正在興修　極應派員詳細查勘以利河防、特派巡迴視察員劉慶林前往實地視察　茲悉、該員業經查畢　繕具報告呈會、

美煤油大王病逝
王部長電其家屬慰問

▲中央社南京廿五日電　美國煤油大王羅幾非洛　生平熱心慈善事業　在我國捐款甚多　忽於廿三日病逝　我國外交部王部長、特於廿四日致電其家屬慰問。

俞鴻鈞定後日
歡宴義大使克萊

▲中央社上海二十五日電　俞鴻鈞一十五日晨答拜義大使克萊、並定二十八日晚設宴歡宴義大使　並邀中美各界領袖作陪

駐華英軍總司令抵津
定今日檢閱駐軍

▲中央社天津二十五日電　駐華英軍總司令巴結脅木、二十四日乘艦抵皇島　即換車來津、於午間到達　定二十六日檢閱津英軍　二十八日赴平。

韓復榘昨乘車赴泰安
參加灤州起義烈士祠落成禮

▲中央社濟南二十五日電　韓復榘偕同承烈及照乘等、於今晨六時乘專車赴泰安　於九時十分抵達、下車、韓即赴泰山王莊晤馮　韓明日代表國府參加灤州起義烈士祠落成禮　及祭典後　即返濟。

張自忠由日乘輪回國

▲[illegible]社天津二十五日電　張自忠率冀察國外旅行團、由日乘日泰山丸回國、二十六日可抵青島、即換乘專車赴津、計程二十九日可到。

六三禁烟紀念節 蘇全省齊唱禁烟歌

省禁烟會製定譜辭

▲江蘇社　蘇省辦理禁政、經政府與社會通力合作、三載以還、成績斐然、往年六月三日、全省小學生、均須唱禁烟歌、由省頒發精美教材、收效至宏、本年六三禁烟紀念日、適值本省禁三週紀念、全省各地應有更大之宣傳、藉以喚起民衆之注意、而達如期完成之目的、所以省縣積極籌備情形、已誌前報、茲悉省禁烟委員會、復裝訂禁烟歌、經省政府陳主席核定函省黨部高級機關暨教育廳分別通令全省學校暨團、一律預爲演習、屆時一致唱歌、即日起並由省府電台定時教授民衆演唱、茲將省禁烟委員會製定之歌辭附刊於後、烟氣毒霧瀰漫中華、吸民膏血戕民生、江蘇禁烟官民合作、立限以圖成、今屆最之年、譬如爲山達九仞、大家繼續努力、何愁餘毒不肅清、餘毒肅清、種族強健、乃我國家之光榮、（又恐）特請教育廳編審主任易君左君撰述歌辭原文錄後、萬惡烟毒害我民族、禍比洪水猛獸、惟我江蘇誓與他不共戴天之仇、看四年計劃的奮鬥、澈禁絕的期已不久、大家努力剷烟毒、大家努力剷烟毒、一年功夫顯身手、光明燦爛在前途。（二十三日）

蘇民廳明日舉行 全省保甲會議

將請陳主席訓話

江蘇社　江蘇省民政廳爲欲明瞭各縣保甲工作實施情形、藉以指示今後工作方針起見　特召集各縣保甲督察員來省舉行會議　除各員書面報告各該縣工作概況、並須討論各項重要議案、定於明（二十四）日上午八時、舉行開幕式、會期預定三天、截至昨日止、民廳所收各縣提案甚多、將分別審查提會討論、據聞民廳以此項召集之各縣保甲督察員會大會主席、由余廳長擔任、各主管秘書科長均出席外、并請省府陳主席蒞臨訓話（二十三日）

蘇省黨部轉令 處置破舊黨國旗辦法

▲江蘇社　蘇省黨部　頃奉中央執行委員會訓令云　茲經本會常務委員第四十三次會議通過　處置破舊黨旗國旗辦法一種、除函國民政府通飭分行外、合行檢發上開辦法、令仰遵照并轉行所屬　一體遵照爲要　此令　該部奉令後即轉令各縣黨部遵照、茲將處置破舊黨國旗辦法探誌于下、第一條　黨國旗至破舊不能再用時依照本辦法處置之、第二條　破舊黨國除具有重大歷史價值者、應送由當地有關保管史蹟文化之機關收存外　餘均須敬謹焚化　不得將破舊之黨國旗任意棄擲汚地、或另作他用　致失尊敬、第三條　凡破舊党國旗之處置有違反前條之規定者　各地黨部或警察機關、予以指導糾正、第四條、本辦法由中央執行委員會通過後、令行各級黨部並函國民政府公佈施行云、（二十三日）

蘇財廳嚴查 廢除書吏征收陋規

決嚴予廢除各縣册吏

▲江蘇社　蘇財廳以各縣舊有册書及催征吏、多至數百人、流弊滋生、曾令各縣設法取締　現查各縣已經廢除之縣份、均屬有名無實、似此情形　影響田賦重大　該廳決嚴厲督促各縣辦理、至已廢除之書吏　仍有私自過戶代收稅款及其他陋規情事　亦派員多方嚴查、嚴予制止云、（二十三日）

蘇省農行匯業發展

▲江蘇社　省農民銀行年來對於農村金融之調劑　頗爲努力、辦理匯兌業務尤爲發展、去年匯出總計六千四百萬元、匯入五千九百萬元、匯出之數字較之過去增加不少云、（二十三日）

蘇小本貸款總處 將試辦小農貸款

在鎮縣實驗區設分處實驗 其計劃理事會議決後實行

▲江蘇社　江蘇省小本貸款總處自成立以來　對於省會小本工商業之救濟、積極辦理　頗著成效、該處副主任夏璞齋視事後、鑒於貸款總處本爲小本工商最高之救濟機關、爲力求發展、以資普及起見、故對於貸款業務推進不遺餘力、現正積極從事計劃擴充、各縣分處及提高貸款額等工作　記者昨晤夏主任　詢以該處貸款情形及今後發展計劃　據告　分誌於後。

「本試辦小農貸款實驗區」

夏氏首謂本處貸款範圍、以小本工商業爲對象、然值此農村不景氣之蔓延後、雖有農行貸款救濟、惟其放款對象以農民組織之合作社爲原則、故一般小農、恭年跋涉組織　旣感貸款匪易　勢必趨向高利貸一途　則小農前途　更加危殆、農本局有鑒及此　爲輔助農行救濟小農　促進其對於貸款利益澈底認識　而使其組織合社　直接移轉農行放款起見、擬舉辦小農貸款一項　以資救濟　日前鎮江縣江政府函請本處在該縣實驗區設立分處、本人并與張縣長及該區農村情形、據張縣長、該區地瘠民貧、農商不振、自成立實驗區以來、一切施政　較有辦法　惟其農工商資金不充　流動不靈　各業諸待救濟　勢有設立分處之必要云云　現本處以該處頗合試辦小農貸款實驗　擬在該區設立實驗區　俟有成效、再推行各縣關於實驗小農貸款計劃、現在擬訂中　將提經理事會議決　即可實行云

「促進代辦所　察各代辦所」

本處基金原定十萬元、現業務日見發展　原有基金不敷應用　爰經理事會決議、又增加十五萬元　茲本處積極促進各縣設立分處外、并爲督促各代辦所工作之推進　指示辦理起見、夏主任特於日前赴大港代辦所視察、該所貸款辦理情形、擬定工作進行方針、據夏君談該所貸款已達數千元、其貸款分配以農商佔多工業較少、并將繼續視察高資鎮代辦所云、

「昨貸款一批　計二千餘元」

江蘇省小本貸款總處　以屢屆五月節轉瞬即屆、小本工商業值此商場結賬之期、需款甚殷、故申請貸款者非常踴躍　該處爲迅速起見、對於申貸款者之手續、積極辦理　茲悉昨日核准一批、計二千餘元、已通知各戶來處領款云、關於貸款信用極積極催繳後、各戶均能踴躍還款云。

確定七縣呈報縣份 至遲限十月舉辦

現已從事宣傳工作

▲江蘇社　蘇省各縣已辦理土地陳報及尚未辦者　均已迭誌前報、至確定二十六年度舉辦土地陳報縣份、財廳曾令飭先派幹員前往已辦縣份　詳細考察、再參照本縣實際情形、擬具辦法預算各件　送廳核定、准已確定縣份　該廳限至遲本年十月間　即須着手舉辦、現已從事籌備宣傳等工作云。（廿四日）

國聯政院常會閉幕後 先舉行總務會議

▲中央社日內瓦二十四日電　國聯行政院九七屆常會二十四日午後開幕後、首先舉行總務會議　當決定行政院本屆會期若能於三數日內結束、則軍縮會議主席團當於二十九日開會　據一般人所知　主席團開會　英艾登外相不擬親自參加、約將由外次克蘭波代之出席。

▲中央社日內瓦二十四日電　小協商國出席國聯臨時會代表、現已齊集此間、將於下週中乘便集議　俾就何國重要軍備問題加以討論。

西亂休戰無可能性 不干涉委會小組會集議

▲中央社巴黎約二十四日電　涉拉蒙加國民軍司令部公佈一文、謂政府軍要不能無條件降服、則仍將進行無憐憫之戰爭云　此文已決定打消　西國休戰之可能性　而政府軍之態度　亦極堅決、尤倫西亞政府、決計非將叛軍完全擊潰、絕不議和。

▲中央社倫敦二十五日專電　西亂不干涉委員會小組會二十四日開會時法代表將賓就西政府軍飛機兩次在德艦降事、加以說明、當決定提付不干涉委員會、二十六日全體會議審議。

40

本縣新聞

翟秘書等昨赴一二兩區視察土地陳報編丈

翟秘書偕頁科長劉整理田賦專員、於昨日上午九時、乘車赴一區亭台李莊、二區郭集等鄉、視察土地陳報編丈情形、聞亭台李莊兩鄉、編丈已有十分之七八、郭集已及十分之八九、工作均能切實、翟秘書除令其遵限完成、並切實復查鄉段交界處、有無漏編之地外、並擬轉請總辦事處予以嘉獎云、

七區沙河盧葦內發現跳（蝻） 曾區長已率民捕滅

本縣第七區盧莊村、西臨沙河、地勢窪下、該村居民、每逢暇時、即赴河內刈拾蔓草、藉作炊柴、日前有該莊居民某、在蘆葦深處、發現無數蝗蝻、跳躍四散、該民驚駭之下、急報告區公所、區長曾慶霖據報後、以爲此時不加捕提、將來勢必蔓延害苗、當率同區丁及該村居民、開往捕提、開始小時內、即行捕滅矣。

地主圖巧拔標不報 已送縣嚴辦

鄉鎮長辦事員編丈員同受處分

本縣第三區卞廟鄉八保三十戶居民孫鳴琴、有地一段、坐落王眾卞廟兩鄉交界處、計地十八畝七分一釐、因編丈隊漏未編丈、該民以有機可乘、即將所插之標、拔藏家中、希圖隱匿、昨該區督辦員劉俊修、偕同編丈員孫裕洲赴鄉抽丈、查出該話、以孫鳴琴顯有匿標圖巧行爲、即行押區懲辦、聞總辦事處據報後、已電諭該區將該民送縣法辦、並調查該地坐落何處、應負責之鄉鎮長辦事員及編丈人員、均擬予以相當處罰云、又訊、總辦事處更擬通告各區鄉鎮、嗣後如有漏丈業主、即應報告鄉鎮公所、請求補編、否則、即認爲有意匿報圖巧、立拘法辦、而鄉鎮長辦事員編丈員亦須同負怠忽職守之咎云、

課程教授完畢之識字班（續誌）

縣立教授完畢之識字班、計有苑莊等四十四處、業誌昨日本報、茲續將課程教授完畢之識字班十九處、探誌如下：

計有一區中心民校、小營鎮、汪屯鄉民校、徐樓鄉徐樓、劉寨樓、張黃莊、鄧莊鄉鄧莊、朱莊鄉朱莊、蕭服鄉李莊、陳莊鄉張莊、陳小莊、東郭莊小學、三區大屯鄉小廟、楊黃莊、六區蔣樓小學、七區中心民校、毛寨鄉民校、李新莊小學云

南國印象記（續）

王子□

梧州到鬱林

八時到鬱林縣城，縣政府已代定了鬱林酒店的房間，作我們的下榻處，並已預備好了晚飯，很豐美，北都是縣政府招待的。

鬱林也是交通便利的地方，通車的公路，向西可以到南甯，向東北可以到梧州，向南可以到陸川博白，向北可以到貴縣，與荔浦等縣相接，通北流等處，水路通廣東欽廉，各條路綫，交通便利，所以形成廣西東南部的商業中心。今天午飯後到此，共走了四百二十里，途中看見好幾處，又見有裝東鮮艷的妙齡女子，乘坐二人小轎，旁邊跟着二人扛抬的禮盒，大概是新婦於新年後歸甯。

廣西糖廠

二十八日，陰，六時起牀，收拾行李，吃早點，七時二十分起行。鬱林一帶爲小平原，走了十幾里才有山，多不高大，間有牛山濯濯，不生草木者，八時過興業縣，九時到貴縣城南，鬱江南岸的羅泊灣下車，參觀此地的廣西糖廠，規模與廣州的糖廠差不多，是去年一月，由柳州遷到這裏來的，資本一百二十萬元，經理之下，分設事務工務農務三股，並附設蔗場及蔗農貸款所，有技師及工程師二人，職員二十餘人，每日軋甘蔗二百噸，可煉黃糖二百担（標準二十四號白糖二百担），每年出品約值八十萬元，每月人工消耗約需萬元。軋蔗製糖，全用機器，現有秤蔗結甘蔗輸送機，切蔗機，壓榨機引擎，九軸壓榨機，引擎發動機，柴油發動機，蔗渣運輸機，石灰乳化機，石灰調和機，壓濾機，蒸氣鍋爐，三重蒸發罐，煮糖罐，結晶罐，離心機，真空抽器機，蔗汁篩，蔗汁澄清機，硫黃養化器，原汁箱，清糖汁箱，泥汁箱，熱水箱，桔水箱，糖漿箱，桔水儲藏箱，機晶子儲箱，蔗汁加熱器，白糖烘燥機，糖粉白糖運輸機等，都是英國香山鋼鐵公司製造，價值約六十萬元。

便集小學協進團 舉行第三次團務會議

議決要案四件

便集小學協進團、於前假花李莊小學舉行第三次團務會議、計出席王兆慶、王敬尊、黃佑文、陳慶忠、李學顏、馬樂山等十餘人、主席王兆慶、報告事項略、討論事項、一、麥假臨還、應設法禁止兒童擅自離校案、決議、由各校聯絡兒童家長、共同設法禁止、二、兒童麥假作業、應如何劃一擬定案、決議、令兒童演習算術五十題、每日記一篇（算術題由張集小學代印分發）、三、婦女識字班考試臨還、應如何指導傳習生辦理結束案、決議、令各傳習生切實指導復習、四、下次值月學校、應確定案、決議、北崔莊小學、

第三屆運動會 各項運動比賽結果

本縣第三屆運動會暨國術表演會、種種情形、已迭誌本報、現各項運動、業經評判完竣、茲探錄其結果如下：

〔田徑賽〕

棒球擲遠、第一名蕭仁貞、第二名張敬淑、第三名李素梅、第四名孫學營（成績七・七五米）、跳遠、第一名齊學純、第二名……、第三名張登雲、第四名李雲卿（成績三・一五米）推鉛球、第一名……、第四名王愛平、（成績三・六・米）跳高、第一名孫玉鳳、第二名齊學純、第三名卜憲文、第四名邱愼芝（成績一・〇五米）二百公尺、第一名齊學純、第二名孫敬淑、第三名卜憲文、第四名李素營（成績二・五秒）百公尺、第一名齊學純、第二名孫瑞華、第三名張瑞貞、第四名孫岫雲（成績十五秒又五分之四）五十公尺、第一名張敬淑、第二名孫瑞華、第三名孫岫雲、第四名張瑞貞（成績九秒）、

百公尺、第一名邵雲消、第二名于超、第三名卜慶良、第四名高世武（成績十四秒四）、二百公尺、第一名邵雲消、第二名卜慶良、第三名高世武、第四名于超（成績二十七秒二、）四百公尺、第一名李樂岑、第二名卜慶良、第三名尹建勛、第四名薛化之、（成績一分〇八）、八百公尺、第一名宋國光、第二名范正箴、第三名孫敎品、第四名李世昌（成績二分三十一秒）千五百公尺、第一名宋國光、第二名穆淑和、第三名范正箴、第四名朱廣禮（成績五分九秒）萬公尺、第一名陳培功、第二名宋國光、第三名穆淑和（成績四十四分五二）跳高、第一名劉德學、第二名孫善廷、第三名曾俊齋、第四名王天太（成績一米四十）跳遠、第一名于超、第二名邵雲消、第三名劉學新、第四名李乃馨（成績五・一八米）、三級跳遠、第一名劉學新、第二名李樂岑、第三名朱景思、第四名孫善廷（成績一一・二八米）擲十六磅鉛球、第一名蔣宜德、第二名劉學新、第三名李世昌、第四名劉德學（成績九・五〇米）擲鐵餅、第一名蔣宜德、第二名劉學新、第三名韓廣福、第四名孫善廷（成績二二・五二米）、標槍第一名蔣宜德、第二名張燕祥、第三名劉子澄（成績三一・七二米）

〔國術表演〕

單人表演

第一李廣升、第二趙鵬廷、第三賈德純、第四朱洪法、第五周欽盤、第六盧有福、

對打

第一趙冉臨、洪永明、第二劉宗君、武未紹、第三朱運先、謝文彬、第四吳化麟、史孝純、第五王由禮、王以仁、第六丁道元、師以法、

摔角

第一靳立福、李選彬、第二鄒世元、孫立爵、第三孫立儉、孫立齒、

團體

第一保安隊、第二警察隊、第三大堤口、第四北關外、第五店子、第六王莊、

〔球類比賽〕

籃球排球大陸隊勝縣中、足球原定於昨日下午三時比賽、嗣因雨停止、故未有結果。

小朋友

第四五三期

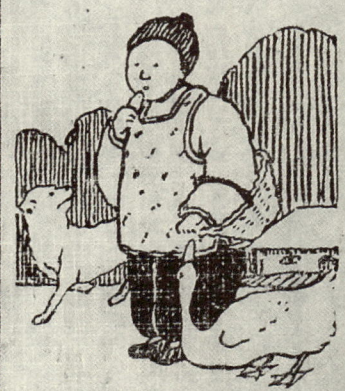

本副刊以介紹小朋友的作品爲宗旨
本副刊全係公開歡迎投稿
本副刊編輯部對來稿有删改權
本副刊編輯部對來稿如不登載槪不退還
本副刊編輯部設豐報社內

對人的行爲

小言論

小文　朱恒格

人對於人的關係．這也是不可少的事實，假若人家託我一件事，我一定盡力去辦。但是你要防避他利用你，他若存心利用你，或則玩弄你，你就要防備他不要被他利用，因爲現在的人心都很聰明 誰想給誰玩襲套，你若是太老誠了，太好了，（有求必應）必定受騙，或上人家的圈套。那時候你就後悔也來不及了。

反過來說：自己託人家辦什麼事情，千萬要以誠意對人，不可存玩人的心理，你若是玩人對於你的道德有沒有虧損。我們都是人，爲什麼要玩人呢？——有的人好玩物，譬如玩．隻小鳥啦！……等，這些事在表面上說 好像是以消遣 似乎很有道理。但是玩物的人，他把一部分精神用物上了，那他向上的志氣 就要因之減小，好玩物的人，多半都是把志氣喪失了，所以人對於物也不可玩，不過閱者要注意不可玩物的意思，是不可玩無益之物，像是打籃球，網球……也滿可玩玩。

讀『蕭特』後的感想

創作

□口初小五年級生　楊瑞元

精神勇敢，人格優良，爲公理而犧牲的，才能使我們敬仰。現在使我們佩服的，就算是 位美國的青年飛行家，蕭特君了。

他在我國上海美商藍鋼公司服務，我國向該公司購定飛機若干架，該公司經理便他駕了，我國定造的飛機往南京接洽交貨手續，走到蘇州看見日本飛機正在拋擲炸彈，他看了心中覺得很抱不平，他便奮身要和日機交戰，可惜寡不敵衆，竟在蘇州美麗的平原上，實偉大的火葬了，這是我讀了以後才認識的一位勇敢的青年。

我們大家看他這樣大無畏的精神，眞値得我們佩服啊！我讀了蕭特這一篇的故事，感到他的英名，將與歷代偉人，同垂不朽，他的偉大雖死尤存，我們無時無刻不在紀念他。

我希望我們中國的一般青年，都要像蕭特的精神，去做事 假若都有爲公理而犧牲的決心，那麼世界上黑暗慘酷的事情 都不會發生了。

我以後願做中國爲公理而犧牲的人物 不怕強暴，用我的熱血 用我的頭顱去雪國恥 對外恢復我們那高聳的山岳 蜿蜒的城堞河流 與那豐富的國土；對內把一些軍閥打倒，使人民得到安居樂業 那末我們的青天白日滿地紅的國徽，永遠的飄揚於地球之上。

讀了「少年行」以後

小宋　唐惠珍

我讀了少年行以後，我便發生一種感想 文中所敘述的少年 在他父兄活着的時候 衣 食 住 行都不發生困難，他只知享樂，不知求生活上的知識和技能 家庭便日漸衰敗 家人的離散，冠吏的欺壓 眞是無容身之地。無可奈何只得走上城東墳，作窮途之哭。

我想，個人在父兄活着的時候 一切生活上的需要都依賴他父兄 住着高大華麗的洋房，乘着高車，過着幸福的生活 而不去讀書，也不去做工，只是白吃，白穿 到了窮困的時期 再想起從前爲甚麼不去讀書呢？爲甚麼不去做工作，這時也是後悔無及的，同學們我們都要以這作一個前車之鑒啊！

五月裏的紀念日

前人

五月裏的許多紀念日都是値得我們注意的，在這許多紀念日的中間，有一小部分是屬於光榮的，但是大部分是屬於恥辱紀念，現在讓我依次的簡單說出來，給大家一個有系統的印象，五一叫做勞動節，是屬於全世界的，五三是濟南慘案 五四運動 是民國史上最光榮的一頁，牠的意義不僅是打了幾個賣國賊，而且外交上，也占很重要的地位，五九是日本無理的向我們要求廿一條的國難緊重的時候，我們應當怎樣的紀念而不忘呢！

柳絮

華山小學　尹建珠

草兒青 花兒香 流水懸懸 落英的繽紛。

春之翠柳輕輕而拂行人首。

潔白的柳絮，隨風蕩落。

蒞臨原野 有如碧波飄渺之湖中，綴以白色之水百荷花。

漂亮是美麗！

啊！自然！自然！……

你怎會現出這種美景給我們觀賞。

未給我作無聊的消遣！

在深深的向你頂禮膜拜。

啊！柳絮！柳絮……

帶青的翠柳！

雪一般的柳絮！

柳絮，柳絮！

你這時已不由自主的像落英鋪遍一地！啊！你的身體這麼清潔倒也這麼美麗 便染了汚穢很是可惜！

啊！柳絮！柳絮！潔白的柳絮：……

你現在已是壓落於幽洞之極底，你現在已處到悲慘的境地。

天下沒有不散的筵席 你今 各自分飛，便是你們遭遇。

啊你瞧上天下地的柳絮 滿地已變成荒漠，山澗原野，如雪一般，柳絮飛作白蝴蝶 阡陌全被柳絮鋪滿。

白的柳絮啊！

潔白的身軀，要自己保護，不要使在塵土中受了汚穢的沾染！

回憶清明

華山小學　李茂泉

四月五日，是日，我們校中，放了一日春假，我們個個都回到家中，過清明節去了。

我在那天的早晨．天尚未明 我已起來了．見那三五成羣的小朋友 都在樹上打柳，我也折了一抱柳枝，插在門上 風吹過來，還飄飄的搖動呢！

到了下午，我和我的父親弟弟 到林上去燒紙，出了家門，向東南走去 見路兩旁 紅花碧草 鳥語嚶嚶 把我們兩隻眼睛，可苦極了 我們望了東，又要望西。那路邊的麥苗兒靑靑 被夕陽反照 波光閃閃。那枝頭的杏花，被徐徐的春風 吹得各處飛舞。再往前走，夾路兩旁，佈滿了黃金色的菜花 有蜜蜂採蜜 蝴蝶飛舞，菜花放出香氣 引誘我們前進，這種千紅萬紫的田野間，眞使我們頹然欲醉呢！

再往前走 看見清秀的小山，明鏡的小溪 那青秀的山上，碧綠的芳草鋪遍，碧草中微露出紅褐色的山石。打石的工人，在山腰開石 山上的兒童 高唱着歌調，他們是如何的快樂。溪中的水，清澈到底，游來游去的游魚，好似和楊柳樹上的流鶯，在講着情話。

經過這山溪 便到了我們的林了。我們的林，有碧綠的蒼松，直把斜陽的光遮住，我的父親在那裡燒過紙 祝告一偏 並對我說：「這坟是你的祖母，那是你曾祖母，因家庭經濟不好 受苦太甚，未能終其天年 多麼的傷心啊！」說到這裏，淚涮涮沿頰而下，我也一陣悲哀，湧向心頭。

我父說罷，我們便回來了，斯時天色不早，日落西山，鳥鵲歸巢 晨金欲顯西起 時已沉暮矣。遠看小山，甚麼都看不淸楚了。

抬土

女小　董靜如

學校裏面固然要整潔美觀，可是學校的周圍；也要加以整理，現在我們學校的操場南面不很整齊，又妨礙行人走路，所以我們就應該改良自然的環境，使他適合我們的生活。

因此自昨天起，六年級同學先帶着筐，鍬，各種工具去整理，今天下午我們五年級各位同學，又帶着各種工具也去整理，在我們去的時候，臉上都露出快樂的顏色、等到我們走到後，抬的，挑的，裝的，都努力的工作，各位先生此時比我們還更加努力，這時我們曬熱的滿頭大汗，但是我們一刻也不肯休息，仍繼續工作，一直工作到放學後，填平了幾處凹地，才休息，我們雖然這一時沒有填好，但是比起從前來，要整齊的多，因此我們雖是辛苦，而精神上却是愉快的。

夢

閻莊初小四年級生　閻汝亭

我昏昏沉沉的入了夢鄉，我穿着軍裝，左手裡拿着大刀，肩上抗着槍，和許多的同志們，去和日本把仗、走了一程，忽然遇着了一隊日本兵　都拿着槍，於是我們便戰起來了，我覺着自己非常勇敢，我舞起大刀，敵人被我殺死許多，如入無人之境，我大笑說道！「可惡的倭奴，你們還敢侵佔我們大中華的土地麼？」我正在快活的喊着，忽然一個鎗彈飛來，打在我的肚子上，我便倒下去了，手也拿不住大刀了，但是，我仍大聲呼道：「打倒可惡的日本，中華民國萬歲，」忽然有人說，「乖乖　怎麼啦？又夢見什麼可害怕的事情了？」我睜眼一看，原來還睡在床上，方才的事情　原來是一個大夢，喊我的是我慈愛的母親，但是我的熱血還是沸騰着。

病後自憶

魏莊初小四年級生　李傳禮

從前在家裡我乱吃乱玩，我渴的時候，偷喝涼水，餓的時候又不跟氣候增減衣服，夜間蓋被　又常掀去，不多時我就病，病中甚麼情形，我都不大記得，只記得初病時正在下午，頭痛眼花，便覺得發冷，有一會身上又熱得燙手　媽媽爸爸便急得了不得，忙去請醫生來看病，又買了一瓶藥水來，媽媽給我喝了幾回，於是我昏昏沉沉躺在牀上，四五天媽媽和我都沒有睡覺。後來漸漸的好了，醫生天天來覆診　喝藥水後，二小時，還給我喝鷄蛋湯　醫生說「在過十幾天就好了，」過了十幾天痊癒，媽媽爸爸喜得了不得，我也能上學去了。

明月流水

華山　趙保純

一團血球，已從雲隙裏落向西山去了，這時候　大地上還留着些紫紅的蹤影　剎那間，那紫紅的顏色，已漸漸的消沉下去了，宇宙間，已走向夜的國度裏、一會兒，一輪皎潔的明月，從東方慢騰騰的升上來了，照耀的大地如銀裝的世界一般。

夜漸漸深了，月色漸亮　這時候，我獨自站在一條小小的溪流邊，水聲潺潺，一起一伏的綠波，倒映着玲瓏的月影；蔚藍色的天空，飄浮着幾點白雲　疏朗的明星　像銀似的鑲嵌在天上；徐徐的清風　送來了一陣野花的香味，頑皮的風兒不住的挑撥着地上的芳草，這時我徘徊多時，覺得有點困倦，便繞着一條曲折的小路緩步歸來。

柳絮

華山小小　李修林

和暖的春風吹動，把那些柳樹刮得搖搖擺擺，吹得潔白的柳絮，一片片如雪花似的不降，滿空中飛個不停　飄飄的和蝴蝶一般的跳舞　被風吹着刮到東刮到西　刮得滿天如棉花的皓白，真是美麗啊！

在這春光將老的時候，看田間路頭，到處，都是柳絮紛飛，有的飄到汚泥裏　有的飄到糞土裏，有的鑽入山縫中，有的飄到大路上，有的飄到牆角邊。

飄到汚泥裏的，與泥土合汚，落到糞土裏的，與臭糞土相伴　落到山縫中，與碎石雜草在一起，落到路上的，被那些農夫，視如糞土，落到牆角的，不得見日出日沒，像他們這樣　真是可憐喲！

呀！皓白美麗的柳絮兒，你們已別了母親　受了這種種的不堪，你們是多麼悲傷啊！

殘紅

華山小學　尹道祥

因您的花紅，
引得燕語鶯鳴，
可惜現在已經凋零，
怪不得人們說：「紅顏薄命」

×　×　×

前幾天時走到這裏，
您正豔裝迎風，
誰知今天
您正在低垂着頭哭泣。

×　×　×

可憐啊紅顏薄命，
如今任風飄零，
雖是不言語、
卻也在那裏發出最後的斷聲

×　×　×

點點的落下，
有的似舞　有的似飛，
在夕陽西下時候，
只有我獨來憑吊你。

×　×　×

飄到路上的紅花，
在車底輾下，受那種種的踐路，
誰能知道他的難過啊，

×　×　×

他們雖已是落地，
他聲聲在泣，
一吹動又飛起，
各自尋他們的葬身地。

×　×　×

他有點微氣，也要咒罵

勸友人服用國貨書

宋小　浚泉

立民學友：

時光匆匆，如浮雲般的奔逝，一瞥眼的工夫　已有數月不曾會面了，異常盼望　想你也是如此吧？

現在我常常聽說，你近來很喜歡服用洋貨　以洋貨為榮，國貨為恥，覺着穿那樣新式的西裝　吃着西餐大菜，衣，食　住　行，一樁樁一件件都是異國的東西，你這樣的闊綽　即為不良之環境所熏染　但既一個知識份子，也不要忘了國家的危殆！

須知我國貧弱的重要原因，就是因為國人大多數不能服用國貨，以致每年漏出大宗金錢　國家經濟上發生種重大的影響，國際地位，逐漸低落，於是盜匪猖獗于內　強敵侵逼于外，弄得整個國家，時時有淪亡的危險　這是多麼令人悲觀呢！

我勸你在這國難嚴重的時期中　亦要盡一部分之責任，更不要再買洋貨啦！服用本國的貨品吧。並轉勸四鄰親戚　皆能服用國貨，大家都能如此，外貨將從此而絕跡，絕交異國之貨品　國貨必由此而暢銷　至于國家的前途，也是光明而偉大的啊！

以上我說的是不是請你原諒，祝你學業猛進！

浚泉鞠躬

我們為和平而戰為民族解放而戰

程小　尹克健

「戰爭」，是人類自相屠殺的大慘劇，是和平建設的破壞者，增惡了人類的情感，惡化了人類的性情，把世界弄成了恐慌的形態，人類享不到真正的幸福。

逢到戰爭爆發的時候，人畜的生命，不知要喪死多少。就是繁華的城市，美好的田園，一經戰後，就會變成瓦礫場。所以人們都想在和平的境裏，過着安樂的生活，永遠不聽到戰爭這個不祥的名詞　強暴的帝國主義，任侵略弱小民族，屠殺弱小民族，破壞這和平的世界。

試看現在的中國，處在各列強包圍壓迫之下，今日要失「土地」，明日斷送「港口」。尤其是日本對我國侵略更甚，造成「五九」「五卅」「九一八」「一二八」等國恥。佔去了東北四省，還不足野心，現在又要節節進逼我內地了。以致我國事日瀕危如壘卵，邁上毀滅的道路在國家危急的時期中，再說非戰，講和平，豈不是怯懦無恥嗎？要知道不戰而受辱，是比戰敗還要悲慘可憐呢？所以我們要求中國和平，民族安樂　只有是由戰爭失去再由戰爭奪回來。我們是被壓迫者，被支配者，欲脫逃被壓迫的圈套又不得不用這最慘酷的手段了。

我們的戰爭，是為和平為民族而戰爭，是正義的戰爭，有價值的戰爭，戰爭！戰爭！和平的戰爭，光榮的戰爭，我們獨立自由的新中國，要靠你以創造啊！

本城糧價

名稱	每市石價目
小麥	最高九元弍角　最低九元兩角
黃豆	最高六元六角　最低六元四角
黑豆	最高六元四角　最低六元三角
綠豆	最高七元一角　最低六元六角
高粱	最高四元六角　最低四元三角
穀子	最高四元五角　最低四元三角
芝蔴	最高十二元二角　最低十二元
青豆	最高六元五角　最低六元三角
花生（每百斤）	最高六元四角　最低六元
瓜子（每百斤）	最高二十元　最低十八元

氣象

天氣	風向	最高溫度	最低溫度
陰	風	七三度	六三度

鳳鳴塔

第三二三期

一，本刊內容分科學常識論著詩歌小說散文戲劇書信書報介紹及批評等項

二，本刊歡迎投稿來稿文言白話均可

三，來稿本社有删權不願改者應先聲明

四，未經登載之稿除預先聲明者外概不退還

五，本刊編輯室設豐報社內

他們的孩子

程啓林

太陽──是幸福的，因爲他能發光，始終微笑着，大地──受着他的恩惠　靜靜的含了笑。

在那黑灰的大門旁的牆角邊，一間中年婦人，抱着個未滿三歲的小孩，就是他自己的孩子了，這孩子長的並不美，厚厚的嘴唇，黃瘦的小臉兒有時伸出嫩藕似的手，摸着這婦人的嘴邊，深深表示他的愛。「現在各處都是瘟疫。珠兒十幾天上就發熱，也不能吃，整天鬧着哭　他是不進家，整天在外面闖。」那婦人這樣的對着家後的從這走過的張老太婆說着。「可不是嗎？五十多歲的人，還出天花呢？眞是希有的病呀！唉！」張老太婆這樣回答着可憐的走過去了。

她動了動身子，用大襟把珠兒包了，又「嗷！嗷！嗷！」的單調的叫着同時拍着，意思是想叫孩子趕快睡着。他的心神……………一切全貫注在珠兒身上。

太陽已經要告別了，但仍是含着笑，斜斜的照着。

天空中的烏鴉　烏　翩翩的飛着。珠兒和他母親也進了那大門　走向家裏去了。小黃狗搖着尾巴在後面跟着。

她進了那滿佈灰塵的廚屋裏，坐在長方形的小板凳上，盼望着　期待着，她那天沒見的男人到來。這珠兒仍是吃着奶頭，還發着熱　害着病，心裡不定　有時丟開了奶，向外看去，小口微動着說着「娘：娘：……狗，狗……爸呢？」無規則無次序的話。更看得他的沉痛和難受，一會兒，又吃奶去了，過他認爲最甜蜜最好的生活，太陽下去了，大地驟然變了黑暗。

風捲起了沙，虎也似的怒吼。狗子跑出去。汪汪的狂吠着。她娘兒倆特別注意，向這灰色廚房外注視着。

「我上世行了惡孽，攤着你這男人，整日不知過日子，又當錢去啦！一天不進家，珠兒病了一二十天了，我再三給你說，終不當一回事，虧的只一個孩子，哼！……………」她一聽見大門響，突他突他的，就這樣的說了一大套，同時摸着珠兒的頭。一眞的，她的男人，帶了個頑皮的笑着的臉進來了，等她說完了。才說道：「啥，你眞是過日子的好手　只會整天天吵我，我們不是窮嗎？沒錢嗎？你那天向我說、小珠發熱得，要給請個先生，我是很當一回事呀！今天慌的去借錢　你別急　明早，我去請先生，給孩子看病」─「借了錢來嗎？多少、」她問，「借來了一塊。」─他回答她　珠兒忙的拋了奶頭　伸着頭　笑，搖着小手。爸　爸……的這樣說了，大概他有所要求似的要求他爸爸給他看病，爸爸走過去，眞實的摸着，「小手怪白　臉和身上瘦很啦！怎麼這麼熱，燙手呢，我的小兒呀！我的寶貝啊，你再忍受這一夜吧！明天一定給你看病　你笑吧！你跳吧！」當他這話說了後，她也微笑了。呀！她們都快樂了，她們的人家做成了。

風在吼　狗在狂叫。

太陽已入夢了！

她們也在過着這樣的生活哩！」

孩子驚悸的哭了一夜，她們倆當然也不能安眠，天早得很　太陽沒出來，他便起來　推了個小車　到相距四里的X鎮去請醫主，他的心　被這未滿三歲的感化了。

這孩子哭了一夜，眼泡胡桃核樣，小嘴緊閉着，那種可憐的面容　母親抱他在懷裏　他說了一聲：「娘：娘：爸……」她說：「你爸請先生去啦！」說着，他回來了，帶了一個穿長衫，年紀五十多歲的老頭子。

先生摸着孩子的手，靜靜的過了五分鐘的光景，才說道：

「時候太久了　熱很啦！這小孩十幾天前就得了病：你們不當　回事　如果就這樣的再過三天，那就要：……」話還沒說完，她們還樣說：

「眞晚了嗎？先生，他是啥事不管，好幾天我就給他說請先生看　珠兒得病了，但他不理，只管終日遊蕩，從昨日，我逼得更緊　又加孩子哭了一夜，今天才去請你，先生。」

孩子的父親說：

「這你不能怪我，自你那天向我說，我就想沒有錢是不能看病，忙去借錢，晚天借了一塊，所以……：」

先生搶着說道：

「你們不要抱怨了，孩子已是如此地步，我開個藥方吧！」

醫子寫好，吃了早飯　他帶了一塊錢　便去送他去了

等他回來，帶了一包藥，她問：「多少錢─」「三千」─他回答。

一會，藥熬好了，她們便將這小孩用苦水灌下去了，珠兒只是瘋狂也似的哭着，可憐！

孩子吃了藥　她們才安了心，各人吃了幾個剩〔幾天的乾餅子。珠兒的父親便又了然無事的出去了，至於他的目的　或是賭博，喝酒，弄點快樂，誠然　男子們痛愛孩子到底不如女人那樣來得濃厚。

她──珠兒的母親，自從醫生的話，心是跳　一刻兒也不放鬆　看着珠兒的一舉一動，小臉曾顯得乾瘦因爲兩天沒吃東西了，一動不動的躺在母親懷裏。

看看天黑了，太陽快要落下去了，他還不來　她更等得心急。

直等得人家吃過晚飯後　她聽得門響　知道是他來了，便說：

「─也不知道你是幹麼？孩子病得這樣　還是一天不進家。唉！叫俺怎麼過呢？」

她的丈夫含笑的說：

「一不是的，我聽說後寨來了個給周大嬸看病的先生，想叫來給珠兒看看　你又瞎吵啦！」

她問：「來了嗎？」「明天早上來，」他一面回答，一面又摸小孩，但是那孩是一理也不理他。

唉！你要知道現在的世界，是金錢世界，她們能制使一個人的生命，她們如果要有錢，一有病就請先生看

落日

俠生

戰馬在吞着落日，
笳聲響個不止，
那一片紅流
是熱血男兒的遺跡！

○　○　○

祖國殘破，
乱民哀啼，
楚歌四面，
狼烟皆起，
還是個什麼時候？
落日？落日？

○　○　○

青年在掙扎着皮帶，
遍地充滿了口號，
鄉長忙着看名單，
適齡者又在胆戰！
這是個什麼時期？
落日？落日？

○　○　○

羌笛是在悲鳴！
鐵騎是在奔馳！
畫圖中的落日，
象徵出
偏安之勢，
如今呀！
還又是到了什麼朝代？
落日？落日？

無題

亞民

片片的白雪，
在天空中飄揚；
在這波光中蕩漾
幽美清秀的田野啊！
在這朝霞如玉的早晨，
我自己單獨的，孤苦的
渡來渡去的徘徊徜徉。

○　○　○

如今啊！是盛夏啊！
一九三七的巨輪不住的轉兒，
回憶過去的往事　令人頹喪。
何處是我的歸宿，
未來的過程，正如晨光般的渺茫！
青年黃金時代，容易淪亡。

○　○　○

呀！我所處的環境，
這樣的腐敗　淒涼
武斷的爺娘
狡猾的鄉隣，
我咒駡這萬惡的社會，
牠事事不如人的心。

○　○　○

現在的我，對於人生是消極悲觀！
煩悶　淒涼充滿了小小的心腸。
朋友的熱識冷嘲，
誰能了解我內心的創傷！
滿腔的血，只有發在筆紙上。
我自覺我的生命像曇花泡影，
刹那間毀滅　不能久長，
將來的生命啊！
不知變化的怎樣？

她們的孩子，怎麼能到這一步呢？而病勢又怎能這樣迅速呢？

半夜時分，最爲寂寞，黑沉沉的惡魔佔有了半個世界。父親是熟睡了，然而珠兒的母親——她，强拿了精神對着孩子，眼淚只是在她的眼匡中存着，似乎快要流出來了。

病重的孩子，猛然間搖了搖小手，不知怎的，他爸爸也醒來了，心在抨抨的跳着，起來走到珠兒身邊，說道：

「小珠，孩子，你是好了病呢？還是……」一句話沒有說完，只看見珠兒一睜眼，一張嘴，難受的，哀憐的面孔，我的禿筆眞不能形容出來，珠兒是這樣的發出了聲音：

「嗷！嗷！嗷！……」

同時也翻了眼皮，由高而低，漸漸無有了。

她瘋了，生龍活虎般的撲了上去，抱起了女兒，振動天地的哭了起來，她的丈夫說：

「你迷了嗎？已死的孩子你抱他幹什麼？他不是人了！」便用手去奪。噫！她們衝破了這午夜的靜　而爭奪着一個已亡的自己的孩子，她們是悲哀到極度了。

這一盞昏黃的燈兒　也含了幾分哀意，照着一個已死的孩子　和他那瘋狂似的父母，這時的一切……完全溶在悲哀的空氣裏了。

洞房的次夕

粹民

（一）

這已經是二年以前的事了，當時做夢也沒有想到，還能把生命延續到現在。至於現在居然能夠得到捉筆，把他追憶記錄不來，那更不能說是萬般的榮幸了。那時我只有十八歲，初級中學已畢業，因爲父親的守舊，沒有得到再事深造的機會。哥哥在北大讀書的，不大好回家，但是　却很關心我的學業　他　得到了我失學的消息，馬上寫信來勸父親道：

「……玉蘭天資聰明，心地純正　富有進取心：……前途很有希望　切勿令她失學，……」

但頑固的父親，把哥哥的這一段好話，總沒有放入耳內，依舊本着他的主張，貫澈到底。

××帝國主義者攫取了我們的東北四省，還不能心滿意足，又在進吞我們的華北了。我的故鄉——永定。因深居河北的北部，當然逃不掉這一場浩劫，當××舉兵來犯時　聰明的我軍　在不抵抗主義之下，逃的無影無蹤，永定城便讓××鬼輕輕快快的吞食了。

當××來到永定的次日，就把我的父親叫去　勸過他繳一萬元的犒軍費，你們想！我們中國人只有錢來接給抵抗××到底的義勇軍；那願意拿出錄來犒償那些侵略我們的無心肝的倭寇呢？所以當時父親聽到這話　就老大不然起來，因此便遭了千槍殺萬刀刮的××鬼子的一頓狠狠的苦打。待我們將錢送上，把他贖回來時　已是「奄奄　息」「凶多吉少」了。

把父親抬到家裏以後，大家圍着緊是哭，哭，哭！眞的，除了用自己潔靜的眼淚　來洗滌自己飽受侮辱的心以外；別的又有甚麼辦法呢！

（二）

太陽出來了，曙光照耀半天，由深紅而淺紅　由淺紅而微暈。一忽兒天空中遮上了層層濃厚的烏雲　把太陽密密的蒙着　大地上的人們　得不到　絲兒陽光　格外顯得陰森怕人。

「人呢？大××國的官員來清查戶口哩。」一個牛吼似的喊聲，接着擁進來十幾個人，最前的一個是留着八字鬍一臉橫肉的中國人，後邊跟着　個軍官模樣的矮胖子，及十數個奸狡的××兵士。

「我們家中沒人，有什麼話對我話好了！」母親去給父親請醫生，我正在侍奉父親飲茶，這時出場應酬的，只有嫂嫂了

「家中難道沒個男人麼！」八字鬍接看說。一羣××鬼　早把嫂嫂團團包圍起來，像餓狗碰着鮮牛肉般的，在他身上亂摸亂抓：……

「你們這些無人性的東西　對您娘怎這般無理！……」她受不過他們的侮辱，潑辣的叫罵起來。

我聽到外邊的嘈雜　連忙丟下茶杯　跑出來探視，哦！糟了！那個軍官模樣的××矮胖子，一眼瞥見了我，很快的對我衝過來，我馬上意識到片刻將來的慘劇　心中感到無限的惶恐，淒愴。但事到臨頭反而胆大起來，我便敏捷的向前迎了數步，借以避免父親的視綫，免得他已破碎的心靈，再增加此更大的創痕。

兩顆綠豆般的眼睛，兩頰特別胖，比上額幾乎寬上一半。自兩耳根以下　都生滿了狗毛　般的絡腮鬍子。呼吸在三步以外，已聽得清清楚楚。他「笑容可掬」的向我打招呼，伸出粗糙而堅實的手來與我握手　接着一根鐵棒似的臂　壓上了我的肩頭　捲着我的頸項，隨後便是一片沒命的狂吻：……

我昏迷了　倘不是他蠻橫的擁抱挾制着，幾將不能自持，心中像有無數個大大小小的毒蛇　齧食着我的心。疼麼？不　痲木麼？不。要說話　口張不開，哭，眼中無淚　全身像在騰騰冒火，——這火能燒焦山　蒸乾江和湖。

我張開如大醉初醒的兩眼　四面望望，已不見了那羣××鬼。院中衣物狼藉，箱篋都口朝天的拋散在院內。嫂嫂悲切的泣着　她上身着的大花緞襖　已撕得三叉五半，臉上滲出斑點的血痕。啊！天呀！這卑鄙齷齪的××鬼的侮辱　幾時才能夠報復呢，天？　「未完」

編輯室餘言

（一）雲章兄：副刊稿今日晚上奉還。公園四字請囑漆匠要依照紅綫描，不可忘！弟近來境況與兄同患貧而非患酒，一笑。

（二）山風君：來信頗好；但暗示挑撥性質的文字　在我個人手裏似乎總有些不能獲許。拙文本是隨手寫來，故毋庸將尊函連帶附載。

（三）亞民君．尊稿俱收　陸續登載。

司法欄

◎縣政府司法批示◎

▲刑事具狀人邢周氏，一件，爲不服判決　聲明上訴　懇請檢卷申送由　狀悉　仰候檢卷申送上級法院可也　此批。

▲刑事具狀人孟繼唐，一件　爲局謀奸拐，潛回隣村　再叩迅賜拘辦並追氏媳給領由。狀悉，仰候續傳訊奪，此批。

▲民事辯訴人孟十氏，一件，爲奉傳答辯　訴除下情　乞懇飭察眞像，以儆刁訛而免訟累由　狀悉．仰候庭期訊奪　此批。

▲刑事具狀人饒瑞亭，一件　爲家屬無妄受累，叩永體念防苦，恩准賞保摘釋，以卹無辜由　狀悉　仰候訊明核奪　此批。

▲刑事告訴人劉邢氏，一件　爲專謀刁訛　罪犯詐欺　更逞兇毆傷　性命堪虞，再懇迅提究辦由　狀悉　仰候庭期訊奪，此批

▲民事原告人黃要山，一件，爲石地霸不放贖　訴請傳案判追由　狀悉　仰候通知答辯　傳案訊奪　此批

▲民事原告人宋世文，一件，爲以當作買　霸不放贖　訴請傳訊判追，以重產權由　狀悉，仰候通知答辯　傳案訊奪　此批。

▲刑事撤訴人楊大備，一件，爲遵處能訟　請予撤訴由　狀悉　此批。

▲刑事具狀人劉爾曾，一件　爲無禮哄鬧　欺壓良懦　懇求傳案訊究法辦由。狀悉　仰候傳案訊奪，此批、

▲刑事具狀人李關武，一件，爲遵便辯訴　懇請緊察究懲由。狀悉，仰候庭期訊奪，此批。

▲庭期審理案件▼

五月

廿八日審理余王氏訴金允信宅基案

廿八日審理蔣顯英訴蔣天恩宅基案

廿八日審理孔繼先訴孔開先產權案

廿八日審理渠時福訴渠景高等產權案

▲本城粮價

名稱	每市石價目
小麥	最高九元八角　最低九元四角
黃豆	最高六元五角　最低六元三角
黑豆	最高六元[illegible]角　最低六元一角
綠豆	最高七元　最低六元七角
高粱	最高四元七角　最低四元五角
穀子	最高四元六角　最低四元四角
芝蔴	最高十二元一角　最低十二元
青豆	最高六元四角　最低六元二角
花生（每百斤）	最高六元二角　最低六元
瓜子（每百斤）	最高二十元　最低十八元

△△氣象▽▽

天氣	風向	最高溫度	最低溫度
晴	西北風	八四度	六三度

中華民國廿六年五月二十八日　豐報　（星期五）　第五版

小朋友

第四五四期

本副刊以介紹小朋友的作品爲宗旨

本副刊全係公開歡迎投稿

本副刊編輯部對來稿有刪改權

本副刊編輯部對來稿如不登載概不退還

本副刊編輯部設豐報社內

小言論

可憐的五月

小書　張先起

樹上的布穀鳥，不住的「布穀！布穀！」叫着，似乎說道：「現在已到農忙的時候了。」啊！現在是五月了吧！

五月　提起來眞使我們痛心！因爲這一月是列強侵略我國最多的一月，同時也是最悲慘的一月，像五三，五四，五九，五卅等各種國恥慘案，日帝主義者殺我軍民　掠我財物　來侵害我國的主權　這是多麼重大的恥辱呀！

布穀鳥又在叫了，聲音好像很悲慘，又似乎來警告一般睡獅般的同胞們！趕快覺悟吧。

同胞們呀！趕快起來吧！不要再遲延了，在國家方面　要努力擴充軍備，及各種救國工作，充實國防，振興實業。在個人方面，要鍛鍊成鋼鐵般的身體　求豐富的學識，將來和敵人拚命，收復舊有的失地，使可憐的五月，成爲快樂的五月。

創作

初夏

五年級　魏增高

「夏」現在又靜悄悄的走到人間了，留不住的光陰飛也似的逝去，春之神已走的無影無蹤了。

回憶過去的春，有美麗鮮豔的桃花盛開着　嫩綠的細柳條滋長着，可愛的小鳥兒，提高喉嚨唱着婉轉的春歌，勤謹的人們也都興奮的工作，那時的大地是多麼有生氣，可是現在呢？可愛的桃花花謝結果，嫩綠的細柳條失去了美的姿態，那綠油油的麥苗已出齊蓬蓬的穗，樹木上的葉子發得更是濃綠，唉！流水落花原來都表現出來的是春去也，如今已是夏初，多情的杜鵑不住的聲聲啼着：「春已去留無計」，春一心的歸去，我們只聽他歸去　知情的杜鵑何必多事

這幾天來燥熱的西南風刮起　那炎酷的太陽照着大地，可是農夫們在田中工作，汗珠如雨，還是努力不息的幹着　受盡辛苦的農夫們！你看太陽炎炎的如火燒一般　堤旁邊的幾株綠陰下，何妨去歇一歇呢？

尹克修同學的不幸

五年級　劉傳傑

上午課餘的時候　我正在院中和同學打球，忽有一位同學很快的從寢室裏跑到先生面前，報告道：「尹克修從樓[illegible]」[illegible]聽了這個可惡的消息，立時停止運動，很快的[illegible]跑到寢室裏去，到了室內，只見尹君克修睡在牀上[illegible]手足伸來縮去，現出不安的樣子，他的面上頭上以及[illegible]滿是塵土，看了眞使人難過，先生皺着眉頭問他，他一些不能說出話來回答先生，旁邊的一個同學說：「那時他[illegible]有甚麼事情，很快的忙着下樓，誰知一時的慌速，一不留心跌下來了。」

剛吃過午飯，來了車子，把他接走了，我想無論何事，要還了，一定要有一種不幸的事情，像這樣事情，是多麼可怕呀！

淒慘的杜鵑

華山小學　李瑞昇

[illegible]的早晨，我正在甜蜜的夢中，忽聞外面的杜鵑聲，淒慘[illegible]，我睜開眼睛，舉目外眺；只見天色模糊，那銀河[illegible]光閃閃灼灼的發出她的光輝，在這模糊的深夜中[illegible]的杜鵑；把我從甜蜜的睡鄉喚醒，這時我獨自[illegible]悶悶不樂，心中很是煩惱，在床上翻來覆去總不能[illegible]。唉！這討厭的杜鵑呀！你爲甚麼在外面總是斷斷續續的叫着呢？你悽慘的悲聲，怎能叫人聽了不傷心呢？

今天是星期六的晚上，到明天就是星期日。所以我想睡足[illegible]，今天又被這無情的杜鵑聲，把我鬧醒了，把窗戶打[illegible]那血紅的太陽，漸漸的升上來了，一會兒已升上樹梢，她的光綫射在屋內，使屋裏間的石灰牆，放出淡紅色的光來；現在我已知天色不早，於是披衣出室，走至天井面，見天井裡椿樹上的杜鵑，還在悲鳴；很是悽慘！[illegible]在這沉靜寂寞的早晨，更顯得悽慘！這時我的心中很是[illegible]然不當。

在[illegible]默默無聊的我，連書也不想念，心中發生了無限的感[illegible]，我們的東北四省，已被日本奪去，我們的東北義勇軍，現在正爲國盡忠，鼓着勇氣，努力的戰爭，決定志[illegible]的打倒日本

[illegible]又到多恥的五月了，五月三日的濟南慘案，五月四日[illegible]愛國運動，五月九日革命政府成立上海紀念停戰協[illegible]五月九日的國恥紀念，五月三十日的五卅慘案。唉！在每想到五月，眞使我怒髮衝冠，在五月之中間，我們有[illegible]款，有的割地，現在又到五月了，我們同胞！怎能[illegible]呢！我們錦繡的河山，現在已在他們掌握中了，現[illegible]佔我平津。他們的野心無盡，怎叫我們忍受呢？[illegible]杜鵑也因爲到了五月，所以叫的更加悲哀吧！

明月流水

華山小學　賀春仁

是一個清靜的夜裏，活潑的小鳥兒，美麗的蟲兒，們做了一日的工作，都去休息去了。一輪皎潔的明月，高掛在東方　暗藍色的天空　襯着幾點浮雲，一些小星兒佈滿了天空　顯出晶瑩可愛的樣子。

在這月明風涼的夜裡　我穩步出門前的荷池了。我便走出門外，步近荷池的一旁，在站邊畔。我見荷葉滿池　明月從東方慢慢的昇了起來　遠看只見村莊，阻礙了我的視線　我所聽見的，只有瑟瑟的風聲，潺潺的流水聲，還有村邊的犬吠聲。

這時的我，呆呆的在月影的柳蔭下站着，這時一輪皎月掛在當空，小小的星兒，也跟着進行，天空的一道銀河也倒映水中。

夜深人靜了，我也便步入室中就寢去了。

青黃不接時候

程小　胡朝哲

綠柳成蔭　枝葉扶疏　春花謝落　菓實青青　小鳥渣渣　烏鴉啞啞　麥兒抽穗　尚未垂首。

去年收穫的糧米　多已淨盡　可憐喲！無糧米吃的災黎　只有　無言無語度荒春。」在這青黃不接時候　田疇中無野草可掇　山柴絕無，農事不忙，他們呀，唯有赤手空拳無事做。靜聽饑魔來支配　肚內空空意飄游，無端愁緒滿浮心頭，但　無法想；淚空流。

逢到這春末夏初當頭，窮人們總免不了肚內飢愁，窮的人們呀！不要羨慕那高樓大廈中的富翁　要痛斥自己的生命不幸　社會的……………。吃麵嫌粗而餚無味；飯前茶後，樹蔭閒遊，觀蟻上樹　聽鳥歌喉　終日享受快樂，這，這是他們的祖宗的血汗的報酬。

朋友，花不能永開枝頭，痛苦不能僅使身扭變，只要我們肯吃苦受難，美滿的果實，將會落在我們臉前頭。

討飯的人

劉屯小學四年級生　劉常明

昨天放學的時候。我走到路上　碰着一個討飯的人。我看他，穿的衣服很是襤褸，行動也很蹣跚，又看見一個討飯的人，站在我們門前討飯，我看他面色憔悴，我就舀了一碗飯給他吃。

我想：這樣的人，還不能做工麼？我便問他道：「看你年紀並不老，怎麼不去做工呢？」那人嘆了口氣答道：一小學生　你知道嗎，我們就是找不着工作做呢！」

夜雨

李光前

嘩……嘩……嘩…………。

雨是這樣的下着。

但爲，牀上剛睡醒的我，並不知何時下起來的，迷迷昏昏的，只聽見外邊嘩嘩的雨聲，夾雜着忽忽的風聲。

這時，天已不早，至少也有下一點，電燈火已經滅了呢。

雨聲是越來越起勁，我的精神也越來越高，黑暗中兩眼睜的般般大，兩隻耳朵聽音的效能，似乎比平時增高，院中的雨聲，枕邊的鐘聲，皆能分析得清清白白。

偶而也不知是何方傳來的：「燒餅……，熱鷄蛋……」嗓子拉得很長。

哎！這怪出奇，天到這時候，還下恁大的雨，怎麼還有賣啥東西的呢？我想，縱然有人想吃，恐怕也不便去買吧！

雨還是起勁的下着，小鐘它却休息了，休息你就休息了吧！

我的眼也合攏了呢！

慚愧極了

蔣單樓小學校　張友樂

時光一刻不停的旋轉，使我們的年紀一年一年的增長，回想我自九歲即入初級小學，至今已有六年，在這六年之中，只貪圖眼前快樂，那管將來的[illegible]治，弄得現在功課惡劣，一無所長，怎能對得起父母的苦心 師長訓誨之厚意啊！

我每每想到這裏，眞使我慚愧的[illegible]容，酸淚禁不住奪眶而流下了。我想只是悲傷，不[illegible]心，仍是無益；今後我要痛下決心，立志努力用功，不虛擲歲月，荒廢光陰了。

初夏

[illegible]山小學　李茂泉

光陰是如何迅速呢，千紅萬紫的春，轉眼間已是過去了，日暖風和的初夏，冉冉的又降到人間了。

下午課罷，我精神昏昏沉沉的覺有點疲倦，便獨自坐在窗前向窗外眺望，只見那遍[illegible]種樹木，顏色比春天，更加濃厚了，風吹過來時，吹動[illegible]枝的細腰，飄飄的搖動。

那天眞和藹的兒童，都在樹下乘涼，他們談談笑話，上下古今，談桑說麻，談牛說羊，很快樂，小鳥在樹上唱着婉轉的歌詞，也似在贊賞初夏的涼呢？

樹旁的一條小河，水如明鏡，被風吹的縐成許多微波，夕陽反照，好似鍍了一層黃金，泳的鴨鵝，銜成許多波紋，帶着水滴的水萍草和荷葉，夕陽反照的如銀珠一般的發光。我獨自坐在窗前，向校後的山上觀望，只見那紅褐色的山縫中，長出來綠綠的芳草，牧童唱着快樂的歌謠，這種初夏的風景，是多麼美妙啊！

介紹

關羽（上）

孔昭

「秉燭起嫌疑，此夕心中唯有漢
華容知報德，當時目下已無曹」

涿縣人劉備生於東漢末年，他看見當時政治黑暗，人民疾苦，有心出來救世，於是在鄉里集合同志。關羽張飛慕備的大名，都投奔備那裡來。備很能賞識羽飛兩人，找一個好日子，和他們到桃園，去稟明天地，結爲兄弟。從此三人睡必同床，吃必同席，要好到連親兄弟還比不上。備是老大哥、更得他們的尊敬，在稠人廣坐中、羽飛整天侍立，一點倦容也沒有。有識見的人，早已看出他們弟兄的義氣。果然後來備和曹操爭天下，羽飛不避艱險，拼命幫助備。漢獻帝建安五年備從曹操那裏亡命出來，無寸土可守，全靠羽替備襲取徐州做根據地。消息傳來，曹操非常駭怕，忙和程昱商議打備。此時恰好獻帝暗囑幾個忠臣（備也在內）討操的衣帶詔，給操發覺了；操非常生氣，大事屠殺，一共殺了七百多人。因此曹操道：

「今董承他們等雖然伏誅，可他們的同黨，還有馬騰劉備，不可不除。」

「馬騰屯軍西涼，未可輕取，應[illegible]信去慰勞他，不要讓他懷疑。誘他到京師來，然後[illegible]。劉備現在徐州分佈犄角之勢，也不可輕敵。何況袁紹屯兵官渡，常常有圖謀許都的心？如果我們[illegible]東征劉備，他勢必求救於紹。紹乘虛來襲，我們怎能[illegible]件呢？」程昱很明白大勢的說

「備是一個人傑，又得關羽張飛[illegible]他的助手，如虎添翼。今兒他襲了徐州，如果不去[illegible]剿，他羽翼長成，沒法剪滅他了。袁紹很強，但他多[illegible]決，用不着怕他。」

操是一個穩健的人，嘴上雖說不[illegible]心裏還有一點躊躇，正在不知怎樣決定才好。忽然郭[illegible]進來，操忙問道：

「我想東征劉備，奈有袁紹之憂，[illegible]辦呢？」

「紹性遲多疑，他的謀士又互[illegible]不足憂呢？劉備新整軍，衆心未服，丞相引[illegible]，一戰便可以定了。」

努力幹

宋小五年級　石正畔

努力，努力！
努力向前奔跑，
美妙的樂園
快要到了。
努力，努力！
努力向前奔跑，
我們頭也不要回，
努力向前奔跑，
我們不要躊躇，
不要怕荊棘踏破了腿脚，
刺破了我的衣衫，
更不要管身體疲倦腿兒變酸，
努力向前幹！
汗也不要揩，
拼命的前跑，
不要怕前面的坑壕，
也不管後面的鬼哭神號，
不要怕荒蕪的小道，
更不必怕道旁的狠豺虎豹，

× × ×

努力！努力！
最後的勝利，
跑上光明的大道
到那時好恢復我的疲倦，
蹲在道旁多麼自在逍遙。
美妙的樂園，
便是我們的歸宿。

編輯消息

一，紅燈今已病癒，從今日起，仍負責編輯本刊。在病中勞王于一先生代編，紅燈極表謝意！

二，四月五月兩月份稿紙，因紅燈在病中未發，請小朋友們原諒！日內即將一并發出。請小朋友們努力！

三、研究欄，今後將從事研究實際問題，不限小朋友們作品，如有願作小朋友們導師者，紅燈定當極表歡迎！

司法欄

◎縣政府司法批示◎

▲刑事具狀人李濟英，一件，爲挾嫌栽誣，業已證明，懇請立拘誣報人，依法反坐，以肅法紀而伸冤抑由。狀悉，仰候庭期訊奪，此批。

▲民事具狀人周振隆，一件，爲和解成立，懇請准予銷案由，狀悉，准予和解，此批。

▲刑事聲明人秦劉氏，一件，爲聲明告訴人現已身故，請求銷案由，狀悉，此批。

▲刑事撤訴人蔣錫良，一件，爲遵處罷訟，懇予撤訴銷案由，狀悉，准予撤回，此批。

▲民事聲請人張王氏，一件，爲宅立嗣子請求備案由。狀悉，此批。

▲刑事具訴人胡文成，一件，爲虐待毆辱，處置無蹤，懇請拘案訊辦由，狀悉，仰候傳案訊奪，此批。

▲民事原告人冷際有，一件，爲同意訂婚，無故狡賴，請求傳訊判令履行婚約，以完婚姻由，狀悉，仰候通知答辯，傳案訊奪。此批。

本城糧價

名稱	每市石價目
小麥	最高九元九角　最低九元四角
黃豆	最高六元五角　最低六元三角
黑豆	最高六元三角　最低六元·角
菉豆	最高六元九角　最低六元七角
高粱	最高四元七角　最低四元五角
穀子	最高四元五角　最低四元四角
芝蔴	最高十二元二角　最低十二元
青豆	最高六元四角　最低六元二角
花生（每百斤）	最高六元二角　最低六元
瓜子（每百斤）	最高二十元　最低十八元

氣象

天氣	風向	最高溫度	最低溫度
晴	西北風	八〇度	六〇度

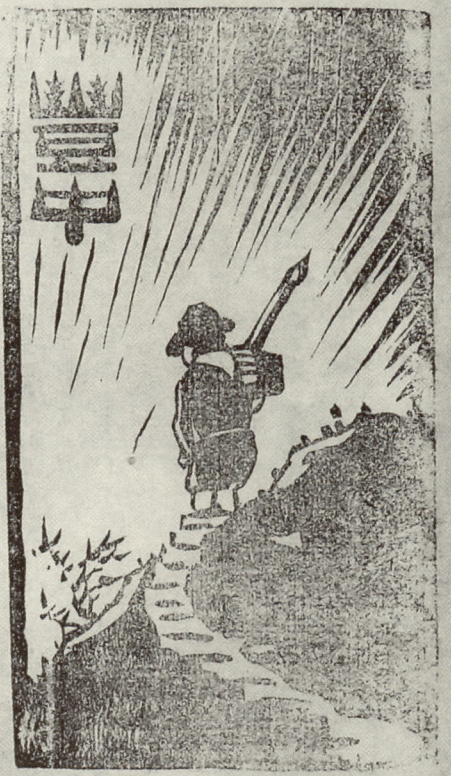

第十六期

本刊每星期六出版

一點辯解

小談論

有些作品，例如「罪與罰」，讀起來是會叫人打寒戰的。在中國．也頗不少這一類的東西，上自作家．下至文童，都寫過許多。這一類的作品有時很受非難，說是「不積極」。是的，并不積極．但也未必完全消極。「飽漢不知餓漢飢」，世界上儘有許多人在自己的小天地裏活得太于如意。天下人都不挨餓．因爲他已經吃飽了；天下人都不受凍．因爲他已經穿暖了；天下人都很自由，因爲他可以隨心所欲，天下人都很快樂．因爲他在歡樂場中過得十分得意。其實，實際的人間并不全如此．人性所以弄到這樣「反常」，在一部分人，是由于太天真；在另一部分人，是由于自私自利。如果有個「不積極」的作家用陰森森的筆調寫出了人間的慘相．使這些朋友們看了以後馬上從天國掉下來，先弄得「寢不安枕」「食不甘味」，而且知所悔誤．我想．這作用似乎還有積極的意義，這樣的作家的工作似乎也得算是向善的努力。在這一點意義上，我愛這樣的作家及其文字。

但是．寫或者讀這一類的作品確是有點危險的。受危險的不是別人，是自己！一個人，孤零零的一個人，生在一個沒有邊際，沒有終始的「黑暗世界」裡，要想長生，怕是很難的吧？事實上，許多作家苦死了，許多讀者苦死了。文藝的效用在推動人活，現在却推動人死；于是，對這種作品不滿的人又振振有詞的出來說話了！但是．你仔細瞧吧。他對暴露慘相的作品萬弩齊發，但對製造慘相的社會却不發一矢！由這種精神指使着，他所寫的積極的作品便是快樂的夢中的囈語．這種作品別無他意，無非是教人別找麻煩，閉着眼睛得樂且樂的過下去。可是，能夠得樂且樂的人原就不多．所以這種「積極」的作品也究竟不能救世。而且，據我的私見，這作品比「消極作品」還消極．「消極作品」還教麻木的人打個寒噤，「積極的作品」則教麻木的人窒息死去。

暗中有光！悽苦中有歡樂的種子，人間有的是路！因此，上述作品以外也還有給人以深澈的認識和向上的推動的文藝——健全的文藝。牠吸收了「暴露作品」的寫實的內容而照破了牠的壓人的沉沉的霧氣。

探病

寫作　立

我一路上沒有觀看田野裡的風景，一股氣走到了姑母底莊頭上；這時候，日頭正在那混沌的西方的天空裏懸掛着，牠底黃光遍照着田野。

我慢慢地走着，想着：在三天前，我底奶奶把我叫到她底面前．兩隻失掉了光彩的眼睛直望着我．像是有什麼事情要與我說似的。但是并沒立刻說出來，只是皺着亮黃的面頰．靜默着；似乎有什麼塞住了她底咽喉。但她終於說出來了：「平！你往您姑娘家去吧？小修（我的表弟）底病知不道是好還是歹啦。我老是担心．吃點飯就難受惡心。天天夜裏做些惡夢！他能有了好歹了麼？本來說，我是不疼小修啦，他錢也化夠啦，工夫也費到啦。到這時候整整二年了，就是老的也侍候煩了。您姑娘爲了他瘦得沒有人樣了，您姑夫也病了一場。我不疼他啦？我疼得是您姑娘！你去看看吧！回來我好放心！」說着，她那憂愁的面孔上像是掛着．道淚痕。

我這次去也就是爲了我奶奶的話。

一股風吹過了我底頸項，我感到有些涼爽。抬起頭來看看．包圍着我的已是村中的樹木了，這使得我起了另一種的感覺，在一年前我來的時候．這村莊并不怎樣的壞，現在却大不相同了：從前的茅屋，現在都大半變成了破的垣牆；那枝葉繁茂的大柳樹．現在有的刨了，有的砍去了上帽。很雜乱的長在那倒得橫三豎四的屋牆中間．特別顯得枯老。上面雖是長着幾束細細地枝條．可是也太不茂盛了。一個年老的農夫背着鋤，低着頭，像是在愁思什麼似的走向了田野。

我想着，走到我姑母的屋後頭了。一個蕭條的景象使我頓然驚訝了．我望着這屋牆，想着我奶奶對我說的小修的樣子，我有些駭怕了．我彷彿隔着屋牆看見了小修底一副吓人的面孔．不由得我全身上的毛孔都張開來。一股冷氣．從頭頂一直通到脚跟．我驚訝着走進了這將要歪倒的破籬門．剛一進門．我就往四下裡乱望，看看有人沒有、這使得我將喊出聲來了。整個的院子當中是死一般地寂靜。連雞狗也絕跡了。只有幾條破爛得連不上的破襪破袍-願的東西．在那懸掛在屋簷底下的黑繩上低垂着。幾個小缸，幽靜地立在屋牆跟前。那糞坑的周圍已長起了尺多高的荒草了。這就像是這裏有好多年沒有人烟了似的。「姑娘！」我的心跳動着，喊了一聲。但這聲音立刻被寂靜吞滅了，靜得更加可怕．我看見堂屋門是開着的，但我不敢走進去、維恐屋內沒有姑母或別人．只有小修自己，我又喊了一聲：

「姑娘！」

「誰……呀？」一個細弱的幾乎不能夠聽到的聲音、從堂屋裏發出來．這使得我放下了心。因爲我聽出這是我姑母的聲音．便急快地答道：

「是我．姑娘。」

「平呀！」

「吭。」我說着慢慢地走近了堂屋。這時我姑娘也走出來了．她揉着她那淚汪汪地眼睛．在望着我．一幅尖瘦的面孔．映着陽光，放出了令人可怕的亮光。半白了的頭髮籠在前額上。她底面目確實是大大的改變了。

「你從學屋裏來的麼？」她抓住了我底手。上下的望着我。

「是的。」

「屋裏來吧！」她放開了我底手．先走進了蓋去，給我拿了一個板凳．我坐了下來。她就坐在那地上的灰窩裏了。

「小修好了吧？」我向她問。

「唉！怎．能會好。」她皺着眉頭，像是很難說話似的說着：「病是．成好也沒有啦！只不過是熬一會是一會罷了．三天沒有喝一點湯水了。昨天夜裏死過去兩回，每回都有吃頓飯的時候才醒過來的。他是不能好的了！」她說着，頓然停住了．哽咽塞住了她底喉嚨。

我默默着。

「他死了，我怎樣活？」她那瘋了似的兩眼直盯着我說：「他十八歲了，啥力都能出啦！怎麼能會得這樣不能好的病？有人對我說：『這不是兒，是要賬鬼．前世少欠他的錢』我也想着．是兒不死．是財不散！」可是他活了十八年了。……有時候．我難受極了，也就想着：這不是兒！要真是兒的話．他就該好了．可是過了一會，我就可想着．他到底是我底兒呀！」

「你也別掛心他啦！姑娘！他底病已是這樣啦．你也沒有法子．就是你也掛心死也是無益！他如真不能好的話，你就好好地養着這個兄弟和一個妹妹！他們不久就會長大的！又可以替你做活了。你要是再有了好歹，這兩個小孩怎麼能活！」我聽了她底以上的話，也感覺到沒話可答，只得用話這樣的來勸她。

「他從得病到現在．共化了幾百千錢，各樣的先生都請過啦，各樣的東西也吃過啦！他死了沒有缺點了吧？」

「沒有啦！」

「除了是沒有跟他做件新衣裳？」她向我問。

「這也不算什麼缺點。」

她默默了好久，我也不作聲地望着這院子的四周。

「小修在裡邊睡着了麼？」我轉過頭來問。

「沒有。」她底兩手托着兩腮，慢慢地說：「從吃罷飯，就把他抬到院子裡去了。在南牆跟前哩。」她說着用手指給我。

我站起身來，想去看看他。（雖然我怕見他）我走出門來，姑母也跟着走了出來。當我走到糞坑旁邊的時候，小修發出了一「吁吁」的呻吟聲。正像小孩子學鬼叫的一樣。我底頭髮豎立了起來了。我目不轉睛望着他。一個黑黑的被子蓋住了他底身體的全部。身子下面鋪着一個沾滿了血跡的麥楷席子。周圍是亂麻一樣的乾草。我看不見他動彈，只是聽着一「吁吁」的叫聲。綠豆蠅像米粥一般佈滿了麥楷席子的周圍。在深深的吸着血水。

「小修！」姑母搖晃着他底膀臂說：「你哥哥來看你來，你還能說話不？」姑母說着，就把那條被子揭了開來。還使得我幾乎跳了起來。我沒敢看他底臉，只是看着他底下半路子，腳同腳趾都瘦得皮包了骨頭！兩條沒有血色的腿直挺挺的像兩個木棍一樣，上面還遺留着些污血。他底心口窩在微微地跳動着，肋骨根根可數。等到我看到他底臉的時候 我不由得皺了皺眉頭，他底面頰腫得像加官的臉一樣。耳朵緊緊的張向兩邊。一雙圓圓的眼睛，放出來一股冷光，透過了我底皮膚 刺進了骨髓。我覺得我從頭到腳有一條寒流流過着，我把我的眼光轉向了姑母。

「你認得這是誰不？」姑母向他說着，一方面用手指着我。

「吁……吁！」他只是搖頭。

「不認得麼？」

「……」他沒作聲．只是用冷冷的眼光注視我。

「前天還認得人哩！」姑母向着我說：「這是罰他來受罪啦！你望望他身子底下。」姑母說着，用手扳起了他底肩膀。這麼一來，使得立刻我皺起鼻子來了。那種又腥又臭的氣 隨風散了開來 我幾手嘔吐了。我還隱隱約約地看見他身子底下，亂草堆中 蠕動着些細白的東西。但立刻又被蒼蠅蓋滿了，他底下半面身體變成了膿漿 姑母看着我忍不住這種臭氣，便立刻領我到那籬笆底跟前陰涼底下去了。在那裏坐着的時候，我心裏想着：「這真是人間罪惡！」

陣臭氣吹過來了．我扭轉了臉．那暗淡的太陽光從籬縫中偷偷地射了過來，照在小修的身上，顯出慘白的光來。

全院子裡又陷入了死一般地寂靜．姑母底兩臂抱住了她那乱蓬蓬的頭，無聲地在內心裏哭泣，從糞坑邊的青草中跳出來一隻青蛙，牠蹲在有陽光的地方 望着這個悲哀的景象 牠低下了頭，喉嚨裏發出「哇！哇！」的聲音。

不知是什麼東西從我頭上翩翩地飛過了，我抬起頭來一看，是一隻烏鴉 牠已經落在草堂屋後面的柳樹上了，牠伸長着頸子望着下面的小修，幾次欠動身體想要飛下來，但看見有我和姑母 牠就飛跑了，丫的叫聲炸破了這死一般地寂靜。好久這院子裏都留着牠底餘音。

我被這景象嚇呆了，再也不願在這裏停留。我就向姑母說：

「我走 姑娘 天不早了。」

「這就走麼？」一姑抬起頭來 輕輕地說

「一吭，還就走 天黑啦？」我說着站了起來。西方的太陽已經落下去了，這院子被黃昏蒙蓋起來了，我心裏有些着急！

「您姑夫也沒在家 不能送送你，他去受訓去了，天天到半夜才能回來。

一你不害怕麼？」我問過她之後，我又想起不該這樣問，因爲這話更使她更傷心的。

一有王媽媽和我做伴

我走出來，姑母沒有跟出來，我就快快地走開了。

天大黑了 天空中的白雲，已溶解在黃昏裡 遠遠的麥田上有螢蟲在飛翔。我，停都不敢停地走着 面前好像老的閃爍着小修底一幅面孔。

（三年級

得生

夏燕

得生已十七八歲了，他所做過的事，是使他傷心的。

他是老實而有長進的青年，他的性子是很溫和的；但一些壞孩子常惱了他 他也會怒起來 發，瘋 兩眼圓圓的張開 氣喘得較平時抽長了，手緊緊的握成一團，臉上的火在燃燒，只是不發言；但得生又有一個好脾氣，生來不去罵人。

自他生下來就過着安閒的生活，他愛和些小孩子在一塊玩．他們的遊戲是捉迷藏。有時爲了遊戲別的孩子和他鬥起來，他總要吃虧，含着眼淚回家裏去，還是因爲他沒有力氣，太老實。他在家裏時 就拿着他父親的書亂讀，還爲他不識字，所以他就依着書上的圖畫去讀：小貓，小狗，小鷄，兔子，人：……他父親看他熱心，也時常的教給他 他當然用心的去學

到了十歲的那年 他父親把他送到學堂裏去了．還是他正式的開始求學．一些小孩子和他很親近，他是非常歡喜。

時間過得久了，因爲他努力用功，所以先生很愛他；每有一次背書，回講，他[illegible]都感熟悉，別的孩子們是浮華的，懶情的，有時不會背，不會講，總要吃先生的巴掌，因此，一些孩子又非常妒嫉他。

他陷於孤立了，他受了那些孩子們幾次辱罵 他不敢言語，恐怕那些孩子合起來打他，他只是俯在他的位子上納悶 也有時會落下眼淚來。

有一次，他受了一頓臭罵，他忍不得就哭了。到了上課時，先生到教室裡，他還流着眼淚 先生喚起別的孩子背書，不會背的當然照例的還是吃巴掌；又輪到得生背書了，他站起來低聲的對先生說：

『今天我不會背！』

先生聽到了他的聲音，先生的視線溜好像嗚咽了，看到了他的眼利臉上去，看到了他的眼在流着淚水。便驚奇的問題：

『得生，誰惹了你？』

『沒有誰惹我；他嗚咽的回答。

『孩子，說吧！誰惹了你？』先生和藹的問。

先生連問幾次，他只是不說出來。

『好了，你坐不吧，孩子！不肯說嗎？我要問級長了』得生隨之坐下去，先生的眼光又丟開了得生，注視着級長

『你們中那個壞孩子惹了他？』

『沒有誰惹他 他自己想哭』級長回答道先生．隨之也站了起來。

先生不知道他究竟爲什麼哭 怎樣傷心起來。

上課的時間過了，先生喚着得生到辦公室裏去。先生用和氣的口吻問道：

『孩子，到底爲了什麼哭，說吧！』

但得生總不肯說出來來，先生只得叫他出辦公室去了。

素心一個活潑的小女孩子的年方八九，和得生很要好，整日和得生在一處研究功課，如今得生傷心了，她也不十分快活，她痛恨，痛恨同級的一些壞孩子；但她又沒有力量去對抗，終于沒能給得生打個興奮劑 她却同情于得生而傷心起來。

她傷心了好幾天、把氣嚥在肚裏 她統統的消氣的一日 她打定了主意走出教室來 沒有看到辦公室裏有一個孩子，她快活了，悄悄的走入辦公室內 給先生鞠了個四十五度的躬 然後把得生傷心的事情一納說出來了；先生聽了紅了臉，立起身來說道：

『孩子 我相信他的話，你回去把級長喚來。』

素心走出來，把級長喚到辦公室裡去了。

『上課時你爲什麼不給我說實話 你爲什麼領看全級的孩子去罵得生，』先生動氣了 手裏拿着一個戒尺，憤怒的說。

『我不知道 不是我領着罵的。』級長虛僞的說。

『他是級長 不是你是誰 你不肯說嗎？早有人告訴我了。』

但級長總不肯說，直到挨了幾戒尺打方才說出。然後先生對他說：

『現在你有過失了、取消你的級長，回教室去吧！』

上課時間又到了，先生照例的渡到教室裏去。

（未完）

本城糧價

名稱	每市石價目	
小麥	最高九元八角	最低九元四角
黃豆	最高六元五角	最低六元三角
黑豆	最高六元	最低五元八角
綠豆	最高六元八角	最低六元六角
高粱	最高四元六角	最低四元五角
穀子	最高四元四角	最低四元二角
芝蔴	最高十二元一角	最低十二元
青豆	最高六元四角	最低六元二角
花生（每百斤）	最高六元二角	最低六元
瓜子（每百斤）	最高二十元	最低十八元

氣象

天氣	風向	最高溫度	最低溫度
晴	西南風	八六度	六三度

中華民國二十六年五月三十一日　豐報　（星期一）　第一版

豐報

◀第一四一一號▶

▷社址豐縣大同街◁

中華郵政……新聞紙類

本報廣告刊例

國貨香烟

老牌　請吸

白金龍　花王牌　大長城

價目低廉　色味具佳　品質高上　無與比倫

南洋兄弟烟草公司出品

豐縣德履祥經銷

豐縣農工銀行限期收兌紙幣啓事

本行前因奉令結束，經限期四月底將所有紙幣收兌清楚，迄已過期，多數仍未兌回，茲經監理委員會決議展期一個月，至五月十五日起六月十五日止收兌清楚，過期作廢，不再展期，希各依限來行兌換為要，此啓。

中華民國二十六年五月十五日

本社營業部

承印：書籍　表冊　賬簿　收據　名片　喜帖　股票　發單　哀啓　訃聞　家譜　公文　傳單　廣告　雜章　小說　文憑　禮劵

兼售：公文紙　稿紙　信封　信紙　及會計應用表冊

如蒙光顧　價目從廉　訂印物品　先繳半價　現款交易　概不賒欠

營業時間：上午八時起　下午四時止

豐縣教育局啓事

查本局五月份經費，業由縣政府領出，定於六月一日發放，限一週內結束清楚，仰各級學校來局具領可也。

豐縣十三家粮行啓事

敝粮行等前因市面輔幣缺乏，所發紙條小票，今奉令限期收消，自五月二十九日起，至六月八日止，十日內一律收齊，希各界即日起向鐘樓前錢桌兌換為要，此啓。

中外要聞

汕案雙方調查竣事　即將開始初步調解　日艦尚無離汕表示

▲中央社上海三十日電　汕案中日雙方調查人員，業已將調查工作辦竣，即將開始作初步調解，凌士芬今返廣州後，即電外部報告詳細經過，並請示交涉步驟，現日艦仍泊原處，尚無離汕表示。

▲中央社上海二十九日電　凌士芬昨與汕調查汕案，獲得證據甚多，明日可返粵報告，駐粵日領中村認為此案發生時，有一日憲兵在場親睹，係青山清先動手毆打警察，故此案實無擴大可能性。

▲中央社上海廿九日電　孫科、于右任廿九日晨同車抵滬，據孫氏談，汕頭事件可由地方解決，川中謠傳自派劉航琛到京後，業已煙消雲散，本人暫不赴粵，日內即返京。

蔣作賓赴察綏視察　返平後再轉幷

▲中央社張家口廿八日電　蔣作賓廿八日晨七時由平抵張垣，察主席劉汝明率各機關職員等集站歡迎，蔣部長下車與各歡迎者寒暄後，與劉主席同赴省府，略事休息，八時由劉陪同視察各機關，九時檢閱張垣警察並訓話，十一時劉主席在省府歡宴，午後二時，在省府講堂召集各機關職員訓話，四時由劉陪同視察森林公園，五時遊水耳山名勝，六時赴各界領袖公宴，晚八時赴綏，劉汝明率各界至車站歡送。

▲中央社歸綏廿九日電　內政部長蔣作賓，偕司長蔡培等十餘人，廿九日晨五時許由察抵綏，傅作義及軍政各界人士赴站熱烈歡迎。

▲中央社歸綏廿九日電　蔣部長作賓廿九日晚離綏赴大同遊雲岡，三十日即轉平再轉保定赴幷，晨八時蔣至省府晤傅主席後，偕赴烈士公園獻花，並至民眾教育館，下午復赴觀各工廠等處，晚赴各界歡宴。

▲中央社歸綏廿九日電　蔣部長作賓廿九日晨對記者談，視察綏省結果印象良好，以綏省成績尤佳，萊陽縣長訓練組織民衆有方，甚為難得，宋哲元……農村為政治之根源，縣長等所負責任甚大，內政部訓練縣長意即在此，將來擬將全國縣長均予以訓練。

▲中央社北平三十日電　蔣作賓三十日晨由綏抵大同，下車遊覽雲岡勝跡，晚繼續東返，約三十一日晨可抵平，聞將到平稍息後，即遄返保定視察，然後經石家莊轉車去幷。

▲中央社太原三十日電　閻錫山以蔣作賓日內來幷，特於三十日晨由河邊返幷，閻步旅甚健，精神已告康復。

中華民國二十六年五月三十一日 實報 （星期一） 第二版

王英等匪漸活動

內部紛歧常子義部譁變

▲中央社張垣廿九日電 王英張福堂等匪、確已漸呈活動之象、惟係秘密派人從事於招募工作。

▲中央社萬全三十日電 匪僞內部因意見紛歧、業已內訌、僞部常子義團一千餘人、由向廟灘譁變 忽自動開自熱河邊境、聯絡散匪作抗戰舉動、某方特務機關即派駐張北之包子宸部前往追擊 常部係匪逆王英精銳部隊 器械甚精 戰鬥力甚强、今晨雙方仍在激戰中、包子宸將續調大隊赴多倫協助、以厚實力。

馮玉祥返抵京

▲中央社濟南廿九日電 馮副委員長玉祥偕夫人男女公子、於廿七日午後一時半專車離泰安北來、三時抵濟、各機關長官均到站歡迎、馮氏下車與歡迎人員互道寒暄 即乘汽車赴省府休息、韓主席午刻宴會 聞訊趕返省府 晤馮氏暢談半小時、並在西花廳用餐、六時半返站仍乘原車離濟南下 過泰安不停逕返京 馮對記者甚贊魯省各項事業之進展。

▲又徐州電、馮玉祥在泰安主持烈士祠落成紀念禮畢、廿九日晚八時乘專車返京、預計約二時過徐南下、此間軍警當局已在站加派軍警守護、並準備歡迎、馮氏定三十日晨抵京。

▲中央社南京三十日電 軍事委員會副委員長馮玉祥、日前代表中央赴泰安主持灤州起義烈士祠落成典禮、並赴濟南視察建設 茲已事畢於今日下午二時半乘津浦專車抵京、軍

▲中央社南京三十日電 軍委會馮副委員長玉祥 今日下午二時五十分由泰安抵京。

林主席將赴廬山避暑

▲中央社南京廿九日電 國民政府林主席、以時屆夏季首都天氣愈漸炎熱 已定下月中旬離京赴廬山避暑 將由參軍長呂超隨行。

暑期將屆

行政院將移廬辦公

▲中央社南京三十日電 行政院以暑期將屆、仍擬依往年舊例移廬辦公 政務處長何廉 已於今晨八時乘長興輪西上赴潯 轉廬籌備辦公地址。

蔣院長政躬康復

分呈中央國府銷假視事

▲中央社南京三十日電 行政院蔣院長以政躬業已完全康復 而假期將於本月底屆滿 特具呈中央及國府銷假視事 並通告所屬各機關知照、惟蔣院長現不在京 在未回京期間 行政院院務仍指定暫由王外交部長代拆代行。

川樾定下月中旬

來華返任

▲中央社南京三十日電 據外交界息、現聞日本駐華大使川樾 定於下月十五日攜帶日外務省新訓令啓程來華返任、

朱慶瀾視察

扶風災童教養院畢

······昨晚由洛勘查豫西災情······

▲中央社西安廿九日電 朱慶瀾廿九日晨八時偕饒聘卿等赴扶風 視察災童教養院及農村、定三十日晚返省。

▲中央社西安三十日電 朱慶瀾廿九日赴扶風縣視察災童教養院 三十日下午返省 下午六時彭昭賢在民政廳官邸歡 朱氏 席間對於賑濟陝災有所商談 朱氏在陝事畢、當晚十二時快車赴洛勘察豫西災情 定六月二日返京。

返平期未定

宋哲元仍在原籍

▲中央社天津三十日電 冀察綏靖公署秘書處長郭貴軒、及宋哲元隨從副官長王培忱、三十日下午由滄專車來津 鄭部於下午四時赴平 聞宋仍在樂陵原籍 返平期尚未確定。

川教育考察團

赴杭參觀

▲中央社南昌三十日電 四川教育考察團黃穎等十八人在省參觀各級學校畢、三十日下午五時乘浙贛路快車赴杭參觀 然後轉京滬各埠。

趙子餘赴汴

代表萬福麟出席軍整會議

▲中央社保定廿九日電 五十三軍參謀長趙子餘 廿九日上午十一時乘平漢車由鄭轉汴 代表萬福麟出席六月一日三省軍整會議 聞會期僅一天 整軍方案一切在京均商妥原則 故汴會無多討論、二日可閉幕。

▲中央社開封三十日電 商震以豫皖蘇三省軍整會開會在即、各委大多抵汴 乃於三十日晨九時四十分車由順德抵汴、顧祝同由新鄉乘車到汴、孫連仲三十日亦抵汴。

日軍機一一零六號由青返津

▲中央社青島廿九日電 日軍用機一一零六號 廿九日午十一時二十分由津飛抵青 日駐屯軍參謀池田隨機來青、十一時機載日人三田返津。

吳[illegible]剛視察陝東各縣禁政完畢

▲中央社西安三十日電 陝禁煙特派員吳志剛 出巡省東渭南華陰等四縣視察禁政、廿九日晚返省 吳談 此次考察各縣禁政印象甚佳 在省參加六三紀念會後 即繼續出巡西路咸陽武功等縣。

駐平各國使節關心華北謠言

當局決派員說明不足置信

▲中央社北平三十日電 駐平各國使節對最近所傳之華北時局謠言 頗爲關心 間有派員向我官方探詢真象者 聞關係方面決日內派員專訪各使節 說明外間所傳殊屬謠言 不足置信。

[illegible]謁王代院長

報告川省政務及災情

▲中央社南京廿九日電 四川財政特派員關吉玉 今日上午十一時半赴行政院晉謁王代院長、報告川省省政及災情。

沈鴻烈葛光庭到濟晤韓

▲中央社濟南廿九日電 沈鴻烈葛光庭 廿九日晨七時由青島抵濟 韓復榘等均到站歡迎 沈談來濟特訪韓主席、並無任務、稍留即回京。

廣東汕頭無線電話

定明日正式開放

▲中央社廣州廿九日電 廣州汕頭無線電話籌備已竣 定下月一日正式開放 行常傳呼每三分鐘一元八角 加急傳呼每三分鐘二元三角。

林主席電唁徐源泉

▲中央社漢口廿九日電 林主席廿九日電唁徐源泉、徐遵賢主任禮鑒 得電驚悉太夫人於寄將辭世、至深傷悼、執事孝思純篤、至必哀傷、惟念太夫人懿德昭徽 成忠孝、貽範清[illegible] 尚望節哀 勉襄大事、是所切禱、林森艷叩。

陳繼承召各軍分校主任

商教務推進計劃

▲中央社南京三十日電 中央軍官學校教育長陳繼承以該校學後、對教務整理不遺餘力 現定下月一日召集所屬各分校主任到京開會 商討分校教務推進計劃。

滬各界昨開五卅紀念會

平各校因考未舉行儀式

▲中央社上海三十日電 滬各界三十、晨在五卅公墓舉行五卅殉難烈士公祭 由虞洽卿主祭 旋於五卅小學舉行紀念會 由校長林鈞主席 報告紀念意義 林康侯等演說、參加者五百餘人、全市一律下半旗誌哀。

▲中央社北平三十日電 三十日爲五卅紀念日、平各校學生因正屆考試之期、故未舉行任何紀念儀式。

覃振昨在長沙

向集中訓練學生訓話

▲中央社長沙三十日電 覃振三十日上午八時出席集中訓練之學生訓話、題爲「青年對於今後的責任」、大意分爲兩點 一、强健身體、二、認識主義、十時赴席湘西同鄉會之歡迎會。

首都實驗民教館 舉行國恥展覽會

▲中央社南京三十日電 首都實驗民衆教育館 爲使市民認識國恥起見、特於今日起至六月五日止、舉行國恥展覽會、陳列展覽品計五百餘件、凡自片鴉戰爭起迄至最近之國恥材料、均被搜集齊全、其最觸目驚心者爲國難地圖、即清初與現代疆域比較、

粵中大文教農三種碩士 定今日舉行學科試

▲中央社廣州三十日電 粵中山大學研究院文科教育科農科三種碩士考試、定三十一日舉行學科試、下日七日論文試、經呈准教部聘吳康等三教授爲考試委員會主任。

綏新運會組歌唱隊 昨開成立會

▲中央社歸綏三十日電 綏新運會爲激勵民氣近組歌唱團、三十日開成立會、報名竟逾九百餘人、當由總幹事王則鼎總隊長劉漢軍領導全體唱義勇軍進行曲等曲 歷一時之久、慷慨激昂、氣壯山河 爲歌唱空前大集團、足使全國各地仿行、

李世蘭在粵逝世

▲中央社廣州廿九日電 中央革命債務調查委員李世蘭因肺病廿八日晚十二時在廣州逝世、在粵革命老同志今特假東川路夜光公司組治喪處、即日分電中央及國府林主席報喪。

日旅行團昨抵平

▲中央社北平三十日電 日本旅行團一行五十餘人、由野崎三太郎率領三十日晨九時五十分由瀋經津來平。

森島昨赴津 即將返國報告考查經過

▲中央北平三十日電 森島在平事畢、三十日午十二時三刻赴津、聞在津稍作勾留、即取道東北返國、向日外務省報告考查經過 並將隨川樾返任時來華履新。

施肇基由舊金山啓程來滬

▲中央社上海三十日電 舊金山廿九日電、卸任中國駐美大使施肇基、廿九日偕夫人及女公子由此搭輪赴滬 歡送者有中美人士數百人、

六三舉行紀念會時須恭讀 總理拒毒遺訓

省禁烟會令發各縣一體遵照

◇對鴉片之宣戰絕對不可妥協◇

▲江蘇社 本年六三紀念日舉行紀念大會時、規定須恭讀總理拒毒遺訓、茲經江蘇省禁烟委員會摘錄 總理拒毒遺訓、令發各縣屆時、一體遵照恭讀、並探錄如下、「中國之民意、未有不反對鴉片、對鴉片之惡勢力、表示降服者、均爲民意之公敵、對鴉片之宣戰、絕對不可妥協、苟對鴉片下旗息戰、不問久暫、均屬賣國之所爲、欲達禁烟之目的、必須由國民政府採定全國一致遵守之計劃、拒毒團體須奮鬥不懈、決心永[illegible]降服之政策」、又該會令飭各縣鄉村學校舉[illegible]儀式、飭屬遵照云（一）全體肅立、（二）唱[illegible]、（三）向黨國旗及總理遺像行三鞠躬禮、（四）主席恭讀總理遺囑及總理拒毒遺訓、（五）主席致開會詞、（六）演說、（七）唱禁烟歌、（八）呼口號、（九）散會。（廿八日）

蘇教廳召集 二批教局長會議

出席如皋南通等九縣

由周廳長主席並訓話

▲江蘇社 蘇教廳分批召集各縣教育局科長來省談話、第一批爲第一師範區各縣 已於昨結束、第二批爲第六師範區如皋等九縣局長 均於本日上午十時到廳 於十時開會、計出席者如皋石[illegible]霄、南通吳雲浦 泰興巫恆通、東台孫貢元 泰縣余佩久 興化汪特璋 鹽城陳家鳴、啓東楊杉 及周廳長、暨主管秘書科長等十餘人、由周廳長訓話、大意以本區各縣教育經費 漸趨穩定、須於整頓現狀以外、更謀事業之推動擴展 並須注意整理學產、督促小學教員進修、獎勵優良小學教員等事、繼由唐督學報告視察本區教育情形、及改進意見、嗣即攝影 仍由周廳長招待在廳午餐云。（廿八日）

中央令頒 黨國旗升降辦法

蘇省黨部轉飭各縣遵照

▲江蘇社 蘇省黨部頃奉中央令頒黨[illegible]降辦法一份、全文計共九條 該部奉令後 已轉飭各縣黨部遵照辦理 茲將該項辦法原文探錄於下、第一條、全國各地高級黨政軍機關及學校須於適當地點樹立旗桿、逐日懸旗、第二條、樹立之旗桿 如係單桿者應懸國旗、（黨部可懸黨旗）如係雙桿者、應懸黨國旗、第三條、各機關升降旗事宜 由各該主管長官指定人員行之、第四條、每日於日出時升旗、日落時降旗、第五條 升降旗時凡在場人員 應向旗肅立致敬 第六條 凡過往行人遇見升降旗、應向旗注目致敬 第七條、全國各機關團體部隊學校 遇紀念日、可參照左列儀式舉行升降旗禮節、一、集合、二 全體肅立、三、唱黨歌 四 升（降）旗、向旗敬禮（同時奏樂或吹號） 五、禮成、第八條、駐外使館、暨海軍艦隊之升降旗事宜 得依國際慣例行之 第九條、本辦法由中央執行委員會通過送國民政府頒佈施行。

蘇民廳召集二批 保甲督察員會議

到鎮江等縣保甲督察員

討論保甲戶口等項問題

▲江蘇社 蘇民廳爲督促各縣健全保甲組織 並切實明瞭其實際狀況起見、特分批召集各縣保甲督察員來省會議、第一批業經討論結終、昨爲第二批會議日期 參加者係溧陽區各縣、計到保甲督察員鎮江吉學鑑、宜興周國棟 溧陽朱長庚 揚中張逸 丹陽[illegible]慶 金壇李振榮、民廳方面由第二科長劉覺民、第一股黃主任出席 會議於上午九時開始、由劉覺民主席、行禮如儀後 劉氏即席致詞、相繼由各縣保甲督察員吉學鑑等報告 並討論完密督促保甲組織及戶口異動等問題 至十一時許散會云。（廿八日）

防止蘇北 黑熱病

防治總隊部將遷移淮陰

呈准省府將增設九分隊

▲江蘇社 黑熱病流行蘇北各縣 勢甚猖獗 雖經全國經濟委員會組織熱病研究隊派駐浦垻費施治療 救活病人無算 惟此病仍在蔓延、迄未減少 嗣由省府組織黑熱病防治總隊、派駐漣水 所轄八個分隊分駐淮陰、宿遷、泗陽、淮安、寶應等縣 在各鄉鎮設防治站五處 巡迴治療 自經施治以來 收效頗宏 計經治愈已逾三千餘人 該處主任童志青 以漣水交通不便、刻將分隊部移設淮陰 現正勘覓地點、籌建房屋 一俟建築完成 即將隊部遷淮、並以病勢傳染迅速 蔓延廣袤 淮陰漣水流行最盛、人數約十萬餘、阜甯及沿海一帶亦均有該項病症流行 爲域日漸擴大、現已呈准省府於本年度增設九個分隊、派駐淮區以外各縣、實施救濟 並令各縣調查病人確數具報 以憑統籌辦理 現因淮陰一區流行最烈 擬將病勢微少之淮安分隊撤回 改設淮陰西壩鎮、爲貧苦病民診治云（廿七日）

孔特使陳副使抵羅馬 義當局熱烈歡迎

▲中央社羅馬廿九日電 孔特使陳副使偕秘書武官等、今晨抵此 義當局特派衛隊在站保護 義首相代表梅迪、外相代表維阿拉及外部海軍部人員多人 皆赴站歡迎、劉文島亦率使署人員及中國學生多人來站迎迓 孔陳兩使到後、即即謁無名英雄墓獻花圈 孔旋訪外相齊亞諾、與財相李伐爾 陳副使拜會義海相甘可爾、劉文島設宴爲孔等洗塵、義外相齊亞諾廿九日晚開正式宴會招待。

▲中央社羅馬三十日電、義王三十日晨接見孔特使及陳副使 孔特使等一行廿九日晨自日內瓦抵此後 甚惹義京人士之注意 義京著名日報使者報、二十日在封面板以三行地位刊載孔特使抵義消息 孔氏三十日午接見當地新聞記者、表示此次重遊義國 衷心極爲愉快 並得與老友齊亞諾會面、尤堪歡忭 孔氏並向記者聲稱 中義邦交素極友好、本人此次來義、希望兩國邦交得更趨密切。

▲中央社巴黎廿八日電 中國行政院副院長孔祥熙、自英倫前往日內瓦小住兩日後 茲定廿九日赴此

本縣新聞

參加九區運動會 本縣各項運動選手已選定

第三屆全縣運動會選拔委員會、以第九區運動會行將開幕、所有本縣參加之運動員 亟待選拔、當于本月二十八日下午四時、在教育局舉行選拔委員會、計出席董玉珏、李貞乾、王韻岷、張電光 孫立坤、朱翼曾 主席董玉珏、紀錄朱翼曾 報告事項、略、討論事項、一、國術選手應如何選拔案、決議 選拔李廣升、皐甫瑞蓮、洪永明爲參加第九區運動會國術選手、二、田徑賽選手應如何選拔案、決議、鉛球第一名蔣宜德 萬公尺第一名陳培功 女子鉛球第一名常仁貞、爲田徑賽選手、三、球術應如何選拔案、決議、選拔潘榮强、劉爾紋、王廣義 張永基 姜繼鼎、馬立言 劉滋九、張光成 八人爲球術選手、四、擬聘請朱翼曾先生爲參加第九區運動會正領隊張電光孫立坤爲副領隊 決議 通過、五、參加區運動選手、應定期訓練案 決議、請正副領隊定期指導練習、五時半閉會、

曾巡官奉令調南匯 孟慶珊來豐繼任

本縣警察分駐所巡官曾鈍 近奉令調任南匯縣警察局科員、繼任者爲孟慶珊、係蕭縣人、前江蘇警官學校畢業、曾任吳江縣公安局巡官局員、及蕭縣城區暨黃口兩分駐所巡官等職、已于昨日來豐任事、

五區許廟鄉公所開會 商討編丈復查事宜

五區許廟鄉鄉長丁雒清、以該鄉編丈工作、亟需有商討之必要、當于本月二十七日召集編丈人員會議、計出席丁逢清 許志敏、許作榮 蔣顯榮、董樹寬 李德信、于百臻、曹英才、丁太保、馬金魁 李振儒、王汝義、王汝芳、丁逢春 由丁逢清主席 兹覓錄其議案如下 一、復查時應注意遵行左列事項案、甲、每段復查改爲兩組、第一組由辦事員偕金魁及丁逢春王汝義王池芳等四人復查（一、二、五 ）三段 第二組由鄉長丁逢清及蔣顯榮李振儒曹英才丁太保等五員復查（三、四 ）兩段、乙、各組復查畝、應注意鄉鎮與界線爲四至以內每一塊坵前封之土堆、因日久失迷者甚多、各鄉鎮負責宣傳令業主重行將地的四隅封堆 或以木[illegible] 以便復查、四、復查時如有坵標失迷 應責令該業主隨時補插 丁、各組辦事人員、在復查期內、不准無故請假 亦不得任意離開、致誤工作、戊、復查時如再發現邊界不清 產權糾紛情事 復查人員 不得在地中調解 妨礙復查進度 已復查時如遇有遺漏土地 隨時編丈、閉會、

四區編丈結果圓滿 溢出田地三百頃

第四區編丈工作、於本月三十日完竣、自開始以來、全區上下一致努力 故結果尚稱圓滿、該區土地原額爲一千八百頃 現編丈結果 達二千零八十頃 超出原額 將近三百頃云

本縣烟民習勞隊服役計劃 呈奉民廳核准 縣府將遵照施行

縣政府前奉令組織烟民習勞隊 當即遵令辦理 並擬定烟民習勞隊服役計劃 分爲修路浚河兩種 現已呈奉民政廳核准、特覓誌如下、甲 修路部分、一 和妙街路、是路在城內東南隅 自火神廟東起 至文廟前止 計長一三〇公尺、係二十三年徵工建築新路 原有路基路面均甚低窄、須再加高寬、以利交通 計劃土方爲130m×平地寬6m×2m. 1560 公方原有土方1530m×平均寬4m×1.5m. ? 80公方 加築土方爲780公方、習勞人犯各人每日工程平均約計一公方、計需780工、二、侯衙街路 是路在城內自北街起 至文廟東止 計長一四〇公尺、亦爲二十五年徵工建築新路 原有路基路面、亦需再加高寬、計劃土方爲140m×8m×2m=2240公方、 原定土方爲140m×5m×1.5m=1050公方、 加築土方爲1190公方約需1190工、三、 浦口街路 是路在城內自北門起、至天津街止、計長一四〇公尺、亦爲二十五年徵工建築新路 亦需再加高寬 計劃土方140m×10m×2m=2800公方 原定土方爲140m×7m×2m=1960公方 加築土方爲840公方 約需840工 乙、浚河部份 一、城河 是河[illegible]外 自南門外起 經西門至北門外止、計長 800公尺、[illegible]二十四年 經公路局勞動服務挑挖堤岸坍塌淤塞[illegible] 現於[illegible] 須加疏浚、以暢水流 計劃土方爲1800m×11m×[illegible]m [illegible]公方、原定土方爲1800m×11m×1.5m=29900公方、[illegible]築土方爲900公方 得需9900工 上列修路浚河兩種工程、共需一萬一千五百十工、完成以後、倘再需服役時 擬以復新河橋樑兩端與土工程伸縮之、

珠圓璧合 張春復獲逃妻

室邇人渺 張金鑾懊喪不置

二區吳莊人張春、娶妻顏氏 夫婦感情 初尚和好、後漸惡化、顏氏于前年歸甯之際、適值黃水氾豐 二區恰當其衝 顏氏當偕其母朱氏 逃難至一區之張莊 迨黃水退落後 張春卽赴岳家詢問乃妻消息 遍訪隣里 均莫知其去向、張以洪流湍急、自料乃妻非死則徙 悵望雲天、徒喚奈何 於是尋妻之念 因之作罷 乃知氏自逃出後 竟忘前夫 另嫁張莊居民張金鑾爲妻、并日同操相處甚得 嗣爲張瀏查悉 卽呈控于一區區公所、韓區長據報後 以顏氏係有夫之婦 未辦離異手續 竟自行改嫁、法理人情 兩俱不合 當將顏氏仍着原夫領回 張春因逃妻已獲 珠圓璧合 不禁喜出望外 而張金鑾自以室邇人遐、觸之懊喪不置云、

土地陳報編丈消息

▷▷▷第一區 孫樓鄉（復查）高樓鄉一四六、李河鄉缺、路莊鄉一〇三、路口鄉（復查） 龍[illegible]鄉一七四、傅莊鄉五九、李莊鄉一九一、亭台鄉一五八、十[illegible]鄉（復查）劉樓鄉一八二、十里鄉二九一 全區總計一二六四坵、

▷▷▷第二區 總口鎮四九 小營鎮缺 蕭莊鄉、陳莊鄉、[illegible]莊鄉（復查） 徐廟鄉一三三 沙莊鄉五〇、仇集鄉、師寨鄉（復查） 賀屯鄉一四 店子鄉、汪屯鄉（復查）、郭集鄉九〇 蕭堰鄉（復查） 全區總計四三六坵、

▷▷▷第三區 王寨鄉（復查）葉橋鄉五〇四、魏集鄉（復查）、大蕭鄉一一二、順河鄉（復查） 渠閣鄉三二八渠寨鄉、袁堂鄉 趙莊鄉 程莊鄉、常店鄉、卞廟鄉（復查）、全區總計一五一七坵、

▷▷▷第四區 貴莊鄉一二六、程莊鄉二二五 奚莊鄉一五〇 袁集鄉四四九、全區總計一〇六一坵、

▷▷▷第五區 大同鄉、趙廟鄉、孔店鄉、小樓鄉、張河鄉、許[illegible]鄉、齊同鄉（復查）、蔣集鄉一二二、單樓鄉、周莊鄉、程集鄉、趙集鄉（復查）全區總計一二二坵、

▷▷▷第六區 宋樓鄉、華樓鄉（復查）、渠坑鄉一一二 郯帝鄉、王樓鄉（復查） 隋寨鄉二〇、祠堂鄉 六樓鄉（復查）、草樓鄉七、李寨鄉 西關鄉 東關鄉、錢樓鄉（復查）、全區總計 三九坵、

全縣合計三一四一坵 連前共計三三〇四二八坵、共計一萬四千四百五十一頃五十畝零一分九釐五毫

第七區除河地荒地尚未編丈者外 所有平地、均已編丈完了、其餘者刻現正進行復查、

中華民國廿六年六月一日　豐報　（星期二）　第五版

鳳鳴塔

第三二四期

一、本刊內容分科學常識論著詩歌小說散文戲劇書信書報介紹及批評等項
二、本刊歡迎投稿來稿文言白話均可
三、來稿本社有刪權不願改者請先聲明
四、未經登載之稿除預先聲明者外概不退還
五、本刊編輯室設豐報社內

漫談

本縣第三屆全縣運動會中國術表演的特色

[illegible]

「昨天公園裡眞熱鬧，多些人圍着看，我以爲是玩把戲的；走到跟前一看 原來是在全縣運動會上表演國術的。他們表演的槍刀劍戟眞是好看 頂好的還有一個大姑娘，聽說姓皇甫她也會舞刀弄劍，並會耍大刀 看的人都說好，眞可稱爲絕技。這個運動會上竟有一個妙齡女子獻技，眞可爲是美上加美。」一個四十多歲的農人在一個村落的門口很高興的在那裏比手劃脚的講。接着一個年近古稀的老者說：「女子會武術的多啦，現在不常看見就是了；像唐時的五女興唐 宋時的穆桂英征西 漢時的木蘭代父從軍，她們那一個不是女英雄呢，那一個不是八班武藝件件都通 槍刀劍戟件件皆全 她們也能治國平天下，所以我說女子會武術也不是甚麽出奇的事。」

這是開全縣運動會的第二日我由城赴華山路過城東的某村見有三五農民圍蹲在一起，閒談的幾句話，同時見有三五成羣的老太太們後邊還跟着些小孩子 她們一面走一面說着：聽她們的口氣是上城裡看運動會去 不！是看某女士玩武術。

在全縣運動會開始之日我進城的，但是因爲有事回家未能參觀此次盛大的運動會實爲憾事，尤其是未能親睹皇甫女士的武術更爲遺憾！

從家回來的時候，潔白的明月已掛在當空了，翌日早晨遇到幾位同學開口就問 你昨天看運動會了嗎？答沒有 接着又說你眞糟糕，不要說皇甫女士的武術你更沒得到看，可惜，可惜。我問好不好，他們說好極了，我問都是玩的些甚麽？他們說「雙刀舞劍，大刀片件件都玩的不錯，個個稱奇，人人喝彩。我問這個女子是那裏人，有多大年齡，他們說就是豐縣南關路西書店裏的皇甫老先生的女兒 年齡只有十四五歲，聽說這個女子舊道德很好，又非常賢淑，平時不大出門，她的武術是跟她親戚某先生學的。

如此不常出門舊道德的女子竟會這一套武術，並敢在全縣運動會之日當廣場大衆之中與羣衆比武，這樣的女子，眞是難得，眞令人欽佩，

按女子尚武不惟于身家有益，並且也有益于社會民族，現時代的女子，不是「女子無才便是德」的女子了。女同胞們快快起來 ！快起來學些自衛的技術，以備至非常時期之用，並希望下屆運動會時更有多數的女子去參加才好。

創作

遺產

遺凌

三爺 害五次的大病，現在已到最危險的時期，自昨晚五點鐘起，三爺已經神智不清，眼睛忽睜忽閉的已在恍惚不可辨識之間 的確看他現在的病况 很難再有轉機，羣醫束手，只有延遲時刻，不再有什麽希望。

忽然 三爺有些清醒過來。枯澀的眼睛，巡視過圍在他牀前一切的人，最後他好像很失望似的閉了一下眼，重又睜開向牀頭雙目失明的，憔悴的老妻 三爺爺 重重的注視了一下，帶着掃視了他三個女兒一番，隨口又嘆了一聲長氣，眼睛滾出兩顆最後的淚珠 嘴唇微微的顫動開來，吐出幾個悽然的字「文炳是不能回來了！」接着又歎了一口氣，三奶奶湊過去，含着眼淚向他說：「三爺他[illegible]心些，文炳已有信回來，說是隨信就到，你等着他吧！」圍在牀前的人也向他這樣說，三爺略爲點了一點頭 眼睛又慢慢閉上了。

文炳是三爺十個親姪兒內中的一個，三爺最疼愛文炳，因爲素常文炳在家的時候，常常很看三爺三奶奶，逢年過節，更是丟開了家事，去給三爺三奶奶分勞解累，並且常安慰三爺老夫妻兩無嗣的悽 因此他頗得三爺老夫妻倆的歡心了三爺夫妻倆對於他當然也是另眼相看，不免有些疼愛的表現，以致使其餘的九個姪兒家屬生一些忌妒 飛短流長，說文炳居心不良 假意取得三爺三奶奶的歡心 是在圖謀三爺三奶奶的遺產，並非眞心去盡姪兒的職份 這些話三爺三奶奶都聽人說過，文炳並非耳聾 然而三爺三奶奶的意思是：無論是圖謀遺產，不圖謀遺產；不問他是眞心，是假意，祇要我們老夫妻跟前不撒野，不蠻橫，肯體貼我們 那我們就認爲他是可疼可愛的，文炳對於我們的心，橫豎我們能知道，終不能信着人家說三搗四來離間我們歷年來的關係。在文丙的言語之間 他自問無愧於心，可誓天地 別人的譏諷他一概不計 對于三爺老夫妻倆仍舊承歡到底，不變初志，以盡他姪輩的責任。據說三爺三奶奶也有心將遺產交文丙繼承 不過因爲文丙也是獨生子，又恐怕別的姪兒搗亂，因此沒有明白發表，年來文丙已出門作事，把繼承的事祗好暫行擱置，現在三爺是垂危了，家族親戚都已齊集在這裏，關于三爺繼承的事，不能不實行討論，但是主權在三爺掌握之中，除三奶奶可以參加一點意見，別人是不能干涉的 大家只好聽三爺三奶奶口風 起初三爺是想等文丙回來同他談談這件重大問題 意思是交文丙[illegible] 可是他的病[illegible]者是從善[illegible]況且近危急 再無[illegible]待文丙的可能，在一個人靜的[illegible]獨有三奶奶在他的牀前 乘空提出這承繼問題，[illegible]奶商議：「我看我是不行了 你又是雙目失明的人，我們這份家產 到底教誰承受 我想必須愼重些才好。」「是的，三爺！我也是這樣想，不過除掉文丙之外，誰還能體貼我們這可憐人的心，平常你還未看見他那些不知好歹的孩子嗎？不是蠻橫過度，就是幼稚無能，尤其平常對於我們的態度，那一個能算好東西（未完）

出獄的人

亞民

天空已呈現出昏黑色，
屋裏的黑影漸漸濃厚，
彷彿凝結成一面疏密相間的夜網
她是把窗戶打開了，
啊！目的是想進 點外邊的光綫。

○　○　○

就在這時，她瞥見一個黑影，
在田間的小路上慢慢移動；
愈近愈大，她呆了，
因爲那黑影向着她家裏走，
她辨別出那是一個中年男子。

○　○　○

呀，那影子漸漸移近了，
她驚奇的立刻認得是自己的丈夫，
啊呀！一夢想不到你今日回來，」
唔！「期滿了」。
他是掀動那沒有血色的嘴脣，
怪費力的陰慘的回答。

○　○　○

原來期滿了嗎？
照我計算，再坐 月才滿十二年呀，
我是每日計算，
預料你要到七月才能出來，
現在還是六月底呢！
唔！並不缺少它 天。

○　○　○

往年的老友 親戚，
是不斷的往小屋裡走去，
王三到底是從怎樣變成怎樣！
每一個人都是這樣的想，
伊是個身材魁梧的人，
伊是個圓而黑的眼睛射出光亮
叫人看見快樂高興的漢子。

○　○　○

這時來視看的人喲！
彷彿全感着不能自制的愉快，
在屋內擁擠不息，
有一位男子說：
一王三哥！是脫了那黑暗監獄的人，
以後是永遠過快活日子的。

我的生活和打算

行

有一次哥哥拿着一信走到我的面前說：「你這次留級，功課太差。」我當時正玩得起勁，忽聽得哥哥說「留級」，楞了一楞，看了看哥哥一眼，「我知道不好，我不願……。」說着低下頭去，眼淚漱漱的落在我的脚前，頭上的汗，如蒸籠似的發着熱氣。

「沒有什麼？年紀太小，蹲低年級更好。」一面說着一面拉着我的手，『走，回家吃飯去。』

「我……不……」身子往後一扭，走到屋簷下，依着牆，一抽一抽的哭了。

有許多的同學問我，我只是不理，頭伏在胳膊上，鼻涕一條一條的落在地上。後來母親拉了幾回，我才回家去。哥哥拿好飯，擱在我的面前，我還是哭着，鼻涕一條條的落下。

忽然看見父親從外面回來，我心中發抖了，慢慢地拿起筷子吃飯了。

過了幾天好了，不難過了，仍然是快樂，仍然是玩。開學的時候，有點害羞，看見別的同學在一塊玩，我便慢慢的走到自己的坐位上坐着，看畫或看書，看見先生只是遛遛走開。

這樣過了一星期，情形改變了，從前不敢與別的同學玩，現在居然敢了。拍皮球，跳，跑，打鬧，對於功課，又一天一天的鬆下去了。

有一次與別的同學打起架來，報告了先生，受了一個重重的處罰。先生憤憤的說：「還是玩，打架，不知自己是留級生麼？」我當時聽了這句話，臉漸漸的紅了，低下頭去，嗚嗚的哭起來了。

這樣又老實了幾天，過了幾天後，仍然的是玩，跳，打鬧。

到了學期考試時，我慌了，害怕了，放早飯學到家，見沒做好飯，便惱了，睜大着眼嘲：「沒做好飯，今天還考呢！」喉嚨中被什麼塞着似的，非常難過。幾乎要哭了出來。「不吃了！」便轉身走了。母親看我走了很慌的從櫥房中跑了出來，抓着我的衣服說：「別走…給你錢到街上買燒餅去。」一面說着即從布袋內掏出錢來，這才算了事，買了幾個燒餅上學校了。

我對待母親這樣，可是看見先生害怕起來了。考算術的時候，我慌了，因為我的算術根本不好，先生考的又嚴，更使我害怕，未考前，剪好許多白紙條，分給別的同學與我傳稿，已自抄了許多夾帶塞在布袋裏，一陣快樂一陣害怕，考試開始了。

先生很嚴重的站在講台上，四下張望，我當時慌了，臉上冒出許多熱氣，一抬頭被先生看見，更有點害怕，時候過的很快，一會便下課了，更發慌了，更害怕了，便踢前面同學，可是他只是不理。我於是頭伏在桌面上叫左面的同學傳稿，可惜他也不會，我慌極了，便抽出書來看，又被先生看見，把卷子拿去了，我不知怎樣好，難受得很，回家去了。

一直到現在的考試，我還拋不了這種毛病。

過去的事不提了，將來怎樣呢？也不全像別的同學會說出救國救民的口號，熱剌剌的好聽，我不過盡自己的力罷了。如能考上海師時的畢業後定在某一村莊努力辦小學之責，不過是後的一句話：我現在還得切實的努力才是！

洞房的夕次

（續）粹民

（二）

天快黑了，龐大的紅日，已被大地吞食了一半，看看就要沉沒。院中槐樹上的老鴉，已從遠方覓食歸來。

「啞！啞！」不住的叫着，像在替牠的主人淒悲慘的局面傷心的啼哭，又像在附炎趨勢般的歡迎某××國人。

忠厚的老家人——張一。拿了一張名片進來，臉上重掛上層驕矜的微笑，大家接過一看，原來是一個絕對陌生的名字，母親去接見時，剛下階這位客人更已光臨，定睛看時，正是今天早晨作惡的清查戶口的八字鬍，沒等母親開口，他便順手向東一指道：

「這屋子裏沒人麼」一邊說一邊昂着臉，倒背着雙手，向那邊走去，母親的同意與否，他卻絲毫沒有注意。在裏邊勾留約數分鐘，他便憤憤的走了，臨走時還向我們這邊狠狠的望了一眼，敏敏八字鬍。

母親回來以後，僅是嘆氣，臉上一陣紅，一陣青，眼角邊掛着豆大的兩顆晶瑩，經我們接連不斷的催逼她才悽愴的向我們道：

「事情鬧了，這步田地，就是不…又有什麼……」母親說着話裏聲音已嗄沙了。

一到底說些什麼，快……快說……」

「就叫你……你……玉蘭，嫁給個××國的團長作媳婦……」母親喉嚨夾着鼻涕嗚嗚咽咽的哭了起來。

「別的……別的還有話說麼？」嫂嫂在一邊插嘴問。

「有……還有……就是……叫我我在今晚八點鐘以前答復他允許的話，若有話說，否則……殺……殺個光光的！」母親淚巴巴的瞪着眼，望着我和嫂嫂……

「那麼……再來時，您答復他好了，說我很樂意嫁給他」

「我只……你……你這個女兒呀！怎肯送到死窟洞的去呢！」

沒關係，反正是不能活。您就當我已死掉好了。」

我們正在談話，那小夥子又來催過了，母親便吞吞吐吐的答應了他，他得到母親的答復，立即轉顏向母親道：

恭喜太太！」便一溜風似的跑開了。一忽兒，張三便送來一封紅信封的信拆開來看時，裏面只這麼兩句：

茲擇吉於：二月五日，上午十時，假貴宅舉行結婚典禮，彩儀鋪設所用各物，均由本團部負責籌辦。

大××國×團團長 小村

我們，今天是二月三號，中間還有一天的餘暇，我所要做的事，還能夠料理妥當，便馬上按照來信地址寫封信去，要求他在結婚以前，把我的父母和嫂嫂先送到北平去，如有什麼疑慮，我可先到團部，質，又繞了八字鬍的一度往返，此事便成功了。

「鐺！鐺！……」四點鐘了，喔喔的鷄啼聲聲送入耳內，父親又清醒過來，母親勞勞叨叨在告訴他明日的搬家，嫂嫂忙碌的整理着一切。

（未完）

編輯室的廣播電台

一，雲章現已病癒，從本期起，仍由雲章負責編輯。

二，雲章本預備在本期漫談欄中，有一篇敘述病中經過及感想的文字，因為有關係醫生的話太多，經友人勸告，故停此刊載。

三，雲章今後對本刊編輯當加緊努力，以補病中的過失。

四，四五兩月份稿費及稿紙日內即可發出。

本城糧價

名稱	每市石價目
小麥	最高九元六角　最低八元八角
黃豆	最高六元五角　最低六元三角
黑豆	最高六元　最低五元八角
菉豆	最高六元八角　最低六元二角
高粱	最高四元五角　最低四元三角
穀子	最高四元四角　最低四元二角
芝麻	最高十二元　最低十一元八角
青豆	最高六元三角　最低六元一角
花生	每斤　白　最高五元四角　最低五元二角
瓜子	每斤　白　最高二十元　最低十八元

氣象

天氣	風向	最高溫度	最低溫度
晴	東南風	九二度	六二度

小朋友

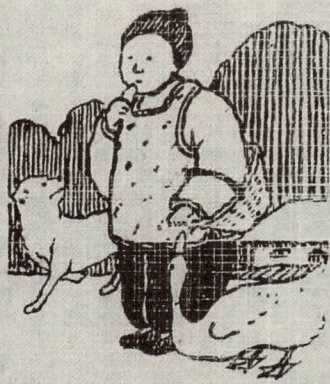

第四五五期

本副刊以介紹小朋友的作品爲宗旨

本副刊全係公開歡迎投稿

本副刊編輯部對來稿有删改權

本副刊編輯部對來稿如不登載概不退還

本副刊編輯部設豐報社內

小言論

在國難嚴重的今日學生應有的準備

小 五年級 宋榮子顯

小朋友們！大家張開眼睛看一看，我們完整而又美麗的中國，已被那凶暴而又可惡的日本，得寸進尺的摧殘的不堪言狀了，在民國二十年九月十八日之夜，東三省，都被那無天良的日本佔去了，現在又教賣國賊來侵略華北各省，他們先起綏遠看手來攻打華北，因此才有了綏遠的戰爭，他們又收買中國人來做漢奸，教他們在中國境內殺人放火，擾亂中國境內的秩序和後方戰士們的工作，他們是如何的喪心病狂啊！

我們小學生在這國難嚴重之時，應該準備些甚麼呢？要是我們拿着槍刀子彈，跑到敵人的營地，去殺敵人，這樣當然是我們辦不到的，因爲我們的年紀輕，力量小，知識淺，尚不是用我們抵敵的時候。

我們當小學生的，究竟要準備些甚麼呢？以我想來　我們當小學生的，在這知識能力尚在幼稚的時候，應該切實的努力功課，使學識蒸蒸日上，達於充實的境地，同時還要鍛鍊强健的身體，那末自能到前綫去和敵人奮鬥　保衛國土　復興民族了　要是我們全中國的學生都有這樣的精神，那麽我們就有收復失地洗雪國恥機會了，全國小朋友們！各自努力吧！

創作

哭張老師

小書 王壽梅

鏜鏜的鈴聲，不住連續的傳入我們的學習室中，來督促我們去上紀念週，下樓的脚步聲，吵雜聲，這種種不好的現象，都被無情的悲哀融化了。

進了禮堂，王先生報告說：「本校的張老師，上星期因病請假，在昨天病重逝世了，我們全體同學聽到這裏，無限的哀思在心頭澎湃着，不期然的眼淚都流了出來。

我回憶兩星期以前的張老師，正在學習室裏教授着我們的時候，她的熱心眞使我們敬佩呀！對於我們的態度非常誠懇，上課的時候面上　總是時露笑容，和藹的面孔，總不會消失　訓導我們時又非常莊嚴　那種大無畏的精神，眞是我們可欽佩的良師　可是：「天有不測風雲，人有旦夕禍福」。霹靂一聲，她竟然死去了，與我們永別了，我們是如何的悲慘　怎教我們不傷心呢？

我想張老師，正在青年有爲的時候，前途的造就儘不可限量，據說，「她對於她的責任無時不掛在心頭，她在昏迷中還是來講算術，她在昏沉中還來教訓我們，」她這一死，是多麽的慘痛呢？

我想我們只是悲哀，也沒有用處，我們要努力讀書，這才能對得起張老師，才不辜負他一片的熱心，使他在天之靈得到安慰。

○　○　○

池畔

小書 五年級 宋景瑞

我讀了一天的書，心中很是煩悶　所以在傍晚的時候我約了幾位知己的良友，到野外去散心，這時適在夏初，沿途行走　只見一片綠而碧，碧而翠的柏樹林，還有那一望無際的麥隴　惠風吹來，漾起了微浪　十分可愛，行了不遠　便到了一個池畔。

我們便在那裏休息　只見池的對岸，有幾座錯落的茅屋　還有些空中飛來飛去像梭一般的燕子，飛舞鳴唱，自由來往，向池中一望，只見無數的波紋，左開右展　又聽得小魚兒的尾巴撥水聲，如玉鈴般的響，幾隻雪白的小鵝，在水中游泳，這時眞是一個滿含詩情畫意的地方啊！

轉瞬之間，日已臨山，再向池中一望，只見池水翻作黃金色　天空中的浮雲，都已成了紅色，這時夕陽快要鑽入西山了，我和幾位良友　談着笑着，便由原路回校來了。

殘紅

華山小學 王業勤

星期日的下午，我與諸友，散步郊外，見纖纖的小草，在路旁點頭微笑，金色的菜花，正在開放，多情的蝴蝶，展開他可愛的翅膀，在花叢中間　忽飛忽停　忽低忽高，蜿蜒的河流，在涓涓的流着，驕陽照映，反射出黃金色的光芒，[illegible]然是可愛，但前行，見繽紛落英　已離開母枝，飄零[illegible]地，被人們足踏，被人們蹂躪　落到水面上的，被漢水[illegible]流　如浮萍一般蹤跡不定，是多麽可憐呢！

我[illegible]天也曾到這裏遊玩過，那時花兒正顏色艷麗香氣[illegible]，眞可稱春風得意，曾幾何時已是芳顏零落，萎色慘[illegible]，從前鮮艷的顏色，已變成寂寞的形狀，我想無論甚麽，[illegible]極者必易衰，極榮者必輕悴一。

你[illegible]官宦，貪贓賣法，不爲人民謀幸福　只知穿着奢華[illegible]，吃着美好的滋味，有僕女妻妾奉侍，自頂至踵[illegible]奢華的地方，一旦失勢，就要冷落，這不是皆與桃[illegible]什麽？

夕[illegible]樹梢，於是我和同學攜手歸校。

初夏

華山小學 侯守廉

春光像電也似的奔馳，不知不覺春姐已別去了人間　春日又步入大地

初夏日光燥熱　百鳥齊鳴　百花齊開，放出香氣　隨風撲鼻　蝴蝶及蜜蜂在花中採花釀蜜。

我想舍後之山　在初夏的節氣中也另有一翻景色吧。

一日我和學友數人　登山遠眺　見四週大地，如剪的一張圓紙貼在空中一般，農夫們也正在做着田間的工作　燕子在空中飛舞，黃鸝在枝上叫着　初夏是多麽熱鬧的一個節季呢！

記夏遊

小 程李傳勛

時代巨輪，如飛般的轉去，剎那間，使人眷戀的春姑娘，跟着巨輪翩然而去，跟着春姑娘而來的便是夏季　夏天到，豐草綠縟，佳木怱蘢，鄉村景色，更爲美妙，於是我和劉君兆祥，到華山尖遊玩。出了校門　薰風撲面　我們二人連袂而行，舉目眺望　柳絲裊裊飛舞　碧綠林中　黃鶯婉囀　粉蝶蹈舞，麥浪起伏，一碧無際　燕子向着錦一樣的野花　呢喃低唱　是在歡迎我們。

行行重行行，到了　到了　遠遠望見一座青翠山崗，巍然聳立。我們登上山顛，舉目下望　葱翠樹木下　有一道曲曲的河水　向北流着，流聲淙淙　激在石上　白沫四濺。四週都是茅屋　樹木　都俯在我的腳下，一覽無餘，盡入目中　我們似到了詩的仙地，畫的世界，鄉村是高尚的，純潔的，幽雅的，美麗的，神秘的境地此時我忘掉了生存，我的靈魂被美景奪去了，我好似在夢裏　我被美景醉迷了」。

我自恨自己不會作詩　又不會畫畫，沒有藝術手腕，把他描寫下來，只能用眼收納，藏於心間，啊，辜負了，辜負了鄉村——華山美景。

我們下山　到了村莊，這時雖是初夏，可是天氣很熱，許多狗拖長了舌頭　樹上的小鳥也張嘴喘氣，村中的小孩子在樹下做遊戲。農夫們，身穿了千孔衣，面如土色　骨瘦如柴　在火傘般烈日之下工作着　汗如雨下，襤褸的短衣好似浸在水中一樣　他們是多麽痛苦呀！

但是有富家的少女，身穿旗袍　閃閃耀日，黑的頭髮，蓬蓬鬆鬆遮着白裏泛紅的鵝蛋臉兒，那只櫻桃小口紅的豔嬌若滴。手中拿了扇子還喊熱，老天對不平已極了。

天晚了，我離了美麗的鄉村，向校中來了。

雨後遊濳園記

宋小五年級　石正祥

東風徐徐的吹着，烏雲籠罩天空，如灰色的網，天氣異常的悶人，一會兒，濛濛的細雨直下了半天，好容易雨停了，我便約了幾位同學向濳園走去。

我們手攜手兒走出了校門　又走出了長蛇似的圍牆，只見麥苗兒和柳葉都濯得淡黃而嫩綠那垂柳上的殘滴還不住的落下，沿途的楊柳上小鳥唱着盈耳的歌曲，淸　而又婉轉，我們一面聽着歌聲，一面看晴明而又幽靜的宇宙，我們不知不覺走到濳園。

我們從一小道走向園內，只見道傍的花木點頭微笑好像歡迎遊客似的，我們走到園內，見園的中間，有茅屋一座，屋的前面都是些不知名的奇花異草．有的含苞未放，有的開滿了樹枝他們爭妍鬥麗，那三五成羣的蜂兒蝶兒在花間忽東忽西，彷彿和他們調停似的。

在這個當兒，我好似入了仙境，我心田裏的舒暢　眞使我不能以言語形容啊！

明月流水

華山小學　郭明章

月亮如車輪似的掛在天空，穹蒼如碧海無波　大地上明亮如鏡一般，小池中潺潺的水聲□入耳　風一吹動　顯出微波　此時的世間眞如仙境一般

萬籟靜寂，大地的一切都在夢中　只有風吹柳枝　池水流動，這時無聊的我　正在池邊徘徊，欣賞大自然的風景　我仰面徐行，見皎月當空，如明鏡一般，天空是蔚藍色遠處幾片浮雲　運行如飛　暗淡的星　如棋子似的散佈在天空。向周圍　看　黑漆漆的村　零亂地散佈四方，斷續的犬吠聲　從遠村傳來。我正走着忽然腳步　滑，低頭一看已到池邊　我便立在那裏　向池的周圍看去，見池的周圍繞着　細腰的楊柳，柳□倒映池中　款款擺動　影子如長蛇一般　曲曲折折　好像似向我奔來。

我在這靜寂無聲的月明夜中　從東想西，由南想北，卻總不敢想起了我的前途　想起了我渺茫的前途　眞使我酸淚欲滴了。

殘紅

華山小學　尹維鈞

可恨啊！春風，
春風太無情，
吹落了爭艷的紅桃，
葬身水底
隨風飄零。

×　×　×

白日美麗嬌秀的花朵
現在佈滿了地面　水坑，
美麗的顏色，
已是變成了殘紅。

×　×　×

人們的踐踏太無情。
踏破他嬌小的身體，
黃土埋葬了殘紅，
花已是完了一生。

×　×　×

樹下殘花盡，
樹上花枝空，
但可恨的春風
還陣陣的摧殘這明媚的春景

介紹

關羽（上）

孔昭

「秉燭起嫌疑，此夕心中唯有漢
華容知報德，當時目下已無曹」

操聽了嘉約話，很高興的道：「剛好和我的意思一樣。」

操於是帶着二十萬大軍　分五路來攻徐州，那時備駐兵小沛，使羽守下邳　操先攻取小沛　敗走備　然後進兵攻徐州。曹軍勢大，銳不可當　徐州守將只得棄城而走。曹操入城　隨即召衆謀士商議怎樣攻取下邳　荀彧道：

「備雖然一時大敗　他投奔袁紹那裏去　終會有後患的。雲長（羽的字）保玄德（備的字）妻拿死守下邳、如果不快些　把她攻取　恐怕又會落在袁紹之手。」

我素來喜歡雲長的武藝人材，我想得他以爲己用，不如使人說他降罷。」曹操對衆謀士說。

「雲長義勇深重　他一定不肯投降。如果使　說他，恐怕反會被他殺害呢。」郭嘉說。

「我和雲長有交情，讓我去試一試好嗎？」張遼從帳下站走來說　他一半想博曹操的歡心，一半又甚想得羽做同事。

「文遠（張遼的字）雖和　雲長有交情　但由我看來，雲長這個人　不是言詞說得動的。我以爲我們最好先以智取　使他進退無路，然後叫文遠說他去。這樣他一定肯歸丞相的。」程昱很有把握的說。

曹操不斷的點頭贊成　程昱又道：

「雲長有萬夫不當之勇　不是用智，不能打敗他。今兒可以差玄德手下的降兵入下邳見雲長，只說是逃回的，騙了入城　在城裏做我們的內應　然後我們在外引雲長出戰　詐敗誘他追來，以精兵截他歸路　等他陷了絕境　才去說他」

曹操就按着程昱的話進行　賺了羽出來，把他重重圍住。這一邊操卻使降卒偷開了城門　自己帶着大軍殺進城裏　叫人點火來惑羽的心　羽看見城裏火起　突圍又突不出來　掛　備的家小　心裏非常着急上山來說他。而那張遼偏會說話　裝作不是來招降　是替羽設想的，羽爲着兩個嫂嫂（備的妻子）的安全　只得由從了遼　但他還要遼答應他三個條件。他很爲難的說道．

（未完）

悽慘的鵑聲

華山小學　郭明章

一陣悲哀　悽慘　可憐的鵑聲，陣陣的發出，我聽到以後也和他表示無限的同情。

杜鵑！杜鵑！你爲什麼叫的如此悽慘，啊！我知道了，看我們國家已似金甌殘破　危險非常，東鄰強寇　依然蠻橫，太平洋上的風雲日漸險惡，壽終正寢了軍縮會議，土崩瓦解了國際聯盟　華北還有赤匪和僞軍擾亂，國恥重疊何時能雪　況且現在正是國恥嚴重的時候　如五三濟南慘案，五卅的上海慘案，多麼使人傷心啊！我想了這裡，心中一酸　落下了幾點眼淚，也和杜鵑一滴滴的血淚相應和了。

唉　一隻小鳥他也知道愛國嗎？他到處哀啼　假使人們還不知猛省　還不如一隻飛鳥呢？有甘心做漢奸走狗的，你們也知道愧怍嗎？

我是中華一女兒

女小　李鳳仙

我是中華一女兒！
我是中華一女兒．
我有堅決的意志！
我有犧牲的勇氣！
我有救國的謀智！
我能不怕難！
我能不怕死！
我能不怕苦！
我能拿着不怕難　死　苦打
仇敵！
打仇敵！
打仇敵！
打倒仇敵！
方顯出我是中華的一女兒！

本城糧價

名稱	每市石價目	
小麥	最高九元四角	最低八元五角
黃豆	最高六元六角	最低六元五角
黑豆	最高六元	最低五元七角
菉豆	最高六元八角	最低六元六角
高粱	最高四元六角	最低四元四角
穀子	最高四元四角	最低四元一角
芝蔴	最高十一元八角	最低十一元六角
青豆	最高六元五角	最低六元一角
花生（每百斤）	最高五元八角	最低五元六角
瓜子（每百斤）	最高元	最低元

氣象

天氣	風向	最高溫度	最低溫度
	東南風	九二度	六九度

◁第一四二九號▷
◁社址豐縣大同街▷
中宣會登記證中字第一二九二號　內政部登記證警字第二二三〇號
中華郵政特准掛號認為新聞紙類
◁每日一張　零售洋一分四厘▷
◁本報價目▷
本埠每月大洋三角　外埠每月大洋四角郵費在內　郵費先惠　欠資不寄

豐縣土地陳報總辦事處通告　地字第　號

案查本縣舉辦土地陳報，業經通告在案，現在編戶工作，已經告竣，應即定期陳報，俾可早日完成，除飭各鄉鎮趕將地號通知單等件分發外，茲將規定陳報期限，及關於陳報重要各點，分列於後，俾衆週知。

計開

一、本縣陳報期限，定於二十六年六月十六日起至七月十五日止，各鄉鎮同時辦理，以歸一律。二、各業主收到地號通知單，及空白陳報單後，應即檢齊契據，及最近三年糧串，或其他證明文件，趕於規定期限內，各赴土地所在地之鄉鎮辦事處遵章陳報。三、如逾限不報，在十日內者，每畝科收罰金五分，逾限十日以上者，每畝科收罰金一角，如逾公告期間，仍無人報領者，即由該管鄉鎮公所暫管，視為地方公產，不發管業執照。四、業戶如不在本鄉鎮者，應責令佃農代報，罰金亦由佃農代繳，惟在租息內扣據。五、業戶如住居外鄉外縣，不能親自陳報者，得委託他人代報，如須聲明原因，並附送委託書，該代理人應根據契據，按實填報，不得扶同隱匿。六、如業戶有契據，確係遺失，准予邀同鄉鎮保甲長及地隣人等，出具證明書呈驗，該證明書，本處已印發鋪用，可向鄉鎮辦事處索取，不取分文。七、本處已令鄉鎮辦事處督催各保長，每保推定五人，代寫陳報單，各業戶如不能自寫者，可請各保推定之人代寫，該業戶須一併簽字。八、此次本縣舉辦陳報，不收任何費用，即陳報單地號通知單等名，均係本處印發，不取分文，倘經辦人員及代寫陳報單之人，有藉端需索情事，准即指名報告，定行嚴懲不貸。為此仰全縣業戶人等一體遵照，務各趕緊依限陳報，以固產權，毋得觀望遲延，致干咎究，切切，特此通告。

後常堤口源泰恆啓事

逕啓者自從本縣農工銀行奉令閉歇後，全縣金融，極感不便，小販生意，更受影響，敝號有鑒於此，爲本埠交易便利起見，隨發出二百文和三百文之兩種紙幣，暫作找零之用，近見報載縣府訓令轄區，速令出票各戶，趕快收回，敝號看到後，即遣人四鄉黏貼收票廣告，但來號兌款者仍寥寥，今特登報聲明，務祈存敝號票者，迅速到後常堤口本號兌換，以卸敝號之責任而整金融於劃一。此啓

中外要聞

川康整軍方案細目及何部長入川事
須俟劉湘到廬後始能決定
▽……川各軍師長短期內飛廬

▲中央社南京廿日電　四川財政廳長劉航琛、及關吉玉盧作孚，奉蔣委員長親筆函入川謁劉湘，將由川飛廬謁蔣，代表劉湘報告，川康整理方案已確定，細目俟劉湘謁蔣後即可完全決定，何應欽入川亦須俟劉湘到廬始決定，川各軍師長聞短期內亦將分別飛廬。

▲中央社重慶十九日電　劉航琛、關吉玉、以在省公畢，於十九日晨由蓉乘中航機返渝，午後四時許同赴行營謁賀國光，面陳此行經過，據關語記者、川省所得稅推行順利，滇黔康三省亦均派員前往籌辦。

▲中央社南京十九日電　川省旅京同鄉會，爲整理川康軍事問題，曾致電劉湘有所慰勉、現悉劉已有復電到京，原電略謂、湘忝膺川康綏靖重任、對於餉鉅軍衆深有不給之感、此次中央提示整軍方案後，迭經電呈竭誠接受，惟盼整軍會迅速成立，即可澈底實施、諸先生關愛桑梓，愷切賜教，足證不間遐邇所見相同，敢不拜命等語。

黃紹雄昨抵廬
籌備暑期訓練事宜

▲中央社九江廿日電　鄂主席黃紹雄廿日晨抵廬，此來籌備廬山訓練事，謁蔣請示一切，黃氏爲此次廬山訓練總隊長，暑期中將常住此間辦公。

宋子文在廣州召省港銀行界
報告整理毫洋意義

▲中央社廣州十九日電　宋子文到廣州後、與余漢謀吳鐵城討論整理金融問題，毫洋改爲大洋制，原則業已決定、廣州官方希望比例減低，宋定廿四日飛瓊崖視察、以爲開發之準備。

▲又宋於今日接見區壽年、關宗華代表李宗仁白崇禧、請宋赴梧指示建設發展實業、九時宋往視察中行粵分行、並召各銀行負責人詳詢金融情況。

▲中央社廣州廿日電　宋子文廿日下午五時三十分在中央銀行召集省港銀行界報告確定粵毫券比率意義，曾養甫貝格孫陳行亦出席、所定實施辦法、各出席人咸認中央處置適當，表示一致贊成、完成幣制統一。

日對華態度
始終不變
川樾定日內來華返任

▲中央社上海廿日電　日本對華方針今外海陸三省均已一致，川樾定本月底前回任、即進行中日國交調整，明後日即向各方辭行，廿四日可以動身，對華態度始終不變，決繼續兩國以往之友情，並努力於不發生新糾紛，據一般人觀察，此項態度不無已有後退之感、近衛於十九日晚發表談話，華北僞滿並無嚴重事件發生，廣田外省亦曾與陸海兩相會商協定，對華方針並不需要召開閣議。

▲中央社南京十九日電　駐華日本大使川樾、定本月廿五日由日本乘輪返任，大約廿九日可到上海，隨即晉京，擬在王外長下月赴廬以前，對外部晉謁王氏晤談一切。

▲中央社南京廿日電　據確息，外交部王部長於本月十八日下午四時在外交部接見駐京日本記者，計到橋本及山本等五人，該記者等各就中日關係有所詢問，惟王部

長祖台尚予以答復、路盟設善中日邦交端木入翁志、誰兩國邦交之調整，須賴雙方之共同努力，本人對川越大使期望甚久，如是川越大使攜回之新訓令確以平等互惠原則，則中日邦交之調整當不難於短期內實現，至調整步驟，不妨從較易問題着手云。

上村在青召有野等開重要會議
商肇北時局

中央社青島廿日電　日東亞局第一科長上村，廿日晨九時召集駐濟日領有野、大使館書記官田尻、駐青島日領大英、駐濟武官石橋、駐津武官鈴木等，開重要會議，關係討論華北時局問題、鈴木石橋上午十一時乘軍用機飛大連，有野定濟十時返晚，田尻定廿一日晨乘中航機飛津。

外部已提抗議
惠通公司私運郵件　日方迄無答復

▲中央社南京十九日電　關於惠通公司私運航空郵件、破壞我國郵權事，我外交部曾於本月十五日向日方提出書面抗議，但據最近消息，日方對此事迄未答復。

華北日駐屯軍
定期舉行大演習

▲中央社天津廿日電　華北日駐屯軍，定廿五日起，舉行大演習，地點規定平津通各地在豐台　津東北甯沿綫一帶廿塘山　各地日駐軍已分向塘山豐台集中，田代定廿五日先赴塘山，廿七日赴豐台，檢閱駐津日軍，廿日日軍在八里台一帶舉行預演、

川賑災一二兩批監放事宜
下月底可辦竣

▲中央社成都廿日電　財政部查賑專員曾仲植　來川辦理賑務，現已各縣急賑尚待監放，十九日晨由省乘車赴廣元一帶視察，鴻傘專員日內亦將前往災區監放，據鴻爲語記者，川北區遼闊，交通不便，一二兩批監放事宜，約七月底始可竣事。

陳立夫等昨抵滬

▲中央社上海廿日電　陳立夫、邵力子、張羣、梁寒操、彭學沛，廿日晨由京抵滬。

汪主席病愈趨良好
即將赴廬休養

▲中央社南京十九日電　中政會汪主席病況已趨良好，惟爲早日恢復健康起見，一切飲食起居均由汪夫人陳璧君親自調佐，並避免一切煩囂再休息數日即可恢復原狀，聞汪氏以京市氣候漸熱，預計提前赴廬休養云。

鐵部召隴海滬甯等路聯運會議
改訂各路快車時間

▲中央社徐州十九日電　津浦京滬北甯三路局，擬將平滬通車自七月一日起，改爲飛快車，縮短行路時間，鐵部以牽動其他各路快車啣接時間，特召津浦平漢隴海各路局機工各處負責人員，開聯運會議，擬定各路快車同時改點以便旅客。

交部派員督修陽曲至石家莊
及至大同長途電話綫

▲中央社太原十九日電　陽曲至石家莊至大同加掛長途電話綫　陽石掛綫工程　交通部已派員督修中、並規定陽石兩地同時開工　陽曲大同段工程　交部已派喬殷九等抵幷、與此間電局接洽桿料事宜　短期內可開工。

劉多荃謁蔣馮
定日內下山

▲中央社九江廿日電　牯嶺電話，劉多荃廿日晨謁馮副委員長　有所報告　下午四時復應蔣委員長召見　蔣氏頗多垂詢、劉定日內離山。

蔣志澄謁王教長
定日內返川

▲中央社南京十九日電　四川教育廳長蔣志澄，在廬謁蔣委員長事畢抵京，今日下午赴教育部謁王部長報告川省教育情形，聞數日內即返川。

俞濟時等赴廬謁蔣
報告軍務

▲中央社南京廿日電　師長俞濟時昨夜赴滬　今晨由滬乘機飛廬，軍長萬耀煌赴廬謁蔣　報告軍務防務。

全國手工藝品展覽會
昨日如期閉幕

▲中央社南京廿日電　全國手工藝品展覽會、自上月廿日在京開幕，經時一月，業於今日如期閉幕，國民經濟建設協會總會主任常務委員吳鼎昌，並於今日發表詳細閉幕詞，該會審查委員會今晨曾舉行第二次會議、討論審查結束事宜，至審查結果，俟整理後即可發表。

隴海路車皮不敷用貨運遲滯
西安貨物缺乏

▲中央社西安廿日電　邇來因隴海路車皮不敷用、貨運不暢，西安日用品均感缺乏、以致供不應求，百物價昂、商會除電路局撥車皮趕運外，並通知商家不得居奇。

平北大等四校長
定期入京報告校務

▲中央社北平廿日電　北大清華師大及北平大學等四校校長、以本年度即行結束，將分別到京向教部報告校務，並接洽下年度教務方針，師大校長李蒸，定廿二日下午六時赴京，兩週後返平，平大校長徐誦明，定本月底到京，並返紹興原籍省親，北大清華兩校長蔣夢麟梅貽琦，亦最近赴京，向教部接洽校務。

教育學術團體出席世教會代表
昨在中政校開首次會議

▲中央社南京廿日電　我國各教育學術團體，出席世界教育會議代表團，今日上午八時，中政校研究部舉行第一次會議．出席者胡適之等，及教育部派之高等教育司長、社會教育司司長等均參加、由胡適之主席，討論至正午散會。

京工務局籌備舉行
第二次交通安全宣傳週

▲中央社南京廿日電　京工務局爲促進市民注意交通安全起見，特定於七月一日至七日舉行第二次交通安全宣傳週，昨日召集各有關機關代表開籌備會，討論進行事宜，最後議決關於强制執行汽車遊行各項辦法。

桂省限期根絕烟毒

▲中央社桂林十九日電　桂省爲根絕烟毒施行一年禁絕辦法，第一期爲勸戒，由四月一日起至本月底止，凡五十歲以下尚未戒絕者，省府已令各縣局，律拘至戒烟所勸戒。

西安公路局籌搭渭河木橋

▲中央社西安廿日電　西蘭公路渭河便橋，日前被水冲斷後，臨時用擺船運車過河，現水退搭船不能靠岸，廿日由西安開出客貨車均不能過河，公路局現正積極籌搭木橋以利通車。

閩鼠疫防救會
召旅滬同鄉開茶會

▲中央社上海廿日電　福建鼠疫防救委員會，廿日召旅滬同鄉各團體舉行茶會，劉瑞恒參加報告赴閩視察鼠疫經過、並發表消滅閩省鼠疫五年計劃。

湘黔路資江大橋修竣

▲中央社長沙廿日電　湘黔鐵路資江大橋工程告竣。

津各校學生農村服務團
定下月初出發

▲中央社天津廿日電　津各校學生組農村服務團　參加者甚踴躍，現正分配路綫，下月初出發。

晉農村貸款辦法決定
七八月間可實施

▲中央社太原廿日電　晉農村貸款辦法已決定，分信用抵押兩種，貸款七八月間實施，信用借款由省銀行及農民銀行辦理，抵押借款，由實物準備庫負責辦理。

曾萬鍾召鄭警局及保甲長訓話

▲中央社鄭州十九日電　曾萬鍾十九日召鄭州警察局員警、及保甲長訓話、大意保保衛治安整頓保甲云。

豫省禁煙會 定期調驗汴市煙民

▲中央社開封十九日電 豫省禁烟以汴市登記烟民達四千餘人、其吸量是否減少、戒者是否再吸、擬自下月起分期調驗 以觀成效。

某方派漢奸潛赴豫災區招壯丁

▲中央社鄭州十九日電 某方派漢奸潛赴災區招收壯丁、開赴關外做苦工、當局已令所屬嚴加防範。

閩省會被大水

▲中央社福州廿日電 省會十九日除本城外全市均被水、低窪處水已及屋、省府辦理急賑、陳監察使亦捐資救濟、幸天氣轉晴、水落甚速、今日可退完。

滬華商證券交易所開會 決定增加資本

▲中央社上海廿日電 華商證券交易所、廿日上午臨時股東會議 決增資本一百八十萬元、新資六十萬由股東担任、其餘一百廿萬歡迎金融投資。

咸陽水位飛漲 黃河水利會通飭沿河防範

▲中央社開封廿日電 黃河水利委員會於二十日接咸陽水紋站報告、咸陽水位飛漲、該會通飭沿河嚴防、孔祥榕日內親赴河岸視察。

平市國選事務所今日成立 代表可如期選出

▲中央社北平十九日電 秦德純談、平市國民大會代表選舉大致籌備就緒 選舉事務所定於廿一日在市府正式成立、平市公民登記現積極趕辦、如不能依期辦竣 初選或將設法變通、平市代表共六人、當可如期選出 宋委員長在籍料理私事稍畢 最近期間即可返平。

何紹南飛陝北發放急賑

▲中央社西安十九日電 何紹南今日上午十一時乘專機由省飛返綏德、陝北急賑十二萬元隨機攜往一部份、其餘即匯往、何將先與高桂滋高雙城妥商分配辦法、各縣組織賑款保管委員 俟查放人員到縣即行發放。

翁文灝在柏林 漢學研究會講演

▲中央社柏林十八日電 中國政府行政院秘書長翁文灝博士、應德國漢學研究會之請、昨日在德梅斯特勞會議廳演講中國工業發展及職員問題、聽衆包括德外部及國家銀行官員多人 翁氏稱中國開發所有豐富礦產工作、正在開始、相信今後必有迅速發展、過去樹立勢力範圍之政治方法、現證明絕不可能 翁又謂中國甚望與外人合作、並歡迎外資援助及外國技術人材、翁氏直稱、切合作基礎、在外國有關方面 尊重中國主權、故凡願接受此項條件之國家、中國均願與之合作。

孟祿定日內赴津

▲中央社天津二十日電 孟祿博士定二十三日由平來津、此間教育局請孟演講、並參觀各校。

賀耀組由甯夏返蘭

▲中央社蘭州十九日電 賀耀組等一行十九日午後五時半由甯夏原機返蘭 據賀左右等談、賀抵甯夏與馬鴻逵晤談極恰 對甯夏當局努力建設深表欽佩云。

蘇童軍幹訓班 招收第三屆新生

▲江蘇社 江蘇省童子軍幹部人員訓練班、以第二屆訓練即將結束 第三屆招生事宜應即着手籌備 昨特舉行職員會議、通過招生簡章如下：

▲▲▲▲招生簡章▲▲▲▲

一、學額九十六名 男女兼收、（各縣黨部、各縣教育局、或教育科、各縣童子軍理事會、得各保送一人來省受訓）二、入學資格、凡具有左列各項資格者均得入學、（甲）年齡 二十一歲以上 三十歲以下、（乙）學歷、中等學校畢業、（丙）品行、須品行端正、無不良嗜好、（丁）體格、須身體強健、能刻苦耐勞、三 訓練期限 半年、四、訓練地點、鎮江博愛路中國童子軍江蘇省理事會、五、納費每人應納各費如下、學費二十四元 膳宿費四十二元、服裝用品費三十二元、書籍講義費六元、旅行露營費十六元、以上各費分兩期繳足 第一期八十元 於入學時繳納、第二期四十元、限十月底以前繳清 以上各費除學膳宿費外、均有餘發還不足補繳 以上各費除學費得由各該保送機關酌予津貼 其餘各費均自須籌 六、報名日期 二十六年八月一日起 八月三十日止、七、報名地點、鎮江博愛路本訓練班 八、報名手續、報名時須填寫報名單 呈驗畢業證書、並繳納報名費 元、（無論錄取與否概不發還）九、考試日期 八月三十一日、十、考試地點、鎮江博愛路本訓練班、十一、考試科目、黨義、國文 常識測驗、體格檢查 口試、十二、開學、九月五日、（附註）凡外埠來省應考者得寄宿本班但須攜帶行李。

▲▲▲▲訓練科目▲▲▲▲

一、童子軍史、二、童子軍教育概論、三、童子軍組織法、四、童子軍訓練法 五、小隊制度、六、中隊制度、七、童子軍團行政、八、童子軍地方行政、九、童子軍中樞行政、十、女童軍概要、十一、幼童軍概要、十二、青年童子軍概要、十三、童子軍活動裁判法、十四、教育概論、十五、兒童心理、十六、青年心理、十七、總理及領袖事略、十八、總理遺教、十九、領袖言行錄、二十、中國革命史、二十一、黨政組織、二十二、國恥史地、二十三、國防淺說、二十四、體育原理、二十五、操法、二十六、運動、二十七、遊戲、二十八、童子軍法、二十九、游泳、三十、騎射、三十一、衛生、三十二、救護、三十三、看護、三十四、音樂、三十五、歡呼、三十六、號角、三十七、鼓號、三十八、党旗國旗、三十九、誓詞規律、四十、禮節與禮儀、四十一、儲蓄、四十二、服務、四十三、徽章、四十四、結繩、四十五、記號、四十六、偵察、四十七、方位、四十八、生火、四十九、烹飪、五十、旅行、五十一、訊號、五十二、露營、五十三、自然、五十四、星象、五十五、園藝、五十六、測量、五十七、製圖、五十八、工程、五十九、洗染、六十、裁縫、六十一、家畜、六十二、褓母、六十三 軍警常識 六十四 防空與防毒 六十五 消防 六十六 特務常識、六十七、小隊制度實驗指導、六十八 中隊制度實驗指導、六十九 團行政實驗指導、七十、理事會行政實驗指導 七十一 童子軍實際問題。（十九日）

西國民軍佔領比爾波 佛郎哥請英承認國民軍政府

▲中央社薩洛安特普大港十九日電 西國民軍所統屬大部市、今日播送國民軍佔領比爾波消息、佛郎哥部十九日午後入比爾波外城、四時城內秩序大亂、被拘之政治犯十餘人均復自由。

▲又倫敦廿日電 英國蘇桑普敦港附近 設有西班牙兒童避難所、昨夜所內五百人聞比爾波失陷 羣相奔出 而入附近森林中 聞有攜鐵刀而出者 救護隊率警察覓回三百五十人 其餘一百五十人尙未覓回 刻正連夜以火炬尋覓中。

▲中央社撒拉孟加十八日電 據此間國民軍司令部宣稱國民軍已控制愛洛河西岸、並佔阿爾散遼山高地。

▲中央社倫敦廿日電 西國民軍領袖佛郎哥 本月十日曾致牒英國政府、要求承認爲交戰團體 其牒文內容實要求英國承認國民軍政府、關於此事 英當徵法意見 並在適當時期始送出復文。

▲中央社柏林十九日電 希特勒接德巡洋艦被襲消息後、當於戈德斯堡飛此 與國防部長白倫堡商洽一切、同時訓令駐英大使將此事通告英法義三國代表云。

▲中央社柏林廿日電 外傳六月十八日或十九日又有德巡洋艦一艘 被西政府軍轟擊說 據德政府稱 關於此事毫無所知。

日武裝警侵入伯力附近 蘇外部向日使館提出抗議

▲中央社莫斯科十九日電 半官方面消息、伯力附近僞滿交界地本月十六日曾有日武裝警三人越界侵入、當由蘇聯邊防司令制止、詎日警開槍射擊 蘇亦還槍、結果日警斃命、蘇外部接報告後 當向日使館提出抗議 同時令駐哈爾濱領事向僞滿提出抗議。

本縣新聞

第四區公所舉行區務會議

限期完成挑挖河道　陳報單定月底繕竣　抽調保長赴徐受訓　定期訓練繕單人員

第四區公所於前日舉行第八十七次區務會議、出席夏愼言、榮哲三、王效禹、蔡數古、吳欽中、安履瀛、丁逢寥、渠時淑、劉廣威、渠敬斌、于爾保、劉德遠、渠敬壎、許汝立、缺席、渠時升、蔣季坦、馮允齋均列席、主席夏愼言、紀錄榮哲三、

報告事項　一、轉發本區各鄉鎮保甲戶長戶口異動查報須知、二、轉發各鄉新製戶口異動四種呈報書及清冊備用、三、轉發本區各保圖記、並呈報啓用日期、四、烟民單學訓練本區應攤三十八、已解送烟民二十二人、餘數尚缺八八、仰協助傳集以補足額數、五、轉此次應行傳送烟民中經傳不到者、開具原因以便造表具報、六、奉令載發兵役導刊俾便參加、七、奉令知蝗蝻發生、應隨時就地圍撲消滅、以杜後患、八、各鄉鎮須協助傳送二、四、五月份應查驗已戒烟民、綏數送縣複驗、九、轉發烟毒犯檢舉書、須飭屬認眞切實檢舉、依限送所以憑彙轉、十、將民間習用舊弓畝折合市畝之折合率、詳查報所以便具復、十一、嚴密查禁私運銅元出境、十二、奉令知疏浚西支河、羅河、開工完成日期及轉發各河長寬深度尺寸表暨橫斷面圖、十三、保長集中訓練第一期、本區應抽調保長十七人赴徐受訓、十四、本區新任保甲長綏役聲請書、應從速塡報、十五、本區倉積谷放數目及消耗數目、十六、塡送黑熱病調查表、十七、各鄉鎮土地類別畝數統計表、須尅日送所、十八、對於各識字學生畢業後、石板黑板之保管、十九、對於受訓完畢壯丁之制服保存、二十、地號標籤及陳報通知單、須尅日寫完分發、二十一、定期調集已受壯丁之甲長訓練補授課程、二十二、本年兵役及齡調查工作已定七月一日開始、

討論事項　一、土地陳報通知單應限期辦理完竣案、決議、定於六月二十八日前將陳報通知單一律繕寫完竣、二、本區所擬挑挖河道、應定何日開工案、決議、定於六月十八日分工、十九日開工、二十六日將工完成、三、本區第一期抽調赴徐受訓保長十七人、應如何分配案、決議、除史集、首羨、張集、花莊、便集五鄉鎮各攤二人外、其餘各鄉鎮均攤一人、並將每人制服費二元五角及姓名冊統限於本月十七日前送所、四、對於烟毒犯應如何檢舉案、決議、由各鄉鎮長分別招集各保甲長、剴切說明此次總檢舉意義、令各保甲長認眞切實檢舉烟毒各犯、五、應須補授課程之甲長人數及服裝伙食等費應如何分配案、決議、各鄉鎮仍按照原定人數、每人傘洋五元五角（內有建築中心民校經費每人兩元）、於六月二十五日前一律繳齊、六、各鄉鎮代塡寫陳報單人員之訓練應何日開始案、決議、定於六月十五日開始訓練、其訓練時間定爲三點鐘

七月一日起屠牙兩稅歸財廳徵收

各屠牙戶應繳稅款仍須照繳　縣府奉令佈告週知

縣政府佈告云、案奉江蘇省財政廳教育經費管理處本年六月十日錄字第一四八一二七號訓令內開、爲會合事案、查屠牙兩稅、業經決議自七月一日起劃歸財政廳徵收、並通行在案、惟自屠牙稅改辦法之消息傳出後、各屠牙戶咸存觀望、延不繳稅、而以六月底期滿之各徵收所受影響爲尤甚、疊據各該徵收所呈請救濟前來、察核情形、尙屬實在、除分行外、合行會令仰該縣長即便遵照、出示布告週知、凡屠牙各戶仍合照舊繳稅、勿再觀望、如遇有疲玩違抗等情事、經該徵收所開單請縣嚴追者、務必從嚴飭警傳案追繳、以維稅收、是爲至要、此令、等因奉此、合行布仰闔邑屠牙各戶一體遵照、凡有應繳十五年度稅款、仍須照舊逕繳屠牙稅徵收所核收、不得觀望遲延、致干提追、切切、此布。

李廣法冒充偵緝組長

招……搖……詐……財

昨被戶籍警拿獲已帶縣法辦

二區蔡莊人李廣法、素行無賴、不務正業、日惟招搖撞騙、度其鬼混生活、近竟冒充縣政府便衣偵緝組長、敲詐斂財、無所不爲、本城萬春祥、曾受其欺騙、被賒去貨物價値十餘元、事被公安科得悉、嘗以李某此等行爲、殊屬非法、遂飭警緝捕、嘗於昨日被二區戶籍警拿獲、現已帶縣法辦、

各鄉鎮辦事處經費困難

各區區長來城請示

土地陳報鄉鎮辦事處、自成立後、曾由總辦事處於每處撥發經費四十元、惟各編丈期間、[illegible]高者、且歷時頗久、各處編丈、員伙役食、已不敷用、超出原數約四五倍之鉅、各鄉鎮長以此項虧空、墊補無力、籌措乏術、現又値陳報開始之時、在在需款、特分赴各該區區公所、請求設法補助、各區長以此等問題、非區公所所能解決、嘗於前日同往縣府、晉謁成縣長請示辦法矣。

北關住戶顏劉氏被盜

損失衣物七十三件　約値洋二百餘元

住居本城北門外之婦人顏劉氏、突於前日夜、被匪撬開大門、進院入室、將所値箱打開、竊去衣服及布匹等物、共七十三件、約値洋二百餘元、迨天知覺、匪已攜贓逸遠、不知去向、聞失主顏劉氏已具呈由公所公安科飭警緝匪矣。

小偷吸煙毒　鎮關戒煙所

深……夜……脫……逃

小偷黃領、吸食煙毒、前經縣府拿獲、寄鎮關戒煙所、該犯自觸犯刑章、罪實難逭、乃於昨夜、乘人不備、竟自竄出、由縣立醫院之廁所內、越垣而逸、迨察覺後、雖多方查緝、已然爲無蹤矣、

特載

兵役問答

問：及齡或適齡壯丁志願應徵當兵、其手續如何辦理？

答：由其家長或本人在每年四月一日至十日內，塡報當備現役及齡或適齡呈報書時，另塡誌願應役聲請書（此書鄉公所有）一張，經保甲長署名登記後，呈報到鄉公所。

問：徵兵調查之後，還有甚麼手續？

答：徵兵調查之後，跟着就要舉行壯丁身體檢查，時間是自七月上旬起至八月底止，共計兩個月。

問：檢查壯丁身體，如有不合格的，如何處置？

答：若是殘廢的，就是將他免役，若是有疾病數月無法恢復希望的，就准他緩役，若身體略稍差的就編他爲國民兵役，強壯的就定爲現役兵，合格者若是假冒的，便要受相當的處罰。

問：身體檢查已經合格，就算是被徵了嗎？

答：還有一次抽籤的手續，抽籤的方法，是把合格的壯丁名子，寫成姓名票，通通摺好放在一個匣子裏面；又將所要人數加寫三成被補人的籤號票，譬如是要徵三百人，就要寫三百九十號籤號票，另外摺好放在一個匣子裏，用甲乙丙三個總代表，一個代表抽姓名票，一個代表抽籤號票，兩個[illegible]，就是某人抽得那幾號票，一個代表監視登記，要抽完號票爲止，由第一號至第三百號，就是抽得被征入營的人，由三百零一號至三百九十號，就是抽得爲備補兵，其餘不被抽到的，就服國民兵役。

問：譬如某壯丁先在甲地居住，這甲地是徵兵區、其後因爲生活的關係遷到乙地去住了，這乙地不是徵兵區，像這種情形，怎樣辦理？

答：壯丁當要遷居之前十天，要報明本管的保甲長，該保甲長就報到鄉鎮（坊）長，或按級報到本管長官，並再由所管長官通知他所遷住地方的相當官長，原來登記的名簿送過去，如遷到別邊，就由原區長通知新住地之區長，如遷過別縣，就由原縣長通知新住地的縣長，以後這壯丁的兵役義務，就由新住地的長官辦理。如果遷住地不是徵兵區域呢，那就要仍舊回到原住地方服役義務。（未完）

豐報
◀第一四三六號▶
◁社址豐縣大同街▷
中宣會登記證中字第一二九二號 內政部登記證警字第二二三○號
中華郵政特准掛號認爲新聞紙類
◀今日一張半 售洋一分四厘▶
◁本報價目▷

△廣告刊例

本報廣告以方寸計算 每方寸以市尺長寬各一寸計算
（新聞欄）每日三方寸三天起碼每日每方寸一角二分
（封面）每日三方寸二天起碼每日每方寸一角
（普通）每日四方寸二天起碼每日每方寸八分
登三日以上九折 六日以上八折 八日以上七折 十日以上六折 常期面議

牙稅所啓事

茲當二十五年度終了本所急待結束所有本縣各牙戶應領暨應補換證前經屢催換領今特再登報通知凡有未經領證之牙戶務望於一星期內來所請領切勿觀望自誤

豐縣牙稅所啓

遺失聲明

今因遺失本縣南關外泉豐泰稅字一號五十元期條一紙寫明廢歷二十六年二月二十日期現在款已結清該條作爲廢紙特登豐報聲明

豐縣縣立初級中學招生廣告

名額 初中一年級五十名 初中一年級自費班五十名
報名 七月五日起至七月十日止
考期 七月十一、十二兩日
詳章 招生簡章

豐縣城東北十八里徐王莊義泉永台上集三義和全啓事

逕啓者敝號等因銅元缺乏曾出有一、二、三百文之小票今奉令收回凡持有本號之小票者請速來敝號兌換爲要此啓

豐縣教育局啓事

各學校及民衆識字班各視導員均鑒：前由本局指定主考之民衆識字班，尚有少數主考員迄未將主考之考試成績表填報送局，如曾未主考之民衆識字班因故未能舉行考試或雖已考試而缺考人數過多必須再行補考者，應於七月十日以前商同所屬鄉鎮保長自行定期補行考試，并迅將考試成績表稱就送局，以便統計爲要！此啓。

中外要聞

蔣復發表告農村服務諸生書
採訪農民意見察知農村疾苦
協同官紳廢止藏垢納污場所
實行新生活確立復興民族基礎

【中央社九江廿八日電】牯嶺電話，蔣委員長於十五日發表暑假農村服務生談話會、全國大中學生組織農村服務團、蔣氏今日復發表『通告農村服務學生書』，補充要點，原文如下：「諸生今已決心下鄉服務了，關於服務之意義與要旨，在上次已述其大意今再爲重要意見補述如下

二、鄉村服務，不但要指導社會與幫助農民，而且要盡量採訪農民之意見，與深切考察知農村疾苦所在之點，研究改良與設法解除之。但不可以干涉與強制手段，對於地方機關與官紳，更應和衷共濟，以誠懇之態度與互助之精神處之。一、地方團體，如鄉鎮保甲等，對於藏垢納污所在地，如鴉片毒品娼妓賭博等處有否禁止及地方善堂組織與其設施有否與新生活運動之精神與規條相適合，皆應切實考查、協同地方官紳加以改正

三、鄉村風俗習慣各有不同、切不可用直覺判斷其是非、必須細細研究風俗習慣之由來，無關緊要的不要顧問、如認爲有改革必要，亦當與地方當局，善爲勸導，逐漸改良，斷不可操之過急，徒傷民衆之感情。總之，你們出去服務，乃是爲盡力解除人民疾苦，改良社會弊病使大衆同胞各個都能實行新生活，確立復興民族之基礎，故須埋頭苦幹，才能得到服務真正的意義。

林主席昨晨抵廬

蔣馮等均往迎迓

▲江央社九江廿八日電　牯嶺電話、林主席以京中氣候漸熱、於廿七日由京乘中山艦啓節來廬避暑、隨行者有參軍長呂超、葉秘書長楚傖亦同來、牯嶺全街、今日均懸旗歡迎、管理局事前下山照料、中山艦於今晨九時許亦抵九江、十時由蓮花洞、乘篷轎登山、於沿途均有警憲警衛、過小天池口、蔣委員長及夫人宋美齡女士、馮副委員長等、均往迎迓、相遇途中、是時適細雨濛濛、蔣委員長等下轎歡迎、主席亦下轎、在雨中略事寒暄後、復登轎同返牯嶺、主席旋赴私邸休息。

▲中央社九江廿八日電　牯嶺電話、葉秘書長楚傖、今午抵牯嶺後、即往訪蔣委員長報告中央黨政近況、蔣留同午餐。

政院遷廬辦公籌備就緒

下月例會由蔣院長在山主持

▲中央社南京廿八日電　行政院為籌備暑期在廬辦公事宜、迭曾派員前往佈置、頃已籌劃就緒、自下月一日起、即開始辦公、行政院第三一九次例會仍於明日在京舉行、自下月六日以後之例會、則由蔣院長在山親自主持、約於八月底可望結束返京、聞派往人員、定於後日由秘書長魏道明政務處長何廉率領前往、至院屬各部會長官、除外交部長王寵惠定於下月二日飛潯轉牯外、其餘各部會長官、及各次長、均定於下月六日前往、俾便參加會議、並分別主持各部會工作云。

汪主席病漸愈

下月初赴廬

▲中央社南京廿八日電　汪主席所患之心臟病、自經醫診治後、日來見有起色、每餐亦能飲食少許、原定本月三十日赴廬、因暫時不便多所行動、故改下月初往廬山云。

京平等長途電話

昨舉行通話禮

▲中央社南京廿八日電　南京至北平天津青島青苑長途電話　業於今日上午十時在交通部會議室舉行開放　由該部俞部長彭次長　殷勤招待來賓　自十時十五分起即開始與平北青島天津青苑先後通話、所有各次通話、聲浪均極清楚、在廳聽人、無不一致表示滿意、認為我國交通史上最大之成就、今後南北兩地得以長途電話直通之道、不特在商業上藉感莫大之便利、而在國防上、尤有深長之意、殊堪欣慶。

何東捐六萬元賑川災

▲中央社上海廿八日電　川賑災會　以何東爵士捐六萬元賑濟川災、今日下午特由該會會長吳鼎昌　舉行茶會答謝。

許世英昨晨抵滬

▲中央社上海廿八日電　許世英今晨乘輪由京抵滬、候晤川樾、

教部復令

各級學校

設免費公費學額

▲中央社南京廿八日電　教育部為獎進全國貧寒優秀學生起見、曾於廿五年度頒令各級學校設置免費公費學額規程、並迭經嚴促公私立各級學校切實實行　並逐年增加名額、據各省市教育行政機關呈復　除全國公立專科以上學校及中小學校等　均經盡力遵辦、頃據調查　私立學校限於經費未能依照規定百分比設置者、亦經下令遵章實施、本年四月間、以下年度行將開始　教部又令各級學校、除不得減少上年度原設之免費公費學額外、並須照章增設名額　其設立該項學額辦法、及名額、均應載入招生簡章、以便清貧學生周知。

京滬陝籍同鄉于右任等

昨宴餞楊虎城

▲中央社上海廿八日電　楊虎城定于明晨十一時許乘輪出國、京滬陝籍同鄉于右任等、百餘人、今日舉行盛大歡送會　宋子文因在粵、電宋子安代表歡送、亦於今晚餞行。

外交界人士觀察

英日談判顧及我國立場

▲中央社南京廿八日電　據外交界息、英日談話我尚未接到具體報告　郭泰祺大使、雖有電到京、但皆係片斷者、據外交界人士觀察、中英友誼素篤、英國對英日談判、不致撇開我國立場及所聲明之原則云。

中樞兩紀念週併誌

▲中央社南京廿八日電　中央黨部國民政府、於今晨上午九時在中央党部大禮堂、合併舉行　總理紀念週、由中央常務委員陳立夫主席、領導行禮如儀後、乃即席報告　題為「從教育觀點剖析中國衰弱之原因及解救之藥論」。

▲中央社南京廿八日電　國府林主席已赴廬山避暑約秋涼返京、在此時間國府紀念週、自今日起與中央在中央黨部合併舉行　國府文官處已通知各院部會知照。

顧祝同昨抵京

謁何部長報告

▲中央社南京廿八、電　軍事委員長西安行營主任顧祝同、今晨自西安抵京　當往謁何部長、有所報告。

川樾大使來華返任

今日可抵滬

▲中央社上海廿八日電　日大使川樾來華返任　約於廿九日午後三時許乘輪抵滬。

鄂桂豫警政受訓人員

昨紛紛赴潯轉廬

▲中央社漢口廿八日電　鄂警政、員赴廬參加暑期訓練、第一期計有宜昌沙市等地警察局長　及省會警局科長張大賓、漢市警察分局長張翼等　共十餘人、廿八日晚乘輪赴潯轉廬。

▲中央社流[illegible]廿八、電　桂省派赴廬山受訓之憲政警政人員、一行十六人、廿八日抵漢、定廿九日乘輪赴潯轉廬

▲中央社漢口廿九日電　豫派赴廬受訓之警察總局局長陳文鴻等十二人、廿七日由鄭到漢、廿八日晚赴潯轉廬

明年元旦起

粵毫劵完全廢止

▲……陳行由港返滬談

▲中央社上海廿八日電　陳行貝松森、廿八日午五時半偕中央銀行秘書范鶴年、由港乘胡佛總統號輪返抵滬、據陳談、此次奉孔部長囑隨宋子良赴粵辦理粵幣辦法、經縝密研究、決以一四四法價、兌換國幣、自廿七年元旦起　毫劵完全廢止、粵官民均表滿意、除桂省外　吾國幣制已統一、宋尚須留粵　返滬與否未確定。

李宗仁昨復訪宋子文

商桂財政問題

▲中央社香港廿八日電　李宗仁今晨再訪宋子文　商談財政問題、並磋商桂省公債、以便整理財政、宋表示贊同、惟須返京後、始可正式決定、現悉李定明日飛返桂。

閻錫山病漸愈

▲中央社太原廿八日電　閻錫山病經調理診治飲食已漸增加、廿八　施第二種治療法。

津國大選舉經費

財局撥萬元應用

▲中央社天津廿八日電　津市國大選舉經費、市府已令財政局撥款萬元備用、全市公民登記已成立五十處　連日前往登記者約數千人、選舉事務所、將還會於七月一日、將選名冊造齊送令

粵漢路黃埔支綫路基竣工

八月可正式通車

▲中央社廣州廿八日電　粵漢路黃埔支線路基、橋樑、涵洞等工程　全部趕築完竣　西村站與粵漢路廿七公里接軌、支綫鋪軌工程　預定每日鋪一公里、如無障礙　下月下旬可竣工　八月可正式通車。

黔省自下月起

禁止鴉片售吸營業

▲中央社貴陽　十八日電　省府及禁煙督察派員公署、會分令各縣、自七月一日起全省鴉片售吸所、一律禁止營業　應

交附之取締管、亦結束取消。

武漢行營令各部隊 協助禁烟總檢舉

▲中央社漢口二十八日電　武漢行營二十八日傳令各部隊協助禁烟總檢舉、禁烟特派員鍾可託定七月一月出發各縣巡視禁政。

綏決分期根絕煙禍 剋正徵求戒煙方案

▲中央社歸綏二十八日電　二十八日晨傅作義在紀念週報告、決分兩期根絕綏境煙禍、由現時起至二十七年度底止為勸戒期、在二十八年度內為路戒期、剋正以巨額獎金徵求戒烟方案及藥品、積極籌劃施禁具體辦法。

綏昨大雨冰雹 傅主席令妥為防護

▲中央社歸綏二十八日電　二十八日午後此間復大雨歷三時許、並雜有冰雹、二十七日晨傅主席、曾往薩縣視察河渠、令當地長官妥為防護、當晚九時許返省。

魯境黃河連日盛漲 李升墩灘埽三丈餘

▲中央社濟南二十八日電　魯境黃河連日盛漲、二十八日晨李升墩漲二公寸、水位五七公尺二、洛口漲三公寸、水位三十公尺三寸三、下游亦上漲、全河較去年大汛最高水位僅差八公寸餘、情勢緊張、幸各河工尚平穩、修汛處主任王愷如、二十八日親赴上游督導防範、又李升墩第三埽、被大溜頂冲至第四磚埽、今晨灘埽三丈餘、已由該段人員搶護。

謀麥種改良產量增加 本年種麥時期多種小麥

我國小麥求過於供無生產過剩之虞 多種小麥減洋麥進口粉廠可趨繁榮

▲江蘇社　江蘇省建設廳奉實業部令、據上海市麵粉廠業公會轉令各省市於本年種麥時期多種小麥應斟酌當地情形辦理、訓令各區行政督察專員、各縣縣長省立麥作試驗場云、案奉實業部訓令內開、案據上海市麵粉廠業同業公會呈稱、『竊查國產小麥、上年收穫之數、比較二十四年度有增無減、論市情麥價可趨平穩、粉廠工作之日、可較上年為多、乃麥價反見高昂、粉廠原料、遂且減少、揆厥原因、由於日本粉廠、見華麥較澳洲麥為廉、遂在吾國蕪湖漢口上海等處採購、屬會各廠曾呈請鈞部禁止小麥出洋在案、在我政府以維護農村經濟為言、自未便俯如所請、然我國小麥求過於供、並未達達自足自給地位、絕對無生產過剩之虞、青黃不接之際、洋麥進口、成為絕大漏卮、是農村之維護、猶為理想、經濟之損失、已成事實、現在上海各廠、通年祇有半年工作、稅局有數可稽、實作半年工作、尚作輟無定、純為維持商標起見、已屬勉強、米而價步落、粉價隨之低廉、麥價則視外麥為轉移、依照高漲無下趨之勢、此中苦痛、惟廠商忍受之、本年春雨連綿、產麥之區、收成減色、就蘇省而論、估計收獲不及上年十分之六、而川豫陝甘等省旱災之重、為前所未有、一則多雨減少收成、一則旱亢收成無望、粉廠前途、至堪憂慮、屬會各廠、僉請納稅、固廠商應盡義務、而我政府既得稅收之權利、對於各粉廠予以相當之保障、方得事理之平、倘不加保障、粉廠因環境關係、被迫歇業、影響及於稅收、予政府亦何所利、保障維何、即與其任原料出洋、陷粉廠於絕地、何如減少洋麥進口、藉絕大之漏卮、至漲本之圖、尤為多種小麥、上年穗產增進、紡業遂有昭蘇氣象、影響遍及於都市農村、成效昭然、舉國共見、由此推測、繁榮粉業必有藉於麥產之增進、為此籲懇鈞部、一方面明令禁止小麥出洋、一方面令行各省市於本年種麥時期、多種小麥、俾將來供過於求、對於小麥出洋、再予施禁、照於農村粉業稅收均有裨益等情、查來呈所請禁止小麥出洋一節、前據蘇浙皖內地機製麵粉工會等來呈、請禁本年小麥出口、證、以蘇省報告、為數尚屬非鉅、且自一月至三月數目有向下之勢、所請禁止出洋一節、仰俟依照食糧調節暫行辦法、隨時察看、認為必要時、再行會商財政部呈院核辦等語、批示在案、至請令各省市於本年種麥時期多種小麥一節、不無見地、除令飭全國稻麥改進所竭力推廣改良麥種、並批示外、仰卽斟酌當地情形辦理、以謀麥產增進、仍具報察核為要、此令等因奉此、除呈復暨分令外、合行令仰該專員縣長場長遵照辦理云（廿六日）

南匯泰縣嘉定三縣警局長更調 改組建廳農業管委會

另設農業設計委員會

▲江蘇社　蘇省府於二十五日上午八時、舉行第四十六次談話會、出席委員余井塘、周佛海、沈百先、劉廣者、趙時實、余慕桂、主席余井塘、紀錄馮君猷、開會如儀、宣讀上次會議紀錄、報告事項、（略）決定事項如下、（一）本省廣播無綫電台淮陰分台經費、自廿六年度起將省立清江民教館之二百元取銷、改由本府按月在總預備費內撥支、（二）江蘇省地方病第一研究所本年度經常費一六、二四〇元、准在總預備費內開支、（三）受軍事委員會委員委託代核軍事機關審理盜匪案件計六件、（四）江蘇省會計處擬購買中正路叉一號俞姓民房為辦公之用、歷與業主訂立草約、估價一萬四千元、准在省總預備費內開支、（六）南匯警察局長陳鴻圖調省、其遺缺調泰縣警察局長蔡鴻範接充、泰縣遞遺之缺、調嘉定警察局長陳幼民接充、嘉定遞遺之缺、委甄審合格之邀晉接充、（六）寶山縣烟犯習勞隊工場購置費、預算需款二百四十元、准在禁烟總預備費項下動支、（七）撤銷無錫縣朱雲甫前領開化等處菱蕩還原價五十六元、准在本年度省總預備費項下動支、（八）改組建設廳農業管理委員會為第三第四二科、並另設農業設計委員會、組織章程、修正通過、（九）推朱院長出席下星期一紀念週報告。

蘇財廳招商承辦屠宰稅

江寧贛榆等十一縣原包商期滿 限六月廿九日前向廳報名登記

▲江蘇社　蘇財廳現查江寧、江浦、如皋、南通、東台、興化、蕭縣、宿遷、揚中、東海、贛榆等縣、原辦屠宰稅包商、已屆期滿、亟應遴員繼續辦理、擬自廿六年七月份起、招商承辦、惟稅須歸該廳征收、以資統一、茲悉該廳特公函招辦、如有合於下列資格者、限於六月廿九日以前向該廳報名登記、領取章則、以便審查合格、認額委辦、一、有委任相當資格、身家殷實、年齡在三十歲以上、身體健全無不良嗜好者、一、對於辦理屠宰稅、富有經驗、有實在成績可考者、有省會或承辦縣份殷實商店二家担保證人、自願拋棄民法債篇第廿四節各法條有關保證人之各種權利者、一、未受刑事處分剝奪公權、虧欠公款者云、（廿六日）

國徽及新運標幟不得隨便濫用

宜懸置於高出人頭處 或佩戴於胸前及帽上

▲江蘇社　省新運會以新運總會通令、略以查國徽原係代表國家、新運標幟代表整個復興民族之運動、對於此種象徵人人理應敬重、保持尊嚴、近查各地國徽新運標幟式製作不合法度、或濫用於桌椅之上、或標幟加寫標語、殊失現代國民對於國徽應敬之態度、亟應取締改正、限定此類正確之象徵、祇宜懸置於高出人頭以上之處、或佩戴於胸前帽上、不得隨便濫用、該會奉文後、除轉告各縣新運會外、即將轉函省會警察處隨時注意糾正（廿六日）

蘇黨軍幹部人員今日赴廬受訓

總數二百餘人由葉秀源領隊

▲江蘇社　廬山訓練黨幹組第一期定七月一日開始、已誌各報、本省黨軍幹部人員奉派赴廬受訓、經省理事會遴命籌備、業經趕辦竣事、各地被派人員均於前昨紛紛來省報到、一行共有二百三十八人、准定今日上午集中西門車站、候九時零六分京滬特快車赴杭轉贛、省理事會特派該會蹤鄉宋景昶、楊鍇、王領、李家駿、前往協助、並領隊一職、則由江蘇省理事會及教育廳指定葉秀源氏擔任云、（廿六日）

本縣新聞

黨政各機關 昨舉行聯合總理紀念週

成縣長主席 黃科長報告

黨政各機關，暨各人民團體、于昨日上午十時、在縣政府中山堂、聯合舉行總理紀念週、到黨員公務員、及各人民團體代表、八十餘人、由成縣長主席、領導行禮後、即由第一科長黃體璣報告、略謂、本府工作、值得報告的，約有數件，茲分述如下、一、關于民政方面、本府在上週積極籌備鄉鎮保甲長受訓事宜，鄉鎮長保赴省訓練、保長係在八義集訓練、甲長則由本縣訓練，赴徐受訓之保長，本縣應派一百二十二人，已于今日來城集合、定明日派員護送至黃口、搭隴海車前往，甲長訓練、本府業已上週召集曾受訓壯丁之爲甲長者，開始訓練，年來全國上下，對於訓練、極爲重視，良以處此非常時期、必有非常之準備，方能應付當前之危局，各級人員之訓練，正所以鍛鍊其身體，變化其思想，使之軍事化，以備國用，二、農工銀行奉令結束後，共盈餘六萬餘元，所有在外流行之票紙，雖再佈告限期收回，而持有該行兌換券者，仍多觀望、不來兌現，當限至六月底止，不再展期，至該行盈餘之款擬用之設立小本貸款處，曾由本席同縣黨部李常委、黨監委、於前日晉省時、晤及財政廳陳秘書、一再陳述本縣設立小本貸款之需要，陳秘書極表贊同，但省方對過去各縣舉辦之小本貸款、多不能如數收回、頗爲顧慮，復經余等說明本縣小本貸款之辦法、最後陳秘書當將省方辦理之小本貸款章程、檢交一份，令本縣參照辦理，關於貧民習藝所、曾由本縣擬具計劃預算，呈請民政廳核示，余等亦順便談及，大約廿六年度或可將以上兩事，先後舉辦，三、關於土地陳報，本縣已籌備舉辦之編查工作、辦理完竣、省方極爲滿意，現正繕寫地號，通知各業主，根據陳報，並于每保指定繕單員五人，負責繕寫，現已完成十分之八九，四、關於建設方面，一區之東支河，四區之羅河及五區之苗城河，業已先後完成，將來水患可免，對於農民實有莫大之利益云云，旋即禮成。

蔣委員長西安半月記（續）

十二月十一日

早起在院中散步，見驪山上有二人，向余鞠立者約十分鐘，心頗異之，及回廳齋，聞見西安至臨潼道上，有軍用汽車多輛向東行進，以其時已屆余每日治事之時間，即入室辦公，未暇深究。黎天才忽來求見，事前未約定，殊覺突兀，其談話時，對勦匪方針，表示懷疑，與漢卿所言者如出一轍，知其受毒已深，痛切誡斥之。是晚招張、楊、于、與各將領來行轅會餐，商議進剿計劃，楊于爲未到。詢之，據漢卿，則知彼亦於今晚宴來陝之中央軍政長官，楊于先在西安招待，飲宴開會畢，將邀漢卿同往矣。漢卿今日形色匆遽，精神恍惚，余甚以爲異。殆以彼昨夜見時受余責斥，因而不快歟？或彼以聞余譴黎天才之言而不懌歟？臨睡思之，終不明其故。以時遲，亦遂置之。

十二月十二日

晨起五時半，床上運動畢，正在披衣，忽聞行轅大門前有槍聲，立命侍衛往視，未歸報，而第二槍又發，再遣衛士二人往探，此後槍聲連續不止，乃知東北軍叛變。蓋余此來僅攜便衣衛士及衛兵二十餘人，而行轅大門外之司警衛者，即張之衛隊營也。少頃，侍衛官竺培基及施文彪來報：叛兵已蜂湧入內，本已衝過前橋門；被我等猛射抵禦，死傷甚多，叛兵知我內衛已有防備，刻已略退，請委員長從速離此，竺施等報告方畢，毛區隊長裕豐亦派傳令來報曰：「叛軍已衝入二門，但據後山一兵所電話，稱該處並無異狀，亦未發現叛兵」余問：「毛區隊長在何處」？答「區隊長正在前院第二橋前假山旁率隊抵抗，速請委員長先登後山。」余問：「叛兵如何形狀？」答曰：「戴皮帽子，皆爲東北軍官兵。」此時余猶疑爲一部之兵變，必係赤匪煽惑駐臨潼部隊暴動，而非漢卿有整個之計劃。蓋如東北軍整個叛變，則必包圍行轅外牆之四週，今前門除外，尚無叛兵蹤跡，可知爲局部之變亂。如余能越過山嶺，待至天明，當無事矣。乃偕侍衛官竺培基，司文彪與隨從蔣孝鎮，出登後山。

（未完）

保甲長注意 縣政府擬定應知事項

分發各保甲長遵照

縣政府爲使保甲長明瞭本身任務起見，特擬定保甲長應知事項十條，分發各保甲長遵照，茲覓誌如下，一、應知道本保本甲有幾甲幾戶男女多少人、二、應知道本保本甲有壯丁多少人、已受訓者多少人、編成義勇壯丁隊者多少人、三、應知道本保本甲有學齡兒童多少人、未就學者多少人、四、應知道本保本甲有烟毒犯多少人、不務正業者多少人、五、應知道聯保連坐切結的意義是在互相勉勵、互相監視、不做爲匪通匪等壞事、六、應知道同結各戶如有做爲匪等壞事者、經縣府查明屬實、即得連坐、同受處分、七、應知道切結上的指印、是用右手大拇指捺的、蓋在兼示負責、八、應知道保甲規約意在勸善懲惡、是經保甲長開會協定的、保內居民須共同遵守力行、九、應知道本保本甲規約有幾條、每條是甚麼、十、應知道遵照縣政府印發之戶口異動查報保甲須知切實查報戶口、

保安第三十九大隊

△今晨在縣府大禮堂▽

△舉行新兵入伍考試▽

保安第三十九大隊、自張大隊附蒞任後、對於士兵學術兩科、嚴加訓練、並將年齡過度之士兵、令其退伍、續招品學兼優之青年補充、各情已誌本報、茲悉報名應試者、異常踴躍、已於今晨八時假縣政府大禮堂舉行考試、並由張大隊附、孫副官、分別詳加口試云、

診療所改名衛生所 本縣准設乙丙等各一處

縣政府奉民廳令

縣政府以鄉民患病、苦無相當診療地點、殊非保健之道、爲使民衆遇疾得救、永保康强計、爰有設立各區診療所之議、現正積極籌備、縣府頃奉民政廳令、以各區設立之診療所、一律改爲衛生所、又以本縣經費短絀、只准設立乙等衛生所及丙等衛生所各一處、並令將設立地點、報廳察核、縣府奉令後、已遵照辦理、本設立衛生所地點、正在選擇中、

入營後逃亡新兵 應歸軍法機關審判

未入營逃亡者 仍屬司法管轄

縣政府奉令轉飭遵照

縣政府奉碭山團管區令、以入營後逃亡之新兵、應歸軍法機關審判、其尚未入營之中途逃亡者、仍屬司法機關管轄、縣府奉令後、已轉飭各區知照矣

赴徐受訓之保長 今日首途

縣政府派王督察員護送

本縣赴徐受訓之保長、共一百二十二人、已于昨日紛紛來城集合、各情業誌本報、各保長所帶行李極簡單、均背負槍枝、經縣府點驗後、即由公安科督察員王德普於今午護送至黃口、搭隴海車赴徐、各保長多係壯年有爲之男子、對此次受訓、均異常踴躍、

常店保長孫敦義 覓人代替受訓

被縣府查出 將嚴予懲處

三區常店鎮第五保保長孫敦義、已由該區區公所、派定赴徐受訓、乃孫以訓練爲苦、不願前往、將覓人代替、以圖幸免、事爲縣政府查悉、當以該保長避不受訓、殊屬玩忽功令、且覓人代替、更屬有意欺上、除將代替孫之某甲暫予扣留外、並將於該保長以嚴厲之懲處云、

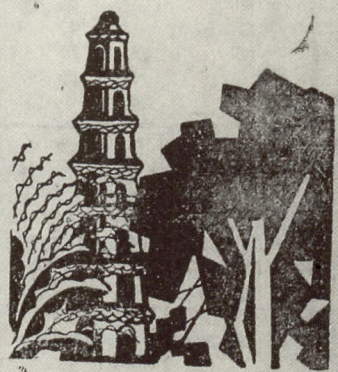

鳳鳴塔

第三三四期

一，本刊內容分科學常識論著詩歌小說散文戲劇書信書報介紹及批評等項
二，本刊歡迎投稿來稿文言白話均可
三，來稿本社有删權不願改者應先聲明
四，未經登載之稿除預先聲明者外概不退還
五，本刊編輯室設豐報社內

漫談

發現了錯誤

聊

阿秋君的「試問中醫科學所在」一文，本來是不用我再辯的，因爲我在「雜想後」文裏所指出你對人之「侮辱」「偏袒」已經默然領受，自認盲言不再强辯，這亦可敬佩的。不過你還想自圓前說，這次談話的題目用作「試問……所在」。仍有待答的語氣，同時在你的談話中又發現了錯誤，所以我在讀後，又要說上幾句話了。

「試問中醫科學所在？」你自己已經明白的寫出牠……中醫科學……的所在了，而又「試問」誰呢？不信的話，請你看看你的談話：「……蘇州……之六神丸，日本且奉爲神藥，年銷彼國，竟達五六百萬元之鉅。……」其六神丸之問世，當然由中國人之發明，（據你的中醫功效）並非從天上掉下來的法子，也並非東西洋人的發明，其發明者當然據有所以然之發明理，年銷彼國如是之鉅者，可是發明者據理之精確，精確之發明理，怎見得不是科學呢？不知生理病理的中醫，是否能夠發明如是之藥？即此一事，足見中醫科學之所在，又是你先生自己寫出，而你又「試問」，可見你談話之前後矛盾，毫不思索了。

最後我要向設身國醫界之同胞進一忠告，我國醫學之發明炎黃迄今，已有九千餘年之歷史，直到現代，幾乎不能存于人世，甚至他人認爲無科學，無理學之小經驗學，誠爲我國醫界之奇恥大辱，求其原因，皆爲大家不努力前進所致，我輩深思及此，當力圖中興，極力研究，使我國醫光耀于世界，爲我們的國醫爭一口氣。

創作

反正（續）

雪舫

華國雄便把鋤送到偃主家去，走上他的目的地去。他經過五小時的奔走，終于在一座山腰破廟裡，顯露了他本來的面目。

佛像七倒八歪的，星光月光穿過椽瓦的空隙照在堂前，似花影般鋪在一羣席地而坐的人們身上；節季雖是炎夏，塞外的夜風仍是冷颼颼的，使人感到寒涼的逼脅。一度有秩序的談話聲消滅後，只見居中那位身材强壯，聲音宏大的說道：

『諸位弟兄的意見，我都明了，敵人的勢力固非我們所能抵抗；然而我們也不能忍心看着這部份爲國忘身的健兒，■■敵人宰殺；更不能將這塊緊要的地方，讓敵人佔據。』說着便展開一幅地圖，又道：『你們請看這塊地方關於我們的國防是若何的重大啊！』這時衆人的目光都注視到地圖上，乘着月光也還看得分明。只有一人手捫腿閉目低首的在思慮，他忖想他們的領袖將蹈上危機，他將怎樣設法去挽救。只聽那人又繼續說道：『我想李國棟也是個有血氣，也受過相當的教育，怕他真個迷而不悟嗎？今天大家既沒有較好方策挽回危局，只好由我去見李國棟，激發他的天良，使他反正過來，不惟可解×城之圍，也使敵方減少一部實力；縱然不幸，我華國雄被敵陷害，也較這般偷度歲月老死牖下來得值價些；至於本部以後的事務，請大衆弟兄們都聽從王參謀的指導努力進行吧！』華國雄很堅決的宣佈他的計劃。

『別的方法既沒有，只好冒險孤注之一擲，只是司令怎能見到李國棟呢？他的身傍難免沒有×方的人在監視着啊！』坐在華國雄身傍被稱爲參謀的王志遠說：

『那只可臨機應變隨時再設法吧！』華國雄說。

這時一片浮雲遮着斜月，大地上黑暗了！寒風猶在狂吼，吹的山谷樹木都在悲號。華國雄見衆人都沒有意見再發表，便與王志遠約定傳達消息的暗號，獨自下山向×縣敵人的陣地邁進。

李國棟率領二師人馬，一大隊×方的特種兵；奉了××軍的命令攻打祖國的×縣。連次的勝利，已佔據了縣城附近的險要，只要是再攻下國軍困守的山崗——縣城的犄角——×縣便可不攻自下，從此長驅直入，直搗國軍的大本營。他的心中是萬分興奮，希冀着這次成功又可得到大批的犒賞了。無奈用盡戰略，總沒能攻下國軍堅守的山崗，却被×方派來監戰的軍事顧問催逼的要死；使他非常的焦慮。幾次下令進攻，都被國軍用機關槍和石子打得死傷狼藉，傷亡了無數的兵士，仍不能稍佔勝利。李國棟正在軍部打

『紙幣』的自敍讚

雪舫

我是經過印刷的紙片，
面上的數目字顯示着價值。
經過政府的允准，發行的手續，
我便代替了一切的貨幣，
雖是我的本質變易，
從金銀銅變爲一片美麗的紙；
然仍保持住舊有的勢力。

我能使——
親愛的變爲仇敵，
懦弱的揚眉吐氣；
强橫的俯首無詞，
僞善的博得盛譽，
孝順的反稱忤逆，
這一切的矛盾的變態；
都受了我于暗地的撥弄——嗾使。

我能換取——
大衆的歡欣，
勞動的苦力，
智謀者的心血，
一切的物質。

我能輔助——
執政者完成建設；
統兵者擴大武力；
製造者加增生產；
求識者獨造孤詣。
這是我的功績，
博得人們的贊許。

只因爲——
富有的坐享安逸；
缺乏的奔走流離；
濫污的衣食不缺；
廉潔的啼寒號飢。
人們只知使巧奪取，
反使我蒙着極端羞恥。
人們的咒罵，說我是：
一罪惡的蠱惑者，不公，偏倚。
我實是含寃被屈。
這些咒罵和贊許；
都是人們的賜與。
榮辱得失，
何曾與我有這干係？
我的本身啊！
壓根兒沒有勢力。
更說不到撥弄與嗾使。
聰明的人們，您且反躬自思！
對於處理我的手續，是否適宜？

要知道啊！
我是站在被動者的地位，
聽從權威者的指使，
因事而異，隨時而移；
我的成績，映射着您們的處理。
我何曾謬執己見，妄參末議。
不偏不倚，大公無私；
是我一貫的主義。

末了我要掬誠奉勸：
慳嗇成性富而不仁的人，
須要把我放歸社會，流動着；
使一般人們都沾些利益。
萬不可把我緊密藏匿，
使我失掉效力
要知道我的本身；
飢不能飽腹
寒不能作禦冷之衣。
你若再不醒悟，
社會將對你施以不利。
更有那些奢侈浮華的紈袴兒，
我與你無仇非敵，
您■何將我虛擲浪費？
我既被您輕視，宣告了斷絕關係，
到那時求我不得，
難免要啼寒號飢，
悔悟已遲，回首皆非！

院中閒度，籌劃着戰策；只是排進一個魁偉的大漢來，定睛細認，恍惚是曾經同學的華國雄；他知道X方正在痛恨華國雄，又不知他怎樣的被捉來？狐疑着未敢叫破。只聽一個衛兵報告道：

『報告司令！這人自稱從敵人後防逃出，要面見司令，說有緊要的報告，兵士們見他的行蹤可疑，特細綁來見。』

『搜過他身上沒有？』李國棟問：

『搜過了！沒有怎麼東西。』衛兵答：

『好！把他帶到辦公室去。』李國棟命令着。

所謂爲辦公室的是一間鄉村中比較潔淨的住房，居中一張桌上，堆着些文件和地圖，桌傍兩張椅子已經木匠換過了幾條腿，顏色很不搭配，桌上點着煤油燈，倒蠻明亮；華國雄被推擁到椅前，見李國棟的面色很和藹，便稍微的放了些心。李國棟揮退了衛兵，屋中只有他倆了。便問道：

『你是誰？』

『華國雄，你的舊同學！』很低的聲音在空中傳播：

『噢，』李國棟很驚疑，忙把綁他的繩索解開說：

『你不遠走高飛，到我這裏做啥？若是你有怎麼事件必需我幫忙的，我可儘力替你謀幹。』

『我正是求你幫忙……』華國雄坐在另一隻椅上，話未說完，只見燭影一閃走進一個矮胖子來，便假作未見，改口說道：『我黃仁達忍心陷害了部下，也需落個值當；總求李司令幫忙向「賞上」疏通，休叫咱白落罵名啊。』

（未完）

他的幻滅

（續）　南生

他搖着手，漲紅了臉，流着汗，呼氣的呼氣說：

『不要，不要，你們又有一種說法 青年人須信古人的話，古人是對的，你絕對要信仰我的話．我立身就是依照古人言行的。』

我佩服他極了，我被他說的不敢發言．我太渺小了，我是年青，年青，他是學者名流，上了年紀的人，說話不會錯的。我縮在一起，伏下了頭，羞恥。

他見我不說話，由沙發上跳起來，啣着烟在空中徘徊起來，我看着他，癡迷的望着他的臉，他在我眼中漸漸的高了高了，可望而不可及的學者名流。擦！他又好像從空中掉下來一般，對我是一種幻滅。

我又鼓起勁氣，懦懾的說：

我說青年人究竟和老頭兒的思想不同的，好懷疑，好去懷疑社會上，切的事物好去分析。

阿娟聽了我的話，她向她的的父親臉衝[illegible]。

『是的，是的，我們是年青人，我們的思想與古人不同的，因爲時代是不同了。我們主張婚姻自由，你們却主買賣婚姻，我們跟着潮流跑，你們却向後退』。他跳起來，手拍着桌上的東西活零零的顫着。

『胡說，胡說，什麼思想，什麼潮流，什麼戀愛，我反對，我反對，所說的話，皆不見經典』。

他與奮之餘，將身子埋在沙發裏，抽起雪茄烟來，手在顫動着。

我聽了他這一番話，眞佩服他 對於我的學問賜了不少的恩惠，我要感謝他。

『究竟青年人應讀些書，書是與人沒有害處的，切記切記 青年人喊失業，其實罪由自招 中國現需要的青年能讀古書，能埋頭苦幹的青年。』

我說哼哼。現在對於舊的話有點懷疑起來了，讀書有什麼用處呢？而況我沒有心腸去讀書，畢業就是失業，我在校中眼看的 用功的學生畢業後到沒有出路，不努力而專去活動的到有了職業。施，去他媽的。

『要知道禮義廉恥。對人要恭敬 對一切人要謙虛道與自己沒有害處的，中國以前那樣的强盛 是人民知禮義 能知足安分 所以天下也就安了。』

我想起自己來，從來不講究這個，眞慚愧，上學期幾乎投起稿來，許多朋友，拉我加入他們 派 說如何的有出路，畢業後不會失業。我一聽到失業心中就輭了，幾次想着 還硬什麼，投機是不錯的，你看看，投機的人，多麼神氣啊，你看看。

隨後一切都像一個幻象一般突然的消失，他打了一哈氣 到了門前。這裏是雲母石的台階，一切有宏大的雕欄 和頂上燃着青貝殼燈的兩條橡木柱子，走廊是空的，滿有歌唱的寂寞 從什麼地方，在閉了門後邊 來了一陣新鮮的笑聲。

噻噻，歌唱着而帶有舞的聲調漸漸刺到我的耳裏，隨後有大笑的聲音，如同一個快活的鈴子。

拍，有開門的聲音 他的三太太由舞場回來了，後面跟着一位哲學的教授。她滿面春光 眼珠是黑的，皮氣有點怪，那位哲學教授，是他告訴我的爲美國留學生，有高超的情才 會寫哲學的詩 人通常叫他爲留美生的。因爲他，開口 我是留美的。據 一般人說留美生與她發生了曖昧的事情。

我在他們那裏有點受窘，因爲他們皆是了不得的人物，讀很多的書 有高超的情才 談話用優美的句子，我不去打擾他們，我就走了。

我因到家中，書架上冷輕輕兩三本書，比起他那些書，眞慚愧極了。『下了決心事情就會辦得妥的 青年應多讀書』的話 時時在我耳邊旋轉 我預備半年不出去逛，與外界格絕 可是終究讀不下去，所讀的書 皆沒有用處 皆是不須要的社會中的事體 書中概沒有，不行，愈想愈不對，愈思索，愈知道書是騙人的東西。世界什麼樣樣子，呀，什麼樣子。去吧，我把書拋了，沒有用的東西！我與世界接觸。這又傷感起來，有人笑我，這傢伙一本書沒有讀過 連一本古文皆沒有看過。

我把身子 跳 跳到世界中去，眞嚇死我，這些故事書中皆沒有，我忍受不着這樣的刺激 我愈去追求故事中的意義 刺激愈大愈駭怕靈忍受着痛苦吧！瞧，心中終究放不下，一片血海，—飢荒，並且 突然間記憶又來襲擊我，是在什麼地方，在那些流血 災難犧牲的年頭 與他及妻在富麗商店的窗子和狂醉的加啡館的盛宴 或在舞場中舞着，一樣的令我有趣追思，有趣的鑑賞。堆積如山的屍也許是心中所想到那些故事，貧窮與死亡在這年頭怎樣會這樣的厲害？我眞聰敏，又知道那些壞東西和吸血蟲是享用生活上一切的好東西，藉着養自己的肥吧。

我這樣地在世界跑了幾個圈子，大胆想了一下，對於他的信仰漸漸失了；他好像從空中慢慢地向下落落，拍 他變成矮小的人了，我心中沒有他的位置了。倒反懷恨起來 我以前受他騙了 不由我罵發聲『說慌的傢伙』

是這天心，我不安的要去追求眞理 在書室中沉關起來，內心中有無限的悲哀，這悲哀是什麼人給我的呢？睡覺吧，有無限的恐慌在我面前切齒牙 讀書吧，又有些駭人的故事去光顧我，恨着，恨着，恨着，偉大的時代啊！

從這天以後，我更不信任他的話了，他爲什麼那種言論呢？心中有幾分明白了，我覺得他的話在每個字裏邊都像藏着一條傷人們而不能見的毒蛇 我恨起他來 幾乎一拳打到他的頭上，『拉謊的傢伙 有多少的青年被你哄啊』。

我預備從比不到他家中 他常常來信給我 約我去玩玩 我心有點疑，爲什麼要認眞昵 和他周旋不會錯的吧。

我爲了好奇心的趨使，那天果然要到他家去。可是到他的家中要擺出架子，不然他們的門房會當我是小癟三，那就格外了體面。

天啊！我到了門口 門緊緊的關着 敲敲門（我不敢用力敲 恐得罪門房）裏面走出來了一位僕人，拍，把門打開了，向我臉，釘着。我擺出大架子，大搖大擺的進去，迴到他的書室裏他正在那裏讀禮記 我向他臉上望着，想尋出他的特點來，奇 他向我微笑了。

「你來了嗎」他怪和氣的微笑，好像高興我到他家裏去。

有三星期不見 久違了，你在家中讀些什麼書？想你這幾天進步 定不少 莊子和文選阿讀過？

我老老實實的告訴他，我三星期一本書沒有讀 讀不下去 也沒有病，也不是神精衰弱 但看了書就厭惡起來。

那麼你在家中做些什什事呢？年青人，不知愛惜時間，唉唉！說着把書放在沙放上，抽起雪茄來。

（未完）

本城糧價

每市石價目

名稱	最高	最低
小麥	九元七角	九元
大麥	五元	四元七角
黃豆	七元三角	六元八角
黑豆	六元八角	六元六角
菉豆	八元	[illegible]元八角
高粱	六元	五元八角
穀子	五元[illegible]角	四元八角
芝麻	十一元四角	十一元二角
青豆	七元	六元八角
花生（每百斤）	六元	五元八角

氣象

天氣	風向	最高溫度	最低溫度
晴	西南風	一〇〇度	七二度

並有飛機四架翔空偵察。

▲中央社南京十六日電　國民政府今日續收到廣西省党部、廣西各界抗日救國聯合會、梧台新聞記者公會、貴陽私立各級學校全體教職員生、中央國術館、國醫館、及江蘇東海縣黨部及各人民團體、舊金山中華總會館等處來電多起、均係謂日軍侵犯華北、務懇速決大計、一致抗戰。

▲中央社天津十六日電　南開大學學生會、今日電呈國府、以敵軍深入、遍佈華北、請早定大計、決心禦侮、生等身處危叢、甘作犧牲、義無返顧。

▲中央社南京十六日電　據確息、日本最近除不斷向平津一帶增調大軍外、青島海面日驅逐戰鬥各艦亦逐日增加、日本駐青特務機關及義勇隊尤爲活躍、其用意所在至堪注意。

王倫齋仍坐鎮宛平縣城

▲中央社北平十六日下午八時廿五分電　據由蘆溝橋到平者談、宛平城仍由王倫齋坐鎮、自十二日以後、雙方尚無衝突、惟步哨偶有小接觸、蘆溝石橋本在我軍手中、鐵橋亦於十二日晚奪回、同時並奪回附近之迴龍廟、現我軍已撤至東水實頭　日軍仍在大瓦窰五里店大井村一帶、構築工事、架設砲台、毫無撤退模樣、

密雲電局傳被日軍佔領

▲中央社北平十六日電　密雲至北平長途電話十六日起不通、傳密雲電話局已被日軍佔領。

前綫日軍士氣極爲渙散

▲中央社北平十二日電　交通界息、十五日下午由關外開抵榆關之日兵車一列、中有日中級軍官一名、於車抵榆關後、突以手槍自殺、傳該官不願作戰、故施行自殺、又據前綫來人談、日軍下級軍官與一般士兵、常對人表示、不願作戰　足見其士氣甚渙散。

李書華等謁宋探詢時局

▲中央社天津十六日電　平教育界李書華等、今日下午三時謁宋哲元　探詢時局真象、宋即予以接見　並說明一切意見　李等已於下午四時半赴平、

滬同盟社所傳絕對不確

▲中央社南京廿六日電　日本上海同盟社宣稱、昨日駐華英大使許格森晤外長王時曾表示英國方面對於蘆溝橋事件之希望數點云云　據關係方面消息　該通訊所傳絕對不確。

旅平日鮮婦孺繼續他往

▲中央社北平十六日下午三時廿五分電、旅平日鮮人自蘆溝橋事件發生後、每日均有二三百人離平他往　但多係婦孺之輩、其少壯者均留平、用意不明。

廬山談話會昨晨舉行　賓主一堂精神振奮

▲中央社牯嶺十六日電　廬山談話會今晨九時在牯嶺圖書館舉行、到賓主共一百五十八人、九時整談話會邀集人汪主席蔣院長、同時蒞臨　開會後、汪氏主席　首由中政會祕書長張羣報告、次由汪主席致詞　引述當前各事重要問題、希望到會佳賓盡量發表意見　盡量批評　主席詞畢、首由來賓張君勱發言　最後江問漁國防教育問題　謂一切問題須於政府領導之下組織起來、談話至十一時半畢　全場空氣嚴肅和諧、精神尤爲振奮。

法報論評中日華北糾紛

▲中央社巴黎十六日電　此間左右兩派各報、對中日糾紛咸持公允論調　激進社會黨新時代報稱　日本所抱目的乃在征服中國　此層中國知之甚深　日本侵略華北乃蘇俄發動大戰之序幕　英法美三國應防止事態嚴重化、此乃各該國之義務、亦即各該國之權利　右派艾克塞友報稱　中日兩國戰爭危機、鄰英國出面調處者　亦非一次、中國政府原無戰爭之念、但關各有主權自難放棄。

▲中央社牯嶺十六日電　汪主席蔣院長今午在圖書館禮堂宴請談話會參加人員　席畢汪主席起立致詞　勉全國優秀份子　在國家生命受重大壓迫中、一致培植原氣、末由來賓代表胡適答詞　謂今日會場中表現、足以代表全民族之一致　今日舉國家高於一切談話會　各方所表現者、皆能由此共同之點、而成全國之一致　最爲欣慰云。

國府昨日命令

▲中央社南京十六日電　國民政府今日命令云、茲製定陸軍兵役懲罰條例違犯兵役法治罪條例公佈之、此令、

津日駐屯軍司令田代昨逝世

▲中央社天津十六日電　前任津日駐屯軍司令田代、已於今日上午十時五十分逝世。

劉湘對實施川康整軍決貫澈到底

▲中央社重慶十六日電　劉湘對實施川康整軍、決貫澈到底、昨諭令綏署軍需處　對編制事宜妥擬研究　聞劉對改編採統一辦法、就整軍會議之決定　全部加以改編　刻下川康首領已返省。

班禪入藏交涉圓滿　俟趙守鈺到玉樹即啓程

▲中央社康定十六日電　班禪代表與藏司令索康交涉結果甚爲圓滿、俟趙守鈺抵玉樹即啓程　藏方以全國統一、中央命班禪入藏　甚難違抗、故交涉順利。

蘇省地政局舉辦土地統計近況

聘請京市統計專家負責辦理　統計步驟規定四項調查表格

▲江蘇社　蘇省地政局舉辦土地統計爲時將近二月　記者以此種工作　事屬吾國創舉　其試辦情形工作狀況、日昨特走訪省地政局張技正延哲叩詢一切　借蒙接見　並承詳告一切　據稱本局此次舉辦之土地統計、係利用各縣測量登記之現實材料　以各縣土地登記聲請書爲惟一根據、其經界地積等情　概由實際清丈局所得　準確當無問題　而其種類分配等情形、又係由所有權者、親自填報、翔實亦決無疑義　故以此種材料作統計之根據　較之憑去探取估查辦法、誠不可同日而語、苟全國各省能一致推行　當可使吾國土地統計工作、展開一新紀元　本局認爲此項統計、手續至爲繁複、非有專材不足以蔵事、特附設一土地登記統計班　所有統計人員　係聘自南京市人口統計專門委員會及國民政府統計局、經驗技術均極豐富　處理工作　尚可稱如　統計班之組織系統　係在局長指導之下、由技正室統籌一切、內設主任技士、技士管理員三員　分別担任技術指導與管理事宜　下分五組、第一組辦理點收　編號及總務、第二組辦理撥算與複算、第三組辦理轉錄　第四組辦理校對及歸戶、第五組辦理加總編輯　另設一編輯委員會負責編擬各項材料　每一份聲請書均係五組緻密工作　依序進行、誠如一部機器之推進嚴密而快捷、俟第五組加總編製數字報告表後交主任技士審核彙呈技正室轉呈局長　對於工作人員之成績　極爲嚴密　以期獲收迅速準確之成效　至本局對此次統計之進行步驟暫定整理表四種、第一種表係關于屬地問題　將聲請書內之地號　清丈地積　地價　定著物情形、所有權之由來共有權人數　其他權利等一一轉錄　更將公有私有之別及地目分類、如水田、旱田、宅地、房屋、園圃、雜地、坟地　池塘　塘地、灘地等等分別統計其數字　藉以明瞭土地總的狀況、第二種表、係關於屬人問題　將聲請書內某人某人對土地所有權一一轉錄記明所有權人之姓名、職業　住址　租佃關係　所有種類　籍貫　明瞭地權分配狀況、第三種表係關於歸戶問題　此表係作爲二表之補充、因爲第一、土地所有權共有時　如卽列入第二表、當使每一人之所有地總數發生謬誤、須先列入此表　以便於歸戶時　分別平均轉錄入第二表。第二、假如某人之土地跨連數鄉、數區及至數縣數省時、如單就一鄉一區之聲請書、僅依第二表卽予統計　將不能明瞭其所有地之真實數額、故必須驅別其籍貫　住地　歸非原籍之所有權人轉錄於第三表　以便歸戶統計、此項工作至爲繁複　欲明瞭全縣全省以至全國土地分配狀況　非如此不能確知　更須聯合各省一致進行始得一精確統計　否則跨連地帶之地主、卽無從詳悉其所有地之總額、第四種表係關於租佃問題、將聲請書內租佃地號、租佃地積、自有地積一一轉錄　藉以明瞭租佃關係　統計地主、自耕農、半自耕農、佃農各項之數字　依此四種整理表　更可得出許多寶貴之材料　本人曾擬定表冊三十五種土地問題之種種狀況　一一分別列表、如能縝密進行、最則繁複之土地狀況可得一目瞭然、難巨之土地問題、不難迎刃而解、惟事屬創舉、當此試辦期中、尚盼海內賢達、社會人士、時予[illegible]指導、藉利進行云

16

云、又謂施展自開始工作以來、將屆兩月、所有統計人員、莫不積極奮鬥、埋頭苦幹、以期實現該注目的、兩月來之工作、得以循序以進、成績甚佳、現先以上海縣之土地登記聲請書材料、總計上海縣共有四區、土地總面數達十五萬餘起、現已將第一、二、四、五、四個區之十萬餘起核算完畢、第三區聲請有不日即可點收核算、上海縣辦完後、再斟酌情形、擇其他縣份繼續進行云、（十四日）

蘇省地政局二屆測繪訓練班
已開始上課
沈主任在開學禮報告籌備經過

【江蘇社】江蘇省地政局主辦之第二屆測繪人員訓練班、於本月二三兩日舉行入學考試、七日發榜、錄取清丈班學員九十四名、繪算學員一百六十三名、十二日該班舉行開學典禮之期、是日開學禮中出席者、有省地政局局長代表郭秘書濮曦、（祝局長蔣委員長召赴廬山演講、不克參加）、第二科馮科長承彭、全省測量隊隊長周贈撥之佐、第一科計主任偉甄、班主任沈振家（省局技正）、教務主任胡愛齡、（省局圖根股主任）訓育主任謝家玉、暨全體教職員二十餘人、全體學員二百餘人、濟濟一堂、情況極為熱烈、上午八時正、典禮開始、行禮如儀後、分由沈主任振家主席報告、略謂今天為本班始業式之期、本人奉祝局長委任、主持本班事宜、今日應報告者數點、第一、本局舉辦二屆測繪班動機、（一）年來本省地政工作、推進甚速、原有工作人員、不敷分配、必須積極補充、欲補充人材、則非設班訓練、專門造就、難以奏效、（二）吾國地政設施、日益開展、本省工作、創各省之先、一切經驗與辦法、頗足為各省之模範、故本省人材調至各省服務者頗多、因而本省人材愈感缺乏、為充實本省幹部及供給各省需求、不必須迅速造就多量人材、始克供求呼應、以適應新興事業之需展、第二、辦理招考經過　此屆本班因人數增多、非有此較大規模之學校不可、故趁此暑期中、本局特商借鎮江省立鎮江師範校舍為訓練地點、再期在暑期中各校大都結束學年、例有大批畢業生產生、在此時期本局招考訓練班、可以招收更優良更健全的份子、以期選就更有用之人材、同時在鎮江徐州分別舉行招考、使利蘇北人士、得就近在徐州報名應考、藉以擴展蘇北之地政工作、統計投考者將近千人、投考學員之籍貫、遍普及全國各省、除本籍者外、北至遼甯、河北、西至湖北、四川、南至廣東、均有學子負笈前來、第三、本班因訓練時期短促、僅六星期之久、故學科訓練、側重於基本的專門知識之灌輸、清丈班課程分戶地測量、測繪實習、測量要義、繪圖術、應用數學、地政常識、法規六種、繪算班課程、分繪圖術、求積、測量常識、應用數學、珠算、地政常識、法規等六種、至教師大部份係從省局職員中調來、教職員共三十餘人、第四、訓練美意、一、希望各學員認識自己所負的使命、地政工作係新興事業、測量繪算、又係地政工作中最重要最基本之一部份、各員必須明瞭自己所負使命極為重大、二、充實各員應有的知識能力、三、在訓練期中尤其注意各員之德性品行、四、注意各員之體魄鍛鍊、最後並希望各員專心學習、注意自治、注意衛生云云、至十時半始禮成、散會後、並於下午一時由該班訓育主任召集學員開談話會、並由教務主任報告全體學員編配座位教室、（計清丈班分兩教室、繪算班分三教室）十三日起、即正式上課云。

蘇余總監督代電各縣
頒發選舉通知

【江蘇社】江蘇國大選舉總監督余井塘氏、代電各縣云、查本省職業團體選舉、決定於七月二十二日舉行投票日期、茲依照正選舉法第六十條之規定、頒發選舉通知如左、一、投票所及開票所地址、（甲）投票所（投票所地址由各縣縣長擬定地址、分別填明）、（乙）開票所、（總監督鎮江蘇省代表選舉事務所）、（二）投票方法、（由各團體會員親自攜帶本人選舉票到投票所領取選舉票、當場照無記名單記法就公民選舉人姓名中圈選一人）、（乙）投票日期、（二十六年七月二十二日上午九時至下午五時）、（三）各團體代表名額、（甲）農會（漁會在內）全省七名、（乙）工會全省七名、除內有一名為京滬滬杭甬鐵路工會代表外、其餘六名由本省各業工會會員選舉之、（丙）商會（航業公會在內）全省七名、仰速飭各縣黨部照轉發各職業團體、每團體頒發一份、並佈告週知籌辦、等因、奉此、查投票所地址應由縣指定分別填明、前已分發、應由各縣就所選擇之區域選舉酌量勻用、除分電外、用特電達、即希迅為籌辦、並佈告週知云、（十三日）

蘇普通檢定考試
已開始舉行考試

【江蘇社】蘇省普通檢定考試、於十四日上午七時在教廳大禮堂舉行、由教廳秘書黃紹鴻任主試委員、應考者約一百十餘人、今日仍續試、聞高普考檢定委員會訂十六日開委員會、十七日發榜、茲將普通第一日各項試題誌後、國文試題、讀蔣委員長西安半月記書感、中外歷史試題、一、漢之太學、明之國子監、就為最盛、能述其制度歟、二、試述魏晉清談風氣之由來及其影響、三、明代何以大破倭寇於平壤、試略述其戰績及當時中日間之形勢、四、歐洲大戰以後民族主義旌昌、能就國際形勢論之歟、普通物理試題、（一）試舉下列各單位名稱及其由來、（A）熱量之單位、（B）工作之絕對單位、（C）電阻之實用單位、（D）光度之單位、（二）何謂光之全反射、（三）下列諸定律試各述其全文、（A）牛頓氏（Newton）運動定律（B）波義耳氏（Boyld）定律、（C）虎克氏（Hooke）定律、（D）查理氏（Charles）定律、普通化學試題（一）試述輕（H）之製法及性質（二）試解釋下列各名詞並舉其例、（A）養化劑（Oxidizing Agent）（B）無水物（Anhybribe）（C）過養化物（Peioxide）（D）觸媒（Catal zer）（E）炭水化物（Caiaobyrbabe）（四）何謂酸類（Aeids）與鹼類（Bases）、金屬類（Nefali）與非金類（on metals）？中外地理試題（一）由皋蘭出嘉峪關經安西往新疆之大道共有幾、（二）述吉會鐵路在軍事上之價值、（三）意阿戰爭英國倡國際聯盟主張制裁最力、試從地理上說明其必然之理由、（四）試述[illegible]上之要塞、其對於英國之關係若何。

蘇合作協會合作旗
獻贈陳主席

（江蘇社）江蘇省合作協會十二日上午推派該會中理事黃元、以鄉製之合作旗幟一幀、代表全省合作社、獻贈陳主席、肅道項勵戰、係於去歲十月陳主席主蘇三周紀念時、由全省合作社代表共同發起、旗幟花紋、圖案色配合不易勻稱、故懇請徐專家盡精製、費時甚久、始克完成、現在全省合作社都已加入合作協會、故此次由該會代表獻旗、極其莊嚴隆重云、

蘇建廳派定
合作指導員
分往錫山吳江
指導合作事業

（江蘇社）蘇建廳為求推行各縣合作事業起見、曾辦理合作指導員中訓登記、詳情已誌前訊、茲悉該合格人員、業經錄取登記、在建廳合作科實習三星期、已屆期滿、特委派蔡教模充任錫山合作指導員、殷邦健充任吳江合作指導員、分任專辦水菓園畜合作事業、指導一切、以期發展云、

省公路管理處分發
秋季汽車捐照

（江蘇社）蘇建廳省公路管理處、以本年秋季汽車捐期、轉瞬將屆、昨特分發各縣汽車捐牌照、令飭依照手續分發、以資辦理、而免淆混由、

蘇財廳委員赴各縣
視察會計制度

【江蘇社】蘇財廳以各縣現行總會計制度、已均於本月一日正式開始實行、以後各縣會計出納等事項、概由會計辦事處辦理、該廳以試行伊始、難免遇有困難問題、均應隨時予以指示或糾正、故特決派大批會計人員分赴各縣視察指示、並聞今明即將首途出發云。

豐報
第一四五八號

總理遺囑

余致力國民革命凡四十年其目的在求中國之自由平等積四十年之經驗深知欲達到此目的必須喚起民衆及聯合世界上以平等待我之民族共同奮鬥現在革命尚未成功凡我同志務須依照余所著建國方略建國大綱三民主義及第一次全國代表大會宣言繼續努力以求貫徹最近主張開國民會議及廢除不平等條約尤須於最短期間促其實現是所至囑

又平職業中學啓事

查本校新校舍急待動工校址內尚有未遷墳塋今再展限五日（即日起至二十八日止）敬希從速遷竣逾期如再不遷則由本校代爲辦理特此聲明

豐縣縣教育會通告

查國大代表教育職業選舉定於本月二十八日舉行希本會會員屆時攜帶公民證到本縣縣政府領取選舉票特此通告

中外要聞

蘆溝橋日軍無撤退模樣
宛平縣現仍敵我對峙中
日軍調動未已增兵豐台
日機時飛平空偵察歷時甚久

▲中央社北平廿三日下午四時十五分電　蘆溝橋大井村大瓦窰一帶日軍約三千名截至廿二日下午、仍無撤退準備　且廿二日又增炮隊多名　當晚即赴蘆溝橋車站南方之沙崗高□將各炮架起　砲口向宛平縣城　蘆溝橋石橋　及長辛店各地描準　我方據報後　城□安隊即登城警戒　同時蘆溝橋一帶我軍　亦準備出動　記者適於此時入城視察　因□戲嚴重　故巡視一週即出城　至晚八時形勢轉緩　截至廿三日下午迄未衝突、雙方現仍對峙中　按攻宛平縣蘆溝橋一帶之日軍　依約應於廿二日撤退　但迄廿三日仍未實□　其屢次失約　早爲世人所共棄　預料前途尚難樂觀　據我軍某軍官談　蘆溝橋以北□廟一役　敵我曾肉搏數次　終因我軍大刀之威力　與愛國之精神、將敵砍死數十名　□敵軍埋設地雷、以防我軍衝擊、廿二日午、盛傳五里店一帶　小部日軍已撤退說　□未證實、據前綫我軍談話　日軍曾於夜間聲明撤退　入夜則又前進　故傳大鄉撤退□足爲信　宛平縣蘆溝橋　現由我軍保安隊防守　俟日軍依約撤退後　我駐該地□帶□九軍亦即撤退　蘆溝橋車站未有日軍　一切均由我方人員主持　車站東南約半里許□爲地、均爲日軍駐守、記者搭平漢車於廿三日下午二時過該地時、見日軍仍在職場內□約　里許之我軍作瞭望姿勢　並趕築戰壕　絕無撤退模樣　蘆溝橋旁彈痕甚多、□由我士兵代守

▲中央社天津廿三日電　日軍調動並未稍停　據路息　秦榆尚停有兵車五列、有繼續西上模樣　廿三日晨此間又有日軍載汽車四十餘輛　載運大批軍用品赴豐台、下午五時有□空軍四十餘返津。

▲中央社北平廿三日下午四時十分電　大小井村之日軍廿三日積極作防禦工事、令農民協助挑挖戰壕　其兵士卻多散佈高粱地內、戒備極爲嚴密、又原駐豐台之日兵、廿三日總開數十人赴蘆溝橋一帶、並攜有鋼砲廿一門、及大批瓦斯品。

▲中央社天津廿三日電　平漢路廿三日正式恢復通車、足證所發生之事件、已告一段落日軍在蘆溝橋事件發生後　曾有大批兵車來津、並轉赴豐台、關係方面稱、由關外計開到兵車三十列、人數七千餘　馬一千二百匹、其他若坦克車、汽車　各若干、飛機三四十架、現分別在津豐等地、尚無撤退之意、日軍部人員曾向官方非正式表示　謂日軍調集繁瑣　俟稍待當陸續撤退　但未有日期　川樾尚在津。

▲中央社保定廿三日電　蘆溝橋正面日軍　廿一日已後移　平漢路局已派工前往修復路軌　倘無別牛變化、廿三日下午十時由石家莊開平之四十二次車、可望恢復、其他各次列車、俟該次通車後、再復八日前原狀　交通部長途電話部分、現亦派工會同前往修復線路、但其破壞情形未詳　何時恢復尚未定。

▲中央社北平廿三日電　日機　架　今晨盤旋於北平天空、歷半小時　昨日夜間宛平與八寶山陣地均甚靜。

▲中央社保定廿三日電　廿三日午十二時半日偵察機一架　在車站低空偵察甚久始去。

▲中央社北平廿三日電　日機三架廿三日晨在長辛店蘆

濟橋一帶往返偵察、約二時許旋飛平市上空偵察一週而去。

日飛機五十架 出發備用

▲中央社南京廿三日電 據息、日本軍用物品現仍源源向我國運來．大坂並又扣留商船十七艘 備軍運之用、又日軍用飛機五十架、共轟炸機一縱隊 日昨出發備用、日空軍指揮官、並隨機飛來。

日方始終抱定 就地解決主張

▲中央社東京廿三日電 朝日新聞載、日本對蘆溝橋事件、始終抱定現地解決之意、俟完全實現後、對中日關係全面的根本解決 由兩國政府開始談判 現日政府擬派大人物前往南京 與中國澈底談判說、漸趨有力。

津東總站日兵 戒備如前

▲中央社天津廿三日電 此間廿三日晨上午九時又到日兵車一列、計有十一節、繼續由榆關開出者 津東總西站 日兵戒備情形如前 且東局子之日機 亦時飛赴各地偵察云。

贛旅京同鄉會 電慰宋哲元

▲中央社南京廿三日電 江西旅京同鄉會頃電慰北平宋委員長 及廿九軍將士云、日軍侵入平津 警報遙傳、天人共憤 幸賴貴軍將士、沉着應戰 誓死守土、肉搏蘆溝 屢挫兇炎、捷報頻聞、環宇同欽、有期再接再勵、沉着抵抗．以擋蕩侵略之徒、不屈不撓、收復已失國土、本會同人誓爲後盾。

日僑抵青 一週來達千人

▲中央社青島廿三日電 膠濟路沿路日僑 廿三日抵青者上下午共計六十餘人 總計一週來日僑退居青市者將達千人、以婦孺居多數。

平市廿二日起 無形戒嚴

▲中央社北平廿三日電 平市廿二日起、已無形宣佈戒嚴、衙門口之華軍已撤、日武官今井稱、日方並未承認、俟華軍退出宛境 而日軍方撤．日軍撤退與否 須視情形而定

津日兵增至 八千餘人

▲中央社天津廿三日電 間日駐屯軍某員廿三日向此間中國當局聲明 調赴華北之日軍、定於環境許可時、一律撤回、惟目前不能預定撤兵日期云．此間日兵已增八千餘 而其續來之軍用數量亦復不少，

中央軍官學校 電慰吉星文

▲中央社南京廿三日電 中央陸軍軍官學校特別党部、頃電慰吉星文團長 原電略謂 慨自蘆案發生、領土主權會遭破壞 執事守土不斷、屢受創傷 壯氣益奮、殺敵救國 足寒敵胆 黃族之精神、於以發揚 領袖之名訓予以聆受 勇往直前．永不稍懈、以建殊勛 復興民族 當率全體武裝同志與國志共命疆場、北望英魂 專電慰問 生死共之、

平漢路交通 漸次恢復

▲中央社北平廿三日電 二十二日平漢路交通狀況如下 一、晨七時廿分由西車站開出兵車一列，仍往涿州 另有一列車．原定九時開駛 但至十一時尚未開動、二、午十一時有客車一列自保定開來 下午三時有客車一列由平開保定 三 其餘各次客貨車自廿四日起可恢復原狀．

日撤兵與否 視情形而定

▲中央社北平廿三日電 華北局勢依然可慮 日軍二十三日下午又在宛平縣蘆溝橋增加兵力 八寶山現僅有華軍一中隊

秦德純電滬稱 雙方稍行後撤

▲中央社上海廿三日電 廿九軍駐滬辦事處、接秦德純電告、刻下雙方軍隊稍行後撤 形勢略見和緩 並謂、近日對方並未提出任何人事問題、期告關係方面釋疑云。

海河雙方衝突 現·悉不確

▲中央社天津廿三日電 裝運日軍第十師團前來華北之日運輸船、預料廿二日晨可抵大沽者 迄未開到 聞船已開行 大約抵大連後 俟觀察陸軍時局之趨勢再定行止 廿二日晨九時 有野戰砲七尊、用馬拉之 沿大路與平進發 並有日兵百名隨行保護、日方軍用品均在海河北岸起卸、而華兵則集於海河南岸 大沽中日軍隊衝突之說 恐係不確

大沽塘沽 現尚平靜

▲中央社天津廿三日電 大沽、塘沽地方、尚平靜 前此開到之日驅逐艦三艘、今晨一艘他往 又到津之日飛機前後共二十八架 仍未離去。

我八寶駐軍 全部後撤

▲中央社北平廿三日電 長辛店電話 我方衙門口八寶山一帶守軍、二十一日下午即全部後撤 我蘆溝橋防務極鞏固、因雙方已商定和平辦法 故自廿二日起 兩軍前綫已入停戰狀況。

蘇英大使 赴外部謁王徐

▲中央社南京二十三日電 駐華蘇聯大使鮑格莫洛夫、今日下午三時到外交部拜謁王部長 約談一小時辭去、聞對北方最近情形有所探詢 駐華英國大使許格森、亦於今日下午四時到外交部拜訪徐次長 有所晤談、約數十分鐘辭去。

吳鐵城昨晤王外長 俟謁蔣後即返粵

▲中央社南京二十二日 廣東省政府主席吳鐵城、今晨十時赴外交部訪晤王部長 談約一小時許辭出．旋往訪行政院政務處長何廉 商談有關省政計劃事宜、至十二時始返私邸 吳氏日內謁蔣院長後即行返粵。

蘇聯消息報稱 痛論華北大局

▲中央社上海二十三日電 莫思科二十二日塔思社電 消息報選文痛論華北事、首稱一九三七年七月八號事件與一九三一九月十八日本強佔滿洲事件 頗有相同之點、此不難指出日本於六年前相同、日方調集大軍．恐嚇中國、同時則僞裝鎮靜、經證明係掩飾列強之注意、此意義深長 使消息靈通觀察目前華北局勢 不過係日本徵服之第一階段也。

各國大使派員 赴蘆調查眞象

▲中央社北平二十三日電 外交界息 蘆溝橋事件告一段落後、各國駐華使節紛紛派員赴現地調查事實經過 美大使詹森 二十三日下午由平赴津 當晚即啓節赴京 又法大使那其亞．預定事畢、仍返平 預定二十四日離平赴京、英使館漢文參贊巴免本 二十三日亦偕夫人由平赴京、向許格森大使報告、平事及蘆事最近狀況、

日政民兩黨 選舉議長及會議長

▲中央社上海廿三日電 據東京電、政友會松野 民政黨小泉 兩幹事長二十二日會見 決定於民政黨選舉會議長．政友會選會議長 兩人昨晚分別召開黨幹部會議報告此事、內定任命小山松壽爲議長 泉光永夫爲會議長．

須經省府會通過

二十六年起蘇省機關經臨流用

省警察局月增經費千四百餘元

▲第九一八次省府委員會議決議▼

▲江蘇社 蘇省府於廿日上午八時 舉行第九一八次委員會議、出席委員陳果夫 余井塘 沈百先 王柏齡 羅良鑑 葉秀峯 鄒亦同 列席者羅時實 朱樹聲 徐慕杜 陳天鷗 主席陳果夫 紀錄萬君默、開會如儀、宣讀上次會議紀錄 報告事項（略 決議事項如下、一 追認本會第四十八次談話會決定各案 二 第九一九次會議報告事項第三條、及討論事項案、 案通過各種法規標題間有錯誤、應更正分別如下 、「修正江蘇省各縣教育局會計員服務規程」 應將「修正」二字刪除 并增加第二十二條「自本規程公布之日起 所有前頒江蘇省各縣教育局會計員暫行規程 應予作廢」 二、「修正江蘇省蠶桑改進管理委員會組織規程」 應照原名、將「規」字改爲「章」字、并將第三條第四款更爲「關於辦理蠶桑改良事項」 三、「江蘇省棉產改進處組織章程」 應冠「修正」二字，四、「江蘇省省立農林蠶漁各專場所組織通則」應冠「修正」二字、五、「修正江蘇省各縣蠶桑改良區組織通則」 應將「修正」二字刪除、並將前頒 江蘇省蠶桑模範改良區暫行通則」廢止、六、丹陽縣民兪金洪 爲私販蠶種 抬高種價被罰事件 不服建設廳所爲決定、提起再訴願 案決定、「維持原處分」、四 省會警察局重行劃分管轄區域 二十六年度每月應增經費一千四百二十八元 及一次臨時費四百九十五元、准在二十六年度省總預備費內開支、五、陳兪氏不服句容縣政府標賣牛角尖坡地畝之處分、提起訴願一案 將原處分予以變更 再由縣派員通知該訴願人到場 同覆丈 確定官民界限、呈候核奪 六、合作學院學員唐仁儒津貼 擬在二十二年度實業指導技師薪旅費節餘項下支給一案 查前項節餘、應遵章繳庫、至唐仁儒津貼

分潮年度二十六年四、五、六等三個月、津貼一百二十元、在二十五年度省預備費內支給、二十六年度津貼四百八十元、在六十二年度省預備費內支給、其二十七年七月份津貼四十元、將來再行專案呈請、以清界限、（七）鹽城縣民成坍助、爲建設房屋事、不服縣政府勒令拆縮之處分、提起訴願一案、決定「訴願駁回」、（八）受軍事委員會委員長委託代核軍事機關審查案件計九件、（九）海門縣查禁毒犯習勞隊臨時費預算需款二百十元、准在二十五年度禁烟縣預備費項下支撥、（十）泰縣禁毒犯習勞隊開辦費預算、需款二百三十八元五角九分、准在二十五年度禁烟總預備費項下支撥、（十一）追認銅山縣烟毒犯習勞隊臨時費預算需款七十六元、准在二十五年度禁烟總預備費項下支撥、（十二）自二十六年度起、凡屬省機關經臨各費款項之流用、均應按照動用省預備費辦法、提出本府委員會通過後、方成法案、以昭慎重、（十三）、萃綸絲廠前因虧欠公款、將房屋機器全部抵押歸公、其基地係向湖南會館承租、業經財政廳同湖南旅鎮同鄉會訂立和約、年繳租金二百○四元、茲據該會請領二十五年十月至二十六年六月底止計九個月租金一百五十三元、此款准在二十五年度總預備費項下動支。（廿一日）

蘇北三防汎區 已積極準備積土

各河水勢較去年增高
離最高水位尚差甚遠

▲江蘇社　江蘇省建設廳長沈百先氏、對於本年防汎工程、異常注意、規定劃全省爲四大防汎區、近來蘇北水勢、較前增漲、記者爲明瞭水勢情形、昨（二十）特訪晤某君、詢以一切、據告關於蘇北防汎、劃運河區、銅山區、沂尾區三主管機關、均積極準備、運河區已從事積土工程、以應緊急之需要、各河水勢、較去年稍有增高、幷無外傳之嚴重（廿一日）

江蘇航空防空協會 張掛防空宣傳標語

凡屬國人均應一致羣策羣力
協助政府以完成既定之計劃

▲江蘇社　航空與防空兩種建設、乃近代國家自衞之要政、凡屬國人、均應一致羣策羣力、協助政府、以完成既定之計劃、值在開創始時期、尤賴多方宣傳、俾各界咸能明瞭此種建設常識、以身作則、努力倡導、於無形中獲得偉大之力量、方足克濟事功、中國航空建設協會江蘇省分會及江蘇省防空協會、早有計及、特製藍底白字塘瓷標語、選擇省會各馬路通衢電桿、及公共場所、（如電影院公園等處）分別張掛、藉以引起羣衆之注意、並一面函請省會警察局妥善保護、以利宣傳云（廿一日）

蘇丁監察使 一出巡蘇北一

▲江蘇社　監察院江蘇省監察區監察使丁超五氏、於昨（廿）日由鎮赴京、當晚返鎮、聞定於明日出巡淸江、泰興等縣份、約一星期即行返鎮云、（廿一日）

蘇農行辦理 東海農村放款

…發展農業生產…
…增高農民收益…

▲江蘇社　東海縣黨部及公共法團、以該邑地瘠民貧、迭經匪禍黃災之餘、籍而農腸失調、民力凋敝、飢饉存至、茲爲謀救濟農村經濟扶助農村副業、活潑農村金融起見、特聯電省農民銀行各方迅設農民銀行以資救濟、農行准函後、於該處未添設分行、委派農貸專員前往該縣辦理合作社、及農業倉庫放款、對於組織健全之合作社、儘量予以金融上之援助、以期發展農業生產、增加農民收益云、（廿一日）

蘇省立中學教員 留學考試今日舉行

…選取留學生二名…
…教部派參事監試…

蘇教廳、規定每年就現有省立中等學校教職員中、選取留學生（二）人赴歐美留學、以資深造、本屆是項考試、已於昨日在該廳舉行、檢查各員生體格、今（廿一）日考試各種筆試課程、計應考者有十餘人、教育部特派參事陳泮藻、担任監試云（廿日）

各縣屠宰稅稽征所 主任名義改稱所長

對縣政府行文副用公函

▲江蘇社　蘇財廳以各縣屠宰所、自由該廳接辦後、所有內部組織亦隨之更正、昨通令各縣屠宰稽徵所、自即日起將主任名義改稱所長、以期名實相符、至與該地縣政府行文、得由公函式行之等云（廿一日）

蘇省令地政局長 兼任地價估計專員

▲江蘇社　蘇省地政局、以各縣地價估計專員一職、任大責重、除遴員專任外、並應由各該縣地政局局長兼任、昨特令知各縣地政局長知照云、（廿一日）

時局嚴重 蘇省府電令保護鐵路橋樑

以防奸人乘機破壞

▲江蘇社　蘇省府以現在時局嚴重、各鐵道公路、不僅關係交通、且爲軍事上之命脈、亟須預防奸人乘機破壞起見、昨特電令各縣政府、所有轄境內路線、及重要橋樑、務須飭屬隨時嚴密注意、切實保護、毋得疏懈云（廿一日）

蘇教廳剔除 各縣教育購置費積弊

訂定辦法令局遵照

▲江蘇社　蘇教廳以各縣教育機關、動用修繕購置費、積弊甚深、致每年所耗經費甚鉅、而房屋依然失修、設備仍都空虛、致皆縣局監督不嚴、督學及該管教育委員不能破除情面、甚或勾串舞弊所致、殊堪痛恨、故特擬訂江蘇省各縣教育局及縣立教育機關修建購置暫行辦法、以期積弊之肅淸、並已繕發原辦法一份、令仰各縣遵照云（廿日）

鄉鎮長請領契紙 不應預繳紙價

蘇財廳電令各縣遵照

▲江蘇社　蘇財廳昨快郵代電各縣長云、縣長覽、契紙價項下帶收教育費三角、早經通令從七月份起停收、全省一律、該任何縣未便獨異、所有各鄉鎮長未經售出契紙、預繳三角、應由各該縣照數退還、且今各縣向本廳領契、並不預繳價款、鄉鎮長對縣府請領、亦不應預繳紙價、仰即遵照云、（廿一日）

農行之輔幣券 不得毀損拚湊取巧

蘇財廳令各縣
出示禁止

▲江蘇社　蘇財廳昨訓令各縣長云、案准江蘇省農民銀行函開、查本行去年三月奉財政部核准發行輔幣券一案、歷經陳報奉財部令准在卷、此項輔幣券、計分一角二角五角三種、業經陸續發行、流通全省、推行各縣、分化便用銅票、積習相沿、由來已久、邇來本行輔幣券之發行、於徐屬各縣者、爲數較多、深恐一般商民、以分化銅票之心理、施諸本行發行之輔幣券、則影響所及、關繫匪輕、而江南各縣、以及江河一帶、雖無分化惡習、常有故意損毀拚湊取巧之事、爲特函請貴廳、轉飭各縣府出示禁止、除函復并分令外、合行令仰各該縣長遵照辦理云、

睢寧碭山 稅收暢旺

蘇財廳傳令嘉獎

▲江蘇社　睢寧碭山兩縣、收已往歷年田賦積欠甚鉅、收不敷支、各機關經費非常困難、二十五年度根據土地陳報結果、造串徵糧、民戶糧地相符、既多踴躍投完、又易催徵、因糧戶住址詳明、故稅收大增、截至年度終了止、睢寧縣已征起九成以上、碭山縣已征起九成七以上、於最短期內可以十足徵淸、洵爲該兩縣已往未有新紀錄、聞該廳將予嘉獎云

本縣新聞

縣政府奉頒 保護脫字美棉及統制產銷辦法 分令各區遵照

縣政府奉專署令、並頒發保護脫字美棉、及統制產銷辦法、當經縣府轉飭各區遵照、茲覓錄其原令及辦法如下、案奉江蘇省第九區行政督察專員公署二十六年七月十九日督字第八六七號訓令內開、「查本區推廣脫字美棉、前曾會同省立麥作試驗場、擬定保護及統制暫行辦法、呈奉江蘇省政府核准、轉發遵行在案、茲准省立麥作試驗場二十六年七月十二日第九十一號公函、以此項辦法、責在推行普及、除翻印成冊分發本場各棉區恪遵外、相應檢同翻印之暫行辦法百份、備函送請查照分發、等由前來、合亟檢發該項辦法十份、令仰遵照分發為要、此令、等因 並附發暫行辦法十份到府、奉此、除分令外、合亟檢發該項暫行辦法一份、令仰該員遵照為要、此飭所屬、

附辦法 一、第九區行政督察專員公署、省立麥作試驗場、為推廣脫字美棉、保持純種起見、特訂定本辦法、二、本區各縣棉區所在地之區鄉鎮保甲長、應指揮或率領區鄉丁壯丁守望隊等、不時巡邏棉田、負責保護、並由各縣政府隨時派員調查、三、各棉區所在地之區鄉鎮保甲長、應督責各地原有看守青苗者、負責看守美棉、務使不發現損毀及偷竊情事、倘有看守不力、有被損毀或偷竊者、即將看守青苗人加以懲戒、四、查獲損毀棉苗犯、或竊棉犯、應由縣政府依照當地損毀或偷竊青苗辦法處罰、如處有罰金時、准以罰金半數賞給查緝人、如將棉花併查獲時、仍應交還地主、但得以半價提獎、五、損毀棉苗犯、或竊棉犯、經查獲後、除依法罰辦外、並由縣政府派隊押赴各棉區遊行示衆、以儆將來、六、所有棉田、一概禁人出入、倘有假借刈草捕鳥名義、擅行侵入者、即以意圖摧殘棉苗及竊偷棉花論罪、七、閑花惡習、各區鄉鎮保甲長、應負責嚴厲制止、如有故違者、以偷竊棉花論罪、八、各棉農應聽從鄉鎮保甲長省立麥作試驗場指導員及棉花產銷合作社職員之勸告、將所收棉花、除留自用者外、並悉交合作社運銷、以增收益、不准私自售出、以免影響純種子之損失、九、各棉農不依勸告、仍行私自出售者、一經查出、或被檢舉、即將棉花追回、並由縣政府追償種子費及指導費、並發給酌獎金、十、[illegible]商販、概不得在推廣區內及其附近向農民收買美棉、如有故違、即將收買之棉花沒收充公、以示儆戒、十一、各棉區內之軋花房、概不得私軋美棉、如有故違、即沒收其所收買之美棉及軋花工具、以示儆戒、前項軋花房、如業主無意經營、得商請棉花產銷合作社公平估價收買、十二、棉花產銷合作社、應另設軋花機、代棉農軋自用之棉花、不得收取軋花工資、以資便利、十三、為管理便利及避免良種混雜起見、各棉區內之小部分中棉、棉田應由縣府通令改種美棉或其他作物、以保持良種之純潔、十四、本辦法於二十六年五月三日奉江蘇省政府建字第一四五一號指令核准、由江蘇省第九區行政督察專員公署分令所屬各縣公布施行、◎◎

夫婦感情失和 宗孝云竟毆其岳母 分駐所判處拘留十日

本城民衆街居民宗孝云、娶同街翟姓女為妻、夫婦感情尚稱和睦、後舉瑟失調、致家庭之間、發生齟齬、其妻為避免爭吵計、恒居娘家、詎宗某厭惡不已、甚為遷疑、旋向乃妻娘門大興問罪之師、將其岳母翟氏拳足加交、飽打一頓、翟氏當抗聲大罵、適被宗孝云之姑母聞悉、當以翟氏辱罵乃姪、心殊不安、即與作翟理論、緣宗翟二家結為秦晉、乃係翟氏為媒、故翟氏于爭怨之際、曾有辱及媒人之語、致引起軒然大波、歸人兩解無成、兩方分向分駐所報告、經該所當訊問一過、當以宗孝云等宗氏共謀毆人、殊屬違法、各判處拘留十日、以示懲誡云、

各區投票所 管理員暨監察員 委令已頒下

本縣各區投票所管理及監察員、曾由第九區選舉事務所分別委定、惟委令未能即發、經縣府函達查照、現各該員之委令、業已頒下、當由縣府送交各員收執矣、

九區選舉事務所楊指導員 今晨離豐

國民大會、江蘇省第九區代表選舉事務所、派來本縣之指導員楊鸞和氏、辦豐情形、已誌本報、茲悉楊氏現已公畢、當於今晨離豐返徐、

泥水業工會 第六次會員大會展期 定七月三十日舉行

本縣泥水業職業工會、原定於昨日（二十二）舉行第六次會員大會、因各會員參加國大代表選舉、因之展期、聞已改至七月三十日舉行云、

第七區棉社 舉行第二次社員大會 並改選理監事

本縣第七區棉花合作社、鑒於鄉鎮長之兼任合作社理事諸多不便、乃於本月十八日、召開第二次社員代表大會、並選舉監事、計出席社員代表三百餘人、列席者有該社合作指導員崔嚴云、省農場合作指導員孫建之、縣政府合作指導員張念祿、第七區區長曾慶霖等、主席尹汝儉、行禮如儀、由各列席人、分別報告致詞後、即開始選舉、選舉結果、王祖箴、趙榮楨、尹汝儉、朱敦賓、李爾亮、毛愛真、陳啓哲、周化遠、王紹廷、陳興應等十一人當選為理事、史忠英、胡萬章、李安慶、趙榮柏、王祖軒、趙河濱等九人當選為監事、並聞新舊理事正在忙於接收會報、

國大代表選舉票軌 縣府派員送徐

本縣國大代表選舉、業已竣事、各區票軌均於昨日送縣、縣府當將票軌加具封條、已於今派員送繳九區選舉事務所開票矣、

特載

滅蚊撲瘧法

緒言

一　什麼是瘧疾

瘧疾是一種傳染病、在夏天和秋天發生、[illegible]、是在一定時間內發生間歇熱（註一）起初[illegible]戰慄、次發頭痛、眩暈、發熱、最後則出汗淋漓、諸病狀退、有一天一次、有間日發一次、有三日發一次的、還有一種惡性瘧病、發起來較上述的更外利害、病者往往送命、去年秋天、如皋、儀徵、宜興、鎮江都有惡性瘧疾的發生、死者很多、

二　瘧疾是怎樣來的

瘧疾是因為有一種瘧疾原虫（註二）寄生在瘧蚊的唾腺內、蚊虫咬了人、這種瘧蟲便傳到人身的血液裡面、漸漸發育、繁殖起來、使血球破裂、便發生寒熱的病。所以如果要不生瘧疾、就要想方法叫瘧蟲不上身、要瘧蟲不上身、就要想方法殺滅蚊蟲、不使他傳染瘧疾、

（註一）間歇熱是依一定的時間發熱、熱的發作常有幾點鐘之久、最高點很高、但是不久又退熱、到了一定的時期又發育、

（註二）原蟲是一種最下等的動物、由一個單細胞而成的、如瘧疾、黑熱病、還有一種痢疾叫阿米巴痢疾等病的病因都是原蟲

……（未完）……

教育週刊

第一二六期目錄

編輯處徵稿啓事

本刊以溝通教育消息，交換教育心得，討論教育實際問題爲任務。定於每週星期一出版，務望全縣教育同志，將各種教育論述，實施報告及其他有關教育之材料 隨時錄寄，無任歡迎，惟因篇幅狹小，事實務求新鮮而具體，文字務求簡要而靈活，統希鑒察是幸！

投稿簡章

一、來稿以合於小學教育及社會教育之實際需要爲標準，約分論述，報告，設施計劃，教師常識，教材教具，介紹，教育學術講話等項。

二、來稿各分文體，但須繕寫清楚，除特別性質者外，均須直行右起。

三、來稿非經聲明，編者有删改權。

四、來稿不論登載與否，概不退還。

五、來稿須註明眞姓名，及通信處，但發表時，別署聽便。

六、來稿寄豐縣教育局，稿封上須註明「教育週刊文稿」。

教育新聞

一，小學各科教科書審查委員會舉行第二次會議

本縣教育局組織之小學各科教科書審查委員會於七月廿日上午十二時舉行第二次會議，確定小學初級的國語，算術，常識，均採用中華書局出版者；小學高級之公民，地理，歷史自然，均採用商務印書館出版者，算術採用中華書局出版者（須兼用珠算課本）國語採用國立編譯館主編之實驗國語教科書。現已通知教育用品合作社購買矣。

二，教育部公佈二年制短期小學暫行規程及課程標準總要

本縣教育局轉奉部令發二年制短期小學暫行規程及課程標準總要令仰遵照，茲錄規程及總要如下：

二年制短期小學課程標準總綱

一，教育目標，二年制短期小學教育，遵照實施義務教育暫行辦法大綱施行細則第三條之規定，以「切合實際生活之需要，并應注重民族意識與國家觀念之養成」爲主旨其目標列舉如左：

（一）培養國民應具之善良品性。

（二）養成人生必需之衛生習慣。

（三）養成愛護國家觀念與復興民族意識。

（四）養成生活所必需之基本知識與技能。

（五）養成勞動精神與審美興趣。

二，教育程度 二年制短期小學畢業程度，應相當有小學初級第三學年修業期滿之程度。使學生畢業後能認識約略二千二百個單字，能閱讀淺易語體文，能寫作淺易實用文，能計算日常生活上之數量，并具有國民必需之基本，常識與技能。

三，教學科目 二年制短期小學教學科目，爲公民訓練（包括衛生習慣部份）國語（包括注音符號，讀書，說話，作文，寫字）常識（包括社會自然及衛生知識部份）算術（包括筆算及珠算）工作（包括勞作及美術）遊唱（包括體育及唱歌）六種。

四，時間支配 二年制短期小學各學科每週教學時間，支配如左表：

科目		第一年	第二年
公民訓練		60	60
國語	讀書	450	450
	作文	60	90
	寫字	90	90
常識		180	180
算術		180	210
工作		60	90
遊唱		120	120
總計		1200	1240

（表頭：年級／分鐘）

說明：

1.公民訓練重在平時個別的訓練，表內所列係團體的訓練時間。

2.每日課後，得支配自習及課外運動時間，但至多不得過六十分鐘。

3.爲實行二部制教學，應將各班直接教學時間及自動作業時間，支配妥當如實行半日二部制教學，得將直接教學時數，酌量減少。

4.各科目教學時間支配，以三十分鐘一節爲原則，視科目性質得分別延長四十五分戰六十分。

五，教學材料 二年制短期小學教學材料，應注意左列要點：

（一）各科教材應以切合實際生活，培養民族意識及國家觀念爲主旨，作扼要精粹之選擇；

（二）各科教材之編制應以心理的原則爲經論理的原則爲緯；

（三）各科教材一律用語體文敍述所用字彙，以日常生活所常需要者爲主體；

（四）國語教材，一方面應注意民族意識及國家觀念之培養，一方面須以兒童實際生活爲背景，充分顧及兒童閱讀的能力與興趣；

（五）常識教材，一方面應注意民族的及民生的需要，一方面須注意教材本身之普遍性與實踐性，其編制應與國語教材密切聯絡。

（六）算術教材，宜採用筆算珠算混合編制實施；

（七）公民訓練，各地方應根據社會環境及兒童生活上之需要，訂定條目，認眞實施；

（八）工作教材，宜以與本地之生產特產有關而爲主。

（九）遊唱以遊戲及基本運動爲主，鄉山得以爬山，散步，農田操作等運動代替；唱歌可利用本地流行含有教訓及富有興趣之歌曲并得以本地流行之樂器爲輔唱教具。

（十）各科教材除編課本外，各地方方得自編補充教材。

六，教學方法 二年制短期小學各科之教學方法，應注意左列要點：

（一）各科教學，均應切實注意實際上之應用，對于日常生活所必需及適應本地社會特殊需要之知能，尤應使兒童獲得充分瞭解與練習；

（二）教學時說話與讀文，均應用標準語或近于標準語之普通語；

（三）教學時應注意學生舊有經驗，喚起，與學習興趣，激發

（四）教學方法 應着重啓發問答式。

（五）學生學習能力，如參差不齊，應試行分組或分團教學，并得訓練程度較優之學生爲領導生領導學習，作教員之助手。

二年制短期小學暫行規程

第一條，本規程依照實施義務教育暫行辦法大綱第二條之規定訂定之

第二條，在第二期實施義務教育期間 各省市縣應注重辦理二年制短期小學，但第一期內辦理一年制短期小學已無相當成效，或有特殊需要之地方，得提前辦理二年制短期小學。

第三條，二年制短期小學招收八足歲至十二足歲之失學兒童。

第四條，二年制短期小學畢業程度應相當于小學初級第三學年修業期滿之程度

第五條，二年制短期小學各有需要，得同時酌量開辦二年級班次，招收附近地方一年制短期小學修業期滿尚須繼續入學之兒童，并得附設一年制短期小學班。

第六條，二年制短期小學，

第九條，二年制短期小學在人口密集，失學兒童衆多之地方，以每校同時招收學生二班爲原則，每班學額在城市約四十人至五十人，在鄉村不得少于三十人，人口稀少學額不足時，應依照實施巡迴教學辦法，分設巡迴教學班。

除獨立設置外，得在普通小學及其他學校或公共機關內附設班級。

第七條，在聯合小學區內指定爲中心小學之普通小學者短期小學自應受其輔導。

第八條，二年制短期小學不收學費，所有書籍用品，概由學校供給。

第十條，二年制短期小學得酌量情形，採用二部編制及複式編制。

第十一條，二年制短期小學教學科目爲公民訓練，國語，常識，算術，工作，遊唱等六種課程標準另定之。

第十二條，二年制短期小學假期，以與普通小學一致爲原則，在鄉村地方得酌量情形，免去星期例假，縮短寒暑假，另放農忙假，蠶集假等，每年上課日數不得少于二百日。

第十三條，二年制短期小學採用二部細則者，直接教學及自動作業時數，應妥爲支配，直接教學時數，每日至少須二小時。

第十四條，二年制短期小學教材，應以採用部編課本爲原則，各地方爲適應需要起見，得酌量編訂鄉土補充教材。

（未完）

研究

連雲港社展會豐縣送會物品小誌（二十五）（二十）（二）

如塤

四十五　國防教材

編選學校　縣立李寨中心小學校

科　　別　自然科

級　　別　中級適用

內　　容　毒氣的種類

毒氣的威力——自科學昌明，兵器進步，戰爭的方式，已由平面而成爲立體了，空軍的威力，幾使世間的一切都可毀滅，啊！多麼可怖啊！空軍的威力最大最恐怖殘忍的要算施放毒氣了，法國大將福西說：「以後的戰爭，是科學的戰爭。毒氣勢必再用，要是國際約法能禁止毒氣的使用　那麼戰爭也可遏止了。」毒氣在未來戰爭中的重要，也可想而知了！

毒氣種類——軍用毒氣，種類繁多，按其性能，通常的毒氣有五種：

（一）窒息性毒器，化學的成分是綠氣，光氣，發光氣合成，能侵入肺臟，使呼吸困難，若大量吸入，可令人窒息而死，少量吸入，能令人喉鼻作癢，連續咳嗽，涕淚交流。

（二）噴嚏性毒氣：是氣和臭的液體製成的，能刺激喉鼻，令人流淚噴嚏，咳嗽，吐血，氣喘等症，使人失去抵抗力。

（三）中毒性毒氣：這種毒氣，是一氧化炭，氰化痙能刺激神經，傷害循環器，輕的頭痛，心臟跳動　呼吸困難，重的精神昏迷，呼吸迫促，而至全身麻痺而死。

（四）催淚性毒氣：是淚氣，能侵犯眼黏膜使之流淚，雙目暫時失明，不至毒死人。

（五）糜爛性毒氣：是芥子氣，能使皮膚發泡潰爛，破壞等胞的組織，爲毒氣中頂厲害的一種。

「問題」一，毒氣的威力怎樣？二，毒氣有那幾種？三，什麼叫做窒息性毒氣？四，什麼叫做噴嚏性毒氣性五，什麼叫做中毒性毒氣？六什麼叫做催淚性毒氣？七，什麼叫做糜爛性毒氣？

政教化一之研究

李子正

序

這一篇文字，我絕對不承認是『研究報告』；因爲由研究再做成報告，不是容易的事。

我用筆寫，好像是打夢鍾；思索，好像是做夢；全文綜是夢中語；換句話說，這完全是『不學無術』的我，瞎胡扯的。唉！學識關係；哈辦法!!

但我絕對相信，鋼鐵式的政治，春風式的教育，不是訓練中國萎迷不振的國民，和上列强民族的好辦法。『政教合一』好麼？『政教化一』好麼？也是疑問。

從歷史上來覺察；中國從前是『政教分立』；現在漸趨『政教合作』；將來是否『政教合一』或『化一』。看局勢；頗有可能。

『政教合一』是推進政治教育的好辦法；已經有人高喊了；『政教化』理想中，能改善政治和教育。這一種論調，我算首先提倡者；對不對？我很懷疑；空竟怎樣？只有再研究研究看!!

『政教化一』怎樣去實施？詳細處會怎樣？本文都未提及；但也是『政教化一』很重要的部分；現在無暇，只有待諸異日。

第一章政教合一與政教化一

『政教合一』的高潮，一天澎湃似一天；在本國已試辦者，很有幾處；雖未詳閱各處之報告，但定有相當之效果；是可未卜先知。

在目下的中國，國難一天一天的嚴重；中華民族已達生死關頭；『救亡圖存』，是急不容緩；所以各項事業，也只有本着救國的方針和目標，踏穩脚步，向前幹去；庶幾中華民族才能有出路，不與亡掉這一綫的渺小生機。

教育是救國根本大計；這句話，不是一天的吶喊，也不是少數人的空唱高調；是大家所公認的『金科玉律』『天經地義』的救國法實；前日俄之戰，以弱小之日本，對碩大之蘇俄；眞不締以卵擊石，自取毀滅；乃日本竟轉敗爲勝，轉弱爲强；實出世界人士預料之外；結果　功歸於小學教師，可見教育力量之偉大；故東西各國，對教育之推進，不遺餘力，回視我堂堂中華，百分之八十以上之文盲，未能掃除；物質心理社會各項建設，尙未長足進展；如此而言『救亡圖存』不實空言乎。

教育既是救國根本大計，各項救國之設施　均當以教育爲起點，以教育收全功；將來完成我　總理打倒列强扶助弱小，實現世界大同之旨；年來全國人士，對教育之普及　教法之改善，教育行政組織之改進研究；雖未能『日新月異；』但亦漸有起色，欣欣向榮之概；政教合一亦應時而產生；拿『政治』的力量，合『教育』的力量，造成强大的力量；以推進『教育』其式如下：

政的力量
教的力量
——政教合一的大力量——推進教育——推進各項事業

（未完）

司法欄

◎縣政府司法批示◎

▲刑事具保人邵澤潤，一件，爲懇請賞保邵世璺等在外不誤傳晴由，狀悉　准保，仍仰隨傳隨到，此批。

▲刑事撤訴人宋廣耀，一件，爲懇請撤訴，准予銷案由。狀悉，准予撤回，此批。

▲刑事具保人劉德遠等，一件，爲懇請賞保馬林時等在外，不誤傳喚由，狀悉仰候訊明核奪，所請暫從緩議，此批。

▲刑事具保人渠敬堀等，一件，爲懇請賞保李廷陽在外，不誤傳喚由　狀悉，仰候訊明核奪，所請暫從緩議，此批。

▲民事原告人徐飄芳，一件，爲侵佔宅基，强訛坑地，懇請傳案判回以維產權由。狀悉，仰候通知答辯　傳案訊奪，此批。

△庭期審理案件▽

七月

廿七日審理冷際有訴葉之賓等婚約案

廿七日審理李關室訴李□損害賠償案

廿七日審理程羊等盜匪案

廿七日審理渠士氏訴渠張氏等傷害案

△本城糧價

名稱	每市石價目
小麥	最高十元五角　最低九元一角
大麥	最高四元六角　最低四元一角
黃豆	最高六元九角　最低六元五角
黑豆	最高六元五角　最低六元四角
菉豆	最高八元五角　最低八元
高粱	最高六元八角　最低六元六角
穀子	最高五元七角　最低五元五角
芝蔴	最高十一元　最低九元八角
青豆	最高六元五角　最低六元四角
花生	每百斤　最高五元八角　最低五元六角
瓜子	每百斤　最高十六元　最低十四元

△△氣象▽▽

天氣	晴
風向	風
最高溫度	九八度
最低溫度	七八度

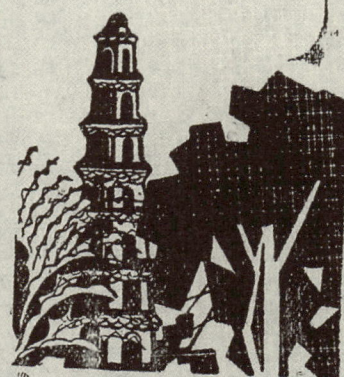

鳳鳴塔

第三四五期

一，本刊內容分科學常識論著詩歌小說散文戲劇書信書報介紹及批評等項

二，本刊歡迎投稿來稿文言白話均可

三，來稿本社有删權不願改者應先聲明

四，未經登載之稿除預先聲明者外概不退還

五，本刊編輯室設豐報社內

漫談

往事重憶

榮培

自七月七日午夜日軍向我宛平縣城發炮一百八十餘響，八日蘆溝橋開始大戰，迄今轉眼已是二十天矣。目下我國爲維持和平起見，前日起，撤退蘆溝石橋駐軍，以示信於天下，然而日軍則依然遲遲不退，且更調遣關東朝鮮及其本國大批軍隊來華，則其侵略華北之野心，已是路人皆知。

記者多年前在平曾親聞至戚某遺老言，謂溥儀遲早必來北平。當時嗤之以鼻，後來果有九一八之變，以及冀東之禍，去年豐台又爲日駐屯軍永久佔去，至此方知日本眞具侵略華北的野心。

查豐台是平漢，平津，平綏和北甯四大幹線的中心點，地勢的重要，可說是華北數省的大腦。我們大腦失去，還能有什底作爲呢？現在日軍割了我們的大腦不算，還更兇惡一步，要搶我的蘆溝橋，蘆溝橋是平漢鐵路的咽喉，平漢鐵路直貫中原，不啻是我國的脊髓，萬一蘆溝橋再失去，則日軍沿平漢線可長驅直下，是我們大腦和脊髓完全被剝，不死何待，不亡國何待？

又據近三四年來世界各方面人物詳細觀察後所下的斷語，一致承認日本是決心併吞我國的華北，先併吞了我們的華北，然後再一方面北擊蘇俄，有機會再回軍南下滅我中國，此時即便引起世界大戰，日本也有恃無恐，以逸待勞，何況西歐早又有德意兩大強國虎視耽耽在牽制着。

事實如此，心理如此，是以蘆溝橋之得失，有關世界和平和我中華全民族的生命至重且鉅。我們黃帝子孫是素以和平爲致力目的的，現在當着暴日侵我華北，奪我蘆溝橋生死的緊張關頭中，我們全民衆祇有預備在領袖指揮之下，奮勇抵抗；這就是我神明華冑黃帝子孫維持世界和平，維持民族生命的唯一出路。

創作

初夏

李華

初夏的太陽　起勁的散射着炎熱之光。慢慢的從豐滿樹頂隙處蕩起了一陣清風，一片兩片的白雲，在蔚藍的天空中，好似受了微風的羽波，在肆意的蠕動着，一羣乘涼的男女，在這綠沉沉的樹陰下，談天論地，他們手中的芭蕉扇，沒有一時的休息，總是東搖西擺，幾個無精打采的老人，也沒有精神再來加入他們的說笑會，只是在一旁，打起瞌睡。一羣裸體的頑兒們，浮沉在一條如帶的小溪的波之中，似乎快樂非常。樹上的新蟬，眞是使人討厭，牠總是不停的盡情的叫着她那種不樂耳的單調。

這時正是農忙，只見禾田裡的農夫們肌肉凸起，青筋暴露着，被太陽蒸着使他們身上出火，但他們仍是一味的工作，絕不貪懶，還是一鋤鋤鬆土除草，可是他們身上早已成水洗一般，一滴滴都滴到田地裏禾苗上，他們那有時間來顧呢？最和善的涼風，在這時也和太陽作對，帶着清涼的爽氣，在他們的左右盤旋着，他們口中無時不在稱贊這涼風的美意，「風」也可以說在夏天最使人歡迎的一件東西。

我素來最怕熱的，又加上今天的天氣這樣好，眼看着寒暑表內的水銀上升，最怕熱的我便在一顆小槐樹下乘涼，可愛的一隻小花狗這時在我牀前張着口，伸出了長舌，口涎滴滴，他他他！的不住的喘息，幾個討氣的蒼蠅，時翁翁的來刺我的皮膚，有時用力去打，可是滑皮的牠早已逃跑了，有力的手掌便打在我的身上，在夏天這樣的把戲不知玩了多少次。

有些人說夏天是無可奈何的，白天有蒼蠅搗亂，夜晚又有蚊蟲咬人，最好是早晨。懶惰的人們最好利用這個時間去睡一覺，可是我們要知道，綠陰樹下，鳴蟬聲下，最好讀書，最好來思想青年的前途。

星

谷暉

我愛潔白的月光，
但是呀！我也愛靡靡的星天；
眨眼似的跳躍底望着我，
伊雖藏遠在天空，
然而，牠的微光却已照在我底心。

○　○　○

我每看着那星天，
不自主地就會忘掉一切，
彷彿是睡在母親的懷裏，
又覺得自己是一個小孩子；
啊呀！感覺一種特別的愉快。

○　○　○

星的光亮在肉眼看來是微小的，
可是呀！我們覺得他的光芒！
眞是無處不在啊！
伊笑着伴我在靜夜，
能慰我的孤寂。

良夜幽情曲

亞民

我夢見你，我起來，
在夜裡初入睡的時候，
風底聲喘息。
星光耀眼：
我夢見你，我起來，
腳下一個神仙帶來，
誰知是如何，——
到你底窗下，哦　好人！

○　○　○

飄遊的風暈倒，
於暗中　靜靜的水上——
金香花的香氣消失，
如夢裏幽思飄逸；
夜鶯的哀訴，
在夜鶯心上「死」：
就像我會死在你的心上一樣，
你就是我的——所愛！

○　○　○

把我從草地上扶起來喲！
我暈了，我死了，
讓你的愛由親吻，
滴在我蒼白的眼皮嘴上。
我的臉雪白，冰涼，
我的心　啊！跳得快又響，
把牠再緊貼在你的心上罷，
終久　牠會碎在那裏的。

崩潰（續）

雪舫

韋母自怨自艾的不忍將事實宣佈，免得家庭的裂痕顯露；並囑煥文遇事忍耐。這件婆媳口角的事，雖是無形消滅；然而趙氏的氣焰越發盛了，今天要吃這，明天要穿那，一點不遂意，便大哭大叫的，說是苛待她　鬧着要回娘家　韋氏闔家都爲顧全臉面，凡事容忍，免得她回到娘家學舌　傷了親戚的情份。這樣的情形，已延長到四年多；韋父是有年歲的人，擋不着氣惱，害了一場很重的病，幾乎脫離了現世界。病中想起門祚薄弱，兒子娶親四五年還沒見喜。更因趙氏惡潑，夫妻們很不和睦；看來很沒希望了。回想自已已是六十多歲的人　眞個不幸死了，靈前沒個孫子實是痛心。有時老夫妻倆閒談起這件問題，未嘗不後悔當初定親時太不仔細，娶了這樣不賢良的媳婦　後來韋父病痊愈了，爲想滿足他抱孫子的希望，便各處託人替煥文說合，不問貧富，只要女孩的性格平和，貌相穩重就可；不怕費錢。趙氏也曾反對　經不着韋父轉託她的父母來勸解，也就默許了。不過從此除掉日常浪費，另生了私心　煥文這次雖是娶妾，父母倒准許了他親自選擇，免再蹈趙氏的覆轍　他便很愼重的進行選妾的工作。無奈十九世紀的遺風瀰漫下的現社會；男女社交絕對不公開的鄉村裏，理想中的配偶，實難尋覓　更因趙氏賭氣分房獨居　性的飢荒，使煥文越發苦悶　本是快樂的家庭　却因這都懷着隱憂，感到不安。嚴重愁氛包圍中的煥文，起了反抗力；他求准父母，籌備些資本，去到縣城裏從事商業。

（未完）

孟軻出齊

瑞齋

（一）

孟軻在齊國居住了好久了，雖然齊宣王給與卿相之位，但是齊王總不肯聽信他的話，而且一天天疏遠他了，他感覺到前途已經失掉了光明，所以毅然決然的辭掉了官職，在一天的絕早，和他的弟子門一同離開齊國，預備他往了。

是離開齊國的前幾天吧，齊王想博得尊儒好賢的名譽，所以特地高車駟馬的跑到孟軻的寓所裏，很莊嚴的向孟軻說：

「以前的時候，聽說先生是當代名流，很想立刻的見到你，和你談個痛快，並且和你來共同的努力王霸的事業，把近百年來處於水深火熱中的民衆們，一一的拯援出來，登之於袵席之上，把社會國家的爭鬪局面，摶頓起來，將政治納入了正軌，幾年來的希望，好容易實現了，你居然肯枉駕蒞臨到齊國來，在我得到了無限的安慰，怎麼你到齊國不久，席未暖，灶未墨，聽說你又要離開我而他往了，我聽說了以後，幾天來又添了無限惆悵，白雲悠悠，到什麼時節，才是我們重見的時候。」

齊王說了，搖了搖頭，似在表示自已的心中是萬分的難過。

「是的，大王。齊國地廣物博，人烟富庶，是很有作爲的地方，假使大王能眞個仁民愛物，勵精圖治，北可以控制燕趙；南可以駕馭荊楚，蕞爾的韓魏，也不敢和大王抗衡，獨霸西陲的強秦，也不得不伏首帖耳的唯命是從，只要大王能一心一意的刷新庶政，軻，又何惜蟻力，不盡心幫助大王呢？」孟軻的心頭，陡地又發現了一線曙光，在重提前言的再向齊王進一個忠告。

孟軻說完了話，看了看齊王嚴肅的面龐，頭又低垂了下去，五秒鐘以後，孟軻又拿出靜靜的目光，逼視着齊王，似在等候着聆齊王的言語。

齊王的心在急劇的轉變着，他的心中公義與私利在鬥爭；他的腦海中，許多念頭在澎湃，心靈的深處，也存彈奏着不可協調的曲調，他心中在想：

「孟公的話是多麼迂腐啊！哼！行仁尚義，至少要等待五百年以後，現在在這爭城爭地的時代裏，那裏能談到迂闊的仁義，他每次遇見我，未開口先要把仁義兩個字掛在口頭上當招牌，麼什堯舜禹湯文武周公孔子，一說就是一大套　什麼以德行仁　以德服人的話頭，不知要聽了多少，在梁國不能用他，原因何當不是因爲他開口便向梁王說：「王何必曰利，亦有仁義而已矣」，現在他又原學不改，將這一劑不合時令的腐藥，拿來給我。我看他這些空口說的白話　那麼能見諸實行，近來他的話而更大了，向他的學生說話時，管仲晏嬰也看不在眼裏了，而且他說的話朝秦暮楚，起初他慫恿我伐燕，最後諸侯都責難我　他又將不是推在我身上了，油腔滑調，誰肯信他的話　我剛才向他說一句客氣話，他又有些想老馬戀棧的話，哼！我那裏會上他的當。」

齊王的心在思忖了一會，便繼續的吞吞吐吐的說：

「先生的話很對，王政在目前，確是對時症的妙藥。試看現在各國　都想要兼併吞噬小的國家，在這倫常傾頹，綱維敗壞的時候，實行王政，富國教民，的是治本的良法，歸途的成功是可想見的，不過你再看在各國，都在厲兵秣馬，準備厮殺　人家等不得你的政教修明，早把你吞併了，所以這劑良藥　只能留待休養生息氣，當前的急務　還是整飭兵甲，以禦外侮　先生告訴的話，容我嘗作一個參考，實行在目前還談不到。」

齊王說完了這段話，神氣上的流露　似乎要將孟軻趕出了國門。

一陣靜默　室中是死寂的。

「沒出息的東西　只顧目前的微利，瞻顧橫在面前的都是絕路，現在的七國儼然造成了兩個，一個是侵略陣線，是秦國主持的，他貪得無厭，得進尺，蠶食附近的隣邦，服從他的，只是留待將來免死盡的時候作爲祀太廟的犧牲；一個是抗敵陣綫　是顧到秦國的慾壑難塡，因利害一致而聯合的，這都是不可恃的，唯一的路途只有自己先明瞭自己的地位，努力政治的整飭，這是基底工作，你此路不走　橫在面前都是歧途　是死身　你倘懵懵懂懂　不知振作，你釜中的魚　與到幾時呢？」孟軻在私自揣想着。

孟軻知道目前一點光明也沒有了，握拳頭　在表示決心的去齊他往了。

「明天，我將要同幾個學生們到別的地方去了，願大王好好的努力　假使有機會再齊到國來的時候，希望在政治上有更好的成績　不過想做一個大的工程的時候，必定先要找到巨材和良匠，想造一所高的房舍，必定先要奠定基底和礎石，這就是說整理國家先要有人材去打基礎（助以絕大的信的心便可成功了，好高務遠，躐等進　是不會有什麼成就的希望的，大王要記牢我這最後的一句進言。」

孟軻失望的說出告辭的話來！

「先生的話，我總會採納，假使給我一個充分的機會，我可以試行一下，不過我們自此別後　不知還可以有再見的機會嗎？

「可是總可以的，我是在希望着，只要大王不棄。」

孟軻結束了最後一句。

話說完了　齊王興沖沖的命駕返宮了。

齊王和孟軻的談話，便這樣的告一段落。

（待續）

來函照登

主筆先生：貴報是一種黨報，是代表人民言論的園地，爲人民謀福利的先導，舉凡地方上一切事業推進與改善，在這裏都有討論的餘地，本縣縣立醫院，過去如何，不得而知　就目前的形勢看起來　難免不令人說話了。

昨天（二十四號）上午，聽說縣立醫院爲減少一切瘟疫，給人民注射防疫針　我預定下午去，除注射防疫針外，同時再看看脚氣病，就打電話詢問診病時間，知二時至四時，因爲瑣事的躭擱，至醫院時，已三時四十五分，幸喜時間未過，至診病室門前，看到裏面室內數人　談笑自若，一中年男子，口啣香烟，走來走去，還有一位少女，穿着藍色大褂，也在那裏說笑，『打防疫針是在這裏嗎？』我輕輕的問了一聲，一位穿着看護衣的女醫生問道：『誰打防疫針？』我答應了一聲「我」，跟着他進去了，注射防疫針後，就詢及掛號地點，想再看一看脚氣病，不料穿藍色大褂的女士，却氣憤憤的說：「時間過啦」，幸虧另一位男醫生告訴她還有幾分鐘　我坐下來脫去襪子，她什麼都沒說，用乾藥棉擦了一擦，走到藥廚旁取塊紗布，塗了藥膏放在我的脚面上，就走了　脚趾下的瘡，她却沒有看到，像這樣的醫病方法和態度，實在是破題兒第一遭看見呢！我沒有專門的醫學知識，可是在校裏也學過一年的軍事看護學　關於外科治療的手續方法，亦略知一二，普通無論是瘡或傷　在未用藥之前，總須用藥水洗淨消毒，方能用藥　我究竟不明瞭這位醫士的時式治療法，是在那裏學來的，我一面想着，一面包脚　不是在學校裏學會一點包紮的方法　只有赤着脚回家了！

外國人常常批評中國人不守時，無論集會或宴會，總要延遲幾十分鐘　可是就今天的事情看起來，却大大的不然，時間還沒有到，這位醫士就要遵守着時刻，停止辦公了，眞的時間到了，我也要掛特別號看看　這是我心裏的話，却沒有說出來。因爲脚趾下爛的地方沒有藥膏　走不多遠，就疼痛的不了，看了還不如不看，我只有這樣的埋怨自己。

主筆先生：我求學在外　好久沒有到過縣立醫院，不料這次碰了一個釘子，究竟醫生醫病的方法和態度，應否如此，我不敢下可否的斷誤，本縣縣立醫院情形　有無討論的必要，這要取決於社會的輿論，我今天所說的，只是我看病時的寫眞。

董淑慧

編者附言：平常治療瘡傷，照普通醫院及施醫診所習慣言，大抵需用藥水洗淨消毒，蓋在學校中教授時　固有此種麻繁手續，實際臨牀上則每多免去也。

本城糧價

名稱	每市石價目	
小麥	最高十一元五角	最低九元四角
大麥	最高四元四角	最低四元角
黃豆	最高六元六角	最低六元六角
黑豆	最高六元六角	最低六元四角
菉豆	最高九元　角	最低九元
高粱	最高六元八角	最低六元七角
穀子	最高五元八角	最低五元六角
芝蔴	最高十元	最低九元八角
青豆	最高六元六角	最低六元四角
花生（每百斤）	最高五元八角	最低五元六角
瓜子（每百斤）	最高十六元	最低十四元

氣象

天氣	風向	最高溫度	低溫度
晴	南風	九八度	七二度

小朋友

第二七四期

本副刊以介紹小朋友的作品為宗旨

本副刊全係公開歡迎投稿

本副刊編輯認爲來稿有關礙者概不選登

本副刊對於來稿如不登載概不退還

本副刊編輯部設豐報社內

偷生怕死的同胞

女小五年級 嚴佩靜

我國處在這內憂外患，生死存亡的關頭，同胞要有犧牲的精神，爲國家盡忠，爲民族爭生存才是。

但是中國的同胞偷生怕死的太多，要是聽說徵兵，就嚇得沒處躲藏，由這看來，我們中國有仇不能報，有恥不能雪，我們的失地又不能收回，那末中國還有強盛的一日嗎？

我們中國所以不強的原因，就是因爲偷生怕死的同胞太多，並且不知愛國，不知救國，所以現在的中國弄得不成樣子，因爲他們畏難偷安，所以被列強戰敗，但是同胞還是偷生怕死，不能荷着槍，和列強拼個你死我活，爲民族爭生存，爲國家爭光榮，真是想做人家的亡國奴了啊！

偷生怕死的同胞，請過去偷生怕死的心理，快快換個忠勇奮鬥的頭腦吧！

夏天的衛生談

程小 劉兆祥

同學們！你們要知道？衛生是對我們有絕大關係的，要是對於衛生講究；民族和國家可以富強。要是不講究衛生，人民和國家都會羸弱，甚至要一天一天的走向絕滅之路。諸位要是不信，不費同我所說的時候，可以拿事實來證明。

像歐西英，美，法，意和現在的日本等國，他們的國家，他們的民族，因何能強盛的呢？就是因爲他們能注意衛生，所以國家才能強盛。

再看一看本國的人民，穿的衣服，常有許多塵黏灰積，不洗滌，有臭氣，吃的東西，也未藏好，有了病菌，也不設法除去，帶着病菌就食，這樣下去，怎能不生病呢？

尤其是在夏天的時候，天氣非常炎熱，一切蒼蠅蚊蟲等的細菌容易繁殖，傳染疾病非常迅速，要是不設法來捕滅他們，久而久之，對於人生就有很大的危險。

此外就是我們所住的房屋，要是住在空氣不流通的地方，不潔淨，窗子小，門又窄，地方狹小，空氣又不流暢，陽光不充足，要是住在這樣地方的人，真如入了監獄似的。這不過是我們個人衛生，關係很微，要是住在城市裏，人口多，要不注意衛生。例如：道旁垃圾成堆，溝中有許多死水臭氣，藏了許多小寄生蟲，一遇着大風，病菌便隨空氣流動飛出，使人吸入體內，使入肺臟，就要使人害病，個人衛生不注意，公共衛生又不注意，國家和民族怎能強盛呢？

由上看來，衛生是人類很重要的事，所以我們得注意衛生。衛生有個人和公共兩種，我現在把他略述大概。

（一）個人衛生：一個人對於日常飲食要注意，以免食了含有病菌或寄生蟲的食物，又要保存好，要撲滅蒼蠅。衣服必須勤洗，因爲從我們身上脫落的皮屑，皮膚裡排出的汗液和外界飛來的塵埃，黏在衣服上面，很不清潔，就防止汗的骯髒，所以我們的衣服也要勤洗。又要住在空氣流通，空氣新鮮的地方，陽光充足，清潔的地方。

（二）公共衛生：我們住在公共的地方，要保持公共衛生，對於道路須常掃灑，陰溝須常疏通，也要使一切食物保存好，也不使蠅蟲蠅蚊，又要使空氣流暢。所以我們不能不注意衛生，連帶下去強國也可以強盛了。

家庭生活與學校生活的比較

女小 董衛如

家庭生活與學校生活比較，那一樣好呢？我想：家庭中的一切事情，都須依賴自己的父母或僕人去做、就是自己能做的事情，也不去做，照這樣一天一天的下去，不免就養成一種懶惰的習慣，那麼學業也沒有進步了，結果變成一個廢人。

再說：學校生活，每天灑掃種種用具，一切事情，都要自己去做，又如每天到操場上運動，都有一定時間，使身心都能平均發育，功課有不明白的地方，請教師解釋，或和同學互相討論，那麼雖然要想自暴自棄，也是不能的，因此就養成一種能吃苦耐勞的學生。

所以比較結果，家庭生活遠不及學校生活要好得多。

烈日下的農夫

程小 李傳鈺

唉！苦呀！苦呀！是什麼呢？是空中的飛鳥嗎？不是，是些歌唱的？不是，是無事的閒人嗎？不是。到底是什麼呢？就是最神聖偉大的農夫 他不論是春，夏，秋，冬四季之中都是過着困苦的生活，他在這四季中最感痛苦的一季是那一季呢？便是那酷熱的夏天，因爲什麼呢？就是不能脫離炎熱似火的陽光的蒸曬。太陽雖能發出萬道金光，露出迷迷的光線，很是可愛，不過也能放出炎熱的光，曬可憐的農夫，他雖然熱到火盡燃的光線來曬農夫，可我們最可憐的農夫，他們自己的皮膚好如鐵打的一般不在乎，你看他身上流汗，如下雨一般的落了下來，他用手中拿一樣汗然繼續工作，幫助工作的好朋友，就鋤頭，牛，馬等子，他有時做得疲倦了便到樹下坐着息 樹上的小鳥，唱着婉轉可愛的歌曲，安慰着他們，又有那些炎炎的風，時時和他們接吻 也想他們不要總是做工作，但他們總不斷的工作，太陽公公不能久留於世界，要到那邊去找黃頭髮藍眼睛的小朋友去 此時他的光綫漸漸的模糊了，玉兔也快要升起了，倦鳥歸巢，一切的動物 都停止了工作，這些神聖莊嚴的農夫也很快樂，自在，舒服，唱着山歌，荷着鋤頭，緩步回家，真是「日出而作，日入而息」呢？精神上一點也覺不到困苦。

在我看了他這樣悽慘，困苦，艱難的生活，忽然引起了一番感想，試看這樣辛苦的農夫，拿着滴滴的血汗換上一粒粒的米，預備嚮到冬日一來，什麼生物都睡眠了，他們好像儲蓄的糧米來充飢，你看這一般的流氓及一些不生產者，他們在春夏秋這三季，當他們歡衍着生活，就是到冬天，他們的煩悶也跟冬天來了，在他們目中看見一班農夫們都暖日飽食，就是有點懊悔，農夫們他們夏日如此困苦，所得着的報酬也許就是這冬天的安樂吧。

交朋友的法子和我的好朋友

孫樓三下 張培庭

世界上的人，都要交朋友的，我們交朋友，要交好的朋友：第一，要交身體強健的；因爲，我的身體很弱，如果他的身體強，可以學他強身體的法子。第二，要交學問好的，並且勤學的；因爲，交了他，我的學問不好，也能跟他學好，不能勤學，也能勤學。我的好朋友，就是陳德文，他的學問又好，他對先生又很恭敬，並且身子很強健，又能勤學，所以我要拿他做好朋友。

望見國旗以後

宋小 李振華

倚窗瞭望，
看見國旗隨風飄揚。
你怎麼領導的中國？
任意外人在中國稱強。
它好像點頭答道：
「不怨我領導的不良，
只怨你們不能一齊起來反抗
！」
吾心的悚然驚覺，
「啊！原來我們不能反抗！」
大家趕快團結殺敵，
充實國力
攻到敵人的邊疆！
奏着凱旋回來
顯顯中華男兒的志向！

歎

後常莊四年級 常仁芹

歎！歎！

歎我們的國家，
河山不完！
整日被敵人摧殘，
○ ○ ○
歎我們的民族，
沒有團結性，
又沒有雄赳赳的精神，
更沒有殺敵的決心。
○ ○ ○
歎同胞，
不能收回失地，
又不能去雪國恥，
整日馬虎過生活，
天到晚被人欺，
望同胞，
速奮起，
趕快收失地，
火速雪國恥！

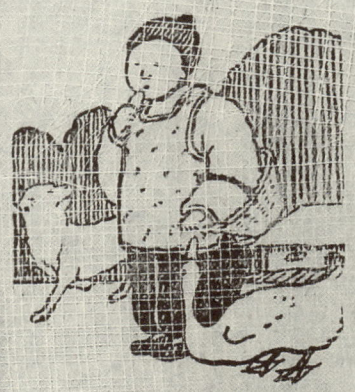

我的過去和將來

小編　常敬義

光陰過得眞快呀。現在各門功課,快要結束了,想起我的學業,終日忙忙碌碌,現在一無所成,眞使我追悔無及,痛惜不止啊!

回想我初入學時,養成了一種不良的習慣,到現在還沒有改掉,就是推委和懶惰,從開學起,我就立志痛改前非,努力求學,以致學業,有一日千里之勢,可是日子過得很快,與現在學問不惟沒有進步,反到這種習慣更壞了。我想到這裡,眞使我「肝腸寸斷」「心摧肺裂」,自己怨恨自己爲什麼在國家正是「一髮千鈞」的時候,不努力求學,讀我應讀的書呢,將來的我,鍛鍊鋼一般的身體,求得豐富的知識,高深的學問,打倒目前的難關,走向光明的大道,爲民族求解放,爲國家謀富强,現在我覺悟了。我決不自餒,不恢心,努力打倒目前的難關,改掉一切的惡習慣。

至於我的將來絕沒有好希望,升學罷!恐怕家庭的經濟困難,升不起學,現在我最低的限度打算着失學以後,我也要抱着「百折不撓」的精神,堅決無移的意志,努力學問,在社會上追求上進,不然我也絕不做帝國主義者的鷹犬,和販買仇貨的奸商,昧心求榮危害國家。

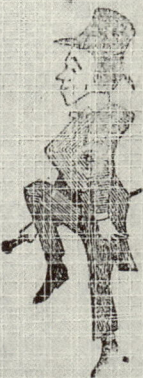

檢查體格

小女　王心平

昨天上紀念週的時候,張先生報告說:「到今天下午我們要舉行檢查體格,我們先從高級的檢查,預於檢查的時候,有一個表:上面寫着有身長,體重,胸圍,肺量,視力,聽力,……」到了下午課後,鐺鐺鐺的一打鈴,同學們很快的跑到前院來了,這時便開始檢查了,各位先生有的担任檢查身長,有的担任檢查體重,有的擔任檢查胸圍,肺量,有的担任檢查視力聽力,……」

檢查的結果,我的眼有毛病,體重比從前增加一些,身長也比從前高了,有的同學眼疾,還沒有好,有些更是更加厲害的,這一種原因,一定是他們不照醫師的說話,按時用藥的原故了。

我想:檢查體格對於我們的健康,是很有益處,因爲我們的身上有了疾病,往往不容易察覺,等到厲害起來,再去請醫師診治,就費事了,所以我們在平時,每年最好要檢查一二次,就可知道每人體格健康的情形了。

我們要爲社會服務

小程　王茂傑

哭!在這戰雲瀰漫,荆棘蔓延,血花橫飛,炮花連天的環境中,我們不要偷閒,要努力爲社會服務,藉以挽回危局。

我們在這一髮千鈞的當兒,就應該舉起我們的槍炮,豎起我們的義旗,一同衝上前去,以血泊做我們父母的懷抱,以戰場做我們的故鄉。同學們!我們要曉得警鐘響了,我們不要再過着醉生夢死的生活了!我們要一致團結起來,別了我們慈祥的父母,活潑伶俐的弟妹,和綠柳繞着的故鄉,走到那血花迷離的戰場,以我們的血液,去灌溉自由之花,以我們的頭顱,去擊破敵人的銅壁鐵牆,餓了有敵人的肉,渴了有敵人的血,我們情願做個斷頭鬼,不願做個亡國奴,同學們!從今以後,當盡力爲社會服務,而挽救危亡。

努力殺敵

小宋　李子梅

殺敵,殺敵!
努力進前殺敵!
不要怕敵人銳利的武器!
只要他侵犯我們的權利!
我們不要此生國氣。
要激起沸騰的熱血向前去!
和敵人戰個生生死死無憑據!
殺敵!殺敵!
奮勇殺敵!
抱着有敵無我的堅志!
奔到戰場去。
不要怕槍林彈雨!
不要怕身首分離!
「寧做戰場死鬼」「不做亡國奴隸」
才是我們的英氣,
戰場勝敵人,
顯一顯吾族之英勇!

早起

前人

早起!早起!
早晨起來求我們高深的學識
早晨起來呼吸新鮮的空氣;
我們鍛鍊成鋼鐵的身體,
準備戰勝那強暴的仇敵。
來報我們的國仇,
來雪我們的國恥,
來收復我們失去的良田美疇,
決不停止我們勝利的攻擊。

報告城市生活的一封信

書今　張基芳

健華兄:

自從鄉村一別,已經八九月沒有晤面了,想念得很、別後便到城市居住,請將一年來的生活情形,報告一下:

去年八月下旬,我遂到城市以後,見高大的洋房平坦而寬的大道,交通非常便利,所以人口也很稠密,無時無刻不在喧嘩擾嚷,大街的中心有各式各樣的車子,匆匆忙忙的亂跑,城市對於傳遞消息上也很靈通,如無線電電報等,他都能傳遞本縣的,本省的以及全世界各國的消息,又有體育場,圖書館,娛樂室等消遣的地方,悶惱的時候,可到娛樂室去娛樂,或到公園去欣賞風景,高興時,便到體育場去踢踢腳球,賽賽跑,那是多麼快樂呢?

兄如有暇時,何妨來欣賞一下呢?祝你身體健康

弟基芳上

給東三省小朋友的信

孫樓　劉學華

東三省的小朋友:

我們的東三省,已經被日本人佔去六年,你們在他的眼下,不知受得多少的壓迫一切的一切都不自由,我聽人家說日本人說什麼,你們就得聽;要是不聽,他們就用武力壓迫,我在這裏聽說這些話,很生氣,很難過,現在你們在那裏等着吧!中國的兵,槍炮,飛機,子彈,飛艇,什麼都預備好了,快要和他打仗了。你們小朋友,在那邊要勸愛國的人,中國和日本開仗的時候,教他們在日兵的背後倒戈,好趕緊把他們打跑,把你們救出!

給六年級畢業同學的一封信

江蘇省豐縣小朋友劉學華寄　程小三

六年級親愛的同學:你們現在已經畢業了!我有幾句話要對你們說:「你們在沒有畢業以前,我們在一塊遇了二三年的生活,有時談話,有時在一塊運動,非常快樂;你們畢業以後,升學的要守學校的規則,要聽先生的教訓,還要努力讀書!學商業的要聽經理的教訓!爲農的要聽父兄管理!我們希望你們各自努力前進。

一雄雞爭鬥

二年級　小王雲

我家養了一隻雄雞,他身上的毛是紅色的,他的樣子好像一個武士,一天牠出去遊玩,在場上尋食吃遇着鄰家的雄雞來了,他們因爲爭食打起架來,我家的紅雄雞,把頸項上的毛直豎起來,衝向前去,一來一往,戰!戰!鬪十回合,沒分勝敗,咳!看我們中國的軍人抱着不抵抗的主義,外人進一步,他們便退一步,不敢和外人打仗,咳我們的軍人還不如我家的雄雞呀。

司法欄

◎縣政府司法批示◎

▲民事原告人史莉氏,一件,爲重利抵產,謂伊放欵,請求飭予傳案,依法訊判,當庭勸令被告,返回債款,被告堅願退還,以免糾纏,據[illegible]狀[illegible],仰候傳案訊[illegible]。[illegible]
▲刑事原告人李連三,一件,爲流氓訛詐,[illegible]手撤訴,銷案[illegible],狀悉,准予撤回,此批。

△本埠糧價△

錄西石價目

品名	最高	最低
小麥	十[illegible]元	九元八角
大麥	四元七角	四元五角
黃豆	六元八角	六元六角
黑豆	六元五角	六元四角
綠豆	八元[illegible]角	八元四角
高粱	六元七角	六元五角
穀子	五元六角	五元五角
芝麻	十元	九元八角
青豆	六元六角	六元四角
花生(每百斤)	五元八角	五元六角
瓜子(每百斤)	十六元	十四元

△△氣象▽▽

天氣	晴
風向	東風
最高溫度	九八度
最低溫度	八[illegible]度

教育週刊

第一二七期目錄

編輯處徵稿啓事

本刊以溝通教育消息，交換教育心得，討論教育實際問題為任務。定於每週星期一出版，務望全縣教育同志，將各種教育論述，實施報告及其他有關教育之材料隨時錄寄，無任歡迎，惟因篇幅狹小，事實務求新鮮而具體，文字務求簡要而靈活，統希鑒察是幸！

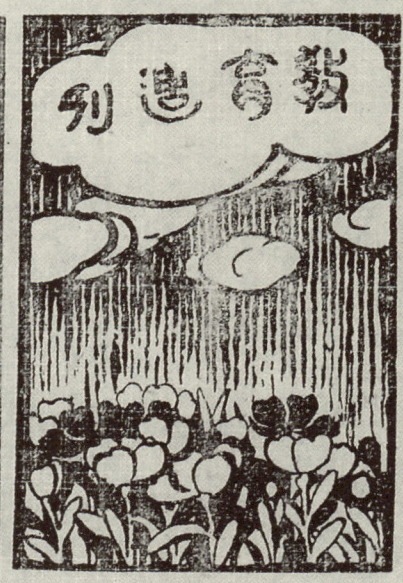

投稿簡章

一，來稿以合於小學教育及社會教育之實際需要為標準，約分論述，報告，設施計劃，教師常識，教材教具，介紹，教育學術講話等項。

二，來稿不分文體，但須繕寫清楚，除特殊性質者外，均須直行右起。

三，來稿非經聲明，編者有刪改權。

四，來稿不論登載與否，概不退還。

五，來稿須註明真姓名，及通信處，但發表時，別署聽便。

六，來稿寄豐縣教育局，稿封上須註明「教育週刊文稿」。

教育新聞

教育新聞

一，各區民衆學校定於八月五日開學，各區中心民校及鄉鎮民校定於八月五日開學舉行第八期壯丁訓練（即第四期甲長訓練）現各校校長，均紛紛籌備開學。

二，教育局定期召集完全小學校長談話。教育廳舉辦之初等教育人員訓練班，定於七月六七兩日報到，教育局以各校校長受訓前，對於學校應行注意事項，亟應加以指示，以免校務無形停頓，聞定於八月二日舉行談話會。

三，建設廳訂定小學設立苗圃實施計劃草案。本省建設廳為注意小學生育苗起見，特訂定小學設立苗圃實施計劃草案，咨送教育廳，請轉飭所屬知照，教育局奉令後，已通令各小學知照矣，茲錄計劃草案於後：

造林事業關係國計民生至深且鉅，欲求國民對於造林得有充分認識，應自小學生訓練入手，倘小學校中俱能設置苗圃，自行育苗，俾小學生對於育苗之採種，整地，插條，播種，灌溉，施肥，除草，搭蓬，換床，及出栽等各項工作，親自操作，求知於行，必獲深刻之認識，而愛護林木之思想及經營林業之興趣，亦必隨之以生，茲將本省各縣小學校設立苗圃實施計劃，分節擬定如此，以備通令施行，負教導小學生之責者，應各切實籌辦，早觀成效，有厚望焉。

第一，育苗常識之概述

甲，種子採集及貯藏法

（一）造林種子，應於造林地點及附近地方採集，設近處並無種子可以採集時，則應擇與造林地風土相似之處採集之。

（二）採集種子，應選擇強壯良好未經病害害傷之中年母樹，俟其結實成熟後採集之。

（三）種子採集以後，應用風揚水漂之法加以選擇，然後再照下列方法，摘其貯藏。

（子）大粒種子之貯藏法，胡桃，銀杏，栗，麻櫟，油桐等各種樹木之大粒種子，收集後，應即播種，否則即應將其混入較種子倍量之乾砂內，埋入地窟中以防乾燥而損發芽。

（丑）小粒種子之貯藏法，杉，松柏，泡桐等各種樹木之小粒種子，採集後，應即裝入布袋懸於室內乾燥之處。

（四）種皮堅硬難於發芽之種子，應在播種之先，用溫水或稀石灰水，浸晝夜或四五天後，再行播種，以促進其發芽。

（五）種皮外面分泌蠟質為烏桕棕櫚等種子，在播種以前，應將其浸於草木灰水中一晝夜，俾其蠟質須以溶解，以便播種後，水分易於滲透。

乙，苗床及苗圃

（一）苗圃分播種苗圃，與換床苗之種，前者用以散播種子培養苗木，後者用以分植既成小苗，俾便充分發育，以供造林之需，但如馬尾松等類，利於一年生苗之造林樹木，則無須換床苗圃之設立換床苗圃之面積，約比播種苗圃大十倍，

（二）苗圃應設於造林地之附近及交通便利，氣候溫和，地勢平坦之處，

（三）常設地之苗圃，應施行輪栽法，並於適當季節，施以人糞尿豆片及草木灰堆肥，既肥等各種肥料，惟既肥應俟其充分腐熟後，方克施用，否則易患發熱，及蟲害之處。

（四）苗圃用地，以砂質壤土為最佳。

（五）苗圃周圍，應築柵欄，或短垣，竹籬等各種障礙物，以防人畜之侵害。

（六）苗圃中央，應設寬五市尺之大道，各苗牀中間，應設寬一市尺之小道。

（七）苗牀（畦）普通寬三市尺，高五六市寸，長無一定，南北向較宜。

（八）傾斜地苗圃應分為數個階段，務使牀面平坦，以防雨水之沖刷。

（九）△△四圍，應設置溝渠，井，池，以利灌溉，開掘排水溝，以利通洩。

丙　播種

（一）播種分撒播及條播二種。

（二）播種應先將牀土平勻，然後再將種子用手或携種器撒佈其上，用手時，將種子與細土和拌撒布之，撒勻以後，再用竹篩覆土，覆土之厚薄，約為種子直徑之一倍，或一倍半，如汽桐等極小種子，則無須覆土，覆土以後用板或鋤將牀面壓實，使種子與土壤密接，以防水分之蒸發及種子之飛散，而促種子之發芽，壓平後，牀面用草平鋪草上，用繩鎮壓，即告竣事。（未完）

研究

連雲港社展會豐縣送會物品小誌（二十六）

如壎

（二）怎樣防毒

毒氣是戰爭時最殘酷的殺人利器，雖為國際條約所禁止，但是一遇大戰，帝國主義仍不免要用這種違禁品來一決勝利，當然像我們這般弱小民族，是絕對不會使用毒氣，而只有防毒的份兒的。所以第一次世界大戰暴發時，防毒實是我們一件好重大的事，但是要怎麼防毒呢？防毒必須注意上列各點：

（一）鎮靜：這最要緊，因為慌亂會使自己找不到出路，甚至自相踐踏而死。而且亂叫亂跑使呼吸迫促，增加吸入的毒器量，中毒更深。所以見毒氣襲來的，宜鎮靜的向安全的地方走去。

（二）登高：毒氣種類雖多，但比空氣重，所以登高是躲毒的良法，如攀上山頂等處，都比較好。如為防逃飛機而必須躲在地下室內時，那就要有特別的防毒設備或和外界隔離才好。

（三）注意情勢：毒氣往往是隨風帶來的，在森林和地勢低窪不易通風的地方，往往積有毒氣，所以不宜去，行走時，最好背對風向，從側面逃出毒氣的範圍去

政教化一之研究（續）

李子正

第一章政教合一與政教化一

這種方法，看來似甚完善；但據我個人的目光和理想，似覺欠妥，由政的力量，合教的力量；是互助的，是相輔而行的；譬如一個成人，和一個幼童走路；中途遇着了雨，空中細雨淋淋，地上泥濘難行；幼童有一把傘，可以遮空中的雨；成人的力量大，不怕泥濘難行；兩個合作起來成人駝起了幼童，幼童就不怕泥多了；幼童撐起了傘，成人也不怕雨淋了；這樣一來，行路的兩種阻力，——雨淋，泥濘——就可解決了；但是這是互助的，是暫時的合作；幼童如若沒有傘，成人就不見得去駝他；如若兩個人有一個是冷心腸的人，喜歡孤獨；即令雙方有利，也不會合作。『政教合一』不也是如此麽？所以有許多人，評論『政教合一』說：『政教根本性質不同，做起來，那能會有理想的那樣偉大效果呢？我主張把政教融為一爐，無所謂政，亦無所謂教，化曰為一，不但方法上，組織上、化而為一；即事業之本身，（政與教）工作人員之精神，思想；也要化而為一；認政即為教，認教即為政；無所謂辦教育，亦無所謂辦政治；譬如一個人，政是身體，教是靈魂，靈魂身體成為一致，才為一個健全的人；否則便是殘廢，愚魯；『政教化一』便是把政教融成一個整個的；本一貫精神，思想，力量；於組織民衆，訓練民衆，指導民衆，以達到眞正自治之目的；其融合的方式如下：

政 ｛思想 精神 力量｝
教 ｛思想 精神 力量｝
强固的組織
｛指導民衆 訓練民衆 組織民衆｝
｛社會 心理 物質｝建設

『政教合一』與『政教化一』的異點分述於下：

一，『政教合一』：

甲、『政教合一』純是力量的合一，且教育改善政治的力量很小。

乙，『政教合一』是帶有互助性的，如工作人員不容洽，卽成政教分裂狀態。

丙，政與教性質不同，工作亦異，如只合一，不化一，易有名實不能相合之弊。

丁，政教不化，將因事業之不化，而減少工作效率。

二，『政教化一』：

甲，『政教合一』，不但是力量的化一，而且是精神 思想的化一。

乙，『政教化一』，是把政教化為另一種大力量，各項事業永遠無政教之分。

丙，『政教化一』，可以打破政與教力量之不平均。

丁，『政教化一』不但打破現在之教育及行政組織，亦且打破重視行政人員輕視教育人員之舊觀念。

『政教合一』，是推進社會事業的好方法，我很承認；但也承認『政教化一』是比『政教合一』更進一步的方法。

第二章　政教化一的起因

未說『政教化一』的起因，先說『政教合一』的起因；前章不是說過麽！中國百分之八十以上的文盲，急後掃除；國難日益嚴重；各項建設事業，均應迎頭趕上；以圖挽危扶傾，以教育為起點；以教育收全功；『政教合一』隨應時而產生焉；歸納產生的重要原因，如左：

（一）目的相同——不同樣的工作，同樣的目的，這樣的事情，可以合作起來，定可收事半功倍的效果；所謂政治，是治理民衆的事；所謂教育，也是教育民衆去治理自己的事業；想打破中國數千年政治的積弊，在現在中國國情之下，政治是需要三民主義的政治；教育也是需要三民主義的教育；我們的 孫總理已經明明白白地昭示我們；只有這樣才能完成眞正的民治，救中國於將亡；扶大厦於將傾；否則便是倒行逆施；中國將變成專制政體 為受野心家的影響 變成毒化赤化；致民衆於水火 演成萬刼不復的狀態；教育是要向大處着眼，小處着手；來訓練民衆，組織民衆，指導民衆 教他們有管理自己事情的能力；否則便是開倒車，變成科舉時代的教育；便沒有什麽意味了；括而言之，政治教育是同樣的目的，所以可以合而為一。

（二）時代需要　廿世紀，是一個危險時代；第二次世界大火拚，不知在那一刻就爆發；弱小民族 若再昏昏噩噩，只有人亡族滅，不能生存於世界；在此時期，不但要增强民衆有民族意識；並且要訓練民衆 有求生存的知能；其再從世界各國來觀察，各有各的國策，各有各的主義；其國策和主義 無一不是政治和教育的結晶 即我國之三民主義亦同是政治和教育的自然產物；隨時代需要產生的；所以孫總理，但是偉大的政治家；亦且是偉大的教育家；總而言之 他就是一個革命家；周佛海先生說：『要復興民族需完成精神；建設上；試問復興民族精神建設將由什麽來完成呢？必須用政治力量的提倡，和教育力量的策勵，才有效果，不是單 可以成功的；況且訓政即將結束，憲政卽將開始；有這兩種原因；無論是訓練民衆，組織民衆，指導民衆，均急不容緩，做這種大的工作，非有雄厚的力量不可；想有雄厚的力量，也只有『政教合一』才行。

「未完」

司法欄

◎縣政府司法批示◎

▲刑事具訴人張姚氏 一件，為畏罪避，審嗽母反噬 再懇速拘法辦，似像兇惡 而安婦苦，狀悉，仰候拘案訊奪此批，

▲民事辯訴人楊孫氏，一件，捐租霸產；捏詞誣控辯 請察訊依法公判 駁斥原訴由 狀悉 仰候歸期訊奪此批

▲民事委任人楊孫氏，一件，為因病難以到庭 請求准予委任孫鑄棠代理由，狀悉，准予代理此批

▲民事辯訴人哥福德，一件，為串謀刁詐，據情訴明再懇績訊察究核判駁斥原訴 以保產權由 狀悉 仰候庭期訊奪此批，

▲民事原告人薛明吉，一件，為侵佔田地，霸不退讓，訴請傳訊判追，以保產權由，狀悉，仰候通知答辯，傳案訊奪此批

▲民事原告人李息銘，一件，為欺懦霸產，訴懇傳案判追由，狀悉 仰候通知答辯傳案訊奪此批，

▲民事具狀人齊開玉等，一件，為欺弟愚懦，同謀霸佔，訴請傳案公判由 狀悉，仰候通知答辯，傳案訊奪此批

▲刑事告訴人劉忠永，一件為竊盜反誣 恃橫逞兇，懇請提案依法訊辦由 狀悉，仰假傳案訊奪此批，

▲刑事告訴人于啓民，一件，為妄毀物品，刁潑捏訴 懇請提案質訊法辦，並予賠償由，狀悉 仰候傳案訊奪此批，

▲刑事具狀人尹明義，一件，為懇請撤回上訴由 狀悉，仰候轉呈高四分院，核辦可也此批

▲刑事撤訴人張王氏，一件，為傷已全愈 遵處罷訟，懇予撤訴銷案由 狀悉，准予撤回此批，

▲刑事具保人劉鴻逵細，一件，為懇請賞保，釋歸喜回家安業由，狀悉，仰候訊明，核奪此批，

▲刑事具狀人邵世鳳 一件，為栽贓誣陷 伊帶親蔣作廢，不作用鄰人證明人，多行兇地址轉查 懇請物兇，按法究辦，以禁慣兇由 狀悉，仰候續訊 核奪此諭，

▲刑事告訴人[illegible]衍高，一件，為執槍行兇，殺害未遂，訴請拘兇，傳證訊明法辦，以儆兇惡 而安良懦由，狀悉 仰候傳案訊奪此批，

▲民事原告人曹德善等，一件 為譏諷前卷，計當發回，再懇速賜，續傳訊以維產權由 狀悉，仰候續傳訊奪此批，

▲本埠糧價

名稱	每市石價目
小麥	最高十元八角 最低九元九角
大麥	最高四元六角 最低四元四角
黃豆	最高六元八角 最低六元六角
黑豆	最高六元六角 最低六元五角
菉豆	最高八元六角 最低八元四角
高粱	最高六元七角 最低六元六角
穀子	最高五元七角 最低五元六角
芝麻	最高十元 最低九元七角
青豆	最高六元六角 最低六元五角
花生 每百斤	最高九元八角 最低五元六角
瓜子 每百斤	最高十六元 最低十四元

△△氣象▽▽

天氣	陰
風向	東南風
最高溫度	九八度
最低溫度	八〇度

鳳鳴塔

第三五一期

一，本刊內容分科學常識論著詩歌小說散文戲劇書信書報介紹及批評等項

二，本刊歡迎投稿來稿文言白話均可

三，來稿本社有删權不願改者應先聲明

四，未經登載之稿除預先聲明者外概不退還

五，本刊編輯室設豐報社內

漫談

最後關頭的一點意見

忠幹

這次蘆溝橋事件的擴大，證明頑敵——日本——準備以其優良的武器，向我們中華民族作大舉的侵略。在這國難日益難重的情況下，使我們愛好和平的民族，下了爲生存而犧牲的決心。我們一切幸福的祈求，都將在我們英勇的抗戰中得來。同胞們！趕快準備吧！準備着熱血和頭顱換取國家民族的生命！

自蘆溝橋抗戰以後，各地風起雲湧地成立了抗敵後援會，組織了戰地服務團，以及救護隊，慰勞隊等等。這些，都在表示我們中華民族的英勇奮鬥與犧牲決心！然而，我們豐縣四十萬民衆，雖偏居蘇北，距戰區較遠，但愛護國家民族之心，亦決不後人，雖然現在我們沒有向外作若何的表示。可是爲相信每個人都正在準備着熱血和頭顱，站在最高領袖揮動的中華民族爲求生存而抗戰的旗幟下與頑敵拚命！

現在平津已陷入敵手，前方守士將士，固在敵人炮火下作壯烈的犧牲；而後方的同胞們，亦都正在爲後死的準備！不過，這次的中日戰爭，縱不能引起世界大戰，亦決不是短期間所能結束的。所以我們必須具有長期抗敵的決心，方能操最後的勝劵。同胞們！在這最後的關頭，犧牲的前夕，我們必須把意志統一起來，力量集中起來，在最高領袖領導之下作政府的有力後盾！

豐縣四十萬同胞們起來吧！起來督促黨政當局趕快把我們組織起來，武裝起來，並且對我們迅速施以戰時的訓練，立即成立各界抗敵後援會，領導着全縣四十萬民衆去共赴國難！

創作

崩潰（續）

雪舫

病人略微擺動了頭，將枯的淚流在灰白的臉上。半晌，掙命似的說了句：『我害了你們了！』眼皮一翻，鼻翅似微動，便溘然長逝，離開了煩惱的現世界。衆人都痛哭起來，煥文更踏踊號淘，搶天撲地；趙氏也勉强的哭號，只是沒有淚。天時天已將明，趙氏覺得沒意思，便止了號喊，勸章母且勿再哭，與月瑛兩人扶她到別的屋裡暫息、月瑛懷念章父素日憐恤她，已哭得眼腫喉乾。候衆僕人設齊靈堂停了靈床，眷屬們又圍着痛哭。所幸一切衣衾棺木，前次章父病時都已備下，這時故不感拮据，一切另用花費，暫由管事的僕人先行賒借，所以喪事很平靜的敷衍過去。至於關吊做佛事，也都按照俗禮，外人不知底細，仍羨慕章家富足；那知道是挖肉補瘡飲鴆止渴偷度難關的啊。煥文與母親商量定暫且停靈，候秋後再出殯。章母已是傷痛的陷入癡迷狀態，諸事任從煥文安擺，每日悲啼，飲食日減。這天已過了五七，管事僕人呈上帳來，煥火算總共支用了五百多元，除息借三百元，尚有二百多元欠帳，立即要還。只聽他回道：『這三百元是按三分利借李大戶的，言明麥後本利齊還；這二百多元的欠帳，都是買孝布備酒席欠下的；所以不能久擺，人家已來討兩三次了』煥文很焦極，心想家間不儲存吃不完的糧食，還出去就是錢；此刻只可賣田地，只是遠水解不得近渴。便將這番內情說出，命管事僕再舉債。那管事僕急道：『大相公真糊塗了，我要是有處設法，也不用向你說了！大相公娘子手中很有積蓄，且與她通融挪借一下，暫救咱目前之急，過後再籌還她。』煥文被他提醒，便去向趙氏商量借錢，趙氏一口拒絕，反說：『你男人家沒處弄，我一個女人倒有處弄？』趙氏看着章家產業日少，債項倒一天一天加多，她暗下又有所戀，早已不把煥文放在眼裡。前番雖曾補助章父百元還債息，是因章母擋見祕密，她故極力討好，以求遮掩。日子長了，也就不怕，就是鬧了出來，也沒憑據；反可乘機說他家誣蔑，便可起訴離婚，脫離這個窮窩。當時煥文碰了釘子，悶悠悠的走入月瑛臥房；只見她斜倚裝台正在出神，便自臥倒牀上，嘆了口氣。月瑛把意識由城內一個失戀青年的身上，收回到現實情況下；益感紅顏薄命底悲哀、然木已成舟，悔恨已遲，無可奈何的順從環境隨遇偷安吧。此刻見煥文憂愁，不似往日悲淒，便知另有嶄事件發生，深恐他知道趙氏的穢行，將要鬧到家宅翻騰；雖與他沒真實的愛，然自從嫁來，彼此和睦，也就發生些生活上痛癢相關的感情了。便移坐在床前問道：『你又怎樣了？儘是咳聲嘆氣，還須保重些才好，別緊糟塌身體。』煥文通：『可恨趙氏這賤人……』月瑛未等他說完，驚懼底想，他真已知道麼，婆婆向我說從沒告訴第二個人，他怎麼知道了的呢。又聽他續道：『……閒放着錢，讓我受急。』月瑛這才放了心，出了口氣。婉言問道：『你又有什麼事，等錢用。』煥文便把帳單掏出來，並把經過說給她。氏瑛疑惑着想道：『怎就窮得恁很，連一二百元都沒法挪動，在她忍辱偷生的心上又添上一次創傷。』

（未完）

生命的掙扎（續）

粹民

大家再也悶不住了，今日定要把這個悶葫蘆擂破，經我們再三的要求，絞纏，她才披肝瀝胆的向我們談了個透澈。她仰起面來向空中的明月凝視了一陣，深長的嘆了幾口氣，那可歌可泣的故事，便在她滔滔不絕的口裏開始了

——

『原來不姓孫！姓馬………』

『怎嗎？』

『我的公公是馬家村的馬秀才，他的名字叫馬明山！我的娘家在胡大樓，也是兩頃多地的戶子！現在我姓的這個孫字，原是我改嫁後的姓氏！』

『啊？………』

提起來馬明山的大名，那個不有三分的懼意，他雖離我們這裏有三十多里路，然而他的威風，他的本領，已是無人不曉的了，朱村的朱三爺因和馬秀才是親戚，說話就異常的高闊，行事就格外的强悍，有一次朱三爺的二孩子，因一個淫婦，把那淫婦的男人殺掉，鄉里鄰右，那個不替他駭怕，那個不替他憂慮！但經馬秀才進了一次城，也就一點事情沒有了。現在她竟說馬秀才是她的公公，怎能叫人不感到萬分驚奇呢！

她扯起衣襟，揩在手背上，止了止她那正在奔放的淚泉，——

『我娘家姓胡，有的是樓房瓦舍，泥捏似的騾馬，只可憐呀！我的父母却生就了的苦命，既無頂天立地的男兒，來承繼他們的家產？又沒有三兩個女孩繞伴在他們的膝前，只有我這一個辱門敗姓的女兒！因此我在二位老人家的眼中，真如掌上明珠一般，無論是吃的，穿的，玩的，只要我一開口，他們的能力辦得到的話，總千法百技的與我辦來，也就爲了他們的溺愛，我的婚姻大事，一直延遲到十八歲時還沒有解決。媒婆來介紹李姓，父親嫌人家門台太低；地保來介紹劉姓，父親又嫌劉家學生剪了洋頭，太洋派。這樣的「高•不成，低門不就」，直到我十九歲那年春天，才與馬秀才的三兒子訂了婚，當時母親因爲那人面黃肌瘦，體格羸弱，曾一再的勸告父親說：「我們一生就只這一個女兒呀！婚姻大事應當慎重，切莫嫁一個病夫般的女婿，連累了咱的女兒！」但迂闊的父親　却被秀才的財勢眩耀得頭昏了，他說：「如此門庭，如此財產！實在不可多得！良機莫失，良機莫失！」一口咬定了這兩句，死也不肯鬆口！你們想想！如不是父親那時的糊塗，我又那能到了今日這般的田地呢？這不是前生的命定嗎？這不是神鬼指使嗎？』

（未完）

一致奮起

鐵人

莫再陶醉吧！同胞們！
你們不要儘紀念着綠酒紅脣，
倭奴已逞兇華北，叩我國門，
奮起吧！挽救祖國之沉淪。

＋　＋　＋

莫再咀嚼吧！謳歌着歡愛的人們！
你們不要儘紀念着花叢柳蔭，
倭奴又窺伺閩粵，國難日深，
奮起吧！嘗嘗胆而臥薪。

＋　＋　＋

莫再迷戀吧！咀嚼着往事滋味的人們！
你們不要儘紀念着山崖水濱，
倭奴已侵略冀察，炮轟平津，
奮起吧！莫咬字以嚼文。

＋　＋　＋

莫再謳歌吧！陶醉於無憂宮中的人們！
你們不要儘紀念着朝雨暮雲，
倭奴又準備屠殺，大戰將臨，
奮起吧！建不世之奇勛。

＋　＋　＋

奮起吧！一致奮起！
莫徘徊迷津，
流連呻吟，
這正是大戰的前夜，
奮起吧！沉醉着的人們。

平凡的夜

汪澍

—在一個平凡的夜裏。

月光是那末暗淡，院中的老槐樹始終擺着老架子，默然的孤立着，門旁臥着的老黃狗 不時轉頭瞧着樹下坐着的陳依然，依然默着頭的在想，望着天空眨着眼的星星。

屋裡的床前的煤油燈，依然的昏沉着，在堂前桌子旁坐着的老太婆，平淡着臉，合着眼睛，嘴在怒着，似在唸着咒。

「唉！唉！……」屋內的病床上不時斷的發出病人的呻吟聲。

院中坐着的陳依然 聽到屋裏病人的叫苦，站起身在院中溜着圈子，心內好似藏着一堆蒺藜，難過得不知坐好？抑是臥好？剛想走到屋裏去看看那病着的兒子，看看請神的老太婆，但又轉回了頭去，意思——一方面受了舊禮教的征服，不準隨便走進兒媳的內室；一方面院內無人，恐怕小偷拿去了東西，於是乎又坐在樹蔭下，呆着頭的想，望着天空中的星星，暗淡的月。

病人的妻，坐在床沿上，苦喪着臉，鎖着眉頭，打着盹，病人的悽楚的呻吟聲，她還在迷離的夢境中聽得一點，但，也似乎不再理會了。在夢中，她看到老太婆手裏拿着銳利的鋼刀 刺着病人的咽喉，陡地驚醒了，睜開眼皮，從昏沉的燈影下，可以望見她丈夫瘦黃的臉，依然是悽楚的呻吟。

「趕快叫俺貴兒好了吧！老天神靈！」

趕快，趕快的……」

大門外走來了兩個灰色的人，身上背着一種東西，一歪一歪的挪移着，經過院中的槐樹下，不一瞧陳依然，移到屋裏去了。

「坐下！—」

他倆丟下身上背着的東西—香紙，依次的磕了頭，年紀略小的陳天嫂 從屋縫中擠出很微弱的聲音，打着手勢，叫年紀大些的陳老媽子坐在條凳上，她窺望着正在請神求藥的老太婆。

桌上的兩支洋燭，燭光很亮明。爐中的香也在吐着噴香的烟。

別流出一滴來，這是仙藥。」

老太婆在長時間的唸咒之後，打了幾個哈哈，睜睜眼，兩手捧着茶碗，很顯笨重的交給陳大嫂 陳大嫂也很虔誠的磕了頭，接過碗往內室裏端去。

一貫！喝仙藥罷，喝完一夜就好啦！

陳大嫂走到牀邊，很擔心的望着他叫苦不止的兒子，兒子也微微地抬抬頭 表示着感謝母親的至誠至愛。

「睡在牀邊！」打着盹的妻 被她的婆母驚醒來，睜開蕊滯的眼，看見她的婆母端着茶碗 便急忙的接過。

「喝罷！喝了病就好啦！」陳大嫂在担憂的喊。

「喝吧！」妻也在担憂的喊。

病人略抬了抬頭妻子將藥碗端過去，挨近病人的嘴邊，把頭低下去，兩隻眼很小心的瞅着他丈夫的嘴，慢慢地喝下去了。

「咯！咯！……」病人喝噴了，咳嗽了半天，更叫苦得厲害起來、

神藥喝到病人的肚裏，病人仍是呻吟着睡在床上。

陳大嫂從內室裡走出來，坐在條凳上，病人的妻看看病人也隨着走了出來，若木鷄般的立在內室的門旁。

「提壺熱茶！」

陳大嫂喊着他的兒媳，兒媳隨即走到廚房裏提了茶壺，一碗碗地斟上，分別送給他們喝。

老太婆喝着茶 又邊打了幾個哈哈，這哈哈也許是巫婆們打慣了的 說是精意。於是她用手巾擦擦眼鬚塞着的眼 怒着嘴。

「神仙保佑姪兒病好了，到年上供。」

這是剛才和陳大嫂一同回來的陳老媽子，是病人的伯母，手裏端着茶碗，說話顫抖抖地。

一噎一喝下神藥明天就會好啦！」老太婆說罷 仍是怒着嘴。

「喝下神藥明天就會好啦！」這話清白的很，病人的母親陳大嫂聽見了，病人的妻聽見了，病人的伯母聽見了，坐在院中樹下呆頭暗想的病人的父親陳依然也模糊的聽見了，他們的心都輕鬆了一點，都平靜了一點。

「唉！要不是我請神求藥，唉！唉！」老太婆似乎故意的將聲音提高點 以顯示他的神法呢？

唉！大嫂子積德！」陳大嫂稱贊。

「未完」

士氣

萍

勇猛的向前長趨直衝，
用力的殺盡不肖倭奴，
非是我們不能容忍不與留情，
只因是得隴望蜀及破壞了和平。

◎　◎　◎

我們的尸塡鴨綠江，
我們的血洒黑水頭，
莫謂天塹不能飛渡，
投尸亦可以砥中流。

◎　◎　◎

踏踏踏的腳步聲，
震破了倭奴的山嶺
轟轟轟的大砲聲，
驚醒了倭奴的大陸迷夢。

◎　◎　◎

我們爲了國家的光明，
我們爲了世界的和平，
倭奴是共認的罪魁，
我們才要把他們梟首示衆。

◎　◎　○

勇兒的進前抵抗，
槍口對好，子彈進膛，
衝，衝到三島上，
精忠常耀史冊上燦爛輝煌！

零食攤旁的趣味

行

太陽斜斜的照在校舍的屋山上 屋山西面攤 堆擠着許多的同學 大家一面嚼着零食，一面享受着從屋角吹來的淒風。

各個同學的頰上都帶着狂笑的餘影，沒有愁苦的影子，但也沒有帶着很快樂的色彩，他們的心都是純潔的，懶散的，消閒的。

他們中無論誰看見感情好的同學走近，定然會喊道：「來！弟兄們！」--

「不！不！我不吃！」--他說着急急的走向學校裏去了。

「哈哈！不用你拿錢！」他像感慰着自己說：「咱吃。」

在攤旁他們的心都是厚的，用錢絕沒有一個吝嗇，有時看見臉皮漂亮的同學似乎更客氣。

「來來來！」他又起身子來招呼，他要再不來的，猛的跑過去，抓着他：「來！我候你！」

「哈哈！」別的同學狂笑了。

他倆臉微紅的，帶着害羞的樣子，跑到零食的攤前。

他們有時談些往事，或與別的同學打個俏皮。當他忽然發現自己買的花生，不如多的同學多，馬上就刺譏諷「他長的B老王也熱嗎？哈哈！」

「哈哈B子給我點！」別的同學也譏諷了

接着又是一陣狂笑。

正當快樂的時候，往往真見先生從外面來了，於是一窩蜂似的跑進學校去了。攤子前面只剩下老王獨坐着，慢慢拿起帳來 用粗拳的手，在用力的畫着

本城糧價

每市石價目

名稱	價目
小麥	最高十一元三角 最低十元
大麥	最高四元二角 最低四元
黃豆	最高六元六角 最低六元四角
黑豆	最高六元四角 最低六元二角
菉豆	最高八元六角 最低八元四角
高粱	最高六元五角 最低五元
穀子	最高六元二角 最低五元八角
芝麻	最高十元四角 最低十元
青豆	最高六元五角 最低六元三角
花生	每百斤 最高六元 最低五元八角
瓜子	每百斤 最高十六元 最低十四元

氣象

天氣	半陰
風向	東南風
最高溫度	九三度
最低溫度	八〇度

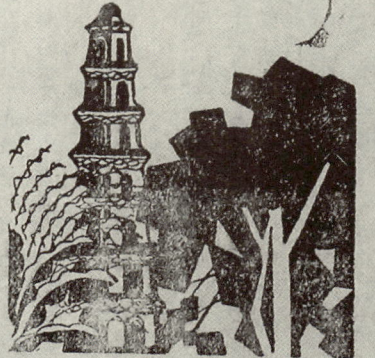

鳳鳴塔

第三五三期

一，本刊內容分科學常識論著詩歌小說散文戲劇書信書報介紹及批評等項

二，本刊歡迎投稿來稿文言白話均可

三，來稿本社有刪權不願者應先聲明

四，未經登載之稿除預先聲明者外概不退還

五，本刊編輯室設壹報社內

漫談

中國不亡

鐵人

「中國不亡」！你只看見一般農民，在田中跳足荷鋤歸來的時候，他們不厭嚕蘇的在追本窮源，探聽華北的戰況。你只要有稍微使他們安慰的消息，告訴他們，他們便喜形於色的手舞足蹈了。民心如此，中國能會亡嗎？

「中國不亡」！你只真見一般兒童，在場中青梅竹馬玩耍的時候，他們興高采烈的舉手高喊，打倒日本的口號，你只要有故事給他們仔細的講述，鼓勵他們，他們便耀武揚威的磨拳擦掌了，民氣如此，中國能會亡嗎？

在普遍的羣衆中，都關心着國事，他們關心國事的程度，比較軍閥時代熱烈得多，他們這種愛國思想的來源 是基於連年來深深的感受到了日本的壓迫，這也就是中國自從東北失陷六年來埋頭苦幹低首下心，努力於精神建設的成績。

擁護領袖以禦外侮的熱忱，深深的印入了每個羣衆的心中，他們現在已是明白的知道了，在國難當前的時候，只有擁護領袖 信仰政府，追隨先進 以求出路 以求民族復興，以求倒懸解除，這種可寶貴的思想 這種民族復興的基礎 是中國近百年來難有的奇蹟，這種奇蹟的造成，不能不歸功於六年來埋頭苦幹，在各級政府各個方位努力工作的人們。

在幼小的兒童心目中，同樣的孕育着民族解放的種子，在他們小小的心靈中，已知道目前中國的敵人，是東鄰日本，是連年欺侮我們的倭奴。他們並且知道我們富庶的關東，是被日本佔據着，他們也知道東北四省的同胞，是很悽慘的被蹂躪着，他們斷續零亂的思想，並且知道蔣委員長是中國的領袖！我們要吃飯，只有打日本，他們在夕陽下的廣場上，持着棍棒在表演着打日本的兒童喜劇時，從他們口中，喊出的一二三四！這便是民族復興的口令。他們這種思想的養成，在民族的史蹟上，同樣的佔着重要的地位，同樣開出鮮美的花朵。

商店的老板，工座的伙友，以及實地衞國的武裝同志，一切人的心目中，都是具有日本是我們的敵人的關念，甚或啞啞學語的幼童，茫然無知勞苦的人們，都有一點零星的簡單的語言，在口頭上不時的流露出來，所流露出來的，也大半都是打倒日本的話頭。在這些特有的情況上，都可以斷定中國不亡，中國復興。

賣國的漢奸，大半都是稍具學術的人們充當的，他們不惜出賣祖國以求榮，他們不惜千載遺臭以親敵，認賊作父，引狼入室，都是這一般無恥的漢奸做出來的，試看漢奸的下場，那個不是身敗名裂，令人切齒，他們良心上的責備，精神上的不安，這便是對於賣國求榮的人們，一個絕大的譴責。所以現在漢奸的來源是是斷絕了！在我們一般羣衆流露出來的愛國行動上看出。

「中國不亡」！在中國每一個角落裏，在中國每一個份子心中，都懷抱着絕大的希望與信心，向着復興新中國的路走去。

華北已是急張萬分了，這正是我們六年來努力成績的總檢閱，也是我中華民族復興工作的許金石，新中國的曙光已是在望，新中國的火燄 已是點染。大家一齊努力，擁護領袖的主張，信仰政府的力量，追隨先進的後進，救亡的工作不間斷，一直向求生的路途上前進！

創作

風雨交加之夜

省省

太陽現出疲倦的神色，躲在西山之凹 似乎要修息去了。空中的雲兒在來奔馳，一會兒吞沒整個的天空，北風呼呼的吹個不息 霎時雷電並發大雨傾盆而下。我趕快跑到寢室裏去，這寢室裏面是肅靜無嘩的 獨有我個人踽踽的徘徊，從窗全向外看去 風雨淒淒，雷光閃閃，雷聲隆隆，宇宙的一切在這風雨交加之下 都感覺得不安靜，這電光幾乎刺破我的眼膜 這雷聲振動我的耳鼓顫動了我的心弦。不由人模模糊糊的過去，和渺渺茫茫的將來，一齊擁上我的心頭，充滿了我的腦海 好像演劇般的一幕一閒的演過，到傷心處不覺潸然淚下。唉，世界就是這樣的嗎？咳！真真的就能沒有希望了嗎？

外面的風越發怒吼了，雨聲格外的起勁了，風聲雨聲和着我無限的情緒，更能使我落魂失魄 好像有什麼東西在我胸腔中旋轉着，橫也不好，堅也不好，坐着臥着都不好。耳裏聽着淅瀝淒涼的雨聲，眼裏看着閃爍驚人的電光。一陣陣的北風從窗內鑽進來 吹的毛骨悚然，幾乎把昏沉的小燈吹滅。時鐘已鳴十句了，無聊的拿起一本書來，忽然真見『優勝劣敗』四個大字，世人多認為強者勝弱者敗 以致造成所謂強權而無公理 公理這兩個字是抽象名詞，全靠人們去維持他，信仰他，人們維持他，信仰他，他就有，人們摧殘他，輕視他，他就無。說到強權也是如此 人們信仰他，他就可以耀武揚威，人民輕視他，他只好匿足消聲，那麼，思想也和強權與公理一樣，悲觀主義好比就是強權，樂觀主義好比是公理。我們抱着悲覺主義，就是悲哀的事情發生，若抱樂觀主義 就有快樂的事情發生。我想到這裡禁不住的大叫道：『消極的悲哀，徒然獻醜，無謂的犧牲，於事無補，那麼，我們處在現世界裏 科學昌明文化發達學問之廣浩如大海，不能適應環境不足以生存啊，我青年們不要悲觀消極 要努力上進啊！這是我今夜深深的感到的，來誠意的公開的向大家發表。

風也刮夠不刮了，雨也下足不下了，雷電也疲倦得休息去了。我站在院內 仰視陰沉的天氣，俯視地下一片片的水塘。還有一株大樹在庭中兀立着，像默默的沉思似的。一陣微風吹的我精神一爽，將我以前一切悲哀的思想，吹的一點兒也沒有了。於是睏覺去了．我也不知道什麼時候竟入了夢鄉．

聞倭寇滬

王于一

昨夜東南霹靂聲，倭奴又動百艦兵。
潮來八月人增健，日落三山景啓明。
子弟與中橫鐵塹，將軍麾下列金營。
淞濱一水網羅好，收盡魚蟲活火烹。

崩潰

（續）

雪舫

心浪似巨濤般翻騰，作起很大的波動。人生的矛盾，使她戰慄；更無從決定她戰須歸隨理智抑是順從情慾的生活下去，不勝彷徨，她不忍加重煥文的憂鬱 她更不能忘情那已失戀而仍珍惜着她的章璧臣 因她不是唯己論者，所以不顧任何人因她而失望或悲哀。她以前使章璧臣失戀的原因 絕不是傷人的愛情轉移，仍是服從母命犧牲掉自己的幸福而嫁給煥文的；因那時煥文替償還許多的債博得『她母親的歡心底結果 將母的愛比低『璧臣的愛，她不能不服從母命使自和璧臣分離，雖然璧臣的愛是比較煥文 甚於其他人的愛是真摯的 熱烈的，偉大的。「憂能傷人，愁催人老。」這兩句俗話是有牠的真實性。陷入憂愁氛圍中的古月瑛精神日漸萎靡，肌膚瘦削；更因患着失眠症，使他的神經極度的衰弱。章母和煥文因二麥的收成歉薄 休說賣出還債 怕全部留作吃用還不敷足。所有．

切的債，原都訂期麥後清償，這時便天天有人來催討，韋氏母子倆被經濟恐慌壓榨下，幾乎喘不出氣，那有閒情去照顧月瑛外表不甚沉迷的神經系的重病呢！月瑛便疑懼着將被遺棄，病越發深重。

煥文因被債權人逼迫的不能再忍受下去，雖是韋母不贊成，他自行作主，將全部田產都變賣了。除償債尚餘不足千元之數，這些少的數目，使闔家都感到後日生活困難。爲維持收支平衡，不得不將僕人解雇。便有十數人失了業，更有那一部份佃農，因田地所有權轉移到那些新興的自耕農的手中了，連帶的打碎了飯碗。農村中一個渺小角落裏，起了莫大的恐慌，餓底神將要吞沒這些不幸的人們，這些不幸的人們站在飢餓綫上都在切齒的怨恨煥文不善持家理財，只知自己享樂，落到這般結果，使衆人分擔痛苦。其實煥文也是冤枉的，他何嘗枉費過錢財，除納妾以外；這纔終所在都難明白的指出，只好各自怨命運太壞吧了！

（未完）

生命的掙扎（續）

粹民

天不饒人，也是我的苦命所逼，這時——我嫁後的四年和我相依爲命的父母，在一年內相繼死去，所遺財產又被她一般惡劣的姪兒，瓜分霸佔，從此我便成了一個無依無靠的可憐女人了！那時我決意自殺，我以爲實在沒有再活着的可能，自殺！自殺！佔據了我整個的心，但是呀！在我閉眼睛的時光，就看到我那白髮蒼蒼的可憐的父母，兩眼垂淚的叮囑我道：「兒呀！你切莫自尋短見，再增加我們的罪惡了！這那是我倆害了你，你如能原諒我們！你如真的愛我們！可速將此念打消」！嬸嬸你想！他們生前待我那樣的恩情，我就連一點爲女兒孝道未盡，現在竟這樣的來懇求我 我又怎好違背他們的告戒呢？於是我便將尋死的念頭 埋葬在心臟的深層！

從前在一年中之，總有八九個月住在娘家 在家的時候很少，現在呢？現在我將上那裏去呢？我的心事難以對人言的苦哀，將對誰訴呢？越想活的越無意思，越無意思越要亂想，想：

「逃吧」！這個意念 突然從腦子裏機出，彷彿這也是我那死去的父母啓示給我的，經過了幾日的思索，幾夜的考慮，便決定了這是我求生的惟一辦法，以外再也沒有別的路可走，於是我作了一套粗布褲褂，找了一雙破鞋，一條破頭巾，作了我逃時化裝的準備。

在一個明朗的月夜，我便悄悄的逃了出來，跑到離馬家村六里多路埋葬着我父母的塋所，我跪在他二位老人家的墳前祈禱，祈禱他們在天之靈，保佑我的安全。

春風料峭，虫聲唧唧，經過了一簇簇的村莊，一條條的河流 在紅日剛爬上地皮時，我就跑到離我家七十多里路的一家窮親戚那裏……」她說到這裏，已覺得疲倦不支了。

「是喲！無論窮富，嫁一個年齡相當的女壻，總比守着立房有意思的多！你也太大胆了，半夜三更的跑弄遠，就不害怕嗎？嫂子你快對我說 你到底嫁了一個怎樣的人？」王媽接二連三的說。

『我嫁的是一個老實的孤身漢，雖是粗衣粗食 矮籬笆低茅屋 但總覺得馬家時强得多，不幸他日前年被軍閥拉了夫後 到現在已經二年，還沒有音信呢！……』

這些話還沒講完，父親已從外面飲酒歸來，她急忙到廚房內去燒茶，王媽的小毛也在屋後連哭加喊的叫，母親便把食剩的月餅 石榴 均分給大家，小宴會就此結束了。

看見了久別的玉林嫂，往事如流水般的，一幕 幕的從腦中映過，無形中對於她又增加了幾分憐憫的意念與敬意，不禁默念道：可憐的女人！可敬的女性！

（完）

研究

高君病案之感想

榮培

高君年約二十餘，本邑二區人。七月六日下午來城，經友介紹前往探望。全身肌肉枯瘦，皮色黧黑而帶暗黃，時雖盛暑，全身無些汗。舌有膩胎之力，飲食減少，心臟搏動之音，並坐可聞，發熱，息甚粗急，問其經過，已病年餘，當初病時，有強寒熱，後覺左脅下有塊頗久，但此次細按，則脾臟不甚腫大。以無寒熱，不作久瘧治，以無目黃，不作黃疸治，遂斷爲有黑熱病現象。且呼吸促迫，病根已深，即疏淨府散與之●

柴胡 雲苓 白朮 鱉甲 太子參 黃芩 半夏

三棱 莪朮 山查 檳榔 胡黃連 澤瀉 甘草

上方有解熱，消炎，健胃，強壯，殺蟲，改變血素，利小便等作用，并囑其服藥後隨將情形通知，以便按步就班依法而治，翌朝病人攜方返鄉。

越廿天，七月二十七日鄉有人來，報告病人昨牙齦出血不止，且發狂，查黑熱病最後多變走馬疳，狂是毒素入血，影響腦神經之故，猶思作最後一次救治，即覓病人親族高君道昭 則高君已馳出北門，不及追告。一星期後，高君道昭回部，得知病人服藥後，頗覺清快，後不知如何，竟忽然嘔吐，不能止，大便燥如羊矢，至此即停藥，又後嘔吐加甚，漸加血，及牙齦出血，遂譫語狂，按其體膚，熱雖炙手，驗以測溫計，則在常度。終不救而歿。高君又謂病人自得病以來，心中即存着此病決不會好的念頭，前次來城，也是如此着想。

現在把我追想病情，以及診斷救誤等方法，約略陳述如左。

（一）初起寒熱，後來脾臟腫大持久，在蘇北疾病傳佈地域而論，大約僅有瘧疾和黑熱病最能具此現象。但黑熱病皮膚比較消瘦黧黑。

（二）初起寒熱和脾臟腫大，不算惡病，極易治愈。即久瘧瘧母，金匱有鱉甲煎丸，效力亦宏。

（三）既是黑熱病，淨府散則尚屬對症，且此散治久瘧有同等功能，故鄙人不揣愚陋，遂毅然與方。惟當日病情已顯呼吸迫急，可見還是病勢重而藥力輕，（並非他種作用弱小僅欲少強心藥物）故有囑服二三帖再換方之語。

（四）病人皮膚乾燥，終年無汗，此種症候，最爲棘手。猶憶內子之死，即死於長夏汗出無法能止之，蓋無汗與多汗，都是神經有病。病而神經受患，大抵預後不良。所以當一處方先顧慮到此層。方中參苓朮草，頗有強壯作用。中醫新生命第七號陸淵雷先生復鄙人函，謂黑熱病第二期後，狀若虛勞，即宜補益，人參白朮黃耆當歸之類，如此施治，亦不致不救，我之未用黃耆者，因爲黃耆能堅密皮膚，於無汗之人不適合。

（五）嘔吐，大便如羊矢。金匱發微第二一〇自註是反胃之證。當係胃腸受病毒之影響所致。且時值盛夏，細胞原漿中膠狀體受熱力起變化，身上血液亦多充盈表面，於是細胞抗毒力減小，胃腸衰弱，反胃證自易發生。

（六）牙齦出血，胃出血，都是粘膜出血，黑熱病第三期必現此症象。惟胃出血則比較少見。

（七）體熱炙手，而熱度並不高，此爲血液集於皮膚之故，而出血亦是第一重大原因。

歸納以上而論，一，當病初起，即施以正當治療，則決不至於若是之不可救。二，無汗一點，尚應集中研究。三，出血發狂譫語等惡候，非不可救，特鄉村交通不便，令人無法知之馳赴援助耳。四，病人精神受刺激過深，始終不信病之能治愈，此點是最大的致命傷！須知疾病之獲愈，都由自己體工的救濟和恢復，藥石不過一時作用而已，觀夫今年夏初我鄉一封書信，幾句鬼話，治愈當代名醫陸淵雷先生二十年頑固之爪甲病，可見精神到，沉疴可立起之一般。況僅僅實質無大損傷之官能病乎？此病是否黑熱病，淨府散是否破血力猛？望我同道賜以一言！

編輯室緊要啓事

茲以報紙來源缺乏，本報暫擬縮改爲一大張，副刊地位亦隨之減小，此後請投稿諸君賜以精勁短篇，一俟國難稍舒，仍當恢復原狀也。

△本城糧價△

名稱	每市石價目
小麥	最高十一元 最低十元
大麥	最高四元二角 最低三元六角
黃豆	最高六元六角 最低六元四角
黑豆	最高六元四角 最低六元三角
綠豆	最高八元五角 最低八元四角
蠶豆	最高五元 最低四元六角
穀子	最高五元八角 最低五元六角
芝麻	最高十一元一角 最低十一元
青豆	最高六元五角 最低六元二角
花生	每百斤 最高六元 最低五元八角
瓜子	每百斤 最高十四元 最低十三元

△△氣象▽▽

天氣	晴
風向	東南風
最高溫度	九三度
最低溫度	八〇度

中華民國廿六年八月十五日 豐報號外 （星期日） 第一版

豐報

中外要聞

號外

滬昨戰況劇烈雙方炮火晝夜未停
我軍進佔日紗廠迫近日軍司令部
一部日軍被消滅北四川路無敵蹤
俞市長昨照會各國總領事
制止日軍藉租界爲根據地

外交部代表國民政府發表聲明
張治中通電全國同胞共雪國恥

日機十一架飛杭烘炸航空學校
三架被我擊落餘機均狼狽逃去

▲中央社上海十四日下午十一時廿五分電 日軍十三日發動戰事後，我軍爲自衛計，不得已而應戰，至十四日戰區開展益廣，除陸軍方面有劇戰外，敵空軍出動，我空軍被迫應戰，同時駐泊黃浦江中之敵艦發高射炮射擊，綜合十四日戰況略述如下，一，陸軍方面在空軍掩護下雙方均以大砲烘擊，晝夜未停，江灣路一線我軍於清晨佔據水電路一帶日軍陣地，迫近北四川路之日軍司令部，楊樹浦雙方陣線無甚變動，聞十四日雙方死傷頗衆，二，空軍戰之發生完全由於日飛機之挑釁發動，日機於晨十時飛出，欲烘炸我虹橋飛機場，我空軍乃出而應戰，至下午四時後戰事愈演愈烈，同時敵艦發高射炮助戰，炮聲震耳欲聾，結果敵艦兩艘被我機投彈命中受傷。

▲中央社上海十四日下午四時五十分電 中日兩軍空戰至四時三刻最激烈。

▲中央社上海十四日上午十時三十分電 豐田紗廠方面日軍，於今晨黎明，突向我軍襲擊挑釁，我軍爲自衛計，當迎頭痛擊，士氣振奮異常，卒於晨九時佔領豐田紗廠，按該廠位於吉思非爾路，駐有大批日海軍陸戰隊，爲日軍侵滬根據地之一，又日軍在滬江大學以南各地 於今晨猛向我方襲擊，我軍當出而應戰，炮彈擊中日海軍陸戰隊司令部均已命中，公大紗廠駐有日海軍陸戰隊甚多。

▲中央社上海十四日上午十一時三十分電 日軍十四日晨三時許 向我軍工路及虬江碼頭一帶以巨砲烘擊，我軍亦以大炮還擊、並於拂曉時以砲火掩護、奮勇前進、我軍乘已佔領沿淞滬路以上一帶地段 雙方砲擊至晨八時許始漸息。

▲中央社上海十四日下午二時電 確息 江灣路一帶今晨九時我軍於彈雨中將水電路附近、日軍全完消滅、一隊開至南陽落北四川路日軍特別陸戰隊、刻已被我軍包圍、

▲中央社上海十四日下午一時電 今晨北四川路一帶日軍、向我軍猛攻、激戰甚烈 我軍奮勇應戰、至上午未止、北四川路以西已無敵蹤、

▲中央社上海十四日下午二時三十分電 俞市長以日軍應用租界作根據地、十四日晨照會各國駐滬總領事、請即制止、原文略云我國軍隊對於本市各國僑民、生命財產及一切法益、在其自力範圍者仍繼向來政策負責保護、但本市區有請各友邦駐滬當局注意者、即本國軍當局希望並要求有關方面、對日軍利用租界爲根據地以攻擊我軍一節、應即制止、否則我國軍隊萬一攻擊日軍發生不測波及貴方者、請查照、

◎外交部代表國民政府發表聲明◎

▲中央社南京十五日電 外交部昨日代表國民政府發表聲明、節略如下、 中國爲日本無止境之侵略 不得不實行自衛抵抗暴力、近年以來、中國政府及人民所一致努力者、在完成近代國家之建設、以期獲得自由平等之地位、對內致力於經濟文化之復興、對外則遵重和平正義、凡國聯盟約、九國公約、非戰公約、中國曾參加簽訂者、莫不忠實履行其義務、蓋國家獨立與共存兩者、實相待而相承也、乃自九一八以來、日本侵奪我東三省、淞滬之役、中國東南重要商埠陷於兵燹、繼以熱河失守、繼以長城各口之役 屠殺焚燬之禍、擴而及於河北、又繼之冀東偽組織之成立、察北匪軍之變成、中國領土及主權曾被侵略、其他如非便各次飛機任中國領土之內、不法飛行、協助大規模走私、使中國財政受莫大損失、以種種毒辣之手段、使吾中國社會陷入非人道之慘境、此外無理之要求、及片面之自由行動、不可勝數、足以危害我國獨立與民族生存、吾人自信此爲任何國家所不能忍受者、然中國乃一再忍受、以迄於今、吾人敢信中國之所以出此、期盡可能之努力、以期日本最後之覺悟而已 及至蘆溝橋之事件暴發、遂使中國稍微之希望歸於斷絕 蓋蘆溝橋事件發生以後 日本之行動有深足注意者 即其口頭屢用就地解決、及不擴大事態之語調、實行其武力侵略、向我各地節節進攻、當此華北戰禍蔓延之際、乃八月九日晚、日軍官兵圖侵入我虹橋軍用飛機場、乃發生事故、日本竟派遣大批戰艦陸軍以及其他武裝隊伍來滬 空軍並在上海杭州寧波等地任意飛行、其海軍事舉動已無疑義 殆至十三日以來 日軍竟向我上海市中心區猛烈進攻、此等行動、爲日本實施其傳統侵略大陸政策之整個計劃、日本今猶欲以淞滬停戰協定爲藉口 消使中國於危急之際、當不能採用正當防衛之手段、須知此等停戰協定其精神目的即於某地點內雙方各自抑制 以避免衝突、不妨礙和平解決之進行、若一方違犯條約 自由進兵 而同時復拘束彼方、此爲任何法理任何人情所不能許者、中國今日鄭重聲明中國之領土主權已橫受日本之侵略、國聯盟約、九國公約非戰公約已爲日本所破壞無餘、此等條約、其最大目的在維持正義與和平 中國以最大之忍耐、自應盡能力、以維持領土主權、及維護上述各種條約之尊嚴、中國決不放棄領土之任何部分 絕對實施自衛之[illegible]能力以應付日本

中華民國廿六年八月十五日　豐報號外　（星期日）　第二版

苟不對中國懷有野心、實行領土之侵略、則當對於國交謀解决、即時制止其一切在華無理行動、如此則中國仍當本其和平素志、以期挽回東亞及世界之危局、要之吾人此次非僅爲中國、實爲世界而非僅爲領土主權、實爲公法與正義而奮鬥、吾人深信凡我友邦、卽與吾人同情又必能在鄭重簽訂之國際條約下、各盡所負義務也。

張治中通電全國同胞共雪國恥

▲中央社南京十五日電、京滬警備司令張治中通電云、各報館轉各部隊各機關團體及全國同胞公鑒、十二日下午暴日侵滬、繼以陸戰隊空軍以重砲轟擊閘北、繼以步兵越界襲我保安總隊防地、我保安隊忍無可忍、起而應戰、治中奉命統率所部馳援、應保衞我先烈宗辛苦經營之國土、爭持我四萬萬五千萬黃炎華冑之生存、誓不與倭寇共戴一天、今日之事、爲甲午以來四五十年之最後一戰、敵曲我直、敵邪我正、敵爲發揮野心、我爲決死求生自衞、無論暴日如何殘酷、最後勝利、必屬于我、望我羣體同胞武裝同志、勿忘東北平津數十萬同胞呻吟于日寇鐵蹄之下、勿忘我一二八戰役長城之役、平津之役、忠勇犧牲之決心、悲壯之精神、共雪國恥、遵奉最高統率府之昭示、與日百折不撓、抗戰到底之決心、求得最後光榮之勝利、

日機昨飛杭轟炸被我擊落三架

▲中央社杭州十四日電、十四日下午五時日本之雙發動機之重轟炸機十一架、由台灣方面飛到杭州、向航空學校投彈、我空軍事先得報、當即迎擊、敵機三架被擊落、一落於半山、一落在蕭山、一落在錢塘江附近、駕駛員二人逃出、被我捕獲、我航空學校因事先已有準備、一切均已遷移、故無損傷、其餘敵機八架、旋又飛至我廣德機場轟炸、傷亡我方士兵二人、停在該處飛機一架受微傷、但該八架敵機、被我空軍追擊、其中五架受傷甚重、狼狽逃去、先後墜於浙境、現正在搜查中、據報告、殘餘之敵機三架、於晚七時始經溫州飛回台灣、聞該敵機、將受傷逃亡之敵機五架、因汽油告罄在蘭谿附近降落云、

南口激戰予敵重創
日軍傷亡達千餘人
並獲敵坦克車六輛

▲中央社保安十四日電　確息、南口之戰自十一日至十三日三天、均以重大兵力與飛機大砲向我猛攻、我軍官兵士上下咸抱殺敵致果之決心、爲國家民族爭生存、沉着應戰、結果日軍傷亡達一千餘人、並奪獲坦克車六輛、敵勢不支、向昌平縣境之高麗營方面潰退、我軍亦略有傷亡、此役與敵以重創

▲中央社天津十四日電　聞日軍當局、十四日承認日軍在南口遭遇强烈抵抗、同時日軍傷兵之運過天津者、爲數頗衆、

日機沿津浦線南飛偵射
馮治安偕門致中北上視察

▲徐州十三日電　路訊、日機兩架十二日晨沿津浦線南飛偵察、過滄州德州劉洛口、途中並以機槍向我北上列車掃射、我軍亦發槍還擊、

▲中央社徐州十四日電　我軍先頭部隊在陳官屯良王莊間、十三日晨與敵一度接觸、激戰三時停止、津浦線敵我兩軍仍取守勢、據聞十五日此路劇戰、當可發動、日軍計劃該路進攻、在與南口上海策應、造成各處同時緊張空氣、

▲中央社南京十五日電　關係方面息、我方駐防南口之部隊、爲作戰經驗豐富之某部、十二日以來、日方以重兵向該地攻擊、均經我軍奮勇擊退、日軍死亡極衆、連日均有列車載運日軍屍體由南口方面赴平、目前南口防務極爲鞏固、

▲中央社保安十四日電　馮治安偕門治中等離保赴前方視察、冀省政府主席職務由民政廳長張吉墉代理、

菲律濱僑胞匯四十萬元勞軍

▲中央社南京十五日電　菲律濱僑胞援助抗敵委員會、電匯四十萬元來國、供抗敵之用、茲錄該會主席李清泉呈蔣委員長電如下、南京蔣委員長鈞鑒、由中國銀行匯四十萬元、交軍政部統籌辦理、特電、

青島日僑婦孺刻仍在撤退中

▲中央社青島十三日電　一、此間日居留民團促日僑婦孺、離青歸國、二、日僑婦孺、刻仍在繼續撤退中、聞各地來青日僑約八千名、仍佔據各巷、

英報盛傳我軍戰術優良

▲中央社倫敦十四日電　據倫敦報紙消息、上海之戰、十四日拂曉、中日兩方再度糾紛、炮火猛烈、五年前之經驗與印象、固宛然在目前也、據該報記者云、中國軍隊、器械精良、指揮有方、尤以炮隊爲最佳、而此次中國空軍隊盡力、尤令日人驚訝不止、該報續稱、中國方面爲防止日人侵入、已將黃浦江及揚子江一帶之航行暨完全堵塞、故夜間絕對不能航行、

京市徵兵事務所
體格檢查辦竣

▲中央社南京十四日電　本京徵兵事務所、業已正式成立、壯丁體格檢查工作已於昨日開始、可於一二週內辦竣、其他各關於壯丁錄查事宜、將繼續辦理、

長江上游日領館職員抵京
我中國當局將護送返國

▲中央社南京十四日電　據息、長江上游九江、漢口、沙市、武昌、及其他各地、日本領事館職員約百餘人、業已至京、聞我國當局將保護送彼等至各海岸返日。

日機飛青偵察
英航空母艦開滬

▲中央社青島十二日電　日機兩架十三日晨四時許沿膠濟線飛來青市、環繞一週、卽向南飛、

▲中央社青島十二日電　停泊此間英國航空母艦十三日午離青、聞係開滬、

汕日艦開台灣
僑民尙留台四十餘人

▲中央社汕頭電　日艦兩艘昨離汕開台灣、

▲中央社汕頭十三日電　日領去後仍有僑民四十二人留汕、皆台灣籍。

瑞典公使
昨覲見林主席呈遞國書

▲中央社南京十四日電　瑞典國駐華公使若克非利斯、今晨十時赴國府覲見林主席、呈遞國書

劉湘返蓉

▲中央社成都十四日電　劉湘返蓉、向人表示、入京與各關係當局商洽均得圓滿結果、我對日全面抗戰開始、國內精誠團結、益趨鞏固、川省金融等問題、均已獲有具體辦法、極抱樂觀、

豐報

第一千四百七十七號

社址豐縣大同街

中宣部登記證中字第一二九二號
內政部登記證警字第二二〇三號

中華郵政特准掛號認爲新聞紙類

▶今日一張　[illegible]分

本報價目

每份每月大洋四角
外埠每份每月大洋五角郵費在內
費須先惠空函不覆

廣告刊例

本報廣告以方寸計算每方寸以市尺長寬各一寸計算
（新聞欄）每日三方寸三天起碼每日每方寸一角二分
（封　面）每日三方寸二天起碼每日每方寸一角
（普　通）每日三方寸二天起碼每日每方寸八分
登三日以上九折六日以上八折十日以上七折常期面議

豐縣縣立初級中學　爲請託農民銀行代收學生繳費通告

查本校學生每學期繳費，向於開學時由會計處辦理，本學期爲免除展轉儲存起見　特商准農民銀行代爲收存，仰各生於到校之前，先向農民銀行繳納各費，取具收據　再行持據赴校辦理入學續爲要。

特此通告。

本社啓事

查日來時局嚴重，交通阻塞，以致紙張缺乏，京滬各報，大多減少篇幅，以備後日應用，本社因存紙無多，購運又極困難，故自本月十六日起，將八開小張減去，每日出四開紙一張，一俟交通恢復，仍照常出版，此啓。

鳴謝王連城先生

鄙人前患傷寒症、就醫於救濟院、服藥無效、嗣經友人介紹請北門內育生堂王先生連城診治[illegible]已痊愈、感激之餘，特此登報鳴謝。

沙莊趙心正啓

滬戰昨晨激烈入午沉寂
我軍進佔日海軍俱樂部及持志大學
防守敵軍被殲滅我旅長黃梅興殉國
張治中楊虎赴前線視察士氣益壯

▲中央社上海十五日下午三時五十五分電　下午三時半報告、戰事在大風中澈夜未停、十五日晨炮聲與機關槍尤爲猛烈、七時後至發電時止　呈沉寂狀態、祇偶有攻擊而已、閘江灣路方面我軍頗有進展、已自水電路持志大學一帶進至江灣路、迫近敵軍司令部、楊樹浦方面我軍、取包圍形勢、殲敵頑抗取守　仍相持中、

▲中央社上海十五日下午四時五十分電　十四日我空軍少尉任雲閣、爲國捐軀　駕駛機師樂鴻雲、受重傷、經醫診治無效、已隨任殉國●

▲中央社上海十五日下午四時零五分電　楊樹浦魚市場附近高爾夫球場、敵企圖建築中之飛機場、確已被我破壞、聞吳淞口外新到敵航空母艦、載飛機八十架、連原在上海之廿餘架　共達百餘架、敵機謀在某處另築機場、我方已設法阻止、十五日上午前線極沉靜、且大雨不止、雲霧瀰漫、下午三時黃浦江敵艦及日總領館屋頂高射炮聲又大作　約五分鐘即止、廿分鐘後、又一度炮聲大作、我機一架在雲霧中時隱時現從容飛翔　敵彈完全虛發、

▲中央社上海十五日下午三時四十五分電　今晨一度炮戰　我軍於晨九時半在炮火掩護之下　向北四川路寶樂安路方面前進、將日本海軍俱樂部佔領、午十二時半閘北我軍又向北四川路進攻、敵戰甚烈　炮聲及機關槍聲在租界中清晰可聞、歷半時始止、

▲中央社上海十五日上午四時五十五分電　據官報　十五日上午九時三十分、我軍佔領日海軍俱樂部、我某連長受傷不退、仍奮勇前進、卒將敵軍擊退、此役我傷亡士兵廿餘名　敵軍傷亡百人以上、

▲中央社上海十五日下午二時電　我軍於十四日將水電路一帶日軍消滅後、已乘勝前進、十五日晨逼近北四川路敵海軍俱樂部　我軍於彈雨密集之下奮勇前進、當於上午九時三十分佔領日本海軍俱樂部、防守該處之敵軍三百餘人　全完殲滅　敵軍旋於午後二時十五分在日本海軍俱樂部以南地帶、向我猛烈反攻　肉搏數次、均被我軍奮勇擊退　敵軍死傷甚衆、

▲中央社上海十五日電　十四日下午我軍進攻閘北持志大學時、敵軍頑強抵抗、我軍旅長黃梅興、奮勇率先、中敵炮彈陣亡　但該旅卒將敵擊退、確實佔據該地、

▲中央社上海十五日電　張治中楊虎十四日曾赴前線各陣地視察、士氣更爲振奮、

▲中央社上海十五日電　楊虎奉軍委會令、十五日就上海戒嚴司令職

奧爾昨召開領團會議

▲中央社上海十五日電　挪威總領奧爾、十五日午召開領團會議、對我抗議日軍在租界日商屋頂架高射炮事、加以調查　結果謂無其事、下午四時半奧爾再訪俞鴻鈞　請共同調查　俞答暫無必要　奧爾並要求我機勿飛租界上空　俞答租界領空權爲我所有　故空軍作戰、不受何限制、但日艦如駛出租界範圍　我亦可酌當局考慮、又另據息　日方十五日又在二馬路台灣銀行屋頂裝高射機槍十架、

抵常熟日艦企圖登陸

▲中央社上海十五日夜十二時電　常熟一帶十五日到有日艦七艘、陸戰隊有登陸企圖　但我駐軍兵力雄厚　敵如登陸、定必迎頭痛擊、江防極爲鞏固、

日政府舉行緊急閣議

▲中央社東京十五日電　十四日夜十時半、日政府舉行緊急閣議、全體閣員出席、歷時二小時　十五日晨時始散會　繼續發表聲明、據報載內閣將於下週決定召集臨時會議

紐約各報注意滬空戰

▲中央社紐約十四日電　此間各報對於上海烘炸事　均以大字登載之、紐約太陽報以大字標題　謂中國飛機烘炸日艦、

京杭曹娥南昌昨空戰劇烈
擊落敵機十九架我燬五架
我防空周嚴空戰損失極微
戰地人民鎮定盛贊空軍殺敵英勇

▲中央社南京十五日電 今午一時半、市京防空機關發出敵機來襲緊急警報、一時四十五分敵機十六架分兩隊來襲 我方高射砲及機槍齊向敵機烘擊、我飛機亦起而應敵、敵機在大校場我航空總站投彈數枚 落於總站辦公室 人員無損傷 我軍追擊敵機時、在方山句容間與敵機激戰 於大校場句容間擊落敵機四架、一架着火、我機亦被燬一架 其餘敵機逃去、三時半解除警報。

▲中央社南京十五日電 本京今日日機十六架來京烘炸、並以機關槍掃射、我機跟蹤追擊、市內各處高射砲機關槍均對準敵機射擊 敵機乃向城外飛逃、我仍予追擊、在大校場句容激戰 結果敵機被我擊落六架 其中四架落京郊、兩架落於句容、餘已狼狽向東南方逃去、聞我空軍人員此次應戰奮勇御敵 蔡世昌受傷而回、所羅之機被擊受微傷 全市市民對我空軍人員之英勇、莫不表示欽感也。

▲中央社南京十六日電 連日日本飛機迭在各地投彈烘炸、十五日午竟有日本重烘炸機十六架自台灣飛來、襲擊我首都 幸我防空當局及空軍人員防護應戰均合機宜、市民沉着鎮定 絲毫不亂 兩小時之空襲戰鬥、我方獲得勝利、敵機被擊落六架之多、僅十架逃還、市內雖有數處中彈、但損失均極輕微 敵機每架開值日金五十萬元 物質上之損失已極可觀 駕駛人員之傷亡尚不在其內也 敵機十六架均係重烘炸彈 由台灣台北空軍根據地來我首都 實行空襲 當敵機飛至浙境 我防空當局即已據報 隨於下午一時半發出警報、同時派驅逐機二架昇空偵察、一時五十五分敵機始飛達京市上空、我方即派大批驅逐機迎敵 交戰於京郊大校堂 一時戰況激烈、敵機屢受壓迫、旋復飛入城內、曾在數處投彈、並以機關槍掃射 我機跟蹤追擊 市內各處高射炮機關槍均對準敵機射擊、敵機見未得逞 乃向城外飛逃、我仍予追擊、在大校場句容間重復激戰 結果敵機被我擊落六架、其中四架落於京郊、二架落於句容附近 其餘敵機十架 於二時廿分已狼狽向東南逃去、三時半隨解除警報 聞我空軍人員此次應戰、奮勇御敵 蔡世昌負傷而回、所羅之機被擊損 陳有爲下落不明 全市市民對於我空軍人員英勇、莫不表示欽佩、當敵機飛達京市後 我高射砲及高射機關槍即紛紛射擊、盤旋片刻 於二時三十分、先向武朝門投落 彈但未爆炸 二時三十五分向我大校場航空總站連投炸彈六枚 工廠中一小部分被炸、但損失輕微 另有青皮炸彈落於總站辦公室 但未暴裂 站內人員均安然無恙 同時馬路街電桿一根被炸壞 幸該處電流已預先停止 故無影響、馬府街亦落一彈、但未暴發。

▲中央社南京十六日電 十五日有大隊日本飛機分往京杭贛投彈擾亂、幸均無重大損失 而日方則損機甚多、上午五時浙洋面日航空母艦上飛機廿架飛襲杭州、我機得報即迎頭痛擊、遭遇於杭州紹興上空、結果擊落敵機五架、內有敵飛航員一跳傘而下、被我俘虜 我方特予優待、此役我方燬機二架 軍官四員受傷 敵機九架二次來襲 我亦以九機飛空迎擊 遇於曹娥江上空、敵機所投炸彈無一命中 被我擊落敵機一架、其餘敵機皆遁回 時爲上午八時左右 正午敵機又大舉來襲 我機奮勇迎戰、敵亦頑強搏鬥 擊落敵轟炸機一架、我方亦損機三架。

▲中央社杭州十五日電（遲到）十[illegible]時十分臨平發現日機一架、杭市即施行燈火管制 該機乃向西[illegible]去。

▲中央社南昌十五日電 十五日晨九時敵機十四架來襲 除聯機八架在郊外盤旋外 餘重烘炸機六架飛至[illegible]上空 擲彈十五枚、並用機槍掃射 機場汽車站附近、與[illegible]帶略受損失、惟民衆沉着 市面安定 十一時敵機被迫分兩向東南逃去 晚八時敵機沿浙贛路線竄[illegible]鄉一帶來擾、至十時許始退出贛境。

▲中央社上海十五日電 十四日晚徹夜激戰 佔領日海軍俱樂部後 各線戰事暫趨沉寂、至十五日午夜止 尚未聞炮聲、下午三時之空戰 已不如十四日之猛烈、惟租界施行戒嚴 益以苦風淒雨 滬市景象更感淒涼 聞滬日作戰日軍傷亡甚巨、實力大損、頗有不支之勢 我方死亡較少、前線傷兵進來醫治者僅二十餘人、敵艦隊司令長谷川、於危急中向東京乞援 我前線已增大軍、嚴陣以待 [illegible]侵略者[illegible]重創

▲中央社上海十五日下午四時電 路局息、十五日晚七時敵機十五架、飛曹娥江轟炸 我空軍出而應戰、擊落日機三架 列車提早開出、車站無恙。

▲中央社安慶十五日電 日機飛廣德轟炸事、當府接鄉九區毛專員電告、日機十四日下午五時許飛廣德轟炸 當被守軍擊落一架 其餘傍晚飛去、損失甚微。

▲中央社蕪湖十五日電 十五日晨[illegible]時有[illegible]機一架、由西飛繞廣德週而去、又日轟炸機四架十五日午後二時左右東北飛至蕪市上空、機身爲深灰色、距地僅千餘公尺 有一架施放烟幕、想在遮避視線、沿江南鐵路車站盤旋十餘分鐘 即向東飛去。

平綏線戰爭全面暴發
南口及長城各線均有激戰
津浦我便衣隊到良王莊一帶
察北向我神威台灰柴嶺陣線猛攻

▲中央社大同十[illegible]電 張垣電 平綏線東全面戰爭現已完全暴發 南口及附近長城綫自十二日拂曉發生激戰 直至十四日午猶未稍息 我軍奮勇前進[illegible]勝利、十三日曾擊毀日軍五六百人 捕獲敵坦克車六輛 敵南口戰線共約萬五六千人、十二、三兩日死傷甚衆、刻仍與我軍激戰中、

▲中央社保定十五日電 南口之敵[illegible]我軍[illegible]潰退後 現整理待[illegible]圖再犯。

▲中央社歸綏十五日電 湯恩伯十五日晨[illegible]十四日午後一[illegible]敵增加 聯隊[illegible]南口左右兩山頭之烈前所未有[illegible]搏十餘次、下午[illegible]將敵擊退、[illegible]百餘人。

▲中央社徐[illegible]返。

[illegible]我便衣隊已到良王莊楊柳青一帶、利用青紗帳隱避 向日軍襲擊 故日軍陣地夜間戒備極嚴。

▲中央社保定十五日電 [illegible]之敵 十四日拂曉以裝甲車三十餘輛 重炮十餘門 騎步兵各約千四百餘名、向我神威台、灰柴嶺陣綫猛攻三次、均經我軍迎頭擊退、予敵重創

津浦路局長楊承訓
視察北段後到濟訪韓

▲中央社濟南十四日電 津浦路局長楊承訓、赴[illegible]視察 十四日來濟 下車訪韓復榘[illegible]返。

粵軍分校 非常時期服務團昨宣誓
吳鐵城監誓並致訓

▲中央社廣州十五日電 粵軍官分校非常時期服務團 十五日宣誓 吳鐵城監誓 致訓詞畢 各團員舉右手宣讀誓詞、略云誓以血誠、參加工作 不畏艱難 不逃避、犧牲一切 捍衛祖國、決無返顧。

蘇省食糧足以自給
將統籌分配辦法

▲中央社鎮江十四日電 蘇省食糧統計足以自給、惟爲防止奸商 將統籌分配辦法 以維民食云

謝作民請辭處長兼職
僑委會另派許天生暫代

▲中央社南京十五日電 僑務委員會常務委員謝作民 因另有重要任務、向僑委會呈辭處長兼職、聞該會已派委員許天生暫行代理。

青島形勢突趨緊張
兩日人被槍擊又生事端
日領訪沈市長遭遇駁斥

▲中央社青島十四日上午四時五十五分電 十四日下午二時、在正中女子中學門前 突有兩日人被人槍擊、一命要害、一受重傷、據當時之我國人目擊者談、該日人等確係被一水兵所擊、被擊之兩日人均着便衣、惟日人當時即將被傷者抬往日人醫院中 並未向我崗警報告、但據日方聲稱 乃係我方騎自行車之便衣隊所槍擊者、當出事時 會有騎自行車人被日水兵捕去 刻天龍艦陸戰隊武裝待發、並於事變發生之五分鐘內徵集載重汽車廿餘輛待用、並提卸子彈 形勢嚴重 又[illegible]領大英於二時許赴市府訪沈市長、聞仍聲明係我便衣隊所爲 沈當予以駁斥 並要求立即停止軍事行動、一面雙方派員調查真象 大英對此亦未表示反對 現雙方均在嚴重戒備中、又據記者多方探息 該被害之兩日人因拒絕[illegible]作戰、乃被日水兵所擊 且出事時我市民行經該處者 均見日水兵開槍、而日方反謂我便衣隊所爲 顯係別有企圖。

▲中央社青島十四日下午四時五十五分電 停泊此間之日艦天龍號原定十一日下午二時離青、聞迄十四日仍泊於二號碼頭、

▲中央社青島十五日電 日輪十五日晨由佑世保抵青島 卸下鐵甲救重汽車三輛 停泊二號碼頭之日艦天龍號又徵集大批汽車 境加步哨 形勢頗緊張、

孔祥熙抵捷京備受歡迎

昨赴維也納轉程返國

▲中央社柏林十四日電　中國財政部長孔祥熙、今日已抵捷京、明日將赴維也納、據柏林晚報、維也納通訊稱、此間人士稱、中國駐法總領事已於昨日抵維也納、候謁孔氏有所會商、又捷京十四日電、孔祥熙博士抵此後、外交部長克洛思達、今午設宴為孔洗塵、午後由總統貝乃思予以接見、孔氏將於明日赴維也納、再轉程熱那亞乘香佛思託號返國。

蘇省黨部舉行特派員會議

（江蘇社）江蘇省党部、於十一日上午九時、舉行第六十九次特派員會議　出席者周厚鈞、凌紹祖、曹明煥、卞宗孟、周紹成、顧子揚、黃強、主席周紹成、紀錄彭超、開會如儀、報告事項略、宣讀上次會議紀錄、決議事項如下、一、准何倫等組織金山縣立初中同學會、一、准楊煥新等組織江蘇省統計學術研究會、一、准張春海等組織松江縣理髮業職業工會、一、准馬燕謀等組織六英霍旅蘇同鄉會、一、准陶永源組織連水麵業公會、一、准釋文心等組織中國佛教會泰縣分會、一、准顧特派員子揚担任下星期一總理紀念週主席並報告（餘略）

蘇中級教員無試驗檢定初步審核已辦竣

日內召開委員會議

（江蘇社）蘇中師教員無試驗檢定、經檢定委員會積極審核資格證件、現已初步審核完竣、聞日內即將召開委員會議、決定復核、關於合格證書現已付印　俟完全合格者決定後、即行填發、餘仍須重行審訂云、

戰時人民須知

民衆防避飛機之常識

欲避飛機、應先知飛機大略之性能、及偵察投擲炸彈之時機、飛機凡於三千公尺以上之高度飛行時、並無若何之危險、因其飛行速度、較於火車約快五倍　縱以望遠鏡視察地上人物等、亦難明瞭　收效甚微、故飛機欲對地面加以轟擊時、必須飛行降低、方可收效、茲就經驗所得者、概述於左：

一、晝間預防飛機法

（甲）晝間遇有飛機來襲、萬勿驚惶亂跑、務須即就原地伏臥不動、免被敵機之目標　而招危險、倘就地遇有牆壁樹木之陰影處隱避之亦可、

（乙）凡行進間如持有各色之旗幟等、即須收藏　原地伏臥、停止前進、切勿驚惶、

（丙）各戶為安全計、宜於院中開挖地窖、如有飛機來時、即行避入窖內、而其窖之大小、從寬狹各尺寸　應視地勢人數標準、惟窖口處[illegible]以厚板[illegible]其上[illegible]尺以上之[illegible]之為妥

（丁）敵機投擲[illegible]難免發生火[illegible]戶務宜預為各[illegible]水、以便臨[illegible]、[illegible]

本縣[illegible]

△黨政各機關今日舉行聯合紀念週

董監委講述抗期戰的節運動　翟祕書報告一週間[illegible]工作

黨政各機關暨各人民團體、于今日上午十時、在縣黨部大禮堂、聯合舉行總理紀念週、到黨員公務員及各人民團體代表八十餘人、由監察委員董雪山主席、領導行禮如儀後、並講述在抗敵期間、大家應實行節約運動、略謂、日本帝國主義者、謀我、急、其整個計劃、即在攫奪我華北、繼而構釁擾我沿海各地、以達其聲東擊西、蠶食鯨吞之目的、故邇日以主要兵力進攻華北、同時以軍艦飛機威脅上海、而首都杭州曾先後被敵機轟炸、我方早已洞燭其陰謀、除以雄厚之兵力、在華北一帶奮勇抗戰外、關於沿海防禦、已有充分之準備、故日機在杭轟炸、被我擊落三架、而飛往首都轟炸者、敵機共十六架、當被[illegible]六架、於此足徵中[illegible]敵之決心、與夫[illegible]計劃、凡我民[illegible]類政府、擁護領[illegible]起愛國精神、有[illegible]錢、無錢者出力、[illegible]個國策之下、[illegible]、以期獲得最[illegible]、須知日本[illegible]其全國兵力、亦不二[illegible]百六十餘萬、而竟[illegible]遠、乃取敗之道[illegible]則以守對攻、以逸[illegible]相形之下、勝算可[illegible]、惟在此長期抗戰期間、除戰鬥品不能節省、其餘一切物力、必須[illegible]量撙節、方能自給自足[illegible]用之無限、故吾[illegible]方要努力生產、一方增加資源、一方要實行節約運動、以期減少消費、如煤油不敷、亦燃燈、不妨代以菜[illegible]或豆油、所產之棉不能出口、未嘗不可自動紡織、以供衣料、總之吾人對日常用品、應力求節儉、省一分物力、即不啻增加一分國力、試觀歐州大戰之際、[illegible]濟頓呈恐慌之象、其國民有以脂粉盒糖作盛菜盛飯之用者、其對物力之節省、已可想見、吾人應效法此種精神、以為抗敵之準備　希望共同注意云云、繼有縣政府祕書翟大勛報告縣府工作、一、在抗戰期間、地方治安問題、二、防空防毒之準備、三、奉令購辦馬草、四、奉令徵車、五、奉令征兵、已送二百九十一人、並補征二十五人、七、各機關應加緊工作、至十一時禮成、

◎◎　◎◎

△豐縣公款公產管理處收兌前農工銀行票紙啓事

查本縣農工銀行　奉令結束所有該行未收回之票紙經監理委員會議決　交由本處收兌並定於八月十五日起至二十日止一律收清逾期呈報財廳作廢此啓

兌換地點　款產處

兌換時間　上午七時至十一時　下午一時至五時

△縣政府奉令徵用馬車

現已徵齊聽候驗收　車馬均照市價給資

軍政部因軍用品運輸之需要、向銅山區各縣徵用四輪騾車、本縣奉令徵車三十輛、騾馬九十四、馬夫六十名、現已徵齊、聽候上峯派人驗收、聞馬夫每月工餉十二元、車輛騾馬、均照市價給資云

△縣府奉令補徵新兵二十五人

已遵照辦理

本縣應徵新兵二百九十一名、已於前日由縣政府派員送至碭山團管區、轉徐州師管區點交、縣府頃奉團管區司令部令、飭補征新兵二十五人、以便訓練等語、聞縣府奉令後、已遵照辦理、日內即將補徵之新兵、護送赴徐、

△抗戰期間各機關應加緊工作

星期亦須努力奉公

江蘇省政府　以在此抗敵期間、必須加緊工作方能應付危難、特通令各縣　除日常工作不得稍有鬆懈外、即星期例假、亦須輪流值日、辦理公務、本縣縣政府、已奉到此項命令、當即轉飭所屬遵照、

縣政府奉頒馬籍規則（續）

十五　繫養地點（指馬騾繫養之地點而言如在某縣某區鄉鎮坊則據實存繫養地點欄內填明之）

十六、馬騾所有人姓名（指馬騾之主人而言如馬騾所有為某某、則在馬主姓名欄內據實填明姓名）、

十七、馬○所有人職業（馬騾所有人如業農、則填農字　餘類推）

十八　馬騾所有人住址（馬○所有人住在某鄉鎮坊則據實填明）、

十九、馬○管理人姓名（係指管理馬○之人而言、如馬○管理人為某某、則在管理人姓名欄內註明）、

二十　馬○管理人住址（馬○管理人住某鄉鎮坊則據實填明、

第五條　馬○所有人、應於每年四月一日至十日內、按照前條規定、填具馬籍報告表、呈報該管鄉（鎮）（坊）公所、

第六條　鄉（鎮）（坊）長應於每年四月以前、根據戶籍、詳查該管區域內馬○所有人有無遺漏或匿而不報情事、如有遺漏或匿而不報者、應即責成補報、

第七條　鄉（鎮）（坊）公所、接得該管區域內之馬籍報告表後、應加以審核、並於每年四月以前、彙編為馬籍簿、

第八條　遇有馬○生產購買倒斃及遷移或分居變賣所有權轉移等情形時、馬○所有人應隨時填具馬籍報告表　呈報於鄉（鎮）（坊）公所、

第九條　鄉（鎮）（坊）長接到前條報告後、應即加以審核、並在馬籍簿上更正、

32

第一二九期目錄

投稿簡章

一、來稿以合於小學教育及社會教育之實際需要為標準，約分論述，報告，設施計劃，教師常識，教材教具，介紹，教育學術講話等項。

二、來稿不分文體，但須繕寫清楚，除特屬性質者外，均須直行右起。

三、來稿非經聲明，編者有刪改權。

四、來稿不論登載與否，概不退還。

五、來稿須註明真姓名，及通信處，但發表時，別署聽便。

六、來稿寄豐縣教育局，稿封上須註明「教育週刊」文稿。

教育新聞

第二、小學校設圃辦法

甲、常識之灌輸

兒童讀物中應隨時加入關於育苗造林問題之教材，以引起學生育苗造林之興趣，倘能視兒童學齡於前述常識之程度，按分別繁簡於每星期中規定一個時間，另設一個課目，教導學生，其效尤著，或於必要時，舉行育苗造林中心教學週，以利進行，惟負責辦之導師，應要相當訓練。

乙、作業之練習

小學校對於育苗上各項工作，應規定於每星期內一個下午，支配全體學生從事練習，惟須依照兒童之年齡分別工作之輕重，循序漸進，如一二年級，兒童僅可使任處置種子，而將達畢業之較長學生，則整地，灌溉，除草等工作，可責其担任，蓋如此分配，當不難而易舉，樂於練習矣，此外並應指導劃分相當面積，使年齡較長三五人，合組操作，以觀成績，尤屬合宜，如於學期終了時期，視其努力程度，評定分數，收效益宏。

丙、苗圃之開闢

各小學校設置苗圃，對於○圃之面積，不加規定，但求因地制宜，儘量開闢利用，校中隙地，或即將原有學校園闢出相當部份，從事經營。

丁、林具之準備

育苗必備之林具，茲以五床（每床長二市丈）為單位，開列如次：山鋤一把，草繩二十丈，升一個，釘耙一把，木板一塊，竹竿五根，蘆葦篩，鏟一把，畚箕一對，把一把，扁担五條，稻草兩石，水勺一個，方剪一柄，根絲五丈，日記簿一本，鉛筆一枝，刀一柄。

惟各小學校於無經費購辦是項林具時期，得責合兒童取自家中，自行使用保管，又或上開列各項林具，在購買或借用困難之際，得改用其他用品。

戊、○本之用途

各小學將來○木長大堪以出栽之日，除應由教師率領兒童實地造林外，准予依照時價分售各界，以其所得供設置林具及獎勵學生之需，以昭激勵。

結論

各縣小學校闢辦○圃時，對於樹種之選擇，暫不限制，但就當地生長旺盛較有利用價值之母樹上採集種子，從事播種可也，至其他各節於實施時，仍得按照各地情形酌予變通，正，務期便利進行，是為至要。（完）

以○代苗字

學齡兒童強迫入學暫行辦法

第一條　本辦法根據實施義務教育暫行辦法大綱施行細則第二章第六七八之規定訂定，

第二條　學齡兒童強迫入學年齡依照實施教育暫行辦法大綱（略）一（一）（二）（三）項之規定進行

第三條　各省縣市暨行政院直轄市以下簡稱市施行學齡兒童強迫入學（以下簡稱強迫入學）辦法，先供照調查學齡兒童辦理，各該市縣學齡兒童及學齡兒童調查供據實施（未完）

研究

連雲港社展會豐縣送會物品小誌（二十六）

如下：

總輯者　四十五　國防常識教材

級別　低年級適中（一年級）

科別　常識科

內容　我們的敵國——日本

日本拿我國當他的唯一的侵略目標，所以我們拿他當敵國。

日本為什麼侵略中國？

中國是個積弱的國家，離日本又很近，加上地大物博，就引起日本侵略的野心。

二十年九一八以後

二十年九一八以後，中國各方面求救，到底沒有一點成功，結果都歸失敗。

日本對我的作戰計劃

日本在歐戰時，擬定對我作戰計劃六條，都是注意在沿海一帶。

重要的海港

我國重要的海港，有河北省的天津，山東省的青島，江蘇省的連雲港和上海。

重要的海港（二）

再南，有浙江省的甯波，福建省的福州，廈門和廣東省的汕頭，廣州。

重要海港的防禦

上邊的幾個海港，都應建築砲台　都應派軍駐守　都應派軍艦協助。

我國的要塞

（一）沿海的

我國的海岸綫，長着一萬多里，有些地方應該設要塞。

（二）長城

我國北部的長城，長五千多里，是我們的第二道防線，有許多重要的關戶。

（三）長江

長江的水路很遠，敵人的海軍可以深入內地，一路都有堅固的砲台。

（四）邊疆

我國南北西面，南，北，西，三面，都和國接境，有很多通行的孔道。

防空

（一）都市的防空

都市和軍隊都要有防空的設備　用許多法，去防備或攻擊敵人的飛機。

（二）鄉民的防空

鄉下人民設有防空的設備　只能用消極的手段，去減少敵機的損害。

防毒

（一）糜爛性的毒氣

身塗防毒藥膏，穿上氣皮衣或油布衣，就可以防止糜爛性的毒氣。

防毒

（二）刺激性的毒氣

登高，背風側行，製造地下室　不到森林和低地那裏去　都是避免刺激性的好法子（未完）。

政教化一之研究（續）

李子正

第四章　政教化一之組織及運用

社會上，無論任何組織，都須像一架機器；必須便利，靈活，才能省精力，多效果；自治組織，當然也逃不出這個定例；「政教化一」了，如組織不靈活，不便當，何以把一政教洛一一的精神思想，力量，完全分裂；我們當怎樣把政和教融合起表；不但要有理想，還得要有正確的實高；才算成功。

根據憲法，以縣為自治單位；以下劃成若干自治區，以千五百戶為標準；自治區內設自治公所，所長一人，下分三部：1、經濟指導部，指導民衆辦理發展農村經濟等事項。2、建設指導部，指導民衆辦理鄉村建設等事項。3、文化指導部，指導民衆，一兒童，成人，婦女，——教導訓練等事項，其組織系統如下：

本城糧價

名稱	每市斗最高價	每市斗最低價
小麥	十元	十元
大麥	四元五角	四元二角
黃豆	六元六角	六元四角
黑豆	六元四角	六角二角
綠豆	八元六角	八元五角
江豆		
高粱	五元	四元五角
穀子	五元八角	五元六角
稷子		
芝麻	十一元二角	十一元一角
青豆	六元五角	六元三角
花生	（百斤）六元	五元八角
瓜子	十四元	十三元

氣象

	上午	下午
天氣	雨	雨
氣向	東風	東風
溫度	最高八三	最低七二

第一千四百七十八號

社址豐縣大同街

中華郵政特准掛號認為新聞紙類

今日一張　售洋一分六厘

本報價目

每份每月大洋四角
外埠每份每月大洋五角郵費在內
費須先惠空函不覆

廣告刊例

本報廣告以方寸計算
每方寸以市尺長寬各一寸計算
（新聞欄）每日三方寸三天起碼每日每方寸一角二分
（封　面）每日三方寸二天起碼每日每方寸一角
（普　通）每日三方寸三天起碼每日每方寸八分
登三日以上九折六日以上八折十日以上七折常期面議

豐縣縣立初級中學為請託農民銀行代收學生繳費通告

查本校學生每學期繳費，向於開學時由會計處辦理，本學期為免除展轉儲存起見，特請託農民銀行代為收存，仰各生於到校之前，先向農民銀行繳納各費，取具收據，再行持據赴校辦理入學手續為要。

特此通告。

本社啓事

查日來時局嚴重，交通阻塞，以致紙張缺乏，京滬各報，大多減少篇幅，以備後日應用，本社因存紙無多，購運又極困難，故自本月十八日起，將八開小張減去，每日出四開紙一張，一俟交通恢復，仍照常出版，此啓。

鳴謝王連城先生

鄙人前患傷寒症，就醫於醫院，服藥無效，嗣經友人介紹請北門內育生堂王先生連城診治，[illegible]之餘，特此登報鳴謝。

沙莊　趙心正　啓

中外要聞

滬戰我陸空軍皆大捷
槍林彈雨我將士奮勇肉搏　敵軍不支放棄司令部潰退
大隊飛機烘炸日艦極為得手　日艦艇四艘起火出雲號負傷

▲中央社上海十六日下午六時電　十六日晨拂曉、我軍乘敵增援部隊陣地尚未穩固之際、各路同時進攻、槍聲密如雨點、我將士忠勇肉搏、有進無退、殘敵於頑抗後、各路不支潰退、八時十五分滬東方面公大紗廠、敵司令部中死守之將士、以無法支持、向後潰退、憑身裕[illegible]紗廠為根據地、[illegible]頑抗、我軍一面越過公大紗廠向前推進、一面派隊搜查敵司令部、引翔區方面敵已退至[illegible]路之南、虹口方面我軍佔虹口公園愛國中學[illegible]中學、描準北四川路敵司令部烘擊、敵以勢力不若、被迫放棄、已退至狄思威路、以日本小學為根據地、又滬西方面敵方放棄豐田紗廠後、順以內外紗廠作根據地、十六日亦放棄退至該廠以南、聞各路敵軍死亡約數百人、遍尸遍地、死傷甚巨。

▲中央社上海十七日上午三時廿分電　十七日晨三時報告、據確息、昨夜敵軍在砲火掩護下、企圖在浦東登陸、有一部登岸、旋經我軍包圍、敵軍完全殲滅。

▲中央社上海十六日下午廿分電　十六日晨[illegible]時我軍在右翼大進展、在[illegible]東街設殲敵鐵甲車二輛、又我飛機三十二架、[illegible]炸[illegible]口日[illegible]極為得手。

▲中央社上海十六日下午二時十分電　我空軍十六日晨又出動助戰、七時九時及十一時許、先後在黃浦江上空發現雲際、飛機約廿餘架、由西而南、黃浦江中敵艦高射砲及機關槍急發、一時砲聲如雷、我機高飛向[illegible]在[illegible]附近投下多彈、並在吳淞口外轟炸敵艦。

▲中央社上海十六日電　我轟炸機數架、十六日下午二時飛吳淞口外、與敵艦戰鬥、在敵艦猛烈炮火之下、我機射擊極準、有七枚擊中敵潛水艇、當即擊燬起火、敵小型艦兩艘、經施救亦着火、至四時許火尚未熄、我機完成任務後、即安然飛回。

▲中央社上海十七日上午一時廿五分電　我軍向敵軍楊樹浦百老匯路[illegible]常猛烈、敵軍艦亦發炮、一時照明彈[illegible]、砲火與[illegible]聲、記者遙望[illegible]面、[illegible]炮亦加入攻擊、但見閃光起處、火丸如雨、[illegible]、雜以重機關槍、似敵軍由高[illegible]射下者、其紅色之彈丸、[illegible]如[illegible]珠、一時砲聲隆隆、機聲軋軋、租界房屋亦為震動、旋於八時許、砲聲稍形沉寂、約十數分鐘、砲聲又起、敵軍企圖在浦東登岸、被我軍奮勇擊退、北四川路敵某處、被我擊中着火、約廿分鐘熄滅、其後槍炮之聲、移至東[illegible]、約於十時許停止、其後僅有零星[illegible]、至深夜十二時[illegible]。

▲中央社上海十六日電　敵軍停泊黃浦江指揮作戰之出雲旗艦、十六日晨十一時半被我烘炸機投彈受傷、下午八時半敵炮火猛烈中、又被我軍擊中艦身、[illegible]傷極重、敵亟加修理、旋於十一時許向下游移去。

京蘇等地昨日空戰益烈
擊落敵機十二架我方無損失
空戰建功人員名單現已發表

▲中央社南京十六日電　今晨敵機飛我各處烘擊、據確實消息、被擊落多架、上海擊落敵驅逐機二架、揚州擊落敵輕烘炸機二架、鎮江擊落敵輕烘炸機一架、句容擊落敵重轟炸機一架、嘉興擊落敵輕烘炸機二架、又浦口[illegible]間擊落敵機一架、正在搜查中。

▲中央社上海十六日下午二時三十五分電　十六日晨日機多架、再飛我防地、我方防空機關獲息、即發出警報、同時用高射砲向敵機射擊

▲中央社南京十六日電 日機十餘架突於今晨來京空襲、我全市民衆均於夢中被警報驚醒、乃分赴就近避難所躲避、六時許我機數架前往南浦、以便痛擊、行至丹陽、與敵機相遇、開始空戰、激戰半小時、敵機爲我擊退、七時警報、京市解除警報、恢復原狀。

▲中央社南京十六日電 日本大隊飛機、昨日曾襲我首都、經我防空部隊防禦得宜、空軍人員奮勇應戰、已予敵以重創、今日敵機又四次企圖來襲、我空軍聞報、即起而迎戰、在句容等地又擊落敵機多架、茲探誌詳情如次、嘉興初次戰、上午八時四十分我空軍遇敵於嘉興上空 攻戰結果、敵重烘炸機、我擊落兩架 我軍毫無損失 句容再度凱旋、九時三十分京市東南方面來敵機兩隊、第一隊六架 第二隊十六架 向南京飛來、第一隊被我截擊 於句容之上空殲其三、均爲重烘炸機 其中兩機墜於句容北郊而着火、一機墜於江邊 我機安然整隊而回、時爲十時二十分也、第二隊敵機被我以大隊迎射丹陽、敵機愴惶而逃、敵機屢遭失敗、十一時許敵機六架自東向西 我去據報後、即派機出發於鎮江上空之雲堆中、敵機飛經該處時 我方即出而追擊 在鎮江附近擊落敵機一架、在揚州郊外擊落敵機二架、敵機慘敗後、即四散逃去、又未得窺近首都也 同時據報 敵機以廿五架之大隊向我襲擊、我方抱定不許敵機達我首都上空之目的、乃撰多機巡邏於京市四週、敵機連日已被我擊壞轟炸機二十餘架之多、心驚膽寒、一見我大隊應戰、即慌亂四散而逃、最後企圖永逸、下午三時十分據報、京市東南方發現敵之轟炸機多架來襲、我亦派多機出而搜索、以佈置週密 佔空中絕對優勢、敵機不得逞而逃逸、我亦未予窮追、我軍略受損傷、昨日下午失蹤之駕駛員陳有維氏 查明因氣候惡劣、擊斃敵人時不得不予敵 高度迫之 雖擊落敵機 而該員之飛機亦因溫度過熱、發動機損壞、被迫降落於敵機之旁、飛機遇阻傾覆、僅右眉部受微傷、右手小指被刺破而已、附近居民多上前救護、送至附近汽車站 搭乘汽車回防、據陳氏語人、敵人技術極劣、我空軍之質量均高出[illegible]甚多、陳氏並及人民之殷殷慰問 並饋送食物 又稱其駕駛員被敵擊中發動機、強迫降落於宜興附近、人無恙、飛機損傷甚輕、已在拆運中 又我機一架 在空中迎戰時、子彈途次燃燒、駕駛員跳傘安全落下 飛機狀況在調查中

▲中央社南京十七日電 據十六日晚由蘇州飛回之空軍大隊長陳棋霞氏談、十六日下午四時許、日機廿四架來襲蘇州機場、我防衞周密、敵機[illegible]一架低飛[illegible]我衞兵[illegible]落一架[illegible]、我衞兵王[illegible]槍擊射傷[illegible]

▲中央社杭州[illegible]十五日兵[illegible]一架於浦江[illegible]地、機中七八[illegible]生者[illegible]

▲中央社南京[illegible]十六日在句[illegible]敵機之空軍[illegible]近已查明者[illegible]句容之三架[illegible]傅晴宇南[illegible]其一、二、揚州之[illegible]落一架爲馬[illegible]、爲劉粹剛少[illegible]、圖嘉興之[illegible]王存瑞中尉所[illegible]

南口激戰斃敵五千餘
克復商都正分路追擊
津敵精幹部隊完全調平

▲中央社南京十六日電 傅主席作義今日電京及[illegible]稱、我軍於元日（十三日）圍攻商都、戰況甚烈、敵損失甚重、至寒日（十四日）黃昏將商都收復、刻正分[illegible]追擊中、詳情續報等語。

▲中央社保定十六日電 南口十五日戰況、敵以坦克車三十餘輛向我猛攻、我軍固守陣地 左右側沉着痛擊 斃敵達五千餘人、我軍略有傷亡、但士氣益屬旺盛。

▲中央社保定十六日電 南口之敵、連日向我陣地猛攻、迭遭重創 士氣極餒、十六日我軍乘機出擊、將士奮勇爭先、將進犯之敵重重包圍、敵雖圖作困獸鬥 但終被我軍完全解決、是役我斃敵甚多、並奪回坦克車十餘輛 生擒約五六百人 殘敵潰不成軍 向南逃竄

▲中央社保定十六日電 交通界息、一、盤據豐台之敵約三百人 炮四門 十五日圍黃村、向唐[illegible]蔭前進 二、另有小部日軍[illegible]十五日由黃[illegible]、似有節節[illegible]天津敵軍之精銳[illegible]各部調平、[illegible]幼年兵在津駐守[illegible]

▲中央社保定十[illegible]敵連日向我[illegible]兵[illegible]又增[illegible]我亦嚴加戒備[illegible]

國府昨舉行紀念週
林主席報告[illegible]

▲中央社南京十六日電 國民政府今晨九時舉行紀念週、由林主席報告行禮後、即席報告[illegible]題爲[illegible]全國軍民最[illegible]的天職 至九時半[illegible]散會

[illegible]虎城離法返國

▲中央社巴黎十五日電 [illegible]不久之將抗戰 已[illegible]啓程返國[illegible]

青島市長與日領會議
雙方願作和平努力

▲中央社青島十五日電 沈市長與日領大鷹、十五晨舉行會談、結果雙方均表示作和平之努力、但午後二時許、日艦忽向碼頭增加步哨、空氣頗形緊張、至晚五時許、日領館日水兵大半撤去、形勢又轉緩和 日艦滿載日僑婦孺定今日離青島返國 晚間各馬路行人絕跡、沉寂異常。

報載政府發行流通券說
完全不確

▲中央社上海十六日電 報載政府有發行流通券之說、記者往訪財政部發言人 據云 我國法幣基礎異常穩固、外間所傳發行流通券 節 或係私人之擬議 政府並無此意、且亦無此必要、惟自全面抗戰發動後、國民激於愛國熱誠 捐輸金錢以助國家者 極爲踴躍、在國民爲盡救國之責任、原不望有何報酬 而救國費用應爲全民族之負担、政府對此愛國民衆 毀家紓難之熱誠 自當加以鼓勵 爰經訂定條例 發行救國公債、凡人民團體以現金或有價之物品捐充救國之用者、一律照額給與救國公債票、於戰事結束以後 分年還本 此次公債之用意、不但爲捐助者之儲藏 亦所以表示輸財救國者之榮譽云

日外省發言人
答外國記者團質問

▲中央社東京十六日電 十六日午日外務省發言人、對外國記者質問駐南京領事高由南京撤退是否即兩國外交關係斷絕之意、答、並非斷絕外交關係、日政府既未命駐日中國大使回國、亦未聞中國大使有自動回國之舉 或問美國務卿赫爾曾提議中日以滬爲戰場否 答 駐日美使並未向外務省作此提議 或問滬中立化提議如何 答、駐日英代使杜德前訪廣田時曾提及 但未作任何具體提議、當時滬局勢並不如現時危急、

武漢防空鞏固
偵察機出動沿江偵察

▲中央社漢口十六日電 武漢防空司令部、十五日成立後 十六日晨有空軍偵察機九架出動、沿江偵察 武漢防空司令部規則[illegible]、定漢市每[illegible]十六日下午[illegible]舉行會議 討論非常時期之防空及維持治安等辦法、

[illegible]日機[illegible]
市民[illegible]爭覩戰利品

▲中央社保定十六日電 日前在保上空被我擊落之日機 十六日運到車站、該機係[illegible]現已拆卸、十六日[illegible]保市居民前往觀我之戰利品者 途爲之塞

日機飛大同偵察

▲中央社張垣十四日電 十四日下午三時日偵察機一架 飛抵大同附近偵察 盤旋片刻 向東飛去 大同城內外防空設備健全、人心亦轉安定。

京日使館人員
昨赴濟轉青返國

▲中央社南京十七日電 旅京日本僑民前已先後撤退、僅留使館人員及新聞記者未行 十四日同盟及大坂每日新聞記者 因戰事日益擴大 始離京 取道津浦路赴濟轉青 使館人員、亦於十六日午最後撤退 於下午四時許乘津浦路專車赴濟轉青。

中日戰事日益擴大
京美僑婦孺赴滬

▲中央社南京十七日電 以中日戰事擴大 旅京美僑婦孺 已於十六日開始撤退 美僑計有女子五十人 兒童十三人 十六日晚有女子廿五人 兒童十三人 乘輪赴滬 其餘女子廿五人 則於十七日離京 尚有男子四十人 則均願留京不去

平男女大學生到濟
昨謁韓報告逃亡經過

▲中央社濟南十五日電 平男女大學生五百餘人、經天津搭英船至煙台龍口 乘汽車在濰縣登膠濟車 於十五日晨抵濟 下車由教育廳青年會招待 午刻各生推代表三人赴省府 謁韓主席報告逃亡經過、並請求救濟。

財部令滬中中交三行
管理票據交換所
以維金融正軌

▲中央社上海十六日電 財政部爲保持金融正軌、維持正當業務起見 飭令銀錢業兩公會、將新組之聯合準備庫 及票據交換所 由部託中央中國交通三銀行切實管理、以杜流弊而安金融。

本縣新聞

縣農會舉行幹事會議
確定各倉庫樽節開支辦法
推吳鳳樓分赴各倉庫視察

縣農會於昨日（十六）下午舉行第十一次幹事會議、出席幹事長彭世亭幹事吳鳳樓等、出席省農會代表李貞乾亦參加、由彭世亭主席、吳鳳樓紀錄、

▲▲▲▲報告事項 一、本會與省農行合辦之農業倉庫職員訓練班、共用經費廿五元八角八分、本會擔款十二元九角四分、已由本會經費支付、二、各區農業倉庫儲押糧食實款情形、三、各區農業倉庫二十六年度經費、已由本會函請省農行按月借支、四、奉令農會法及農會施行法、於二十六年五月二十一日修正公佈、五、協助辦理選舉國民大會代表情形、

▲▲▲▲討論事項 一、江蘇省農民銀行奉令停止儲押貸款、各區農業倉庫應如何節省開支、以免虧空案、決議、自九月份起、按照各農業倉庫儲押小麥貸款數目、暫定兩萬元以上者、按甲等倉開支、一萬元以上者、按乙等倉開支、五千以上、不及一萬元者、按丙等倉開支、不及五千元者按丁等倉開支、三、應推人赴各區視察各農業倉庫案、決議、推吳鳳樓分別前往視察、四、第一區渠樓農業倉庫、業已結束、其建築經費虧空四十五元、應如何彌補案、決議、變賣倉庫抵補、五、閉會、

◎◎◎◎◎◎◎◎

應付非常時期交通
各縣民衆應遵照養路辦法
趕速組織養路隊
已成立者須加緊工作
縣政府奉建廳令

縣政府奉建廳令云、案查本省前奉軍委會頒發民衆養路暫行辦法、當於二十五年五月、經省政府通飭各縣遵照辦理在案、茲查各縣有已組織成立者、有因擬呈辦法未盡妥合發還改正者、並有少數縣份尚未組織者、值此非常時期、養路甚關重要、該縣民衆養路隊如已組織成立、應即轉飭遵照加緊[illegible]作、以利交通、如尚未組織成立、應即遵照[illegible]民衆養路暫行辦法、於文到十日內成立具報[illegible]本廳爲應付非常時期公路交通起見、爰將公路[illegible]程隊分爲若干個分隊、分區督促管理全省公路交[illegible]修築及搶護事宜、該縣養路隊於必要時、得[illegible]該管分隊人員之指導管理、並仰轉飭知照爲要[illegible]令、

縣政府奉頒
馬籍規則（續）

第十條　左列馬騾不適用於本規則、

一、國有種馬及公有之馬騾、

二、軍用馬騾、

三、外國人所有之馬騾、

第十一條　在已設置師管區之地方、由師管區司令部會同縣（市）政府督促鄉（鎮）（坊）長調製馬籍簿、並隨時向鄉（鎮）（坊）長調驗馬籍簿、或派員檢查、是否符合、在未設置師管區之地方、由縣（市）政府督促鄉（鎮）（坊）長調製馬籍簿、並隨時調驗、或派員抽查、

第十二條　爲避免民間製表困難起見、每年[illegible]以前、由各縣（市）政府印就馬籍[illegible]表及馬籍部份發於鄉（鎮）（坊）長轉[illegible]三月[illegible]填報、

第十三條　本規則所稱之鄉（鎮）（坊）[illegible]採用保甲制之聯保主任亦適用[illegible]

第十四條　本規則得按馬政業務進行之[illegible]時呈體修改之、

第十五條　本規則自呈奉行政院核准之日[illegible]施行、

須在統一指揮之下
共同努力抗敵工作
各級民衆[illegible]
縣府開會商定辦法

縣政府以在此非[illegible]時期、對各級民衆、非嚴密組織、統一指揮、[illegible]足以收指臂之效、獲抗敵之果、特於今日[illegible]各機關會議、商討統一指揮辦法、今後各級民[illegible]須在統一指揮之下、共同致力於抗敵救國之[illegible]以期獲得最後之勝利云、

鄉間雜[illegible]充斥
各區[illegible]切實查禁
縣[illegible]重申前令

縣政府以鄉間雜[illegible]經迭令查禁[illegible]肅清、影響金融[illegible]特重申前令、分[illegible]切實禁止[illegible]文如下、案查本[illegible]十六次黨政談[illegible]事、第一項、第十[illegible]充斥、應重申前[illegible]實查禁案、決定[illegible]紀錄在卷、查取[illegible]一案、迭經佈告[illegible]上次黨政談話會[illegible]法三項、又選分[illegible]查明私自發行紙[illegible]、勒限收回、速即解府嚴辦在案、乃鄉間小票仍復充斥、實屬藐玩已極、合再嚴令該區鄉長即便遵照先令訓令、切實查禁具報毋得視爲具文切切此令。

戰時人民須知
民衆防避飛機之常識

（戊）凡民衆團體等如備有鋼砲或機關槍等之武器者、爲預防敵機視察起見、預先以稻草或樹枝、施行偽裝、使與地面同等顏色、以免暴露爲要。

二、夜間預防飛機法

（甲）凡夜間燈火、爲飛機投擲炸彈最好之目標、如有警告、須迅即息滅、以避危險。

（乙）夜間進行、凡持有燭籠手電以及汽車燈等、倘審敵機來襲、均須立即息滅、靜息停止、

（丙）凡娛樂場所設有警報、須即行息燈、停止鑼鼓歌舞等項。

三、飛機投擲炸彈之時機

（甲）飛機降至一千公尺以內之高度、並環繞飛行時非投擲炸彈、即是偵察、此時即須格外留意。

四、對於飛機射擊之時機

（甲）凡民衆團體等備有武器者、如對敵機射擊時、須俟降至一千公尺左右再爲射擊、方能有效

（甲）對飛機射擊時、必須仰臥地上、以多數之槍火、齊向敵機發動機或坐人處行猛烈之射擊、否則雖射中機尾或兩翼、絕無效果、對此點格外注意。

（附）日人現用飛機炸彈概別如左

（甲）燃燒彈等爲燃燒建築物之用、因其燃燒度極高、無論何種房屋、一經着彈均可發生火災、書戶對此必須聯合起來多儲用水及土砂等、以備臨時需用

（乙）毒瓦斯炸彈、於爆發後、即散佈一種之異味、彼時即當隱避於上風之處或利用曹達液將手巾浸溼、摀掩鼻口、即可稍解瓦斯之毒。

（丁）普通飛機炸彈、大小雖然不同、而轟發後、其破片飛傷之範圍、約於其十公尺以外、絕無危險。

驗收車馬人員
迄未到豐
縣府電軍政部催請

縣政府奉令徵集之四輪大車及騾馬夫役等、均已征齊、聽候驗收、各情已誌昨報、現上峯所派驗收人員、迄未到來、縣府已去電催請、

黃科長受訓完畢
昨日回縣
暢談對日抗戰
中央早具決心

縣政府第一科長黃體潤、上月赴廬受訓、迄已月餘、現已受訓完畢、于昨日回縣、據談對日作戰、中央早具決心、並有充分之準備、全國如能精誠團結、在領袖指導之下、共同抗戰、最後勝利、必屬于我云云、

豐縣公款公產管理處收兌前農工銀行票紙啓事

查本縣農工銀行 奉令結束所有該行未收回之票紙經監理委員會議決 交由本處收兌並定於八月十五日起至二十日止一律收清逾期呈報財廳作廢此啓

兌換地點　款產處

兌換時間　上午七時至十一時　下午一時至五時

來函照登

敬啓者頃閱貴報啓事欄載有沙莊趙心正君鳴謝啓事一、內有「就醫於救濟院服藥無效」一語、乍讀之下不勝驚異、查本院所屬醫務事業已于二十五年七月奉令取消、早有啓事、人人皆知、救濟院既無醫務事業、何能診療病人？王君心正竟云「就醫於救濟院服藥無效」一指鹿爲馬、實殊荒謬、特此聲明、並請更正爲荷、此致

豐報社諸位先生

豐縣救濟院啓

36

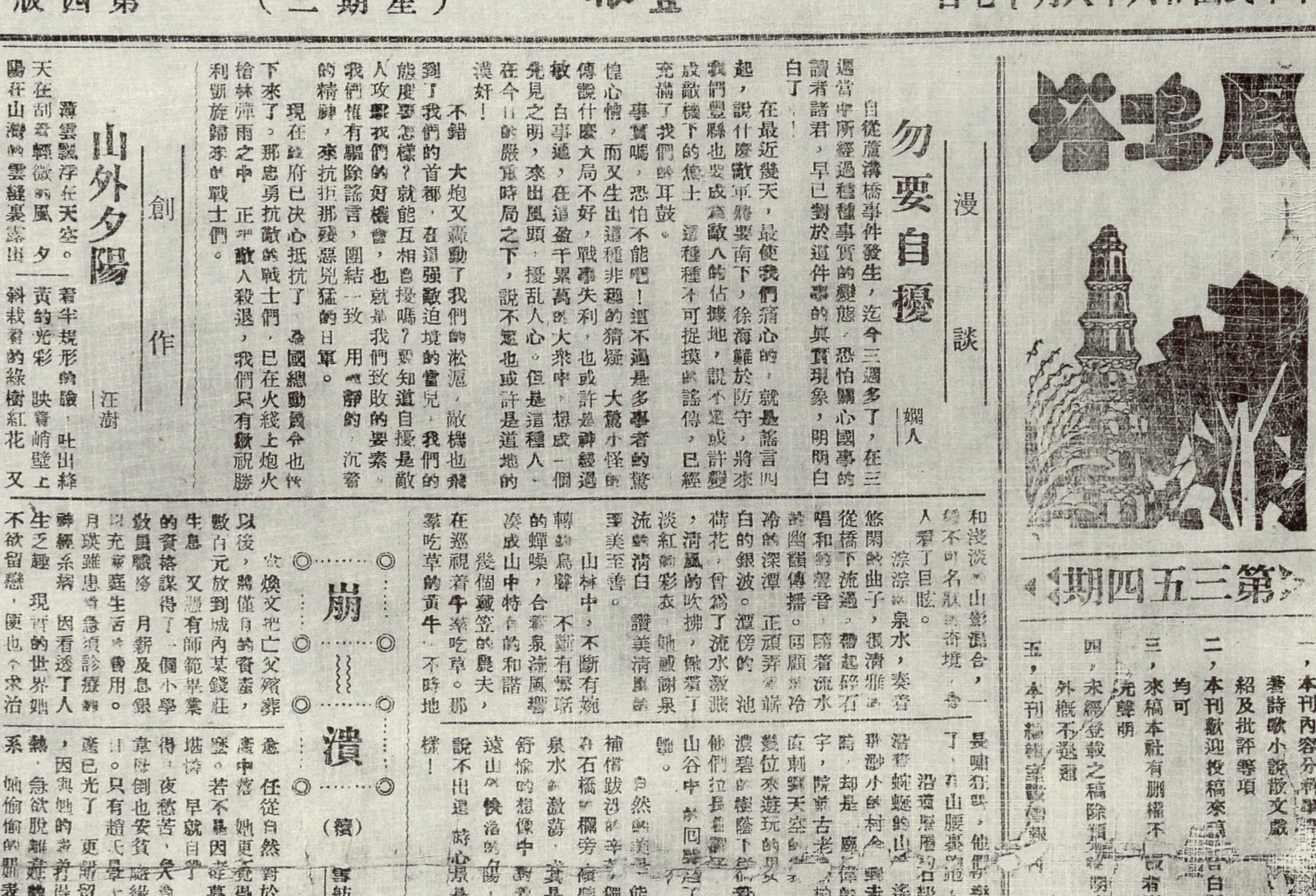

中華民國廿六年八月十七日　豐報　（星期二）　第四版

鳳鳴塔

《第三五四期》

一，本刊內容分科學[illegible]著詩歌小說散文戲[illegible]紹及批評等項

二，本刊歡迎投稿來稿[illegible]白話均可

三，來稿本社有刪權不[illegible]者應先聲明

四，未經登載之稿除預[illegible]明者外概不退還

五，本刊編輯[illegible]

漫談

勿要自擾

嫻人

自從蘆溝橋事件發生，迄今三週多了，在三週當中所經過種種事實的變態，恐怕關心國事的讀者諸君，早已對於這件事的真實現象，明明白白了！

在最近幾天，最使我們痛心的，就是謠言四起，說什麼敵軍將要南下，徐海難於防守，將來我們豐縣也要成為敵人的佔據地，說不定或許變成敵機下的焦土。這種種不可捉摸的謠傳，已經充滿了我們的耳鼓。

事實嗎，恐怕不能吧！這不過是多事者的驚惶心情，而又生出這種非理的猜疑。大驚小怪的傳說什麼大局不好，戰事失利，也或許是神經過敏，白事遍，在這盈千累萬的大衆中，想成一個先見之明，來出風頭，擾亂人心。但是這種人，在今日的嚴重時局之下，說不定也或許是道地的漢奸！

不錯，大炮又轟動了我們的淞滬，敵機也飛到了我們的首都，在這強敵迫境的當兒，我們的態度要怎樣？就能互相自擾嗎？要知道自擾是敵人攻擊我們的好機會，也就是我們致敗的要素。我們惟有驅除謠言，團結一致，用沉着的精神，來抗拒那殘惡兇猛的日軍。

現在政府已決心抵抗了，全國總動員令也快下來了，那忠勇抗敵的戰士們，已在火綫上炮火槍林彈雨之中，正把敵人殺退，我們只有歡祝勝利凱旋歸來的戰士們。

創作

山外夕陽

汪澍

薄雲飄浮在天空。

天在刮着輕微的風。——夕陽在山澗的雲縫裏露出着半規形的臉，吐出絳黃的光彩，映着峭壁上斜栽着的綠樹紅花，又和淺淡的山影混合，一幅不可名狀的奇境，令人看了目眩。

淙淙的泉水，奏着悠閒的曲子，很清雅的從橋下流過，帶起碎石唱和的聲音，隨着流水冷韻幽韻傳播。回顧冷冷的深潭，正頑弄着新白的銀波。潭傍的池荷花，曾為了流水激濺，清風的吹拂，蕩着了淡紅的彩衣，她感謝泉流的清白，讚美清風的美至善。

山林中，不斷有婉轉的鳥聲，不斷有繁瑣的蟬噪，合着泉流風響凑成山中特有的和諧。

幾個戴笠的農夫，在巡視着牛羣吃草。那羣吃草的黃牛，不時地長嘯着，他們樂極了。在山腰裏的[illegible]，沿着層層的石級，遙望蜿蜒的山[illegible]渺小的村舍，漸走近時，却是一座偉大的廟宇，院前古老的松柏，直刺到天空。好幾位來遊玩的男女，在濃碧的樹蔭下和他們拉長着[illegible]，共山谷中的回聲過了一[illegible]。

自然的美景能夠補償跋涉的辛苦，獨立在石橋的欄旁傾聽着泉水的激蕩，真是在舒愉的想像中。對着那遠山的快落的夕陽，真說不出這時心境是怎樣！

崩潰（續）

雪舫

以後，欽煥文把亡父殯葬，將僅自給的資蓄，數百元放到城內某錢莊生息，又憑有師範畢業的資格謀得了一個小學教員職務，月薪及息銀以充家庭生活費用。月瑛雖患急須診療的神經系病，因看透了人生之趣，現實的世界她不欲留戀，便也不求治愈，任從自然，對於家庭中她更覺得甚厭。若不是因為暮境堪憐，早就自了，免得夜愁苦，[illegible]章倒也安貧隨緣度日。只有趙氏是[illegible]家產已光了，更無留戀，因與她的表弟打得火熱，急欲脫離她的[illegible]系，她偷偷的與她表弟[illegible]城內向法院遞了個訴狀，不惟要求與煥文離婚，[illegible]法官斷治煥文重婚罪。久經患難，遭大故的韋煥文接到法院的通知答辯書時，雖也煩惱，只得與趙氏處有夫妻的名義，早已沒有一點感情，倒也渴意離婚，對於重婚他躊躇了！他委託律師呈遞了辯訴狀，靜候處斷。

經過數次的庭訊，承辦律師引據憲法的辯論，韋煥文宣告無罪，准與趙氏無條件的離異，這時煥文心中生起了莫名感傷，他迷信的以趙氏是朱買臣之妻式的鐵掃帚星，是他命運中的魔星。他回到家中將經過告訴了母親，韋母只悔恨離的太遲了！她說：『若早兩年，你爹也許不會死的。』她極度怨恨中不經意的說出『守了忌諱』，煥文因這話必有原因，很詫異的追問，無奈韋母不肯說明，只得作罷。煥文因未見月瑛，便知她久病惆悵，躲在臥房修養，便欲去看她，韋母却說道：『家人：死的死了，走的走了；只顧前吾命的娘兒，偏偏纏綿病[illegible]，你也上緊的給她醫治，年青青的，獨自在屋裏悶悶的，[illegible]陣笑，一陣哭[illegible]；我問她究竟因爲什麼事，不過心[illegible]她只不肯說[illegible]這樣子，長子甚[illegible]樣了[illegible]』[illegible]

[illegible]

（未完）

生存的掙扎

雪舫

農夫們袒背赤足鑽入高粱帳裏，

把鋤不停留的剷除那些莠草；

炎日似火傘般放射極熱的浪，

炙焦了他們的皮膚生些了重繭。

汗似雨流，氣如牛喘，

毫不畏縮低首硬幹！

生存要掙扎啊！

與暴虐與毅力交戰。

——啊！他們為何這般苦幹？

他們是為要生活的頑貪，

不得不這樣的苦幹，

呼！這就雖暫的今日啊！

民族危機的今日啊！

正需這樣的毅力。

不畏險阻不怕艱難，

大家一齊埋頭苦幹。

戰鬥的烈日已偏西，

牠被抵抗而衰退了熱力；

農夫們吐出一口疲乏的氣——

輕藐的睨視着那已西沉的烈日。

蠻橫的烈日不甘示弱，

施展牠殘餘的熱和力；

怒火燃着熱焰——

血光籠罩了一片天。

消極抵抗者的農夫們啊！

毫不注意的任牠囚殘；

他知道最後勝利終屬自己，

堅持着毅力抵抗[illegible]。

和平的神欣歡的來臨，

趁着微風的佈下靜穆的氣氛，

他們荷鋤踏上凱旋歸途。

忍不住內心的愉樂，

面上露着勝利的微笑。

只是那曾睥睨一世的烈日啊！

已沉沒在西山背後。

大地上啊！

大地上充滿了和平的氣氛。

半月刊第四期出版

文藝青年

江蘇文藝協會編印

本期要目

插圖	敲球與穿針	
論著	民族文藝之哲學的基礎	高明
小說	區長楊伯中	枕流生
	塞外的故事	石燕
散文	芥子中的須彌	吳丁諦
詩歌	關於詩以及我們的詩	易君左
	蘆溝橋血戰歌	易君左
講座	文藝思潮概觀	張象韋
專載	江蘇文藝協會近訊	
	燈下	

內容精彩　定價低廉　印刷精美

凡愛好文藝青年不可不人手一編

各大書局都有寄售

本城糧價

名稱	每市斗最高價	每市斗最低價
小麥	十元	十元
大麥	四元五角	四元二角
黃豆	六元六角	六元四角
黑豆	六元四角	六元二角
綠豆	八元六角	八元五角
江豆		
高粱	五元	四元五角
穀子	五元八角	五元六角
稷子		
芝麻	十一元二角	十一元一角
青豆	六元五角	六元三角
花生	(百斤)六元	五元八角
瓜子	十四元	十三元

氣象

	上午	下午
天氣	晴	晴
氣向	東風	東風
溫度	最高八八	最低七二

第一千四百八十七號
社址豐縣大同街
中宣會登記證中字第一二九二號
內政部登記證警字第一二三〇號
中華郵政特准掛號認爲新聞紙類
今日一張

本報價目
每份每月大洋四角
外埠每份每月大洋五角郵費在內
費須先惠空函不覆

廣告刋例
本報廣告以方寸計算每方寸以市尺長寬各一寸計算
（新聞欄）每日三方寸三天起碼每日每方寸一角二分
（封面）每日三方寸二天起碼每日每方寸一角
（普通）每日三方寸二天起碼每日每方寸八分
登三日以上九折六日以上八折十日以上七折常期面議

特載

中國國民黨江蘇省豐縣縣黨部爲孔子誕辰紀念告民衆書

同胞們：

今天是先師孔子誕辰紀念日，他生在魯國名字叫丘，號是仲尼，曾做過魯國的大司寇，隨魯定公與齊景公會於夾谷，力持正義，使齊歸還侵佔之田。不久由大司寇攝行相事，過了七天，他就把禍魯的少正卯殺了，三月而魯大治，後來因爲魯君日趨怠惰，不理政事，孔子看到自己的抱負，不能施展，他就離開魯國，周遊列邦，所到之國，不能實行他的主張，他便返回魯國，修詩書，正禮樂，作春秋，贊周易，定禮樂射御書數爲六科課目，來教授他的學生，共三千餘人，高材而明道者，七十二人，到了周敬王四十一年四月，我們崇高偉大的先師，就逝世了。

孔子的學問非常淵博，幾乎無所不通，理論非常透澈，確能見微知著；他立身的道理，完全拿忠恕兩個字作根本，常說吾道「一以貫之」他的弟子曾子說，「夫子之道，忠恕而已矣」。他的學術思想，以忠孝仁義禮智信爲準則，以大同德治爲鵠的，他雖生在君主專制時代，但是他的思想非常新穎，對於革命，極爲贊許，故譽湯武革命「順乎天，而應乎人」，由此可見他並不是一個專制政治的擁護者，而實是一個民權運動的倡導者，擁主張民權，所以本黨總理，對於他的學說，極爲推崇，對於他的人格，非常景慕，總理革命的思想，固多激發於時代潮流，而受固有文化的影響，亦極巨大，總理看到要想復興民族，必先恢復民族的固有道德，和固有的精神，其政治哲學，以忠孝仁愛信義和平爲基礎，其政治主張的最終目的，也是以實現大同爲歸宿的，此與孔子學說不謀而合，正復相同，

我們今天紀念孔子誕辰，應當恪遵總理遺敎，服膺孔子嘉言，發揚光大先師及先總理學說，恢復民族固有道德，勵行新生活運動，提倡民德，維持正義，來抵抗殘無人道蔑視公理的日本帝國主義，才不失今天紀念的意義。

中外要聞

我軍昨收復羅店鎭斃敵二千
殘敵已被包圍不難完全殲滅
瀏河南匯敵圖登岸均未得逞
虹口楊樹浦雙方戰線無變動
我空軍襲吳淞口敵艦日機烘炸南市

▲中央社上海廿六日電　敵軍主力部隊廿五日晨再度由川沙港登陸　向我羅店猛攻　旋我大軍援軍開到、向敵進攻　彈如雨點、激戰之烈　得未曾有　敵軍傷亡頗大　狼狽不堪　當晚我軍即將敵軍驅出羅店之外、我軍當即乘勝追擊　至廿六日晨止　尙在激戰中、敵軍勢已不支、消滅之期、當不在遠。

▲中央社上海廿六日下午九時四十分電　羅店敵軍經我軍猛烈攻擊　已向後退却　我軍已收復羅店鎭、並追擊殘敵至羅店以北之木杓鎭沈家橋一帶　聞此次在川沙口登陸向羅店進攻之敵、共計三聯隊　羅店一役敵死傷約二千人、我軍亦傷亡甚衆　廿六日下午我軍增援部隊續到　積極佈置　於廿六日夜開始總攻　據我軍事家觀察　敵人對於此線旣以全力進攻　自當負隅頑抗　惟我軍實力雄厚、士氣極旺　殘敵不難完全殲滅

▲中央社上海廿六日電　廿六日晚十一時據前方報告　羅店鎭東北殘敵　被我猛烈追擊、倉皇敗退、廿六日晚七時已全部解決　我軍已進抵獅子林砲台、嚴密戒備　該鎭西北尙有約千餘人、被我軍包圍殲擊、現正在激戰中。

▲中央社上海廿六日下午九時十分電　軍息、敵於廿五日晨擾羅店時、瀏河口方面同時發現敵蹤、我軍當即沉着應付、敵終不得逞　口外十餘隻敵艦游弋、尙企圖登岸　我軍已加緊戒備、兵力極雄厚、足以擊退。

▲中央社上海廿六日下午十時零五分電　南匯海邊廿六日又發現敵艦二三艘　企圖再度登陸、因我軍嚴防終未得逞

▲中央社上海廿六日電　敵方散佈謠言　謂在乍浦登陸絕非事實。

▲中央社上海廿六日下午九時三十分電　虹口楊樹浦一帶、因戰事重心移至吳淞等處、故目前雙方僅時時發生小衝突　戰線無任何變動。

▲中央社上海廿七日上午零時五十分電　我空軍廿六日午夜再赴吳淞口夜襲敵艦　曾有一機飛越滬市上空偵察、黃浦江中敵艦以高射砲倉惶亂射　我機從容異常、盤旋撤師而去。

▲中央社上海廿六日電　我飛機於廿六日晨二時起、在虹口一帶敵軍陣地投擲炸彈多枚。

▲中央社上海廿六日下午九時廿五分電　匯華濱車站敵軍約四五百人　因被我軍包圍　無法竄回　敵艦尙在困守　異常恐慌　惟恃炮火之掩護企圖掙扎、廿六日晚八時許、敵艦復以猛烈礮火向我軍陸續烘擊　一部分殘敵向藕蕩濱方面逃竄、期分我軍兵力　我已派隊包圍　現尙在激戰中

▲中央社上海廿六日下午十時五十八分電　軍息　敵機二十八架廿二日開抵吳淞口、並由吳淞張

華濱蘊藻濱登陸者約計五千人、其中一千五百人已戰死及溺斃、所還三千五百人、則尚在負隅頑抗、至於集結吳淞口部隊、尙圖繼續登陸、迄未得逞。

敵機昨夜飛京烘炸 又被擊落兩架

我方無損失

▲中央社上海廿六日電 廿六日晨九時許、敵機六架、飛至南市烘炸、並無鉅大損失。

▲中央社南京廿七日電 敵重轟炸機十二架、於廿六日晚十二時餘、由東西南北四方面先後來京、企圖夜襲、我軍聞報、即當派機前往截住、分別予以痛擊、直至今晨三時、始將敵完全驅去、並追至六合擊落敵機二架、一架落地起火、一架正在搜查中、其餘敵機、狼狽紛逃、事後調查敵機在城郊投下硫磺彈數枚、除有三處民房起火、旋由消防隊撲滅外、並無重損失。

敵機昨晨襲擊南昌 已被我空軍驅逐逃散

▲中央社南昌廿六日電 廿六日晨一時、敵機再度襲贛、本市防空機關事前據報、笛鳴警報、軍警全體出勤戒備、到敵機多架、飛至樂平、我空軍起而驅逐、中途截擊、敵機狼狽逃散、中有三架於二時廿分竄入南昌上空、飛行甚高、經我高射砲猛烈轟擊、乃愴惶投彈十餘枚、房屋及居民略有損傷、至三時敵機逸去、旋即解除警報。

敵機飛安亭青陽港投彈 我傷數人路軌亦微損

▲中央社南京廿七日電 敵機四架、於今日上午七時三十五分、飛往京滬路安亭青陽港、帶投彈、結果車站員工被炸傷數人、路軌亦受輕微之損壞。

英大使許格森昨赴滬 途中被日機彈傷頗重

日本表示道歉謂事出無意 英方認爲係故圖諉卸責任

我外部派員前往慰問

▲中央社上海廿六日下午八時十五分電 英大使許格森、廿六日偕祕書格蘭母分乘汽車兩輛由京來滬、大使車前插有英旗、下午四時許分抵無錫附近、有日機一架飛至大使汽車上空盤旋、並投炸彈一枚、致竟落於兩車之間、未波及、日機未達目的、乃開機關槍掃射、車夫已將車停止、格蘭母與車夫等均自車中跳出、伏於地上、英大使因行動較慢、故下車即中彈受傷、日機見目的已達即飛旋而去、格等即將大使扶之上車來滬、入宏恩醫院醫治、由英名醫昌顧爲特來特診治、大使受傷甚重、沿途吐血甚多、故入醫院後即先行接血、至晚七時許尚未將子彈取出、俞市長聞訊、即派員前往慰問。

▲中央社上海廿六日路透電 英大使許格森廿六日由京乘汽車赴滬、於下午二時半在距滬五十英里之地點、兩機用機關槍對擊、彈中左位、傷勢甚重、隨許氏同行者有大使館陸軍武官夫瑞澤、許氏之財政顧問巴志、及華人汽車夫等均未受傷、夫談、日機兩架對英大使汽車掃射、僅大使一人被擊中、夫氏當時聞警、視大使傷狀、此時日機又投一彈、在路旁暴炸、夫氏當時爲之昏倒、兩日機於投彈後即飛去、夫氏復甦後、即由汽車夫駕駛、向滬宏恩醫院急駛、於五時到達、日方發言人聞訊後、表示至深切之惋惜、並稱日方事前未得悉英大使來滬云。

▲中央社上海廿六日電 英大使被日機擊傷消息傳出後、英方人士甚憤激、聞日駐華大使館代表及海軍武官本田、第三艦隊司令代表等、當晚即赴英使館表示歉意。並謂日機當時不知車內爲英大使、蓋英國國旗即插於車前水箱上、不若插於車上爲明顯、再者英大使離京前、祇通知中國政府、並未通知日方云、惟英方對此認爲日方故圖諉卸責任、蓋無誠意按汽車上所插國旗向來插水箱之上、未有覆於車頂者、且當時日機飛行甚低、對車箱上旗幟決不至不能辨別、又英大使由京來滬時、並無向日方通知之理、日機向其烘炸射擊、謂係出於無意、當無人置信云。

▲中央社南京廿七日電 我當局聞悉英大使許格森爵士在無錫附近被日機射擊受傷後、均表示驚惶及惋惜之意、外交部接到英使館正式報告、即電令該部駐滬辦事處主任余銘、至英大使所駐之宏恩醫院、代表蔣委員長與王部長慰問、王部長並電英外相艾登、表示慰忱、據英大使館電正式公佈稱、廿六日下午二時半、英大使所乘插有英國國旗之汽車、在距無錫一百公里處、被日本飛機兩架投彈轟炸、並用機槍掃射、英大使胃部及脊椎間受傷云。

▲中央社上海廿七日電 英大使傷勢甚重、廿七日晨零時三十分止無變化、何時施手術取出子彈、尙待醫生決定、余銘於廿六日晚曾代表王外長赴醫院慰問。

▲中央社上海廿六日下午十一時三十分電 日因在滬軍事失利、外務省及長谷川同時發表聲明、自廿四日下午六時起在北緯三十二度四分東經一百二十一度四十四分、至北緯廿三度十四分、東經一百十六度四十分、我沿海口岸由日艦三艘加以封鎖、

張北已被我軍包圍

敵援軍將至日內有激戰

▲中央社歸綏廿六日電、張北已被我軍重重包圍、切斷敵軍聯絡、敵即由多倫方面增援、日內將有激戰、

中央派員分赴前方 慰勞奮勇抗敵將士

▲中央社南京廿六日電、中央執監委員會、以暴日侵凌我國土、端賴我前方將士奮勇抗戰、予敵以痛擊、爲慰勞起見、特由中執監會推派委員茅祖權、甘乃光、赴上海方面、委員朱霽青、鄧家彥、赴南口及察北方面、分別慰勞前方忠勇衛國之全體將士、並攜中央慰勞文件、前往宣揚、諸委奉命後、已定明後分別出發

滬杭路被炸修復 行車延至午後開出

▲中央社上海電、滬杭路軌、因被敵機投彈烘炸、經路局派工程師修復、故上午八時開行之滬杭車、延至午後四時始開出

我某部確達楊柳青 敵漸向後退我乘勝追擊

▲中央社濟南電 我某師一部確到達楊柳青、勵敵軍後方、同時我某部由陳官屯向前推進始攻、我鐵甲車隊亦在陳官屯南向敵發炮、敵向後方潰退、至廿六日晨由獨流漸向後退、我軍跟蹤追擊、廿六日晨六時、敵機一架、在唐官屯大空偵察

提倡以月餅費移作抗戰

萬縣以東晚報社通電全國

▲中央社萬縣廿六日電、萬縣以東晚報社提倡中秋月餅費改作抗敵經費、原電云、吾國同胞鈞鑒、強鄰壓境、全面抗戰業已開始、凡我國人、均應節省充作抗敵之用、中秋節即將到來、本社將月餅費改作抗敵經費、並盼全國相繼舉行

滇教育廳長龔自珍 談抗戰時期教育方針

▲中央社昆明廿五日電 教育廳長龔自珍隨龍主席晉京歸來、據談在京時對抗戰時期之教育方針請示當承王部長指示三點、一、無論國家處何境地、教育當極力維持現狀、二、非戰區教育、應以準備應戰爲目標、

報載各銀行匯欵 以百元爲限無其事

▲中央社南京廿六日電 報載各銀行匯款來往、以百元爲限云云、記者當向各銀行探詢、據答並無此事。

孫蔚如召各廳委 報告晉京經過

▲中央社西安廿六日電 孫蔚如廿六日召蔣鼎文、並召見各廳委、報告晉京經過、孫談、中央對抗戰已有完善計劃、而全國上下尤能一心一德、向前做去、前方將士忠勇異常、最後勝利定必屬我、本省今後設施、當本委座指示集中工作努力邁進、並準備犧牲、換取國家生存。

救國公債條例修正 改卅年還足年利八釐

▲中央社上海廿六日電 救國公債條例、已呈請修正、原規定無利息、現已改爲年息八釐、自民國二十年還本、分三十年還足。

溫晉城暫代吳縣縣長

蘇省府第一次臨時會議決議

▲江蘇社 江蘇省政府委員會第一次臨時會議、於二十二日下午五時舉行、出席委員陳果夫、余井塘、趙棣華、沈百先、葉秀峯、列席羅時實、項致莊、主席陳果夫、紀錄萬君默、開會如儀、決議事項、一、吳縣縣長鄧翔海免職、二、調第五區行政督察專員溫晉城暫代吳縣縣長。

本縣新聞

縣政府奉頒 限制墓地面積暫行辦法 已轉飭所屬知照

限制墓地暫行規程、業經行政院制定、由民政廳轉發到縣、縣府奉令後、已轉飭各區知照矣、茲覓其暫行規程如下、第一條、凡國葬、公葬、及私人營葬、其墓地面積 依本規程之規定、第二條 國葬墓園內、每一墓地之面積、不得超過二市畝 依國葬法第七條之規定、經國民政府核准、由受國葬者之家屬、領費自行安葬者、其墓地面積仍係前項之規定、但如佈置園林得就所定面積三倍之限度內為之、第三條、公葬墓園內、每一墓地之面積、不得超過一市畝、依照公葬及公葬墓園暫行條例第一條、但書之規定自行安葬者、其墓地面積、仍依前項之規定、但如佈置園林、得就所定面積三倍之限度內為之、第四條、國葬或公葬由本人家屬擇地自葬者、不得違背公葬暫行條例第五條第六條之規定 並應於墓地四周樹立牆離或界石、第五條、公墓地區內每一墓地之面積 依公墓暫行條例第十條第二項之規定、第六條 依公墓暫行條例第十七條第二項規定、暫准自由營葬之墓地、其面積不得超過三百平方市尺 但兩棺以上合葬者 得酌量放寬之 前項墓地應由四週樹立界石、第七條、違反本規程第二條第二項第三條第二項、及第五第六各條之規定者、應令仍依本規程之規定 縮小其基地面積 并沒收其餘地、第八條 本規程自公佈日施行、

嚴防奸徒混跡 應製發小販營業執照 縣府奉頒暫行辦法

縣政府、近奉江蘇省第九區行政督察專員公署本年八月二十一日察字第九九六號訓令云、「案據睢甯縣縣長曾公俠呈稱、查邇來華北形勢嚴重、時局緊張、本縣毗連徐州、為交通要道、難免敵人暗事窺探、奸匪乘機活動 實屬擾亂人心 妨害治安 本縣迭奉鈞令、飭即督屬、嚴密偵察防範在案、茲查本縣近來各區鄉鎮、恒有販賣藥物之流、雖無通奸確證、但其舉止行動 異常可慮 若不嚴切偵察搜索 注意防範、實不足以遏亂萌、誠恐其他各縣 難免同樣情事、除分令各區各分駐所切實遵照、如有此種小販 嚴切偵察並搜集其物品（金錢、不得收沒）、 面即行驅逐出境、必要時 得一併送縣核辦外、理合將擬具小販營業執照暫行辦法及執照證明結式各一份 備文呈請鈞署鑒核、准予備案、並通令各縣嚴密注意防範、是否有當、併請鑒核施行、等情、附呈睢甯縣小販營業執照暫行規則執照暨證明結式樣各一份 據此 經查核內容、尚屬可行、除已令准偵查外、合行抄同原附件、令發各該縣遵照辦理為要 此令」、等因 附抄發睢甯縣小販營業執照暫行規則、執照、暨證明結式樣各一份 奉此 除分令外 合行抄發原附件 令仰該區長遵照參照辦理為要 此令計抄發江蘇省睢甯縣小販營業執照暫行規則執照暨證明結式樣

一、本縣為防止奸匪混跡起見、特制定本規則、二、小販（指肩挑負販者）擬向本縣境內銷售物品、應備具 寸半照片二張、報由該管鄉鎮保甲長具結證明 轉請該管區公所發給營業執照 方准營業、三、小販下鄉營業時、均須將營業執照、隨身攜帶、以便軍警及各級自治人員、隨時檢查、四、小販營業執照及鄉鎮保甲長出具切結、其[illegible]另定之、五、營業執照一概免費發給 如有[illegible]端罰案、經告發或查覺後、即予懲處、不貸、六、小販如有違反本規則第二條、在本縣境內營業者、一經查出、除搜沒其物品（金錢不[illegible]沒）外、並立即驅逐出境 如遇可疑者 即[illegible]併送縣核辦、七、鄉鎮保甲長遇有小販聲請領取營業執照時[illegible]應即放行、其所需[illegible]何、及所售何物[illegible]代為具結、請領執[illegible]轉給備用、如有不實之處、一經發覺[illegible]依江蘇省清查戶口規程第十九條處[illegible]其情節較重者、得以連坐懲處之、八、營業執照由縣政府製發、存區公所備用、九、如外來小販在本縣境內有營業者 應由本縣一般商舖一字以上之舖保、方得轉向所在地區公所聲請領照營業 否則、一概不得逗留境內、十、小販所售零星物品 均須遵用新制度量衡、十一 小販所售物品 不得雜有違禁物品、及高抬價格 十二、各區所發小販營業執照、應於每月月終、呈報縣政府備查一次 十三、本規則由縣政府核定施行、並分呈省政府民政廳暨專員公署備案 十四、本規則如有未盡事宜、得隨時修改、仍由縣府分呈備案、

戰時人民須知（續）

防毒淺說

七 有毒區域內之驅毒法 毒氣有一時性及持久性之分 一時性者即前述之綠氣、及流淚性瓦斯、噴嚏性瓦斯等、持久性者為糜爛性瓦斯、代表發泡性瓦斯者即為芥子瓦斯 此物力最能經久不散、往往沉降地面一兩月之後、尚能殺傷人畜。故經過施放芥子瓦斯之地域 非用漂白粉嚴秘消毒後不可誤入、欲令有毒區域內毒氣消散 除利用漂白粉炭酸鈉等以中和毒氣外尚有如下各法以激盪空氣 使毒氣易於消散、（一）水珠噴射法 用救火幫浦以噴射水珠、使毒氣易於消散（二）燃燒法 注煤油於柴薪 堆置有毒氣區域 點火燃燒 使烟焰升騰 則毒氣為之激動消散、（三）其他 用機關槍掃射法、及放鞭砲法皆有效 八 避毒室之構築及設備 （一）避毒室須擇開曠而空氣流通之處 避去森林及谷底 （二）避毒室以在高處為佳、如無相宜之樓房 則平房亦可 （三）避毒室之建築須以水泥或堅密之磚壁造成、室有極少之縫隙、（四）避毒室應有兩間通道、一為內間、一為外間、外間有門窗及氣閘、內間除一門外、紙糊縫隙、……未完……

縣黨部工作人員 昨舉行內務會議 議決要案多件

縣黨部以值此非常時期、關於各項工作、必須加緊推動、方能應付危局 特於昨日下午二時召集全體工作人員 舉行內務會議 由常務委員彭世亭主席 對工作方針、及目前應注意各點、報告甚詳、旋即開始討論 當議決要案多件

◎◎　◎◎

避免敵機損害 縣府製定空襲常識 將分往各鄉散發

縣政府以在此抗戰期間 敵人飛機到處空襲轟炸堪虞 為使民衆避免損害起見 特擬定空襲時人民應有常識、簡章易行、開將予黨政人員、出發宣傳、交其攜帶散發 茲覓誌如下 一、敵機來襲時、不要在馬路徘徊 應急速設法離開、或逃至郊外隱避、二、敵機來時萬勿開窗窺望、或站立門前及高處眺望、三 在郊外遇敵機時、急速臥下 千萬不要行走觀望、四 空襲時 任何車輛皆應停止活動、五 空襲前、應多備防火器具以防火災 六 如遇燃燒彈、萬勿用水撲滅 應用土埋蓋 七 敵機來時、應將牛馬拴妥、勿使任意奔馳 八 敵機沿河飛行 所有船隻、應划到岸傍樹蔭下泊定、九、敵機來時、應隱避離鐵路較遠之處、十、中毒後 身感不舒、不要勞動 或緩行 應立就醫 十一、遇液性毒象、不要使皮膚接觸、十二、不要穿着已被染毒之衣物、不要吃已染毒之食品、十三、晚間敵機來時、應立將燈火完全熄滅、十四、聞空襲警報時、應立急關門閉戶（城區適用）十五、聞空襲警報時 因時勢不能逃避適當地點時、應急速至避難所（城區適用）

自製防禦毒氣面具法

（一）小蘇打一磅半、甘油二兩、水二十磅、用時將棉花浸入水中、以掩口鼻、可以避毒、（呼吸宜輕）

（二）碱兩溶解於一斤清水中、或為土碱溶液、用時將粗布或海棉浸溶液中以掩覆口鼻（呼吸宜輕）

（三）用木炭研末、以布包之、而浸以水、以掩口鼻。

（四）用綳布作二十餘層、縫面罩、浸以下列溶液：（石炭酸一、一七五份、苛性鈉一、一五份。酒精五五份、水一百份、待溶和後取出、壓取溶液置於空氣中乾燥之、以備應用。

注意：施用上列各藥時 亦宜停止動作、呼吸宜輕 始有效驗。

本城糧價

名稱	每市斗最高價	每市斗最低價
小麥	十一元	十元二角
大麥	四元二角	四元
黃豆	六元七角	六元六角
黑豆	六元八角	六角六角
綠豆	九元	八元五角
江豆		
高粮	四元五角	四元一角
穀子	五元五角	五元
稷子	五元	四元四角
芝蔴	十元	九元八角
青豆	六元七角	六元五角
花生	（百斤）六元　角	六元
瓜子	十二元	十一元八角

氣象

	上午	下午
天氣	雨	雨
氣向	東北風	東北風
溫度	最高八〇	最低七二

小朋友

第四八〇期

本副刊以介紹小朋友的作品為宗旨

本副刊全係公開歡迎投稿

本副刊編輯部對來稿有刪改權

本副刊編輯部對來稿如不登載概不退還

本副刊編輯部設豐報社內

創作

惟有團結才能抵抗強暴

宋小五年級　李子梅

我村的王伯伯，他家養着一隻老母雞，母雞的子子孫孫很多，今天他召集他的子子孫孫在王宅天井開會，正在會議之間，忽然來了一隻兇猛的大花貓，張牙舞爪惡狠狠的走來，想吃小雞，那許多小雞，知道有了性命之憂，慣嚇得了不得。

那老母雞說：「你們不要恐慌，不要懦怯。」話未說完，那隻強暴的花貓已經走來，張着他的利爪來吃小雞，那時母雞連忙叫他的子子孫孫集在一處，奮勇進前與那兇猛的花貓爭鬥，那兇猛的花貓，亦很猛，鋼也似的爪，伸出他鐵也似的齒亂咬抓小雞，小雞死的不知其數，那時左鄰右舍的小雞愈來愈多了，

但是大花貓的力氣愈少了，不一時那兇猛的花貓漸漸支持不住，竟而跌倒了，跌倒以後，被小雞啄的粉碎，將他的骨拋在荒郊。唉！那兇惡的花貓，雖憑他的勢力強暴來欺侮那一些小雞們，而小雞們能夠合群團結同心協力不怕死和兇惡的花貓爭鬥，他們能努力，竟能把強暴兇惡的大花貓滅亡了。

想起我們中國被日本欺辱的像奴隸般。唉！我們堂堂的大中國，為什麼要被那區區的小日本欺辱呢？唉！還是我們中國人不能團結同心協力貪生怕死的緣故。所以我勸小朋友們，在學校要做事，要團結同心協力去做，在社會上做事上要團結同心協力要和小雞戰兇惡的花貓一樣去幹！那就不能不成事了。

慰勞平津抗日將士的一封信

宋小五年級　李子梅

平津抗日的將士們勳鑒：

人間，雖然夏季炎熱降在侵犯，可惡的日鬼偏來殺上前，你們就努力奮勇者，深知你們都是有志，抱滿腔的熱血，為國家爭光榮，竟不顧一切，和他在那烈陽下爭扎，血汗流遍地，洗滌

平等的田地，放出自由之花，打破黑暗，使我們的偉大走向光明的境地。將士們！不要畏怯，！不要畏縮！拿着刀提着槍！衝過鴨綠江，洗雪國恥在平壤，我們青天白日滿地紅國旗，飄揚在富士山。望你們努力！前進為祖國爭光。那怕頑陽侵襲？強暴者的槍轟擊！將士們！努力，前進呀！現在我把糖果的錢省下；給你買軍械。諸位忠勇衛前驅！我們也吐一口氣。恭祝你堅持到底獲得最後的勝利

小朋友子梅鞠

憶兒時

草櫻初小　李子尚

我從小時，就不歡喜上學的，只喜歡和鄰的小朋友跑着玩，那覺得非常快活。有一天我住在舅父家裏，正在吃着早飯，父對我說：「孩子：吃過飯要和您表哥一同上學呀！」我聽了，心裏立刻難過起來了，飯不吃了，餽餽向桌上一拋，向門外跳開。後來我終被大舅父抱着，強送進了學校，可是我和表哥跟着一些同學，也上起學來，學，名目叫上學，而實際還是不讀書的。你看光陰過的有多麼的快呢？不知不覺，學二三年了，唉！光陰真如流水一般的快呀！我的學問辜負了這寶貴的光陰而無甚長進，呀！這無知無識的兒時的回憶，真要使我頭淚而淚潸潸了。

跑上山去

程小四

我跑上山去，經過「山路」，沿着彎彎曲曲的山路，一會兒跑得疲乏了，我略停一下。但是非達到目的地不可啊，於是仍舊向上跑，果然上了山頂，向下一看，只那勞苦的農夫都做着辛苦的工作，那些人都好像三四歲的小孩，我什麼頂快樂，很高興，因此，我的精神活潑愉快

介紹

明太祖朱元璋的少年時代

——復興漢族的民族英雄——

（續）

元璋擔心回家要挨罵，懶洋洋沒勁兒的走，把背上的破包袱當做靠，走幾十步坐下來歇歇。他不顧回家，無論經過那一條橫路，他也想轉彎，但想到沒人肯收留他的，只好硬著頭子往回家的路走：到了天完全黑了，他才摸索回到自己的家門來。灶神燈上微弱的光，使他認親切確是他的家了，他又心酸又高興，忙着叫爸爸媽媽。嫂嫂聽見人聲，從裏間跑出來，她瘦弱的面龐，飄忽的身子，幾乎使人疑是幽靈了，她淚流不止，哽咽不能說話，只指着兩頭東面間叫元璋看去，元璋忙去提灶神燈，不想心急忘了遮雨，燈迎風便滅了。他只得摸進屋裏去。他發覺爸爸媽媽都很沉重的病倒在床上，不省人事了，他馬上驚叫起來，抱着雙親哭了一場。

過了一會，嫂嫂點着燈來，帶他到西間看哥哥去，哥哥也是像爸爸媽媽一樣病倒了，所幸着二哥哥的身上還有一點暖氣，和憐得瞪眼看他，元璋抱着哥哥哭得更苦，不知怎樣才好，這一夜，他和嫂嫂忙着照料一個臨死的人。鄉下人有情誼，一家有事有憂愁，一本來他們最愛互相幫助的，不幸這是個大瘟疫，十里內外，家家都有病人或死人，自顧不暇，也誰也不管誰了，到了天亮，三個病人都斷氣了，元璋想着悲辦後事，也不能照顧哭到死去活來的嫂嫂，飛跑去找他的二哥哥三回來喪，兩個哥哥回來除了相對流淚外，一點辦法也沒有，那時天氣熱，屍首擱了一天，臭氣已經很難聞了。他們沒錢買棺材，只得拿乾草舊衣，破蓆，醫着把屍身包裹好，抬去野外親墳掩埋。他們先抬父親的靈柩，不想走到半路，天上忽然黑雲飄起，狂風飛沙走石，跟着雷電光閃閃，雷聲隆隆，大雨傾盆的下來，元璋兄弟全身淋濕，手足打着寒戰，沒氣力冒着大風雨抬屍送葬。元璋的二哥朱堂，未會讀過書，頭腦有些迷信，他提醒道：「一弟，四弟，我們應該把父親放下來，各人暫時躲避，你們知道，父親是個忠厚人，他不會得罪老天爺派雷公打他的，只怕我們兄弟在年輕好使性，無意中幹了些傷天害理的事，今日會該受罰，我們如果不離開父親，雷雷無情，說不定會連累他兒子熟來，我們的罪更大了。」

「未完」

擬追悼楊君傳文演說詞

愚叟

諸位先生，各位同學，以及在座的各位來賓們。今天的會不是茶話會，也不是紀念會，是什麼會呢？是個大追悼會，我們追悼的意義，是楊君的事略，由主席同學楊君家報告的清清白白，無容兄弟再來多說，現在兄弟所要說的，只是限中所見到的，同志中所感到的一點感想。

我看今天在座的諸位，都是萬分悲傷，顏面上冷冰冰的呈現一種淡白色，和已經紅了的眼圈互相對泣，我想諸位所悲痛，無非覺得楊君品端學優，努力革命事業，不特為我們增光無量，即是將來亦很有成就，要說肅清國內一切障礙，打倒日本帝國主義，建設新中華民國，恐怕也少他不了，不幸他竟棄黨國而求去了，辭別了同學以及他可愛的爸爸媽媽年邁的祖母，而長逝了，這是家庭的不幸，不幸，亦是吾國民眾的不幸，進一層說就是國家的不幸，因而悲痛流淚。

我們丟不要哭泣了，哭泣悲痛了，只要精研學理，鍛鍊體格，繼承楊君的精神，將來等到品端學博，養成革命頭腦的，天天努力繼續楊君未成的志向，這豈不是給楊君個大大的安慰了嗎？我想也是楊君極表歡喜的，我恐怕楊君還要化千千萬萬個真正的革命份子來領着我們，一步一步履行革命工作，這豈不是楊君雖死猶生嗎？啊呀！楊君已在那裡擂鼓鳴號催促我們，諸位要揩乾眼淚，抖起精神，充實我們的本領，描準我們的目標，踏着革命方路，建國的程序，一步一步的做去！

沉思

愚叟

思起不禁血淚汪汪，
像大海的波浪
時在頹廢流蕩
國暴（轟炸）天津。
四萬萬同胞們啊！
拭乾眼淚莫自饑，
奮起努力圖自強！

○

思起不禁血淚潺潺，
似珍珠斷綫
常在西陲留戀，
醫東北受難了救敵，
全神州的勇士們啊！
團結起來共自強！

少年

宋小　李子梅

要在日人殺備完！
少年！少年！
努力進前，
打破難關，
尋出一條光明路綫。
領導着國民，
努力進前。

○

打破敵人的武力，
方顯自己的威權，
不受別人的支配，
才是自己的手段。
少年少年！努力進前。

豐報

第一千四百九十[illegible]號

社址豐縣大同街

中宣部登記證中字第一二九二號
內政部登記證警字第二三〇三號

中華郵政特准掛號認為新聞紙類

今日一張
售洋一分六厘

中外要聞

滬敵再度增援後　連日激戰毫無進展
松井又向東京乞援
寶山獅子林閘北等地敵軍被擊退
我空軍昨迭次飛滬烘炸浦中敵艦

▲中央社上海八日電　敵軍再度增援之消息、聞已悉數加入戰線、連日各路敵軍已將正式陸軍總計、敵方兵力除海軍陸戰隊外、計有陸軍五師團、騎兵千餘名、軍艦一百三十餘艘、飛機約二百架、惟連日激戰、毫無進展、且迭遭我猛烈襲擊、創傷甚鉅、反之我軍自信力則益為堅決、聞敵軍主帥松井、見我軍陣地堅固、現有兵力絕難得逞、已再向東京乞援、請迅增敵軍六師團來滬、聞敵軍開往北方與上海之兵力、幾已盡全部正規軍總數、待來部隊、均係由正規軍及後備軍混合編成、實力相差甚遠、且滬戰區狹小、縱再增援、徒供犧牲。

▲中央社上海八日電　八日晨續有敵運輸艦七艘駛滬、除卸下大批彈藥及軍需品外、並有敵軍約千餘人、藉圖增援楊樹浦方面。

▲中央社上海八日電　八日下午一時起、吳淞口敵艦向我月浦方面炮轟、我方即以機關槍還擊敵艦、致虹口楊樹浦敵軍陣地、敵受損甚大。

▲中央社上海九日上午[illegible]時四十五分電　黃浦江中敵艦、八日晚七時、平又炮轟我浦東、我軍立即以炮向虹口楊樹浦一帶敵陣地烘擊、敵受損甚鉅、歷半小時始漸稀。

▲中央社上海八日下午三時三十分電　某外報載稱、某外人曾至江邊開眺、見江邊我兵士向日艦開槍、日艦即以炮向開槍方面烘擊、於是我兵乃停止開槍、但一小時後、該兵又發現寂中再開槍一二響、日艦遂又發砲、此止彼發、我兵均伏無傷、而日艦則大耗彈藥、此種行動、殊堪嗤[illegible]、惟我兵所發槍彈、[illegible]每枚值七角、而敵艦[illegible]每枚值[illegible]其他十[illegible]、我[illegible]二艘。

▲中央社上海八日下午二時三十分電　八日晨據前方報告、（一）寶山方面敵軍、[illegible]在東北角與我激戰甚烈、（二）羅店方面七日晚激戰甚烈、迄八日晨止我軍陣線穩固無變動、（三）獅子林方面敵軍被我壓迫退入寶山城內、我軍[illegible]砲台之外圍攻、（四）蘊藻浜及張華浜方面七日復有敵軍渡江進犯、當經我軍擊退。

▲中央社上海八日下午二時四十分電　北四川路之敵、八日晨六時向我閘北進犯、當經我軍擊退。

▲中央社上海八日下午十時許　我空軍一隊於八日下午六時二十分飛浦江上空、烘炸敵艦、敵艦發覺後、均紛紛向空中猛烈發砲、我機於砲彈雨中、不顧一切、奮身齊向出雲艦驅逐艦低飛投彈、均命中、惜因目標既達我任務、乃相偕安全飛返。

▲中央社上海九日晨一時五十五分電　我空軍一隊九日晨零時十分、再度飛滬轟炸浦中敵艦、待敵艦察覺、倉惶以高射砲射擊時、我軍已投彈數枚、似敵艦被炸、巨大爆炸聲、詳情尚未探悉、約十五分鐘、我機安然返防。

▲又上海九日上午一時十五分電　我空軍九日晨一時二度飛滬烘炸黃浦江中敵艦。

▲中央社上海八日電　八日晨敵機兩度至南市浦東等處窺察、並未投彈。

敵機至南市窺察

平漢線敵軍運輸忙碌
有進犯模樣

▲中央社保定八日電　平漢線之敵、連日在良鄉琉璃河一帶運輸極忙、似有準備向我陣地進犯模樣、又敵砲兵近十時向我陣地轟擊。

門頭溝我軍極順利
敵加派部隊到平增援

▲中央社南京九日電　據確息、平郊八日仍有戰事、我軍在門頭溝作戰甚為順利、平西郊及其他區地、我軍亦甚活躍、城內形勢甚緊張、敵軍已加派部隊由平增援、津市東局子機場敵機終日不斷起飛、在平津西週上空盤旋窺察。

日封鎖我國海岸
我決予以對付

▲中央社上海八日電　敵艦隊實行封鎖我海岸、我為報復起見、決以空軍及其他武力對日艦有所動作、為保護第三國生命財產安全起見、聞已向外部通知各國使館、轉知各國軍艦及商輪、此後駛進我海岸時、應竭力避免與日艦接近、以免發生意外、並希望在船隻頂上漆各國國徽、以資辨別。

社論

全面抗戰期間、希望於縣自治領導者（續）

現在對日抗戰開始了。全國人民在中央政府領導之下、都斷定這是全面抗戰、而且需要持久戰。我們中華民族之生死存亡、將決定在這一個時期、大家都知道！

全面抗戰、是無有所謂絕對前線與後方的、所以需要村村抗守、步步為營。持久抗戰、是不以暫某處某部的勝負為決定條件的、所以需要全國民眾的總動員、——動員全國的民力物力、在經年累月之後、去見到勝負。

因為這、各縣的責任就嚴要了。一個縣、相當於全國面積二千九百分之一、不、若縣各省的縣、其重要性、當不過幾百分之一。以這樣重要的一個抗戰單位、豈容稍加忽視麼？

希望於縣自治領導者：

一、要盡量發揮黨政機關之機能、使其靈活實際。無敷衍塞責的份子、無忽視工作的份子。主管人員要真去推動所屬各級人員、各級人員要能負責、無悔職守。大家任盡忠職務上、時時注意到實際問題、有需要反映於上級黨政負責者、立即呈報、以盡因地因時、國人最大機能、使[illegible]

二、要盡量發揮民眾組織委員會的機能、這個組織是動員其普遍發展、深入全民各階層、把他堅強起來、才能村村全縣人力財力的總組織、才能逐將積集全縣的財力、村村抗守、步步為營。縣會、要健全；區會、速成立；速普及到各鄉鎮、各村。開一次會、呈報一張職員分配表、這不算工作、工作要是實際活動。

三、要盡量動員青年智識份子、使其協助黨政、做一切抗敵後援的工作。他們可作喚起民眾及組訓民眾的一部力量、適當地運用他、會發生較大的效力。調查全縣旅外學生、凡不能就學者、都希望不呆守家園、拿能身供獻給國家。他們可集中起來、接受黨政機關的領導、再分發開去、做期望他們做的工作。

以上三點、希望於縣自治領導者、考慮進行；是國家民族生死存亡的邁迫、全縣民眾在渴望著領導！

津浦線連日激戰
敵軍紛紛敗退
——津南又聞砲聲——

▲中央社保定八日電 津浦線我軍連日與敵激戰甚烈、已將進犯馬廠西北各村莊之敵軍完全擊退、分別收復各村、斃敵甚衆、敵因損失甚重、勢已大挫、我軍士氣極爲振奮、當敵軍敗退時、恐我乘勝追擊、以機槍排列掃射、至今猶未停。

▼中央社保定八日電 津浦之敵近以戰車掩護、向我唐官屯進犯、已被我軍迎頭擊退、又向子牙鎮柴灣方面進犯之敵、亦被我軍痛擊、向吉鎮逃竄。

▲中央社保定八日電 津浦綫連日激戰、敵軍經我痛擊已敗退、王口以南現無敵蹤、殘敵退王口鎮、敵騎兵退獨流鎮。

▲中央社天津七日路透電 上期星此間入夜常聞炮聲、六日夜津西南[illegible]方面復砲聲隆隆、現悉日軍沿津浦路向馬廠推進、但華軍佔據路綫西面諸村莊。

◎◎◎◎◎◎

平西敵我仍對峙中

▲中央社保定八日電 犯我西莊伙村敵人雖一再向我陣地猛襲、因我陣地異常鞏固、官兵沉着應戰、敵終未得逞、刻仍在對峙中。

敵機在淞江狂炸難民
死傷六七百人

▲中央社上海八日電 敵機八日又施行其慘無人道之獸行、在淞江轟炸滿載難民之火車、緣八日晨十時許、由滬開杭車一列、滿載難民、於十二時二十分達松江站時、敵機多架、飛翔上空、竟投彈轟炸、毀客車五輛、死難民二百以上、傷四五百人、車站損失頗大、自滬戰發生、敵機屢炸我非戰鬥人員、及文化機關、學校、均强辯謂有軍事關係、但八日客車均係難民、極爲明顯、而浩劫之慘、亦最足令人觸目傷心、日軍此行、定能引起全世界人士之憤激與唾棄也。

▲中央社南京九日電 據確息、八日淞江站被炸難民、並無一兵、敵軍之慘忍更可得一明證。

汕擊落敵機二架
余漢謀撥款嘉獎

▲中央社廣州八日電 余漢謀電、汕頭我軍八日午擊落敵機二架、立撥二千元獎勵有功人員。

▲中央社汕頭八日電、八日正午十二時零五分、敵機三架襲汕、除一架被我高射礮擊傷外、其餘被擊落之一架、聞已由澄海縣屬樟林、潮陽縣屬尚尋獲。

魯沿海一帶發現敵艦

▲中央社濟南七日電 津浦綫戰事正面我仍守馬廠、七日午後魯省沿海一帶發現敵艦、青島有航空母艦向西南駛去、烟台石島到有敵艦一艘、不時用探照燈向岸上探照。

連雲港發現敵艦
我駐軍已嚴密戒備

▲中央社徐州八日電 隴海路電話、七日晨連雲港八十里青山嘴發現敵巡洋艦一艘、在該處停泊、有入港模樣、我駐軍已嚴密戒備、如果登陸、即行抗戰。

石島敵艦他往

▲中央社青島八日電 據報、石島敵艦十一艘八日晨五時離石島他往、臨行捕去我民船兩隻。

▲又烟台威海衛間八日有敵艦一隻游弋、並搜查我民船。

國府設置軍律執行總監
並派定唐生智兼任

▲中央社南京八日電 國府爲便利戰時軍律執行、曾明令規定於軍事委員會內設置軍律執行總監、現悉總監一職、國府已派定唐生智兼任、其命令已於今、發表、悉此總監執行條例已擬定、即將由唐氏擬設、俾軍律負責切實執行。

教部救濟平津學生
在長沙西安設臨時大學

▲中央社南京八日電 最近教育部爲使平津等地戰區高等教育機續起見、先行開學、一部份院系、暫決先在長沙西安各設臨時大學、所現派張伯苓蔣夢麟梅貽琦爲長沙臨時大學籌備委員、李蒸爲西安臨時大學籌備委員、均積極籌備。

▲中央社南京八日電 顧擬管理中英庚款董事會、以平津各大學學生亟需救濟、教部擬請臨時大學向該會請求補助、該會商定撥五十萬元作開辦費。

京市婦女會
發起募集布鞋棉被

▲中央社南京八日電 京市婦女會爲前方將士需用布鞋棉被甚殷、特聯合全國婦女團體發起募集十萬雙布鞋棉被運動、希望全國婦女界同胞有錢者出錢、有力者出力、務須於九月底完成此項運動。

沙王請纓殺敵

▲中央社歸綏八日電 綏境蒙政會委員長沙克都爾扎布、曾傳作義請纓殺敵、有謂我蒙境雖小、甚願竭盡綿薄、用聽驅策、任何犧牲、在所不惜、等語。

綏民衆抗敵後援會
發起募集皮衣

▲中央社綏遠八日電 綏民衆抗敵後援會各縣分會、現已先後成立、該會發起募集五十萬件皮衣、八日開始先在盟旗募集、並派員分赴各地宣傳。

僑委會續收到僑胞捐款
五十餘萬元

▲中央社南京八日電 僑委會七八兩日續收到各地僑胞捐款共四十四起、約計五十一萬餘元。

菲僑籌募救國公債
可望至五百萬元

▲中央社馬尼刺八日電 菲律濱僑胞籌募救國公債、總數可望五百萬元、僑胞李清泉楊希泰各認十萬元、詹夢熊、李文秀各認五萬元。

管理中英庚款會職員
合購救國公債

▲中央社南京八日電 管理中英庚款董事會職員十餘人、日前各以薪水兩月、合購救國公債、全體勤務亦捐二十四元、聞日內即送轉前方。

粵佛山鎮老婦
捐款千金救國

▲中央社廣州八日電 佛山鎮六十八歲老婦鄭梁氏、近將數十年積蓄千元、捐助救國、並聲明不購救國公債。

滬美商不願放棄
在華商業利益

▲中央社上海八日電 滬美商會以羅斯福上週通告美中華僑、全部撤退、七日開會決定、由會致國務卿赫爾、請政府進一步闡明具體政策、內容爲美商力反對美官場發表某種言論、以致解釋爲美撤退或放棄在華商業利益、同時滬美人各工部局查志里等經表示決不放棄十八年辛苦經營商業、作爲無謂犧牲、並修正政府政策。

▲又華盛頓七日電 美總統羅斯福發表談話、謂留居中國美僑、自負一切責任、滬美商對此表示抗議、致電國務院、對上次談話表示抗議。

平滬車仍止濟南

▲中央社徐州八日電 津浦綫北段戰事緊張、該路北上平滬通車仍過濟南、其他各項快車均到徐州爲止。

英增强遠東駐軍
又有一批兵士開往我國

▲中央社倫敦七日海通電 英國爲增强遠東駐軍、七日又有軍官六七人、兵士一百五十八人、並登杜相號輪船往中國、啓航前、曾由陸軍大臣台爾任貝里涉加以檢閱。

王大使在美對記者談話
述日本暴行及夢想

▲中央社華盛頓七日路透電、中國大使王正廷、七日對新聞記者談稱、日本在華之軍隊行爲等於强盜、且謂中國不僅企圖擊退此種强盜、並將作收復失地之努力、王大使對受傷之無家可歸之難民救濟之需款、曾作正式之呼籲、大使末謂、吾人深知其企圖征服中國、過日軍夢之一部、再彼等欲造成太平洋帝國、其他包含止中國、其願望即太平洋上一切土地、菲律濱澳州及夏威夷等地、悉在其囊括中。

日內瓦國際報
評論中國向國聯訴日本侵略問題

▲中央社日內瓦八日電 日內瓦國際報八日以法理上之觀點、著論論中國向國聯聲訴日本侵略之問題、略謂將來實施制裁時、可援用盟約第十六條、而報稱第十七條第三次規定、如日本拒絕出席國聯大會、中國即有充分理由請求實施制裁。

華盛頓郵報
評美國遠東政策

▲中央社華盛頓七日電 華盛頓郵報評美國遠東政策略謂、集體安全利益之論於破產、我國遠東政策實促成、因以我、與全世界各國間均不能辭其咎、此時吾人雖不願放棄遠東利益、但望一切已無安全遲藉、可謂自吃自果。

英官場對日臨時復文
極感失望

▲中央社倫敦七日電 政府爲英大使許閣森被日機轟傷案、所提臨時復文、英內閣並將提付討論、英官場方面、對此項復文極感失望、並以爲日本正式復文內容、若與臨時復文無異、則英國對日將表示不滿、並將有以報復之。

44

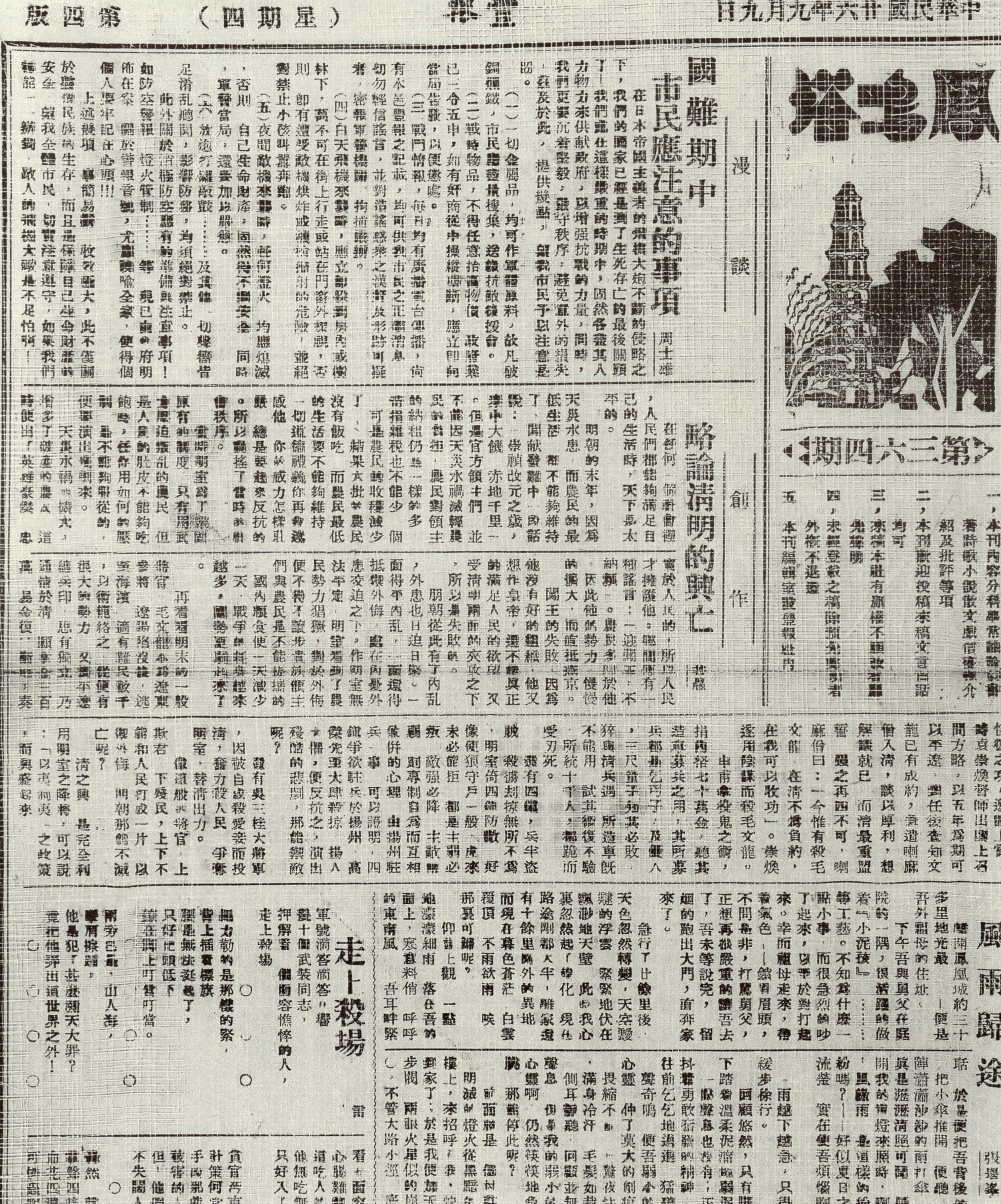

中華民國廿六年九月九日　　　（星期四）　　　第四版

鳳鳴塔

第三六四期

一、本刊內容分科學常識論評書著詩歌小說散文戲劇通信等，介紹及批評等項

二、本刊歡迎投稿來稿文言白話均可

三、來稿本社有刪增不願者請先聲明

四、未經登載之稿除預先聲明者外概不退還

五、本刊編輯室設[illegible]報社內

漫談

國難期中市民應注意的事項

周士雄

在日本帝國主義者的飛機大砲不斷的侵略之下，我們的國家已經是到了生死存亡的最後關頭了！我們處在這樣嚴重的時期中，固然各盡其人力物力來供獻政府，以增强抗戰的力量，同時，我們更要沉着堅毅，嚴守秩序，避免意外的損失，茲及於此，提供幾點，與我市民予以注意是盼。

（一）一切金屬品，均可作軍器原料，故凡破銅爛鐵，市民應盡量搜集，送獻抗敵後援會。

（二）戰時物品，不得任意抬高物價，致騰漲已三令五申，如有奸商從中操縱壟斷，應立即向當局告發，以便懲處。

（三）戰鬥情報，每日均有廣播電台傳播，倘有本邑豐報之記載，均可供我市民之正確消息，切勿輕信謠言，並對造謠惑衆之漢奸，及形跡可疑者，密報軍警機關，拘捕懲辦。

（四）白天飛機來襲時，應立即躲避房內，或樹林下，萬不可在街上行走或站在門首外探觀，否則即有遭受敵機轟炸或機槍掃射的危險，並絕對禁止小孩叫囂奔跑。

（五）夜間敵機來襲時，一切燈火，均應熄滅，否則自己生命財產，固然得不到安全，同時軍警當局，還要加以嚴懲。

（六）放爆竹，鑼鼓……及其他一切聲響皆足混亂聽聞，影響防務，均須絕對禁止。

此外關於消極防空應有的準備與注意事項，如防空警報，燈火管制……等，現已由縣府明佈在案，關於警報音號，尤應曉喻全家，使得個個人要牢記在心頭！！！

上述幾項，事簡易辦，收效甚大，此不僅關於整個民族的生存，而且連係着自己生命財產的安全，望我全體市民，切實注意遵守，如果我們能一一辦到，敵人的飛機大砲是不足怕啊！

創作

略論清明的興亡

若嚴

在任何一個社會裏，人民們都能夠滿足自己的生活時，天下是太平的。

明朝的末年，因為天災水患，而農民的最低生活都不能夠維持了，闖獻發難中的話說：「崇禎改元之歲，秦中大饑，赤地千里」，並。但是官方領主們並不因天災水禍減輕農民的負担，農民對領主的納租仍是一樣的多，苛捐雜稅也不能少一個，可是農民的收穫減少了，結果大批的農民沒有飯吃，而農民最低的生活要不能夠維持，一切道德禮義你再要講，你的威力怎樣的感他，總是要起來反抗的。所以動搖了當時的社會秩序。當時明室為了鞏固原有的制度，只有用武力壓迫振亂的農民，但是人民的肚皮不能夠吃飽時，任你用如何的壓制，是不能夠服從的，便要演出慘劇來。天災水禍的擴大，增多了破產的農民，這時便出了「英雄豪傑」，這實於人民的，所以人民有一個闖王，不，他慢慢的有勢力，他的勢力擴大，因此農民多歸於他，才擁護他：「迎闖王，不納糧」。闖王的失敗，因為他沒有好的組織，他又想作皇帝，還不能真正的滿足人民的欲望，又受清兵兩面的夾攻之下，所以是失敗的。

明朝從此有了內亂，外患也日迫日緊，一面還得抵禦外侮，一面在內憂外患交迫之下，作明室無法平定，明室看到了農民勢力猖獗，對於外侮便不得不讓步，貴族假主們與農民是不能攜手的。國內糧食使一天減少，一天戰爭也持久起來了，越多，闖勢更難再來了。

再看看明末的一般將官，毛文龍，袁崇煥，遼陽，洪承疇等參將，逃的逃，降的降，以衛國家之一，總兵印，很大的勢力，又實乎遼通於清，思有稱第三萬，易爲復。斷然，恢復之功，遂願上賞，崇煥督師出關，上召問方略，以五年爲期可以平遼，毛任後金知文龍已有成約，急遣喇嘛僧入清，談以厚利，想解議就已，而清最重盟誓，毀之再四不可，喇嘛僧曰：「今惟有殺毛文龍，在清不食負約，在我可以收功」。崇煥遂用陰謀而殺毛文龍。由此看來，崇煥殺鬼之術，捐納給十萬金，總其漢兵募兵之用，其所募兵都是乞丐子，及僱八，三尺童子知其必敗，猝遇清兵，所遺輦既不能用，試其鎗復不驗，所統十千人，都跪而受刃死。還有四鎮，殺擄劫掠無所不為，兵半盜賊，明室倚四鎮防禦，像傀儡守戶一般，虎來未必能拒，都是十個土匪，叛亂敵強必降，相互割專制，自為而由揚州駐兵，事可以證明，四鎮爭欲駐兵於揚州，高傑先至大肆殺掠，揚人憤，便反抗之，演出殘酷的悲劇，那能禦敵呢？

還有吳三桂大將軍，因被自成殺愛妾而投清，奮力殺人民，爭奪明室，替清出力。像這般將官，上不下發民，上下不能和人民打成一片，以禦外侮，明朝那能不滅亡呢？清之興，是完全利用明室之降將，可以說：「以夷制夷」之政策，而興盛起來。

風雨歸途

張翠峯

離開鳳凰城約三十步里地光最——便是吾外祖母的住址，下午吾與舅父在庭院的一隅，很高興的做着『小泥孩』……一點工藝。不知為什麼一點小事，而很急烈的吵了起來，以至於對打起來。幸而祖母走來，得着氣色——鎖着眉頭，不問是非，打罵舅父，正想再說嚴重的話吾去了，吾未等說完，留煙的跑出大門，直奔家來了。

急行了廿餘里後，天色忽然轉變，天空黯黮的浮雲，緊緊地伏在飄渺地天壁，緊此時我心裏忽然起「變化」，現在路途剛都大半，離家還有十餘里路外的異地，而現在暮色蒼茫，白雲籠頂，不雨欲雨，唉，那裏可歸呢？

仰首上觀，一點一滴濛濛細雨，落在吾的面上，寒意料峭，呼呼的東南風，吾耳畔緊。

於是便把吾背後的『小傘推開，便聽得陣陣瀟瀟沙沙的雨打傘聲』，真是淅瀝清脆可聞，開我的手燈來照時，啊！風鐵雨是這樣的紛紛嗎？——好似夏日之流螢，實在使吾煩惱啊！

雨越下越急，只得緩步徐行。

回顧悠然，只有脚下踏着溫柔泥濘地滑泥，一點聲息也沒有，正抖着勇敢奮鬥的精神，往前乞乞地邁進，猫頭鷹奇鳴，便吾聽着的心靈，伸了莫大的創痕，長縮不，難夜怯，滿身冷汗，毛髮如栽，側耳靜聽，回顧並無聲息，但是我的弱小的心靈啊，仍然簇簇地發抖，那戰停此麼？前面就是儲村莊，明滅的燈火從黑黝的樓上，來招呼我，快步到家了，於是我便如兩眼火星似的崩，闊步，不管大路小徑底，或高丘，總是奔騰而過那能分得出呢？

輕輕的敲門，驚了吾家門首，我六走來，問：「是誰，老是工夫到再說話時，越六已經懂得吾的聲音，知道，啊！叔！為什麼到這時才來！」吾不發的回答一句，有事情呢！進堂房見了母親，母親問吾道：兒呀！為什麼到這般光景才來呢？我很悲嘆的餓的母親的右手一把這件事情——一地說了一遍，慈愛的母親怒了，長出一口大氣，唉！：：兒呀你莫悲哀，用她改和的言語來勸吾用她輕柔的手掌按着吾雙行熱淚，喊道：兒呀！天已不早了，我今天去也不及，等明天，吾去替你出氣。

走上殺場

雷

軍號滴答滴答，響徹十個武裝同志，押解着，個個容憔悴的人，走上殺場

○　○　○

無力勸納是那樣的緊，背上插着標旗，聽是無些挺起了，只好把頭低下，鐐在脚上叮噹叮噹。

○　○　○

兩旁圍觀，山人海，嘴有擦蹄，他是犯了甚麼彌天大罪？竟把他弄出這世界之外！

○　○　○

看！面容不是多兒心腸難對餓狠？這吃人的世喲！他無吃無喝只好入「盜夥」求暫時溫飽。

○　○　○

貪官汚吏，土豪劣紳，計策何常不毒，手段那能不狡，殺害的何祇千萬，但！他們卻仍然搖擺擺，不失闊人先生！

○　○　○

雖然幸，藉此阻嚇，而告四鄰，可憐可[illegible]了社會的汚濁！

同胞們：

抗戰開始，

有錢的出錢！

有力的出力！

豐縣縣政府招考保安警察隊警士

一、名額　二十六名、二、資格　小學畢業或同等學力者　三、年齡　十八歲以上廿六歲以下、四、身體　身長滿五市尺並五官端正者、五、品行　身心清白無不良嗜好者、六、報名日期　九月廿七日起至本月三十日止、七　考試科目　黨義、國文、常識、口試　體格檢查、八、考試日期　十月一日（風雨無阻）九　待遇　考取入伍後月餉九元至十一元、十、報名地點　警察分駐所、

中外要聞

滬戰我軍佔絕對優勢
劉行激烈炮戰敵受巨創
我俘擄數百奪槍彈甚多
敵陸戰司令大川內指揮不利調回
戰車隊長重光在楊行被炮擊重傷

我空軍昨迭飛滬烘襲敵艦
敵犯八字橋等處被我擊退
第四次總攻側重江灣線

▲中央社上海廿五日電　上海戰事我軍現居絕對優勢、迭經在羅店劉行各線被我一再痛擊、頹喪不堪、迭急向國內作第四次乞援、現增援敵軍約四萬餘人、巳大致開到、聞敵方曾宣稱廿五日開始作第四次總攻、但前線戰況並不較過去數日爲激烈、前線將士於再重創敵軍後、對爭勝利之自信力與把握、益爲堅決、再者此次增援敵軍、多係從台灣朝鮮等處增調而來、實力亦不足畏、敵軍進犯自必仍遭痛擊敗挫、惟敵軍屢戰屢敗、羞惱成怒、除連日派機向我後方各地濫施烘炸外、並一再對外誣蔑謂我軍會用毒瓦斯彈及達姆彈　測其用意、蓋爲敵軍將施用此種慘無人道戰具之先聲、據廿五日由前線來滬者談、我前線將士對敵軍濫施轟炸後方非戰鬥員　莫不氣憤萬狀、誓不與敵共戴一天、對敵軍將使用殘忍戰具一層、亦已有準備。

▲中央社上海廿五日電　廿五日下午三時半、劉行發生激烈炮戰　敵三聯隊以半數犯小朱宅西南我軍陣地、以半數犯顧家宅我軍陣地、我軍沿蘊藻浜進擊　將敵軍切斷後段、敵軍且戰且退、傷亡甚衆、前段敵軍被我包圍、肉搏兩小時、敵軍全部殲滅　爲旬日來受創最巨之一次、被我俘擄三百七十餘人、奪獲機槍三十餘挺　步槍五十餘枝、子彈甚多　小朱宅方面敵軍、亦被我軍包圍、迄晚尚在殲滅中。

▲中央社上海廿五日電　劉行全線廿五日晨戰事轉趨沉寂、我軍前鋒巳越過永安橋、敵軍一中隊廿四日晚犯楊木橋中地雷全隊陣亡。

▲中央社南京廿六日電　軍息　敵陸戰隊司令大川內、因指揮不利　巳被調回國、又敵重戰車隊長重光少將、在楊行被我炮彈擊中身受重傷、現在救護線上治療。

▲中央社上海廿五日電　我空軍廿五晚十時五十分十一時半及廿六日晨一時十分、先後三次到滬夜襲、向吳淞楊樹浦及浦江敵艦投彈廿餘枚、敵艦高射砲密集齊發、我機安然而返。

▲中央社上海廿五日電　廿五日晨敵一中隊進犯體育會路等處、經我迫擊潰退　下午二時許復向八字橋方面進犯、四時亦擊退。

▲中央社上海廿五日電　市中心區敵軍廿五日晨炮擊我閘北寶山路陣地、自晨七時至十時、放重炮千餘發、我軍陣地毫無損失、持志大學附近亦發生陣地戰、敵受重創、同時江灣貧家巷之敵　圖犯高境廟被擊退。

▲中央社上海廿五日電　廿五日晨敵機在閘北等處窺察、同時發炮、向寶山路一帶烘擊、至下午四時炮漸停、六時至

又悉　敵機並用機槍掃射、防我進攻

▲中央社上海廿五日電　淞滬敵軍截至廿五日止　死傷達二萬八千人

以上、敵新增援軍部隊已登陸者約兩萬　所謂第四次總攻仍側重江灣一線、目的在進犯嘉定南翔、我生力軍巳到達該縣　佈置就緒、敵如來犯決難獲逞。

▲中央社上海廿四日電　敵機轟炸羅店、掩護在羅店鎮建築炮兵陣地

晉東北我軍又獲大勝
前進一百廿里到達廣靈
斃敵三千餘奪大炮坦克車甚多
馬跑泉一帶反攻收復重要山頭

▲中央社太原廿五日電　平綏路我軍昨晨於平型關大勝、敵即向東北退卻、我軍跟蹤追擊　前進百二十里　到達廣靈、又分二路進攻、一部分打正面　部分斷襲敵方後路　今日又獲大勝　計斃敵三千餘、奪獲大砲坦克車等甚多、現敵軍主力巳全部消滅。

▲中央社太原廿四日電　廿三日晨敵增兵千餘名、向我馬跑泉一帶陣地進攻、我守軍　團奮勇抵抗、作壯烈之犧牲　我當又增兵三團、分路反攻、將重要山頭收復、乘勝三路追擊、敵潰退廿餘里　敵又增兵、迄晚仍在激戰中、此戰我團長二人重傷　士兵約二千　敵人傷亡當倍我。

豐縣教育局啓事

查本局前通令各學校募集銅鐵，並限於本月二十五日以前一律送局。現限期巳迫，希各學校特別注意，務期准期募齊，不稍延誤，是爲至要　此啓。

豐縣教育局啓事

查本局二十六年度八月份經費業由縣館出定於九月二十六日發放限一週內結束清楚仰各級學校來局具領可也

豐縣土地陳報總辦事處通告　地字第　號

案查各鄉鎮土地陳報單冊，現正由縣集中審核，所有核出與冊不符之處，業經派員分往各鄉鎮，會同鄉鎮長召集原辦事人員暨業戶等復查核對，惟恐各業主所報事項，仍有與實際情形未合者，或由他人代報，不合本人原意者，應即依照本縣土地陳報施行細則之規定　定於十月一日起，公告一個月，以便業主呈請更正、又查各鄉鎮巳經編丈土地　尚有未報之戶，應飭鄉鎮長勸令各該業戶趕於十日內來縣補報，不得再延。除分行外，爲此通告全縣各業主一體知悉，凡有陳報錯誤之戶，准自本年十月一日起，至三十一日止，一個月公告期內，來縣聲請更正，以便查明核辦，所有未經陳報各戶，應即檢齊契據糧串，並照章按畝繳納罰金一角，趕於十月內來縣填單補報，以保產權，如逾公告期限無人報認者，即視爲地方公產，飭令鄉鎮公所暫管毋再遲延自誤切切！

特此通告。

中華民國二十六年九月　日

縣長兼主任　成應擧

副主任　鄭宗敬　黃體潤

敵機昨迭襲首都
先後共到五次
被我擊落七架
中央電台等處被燬
死傷軍民約數十名
泰安濟甯亦到敵機投彈

▲中央社南京廿五日電 敵機九十六架、今日上午九時半至下午四時半分五次襲擊南京、第一次來卅一架、第二次來卅二架、第三次來六架、第四次來十二架、第五次來十五架、均經由一小部分竄入京市上空、當敵第一次來襲時、我空軍當即出動迎擊、京郊發生激烈空戰、敵機雖大半被擊潰退、仍有數架竄入京市、我高射砲 即向敵猛擊 敵機仍冒險在各處投彈、並用機槍向下掃射，一時暴炸聲槍炮聲隆然而發、聲震全市、下關電廠被炸、機器略有損傷、至十時半始解除警報、此役敵機被我擊落七架、大半爲高射炮所擊中、計驅逐機一架、擊落於城南王府園二十七號院內、重烘炸機二架、落於下關均起火焚燬、尚有兩架被擊傷後仍欲逃去、一架在城東落地而焚、一架尚未查明、以上爲第一次襲擊之情形、第二次係午間十二時半 在漢武路中央通訊社共投三彈、社屋全被炸燬、傷工友三人、江東門外中央廣播電台、亦被炸、機件被毀、至一時廿分解除警報、第三四五次以我空軍截擊、及防空部隊之勇猛 敵機竄人之次數較前二次爲少也 敵機烘炸之處、除上述首都電廠、中央通訊社、及中央廣播電台外 尚有衛生署、中央醫院一帶、四牌樓衛生事務所分所、廣東醫院之慈善性質機關、至商店民房被毀者、有中山汽車行 三條巷 江東門、健康路、陶警一帶房屋多所、京市黨部及法哈瓦斯南京通訊社亦被炸 其死傷人數 衛生事務所分所死一人 傷五人、廣東醫院死三人 傷六人、江東門死六人 傷十餘人、三條巷死十人、傷廿餘人、 其詳細數目 以時晚尚未查明 我空軍今日奮勇應戰 結果傷兩架 今日敵機投彈數當在二百枚以上、所烘炸者均非關軍事而爲文化衛生及民房、被炸受傷者亦屬平民

津浦線我增援軍到達
昨已下令反攻

▲中央社濟南廿五日電 滄州電話 連日敵以飛機掩護、步炮兵聯合向我猛烈進攻、我軍浴血抗戰 斃敵極多、我亦有傷亡 姚官屯站得而復失者數次 廿四日下午八時許、因我軍一部奉令換防 敵得乘機衝入我陣地 我生力增援部隊已開抵前方 廿五日晨已下令反攻、左右翼亦同時準備向前包勦、

敵烘炸我非戰鬥員
英駐日大使提強硬抗議
國人亦均表示驚駭憤慨

▲中央社倫敦二十五日路透電 英駐日大使克來齊、茲已奉本國政府命令、將國境非軍事目的物之被奸炸 向日政府提出強硬抗議、並對廣州平民生命可悲之喪失、並表示英國人民之駭怪、刻英國民衆對中國非戰員之橫遭烘炸 一致憤怒、紛紛招集會議 國聯同念會委會、頃復通過決議案 向政府提出要求 倘國聯諮詢委員會查明日爲戰事、應由日本負責凡有關係之國家 應一致抵制日貨 再者英福音自由教會之全國幹事部 亦已通過決議案、對日本在中國各地轟炸之駭人無人道之暴行、表示驚駭及憤恨、英政府已受請求、應採取一切可能之步驟、以阻止凶慘行爲之進行、並須特別採討陳國聯航空委員會設法廢止空戰之可能、

▲中央社倫敦廿四日哈瓦斯電 英總工會全國俱樂部、頃致函中國大使郭泰祺、略謂日機在廣州及其他戰市、對毫無防禦能力之婦孺肆行烘炸、此種摧殘生靈之行爲、窮凶極惡、凡在民治主義之文明各國輿論 莫不深惡痛絕、吾人聞訊後、亦至爲憤激 茲特請貴大使將我們眞誠啓藉之熱誠、轉達貴國政府、關於日機野蠻行爲、以及該國毫無理由之侵略戰爭 倘能以有效方式提出抗議、吾人無不樂於參加、

、敵機慘酷之獸性、完全暴露矣、其忽視人道實爲全世界人類之公敵

▲中央社濟南電 廿四日敵機數架又到德州泰安濟甯各地投彈、

▲中央社上海廣州 廿五日電 廿五日晨零時敵機一架、飛入廣州市上空盤旋良久 向西南飛去、二時半復來、我高射炮彈猛烈烘擊、在西郊愴惶投下數彈、皆落空地 無甚損失、四時半向南逃逸

泊頭昨擊落敵烘炸機
過濟運京

▲中央社濟南二十五日電 二十五日晨九時在泊頭擊落之敵重烘炸機 架、過濟運京、該機已壞、另有機槍二、照像機防毒面具各 件

敵機昨在閘北浦東投彈

▲中央社上海二十五日電 十五日天晴 敵機四架、晨八時又在閘北浦東滬西等處投下炸彈十餘枚 損燬民房數間、並及軍民數人受傷、滬南仍平靜、

敵援軍昨續到滬
……約……二……千……餘……人……

▲中央社上海二十五日電 二十五日續有敵運輸艦三艘連滬、敵艦四次之援軍 部約三千人登陸、同時起卸上岸者有敵戰馬數百四 總計敵近日由碼頭登陸援軍 達萬八千人。

瀏河敵軍有登陸模樣

▲中央社上海二十四日電 瀏河口停敵艦十餘艘、並有主力艦 艘 日兵似有登陸模樣、

中國婦女慰勞將士總會
收到金飾數件

▲中央社南京婦女慰勞將士總會 自本月二十二日至今日、又收到各地捐輸物品報告如下 濟南徐老太太金戒一、濟南徐治看夫人金耳環一付、濟南徐茂華夫人金戒子一付 遼甯徐鳳儀夫人金耳環一付、遼甯徐光琪女士金戒 只

中央宣傳工作視察團
第一大隊到徐視察

▲中央社徐州廿五日電 中央宣傳工作視察團第一大隊、一行由大隊長冷襟率領、廿四日晨到徐 即開始視察。

中央廣播電台被炸
新建金陵電台開始播音

▲中央社南京廿五日電 中央廣播事業管理處、新建設之中央廣播電台XGOA 位置京西郊江東門 其電力爲七千瓦特、今日被敵機轟炸機件被毀 聞該處新建之金陵廣播電台、呼號爲XGZ即日開始播音 波號仍用六六〇千週波、

義相抵莫尼黑
希特勒等均到站歡迎

▲中央社莫尼黑廿五日哈瓦斯電 義相廿五日晨五時許抵此 希特勒及政府要人均在站迎歡。

敵機昨突向租界行凶
戈登路等處均中彈

▲中央社上海廿五日電 敵機二架廿五日晨八時半突向租界行兇、戈登路愛文義路及盆湯弄等處、均有巨型炸彈墜下、敵機在數千尺雲霄中擲投炸彈、市民十餘受重傷。

蔣夫人致電英使館
呼籲救濟受傷軍民

▲中央社倫敦廿五 路透電 中國蔣委員長夫人、茲已致函駐英大使館 爲國內受傷軍民之救濟、作急緊呼籲、蔣夫人稱、余方自前綫返 目擊千萬受傷士兵靜待運入醫院、余心爲之怛惻、現上海藥品已購製一空 來源有斷絕之虞、凡英國民衆願供給醫藥及紅會救濟工作者 均感激領受、因千萬重傷兵士非得充分醫藥療治、將無全癒之望也 現大使館已向英國民衆發出呼籲矣。

日內赴馬尼剌休養
英大使許格森傷癒出院

▲中央社上海廿五日電 英大使許格森傷勢大癒、廿五日午由其夫人陪同出院、日內將赴馬尼剌休養 預定十一月間返華復任。

美海軍部佈告
中日戰事存在
亞洲艦隊不離中國領海

▲中央社華盛頓廿四日路透電 據海軍部廿四日佈告 中日戰事一日存在、美亞洲艦隊將一日留駐於中國領海 云此項佈告係海軍參謀部會議決定後、由亞洲艦隊司令尹魯爾所頒佈者、聲明海部原有停泊戰艦、在美僑需要保護之各港、即在美僑已給予離門機會後、亦繼續存在云、現留華大多數美僑、均有其維持生計之事實、故在其事業未經毀滅或當不致身體受危害時、不願輕言放棄 即在彼時美國之海軍、亦不能撤退、而放棄其天職 響影美國海軍之榮譽。

豐報

第一千五百一十九號

社址豐縣大同街

中宣會登記證中字第一二九二號
內政部登記證警字第二二三〇號

中華郵政特准掛號認為新聞紙類

今日一張

售洋一分六厘

豐縣民衆組織委員會為奉令籌募傷兵被服啟事

頃奉省政府訓令飭募傷兵被服四十套並限期呈繳等因查我國全面抗戰業已開始前方將士浴血殺敵其資養供應端賴後方民衆輸將目今戰區既廣負傷將士必多所需衣被一時容有未遑奉令籌募自應積極辦理至祈我全縣同胞踴躍籌募富裕之家能獨力捐贈者固所切盼凡各機關團體學校願合力捐贈者亦所歡迎務期羣策羣力共襄斯舉俾于限期以內解省轉繳備用庶乎傷兵得有安慰士氣益可振發克敵致果實利賴之此啓

主任委員　成應舉
捐募工作團團長　董玉珏

說明　一、本縣奉令籌募傷兵被服四十套每套計棉襖棉褲單褂單褲襯衫襯褲各一件棉被墊被各一條枕頭一個便帽一頂　二、全套需用布料一百二十三尺棉絨九斤由本會呈照規定布料尺寸統籌定製每套連工需洋二十五元應募者須折易現金。三、不論獨力捐贈或合力捐贈至少捐一套，四、應募日期十月一日起十月二十日止。五、繳款地點縣政教育局各區區公所——願預先報名訂期繳款者亦可。六、繳款由本會發給收據並在豐報公佈。

中外要聞

羅店劉行連日空前劇戰
江灣閘北亦有激烈戰事
敵機又飛南市浦東窺察掃射

▲中央社上海三日電　中央社隨軍記者三日下午十時報告、敵軍開始第四次總攻以來、連日向我各綫侵犯、戰事之激烈為滬戰以來所未有　我羅店至劉行顧家宅一綫之左翼陣地、尤為敵陸空火力集中之目標、我軍據點固守、沉着應戰　除以炮火向敵軍陣地猛轟外　每於敵步兵進犯之時、即出壕肉搏、予敵以重創、數日來、各重要據點屢進屢退　敵軍傷亡於我忠勇將士彈丸及白刃之下者達二三千人、聲威所播　已寒敵胆　敵軍於一日起乃專以大礮飛機集中火力、向我陣地轟擊、每發炮竟達數千發　飛機轟炸、亦達數十架之多、致右翼陣地工事　不無被損毀之處　我為戰略關係、乃於重創敵軍後　將羅店至劉行沿滬太公路一綫向距公路一千公尺之各據點作有秩序之移動、迄至報告時止、敵軍尚未敢向劉行推進、我新陣地工事　早有堅固佈置、進攻退守、均可週旋自如　並與閘北江灣廟行一帶之右翼陣地、保持密切聯絡　對右翼戰事　决不至發生影響、現我右翼部隊與敵隔藴藻浜對峙、現藴藻浜北岸滬太公路之東西兩側之崇明塘宅、及東黼宅一帶　我尚有重兵扼守、阻敵前進、三日晨一時、敵復犯劉行顧家宅之兵力　向該處進犯、經我奮勇迎擊、激戰約一小時、將敵擊潰　至八時許、敵再傾重兵來犯、大礮與機槍聲震四野、我軍勇氣百倍、此役敵傷亡極衆、我仍固守該處陣地、與敵堅持、又沿藴藻浜北岸之敵軍　現分據周宅東唐家宅胡宅東楊宅等處、與我浜南部隊三日上午五時以大礮及機槍奮戰、我軍極佔優勢、敵欲渡浜南犯　决難得逞云。

豐縣廚司業工會為增加菜價啓事

敬啓者，查近年以來百物昂貴，敝會等所需材料及工人伙食亦較前倍增，茲經本會開會員會議議定各菜價目較前稍加少許，以維營業此啓。茲將各菜價目如下：魚翅全席十八元、魚皮全席十元、海參全席八元、魚皮八熱八涼六坐盌四大件七元、魚皮八大盤四坐盌四大件六元五角、海參八大盤四坐盌四大件五元五角、海參八熱八涼六坐盌四大件六元、十大盌八盤一元、八盤八盌一元五角、大件海參九角六分、二紅海參六角四分、中盌海參四角八分、大件肘子一元二角二分、二紅肘子六角四分、中盌肘子四角八分、大件丸子八角、二紅丸子四角八分、中盌丸子四角、大件燒小雞七角二分、二紅燒小雞四角八分、中盌燒小雞四角、大件鴨子九角六分、大件蓮子一元一角二分、二紅蓮子八角、中盌蓮子四角八分、大件清雞八角、二紅清雞五角六分、中盌清雞四角、大件八寶飯八角、二紅八寶飯五角六分、中盌八寶飯四角、大盤二角、小盤一角六分、加色再議。

豐縣縣政府佈告　財字第　號

案查前奉　救國公債勸募委員會江蘇省分會頒發救國公債條例暨募集辦法等件到縣　當經遵飭選聘委員組織支會並擬定勸募宣傳辦法呈報在案　惟此項公債募集之現金物品，有[illegible]九釐，茲奉江蘇省分會轉發募集之各種現金物品逐項解釋，飭即轉知各界民衆等因，合行抄錄佈告，仰全縣各界民衆一體知悉　須知此項公債　係充救國費用，關係緊要　迴非平時募債可比，且有分期還本按年付息之規定　與人民更有利益　本縣各界民衆素具愛國熱忱　必能勇躍應募　共濟時艱，一俟經募人員分往勸募時，務各盡力認購，多多益善，不論現金物品，均可繳納　慎勿推諉延誤，是為至要！此佈。

計開：救國公債募集現金物品之釋義

（一）國幣：就是法幣。（二）硬幣：就是銀元，銀角，鎳，銅幣，銅元。（三）外幣：就是外國的金元，銀元，外國銀行鈔票。（四）生金銀及其制成品：就是金條，金葉，金塊，銀錠：及各項首飾，各種器皿等。（五）有價證券：就是國內外公債，及有市價之公司股票等。（六）存款摺據：就是銀行及公司行號所發活期或定期而已到期之存款摺據，收據，應收本金及應收利息但雖未到期而銀行允予提款者亦屬之（七）有獎儲蓄會單及人壽保險單之已屆規定退還期限者，着重在已規定退還期限一點如果未屆規定期限自然不適合但是未到期而允予提款者亦屬之。（八）不動產之易於變價者就是田地房產等容易脫售可以很快變價者，反過來說若具有任何一點原因不易或不能變價，則失其作為認購救國公債之實物，（九）物品材料之可立時變價或直接應用者，就是指不論任何物品材料只要市場上有需要即可脫售者或為前方所急需應用者，例如藥品，汽車，米糧等等屬之。

中華民國二十六年九月　日　縣長　成應舉

敵傷亡慘重遺尸累累

▲中央社蘇州三日下午五時電　羅店方面二日敵以飛機窺測、對我施相公廟曹王廟一帶炮轟竟日、投彈達千餘發、但因我軍陣地堅固、無大損傷、同時其步兵約四十二聯隊約千餘人、亦向我軍陣地數度攻擊、待黃昏前後、敵又施放烟幕彈掩護其步兵前進、經我軍猛烈射擊、敵死傷甚衆、即不支退去、至三日晨、敵又來攻、現正激戰中、在劉行方面、二日敵飛機及大炮集中轟擊我劉行方面之廣福附近陣地、其步兵亦對我白沿梁塘北陸宅綫攻擊、激戰甚烈、至二日下午四時、敵不支退去、遺尸累累、至三日晨、敵又以戰車五輛及步兵一營、在飛機大炮掩護之下、向我廣福北方之北梅宅攻擊、我軍正勇猛應戰中、又劉行方面戰事、向南稍移、三日在顧家宅及沈家宅郊外有激烈戰事、敵企圖越藴藻浜、經我奮勇截擊、已告失敗、我正加緊警戒防敵再犯。

我猛擊藴藻浜敵敗退

▲中央社上海三日電　中央社隨軍記者三日上午十時半報告（一）敵猛攻我羅店至劉行間一綫、企圖截斷我滬太公路交通、其炮火猛烈、為前所未有、敵並以大量坦克車不斷衝擊、致我警戒綫防禦工事略有損毀、我軍以血肉相拼、予敵重創、現仍固守劉行、並據沈家灣林家宅之綫、嚴陣與敵相持、敵如再犯、當予迎頭痛擊、預料今後戰事將側重劉行之右、以至藴藻浜一線、我已嚴予戒備（二）敵軍自江灣方面向東撤退後、現又有大隊集結於中山北路、及嶺南學校一帶、昨晚起開始分向我張家宅一帶陣地進犯、來勢凶猛、我軍以機關槍步兵密集射擊、敵無法前進、退回原地、敵後又數度來犯、我軍奮勇還擊、終不得逞、我軍亦未自固守原陣地（三）藴藻浜北岸之敵、一度向我橋頭堡進犯、經我猛烈迎擊、敵不支而退（四）敵機多架今晨起即在閘北上空活動、盤據於虹口之海軍陸戰隊調動甚忙、集結大隊於北四川路一帶、似有向我北站方面大舉進犯之企圖

江灣我軍現仍取攻勢

▲中央社上海三日電　中央社隨軍記者三日晚十時報告、我軍在江灣方面仍取攻勢、三日晨三時我以一部兵力持精良火器　越其美路向敵進攻　縱橫敵軍陣地、衝殺一時許　即返回原防、天明後敵機出動助戰　投彈多枚　並集中炮火向我猛攻　我亦還擊　互轟甚久　又在翔殷路以北陸家角一帶　敵仍盤據不去　刻在同德學校前後構築工事、似有頑守之意。

敵屢犯閘北激戰竟日

▲中央社上海三日電　三日敵四犯閘北、激戰竟日、均經我軍擊退、晨二時敵由廣東街以戰車進犯、我工事一度被破壞、現得生力軍增援、將敵擊退、九時敵步兵續向寶山路東寶興路進犯、又經擊退、敵即以重炮猛轟、下午二時敵三路進犯、我分兵預伏暗處、俟其先頭部隊約四十人衝進、予以夾擊、悉數殲滅、七時許敵又以三百人分數路向虬江路東寶興路等處來犯、激戰二小時、敵又潰退。

▲中央社上海三日電　敵猛攻靶子路、經我軍擊退後、二日向江灣劉行增援軍、拂曉起先以飛機大炮不斷轟炸、至八時左右、大隊步兵在戰車掩護下由中興路寶山路進犯、我軍起與周旋、戰至十時、敵以傷亡奇重、稍向後退、半小時後、增援再犯、雙方肉搏一小時許、戰況劇烈為從來所未有、至下午我軍以衆寡不同、為保存實力計、向預定陣地移動、敵據啓蒙女學、尚圖頑進、被我奮勇擊斃敵七八百人、至午後四時、敵卒後退、我收復原有陣地、總計全日激戰、敵死傷一千、我亦犧牲近百、三日飛機大炮繼續轟炸、日內當仍有大戰。

▲中央社上海三日電　敵機三十餘架、在南市及浦東一帶盤旋窺察、向行人用機槍掃射、死傷小童廿餘人。

津浦線我軍大勝
獲大炮卅餘門
△……現仍前進中

▲中央社濟南二日電　津浦綫之敵、經我軍誘敵深入後、將一部包圍、至二日拂曉、我右翼向前奮擊、將敵包圍　敵坦克車亦被包圍、我奪獲敵大砲三十餘門、槍礮尤多、午後一時半我又有援軍加入、至六時許當將全部解決、我軍現正由桑園車站前進、敵機二日午又在德縣投彈五枚、損失不詳。

▲中央社濟南二日電　津浦路之敵因我軍一部勦襲敵後、恐中路斷絕、二日晨正面之敵大部撤退、我軍已進至德縣北廿二里、二日晨盛傳我軍逼近滄縣、午刻有敵機四架飛我陣地窺察、旋即逸去。

▲中央社南京三日電　津浦線我劉多荃部此次在津浦綫參加作戰、連日與敵接觸、返復肉搏、故傷亡甚衆、除喬培南營長以下全體殉國於東花園以外、並傷團長一員、陣亡中校團副一員、傷亡營長十員、連長以下官兵三千餘名。

敵機飛南昌等地
投彈窺察

▲中央社南昌三日電　敵機四架、三日下午五時發現於贛閩邊境、盤旋數週、逕向南昌進發、我空軍聞報、飛往追擊、敵機見勢不佳、在樟樹投彈四枚、死傷農民四人、據防空部息、敵機四架、三日在樟樹低空飛行、機翼竟冒繪我國國徽、

杭州　嘉興

▲中央社杭州三日電　敵機六架、三日上午八時由蘇嘉路竄杭、在覓橋一帶窺視甚久、旋向我海鹽逸去、下午一時許、敵機八架、由全公亭飛嘉興、投彈數枚、損失在調查中。

▲中央社杭州三日電　敵機八架、三日下午二時半竄嘉興、投彈廿餘枚、毀貨車四輛、路軌數段、貨房月台站長室均受損、死七人傷十二人、民豐紗廠屋亦被毀、又下午七時敵機三架、由杭州灣飛杭、在覓橋投照明彈三枚、炸彈二枚、均落空地無損失。

崐山　太倉

▲中央社蘇州三日電　三日晨七時許、敵機六架由滬飛往崐山上空、當在火車站一帶投彈廿餘枚、月台及停站之客車車輪被炸、並死傷無辜旅客三十餘、又息、機三日晨曾飛往太倉投彈、

安慶

▲中央社安慶三日電　敵機六架、三日午後二時飛省、投十餘彈、毀民房兩間、死幼童二人、傷女婦一人、敵機約十餘分鐘始去。

▲中央社蕪湖三日電　三日午十二時廿分廣德上空、發現敵機十架盤旋、稍頃有四架飛往贛境、企圖不明、六架經孫家埠南陵銅陵貴池等處、於下午一時五十分竄至安慶、在城外投彈十餘枚、損失不明、敵又折回原路線窺察一週而去。

太原

▲中央社太原二日電　晨敵機數架、因兩度來并、被我機追擊未進市中、下午二時復來五架、在城外投彈廿餘枚。

▲中央社太原二日電　二日上午十時四十分敵機十八架襲并、在城外投彈十餘枚、城內投彈數枚、我軍民死傷頗多。

嘉興擊落敵機
已運蘇轉京

▲中央社杭州二日電　被擊毀降落之敵機、二日午由嘉興運蘇轉京、擊斃之敵機師二人、一為金九三係隊長、一名大總係四分隊隊員、身上搜出手槍各一枝、雙筒信號槍一枝、我國地圖一幅、

敵送喪精銳駕駛員
空軍損失重大

▲中央社上海二日電　我軍在大場擊落敵機一架、駕駛員三善空軍曹及一等水兵均斃命、又九月廿五日敵機空襲南京、被我擊落者為指揮機、有隊長板本中佐、與一等航空士協田駕駛兩員、均敵空軍之精銳鬥員、素負勝譽、板本參滬戰、尚未滿半月、九月廿二日廿三日兩日曾率敵在南京及江陰肆虐、卒於再犯我首都時被擊斃、又九月廿九日在閘北斃命之眞本少佐係板本同學、亦負能戰之譽、敵空軍損失之重大、可見一般。

總計三萬餘人
日軍部發表滬戰死傷人數

▲中央社上海三日電　據日軍部發表　自八月十三日以來、敵軍傷亡之數、約計達三萬以上、戰死約一萬六千人、受傷約一萬二千人、其中約二千四百人在其回國途中、因傷重斃命、日軍並發現霍乱病、傳染甚速、致死者亦約有二百人。

美反戰民衆
要求官場抵制日貨

▲中央社紐約二日路透電　美反戰及反法西斯同盟會、及美人之友愛中國者、所發起之民衆大會、二日在馬思夫公園開會、要求官場在美國各地抵制日貨。

廣州外僑組對華正義會
向世界呼籲主持公道

▲中央社廣州三日電　廣州外僑洛海華白浪米、教授加不力、伊用貝里思醫生等數十人、見於日本侵略我國、肆意轟炸平民、特組織對華正義會、並遍發會刊、向全世界呼籲主持公道、其宗旨標明、一、主張英美兩國對目前中日危機採取共同行動、二、主張列強對日本實施經濟制裁、三、主張協助中國購買運輸自衛器械、四、主張九國公約簽字國立即召集會議、五、救濟廣州及中國各地遭受日本慘害之難民。

美紅十字總會
裝運醫藥用品來華
醫生護士亦可供給

▲中央社上海三日電　我國紅十字會總會、頃接我駐美大使王正廷氏電稱、美紅十字總會向美政府借得運輸艦一艘、專供裝載該會所捐之醫藥用品、定五日由舊金山啓程來華、並稱我國如需醫生及護士人材、該會亦可供給。

日方所傳
英美供給中國軍火
倫敦人士認為無稽

▲中央社倫敦二日電　英方人士對日本所傳英美兩國、由香港運軍火供給中國說、認為無稽、至謂中國向英商簽訂合同、購買達姆彈、官方人士自置之一笑云。

諮詢會小組會連開會三次
討論國聯祕書長報告
——中波兩國代表舌戰——

▲日中央社日內瓦三日哈瓦斯電　國聯諮詢委員會小組會　二日連續開會三次、論討中日糾紛、第一次係於晨間開會、審查國聯祕書長艾登所提報告　其內容分三點、一、遠東方面軍事行動之起源與其發展情形、二、依照非戰公約與九國公約、日本對中國所負義務、三、日本對其他各國所負義務、波蘭中國兩國代表、曾於討論時　發生舌戰、波蘭代表主張小組會應草擬報告書、敘述中日糾紛之歷史、並謂、國聯威望已於一九三一年度遭受打擊、今對遠東問題　自應慎重將事、中國代表顧維鈞當予撥復　謂、小組會不能僅以草擬報告塞責云。第二次係於午後三時半開會、賡續討論　末次則於晚間開會　至午夜始畢、當將報告書草擬完竣、其內容將遠東事變經過情形　加以追述、並說明日本依照非戰公約及九國公約所負義務、及日本破壞此項義務之事實　小組會主席將以此項報告書為根據、會同國聯各法律專家、草擬最後決議案　英代表人士小組會散會後宣稱　決議草案、即當提付諮詢委員會表決、然後由國聯大會通過、草案語最堅決、以較國聯大會關於西班牙問題之決議案、至少亦當相等云。

▲中央社日內瓦三日哈瓦斯電　國聯諮詢委員會小組會、二日連續開會三次、論討中日糾紛結果、內部意見不復有何參差、英法及中國對原則已成立妥協

▲中央社倫敦二日電　英全國公私團體、現正再接再勵要求政府設法制止日軍烘炸中國平民之暴行、全國教員協會、二日通過議案、響應此項建議、聞中日戰已使北愛爾蘭棉織業感受影響、各紡織廠紛紛實行減工云。

本縣新聞

涼風天末 征夫赤足生寒

專署募集之布鞋運動 務廣爲宣傳切實勸募

各女界同胞僅一擧手之勞 前方將士必倍增殺敵之效

專署發起募集二十萬雙布鞋運動 已令各縣遵辦 近又令各縣民衆組織委員會、廣爲宣傳、切實勸募、以利抗戰、本縣民組會奉令後 已轉飭各分會遵照矣 茲覓錄專署原令如下 查倭寇猖獗、傾巢來犯、强佔我疆圉、破壞我主權、狼子野心、舞爪張牙、意在吞併我國家 滅亡我民族、妄圖實現其大陸政策之幻夢、强敵當前 禍迫眉睫 苟不甘束手以待斃 則惟有抗戰以圖存、值茲國家危急存亡之秋、正我全民宵旰奮鬥之時、無論男女老幼 要皆炎黃貴胄、固屬託命於國家 皆爲戰鬥之員 風雨同舟 禍福相連、彼此應各盡其能、互供所需 團結始克破敵 互助方能共存、現我前方將士忠勇殺賊 浴血苦戰 出入槍林彈雨之下、輾轉露宿風餐之中、一往直前、再接再勵、在成功之中以成仁、在成仁之中求成功、易水生寒、長虹貫日、精誠足動天地 浩氣磅礴山河、凡此前方將士、皆我同胞父兄子弟、亦即我女界同胞之父兄子弟夫壻也、或有故舊之誼、或係姻婭之親 平時之痛癢相關、遠徼之系念何如 而我後方男女同胞、自應仰佩其奮國之榮、嘉尙其抗戰之志、爲切實之協助 作有數之聲援 壯其殺敵之氣 堅其效命之心、乃今涼秋九月．塞外草衰、金風匝地、徹骨生寒、征衣既嫌單薄、跋涉全賴赤足．登山感蜀道之難 臨水有履薄之懼 步履蹣跚、彳亍其行、緩其爭先之趨 減其赴敵之功 斬將搴旗 心急行遲、我女界同胞，試一思及此輩敵人、當毋懷念、本署爲體前方將士之急需．藉達後方婦女慰勞之至意．發起征募二十萬雙布鞋運動、業經迭令各區屬各縣遵飭知照在案、尙望徐屬諸姑姊妹、同凜敵愾同仇之義．踴以手工趕製布鞋、惠贈我前方將士、一如贈其父兄子弟夫壻也 在各女同胞僅擧手之勞、而前方各將士、聞風興起、當倍增殺敵致果之效．須知慈母還綫 閨中女紅、既能達以慰藉之意．尤足興其奮勉之心、盧龍遠寄征衣、紅玉桴鼓助戰、千載傳爲佳話 今時當愧古人 轉瞬寒冬 足凍堪虞 前方需要迫切 務各努力相將 除分行外、爲此令仰該會 切實遵照．廣事宣傳、協助勸募 早奏事功、而利抗戰、是爲至要、此令。

農民抵換押品辦法

抵押品以黃豆高粱爲限 押價以市價五成爲原則

縣農會分令各倉庫遵照

本縣縣農會．以現値小麥播種時期、各倉押戶、欲以秋糧抵換麥種 曾函農行辦事處查照、該處以農民回贖麥種、確係實情、業已呈奉徐州分行核准 並擬定抵換辦法 函復縣農會、該會准函後、已訓令各倉庫遵照矣 茲覓錄辦法如下、一、抵換押品及儲押成數、須照總行規定．非常時期農倉業務處辦法辦理 即抵換押品應以黃豆高粱爲限 押價以市價之五成爲原則、二、各押戶送押之新押品金額不得超過原小麥儲押金額 三、各倉新儲押總額 不得超過原儲押之金額、押戶以現金回贖者 應將現金送繳行方 不得以甲戶回贖之現金 轉押乙戶秋糧 四、辦理手續、仍照平常手續 惟押贖應分賃兩簿、同時辦理記帳製報 並將每日變動情形 及以現金回贖之現金 送繳本行審核限

匪在馬莊綁票 被偵緝隊擊落

生擒土匪二名得鋼槍一支

蔡樹棠等眞能幹

一區馬莊居民馬興邦家．于昨夜突來土匪五六人、闖進院中 將馬之五歲幼女綁之而逃 甫出莊、適與本城放哨之偵緝隊蔡樹棠孫玉忠等相遇、當即迎頭痛擊 匪勢不支、遂抱頭鼠竄、蔡等奮勇追殺、結果 擒獲匪徒劉安邦袁善保二名、得土造鋼槍一枝、馬姓被綁架之女孩 亦被打落 聞袁匪頭部受傷．業已帶縣法辦、

縣民衆組織委員會 公布各區鄉鎭暨私人捐助銅鐵數目

本縣民衆組織委員會、自發起募集廢銅破鐵以來、各區鄉鎭民衆、以救國情殷 無不踴躍捐輸 茲將已收到者、公佈如下：

區別	鄉鎭別	銅數	鐵數
一區	路莊鄉	四十斤	八百斤
一區	龍霧鄉	五十五斤	一千斤
二區	仇集鎭	四十五斤	九百斤
二區	陳莊鄉	九十二斤	一千二百零七斤
二區	蕭莊鄉	五十五斤	一千一百零六斤
二區	蕭堰鄉	三十斤	六百斤
二區	店子鄉	三十九斤	七百四十四斤
三區	袁堂鎭	四十五斤	九百斤
三區	渠寨鄉	五十斤	一千斤
三區	常店鎭	二十五斤	五百四十二斤
三區	魏集鄉	三十斤	六百一十斤
四區	趙莊鎭	四十五斤	九百斤
五區	小滕鄉	三十五斤	八百五十斤
五區	單樓鄉	五十斤	八百四十五斤
五區	趙廟鄉	四十二斤	七百三十二斤
五區	實驗鄉	五十五斤	一千二百斤
以上合計		七百卅三斤	一萬五千九百卅六斤

一區張慈鎭 廢鐵一千斤

縣小協進團 擧行團務會議

每校組織宣傳隊一隊 於課餘或星期日宣傳

縣口小學協進團團務會議、於前日在縣口小學擧行、出席李進賢 王作善、蕭增耀 李宗舜、劉永吉、趙道豐 江兆瑞、彭元珍、楊寶琛 陳志峯 薛振鑫、劉敬修 劉存直、魏懿卿 陳端禮、陳正華、主席李宗舜 決議案件如下 一、抗戰期間本團應如何組織宣傳隊案、決議、每校組織宣傳隊一隊、在課餘或星期日到附近村莊宣傳 二、本團各校所募集之銅鐵應如何送交案、決議、各校於下週內送交本團首席學校 再雇脚力、運送教育局、三、各科應如何補充國難教材案、決議、國語酌量選讀抗日紀實 與能激發愛國思想之故事、算術酌量補充抗戰時各種數値之計算、常識、酌量補充國防常識、四、下月擧行何種成績展覽會案、決議．四年級作文、五、下月値月學校應如何推定案、決議、推定宋寨初小爲値月學校、閉會

本城糧價

名稱	每市石最高價	每市石最低價
小麥	十元四角	九元八角
大麥	四元二角	四元
黃豆	六元二角	六元
黑豆	五元八角	五元六角
綠豆	九元一角	八元七角
江豆		
高粱	五元	四元八角
穀子	四元二角	四元
稷子	五元	四元八角
芝蔴	九元二角	八元八角
青豆	六元二角	六元
花生	（百斤）五元二角	四元
瓜子	十四元	十三元

氣象

	上午	下午
天氣	陰	晴
氣向	西北風	東南風
溫度	最低六二	最高七二

抗敵標語

◎◎◎◎

咬緊牙根，忍痛吃苦！

精誠團結，萬衆一心！

誓復國仇！

節衣縮食，捍衛國家！

人人出力，捍衛國家！

誓雪國恥！

教育週刊

第一三六期

校稿簡章

一，來稿以合於小學教育及社會教育之實際需要為標準，教育論述，報告，設施計劃，教學實錄，教材教具介紹，教育學術講話等項。

二，來稿不分文體，但須繕寫清楚，除特[illegible]者外，均須直行右起。

三，來稿非經聲明，編者有刪改權。

四，來稿不論登載與否，概不退還。

五，來稿須註明真姓名，及通信處，但發表時，別署聽便。

六，來稿寄豐縣教育局，稿封上須註明「教育週刊文稿」。

省督學視察報告專號

視察豐縣地方教育報告（續）

二十六年七月

督學　謝彬

指導員　江希彭

路莊初小

甲，概況：

一，校長彭元忠，二，教職員一人，三，單級，四，在籍學生三八人，五，實到三四人，六，常費一九二元。

乙，意見：

一，校長彭元忠課一二年級國語，三四年級算術，一年級石板練習抄書，三四年級簿演，二年級授「兩天」，學生讀講，毫無精神注意亦多不集中。

二，檢查作文，錯字疊見，未加訂正；算術演草及各科筆記多積壓未改，行政簿冊，亦多未能記載。

三，校長彭元忠廢務不力，工作懈怠，應予申訴。（提呈）

徐莊初小

甲，概況：

一，校長張忠誥，二，教職員一人，三，單級，四，在籍學生三八人，五，常費一九二元。

乙，意見：

一，土地陳報全縣學校放假一週，視察時已為復課後第三日，上午九時許到達該校，校長張忠誥尚未到，亦未上課，坐約十數分鐘，張校長方從城內趕至，辦公室凌亂不堪，庭院久未掃除，教室地面不整，尚未就緒，○閱卷簿冊，據云帶往家中填寫，未曾交閱，學生作文謄清九次積壓，三次未加訂正，日記及筆記，內用活頁殊不相宜，該校長張忠誥，不遵法令復課，平素處理行政簿冊，及學生作業亦俱荒怠，應予記過，并責令整頓，由教育局隨時嚴加考核（提呈）

裴廟初小

甲，概況：

一，校長王文紹，二，教職員一人，三，單級，四，在籍學生四十八人，五，實到廿八人，六，常費一九二元。

乙，意見：

一，校長王文紹課一二年級自然，教師照書講述，缺少研究討論；三四年級作文「天又晴了」，教者精神不振，未能顧及全體。

二，教室圖書室均欠整潔，國旗亦未能按時升降。

三，作文批訂草率。

四，出席學生，僅佔全數之半，可見平時辦理太不認真，校長王文紹，應予警告。（提呈）

褚莊初小

甲，概況：

一，校長吳宜中，二，教職員一人，三，單級，四，在籍學生四十八人，五，實到三十三人，六，常費一九二元。

意見：

一，校長吳宜中課一三年級美術，學生用品不全，學生自由繪畫，二四年級自然，準備不充，講解殊欠詳明。

二，檢查作文批訂甚少，甚至有全本未曾批訂一次者，三年級自然筆記，亦未依時訂正，教導實施錄，隻字未記。

三，校長吳宜中教學低劣，處理學生作業亦極怠忽，應予免職。（提呈）

于單樓初小

甲，概況：

一，校長渠敬友，二，教職員一人，三，編制一二四複式，在籍學生五二人，實到二六人，六，常費二八八元。

乙，意見：

一，校長渠敬友，課一二年級國語，四年級大楷，教者先令學生背誦，次抄寫課文，寫完即令默寫，教法欠合。

二，教室未加整理，課桌上積塵甚多。

三，作文批訂尚可。

四，出席學生不及半數，教法欠合，校長渠敬友應予警告。（提呈）

賈廟初小

甲，概況：

一，校長劉執德，二，教職員二人，三，一二複式，四，在籍學生五四人，五，實到五二人，六，常費二八八元。

乙，意見：

一，到達該校時，適放午學，教學未見。

二，檢查二年級作文，尚能每週一篇，字體尚好；算術演草整潔清楚；行政簿冊，記載依時，表格適用，自製各種掛圖七幅頗適用。

三，校舍整潔，惟男生廁所應時加打掃。

北關外初小

甲，概況：

一，校長董淑琴，二，教職員二人，三，低中兩複式，四，在籍學生八九人，實到七三人，六，常費四五六元。

乙，意見：

一校長董淑琴，課中級衛生，三年級授「胃腸的疾病」討論尚合，學生注意集中，四年級整理「水源改良」學生均能自動列表。教員張貞民，課低級寫字，一年生石板抄寫課文，二年生大楷臨寫，對於寫字姿勢，講解尚明，亦能注意巡視指導，惟範字欠佳。

二，行政簿冊，尚能依時記載，各級作文批訂尚合。間有錯字，未加訂正。

三，缺席學生甚多，應設法制止。

蔣屯初小

甲，概況：

一，校長孫立言，二，教職員一人，三，單級，四，在籍學生四十八人，五，實到三三人，六，常費一九二元。

乙，意見：

一，校長孫立言，課一三年級衛生，二四年級社會，四級輪流教學，純用注入方式，教法欠合。

二，學校日誌，教學實施錄，未能按時記載，作文批訂大致尚好，自然筆記字多潦草。

三，孫校長教法欠合，應切實研究，以資改進，缺席學生甚多，應設法制止。

高莊初小

甲，概況：

一，校長馬敬亭，二，教職員一人，三，一二複，四，在籍學生四八人，五，實到四四人，六，常費二八八元。

乙，意見：

一，校長馬敬亭，課自然，一年級石板抄書，二年級講授「燕」子課，解釋欠詳。二，行政簿冊，記載依時，作文次數符合，批訂宜用正楷，算術演草，及小楷練習均尚用心。

三，時鐘，應速修理應用，藉可按時上課。

趙集初小

甲，概況：

一，校長許華邦，二，教職員一人，三，單級，四，在籍學生三八人，五，實到三五人，六，常費一九二元。

乙，意見：

一，校長許華邦，課一二年級衛生，講解欠詳，三四年級社會，亦未能詳細討論。

二，行政簿冊，記載依時，檢查作文，批訂間有粗疏之處，三四年級日記，字多潦草，應令改進。

三，教室欠整潔，應逐日打掃。

四，教法欠合，應切實研究，以資改進。

季廟初小

甲，概況：

一，校長張連勛，二，教職員一人，三，單級，四，在籍學生三八人，五，常費一九二元。

乙，意見：

一，該縣因舉辦土地陳報全縣學校，放假一週，視察時已為復課第四日該校上午尚未復課檢查作文，對於錯字多未訂正。社會筆記，亦皆積壓未訂，行政簿冊，間有未能記載，校長張連勛不照定期復課，對於學生作業，并未能勤加訂正，殊有未合，應予記過，並責令整頓，由教育局隨時嚴行考核（提呈）。

雙高樓初小

甲，概況：

一，校長劉廣友，二，教職員一人，三，單級，四，在籍學生八八人，五，實到三九人，六，常費一九二元。

乙，意見：

一，校長劉廣友課寫字，四年級大楷，範書「忠孝仁愛」四字，二三年級石板抄寫國語，一年級石板寫字，教者對於筆順講述甚詳，惟室內秩序欠佳，平素缺乏訓練。

二，檢查作文練習次數較少，批訂亦有積壓，算術演草及各科筆記內容均尚清楚。

三，缺席學生佔三分之一，殊有未合，該校長應設法制止。

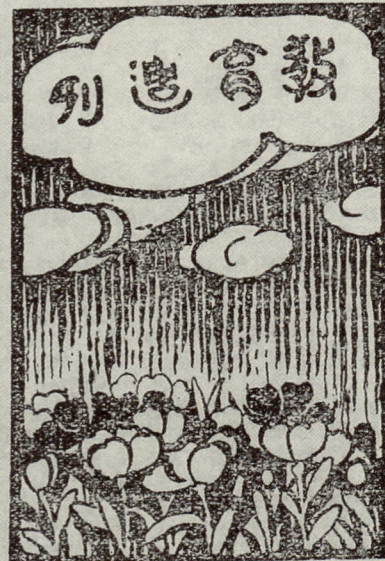

豐報

第一千五百二十三號

社址豐縣大同街

中宣會登記證中字第一二九二號
內政部登記證警字第二二三〇號

中華郵政特准掛號認爲新聞紙類

今日一張

售洋一分六厘

豐縣政府補攷軍士教導隊學員二名通告

本府前代軍政部招攷之軍士教導隊學員七名，送徐後，復試有二人不合格退回。如有年在十八歲至二十五歲之中學生，願應攷者，希至本府傳達室報名，以便攷詢可也。

豐縣民衆組織委員會捐募工作團募集傷兵被服公佈如下：

款產處全體工作人員　一套

以上十月六日收

縣總工會理事會王主席漢卿　一套

救濟院全體工作人員　一套

以上十月七日收

連前共計　六套

中外要聞

敵攻羅店至嘉定公路未逞　竟不顧公法人道施用毒氣　偷渡蘊藻浜之敵大部被我消滅

▲中央社上海七日電　敵連日不斷向羅店嘉定公路猛攻、經我奮勇截擊、受創甚重、敵竟不顧公法人道、施用毒氣　敵礮亦猛躍異常　投彈之密向所未有、惟我防禦工事、未有損毀、敵礮烘聲在過去三十八小時內未曾間斷　我軍在其猛烈之砲火中仍扼守原陣地

▲中央社上海七日電　六日由蘊藻浜渡河之敵　經我軍一晝夜之猛攻、迄七日晨已大部消滅、敵數度企圖繼續偷渡、均經我軍擊退　[illegible]正擬渡河之敵　加以肅清

▲中央社上海七日電　偷渡蘊藻浜之敵　經我精銳部隊前往堵擊　激戰終夜、至七日晨未止。

攻八字橋敵軍被擊退

▲中央社上海七日電　七日晨四時、敵以大礮向我八字橋陣地攻擊後、以戰車二輛掩護步兵二百餘人進犯　我軍在橫浜西岸與敵相持、同時另調一部兵力、由柳營路擊敵側背、敵在我夾擊中、勉力支持一小時　即狼狽退去。

豐縣耀豐電燈廠緊要啓事

敬啓者本廠現當非常時期油價飛漲購買困難營業狀況難以維持茲經監理委員會開第二次委員會議議決燈價暫不增加時間縮短自十月十一日起按十一時停車熄燈十二月一日起按十時半停車熄燈至必需時熄燈時間再行變更等語理應遵辦恐未週知特此登報公告

豐縣抗敵繪畫展覽會籌備處緊急通告

展覽會本定於十月五日開始，茲以作品多未能如期送到，特延期至雙十節舉行。

廣福大戰敵望風披靡

▲中央社上海七日電　廣福鎮東盤據之敵、經我嚴堵　已不能續進、六日午後　我軍以重礮向敵烘擊後　即大舉掃蕩　敵望風披靡、已退至狄涇之東、沿公路線小河頑抗　我軍搜索附近一帶、敵軍已全肅清。

日軍內部生裂痕證實

▲中央社南京八日電　報載上海前綫日本海陸軍作戰部隊、內部發生裂痕之說、已於上海日本總領事突然奉召回國　向外務省提出口頭報告之事實　獲得證明、關於此點、國際人士指陳日陸軍當局發給外籍新聞記者之通行證、日本海軍陸戰隊不予承認、同時海軍省發出之通行證、陸軍當局亦不予承認。

敵軍炮兵副隊長陣亡

▲中央社上海七日電　敵軍炮兵副隊長柳川、四日在羅店激戰時中炮彈陣亡　聞柳川精於炮術爲敵軍炮隊中有數能手

我生力軍增援津浦線　正向德州北反攻　韓主席赴前綫督戰

▲中央社南京七日電　津浦路戰事　我生力軍已增援刻正向德州以北反攻　魯省府主席韓復渠、除已親赴前綫督戰外、特派魯省府委員張越代表到京、晉謁最高軍事當局　報告戰況並有所請示

晉北軒崗敵猛攻　現猶在激戰中

▲中央社太原七日電　窺擾軒崗鎮之敵　六日上午增加四五百名、向我陣地猛攻　並以一部向左右迂迴侵進　我軍奮勇應戰　現猶在激戰中。

日軍以交通困難　華北各綫停止前進

——日軍司令部解釋——

▲中央社天津七日海通電　日軍在華北各路前線停止前進　此間日軍司令部解釋、謂、係根據事實上之需要、概在繼續推進之前、必須將前方作戰部隊、加以整理、並設法鞏固後方交通、卑增援部隊可以繼續到達也　惟因日軍各路前綫已離作戰根據地甚遠、其間漏洞甚多　將如何塡補　已成極大困難　其在華北方面之勝敗　亦視此點爲斷　就實際情形而言　中國以各區域之廣　與人口之衆　至少等於歐洲人口繁密之大國　但鐵路及公路交通、則甚感缺乏　故日軍衝出愈遠、其困難與危險亦愈大、所謂孤軍深入、並不能視爲勝利也。

敵機飛廣州等處　烘炸並窺察

▲中央社廣州七日電　敵機七架襲粵、截至發電時止、已有三次　第一次上午八時五十五分　敵機十六架　分由唐家灣崖門飛　沿粵漢路一帶轟炸、六架侵入市區、我空軍　隊、迎戰於東郊　戰情激烈　敵僅在東郊外投彈十餘枚、即逃去、至黃埔灘投彈二枚　落民房、焚毀村民住宅十七間、死傷六十餘人、正在救護

中　粵漢路被炸三處、夏茅江村間　有一段鐵軌被毀　長約十餘丈　第二次十一時、敵機十二架　分兩隊　一隊襲從化　另一隊飛黃埔投彈後　衝入市東郊、再投三彈　聞敵已佔據蓮石灣蜘蛛島間附近之荷包島強建飛行場　有陸戰隊六百餘名駐守　此次來襲敵機似即由該島起飛者　第三次爲下午二時十三分、據報敵機

十架正由唐家灣巡飛芭江投彈肆虐。

▲中央社廣州七日電 據航界確息，日海軍陸戰隊、在荷包島登陸業經證實，島上現設篷帳多所，駐有日陸戰隊及工兵約六百名，似已在該島建機場及油棧、供台灣飛機休息上油之用、該島在香港領海面西南端蜘蛛島附近，距廣州約一百三十餘公里、距香港島約三十公里、與港領內大嶼島相去僅數公里，故日方此舉、對香港之威脅，實遠甚於廣州、英當軍對此嚴加注意、香港當局尤引爲極端可憂慮之事云。

▲中央社廣州七日電 據中山縣確報 敵機一架七日午襲粵時 被我高射炮擊中負傷逃遁、在中山縣屬橫欄面墮落 敵機當即沉沒，

▲中央社廣州七日電 敵機七日下午二時廿分第三次襲粵、共十三架、由荷包島飛韶關投彈十餘枚，往返英德附近、在蓮江口遇我空軍襲擊 敵不支投三彈逸去、事後查明二彈落水、一落荒郊。

▲資興 ▲中央社長沙七日電 七日午後十二時半 資興方面發現五敵機 沿鐵道綫向林州飛行、在棋風渡投彈五枚、三枚落水中 二枚落鐵道附近、無損失、後經我機追至始遁去。

▲柳泉 ▲中央社徐州七日電 敵機四架六日晨到徐盤旋廿分鐘窺察、即到柳泉向停站列車投彈九枚 又到利國驛向北上客車以機槍射掃、機車略受損失、旅客受傷人數尚待調查。

▲夾溝 ▲中央社徐州七日、七日敵機三架、由連雲港過徐北翔、在夾溝新峯山投彈三枚、傷民婦三名。

▲中央社蚌埠七日電 敵機三架、七日晨十時許飛至津浦路夾溝站、投彈六枚 同時靈璧北雙溝鎮、亦發現敵機三架。

▲贛南 ▲中央社南昌七日電 敵機多架七日上午十一時許，現於贛南某縣上空、由南向北飛行、企圖不明 至下午一時始離贛境。

▲浦東 ▲中央社上海六日電 六日下午四時許、敵機三架竄浦東楊家渡投兩鉅彈毀民房數間。

▲福山 ▲中央社蘇州七日電 晨七時、敵機三架、飛往常熟、即在福山投五彈後飛去、死農民兩人 傷七八、並毀房屋十餘間。

▲無錫揚州 ▲中央社鎮江六日電 錫息、六日下午一時、有敵機八架 襲無錫空襲、在車站附近及城中市區投彈廿餘枚、燬房多間、並有數處着火延燒、傷亡待查、同時石塘灣車站附近 亦被投彈烘炸、損失不詳，又六日下午三時 襲京敵機十餘架 被我擊潰散後 有四架竄揚州投彈十餘枚 損失待查、又有六架竄句容用機槍掃射 無損傷、

▲鄒縣 ▲中央社南京七日電 本月五日上午有敵機數架 飛津浦路鄒縣 大汶口間轟炸、至滋陽 曲阜間投彈數枚 毀客車一輛 平民傷亡甚多、大汶口北落下一彈、機車一輛略被損壞

敵機三架損壞

▲中央社南京七日電 敵重轟炸機二架、於六日下午五時半、在滬陣地被我高射炮擊中後 敵機仍圖飛行、六時許、至蘇州附近起火墮落 機內人員均即斃命，又七日晨八時、有敵驅逐機一架在大場上空被我兵士以步槍擊中、墮地焚毀、

敵機毀德教堂 總領電柏林請示

▲中央社廣州六日電 德駐粵代總領康培談、清遠德教會被敵機投下兩暴炸彈 屋經毀、損失甚重 該會屋上懸有國社黨萬字旗、主持教士關格爾，身適他往 未遭難、總領署已分電德大使及柏林當局請示處置方針、

日烘炸我無辜人民 美人向我表示同情

▲中央社南京七日電 蔣委員長夫人今日接得美國紐約、白來中維爾地方之男女州民克拉克等三十三人，聯名電云 敝人等對於日本之侵略、貴國行爲：尤其轟炸不設防城市內平民 沿海之漁船 及不設防之鄉區、至爲震驚 茲僅向夫人及蔣委員長及貴國全體國民表示深切之同情 及誠摯之悃忱、並由紅十字會奉上敝人等捐款。

△ △ △

國聯行將召集 九國公約簽字國會議 英美交換意見俾立場一致 日本非正式聲明決不參加

▲中央社日內瓦七日電 國聯大會主席阿加漢、六日親自簽署公函、分別送至國聯會員國中九國公約簽字國各國政府 告以遵照國聯大會決議案 應速依據九國公約第七條、要請各國開始會商云 查國聯各會員國中、九國公約簽字國爲英國 法國 比國、意國、荷蘭、葡萄牙、及我國、事後加入簽字者、玻利維亞、丹麥、墨西哥、挪威、瑞典等國。

▲中央社日內瓦六日電 國聯大會中日問題諮詢委員會、對中日糾紛所通過決議案、規定國聯大會建議召集在遠東有特殊利益各國、尤其九國公約簽字國、舉行會議、頃據一般人觀察 此次決議當於兩星期內 在倫敦舉行

▲中央社東京七日電 讀賣新聞載華盛頓電、遠東情勢 與美國以極度衝動 美國尤憂慮中日戰事擴大 如國聯不能採取具體方法 使兩國皆得滿意之方法以早日解决 則美國將獻身國際外交舞台、美國認現時國際情勢 異常惡化、各國和平關係 皆不可保，美國若猶堅守不干涉主義 則事態必更惡化 故正探詢各國態度、如有可能把握、擬在華盛頓或日內瓦召集國際和平會議。

▲中央社東京七日電 國聯所召集九國公約簽字國太平洋會議、日尚未接到通知 但已非正式聲明決不出席。

▲中央社倫敦六日電 六日晚報載稱 現已證實英政府擬發出邀請 要求九國公約簽字國考慮遠東時局、該報又謂英政府業已請求美國一致行動云。

▲中央社倫敦七日哈瓦斯電 國聯大會通過決議案、規定召集九國公約各簽字國舉行會議後 英美政府現正交換意見 藉以確定組織問題、尤其關於開會日期及地點與出席代表之選擇問題。

美譴責日本爲侵略國 蔣委員長表示欣慰 日外省謬加評擊

▲中央社華盛頓六日路透電 美國務院六日發表譴責日本侵略中國之宣言 謂日本在華行動、實背九國公約、與非戰公約之條款 繼謂 遠東目前爭端發生以後、美政府曾力勸中日政府不作敵對行動、並向兩國提供願採取可由雙方接受之方法、以和平手續 謀遠東時局、衆信美國務院此舉 已使美政府對遠東危機 擬與國聯合作、至其能力之限度，一節毫無疑義。

▲中央社上海八日電 自美總統羅斯福、前日對侵略國發表談話後 遠東美聯社、自滬拍至華盛頓英文無綫電訊 大意謂、該社記者已謁見蔣委員長、叩詢蔣對美總統演說之感想 蔣謂 美總統爲人權與條約之尊嚴發表偉論 此不獨艱苦倍常之中國人聽之有所感動，即列强主張和平者、亦必爲之興奮 中國自九一八事變發生後、國際以未能堅守條約義務 致世界遭受嚴重影響、日本復不顧一切 擴大其侵略，自認超過任何條約國際法律之上，東亞一切問題、世界各國必須聽日本指揮 而對中國之建設與統一則盡量摧毀 自視據有世界無上之權威 日人之企圖，顯欲使中國貧弱 減少與國際商業接近之機會、獨佔中國市場、稱霸太平洋 此乃彼之征服中國迷夢 倘中國之力能克勝 有謂各國不加以阻止、則中國之偉大市場 將遭淪陷 而太平洋之風雲且將永無寧息 現幸美國與國聯均以維持國際正義與條約尊嚴 對侵略者加以譴責，此乃中國人民所幸感也 並謂吾人現在奮鬥、必欲達到日本軍完全撤退爲止 俾吾人繼續和平建設 自衛之決心始終如一 雖存戰士一人領土一寸 亦必不變初志 非至正義確定後不可、現美總統之偉論，對於人權與和平、皆有闡明 吾人確信、凡持正義者 必可如願以償云云。

▲中央社日內瓦七日電 顧維鈞對美國務院譴責日本侵略國一點、深爲欣慰 認爲足以加强國聯反對日本決議案之力量、美國務院之宣言、又與國聯諮詢委員會審慎研究事實所得之結論、完全相同，於此可見世界文明各國 所認識之國際道德標準僅有一個。

▲中央社東京六日電 日外務省發言人六日對於羅斯福之外交演詞、施以猛烈之攻擊、大意謂、日本人民有在任何土地居住之權、日本應奪取他國以與富强之國並駕齊驅 敵人侵略行動似爲正當者然。

江甯陶吳區合作聯社 購救國公債千五百元

▲中央社南京六日電 江甯縣陶吳區合作社聯合社、成立已三年、成績斐然可觀、該聯社全體社員一百五十八人、今響應南京中國銀行農放工人之繼續認購救國公債一千五百元 已於今日將款如數匯交中國銀行、其餘溧水句容等地合作社、亦紛起響應、不日即可將款運京。

各外報館通訊社 紛紛遷京

▲中央社南京六日電 我國抗敵以來 舉世注意、各國新聞社及報館 紛紛派員來京採集消息、現蘇聯塔斯通訊社駐滬之遠東總社 亦已遷京、自明日開始發稿。

俄大使鮑格莫洛夫 返抵莫斯科

▲中央社南京六日電 交外界息、蘇聯駐華大使鮑格莫洛夫 於上月杪奉該國政府召回國 已於昨日下午安抵莫斯科 聞其此行一俟公畢、即行回任、並不長期勾留。

本縣新聞

徵集新兵 由保甲長負責親自送鄉集合

以免冒名頂替 縣政府訓令各區遵照

縣政府以應徵新兵、嘗發現冒名頂替情事、實屬不合、特規定嗣後征集新兵、應由保甲長負責親自送鄉集合、以免冒名頂替 當分令各區遵照 其原令如下 案查本年度徵送新兵 迭經發現冒名頂替及外出情事、實屬不合、須知値此全面抗戰時期、後方員兵補充 極關重要 嗣後徵集新兵、應由各保甲長負責親自送鄉集合 以免冒名頂替遞補 往返需時、至中籤壯丁外出 須經本府核准、不得擅自外出、並應塡發徙出證、以利徵集、除分令外、合亟令仰遵照、并轉飭所屬遵照、切切此令

縣口小學協進團舉行團務會議

指導兒童養成衛生習慣 規定兒童盥洗最低設備 推劉橋初小爲値月學校

縣口小學協進團、于前日在後常莊初小、舉行第二次團務會議、出席劉孝直、薛振鑫、陳正華、陳端乾、李宗舜、李厚野、李進貢、趙道豐、劉敬修、彭元珍、楊寶琛、陳志峯、列席教委孫裕澄、主席楊寶琛、▲▲▲▲報告事項▲▲▲▲ 一、主席報告、改定本校爲値月學校之原因及經過、二、每次開會時、盼各同人、盡量發表意見、三、本團決議案件、要實地做到、孫教委訓話、（甲）報告、一、各校兒童出缺情形、二、各校兒童的課卷批訂情形、三、各校兒童自治及禮節的情形、四、各校兒童盥洗、多未能就緒、應從速辦理、（乙）小問題的研究、一、兒童缺席問題、消極補救辦法、及積極補救辦法、二、就事歷要注意簡明、易於實行、以便切實執行、三、課程表各校應注意小學課程標準所規定之分量、不可過重、至於每日上課節數、應以五節爲度、並切實進行、（丙）協進團舉行的效益、一、解決個人所遇到的困難、二、觀摩取人之長、以補自已之短、至、消遣好像教師同樂會、

▲▲▲▲討論事項▲▲▲▲ 一、怎樣增進兒童養成衛生習慣案 決議 甲 每兒童備一清潔手帕、乙、每日晨會舉行清潔檢查一次、並記入記載表、每週末統計公佈最清潔之兒童、三 教師在晨會及課餘時、應時常講述衛生故事、以引起動機、二、兒童飲茶及盥洗之最低設備、應如何規定案 決議、甲、飲茶方面、每人應備茶杯一個、學校備茶桶一個 並規定飲茶時間、以便維持秩序、二、盥洗方面、面盆每級至少設備四個、三、下次會議聯展覽何種成績案、決議、展覽四年級日記 四、下次値月學校應如何推定案、決議、推定劉橋初小爲値月學校、

新任承審金述武今日來豐視事

承審員孫淮益奉令他調

縣政府承審員孫淮益、奉令他調 業于前日離縣、茲悉新任承審金述武、已于今日來豐視事 金氏係湖北武昌人 在司法界服務多年 學識經驗、均極豐富、此次奉令掌理本縣司法、必能勤奮將事 使案無留牘云

六區後廠莊發生搶架案

土匪十餘人三人進院 李明哲之小兒被綁

六區東閣鄉後廠莊李明哲家 于昨日夜、突有土匪十餘人、各帶快槍、三人進院、將李之小兒綁架而逃、追隣右聞警往援、匪已鴻飛冥冥、不知去向矣.

縣政府佈告 棉商購買美棉辦法

縣政府發出佈告云 案奉江蘇省工農業生產指導處總字第七號訓令內開、一查產棉各縣 棉花陸續登場 此項農產、向以紗廠爲惟一銷路、亦爲國防重要資源 察茲非常時期 紗廠銷路縮減 棉價勢必低廉 凡屬正當棉商 經營業務 自應予以維護 惟恐少數奸商、不明大義 非法販運 企圖漁利、爲嚴密國防 維護商運 雙方兼顧起見、各縣政府 應即依照附發表式、令飭在各區收棉商人、須先向各該縣政府登記 其已收花者、必須補行登記、仍以不妨礙其收花工作爲原則 並將各商收買銷售情形、按旬統計、列表陳報備查 如果銷路不暢、發生疑義時 應予嚴行取締 毋稍寬假 除分令外、合亟附發登記表式、令仰該縣長遵照辦理、隨時具報 此令、等因 奉此、遵查此案、與江蘇省第九區行政督察專員公署頒發之美棉保護及暫行統制、辦法、頗有抵觸、本府爲兼籌並顧起見 于本年九月三十 召集各棉社理事主席舉行聯席會議、議決由縣政府依照江蘇省工農業生產指導處訓令各棉商 應先向縣政府登記 取得證件後 准其巡赴各棉社接洽購買、一等語、紀錄在卷 除分令外、合亟布告週知、仰各棉商一體遵照 來府登記、以便向各棉社購買、如查有不經登記 巡向棉農收買美棉情事、定照專員公署統制辦法 將所買棉花 沒收充公、仰各凜遵毋違 此布

民衆組織委員會公布各區鄉鎮捐助銅鐵數目

第二區汪屯鄉鐵十八斤銅十一斤

連前共鐵二萬一千零六十九斤銅一千零八十斤

我們要以熱血來換取民族的獨立自由！

我們要以生命來保障國家民族的生存！

我們要做民族的衛士！

國慶日屆 縣黨部召開紀念大會

分函各界參加

本月十日爲國慶日、縣黨部以値此國難期間、對慶祝儀式、概予屏除、將在東關外體育場舉行紀念大會、已分函各界屆時參加矣。

縣政府公佈 收到布鞋數目

七區趙河鄉四百六十一雙

連前共計三七三二雙

◎◎◎◎抗敵標語

精誠團結，萬衆一心！

誓雪國恥！

咬緊牙根，忍痛吃苦！

誓復國仇！

氣象

	上午	下午
天氣	晴	晴
氣向	西北風	東南風
溫度	最低六二	最高七二

本城糧價

名稱	每市石最高價	每市石最低價
小麥	十元八角	十元
大麥	四元五角	四元二角
黃豆	五元八角	五元六角
黑豆	五元六角	五元五角
綠豆	八元七角	八元六角
江豆	八元五角	八元四角
高粱	五元	四元八角
穀子	四元	三元八角
稷子	五元	四元七角
芝蔴	八元八角	八元六角
青豆	五元六角	五元五角
花生	（百斤）五元	四元
瓜子	十三元	十二元

鳳鳴塔

（第三七六期）

一、本刊內容分科學、[illegible]著詩歌小說散文戲信書報介紹及批評等項
二、本刊歡迎投稿來稿文言白話均可
三、來稿本社有刪權不願改者應先聲明
四、未經登載之稿除預先聲明者外概不退還
五、本刊編輯室設豐報社內

花之淚

阿麗

天空中落下了一陣細雨，
細雨後，
窗前的花兒滿臉珠淚。
○　○　○
花呀！
這珠淚是你自己流的嗎？
還是環境和惡魔的逼迫？
○　○　○
祖國將要淪亡了，
民族將要陷滅了，
也或許是你為着這國亡民滅而悲啼？

鄉村閑話

黃念

晚飯後，德敬門前照例蹲了一羣人。

「德修哥的豆子打了？每畝地合多些？」臘三問。

「一斗三！恩，一點也不管打！」德修答。

「反正是天意！要不是老刮東風，準得多打些。」命運論者的老五說。

「韻，後莊事情，你給禮了沒有？」錫問。

「不收禮！噯！不算一回，擱着一頓多地，連響器也沒有」運答。

中學生題新走了過來。

「喝湯啦，題新！二，搬板凳去。」介福首先招呼。

「不用，不用，我坐在拖車上」說着便在拖路上坐下。

「報來了沒有？」化瀚問。

「來啦」

「打得怎樣？」薑客搶着說，因為他往坡東販過薑，所以人家都喊他薑客。

「上海方面我軍仍守羅店，江灣，閘北一帶。津浦綫在泊頭鎮北取攻勢！平漢綫陣地無變動，平綏綫我軍前進一百廿里……」

「聽說徐州府給人家炸啦，真的？假的？」法勤老愛不等別人說完就插嘴。

「真的！東路站大馬路一帶，共抛廿餘彈，我們無辜同胞被炸死的三四十人。不光咱徐州，如濟甯，兗州，蚌埠，南京，鎮江，蕪湖杭州十餘處都有日本飛機前去轟炸。」

「×他奶奶，日本鬼子怎有恁些飛機？咱的飛機，怎麼不飛到他們國裏去轟炸」劉松一開口就帶罵。

「咱們的飛機飛到他們國裏，再飛回來，汽油不夠。」題新一回答。

「你說謊話，我準不信！人家的飛機怎能飛到咱們國裏來咧！」薑客好像得理似的一瞪眼說。

「人家有航空母艦——不，載飛機的船，把飛機載到上海才起飛的。咱們沒有！」

「咱國裏非出能人不行！」大發好像失望的說。

「要個個人都能才行……」

「不假，唱書上不是說『單絲不成綫，孤樹不成林』嗎，光少數人能，持屁筋。」大先生看過唱書，不等題新說完就插嘴。

「能人那來的呢，並不是天上掉下來的，石頭縫裏崩出來的，是學的，所以咱國裏興強迫教育，就是造就能人的。」

「前幾天城裏要銅爛鐵，這也能阡虎着日本人嗎？」薑客好像任啥也不知道。

「收集了破銅爛鐵，送給兵工廠裏，一回爐溶成一錠錠的好鐵好銅，做成槍炮子彈，或炸彈手溜彈什麼的，不能打日本人嗎？這些東西咱莊稼人沒用，送給國家，可中了大用呢？」

「眼前又要鞋是為啥？」薑客又問。

「前綫將士為我們捍衛國家，捨生忘死，現在天氣漸漸涼了，還穿着草鞋，城裏教富戶給他們做雙鞋穿，也不算多吧。」題新再為解釋。

「韻！還不來家睡覺，半夜了。」韻的娘，拉長音喊韻。

大家見天色不早，有的明天還得犂地，耙地，遂漸漸跑散了，只餘下一片冷靜的月光，照在德敬門前的空地上，拖路上，似憐憫這般莊稼人的無知。

特載

廬行日記（十二）

閩

七月二十七日　晴

晨四時三十分起床，五時十分點名，二十分行升旗禮，七時戴院長傳賢訓話，大意謂：學問本領，如同錢財，人無錢，寸步不能行，人無學問本領，什麼事也不能做。但錢是人弄的，所以大學上說：「有人斯有財，有財斯有士，有士斯有用。」人有學問本領，如無高尚人格偉大抱負，那就如同有錢人，浪費一樣，不惟無益，反為錢害。諸位來此受知期訓練，學問本領，學不了許多，帶回去，要帶回去的，最要緊的，是革命建國精神。辛亥年總理自海外歸來時，上海各報發表總理帶來許多錢 許多軍器。總理說：我什麼都沒有帶來，所帶來的，祇有革命精神。現在中國國難嚴重到如此地步 我們要有一個認識，就是歷史上所告訴我們的，凡是新的建國，新的文化都是從內憂外患中得來的。我們在國家危難時期，第一不要怕，第二在平時不要懈怠。有這兩種精神，才可以完成革命使命。國家衰弱的原因，猶之乎人之生病，病不是在病人身上生的，是在平時身體好的時候，自己不留心，不謹慎生的。所以我們要臨事而懼，要居安思危。平時要如臨深淵，如履薄冰。總理無論治事治學，在平時就是無一刻懈怠，很可以作我們的模範……日本侵略中國，自三百年前，其名臣豐臣秀吉已開始建議籌劃，至近七十年明治維新，日益加甚。至中國衰弱的原因，不外全國上下因循，苟且，粉飾，虛偽，蒙昧無知之所致。是我們祖先已積其因，至現在四省淪亡，是我們子孫已食其果。我們要想復興中華民族，惟有去掉因循苟且粉飾虛張蒙昧無知之惡習。要培養有豪氣，有骨頭，步步前進，無論大小事，須從頭至尾做完。我們并要在還有團結，有號令，有紀律，有秩序之下，養成革命建國的精神帶回去，去表率僚屬，領導民衆云云。

八時十時，楊杰教官講演第二次世界大戰之前衛戰。十時廿分，王俊教官講步兵操典。下午二時祝平教官講中國土地行政與土地立法之進展。三時廿分結束龍教官講司法與監獄之改良及管理。六時行降旗禮，華教官授團歌，歌詞如下：「濟濟多士，峨峨干城，起舞五老峯下，揮戈鄱陽湖濱。服從我革命領袖，恪遵我 總理遺訓，養成親愛精誠之德性，抱定殺身成仁之決心。樹立復興民族之基礎，完成國民革命之使命」授歌後，陳教育長報告日軍在廊房有兵車列，下車後，向我蘆溝橋進攻。我中央政府已派援軍三師到保定，劉師到大同。大戰即將開始云云。

八時看電影，有綏遠抗戰將士陣亡追悼大會，及蔣委員長檢閱全國童子軍兩種片子，頗為精彩。

領書二十二冊，圖及手錄格言六張，表七張。

（未完）

唐女士的死

？？

『「父母之命，媒妁之言」倒底殺了多少人啊？』

唐女士怎樣死的，大概有許多人知道，因為報紙上也曾載過，但是她為何而死，恐怕有許多人不知。據報載：『……有病醫治無效，乃存厭世之念……。』其實，那有這回事？

唐女士是去年和王君結的婚，在未結婚以前，媒人說的非常好，說結婚後家庭能供給上學，她是因受經濟壓迫而失學的女子，終日想找尋出路無有，現在媒人說的這樣好，並且結婚後還能供給上中學，她那能說出不願意呢？同時她不願意也不中，現在婚姻的權利，完全在家庭的手中掌握着。但她心裏想着：『也或許不錯吧！』

不料結婚後能有這樣的使她失望，未得到上學倒還罷了，而且又作了妾。並且王君娶她為妾並未得到家庭的允許，以致他家庭及他先前的妻子見了他倆都時常的痛恨譏罵，唐女士在這個圈兒也不知飽嘗了多少嫉妒與白眼，甚受了多少譏罵與諷刺！

為避免衝突計，自結婚後王君便把唐女士攔在到個院裏的小屋裏了，而他又受着前妻的約束，晚上也不敢在唐女士屋裏歇，使唐女士自己在那裏過着牢獄般的囚人生活，單床獨被，更覺淒涼，她每每回憶起來，其心裏是的味道是任何人也說不出來。

她骯髒她齷齪，她憎恨，她悲哀；……常了因之也就積累成病。唐女士所處的環境，本來就足致她於死命而有餘了，何況再加上病魔纏身？她忽然又想起在世上已享受不到人生的半點興趣，不如死了快樂，所以她就借看病之故而投井離世！

唐女士是死了，是誰也不能把她再治活了，我們只好替她高呼一下：『唐女士是被殘酷的社會和舊制婚姻殺死的！』殘酷的社會何時能不殘酷？舊制婚姻何時才是牠逝世的日子？

豐報
第一千五百二十七號
社址豐縣大同街
宣傳部登記證中字第一二九二號
內政部登記證警字第二二三〇號
中華郵政特准掛號認爲新聞紙類
今日一張
售洋一分六厘

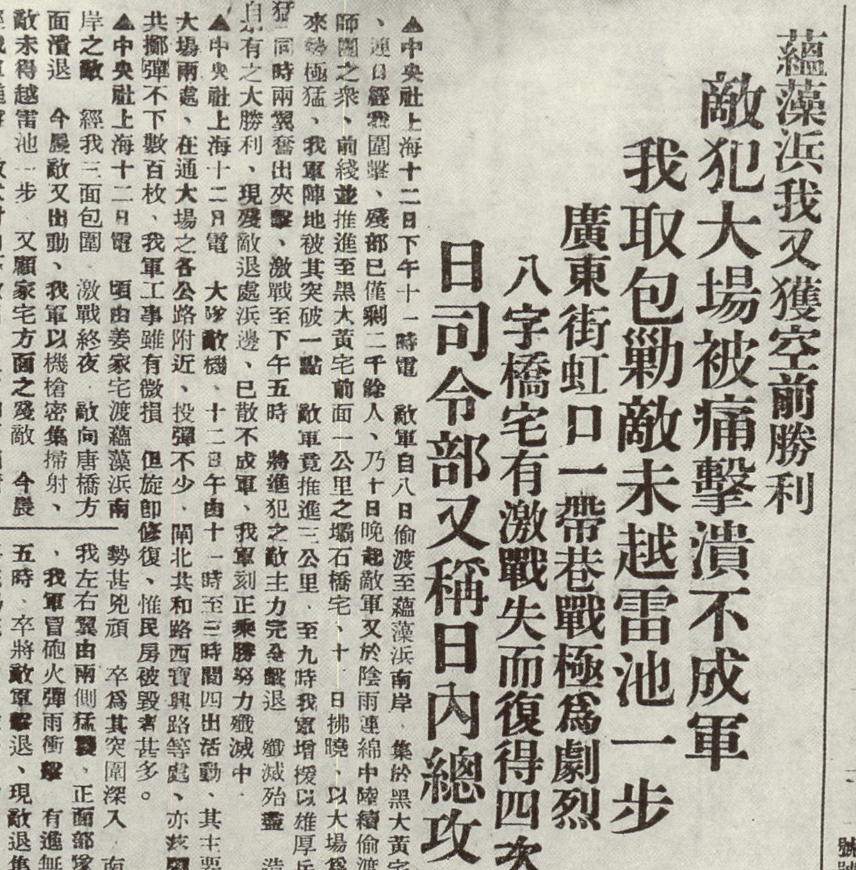

蘊藻浜我又獲空前勝利
敵犯大場被痛擊潰不成軍
我取包剿敵未越雷池一步
廣東街虹口一帶巷戰極爲劇烈
八字橋宅有激戰失而復得四次
日司令部又稱日內總攻

▲中央社上海十二日下午十一時電　敵軍自八日偷渡至蘊藻浜南岸、集於黑大黃宅八房宅楊宅一帶、連日經我圍擊、殘部已僅剩二千餘人、乃十日晚起敵軍又於陰雨連綿中陸續偷渡、兵力驟增至一師團之衆、前綫並推進至黑大黃宅前面一公里之塌石橋宅、十一日拂曉、以大場爲目標全力進犯、來勢極猛、我軍陣地被其突破一點　敵軍竟推進三公里、至九時我軍增援以雄厚兵力、由正面反攻猛[illegible]同時兩翼奮出夾擊、激戰至下午五時　將進犯之敵主力完全擊退　殲滅殆盡　造成滬戰以來空前自[illegible]有之大勝利、現殘敵退處浜邊、已散不成軍、我軍刻正乘勝努力殲滅中。

▲中央社上海十二日電　大場敵機、十二日午由十一時至三時間四出活動、其主要目標　爲閘北及大場兩處、在通大場之各公路附近、投彈不少、閘北共和路西寶興路等處、亦落彈甚多　綜計兩日共擲彈不下數百枚、我軍工事雖有微損　但旋即修復、惟民房被毀者甚多。

▲中央社上海十二日電　頃由姜家宅渡蘊藻浜南岸之敵　經我三面包圍　激戰終夜　敵向唐橋方面潰退　今晨敵又出動、我軍以機槍密集掃射、敵未得越雷池一步　又顧家宅方面之殘敵　今晨經我軍進擊　敵伏村內不敢出、旦夕即可肅清。

▲中央社上海十三日零時三十分電　十二日下午四時許高鏡廟附近南嶺中學方面、敵軍調動甚忙、且有坦克車廿餘輛活動、我以敵於蘊藻浜南岸復敗、或將在該處進擾、密切注意、六時許四涇球場及張奚宅附近、敵軍突向我賀家巷陣地進犯　我軍一面沉着應戰、一面由桑家花園出擊敵左翼、經我敵度衝擊、至九時許、敵因受壓迫、稍行後退、我軍隨敵推進、至十時半、在徐涇橋張奚宅一帶、互相對峙中　迄發電時激戰未已。

▲中央社上海十二日下午九時電　被困於蘊藻浜南岸之敵、十日十一日曾企圖突圍未果　十二日天未明前、以主力向南突擊、先以大炮猛烘、繼以步兵衝鋒猛扑我陣地、至晨七時許、血戰開始、我軍堅忍應戰、相持至明、敵機復加入助戰、勢甚兇頑　卒爲其突圍深入　南進三公里、九時我左右翼由兩側猛襲、正面部隊、亦經增援反攻、我軍冒砲火彈雨衝擊　有進無退、血戰至下午五時、卒將敵軍擊退、現敵退集沿浜黑大黃宅八房宅楊宅一帶、雖仍頑抗中　但實力被殲滅殆盡、已無再犯能力、殘部在我控制之下、不日即可解決　又顧家宅方面　敵不斷由北岸炮烘我陣地、而姜家宅方面　日間衝鋒突圍有五六次之多、惟經我軍嚴密監視　迄未得逞　敵渡河進窺南翔大場之計劃　至是全部失敗、而此役戰況之猛烈、爲滬戰暴發以來所罕見。

▲中央社上海十三日上午一時電　十二日晚十時、廣東街虹江路口、敵坦克車開始活動、我軍前哨先發制敵、乃以手溜彈及手槍迎擊　約半小時後、敵一中隊來犯、我軍躍出衝擊　巷戰一小時、敵遺屍廿餘具而退。

▲中央社上海十二日電　廣東街東寶興路等處巷戰忽斷忽續、致今晨三時、敵死傷百三十餘人、始完全退去、我軍旋於四時許、實行進攻路在謝家宅持志大學、學東中學由水電路出擊　向愛國女學推進、一路則由廣利路勸出、攻六三花園敵側面　同時我八字橋方面、亦由柳陰路攻擊猛撲日本坟山之敵　我軍神幻不測、敵方應付不及、至晨九時、敵死傷百五十餘人、旋因敵機出動、我軍卽退守各據點　戰事始止　江灣方面來犯敵軍、至晨五時半已完全被擊退　是役毀敵車二輛、斃敵六七十人。

▲中央社上海十二日下午九時電　敵犯江灣跑馬體北之八字橋宅、激戰終日　失而復得者達四次之多　至晚敵力竭潰退不能再犯。

▲中央社上海十一日通電、此間日軍司令部宣稱、上海前綫日軍將於最短期內施行大規模攻擊、日軍方面深信此次總攻、必可完全成功　蓋日軍最高指揮、深知上海前綫之勝敗、關係整個皇軍威信　蓋日軍在華北各省作戰所獲之多次勝利、在世界人士眼中、決不若在上海前綫與中國訓練甚佳武器精良之軍隊對抗而獲勝之重要也、外籍記者前發表華軍戰鬥員較好之消息、日軍大感不快。

▲中央社上海十二日電　敵艦二三十艘、逼近劉河口外、十一日晚六時起、敵軍分乘小艇在大砲掩護下、向馬橋口楊林口塗浜口猛烈進攻、企圖登陸、先後四次均未逞。

▲中央社上海十二日電　泊浦江敵艦、十二日終日向浦東作漫無標的之射擊　致浦東招商局華棧　及附近民房、中彈起火　延燒甚久　敵機亦不時結隊在該處上空窺察投彈。

▲中央社南京十二日電　上海方面敵軍近用大批日間諜探視我方軍情、並曾冒充我士兵混往前綫、昨被我軍擊斃一人、名桃秋坊子。

▲中央社上海十二日電　十二日敵續到驅逐艦一艘　運輸艦兩艘　卸下大批煤油煤塊等。

▲中央社上海十二日電　廣福以北、全綫沉寂、敵砲擊施相公廟以北我陣地全日未停、又薰家宅、我警戒綫一度爲敵突破　旋經我反攻收復、全綫陣地無變化。

敵機肆虐錄

▲中央社南京十二日電　今日下午二時、敵重轟炸機九架　驅逐機六架沿京滬路向京進發我空軍聞報、卽往攔擊、惟僅以隊長劉粹剛　獨留京空待敵、二時半敵機結隊竄入市空、當有一敵驅逐機向劉君挑釁、待至城南　劉君突翔高空準備操縱敵人、該機也急翔抵住、彼此上下斷殺、不下數十回合、正値敵機迴轉時、劉隊長從側猛射敵促不及防　卽中彈起火、晏炸巨響、聲震全市、敵機墮於門東水佐營五號楊宅、劉隊長奮勇殺敵之超越技術　目擊者、無不同聲贊譽　餘機見勢不佳、紛向中山門外馬羣鎭逃去、我機　架仍奮勇追擊、在仙鶴上空同敵　驅逐機、開始交鋒稍行週旋、敵機卽被我擊中、敵戰鬥員見勢不佳、乃期逃逸、不意被擊落地　餘機轉向燕子機飛去　我空軍戰士曹芳鑑　在該處迎擊　不幸以飛行過速、機墮地受損、敵機一架被我擊傷　墮地焚毀、四時許又有敵機五架、由東北飛經江在高資略作窺察、卽飛去、據查、今日來犯首都除我機一受輕傷、敵前後被我擊落三架、敵在光華門外投彈廿六枚、除民房被毀外、別無損失

▲韶關　▲中央社廣州十二日電　路息　連日被敵機十架來襲韶關、向東河鐵橋南門橋及市內四廟街等處投彈五十餘枚、炸毀商店民房百餘間死傷平民甚多、其情極慘。

▲太原　▲中央社太原十二日電　十二日上午六時三刻、有敵機廿餘架、分經盂縣娘子關等處沿正太路西飛、在平定壽陽等處轟炸　上午十時半又來敵機五架　三架飛并市高空　盤旋一週卽東去　一架飛忻縣黃寨後　向北遁去

▲蘇州　▲中央社蘇州十二日電　今晨天氣初晴、敵機大肆活動　蘇市十二日竟日警報、十五次以上、但市民均沉着鎭定　同時防航人員亦特別戒備、敵機今日上午十一時空襲時　在離市外十餘里處投彈數枚、

▲順德　▲中央社鄭州十一日電　敵機七架十一日在順德投彈八枚、車站附近稍受損失、安陽高邑連日發現敵機投彈　車站路軌均被損失。

▲虎門　▲中央社廣州十三日電　敵機兩架　十二日上午九時廿五分、飛虎門投彈四枚　圖炸我軍艦　但未命中　至十二時十分又來敵轟炸機三架、投彈六枚、均在海面暴發

▲嘉興　▲中央社上海十二日電　十二日晨九時許　敵機三架、飛嘉興投彈　該處爲三難民收容所、被燬死難民多人

▲杭州　▲中央社杭州十二日電　十二日上午十時、有敵機兩架　飛至杭市北門外、投彈兩枚　死難民一人傷四人云。

▲蕪湖　▲中央社蕪湖十二日電　敵機九架　十二日下午二時、經廣德灣沚繞道裕溪口襲蕪、在北郊投彈十餘枚　多落水塘中　盤旋三十分鐘、有六架往京飛去、三架竄往江北。

▲江陰　▲中央社鎭江十二日電　十二日午有敵機二架、經蘇州西飛、至奇墅堰及四彈復經鎭空向京進襲　我空軍中途迎擊敵機折回圖逃　我軍奮勇追擊、至江陰發生激戰、敵機兩架　均被擊落、墮江陰申港一墮靖江　江中　又十二日午後、襲京敵機、被我擊散、經鎭向東逃逸者　先後約十餘架、並在東郊上空　開機關槍射掃。

▲南昌　▲中央社南昌十二日電　敵機十飛南昌、在牛行車站投彈八枚　當經救護機關極力施救　發現炸死難民十五人　重傷十餘人　至十二日晨在破壁殘垣中發現死尸四具　及贛江漂出殘缺不全之尸體、均經掩埋　至坍塌民房共五十四幢　財產損失四十餘萬元

敵圖渡赴五河未逞
我機飛魯助戰

▲中央社濟南十二日電　軍息　十二日晨老黃河北岸之敵、圖渡赴五河　被我守軍擊退、我別動隊、十二日晨襲擊敵側背　我斃敵六十餘名　獲三八式步槍四十餘枝、別動隊死二名傷八名、二日晨敵機二架經禹城來齊、至張莊盤旋　週北返　另六架到臨濟窺察。

▲中央社濟南十二日電　我機九架十二日到魯助戰。

▲中央社南京十二日電　據關係方面　接十二日濟南電、據報　我軍仍在老黃河右岸與敵對峙中　敵便衣隊及騎兵　約四五百人竄向我陣地竄犯均被擊退

晉北敵攻平魯
沿途刼殺焚姦

▲中央社南京十三日電　軍息　七時敵軍由朔縣向平魯方面進犯、沿途毀村落數十處屠殺百姓無數、並强刼財物、姦淫婦女敵所到之處、火光燭天、慘不忍睹

▲中央社太原十二日電　我軍進擊原平附近之敵甚爲順利　神池殘敵被我大部兵力及便衣隊猛烈攻擊　勢已不支

各地慰勞將士電文如雪片飛來

▲中央社南京十二日電　自寇侵我、舉國奮起、我為爭求民族生存發動全面抗戰、全國各地、致蔣委員長及前方將士慰勞電、如雪片飛來、軍委會昨又接到各方電報、茲將通電機關團體名稱錄告如下、一、陝西各界抗敵後援會、二、丹陽旅滬同鄉會、三、京滬滬杭甬兩路抗敵會南京分會、四、浙江平湖縣黨部、五、湖南新化縣黨部、及人民抗敵會、農會、總工會、籌備會、商會、教育會、婦女會

師長羅霖遺誤戎機撤職嚴辦

▲中央社南京十二日電　國民政府十二日令、據軍事委員會呈、陸軍第七十七師師長羅霖、此次在前方作戰、未奉命令、遽爾退却、請予嚴辦、查該師長守土有責、乃今擅自撤退、遺誤戎機、殊難原諒、着即撤職、由軍委會依法嚴辦、以重紀律、此令

粵沿海敵艦蠢動烘擊海口炮台

▲中央社廣州十二日電　連日來敵機數度飛瓊崖空襲、敵艦兩次以大炮轟擊海口炮台、但終不得逞、敵艦一艘、竟駛往崖縣及文昌海面、掠我漁船食糧、烘沉我漁船念餘艘、漁民數十名、二、中山縣第七區沿海高欄包洋面附近、有敵艦多艘、往來游弋、竟發砲七響、攻高欄包、繼又迭以機槍掃射、沿海漁民、慘遭屠殺者甚衆

敵艦艇載水兵在磐駝毛島登陸

▲中央社南京十三日電　甬息、日前敵艦下四艘、派巡邏小艇多隻、載水兵數十名、在山東駝毛島登陸、竟擅自闖查戶口水井等情況、並強迫居民尋找住居、俾供來往居住之用、該方面有漁船十餘隻盡被焚燬

製毒機關方興未艾 日本威望更將墜落

—英報社評—

▲中央社倫敦十二日路透電　太晤士報十二日社論、對國聯鴉片委員會報告書、涉及日本之部分、有所論列、略謂、某國迄今尚自謂、以自身之榜樣促成遠東之改進、乃其勢力範圍內、毒氣瀰漫、置之不問、殊屬難於解對、國聯鴉片委員會之報告、現方送達英國、華北及滿州境內華人、實為受害最慘重者、但毒物之消場、必有一定之限制、而受毒戕之人、大致日淪貧苦之境、而日本大部製毒機關、則方興未艾、勢必再闢廣大市場、於是他國亦有波及之危險矣、又日本之威望、已因其軍人慘酷暴虐而受打擊、今則以毒物推銷、將使其聲名更加墜落矣、

敵人又一醜事

英使館副武官木來赴滬 日機低空掃射幸未傷人

▲中央社南京十二日電　英大使館航空副武官木來等一行、十二日晨乘汽車三輛、由京赴滬、下午四時在距四十里之閔行、被日機六架在二百英尺之低空、以機槍密集掃射、木來等下車避躲、未有死傷、車身則中彈甚多、查英使館曾於木來行前通知日方、車上掛有英旗、車頂亦繪有英旗、日機竟烘炸、甚為驚異、現使館尚未有所表示、

日又發行公債一萬萬元

▲中央社上海十二日電　東京十二日合衆社電、日政府為籌措對華經費起見、已於今日發行公債二萬萬元、定期十[illegible]年償還、週息[illegible]五

九國公約會議將在比京舉行

▲中央社比京十二日電　前傳九國公約會議在比京舉行之說、已大體決定、會期大約在兩週之內、美國亦於實際上允許派遣代表參加、在比京方面、對於會場之擇定、極表歡迎、因此比國雖與中國有廣汎的商務關係、但政治方面絕無企圖、如比國早已放棄天津比國之租界等、即可保證會場中之中立性云

預打傷寒霍亂針

宣傳病症危險勸告民衆自攝 衛生事務所派員

（江蘇社）沛縣衛生事務所鑒於秋令天氣涼暖不一、人民不慎易於疾病、且可染成霍亂傳播危險、處此時期、理應自攝、該所昨特派大批人員冒雨分往各鄉城內外居民住所、預打傷寒霍亂血針、並宣傳該病疾之危險凶象云

訓練男女救護士

沛縣當局應非常需求

（江蘇社）沛縣通訊　該縣當局近感於救護人材缺少、由縣政府救護組招考志願男女護士二十五人、在中山里政救護訓練班、加以短期訓練、以增進其救急看護之技能、茲悉該班業已訓練期滿、由該會救護股長編為四小隊、以應非常之需求云

金類兌換法幣辦法

縣政府奉令布告週知

縣政府近奉頒金類兌換法幣辦法、當即布告週知、其原文如下、案奉江蘇省政府總字第四五五號支代電開、各縣縣長、頃准財政部卅錢幣字[illegible]開、茲由幣制定金類兌換法幣辦法七條、提經行政院會議決議通過、辦法全文如下、凡以生金、金器、金飾、金幣或礦產之金塊金沙等金類兌換法幣、或換算作為法幣存款者、悉照本辦法規定辦理、金類兌換法幣機關、由財政部委託中國、交通、農民四銀行、及郵政儲金匯業局、郵政局、及其分支行局處或其委託代理金類兌換法幣之辦理、按其實含純金成分、照中央銀行逐日掛牌行市計算、四、以金類交由兌換機關兌換法幣者、依左列規定、給以手續費、（一）十兩以下者、給百分之三、（二）十兩或十兩以上者、給百分之四、（三）五十兩或五十兩以上者、給百分之五、前項手續費、由財政部負擔、五、以金類交由中中交農四行換算作為法幣存款定期在一年以上者、除依本條四條之規定並照銀行規定利率外、加給利息週息[illegible]、六、以金類購買救國公債者、得不依本辦法第四條之規定、毋論多寡、一律加給百分之六七、本辦法自公布之日施行、除由部公布并分令外、相應函請查照、即希飭屬遵照并布告週知為荷、等由、除分令各區外、合行布告仰飭屬知照、并布告週知、行佈告全縣民衆一體遵照為要、等因、奉此、合知、此令、

本社啟事

查近來交通阻塞、紙張極為缺乏、各地報紙均再縮小篇幅、以節物力、本報因存紙無多、購買又極困難、現為延續事業計、自本月十一日起改出八開紙一張、但內容重要消息絕不減少、俟交通恢復、仍照常出版、此啓

本社發行股啓事

本縣四鄉閱戶均鑒：查本報送達時間、前為每週一次（星期日停刊）、現値時局嚴重、消息尤貴迅速、本社有鑒及此、自本月十一日起星期日照常出版、送達時間改為每貳日壹次、希各閱戶注意、此啓

本社廣告股啓事

查本社定於本月十壹日起縮小篇幅、廣告面積亦須減少、故廣告刊例加以修正、茲將新訂廣告價目列後、希各界注意、此啓

廣告刊例

（封面）每日三行三天起碼　每日每行壹角五分

（普通）每日二行二天起碼　每日每行壹角

（短行）每日四行二天起碼　每日每行五分

排列算法

各種廣告皆以五號字為標準每行以四十三字計算、短行以二十壹字計算、標題字用頭號字每壹字作九字計、貳號字每壹字作四字計算、字數不滿壹行者照壹行計算

河南禹縣國貨出品

請服萬靈丹

衛生署批准

此丹乃係本鋪自運川廣雲貴地道藥品原料、純粹國貨、選擇精良、配合詳慎、藥性和平、威而不猛、常服之有益衛生、以防諸邪、誠妙藥也、上治

一治嘔吐惡心　一治肚腹疼痛

一治胸膈脹滿　一治飲酒過度

一治兒科風熱　一治霍亂吐瀉

一治消食化疾　一治紅白痢疾

一治火牙蟲牙　一治胃口不開

豐縣代售處　懷濟堂　濟德堂

豐縣民衆組織委員會募集傷兵被服公佈如下：

又平職業中學全體教職員壹套　又平職業中學全體學生壹套　以上十月十一日收

縣政府張秘書大勳王聲佐、開華程科長裕齡馮科長守信、承審述武合捐壹套　保安隊全隊官長壹套　縣黨部主任委員戚鷹舉、六區公所暨各鄉鎮長合捐壹套　以上十月十二日收

連前共計貳拾叁套

捐募工作團團長　董玉珏

縣府募集之布鞋

一萬八千雙今日派員送徐

縣政府奉令募集布鞋情形、已迭誌本報、茲悉該項布鞋、現已募齊、縣府當茲東包裹、僱用人力車多輛、于今日派員押送赴徐、共計為二萬八千雙云、

保安警士逃走經分駐所拿獲

革職後並加杖責

縣府新召致之保安警察徐循周、忽於前日私逃、經發覺後、即派警四出查拿、已於昨日拿獲帶縣、分駐所除將其革職外、並杖責拘留、以儆效尤、

教育局召開壯訓人員會議

教育局于今日上午十時、召集各壯訓人員、舉行談話會、到各中心民校校長馮矩棠、鄉鎮民校校長李誠修、及教員數十人、由黨局長主席、行禮後、並報告此次召開談話會之意義、旋即開始討論、對今後推進壯訓應注意之點、研討頗詳

童軍理事會召集童子軍聽訓

請黨政教負責人講演　將利用緊急集合辦法

本縣童子軍理事會、為使童子軍集合聽訓起見、特請黨政教負責人員担任講演、至聽訓地點及時間、事前並不通報、擬利用緊急集合辦法、臨時通知、藉觀其行動能否達到迅速敏捷之要求云

四區運獸車輛登記完竣

縣政府前令各區辦理運獸車輛登記、第四區公所奉令後、當即趕速辦竣呈報、縣府以該項登記、極為重要、且限期已迫、當令催各區趕辦、以便彙轉

中華民國二十六年十月十四日　豐報　（星期四）　第一版

豐報

第一千五百二十八號
社址豐縣大同街
中宣會登記證中字第一二九二號
內政部登記證警字第二二三〇號
中華郵政特准掛號認爲新聞紙類
今日一張
售洋一分六厘

淞滬大戰兩月經過

粉碎敵人迷夢堅我必勝信心

四次總攻血肉長城屹然無變

蘊藻浜廝殺劇烈驚動中外

我民族神聖抗戰大放光彩

敵自認傷亡達三萬以上

▲中央社南京十四日電　淞滬抗戰展開至今、時已兩月、我前方將士、以血肉之長城抗拒暴敵猛烈之砲火、卒使敵軍統帥部早日估我淞滬之迷夢　粉碎無餘、同時我全國同胞對抗戰必勝之自信、亦愈益堅固、回顧此兩月間、淞滬抗戰之過程、可概分爲兩個時期、自戰事暴發起、至九月十三日我軍移至瀏河羅店劉行八字橋廟行江灣鐵以迄北站止爲第一期、此時期戰鬥之主要意義、厥於阻止敵軍登陸之中大量消耗其實力、九月十三日起、至今日止、可稱爲第二期、惟此一時期中、九月十三日至九月廿九日之前兩週、因雙方陣地突然變動、均待鞏固防綫、重整部隊、故無激烈之主力戰鬥、但自九月廿九日起以至十月十三日間之後兩週中、則爲我東戰場空前未有之緊張時期、蓋敵自九月廿日深夜起開始對我實行第四次總攻、一面以重炮猛烘羅店我軍陣地、一面以飛機大炮協同烘炸閘北江灣一帶、而以主力犯我羅店劉行間之滬太公路、企圖突破該線　進佔羅店以西之我軍各據點、以隨深入蓆捲之計、我軍在此第一綫上既經半月以上之佈置、早對敵人之詭計有充分之準備、故自九月廿九日晨五時、至翌晨九時之廿八小時內激戰結果、以對敵第四次總攻之企圖、從容予以致命打擊、其後□間敵雖繼續不斷向我閘北及羅店左右翼以飛機重砲掩護步兵進襲、同時浦江敵艦每日向我浦東陣地烘擊、但敵主要目標之初步行動、業歸失敗、則無疑義、惟我羅店劉行間陣地、受敵炮火集中烘擊之後、殆已變成一片焦土、故本月二日該地我軍乃沿滬太公路向公路以西八百公尺至一千公尺之各據點作有秩序之移動、此際敵人則在江灣市中心區方面亦自動撤退一公里左右、雙方如此更移陣地後、又歷三十餘小時、敵復對我全面進攻、仍側重羅店　劉行　顧家宅之線、但與第四次總攻不同者、[illegible]四次係集中兵力於羅店劉行間　蘊藻浜之北岸　此番則在強渡蘊藻浜　故戰事中心在唐橋姚家弄、嚴家宅、顧家宅、自本月四日中午起　敵即以重炮轟我浜南陣地、每小時以數百顆計、掩護大隊步兵在以上各點強渡　我軍則在南岸堅守、敵我隔岸相峙、激戰竟日、雙方損失均極慘重、敵軍死傷不下萬人、而其渡至蘊藻浜南岸與我搏戰者、不過兩聯隊左右而已、對敵陣綫仍未能突破、四五日以來　敵知我陣地難犯　除對劉行一帶不時以戰車坦克車試探我方抵抗能力外、對羅店西南陣綫則惟利用夜間繼續強渡蘊藻浜而已　至本月八九日、全綫重心乃自蘊藻浜北岸移至浜南岸、至十一日下午四時敵在浜南嚴家灣　黑大黃宅　等地、已集有一師團之衆、乃向我石橋宅一帶陣地展開、半月來未有之猛烈血戰、敵曾一度突破塌石橋宅一綫、衝入我右翼陣地、約二公里、我軍奮勇反攻、激戰至下午七時、傷亡甚多、待生力軍趕到、向敵猛烈圍攻、卒將原陣地恢復、昨前兩日夜、敵仍圖在該綫進攻、屢遭我軍擊退、尤以十二日晚之戰事最爲激烈、敵一面在蘊藻浜南岸爲困獸之鬥、一面自二方增援、企圖中央突破、直攻大場、進窺南翔、以實現其十月十五日以前迫我退至第二道防綫之計劃、但我前方守軍不[illegible]犧牲　已將浜南敵軍主力擊退　截至昨夜止、僅少數殘敵尚待肅清、敵人自九月廿八日以後、對我第三次總攻可謂已遭同樣失敗、當然吾人不能忽視江灣閘北戰況、但此兩地與浦東相似、雖不甚爲敵密集炮火轟擊、然陣地固無絲毫變動也　綜觀第二期滬戰、敵人對我總攻三次、其主要目的均企圖中央突破、然已在我忠勇將士抵抗之下遂一一失敗、前後死傷即據敵人自認亦在三萬以上、而此時期間、敵人炮火進攻之猛烈、飛機投彈之慘酷、歐美觀戰者均斷爲遠東世界大戰　義阿戰爭以及西班牙戰事以上、故我將士連挫敵人總攻、固守原有陣綫、不僅在世界戰史中留一抵抗侵略之偉蹟、且爲我民族神聖之解放戰爭　放一絕大光彩、使我全國前後方同胞　在領袖領導之下　繼續保此壯烈精神　最後勝利必屬于我。

▲中央社南京十四日電　頃據確息　敵自上月廿九日起三次總攻至今日止可謂完全失敗　蘊藻浜方面　敵數度增援　我軍猛烈反攻　終未得逞、敵全部殲滅　現蘊藻浜方面、不難一鼓蕩平。

包勦黑大黃宅敵

▲中央社上海十三日下午九時三十分電　退集黑大黃宅一帶之殘敵、伏而不出、我爲肅清計、續行勦襲、頗有進展、

▲中央社上海十三日電　蘊藻浜南岸、滬太公路以西之敵軍十二日經我猛烈反攻、殲敵三千餘人、卒將敵主力擊退、我乘勝掃蕩、驅敵於黑大黃宅八房宅、刻敵殘部、在該處掘壕　我軍現正積極推進、務將敵全數殲滅

▲中央社上海十三日電　偷渡蘊藻浜集於黑大黃宅八房宅等處之敵、連日向西南進犯、曾一度進至塌石橋宅、十三日夜間、我生力軍開到、即猛烈反攻、直衝敵陣、敵雖持其密集炮火向我烘擊、我軍咸抱必死決心　前仆後繼　有進無退、終將敵擊退、還尸六十餘具向北退去、我軍亦乘勝追擊、敵受壓迫　僅於黑大黃宅、趙家角一帶十二日下午五時許、據前方報告、黑大黃宅等處猶在激戰中。

姜宅敵突圍未逞

▲中央社上海十三日電　姜家宅渡過蘊藻浜之一部敵軍、數次突圍未逞、經我三面包圍後、十三日拂曉敵又圖衝出、我軍奮勇痛擊、激戰一小時許、敵不支退入壕內、我斃敵七十餘名、並奪獲輕機關槍七挺、步槍三十餘枝、及其他戰利品無算、至由東楊宅渡過之敵、經我連日襲擊、已消滅其大部、現僅餘少數殘部踞蹟於顧家宅、十三日晨、我又一度進勦、敵已無出擊能力、又殷行方面敵軍、十三日晨、向我陣地進犯、企圖解除東楊宅殘敵之圍。

泗涇球場肉搏戰

▲中央社上海十三日電　十三日晨三時、我軍分兩路直抵泗涇球場敵根據地、短兵相接、相持三小時、敵傷亡百七十餘人、

翔殷路敵我衝擊

▲中央社上海十四日上午十一時電　十三日下午七時半起、翔殷路上敵我各以坦克車衝擊、展開新式機械化之戰鬥、敵東我西各以車上小炮及後方之迫機炮等互相轟擊、此來彼去、進出於黃興路其美路　相持至四小時之久、至約十一時半、我逐步進迫　已近復旦大學、葉家花園處、尚在激戰中　敵沿途遺棄尸具、已有六七十人之多　又十三日黃昏、敵機絕跡後、我江灣、譚家宅、粵東中學駐軍即行活躍、晚七時分數路向六三花園、愛國女校等處敵根據地猛衝、敵愴惶應戰、至十時我軍另以一部沿廣利路攻六三花園之側背、迄發電時止、尚在激戰中、我軍頗佔優勢。

敵正進行新企圖

▲中央社上海十四日晨十時電　蘊藻浜南岸　遭受重創後、現盤據黑大黃宅之敵、似有向北敗退、而[illegible]向西移動之勢、敵此次偷犯、又已告失敗、正進行新企圖、其目標似爲廟行　據悉[illegible]渡泗涇場、在廟行東面　東西顧家宅集中　已[illegible]、而泗涇球場之敵　十三日晚六時向廟行之南境、廟移動、我已沿江洋路嚴密防備、惟[illegible]止、尚未接觸、又蘊藻浜北岸敵軍新兵、不斷向廟行一帶襲擊、今日未停　預料今晨當有惡戰

閘北敵機甚活動

▲中央社上海十[illegible]日電　[illegible]時五時、敵機廿餘架、在閘北上空活動　投彈甚多　目標似仍爲譚子灣　共和路　寶山路　東寶興路一帶　據觀察　敵在此線亦有所動　戰將於日內展開、又江灣路寶家橋也有敵戰車多輛　時向八字橋水電路一帶窺探　且見將有大規模戰事。

廟行綫連日沉寂

▲中央社上海十三日下午九時半電　廟行正面　連日沉寂、惟左側蘊藻浜北岸敵跡周家宅之敵、路日以機槍迫機炮向南岸轟擊、似有偷渡企圖　我亦還擊　敵終未得逞、

白茆口敵圖登陸

▲中央社上海十四日電　白茆口外有敵艦廿餘艘、十二日夜以大炮向岸烘擊、掩護數敵艇滿載兵士、企圖登陸、經我猛擊、相持終夜、將敵擊退　十三日晨一時　大部敵艦向下游駛去。

▲中央社南京十四日電　軍息　十三日蘊藻浜方面陳家行顧伍士一帶戰況甚烈　但我陣地堅固、二　白茆口常熟登陸之敵　十三日上午已被擊退、我軍防守甚固　決可無慮　三　浦東十二日晚炮擊甚烈　情況無變化、四　十三日敵機二百餘架、對京滬鐵路南翔直至常熟[illegible]大肆轟炸

白海乍浦口外敵艦

刼我民船加以焚燬　並令漁民散放傳單

▲中央社杭州十三日電　乍浦口外現有敵艦六艘　刼掠我漁船甚多、並有木船[illegible]企圖登陸　但我防守甚固、敵[illegible]得逞、[illegible]洋面　亦有敵航空母艦[illegible]艘、又[illegible]餘艘[illegible]東北灣面[illegible]日晨現敵艦三艘、迄夜未去、

▲中央社[illegible]日電　近日敵機四出搜捕漁船、[illegible]白[illegible]派小電船[illegible]沿冠頭頭前海面[illegible]着便衣[illegible]有時將漁民[illegible]所帶漁船脫去[illegible]被[illegible]者已不計其數、[illegible]傳單[illegible]

享縣之敵分三路向我進犯

在南槐花附近肉搏多次

敵傷亡慘重我俘獲甚多

平漢線在石家莊發生爭奪戰

津浦綫正面在趙王河相持中

▲中央社太原十三日電 享縣原平之敵、連日準備向我進犯、十二日上午七時敵分三路、向我新口以北各陣地進犯、以飛機戰車掩護步兵前進、大炮飛機終日不斷烘炸、我亦以全力還戰、砲火之烈、向所未見、前方步兵、在南槐花附近陣地肉搏多次、均被我擊退、迄午後七時、敵以傷亡慘重、狼狽退却、我軍正乘勢追擊中、計敵傷亡三千以上、轟毀並俘獲敵戰車廿二輛、據我五台守軍報告、敵汽車百餘輛、往來不斷運送傷兵、我因陣地堅固、傷亡較少、又十三日開封電、平漢線戰爭至爲劇烈、十二日石家莊發生爭奪戰、迄下午五時、仍在我軍手中、我某部奮勇抗戰、敵傷亡甚衆、又關保方面接濟南軍稱、我別動隊十一日晚襲擊德縣東之十里莊、斃敵步騎兵二三百人、獲步馬槍百餘 某十二日晨該隊撤至趙王河南岸之土橋街、現仍與敵隔岸對峙、又續據稱、我別動隊十二日午後由土橋街渡老黑河襲擊北岸敵之側背、斃敵六十七名、獲三八式步槍四十餘枝、我亦略有傷亡

▲中央社南京十三日電 關係方面接濟南電、我別動隊十二日晚襲擊德縣東之十二里莊、斃敵二三百名、物坦克車三輛、該隊退回趙王河南岸之土橋街、現仍與敵隔岸對峙中、津浦路正面、在趙王河相持

▲中央社南京十三日電 京中接太原電告、茲報告如下、一、閻攻原平之敵、十日以飛機戰車裝甲車◎護步兵、迭次猛攻、激戰終日、我某旅死力抵抗、與敵肉搏多次、雙方傷亡甚衆、並擊毀敵戰車兩輛、我騎兵某師、一日於雷武北與敵激戰、現仍對峙中、二、綏遠方面、我騎兵某旅、在陶林武川一帶、達日與敵對戰、劉正節節抵抗中、三、朔縣敵有向北移動模樣、享縣大部援軍平魯、縣有敵汽車甚多、又電、十一日敵仍猛攻原平、我姜旅死傷奇重、僅餘二三百人、山炮全毀、刻仍據守平原東北角、與敵巷戰中、我援軍十一日全線推進、到達東西岔村以西高地、與陶源村至平地泉一綫、遭敵之抵抗、獲敵戰車一輛、我某師傷亡營長一人、連長數員、現仍激戰中、又呼齡龍口呼駝河對峙、有敵步兵千餘人、陽明保敵機場有敵機卅餘架、代縣到敵憲兵隊

△我軍克復來源岱岳鎮

▲中央社西安十三日電 此間已得到我軍某部於十日晚克復來源與岱岳鎮之勝報、

▲中央社太原十三日電 我軍某部右翼一部、十一日晚十二時晨一度進攻來源城、敵向北逃去

我機飛天津塘沽 轟炸敵運輸艦

太陽旗愴惶扯下

▲中央社南京十三日電 航空界息、下午我空軍於昨飛天津塘沽、轟炸敵運輸艦、塘沽車站軍用品等處、敵艦泊岸上、正值卸運、我機到達時、敵手忙腳亂、紛紛向碼頭躲避、我機投彈、每彈均中、敵運輸艦起火、碼頭上軍品及車站均被炸、空軍旋飛塘沽車站投彈、彈中車站屋頂、焚毀甚多、我機任務已達、均安全返防。

▲中央社天津十三日路透電 中國空軍、十二日下午突襲大沽、計有烘炸機九架、在下午二時十五分、投彈四枚、據大沽外人報告、中國飛機來自南北兩方、至少在河兩岸投下炸彈八枚、當機來襲時、許多日旗均愴惶扯下。

華山小學協進團 △舉行第二次團務會議

積極指導兒童養成衛生習慣 加緊抗日工作捐款援助戰士

華山小學協進團、于前在周宅址舉行第二次團務會議、雖值陰雨、各團員仍踴躍參加、計出席李瑞增 邵心文、戴儒郁 陳謙德 董玉琳 尹文德 朱本祥、張體仁 史志和等、主席李瑞增、紀錄陳謙德、報告事項略、討論事項 怎樣指導兒童養成衛生習慣案 決議1.由公民訓練時間講述衛生條目、訂定整潔檢查表、由學生自行檢查記載之、2.組織衛生隊隨時檢查不講衛生兒童並糾正之、3.選舉衛生模範兒童、4.每週公佈整潔及不整潔兒童、5.學校在可能範圍內設備衛生用具、最低限度設備痰盂二個、大竹掃帚四個、雞毛帚一個、小掃帚四個、土簸箕一個、紙簍一個、把兒童簡單救急藥品之最低備置案 決議1.置備洗臉盆兩個、飲茶杯、2.設備茶壺一個、口杯及茶鍋一個、3.學生每月備手巾一條、每人一個、三、四年級作文展覽、舉辦作文比賽、如何加緊抗日工作案 決議1.在校外壁報上每週將抗敵情形公佈、2.調查漢奸行動、3.師生節省零費捐助抗敵之用、集款交教育局轉五、推定下次值月學校案 決議胡集初小校

三九大隊 選技術精良士兵赴三師服務

保安第三十九大隊、於各分隊中、選擇技術健全之班長、及一等兵士數名、前往中央第三師充任排長班長等職、聞業已挑選完竣、定明日即行首途云

教育局電調各小學成績

定本月十三日開始 趙廟等十二校被調

本縣教育局爲督促各小學切實改進起見、特遵照廳令、每學期電調各小學行政及學科成績、以資考核、本學期於本月十三日開始電調趙廟等十二校、四年級作文簿、閱後將每調輪流抽調各校各項成績云。

五區公所拿獲土匪 並得鋼槍一枝

第五區公所、近以小股土匪擄掠、每乘夜出、特派巡邏丁、每晚巡邏、忽據報告、土匪集於邊境十里之某村、後該區員協同當地村長、率丁前往、土匪見勢不佳、逃至泥窩屋内、以雨衛、正在搜查中、其匪等、被我擒獲、並獲鋼槍一枝、已押送縣府究辦矣

特載

盧行日記（十四）

七月廿九日・晴

晨四時三十分點名、五時五十分、行升旗禮、中央黨部組織部長張勵生講演、講詞大意如下：昨日得豐台廊房克復消息、可喜、但於可喜之中、常有異感、我們應如何保持最大勝利、應懺悔救國之道、難方長、我們後勝利、要認識敵人日本國策、第一、日本國策、自甲午中日戰爭以來、南進北守、所以拿去我們的東北四省、猶未足、心還想拿滿蒙華北。我們要認識我國國策、是總理所手定、國策就是恢復台灣、朝鮮、所以中華民國恢復東四省。日本人僅……

眼中之中國人、奴隸歷史習慣性、認爲有擁護元人滿人做皇帝、還認爲中國無官不貪、無吏不污、中國份子無不名利心切。知識份子、對他國內部用分化政策、1.破壞中國上下、2.挑撥我們全國、3.造謠、是我們可自反省、覺悟自覺、蔣委員長對人才、經營訓練、以來組織一般苦心、受社會感召、本人思想陶冶不如從前、就錯了眼光來看我們、本人再以前錯了、要知彼知己、與日本爭勝負、知己物質方面、本補救不難、新祇數年、苦幹不過十年、德國、俄國、

華國不到十年、那能稱雄世界、那是我們好領袖曾說過：『我們模範最迅速方法、來完成經濟最』……準備意見紛歧、日本現在我們國內意志統一、比過去我們精神方面、已強了、他們不要羨慕、新式武器、我們本家、大家聽不要以大家、我們可使敵人作戰、我們只要有新式武器、我們抗戰也就無用了、新式武器、只要我們擁護中央政府、一要在我們有地域觀念、不要再護最高統帥、不要有擁護…致訓練動作、四、今日課程、勝利精神講話、外、講抵禦外侮、與教育長繼續講、第二節德人劉浦森

顧問講國防經濟及經濟戰爭；（劉獻捷翻譯）第一節顧毓秀講氣學理、第四節陶希聖講刷新地方政治；第五節楊兆龍講軍事用法、六時行降旗禮、劉建緒講演、大意謂：國家之強盛、一要精神；二要軍事；第二要經濟；第四要教育、陳誠講積極備戰、來學生青年總不諒解、而謂爲不抗日、不得已、始在報上略予披露抗日、消息致失機密、殊爲可惜！施介紹軍事之閱以部隊動員抗日之令、上軍官十餘人、令大衆向之敬禮、并領高呼、打倒日本帝國主義、敵將士萬歲、中華民國萬歲等口號而散。又領到書籍十八冊。

（未完）

本社啟事

查近來交通阻塞、紙張極爲缺乏、各地報紙均再縮小篇幅、以節物力、本社因存紙無多、購買又極困難、現經縮事計、自本月十一日起改出八開紙一張、但內容重要消息絕不減少、一俟交通恢復、仍照常出版、此啟

本社發行股啓事

本縣四鄉閱戶均鑒：前爲每週一次（星期日停刊）現值時局嚴重、本報消息尤貴迅速、本報自本星期日起照常出版、送報時間改爲每日一次、希各閱戶注意、此啓

本社廣告股啟事

查本社定於本月十一日起縮小篇幅、廣告面積亦須減少、故廣告刊例加以修正、將新訂廣告價目列後、希各界注意 此啓

廣告刊例

（封面）每日三行三天起碼　每日每行壹　五分

（普通）每日三行二天起碼　每日每行壹角

（短行）每日四行二天起碼　每日每行五分

辦法　各廣告皆以五號字爲標準、每行以四十三字計算、標題字用頭號字作九字計算、貳號字作壹字計算、字數不滿壹行者照壹行計算

河南禹縣國貨出品 請服萬靈丹

衛生醫院批准

此丹乃係本鋪自辦川廣雲貴地道藥品、原料純粹國貨、選擇精良、配合詳慎、藥性和平、感而不猛、常服之有益衛生、以防諸邪、誠妙藥也、主治

治嘔吐惡心　治胸膈脹滿　治受寒風熱　治消食化痰　治火牙蟲牙　治肚腹疼痛　治飲酒過度　治霍亂吐瀉　治赤白痢疾　治胃口不開

豐縣代售處　懷濟堂　濟德堂

豐縣民衆組織委員會募集傷兵被服公佈如下：

保安隊全體員工壹套　保安隊官長壹套　商會貳套　以上十月十日收　區區公所暨各鄉鄉長合捐壹套　以上十月十一日收　縣農民銀行全體工作團捐募　連前共計貳拾陸套

縣長兼主任委員　董玉廷

豐報

第一千五百三十號

社址豐縣大同街

中宣會登記證中字第一二九二號
內政部登記證警字第二三〇號

中華郵政特准掛號認為新聞紙類

今日一張

售洋一分六厘

北我軍反攻勝利 現已完全控制北四川路 各橫路街口有激烈巷戰

△蘊藻浜敵似準備五次總攻

▲中央社上海十六日上午一時半電　一、閘北我軍十四日晚大舉反攻後、已完全控制北四川路各橫路之路口、原均為敵軍陣地堆置沙袋、構有工事、現已均被我軍佔領、因之北四川路敵軍、向來頑防自由者、現已受威脅、不敢行動、十五日敵機在閘北一帶轟炸甚烈、我軍預料、敵軍必將反攻、嚴令新佔領各陣地之士兵嚴密戒備、二、八字橋方面、我軍十五日晚九時、以小部向六三花園一帶敵軍陣地作試探實力之襲擊、同時我軍射炮、亦向敵坦克車依據之陣地轟擊、激戰兩小時、敵軍迫於我軍炮火威力、紛向兩面移動、我步兵亦即返防、三、江灣路十五日晚、亦有小接觸、雙方陣地無變動、四、四涇球場之敵以全力犯天仙廟、企圖進窺廟行、我軍奮勇迎擊、戰事之烈、為近數日來所未有、惟激戰竟日、我軍陣綫始終屹然未動。

▲中央社上海十五日電　我軍昨晚向北四川路反攻、甚為得手、敵十五日晨四時半由該路東面各街口向我反攻、雙方巷戰三小時、敵無寸進、我仍控制敵陣地、又據軍息、十四日晚、我並在閘北分路進攻、目的在試探敵軍實力、經我將其前哨壓退、並近逼敵軍第一道防綫、敵狼狽不堪、我以目的已達、即相率退回原陣線。

▲中央社上海十五日電　昨晚我軍進攻北四川路時、我軍某營長劉鴻生、身先士卒、屢中數彈、仍狂呼殺敵而死、壯烈犧牲、聞者動容。

▲中央社上海十五日電　蘊藻浜北迄施相公廟、連日僅有小接觸、並有數處敵企圖渡過楊涇、均未得逞、惟敵不斷向我陣地窺察、似準備作第五次總攻。

蘊藻浜南有激戰

▲中央社上海十五日下午十時電　蘊藻浜南岸泥太公路東約一公里處之殘敵、困守朱家宅花園宅一帶、午後一時半突以一營之兵力、向南進犯我沈家灣宅陸宅之綫、敵機於炮火聯合火力向我陣地壓迫、我軍沉着應戰、俟機躍出衝殺、敵負傷而退、三時敵二次進犯、亦經我擊退、待晚六時、竟又三次來犯、迄發電時止、尚在激戰中、敵軍一部、於四時許、向東移動、集合於張禹宅企圖渡東菱涇時、我軍即予以迎頭痛擊、敵不支逃退、中彈落水者達四五百人、敵仍困鬥、激戰至夜間仍未得逞東岸。

▲中央社上海十五日下午四時電　蘊藻浜南岸之敵、仍頑強衝擊、作最後之掙扎、十五日清晨敵機十餘架、飛至該處上空偵察甚久、即向我陣地投彈、同時敵軍大炮亦猛烈轟擊、約至八時許、由姜家宅渡河之敵、即突出猛衝、企圖突圍東進、以與顧家宅之殘敵取得聯絡、同時顧家宅之敵、亦向西猛犯、以為策應、我軍早有戒備、分頭迎擊、應付裕如、激戰十時許、東菱涇上忽有小挺十餘艘滿載敵兵、向東岸移來、企圖偷渡、我軍伏處岸邊、乘其移至中流、即以迫擊炮手溜彈等集中轟擊、我軍發炮目標準確、將敵艇四艘、立即擊沉、敵見勢不佳、即紛向西岸移逃、我軍復以機槍掃射、並乘勝分頭向敵突擊、激戰至午、敵勢不支、乃狼狽退去、是役斃敵百、傷者倍之。

▲中央社上海十五日下午十時電　戰事重心仍在蘊藻浜南岸、踞躇於南岸及泥太公路東西三處之殘敵、仍圖突圍、俾聯合軍力、再行南犯、而劉行之敵、西犯廣福、遭受打擊後、向南移動、以陳家巷為進犯目標、十五日據軍息、蘊藻浜南岸十四日起、三處均有接觸、公路以東、嚴家灣之敵、突向廟行推進、經我軍猛襲、已將其擊退、公路以西、我軍自塌石橋宅向敵三房宅曹家宅之敵推進、逐敵於集於沿浜之處、同時左翼續進至北岸、襲擊其背、截斷其另一部之聯絡、至唐家橋之南、公路方面蘊藻浜之交叉處、我軍扼守小浜宅之綫、敵亦來犯、惟經我反復衝擊、卒將敵逐去、而北岸之敵、一盤據於顧伊士墓塘宅一帶、亦不斷向西進擾、我軍扼守小浜、阻其前進、而陣地又異常鞏固、敵犯陳家巷進犯南翔之計劃、終必失敗。

敵將施行化學戰

▲中央社南京十六日電　軍息、一、我某部新三村陣地、十三日夜被敵突破、十四日午西圻宅之某營、奉命協力收復、至下午四時左右、將敵擊退、陣地完全收復、我陣亡雷營長節甫及士兵一名、傷士兵七名、二、我軍搜得敵軍命令、有「各部隊須顧慮於實施細菌戰化學戰時、對於水料注意防範、」敵似已有實施細菌戰化學戰之準備、三、十四日我某部新宅、毛宅、顧恆士陳家巷綫、受敵猛攻、異常激烈、下午二時左右、該線附近被突入敵人三百餘人、當即由我某部死力反攻、於十五日零時恢復原陣地、四、十五日拂曉、敵又猛攻我新陸宅、及吳宅東北宅一帶、激戰移時、均被擊退。

我圍擊侯家木橋

▲中央社上海十五日十時電　廟行東首之敵、十五日午後起、由兩處進犯、一、由三民宅之敵、於午刻由西來犯、經我軍迎擊、旋即潰退、似在刺探我實力、宅南之李家橋、前為我拆毀、現敵已加修復、想必準備再犯、二、據侯家木橋之敵、與我新宅陣地、相距僅二百公尺、日前來犯未逞、十五日午後、再行進擾、我軍一面沉着應戰、一面由左翼襲敵側背、將敵包圍痛擊、斃敵甚多、並俘獲其一部分、敵遺尸棄械紛紛潰竄、以上兩處敵受重創、迄發電時止、未敢再犯。

廣福鎮敵我衝擊

▲中央社上海十五日電　十五日清晨起、敵以大炮向我廣福老陸宅之綫猛烈轟擊、致下午十二時敵軍四五百人在烟幕掩護下、卒為其進至我陣地前、我軍發覺後、即奮勇衝擊、敵頑守未退、雙方仍在相持中。

敵續運援軍抵滬

▲中央社上海十五日電　十五日晨十時敵紅十字艦一隻抵滬、載來藥醫用品甚多、午後二時、又到敵運輸艦抵滬、載大批援軍、泊黃浦碼頭。

我軍夜襲馬宅敵

▲中央社上海十五日電　廟行東西之郭榮宅、與敵馬家宅數點相距僅三百公尺、今日拂曉時、我軍實行夜襲、將敵擊蕩、即收復郭榮宅。

敵砲擊我朱家宅

▲中央社上海十五日電、今晨一時、敵步兵約三百人、在炮火掩護下向施相公廟我軍右翼陣地進犯、經我軍迎擊、敵終未得逞、二、今晨三時許起、敵砲又向我朱家宅孫家宅一帶陣地轟擊、達小時之久、黎明時敵約二營、帶大量渡河器械、企圖渡河、經我截擊、敵未得逞。

新陸宅敵渡未逞

▲中央社上海十五日電　黃浦東約一千六百公尺之新陸宅附近、有敵一中隊、企圖渡河、被我擊退、敵遺尸數十具、中有第[illegible]十六聯隊長林塔大尉。

白茆口敵圖登陸

▲中央社上海十五日電　瀏河北白茆口外、敵艦增泊　艘、十四日敵軍三次企圖在該處登陸、均被我軍擊退。

敵犯八字橋未逞

▲中央社上海十五日電　[illegible]八字橋陣地[illegible]時半、伏於六三花園之敵、突進窺[illegible]、經我軍迎擊、[illegible]傷亡五十餘人、又[illegible]時復由大學兩江女學體育學校[illegible]有敵[illegible]、我由唐家宅體育會路分頭迎擊、敵死傷[illegible]餘。

敵運輸甚忙有北退模樣

晉北大白水附近有激戰

十三日我軍收復平型關今已證實

綏北我軍因戰略關係向包頭移動

▲中央社太原十五日電　前方電訊、我某師十四日在大白水附近與敵戰鬥、激烈異常、閻莊敵我爭奪三四次、斃敵七百餘、我某部在魏家莊與敵遭遇、斃敵三四百名、二、十四日下午敵車輛向北運輸、至形慌亂、夜間燈光甚多、顯有向北退卻之模樣、三、我某支隊連日截斷懷仁附近交通、雁北之敵、頗形慌亂。

▲中央社南京十五日電　軍息、十三日拂曉以來、敵機數十架、竟日在我陣地及忻縣上空猛炸、以戰車五六十輛、炮四十五門、掩護步兵約五千餘名、猛烈向我南槐花閻莊[illegible]陣攻擊、我軍奮勇抗戰、至今仍在對峙中、敵[illegible]往[illegible]不絕、約三四千人。

▲中央社西安十五日電　[illegible]我軍某旅、[illegible]郭北十里鋪奪獲敵汽車十[illegible]輛、斃敵五六十人[illegible]。

▲中央社太原十五日電　[illegible]支隊並將[illegible]圍[illegible]收復平型關、今已證實[illegible]、故自[illegible]起[illegible]南東之河路已無[illegible]、敵南鐵之汽車路破壞十里、敵汽車往來[illegible]。

▲中央社太原十五日電　綏遠形勢自[illegible]不守、即威脅異常孤危、幸賴當[illegible]守[illegible]勇捍衛、雖受敵在涼城旗夏營東北南三面攻擊、敵無[illegible]、仍能奮死抗戰、我自身亦遭[illegible]、兵曾如此苦戰數星期、卒以戰略關係、於今昨兩日開始向薩拉齊包頭方面移動、俾集反攻。

津浦方面敵向我進犯

我軍奮勇肉搏斃敵甚多

敵機飛大汶口等處投彈

▲中央社濟南十四日電　軍息、[illegible]日正午津浦方面敵步騎炮聯合在平原附近馬家橋一帶、向我陣地進犯、我守軍俟敵逼近、奮勇躍出衝鋒肉搏、斃敵甚多、卒將敵擊退。

▲中央社濟南十四日電　敵機一架在[illegible]北堡大汶口投彈、又敵機十六架[illegible]投彈、損失未詳、又禹城發現敵機四架南飛、經齊河至濟南窺視一週而去、至禹城投彈四枚、無損失。

平漢線敵集中石家莊

有西窺企圖

▲中央社[illegible]十四日電　平漢線、敵現集石家莊一帶、有積極西窺企圖、我軍正面高邑轉返、準備血戰。

敵機飛杭州等處肆虐 在石龍被我擊落一架

▲中央社杭州十五日電 敵重轟炸機六架十五日下午十時四十分由乍浦沿滬杭路飛來、在杭市上空盤旋甚久、在車站投燃燒彈一枚、車站房屋全毀、又投一重量炸彈落於車站前馬路東附近商店民房震毀甚多 死保安處士兵一人、傷路警一人 敵機又飛乍浦抗彈 敵機到杭時、並以機鎗掃射裡西湖一帶落彈甚多 敵機一架被我高射砲擊傷尾部 由餘機保護逸去 又敵機過嘉興時 在城中以機槍掃射十五分之久

石龍

▲中央社廣州十五日電 今日上午由崖江來襲廣九路 共投彈三十餘枚 愴惶轟石龍鐵橋炸毀 敵機一架被我擊落石龍近郊、又敵機十架飛增城投彈、炸毀民房數十間、當斃軍民數十 又下午二時十分敵機十架、由崖門飛台山投彈、毀民房多所 鄉民傷數再十人、

青島　六合

▲中央社青島十四日電 十四日下午零時三十分敵機多架 經過青島市、陰島 四方等處 盤旋十數分向西北飛去

▲中央社南京十五日電：敵機十八架、於今日下午二時半、在常州一帶發現、我空軍當即飛往截擊 敵機則至六合投彈 待我軍趕至 敵已相偕離去、至被烘炸處所受損失 正在調查中、

蘇州

▲中央社鎮江十四日電：敵機十四日沿京滬各縣、自蕪州起、鎮江止、無一處無敵機肆虐、計蘇州投六彈、無錫投二彈 常州投十彈、戚墅堰投六彈 丹陽投五彈、約二十分 新車毀車二彈 鎮江投兩彈、並開機槍掃射 死平民二人 傷四人 其他各處損失情形未詳、江北寶應等縣亦有敵機發現

大廟

▲中央社徐州十五日電：敵機十四日、再大隊出動 向津浦隴海兩路肆意轟炸、四架沿隴海綫到徐、窺察一週 即向趙墩棗莊投彈十數枚、並在大廟以機槍掃射、我路方略受損、晚六架到蚌埠沿津浦綫轟炸 損失甚輕、

英駐華使館汽車被炸詳情

該國外部已接到報告

▲中央社倫敦十四日電：英國總領事所發關於英國駐華大使館汽車被日本烘炸詳情之正式報告 已於本日到達英外部 該報告稱英使館汽車三輛、于啓程之前 確曾依照手續通知日本當局、此次日本所發狡辯、完全相反者 至於英政府對此事採何步驟、須待負責當局決定、

美總工會決議 請全世界人口抵制日貨

▲中央社上海十四日電：據美國丹佛城十三日合衆社電、美總工會、通過一議案 請全世界工人一致舉起抵制日貨、借以制止日本之對華侵略、

九國公約會議 本月下旬在比京開會

▲中央社比京十四日電：九國公約會議、將於本月下旬在此開會，比政府已接受爲東道主

石城包家莊一帶 發現股匪

大隊部派隊往剿

保安大隊部昨據報告、謂有股匪百餘人、在豐銅邊境、石城包家莊一帶滋擾、該部據報後、以該股土匪 流竄靡定 若不及早殲滅、不獨爲害閭閻 抑且有危國本、當即派隊往剿 比至目的地、匪已遠竄

在抗戰期間 公務員應廉潔奉公 勿怠職守

江蘇省政府 以在此抗戰期間 各級公務員應廉潔奉公 勿怠職守 違則即依軍律懲處、本縣縣政府業已奉到此項訓令 當即轉飭所屬遵照、茲覓錄省令如下、「查自蘆溝橋事變以來、强敵壓境 國勢阽危、全國公務人員 平素受國家之優養、宜激發忠誠 抱定不愛錢、不惜死之精神、以赴事功、而盡職責、近來各地時有採辦軍事用品及舉辦軍事工程 經辦人員、自應不辭勞瘁 廉潔奉公 方足以酬國家付托之重 凡有怠於職守、舞弊不法者、陸海空軍刑法有處罰之規律、其第四十一條、購買軍火或其他軍用物品 浮報價目者 依左列各款處斷（一）五千元以上者、死刑、或無期徒刑、（二）千元以上、五千元未滿者、十年以上有期徒刑（三）五百元以上千元未滿者、三年以上十年以下有期徒刑（四）百元以上、五百元未滿者 六月以上三年以下有期徒刑（五）未滿百元者 六月以下有期徒刑或拘役、第四十二條 長官意圖爲自己所得指使其部屬 犯前條之罪者、刑同前條、第四十三條 與商民通同作弊 於採買建築製造等費、扣取折扣者、按第四十一條各款處斷 第四十四條 意圖侵吞公款 假造或塗改單據簿者 以浮報論 其僞造文書罪 以刑罰處斷 條款具在 不容徇縱 凡我地方長官、應公忠體國 身爲表率 並諄囑所屬 盡矢忠貞、須知國難嚴重 前方將士 浴血抗戰 其捨生忘死之精神、可歌可泣 倘我工作人員 自毀紀綱 身不足惜 其何以對我爲國犧牲之先烈 更何以對我淪陷于敵人炮火下之同胞 時局艱危 宜謀共濟 除分令外 合行令仰該縣長遵照、並轉飭所屬、一體遵照」

實業股主任劉棟 派任麥作實施區事務

縣政府奉令轉飭遵照

縣政府近奉建設廳令、派實業股主任劉棟担任本省麥作第三中心實施區事務 並須向主管之專員公署報到聽候派用等語 縣府奉令後已轉飭劉主任遵照矣

分駐所昨日拿獲 吸食鴉片犯吳猛等四人

本城吳家街居民吳猛、聚衆吸食鴉片 分駐所聞報後、旋派警士前往捕拿、當在該犯家中拿獲吸食犯四人、並搜出煙具等物 即帶往分駐所、經孟巡官訊後、即解司法嚴辦

朱衛綱 沈德瑜 訂婚啓事

我倆奉 家長命謹於民國二十六年十月十五日在豐訂婚時值國難期間 一切從簡敬希諸親友亮詧

救濟抗日戰士家屬募捐啓事

年我們豐縣，被徵去入伍的壯丁已經不少了 經過一個時期的訓練以後，他們就要拿起槍來保護國家了！他們在營裏 政府自然管吃管穿 但他們卻沒有更多的餉銀寄回家裏，家裏要是不缺人不缺地，那還好過 既沒有出力的人 又沒有地 那日子就難過了，冬天到了 他們會沒有棉衣；春天到了，他們會沒有糧食；年節到了 他們會沒有錢還利賬 男人在前線拚着命 家裏的父母妻子受飢寒，多悽慘，前方打仗的爲保護後方，我們在後方安安逸逸過日子的人也就該顧顧人家的急 有錢的拿幾個錢 有糧食的拿點糧食，破衣裳破鞋爛棉花就拿點破衣裳破鞋爛棉花 積少成多，我們對過不去的戰士家屬就得點救濟、東西不在多 [illegible] 暖人家的心，使人家知道血不是白流，汗不是白滴 以後人家家裏去信，前線的戰士在打仗也歡喜 平常我們對要飯的都還給個饃饃 現在對保護自己的人 [illegible] 號寒 [illegible] 聲音 當然不能不理。你先生捐款捐物都聽便 捐了以後 我們除了給個收據 還把 先生大名和錢物數量登在豐報上 一面防止弊端 同時也給全縣富有同胞個鼓勵

豐縣青年救國服務團啓　廿六．十．十五

救濟抗日戰士家屬募捐報告

十月五日至十月十五日收到 渠時湘先生五十元 李貞乾先生叁元 劉爾紋先生叁元 孫書甲先生叁元 劉進修先生叁元 姬佾之先生貳元 得守謨先生貳元 崔健武先生貳元 崔正誼先生貳元 蔣公博先生貳元 李坤若先生貳元 陳寄樓先生貳元 陳正璜先生壹元 李義承先生 高根斗先生貳元

豐縣民衆組織委員會募集傷兵被服公佈如下：

第 區孫樓孫樹森先生壹套 文廟小學書院小學女子小學農生合捐壹套 以上十月十四日收 政府工作人員壹套（連前合計五套）以上十月十五日收 連前共計貳拾玖套

鳴謝張鳳箴先生

小兒新民年將週歲 日前偶生急症 狀勢極險 敦請張鳳箴先生診治 數日即癒 欣喜之餘 特此登報鳴謝 武襄承啓

特載 廬行日記（十六）

閏

下午五時，汪主席辦新講演，文意謂蘆溝橋事件發生，不是偶然、是本有計劃的、對於此事 蔣委員長曾有宣言 到了最後關頭 祇有犧牲 與五全大會宣言 和平未至絕望時期，決不放棄和平，犧牲未至最後關頭，決不輕言犧牲 意義相同 現在到了最後關頭了，我們祇有向前進，沒有向後退，爲什麼說到了最後關頭了 自九一八至現在，日本是向前進，我們是向後退，日本未得台灣，說台灣是他的生命線，及得了台灣 又說朝鮮是他的生命線，得了朝鮮 又說東三省熱河是他生命線 得了東三省熱河 又說平津綏遠河北是他的生命線了！他是一步，步向前進 我們是一步一步向後退 我們爲什麼、步、步向後退呢？是想使他慢慢進，使他慢慢進 我們才好準備。因爲我們的缺點太多 精神物質都不夠 一二八戰、訂立了淞滬協定 我們所以向後退 因爲東南各省的公路及國防尚未完成 西南的赤匪尚未肅清。廿二年六月塘沽協定結果成立了冀東僞組織 我們所以向後退，因爲西南各省未統 國際路線未打通。這幾年來，已彌補上述缺點 現在我們不一定靠海運了。我們這幾年來，所以步步退讓，完全是準備物質精神。現在我們是忍無可忍，讓無可讓了！淞滬協定，已是喪權辱國了，塘沽停戰協定，更甚於淞滬協定 遺憾痛心，我們是永久不能忘的。所幸這幾年來，做好西南東南等省根據地。廿四年六月日本又要求我們停止平津黨務活動 五十一軍撤退北平，停止排日等等，這就是誤傳何梅協定 實在只是口頭答應 并未簽字 然而我們的痛苦更夠受了！本月七日蘆溝橋事件發生 廿三宋哲元已簽字承認道歉，懲兇 撤退蘆溝橋駐軍 但日本廿六日又來了一個哀的美敦書 就是要我軍完全退出平津 現在平津失守 蔣委員長把失地罪過 完全擱在在他自己身上 教我們看了，還是有多麼難過！（語至此 汪主席下淚；同學皆下淚）最後關頭到了！如果國人不犧牲 不抵抗 那麼日本人沒來，喪心病狂之傀儡就來了！我們如不願當傀儡 不願看傀儡登場，惟有犧牲，惟有犧牲到底。諸位爲什麼來讀書，就是爲犧牲，最後關頭到了，犧牲！犧牲！

報載宋哲元帶隊退守保定 北平不守，天津慘遭日機轟炸 喪亡人數，損失財產，難以數計。聞此驚人消息 覺中華民族生死存亡關頭已到 我全國上下，應致團結，在蔣委員長領導之下，抗日到底，以挽回刼運也！

（未完）

本城糧價

名稱	每市石價目
小麥	九元七角
黃豆	四元九角
綠豆	八元四角
高粱	四元四角
芝蔴	八元五角
穀子	三元五角

氣象

天氣	晴
風向	北風
溫度	高五六　低四五

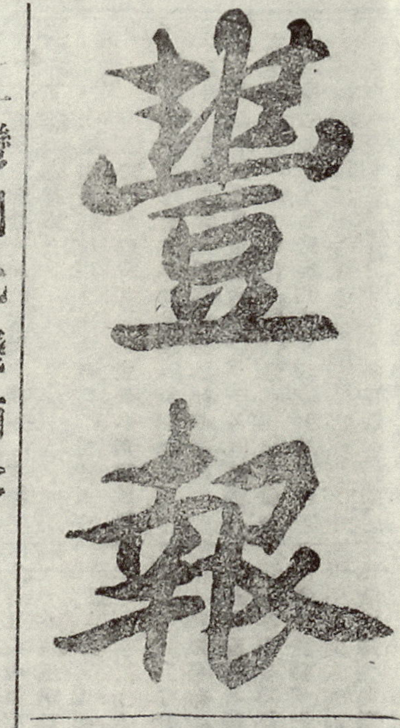

豐報
第一千五百四十二號
社址豐縣大同街
中宣部登記證中字第二九二號
內政部登記證警字第二三〇二號
中華郵政特准掛號認為新聞紙類
今日一張
售洋一分四厘

江灣閘北綫南移

我新陣綫已佈置就緒
本誓死精神與敵週旋

△……滬戰敵傷亡逾十萬以上

▲中央社上海廿七日電 軍息、我江灣閘北兩區駐軍、因戰略關係、於廿六日夜十一時、向西南移撤至京滬鐵路以南與蘇州河以北一帶、至廿七日晨四時半、已將新防綫佈置就緒、全綫長達二十餘里、由滬中央造幣廠附近起、向西經真茹江橋兩鎮、轉西北至小南翔、折東北至廣福、以迄相公廟方面、亦向西移退至登橋鎮、而與瀏河成一垂直線、全綫防務益臻鞏固、敵如來犯、我本誓死抗戰之精神、與週敵旋。

▲中央社上海廿七日電 中央社隨軍記者廿七日夜十時報告以下數點、（一）我軍因戰略關係、退守新陣綫、不能視為軍事上之失利、若干外國軍事專家、認為我軍早應退至新陣綫、與敵作戰、蓋此舉實於我有利、惟我軍採取消耗戰之策略、過去七十五天之抗戰、抱定敵軍前進一寸土地、必須付一寸之代價之決心、堅苦奮鬥、敵軍六次增援、五度總攻、已費盡全力、且傷亡逾十萬、實超過我軍預定目標、（二）江灣閘北之撤退、決非放棄上海、更不得視為滬戰之結束、蓋蘇州河南我軍、已堅決扼守、誓以全力保衛南市、現中山路橋早已破壞、梵九渡鐵橋廿七日下午七時亦已炸毀、敵決難飛渡、浦東方面、更安如磐石、決可無慮、（三）新陣綫已趨穩定、真茹彭浦一帶、迄發告時、倘在血戰中、敵軍不易攻進、（四）左翼方面之施相公廟突出處稍後移、其餘絕無變動、（五）我軍此次照預定計劃撤退、秩序井然、毫不混亂、而士氣之壯、較昔尤佳、全國民衆尤應秉不驕不餒之鐵則、作長期抗戰之準備、

我某總司令部發表撤退原因

▲中央社上海廿七日電 我某集團軍總司令部廿七日發表我軍退守新陣線之原因其經過如次、十月初我軍在上海與長江間、於地圖上觀不、形似兩垂直綫、兩以一平行綫聯貫之、其中第一區為一垂直聯接長江與嘉定南翔附近之蘊藻浜、第二區為一平行綫沿蘊藻浜之南岸直至與江灣附近之第三區爲止、由此又形成另一垂直線之形勢、以閘北為終點、敵軍在一二兩區屢攻失敗、本月初始竟偷渡蘊藻浜、突入第二區內、發生激烈血戰、即在劉行與大場附近、敵已傷亡二萬之衆、我軍亦有壯烈之犧牲、本星期初、敵軍向大場推進、而截斷南翔大場間公路、當時我最高軍事當局、已決令部隊由第三區撤退、因敵軍之行動、有封鎖公共租界間之出路、而包圍江灣與閘北我軍之危險、我軍隨於廿五日晚下令反攻、掩護突出部隊之安然後撤、而無絲毫損失、我軍現時之新佈置、形成由揚子江至蘇州河直線、江灣與閘北突出部分之撤撤、已使我軍防綫大爲縮短、將遠離揚子江敵艦炮位射程之外、外國軍事觀察家與新聞記者亦迭次提出、對我軍不及早採取此種軍略上行動之疑問、但我全國決心使侵略者於侵入上海時、我每寸土地必須付最大之代價、故延未實行、目前我軍退守新陣綫、並不能視作放棄上海、蓋蘇州河南岸全部區域、包括南市在內、以及浦東方面由我軍固守、我軍士兵深知此次退守新陣之意義、故士氣仍極爲旺盛云。

一營忠勇將士可名垂青史矣

▲中央社上海廿七日電 閘北我軍雖於廿七日拂曉我大部安全撤退、但此非爲閘北已全無我軍蹤跡、蓋我八十八師之一營以上之忠勇將士約八百餘人、由團長謝晉元營長楊端符率領、尚在濃烟籠罩與敵拚命中、其最後滴血最後顆彈、向敵軍索取應付之代價、正演出驚天地泣鬼神可永垂青史而不朽之壯烈犧牲也、此一營以上忠勇將士、係奉命扼守要點、掩護大軍撤退者、當大軍安然退去後、本有充分時間可以全部退去、蓋我北站方面部隊、於廿七日晨四時許、即已撤竣、而敵軍遲至六時許、始行推進也、唯此營忠勇將士、抱定犧牲之決心、願洒最後一滴血、爭取我國家偉大之人格、發揚民族壯烈之精神、不願退去、當彼等離扼守要點後、即分派少數士兵各據新垃圾橋北首各大廈中、而大部將士、則雄據於橋西之四行儲蓄會之七層大廈中、彼等分登各樓、憑窗口固守、當時處洽卿路租界內之英軍、見彼等已陷於包圍之絕境、即發人類之同情心、請彼等卸去武裝、向租界內通過、但我忠勇將士、堅決謝絕英軍好意、寧死不去、俄頃敵軍紛至前來、但唯聞槍聲四起、敵軍紛紛應聲而倒、蓋彼等此時珍視子彈實遠較生命爲甚、非描準決不放射也、記者二十七日上午、曾親至蘇州河南岸等處視察、對岸情形、目及有敵兵三人、各執我軍民、意氣揚揚、行經烏鎮路橋附近、突見我士兵二人躍出、將前行之二敵兵擊斃、另一敵兵倉去其手執之二人、持槍撲去、當被二人奮勇擱住、頃刻已爲我軍擊斃、又見一敵兵潛伏樓上正舉槍向我經過該處之士兵射擊、但另一大廈之我兵、已先將其擊斃之鎗彈、將該敵兵擊倒、自正午起獨下午三時止、敵軍乃大舉向四行儲蓄會進撲、勢如潮湧、似奪門而入、此時我軍乃大發機槍、拋擲手溜彈、敵軍被擊斃達六七十人之多、至此敵軍即取包圍形勢、未敢輕進、記者目及此種壯烈情形、不禁感泣、據記者探悉、困處大廈之我忠勇將士、尚有充分械彈足資殺敵、但給養斷絕、實堪憂慮、六時許、謝團長曾發出壯烈之呼籲、請接濟鹽各五百包、餅乾五萬枚、則我全營忠勇將士、可與敵死拚、遲、死而無憾、

閘北火光燭天 繁盛區付一炬

▲中央社廿七日電 我軍於廿六日夜、自江灣閘北方面而後撤時、神速整齊、敵軍並未察覺、仍以大炮抨抨烘擊、至廿七日拂曉後、始在飛機坦克車之掩護下、摸索前進、敵蹤到處、猶向我軍所留下之工事內、開槍射擊、並挨戶搜索、驅出居民、予以慘殺或拘執、旋即焚燒、故廿七日晨八時後、自江灣至麥根路站、有數十處起火、濃烟籠罩長達數里、入夜後火光燭天、幾如白晝、我閘北繁盛之區、盡付一炬、殊堪痛心、閘北潭子灣一帶、難民不堪敵之壓迫、紛向滬西搬逃、沿蘇州河一帶、據傳甚多、該處南岸駐防之英義軍士、熱心救護、惟敵機仍投彈不已、死傷枕藉、厥狀甚慘、即徐家匯方面、亦有難民甚多、擁塞於法租界外、入晚尚未散去、

敵沿桃浦南犯 被我大軍攔住

▲中央社上海廿八日上午二時專電 真茹隨軍記者、念八日晨一時廿分報告、我新陣線右翼以彭浦爲中心、西至濟安新村、東南至潭子灣已穩定、進至真茹國際無綫台之敵、廿七日亦沿桃浦綫南進、但在南元之許家橋及吳家庫宅後、恆港宅等處、被我大軍阻截、發生激戰、進犯之敵、計有二聯隊之衆、並以坦克車十二輛前進、至下午二時、戰事更烈、我軍奮勇肉搏、有進無退、激戰至四時許、敵死傷達千五百人、我軍傷亡亦近千人、經此惡戰、敵軍凶焰已煞、隨即退去、移上述各處、經濟安新村約一公里半、距京滬鐵路約二公里、又彭浦至潭子灣之線、我亦以生力軍扼守、敵於廿七日晨、自中山路之東北端南犯、敵度巷戰、被我擊斃三百餘人、至下午四時、戰事益烈、迄發告時、仍在惡戰中、敵軍似以全力猛、惟迄未得逞、

浦東激烈砲戰 我機飛滬助陣

▲中央社上海廿七日電 廿七日晚八時半、我浦東駐兵突向滬東一帶敵軍根據地猛烈轟擊、浦東敵艦亦發砲還擊、一時隆隆之聲、震驚全市、互轟達廿分鐘之久、適我空軍來滬夜襲、因機聲被炮聲掩沒、故雖有待我空軍飛機於浦投下多彈後、敵艦方知、用高射炮向空中亂射、不意我空軍早已安然離去、敵陣地中彈、當即起火、延燒甚烈。

敵犯廣福未逞 又一批送死鬼

▲中央社上海廿八日下午十二時電 我空軍於廿八日晨時半、二次來滬助戰、在楊樹浦一帶敵軍陣地投彈烘炸、黃浦江敵艦、以高射炮應戰、惟射擊不準確、我空軍達到目的後、全部安返、

▲中央社上海二十七日電 （一）廣福刻仍在我軍固守中、二十六日晚、敵數百人、向我警戒綫進犯、被我以迫飛炮擊退、（二）羅店方面之敵、二十六日晚蠢動、沿羅店嘉定公路、向我施相公廟陣地進犯、當被我擊退、晚十時起、改用大炮向我轟擊、同時其右翼丁家橋吉牌方面、亦不斷向我進擾、同時我軍以機槍掃射、敵始退去、至二十日晨、砲聲沉寂、

▲中央社上海二十七日電 敵運輸艦五艘、二十七日晨六時、載第六次之第四批約三千餘人、及小汽艇四五十艘抵滬、其中兩艘載傷兵二千餘人返去、

敵機擊義英軍 只得賠個不是

▲中央社上海二十八日電 二十七日晨七時許、我空軍飛機夜襲、敵陣地放高射炮、及浦江中敵艦亂放高射炮、落於租界內及蘇州河南岸義軍英軍防地、落彈甚多、當傷義兵、事後義軍當局即向日第三艦隊司令部提出抗議、長谷川旋即派代表向義軍道歉、日駐滬總領事岡本二十七日午後亦往訪義駐滬總領事尹郎、承認義兵確被日方高射炮流彈所擊斃、代表該國政府表示深切遺憾、並允賠償損失、義總領事、當即聲明、日方軍事當局應採取一切可能辦法、以防止同樣事件再度發生云、

▲中央社上海廿七日電 敵猛犯大場、我大場以西第一道防綫、敵突破、敵向南推進、真茹無線台附近、即起激戰、而我大場廟行江灣三區有被截斷之虞、故於二十六日晨九時起、由該三區向西南撤退、敵集據於第一道防線附近、至傍晚時、真茹台附近、激戰未停、又南翔東唐家宅方面、又起接觸、我軍雖以戰略後退、但士卒極奮、決不稍懈、兩處激戰至二十七日晨尚在進行中、至北站方面、亦向後至、至今日拂曉、敵機即在滬西一帶肆虐、七時左右、敵機一架向兆豐公園附近英兵防區掃射、英軍隨以機槍還擊、九時又有一敵機、炸西路英軍防區、英軍亦開機槍、警告敵機、

北線戰事愈演愈烈
固關舊關敵我連日酣鬥
晉北全面雙方澈夜猛攻
—我向東挺進部隊克復唐縣—

▲中央太原廿七日電　晉東方面、固關與舊關之敵、連日均有激戰、我生力軍已參加作戰、游擊部隊亦開始動作、前後呼應、局勢穩定、敵軍疲於奔命、預料我軍於日內更有進展、娘子關正面仍由我軍扼守中。

▲中央社太原廿七日電　晉北方面、中央及右翼敵我雙方廿六日夜全夜猛攻、戰況至爲激烈、左翼前面、我敵主力、曾佔領我盟承村北全高地、我某某全師激戰終日、向北全高地推進、是役敵傷亡甚衆。

▲中央社太原廿七日電　我軍某部廿五日曾遺佔廣靈、另一隊進佔靈邱後、現仍分頭猛攻中、連日該部與敵激戰、傷亡三四百人、據北平來人談、平津敵近日向關外開發甚多、我軍已予平津敵後方以極大威脅。

▲中央社太原廿七日電　我軍東進挺進部隊、於廿五日克復唐縣、守城敵軍百餘人、被我全部殲滅、獲步槍十餘枝。

平漢線我進至馬頭鎮
敵向邯鄲退去

▲中央社鄭州二十六日電　平漢綫犯漳河之敵、連日經我包剿痛擊、死傷達三千餘人　平漢正面我軍乘勢進擊、敵狼狽向邯鄲退去　我軍先鋒已進馬頭鎮　現猶追擊中　平漢綫磁縣以南各站、二十六　工程車出發修理被毀橋樑、路軌、

國府昨日命令

▲中央社南京二十七日電　國府二十七日令(一)印貞中著即追贈陸軍少將此令、(二)任命薩本棟爲國立廈門大學校長　此令、(三)任命陸軍少將谷龍爲陸軍第十師副師長、此令、

敵機肆虐錄

太原

▲中央社太原二十七日電、幷市于今日下午陰雲始退、敵機即來空襲、第一次敵機五架、由忻縣西南飛來、至城北上空時、投彈三十餘枚、燒燬民房甚多、二次敵機來時、繞城一週即去、

嘉興

▲中央社杭州二十六日電：二十六日午十二時、敵機三架、由全公亭飛嘉興投彈六枚、郵局房屋全毀、別無損失、下午六時半、敵機六架、經嘉善嘉興桐鄉窺杭、旋於十分鐘、經武昌窺皖武康　下午五時敵機一架又飛嘉興投六彈、民豐絲廠被毀、損失在調查中、又敵機多架、數次飛鄞縣窺察並施放烟幕、

▲中央社南京二十六日電：敵機十二架、于今日下午一時半、向我進襲、企圖襲擊、旋於三時許飛光華門外一帶肆虐、敵機飛度過高、在飛機場左近投擲炸彈而去　除機場上數處被轟炸外、別無損失、下午四時、又有敵機五架、沿京杭國道來京、政空軍聞報、前往截擊、敵機在句容一帶、投數彈逸去、

三堡

▲中央社徐州二十五日電、敵機三架、二十六日晨九十半、飛津浦路南段破壞交通、在三堡投四彈、路軌無損失、毀車一、傷亡十餘人、又臨城落彈　枚、毀民房數間、

棗莊

▲中央社上海二十六日電、敵機三架、二十五日飛山東棗莊投彈、中興煤礦被毀、

泰安

▲中央社濟南二十六日電、二十六日晨八時、日照有敵機三架、二架分赴魯南各縣肆虐、二架到泰安車站洋旗外大佛寺投數彈、毀電線數根、又到大汶口與村兩站投數彈、我損失尚微、又臨城棗莊敵機三架　窺察後東飛、

蘇州

▲中央社蘇州二十六日電、敵機二十六日自上午八時三十分、迄下午五時　共來蘇空襲六次　在第五次時　仍向鐵路綫外洋旗附近投彈近十枚　擊毀空車一輛　餘無損失、

羅斯福發表演說
不願征服他人

▲中央社華盛頓二十六日路透電　羅斯福二十六日宣佈以十月二十七日作爲海軍日時稱、保持和平乃美國之基本政策　而以善鄰政策相交處　乃吾人之誠志也、吾人未有征服他人之希望、吾人將設法中止戰爭、余相信維持海上充分之防務、爲保障吾人民治主義與世界和平所必要之手段也

婦女界發起組織
慰勞傷兵委員會
公推尹萃英女士爲籌備主任

本縣婦女界常仁貞等、鑒於前方將士抗戰英勇、犧牲壯烈　爲慰勞受傷士兵計　特召集婦女會會員並邀請本縣婦女界向負衆望各女士、於前日在該會會議室　舉行談話會　議定組織自衛抗戰將士慰勞委員會江蘇省豐縣支會　公推尹萃英　楊郁文、黃體芬　劉劍秋、劉劍華、李素端　溫偉芝等爲籌備員　並指定尹萃英爲籌備主任。

吳莊小學協進團
舉行團務會議

吳莊小學協進團于前日在沙莊小學、舉行團務會議、出席于朝宗等十餘人　其議案如下　一、怎樣指導兒童養成衛生案　決議　甲、每兒童應備　清潔手帕　乙、學校院內、應懸　鏡　以便兒童自行考查清潔、丙、每日晨會舉行清潔檢查一次　並記入記載簿　在週會時宣佈最清潔之兒童、丁、教師在課餘時、要常講衛生故事、以激起兒童衛生興趣、二、兒童飲茶盥洗之最低設備、應如何規定案、決議、甲　每生應備茶杯一個、學校應備茶桶一個　並規定飲茶時間、以維秩序、乙、每級至少設面盆四個　三、在[illegible]農貧苦之下、應如何勸募學生繳納救國公債案、決議、招開家長談話會、痛講救國重要及救國公債的利益、激發其踴躍繳納之心　並組織兒童勸募隊、四、下次應舉行何種成級展覽案　決議、四年級算術　五　下次會議推何校爲值月學校案、決議、尹莊初小爲下次值月學校、

豐縣縣立公園菊花展覽會啓事

本會定于十一月五日至十日在本園同樂堂舉行。除本園所有菊花參加外，幷邀請本縣各私家名園參加，爰將辦法列後，希各界屆時蒞臨參觀爲荷！(一)本展覽會除公園所有菊花外，幷邀請本縣各私家名園參加。(二)選送菊花者至少以五盆爲限，多無限制。(三)所選送之菊花　本園概負保護之責。(四)所送之菊花　如欲出售，請自標明價目。(五)所送之菊花，限十一月三日以前送齊，十一月十一日領回　(六)所送之菊花，如願捐贈本園者，請臨時告知　以便登入各界捐贈冊中進備鳴謝　(七)展覽時經評判委員評批最佳酌給獎品

尹朝馨遺失石章聲明

鄙人於十月廿五日來城途中遺失名章一顆特登明作廢

豐縣縣政府代防空學校照測部招考學員四名

一、年齡，十八歲以上，二十三歲以下、二資格，高小畢業程度。三，身體，身長一公尺六五以上，體重五十公斤以上，尤其耳目須極健全無色盲，及其他疾病者。四報名日期，十月二十八日起，十一月七日止。五報名地點，縣政府傳達室　六考試日期，十一月八日上午十時。七、考試地點，縣政府。八、覆試地點　江蘇省教育廳。九、錄後到省旅宿膳費由本府供給。

鳳鳴塔

第三百八十一期

請青年文藝作家轉個方向(續)

庭・閬

不要儘在狹義的圈子裡邊跳、闊開眼界吧！應該放棄自傳式的文筆，換上一支來復槍，來瞄準我們的敵人！去做復興民族陣線上的一員戰士。

鳳鳴塔的責任太大，許多人在仰臉等着甘露　我們若給人一股汚水　令人太失望了，許多徘徊歧途的青年想找到一點光明，須大家給以引導，鳳鳴塔變成一盞巨燈才行、那種不上進的作品，是有毒的，給人吃了，足以毀滅青年的寶光。

朋友們以後創作要留心才好，我相信好的作品與壞的作品作起來一般的用勁，只是思想一轉便好了，假若大家明瞭現在文藝之趨勢，「風花雪月」的作品要羞於拿出了，那種作品留待我們的慶功筵上用，那時戰士的心靈是需要甜蜜的甘露滋潤的。

現在凡一種的刊物的宣傳責任都大於平時，爲的鳳鳴塔充實起來，發揮出偉大的力量，不得不來檢討一下，但近幾期來比月前好的多了。

說來似乎有些倔強，但不是爲的自己，是爲的本刊及作者的前途，大處說，爲的民族，若因我的拋磚而玉得以引出。自信還得償於失，只是要特別請作家原諒，不要從意氣上着想。筆鋒與思想要今日起，統統轉變了正確方向。(完)

本城糧價

名稱	每市石價目
小麥	七元八角
黃豆	四元二角
綠豆	六元八角
高粱	三元七角
芝蔴	七元九角
穀子	三元[illegible]角

氣象

天氣	晴
風向	北風
溫度	高六九　低六〇

特載

盧行日記(十八)

閬

八月一日　晴

因昨晚吃藥丸，夜間大汗，睡醒頗早。晨起，覺目眩頭暈，勉強參加升旗禮，隊教育長報告：略謂宋哲元部隊平津抗日，傷亡五千餘人，還都是爲國犧牲，吾等應爲陣亡將士默哀三分鐘。(全體默哀)

早飯後，第一節教育長繼續講演國防建設，幷報告漢奸殷汝耕，已被反正保安隊張慶餘部捕獲正法，大家聞之，全體鼓掌。第二節聞亦有教官講統計學。第三節陳立夫先生講實業計劃

下午因身體發熱特甚，且咳嗽頭痛，大便四五日不下，身體不能支持，再赴醫務處診治，幷請假休息半日。診後，服瀉鹽阿斯皮林後，至晚始覺稍好。(未完)

豐報

第一千五百四十五號

▣社址豐縣大同街▣

中宣會登記證中字第一二九二號
內政部登記證警字第二二三〇號

中華郵政特准掛號認爲新聞紙類

◀今日一張▶

售洋一分四厘

敵分兩路犯小南翔毫無進展
我眞茹南翔線因突出稍後移
蘇州河沿岸無戰事敵僅以大炮烘擊

▲中央社上海三十日下午十二時電　敵犯南翔甚急、小南翔前綫、敵念九日分兩路來攻、相持終夜、至三十日晨三時、敵右翼部隊、已爲我擊退、死傷約三百餘人、至拂曉後、其正面部隊亦以密集無進展、完全退去。

▲中央社上海三十日電　軍息、我軍退守第二道防綫後、小南翔至蘇州河一線陣地、經加強工事益形鞏固、惟洛陽橋與南翔路一段、過分突出、刻已向後撤移、成一垂直線、至蘇州河南岸陣地、則並無變化。

▲中央社上海三十日下午九時電　蘇州河沿岸、並無戰事、惟敵軍之炮火、不斷向南岸轟擊、入晚敵炮尤密、敵機活動異常、盤旋於徐家匯一帶、窺察不已、並在西區我軍陣地後投彈數枚。

敵撲八百壯士　凶燄越發猖狂

▲中央社上海三十日電　死守閘北四行倉倉已四日之八百忠勇將士、三十日晚突遭敵猛烈總攻、我壯士在槍林彈雨中、堅守最後陣地、與敵浴血艱苦奮鬥、敵於三十日晚九時許、即驟始進攻、一時機槍與步槍聲大作、使附近租界居民大爲驚恐、但不久即行停止、至十時半、敵乃大舉猛攻、我壯士處以沉着、不濫發寶貴之子彈、俟敵迫近時、始以手溜彈向敵猛擲、敵被擊斃達五十餘人、於是敵凶燄猖狂、猛攻不休、至三十一日晨一時、乃以三寸口徑之平射砲、向四行倉庫猛轟、最激烈時、每秒鐘一發、隆隆之聲、震破靜夜沉寂之空氣、記者此時驅車北西藏路口視察、在隆隆砲聲中、但聞尖銳之槍聲、掠頂而過、附近居民因有一人被穿過屋頂之流彈擊中受重傷、均紛紛扶老攜幼逃避、情景至爲淒涼、租界內流浪者雖處困境、惟作戰態度、顯極辨別槍聲方向、斷定密之機槍聲、蓋阻止敵軍迫近也、至午夜、至雙方傷亡情形、一時尚

爭奪廣福甚烈　雙方激戰四時

▲中央社上海三十一日下午十一時半電　廣福以北倪家園孫家橋一帶陣地、於三十日晨四時起、有敵約三中隊來犯、我軍奮勇進擊、反復衝鋒、爭奪甚烈、雙方激戰四時、進出多次、卒將敵擊潰、敵傷亡甚多、

▲中央社上海三十一日電（一）敵犯廣福、廿九日晨二時、至晚六時、不斷烘擊、發炮之多、爲旬日來所未有、我方工事、被毀部分、惟經我軍冒砲火修復、旋即恢復原狀、午後二時許、敵約數百人、向我右翼陣地衝擊、前後共五次之多、但均爲我擊退、（二）三十日晨一時、敵百餘人在大炮掩護下、攻擊趙家橋、我軍沉着應戰、並出壕衝擊、至拂曉將敵逐退、

▲中央社上海三十日電　廿九日敵數百人、向我廣福馬家宅進犯、經我奮勇擊退、斃敵甚多、生

……者、及半數、是夜敵又圖在廣福以北之朱家宅構築浮橋、擬越浮涇來犯、亦經我擊退、又蘇店西北家宅附近、廿九日復發現敵裝甲汽車及載重汽車輛乘敵官數人、向我施相公廟一帶窺察、我炮兵轟擊、連中數彈、汽車擊翻、軍官跌入田野、裝甲車即開炮還擊、掩護退去

戰事西移　梵王渡猶未改舊觀

▲中央社上海三十日電　戰事西移後、記者三十一日晨冒險前往視察、見英軍正在各路築工事、凱旋路新建堡壘一處、再前進至梵王渡、觸目所見、惟有樹木茂盛、蓋未受敵之蹂躪也、雖聞槍聲、亦不覺自身已入火綫、舊途中所得印象、即敵人兇焰將臨於該區矣。

敵烘豐田紗廠　一部經我修復

▲中央社上海三十日電　豐田紗廠、敵商之產、在蘇州河沿岸中山路以西、敵原築有堅固工事、現我軍佈防該處、爲重要據點之一部、敵廿九日晚以排礮集中該處轟擊、中十餘彈、有一部被毀、並起大火、一部被我重加修復、佈置異常堅固。

眞茹大場路上　起陣地爭奪戰

▲中央社上海三十一日電　眞茹大場路、今晨一時十分又起陣地爭奪戰、敵以坦克車廿餘輛、掩護敵兵千人、沿公路南犯、自徐家宅南陣地、迄季家庫潘宅戴家宅火線長約一公里、雙方血戰三小時、至黎明時我軍由公路向敵正面衝擊、將敵擊退、同時左右兩翼、亦策應前進、追敵退去、是役敵死傷四百餘人、並被我截獲小炮五尊、步槍廿餘枝。

敵進犯張家庫　爲我包剿圍擊

▲中央社上海三十一日電　三十日下午二時敵又沿眞茹北夏李宅新涇路蠢動、至晚七時、迫近陸家庫家宅一帶陣地、我軍即由兩翼包剿、與正面呼應圍擊、開始激戰、迄深夜未停、同時敵炮不斷向我南岸豐田紗廠至周家橋段陣地烘擊甚猛、我亦時與還擊、決當轟燬敵砲兵陣地。

敵援軍續到滬　並軍火千餘箱

▲中央社上海三十日電　三十日晨七時、敵艦兩艘、續載敵軍六次援軍爲五批千餘人、及軍火千餘箱抵滬、

我炮烘楊樹浦　敵艦亦作還擊

▲中央社上海三十日電　三十日晚七時許、我浦東方面炮兵向楊樹浦敵軍陣地烘擊、予以重創、敵艦亦發炮還擊、並有間斷之機槍聲、互相隱現、礮聲約三小時、始趨沉寂、

敵機肆虐南翔　被我擊落一架

▲中央社蘇州三十日電　廿九日午前九時、敵以重轟炸機六架、飛往南翔一帶大肆轟炸、企圖摧燬我陣地、我軍當以高射砲向敵機射擊、其中一架被我擊中要害、當場墜落南翔附近、敵

……駕駛員等六人、均被我俘獲、即將解京、該機係三發動機巨型機、價值當在五十萬元以上

▲中央社上海三十日電　三十日下午一時半、敵機兩架、在浦東之楊家渡、唐家橋一帶、投彈多枚、燬民居廿餘間、唐橋張萬興船場被炸、南市竟日有敵機九架盤旋、未投彈

晉北敵全線進攻被我擊退
敵增援反攻現仍在激戰中
—我軍克復蔚縣晉東反攻得手—

▲中央社南京三十一日電　晉北方面戰報（一）廿八、敵向我全線進攻、迄夜未止、以中央正面及右翼盟滕村戰況爲最激烈、敵步兵借其炮空之掩護、接近我陣地前至最近距離、經我官兵奮勇擊退、敵乃增加精銳部隊反攻、爭奪尤烈、現仍激戰中、（二）廿九、我某部爭奪三滕村高地時、敵遺尸中有大尉以下官長多人、其符號爲十一師團第七十一聯隊、（三）我某部廿五日黃昏收復廣靈後、乘勝尾追、廿六日拂曉即克復蔚縣城、敵傷亡二四百人、獲步槍三十餘枝、輕機槍二挺、毀敵汽車四輛、我傷亡約二百人（四）我某部廿五日克復唐縣、獲步槍十餘枝、廿一日已克平漢路之清風店車站、敵守兵向望都逃去。

▲中央社太原三十日電（一）雁門交通、自我騎兵一部於廿七日克復廣武後、完全斷絕、另一部進襲抵海子濤井溝一帶、破壞岱岳鎮東南桑乾河上之橋樑、又有騎兵一部分進出於口前村水頭村一帶、對朔縣之敵嚴密監視、（二）雁門大同道上敵軍、經我晝夜攻擊後、敵恐慌已極、原分駐各地之守備隊、現即撤回岱岳懷仁大同二地。

▲中央社太原三十日電　晉東我軍反攻後、甚爲得手、三十日仍在平定陽泉以東地位作殊死戰、我當局曾下令有進無退、故士兵鬥志堅強、勇氣倍增。

津浦線敵大部後撤　便衣隊在曹園被擊退

▲中央社濟南廿九日電　津浦線正面之敵大部退、現餘兵力德州平原間約一師團、師團部駐德州附近、旅團部駐平原、敵大部兵力在津浦右翼陵縣一帶、近日與我軍痛擊、死傷甚多、曾一度克復趙王宅、敵增援部隊續到數百人、始退回原防、廿九日午津浦綫正面曹家園十里廟前後唐莊發現敵便衣隊百餘人、當被我軍擊退、正跟蹤追擊中、我有一部廿八日晚發覺吳橋敵百數十人、經我軍激戰後、敵不支紛向桑園方面退去、計斃敵五十餘人、及隊長一人、獲手槍十五枝、捷克式馬槍廿枝、步槍十一枝、我軍陣亡分隊長一人、傷亡士兵十餘名。

連雲港外敵潛艇兩艘　測量海水深度

▲中央社東海三十日電　三十日午突有敵潛艇兩艘駛抵連雲港外、在東西連島附近海面窺探、時沉時浮、似在測量海水深度、企圖莫測、迄午十二時左右、始向東北駛去。

金門縣偽縣長許廷芳

廈港外敵艦多至四十餘艘

▲中央社廈門三十日電 敵退出烈嶼、但仍佔據金門、委原在金門業醫充當間諜之許廷芳、任偽縣長、引導敵兵四出強掠、姦淫婦女。

▲中央社南京三十日電 廈門三十日電、廈港外敵艦多至三十一艘、每日有敵機飛繞廈門、泉州、漳州、三十日晨七時半至九時半、廈市發出警報四次、又廈門三十日電、廈海面敵艦增至四十八艘。

敵機飛漳州等地投彈 被擊落一架

▲中央社福州三十日電 三十日敵機四架飛漳、在漳橋投彈、我守橋部隊、以機槍掃射、其中重轟炸機一架被我擊中、油缸起火、在漳橋以西墜地焚燬、機師三人、均殞命、餘機遁去。

▲中央社海州三十日電 三十日下午一時四十分電、有敵機三架、似從魯境車牛山海面起、飛過東海西襲、下午四時五十分復由西東去、

▲中央社濟南三十日電 三十日午敵機三架、在商河西門外投三彈、死平民六人、傷十人、

▲中央社福州三十一電 閩省府據晉江縣府電告、二十八日下午五時半敵機五架侵入投彈烘炸、同時敵艦 艘礮擊甚烈、企圖登陸、經守軍擊退。

日無理侵略中國 適足完成中華民族復興

蔣委員長向巴黎日報特派員談稱

▲中央社巴黎二十日哈瓦斯電 中國蔣委員長曾向巴黎日報駐華特派員發表談話 頃由該報披露、首述最近多年經過事實 及蔣氏所負重大任務、並引倫敦太晤士報之語 以為中國前途當以民族主義民生主義與民治制度為基礎、蔣氏談話有云 吾人抵抗日本侵略形勢如何、再所不計 但統一局面、必因而益臻強固 日本以不正當之藉由對中國作戰、適足以加強完成中國民族之復興、及統一中國自行決定之建國方案 仍當積極進行無物可以阻擾之 中國人民愛國情緒熱烈如此 民氣之旺盛又如彼、吾人可因而克服一切困難 中國此次抗戰 非僅為己利害而戰 亦且為全世界正義而戰 九國公約 非戰公約 若聽任日本折毀 則世界和平基礎定必發生動搖 吾人務當繼續奮鬥 非至公理完全勝利不止 此外中國政府亦謂現在局勢雖屬嚴重 但中國必能獲得最後勝利云、其他

蘇聯接受 參加九國公約會

▲中央社莫思科二十九日電 蘇聯外交委員會頃照會駐比蘇大使館、接受參加九國會議、略謂、蘇聯雖非九國公約簽字國家 但對遠東問題殊感關切、加之九國會議 係依照國聯大會召集、因此蘇聯政府特會十月十七日決議案而聲明參加

法與英美加緊合作 激進社會黨代表會決議

▲中央社巴黎二十九日電 激進社會党全國代表大會、二十九日午乘議員凱色爾提出議案通過、要點如下、（一）法國對各項公約信守不渝、（二）本黨對民治制度表示同情 （三）法國當與英美兩國加緊合作。

省徐民教館宣傳隊 昨抵六區宋樓

定明日來城宣傳

省徐民教館宣傳隊 昨抵六區宋樓 當住於該區中心民校 總領隊為徐傳瑞 團員共十二人、九男三女、攜有影畫報 定今日在宋樓表演話劇 約於明日來本城宣傳云、

新任保安大隊附郁榮先 昨來豐視事

本縣保安大隊附殷景琦調銅情形 巳誌本報 茲悉新任保安大隊附郁榮光業於昨日來豐視事 郁氏曾任保安第十八大隊中隊長 品格端方 智勇兼備、際此需小蠢動之時、必能展其長才救平匪患使閭閻安堵云。

第四區公所 舉行區務會議

第四區公所於前日召開區務會議 到鄉鎮長丁逢聚等十餘人、高寄塵列席 報告事項略、討論事項 一、奉令抽簽本區義勇壯丁隊二十至三十歲壯丁一十名 編為常備壯丁隊 應如何抽調案 決議 各鄉鎮義勇壯丁隊二十至三十歲之壯丁 在各該鄉鎮公所抽籤伏定次序 再按照號數前後 作為抽調標準（中籤壯丁及保甲長獨子除外） 並限於本月二十六 二十七 兩日舉行抽籤 二、縣派員於二十四日來所查驗 本區已戒烟民人將該管應受查驗之已戒烟民應如何辦理案 決議 屆期由各鄉鎮長派本區二期訓練義勇壯丁隊 送所查驗 所有開支一切賬目 應推定人員負責審核 昭大公案、決議 公推丁逢聚 吳欽 劉德遠 安獵瀛 夏慎言五人 審查委員 於十四日在區公所內舉行公開審查 四、本所在此軍事行動期間 需用繁多 所有公費不敷應用 如何辦理案 決議 由區公所辦公費、可由區公款項 照數開支 五、奉令指定開挖之趙莊 更集 毛莊 鬼莊 吾莊 韓寨壕溝無水如何辦理案 決議、指定之各砦壕溝無水、即遵照縣府現已出示辦理 定期動工挑挖修築、倘溝內有水可待水涸時 再進行修築、絕不積延、閉會

新陞保安團營長之張雅軒 昨日來豐

保安第二十八大隊附張雅軒 現調陞保安團營長 本縣為其第二故鄉 當於昨日來豐省視、各界友好、特於今日設筵歡宴 杯酒之間、除暢敘離衷外、並祝其為國宣勞、努力殺敵云、

豐縣國術研究會啓事

逕啓者查本會定於國歷十一月六日十一時（即陰歷十月四日）在本會所（舊火神廟）開全體會員大會務希屆時出席爲要除另行通知外特此登報以便週知

豐縣縣政府代防空學校照測部招致學員四名

一、年齡十八歲以上二十二歲以下、高小畢業程度、身體身長一公尺六五以上、體重五十公斤以上、尤其耳目須極健全無色盲及其他疾病者。四、報名日期十月 日起十一月七日止。五、報名地點縣政府。八、考試期十一月八日上午十時。七、考試地點江蘇省教育廳。九、錄取後到省旅宿膳費由本府供給

鳴謝孫靜山先生啓事

小女前患痢疾纏綿、餘醫藥無效幸經本城西關外孫靜山先生醫治藥到病除感激之餘特此登報鳴謝 董玉鼎啓

鳳鳴塔

第三百八十二期

一證

劉朝貴

十二的清晨 天空中現出蔚藍的色彩！「啊！今天飛機要來呢？」剛才來的G這樣說 在旁邊的N輕輕地發出這樣地一個辯駁 今天飛機是不會來的 昨天剛才過 今天怎麼在來呢？你放心吧」 他們二人正在攀談的當兒 聽到遠遠的發出軍樂聲。

琴琴：：琴琴：：琴琴琴，「討厭 又來我們操場上操了的？」一個反無意中發出這樣的問。「與你何干！他們才是救國的健兒，只有他們才能切實的救國呢，他們鍛鍊成好身體，好打倒我們的敵人。」

「你怎麼又討厭起來了？」N說 「你聽，空襲警報 我承認你是個詭辯家 我們快到地下室裏去」G說出恐懼的面孔而迫促 「怕什麼 才恐慌呢？緊急警報呢？到緊急警報時我們向地下室裏跑也不晚，你的膽子太小了；你看！我們那些武裝同志他們多麼鎮靜多麼沉着 沒有怕的面容仍就是那樣們的操作 現出大無畏的精神 假若我們中國人如此 何患本之亡？我們學生空談救國 敵人的飛機來了如此膽怯 遇必要時怎能上得戰場？我們現在隨便 現在安全比他們軍，不啻天壤，剛打空襲警報你就慌起來你真是膽怯」N不慌不忙 發出這篇議論 好像現出輕微笑。緊急警報迫促的響」…：鐺鐺鐺鐺。G現出着急的面容十分恐懼的說：「緊急警報了！我們趕快到地下室裏去罷！」於是他們一人一溜烟的跑入地下室。但是我們的武裝同志 敵人的飛機將要降臨時 他們停止了操作 由這部份的長官發出個宏亮的口令 立正 于是他們操作停止 這時操場上現出個莊嚴而淒靜的景像。

氣象

天氣 晴　風向 西北風　溫度 高五五 低四〇

特載

廬行日記（十九）

閩

八月二十一日 晴 夜間忽熱忽冷 始稍好 不時出汗 晨起 七時 但不思進飲食 蔣委員長來此參加典禮 蔣公為中華民族救星 代偉人 不可不瞻 采而聆教言 遂決定抱病參加典禮 八時委員長飛機到達 縈繞海會寺上空 匝機降落於鄱陽湖水上飛機場 八時三十 委員長同陳教育長乘汽車蒞團 下車後先赴辦公室休息 余適在室外 觀委員長後即立正致敬 委員長務軍服 持手杖 相貌雄偉。十時舉行開學典禮 委員長除印發「團長對本團第二期開學典禮訓詞」一外、并敘述平津失守經過 言語間 對廿九軍宋哲元之無抗日心、無抗準備 無抗日計劃、表示不滿 從中命令勗勉學員 謂 人要下定抗決心 平時要作戰時準備 如能為國犧牲 那是最光榮 最有價值 吾民族存亡 全在全國幹部人員能否服從命令 與嚴守紀律。凡是能抗日作戰者、即令失敗 中央亦定與以安插嘉勉。現在廿九軍雖失平津 只要能繼續抗戰 余必定與以接濟 至宋軍長之苦心支撐北方危局 使中央軍事準備 其功來得抗敵準備 亦不可沒也云云。訓話後 委員長親自領導朗讀黨員守則、及軍人讀訓後 始攝影而散 因聆訓兩小時、身體疲發不能支持。返寢室略事休息 即往醫務處再求診治、醫生與打退熱針一針、與藥片六片、並囑令休息。

豐報

第一千五百五十七號

社址豐縣大同街

中宣會登記證中字第一二九二號
內政部登記證警字第二二三〇號

中華郵政特准掛號認為新聞紙類

今日一張　售洋一分四厘

我南市部隊奉命後撤
忠勇將士仍死守不退浴血抗禦
敵過日暉港進攻城廂發生巷戰
旅長張彬親赴前線下落不明壯士感奮

▲中央社上海十一日電：被敵四面包圍扼守南市之五十五師張旅、警察總隊、及蘇浙行動委員會別動隊、與敵浴血苦鬥三日、卒以衆寡懸殊、水斷糧絕、戰至最後一息、不得不遵奉軍事當局命令撤退、惟仍有少數留死不退之軍警、深夜後、奮勇與敵抗戰、槍聲未停、敵於十日午起、向我總攻、我孤軍分守日暉港及沿浦江一帶、作殊死戰、捍衛淞滬最後陣地、在敵猛烈炮火下苦戰、予敵重創、十一日晨六時許、敵猛攻益烈、敵機三十餘架、在上空投彈、不下百枚、致房屋幾全被炸毀、七時半後、敵海陸兩軍炮轟、竟在千發以上、我前綫工事、不無損壞、但仍隨炸隨搶修、沉着應戰、偷渡日暉港之敵、被我斃傷者百餘人、至敵放烟幕進犯、致我平陰橋康衢橋間陣地、被敵突破、我駐守部隊補充困難、傷亡過半、不得已退至第二道陣地、其沿斜徐路綫部隊、因聯絡已斷、後退無路、被迫向法租界退去、敵渡過日暉港後、以坦克車五輛前導、向城廂而來、遂發生巷戰、旅長張彬親臨前綫指揮、嚴飭部屬不得稍退、並對其部下云、余決心死守南市、雖剩一彈、亦必抗戰到底、誓與陣地偕亡、言畢即入軍中作戰、下落不明、部屬咸感奮涕零、

蔡勁軍語記者
發表三日戰況

▲中央社上海十一日電：死守南市之孤軍、十一日、與暴敵作第三日苦鬥、今晨起大砲即隆然不斷、十時益為激烈、同時二十餘架敵轟炸架、輪流在南市投彈、暴聲轟處、黑烟上沖、使安居租界內之中外人士、對敵之慘暴行為、獲得從來未有之新認識、記者正午以電話致指揮作戰之蔡勁軍將軍叩詢戰況、蔡氏聲音嘶啞、想見其與全體軍警勞苦之一般、據云、敵軍昨日曾以小艦多艘、載兵士數十名、駛進我封鎖綫、當有少數敵軍登上業已被毀之中和輪上、與我軍互以機槍掃射、至昨夜以迄今晨、激戰未休、浦東方面、敵現已登陸、除對我南市轟擊外、並以砲四門、向我大碼頭猛烈轟擊、幸沿江一帶、均係高樓大廈、堅如堡壘、敵軍炮火雖猛、亦僅能在牆壁上轟穿數洞而已、至日暉港方面、敵亦猛攻不已、我軍沉着應戰、敵迄未得逞、記者旋詢我軍苦戰三日之損傷、據稱、敵軍飛機大炮、火力雖猛、致民房炸毀震坍者甚多、但我工事則未被損壞、我忠勇軍警晝夜不休、苦戰三日、現僅有三人受傷、蔡氏最堅決表示謂、我士氣激昂振奮、莫與倫比、敵猛烈炮火、雖足威脅我陣地工事、絕對不能威脅我堅決之精神、誓當任我上海最後之陣地、與敵人實行焦土抗戰、發完最後顆子彈、流盡最後滴血而後已、

敵軍重炮多門
集中轟擊南市

▲中央社徐州十一日電：敵在浦東登陸後、並在滬西謝繼路、斜土路、及楓林橋、中山醫院、中南小樓下、亦各有重炮、佈置重礮多門、十一日竟日向我南市射擊、敵機二十餘架、亦不斷轟炸、民房中彈起火、不下數十處、迄晚尚在延燒中、

敵援軍又登陸
塘橋亦有敵蹤

▲中央社崐山十一日電：敵兵二十餘名、十一日晨二時、在三井碼頭登岸、見我已退、即于五時許大批登陸、自陸家嘴瀾泥渡等處、搜檢平民、並縱火焚燒、閘塘橋方面亦已有敵蹤、

英籍新聞記者
遭敵射擊斃命

▲中央社上海十一日電：倫敦每日電訊報記者斯蒂芬遜、十一日下午二時許、在法租界呂班路法商自來水公司水塔上瞭望南市作戰情形、不幸被敵機以機槍射擊斃命、當時在該處瞭望者共有西人九人、斯因職務關係、立於最前、正攝影時、被敵軍以機槍集中射擊、至數分鐘之久、頭胸腹部中彈數十處、立即斃命、尚有兩人重傷、兩人輕傷、

太原受圍
我已派精銳部隊增援

▲中央社臨汾十一日電：太原受圍、我已續派精銳部隊增援、在楊泉壽陽一帶、我游擊部隊已開始攻擊敵之後方、截斷其聯絡、

我空軍昨烘炸敵航母艦

▲中央社南京十一日電：我空軍一隊、於今晨飛往外海大戢洋面烘炸敵航空母艦、在我機飛敵艦上空時、敵軍慌發高射炮、我機依然環飛、見艦上停有敵機十二架、乃排隊齊向目的物投彈、投法敏確、當我空軍返防時、猶遙見該艦火烟高冲雲霄、

敵機烘炸無軍事設備之城鎮
中國國聯同志會電總會予以申斥

▲中央社南京十一日電：中國國聯同志會、現以敵機爛炸內地、特致電日內瓦世界聯合會、請轉各國同志會注意、原電云、日本飛機之烘炸、現已蔓延中國內地、並無軍事設備之城鎮、十一月六日僅浙江一省被炸者竟十九處之多、平民之生命財產、蒙受損失、異常重大、請將此項分為向世界公佈、俾予以申斥、

請示後即赴前方工作
湖南婦女戰地服務團抵京謁當局

▲中央社南京十一日電：湖南婦女戰地服務團一行六十餘人、今晨由漢乘輪抵京、日內晉謁關係當局、請示機宜、稍留即赴蘇州嘉興一帶參加戰地工作、據息湖南婦女戰地服務團、已有一隊出發前方工作、

又捐洋三千作抗敵之用
班禪大師行轅宣化公署

▲中央社南京十一日電：班禪大師行轅宣化公署、除已認購公債四千餘元外、茲再合捐法幣三千元以作抗敵之用、此款已由班禪駐京辦事處如數交蒙藏委員會轉解矣、

九國公約會議繼續舉行
英美觀點現已漸漸接近
各國代表仍互交換意見

▲中央社比京十一日哈瓦斯電：九國公約會議、十日午後繼續開會、首由主席斯巴克宣讀該國駐日大使巴斯比爾來電稱、日本對九國公約會議申請書、當可於十二日提出復文、主席旋宣佈延會於十三日晨十時、此外艾登、台維斯、台爾博思定十十一日繼續交換意見、

▲中央社比京十日海通電：據比京消息、靈通人士十日表示、九國公約會議、決不致無成就而停止、最可注目者、即英外相與英代表台維斯、及法外長台爾博思、十日午後之談話、晚艾登舉晚宴、招待英屬各自治領代表、台維斯亦被邀參加、此足表示英美觀點、已接近、英美之合作、對遠東問題之前途、實有重大影響、此乃舉世周知之事實、一般人士相信、日本對中國之野心、如不稍事斂跡、則英美聯合制止其侵略、終必成為事實、蘇聯外交委員長李維諾夫之悄然返國、固由於彼之主張本獲大會充分採納所致、但英美蘇三國之間、並非無密切合作之可能、英美兩國應于日本之政策、自始必無用武力以貫徹主張之傾向、故不須為屈求全、但日本如想勸告、則為其一身利益計、自亦不能坐視、蓋九國公約締國、並不以[illegible]之間擴而停止也、英方政治家謂、此會關係遠東前途甚大、且影響整個世界、自不能以不了了之、則英美法蘇民主集權之聯合行事、並非不可想像、此間觀察家、見於日本態度之倔強、相信英美法蘇之聯合對日局面、或有實現可能、

我代表團發表蔣委員長電文

十日晚中國代表團、發表公報稱、據蔣委員長電、中國軍隊之退出上海公共租界附近一帶、係為必要之策略關係、中國政府均決心對日抗戰、直至最後為止、在敵軍留住中國一日、中國之武力抵抗必一日不止、該中國主權破壞時、中國決不進行和平、在此情形下、中國之精神上仍維持九國公約、且將在事實上作此表現、並盼其他簽字國、咸能為條約着想、而作同樣行動、中國之抗戰決心、必使遠東局勢正當解決、終可達到目的。

▲中央社比京十一日哈瓦斯電：九國公約會議、中國代表團情報處、頃發表蔣委員長來電、略稱、中國軍隊自上海撤退、乃戰略關係、且為長期抗戰之計、中國主權若一日受威脅、則中國軍隊即當繼續抗戰、日文有我人為長期抗戰起見、已將軍隊自上海租界毗連區域撤退、此乃戰略上必要之舉、我國政府與人民、咸已具有決心、戰到底、暴敵實無以動搖、即以九國公約而論、吾人無論如何、必當信守不渝、而對各簽字國、爭獲公平解決方案之努力、亦深信其不至徒虛擲也云、

港粵間佛仙兩輪
在橫檳海面被敵艦搜查

▲中央社廣州十一日電：來往于港粵間之佛山、東安兩輪、今由港駛行來省、至橫檳海面、突被敵艦改裝成之武裝漁船搜查、並對女搭客施行污辱、騷擾歷小時始去、

暹華僑戰地記者團抵汕

▲中央社汕頭十一日電：暹華僑戰地記者團一行五人、十一日乘夏洛士輪抵此、謁黃市長秉勛、並視察敵機炸毀地區、午後各界歡宴後、乘原輪赴港轉省、取道北上採訪戰訊、

杭州灣登陸之敵
我正分頭圍剿中

▲中央社杭州十一日電：嘉興新倉登陸之敵、已全部殲滅、杭灣沿海登陸之敵、我正分頭圍剿中、

敵機昨襲首都 被我擊落兩架

△……浙邊亦有敵機投彈窺察

▲中央社南京十一日電　敵機數架於十一日午後京滬路來京襲擊、於一時半起有敵機十五架、在京空四週發現、飛行甚高、經我高射槍射擊、有數重轟炸機倉皇飛至光華門外大校場附近、濫投十餘彈而去、其數機在京空盤旋窺探、其中六架、向西飛去、另有三架由北向東南飛去、當有敵重轟炸機一架中彈、該機仍掙扎高飛、企圖逃返、惟機身業已起火、力難支持、漸自高空下墮、紅光兩濃烟縷縷、一時蔚為奇觀、餘機見勢不佳、匆匆向東南逃去、敵機飛至江寧上空時、又有一架重轟炸機被我高射炮擊中墮地、事後調查該一機殘骸落於大校場附近、機身全壞、機中三人斃命、後一敵機落於江寧鎮石僕橋附近、機身已燬、機中六人斃命、機中並有荒謬宣傳品甚多

▲中央社南京十一日電　今日敵重轟炸機一架被我高射炮擊中之際、有廿餘外僑在首都飯店觀看、無不同聲贊彩、有數人拍成照像、以為從來未有之收穫、中有德美記者二人、對我射中敵機之高射炮、表示無限驚異、可謂在任何國中所難有之第一流炮手、彼等於敵機墜中至粉碎時、均鼓手狂歡

▲中央社杭州十日電　十日上午八時五十分至下午五時、敵機廿餘架先後輪流襲杭、杭市暨西湖[illegible]被炸七次、投彈二十餘枚、砍石[illegible]炸一次、毀民房數間、

▲中央社徐州十一日電　十日晨敵機四架、經由日照飛郯縣、會南沿津浦隴乘兩路在郯縣車站投彈兩枚、又到徐埠上空盤旋、即東飛、午刻蘇北淮陰發現敵機十餘架、在蘇皖邊境肆擾投彈、損失未詳、

▲中央社東海十一日電　敵機四架、十一日晨、飛隴海路黃口站、（一在徐碭間）十時四十分過海東逸

比內閣組織 將俟比王由倫敦返國後再定

▲中央社比京十一日海通電　比內閣組織工作將延至本月十九日比王由倫敦返國後再定、比王今晨接見前任司法部長簡芬、請其覓解決政潮之可能辦法、同時並請總理齊蘭暫時維持日常公事、以待新閣之產生、聞比王本月十六日正式訪聘英國時、將與倫敦當道對國際問題作極重要之討論、據簡氏出宮後宣稱、比王離英前無暇注意政潮解決方法、故彼決定待彼返國後再行解決、議會人士咸知國王行期展緩、蓋因國際局勢如許嚴重、須從長計議也。

英將派員赴德 與德當局進行非正式談話

▲中央社倫敦十一日哈瓦斯電　英閣十日晨開會時、已在原則上決定以參觀狩獵展覽會為名、派樞密大臣哈力法克思、前往柏林與德當局就現行局勢進行非正式談話、此外英消息靈通人士並謂、義國參加德日反共協定之舉、雖在英國引起不良印象、但英國進行談話之時、仍望更與義國進行談話、以為改善英義邦交之計云。

匈參加與否並未考慮

▲中央社匈京十一日哈瓦斯電　關於義德日反共公約事、此間半官界人士、以為此乃各國內政問題、關於參加一層、匈國並未考慮及之云。

墨西哥總工會 令全體會員抵制日貨

▲中央社墨西哥京城十日哈瓦斯電　墨西哥總工會、頃通令全體會員抵制日貨

英倫昨舉行歐戰休戰紀念

▲中央社倫敦十一日路透電　英國各處今日舉行歐戰休戰紀念、儀式隆重、與往年同、惟倫敦紀念坊今日靜默兩分鐘時、群衆中忽若十人衝出、高聲吶喊大呼打倒戰爭等口號、警察即拘捕數人、至靜默禮成後、始往警署。

一區曹劉莊發生綁架案

七匪三人各帶匣槍 李鳳舞之幼孫被綁

一區亭台鄉曹劉莊居民李鳳舞家、於昨夜九時、突有土匪三人、各帶匣槍、撞門入室、當將今年甫滿歲之幼孫綁去、迨右知覺追擊、匪已鴻飛冥冥、不知去向矣

劉王樓小學協進團 舉行第一次團務會議

劉王樓小學協進團於本月七日上午十時假該樓初小舉行第二次團務會議、出席人計有胡效參、劉昭祥、侯傳賢、蘇培仁、許汝章等十人、由許汝章主席、劉昭祥紀錄、行禮後並報告會議延期之原因、暨第一次會議議決案執行之情形、以及此次會議研究之中心、旋即開始討論、其議案如下、一、怎樣指導兒童養成衛生習慣案、決議、分團體及個人兩方面、甲、團體方面、1.舉行整潔比賽、2,劃分整潔區、分區檢查、乙、個人方面、1.舉行個人整潔檢查、2.聯絡家庭共同督導、3.明定獎懲辦法、二、對於兒童飲茶盥洗之最低設備應如何確定案、決議、盥洗設備、甲、面盆每八人一個、乙、手巾每人自備一條、丙、漱盂兒童當備牙刷用具、飲茶設備、1.設置飲茶處、2,茶杯每人自備一個、三、第四學區小學教育研究會議決案第五案在抗戰期間應組織宣傳隊以喚起民衆、本團應如何實行案、決議、照原案實行、本團各校訂於十一月十二日聯合舉行、地址、劉王樓、四、[illegible]議決案第七案、局發音樂教材大多不能自唱、本團應否組織研究會以資練習案、決議、本團組織音樂研究會、凡本團各校教師皆為會員、會址設劉王樓小學、第一次會期定於十一月十四日、五、本團各校在非常時期內應否聯合舉行防空演習以資練習案、決議、定於十一月十二日上午假王樓組舉行、六、應推定第三次值月學校案、決議、劉堤樓初小、下午十二時閉會

實驗鄉 擴大抗日宣傳

△……各保學全體出動

實驗鄉為喚起民衆抗敵情緒起見、特利用總理誕辰休假機會、作擴大抗日宣傳、各保學則在各施教區工作、該鄉義勇壯丁隊、列隊遊行、每到一莊、則高呼打倒日本帝國主義之口號、民衆抗日情緒、為之大振。

鳳鳴塔

第三百八十六期

空襲的給與

愚叟

天，晴的、點雲兒也沒有、太陽普照了大地、雖然是深秋、但陽光有點還熱的討厭。我剛吃過早飯，像失了什麼似的又來了的跑到門房，正巧送報的跟踪的，我的目的就在看報，我立即展開大公報，很容易看見行刺眼的大字，什麼「日軍生路已告斷絕，津浦、平漢二線被我軍截斷」數段……「此」我的心不禁為之一振，然而那酸痛的眼淚已流滿了兩頰了。

今天的消息好，固然是較前好，可是這好消息完全是我們前線戰士的血肉換來的啊！試看郝夢麟軍長、劉家騏師長、鄭延珍旅長，七日夜晉忻口陣綫壯烈的殉國，而十八日上海又有秦慶武全團的至死不退，一齊犧牲！

看的正有味，忽然聽到鐺鐺的警鐘聲傳來，空襲警報又發了，鐵鳥又來碭山了。

空襲警報發出以後，我隨着幾個同學都躲到樹下，靜悄悄的聽看動靜，俄兒緊急警報又發出了，我知道這次空襲非前次，不安的心，便忐忑的跳動起來。

一剎那間，呼呼的聲音傳入耳鼓，天空上飛這機來，從空中冒出，遠看去，直如三隻蜻蜓在空飛，灰色的翅膀下面漆了一個太陽旗。

呼，我們在沉默着，呼呼的聲響更近了，愈近愈響的利害，片刻轟的一聲巨響，不是砲聲，也不是槍聲，而似乎是房屋的坍塌，我們心道了，是炸彈開了花，還一下，不知糟塌了多少房屋，損傷了多少條人命。

我只往空呆看，忽兒有一位同學問我：「這是什麼[illegible]？你聽見嗎？」是新同學，年齡不過十二歲，有些孩子氣呢！

「這是牠媽的日機投的炸彈呢？別的東西沒有這樣利害，把那都震動了。」樹上，黃葉飄飄落下。

「啊呀，敵機投的炸彈不知落到何處？」「我希望投在水坑或荒地裏去，損傷[illegible]我們的任何東西。」「我也希望如此」另一個同學回答。

我們正說着，……的巨響接連着又響，五六下，都在我們的西南角，覺着近的很，響的這樣利害呢！

還時樹上的殘葉不知落下了多少啊！我們又捺不下一顆被炸彈烘動的心，鵠立在這枯樹下，都十分感覺急燥，但卻沒有一個露出懼怕的顏色。有一位同學說：「敵機這次來碭轟炸，可給我們大的教訓，我們正愁着組織不嚴力，宣傳不澈底，而[illegible]日機的轟炸，宣傳是幫助我們組織、宣傳，是積極的喚起全碭山的民衆，不得不抗敵，不得不拚……」我們要努力宣傳，喚起民衆，最後的勝利一定是我們的。

我們沉靜了一會，軋軋之聲由高而微，至沒有了。過了幾分鐘，解除警報的鐘響了。我們仍是對着天空呆望，這次天空碧藍無際，好像暴風過去沉靜的海洋。

本城糧價

名稱	每市石價目
小麥	八元四角
黃豆	三元九角
綠豆	七元一角
高粱	三元四角
芝麻	七元四角
穀子	三元二角

氣象

天氣	晴
風向	風
溫度	高六〇 低四一

特載

盧行日記（二）

閻

八月七日　雨

今晨因降雨，未參加升旗禮。早飯後，第一節周總教官講人的認識。第二節工兵講話，其中有：日本對我作戰計劃，主速決戰，殲滅戰；我對日本作戰計劃，主持久戰、消耗戰，故在我國，工兵尤為要緊。第三節炮兵講話。第四節無課。第五節築城見學，全體學員均下山至團門外，參觀工兵所築戰壕，所製偽裝，及施放水雷地雷等動作，回隊後以上山困難，身體疲憊，致不能參加降旗禮。晚十一時，正在熟睡，忽為緊急集合號聲所驚醒，即披衣起帶行軍應帶裝具，跑步赴大集合場集合，陳教育長講緊急集合之意義，時天忽降大雨，衣服已盡濕矣。

午間史君中美在海會寺門前泉石上為我攝影一幀，以留紀念。

因大便數日不通，服瀉藥兩丸後，腹瀉一次。

八月八日　雨

晨五時廿分行升旗禮，教育長訓話。第一節教育長講各組討論問題加評。第二節新生活運動。第三節周總教官講救國復興民族之最切要項。第四節大隊長王東原講話。第五節發畢業證書及紀念章。六時行降旗禮，教育長訓話，大意勸勉吾輩要學總理奮鬥之好學不倦，及為國犧牲之精神。

（未完）

豐報

第一千五百五十八號

社址豐縣大同街

中宣會登記證中字第一二九二號
內政部登記證警字第二二三〇號

中華郵政特准掛號認爲新聞紙類

今日一張

售洋一分四厘

上海全部淪陷

將士戀戰寧願壯烈犧牲 炮彈如雨猶作艱苦奮鬥

敵侵入南市縱火黑烟上冲雲霄

▲中央社上海十二日電：扼守南市之軍警、于十二日上午尚有一部分在頑敵環攻下、仍誓死抗戰、淒風慘雨中、猶傳悉疏落之槍炮聲、至下午四時許、槍聲始沉寂、我大上海遂完全淪陷敵手、查敵係於十日午開始向南市總攻、以飛機二三十架及海陸軍大炮集中轟擊、步騎亦不斷進犯、至十一日下午二時許、砲聲未絕、我防守第一道防線之五十五師張旅、在猛烈之礮火下、艱苦支持至二十餘小時之久、終以工事完全被毀、傷亡慘重、致被敵突破、我軍全線由周圍十五里至二十五里、陣地均失、勢甚危急、我指揮作戰之蔡勁軍局長、接獲警報後、立命防守十八鋪沿江之警察總隊、趕往局門路增援、扼守張家浜路之第二道防線、而敵衝過日暉港後、即用坦克車爲前驅、掩護大隊步兵、潮湧而至、我警察中隊長鍾揚、親率警士扼守局門路徽寧路等處抗戰、卒以身殉職、敵遂直趨城廂、蔡見于形勢危急、遂偕總隊長龍驤親赴前線指揮、扼死抵禦、其時敵並以大炮轟擊我沿江陣地、並以橡皮艇載敵軍偷渡來犯、我十六鋪及西門分局官警、咸馳往助戰、卒以該地工事兩座、爲敵炮轟毀、全線官警、悉作壯烈犧牲、但仍奮勇決死抗戰、自下午五時至八時、血戰最劇、曾予敵以重創、旋奉蔡局長命令、一面傳達命令、至午夜十二時、始全部作有秩序之撤退、惟尚有警察總隊一中隊、不願退去、至十二日下午四時、卒全部犧牲、爲此大上海最後之陣地殉職、

▲中央社上海十二日電：我軍堅守南市最後陣地之張旅、及警察總隊、在敵炮彈如雨之[illegible]下、艱苦奮鬥、終以工事被毀、且水斷糧絕、下午十一時許、奉到命令撤退、大部均深夜撤退、惟尚有一部扼守外馬路[illegible]沿浦市倉庫當紹棧房警隊、因未奉到命令、[illegible]最後一滴血、以盡爲國守土之責、敵軍砲聲澈夜未停、其步兵則未敢侵入、十二日晨並有敵方橡皮艇數艘、由浦江駛近該處、惟經我軍以機槍掃射、即行逃去、至午我軍仍鎮靜堅守陣中、至南市陷入敵手後、敵縱火焚燒、至午尚有三處黑烟冲冒、燃燒中、

▲中央社上海十二日下午二時電：南市朱家路以南、車站路以東、在浦邊半淞園附近、亦有我軍約四百人、因未奉到命令、三面被敵包圍、仍繼續艱苦抗戰、敵除用重礮猛轟[illegible]我軍衝刺[illegible]各處高樓[illegible]我守軍咸決心與陣地共存亡、仍據各處高樓、誓死抵抗、迄午尚在激戰中、

滬市黨部發表告全國同胞書

▲中央社南京十二日電：滬市黨部十二日發表敬告全國同胞書、略謂……淞滬我軍之撤退、決不能視爲作戰之失敗、更不能視爲抗戰之終了、尤不能認爲全面抗戰之[illegible]、必須認識今後民衆所負抗戰任務、必更艱鉅而偉大、要堅持之以毅、有進無退、方克有濟、全面抗戰一日未停、即我全國同胞抗敵[illegible]、蔣委員長曾說、吾人自當之決心、始終一致、即至戰至最後一人、須上至最後一寸、亦不稍變更初志、吾全市同胞、願與全國同胞、共相勉勵、非達到最後的勝利不止云、

敵援不絕如縷 五千人又到滬

▲中央社蘇州十二日電：十二日續有敵運輸艦[illegible]艘、運載七千增援軍之第四批五千人抵滬、五日來抵滬敵增援軍已達兩萬以上、

▲中央社蘇州十二日電：十二日又有運輸艦二艘、運到大批軍用卡車、鐵甲車及戰馬、軍火、

殞一驍勇將士 李忠傷重逝世

▲中央社上海十二日電：六十師一八一旅副旅長李忠、此次奉命抗戰、在淞滬前綫屢建奇勛、尤以在愛國女校陣地浴血抗戰爲最著、自我軍移新陣綫後、該師任吳家東帶陣地、又予敵以重創、本月三日至六日、李隨師長親赴前鋒、不幸被十餘敵包圍、頻受機槍掃射、身受重傷、即入醫院療治、終以傷重、于十二日在院逝世殉職、定十三日下午大殮、李氏在原籍有一妻一子、

米糧積存甚多 民食決可無虞

▲中央社上海十一日電：公共租界工部局總辦何德奎[illegible]稱、方倘存米二萬包、此外尚十一萬五千包、將分批運滬、另有內地米船百餘隻、在裏黃浦江內、亦可運滬、至於麵粉本市當存有五十萬包以上、麥八十餘萬包、民食決可無虞、

太原失陷 我軍作壯烈犧牲

我交城一帶新陣地已佈置就緒

▲中央社臨汾十二日上午十二時電：太原北門東門自九日被敵攻陷、已無險可守、但我守城之部隊仍奮與敵抗戰、曾發生劇烈之巷戰、只以工事毫無、且交城汾陽及徐溝太谷帶新陣地已佈置就緒、乃於十一日將大部軍隊作有計劃之轉進、而參與巷戰之守城部隊、則全體作壯烈之犧牲云、

▲中央社北平十一日路透電：日軍發言人宣稱、彼對留守太原之華軍、極爲欽佩、該軍所與日軍之抵抗、前所未見、彼稱、死守太原者曾巷戰至最後一人、直至北面爲日軍所炸毀、日軍生力軍開入後、始將華軍克勝云、

楓涇鎮我防線被敵突破 已調大軍前往反攻

▲中央社杭州十一日下午十二時電：楓涇綫我軍防綫、十日下午被敵突破後、當晚我即調大軍向敵反攻、激戰至十一日、敵仍圖進犯、我已派重兵堵截、

敵百餘名向大名前進 被我包圍痛擊

▲中央社新鄉十二日電：敵軍百餘名、九日向大名前進、午後二時我某部在舊魏縣將敵包圍痛擊、又南和發現敵蹤、我軍當由兩側夾攻、即可肅清、沙河敵約五百人、在河上架設浮橋、運輸軍用品、

日本復文措詞强硬各代表失望 發出最後申請書計畫已予取消

今日會議將考慮繕具全部局勢說明書 中英美法四國首席代表賡續交換意見

▲中央社比京十二日路透電：日本復文之梗概、傳到此間後、引起深刻印象、英外相當即與出席九國之各國代表、互相討論、僉意以堅決[illegible]日本復文措詞既若是、如再向[illegible]請求、實屬多此一事、故發出第二申請書之計劃、現已取銷、明日會議、將攷慮繕具全部局勢說明書之起草事宜、大約十一日將舉行非公開會議、後始舉行公開會議、俾通過說明書後、即將此書送達日本、

▲中央社比京十二日路透電：據法外長台爾博思十二日晚談稱、吾人俟日本復牒接到後、即可決定將採取何種步驟、但吾人已決定取一致之行動、此種實際關於日本拒絕參加後、各國態度已可證實、中英美法四國首席代表顧維鈞、艾登、台維斯、台爾博思、十一日討論一番、尤注意中國現狀、此次會議、並未有何結論、但曾論及發表宣言、陳述各國對[illegible]解之可能、

▲中央社倫敦十二日海通電：日本拒絕參加九國公約會議之答復、雖不足異、但此種堅決態度、雖已引起此間[illegible]界相當失望、聞比京會議仍繼續努力、以冀和平解決中日爭端、

▲中央社比京十二日海通電：明晚九國公約簽字國將舉行非公開會議、審查日本復文、公開會議則定明日午後舉行、大會自不能於明日結束、而將延至下星期爲止、屆時將列強對日本復文態度、及大會開會情形之報告、送交[illegible]本云、

中央國府昨合併舉行總理誕辰紀念

……林主席報告……

▲中央社南京十二日電：中央國府今晨十時在中央黨部合併舉行總理誕辰紀念會、到委員七十一人、由林委員森主席報告、茲將其報告詞報告如下、今天是總理誕生紀念日、也可以說是三民主義的誕生紀念日、因爲有了總理的誕生紀念日、才有三民主義的創造、有了三民主義的創造、才有中華民國的建立、所以我們對於總理誕生紀念日、應該怎樣的歡欣鼓舞熱烈慶祝呢、可是我們先總理艱難創造的中華民國、現正在給敵人肆意侵略、全國忠勇將士奮勇抗戰、在此時我們來紀念總理的誕辰、應該格外堅決我們的意志、集中我們的力量、抗戰到底、維護我們總理創造的中華民國、敵人以大批軍隊來侵略我們、且用[illegible]了手[illegible]居民衆、轟炸文化機關難民收容所、雖然他們受了主持公道的人士之指責、而還不稍斂、其慘暴行爲、其將爲舉世人士所唾棄可以無疑、我們在綫的抗戰將士、忠勇衛國、壯烈犧牲、聞於國際

專家之考察者莫不同聲贊揚　所以我們雖在困難環境中　要集合全國一切力量　本着總理的大無畏精神　與敵作長期的抗戰、最後勝利一定屬于我們的、

劉湘由漢乘輪晉京
謁最高當局請示抗戰方法

▲中央社南京十二日電　川康綏靖主任劉湘於今晨由漢乘輪晉京　據談、本人此次到京、係晉謁最高當局請示抗戰方法、日內即赴前方、或可補於抗戰、一切犧牲、均所不計

寶山殉職營長
姚子青家屬到京
中國婦女會慰勞總會派代表慰問

▲中央社南京十二日電　在寶山殉職之姚營長子青家屬　日前由漢到京　住本京太平巷五號　中國婦女慰勞抗戰將士總會　於昨推派代表前往慰問姚夫人　表示姚營長個人殉職死亦光榮　對於各代表前往慰問甚爲感謝、請各代表向中委暨同志轉致謝意

海鹽洋面敵艦
以探照燈探照

▲中央社杭州十一日電　海鹽洋面十一日下午七時發現敵艦一艘、以探照燈探照、

潮陽敵企圖登陸未逞

▲中央社汕頭十二日電　潮陽海面十一日突來兩敵艦　下午一時分派小輪載水兵數十人駛進廣澳企圖登陸　我防軍嚴密警戒　敵知我有備　旋向南澳方面逸去、

閩省府令同安等縣
救濟金門難民

▲中央社福州十二日電　閩省府現令同安　漳浦　廈門各地妥爲救濟金門難民、撥給荒地、予以耕種

中華救護會
今日由粵北上服務

▲中央社香港十二日電　中華救護會第二三隊定十二日赴粵北上服務

日帝國大本營
在最短期間即可成立

▲中央社東京十一日海通電　據此間所發半官聲明稱　關於設立日本帝國大本營事　經長久時間談判之後、將於最短期內在東京成立　其純質爲軍事機關、至該機關遲遲未能組成原因係各方改組換內閣意見未趨一致所致　此項問題現亦在討論中云

▲中央社上海十二日電　據同盟東京電（一）政府因各方對組織大本營之意見已經一致、大本營應根據軍令決在東京設置、並準備手續完畢後即發佈軍令（二）日政府決定設立之大本營　並非根據日俄戰時所公佈之戰時大本營條例　乃係根據另一軍令而設者、此項軍令現由陸海軍當局起草、俟奏裁可後、日內可草竣、則十五六日即可成立云

將晉見希特勒
蔣伯里由比京返抵柏林

▲中央社柏林十二日哈瓦斯電　蔣伯里兩日前從比京返抵柏林、不久即將晉見希特勒、有所商談　據負責人士宣稱　蔣與希特勒會晤、係于十日前預先決定、故與日本節次拒絕出席比京九國會議一事、並無關聯云、

英政府授權
上海英軍司令
日軍侵犯租界
應立即射擊

▲中央社倫敦十一日合衆電　此間當局發表一種通告稱、英政府現已授權上海英軍司令、若遇日軍有侵犯公共租界之舉、即立向其射擊、藉保租界安全云

愛爾蘭紅十字會
撥款千磅救濟難民

▲中央社倫敦十一日電　愛爾蘭紅十字會、撥款千磅、救濟漢口難民、捐紅十字會國際救濟該處受難平民

美紐約市舉行
歐戰停戰紀念會

▲中央社紐約十一日電　十一日爲歐戰停戰紀念日、紐約市長拉卡西鵝亞在美吉敦廣場紀念會紀念、人民參加者聽衆甚衆　市長當發表演說略謂　此次中日戰爭不論是否經過宣戰手續、其爲戰事一也

總理誕辰紀念會
在縣黨部大禮堂舉行
李委員報告　成縣長演說

昨、爲總理誕辰紀念　縣黨部特于是日上午十時　召集各界　在該部大禮堂舉行紀念會　共到各機關學校代表八十餘人、由李委員效禹主席、領導行禮後、並報告　總理奔走革命　艱苦備嘗　雖失敗有十次之多、然其革命精神　愈挫愈奮　再接再厲　卒于武昌之役　推翻滿清專制政體　雖變亂頻仍　而總理之革命主張　始終不變　際此全面抗戰之際　吾人紀念總理誕辰、應繼承其遺志、效法其精神　共同殺敵　勝勿自驕　敗勿自餒　抱犧牲之決心、作忠勇之奮鬥、最後勝利、必屬於我云云、繼有成縣長演說、大意約分三點、一、紀念總理誕辰、要效法總理的大無畏精神、共赴國難　二、本着總理知難行易學說　努力抗戰工作　切勿瞻前顧後　畏縮不前　三、在抗戰期間　要實行總理人盡其才、物盡其用之嘉言　旋即呼口號散會。

縣政府
召開黨政談話會

縣政府於昨日下午在會議室召開黨政談話會　共到二十餘人　由成縣長主席、當決定要案多件。

南楊樓小學
召開團務會議

南楊樓小學於前日召開團務會議　出席李方正十餘人　由李德普主席　其議案如下（一）怎樣指導兒童養成衛生習慣案　決議辦法如下　1.在公民訓練時間講述衛生條目　2.組織衛生隊、3.選舉清潔模範兒童　4.每週紀念週上將整潔及不整潔兒童分別懲獎（二）籌備各校飲茶盥洗之最低設備用具案　決議　1.平均每五人一臉盆、2.每人備茶碗　3,每人備手巾　4,各校備痰盂兩個　5.竹帚一把、（三）應推定下次值月學校案　決議　後由大楊樓小學校、閉會。

豐縣教育局啟事（一）

查中央陸軍軍官學校本年在鄂招收第十四期中級生　資歷須大學或專科高中軍訓期滿者、前期學生教育六個月　期滿後任職　戰事終了受後期教育一年　本省應考學生限於十一月二十四以前逕向教育廳呈驗資格證件　由教育廳派員率領赴鄂應試　凡資格相符志願從戎者　希即準時前往投考可也　此啟

豐縣教育局啟事（二）

查航空機械學校於本年十一月在贛湘漢三處分別招收機械士、資格初中畢業或初中三年級肄業經學校具函證明或具有同等學歷者、修業期限九個月　期滿以三等機械士錄用、月薪三十五元左右。値此國難嚴重時期　凡有志於後方服務之青年、希即準時前往應試　詳細簡章請來局閱　此啟。

戰旗

第廿五期

豐縣民衆組織委員會宣傳股編

轉載

防家賊與民衆運動

韜奮

最近有朋友從山西來　談起一件饒有趣味而値得我們嚴重注意的事情　據說山西當局在北方戰事愈益嚴重之後、感覺到動員民衆偉大力量的重要、但是臨到危急的時候、卻「動」不大起來、於是閻主任說：異得什麼他幹了二十年的「民衆運動」、卻得到這樣的結果、他想起第八路軍的先生們精於此道、特約幾位來商量這件奇事、他對他們老實提出這個問題、並且老實說他「動員」了幾個月、只「動」了幾白人、而前次未改編前的「八路軍」入山西就有辦法了五千民衆：這裏面必然有什麼秘訣！他們回答的太爽直了。他們老實告訴他說：十年來的「民衆運動」實際上只是壓迫民衆的運動！他們說倘若他眞要把民衆動員起來、必須把壓炸農民的苛稅迅速減輕、把阻礙民衆運動發展的種種事實消除、讓民衆積極發揮他們的自動性、自然會勁起來的。聽說閻主任很爲感動、我們誠懇希望他的翻然悔悟不致太遲了。

我們這篇隨筆的標題、原是「防家賊和民衆運動」、初看起來、似乎太不倫不類、但聯想起來、如果我們不忽視上面所說的嚴重的事實教訓、對於這個標題恐怕不難得到相當的了解。我們防家賊的主要的目的是在時時刻刻提防他們妨礙我們自己的利益、要適兩方面精誠合作、是很少希望的——倘若不可能、被人當作家賊的人、要他們合作的工作、裏萬分願意、種種的束縛和障礙、發揮他們的自動性、共同起來努力奮發、上是無法辦到的。往往有一批、這樣心鬥角、於培植防家賊勢力、「自己人」而實際無意、卻被人當作家賊防的人們、他們的精力也被消耗於人事的糾紛、對眞正抗亡的工作反而無法到充分的效率。山西注重民衆運動的、但向來我們常常聽到的、且臨時危急的時候、民衆應該爲偉大力量、覺「動」不起來、可見我們要注重的民衆運動不可掛了塊招牌己足、必須展眞正爲民衆和防家同時要把領導民衆的賊才清楚、我們都把少數人的利益拋開、家的心目中只有整個民族的利益、這樣才能達到精誠團結一致對外的目的。

抗敵標語

中華民國已到了存亡的關頭！

中華民族要爭光明爲獨立而戰！

要種族不滅、祇有抗戰到底！

誓雪國恥！

咬緊牙根　忍痛吃苦！

節衣縮食　捍衛國家！

有錢的出錢救國！

無錢的出力救國！

救國不分老少！

救國不分男女！

節省無益消費，加緊戰時生產！

任前方的努力殺敵！

在後方的努力助戰！

國家存亡，在此一戰！

人人負起救國的責任！

人人服從政府的命令！

戰死沙場，死有光榮！

拿熱血換取民族的獨立自由！

本城糧價

名稱	每市石價目
小麥	八元
黃豆	一元九角
綠豆	七元
高粱	三元五角
芝蔴	七元一角
穀子	三元三角

氣象

天氣	晴
風向	風
溫度	高六〇　低四四

豐報

第一千五百五十九號

社址豐縣大同街

中宣會登記證中字第一二九二號
內政部登記證警字第二二三〇號

中華郵政特准掛號認為新聞紙類

今日一張

售洋一分四厘

敵軍積極謀西犯
軍艦多艘駛入長江炮擊福山崑
甯紹棧坊亦被炮烘破壞甚重
泊浦江市輪渡多隻被敵刼去

▲中央社崐山十三日電：敵積極西犯、十三日有大批汽艇、滿載軍械、沿蘇州河逸去、

▲中央社蘇州十三日電：敵運輸艦四艘、十三日駛滬、續到援軍六千餘人、

▲中央社鎮江十三日電：常熟電、十三日晨六時、有敵艦四十餘艘、駛入長江內、有六艦向崐山等處烘擊、開炮四餘發、又據南通報告、該處江面有敵艦二十四艘、向南岸發炮、同時有敵機六七架、在江面及沿岸窺察、似有登陸企圖、又十三日午江陰、靖江、無錫等處上空、不斷有敵機一二架、往來盤旋窺察、

▲中央社崐山十三日電：浦江敵艦十三日有運輸艦八艘、砲艦一艘、巡洋艦一艘、又魚雷艦一艘、紅十字艦一艘、除一部分逸往杭州灣外、餘均開入揚子江福山、常海面、有新企圖、

▲中央社蘇州十三日電：浦東南市全陷敵手、十六舖甯紹碼頭前之封鎖棧、已被損壞、浦江原泊有市輪渡兩艘、及沙船拖輪木船等多艘、均為敵刼去、有中和商輪一艘、亦為拖去、敵艦一艘、即前晚砲轟南市者、及淺水艇小艇多艘、十三日晨六時許、滿載水兵軍器溯江上駛、沿浦江之甯紹棧坊、為敵炮轟達百餘發、創痕累累、破壞甚重、熱鬧之區、已成死市、

敵軍違背諾言射擊前方警察

▲中央社上海十三日電：、難民區水斷糧絕、迄已三日、而鵠立露天之難民、則仍集結未散、熱心人士、以餅乾等設法送入、以為救濟、開敵入南市後、並違背諾言、向該區之警察開槍射擊、故警察不得不後移、現由法國際委員會商請租界派警維持秩序、至水源食糧接給問題、正向饒神甫商討中、

前小南翔一役我傷亡八營長

▲中央社上海十三日電：十月二十四日小南翔正面、孟家莊新涇橋之綫、異常吃緊、我軍[illegible]之驅、與敵猛烈炮火抗戰、前仆後繼、[illegible]卻、努力扼守新涇橋仙師廟等點、[illegible]並斃敵一千三百餘人、是役我營[illegible]、湯助、曾少初、李月亮等四員、均受重傷、周庭芝、周鳳祥、聶磊、滕啟等四營長、並作壯烈犧牲、各該營官兵死守陣地、無生還、

津浦線戰事漸趨緊張
正面右翼均有激戰
傳香月已到前方指揮

▲中央社濟南十三日電：津浦線戰事自十一日以來漸趨緊張、連日敵分路向我全線進犯、尤以臨邑方面更為猛烈、但均被我擊退、截至發電時止、我鐵路正面仍扼守徒駭河、左翼在高唐北與敵對峙、右翼集結商河正與敵激戰、據軍事家觀察、敵之企圖、在以主力向我右翼迂迴乘隙偷渡黃河、唯我全綫及沿河工事、均甚堅固、敵決難逞、至目前在德州以南之敵、據報為數約萬四五千人、其在鐵路東者約八千餘人、並傳香月已到該方面指揮、

▲中央社濟南十三日電：臨邑方面之敵總計五六千人、並附近山砲三十餘門、坦克車約廿餘輛、自十二日晨以來、分三路向我清涼店解家莊夏[illegible]陣地[illegible]繞攻、激戰終日、戰況之烈、為魯北戰以來所僅見、敵方雖持新式武器、肆意猖狂、但我軍將士萬分振奮、激戰時我前援後繼、反復肉搏者不下十餘次、現我生力軍已趕往增援、又鐵路正面之敵、十二日晨刻起以步騎坦克車聯合兵力約千四百人、向我徒駭河進窺、經我奮勇驅逐、迄未得逞、敵於十三日拂曉偷向西方運動、我軍已嚴密戒備、

▲中央社濟南十二日電：津浦線右翼戰事、十三日晚極為激烈、我軍士氣極旺、頗佔優勢、

平漢路
敵東犯大名臨漳
與我守軍發生激戰
敵後路不時被我襲擊極為恐慌

▲中央社新鄉十三日電：我軍十日下午二時克復大名縣屬之德政集、俘獲敵軍頗多、據俘敵供稱、當面之敵為土肥原部之某聯隊、同日上午十一時我軍由小寨馬莊經清化里前進、向盤據橋寨敵進擊、敵約五百餘、借飛機戰車掩護、向我方進擊、我軍予以重創後、仍退原陣地、又成安方面之敵、十一、亦由領平門向大名進犯、現抵大幹道、已與我守軍遭遇、發生激戰、現正在激戰中、

▲中央社新鄉十二日電：敵軍一部近由安陽東移犯臨漳、與我守軍接觸、安陽南之博愛村可聞炮聲、

▲中央社新鄉十三日下午五時電：安陽城現僅西門開放、城內盤據有敵軍五六百人、大部聚集車站、另有敵砲十餘門、戰車五六輛、停汝城廂、飛行場停有敵機、至盤據漳河南岸之敵軍戰車及敵兵、現已大部北運、臨漳縣附近臨洛汴河均有敵數十人、聞汴河橋及漳河橋均被我破壞、磁縣北至順德一帶敵軍、被我民團不時襲擊、常被包圍解決、敵至為恐慌云、

全公亭楓涇鎮已先後收復
海鹽敵艦往來窺探

▲中央社杭州十二日下午十一時二十分電：全公亭、楓涇鎮經我軍猛烈反攻、十二日傳已先後收復、我軍正乘勝追擊中、

▲中央社杭州十二日電：海鹽發現敵艦二艘、往來窺探、但未敢侵近、

晉省我新陣地佈置就緒

▲中央社臨汾十三日電：晉省方面自我軍轉移新陣地後、十二十三兩日無激戰、我在新陣地已佈置妥善、敵如來犯、決予痛擊、

某師由首都出發前方
各團體代表及民眾熱烈歡送

▲中央社南京十三日電：某師部隊奉命開赴前方、今日由首都出發、中國婦女慰勞自衛抗戰將士總會、首都新運會非常時期服務團、兩路抗敵後援會南京分會、京市童子軍戰區服務團等團體代表、及各界民眾共五百餘人、首都黨國旗前往歡送、一時軍樂大奏、情緒極為熱烈、出發將士無不感奮、旋羣眾高呼口號、軍車於此緊張空氣中開行、

國府昨日命令

▲中央社南京十三日電：國民政府十三日命令、（一）陸軍第十三師師長萬耀煌、陸軍第十三師副師長盧本棠、另有任用、萬耀煌盧本棠均應免本職、此令、（二）任命陸軍少將吳良澄為陸軍第十三師師長、此令、

九國公約會議賡續舉行
與日政府直接談判現已完全無望
英法美代表擬具備忘錄交會討論
顧維鈞宣稱
日拒絕與會存心破壞條約
列強應援助中國繼續奮鬥

▲中央社比京十三日海通電：據本社記者、得自最可靠方面消息、英法美三國、現已擬具備忘錄一件、歸納各國代表團對日本復文所獲之印象、該備忘錄當提出本日午後大會討論、但尚未分送各國代表團、且草擬該件之三國間、對於究將以何種方式通知日本一點、亦尚未取得同意、但渠等業已致決定、應對日本所提一部分意見、予以駁斥、並重行努力造成和平解決遠東衝突之基礎、如午後大會不得結果、則將于下星期一艾登返國前重加論討云。

▲中央社比京十三日路透電：日本之拒絕參加九國公約會議第二次申請書、眾意除照日本之條件論討外、直接談判已全完[illegible]、故九國會議[illegible]、十三日對九國公約復文作再度討論、

▲中央社巴黎十三日海通電：法外長台爾博思、十二日午後返抵比京、重任出席九國公約會議法代表團之領袖、台氏行前、曾與參院外交委員會主席、作長時間之談話、其內容係關國際政策之未決問題、台氏並云、在該委員以後舉會時、當出席報告法國外交政策、

▲中央社比京十三日海通電：中國首席代表顧維鈞今晨在非公開會議、各國代表審查日本復文後、發表宣言稱、九國公約會議經此十日努力之後、依然毫無進展、渠於是說明大會如何苦心孤詣、在申請書中取消可被日方為拒絕各點、但結果日方復文、仍重述第一次復牒內之遁詞、以為拒絕理由、其存心破壞世界公義及列強和平之苦心、昭然若揭、顧氏繼乃述及日本所謂中日兩國直接談判、實為樹立遠東和平一辦法之宣言、而加以答復、謂、照過去經驗所示、中國每次履行日本要求之後、日本則又提出其他要求、一如果日本認為遠東局勢特殊、則在遠東局勢中最特殊者、莫過於日本侵略酷愛和平之中國、顧[illegible]以強烈詞句、批評日[illegible]請列強有認識真正情[illegible]、而對遠東之安定加以貢獻之要求、顧氏質問日本、此種要求是否即為列強必非承認其由武力所得者、蓋該國欲以局勢業已變更之空洞言

……會承認其既成……也，希望參加比……國，遵守其條且為和平前途，顧氏並大聲疾呼努力……求列強在日本既已

決然拒絕和平息戰之後，即應停止援助日本、並拒絕供給火藥及借款，而同時對於已被日本侵略之中國，應逐漸予以援助，渠並且乃正式

籲請、九國公約簽字國協助中國奮鬪，並指陳中國急需援助，俾可繼續抵抗，並縮短戰禍以恢復和平云。◎

婦女慰勞會京分會徵募委員會

第一批捐欵及物品已送總會公佈

▲中央社南京十三日電．婦女慰勞會京分會征募委員會自九一八開始工作以來，迄十月十五日止，共收各隊捐款二千八百元一角九分，棉被七百餘條，及其他物品頗多，全部捐贈已由審查委員會審查完畢，送呈總會審核公佈，聞第二批征募工作，不日即將開始、

黔民勇躍購救國公債

▲中央社貴陽十二日電、黔各縣救國公債勸募支會收得捐款日漸踴躍，交分會者共十五萬元、

黔救護訓練班學員已起程赴豫待命

▲中央社貴陽十三日電、黔抗敵後援會救護部長楊衍白，奉命赴前方傷兵醫院，今率領救護訓練班學員七人赴豫待命、

敵機到處肆虐

平民死傷極多

▲中央社杭州十二日電，十二日上午八時至下午三時半、敵機先後共廿八架輪流飛浙、計甯波被炸三次，投彈共十二枚、毀民房約九十間、死三十餘人、傷約七十餘、距甯波七八里之孔浦地方，亦落四彈，毀民房百餘間，死傷未詳，海鹽投彈十餘，毀民房二百餘間，死一人、傷十四，嘉興投六枚，毀民房十餘間，無死傷，慈谿車站投四彈，死一人、

▲中央社杭州十三日電，十三日午十二時許敵機二架飛嘉興向車站投六彈，燬車一輛，下午四時十分敵機三架再飛嘉興，在蘇嘉滬杭兩路交叉地方投彈二枚，平湖十三日亦遭敵機轟炸，損失未詳、又十三日下午一時澉浦長州堰距岸五華里海面發現敵艦二艘，停留窺察、

▲中央社杭州十三日電，軍息，敵機十二日在甯波白沙等處轟炸平民、遭難者甚多、

▲中央社濟南十三日電，敵機二十架十三日在黃河各渡口附近往返盤旋、並投彈轟炸，濟市自晨九時許起發警報二次，下午四時許始解除，軋軋之聲終日未絕，聞敵機所投各彈多落水中、又禹城齊河等地，三日亦被敵機轟炸、損失不詳

▲中央社崐山十三日電，敵機連日飛蘇州窺察轟炸、十三日尤為猖獗，敵重烘炸機及戰鬪機多架，竟日在蘇州上空分批盤旋、肆意轟炸、投彈之多，難以計算，平民罹難及受傷老弱極多，因電訊阻隔，損害詳情尚未確實云

▲中央社廈門十三日電，十三日午後敵機四次襲廈，炸胡里山、投八彈，我無損失

▲中央社西安十三日電，敵轟烘炸機兩架，十三日上午十一時由晉侵陝，經韓城一帶竄入西安市上空、盤旋約二十分鐘，在郊外投彈九枚、我損失尚微、

▲中央社洛陽十二日電，敵機一架，十二日上午九時飛洛窺探，旋即逸去、

日文部大臣鳩山昨晉見義首相

▲中央社羅馬十三日海通電，日本前文部大臣、鳩山一郎、抵羅馬後，昨日晉見義首相

赴歐專使陳公博抵羅馬將與義首相會晤

▲中央社羅馬十三日海通電，中國赴歐專使陳公博、已於今晨乘飛機抵此，在此約有數日勾留，將與義首相及外長會晤，然後前往比京，定下週內偕柏林陳氏抵羅馬，中國軍事專家蔣百里亦在場歡迎

美紅十字會捐助十三萬元

▲中央社巴黎十二日路透電，接紅十字會宣稱，中國紅十字會籲請予以援助後，各方均加贊助，美國紅十字會捐助美金十三萬元。

縣黨部召開教育界黨員談話會

縣黨部於昨日下午二時召集服務教育界之黨員舉行談話會，共到張秀選、陳謙德、李知義、張晶峰、李宗舜、劉昭祥等廿五人，由彭常委亞亭主席，行禮後，並報告此次召開談話會意義，暨最近抗敵情形，以及服務教育界同志在目前應有之任務，次有李委員貞乾發言，共一兩點、一、在抗戰期間教育界黨員應有之認識，二、教界黨員應有之努力、最後決定由縣黨部函教育局改善學校行政，至五時散會。

劉王樓小學協進團及壯訓隊聯合舉行防空演習

劉王樓小學協進團於十一月十二日上午在劉王樓舉行防空大演習，參加團體計有劉王樓小學、王樓民校、劉樓初小、孫窪初小、劉堤灣初小、萬巴草集初小、各校團生及鄉民約六百餘人，齊集劉王樓小學大操場，舉行總理誕辰紀念會，散會後即開始演習，由壯丁訓練隊負責設崗，管制交通，劉王樓小學擔任宣傳，十時鐘聲傳來，全鎮鄉民莫不停止工作，關門閉戶，各校教員亦率領學生藏躲於村和及附近棉田壕溝中，時全村鴉雀無聲，該鄉鎮長劉潤德，十二民校校長溫殿升，劉王樓小學校長胡效參分別巡視，至十二時解除警報，復在操場集合，由胡校長報告演習結果後，即分別解散。

偵緝隊緝獲匪犯四名

保安大隊部據密報，謂四區韓莊有匪徒潛匿，當由偵緝隊長蔡樹堂、帶幹警六人、前往緝捕，果在該莊拿獲匪犯韓殿君、張文堂二名，又在高莊拿獲偷牛犯兩人、均於昨日帶縣法辦。

豐縣教育局啟事（一）

查中央陸軍軍官學校在鄂招考第十四期中級生，凡中學或專科高中軍訓期滿者，前期學生教育六個月後任職，戰事終了受後期教育一年，本省應考學生限於本月十四日以前由縣教育廳呈驗資歷文件，由教育廳派員率領赴鄂應試，凡資格相符志願從戎者，希即準時前往投考可也，此啟

豐縣教育局啟事（二）

查航空機械學校於本年十十兩月在湘漢二處分招機械士，資格初中畢業或初中三年級肄業經學校具證明或具有同等學歷者，修業期限九個月，期滿以三等機械士錄用，月薪十五元左右。值此嚴重時期，凡有志於後方服務之青年，希即準時前往應試，詳細簡章請來局索閱。此啟。

戰旗

第廿六期

豐縣民衆組織委員會宣傳股編

轉載

如何確保抗戰的全部勝利

潘漢年

目前我們的國策是抗戰到底，『戰端一開，我們就不能中途妥協，如果中途妥協，就只有滅亡！』這是我政府當局明白宣布的方針，毫無疑義的。然而，我們若把中途妥協的可能性看做完全沒了，那就錯了，因為國策決定以後，

主和主戰的兩種主張互相對立，是無可諱言的。抗戰的方針既定之後，主和論者雖然暫時不敢言和，但是他們的理論與企圖則依然存在。只要戰事上有部份失利，或者國際上來一個調停，他們就會一躍而出，大顯身手，

到那時候，假如沒有嚴重的制裁，能把已在開展着的戰局，引到妥協的道路上去。

我們首要提出：簡直國民族經濟的薄弱，失去它在全國範圍的政治上的獨立地位，而中國有足以左右全國經濟生活的金融資本家，他們是帶有買辦性，與外國資本互相結台依附，也不會忘記他們是刻爭取避免戰禍所及的道路，因戰禍所及使他們自己有勢力將完全停止其作用且瀕於崩潰落，這是產生主和，中途妥協的主要根源之。因為戰爭延長，部份工商業者們業務停頓，甚至被砲火摧毀，破產的威嚇，

也使他們幻想妥協的到來。[illegible]城市中一部分小市民[illegible]戰爭[illegible]，迅速[illegible]勝利[illegible]，毫無[illegible]動搖[illegible]所以延長[illegible]主和論者對於戰爭的[illegible]弱而且是有他的社會根據[illegible]政治舞台上佔有相當的地[illegible]（未完）

特載

廬行日記（二）（三）

閻

八月九日 上午雨下午晴

今日為本團第二期訓練期滿之期，晨四時起牀，將書籍衣物打成包裹，交副官處先運往鄱陽湖濱汪家潤碼頭，以備乘輪轉往九江。十時，蔣委員長乘機蒞臨，參加本團畢業典禮，十時半典禮開始，行禮如儀，委員長訓話，以建國運動勸勉學員，其中有「與倭寇戰爭開始之日，就是我們建國開始之時，與倭寇戰爭完了之日，就是我們建國完成之時。……以我們與倭寇較，吾之土地人民，五六倍於日本，物產十百倍於日本，祇要我們能統一，最後之勝利，已定屬於我們。所謂以革命主義與侵略國戰，革命者焉有不勝，多則三年，少則一年，我們已定可在此地開慶祝勝利大會，我們信念，諸位亦要有此信念云云。

下午二時，團長領導職員學生等於大集合場聚餐，每人麵包、汽水、糖果一盒，餐後團長再勸勉我們要鍛鍊身體，要自強不息，詞意懇切。以代偉人黨政領袖，其循循善誘，誨人不倦，儼然師傅，無怪乎吾們學員對之均心悅誠服也。

下午三時，所有團內學員均排隊赴汪家潤，搭船赴九江，然後再由途返里。汪家潤離海會寺行程約十餘里，雖係步行，尚不覺如何疲倦，惟登船時，因人多無人負責管理，秩序異常紊乱。六時輪船開駛，七時過大孤山，有寶塔高聳，頗為偉觀。八時抵湖口，換乘山輪，於十時抵九江，因恐旅社人滿，事前曾函託劉君守學代訂房間，故抵此晤守學後，即往楚南旅社住宿，時尹君行之已先我等住此，因同住一室，不寂寞。（未完）

氣象

天氣 晴
風向 風
高 六
低 四二○

本城糧價

名稱	每市石價目
小麥	八元
黃豆	三元九角
綠豆	七元
高粱	三元五角
芝蔴	七元一角
穀子	三元三角

豐報

第一千五百六十一號

社址豐縣大同街

中宣部登記證中字第二一九二號
內政部登記證警字第二二三〇號

中華郵政特准掛號認爲新聞紙類

◀今日一張▶

售洋一分四厘

日軍司令部遷往南市

敵猛犯嘉善被我大軍擊退

京滬路雙方於青陽港對峙

敵援軍萬餘人乘運輸艦抵滬

▲中央社上海十五日海通電：日軍司令部已于今日由江灣遷往南市 日本水兵六十人、曾佔領蘇州河北岸某點、

▲中央社杭州電：嘉善方面 十四日敵猛烈進犯、我已調大軍堵截 待機反攻 嘉善城仍在我方手中、

▲中央社杭州十五日電：犯嘉善之敵 已被我軍擊退、平湖附近、午激戰中、平望亦有敵小部隊竄擾

▲中央社崐山十五日電：京滬路方面敵我隔青陽崗對峙、

▲中央社崐山十五日電：敵在浦東登陸後、敵跡所到之處 爲自楊涇經塘橋以至民行一帶 至川沙縣城 尚無敵蹤發現、聞上海至川沙鐵路 僅川沙至新浦鐵路間尚通云

▲中央社上海十四日電：海通電 南市難民區、現已全入日軍之手 日軍於十四日到達該區四週、尚未有何行動 十四日上海糧食 漸感缺乏、此可于肉類及其他糧食價格中見之、南市難民區內 亦有難民約十萬人、飲料及糧食 均成問題 租界當局因人滿 阻止難民再入

▲中央社崐山十四日電：日傷兵 千五百人 由運輸艦一艘運返日

▲中央社崐山十五日電：敵運輸艦十艘、十四日十五日先後赴滬 除續到敵援兵萬餘人外、並有鐵甲車坦克車重炮等起卸上岸

平漢線敵向大名增援

我游擊隊極爲活躍

邯鄲敵機場被我夜襲毀機六架

▲中央社新鄉十五日電 據我前方報告、敵師團長土肥原已抵磁縣、盤據該縣之敵 係第六次所徵者、其中四十歲以上者約佔三分之一、大部[illegible]大名增援並向大名向北移動

▲中央社新鄉十五日電 我游擊隊近在保定石家莊間平漢路東側、極爲活躍、已先後收復任邱高陽安國 深澤、蠡縣、博野、晉縣 藁城等縣、距鐵路僅二十餘里 仍節節推進中、

▲中央社新鄉十五日電 我某軍派部隊、于十四日夜襲擊邯鄲敵機場、炸毀敵機六架 汽油庫及飛機炸彈多枚 我軍此次英勇動作、傷連排長三員士兵百餘人傷亡、某長官當即傳令嘉獎、並給該營長以團長待遇、傷亡均優予撫恤、

津浦線我軍

固守黃河南岸

敵八十一師團長在臨邑南陣亡

▲中央社濟南十五日電 津浦線戰事已有新佈置 決死守黃河南岸、某處鐵橋十五日晚已經我自動破壞、

▲中央社北平十五日電 華軍曾在臨邑南與日軍激戰、八十一師團長趙廷璧陣亡、華軍主力在廣平大名間、軍內將與接觸、

國府昨日命令

▲中央社南京十五日電 國民政府十五日命令 （一）陸軍少將杜春沂 郭宗汾 陳長捷 劉奉濱、謝輔三、劉宗幹 張亮清、晉升爲陸軍中將、此令 （二）陸軍步兵上校呂瑞英、晉升爲陸軍少將 此令 （三）海軍寧和軍艦艦長方念祖 著即撤職 聽候查辦 此令 （四）陸軍第一百四十一師副師長左藩、另有任用 左藩應免本職 此令

四個月抗戰結果我們並不怎樣失望

敵人前進一步他的困難就增加一點

孫科在中央紀念週的報告

▲中央社南京十五日電 中央黨部十五日晨舉行總理紀念週、由孫委員科主席並報告 其原詞略謂、我們全面抗戰從蘆溝橋事件到現在已有四個月 我們抗戰所得的結果、在表面上看來雖覺艱危 但我們前途並不怎樣悲觀 亦並不怎樣失望 在抗戰未發動之初 我們最高領袖在廬山談話會上已經指示我們說、我們的抗戰不是短時間可以完的 要有長期的奮鬥 極大的犧牲、方能得最後的勝利 抗戰以來不過三四個月 可說當開抗戰之初、現在雖然困難 然四個月以來對外國際方面對內國內方面均得到偉大的收穫 在此三四個月中、我們前綫將士英勇抗戰 壯烈犧牲 國際看不起中國軍隊之態度完全改變了 其次國際看來中國從辛亥革命到現在不能統一 但此後表示抗戰陣線充分表現係一統一的國家 這一種的表示也可以把國際上錯誤的觀念打破了、而且中國抗戰力量 到現在還沒全部發揮出來 到現在不過發揮了一部分力量、中國有四萬萬的千萬人民、現在參加作戰的僅幾十萬將來還可以出幾千萬、現在敵人雖在我們國內作侵略戰、但敵人前進一步、他的困難也隨時增加一點 敵人一天天開到中國內地、[illegible]的勝利也就一天一天的增加 同時在此次蘆溝橋事件及上海戰事發動之後 美國的態度最初非常震動 後來英美法意皆漸趨一致、美總統羅斯福又在芝加哥演說 因國際成立諮詢委員會譴責日本 九國公約開會後、其初用和平方法來調解中日戰爭、使恢復遠東和平 而日本對一再要請參加再三拒絕 到現在爲止 英美已認識日本爲侵略者 不與他講道理、大概在九國會議後將進一步的想辦法、若無結果而散 太不成體統矣 況且英美各國 領導世界和平 難道還不能主張公道嗎 所以各國現在非要進一步想辦法不可 總之中國這次抗戰不但是爲維持中國領土主權而爭、而且爲世界和平而抗戰 我們抗戰的力量必能一天一天增加 而全世界也必能盡力援助我們 照這樣抗戰下去、最後的勝利絕對屬於我們的、

▲中央社南京十五日電 國府今晨舉行紀念週、由林主席領導行禮畢、報告後散會

外報檢討九國公約會議稱

若中日直接交涉戰事將無限延長

遠東戰事歐美利益已蒙重大損失

宣言書已在理論上道義上譴責日本

德將出場調解爭端當可受一般歡迎

▲中央社比京十五日哈瓦斯電 據晚報載稱 九國公約會議宣言書 本日提付全體會議表決時 定可通過 其內容乃在道義上譴責日本 並謂各簽字國 應共同決定應付辦法 一層保留權利 但仍爲日本留一迴旋餘地 俾可改變態度 出而參加會議 其言略謂 日政府對本月十二日所提「二次復文」、已由九國公約會議各國代表加以討論 日政府仍復自外於九國公約、而拒不與各簽字國交換意見 以期覓取和平解決方案、至引爲憾 日政府對於現行局勢所據見解 實與其他各締約國、大向逕庭 在日本以爲中日爭端 純屬當事雙方之事 在他國代表 則認爲九國公約與巴黎非戰公約各簽字國乃至全世界 均與此事件有關聯 九國公約既已明白規定 各簽字國對於中國必須遵守某項原則 巴黎非戰公約 又復規定無論何項爭端 各簽字國均應經由和平方式覓求解決方案 又況中日戰爭、已使第三國之利益 蒙受重大損失、某種作戰方式 爲全世界人士所痛心疾首 任何國凡用武力干涉他國內政者、又爲國際公法所不許、茲若依照日政府所云 聽任中日自行交涉、即可覓獲公平而持久解決方案、其誰信之、反之 此際聽任中日自由處置以後、現行爭端即將無限延長 此則有可信餘地 要之 各國代表相信、當事雙方若果直接談判 必難立獲解決方案、原再邀請日本參加會議、或派員與少數國家代表、進行接洽、以至達到解決之途、即在此際、仍以爲此種程序、必能有所成就、中國代表、已聲明接受、日政府則堅持不與九國公約簽字國相商、事勢至此 各國代表、雖願日政府翻然改途、但對現行局勢 質言之、即公約簽字國之一與其他各簽字國意見參差 其所出之行動、又認爲不至引起公約實施問題、因而產生一種新局勢、

武漢各界定今日舉行

郝軍長劉師長追悼會

▲中央社漢口十五日電：武漢各界定十六日假市商會舉行郝軍長劉師長追悼會 由何成濬代表蔣委員長主席 黨政軍高級長官亦皆出席 會場聞已佈置就緒云、

首都新運會服務團

勸募衣帽成績極佳

▲中央社南京十五日電：首都新運會非常時期服務團、發起衣帽勸募運動、昨爲第一日 團員分向中山路太平路等處沿商募捐 成績極佳 昨一日間已發出衣帽捐票 萬紙

華僑籌賑會募得

藥棉十萬斤衣物三萬件

▲中央社南京十五日電：中委周啓剛日前聯合海外各處華僑領袖組織華僑籌振會、設總辦事處在香港華商總會、最近已捐得粵商棉織公司藥棉十萬斤 廣六甲慈善會衣物三千件 現已由僑胞運港 送交該會、

……利　以便攻……態度、……倫敦十五日電　太晤士報十五日……謂　比京會……之宣言書、雖措詞溫然為有理論之譴責之文　義國不願贊此項宣言　固在意中惟義德兩國決不能見遠東時勢之進行與世……因之而起的反響　而漠然無動於心　德國出場調解之說　曾經討論、當可值得一般歡迎調解途中　困難益大但在過去一月來　[illegible]已減少、蓋在日人心目中、以為已獲得勝利矣上海戰局轉變後　日本有兩途任擇其一　即設法復其目前所限制之獲得乎、或招致將來無限制之損失乎、日本深入我國內地　從事戰爭究將何所得乎、目前日本不能擊敗中國　將來未必能之　日軍多一勝利　即多一非其所堪之消耗、日本經濟狀況今已衰落不堪矣、日本自謂不欲土地、但果欲之　將何以處置之乎惟一可能方式、卻為滿洲公式　及[illegible]相敵軍佔領、則華北此種局面、將在人力上及財力上極不經濟　其消費之大、將遠於不可能之程度而為遠東與太平洋有重要關係之列強、當然將採行適當或聯合之計劃、以保障其利益也、苟日本國為事勝利　而永遠招致歐美大都分之疑忌　則此種勝利　在軍事上固屬便宜　而在政治上　將發代價過昂也

廬山外居民電

九國公約

遵重公約之尊嚴

▲中社南昌十五日電　廬山中外居民電比京會議云　廬山中外居民　深望大會遵重公約之莊嚴　不僅限於言詞、且應有事實之表現

僑委會又收到捐款三十六萬九千餘元

▲中央社南京十五日電：僑務委員會今日又收到海外僑胞捐款多起　總共計國幣三十六萬九千餘元

蔣鼎文語記者

小挫為抗戰必經過程

▲中央社西安十五日電：蔣鼎文十五日在官邸對記者發表談話、對目前抗戰情勢及陝西地位有所說明　首謂　我抗戰三四月　充分表現我上下一致之決心、敵僅獲得沿鐵道綫一帶、隨時有被我截斷之可能　我軍目的、在長期抗戰、戰線愈長、敵人支持愈難　戰事愈久　敵人消耗愈大我方最近雖有小頓挫　此乃抗戰期中必經之過程、近有少數人或有頹唐之表示　此乃由於淺見之故　須知形式之進退　與局部之得失　無關整個局勢、我上下堅決　致抗戰到底　必獲最後勝利陝省毗連晉綏　接近戰區、山谷固不足以為險三秦民衆、應時刻如置身前方　不放鬆絲毫之機會　作殺敵準備、然後殲敵守土　其功可觀、敵人渡過黃河之迷夢　終必被我打破云、

許格森今日抵港

▲中央社香港十五日電：英大使許格森、十六日可抵港　約留一月　年底前將不返滬、

敵派大批台鮮浪人潛入南澳活動

▲中央社汕頭十五日電、十五日下午一時十五分　敵機一架由台灣飛往饒平南澳窺察　盤旋片刻即向南方逸去　又敵近派大批台鮮浪人、潛入南澳活動　我當局據報　已飭駐軍嚴密防範、

赴滬轉津

法陸軍司令直領米

▲中央社香港十五日電　新任法駐華陸軍司令直領米大佐　十五日乘法郵船赴滬　轉程赴津、

敵機又烘炸我首都

▲中央社南京十五日電　敵機廿餘架、今日下午一時三刻沿京滬路來首都襲擊　飛至丹陽一帶　除十餘架敵機飛往揚州肆虐外、中有六架轟炸機向京進襲　三時許在上空發現　飛行甚高　經我高射槍炮轟擊　敵機倉惶至大校附近　計投廿餘彈而去

黨政各機關舉行總理紀念週

▲王警佐李委員分別報告

黨政各機關　暨各民衆團體、於昨（十五）日上午十時在縣政府中山堂聯合舉行總理紀念週、到黨政公務員、及各人民團體代表七十餘人　由縣長主席　領導行禮如儀後即由警佐王開華報告政治工作　繼有縣黨部李委員貞乾　報告黨務工作、旋即禮成、

李委員昨在女校講演

題為『全面抗戰期中小朋友應有的認識和努力』

縣立女子小學以在此非常時期　為增加兒童抗戰情緒起見　特請各界名人講演　已誌本報　茲悉該校於昨（十五）日舉行總理紀念週時　請黨部李委員貞乾蒞校講演　其講題為全面抗戰期中小朋友應有的認識和努力　在認識方面（一）要認識我們非抗戰不能打倒日本帝國主義不足以生存（二）要認識現在我們為全面抗戰　大家須共同奮鬥　在努力方面（一）要利用假時去宣傳（二）要組織歌詠救亡團（三）要踴躍參加化裝宣傳隊　講詞懇切　學生聽之　精神為之大振

大程莊小學協進團舉行第一次團務會議

定期舉行算術演草展覽會

按時揭示重要新聞喚起國魂

大程莊小學協進團十日前假葦子坑初小舉行第二次團務會議　出席于啟後等十四人　由李厚文主席　報告事項略　討論事項　一、擬指導兒童養成衛生習慣案　決議、1.利用課餘時間灌輸衛生常識　2.明定獎懲條例　3.定期檢查計劃按規定之條例獎懲　二、兒童飲茶及盥洗之最低設備案　決議、1.每一學級添購洗面盆一個　毛巾歸學生自備。2.每一學級添購茶壺兩把、茶杯歸學生自備　三、算術演草展覽應定于何時假何地舉行展覽案　決議　定于第三次本團會議時假王屯小學舉行之、四、在抗戰期間如何揭示新聞宣傳國事喚起民衆團結致抗敵案　決議　每兩日由教師摘錄重要時事　次利用兒童課餘時間促其謄寫　並張貼於公共場所或街衢要道、以便喚起民衆之愛國熱忱　五、公議下次值月學校案　決議　王屯小學為下次值月學校。

請用國貨

五洲固本皂

本皂製造精良　各處行銷最廣　洗衣去垢耐用　沐浴養勝口光　家庭必須要用　秋令更覺適當　物品純係國貨　定價尤為不昂

豐縣　德履祥　代售

報喪

先君諱正寶字昭宇供職八十七師于上海大場之役竟爾殉國不孝等聞耗呼天搶地五內崩裂在先君為國捐軀求仁得仁固屬撫慨任不孝等念劬勞春暉未報愴痛何極只以路途梗塞運柩未歸權厝先筠于蘇州謹定于拾壹月拾捌日（陰歷拾月拾陸日）設奠遙祭啓門受弔忝係戚友誼哀以聞

孤子　劉遵湖　劉田湖　泣叩

聲明作廢

啓者本號木質長戳一只文曰「豐邑大昌永銀樓」一方于昨日遺失特登報聲明作廢

大昌永銀樓謹啓

戰旗

第廿七期

豐縣民衆組織委員會宣傳股編

如何確保抗戰的勝利

（轉載）　潘漢年

我們根據『中途妥協就是滅亡』的名言　認為必須徹底消滅主和論的政治勢力　才能避免中途妥協的危險　最好的辦法是把堅決主張抗戰到底的軍政領袖來代替這些主和論者的政治地位　就是說　建立強有力的抗戰領導機關　須相當改變現有的政治機構　依照民主集中的原則　各黨各派各界集中各界的堅決抗戰領袖到軍政領導機關中　各盡所能　盡長輔助全國領袖蔣委員長領導抗戰到底

（一）防止金融資本家對抗戰的怠工　堅定工商業者及市民擁護抗戰的決心　發動千百萬勞苦大衆參加抗戰到底，必須實行非常時期的政治經濟設施，簡略言之，下列數端為急不容緩之事：（一）通諜地方，限期撤退海陸空軍，否則實行對日絕交宣布過去一切中日條約無效；如暴日繼續烘炸我們平民經濟文化機關時即沒收帝國主義在華財產以充戰費（二）沒收漢奸全部財產，以充戰費（三）禁絕資金逃避及獎勵取締市場投機操縱。（四）軍需工業交通工業及對外貿易應由政府統制（五）自上而下，自下而上，廣泛發動群衆運動以啟發群衆自動積極參加救國運動原則。（六）迅速武裝戰區附近群衆，開展大規模游擊運動配合正規軍作戰（七）計劃全國救濟難民與失業工人方案。（八）安插流亡學生實行戰時教育，（九）提高農村生產保障貧民生活給養戰禍及地區貧民負稅捐租等，以輕減民負擔。（十）提高工人之待遇及改善其生產（十一）提高抗戰軍官士兵之給養普遍撫卹抗日陣亡將士家屬　以上數端政府或已在進行中或已有準備而尚無具體內容　希望最短期內能全部實現，確保抗戰的全部勝利。（完）

開步走

瀾玉祥

大沽新到日本兵　加緊操練很着急，看着幾人隊，開步走『一二一！』看來年紀小，頂多不過十六七，稚弱的聲音，幼小的身軀，既不會操槍，也不能射擊，强徵硬派不得已，拿人命當兒戲。那邊還有許多開步走『一二一！』看來年紀也不小，至少不下五十幾，也許沒有刮鬍鬚，黑毛白毛蓋臉皮，愁眉皺眼暗飲泣，東閻虐太暴厲　老的老來小的小　借問壯丁在哪裏？上海南口死傷不可計，吉林駐軍不敢移，敵人強和乾已無此，窮兵黷武增大禍！同胞們哪　適死抵抗復豬象，收復失地趁時機，收復失地趁還！

抗敵標語

◎中華民國已到了存亡的關頭！

◎中華民族誓死為獨立而戰！

◎要使民族不滅　祇有抗戰到底！

◎誓雪國恥！

◎咬緊牙根，忍痛吃苦！

◎節衣縮食　捍衛國家！

◎有錢的出錢救國！

◎無錢的出力救國！

◎救國不分老少！

◎救國不分男女！

本城糧價

名稱	每市石價目
小麥	八元
黃豆	三元九角
綠豆	六元九角
高粱	三元四角
芝蔴	七元一角
穀子	三元三角

氣象

天氣　雨

風向　風

溫度　高六〇　低四二

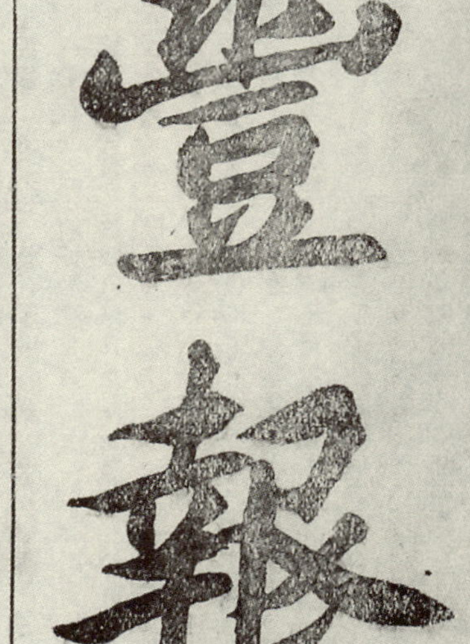

第一千五百六十九號
社址豐縣大同街
中宣部登記證中字第一二九二號
內政部登記證警字第二二三〇號
中華郵政特准掛號認爲新聞紙類
今日一張
售洋一分四厘

本縣教育界同人注意

本縣第二三四區教育會原定於本月二十七日第五六七區教育會原定於十二月四日開會現爲利用星期日例假起見各推延一日改於十一月廿八日及十二月五日舉行特此通告

豐縣縣黨部啓

京滬綫雙方在無錫望亭間對峙
我兵力雄厚連日均有劇烈戰爭
敵艦屢攻江陰封鎖線均經擊退

□二十三日電：一、京滬路正面、敵我兩軍現在望亭無錫間對峙、此方面我兵力雄厚、連日均有劇烈戰鬥、右翼方面 敵由南潯西犯 與與長興我防務鞏固 尚無大戰 二、敵艦屢圖攻我江陰封鎖綫、因我要塞防務鞏固、未有損害、經我守軍還擊後、即歸沉寂 三、敵機二十三日在無錫丹陽間轟炸五六次、在無錫投燃燒彈甚多 丹陽常州兩車站損失頗重

汪主席由京抵漢
中央以最大努力捍衛首都
國際制裁侵略者遲早實行
中蘇因利害關係共同奮鬥
德意與我國交和好如昔日

接見記者談稱

漢口廿三日電，汪主席廿三日上午十一時由京乘中山艦抵漢、中央社記者往謁、承主席發表談話 主席首謂 吾人對於首都之捍衛 係以最大努力作最持久之奮鬥、至滬杭京滬兩路沿綫、我人須堅決抵抗、而予敵人重大打擊 現在林主席已動身來漢、根照本黨總章規定、中央黨部設立於中央政府之附近 故中央党部、亦決遷移於重慶、中樞其他機關 因事實需要、或將在各適當地點設立辦公處、又謂、吾人始終信任國際和平機構 吾人對於國聯及九國公約之努力、相信必能有益于遠東及世界和平、自我全面抗戰發動以來、國際間、已表示深切同情 目前九國會議雖尚無具體成就 吾人相信對於援助中國一點、尚不至使吾人失望 即制裁侵略者問題 遲早或可見諸實行、關於中蘇中德間關係 主席亦曾分別予以申論 謂 蘇俄與中國、以利害關係 必能共同努力 以遏止危害遠東和平之暴日、義國加入日德協定、爲對付歐洲問題之一種國策 其對華友誼、尚不至發生何影響 最近陳專使公博、抵達羅馬 中義友誼關係、必能因此更鞏固 吾人深切盼望義政府者、在不袒護日本 及有損於中義友好關係、中德經濟商務關係 極爲深切、自日本發動侵略戰事以來 中國固遭受最大之損失、德國在商務上損失亦非常深重 故吾人希望德國不至因日德義協定而影響於中德間關係、主席末謂、吾人目前最切要工作 莫過于堅固團結 主席談話約一小時許 精神倍加 健康完全恢復云、

平漢線順德等處
我游擊隊極爲活動
安陽一帶連日無大接觸

△中央社新鄉二十三日電：前方來人談、平漢綫順德邯鄲磁縣等處 現均由敵軍盤據、四郊及鐵路綫以外 均爲我軍游擊部隊活動區域 隨時擾乱敵後方 我某游擊隊現已在磁縣城外設立縣政府 積極推動民衆抗敵、安陽一帶敵仍頑守城內 連日無大接觸、

敵又圖南犯
我嚴陣以待決予痛擊

二十三日電：敵經七八日之補充、現南犯、並由統帥板垣指揮、我已嚴陣予痛擊、

東京舉行反英運動
對香港嚴密監視

△東京廿三日電、東京廿二日舉行民衆大會 作反英動運、當决議各案如下、一、取消親英態度、二、取消國內各親英機關、三、對英遠東根據地香港、加以嚴密監視。

湘抗敵會歡迎張主席
早日入湘視事

△長沙廿三日電 湖南省抗敵後援會、廿三日電新任主席張治中、歡迎早日入湘。

蘇省黨部
開特派員會議
句容縣黨部監委施日耀遺缺
以侯補監察委員郭常熙遞補

△江蘇社 江蘇省黨部 於十八日上午九時、在會議室舉行特派員會議 出席特派員黃强 周厚鈞 凌紹祖、顧子揚 曹明煥、卞宗孟 周紹成、主席周紹成、紀錄彭超 開會如儀 報告事項（略）决議事案如次、一、决議、句容縣黨部監察委員施日耀病故 遺缺以侯補監委郭常熙遞補 二、决議 准孫榮基等組織製皮業職業工會 餘略云。

蘇省府轉頒戰時
合作農貸調整辦法
通令合作及農業機關遵照

△江蘇社 蘇省府據實業部咨云、案奉國民政府軍事委員會訓令內開 查農貸制度 關係農村金融最爲切要 茲爲齊一步驟 增加效率起見、擬制定戰時合作農貸調整辦法四項 期聯合辦理俾貸各省市銀行及合作機關 暨主管農業機關 爲樹立中心系統制度之準備、除令財政部外 合行抄發上項辦法 令仰該部、並轉飭農本局及省市合作機關主管農業機關遵照 茲錄戰時農貸調整辦法如下、（一）凡中農、中國、及農本局、暨各地農民銀行 對合作機關、其他主管農村 所有原訂農貸之區域 仍應繼續負 農貸合約 應繼續進行、並照歷年放款數額、不得減少、或察酌情形、量予增加、（二）、以上各銀行等所辦放款 如因兵災蒙受損失、應由財政部及省政府妥訂分別擔保辦法（三）各省因增加糧食生產 及調劑戰時農業之生產信用放款、農產儲押放款 應由各省主管機關 擬具計劃 陳請農產調整委員會核定辦理之（四）本年十一月由實業四部 財政部、及實業部農產調整委員會、召集農本局合作社 各省合作機關 及各辦理農民銀行之代表 討論徹底整理合作貸之統 切實辦法云、

蘇財廳續營稅以
抵借四百五十萬元

江蘇農民二行承借已訂合同

△江蘇社 蘇財廳以值此非常時期長期抗戰之際

各代表研究顧維鈞演詞
難望發生效力

△北平廿一日路透電 廿二日比京會議間顧維鈞所發表之演說 各代表雖專心研究、但難發生效力。

中日戰事影響
世界貿易大爲減色

△日內瓦廿三日哈瓦斯電 國聯每月所發表世界貿易情形、因中日戰爭 而大爲減色、尤以中爲甚。

許格森受傷事
日政府尚未賠償損失

△倫敦廿三日路透電 艾登外相、廿二日答復保守黨克蘭波質問 稱 許格森大使 受傷至現在、日政府尚未賠償損害、但英政府亦未向日政府要求賠償。

……款、除前曾以本省營業稅向銀行方面抵……萬元外、頃該廳繼續以本省全省營業稅收入向……農民兩銀行抵借四百五十萬元、合同業已訂……并呈准省府委員會第九四四次會議備案

化裝宣傳隊 昨開第一次籌備會議

聘隊員十五人 確定宣傳材料

本縣化裝宣傳隊、于昨日上午十時、假縣黨部會議室、舉行第一次籌備會議、出席董雪山、王效斌、李效禹、林靖夷、李貞乾、由董雪山主席、行禮後、並作報告、一、化裝宣傳隊……經本縣民……人員、黨委員會宣傳工作……特於今日開……二、過去縣……組織化裝宣傳隊……三、現已確定以黨政工作人員、人民團體職員、與青年救國服務團、聯合組織之、一切開支、由民組會領、下鄉工作時、每人每日支費用三角、四、全體隊員定為十五人、現在確定隊員及表演之戲本、與宣傳材料、等出發日期及路綫、討論議案如下、一、確定本隊隊員案、決議、聘宣傳工作團聘請林靖夷、李奎玉、李效禹、陳方建、王效斌、孫兆立、田霖、王紹淵、王汝俊、王昭珍、胡宗傑、王以周及婦女會二人、共十五人為隊員、並聘請李效禹先生為隊長、林靖夷、王效斌、先生為副隊長、李奎玉先生為導演員、二、確定宣傳材料案、決議、甲、話劇、拉夫、購買救國公債、警號、中國的母親、漢奸的活動、放下你的鞭子、乙、圖畫、連環畫、戰地圖片、丙、談話要點、（由董雪山先生擬定）三、確定出發日期及地點案、決議、甲、本月二十七日出發、乙……

各機關公務員認購公債 繳款擊據辦法

財政廳令頒到縣 縣政府飭屬遵照

縣政府奉財政廳令、並頒發各機關公務員認購公債繳款擊據辦法一份、縣府當分飭所屬遵照、茲覓錄辦法如下、（一）財政廳經扣各機關公務員薪水項下債款、及教育廳經收教育管理處扣繳省立各教育機關教職員薪水項下債款、隨時逕繳分會、先行給予印收、俟三個月、債款繳清後、再由廳將各個機關購戶細數戶名（每一公務員或教職員為一戶）清單或表、送交分會、代向經收機關按戶掣給正式收據、換回印收、（二）各縣地方機關公務員及縣立教育機關、或私立學校教職員薪水項下所扣債款、由縣政府及教育局、或私立學校校長隨時逕送銀行匯分會先行給予印收、俟三個月債款繳清後、再由縣政府及教育局或私立學校校長將各個機關學校購戶細數戶名（每一公務員或一教職員為一戶）開單或表、送交分會、代向經收機關按戶掣收據、換回印收、（三）各機關工友工資項下所扣債款、由各該機關隨時匯解分會、先行給予印收、俟兩個月債款繳清後、再由各該機關將戶名（每一工友為一戶）細數開單或表、送交分會代向經收機關按戶開具救國儲金摺、（滿五元者即發公債收據）換回印收、（四）省立學校學生認購債款、隨時解由教育廳代繳分會、先行給予印收、俟三個月債款繳清後、再由廳轉飭各校將學生認購戶名（每一學生為一戶）細數開單陳報分會、代向經收機關按戶掣取正式收據、換回印收、（五）縣立私立學校學生認購債款、應隨時解由縣教育局或裁局改科之縣政府、代為匯解分會、先行給予印收、俟三個月債款繳清後、再由縣教育局或裁局改科之縣政府、轉飭各校將學生認購戶名（每一學生為一戶）細數開單呈報分會代向經收機關按戶掣取正式收據、換回印收。

本縣昨一度警報

敵機轟炸李莊車站

……第一次常店、王寨、趙莊寨、便集、大劉集、劉元集、蔣單樓

昨日下午二時、防空監視哨接沛縣電話、謂有敵機來襲、當即發出空襲警報、商店閉門、行人奔避、旋又發出緊急警報、約廿分鐘、並未見敵機蹤影、遂解除警報、乃人心甫定之餘、忽聞響聲轟然、由南而來、事後調查、聞敵機在李莊車站轟炸、有無損失、尚不得知云

第四區渠老家發生綁架案

渠金樹及渠景存之子被綁 渠景存被槍殺

第四區貴莊鄉渠老家、於前晚（二十二日）夜半、突來土匪二十餘人、各持快槍、越牆入院、將該村居民渠金樹、及渠景存之八歲幼兒、綁架而去、并將渠景存槍殺、及鬼莊寨聞訊、帶壯丁追趕、匪已逃去

一區區教育會 舉行會員大會 並改選職員

王……之等當選為幹事 李進貴等當選為代表

一區區教育會、於……日在縣黨部大禮堂、舉行第二次會員大會、並改選職員、共到會員四十七人、縣政府、縣黨部、分別派員指導及監選、由王韶岷主席、行禮後、並報告召開會員大會之意義、次有縣黨部指導員黃雪山、縣政府監選員黃體潤、相繼致訓詞、對區教育會今後所負之使命、及應做工作、指示綦詳、旋即開始討論、當決議要案三件、一、各級學校為中心、普遍組織抗日宣傳、二、確定戰時教育實施辦法、建議教育局、迅予實施、三、請教育局頒發抗戰劇本、以備各學校應用、最後改選職員、結果、王述之三十六票、張敬民二十七票、趙道遠二十五票、當選為幹事、李進貴、王票、王述之十三票、當選為代表、至下午五時散會

昨緊急警報時 李世英馬同寶

不聽警備人員命令 帶往駐所管押

昨、緊急警報時、有在戲園聽戲之李世英、馬同寶兩人、不聽警備人員命令、仍復外出、警察制止、竟口出不遜、當即帶往分駐所管押、現兩人已知悔過、業于今日開釋、聞李係本縣城東郡樓人、在廿五師充當排長、因負傷來家、馬係河南滄德人、為李之隨從兵、放辦……

鳳鳴塔

第一百九十期

戰地的來信

厚恩先生敬啟同學：

分別好久了、您們都好嗎？神聖的抗戰已經開展已十多天了、我也跟著隊伍到上海與萬惡的日本鬼子作戰、在出發的途中、我全心的快樂是到鬼子、因為我心中積了數年的憎懷底火焰、在此可以噴射出來、到了海上、對著鬼子猛烈的、我心中還是愉快的、……去燒焦它使路的野心。到了……臉上噴去與鬼子火拼、那時我的砲火與……因我歡得期望、多年的目的——抗……現在我眼前、而不使我作一失望的人、……中、齊股的污泥水包圍、我們每個人的……能湧滅我心頭的火熱、它冷度被我們……熱血所驅散、槍彈打過來、它不……聲、寬過我們的上空、發出像西北風般尖銳……炸彈炸裂、轟轟的大炮聲、飛機聲中的……熱鬧、雖然敵人幹了好幾次的總攻擊、但還是沖不破我們的陣綫、原野的寂寞、活似那新……筋骨、勇氣所築成、我們的陣綫是弟兄們的血肉……是勝過鋼鐵幾千萬倍、因為鋼鐵雖硬但也要被……火所溶化、但是我們的陣綫是打不破的、並烈……誇海口、而是七多天的事實表現、這抗戰給我們很多的教訓、知道中華民族唯有抗戰才能生存、世界上根本就沒有公理、因公理已被那……強權所吞沒、用神聖的武力才能奪取公理和……平、意想不到、且極不幸的事竟降到我的頭上、……、但不要為我擔憂、我背部及兩腿被炮彈打壞、請不要為我擔憂、現在在蘇州第五傷兵醫院治療、也沒有什麼、我已流了不知多少血啊！我一出鐵片與彈子、現在終日睡在病牀上、不能多動、雖然神志很清醒、但是為了出血過多的緣故、所以精神也有點不振、可是……

……談老母知道了、兩位親愛的朋友、……我可以……解我的煩悶、……現在受傷的……地老人家也許要掛念我……：……朋友、但重又有什麼呢？戰場上許多死屍、那個不是他母親的愛兒……朋友：希望你們為我祝禱、為你們自己祝禱、本著以往的精神為國家的存亡而奮鬥、我們要以大無畏的精神、犧牲的決心、勇往直前站在時代的最前綫、組織大眾領導大眾走上抗敵的大路去、爭取最後的勝利、……對於民眾組織是眼前所急需的、我已寄了幾本雜誌與報紙如抵抗日刊等上面、有很好的材料借給你們、以後我可以常寄給你們、最近的你們工作進行得如何？請你們詳細告訴我、希望你們常常來信給我報告你們工作的情形、現在蘇州天天有敵機來騷擾、把火車站也炸壞了、炸民房、射擊老百姓、是敵軍的成績、但是見了中國軍隊却逃得無影無跡、在牠們的隊伍中、很多是東北同胞、被牠們軍閥的淫威所驅來、而來打自己人、也有很多的日本兵同情中國而反戰、老空氣是滿佈在日本的軍隊中及民間、軍閥與財閥的壓迫實在使他們不能呼吸、像這樣的軍閥財閥、我們是應當怎樣和他們拚爭。希望你們努力地組織大眾、領導大眾走上抗日救國的大路、如果遇到什麼疑難的問題、可寫信到蘇州青年會軍人服務部、請他們指導、敬祝民族解放

弟經玉振鞠躬十月廿八日於床上

……提起……鬼、我還興奮的……了傷而痛心而灰心、……得……爭取整個民族的……縣係的……、倘若戰爭了後……話、那末我是還得上前線上去和世界……東……強盜、日本……去拚死命……吸的可能那非要把它們趕出去不可！……我並不因我受……好的教訓……

豐縣縣政府佈告

第 號

案查豐邑本年秋成情形、當經縣黨先行會同區……則示遵、旋奉先後分……以……並奉飭即再……財政增征等因、又經以所報……二……容稍涉含糊、……自應遵照辦理……

……而查奉江蘇財政廳委員續勘……災欠……此項……、仍……照……

中華民國二十六年十一月二十四日

縣長　戴應舉

豐縣縣黨部民眾閱書報處改定開放時間通告

查本處開放時間、原訂於上午九時至十二時、下午二時至五時、自十一月廿五日起改為上午九時半起至下午四時止、借書時間下午二時至五時半、特此通告

廣告刊例

廣告	刊例
（封面）每日三天起碼	每日每行壹角五分
（普通）每日三行二天起碼	每日每行壹角
（短行）每日四行二天起碼	每日每行五分

排法及算法

各廣告皆以五號字為標準、每行以四十三字計、如短行以二十壹字計、標題字用頭號字每壹字作九字計、用貳號字每壹字作四字計算、字數不滿壹行者照壹行計算

豐報

中宣會登記証中字第一二九二号
內政部登記証警字第二二二〇号

發行人彭世亨

復刊之第三九六期

社址之豐縣大同街

遼陽進入混戰
豫境國軍克復三縣城
錦北即展開殲滅戰

「瀋陽七日電」國軍攻遼陽共匪連日在國軍猛烈砲火下、傷亡萬餘、匪于五日復、陸續增援、戰況空前激烈、至六日雙方已入混戰狀態、

「漢口七日電」國軍其部於五日、分三路圍攻鄧縣、刘伯誠匪部第十縱隊二九旅八十大團据城頑抗、經我猛攻、匪不支紛紛而南竄逃、時我左翼部隊、繞城南截擊、匪大部擊殲、少數殘匪星散潰竄、下午一時許鄧縣完全收復、是役計斃匪百餘名、擄掠軍用品及其他物資甚多。

「錦州七日電」遼西殘匪在北寧路線之石山車站一帶、被我強力部隊包圍、匪傷亡極重、我增援部隊已源源過錦州北上、即將展開殲滅戰、

「漢口七日電」光山縣城、七日為我軍收復。

「鄭州七日電」豫西禹縣、六日下午六時、經地方團隊收復。

「瀋陽七日電」閻錦州週近流竄之匪、屢受國軍打擊、其一股不堪國軍火力壓迫、刻已向遼中方面竄去。「又訊」吉東國軍六日收復江密峰。

傅作義又一新職

「中央社訊」國民政府二月九日令：特派傅作義將軍為國民政府主席・北平行轅副主任。

農民節左舜生之談話

續昨

一週前行政院長張群提出當前十項目施政計劃、曾特別提出「發展農業生產、改善農業經濟、並實施土地改革、中美農業技術合作團之建議其再提前實施者爲、採行」、而目前各方面情況之、政府確有決心與方法實現此對全國農民之諾言、政府在農業方面之基本方針仍爲扶植自耕農與保障佃農、而於扶助自耕農、保育兩方面着手、(一)由政府依法征收而佃之土地分配農民承領自耕、(二)貸款與無地之農民購買或贖回其耕地而自耕、因自民國三十年迄今、推行此政策已獲重大成就、首創設自耕農五萬二千一百一十七户、建設農地一百二十三萬〇九百八十畝、而扶植自耕農之貸款總數達三十八億三千六百餘萬元、關於保障佃農、其目的在使佃農不再受地主之压迫與剝削、办法有二、(一)保障佃權、除奏請取締包佃、轉租及任意撤佃外、並在各省舉办爲確定佃权之耕地租約登記、(二)依土地法之規定確行減低佃租、農地地租不得超過地價百分之八、未規定地價地區仍依「二五減租」之原則限制租額、不得超過土地正產物千分之七五、去年八月、國務會議通過之經濟改革方案曾規定「改革農地之分配關係使能充分改革利用」租佃關係應依二五減租之原則澈底推行、」地政部曾根據此規定擬具改革農地分配關係之實施草案、其中對限制農地地租有詳細規定、即可付諸實行、

關於發展農業生產及改善農村經濟一項、政府過去曾以大量製造改良農具、改進農產及利用價值美金八千六百二十萬元之聯總補助、農業物資、着手提高我國農業生產水準、現則準備以一千八百億元實現中美農業技術合作計劃、另以購置種籽、肥料、舉办小型水利等鼓勵增產、改善農村之經濟。

（續完）

陳總長誠暫謝絕來客

「中央社訊」陳總長誠由滬返京后、因胃病尚未復康、遵醫囑暫時謝絕來客藉以修養。

「青島七日電」新任美駐華海軍總司令長戴柏尔少將、昨由美來青、今與前任總司令長莫某、八人一行、於下午同機由青飛京、並將晉謁蔣主席致敬。

好消息

「濟南八日電」國軍於清剿泰山山區殘匪時、擄獲匪軍糧食百萬餘斤、並摧毀匪軍修械所及小型兵工廠十餘所。

魏德邁的話

「哥倫布六日合眾電」魏德邁將軍稱：中國共產黨正自莫斯科獲得彈藥接濟、繼續與國軍作戰、中共之所作所為、已使中國人民愈支持國民政府、魏氏認為蔣主席是當今世界使中國渡過國家危機之唯一偉人。

制止不住「肚子裡的炸彈」

「太原七日電」共匪自實行「土地改革政策」以來、不斷在共匪與人民之間劃下一道不可彌補之鴻溝、共党內亦造成針鋒相對之矛盾、反抗鬥爭清算事件廣泛在匪區展開、据匪「晉察冀日報」刊載、平山縣北面庄與市十九名党委中、計有十七人反對其暴行、冀中十分區勝芳市近有九名党委發動「消極怠工」、「保護被清算者之生命財產」、冀東豐潤市區長僞建綱一貫反對鬥爭、曾促其弟投降政府渠裝病隱居逃避執行鬥爭工作、樹陽一區獨古庄共党党員張治漢因被清算呼出「看你們能够胡鬧到幾時」後、即投誠政府、據報以上諸現象、乃肚子裡的炸彈、對共匪亦無法制止潰崩前夕肚子的暴炸。

「無賴們，看你們能够胡鬧到幾時」

本縣立委選舉竣事 胡成烈承縣監閱選票 ·王子蘭獲票最多·

「本報八日訊」縣政府為公告本縣立法院立法委員選舉開票結果頒發出公告云：「查本縣立法院立法委員選舉業經遵期舉行於一月二十九日由區選舉事務所派胡監督成烈監視下開票選舉結果計區域王子蘭得二六三五六一票，農會李慶譽得八五八三票，依行政區域組織之工會孫金柱得四八二票，孫梓風得四〇票，商會郁清華得一大五票，教育會曹錫得八九〇票，除分別呈報外合行公告週知。」

本縣各界 昨慰勞國軍

「本報八日訊」本縣各界今日上午舉行春節慰勞戡亂將士，十時齊集縣政府、縣黨部、參議會、警察局，保安團、教育會及各民眾團体代表十餘人，齊集縣府接待室，十時半即開始向駐軍大二一八部隊、大四七一部隊及十五兵站醫院等分送慰勞物品（豬肉，羊肉，白菜、大蔥）直至下午二時方始一一分送完畢。

毛樓鄉自衛隊 再獲盜匪三名

「本報訊」本縣華山區毛樓鄉自衛隊、對維持地方治安、屢建奇功，本月三日晚十二時，突有盜匪十餘名到該鄉第六保王樓村搶劫耕牛及衣服錢糧等物，當為該鄉自衛隊巡查聞警，該鄉鄉長朱振求迅即率隊尾追，當場擊斃盜犯三名、獲湖北造槍一枝、土炮一枝，并奪獲衣物多件，該鄉自衛隊尽忠職守為民除害，縣府除傳令嘉獎外，並將對該股匪徹底查究云。

董縣長視察 河西防務

「本報八日訊」華山區河西据点受寨後，董縣長对之極為關懷，除經常用電話指示机宜外，并于今日上午九時專車親往該据点視察防務，并召集守備官長予以剴切訓示，向全体官兵慰問，官兵經董縣長此次蒞臨視察后精神較前更為振奮云。

坐以待斃不如起而自衛

——盾——

頃閱報載，及鄭州來人談稱：鄭州一帶的民眾，因為受不了共匪的欺騙、壓榨，鬥爭，征壯丁、征食糧、反燒殺的痛苦，不得已乃分鄉分組、自行組織起來，共集合十萬民眾，結成了自衛堅強的團体，他們因為有了團結，有了自衛力量，才大胆的敢與匪周旋，敢與匪作戰、上月下旬在鄭州以西、與匪打了一仗，結果斃匪徒千餘人、因此凡是有自衛武力組織的地方，共匪則不敢侵擾，這樣地方有了保障，人民得到安業，政府有了膀臂。

誰來為誰眾的民、這是一般農民不正確的認識與說法、這也是無黨無派不好事的老百姓的作風。換句話說，誰來御好，你只要能保护民眾的利益，能教他們安居樂業，他們是無所為的。現在事實告訴我們，凡是中央政府統治區域內的民眾，尚能相安無事、各在各的崗位上去努力，返過來說，在共匪統制區域的民眾，就不是這樣啦，你發起鬥爭、參軍、捐糧、征丁、殺人放火等等慘無人道的行為，一般民眾，自然想忍辱求全，在飢寒交迫之情形下活下去、尚不可能、這樣，既不能求瓦全、那就不如玉碎了、只有任拚、只有任死命的去拚！既不能苟活下去，那只有去拚、但是拚，也要有個拚法，所謂：眾矢難摧，那末只有大家組織起來、團結起來，與匪作一殊死戰、團結的办法、凡屬逃出的難民、及在家不能安業的民眾、一保一組，以鄉為單位，各鄉的民眾，向各該鄉保去登記，推舉自然領袖，自備武器——標槍，手榴彈，鋼槍等均可——大家組織起來、團結起來，變消極為積極，變悲觀為樂觀，變恐怖為振奮，抱出必死的決心，去爭取生存，這樣奸匪不難消滅，社會不難安寧，安樂的日子在後頭，不要消極，不要悲觀，不要恐怖，希望大眾振起精神向前努力！努力！

國際縮影

「新德里六日專電」此間官方宣傳，聖雄甘地之骨灰，將于本月十一日以專車載運至阿拉哈巴，于次日投入恒河與朱穆那河匯合處，然後流入全印度最神聖之印度河。

「又電」甘地被刺後，被捕之極端份子已達一千一百人。

「成功湖六日專電」阿拉伯高級委員會發言人稱，阿拉伯將以武力抗拒聯合國之分治計劃。

「華盛頓六日專電」美國參院今開正式會議，國務院可能請求國會通過一項五億七千萬美元援華計劃。

「東京六日合眾電」片山首相之發言人，告合眾社記者稱：片山正在考慮其內閣辭職事。

「華盛頓六日電」據白宮方面宣稱，杜魯門總統去年曾邀請史丹林訪問美國，如史氏同意並將來美國會晤，但遭史丹林拒絕。

「曼谷六日合眾電」暹羅乃寬政府經內閣今晨總辭。

「漢城七日專電」聯合國赴朝代表團今決定將朝鮮問題提交小型大會，南韓各地左派份子舉行示威遊行小規模破壞及罷工，美佔區整日混亂未息。

豐縣縣政府佈告

（財）府二字第2号

查本縣前奉令查封救國公債收据業經電飭臨時收据并將原收据根請財廳換發債票在案茲于本年元月廿一日奉江蘇省財政廳財四字第八七七三號指令內開：「呈件均悉。查是項債票已奉財政部核發並檢附拾元票陸百張，五元票一千三百三十八張，計共國幣一萬二千六百九十元，即仰查收轉發具報為要」等因附發救國公債拾元票陸百張，伍元票一千三百三十八張合共國幣一萬二千六百九十元奉此除令各區轉飭各債權人迅即持將前發臨時收据及有關人員到府領取外合行佈告週知！

此佈

中華民國三十七年元月二十六日　縣長　董玉珏

遺失聲明

本處職員齊鎮礼因不慎將第六号証章遺失又職員劉進修於赴病途中將其第某号証章因而遺失特此聲明一併作廢。

稅捐稽徵處啟

敝人不慎將縣訓所發給之第五期八二号紀念章遺失特此登報声明作廢。

楊繼□謹啓

豐報

第一千六百四二十八號
社址豐縣大同街
中宣會登記證中字第一二九二號
內政部登記證警字第二三二〇號
中華郵政特准掛號認爲新聞紙類
今日一張
售洋一分四厘

定遠敵已被四面包圍
池河鎮仍隔河對峙
我軍收復濟甯北門汶上城關有激戰

▲壽縣十九日電　定遠之敵已被我四面包圍，十九日上午與我在桑家澗天長磯發生激戰，當時我一部繞擊敵側背，敵後方聯絡綫被我切斷，我兩面向敵夾攻，敵紛紛潰退，死傷甚衆。

▲徐州十九日電　我軍某部克復桑家澗後，仍與敵激戰中，池河鎮方面，敵我仍隔河對峙。

▲徐州十九日電　軍息，我十五日衝入濟甯北門內之兩團，與敵千餘名血戰一晝夜，因彈藥告罄，曾一度撤退，後經我某旅繼以炮火猛攻，衝入城內，與扼守各街口頑抗之敵發生巷戰，將北門收復。

▲徐州十九日電　軍息，汶上之敵連日與我某部在城關激戰甚烈，我某部於十六日晨於槍林彈雨扒入城內，與城外我軍夾擊。

▲徐州十九日電　軍息，安邱敵七八百人，十七日向莒縣北大湖小湖范莊孟莊移動，有進犯莒縣企圖，我軍某部與莒縣民團數百，十八日晨與敵步炮千餘人沿沭河接觸，戰事激烈。

平漢線敵續有南進
一小部抵黑崗口

▲鄭州十九日電　平漢路沿線敵，間有一小部由小冀鎮向南推進至元村，（在小冀鎮西南）與我軍激戰，鐵路左敵軍，十八日侵入護嘉縣城後，復沿道西犯修武[illegible]，在該縣東獅子營[illegible]帶與我守軍血戰，至右翼之敵，又突破我封邱之線，黃河一小股竄至北黑崗口附近，我軍予以迎擊，敵之主力現均集中[illegible]，該縣已完全淪陷於敵手。

灣沚軍進至原陣地
[illegible]縣已被我三面包圍

▲青陽日電　灣沚我軍十九日向敵進攻，已進展至灣沚[illegible]里之我軍原陣地，在我游擊隊亦在鐵路線活動，上我軍在宣城勛亭山與敵激戰。

▲屯溪[illegible]電　金壇之敵於十七日起開始向溧陽東北二十[illegible]建築利揚港活動，經我軍擊[illegible]，當於迎頭痛擊，[illegible]支仍向金壇方面退去。

▲[illegible]日電　軍息，據報靖江縣屬新十四日有敵人數十[illegible]，機槍多架，强迫登路，業經該縣游擊隊擊退，又該現有敵軍四五百名，向東北兩方挺進。

▲廣德[illegible]電　長興之敵，共約數百人，連日來經我猛烈襲擊，受創甚劇，餘敵均紛紛退入城內，現長興之西南[illegible]已無敵蹤，我軍於昨日進抵長興郊外，將城內之[illegible]包圍。

[illegible]溯江上駛
我炸沉一艘

▲青[illegible]日電　敵艦一艘，十九日由下游上駛至銅陵一帶，向岸上亂行發炮烘擊，當被擊毀漁船多艘，敵以爲乘，乃復上駛貴池附近，適有我機六架由某處飛來敵艦投彈，敵艦向下游逃去。

▲徽州[illegible]電　敵艦三艘十九日在驅逐機掩護下，由大通上[illegible]貴池石磯頭（在貴池對岸）等地沿途向兩岸發炮，[illegible]軍得報後，當派烘炸機一隊，前往投彈二三十枚時烟火冲天，敵艦一艘當即下沉，其餘兩艘亦負傷湖方面逃去。

[illegible]游隊收復清豐

▲鄭[illegible]向澤來電，冀南清豐縣城內駐有日僞混合敵軍[illegible]，我游擊隊張部伏敵後方，乘敵南犯，當派陳山嶺團挑選精銳部隊襲清豐，我義勇隊在城內響應，內外夾擊，敵勢不支棄城向濮陽潰退，我遂收復清豐，此役斃敵百餘，獲槍數十枝，麵一百餘包，我傷官一員，士兵數十名。

敵機飛金華臨安投彈

▲金華十九日電　敵重烘炸機[illegible]，十七日上午[illegible]飛金華，在車站[illegible]投彈六枚，三落山後，兩落田內，一落水塘，震塌房屋三間，傷二人，敵機旋向義烏方面飛去。

▲臨安十九日電　路訊，十八日上午九時至十二時有敵機多架，在蕭山附近各村鎮更翻投彈，並不時低飛以機槍向下掃射，除燬我民房十餘間，死居民十餘人外，餘無損失。

敵機又襲廣九路

▲廣州十九日電　敵機卅二架今兩次炸廣九路，在章木頭林村投彈十一枚，塘頭廈投　枚。

高案主使犯
業已緝獲

第一區公所助理員高傳信在西門外豐碭路被暴徒槍殺情形，已誌前報，縣政府警察科連日派幹警查緝，已將主使犯宋爲階緝獲，正在嚴訊中。

校長談話會
本縣教育局召開

▲個別談話會期一週
▲推動各校按時開學

本縣教育局爲謀適應戰時環境維持戰時教育起見，曾訂定戰時教育緊急處理辦法，呈報江蘇省教育廳核示情形已誌本報，茲悉該局已定於本月二十日起限期一週召集全縣各學校校長個別談話會，討論開學上課辦法矣。

動員

第四號

豐縣民衆總動員委員會編

暫定三日發行一次

目錄

關於動員民衆的初步工作

孟明

事實告訴我，農民是好的，老百姓都是要得的，他們也能夠防禦潰兵的搶掠，漢奸的欺騙和上前線去與日敵死拚，但這些都是出於自動的，自願的，決不是强迫的。

話是能夠這樣的說，究竟怎樣才能夠使得他們——老百姓自動的動員起來呢？不用說，你若同他們一開始就講些：我們『上前線去呀！打日本去呀！與敵人死拚去呀！』他們——老百姓，在當面也會說：『對，應當這樣的動員起來』可是若轉過頭來就不是這樣了，他們以爲你是告訴了他們，怎樣去送死，怎樣去白白的犧牲，不但真的不能動員了他們，就是以前動員起來的，恐也要受着相當的影響呢。

我以爲做這種工作，第一步——你應當細心知道你談話對象的成份如何？是農。是工。是商。是學。或是兵。那麼你就可以按他們本身的成份來談及他們本身日常的生活。若是農，你若問他『年景怎樣；收成如何？雨大雨小？捐稅輕重？』若是工，你就說：『近來活計忙否？櫃上開銷大小——就看利錢或？』若是商，你若說：『買賣好壞？現在貨都由那裏來？銷貨多少？能賺錢或利？』若是學，你就談些：在什麼學校上學？現在是否還能繼續開學？教職員幾位？學生多少？功課忙不？』若是兵，你要誇獎他『以衝經驗怎樣多，怎樣英勇衛國，可是都打了日本人！這次與日敵作戰，更是鑿仗還我們來應付呢！』諸如此類，就可能的把他們的情緒，都提湧起來了，不怕你，同時也很願意與你繼續的談下去。

第二步——若多舉些估去的區域，老百姓們遭遇的慘狀？如屠殺無辜的老百姓啦，姦淫良家婦女啦！焚燬老百姓的房屋啦！不勝舉的事實，要使他們很深的印在腦海裏。講完後反問他們，日敵到來，你們能否免掉那種劫運呢！他們一定要說：不[illegible]古有辦法來應付呢！他們或者說[illegible]候你更要多舉些實證，告訴他們[illegible]什麼游擊隊，某寨成立了什麼保安[illegible]成立了什麼自衛隊，日敵到時有的打[illegible]們。有的根本就沒有敢進去，他們也都是好老百姓，他們爲了生存，爲了不使日敵進去姦淫，屠殺，才組織成游擊隊，自衛隊，安隊，再來告訴他們某寨，某村，某莊，沒有組成，日敵到來他們就無法應付了，[illegible]殺，搶掠，無所不爲，老百姓[illegible]下去當然不能。你能耐心的利害分析的清楚，[illegible]信你所說話。也能本着你給的辦法去保[illegible]，不也動員了嗎，也能保了家鄉，保衛[illegible]嗎。

怎樣動員羣衆積極參戰（續四）

必武

第一　各抗日黨派和各團體，在動員民衆和組織民衆工作上，必須[illegible]共同工作，統一組織統一行動，[illegible]朋友的[illegible]企圖，應當把動員民衆積極[illegible]作得高於一切利益的神聖事業。

第二　各黨各派須[illegible]政府都的宣言和蔣先生告國民書以及國共[illegible]一切有關於抗戰的重要文獻，[illegible]羣衆中宣傳和解釋，要使千千萬萬的羣衆不管[illegible]男的女的文化程度高的或低的，職業[illegible]不同的，都懂得日寇怎樣侵略中國，[illegible]到什麼程度，日寇怎樣的兇殘和狡猾，[illegible]他是如何的痛苦，提高全國人民的[illegible]和愛國心，使全國人民[illegible]國防政府和最高[illegible]號召之下，即能担負起其應盡的責任，參軍，組織游擊隊，抬担架運傷兵，運輸接[illegible]漢奸，打掃戰場，增加生產，提高文化等（完）

敵人暴行的寫實

敵軍在曲阜鄒縣的暴行

長江

（前略）滕縣民衆武裝組織，積極展開各種抗敵宣傳，皆易爲民衆所接受，山東民衆在韓復榘七八年來愚民政策之下，軍紀敗壞，官吏貪污，民衆恨[illegible]骨，真有不[illegible]少歡迎日軍之來者，然而日軍到曲阜鄒縣之後，其行動表現，使滕縣民衆大吃一驚，張惶萬狀，山東所謂孔孟故里，禮義之邦，一切皆可商量，惟有對女性之奸淫行爲，絕對不能忍受，曲阜爲孔子故居，日軍到曲阜後，即有巨紳吳廷玉尹鳳山等，出而組織維持會，吳爲過去道尹，尹爲前清統領，以至聖故鄉之巨紳，出而歡迎日軍，日軍亦素以遵崇孔教，欺騙民衆，宜乎應講些禮節，日軍向吳尹等要若干牛，吳等照辦，要若干羊，吳等照辦，然後要若女子，使吳等感困難，然而此時逼於淫威，亦只好允代設法雇用妓女，但吳等已[illegible]外焦頭爛額雇用妓女，無有結果之後，眼看自己全家老幼婦女皆爲敵軍所姦淫，敵寇正繼欲狂獸，而吳尹等已駭得面無人色，隨隊羞憤自盡，鄒縣情形更慘，敵軍姦淫婦女百人，洩慾維持會不能應付，即縱兵搜查，家無幸免，上至五六十之老媼，下至十二之幼女，因被奸致死者，城廂及各村鎮日有所聞，這些山東同胞特別不能忍受的息息，讓那些受過漢奸思想「那個皇帝」納賴，[illegible]醉人民，也感覺當不行了，起來，不願任人蹂躪的人；山東同胞不自覺的都普遍的覺醒了。（下略）

皖北五女殲敵記

「……遠抗君新由皖北來徐，記者訪晤之下，據談：寇當佔領浦南段領土之際，焚殺擄掠，無所不至，鄉村婦女略具姿色，皆難逃其輪奸獸行。甚至漢奸歡迎，亦遭屠殺，種種情形，不一而足，惟有[illegible]縣之五女殲敵事，頗有可爲斯記，用實本報。」

張八嶺地界皖北，民風質樸，有古風焉，婦女之操作勤勞，不弱於男，其持節觀念，尤非時之下摩登女士比。日前當日軍先鋒騎兵強佔張八嶺時，村婦受其凌辱者，可數計，有某女因爲閨中之豪者，聞敵騷行，憤恨無地，乃暗中結合鄰女四人，擬偕逃遠鄉，惟鄰女之親屬間有被日敵害者，遂[illegible]之共五女偕行之日，適有同鄉三男[illegible]之護送，此三男子爲慮及同道便利計，乃均改扮女裝，某日行抵某地，忽有日騎五十餘人飛馬馳至，瞥見此羣女少年，遂下馬擄至村架火禦寒，取刦來之鷄鴨等烤而食之，飲酒取樂，喜不自禁，五女乃虛與委蛇，殷勤周旋，男子因恐其察破眞情，惟有故作羞態，暗自吞聲而已，及至倭寇酒酣縱情之際，欲行非禮，五女子乃奮勇兔脫，奔至室外將敵槍械執手中，[illegible]槍[illegible]三男子亦鬨風外逃，協同[illegible]動，[illegible]槍聲大作，日寇大譁，蓋敵等因事前均將槍械置於室外，及至驚覺，酒醉不可支持矣，結果此五十餘寇被殲斃者三十餘，該敵見勢不佳，乃抱頭登[illegible]鼠竄，五女子以大仇已報，憤氣亦舒，[illegible]相偕躲避，迄今不知去向也

豐縣教育局召集[illegible]校長談話會啓事

公私立各級學校校長均鑒現在第二學期開始本局業已擬定戰時教育緊急處理辦法呈聽核示所有各級學校均應從速開學以重課業茲定於本月二十日起限期一週召集各學校校長個別談話會每日上午八時起至下午六時止爲談話時間特此登報啓事不另行文凡縣內已開學或未開學各學校校長務望見報來局參加談會勿延爲要

本城糧價

名稱	市石價目
小麥	八元六[illegible]
黃豆	四元[illegible]
綠豆	八元[illegible]
高粱	三元五角
芝蔴	八元[illegible]
穀子	二元[illegible]